INTRODUÇÃO À ORGANIZAÇÃO DE COMPUTADORES

O GEN | Grupo Editorial Nacional – maior plataforma editorial brasileira no segmento científico, técnico e profissional – publica conteúdos nas áreas de ciências exatas, humanas, jurídicas, da saúde e sociais aplicadas, além de prover serviços direcionados à educação continuada e à preparação para concursos.

As editoras que integram o GEN, das mais respeitadas no mercado editorial, construíram catálogos inigualáveis, com obras decisivas para a formação acadêmica e o aperfeiçoamento de várias gerações de profissionais e estudantes, tendo se tornado sinônimo de qualidade e seriedade.

A missão do GEN e dos núcleos de conteúdo que o compõem é prover a melhor informação científica e distribuí-la de maneira flexível e conveniente, a preços justos, gerando benefícios e servindo a autores, docentes, livreiros, funcionários, colaboradores e acionistas.

Nosso comportamento ético incondicional e nossa responsabilidade social e ambiental são reforçados pela natureza educacional de nossa atividade e dão sustentabilidade ao crescimento contínuo e à rentabilidade do grupo.

INTRODUÇÃO À ORGANIZAÇÃO DE COMPUTADORES

5ª edição

Mario A. Monteiro

Formado pela Escola Naval, com especialização em Eletrônica, foi responsável pela área de suporte de sistemas da Marinha. Mestre em Informática pela PUC-Rio, leciona sobre o assunto há mais de 28 anos. Atualmente ministra cursos no Centro Universitário Carioca, onde é Diretor de Núcleo. Diretor de empresa de Informática, presta serviços de consultoria e realiza palestras sobre os assuntos ministrados em sala de aula.

A Renata, Roberta, Leonardo
e a minha querida e amada esposa Claudia.

- O autor deste livro e a editora empenharam seus melhores esforços para assegurar que as informações e os procedimentos apresentados no texto estejam em acordo com os padrões aceitos à época da publicação, *e todos os dados foram atualizados pelo autor até a data de fechamento do livro.* Entretanto, tendo em conta a evolução das ciências, as atualizações legislativas, as mudanças regulamentares governamentais e o constante fluxo de novas informações sobre os temas que constam do livro, recomendamos enfaticamente que os leitores consultem sempre outras fontes fidedignas, de modo a se certificarem de que as informações contidas no texto estão corretas e de que não houve alterações nas recomendações ou na legislação regulamentadora.
- O autor e a editora se empenharam para citar adequadamente e dar o devido crédito a todos os detentores de direitos autorais de qualquer material utilizado neste livro, dispondo-se a possíveis acertos posteriores caso, inadvertida e involuntariamente, a identificação de algum deles tenha sido omitida.
- **Atendimento ao cliente: (11) 5080-0751 | faleconosco@grupogen.com.br**

  LTC | Livros Técnicos e Científicos Editora Ltda.
  Uma editora integrante do GEN | Grupo Editorial Nacional
  Travessa do Ouvidor, 11
  Rio de Janeiro, RJ – CEP 20040-040
  www.grupogen.com.br

- Editoração eletrônica: Diagrama Ação - Produção Editorial Ltda.
- Ficha catalográfica

CIP-BRASIL. CATALOGAÇÃO NA PUBLICAÇÃO
SINDICATO NACIONAL DOS EDITORES DE LIVROS, RJ

M778i
5.ed.

Introdução à organização de computadores / Mario A. Monteiro. - 5. ed. [11ª Reimp.] - Rio de Janeiro : LTC, 2024.

Inclui bibliografia

ISBN 978-85-216-1543-9

1. Arquitetura de computadores. 2. Organização de computador. I. Título.

07-1567. CDD: 004.22
CDU: 004.2

Prefácio

Desde sua primeira edição, este livro tem o propósito de servir de livro-texto básico para diversos tipos de cursos na área de Informática, seja no contexto de graduação, seja no de cursos de extensão universitária. O material nele contido e a forma de apresentação e descrição permitem, ainda, que ele possa ser utilizado até mesmo para estudos individuais para principiantes.

A sua receptividade no mercado e nos meios escolares motivou seu constante aperfeiçoamento, o que redundou nas edições subseqüentes.

A estrutura dos assuntos em capítulos procurou seguir a natural organização funcional de um computador, com seus componentes básicos: memória, processador e entrada/saída, as quais não se alteraram com o tempo; somente foram aperfeiçoadas em capacidade, velocidade e flexibilidade, parecendo ser, por isso, uma metodologia apropriada para o ensino do assunto. Para melhor entendimento, acrescentaram-se alguns capítulos com extensões intrínsecas e complementações pertinentes aos citados componentes.

O conteúdo de cada capítulo foi elaborado e tem sido atualizado considerando o programa e a experiência de ministrá-lo por mais de 28 anos em cursos na área de Informática em Universidades, empresas e outras instituições, assim como os comentários que eventualmente são feitos por colegas e alunos.

Esta edição foi ampliada e atualizada de modo a atender à maioria das expectativas em uma multiplicidade de cursos, com objetivos e profundidades diferentes, bem como a alguns novos conceitos e tecnologias surgidos em um mercado de grande e rápida evolução. Esta edição é constituída de 12 capítulos e seis apêndices, além da bibliografia e da parte com as respostas aos exercícios inseridos em todos os capítulos e em alguns apêndices.

Para facilitar o seu uso, incluiu-se nos capítulos (principalmente do Cap. 1 ao Cap. 11) a descrição básica do assunto a que o capítulo se refere, contendo, assim, as características e particularidades essenciais ao conhecimento principal sobre a área coberta pelo título do capítulo, como o processador ou a memória. Além disso, foi acrescentado um capítulo sobre a tecnologia das arquiteturas mais atuais dos microcomputadores e um conjunto de apêndices que aprofundam a descrição e apresentação de vários assuntos, visando a cursos que requerem mais detalhes ou leitores mais curiosos e interessados, especialmente o Apêndice D – Alguns Detalhes.

O capítulo de memória foi dividido em dois, um para a apresentação da hierarquia de um sistema de memória e a descrição da memória principal e o outro exclusivo para memórias cache. A memória secundária também se tornou um capítulo separado, deixando-se o subsistema de entrada/saída apenas para os elementos básicos desse assunto, como as interfaces e dispositivos periféricos clássicos.

Em todos os capítulos e em alguns apêndices foram acrescentados mais exercícios, de modo a proporcionar ao aluno a oportunidade de verificar seu aprendizado e capacidade de absorção dos conhecimentos com a prática dos exercícios. Ao final do livro consta sua resposta.

O Cap. 1 consiste em uma introdução ao assunto abordado, estabelecendo alguns conceitos básicos e concluindo com um breve histórico sobre a criação e a evolução dos computadores. Nesta edição, o texto relativo ao histórico dos computadores foi ampliado.

O Cap. 2 apresenta de modo sucinto os componentes básicos de um computador e define unidades essenciais ao entendimento do resto do livro, como o bit e o byte, bem como outras unidades referenciais.

Como os computadores digitais são máquinas binárias, e estamos habituados à aritmética decimal, no Cap. 3 são apresentados conceitos sobre sistemas de numeração não-decimais, bem como métodos para conversão de valores de base 10 para a base 2 e para as bases 8 e 16, usadas complementarmente nos sistemas de processamento de dados. Mostra-se, ainda, como se efetuam operações aritméticas em sistemas não-decimais. Como já mencionado antes, foi aumentada a quantidade de exercícios. Ainda assim, se o leitor estiver interessado em mais detalhes, poderá encontrá-los no Apêndice A – Sistemas de Numeração, onde o assunto é novamente tratado, porém com mais profundidade.

Devido à sua relevância no desempenho dos sistemas de computação, o estudo da memória foi realçado nesta edição, de modo que o Cap. 4 trata exclusivamente dos aspectos relativos à hierarquia de um sistema de armazenamento e ênfase na memória principal (ou conhecida como RAM), deixando-se a memória cache para um capítulo separado (Cap. 5) e a memória secundária para outro capítulo específico (Cap. 9).

Os Caps. 6 e 7 revistos e atualizados mostram, respectivamente, detalhes conceituais da organização e funcionamento dos processadores, bem como relativos ao modo como os dados são representados internamente em um sistema de computação, como as técnicas utilizadas para implementação de operações aritméticas com diferentes tipos de dados. Além disso, foram acrescentados mais exercícios a cada um desses capítulos.

O Cap. 8 trata do conjunto de instruções de máquina, que todos os processadores possuem e que se constituem de elemento fundamental de uma determinada arquitetura. Ele foi revisto e ampliado em relação à edição anterior, alterando-se, inclusive, seu nome para atender melhor ao tipo de abordagem do assunto.

No Cap. 9 são tratados assuntos relativos às etapas realizadas para efetivação da execução de um programa elaborado em uma linguagem diferente da que é inteligível pelo hardware, ou seja, a linguagem de máquina. Em outras palavras, apresentam-se conceitos sobre compilação, linkedição e interpretação, que permitem ao leitor compreender o que se passa no computador durante a execução de seu programa.

Os diversos dispositivos, denominados genericamente periféricos, são abordados no Cap. 10 (Entrada e Saída), alguns dos quais discutidos com mais detalhes que outros em virtude de seu maior apelo popular.

No Cap. 11, apresenta-se uma breve descrição da arquitetura RISC – Reduced Instruction Set Computers, e são relacionados alguns aspectos comparativos entre essa arquitetura e a arquitetura denominada CISC – Complex Instruction Set Computers, largamente empregada nos processadores da família x86.

Foi acrescentado um capítulo (Cap. 12) com elementos conceituais e descritivos de arquiteturas mais avançadas e atuais, como as de processadores superescalares e superpipelining e arquiteturas de 64 bits.

Diversos apêndices completam e aprofundam o texto, contendo uma descrição mais detalhada do sistema de numeração no Apêndice A, uma descrição dos principais conceitos de Lógica Digital, alicerce no projeto e implementação de computadores digitais, no Apêndice B, conceitos de compilação, linkedição e de execução de programas, no Apêndice C, sobre códigos de representação interna de caracteres, no Apêndice E, além de um glossário no Apêndice F e uma relação de elementos bibliográficos, que servem de auxílio e referência aos leitores. No Apêndice D foram incluídos diversos tópicos, com conceitos e mais detalhes sobre componentes e tecnologias concernentes aos assuntos tratados de forma fundamental no texto básico. Finalmente, foram incluídas as respostas aos exercícios propostos nos diversos capítulos.

Antes de finalizar esta parte inicial do livro, gostaria de ressaltar que esta edição, como as anteriores, teve motivação e sofreu alterações graças aos comentários e observações de mais de 28000 alunos e ex-alunos, bem como de professores que tenho tido o prazer de fazer contato nesses anos. É muito importante que haja o maior número possível desses comentários, críticas e observações, inclusive sobre eventuais omissões de assuntos considerados relevantes aos diversos programas dos cursos. Para tanto, solicito àqueles que desejarem fazer seus comentários, críticas e sugestões ou desejarem obter as figuras utilizadas pelo livro, que usem o canal direto com o autor, pelo e-mail marioam1000@gmail.com, o que me permitirá a obtenção de mais subsídios para aperfeiçoar as futuras revisões do livro.

M.A.M.

Agradecimentos

Em primeiro lugar, devo expressar profunda gratidão aos meus inúmeros ex-alunos que, inicialmente, ao longo de vários anos, pela necessidade de uma fonte de consulta adequada ao tipo de aulas e de assuntos dados, induziram-me a escrever uma apostila e, depois, aperfeiçoá-la com suas críticas e sugestões, resultando na primeira edição deste livro. E às continuadas críticas e sugestões, que me motivaram a escrever as edições subseqüentes, até esta quinta.

Muitos professores, colegas de cursos e outros auxiliaram na edição inicial, bem como no aperfeiçoamento das demais edições. Sempre lembrarei do saudoso Prof. Luiz Roberto Borges Pedroso e do Prof. Lucio Franco de Sá Fernandes, que efetuaram uma cuidadosa leitura do manuscrito original, auxiliando-me com suas críticas corretas e excelentes sugestões para a primeira edição, bem como da Prof[a] Sandra Magalhães, que, ainda para a primeira edição, realizou uma revisão léxica e ortográfica, com eficácia e dedicação. Nas demais edições, muitos outros colegas contribuíram com suas críticas, observações e sugestões, inclusive o Prof. João Luiz Queiroz Ferreira, pela elaboração das soluções de grande parte dos exercícios para a quarta edição. Agradeço, também, aos meus ex-alunos Fernanda Cristina R. da Silva e Thiago Costa V. Lima, pelo auxílio que me proporcionaram na elaboração das figuras adicionais para esta edição.

Agradeço, e muito, aos inúmeros professores que, adotando o livro em seus cursos em todo o país e enviando-me suas críticas e observações, estimularam-me a continuar seu aperfeiçoamento e o lançamento de novas edições.

Agradeço à minha mãe pelos ensinamentos e valores passados durante minha vida, especialmente determinação e coragem, e que certamente foram fatores importantes para a elaboração e a conclusão das sucessivas edições deste livro.

Mas, sobretudo, agradeço a Deus, não só por estar vivo e permitir-me, entre outras coisas, escrever um livro, na esperança de poder contribuir (mesmo que com uma mínima parcela) para a formação profissional de inúmeras pessoas, mas também por ter-me proporcionado e mantido ao longo de mais de 21 anos a maior fonte de inspiração, de carinho e de motivação: minha querida Claudia. Sua enorme tolerância nas infindáveis noites e finais de semana de digitação e de correção do texto, seu permanente incentivo, sua compreensão, seu carinho diário, sua dedicação ao nosso amor nesses anos todos e o completo suporte, especialmente nos meus momentos mais difíceis, foram e têm sido o elemento decisivo e impulsionador, responsável pela efetivação e continuidade desta obra.

M.A.M.

Sumário

1 INTRODUÇÃO, 1
1.1 Conceitos Básicos, 1
1.1.1 Processamento de Dados, 1
1.1.2 Hardware e Software, 3
1.1.3 Computadores Digitais, 4
1.1.4 Sistemas, 8
1.1.5 Sistemas de Computação, 9
1.2 Histórico, 12
1.2.1 Época dos Dispositivos Mecânicos (3000 a.C.–1880), 13
1.2.2 Época dos Dispositivos Eletromecânicos (1880–1930), 15
1.2.3 Época dos Componentes Eletrônicos – Primeiras Invenções (1930–1945), 16
1.2.4 A Evolução dos Computadores Eletrônicos (1945–até quando?), 17
1.2.4.1 Primeira Geração: Computadores à Válvula, 17
1.2.4.2 Segunda Geração: Computadores Transistorizados, 20
1.2.4.3 Terceira Geração: Computadores com Circuitos Integrados, 21
1.2.4.4 Quarta Geração: Computadores que Utilizam VLSI, 23
1.2.4.5 Evolução dos Computadores de Grande Porte (Mainframes), 23
1.2.4.6 Computadores Pessoais – Microcomputadores, 23
Exercícios, 29

2 O SISTEMA DE COMPUTAÇÃO, 31
2.1 Componentes, 31
2.2 Representação das Informações, 44
2.2.1 O Bit, o Caractere, o Byte e a Palavra, 44
2.2.2 Conceito de Arquivos e Registros, 49
2.3 Medidas de Desempenho de Sistemas de Computação, 50
Exercícios, 51

3 CONVERSÃO DE BASES E ARITMÉTICA COMPUTACIONAL, 54
3.1 Notação Posicional – Base Decimal, 54
3.2 Outras Bases de Numeração, 55
3.3 Conversão de Bases, 58
3.3.1 Conversão entre Bases Potência de 2, 58
3.3.1.1 Entre as Bases 2 e 8, 58
3.3.1.2 Entre as Bases 2 e 16, 58
3.3.1.3 Entre as Bases 8 e 16, 59
3.3.2 Conversão de Números de uma Base B para a Base 10, 59
3.3.3 Conversão de Números Decimais para uma Base B, 61
3.4 Aritmética Não-decimal, 63
3.4.1 Aritmética Binária, 64
3.4.1.1 Soma Binária, 64
3.4.1.2 Subtração Binária, 64
3.4.1.3 Multiplicação Binária, 66
3.4.1.4 Divisão Binária, 67

3.4.2 Aritmética Octal (em Base 8), 70
3.4.3 Aritmética Hexadecimal (em Base 16), 72
Exercícios, 73

4 MEMÓRIA PRINCIPAL, 79
4.1 Introdução, 79
4.1.1 Como as Informações São Representadas nas Memórias, 81
4.1.2 Como se Localiza uma Informação nas Memórias, 83
4.1.3 Operações Realizadas em uma Memória, 84
4.2 Hierarquia de Memória, 85
4.2.1 Registradores, 88
4.2.2 Memória Cache, 90
4.2.3 Memória Principal, 92
4.2.4 Memória Secundária, 93
4.3 Memória Principal ou Memória Primária – MP, 95
4.3.1 Organização da Memória Principal, 95
4.3.2 Considerações sobre a Organização da Memória Principal, 98
4.3.3 Operações do Processador com a Memória Principal, 99
4.3.3.1 Operação de Leitura, 102
4.3.3.2 Operação de Escrita, 103
4.3.4 Capacidade de MP – Cálculos, 104
4.3.4.1 Cálculos com Capacidade da MP (RAM), 106
4.3.5 Tipos e Nomenclatura de MP, 110
4.3.5.1 Memórias do Tipo ROM, 113
4.4 Erros, 116
Exercícios, 118

5 MEMÓRIA CACHE, 120
5.1 Introdução, 120
5.2 Conceituação, 120
5.2.1 Diferença de Velocidade Processador/MP, 120
5.2.2 Conceito de Localidade, 121
5.2.3 Organização e Funcionamento da Memória Cache, 124
5.3 Tipos de Uso de Memória Cache, 128
5.4 Elementos de Projeto de uma Memória Cache, 129
5.4.1 Mapeamento de Dados MP/Cache, 129
5.4.2 Algoritmos de Substituição de Dados na Cache, 147
5.4.3 Política de Escrita pela Memória Cache, 147
5.4.4 Níveis de Cache de Memória RAM, 148
5.4.5 Tamanho da Memória Cache, 150
5.4.6 Largura de Linha da Memória Cache, 150
Exercícios, 151

6 PROCESSADORES, 153
6.1 Introdução, 153
6.2 Organização Funcional do Processador, 154
6.2.1 Função Processamento, 162
6.2.1.1 Unidade Aritmética e Lógica – UAL, 163
6.2.1.2 Registradores de Dados, 165
6.2.1.3 A Influência do Tamanho da Palavra, 166
6.2.2 Função Controle, 170
6.2.2.1 A Unidade de Controle, 171
6.2.2.2 O Relógio, 173
6.2.2.3 Registrador de Instrução (RI) – Instruction Register (IR), 175
6.2.2.4 Contador de Instrução (CI) – Program Counter (PC), 176

6.2.2.5 Decodificador de Instrução, 176
6.2.2.6 Registrador de Dados de Memória – RDM e Registrador de Endereços de Memória (REM), 177
6.3 Instruções de Máquina, 177
6.3.1 O que É uma Instrução de Máquina?, 177
6.3.2 Formato das Instruções, 180
6.4 Funcionamento do Processador. O Ciclo da Instrução, 183
6.5 Considerações sobre Processadores, 193
6.5.1 Tecnologia de Fabricação dos Processadores, 193
6.5.2 Largura da Palavra, 194
6.5.3 Conjunto de Instruções, 195
6.5.4 Registradores de Dados, 195
6.5.5 Metodologias de Funcionamento da Unidade de Controle, 197
Exercícios, 201

7 REPRESENTAÇÃO DE DADOS, 204
7.1 Introdução, 204
7.2 Tipos de Dados, 207
7.3 Tipo Caractere, 209
7.4 Tipo Lógico, 211
7.4.1 Operador Lógico AND, 211
7.4.2 Operador Lógico OR, 213
7.4.3 Operador Lógico NOT, 215
7.4.4 Operador Lógico EXCLUSIVE-OR (OU EXCLUSIVO), 216
7.5 Tipo Numérico, 219
7.5.1 Representação em Ponto Fixo, 221
7.5.1.1 Sinal e Magnitude, 223
7.5.1.2 Representação de Números Negativos em Complemento, 230
7.5.2 Overflow, 247
7.5.3 Representação em Ponto Flutuante, 248
7.5.3.1 Representação Normalizada, 251
7.5.3.2 Conversão de Números para Ponto Flutuante, 251
7.5.4 Representação Decimal, 259
Exercícios, 266

8 CONJUNTO DE INSTRUÇÕES, 271
8.1 Introdução, 271
8.2 Formato de uma Instrução de Máquina, 273
8.2.1 Campo Código de Operação (C. Op.), 274
8.2.2 Campo Operando (Op.), 277
8.3 Quantidade de Operandos, 277
8.3.1 Instruções com Três Operandos, 279
8.3.2 Instruções com Dois Operandos, 281
8.3.3 Instruções com Um Operando, 283
8.4 Modos de Endereçamento, 287
8.4.1 Modo Imediato, 288
8.4.2 Modo Direto, 289
8.4.3 Modo Indireto, 290
8.4.4 Endereçamento por Registrador, 293
8.4.5 Modo Indexado, 297
8.4.6 Modo Base Mais Deslocamento, 302
8.5 Linguagem Assembly. O Assembler, 303
8.6 Considerações sobre o Conjunto de Instruções dos Processadores, 307
8.6.1 A Arquitetura IA-32 ou o Conjunto de Instruções dos Processadores Intel e AMD, 308
8.6.2 Arquitetura de Processadores RISC, 310
Exercícios, 310

9 MEMÓRIA SECUNDÁRIA, 314
9.1 Introdução, 314
9.2 Discos Magnéticos, 314
9.2.1 Histórico, 315
9.2.2 Organização e Funcionamento, 317
9.2.3 Características de Funcionamento dos Discos Rígidos, 319
9.2.4 Discos Flexíveis ou Disquetes, 322
9.2.5 Cálculo de Espaço de Armazenamento em Discos, 323
9.2.6 RAID, 324
9.3 Meios de Armazenamento com Tecnologia Ótica, 326
9.3.1 Introdução, 326
9.3.2 Compact Disk – CD, 326
9.3.3 Digital Versatile (ou Video) Disk – DVD, 331
9.4 Fitas Magnéticas, 331
Exercícios, 335

10 ENTRADA E SAÍDA (E/S), 337
10.1 Introdução, 337
10.2 Interfaces de E/S, 340
10.3 Tipos de Transmissão, 345
10.3.1 Transmissão Serial, 345
10.3.1.1 Transmissão Assíncrona, 346
10.3.1.2 Transmissão Síncrona, 348
10.3.2 Transmissão Paralela, 349
10.4 Dispositivos de E/S, 350
10.4.1 Teclado, 351
10.4.2 Monitor de Vídeo, 353
10.4.2.1 Modalidade Textual ou Símbolo a Símbolo, 357
10.4.2.2 Modalidade Gráfica ou Bit a Bit, 358
10.4.2.3 Vídeo Colorido, 359
10.4.2.4 Algumas Observações sobre Monitores de Vídeo, 360
10.4.3 Impressoras, 361
10.4.3.1 Impressoras Matriciais, 361
10.4.3.2 Impressoras de Jato de Tinta, 363
10.4.3.3 Impressoras a Laser, 363
10.4.4 Mouse, 365
10.5 Métodos para Realização de Operações de E/S, 366
10.5.1 Entrada/Saída por Programa, 366
10.5.2 Entrada e Saída com Emprego de Interrupção, 368
10.5.3 Acesso Direto à Memória – DMA, 371
Exercícios, 372

11 ARQUITETURAS RISC, 374
11.1 Introdução, 374
11.2 Características das Arquiteturas CISC, 378
11.3 Características das Arquiteturas RISC, 380
11.3.1 Menor Quantidade de Instruções, Todas com Largura Fixa, 380
11.3.2 Execução Otimizada de Chamada de Funções, 381
11.3.3 Menor Quantidade de Modos de Endereçamento, 381
11.3.4 Modo de Execução com *Pipelining*, 382
11.3.5 Execução de Cada Instrução em um Ciclo de Relógio, 382
11.4 RISC × CISC, 383
11.5 Exemplos de Arquiteturas RISC, 385
11.5.1 O Desenvolvimento da Arquitetura RISC na IBM, 385
11.5.2 A Arquitetura dos Processadores SPARC (Pesquisa Inicial em Berkeley), 389

11.5.3 A Arquitetura dos Processadores MIPS (Pesquisa Inicial em Stanford), 391
11.5.4 Outras Arquiteturas RISC, 393
Exercícios, 394

12 CONSIDERAÇÕES SOBRE OUTRAS ARQUITETURAS, 395
12.1 Introdução, 395
12.2 Tipos de Processamento Não-seqüencial (Paralelo), 397
12.2.1 Classificação de Computação – Taxonomia de Flynn, 398
12.2.2 Processamento Superescalar e Superpipelining, 398
12.2.2.1 Processamento Superescalar, 399
12.2.2.2 Processamento Superpipeline, 405
12.2.2.3 VLIW (Very Long Instruction Word), 406
12.2.3 Arquitetura Vetorial, 407
12.3 Arquiteturas de 64 Bits, 410
12.3.1 IA-64 (Intel Architecture 64 Bits), 411
12.3.2 AMD 64, 419
Exercícios, 421

APÊNDICES, 422

A SISTEMAS DE NUMERAÇÃO, 422
A.1 Sobre Símbolos e Números, 422
A.2 Sistema de Numeração Não-posicional, 423
A.3 Sistema de Numeração Posicional, 424
A.3.1 Base, 425
A.3.2 Um Pouco de História, 427
A.4 Algarismos e Números, 427
A.5 Conversão de Bases, 428
A.5.1 Da Base 10 para uma Base B Qualquer, 428
A.5.1.1 Conversão de Números Inteiros, 429
A.5.1.2 Conversão de Números Fracionários, 430
A.5.2 Conversão de Base B (Não 10) para Valor Decimal, 432
A.5.3 Conversão Direta entre Bases Não-decimais, 433
A.6 Outros Métodos de Conversão de Bases, 434
A.7 Operações Aritméticas, 437
A.7.1 Procedimentos de Adição, 438
A.7.1.1 Adição de Números Binários, 438
A.7.1.2 Adição de Números Octais e Hexadecimais, 439
A.7.2 Procedimentos de Subtração, 440
A.7.2.1 Subtração de Números Binários, 440
A.7.2.2 Subtração de Números Octais e Hexadecimais, 441
A.7.3 Multiplicação de Números Binários, 441
A.7.4 Divisão de Números Binários, 442
Exercícios, 443

B CONCEITOS DA LÓGICA DIGITAL, 445
B.1 Introdução, 445
B.2 Portas e Operações Lógicas, 446
B.2.1 Operação Lógica ou Porta AND (E), 448
B.2.2 Operação Lógica ou Porta OR (OU), 450
B.2.3 Operação Lógica NOT (Inversor), 452
B.2.4 Operação Lógica NAND – NOT AND, 454
B.2.5 Operação Lógica NOR – NOT OR, 456
B.2.6 Operação Lógica XOR – EXCLUSIVE OR, 459
B.3 Expressões Lógicas – Aplicações de Portas, 461
B.3.1 Cálculos com Expressões Lógicas, 462

B.4 Noções de Álgebra Booleana, 468
B.4.1 Regras Básicas da Álgebra Booleana, 470
B.5 Circuitos Combinacionais, 473
B.5.1 Exemplo Prático – Projeto de um Multiplicador de 2 Bits, 475
B.5.2 Portas Wired-Or e Wired-And, 477
B.5.3 Circuitos Integrados, 478
B.5.4 Decodificador, 481
B.6 Circuitos Seqüenciais, 482
B.6.1 Flip-flops, 483
Exercícios, 486

C EXECUÇÃO DE PROGRAMAS, 489
C.1 Introdução, 489
C.2 Linguagens de Programação, 489
C.3 Montagem e Compilação, 492
C.3.1 Montagem, 493
C.3.2 Compilação, 495
C.4 Ligação ou Linkedição, 499
C.5 Interpretação, 501
C.5.1 Compilação × Interpretação, 502
C.6 Execução de Programas em Código de Máquina, 504
Exercícios, 511

D ALGUNS DETALHES, 513
D.1 Sobre Memórias, 513
D.1.1 Tipos e Tecnologias de Memórias do Tipo RAM, 513
D.1.1.1 Sobre as Memórias SRAM, 515
D.1.1.2 Sobre as Memórias DRAM, 522
D.1.1.3 Comparação entre as Tecnologias SRAM e DRAM, 528
D.1.2 Evolução da Tecnologia das Memórias DRAM, 528
D.1.3 Tipos de Encapsulamento das Memórias de Semicondutores, 533
D.2 Sobre Processadores, 534
D.2.1 Unidade Aritmética e Lógica – UAL (Functional Unit ou Integer Unit), 535
D.2.2 Metodologia de Execução Tipo Linha de Montagem ou *Pipelining*, 541
D.2.2.1 Descrição do Processo, 541
D.2.2.2 Desempenho de um Pipeline, 548
D.2.2.3 Tipos de Pipeline, 549
D.2.2.4 Problemas Decorrentes do Emprego de Pipelining, 550
D.2.3 Tipos de Controle em um Processador, 555
D.2.3.1 Controle Programado no Hardware, 556
D.2.3.2 Controle por Microprogramação, 561
D.2.4 Os Processadores e Suas Arquiteturas, 579
D.2.4.1 A Evolução da Arquitetura x86 da Intel, 579
D.2.4.2 Processadores da AMD, 596
D.2.5 Encapsulamento de Elementos de um Processador em uma Pastilha (Chip), 599
D.2.6 Soquetes Utilizados para Inserção de Processadores na Placa-mãe, 601
D.3 Sobre Barramentos, 603
D.3.1 Conceitos Básicos sobre Barramentos, 603
D.3.2 Elementos de Projeto e Funcionamento de um Barramento, 605
D.3.2.1 Comparação entre o Barramento Síncrono e o Assíncrono, 610
D.3.3 O Barramento PCI, 610
D.3.3.1 Funcionamento do Padrão PCI, 612
D.3.3.2 Emprego da Arbitragem nos Barramentos PCI, 615
D.3.4 Sobre Alguns Barramentos, 616
D.3.4.1 Tecnologia USB – Universal Serial Bus, 616
D.3.4.2 Tecnologia Hyper Transport, 617

D.3.4.3 Tecnologia Firewire (IEEE 1394), 618
D.3.4.4 Tecnologia AGP, 618
D.3.4.5 Tecnologia PCI Express, 619
D.4 Circuitos de Apoio (Chipsets), 620
D.5 Organização de Dados na Memória do Tipo Big Endian e Little Endian, 621
D.6 Sobre a Representação de Números em Ponto Flutuante, 622
D.6.1 O Padrão IEEE-754, 1985, 624
D.6.2 Erros e Arredondamento em Operações Aritméticas em Ponto Flutuante no Padrão IEEE-754, 628
D.7 Sobre o Sistema de Entrada/Saída (E/S), 629
D.7.1 Introdução, 629
D.7.2 Sobre Teclados, 629
D.7.2.1 Etapas Básicas do Funcionamento de um Teclado Utilizado em Microcomputadores, 629
D.7.2.2 Um Pouco de História, 632
D.7.3 Sobre Vídeos, 633
D.7.3.1 Vídeos de Cristal Líquido – LCD, 634
D.7.3.2 Vídeos de Gás Plasma, 635
D.7.4 Tecnologias Alternativas para Impressão em Cores, 635
D.7.5 *Scanners*, 637
Exercícios, 638

E CÓDIGOS DE REPRESENTAÇÃO DE CARACTERES, 642
E.1 Tabelas de Códigos ASCII e EBCDIC, bem como Valores em Hexadecimal, 645
E.2 O Unicode, 645

F GLOSSÁRIO, 647

BIBLIOGRAFIA, 658

RESPOSTAS DOS EXERCÍCIOS, 662

ÍNDICE, 694

INTRODUÇÃO À ORGANIZAÇÃO DE COMPUTADORES

1

Introdução

1.1 CONCEITOS BÁSICOS

1.1.1 Processamento de Dados

Um computador é uma máquina (conjunto de partes eletrônicas e eletromecânicas) capaz de sistematicamente coletar, manipular e fornecer os resultados da manipulação de informações para um ou mais objetivos. Por ser uma máquina composta de vários circuitos e componentes eletrônicos, também foi chamado durante algum tempo de equipamento de *processamento eletrônico de dados*.

Processamento de dados (tradução do termo inglês *Data Processing)* consiste, então, em uma série de atividades ordenadamente realizadas, com o objetivo de produzir um arranjo determinado de informações a partir de outras obtidas inicialmente.

A manipulação das informações coletadas no início da atividade chama-se *processamento; as* informações iniciais são usualmente denominadas *dados*.

Os termos *dado* e *informação* podem ser tratados como sinônimos ou como termos distintos; *dado* pode ser definido como a matéria-prima originalmente obtida de uma ou mais fontes (etapa de coleta), e *informação* como o resultado do processamento, isto é, o dado processado ou "acabado".

A Fig. 1.1 mostra o esquema básico de um processamento de dados (manual ou automático), que resulta em um produto acabado: *a informação*.

Informação subentende dados organizados (segundo um arranjo ou programação específica) para o atendimento ou emprego de uma pessoa ou grupo que os recebe.

Como o conhecimento e a tomada de decisão são importantes em várias áreas e em diferentes níveis hierárquicos de uma organização, a informação para uma determinada pessoa ou grupo pode ser considerada como um dado para outra.

Por exemplo, o processamento eletrônico de dados (PED) de itens do estoque de uma empresa pode estar estruturado para ser realizado em diferentes etapas. Na primeira, deseja-se apenas atualizar as informações de estoque para uso do almoxarifado e, nesse caso, os *dados* (de entrada) são itens recebidos e retirados em um dia, bem como a posição do dia anterior; o *processamento* consistirá, basicamente, em operações aritméticas de soma e subtração (além de outras não principais); como *resultado* (de saída), obtêm-se informações sobre a nova posição do estoque.

Numa segunda etapa, pode-se ter um outro tipo de processamento, dessa vez para produzir informações para um outro nível de tomada de decisão. Nesse caso, utiliza-se como *dados* a posição do estoque (informação no processamento anterior); o *processamento* verificará quais itens estão abaixo de um mínimo, e como *resultado* (de saída) obtém-se a nova informação (itens especificamente selecionados).

Figura 1.1 Etapas básicas de um processamento de dados.

É claro que, nesse caso, um único processamento poderá obter as duas informações, mas isso não impede que constatemos a variação do emprego de dado e informação.

A obtenção de dados e a realização de seu processamento para produzir informações específicas são uma atividade que vem sendo exercida desde os primórdios da civilização. O que tem variado com o correr do tempo é, além naturalmente da tecnologia, o volume de dados a ser manipulado e a eficácia da manipulação, medida em termos de velocidade e flexibilidade na obtenção das informações resultantes.

A busca de técnicas mais eficazes de processamento de dados, aliada ao natural avanço tecnológico em diversos outros ramos de atividade, como a eletrônica e a mecânica, por exemplo, conduziu o mundo ao desenvolvimento de equipamentos de PED – os computadores – capazes de coletar, armazenar e processar dados muito mais rapidamente que os antigos meios manuais. Como veremos mais adiante, neste capítulo, o primeiro computador (a máquina capaz de automatizar o processamento de dados) surgiu da necessidade de se acelerar a realização de cálculos (processamento matemático de dados).

Atualmente, com a imensa quantidade de informações que precisam ser conhecidas e atualizadas rapidamente pelas empresas, a utilidade dos computadores deixou de ser apenas importante para se tornar essencial, quase imprescindível em praticamente todo tipo de atividade.

O avanço tecnológico na área de telecomunicações também contribuiu de modo considerável para o crescimento do uso de computadores, visto que permitiu sua interligação, criando-se as redes de comunicação de dados, sejam as internas a uma empresa ou aquelas que interligam outras redes. O exemplo mais claro e de conhecimento mais amplo do público em geral é o da Internet, a rede mundial capaz de permitir a comunicação entre praticamente qualquer tipo de computador, alavancando, também, seu conhecimento e sua utilização a áreas da sociedade muitas vezes distantes de qualquer tipo de tecnologia.

Quando se estuda ou analisa um computador, podemos tratar o assunto sob dois pontos de vista diferentes: da organização (ou implementação) e da arquitetura do computador.

A organização de um computador, também conhecida por **implementação**, é a parte do estudo da ciência da computação que trata dos aspectos relativos à parte do computador mais conhecida dos especialistas que o construíram e cujo entendimento é desnecessário ao programador. São aspectos relativos aos componentes físicos específicos, como a tecnologia utilizada na construção da memória, a freqüência do relógio, os sinais de controle para iniciar as microoperações nas diversas unidades da máquina.

A arquitetura do mesmo computador é uma outra parte da mesma ciência da computação, mais no nível de conhecimento desejado pelo programador, visto que suas características (as da arquitetura de uma determinada máquina) têm impacto direto na elaboração de um programa. São elementos de uma arquitetura, o conjunto de instruções de um processador, o tamanho da palavra, os modos de endereçamento das instruções, o tipo e o tamanho dos dados manipulados pelo processador.

Como exemplo da distinção entre essas partes, podemos mencionar como elemento de decisão de uma dada arquitetura se a sua unidade de controle será "programada por hardware" ou se será microprogramada (ver Cap. 6 e Apêndice D). Decidido, por exemplo, que ela será microprogramada, então um aspecto da organização do processador a ser decidido refere-se ao tipo de tecnologia e ao tamanho da memória de controle, que armazenará as microinstruções projetadas para o referido processador.

Desse modo, um fabricante pode definir elementos característicos da arquitetura de uma "família" de processadores e construir vários deles, cada um com uma diferente organização, um modelo diferente para venda.

Um exemplo típico é o da "família" x86, da Intel, que se constituiu, durante anos, na base de inúmeros processadores, desde o 80386 (mesmo antes já havia os processadores Intel 8086/8088) até o atual Pentium 4. Desse modo, tem sido possível aos usuários trocar de computador (de processador) sem precisar alterar seus programas ou ter que recompilá-los (ver explicação sobre compilação no Apêndice C), visto que empregam, em essência, a mesma arquitetura.

No entanto, cada processador (386, 486, Pentium, Pentium Pro, Pentium II, Pentium III, Pentium 4) tem características específicas de implementação, isto é, tem uma organização diferente da do outro, a qual afeta seu interior e seu desempenho, mas não no que se refere ao usuário.

Na nossa vida cotidiana, constumamos perceber essas diferenças entre arquitetura e organização em outros ramos de atividade, embora não se utilize a mesma nomenclatura aqui apresentada. É o caso, por exemplo, da especificação da arquitetura de um edifício (como a quantidade de cômodos, o tipo de cobertura das paredes da cozinha, se terá ou não varanda etc.). Dados semelhantes aos aspectos de organização já indicados são os dados de estrutura, cálculos de peso e de vigas, encanamentos etc.

1.1.2 Hardware e Software

Este livro trata de computadores, de sua arquitetura e organização, sua estrutura funcional e física.

Sendo uma máquina, o computador é constituído de diversos componentes físicos, desde os menores, na escala de nanômetros, como os transistores, resistores e capacitores (componentes eletrônicos), a outros maiores, como a válvula de raios catódicos, VRC (do termo inglês CRT – cathode ray tube), usada nos monitores de vídeo, o teclado, o mouse, a fiação elétrica interna, as placas de circuito impresso e outros. Em conjunto, esses componentes formam a parte conhecida como *hardware*[1]. A Fig. 1.2 mostra exemplos de componentes (hardware) de computadores.

No entanto, se considerarmos apenas o hardware, este é um objeto inerte, sem qualquer atividade própria. Ele requer (qualquer parte do hardware) uma instrução ou comando para realizar uma específica atividade, por menor ou mais simples que seja.

O motor de um disco rígido (HD – hard disk) inicia sua rotação após receber uma instrução específica definida pelo fabricante; o braço desse mesmo disco também se move pelas trilhas por força de instrução ou seqüência de instruções; quando pressionamos uma tecla de um teclado, uma série de instruções é executada de modo a prover o aparecimento do correspondente caractere no vídeo, por exemplo. Além disso, podemos escrever um conjunto de comandos (instruções) em uma seqüência específica e em uma linguagem especialmente definida para interação com a máquina (linguagem de programação de alto nível, como Pascal, Fortran, C e outras) e obter os resultados mais diversos, conforme a ordem e o tipo de comandos escolhidos.

Essas instruções, que podem ser ordenadas de formas diferentes (e, conseqüentemente, produzir resultados diferentes), foram denominadas *software*, em oposição ao termo hardware. É o que conhecemos genericamente como programas de computador.

É o programa (software) que mostra a versatilidade e a "inteligência" do computador. Assim, um determinado computador, fabricado com base em um processador específico, como o Pentium 4, por exemplo, ou o AMD Athlon XP, pode controlar a abertura e fechamento de sinais de trânsito em uma região. Isto é realizado pela execução de um programa, que manipula as instruções de máquina segundo uma determinada seqüência (o programa).

Este mesmo computador (com o mesmo processador e as mesmas instruções de máquina) pode servir para editar-se um texto ou acessar um site WWW ou ainda ajudar a controlar o estoque de um almoxarifado.

Cada uma dessas atividades é realizada por meio da manipulação diferente (programa diferente) das mesmas instruções, utilizando o mesmo hardware.

O termo hardware é uma palavra original da língua inglesa, de uso comum, que identifica qualquer ferramenta (*hard* significa duro, rígido. É um elemento difícil de modificar manualmente), material físico. Porém,

---

[1]Em inglês, *hardware* significa ferragens. Qualquer ferramenta como uma chave de parafuso ou mesmo uma peça como um parafuso ou uma bica é hardware; em inglês, uma loja de ferragens é uma *hardware store*. No entanto, em português, somente usamos essa palavra para identificar material de computador.

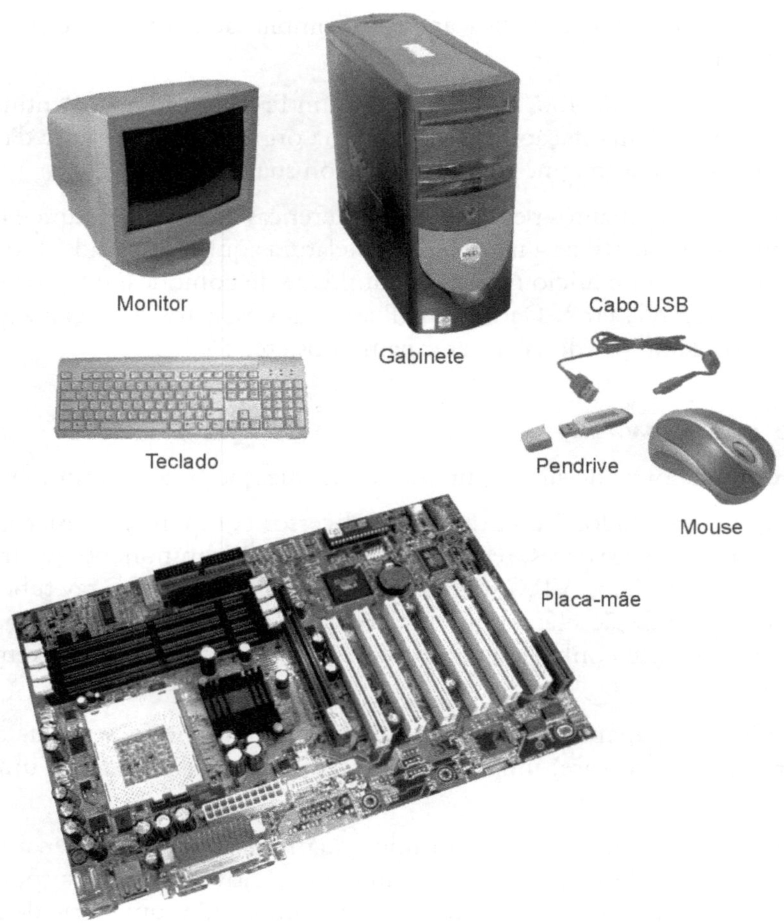

Figura 1.2 Exemplos de hardware.

o termo *software* surgiu na época dos computadores, para indicar o elemento que comanda as atividades do hardware, a sua programação, suas instruções e que podem facilmente ser alteradas manualmente. O termo inglês *soft* é o antônimo de *hard* e significa "macio". Ou seja, o hardware é difícil de manipular, de alterar, enquanto o software não.

Realmente, pode-se facilmente reescrever uma linha (ou várias) de código, ou seja, é simples manipular um programa, o que não acontece, p. ex., se desejarmos acrescentar uma tecla em um teclado. Nesse caso, o teclado teria que retornar ao fabricante, para analisar o problema e projetar um novo teclado.

1.1.3 Computadores Digitais

Conforme já mencionamos anteriormente, o computador é constituído de um conjunto de componentes (hardware), capaz de realizar uma série de tarefas, de acordo com a seqüência de ordens dadas aos componentes, sendo essas ordens (ou instruções) em conjunto denominadas software. Vimos também que os computadores são máquinas que manipulam dados para produzir produtos acabados, que chamamos genericamente de informações.

Assim, internamente um computador precisa ter um processo qualquer para representar não só os dados que irá manipular (processar), mas também as instruções ou ordens dadas aos seus componentes, como, por exemplo,

- captar um valor no dispositivo de entrada,
- somar um valor com outro,
- mover um valor de um local para outro,
- colocar um valor na porta de saída etc.

O ser humano também pode realizar tarefas repetitivas ou seqüencialmente ordenadas, como quando executa uma receita para fazer um bolo, como quando está efetuando o processamento anual do imposto de renda de forma manual (seguindo as instruções ordenadas existentes em um manual), e assim por diante.

No caso do ser humano, tanto os dados que ele irá manipular para fazer a declaração de renda (valores de salários recebidos, resultados de somas e subtrações etc.) quanto as instruções do manual são formados pelos símbolos que nós, humanos, combinamos para representar informações, e que chamamos, por exemplo, de:

- caracteres alfabéticos (as letras, que podem ser maiúsculas e minúsculas, p. ex., a, G, x, T)
- caracteres numéricos ou números, formados por conjuntos de algarismos, p. ex., 126, 7, 34
- sinais de pontuação, p. ex., – , . ; (
- sinais representativos de operações matemáticas, p. ex., + * / , e assim por diante.

Na realidade, esses caracteres são graficamente representados pelos símbolos mostrados nos exemplos porque nós, humanos, tendo capacidade visual (e sonora), podemos combinar um símbolo diferente para cada elemento que desejamos representar em nossa linguagem escrita e auditiva. Desse modo, quando lemos um livro, seja de ficção ou técnico, conseguimos compreender a mensagem do autor devido a esse acordo entre nós, que chamamos de linguagem de comunicação. As linguagens usadas pelos humanos são constituídas de símbolos, que representam a menor unidade de informação (caracteres, sinais de pontuação etc.) e regras de sintaxe e semântica da linguagem, e assim nos comunicamos sem problema. Há no mundo diversas linguagens de comunicação, usadas por diferentes grupos de pessoas, como o português, o inglês, o francês e inúmeras outras.

No caso dos computadores, também há necessidade de se definir uma forma de representar internamente os dados que ele recebe e processa e ainda as instruções que ele usa para efetuar seu processamento. Ou seja, foi preciso definir uma linguagem de representação interna de dados/instruções e de comunicação interna para os computadores.

Tratando-se de uma máquina (que não possui nossa acuidade visual nem sonora), que é constituída em grande parte de componentes eletrônicos, ou seja, componentes que são percorridos (utilizam-se de) por sinais elétricos, seja de tensão ou de corrente e cuja habilidade (razão de sua criação) é a manipulação de valores numéricos, é bastante aceitável que seus criadores tenham decidido representar os dados a serem introduzidos e manipulados internamente por algarismos ou dígitos (são palavras sinônimas). Esses dígitos são internamente representados por valores de tensão, um para cada símbolo diferente (visto que, não tendo a máquina acuidade visual, não posso representar diferentes valores por símbolos diferentes, mas sim apenas por valores diferentes de tensão elétrica). A Fig. 1.3 mostra exemplos comparativos dos símbolos com valores de tensão.

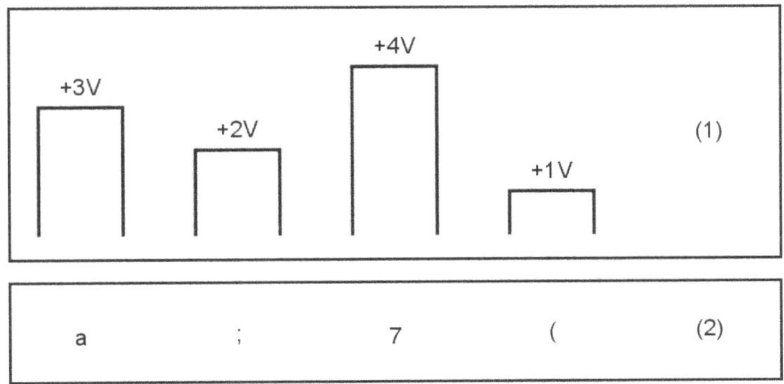

(1) Forma elétrica, usada em máquinas eletrônicas
(uma intensidade de sinal diferente para cada caractere)

(2) Forma gráfica simbólica, usada pelos humanos
(um símbolo diferente para cada caractere)

Figura 1.3 Exemplos de representação de dados pelos humanos e por uma máquina.

Desse modo, vemos que para os humanos é fácil criar e memorizar diversos símbolos diferentes, um para cada dado individual de informação de sua linguagem. *Grosso modo*, podemos imaginar, considerando os caracteres básicos de sua linguagem, cerca de 80 símbolos diferentes, entre os quais temos:

- 26 símbolos para caracteres alfabéticos minúsculos (letras minúsculas) – a b c d x g j.......
- 26 símbolos para caracteres alfabéticos maiúsculos (letras maiúsculas) – A B G O P V......
- 4 símbolos para sinais de pontuação (. , ; :)
- 10 símbolos para caracteres numéricos (algarismos decimais) – 0 1 2 3 4 5 6 7 8 9
- 4 símbolos representativos de operações aritméticas — * — /
- n outros símbolos, como: ( ) [ ] “ ? < > % # &

Como será mencionado adiante (ver Histórico, item 1.2), os computadores surgiram para resolver de forma mais rápida e confiável (sem os erros comuns aos humanos em processos repetitivos) problemas matemáticos e não-textuais, como vemos em livros e outros textos. Além disso, ficaria extremamente difícil para os engenheiros criar mais de 80 níveis diferentes de tensão, um para cada símbolo a ser usado (na realidade, os humanos usam centenas de símbolos diferentes em suas comunicações escritas e sonoras).

Dessa forma, optou-se por representar internamente os dados e instruções através de algarismos, os quais são convertidos para sinais de tensão conforme o valor do algarismo. Assim, querendo-se introduzir como dado o caractere ***a*** ou o caractere ***T***, a máquina transforma em um valor numérico correspondente, segundo uma combinação qualquer (código), o qual é internamente representado por um valor de tensão específico, definido pelos fabricantes. Daí a razão de os computadores serem chamados de ***máquinas digitais***, porque representam os dados internamente e os manipulam por ***dígitos*** (ou algarismos). E esses dígitos têm a propriedade de variar de valor discretamente no tempo. Ou seja, passa-se do valor 1 para o 2 ou de um valor 1 para outro valor 1 sem valores intermediários, sendo números inteiros e não reais, diferentemente de um outro tipo de valor ou grandeza que pode variar continuamente no tempo, e que chamamos de ***analógica***.

Como costumamos usar o sistema decimal para numerar e processar matematicamente grandezas, seria aceitável e compreensível que os cientistas que projetaram e construíram os primeiros computadores adotassem algarismos decimais para a representação interna e para as unidades de cálculo daquelas máquinas. O computador ENIAC, pronto em 1946 e considerado o primeiro (ou dos primeiros) computador surgido (ver Histórico, item 1.2) usava o sistema decimal internamente. Era, então, uma máquina digital (porque representava os dados internos por dígitos) decimal (porque esses dígitos eram dígitos decimais – de 0 a 9).

Mas essa forma de representação revelou-se desvantajosa em face de inconvenientes de custo e confiabilidade, lendo-se custo em várias formas, como de consumo de energia, dissipação de calor etc., devido à necessidade de usar 10 diferentes níveis de tensão, conforme podemos observar na Fig. 1.4.

Isso se deve, em parte, à necessidade de se ter que adotar 10 diferentes níveis de tensão, bem separados, de modo a evitar conflitos de interpretação pelo sistema, conforme exemplificado na Fig. 1.4, tendo em vista que, por ser uma máquina fabricada industrialmente, há sempre variações internas de valores, assim como em nossas tomadas elétricas de casa há constantes variações da tensão de entrada. Para garantir que o sistema vai entender corretamente um valor adota-se uma margem de tolerância na sua interpretação, como mostrado na Fig. 1.5. Para um valor, p. ex., de +3V para um dígito, o sistema é projetado para entender este dígito com valores entre +2,8V e + 3,2V, e para um outro dígito, cujo valor representativo é +3,5V, sua tolerância de interpretação seria de +3,3V a + 3,7V. Dessa forma, haveria uma pequena separação de tensão entre os dois dígitos (+3,2V para um e +3,3V para outro), o que poderia acarretar um erro se essa margem fosse ligeiramente ultrapassada em algum caso.

Para se garantir que esse problema não ocorra, consideram-se margens de tolerância maiores e separações entre os valores de cada algarismo também maiores. Isso, naturalmente, conduz a valores de tensão de entrada mais largos, para acomodar todos os valores de tensão de todos os dígitos. Esse fato, obviamente, acarreta maior consumo de energia e potência, com maior dissipação de calor, como mencionado antes.

Considerando todos esses inconvenientes, verificou-se, então, que o mais confiável e de menor custo seria adotar uma menor quantidade de valores de tensão diferentes para representar os dígitos internamente, o que

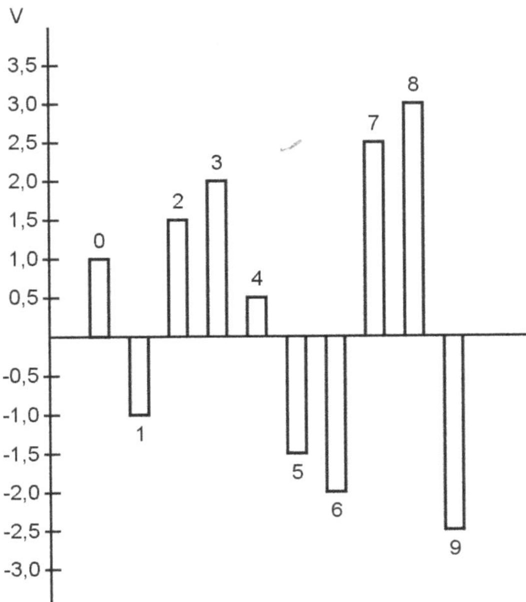

Figura 1.4 Exemplo de representação de 10 algarismos por níveis de tensão diferentes, em máquinas decimais.

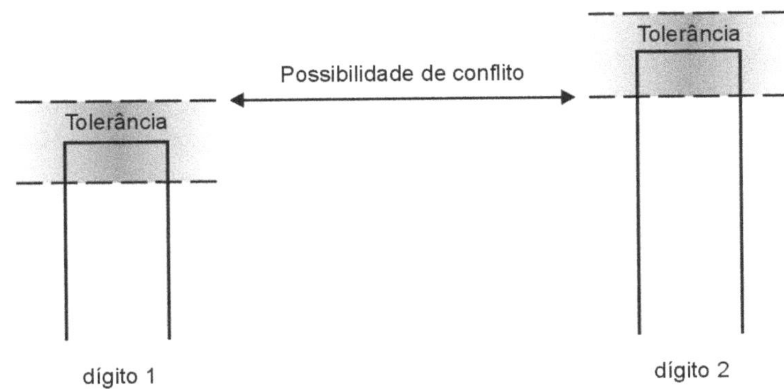

Figura 1.5 Exemplo de possibilidade de conflito na interpretação de dois valores.

significa adotar um sistema onde os dados seriam representados e manipulados por poucos dígitos diferentes. Em outras palavras, em vez de usar o sistema decimal, adotar um sistema menor (menor quantidade de símbolos, menor base), sendo o menor, como o de base 8 (oito algarismos, em vez de 10) ou base 2 (apenas dois algarismos diferentes, 0 e 1).

Além dessas vantagens, em termos de custo e recursos, foram considerados, também, outros fatores importantes:

- o hardware básico (inicialmente válvulas, relés, chaves etc. e posteriormente os transistores) é binário, pois deixa ou não passar corrente, as portas estão abertas ou fechadas; os campos magnéticos representativos de um dígito, em determinados dispositivos de armazenamento, podem estar orientados em uma ou outra direção; uma marca ótica existe ou não, e assim por diante.

- a lógica de programação é do tipo: SE condição verdadeira, ENTÃO faça assim, assim, assim etc., SENÃO faça assim, assim etc. ENTÃO e SENÃO são caminhos, elementos binários, pois escolhe-se ENTÃO ou SENÃO. E assim por diante.

Em resumo, uma máquina com linguagem binária (apenas dígitos 0 e 1) seria mais barata, mais confiável, consumiria menos recursos e poderia processar dados de modo mais eficiente do que uma outra que usasse mais dígitos. E o sr. John von Neumann assim fez, e seu IAS (ver item 1.2) foi especificado como uma máquina digital binária. E as demais máquinas desde então têm sido digitais binárias. A sua linguagem de máquina é digital binária, a máquina realiza operações matemáticas através das regras do sistema binário.

Atualmente, como só temos máquinas (computadores) digitais binárias, é redundante escrever digital binário, e digital virou "sinônimo" de digital binário.

1.1.4 Sistemas

Um sistema pode ser definido de diferentes maneiras. Um sistema pode ser compreendido, por exemplo, como um conjunto de partes que cooperam para atingir um objetivo comum. Porém, a definição que parece mais apropriada para nossas conceituações é a seguinte, ligeiramente diferente da anterior:

"Conjunto de partes coordenadas que concorrem para a realização de um determinado objetivo".

Atualmente, o enfoque sistêmico se faz presente em quase todas as áreas do desenvolvimento comercial, científico, industrial e social.

Temos conhecimento do sistema de transporte de uma cidade, um conjunto de partes (os ônibus, as ruas, os motoristas e trocadores, as pessoas) que se integram (através das normas e trajetos aprovados pela prefeitura da cidade) para atingir o objetivo de transportar pessoas de um local para outro de forma eficaz (o que nem sempre acontece...). Conhecemos outros sistemas, como o sistema circulatório do corpo humano, o sistema econômico do país (!!!!) etc.

O processamento eletrônico de dados, devido à sua própria natureza, a de ser um conjunto de componentes separados que se integram segundo procedimentos e regras previamente estabelecidos, vem-se desenvolvendo de acordo com os conceitos da Teoria de Sistemas e, por essa razão, é chamado de sistema de computação.

É sistema porque é um conjunto de partes que se coordenam (o teclado, a memória, o processador, os dispositivos periféricos, os programas) para a realização de um objetivo: computar (por isso é de computação).

Computar significa *calcular*, realizar cálculos matemáticos. Os computadores são máquinas de computar, de calcular, de realizar operações matemáticas. O primeiro computador, desenvolvido na década de 1940, tinha o objetivo de acelerar cálculos balísticos para o exército americano (ver item 1.2). E daí em diante os computadores não pararam de evoluir tecnologicamente, mas continuaram sendo equipamentos para computar. Mesmo quando um processador está sendo usado para processar texto ele o faz através de cálculos matemáticos, como também acontece quando ele realiza processamento gráfico e outros mais.

Calcular, realizar operações matemáticas, é uma tarefa a ser executada com valores, com dados. O cálculo matemático com valores numéricos nada mais é do que a manipulação desses valores. O resultado de uma operação matemática é normalmente armazenado em uma célula de memória ou registrador do processador, o que se trata de outro tipo de manipulação dos dados. E assim por diante. Na realidade, um computador realiza contínuas e constantes manipulações de dados. A manipulação dos dados, realizada segundo instruções de um programa, é conhecida como processamento dos dados.

Sistemas de processamento de dados são aqueles responsáveis pela coleta, armazenamento, processamento e recuperação, em equipamentos de processamento eletrônico, dos dados necessários ao funcionamento de um outro sistema maior: o sistema de informações.

O sistema de informações de uma empresa pode ser conceituado como o conjunto de métodos, processos e equipamentos necessários para se obter, processar e utilizar informações dentro da empresa. Dessa forma, ele compreende não só o SPD (Sistema de Processamento de Dados) como também todos os procedimentos manuais necessários a prover informações para um determinado nível de decisão de uma organização.

Em qualquer organização, os sistemas de informações se desenvolvem segundo duas dimensões: os *componentes da organização,* isto é, seus diversos setores funcionais, e *o nível de decisão,* o qual obedece a uma hierarquia clássica, de níveis:

- nível operacional (de execução corriqueira e imediata, de competência dos menores escalões);
- nível gerencial (de nível intermediário, de competência da gerência setorial);
- alto nível da organização (de nível estratégico, de competência da diretoria).

O tipo de decisão tomada em cada nível requer um diferente grau de agregação da informação e, em conseqüência, diferentes tipos de relatórios e/ou apresentação e uso da informação.

Dentro desse enfoque, um sistema de informações gerenciais (SIG) pode ser conceituado como o sistema de informação que engloba todos os componentes e todos os níveis de decisão de uma organização.

Em geral, um sistema de processamento de dados compreende duas partes: o sistema de computação (o computador e os programas básicos) e os sistemas de aplicação. Os primeiros, normalmente fornecidos completos pelo fabricante ou por fornecedores específicos, e os últimos, desenvolvidos pelo usuário ou por terceiros, especificamente dedicados a uma aplicação de interesse do usuário.

1.1.5 Sistemas de Computação

Qualquer processamento de dados requer a execução de uma série de etapas, que podem ser realizadas de forma manual ou automática por um computador. Tais etapas, elaboradas e executadas passo a passo, constituem o que se chama *programa*. Cada um dos passos mencionados é uma diferente instrução, ou ordem de comando, dada ao hardware, objetivando a realização de uma determinada ação (uma operação aritmética, uma transferência de informação etc.). O programa é o conjunto de instruções.

Consideremos que se deseja, por exemplo, somar 100 números e imprimir o resultado. Se o processo é manual, precisa-se de uma máquina de somar e outra de escrever, bem como de uma pessoa que executará todas as etapas. Estas poderão estar relacionadas em um papel, de modo que o operador não cometa erros nem se esqueça de alguma etapa, devendo ser executadas sistematicamente, uma após outra, conforme mostrado na Fig. 1.6.

1. Escrever e guardar N=0 e SOMA=0
2. Ler número da entrada
3. Somar valor do número ao de SOMA e guardar resultado como SOMA
4. Somar 1 ao valor de N e guardar resultado como novo N
5. Se valor de N for menor que 100, então passar para item 2
6. Senão: imprimir valor de SOMA
7. Parar

Figura 1.6 Algoritmo para soma de 100 números.

Uma pessoa é capaz de executar a soma, cujo algoritmo é apresentado na Fig. 1.6, através de variações sobre as etapas indicadas, mas um computador, sendo uma máquina, requer instruções precisas e completas sobre cada passo que deva executar.

O grupo de passos relacionado na figura constitui um algoritmo. Algoritmo é um conjunto de etapas finitas, ordenadamente definidas, com o propósito de obter solução para um determinado problema. O termo "finitas" significa a necessidade de um requisito qualquer que estabeleça o final da execução do algoritmo; no exemplo dado, podemos observar, na etapa 5, que a execução das etapas de 2 a 4 se repete enquanto $N<100$. Esta é, pois, a cláusula de parada.

A Fig. 1.7 mostra um esquema da execução manual do programa gerado pelo algoritmo da Fig. 1.6, observando-se nele as etapas básicas.

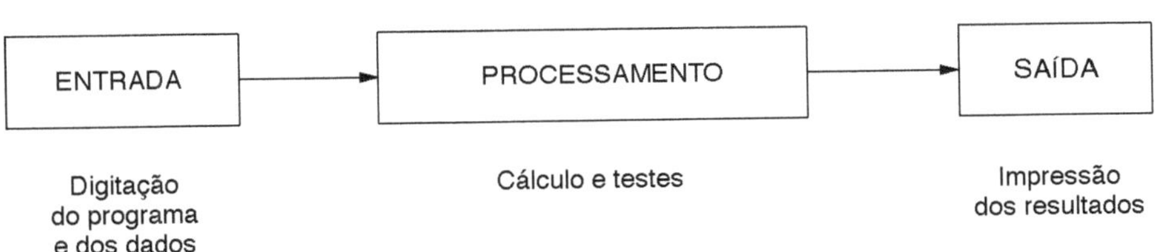

Figura 1.7 Fases de processamento de um programa.

As etapas de um algoritmo são as instruções que deverão ser executadas por uma máquina (quando falamos de computadores); o conjunto de instruções constitui o que chamamos de programa. Um programa de computador é a formalização de um algoritmo em linguagem inteligível pelo computador.

Assim como o operador deve ter entendido os sete passos do programa apresentado na Fig. 1.6, um computador precisa entender cada instrução, de modo a executar corretamente a operação que se pretende. O operador entende português, sua linguagem de comunicação com outras pessoas; os computadores têm uma linguagem própria – a linguagem binária, conforme mostrado no item anterior. Nesta linguagem, os caracteres inteligíveis não são A, B, +, =, 0, 3 etc., mas apenas zero (0) e um (1). Todo dado coletado pelos computadores, as instruções por ele executadas, bem como os resultados de um processamento, são sempre constituídos de conjuntos ordenados de *zeros* e *uns*.

No entanto, essa linguagem, chamada de linguagem de máquina, é, para os seres humanos, tediosa de manipular, difícil de compreender e fácil de acarretar erros. Por essa razão, foram desenvolvidas outras linguagens, mais próximas do entendimento dos operadores, genericamente chamadas *linguagens de programação*. Atualmente, há dezenas dessas linguagens, tais como Cobol, Pascal, Fortran, Visual Basic, Lisp, Assembly, C e Visual C, Delphi, Ada, Java etc.

Cada uma dessas linguagens possui regras fixas e rígidas de sintaxe, semelhantes às das linguagens de comunicação humana, tais como português, inglês etc. (embora estas não possuam sintaxe tão rígida). O programador escreve o programa através da descrição de instrução por instrução (como fizemos nos passos de 1 a 7 da Fig. 1.6).

Tal programa não é, entretanto, possível de ser diretamente executado pela máquina, visto que as linguagens de programação são apenas um modo de o operador comunicar-se com o computador. A máquina somente entende e executa instruções mais simples, chamadas instruções de máquina.

Todo computador é construído com circuitos eletrônicos capazes de reconhecer e executar diretamente apenas um conjunto limitado e simples de instruções de máquina, nas quais todo programa (escrito em Pascal, C, Delphi, Java etc.) deve ser convertido antes de ser executado. Essas instruções são normalmente do tipo:

- executar operações aritméticas sobre dois números;
- executar operações lógicas sobre dois números;
- mover um conjunto de bits (um número ou parte) de um ponto para outro do computador;
- desviar a seqüência do programa;
- fazer a comunicação com algum dispositivo de entrada ou saída de dados.

Em resumo, o computador, sendo uma máquina, precisa de "ordens" específicas (suas instruções) para executar as atividades para as quais foi construído. Durante seu projeto, seu idealizador definiu que sua máquina deverá realizar um conjunto de operações básicas, como, por exemplo, "somar dois números", multiplicar dois números", "mover um dado de uma área da memória para o processador", "transferir um dado da memória para um periférico" etc. Essas operações básicas (muitas vezes conhecidas como operações primitivas) são formalizadas como instruções da máquina, sendo sua definição formal convertida em um conjunto de bits e sua implementação estabelecida no processador, vindo da fábrica em seu interior; o método de implementar as instruções primitivas em um processador pode variar (microprogramas são um tipo, p. ex.), conforme veremos no Cap. 6.

Essa formalização em instruções de máquina constitui a "linguagem" de comunicação dos humanos com a máquina e desta internamente entre seus componentes.

Assim como os humanos possuem uma linguagem própria, criada e desenvolvida ao longo do tempo para permitir nossa comunicação cotidiana (português, inglês, hebraico, francês, espanhol, alemão são exemplos de linguagens da raça humana), também foi necessário criar uma linguagem, aliás existem diversas, para comunicação dos computadores, a primeira das quais e mais básica é denominada linguagem de máquina, e é imprescindível para o funcionamento de qualquer computador.

No entanto, como já mencionamos anteriormente, criar programas (organizar centenas, milhares de instruções binárias, cheias de 0 e 1, se tornou praticamente inviável em termos de perda de tempo, custo de pessoal, entre outros problemas, razão por que surgiram as linguagens chamadas de "alto nível" ou "orientada a aplicação". O nome alto nível decorre naturalmente do fato de essas linguagens serem mais distantes da forma de entendimento do processador e mais próximas do entendimento do programador, do ser humano, tendo características semelhantes às nossas linguagens de comunicação. Dadas as semelhanças com as linguagens dos humanos, que permitem ao programador pensar usando formas às quais ele já está habituado, tais como palavras da sua língua (as linguagens mais conhecidas foram desenvolvidas utilizando-se palavras da língua inglesa), sinais de operações matemáticas (+, −, /*), seu emprego tornou-se mais vantajoso do que a utilização de símbolos pouco inteligíveis.

A Fig. 1.8 mostra um trecho de programa criado em três linguagens diferentes, com a finalidade de mostrar ao leitor, neste estágio inicial de entendimento sobre um computador e suas características, as diferenças mais visíveis entre elas, a principal sendo a clareza e a concisão. Como se pode observar nos exemplos da figura, o

Linguagem Delphi

```
Procedure Tform1.TestAsm;
var I, Total:Integer;
begin
  Total:=0;
  For I:=1 To 5 do
      Total:=Total+10;
end;
```

Linguagem Assembly

```
push ebp
mov ebp, esp
add esp, -$0c
mov [ebp-$04], eax

xor eax, eax
mov [ebp-$0c], eax

mov[ebp-$08], $00000001

add dword ptr [ebp-$0c], $0a

inc dword ptr [ebp-$08]
cmp dword ptr [epb-$08], $06
jnz TForm1.TestAsm + $15

mov esp, ebp
pop ebp
ret
```

Linguagem de Máquina (binário)

```
01010101
000101111101100
1000001111000100111110100
1000100101000101111111100
0011001111001101
1000100101000101111111100
11000111010001011111100001000000
10000011010001011111010000001010

1111111101000101111111000
10000011011111011111100000000110
0111010111110011
1000101111100101
01011101
11000011
```

Figura 1.8 Exemplo de programas em Delphi, Assembly e linguagem de máquina (binário).

trecho do programa escrito em linguagem de alto nível possui muito menos linhas de código do que o mesmo programa convertido para a linguagem binária da máquina.

Uma outra vantagem dessas linguagens reside no fato de que, em face de suas semelhanças com as linguagens dos humanos, elas podem ser definidas para atender requisitos e intenções específicas de emprego. Assim é que a linguagem Cobol foi definida para emprego em programas comerciais, Fortran é mais bem utilizada em programação científica, além das linguagens surgidas mais recentemente, com o desenvolvimento dos sistemas gráficos (Visual Basic, Visual C), e assim por diante.

Ainda há outras vantagens do uso de linguagens de alto nível sobre a linguagem de máquina, entre as quais pode-se citar:

a) a concisão das linguagens de alto nível, se comparadas com programas binários (ver Fig. 1.8). Neste último caso, os programas são mais longos e de difícil entendimento em face das instruções serem mais simples, portanto exigindo muitas para cada item operacional. Por exemplo, em uma linguagem de alto nível teríamos o seguinte comando:

   X:= A + B / (C * D − A),

   o qual poderia se transformar nas seguintes instruções binárias:

   1000111000000111

   0000111000001100

   0111111000001111

   0101111000001001

   1100111000001110

   0011111000011000

   0111111000011011

   1110111000100011

   O exemplo é ilustrativo das diferenças apontadas e já observadas na Fig. 1.8.

1.2 HISTÓRICO

Embora o conhecimento histórico da evolução dos computadores não seja essencial para compreender seu funcionamento, é interessante que o leitor possa ter oportunidade de acompanhar historicamente seu desenvolvimento.

É comum encontrar em livros sobre o assunto uma divisão histórica da evolução dos computadores segundo o elemento eletrônico básico de sua organização: válvulas, transistores, circuitos integrados, pastilhas de alta e muito alta integração (VLSI).

Uma outra classificação histórica baseia-se em épocas limitadas por acontecimentos marcantes da evolução da computação. Neste texto, procuraremos descrever uma combinação desses dois aspectos.

Podemos separar os acontecimentos cronologicamente e conforme seu componente básico. Assim, temos a seguinte divisão:

– dispositivos mecânicos (do ábaco a Babbage);

– dispositivos eletromecânicos (do cartão Hollerith ao Mark I);

– dispositivos eletrônicos (até o Eniac);

– computadores – equipamentos eletrônicos de processamento de dados:

  Com válvulas (ou primeira geração);

  Com transistores (ou segunda geração);

  Com circuitos integrados, IC (ou terceira geração)

  Com integração em larga escala, VLSI (chips) (ou quarta geração)

Passaremos de forma especial sobre os microprocessadores, base dos computadores pessoais, portáteis e móveis, atualmente existentes aos milhões no mundo inteiro.

1.2.1 Época dos Dispositivos Mecânicos (3000 a.C. – 1880)

O conceito de efetuar cálculos com algum tipo de equipamento vem dos chineses, com registros de sua existência em 2500 a 3000 a.C. Esses equipamentos eram chamados de *ábacos* e, posteriormente, tem-se registros do uso desses ábacos pelos babilônios e pelos romanos.

Esse dispositivo (ver Fig. 1.9) permitia a contagem de valores, tornando possível aos comerciantes babilônicos registrar dados numéricos sobre suas colheitas. Também os romanos se serviram muito dos ábacos para efetuar cálculos aritméticos simples, registrando valores de outra forma (ver Apêndice A para explicação sobre algarismos romanos). Até hoje há quem use tal tipo de dispositivo, ainda popular na China, por exemplo.

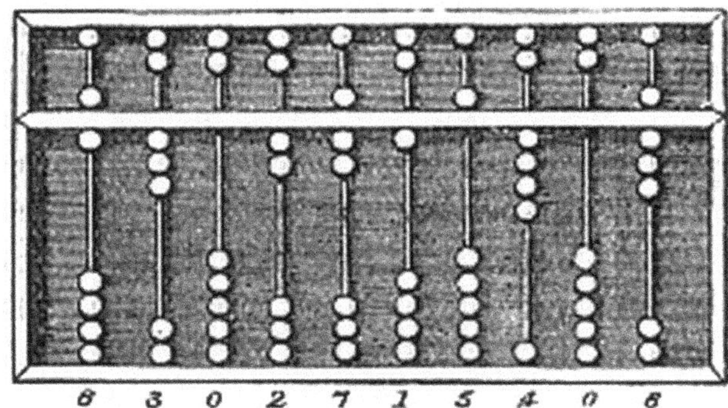

Figura 1.9 Exemplo de um ábaco.

Uma evolução conhecida do ábaco surgiu em 1500, através de um calculador mecânico inventado por Leonardo da Vinci; em 1621 apareceu outra invenção para cálculos, a conhecida régua de cálculo. Mas foi no século XVII (em 1642) que surgiu efetivamente uma máquina para cálculos, quando o filósofo e matemático francês Blaise Pascal, aos 19 anos, na cidade francesa de Rouen, construiu um contador mecânico que realizava operações aritméticas de soma e subtração através de rodas e engrenagens dentadas. Esse instrumento, posteriormente denominado Pascalina, em homenagem ao seu inventor, foi idealizado para auxiliá-lo em seu trabalho de contabilidade e consistia em seis engrenagens dentadas, com um ponteiro indicando o valor decimal escolhido ou calculado. Cada engrenagem continha 10 dentes que, após efetuarem um giro completo, acarretavam o avanço de um dente de uma segunda engrenagem, exatamente o mesmo princípio de um hodômetro de automóvel e base de todas as calculadoras mecânicas. Cada conjunto de ponteiros era usado como um *registrador* para armazenar temporariamente o valor de um número. Um registrador atuava como *acumulador,* para guardar resultados e uma parcela. O outro registrador era utilizado para se introduzir um valor a ser somado ou subtraído do valor armazenado no acumulador. Quando se acionava a manivela e a máquina era colocada em movimento, os dois valores eram adicionados e o resultado aparecia no acumulador. O calculador de Pascal apresentou duas significativas inovações tecnológicas para sua época:

1) permitia o uso de "vai 1", passado automaticamente para a parcela seguinte; e
2) utilizava o conceito de complemento para realizar operações aritméticas de subtração através de soma de complemento (esse conceito é até hoje essencialmente a base de funcionamento dos circuitos de operação aritmética em ponto fixo dos computadores).

A máquina, embora rudimentar, era eficaz para sua época, sendo inteiramente mecânica e não automática (funcionava por comando de uma manivela acionada manualmente). A linguagem de programação PASCAL foi assim chamada em honra desse cientista pelo seu trabalho pioneiro em matemática e também devido à sua invenção.

Algum tempo após a invenção de Pascal, outro filósofo e matemático, dessa vez alemão, Gottfried Leibniz, construiu uma calculadora mais completa que a de Pascal, porque realizava as quatro operações aritméticas, e não apenas a adição e subtração, como a Pascalina. O calculador mecânico de Leibniz era uma duplicata do calculador de Pascal acrescido de dois conjuntos adicionais de rodas, as quais permitiam a realização de multiplicação e divisão por meio de um processo de operações sucessivas (sabemos ser possível realizar multiplicações por somas sucessivas e divisão por subtrações sucessivas). Ambas as máquinas, a de Pascal e a de Leibniz, eram manuais.

A primeira utilização prática de dispositivos mecânicos para computar dados automaticamente data do início de 1800. Naquela época, aconteceram muitas contribuições para o desenvolvimento inicial dos computadores, sendo obtidas do aperfeiçoamento de processos em uma área inteiramente diferente de computação – a de tecelagem. Em 1801, Joseph Jacquard produziu com sucesso um retrato em tecelagem, cuja produção foi inteiramente realizada de forma mecânica e controlada automaticamente por instruções registradas em orifícios em cartões perfurados. Um dos mais conhecidos resultados desse processo, de realização de tarefas de tecelagem por uma máquina controlada por programa armazenado, foi o retrato do próprio Joseph Jacquard em uma tapeçaria, o qual consumiu 24.000 cartões.

Um dos últimos e mais importantes trabalhos pioneiros em computação por processos mecânicos foi realizado por um inglês de nome Charles Babbage, que, em 1823, foi contratado pela Royal Astronomical Society of Great Britain para produzir uma máquina calculadora programável, com a finalidade de gerar tabelas de navegação para a marinha britânica.

Em seu trabalho, Babbage projetou dois tipos de máquina: a ***máquina de diferenças*** e a ***máquina analítica***.

A primeira delas, a ***máquina de diferenças***, foi justamente idealizada para atender às necessidades da Marinha Real Inglesa. Na época, as tabelas de navegação eram escritas manualmente por diversos funcionários, contratados para:

1) realizar sucessivas e repetitivas operações de adição e multiplicação e

2) imprimir os resultados, escrevendo-os.

Foi constatado que, devido à natureza permanente e repetitiva do processo realizado por humanos, sempre ocorriam erros (tanto nos cálculos, quanto na ocasião de registrar por escrito os resultados). O que Babbage se propunha (por contrato) era projetar uma máquina que realizasse de forma constante e sem erros o tedioso trabalho de cálculos, e registrasse, de forma também confiável, os resultados.

A ***máquina de diferenças*** (assim chamada devido ao nome do processo matemático de cálculo utilizado por ela – diferenças finitas) era um dispositivo mecânico que só realizava adições e subtrações (como a máquina de Pascal) e cujos cálculos matemáticos se baseavam no processo de diferenças finitas, pelo qual é possível calcular fórmulas (até com polinômios e funções trigonométricas) utilizando apenas a operação de adição (a descrição detalhada do método e do trabalho de Babbage pode ser encontrada em [DUBB 78]). Ela era constituída de um conjunto de registradores mecânicos, cada um contendo rodas com dígitos, que serviam para armazenar um valor decimal. A exemplo da calculadora de Pascal, dois registradores adjacentes eram conectados por um mecanismo de efetuar somas. A máquina era acionada por um motor movido a vapor, que realizava uma série de etapas e finalmente apresentava um resultado. Além disso, ela continha um dispositivo de gravação em uma chapa de cobre, uma espécie de agulha que marcava os valores na chapa, a qual servia de matriz para posterior impressão em papel. Esse processo de gravação pode ser considerado como pioneiro em termos de dispositivos de armazenamento secundário.

Babbage projetou algumas dessas máquinas, capazes de realizar cálculos com valores de até 15 algarismos e com polinômios de até 3.° grau. Ele conseguiu convencer o governo inglês a financiar a construção de uma máquina mais sofisticada e precisa, capaz de calcular polinômios de até 6.° grau e números de até 20 dígitos. Essa máquina nunca funcionou, e após muito dinheiro gasto pelo governo e, dizem, todo o de Babbage, o governo inglês desistiu do projeto.

Esse novo tipo de máquina foi chamado pelo seu inventor de *máquina analítica*.

A máquina era, na realidade, um computador mecânico capaz de armazenar 1.000 números de 20 algarismos e que possuía um programa que podia modificar o funcionamento da máquina, fazendo-a realizar diferentes cálculos. Esta era de fato a sua grande diferença e vantagem sobre as anteriores, o fato de se tornar de uso mais geral por possuir a capacidade de modificar suas operações e assim realizar diferentes cálculos. Pode-se dizer que essa máquina foi a precursora dos primeiros computadores eletrônicos, inclusive no seu método de introduzir instruções por cartões perfurados (muito usado nas primeiras gerações de computadores eletrônicos).

Embora inteiramente mecânica, a máquina analítica de Charles Babbage possuía essencialmente os mesmos componentes que um computador atual:

- memória: constituída de rodas dentadas de contagem;
- processador: com uma unidade capaz de realizar as quatro operações aritméticas (operando com pares de registradores) e "unidade de controle", constituída de cartões perfurados convenientemente para realizar esta ou aquela operação;
- saída: para uma impressora ou para um dispositivo perfurador de cartões.

Além da fundamental característica de realização de programas de emprego geral, o projeto ainda acrescentou a capacidade de desvio da seqüência de ações da máquina, isto é, um prenúncio do que mais tarde (nos atuais computadores) seriam as instruções "Jump" (desvio incondicional) e p. ex., "Jump on zero" (desvio condicional).

Alguns pesquisadores acreditam que Babbage utilizou em seus cartões perfurados a idéia de Jacques Jacquard, anteriormente citado.

O projeto final de Babbage, que pretendia ter a capacidade não de calcular valores com 20 dígitos, mas sim com 50 algarismos, nunca chegou a se tornar uma realidade física, talvez por estar realmente avançado demais para a época, quando a tecnologia de fabricação dos dispositivos necessários ao funcionamento das engrenagens não tinha a devida capacidade.

Alguns outros detalhes históricos interessantes podem ser citados, como a estimativa de Babbage de que sua máquina deveria realizar uma operação de adição em um segundo e uma multiplicação em um minuto, e que o programa criado para fazer a máquina funcionar foi desenvolvido por uma moça chamada Ada Lovelace, que pode ser, então, considerada a primeira programadora de computador da história, e que deu seu nome para a moderna linguagem de programação ADA, desenvolvida para o Departamento de Defesa dos EUA.

1.2.2 Época dos Dispositivos Eletromecânicos (1880–1930)

Com a invenção do motor elétrico no fim do século XIX, surgiu uma grande quantidade de máquinas de somar acionadas por motores elétricos baseadas no princípio de funcionamento da máquina de Pascal. Essas máquinas se tornaram dispositivos comuns em qualquer escritório até o advento das modernas calculadoras de bolso, em 1970.

Em 1889, Herman Hollerith desenvolveu o cartão perfurado para guardar dados (sempre o cartão perfurado, desde Jacques Jacquard) e também uma máquina tabuladora mecânica, acionada por um motor elétrico, que contava, classificava e ordenava informações armazenadas em cartões perfurados. Por causa dessa invenção, o Bureau of Census dos EUA contratou Hollerith em 1890 para utilizar sua máquina tabuladora na apuração de dados do censo de 1890. O censo foi apurado em dois anos e meio, apesar do aumento da população de 50 para 63 milhões de habitantes em relação ao censo de 1880, que consumiu quase 10 anos de processamento manual.

O sucesso de Hollerith com a apuração do censo conduziu à criação, em 1896, da Tabulating Machine Company, por onde Hollerith vendia uma linha de máquinas de tabulação com cartões perfurados. Em 1914, um banqueiro persuadiu três companhias a se juntarem, entre elas a empresa de Hollerith, formando a Computer Tabulating Recording Corporation. Thomas Watson foi contratado como gerente geral, e em 1924 ele mudou o nome da companhia para IBM – International Business Machines, logo após ter iniciado no Canadá uma bem-sucedida filial. Atualmente, os cartões perfurados não são mais utilizados (até a década de 1980 eles foram um dos principais elementos de entrada de dados dos computadores digitais, inclusive nos IBM/360/370 e de outros fabricantes). Também eram chamados de cartões Hollerith, assim como o código de 12 bits por eles usado também se denominava código Hollerith.

A primeira máquina de calcular eletrônica somente surgiu por volta de 1935, e seu inventor foi um estudante de engenharia alemão, Konrad Zuse, cuja idéia consistia em criar uma máquina que usava relés mecânicos que, atuando como chaves, podiam abrir ou fechar automaticamente, o que levou à utilização de números binários em vez de algarismos decimais, utilizados nas engrenagens da máquina de Babbage.

Em 1936, Zuse deixou de ser estudante e profissionalmente criou sua primeira máquina, chamada Z1, baseada em relés mecânicos, que usava um teclado como dispositivo de entrada e lâmpadas (dispositivo binário – acesa e apagada) como componente de saída (o primeiro microcomputador comercial, o Altair, em 1974, também usava lâmpadas como dispositivo de saída, embora ainda não empregasse o teclado como dispositivo de entrada). Zuse realizou alguns aperfeiçoamentos em seu "computador" até concluir, em 1941, o Z3, o qual utilizava relés eletromecânicos e era controlado por programa, sendo talvez o primeiro computador efetivamente operacional do mundo. Um outro modelo mais aperfeiçoado, o Z4, foi usado pelos militares alemães para auxiliar no projeto de aviões e mísseis durante a Segunda Guerra Mundial. Provavelmente Zuse teria desenvolvido máquinas de maior capacidade e versatilidade se tivesse sido mais bem financiado pelo governo alemão. Os bombardeios aliados na Alemanha destruíram a maior parte dos computadores construídos por Zuse, e por isso o seu trabalho foi praticamente perdido, restando apenas o registro histórico dessas invenções.

Outro "inventor" da época de dispositivos eletromecânicos foi Howard Aiken, um físico e matemático americano que desenvolveu um "computador", o Mark I, utilizando os princípios básicos da máquina de Babbage (era um sistema decimal e não binário, como os de Zuse), com engrenagens decimais e com estrutura computacional baseada em relés eletromecânicos. O projeto, que foi financiado pela IBM, era capaz de armazenar 72 números, e as instruções de dois operandos eram introduzidas na máquina por meio de uma fita de papel perfurado. Ao ser completado, em 1944, o Mark I podia realizar uma soma em seis segundos e uma divisão em 12 segundos (Charles Babbage imaginava que sua máquina analítica poderia realizar uma adição em um segundo). No entanto, a eletrônica já começava a substituir elementos eletromecânicos por dispositivos muito mais rápidos, as válvulas, o que já tornava o Mark I obsoleto antes de operar comercialmente em escala, e o seu sucessor, o Mark II, nem chegou a ser concluído.

1.2.3 Época dos Componentes Eletrônicos – Primeiras Invenções (1930–1945)

O problema dos computadores mecânicos e eletromecânicos residia em dois fatos: ***baixa velocidade de processamento***, devido à parte mecânica de seus elementos, e ***falta de confiabilidade*** dos resultados, já que seu armazenamento e movimento interno eram realizados por engrenagens, incapazes de realizar sempre o mesmo tipo de movimento, principalmente com o desgaste causado pelo tempo.

Esses dois problemas só poderiam ser solucionados com a utilização de elementos de armazenamento e chaveamento que não tivessem partes mecânicas e fossem bem mais rápidos. Para tanto, os cientistas dedicados a esse trabalho passaram a explorar o uso de um componente eletrônico, a válvula, inventada em 1906.

Pode-se dizer, *grosso modo*, que uma válvula é um dispositivo eletrônico constituído de um tubo de vidro selado e que, em seu interior, a vácuo, ficam diversos elementos interligados de modo a permitir, de certa maneira, a passagem ou não de corrente elétrica. Esses elementos – catodo, anodo, grade e filamento – agem de modo que o filamento produz aquecimento no catodo e no anodo, e quando uma corrente elétrica é aplicada sobre eles ela flui do catodo para o anodo devido à diferença de potencial entre eles. Quando se insere uma grade entre o catodo e o anodo obtém-se um controle do fluxo da corrente, através da modificação da voltagem aplicada à grade (de valores negativos a positivos).

Quando se troca a voltagem sobre a grade isso acarreta a passagem ou não da corrente e, assim, a válvula age como se fosse uma chave com relação às placas. Desse modo, tem-se uma chave controlada eletronicamente (isto é, em alta velocidade), o que é muito mais eficaz do que um relé, controlado mecanicamente. Por essa razão, as válvulas passaram a ser utilizadas nos computadores substituindo os relés. Uma evolução considerável naquele tempo.

Na mesma época em que Zuse e Aiken realizavam seus trabalhos com dispositivos eletromecânicos, dois outros cientistas desenvolveram computadores usando válvulas.

Um desses cientistas foi John Vincent Atanasoff, que, por volta de 1939, projetou uma máquina calculadora para resolver equações lineares, mas a invenção apenas ficou registrada historicamente, sem que a intenção de seu inventor, de que a máquina se tornasse um dispositivo de emprego geral, fosse realizada. A grande importância dessa invenção foi, no entanto, a atenção que despertou em um outro cientista, John Mauchly, um dos construtores do computador ENIAC, que é atualmente reconhecido como aquele que deu início à computação eletrônica, como veremos logo adiante.

Além de Atanasoff, outro cientista, o matemático inglês Alan Turing, desenvolveu uma máquina com componentes eletrônicos. Turing é bastante conhecido pela teoria de computação que desenvolveu, conhecida como máquina de Turing, descrita em 1937 e que consistia na definição de uma função de computação, pela qual uma máquina poderia simular o comportamento de qualquer máquina usada para computação se fosse adequadamente instruída para tal (isto é, se recebesse instruções através de uma fita de papel perfurado). Porém, até pouco tempo atrás não havia registro de que ele tivesse se dedicado a outro tipo de trabalho mais prático, para o desenvolvimento de computadores.

Recentemente, com a divulgação de documentos militares do governo britânico, antes sigilosos, é que se tomou conhecimento de que o primeiro computador verdadeiramente eletrônico foi colocado em operação em 1943, com o propósito de quebrar códigos militares secretos de comunicação dos alemães. Essa máquina, construída por Alan Turing com válvulas eletrônicas, foi denominada Colossus, provavelmente devido a seu tamanho. Sua grande desvantagen residia no fato de não ser uma máquina de emprego geral, pois não podia resolver outros problemas a não ser a quebra de códigos militares. Ela era, então, um sistema de computação com programa único.

1.2.4 A Evolução dos Computadores Eletrônicos (1945 – até quando?)

Apesar de os projetos de Atanasoff e Turing terem sido bem-sucedidos e serem mais antigos, reconhece-se outra máquina eletrônica como o primeiro computador, com essas características propriamente ditas, projetado como uma máquina de emprego geral, eletrônica e automática. Seu nome: ENIAC, cujo breve resumo histórico será apresentado a seguir.

Costumava-se dividir (e não há razão para fazermos diferente) a evolução cronológica do desenvolvimento dos computadores até nossos dias de acordo com o elemento básico utilizado na fabricação dos componentes do processador central, o primeiro deles já citado como sendo a válvula eletrônica.

1.2.4.1 Primeira Geração: Computadores à Válvula

O primeiro computador eletrônico e digital, construído no mundo para emprego geral, isto é, com programa de instruções que podiam alterar o tipo de cálculo a ser realizado com os dados, foi denominado ENIAC (Electronic Numerical Integrator And Computer) e foi projetado por John Mauchly e John P. Eckert, de 1943 a 1946, tendo funcionado daí em diante até 1955, quando foi desmontado.

Em agosto de 1942, na Universidade da Pensilvânia, John Mauchly, inspirado no projeto de Atanasoff, propôs ao exército americano o financiamento para construção de uma máquina que auxiliasse os militares do Ballistics Research Laboratory (um departamento do exército americano responsável pela elaboração de tabelas de alcance e trajetória para novas armas balísticas) em seu trabalho, reduzindo o tempo de elaboração das tabelas balísticas. Na época, o laboratório empregava mais de 200 pessoas para o cálculo das tabelas, as quais, usando máquinas calculadoras de mesa, resolviam repetidamente equações balísticas para gerar os dados necessários à formação das tabelas. Tabelas para uma simples arma poderiam levar até dias para serem completadas, e isso atrasava consideravelmente a entrega dos artefatos.

O ENIAC (ver Fig. 1.10) era uma máquina gigantesca, contendo mais de 17.000 válvulas e 800 quilômetros de cabos. Pesava cerca de 30 toneladas e consumia uma enorme quantidade de eletricidade, além de válvulas, que queimavam com grande freqüência devido ao calor.

De qualquer modo, e apesar de ter ficado pronto após o término da guerra e, portanto, sem poder ser utilizado para o propósito inicial de seu financiamento, o ENIAC era extremamente rápido para sua época, realizando cerca de 10.000 operações por segundo. Ele possuía 20 registradores, cada um deles podendo arma-

Figura 1.10 ENIAC "U.S. Army Photo".

zenar um valor numérico de 10 dígitos; era uma máquina decimal (não binária) e, por isso, cada dígito era representado por um anel de 10 válvulas, uma das quais estava ligada em cada instante, indicando o algarismo desejado. O ENIAC era programado através da redistribuição de cabos em tomadas diferentes e rearranjo de chaves (possuía cerca de 6.000), tarefa que poderia levar muitos dias (pode-se imaginar a redistribuição de cabos como uma tarefa análoga à das telefonistas em antigas mesas telefônicas).

O ENIAC provou, com sucesso, que era uma máquina de emprego geral ao ser utilizado para realização de complexos cálculos em relação ao uso da bomba H, uma tarefa bem diferente daquela para a qual ele tinha sido construído. No entanto, era uma máquina de difícil operação e de manutenção dispendiosa devido às sucessivas queimas de válvulas.

De qualquer modo, a divulgação das características do ENIAC despertou o interesse de numerosos cientistas da área, e vários projetos tiveram início na mesma época.

Enquanto Mauchly e Eckert iniciaram a construção de um novo computador, o EDVAC (Electronic Discret Variable Automatic Computer), um dos colaboradores do projeto ENIAC, o matemático John von Neumann, também iniciou outro projeto de aperfeiçoamento do computador inicial, denominado IAS, nome do local onde von Neumann foi trabalhar, o Institute for Advanced Studies da Universidade de Princeton.

O EDVAC de Mauchly e Eckert não foi adiante devido à saída de ambos da Universidade de Pensilvânia, para constituírem sua própria empresa, que mais tarde se tornou a UNIVAC. Recentemente, a UNIVAC uniu-se à Burroughs, constituindo-se na atual Unysis Corporation.

A outra vertente do aperfeiçoamento do ENIAC, pelo desenvolvimento do EDVAC, é atribuída, como já mencionado, a John von Neumann, e é a ele que se credita de um modo geral a definição de uma arquitetura de computadores com ***programa armazenado,*** que até os dias atuais é empregada nas máquinas modernas.

Em 1945, von Neumann divulgou seu conceito ao publicar a especificação básica do EDVAC, isto é, da sua versão do EDVAC, no trabalho *First Draft of a Report on the EDVAC* (primeiro rascunho de um relatório sobre o EDVAC). O relatório definia as características essenciais de uma máquina seqüencial de programa armazenado. Nele foram introduzidos os aperfeiçoamentos desejados para reduzir os inconvenientes do ENIAC, tais como: a dificuldade de programar a recolocação da fiação (isso poderia ser realizado com o mesmo tipo de elementos que representavam os dados no ENIAC eletronicamente) e o tipo de aritmética (substituindo a aritmética decimal pela binária devido à dificuldade e ao custo de construir uma máquina capaz de representar confiavelmente 10 níveis de tensão em vez de apenas dois, ver item 1.1.3).

Em 1946, von Neumann e vários outros cientistas em Princeton iniciaram a construção de uma nova máquina, um computador eletrônico de programa armazenado, o IAS, que se utilizava dos mesmos princípios descritos no referido relatório do EDVAC.

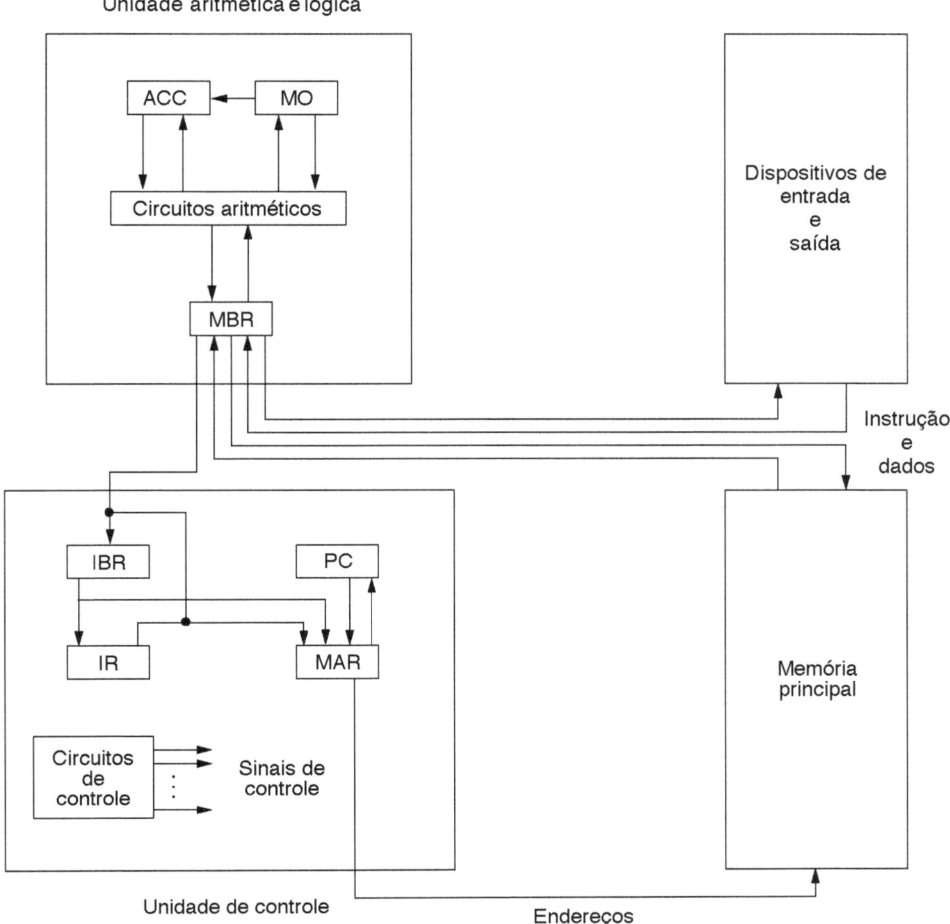

Figura 1.11 Diagrama em bloco da estrutura do IAS.

O IAS possuía as seguintes características básicas, extraídas de [STAL 00] (embora pertença à primeira geração de computadores e tenha sido, para os padrões atuais, uma máquina limitada, o IAS é fundamental no estudo da arquitetura de computadores, pois a grande maioria de suas especificações permanece válida até o momento):

a) era constituído de quatro unidades principais (ver Fig. 1.11), a memória, a UAL, a UC e a parte de entrada e saída;

b) possuía memória com 1.000 posições, chamadas palavras, cada uma podendo armazenar um valor com 40 dígitos binários (bits) (ver Fig. 1.12);

c) tanto os dados (valores numéricos) quanto as instruções eram representados da mesma forma binária e armazenados na mesma memória;

d) possuía 21 instruções de 20 bits cada uma, constituídas de dois campos, um com oito bits, denominado código de operação (C.Op.), e o outro com 12 bits, denominado endereço, para localizar cada uma das 1.000 palavras, endereços de 000 a 999 (embora pudesse endereçar 4096 (4K) posições de memória, pois $2^{12} = 4096$, o IAS somente possuía 1.000 endereços);

e) operava de modo repetitivo, executando um ***ciclo de instrução*** em seguida ao outro. Cada ciclo consistia em dois subciclos: o ***ciclo de busca*** (*fetch cycle*), onde o C.Op. da próxima instrução era trazido da memória para o IR e a parte de endereço da instrução era armazenada no MAR (*Memory Address Register*). Tão logo o C.Op. estivesse armazenado no IR, então se iniciava o outro subciclo, o *ciclo de execução*. O circuito de controle interpretava o código de operação e gerava os sinais apropriados para acarretar o movimento de dados ou a realização de uma operação na UAL – Unidade Aritmética e Lógica.

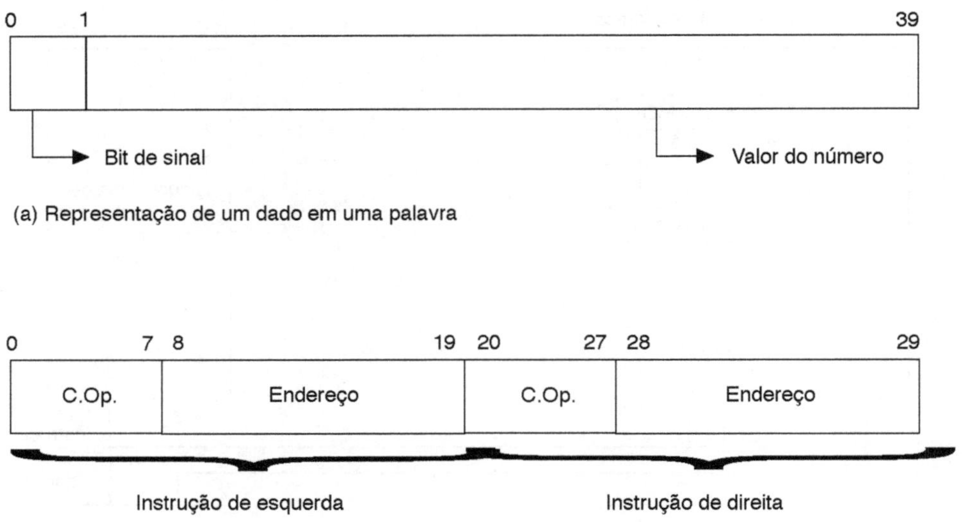

Figura 1.12 Formato de palavras de memória do IAS.

Conforme pode ser observado dessas especificações resumidas, o IAS possuía características de arquitetura que permaneceram ao longo do tempo. As máquinas evoluíram consideravelmente em velocidade, capacidade de armazenamento, miniaturização, consumo de energia e calor e outras inovações, mas a arquitetura básica permaneceu.

Em 1949, a empresa fundada por Mauchly e Eckert construiu com sucesso o primeiro computador para fins comerciais, o UNIVAC 1 (Universal Automatic Computer), adquirido pelo Bureau of Census dos EUA para processar os dados do censo de 1950. Pouco mais tarde, a Mauchly-Eckert Computer Corporation foi absorvida pela Sperry-Rand Corporation, como uma de suas subsidiárias, com o nome de UNIVAC.

A UNIVAC fabricou diversos outros tipos de computadores, a começar pelo UNIVAC II e, em seguida, a série 1100, mais voltada para a computação científica.

Em 1953, a IBM, até então mais voltada, e com sucesso, para a construção e comercialização de equipamentos de processamento por cartão perfurado, lançou o seu primeiro computador eletrônico de programa armazenado, o IBM-701, voltado para o processamento científico. Essa máquina possuía uma memória com 2K palavras de 36 bits. Em 1955, a IBM modificou o hardware do 701 para adaptá-lo ao uso comercial, lançando o IBM-702, e em 1956 foi lançado o IBM-704, com 4K palavras de memória e, finalmente, em 1958 a IBM lançou outra máquina, mais aperfeiçoada, o IBM-709. Nessa ocasião, a IBM já se destacava no mercado em relação à UNIVAC, que vinha sendo a número 1 desde 1950.

1.2.4.2 Segunda Geração: Computadores Transistorizados

A eletrônica moderna surgiu em 23 de dezembro de 1947, quando três cientistas do Bell Laboratories – John Bardeen, Walter Bratain e William Schockley – produziram pela primeira vez o ***efeito transistor***. Eles descobriram que as propriedades condutoras de um diodo semicondutor poderiam ser controladas por um terceiro elemento. Os transistores se tornaram não só um sucesso em toda a indústria eletrônica (custo, tamanho e desempenho melhores que os dispositivos a válvula), como também formaram a base de todos os computadores digitais até os dias atuais. O fato de que se pode ligar e desligar (dois estados) a corrente elétrica em um dispositivo é a base de toda a lógica digital (ver Apêndice B).

O transistor realiza as mesmas funções básicas de uma válvula, porém o faz consumindo muito menos energia e calor, o que o tornou rapidamente substituto completo das válvulas. Além disso, seu tamanho é muito menor que o de uma válvula, economizando-se espaço de forma considerável.

A primeira companhia a lançar comercialmente um computador transistorizado foi a NCR, e logo em seguida a RCA. As vantagens dessas máquinas sobre suas antecessoras a válvula eram várias: eram mais baratas, menores e dissipavam muito menos calor, além do menor consumo de energia elétrica.

Essa nova geração de computadores também teve, e muito, a participação ativa da IBM, já se firmando como a mais importante companhia na produção de máquinas científicas, embora a Control Data também produzisse máquinas científicas (CDC) de grande desempenho. Ela transformou a série 700 em série 7000, esta transistorizada. O primeiro deles, o 7090, e mais tarde o 7094, que possuía um ciclo de instrução de dois microssegundos e 32K palavras, ainda de 36 bits. Além do domínio na computação científica, a IBM também produziu uma máquina comercial de enorme sucesso, o IBM-1401 (quatorze zero um, como era conhecido).

Com esta geração de computadores, outros fatos historicamente importantes também aconteceram. Entre eles:

a) O aparecimento de outra companhia fabricante de computadores, a DEC – Digital Equipment Corporation, que viria mais tarde a se tomar o segundo maior fabricante do mundo, após a IBM. A DEC foi fundada em 1957 por Kenneth Olsen, um dos engenheiros do Lincoln Laboratory, do MIT (Massachusetts Institute of Technology), órgão que realmente desenvolveu o primeiro computador transistorizado, o TX-O (embora o da NCR tenha sido o primeiro do tipo comercial, o TX-O foi o primeiro de todos, embora apenas em nível experimental). No mesmo ano de 1957, a DEC lançou seu primeiro computador, o PDP-1, início de uma longa série de máquinas extraordinariamente eficazes e tecnologicamente avançadas, até o famoso PDP-11. Por ser uma máquina de pequeno porte, comparada com os computadores de até então, o PDP-1 também custava muito menos. Por essa razão e devido ao excelente desempenho para a sua faixa de preço, o computador da DEC teve grande aceitação do mercado, tornando-se um marco inicial da indústria de minicomputadores, da qual a DEC foi líder por um longo período (primeiro com os PDP e, em seguida, com a família VAX).

b) O aparecimento de unidades aritméticas e lógicas mais complexas, assim como unidades de controle.

c) O aparecimento de linguagens de programação de nível superior ao das linguagens Assembly da época (na realidade, o FORTRAN para o IBM 704, em 1957, era ainda de primeira geração).

d) O surgimento de outra companhia importante, a Control Data Corporation, que lançou, em 1964, o sistema CDC-6000, voltado primariamente para processamento científico (a CDC sempre construiu computadores com uma maior vocação para o processamento numérico). Era uma máquina com palavra de 60 bits (apesar de não ser múltipla da base 2, possuía um valor grande, apropriado para *processamento* numérico) e vários *processadores independentes* de entrada/saída, um total de 10, denominados PPU – Peripheral Processing Unit, que liberavam a UCP de várias tarefas, tornando o sistema ainda mais rápido.

1.2.4.3 Terceira Geração: Computadores com Circuitos Integrados

O desenvolvimento da tecnologia de circuitos integrados (*Integrated Circuits – IC*) surgiu devido à necessidade de se encontrar uma solução para os problemas de acomodação dos componentes eletrônicos (transistores, capacitores, resistores) nos equipamentos à medida que sua quantidade ia crescendo com o aumento da capacidade das máquinas. Das tentativas de encontrar solução para tais problemas é que se idealizou a possibilidade de acomodá-los em um único invólucro.

O ponto importante no conceito de circuitos integrados é que se pode formar múltiplos transistores em um único elemento de silício, de modo que um circuito lógico que antes ocupava uma placa de circuito impresso completa pode ser, com essa tecnologia, acomodado em uma só pastilha (*chip*) de silício. E mais ainda, como se pode conectar vários transistores diretamente na pastilha, eles podem ser incrivelmente menores, necessitando, assim, menos energia e dissipando menos calor.

Em outubro de 1958, Jack Kilby, da Texas Instruments Co., colocou dois circuitos em uma peça de germânio. O dispositivo resultante era rudimentar e as interconexões tinham que ser realizadas por fios externos, mas esse dispositivo é, em geral, reconhecido como o primeiro circuito integrado fabricado no mundo. Logo em seguida, Robert Noyce, da Fairchild Semiconductor Inc., utilizou-se de técnicas recém-criadas na mesma companhia e integrou múltiplos componentes em um substrato de silício. Os dispositivos comerciais que se sucederam mostraram a vantagem do silício sobre o germânio e permitiram o surgimento de uma nova geração de máquinas, mais poderosas e menores, devido à integração em larga escala (LSI – *Large Scale Integration)* que os circuitos integrados proporcionaram.

Em 1964, a IBM se utilizou das recentes inovações tecnológicas na área da ***microeletrônica*** (os circuitos integrados) e lançou a sua mais famosa "família" de computadores, a série /360. Esse sistema incorporou diversas inovações, que se tornaram um marco histórico em termos de computação e consolidaram a posição já obtida pela IBM como a primeira fabricante de computadores do mundo.

Entre essas inovações, podemos citar:

a) O conceito de família de computadores, em vez de máquina individual, como até então. Esse conceito permite que o fabricante ofereça o mesmo tipo de máquina (arquitetura igual – linguagem de máquina semelhante etc.) com diferentes capacidades e preços, o que garante uma maior quantidade de clientes. O sistema /360 foi lançado inicialmente com cinco modelos, 30, 40, 50, 65 e 75, cada um com características próprias de ciclo de instrução, capacidade de memória instalável, quantidade de processadores de E/S, embora todos os modelos tivessem o mesmo conjunto básico de instruções (e, com isso, um programa criado em um modelo poderia, em princípio, ser executado em outro). A Fig. 1.13 mostra um quadro comparativo entre os diversos modelos da família;

b) A utilização de uma unidade de controle com microprogramação, em vez das tradicionais unidades de controle no hardware (ver Cap. 6);

c) O emprego de uma técnica chamada de multiprogramação, pela qual vários programas compartilham a mesma memória principal e dividem o uso da UCP, dando a impressão ao usuário de que estão sendo executados simultaneamente;

d) A elevada capacidade de processamento (para a época), com palavra de 32 bits e ciclo de instrução de até 250 nanossegundos, bem como a grande capacidade de armazenamento na memória principal, 16 Mbytes;

e) Memória principal orientada a byte, isto é, cada célula de MP armazena oito bits de informação, independentemente do tamanho de bits definido para a palavra de dados. Esta característica tornou-se comum para quase todo o mercado (exceto máquinas científicas), e até hoje os computadores continuam com a MP orientada a byte;

f) O lançamento de um programa (conjunto de programas é o melhor termo) gerenciador dos recursos de hardware, de modo mais integrado e eficaz, o sistema operacional OS/360.

Além da família /360, essa época de LSI presenciou também o lançamento de outro minicomputador DEC, com circuitos integrados, memória principal orientada a byte e palavra de 16 bits, o PDP-11, uma das máquinas mais famosas em sua categoria. Seu sucessor, o sistema VAX-11, também teve o mesmo sucesso, especialmente no ambiente universitário.

Características da família /360					
Características	Modelo 30	Modelo 40	Modelo 50	Modelo 65	Modelo 75
Capacidade máxima de MP (bytes)	64K	256K	256K	512K	512K
Ciclo do processo em microssegundos	1	0,625	0,5	0,25	0,2
Quantidade máxima de canais (E/S)	3	3	4	6	6
Bytes puxados da MP por ciclo	1	2	4	16	16

Figura 1.13 Características principais da família IBM/360.

1.2.4.4 Quarta Geração: Computadores que Utilizam VLSI

O termo VLSI (*Very Large Scale Integration*), integração em muito larga escala, caracteriza uma classe de dispositivos eletrônicos capazes de armazenar, em um único invólucro, milhares e até milhões de diminutos componentes. Esse dispositivo, já anteriormente mencionado e denominado pastilha (*chip*), vem constituindo a base da estrutura de todos os principais sistemas de computação modernos (ver Apêndice B).

A técnica de miniaturização de componentes eletrônicos, ou microeletrônica, conduziu, por volta de 1971/1972, ao desenvolvimento de um outro tipo de computadores até então inexistente no mercado – os computadores pessoais, ou microcomputadores.

A evolução dos microcomputadores, decorrente principalmente do avanço na miniaturização dos processadores e demais elementos, vem sendo de tal forma rápida e eficiente que os computadores de maior porte foram sendo progressivamente substituídos nas empresas, restando hoje um nicho de mercado bem pequeno e específico para aquelas máquinas. Atualmente, pode-se afirmar que a maioria dos sistemas de computação utilizados no mundo comercial e governamental é baseada em microcomputadores, assim como o imenso universo dos computadores pessoais. É claro que ainda há inúmeros computadores de grande porte, instalados e atualizados, funcionando na indústria e em grandes corporações, como bancos e órgãos governamentais. Além disso, processamentos científicos e de imensas quantidades de dados (cálculos de meteorologia, de prospecção de solo, de criptografia e outros desses tipos) se valem de supercomputadores, os quais empregam, em grande escala, uma técnica de multiprocessamento.

1.2.4.5 Evolução dos Computadores de Grande Porte (Mainframes)

Os computadores de grande porte se constituíram nas principais máquinas das empresas, desde os primórdios da computação, com o lançamento do UNIVAC 1 e do IBM-701, e até alguns anos atrás, quando a capacidade sempre crescente e o custo bem menor dos microcomputadores orientaram as intenções dos usuários na ocasião de implantar novos sistemas ou atualizar os antigos, grande parte deles substituindo os mainframes por estações de trabalho em rede ou mesmo redes locais de microcomputadores.

Um dos principais representantes dessa categoria, o sistema IBM/360, teve uma evolução tecnológica acentuada e permanente, desde 1964 até 1988, já com o nome de /370, tendo continuado o desenvolvimento com novos sistemas, porém sempre com a mesma arquitetura básica, como os IBM-43xx, IBM-308x e lBM-309x.

A Fig. 1.14 apresenta um quadro demonstrativo da evolução dos sistemas /360 e /370, incluindo as principais inovações de cada família.

Outra classe de computadores bastante específica e com aplicações científicas definidas é a de supercomputadores, entre os quais são mais significativos os da família CRAY (CRAY-1, CRAY-2, CRAY-X/MP, CRAY-Y/MP), a família WM-90xx, com processamento vetorial, e a família CDC-CYBER.

1.2.4.6 Computadores Pessoais – Microcomputadores

Em 1968, dois cientistas, ex-funcionários da Fairchild Semiconductor Inc., Robert Noyce e Gordon Moore, fundaram uma companhia, Intel Corporation, com o propósito de produzir memórias para mainframes com semicondutores. Ambos imaginaram que a Intel deveria fabricar produtos para emprego geral, e não produzir componentes para clientes e objetivos específicos.

No ano seguinte, a Intel aceitou trabalhar com uma companhia japonesa para fabricação de componentes para calculadoras eletrônicas, e dessa parceria surgiu o primeiro *chip* contendo em um mesmo invólucro todos os componentes requeridos por um processador – tratava-se, então, do surgimento do primeiro microprocessador, o qual se tornou comercial em 1971, quando a Intel produziu a primeira Unidade Central de Processamento – UCP – contendo todos os componentes eletrônicos em uma só pastilha de circuito integrado, denominada INTEL-4004.

---

[2]O termo UCP – Unidade Central de Processamento é oriundo do inglês *CPU – Central Processing Unit*, que se refere ao processador de um computador. Atualmente, usa-se mais o termo processador do que UCP, mas neste livro iremos usar ambos os termos, como se fossem palavras sinônimas.

Ano	Evento Principal
1964	Lançamento do Sistema /360 pela IBM
1968	Representação de Números em Ponto Flutuante Arredondamento Alinhamento a Nível de Byte E/S Multiplexada a Bloco (Bloco Multiplex I/O)
1970	Lançamento do Sistema /370 pela IBM Relógio (Time-of-day clock) Registradores de Controle Seis Novas Instruções de Emprego Geral
1972	Grandes Alterações que Diferenciam o Sistema /360 do Sistema /370 Memória Virtual Modo de Controle Estendido Registro de Eventos de um Programa Timer da UCP Comparador entre Valores de Relógio (clock comparator)
1973	Extensões para Multiprocessamento Instruções de Manuseamento de PSW Instruções que tratam de troca de programas na forma condicional (conditional swapping)
1978	Proteção de Endereços de Memória
1979	Chaveamento de Conjunto de Canais
1981	Facilidades de Manipulação de Duplo Espaço de Endereçamento Proteção de Segmentos Instruções de Enfileiramento de E/S
1983	Lançamento do Sistema /370 pela IBM - Arquitetura Estendida Endereçamento de 31 bits Novo Subsistema de Canal de E/S Proteção de Páginas
1984	Execução Interpretativa
1986	Lançamento do Sistema /370 - Facilidade Vetorial pela IBM Registradores de Vetores Instruções de Manipulação de Vetores
1988	Lançamento da Arquitetura /370 - Sistema Enterprise pela IBM Registradores de Acesso Modo de Endereçamento para Acesso a Registrador Pilha de Ligação

Figura 1.14 Quadro demonstrativo da evolução dos sistemas /360 e /370.

Esta UCP ou Processador (chamou-se microprocessador devido ao seu diminuto tamanho em relação aos mainframes da época) possuía palavra de 4 bits e tinha cerca de 2.300 transistores na pastilha. Como esse microprocessador, apesar de ser um sucesso, possuía pouca capacidade (palavra de 4 bits), logo em seguida a Intel lançou um novo microprocessador, dessa vez com 8 bits de palavra e 16K de memória, o Intel 8008.

Tanto o 4004 quanto o 8008 eram UCP destinadas a uma aplicação específica (o 8008 destinava-se à Display Terminals Corporation, para servir de controlador de um monitor de vídeo). Embora a empresa solicitante da pastilha nunca tivesse usado o 8008, a Intel vendeu uma quantidade não esperada dessa pastilha, mesmo com os problemas de pouca memória e pequeno conjunto de instruções. Então, em 1973, a Intel lançou o seu grande sucesso da época, o primeiro microprocessador de emprego geral do mundo, o Intel 8080. O 8008 possuía cerca de 3.500 transistores encapsulados na pastilha, enquanto o 8080 tinha em torno de 5.000 transistores. Este último possuía também 8 bits de tamanho de palavra, capacidade maior de memória (cada endereço tinha 16 bits e, então, a memória podia conter até 64 Kbytes) e um grande conjunto de instruções (78 instruções). O 8080 vendeu aos milhões e, desde então, a Intel não parou mais de crescer e desenvolver novos produtos, inclusive com seus lançamentos mais contemporâneos, o microprocessador Pentium 4, com suas várias versões, e o Itanium, que incorpora a nova arquitetura de 64 bits, IA-64 contendo mais de 200 milhões de transistores na pastilha.

Mas a história dos computadores pessoais e microprocessadores não se constitui somente da Intel; outros fabricantes surgiram e se tornaram importantes, não só para a história da computação, mas atualmente sendo concorrentes poderosos da Intel. Pode-se citar a Compaq, que, durante algum tempo, chegou a liderar o mercado de microcomputadores; era tão importante que adquiriu uma grande empresa fabricante de computadores de grande porte, a DEC (Digital Equipment Corporation), a qual pode ser lembrada, entre outras coisas, pelo lançamento, em 1992, de um processador de 64 bits, revolucionário na época. Recentemente a Compaq foi absorvida pela HP.

Outra empresa surgida no mercado de hardware, para fabricação de *chips* de memória, depois de algum tempo entrou no mercado de microprocessadores e atualmente é o maior concorrente da Intel, chegando a superar, em vendas, a gigante do HW em certas ocasiões e locais. Trata-se da AMD (Advanced Micro Devices), fabricante dos processadores K6 e Athlon K7, de 32 bits, do Athlon 64 e do Opteron, com plataforma de 64 bits.

Na realidade, os computadores pessoais surgiram com o lançamento do Altair em 1975, que pode ser considerado o primeiro computador pessoal oferecido com fins comerciais, auxiliando sobremodo o início da revolução que os microcomputadores realizaram desde então. Esse microcomputador, construído pela empresa MITS, baseava-se no microprocessador Intel 8080 e utilizava um interpretador da linguagem, Basic, desenvolvido por Bill Gates e Paul Allen, que fundaram naquela ocasião a Microsoft, tornando-a mais adiante, o gigante atual. O Altair foi um verdadeiro sucesso comercial. A Fig. 1.15 apresenta uma foto do Altair ao lado de um moderno Laptop, e a Fig. 1.16 mostra o Altair de frente, com suas chaves e lâmpadas (dispositivos de entrada e saída).

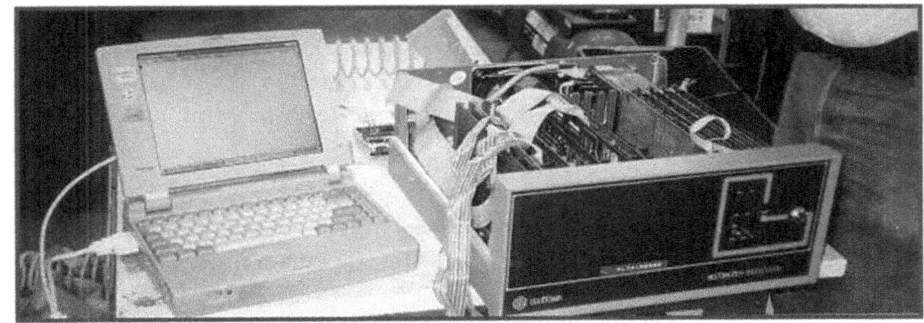

Figura 1.15 O microcomputador Altair ao lado de um moderno notebook.

Desde o surgimento dos primeiros microprocessadores da Intel (4004 e 8008) e do primeiro microcomputador (Altair), a evolução da microeletrônica e da tecnologia de fabricação e montagem de componentes completos tem sido extraordinariamente rápida.

Surgiram diversas empresas que se tornaram grandes devido a enorme demanda e total diversidade de uso dos computadores no mundo contemporâneo, da medicina à astronomia, da área pessoal e em casa, como também no comércio e na educação, das fábricas (auxiliando a manufatura dos produtos e em seu projeto) aos laboratórios, em meteorologia e em pesquisas de todo tipo.

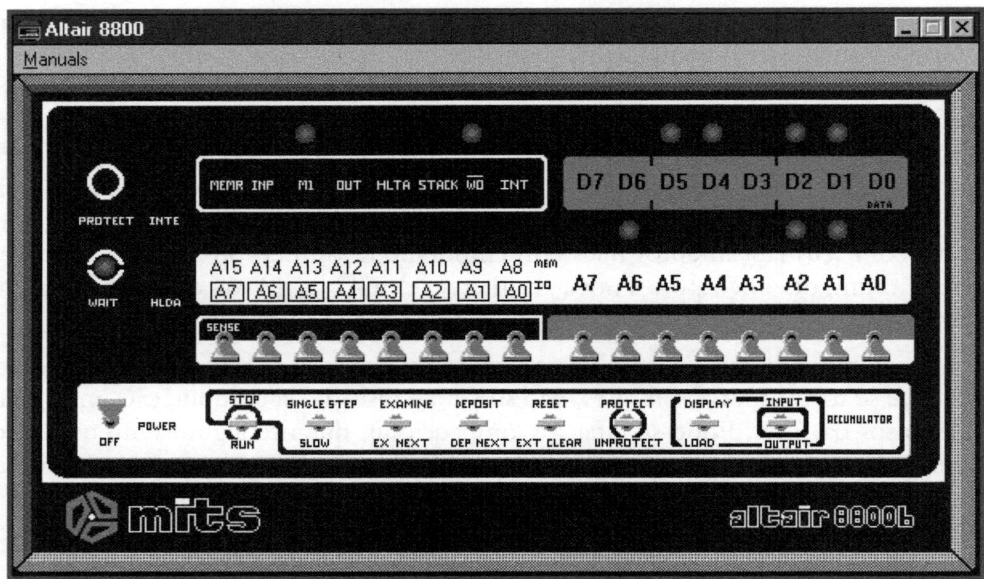

Figura 1.16 O microcomputador Altair.

Entre os exemplos mais marcantes (são tantos) podem-se citar os processadores Intel, do 8080/8085 e do 8088/8086, base dos microcomputadores pessoais (PCs), lançados pela IBM em 1981, do 386 (primeiro microprocessador de 32 bits) ao 486 e aos Pentium e ao Itanium.

Também outro fabricante, a AMD vem disputando o mercado de processadores com a Intel, lançando produtos com desempenho cada vez melhor, sendo muitíssimo utilizados no Brasil. Entre eles, pode-se mencionar o K6-2, o Athlon K7, o Athlon-64 e o Opteron.

A Tabela 1.1 apresenta um quadro demonstrativo com dados de alguns dos principais microprocessadores surgidos desde o Intel 4004, de modo a permitir ao leitor conhecer alguns desses dispositivos. No Cap. 6 serão apresentados mais detalhes de suas funções e características.

Entre as empresas fabricantes de microcomputadores podem-se citar a Motorola, a IBM, a Sun e a MIPS.

A Motorola, mundialmente conhecida por diversos produtos, como celulares, foi também pioneira na área de microprocessadores, concorrendo, no início dos PCs, com a Intel ao lançar processadores como o M6800 (concorrente do Intel 8080) e o 68000 (de 32 bits). Posteriormente, junto com a IBM, foi fabricante do processador PowerPC.

Durante muito tempo, a Motorola supriu os computadores pessoais da Apple, outra grande empresa da área de computação, até hoje fabricante dos computadores Macintosh. Depois a Apple passou a usar os PowerPC e recentemente anunciou que passará a usar, a partir de 2007, os processadores Intel em alguns de seus computadores.

Mais ainda, outras empresas surgiram na área de computação e se tornaram grandes, como a Sun Microsystems, fabricante dos processadores Sparc e de várias estações de trabalho, além de ter sido responsável pela criação da linguagem de programação Java e do sistema operacional Solaris.

Além da Sun, a MIPS foi outra empresa que surgiu para fabricar processadores com tecnologia RISC (ver Cap. 11), como os Mips 2000, Mips 3000 e Mips 4000.

Por outro lado, e para finalizar este resumo histórico, é apresentada a Tabela 1.2, compreendendo um quadro demonstrativo da evolução da ciência da computação, incluindo-se naturalmente algumas das observações inseridas neste item.

Tabela 1.1 Quadro Demonstrativo da Evolução de Microprocessadores

Microprocessadores	Data de lançamento	Palavra de dados	Endereçamento máximo
Intel 4004	1971	4	1 Kbyte
Intel 8080	1973	8	64 Kbytes
Intel 8088	1980	16	1 Mbyte
Intel 80286	1982	16	16 Mbytes
Intel 80386	1985	32	4 Gbytes – 4GB
Intel 80486	1989	32	4 Gbytes – 4GB
Intel Pentium I	1993	32	4 Gbytes – 4GB
Intel Pentium Pro	1995	32	4 Gbytes – 4GB
Intel Pentium II	1997	32	4 Gbytes – 4GB
Intel Pentium III	1999	32	4 Gbytes – 4GB
Intel Pentium 4	2000	32	4 Gbytes – 4GB
Intel Itanium	2001	64	16 Exbytes – 16ExB
Motorola 6800	1974	8	64 Kbytes – 64KB
Motorola 68000	1979	32	16 Mbytes – 16MB
Motorola 68010	1983	32	16 Mbytes – 16MB
Motorola 68020	1984	32	4 Gbytes – 4GB
Motorola 68030	1987	32	4 Gbytes – 4GB
Motorola 68040	1989	32	4 Gbytes – 4GB
Zilog Z-80	1974	8	64 Kbytes
Zilog Z-8000	1979	16	1 Mbyte
AMD-K6	1997	32	4 Gbytes
AMD-K6-2	1998	32	4 Gbytes
AMD Athlon	1999	32	4 Gbytes
AMD Athlon XP	2002	32	4 Gbytes
AMD Athlon64	2003	64	1 Terabyte
AMD Opteron	2001	64	
Cyrix 6X86MX	1997	32	4 Gbytes
Cyrix MII	1998	32	4 Gbytes
Sun SPARC	1987	32	4 Gbytes
IBM PowerPC	1993	32	4 Gbytes

Tabela 1.2 Eventos Relevantes da Evolução da Computação

Período	Evento
500 a.C.	Invenção e utilização do ábaco.
1642 d.C.	Blaise Pascal cria sua máquina de somar.
1670	Gottfried Leibniz cria uma máquina de calcular que realiza as quatro operações aritméticas.
1823	Charles Babbage cria a máquina de diferenças, por contrato com a Marinha Real Inglesa.
1842	O mesmo Babbage projeta uma máquina analítica para realizar cálculos.
1889	Herman Hollerith inventa o cartão perfurado.
1890	Hollerith desenvolve um sistema para registrar e processar os dados do censo.
1924	Constituição da IBM.
1939	John Atanasoff projeta o primeiro computador digital.
1946	Término da construção do ENIAC.
1946	John von Neumann propõe que um programa seja armazenado no computador e projeta o IAS, implementando sua proposta.

Tabela 1.2 Eventos Relevantes da Evolução da Computação (continuação)

Período	Evento
1951	Termina a construção do primeiro computador comercial de propósito geral, o UNIVAC.
1956	Termina a montagem do primeiro computador transistorizado, o TX-0, no MIT.
1957	Uma equipe da IBM, liderada por John Bachus, desenvolve a primeira linguagem de alto nível, Fortran, voltada para solucionar problemas matemáticos.
1958	A IBM lança o IBM-7090.
1958	Jack Kilby, na Texas Instruments, completa a construção do primeiro circuito integrado, contendo cinco componentes.
1962	Douglas Engelbart, do Stanford Research Institute, inventa o mouse.
1964	A IBM lança o IBM/360, primeiro computador a utilizar circuitos integrados.
1964	A linguagem Basic (Beginners All-purpose Symbolic Instruction Code) é desenvolvida por Thomas Kurtz e John Kennedy no Dartmouth College. Mais tarde, ela se torna popular devido ao lançamento do Altair com o interpretador desenvolvido por Bill Gates e Paul Allen, fundadores da Microsoft.
1965	Gordon Moore, diretor de pesquisa e desenvolvimento da empresa Fairchild Semiconductor, prevê que a densidade dos transistores e circuitos integrados dobraria a cada 12 meses nos 10 anos seguintes. Essa previsão foi atualizada em 1975, substituindo-se 12 meses por 18 meses, e tornou-se conhecida como Lei de Moore.
1967	A IBM fabrica o primeiro "floppy disk".
1970	A primeira versão do sistema operacional Unix é lançada, rodando em um computador DEC PDP-7. Este sistema foi escrito, a partir de 1969, no Bell Labs, por Dennis Ritchie e Ken Thompson.
1971	A linguagem Pascal é projetada por Nicklaus Wirth.
1971	A Intel lança o primeiro sistema de microcomputador, baseado no processador 4004, com desempenho de 60000 operações por segundo e 2300 transistores encapsulados.
1972	Dennis Ritchie, do Bell Labs, desenvolve a linguagem C.
1973	Gary Kildall escreve um sistema operacional na linguagem PL/M e o denomina CP/M (Control Program/Monitor).
1974	A Intel lança o processador 8080 de 2 MHz (primeiro lançamento em 1973), com 6000 transistores e 640000 instruções por segundo. O CP/M é adaptado para o 8080, e a Motorola lança seu processador de 8 bits, o 6800.
1975	Na edição de janeiro da revista *Popular Electronics* é realizado o lançamento do primeiro microcomputador de 8 bits, o Altair.
1976	Steve Wozniak e Steve Job formam a Apple Computer.
	A DEC lança um de seus mais populares minicomputadores, o VAX 11/780.
1977	A Apple Company lança seu computador Apple II.
1979	Surge a primeira planilha eletrônica, Visicalc.
1981	A IBM anuncia o lançamento de seu primeiro microcomputador, o IBM-PC.
1984	A Apple apresenta seu primeiro computador do tipo Macintosh.
1987	A Microsoft lança sua planilha Excel, o primeiro aplicativo para o Windows.
1989	A Microsoft lança seu sistema operacional Windows para IBM-PCs.
1990	A Microsoft lança a versão 3.0 do Windows para PCs.
1991	A AMD lança seu clone do processador Intel 386.
1991	Linus Torvalds desenvolve o sistema operacional Linux, na Finlândia.
1992	A IBM e a Motorola estabelecem um acordo para desenvolvimento do microprocessador PowerPC.
1992	A IBM lança um microcomputador portátil, o ThinkPad 700C.
	A NCSA desenvolve o primeiro navegador para Internet, o Mosaic.
1994	O Mosaic se transforma no Netscape.
1994	A Iomega lança seus Zip drives.
1995	A Microsoft lança nova versão do SO Windows - Windows 95
1995	A Intel lança o processador Pentium Pro.
1995	A 3Com, Sun e Compaq lançam o padrão Gigabit Ethernet.
1996	A Microsoft lança o Windows NT 4.0 e o Internet Explorer 3.0.

Tabela 1.2 Eventos Relevantes da Evolução da Computação (continuação)

Período	Evento
1998	A Intel lança o processador Pentium II de 333 MHz.
1998	A Compaq adquire a DEC, fabricante dos processadores de 64 bits Alpha.
2000	A Microsoft inicia a distribuição do SO Windows 2000 e o Windows ME.
2001	A Dell se coloca como primeiro fabricante de PCs do mundo.
2001	Lançamento do barramento USB 2.0 e do padrão SATA 1.0.
2001	A Microsoft inicia a distribuição do SO Windows XP.
2002	Lançamento do padrão PCI Express.
2005	A AMD inicia distribuição de seu processador de 64 bits, núcleo duplo, Athlon 64 X2.
2005	A Apple divulga sua intenção de substituir o processador PowerPC por processadores Intel em seus computadores.

EXERCÍCIOS

1) Conceitue os termos *dado* e *informação,* no que se refere a seu emprego em processamento de dados.
2) Caracterize as etapas principais de um processamento de dados.
3) Conceitue um sistema. Cite dois exemplos práticos de organizações sistêmicas na vida real.
4) Considerando a organização de sistemas de informação definida no item 1.1.4, cite os níveis existentes e dê exemplos práticos de sistemas em cada um dos níveis relacionados.
5) O que você entende por um programa de computador?
6) Conceitue os termos *hardware* e *software.*
7) O que é e para que serve uma linguagem de programação de computador? Cite exemplos de linguagens de programação.
8) Quem desenvolveu a máquina analítica?
9) Qual foi a característica marcante do censo de 1890 dos EUA, no que se refere à contabilização dos dados levantados?
10) Qual foi o propósito que conduziu ao desenvolvimento do primeiro computador eletrônico do mundo?
11) Qual foi o primeiro microprocessador de 8 bits lançado comercialmente? Qual o nome da empresa proprietária?
12) Quais eram as características básicas da arquitetura proposta pelo Dr. John von Neumann?
13) Qual a importância do computador Altair para a evolução da computação comercial?
14) O que você entende por sistema digital? Qual seria a alternativa na computação se não existissem máquinas digitais?
15) O que conduziu o pensamento dos pesquisadores para desenvolver computadores que somente usam o sistema binário e não, por exemplo, o sistema decimal?
16) Cite empresas brasileiras que comercializam computadores com sua própria marca.
17) Qual foi o primeiro equipamento utilizado no mundo para realizar cálculos matemáticos?
18) Considerando o formato das instruções do processador IAS (ver Fig. 1.12), indique qual deverá ser a máxima quantidade de instrução que o IAS poderia ter.
19) Uma das versões do processador Pentium III possui endereços de 36 bits em vez do tradicional de 32 bits. Qual deveria ser a capacidade máxima de endereçamento naqueles processadores?

20) O ENIAC é usualmente conhecido como sendo o primeiro computador fabricado (máquina eletrônica de processamento de dados). No entanto, antes dele pelo menos dois outros cientistas desenvolveram equipamentos eletrônicos de computação, embora sem terem tido o devido crédito. Quais foram os cientistas e suas máquinas maravilhosas?

21) Qual foi a primeira linguagem de programação de alto nível desenvolvida? Qual seu objetivo principal?

22) Pense em algumas vantagens globais obtidas pelo uso de máquinas para realizar processamento de dados em substituição ao ser humano.

2

O Sistema de Computação

2.1 COMPONENTES

No capítulo anterior, vimos que um sistema de computação é um conjunto de componentes que são integrados para funcionar como se fossem um único elemento e que têm por objetivo realizar manipulações com dados, isto é, realizar algum tipo de operações com os dados de modo a obter uma informação útil.

A Fig. 1.1 mostra as etapas do processo de manipulação de dados (processamento de dados), a qual, como mencionamos, pode ser realizada de forma manual, como se fazia antes da era dos computadores, ou através dos computadores, que são, então, máquinas de processar dados de forma eletrônica.

Quando, em 1943, J. Eckert e J. Mauchly iniciaram o desenvolvimento de uma máquina para computar e obter de forma mais rápida as tabelas balísticas requeridas pelo exército americano, eles tiveram em mente aquelas etapas da Fig. 1.1, para criar os componentes que iriam constituir o computador de forma completa. Ou seja, tinham que projetar um meio para entrar os dados (elemento de Entrada, E – ou Input – I), outro para apresentar o resultado na forma que os humanos entendessem (elemento de Saída, S – ou Output – O) e, finalmente, um elemento capaz de ordenadamente executar instruções que manipulassem os dados como desejado (elemento de processamento ou processador). Na realidade, naquela época e em um primeiro momento, os componentes de E/S não eram tão explicitamente definidos e visivelmente compreendidos como atualmente, pois não tinham surgido ainda os monitores de vídeo, impressoras, teclado, mouse e outros mais que reconhecemos facilmente nos dias de hoje.

Desse modo, o primeiro computador surgiu com os mesmos componentes necessários para se realizar com sucesso as etapas de processamento de dados: Processador e Sistema de Entrada/Saída (E/S) ou, como são conhecidos em inglês: Input/Output (I/O).

Logo em seguida, John von Neumann aperfeiçoou de forma considerável aquela arquitetura inicial, acrescentando um elemento (componente) fundamental: a memória, um componente para armazenar tanto programas quanto dados, o que tornou o processo de manipulação dos dados muito mais rápido e eficaz. Tal arquitetura, conhecida como de von Neumann (embora vários outros cientistas tenham colaborado no projeto), tem-se mantido ao longo do tempo, naturalmente com notáveis aumentos de capacidade, velocidade e desempenho global.

Como este livro trata do estudo e da descrição dos computadores, precisamos, em primeiro lugar, apresentar as principais partes que compõem essa extraordinária máquina. Este capítulo, então, consiste na apresentação genérica dos componentes principais de um sistema de computação, de modo que, nos capítulos subseqüentes, possamos detalhá-los um por um, em suas funções, estrutura interna e funcionamento.

A Fig. 2.1 mostra um modelo de computador, com seus componentes básicos, os quais, como já mencionado, fazem parte (exceto as memórias) das etapas de um processo de manipulação de dados.

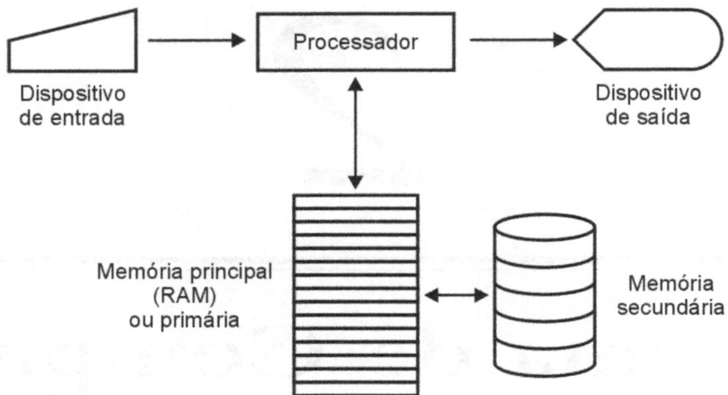

Figura 2.1 Componentes básicos de um computador.

Para identificar melhor cada um dos componentes mostrados, vamos utilizar um exemplo corriqueiro. Esse exemplo nos auxiliará a apresentar a descrição funcional de cada componente, a memória ou o processador central, por exemplo, bem como pretende mostrar exemplos práticos dos componentes reais atualmente fabricados, de modo que o leitor tenha uma idéia viva sobre o que se está descrevendo teoricamente.

Consideremos o caso de um sistema de controle do movimento diário de uma agência bancária, no que se refere exclusivamente à atualização dos saldos das contas de clientes que tiveram movimento em um determinado dia. Em linhas gerais (e de forma bem simplificada, apenas com o propósito já mencionado de procurarmos identificar os principais componentes de um sistema de computação), o movimento do dia compreenderia apenas retiradas de algum valor (através, p. ex., de um cheque, cartão etc.) ou inclusões (através do depósito por cheques, cartões, espécie etc.). As duas possíveis operações seriam, então, ***retirada*** – executada por uma operação aritmética de subtrair do saldo atual o valor da retirada, obtendo-se um novo valor de saldo, e ***depósito*** – executada por uma operação aritmética de somar ao saldo atual o valor do depósito, obtendo-se um novo valor de saldo. Ambas as operações são realizadas através de informações obtidas de um documento – DOC – que contém o número da conta a ser manipulada, o tipo da operação (retirada ou depósito) e o valor a ser manipulado em moeda.

A Fig. 2.2(a) mostra o processo de atualização através da descrição, em linguagem clara, sem qualquer compromisso de identificá-la com alguma linguagem de programação, das etapas (tarefas) a serem realizadas para a referida atualização.

A relação de tarefas que descrevemos em linguagem clara na Fig. 2.2(a) é denominada algoritmo (ver definição de algoritmo no item 1.1.3). No entanto, um algoritmo descrito do modo informal como mostrado na figura não consegue ser processado por uma máquina, justamente devido à sua informalidade (a máquina não entende esse tipo de palavras) e à ausência de qualquer padrão de nomenclatura. Cada pessoa pode escrever a mesma relação de tarefas, porém usando palavras e frases ligeiramente diferentes. Isso impede que uma

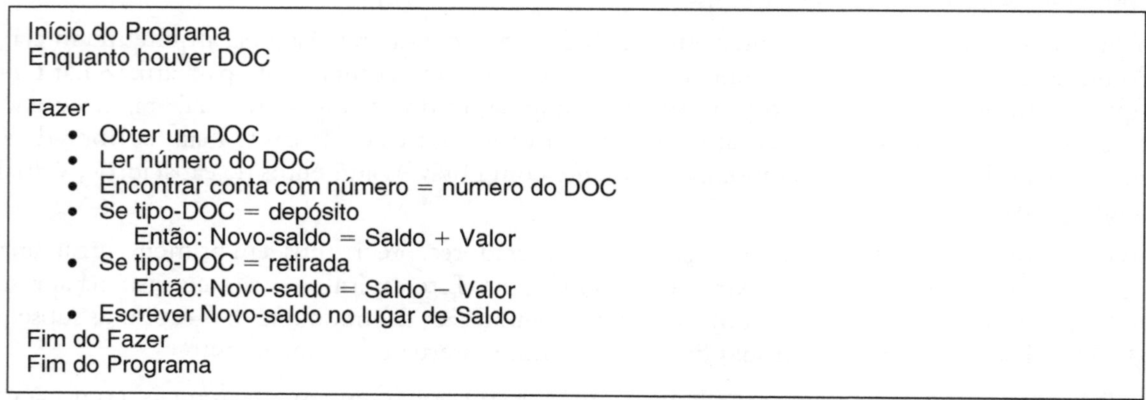

```
Início do Programa
Enquanto houver DOC

Fazer
    • Obter um DOC
    • Ler número do DOC
    • Encontrar conta com número = número do DOC
    • Se tipo-DOC = depósito
          Então: Novo-saldo = Saldo + Valor
    • Se tipo-DOC = retirada
          Então: Novo-saldo = Saldo − Valor
    • Escrever Novo-saldo no lugar de Saldo
Fim do Fazer
Fim do Programa
```

Figura 2.2(a) Exemplo de um algoritmo simplificado para atualização de saldo de contas bancárias.

máquina entenda que tarefa deve ser realizada (por exemplo, alguém pode denominar "adicionar" a operação de somar. Como uma máquina deve entender esta operação?). Por isso, foi necessário definir linguagens de comunicação com os computadores, chamadas, de forma genérica, linguagens de programação (ver item 1.1.3). Nesse nosso exemplo, então, o passo seguinte seria codificar o algoritmo em comandos de uma linguagem de programação de alto nível do tipo Pascal ou ainda C, Visual C, Delphi etc. Na Fig. 2.2(c) mostramos, apenas para ilustração do leitor, uma possível codificação do algoritmo na linguagem C.

Em seguida, os comandos definidos – que se constituem, em conjunto, no que se denomina um Programa de Computador – precisam ser interpretados pela máquina (pelo computador) e, para tal, precisam de algum modo ser introduzidos no hardware. Trata-se da primeira etapa de um processamento (ver item 1.1.1) – Entrada – que requer um componente ou equipamento específico (hardware). Por exemplo, podemos digitar caractere por caractere do programa em questão, usando o componente denominado Teclado, bastante semelhante ao teclado das máquinas de escrever comuns. No item 10.3.1 é descrito o funcionamento de um teclado, mostrado na Fig. 2.3. Há inúmeros outros equipamentos que podem ser utilizados como componente de entrada de dados em um sistema de computação. Exemplos de dispositivos atualmente usados como entrada de dados e programas:

- Teclado
- Mouse
- Scanner
- Caneta
- Microfone
- Touch-screen
- Sensores ópticos (utilizados para "ler" as marcas a lápis, colocadas em folhas de respostas por candidatos em um concurso vestibular)
- Sensores magnéticos (utilizados para "ler" marcas colocadas em um cheque de banco)
- Disquetes ou discos rígidos
- CDs, DVDs etc.

No Cap. 10 – Entrada/Saída e no Apêndice D – Mais detalhes, são descritos vários dispositivos de E/S.

```
Início do Programa
INÍCIO    Obter DOC
          Se não há mais DOC.
             Então: Vá para FIM
             Senão: Fazer 1:
                Ler número do DOC
CONTA           Obter Nova Conta
                Ler Número da Conta
                Se Número do DOC = Número da Conta
                   Então: Fazer 2:
                          Ler tipo do DOC
                          Se tipo do DOC = Depósito
                              Então: Trazer Valor da Conta para Calculador
                                     Trazer Valor do DOC para Calculador
                                     Somar: Valor da Conta + Valor do DOC = Resultado
                                     Substituir Valor da Conta por Resultado
                              Senão: Trazer Valor da Conta para Calculador
                                     Trazer Valor do DOC para Calculador
                                     Subtrair Valor da Conta – Valor do DOC = Resultado
                                     Substituir Valor da Conta por Resultado
                          Fim de Fazer 2
                   Senão: Retornar para CONTA
                Fim de Fazer 1
FIM       Fim do Programa
```

Figura 2.2(b) Descrição mais detalhada do algoritmo da Fig. 2.2(a).

No entanto, os computadores foram (e ainda são) projetados com capacidade de entender e realizar apenas tarefas bem simples e curtas, tais como:

– somar dois números de cada vez (ele não efetua operações com três ou quatro números de uma só vez etc.),

– mover um número de um local para outro,

– ler o caractere correspondente à tecla que acabamos de pressionar no teclado, e assim por diante.

Então, para que o computador possa realizar as tarefas que relacionamos de modo geral na Fig. 2.2(a), precisamos detalhá-las mais, de modo que as novas tarefas sejam iguais às operações que o hardware sabe fazer. Ou seja, o programa introduzido no sistema pelo dispositivo de entrada não pode ser diretamente processado, pois seus comandos são complexos para o entendimento da máquina. E, por isso, foi preparada uma nova relação com outras tarefas, mais detalhadas e simples, que produzem, porém, o mesmo resultado final, solucionando o mesmo problema. A Fig. 2.2(b) mostra essa nova relação (programa), que compreende as operações que o hardware pode realizar. Na realidade, algumas das instruções relacionadas na figura precisam ainda ser mais detalhadas, mas trata-se de situação bem específica (de entrada e saída), a ser discutida adiante.

```
void main()
{
printf ("Digite o número do documento: ");
scanf ("%d", &num_doc);
ARQ_CONTAS = fopen ("Arquivo de Contas dos Clientes", "rw");
while (num_doc != 0)
{
  printf ("Informe o número da conta: ");
  scanf ("%d", &num_conta);
  printf ("Informe o valor");
  scanf ("%f", &valor);
  printf ("Qual o tipo do lançamento (D) Depósito ou R (Retirada)");
  scanf ("%c", &tp_lanc);
  fseek (ARQ_CONTAS, sizeof(RegCliente)*(num_conta-1), SEEK_SET);
  fread (&RegCliente, sizeof(RegCliente), 1, ARQ_CONTAS);
  if (tp_lanc == "D")
     RegCliente.Saldo = RegCliente.Saldo + valor;
  else
    RegCliente.Saldo = RegCliente.Saldo – valor;

  fseek (ARQ_CONTAS, sizeof(RegCliente)*(num_conta-1), SEEK_SET);
  fwrite (RegCliente, sizeof(RegCliente), 1, ARQ_CONTAS);
  printf ("Digite o número do documento: ");
  scanf ("%d", &num_doc);
}

fclose (ARQ_CONTAS);
}
```

Figura 2.2(c) Programa em C para o algoritmo da Fig. 2.2(b).

Neste momento, vamos ignorar como foi realizada a transformação do programa da Fig. 2.2 (a) no programa da Fig. 2.2(b) (ver Apêndice C), como também nada sabemos ainda sobre o formato dos elementos que constituem os referidos programas. Queremos, neste instante, tão-somente identificar quais são os componentes envolvidos com a realização das tarefas descritas nas figuras citadas e conhecer suas funções básicas dentro do processo global.

Retornando ao algoritmo da Fig. 2.2(b), devemos ter atenção ao fato de que, para que uma máquina seja capaz de realizar várias operações, é preciso que ela seja de algum modo instruída a identificar cada uma delas e, depois de identificá-la, saber como realizá-la. As tarefas relacionadas na Fig. 2.2(b) são, uma por uma, operações que uma determinada máquina (o hardware) pode realizar. Chamam-se, por causa disso, ***instruções de máquina***. O componente do computador que é capaz de entender e realizar uma operação definida por uma

Figura 2.3 Exemplos de dispositivo de E/S – Teclados.

instrução de máquina denomina-se Unidade Central de Processamento – UCP, ou, simplesmente, ***processador*** (CPU – *Central Processing Unit*). Uma UCP ou processador é constituída de milhões de minúsculos circuitos e componentes eletrônicos (transistores, resistores etc.) cujas funções básicas são ler e interpretar instruções de máquina e realizar as operações matemáticas (ou outras) definidas após a interpretação de uma determinada instrução (ver Cap. 6). Atualmente, os mencionados milhões de elementos podem ser encapsulados em um único invólucro, formando as pastilhas (*chips*), que já citamos no Cap. 1, como os processadores (UCP) Intel Pentium 4, Intel Itanium, Intel Celeron, AMD Athlon, AMD Opteron, AMD Athlon 64, Motorola/IBM Power PC, Sun Sparc e outras. A Fig. 2.4 mostra alguns exemplos de chips processadores.

Figura 2.4 Exemplos de processadores.

Para que a UCP possa trabalhar – entender e executar uma instrução de máquina – é necessário, em primeiro lugar, que o programa mostrado na Fig. 2.2(a) seja introduzido no sistema (através de um dispositivo de entrada, como o teclado), para em seguida ser convertido no programa da Fig. 2.2(b), e depois a UCP começar a executar este último.

Já vimos anteriormente que um programa é sempre constituído de várias instruções, e para que ele seja rapidamente executado é necessário que ele execute todas as instruções, recebendo os dados, manipulando-os e expondo todos os resultados, de forma totalmente automática. Em outras palavras, antes da execução do programa, este e os dados que serão por ele manipulados devem ser armazenados na própria máquina para, um a um, serem localizados pelo processador, entendidos e executados, sem que haja interveniência de uma pessoa (pois, nesse caso, haveria sempre um atraso bem grande). O componente do sistema de computação responsável pelo armazenamento das informações introduzidas pelo componente de ENTRADA é denominado ***Memória*** (ver Fig. 2.6).

Após a realização de todas as operações, os resultados devem ser apresentados ao usuário interessado, o qual naturalmente deseja vê-los em uma forma inteligível para ele (caracteres alfabéticos, algarismos decimais, sinais de pontuação da nossa linguagem etc.) e não na linguagem do computador. Esses resultados podem ser apresentados em um vídeo ou impressos em um outro equipamento muito popular em computação, a impressora, ou em qualquer outro dispositivo de SAÍDA (ver Fig. 2.5 e Cap. 10).

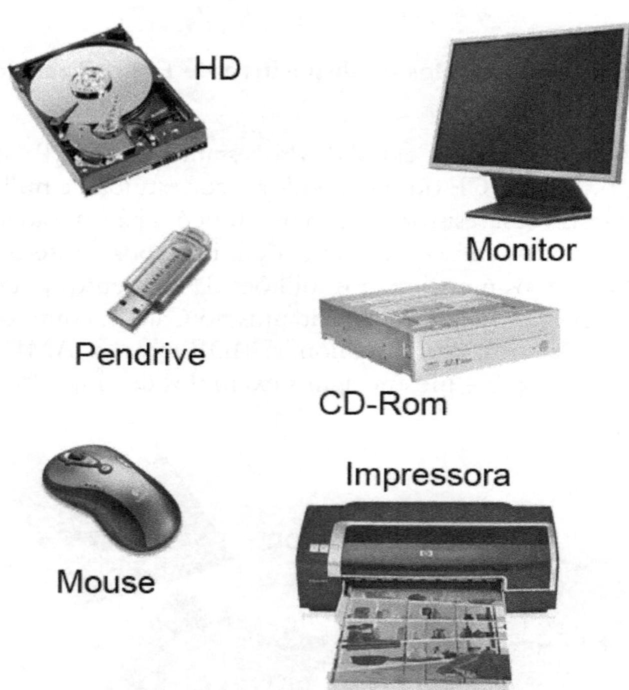

Figura 2.5 Exemplos de dispositivos de E/S.

Em resumo, os componentes básicos de um sistema de computação são:

- processador (ou UCP);
- memória;
- componentes de E/S.

O *processador* realiza duas funções primordiais: a "cerebral", de interpretar as ações que devem ser realizadas por conta de uma determinada instrução de máquina, e a "executiva", de efetivamente realizar aquela operação interpretada. Qualquer processador é construído contendo internamente as seqüências (ou microprograma – ver Apêndice D) de execução de cada operação primitiva que o seu projetista definiu, como a de somar dois números, multiplicar dois números, mover um dado de um local para outro etc.

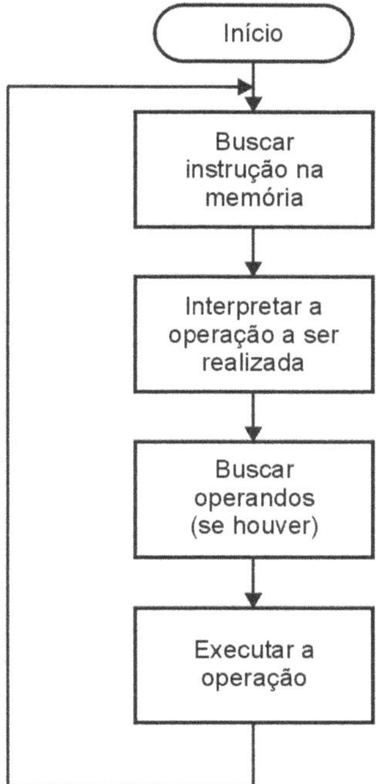

Figura 2.6 Ciclo básico de instrução.

Para executar cada passo de uma determinada seqüência, um componente interno do processador emite um sinal de controle para transferir ou mover bits de um local para outro (por exemplo, uma etapa de uma seqüência de soma pode ser transferir o endereço de um dado de um registrador[1] para outro registrador).

Na realidade, o processador contém sempre uma seqüência básica de execução de operações primitivas que é conhecida como ciclo de instrução, mostrada na Fig. 2.6 (no Cap. 6 o leitor obterá uma completa e detalhada descrição do funcionamento de um ciclo de instrução, com exemplos elucidativos).

Outro componente é a ***memória***. Trata-se de um componente que não pode ser estudado como um elemento individual, já que há diferentes tipos de memória em qualquer sistema de computação. Na realidade, podemos imaginar a memória como um sistema de armazenamento, constituído de vários dispositivos, cada um com características diferentes de desempenho, porém todos servindo a um mesmo propósito: armazenamento e recuperação. Conforme veremos mais adiante, esse sistema de memória é constituído de vários componentes de armazenamento, como: registradores, memória cache, memória principal, memória secundária. A Fig. 2.7 mostra alguns exemplos de memórias usadas atualmente nos computadores.

Uma das características marcantes dos dispositivos de armazenamento é o endereço de acesso a uma determinada parte (ou posição) do dispositivo ou da memória. Endereço é um número (naturalmente binário, já que todo computador funciona no sistema binário) que indica uma posição ou local da memória onde se armazena um determinado valor (o dado).

O conceito de endereço em memórias de computador é semelhante ao endereço utilizado em nossa vida cotidiana para identificar e localizar locais de moradia ou de trabalho, um número.

Os dispositivos de ***Entrada*** ou ***Saída*** servem basicamente para permitir que o sistema de computação se comunique com o mundo exterior, realizando ainda, além da interligação, a conversão das linguagens do sistema para a linguagem do meio exterior (caracteres de nossas linguagens) e vice-versa. Os seres humanos entendem símbolos como A, b, ., (, + etc., e o computador entende sinais elétricos que podem assumir um valor de tensão (+ 3 volts) para representar o valor 1 ou um outro valor (0 volt) para representar o valor 0. O teclado (dispositivo de ENTRADA) interliga o usuário (mundo exterior) e o computador, permitindo a co-

[1]Registrador é uma pequena memória de altíssima velocidade, existente nos processadores para armazenar um único valor de dado ou endereço. Será descrito no Cap. 4 e mencionado freqüentemente ao longo dos demais capítulos.

Figura 2.7 Exemplos de memórias.

municação entre ambos através do uso das suas teclas. Ao ser pressionada a tecla correspondente ao caractere A, por exemplo, os circuitos eletrônicos existentes no teclado "convertem" (ver Cap. 10) a pressão mecânica em um grupo de sinais elétricos, alguns com voltagem alta (bit 1) e outros com voltagem baixa (bit 0), que corresponde, para o computador, ao caractere A.

Os dispositivos de SAÍDA operam de modo semelhante, porém em sentido inverso, isto é, do computador para o exterior, convertendo os sinais elétricos internos (e que, em grupos, podem representar um caractere inteligível pelo ser humano) em símbolos conhecidos pelos humanos, como os caracteres C, e, h, *, >, + etc.

Nos Caps. 9 e 10 serão mostradas as características básicas de alguns dos dispositivos de saída mais conhecidos, como o vídeo, a impressora, o CD-ROM, os discos magnéticos e o mouse.

Nos parágrafos anteriores, apresentamos ao leitor os componentes e suas funções, que constituem um sistema de computação do ponto de vista do hadware. Processador, memória e dispositivos de E/S são realmente os componentes mais visíveis e conhecidos, porque são aqueles que têm função explicitamente visível e os quais nos acostumamos a usar diretamente (como os de E/S) ou ver e pegar, quando compramos, montamos etc., como o processador e os diversos tipos de memória. No entanto, ainda falta mencionar um elemento importante desse sistema, que provê a interligação de todos os componentes, permitindo a comunicação entre eles e, por isso, viabilizando seu funcionamento.

Como as informações existentes internamente (programas e dados) nos diversos componentes são representadas por sinais elétricos, que indicam os dois valores que o sistema conhece (bit 0 ou bit 1), para que os bits caminhem de um local para outro é necessária a existência de uma fiação apropriada para conduzir os sinais elétricos, da mesma forma que, em nossa residência, há uma enorme quantidade de fios necessários para conduzir os sinais elétricos que irão acender as luzes, ligar os eletrodomésticos, conduzir som e outros. Desse modo, o processador encaminha um dado para a memória através de fios condutores, assim como a memória principal pode encaminhar também (ou receber) dados (bits) do disco rígido através de fios condutores.

O conjunto de fios que conduzem sinais elétricos entre os diversos componentes do computador (sinais elétricos que podem, em um dado instante, representar bits de dados ou bits de endereço ou mesmo sinais de controle indicadores de uma determinada operação a ser realizada) é conhecido como ***barramento***. A Fig. 2.8 mostra um modelo de conexão entre os diversos componentes de um sistema de computação através de um barramento. A figura mostra o barramento representado por dois traços separados, que servem para mostrar

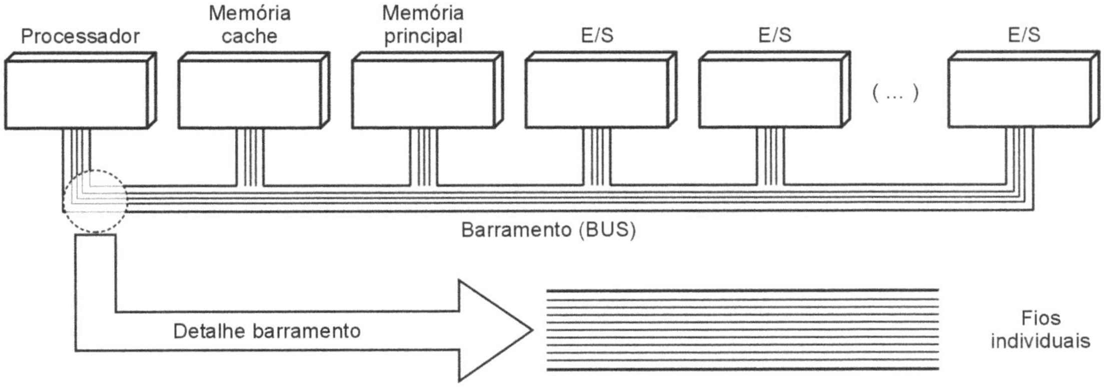

Processador | Memória cache | Memória principal | E/S | E/S | (...) | E/S
Barramento (BUS)
Detalhe barramento
Fios individuais

Figura 2.8 Modelo de interconexão entre componentes de um sistema de computação.

que entre os traços estão passando diversos fios. É comum, também, se representar um barramento com vários fios por um único fio, contendo um traço em diagonal e ao lado desse traço um número, que indica a quantidade de fios daquele barramento.

Em inglês o barramento chama-se *bus*, cujo significado mais comum é ônibus, veículo de transporte compartilhado (ou seja, permite que diferentes pessoas possam usar o mesmo veículo para irem a diferentes locais, mais economicamente do que se usassem um veículo individual, como um carro, por exemplo). O termo ***bus*** é mais apropriado do que barramento porque exprime a maior qualidade do barramento em um sistema de computação: a capacidade de compartilhamento de uma mesma via, economizando fios (economia de custo e espaço). Como se pode ver na Fig. 2.8, cada componente pode se comunicar com um outro usando o mesmo barramento; naturalmente, como os sinais elétricos são os mesmos, só pode haver uma comunicação bilateral em cada instante, ficando as demais comunicações aguardando sua vez.

Os barramentos são mais ou menos semelhantes a uma avenida de uma cidade, por onde passam veículos de transporte (sinais elétricos, no caso do computador), um por cada pista (um sinal por cada fio, no caso do computador). A avenida pode ter uma única pista, por onde passa um único carro de cada vez (o barramento pode ter um único fio, por onde passa um sinal de cada vez, um bit de cada vez). Chama-se esse tipo de barramento de ***serial***. Outro tipo de barramento ou avenida, no caso de uma cidade, é aquele constituído de vários fios (no caso da avenida é como se ela fosse constituída de várias pistas), por onde passam vários sinais simultaneamente, um por cada fio. Chama-se esse tipo de barramento de ***paralelo***. Largura do barramento é a propriedade relativa à quantidade de fios (de bits) de que ele é constituído; é mais utilizada no caso de barramentos paralelos do que seriais.

Um barramento que seja constituído de 10 fios paralelos indica que podem passar por ele simultaneamente 10 sinais elétricos, cada um representativo de 1 bit; a largura do barramento é, então, igual a 10 bits.

Os barramentos são usualmente constituídos de duas partes:

– parte que conduz bits de dados – barramento de dados - BD

– parte que conduz bits de endereços – barramento de endereços - BE

Além disso, há um conjunto de fios adicionais que conduzem sinais de controle e comunicação durante uma operação de transferência pelo barramento; embora não se encontre com freqüência na literatura, esses fios que conduzem sinais de controle podem ser chamados também parte do barramento global, como barramento de controle ou BC. A Fig. 2.9 mostra um exemplo de interconexão por barramento, com a separação entre as três partes, BD, BE e BC.

Na realidade, é bom frisar que o barramento é único (por exemplo, barramento PCI ou FSB), porém dividido em três conjuntos de fios, cada um deles servindo a uma funcionalidade diferente, dentro do mesmo processo de transferência. Um conjunto serve para a função de transportar sinais de controle e comunicação, e é conhecido por BC – barramento de controle; outro conjunto de fios serve para a função de transportar sinais (bits) que representam um número, que é o endereço de um local de memória ou indicativo de um

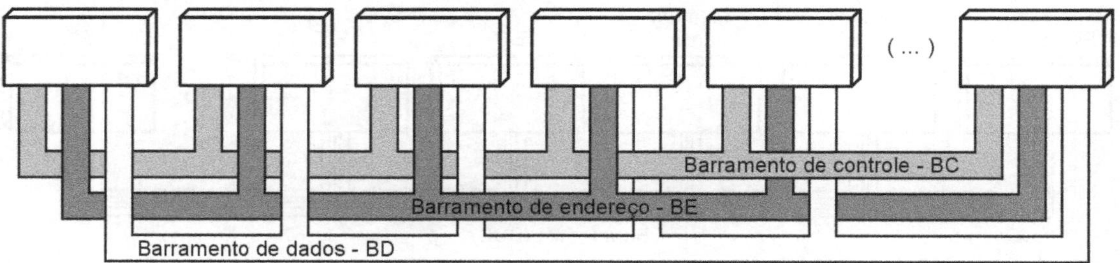

Figura 2.9 Modelo de interconexão de componentes de um sistema de computação.

determinado dispositivo de E/S, conhecido como barramento de endereços, BE, e, finalmente, um outro conjunto serve para a função de transportar sinais (bits) que representam o dado que está sendo transferido do endereço mencionado.

No caso da conexão ao processador (por exemplo, quando se trata do barramento que interconecta o processador à memória cache e à memória principal, ou RAM), todos esses fios chegam aos pinos de ligação do processador ao mundo exterior, ou seja, a soma dos fios do BC, do BD e do BC é igual ao total de pinos do processador ou total de furos do soquete em que o processador se encaixa na placa-mãe do sistema (para entender o conceito de placa-mãe, ver Cap. 6).

Para auxiliar o leitor no entendimento das funções dos barramentos, podemos apresentar um pequeno exemplo de operação de transferência de dados entre o processador e a memória principal. Como o exemplo visa tão-somente melhorar a compreensão da função de um barramento, não precisamos explicar o que é operação de acesso, os sinais de tempo envolvidos e outras explicações pertinentes, as quais serão detalhadas mais adiante, quando efetivamente estudaremos os barramentos (Cap. 6 e Apêndice D).

Vamos imaginar, por exemplo, que o processador requer um dado para ser manipulado no decorrer da execução de uma instrução (a instrução pode ser, p. ex., a de somar dois números, e um deles é o dado que o processador está requerendo). O processador sabe o endereço do dado (nesse momento não interessa sabermos como o processador veio a saber do endereço), que é, por exemplo, 37 em decimal e 0000100101 em binário (o valor binário exato é apenas 100101, porém estamos considerando, para efeito do exemplo, que o barramento de endereços, BE, tem 10 fios, o que permite passar endereços de até 10 bits. Então, a largura

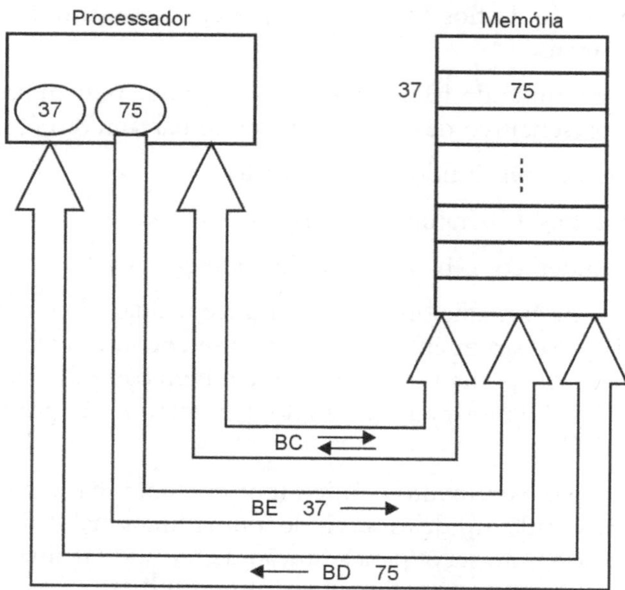

Figura 2.10 Exemplo de funcionamento dos barramentos de dados, endereço e controle.

desse BE é de 10 bits, e preenchemos com zeros o valor do endereço para totalizar os 10 bits. O processador não sabe, mas vamos imaginar que o dado que está armazenado no endereço 37 é o valor 75 decimal, que corresponde, em binário, a 1001011. Vamos supor que cada endereço de memória tenha uma largura de 8 bits, ou seja, possa armazenar números com valor de até 8 bits; então, no caso presente, estará armazenado no endereço 37 o valor 01001011, que deverá ser transferido para o processador (na realidade é transferida uma cópia desse valor), e, como veremos mais adiante (Cap. 4), este exemplo trata de uma operação de acesso chamada de ***operação de leitura***.

Como se trata de dois componentes não-humanos se comunicando e como o barramento é compartilhado, é preciso que se estabeleça uma regra para definir se o processador pode iniciar ou não o procedimento de transferência, pois a memória poderia estar ocupada, recebendo ou transferindo dados para outro componente. Assim, o processador precisa interrogar a memória ou sinalizar no barramento que ele deseja a transferência. E a memória precisa responder (ou o controle do barramento) que tudo está OK. Os sinais elétricos correspondentes a cada comunicação dessas fluem por fios separados (um para cada função) na parte do barramento que chamamos de BC – barramento de controle. Muitos são os sinais de controle (sinal do relógio, sinal de confirmação de recebimento, sinal indicador de que a operação é de leitura, sinal indicador de que a operação é de escrita, sinal indicador de acesso à linha, sinal indicador de acesso à coluna e outros, alguns dos quais estaremos descrevendo no Cap. 6 e no Apêndice D). A Fig. 2.11 mostra os elementos principais da operação de transferência.

Em resumo (ver Figs. 2.9 e 2.10):

1. o processador inicia o procedimento interrogando a MP (ou o barramento, dependendo do protocolo utilizado) pelo BC;
2. a resposta, OK, também passa pelo fio definido do BC;
3. o processador sinaliza para a MP o tipo de operação (leitura), também usando um fio específico do BC;
4. o processador passa o endereço para a MP, pelo BE;
5. a MP decodifica o endereço e transfere o dado do endereço 37 (valor 75) para o processador pelo BD.

Na verdade, o algoritmo definido pelo protocolo de acesso é bem mais complicado, com mais itens e dependente de sinais de tempo, gerados no barramento por um dispositivo de sincronização que conhecemos como relógio (*clock*, como já vimos). No entanto, neste estágio inicial do livro somente interessa conhecer as funções e algumas características simples e primordiais dos barramentos (como a largura, por exemplo), daí a simplificação do procedimento e das explicações a respeito do exemplo descrito.

Para finalizar, devem-se ressaltar algumas características dos BE, BC e BD (ver Fig. 2.11).

Sobre o Barramento de Controle – BC:

Trata-se de um conjunto de fios condutores, onde cada um tem uma independência funcional, seja na direção do fluxo do sinal (p. ex., no fio que leva o sinal de interrogação a direção é do processador (P) para a memória (MP), enquanto no fio que leva a resposta da MP a direção é oposta, da MP para o P, como mostrado na Fig. 2.11), seja no instante em que o sinal surge no fio correspondente (p. ex., o sinal de interrogação surge primeiro e somente após um instante é que surge a resposta, e somente depois é que surge o sinal de leitura (ou de escrita), e assim por diante). Também a função de cada fio é diferente, conforme já mostramos.

Sobre o Barramento de Endereços – BE:

Nesse caso, ele possui uma característica física marcante, a largura, L, que consiste na quantidade de bits (ou fios condutores) que o BE possui. Quanto maior o valor de L, maior a quantidade de endereços que podem ser usados no referido sistema, ou seja, a capacidade da memória, visto que:

$N = 2^L$, sendo N = quantidade de endereços e L = quantidade de bits do BE ou de cada endereço.

Por exemplo, se L = 6 bits, significa que o BE possui 6 fios e cada endereço utilizado é um número de 6 bits, seja o primeiro endereço (endereço 0 decimal ou 000000 binário) ou o último endereço (111111 em binário ou 63 decimal). Ou seja, 64 endereços, desde 0 até 63, ou

$N = 64 = 2^6$

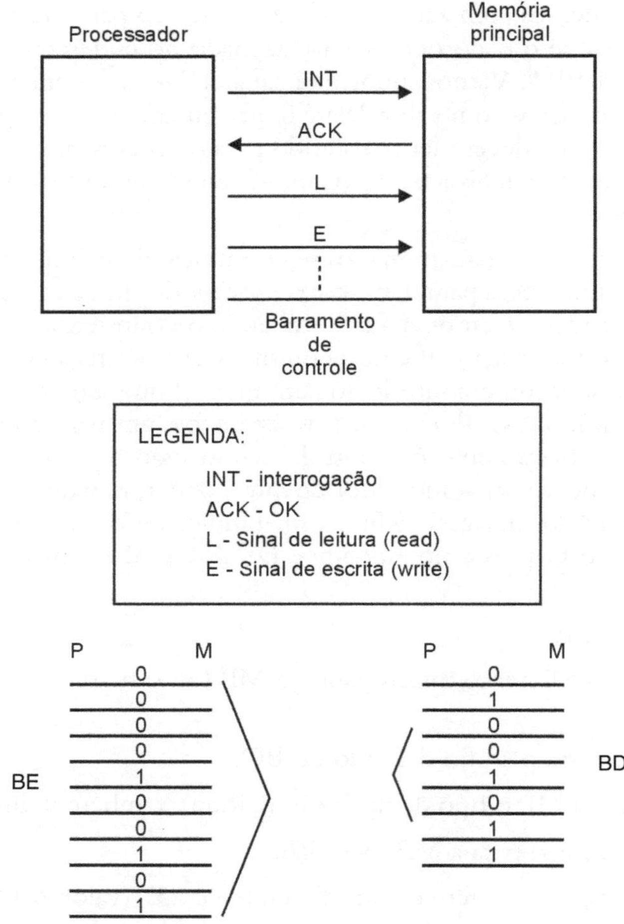

Figura 2.11 Leitura (transferência) de dados entre processador e memória principal.

Como ainda não tratamos de sistemas de numeração (Cap. 3), do que são bits etc. (item 2.2, a seguir), apenas mostramos esses exemplos, sem detalhar nem explicar os resultados.

Exemplo 2.1

Considerar um processador que possua 10 pinos para enviar endereços para o barramento de endereços, BE. Qual deverá ser a máxima capacidade de endereçamento desse sistema?

Processador = 10 pinos de endereços = 10 fios do BE.

Total de endereços = N

$N = 2^{BE} = 2^{10} = 1024$ endereços

Total de endereços = 1024 (desde endereço 0 até endereço 1023).

Sobre o Barramento de Dados – BD:

Como o BD é o conjunto de fios que serve para transporte dos sinais elétricos correspondentes aos bits de dados, o desempenho da transferência dos dados está intimamente ligado a três elementos ou características desse barramento:

– largura, L;

– velocidade, V;

– taxa de transferência, T, sendo que:

T = L × V

A largura, L, já foi definida anteriormente e, como mencionado, assemelha-se à quantidade de pistas de uma avenida em uma cidade.

A velocidade do barramento, V, está intimamente ligada a um dispositivo chamado relógio, que será estudado no Cap. 6, sobre processadores. Mas podemos imaginar essa velocidade como sendo a quantidade de sinais (bits) que são transferidos em cada um dos L fios do barramento. Sua unidade de medida mais comum é o Hertz, Hz, uma unidade da física e de ondulações eletromagnéticas, que é a natureza real dos sinais que andam nos barramentos. De modo aproximado, nesse momento, podemos assemelhar que 1 Hz = 1 bit por segundo, ou bps.

A taxa de transferência, T, consiste na real medida de desempenho do BD, ou seja, a quantidade total de bits (ou de dados) que passa pelo barramento na unidade de tempo.

Exemplo 2.2

Considerar um computador que tenha um barramento de dados, BD, com as seguintes características: largura = 10 bits e velocidade = 100 MHz. Calcular a taxa máxima de transferência de dados do BD.

Taxa de transferência = T = V (velocidade) × L (largura)

Se L = 10 bits e V = 100 MHz, então:

T = 10 × 100 = 1000 Mbps aprox. 1 Gbps

Observação: Considera-se ser possível aproximar 100 MHz para 100 Mbits/s ou 100 Mbps, ou seja, que o barramento transfira aproximadamente 1 bit por ciclo. Na realidade, o valor é um pouco menor devido a ruídos e eventuais perdas. Outra aproximação refere-se ao fato de que MHz ou GHz são unidades do sistema decimal e os múltiplos são 100, 1000, 1.000.000 etc., enquanto Mbps é unidade do sistema binário e os múltiplos são 1024 ou 2^{10}, M = 2^{20}, e assim por diante.

De modo que 1 MHz corresponderia aproximadamente a 1 Mbps ou 1.000.000 bps, ou mais exatamente a 953.675 bps (1.000.000 / (1024 × 1024)).

Para encerrar esta explicação preliminar sobre os barramentos existentes nos sistemas de computação, devemos observar que o modelo apresentado na Fig. 2.8, onde todos os componentes do sistema estão ao mesmo barramento, apesar de simples, prático de implementar e barato, é altamente ineficaz e, por isso, não é usado em sistemas reais. A razão desses inconvenientes está não só na quantidade de dispositivos que estariam conectados a uma mesma via, onde somente dois dispositivos falam de cada vez, como também, e principalmente, nas diferentes velocidades de transferência dos diversos dispositivos de um sistema de computação, como o processador e a memória (cache e principal) com velocidades muito elevadas, comparativamente com, p. ex., o teclado e mouse, com taxas de transferência muito baixas.

A título de ilustração, podemos fazer uma comparação com uma cidade que possua uma única avenida onde os veículos de transporte se locomovem e que haja três tipos de veículos: veículos tipo carro de corrida, com velocidades elevadíssimas, veículos de velocidade compatível com carros de passeio e veículos tipo bicicleta e patinete, todos usando a mesma e única avenida. De modo que, quando uma bicicleta está passando pela avenida, todos têm que esperar muito tempo até ela cruzar todo o percurso para outro veículo poder usar a avenida. Este método de transporte é claramente ineficaz.

Para solucionar o problema, o responsável pelos transportes construiu mais duas avenidas, e a cidade passou a contar com três avenidas, uma delas somente usada por carros de alta velocidade, a outra somente usada pelos carros de passeio (média velocidade) e a outra pelos veículos lentos (bicicletas e patinetes), de modo que um tipo de veículos não atrapalha o trânsito do outro tipo.

O mesmo tipo de estratégia foi adotado na arquitetura dos sistemas de computação, que possuem dispositivos muito rápidos (processador e memória), que usam um barramento específico (normalmente conhecido

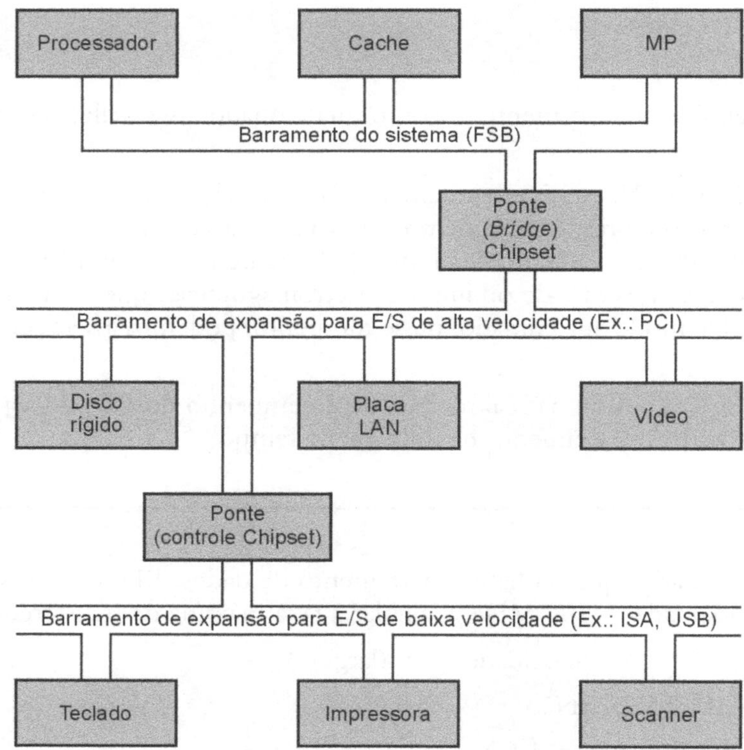

Figura 2.12 Exemplo de modelo de sistema com vários barramentos.

como barramento do sistema, ou *system bus*); dispositivos de E/S rápidos, como disco rígido, placas de rede local (LAN), modems velozes, e outros usam outro barramento, apropriado a este tipo de dispositivos (um exemplo atual é do barramento PCI) e, finalmente, um barramento específico para dispositivos lentos, como teclado, mouse, porta paralela etc. A Fig. 2.12 apresenta um exemplo desse tipo de arquitetura de sistema de computação, com três barramentos, sendo que a conexão entre eles é efetuada por um dispositivo de conexão chamado ponte (*bridge*), que realiza a sincronização e a transferência entre eles.

Em resumo, os sistemas atuais, embora mais potentes, possuem os mesmos componentes básicos e realizam suas funções essenciais orientadas pelos mesmos conceitos fundamentais expostos no relatório apresentado por John von Neumann [NEUM 45], relativo à arquitetura do seu sistema EDVAC e do IAS (ver item 1.2.4.1), quais sejam:

- dados e instruções são armazenados em uma memória do tipo que escreve e recupera (leitura); ver Cap. 4;
- o conteúdo da memória é endereçado conforme a sua posição, independentemente do tipo da informação nele contido; ver Cap. 4; e
- a execução das instruções ocorre de forma seqüencial (a não ser que uma instrução específica mude momentaneamente a seqüência), uma em seguida à outra; ver item 6.4.

2.2 REPRESENTAÇÃO DAS INFORMAÇÕES

2.2.1 O Bit, o Caractere, o Byte e a Palavra

Toda informação introduzida em um computador (sejam dados que serão processados ou instruções de um programa) precisa ser entendida pela máquina, para que possa corretamente interpretá-la e processá-la.

No texto deste livro, as informações apresentadas em forma de caracteres são entendidas pelo leitor porque ele conhece o formato e o significado dos símbolos que representam os caracteres alfabéticos, os numéricos (algarismos) e os sinais de pontuação ou matemáticos (+, − , ×, /, >, <, = etc.).

O computador, sendo um equipamento eletrônico, armazena e movimenta as informações internamente sob forma eletrônica; esta pode ser um valor de voltagem ou de corrente (sabemos também que na memória secundária as informações são armazenadas sob forma magnética ou ótica).

Para que esta máquina pudesse representar eletricamente todos os símbolos utilizados na linguagem humana, seriam necessários mais de 100 diferentes valores de voltagem (ou de corrente). Tal máquina certamente seria difícil de ser construída para fins comerciais e, possivelmente, teria muito baixa confiabilidade (uma das grandes desvantagens do primeiro computador eletrônico construído, o Eniac, foi justamente o fato de ser uma máquina decimal, o que foi imediatamente corrigido a partir da máquina seguinte, o IAS, que já era um computador binário (ver item 1.2.4.1). No caso do IAS optou-se por uma máquina binária, porque von Neumann e sua equipe consideraram muito mais simples e confiável projetar um circuito capaz de gerar e manipular o menor número possível de valores distintos, isto é, capaz de entender apenas dois valores diferentes: 0 e 1.

Além disso, com uma máquina binária torna-se mais simples o emprego da lógica booleana (do SIM/NÃO, ABERTO/FECHADO, ACIMA/ABAIXO, LIGADO/DESLIGADO etc.).

Dessa forma, os computadores digitais (que trabalham com valores discretos) são totalmente binários. Toda informação introduzida em um computador é convertida para a forma binária, através do emprego de um código qualquer de armazenamento, como veremos mais adiante.

As linguagens utilizadas pelos humanos, como o português, possuem uma estrutura de informação criada para permitir a construção dos elementos necessários à comunicação entre pessoas, seja no formato falado ou escrito. Assim é que nos comunicamos uns com os outros através de trechos do conjunto de elementos disponíveis na nossa linguagem, como os caracteres e as palavras, unindo-os de acordo com as regras de construção estabelecidas (léxica e de sintaxe).

O menor elemento disponível de uma linguagem humana é o caractere (em português, possuímos 23 caracteres alfabéticos, como o "a", o "d", o "t", 10 caracteres numéricos, como os algarismos "0", "1", e "9", além dos sinais de pontuação e de operações aritméticas, enquanto, na língua inglesa, há 26 caracteres alfabéticos, os nossos 23 mais o K, o Y e o W).

A menor unidade de informação armazenável em um computador é o algarismo binário ou dígito binário, conhecido como *bit* (contração das palavras inglesas binary digit). O *bit* pode ter, então, somente dois valores: **0** e **1** (ver Fig. 2.13).

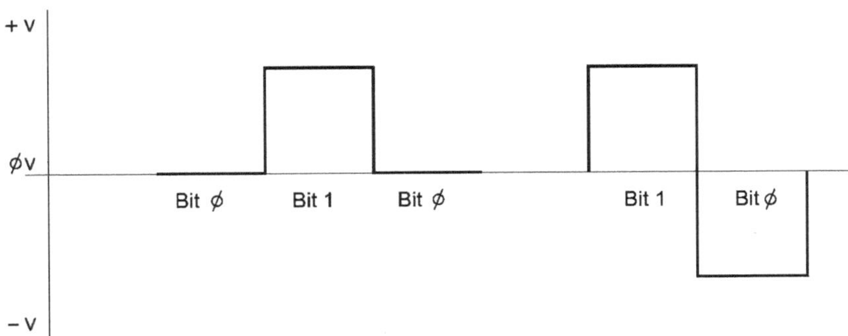

Figura 2.13 Representação de 1 bit.

No entanto, um caractere isolado praticamente nada significa para nosso sentido de comunicação, razão por que se criaram as palavras, que são conjuntos de caracteres formando um sentido de informação útil, como "mesa", "pessoa", "carro"e uma enorme quantidade de outras palavras, conforme podemos obervar ao folhear um dicionário da língua portuguesa ou de outra língua qualquer.

Da mesma forma que na nossa linguagem a menor unidade de informação (o caractere) pouco ou nada significa como informação útil, em computação, com possibilidades tão limitadas, o bit pouco pode representar isoladamente; por essa razão as informações manipuladas por um computador são codificadas em grupos ordenados de bits, de modo a terem um significado útil.

O menor grupo ordenado de bits que pode representar uma informação em computadores é o caractere da linguagem dos humanos, justamente a menor unidade de informação das nossas linguagens (como se pode verificar, em computação ainda há um nível ainda mais baixo de representação de informação, que é o bit).

Qualquer caractere a ser armazenado em um sistema de computação é convertido em um conjunto de bits previamente definido para o referido sistema (chama-se *código de representação de caracteres*).

Cada sistema poderá definir como (quantos bits e como se organizam) cada conjunto de bits irá representar um determinado caractere. Poderão, por exemplo, ser 5 bits por caractere (nesse caso, serão codificados 32 símbolos diferentes), 6 bits por caractere (codificando 64 símbolos diferentes), 7 bits, 8 bits, e assim por diante. No Cap. 7 serão apresentados alguns dos principais códigos de representação de caracteres (ver também Apêndice B).

A primeira definição formal atribuída a um grupo ordenado de bits, para efeito de manipulação interna mais eficiente, foi instituída pela IBM e é, atualmente, utilizada por praticamente todos os fabricantes de computadores. Trata-se do ***byte***, definido como um grupo ordenado de 8 bits, tratados de forma individual, como unidade de armazenamento e transferência.

O byte foi definido para servir de elemento de referência para a construção e funcionamento dos dispositivos de armazenamento e também como referência para os processos de transferência de dados entre periféricos e UCP/MP. As impressoras continuam recebendo dados byte a byte, como também é costume no mercado construir memórias cujo acesso, armazenamento e recuperação de informações são efetuados byte a byte (ou caractere a caractere). Por essa razão, em anúncios de computadores menciona-se que ele possui "512 Kbytes de memória" ou "32 M caracteres de memória" ou ainda "2 Gbytes de memória", por exemplo. Na realidade, em face desse costume quase sempre o termo byte é omitido por já subentender esse valor.

Como os principais códigos de representação de caracteres utilizam grupos de 8 bits por caractere, os conceitos de *byte* e *caractere* tornam-se semelhantes, e as palavras, quase sinônimas. O termo ***caractere*** é mais empregado para fins comerciais (propaganda, apresentações a pessoas não familiarizadas com o jargão de computação), enquanto o termo *byte* é empregado mais na linguagem técnica dos profissionais da área.

No entanto, é bom prestar atenção ao fato de que, embora um caractere represente pouca informação com sentido (por exemplo, a letra "a" não fornece quase nenhuma informação se estiver isolada, como a maioria das letras de nosso alfabeto, que nada representam se estiverem isoladas em um texto, como o "l", o "v"), ainda assim trata-se de um elemento bem definido de informação. Já o byte, que pode representar um caractere internamente no computador, não tem a finalidade de representar qualquer tipo de informação, sendo tão-somente uma unidade de armazenamento e transferência.

Este fato é particularmente verdadeiro quando se trata de valores numéricos, que usualmente são representados em um sistema de computação por uma quantidade de bits bem maior do que a de um byte (8 bits). Assim é que, em um determinado sistema de computação, os números podem ser representados com conjuntos de 32 bits, o que compreende 4 bytes de dados para cada número. Nesse caso, um byte nada representa, pois é apenas parte do valor do número (é um caso semelhante ao de nosso sistema numérico, o decimal, em que podemos ter que escrever em um papel o número 1539734, que possui 7 algarismos. No caso desse número, o algarismo 7 isoladamente nada representa, nem qualquer um dos demais algarismos).

Voltando ao exemplo anterior sobre a utilização do termo byte em citações sobre a capacidade de memória de computadores, verificamos a inclusão dos caracteres K, M e G. Tais caracteres são letras indicativas de um valor numérico fixo, utilizado para reduzir a quantidade de algarismos representativos de um número. Nas grandezas métricas, usa-se o K para representar mil vezes.

Como os computadores são máquinas binárias, todas as indicações numéricas referem-se a potências de 2 e não a potências de 10, como no sistema métrico, e, por essa razão, o K representa 1024 unidades (décima potência de 2 ou $2^{10} = 1024$), o M (abreviatura do termo mega) representa 1.048.576 unidades (valor igual a 1024×1024 ou $2^{10} \times 2^{10} = 2^{20}$) e o *giga*, representado pelo caractere G, indica um valor igual a 1024 mega ou 1.048.576K ou $2^{30} = 2^{10} \times 2^{10} \times 2^{10} = 1.073.741.824$ unidades.

Em conseqüência, no exemplo anterior o valor 512 Kbytes (pronuncia-se "quinhentos e doze ka bytes") corresponde a um valor de 512 × 1024 = 524.288 bytes, enquanto 32M caracteres (pronuncia-se "trinta e dois mega caracteres") corresponde a 32 × 1024 × 1024 = 33.554.432 caracteres, e 2 Gbytes (pronuncia-se "dois giga bytes") corresponde a 2 × 1024 × 1024 × 1024 = 2.147.483.648 bytes.

Com o progressivo aumento da capacidade dos dispositivos de armazenamento dos computadores, criaram-se mais dois elementos para abreviar valores mais elevados: trata-se do termo *tera,* para representar um valor igual a 2^{40} ou 1024G, e do termo *peta* para representar 2^{50}, ou 1024 teras.

Dessa forma, os valores utilizados em computação para indicar capacidade de memória são normalmente compostos de um número (sempre entre 0 e 1023) e umas das abreviaturas citadas. A Tabela 2.1 mostra as grandezas utilizadas em computação.

Tabela 2.1 Grandezas Usadas para Abreviar Valores em Computação

Nome da unidade	Valor em potência de 2	Valor em unidades
1K (1 quilo)	2^{10}	1024
1M (1 mega)	1024K = 2^{20}	1.048.576
1G (1 giga)	1024M = 2^{30}	1.073.741.824
1T (1 tera)	2^{40}	1.099.511.627.776
1P (1 peta)	2^{50}	1.125.899.906.843.624
1Ex (1 exa)	2^{60}	1.152.921.504.607.870.976
1Z (1 zeta)	2^{70}	1.180.591.620.718.458.879.424
1Y (1 yotta)	2^{80}	1.208.925.819.615.701.892.530.176

Conforme observamos anteriormente, a estrutura das linguagens dos humanos se inicia pelo caractere e segue organizando grupos de caracteres para formar, aí sim, uma unidade útil de informação, as palavras.

Também em computação (e penso que pelo mesmo motivo) criou-se o conceito da palavra, embora nesse caso ele tenha pequenas diferenças em relação às palavras das nossas linguagens. Assim, além do bit e do byte, temos o conceito relacionado com o armazenamento e a transferência de informações entre MP e UCP, porém mais especialmente relacionado ao processamento de dados pela UCP, denominado ***palavra***.

Inicialmente, podemos definir a *palavra* como sendo um conjunto de bits que representa uma informação útil para os computadores. Desse modo, uma palavra estaria associada ao tipo de interação entre MP e UCP, que é individual, informação por informação. Ou seja, a UCP processa instrução por instrução (cada uma estaria associada a uma palavra), armazena ou recupera número a número (cada um estaria associado a uma palavra), e assim por diante. Na prática, há diferenças em relação a esta idéia.

A palavra nos computadores é um valor fixo e constante para um dado processador (32 bits, como nos Pentium e Motorola, ou 64 bits, como no mais novo processador a ser lançado pela Intel e os Alpha), diferentemente das linguagens dos humanos, onde as palavras têm quantidades variáveis de caracteres (mesa possui quatro caracteres, enquanto automóvel possui nove caracteres).

O conceito de palavra não é rigorosamente igual para todos os fabricantes; alguns estabelecem o tamanho dos registradores internos da UCP igual ao da palavra, enquanto outros usam este conceito de palavra de modo mais abrangente. A Intel, AMD e Motorola, para seus microprocessadores, seguem os mesmos conceitos antigos da IBM.

No que se refere à unidade de armazenamento, considera-se mais importante a quantidade de bits recuperada em um acesso, em geral de tamanho igual ao de um byte. Esse valor de bits é pequeno demais para representar um número ou uma instrução de máquina e, por isso, não pode ser aceitável para o tamanho de uma palavra.

De modo geral, usam-se dois valores diferentes: um relacionado à unidade de armazenamento – o byte (oito bits é o valor mais comum) e outro para indicar a unidade de transferência e processamento – a palavra (que, na quase totalidade de computadores, possui um número de bits múltiplo de 1 byte – 16 ou 32 bits é o valor mais comum). Em geral, a UCP processa valores representados por uma quantidade de bits igual à da palavra, indicando assim a capacidade de processamento do sistema.

No item 6.2.1.3 pode-se verificar de modo mais claro a utilidade do conceito da palavra como unidade de processamento e até mesmo como unidade de transferência de dados internamente, e não como unidade de armazenamento.

Nos próximos capítulos os conceitos de palavra, de unidades de armazenamento e de transferência e o emprego do byte serão detalhadamente apresentados e exemplificados. A Tabela 2.2 apresenta um resumo dos conceitos já emitidos, ampliando a estrutura de informação nos computadores, mesmo com conceitos ainda não explicados, apenas para efetuar o devido registro e chamar a atenção do leitor.

Tabela 2.2 Estrutura de Informações nas Linguagens dos Humanos e nos Computadores

Computadores	Linguagens dos humanos
Bit	Caractere
Byte e caractere	Palavra
Palavra	Frases
Registro	Textos
Arquivo	Livros
Banco de dados	

Neste ponto, após a introdução a algumas unidades de medida adotadas em computação, como o K, M, G etc., podem-se mencionar dois outros elementos de medida apropriados também para uso em computação devido ao crescente emprego da microeletrônica e nanotecnologia: medidas de espaço muito pequeno e medidas de tempo muito curto. As Tabelas 2.3 e 2.4 apresentam algumas dessas unidades de medida, que serão extensamente mencionadas nos próximos capítulos.

Tabela 2.3 Unidades de Medida de Espaço Muito Pequeno

Unidade	Descrição
Mícron	10^{-3} mm (1 milésimo do milímetro)
Nanômetro (nm)	10^{-6} mm (1 milionésimo do milímetro) ou 1 milésimo do mícron
Angström	10 nanômetros

Tabela 2.4 Unidades de Medida de Tempo Muito Curto

Unidade	Descrição
Milissegundo	10^{-3} do segundo
Microssegundo	10^{-6} do segundo
Nanossegundo	10^{-9} do segundo
Picossegundo	10^{-12} do segundo

Antes de encerrar este item, e considerando que já foram mostradas as diversas unidades de medida de capacidade de memória e outras usadas em computação, podemos apresentar um outro exemplo de cálculos com barramentos (ver Exemplos 2.1 e 2.2), com valores mais reais e práticos.

Exemplo 2.3

Considerar um computador que possua um barramento de endereço, BE, com largura de 24 bits e barramento de dados, BD, com as seguintes características:

Largura = 32 bits

Velocidade = 400 MHz

Além disso, o processador se utiliza de 245 tipos diferentes de sinais de controle, alguns que são recebidos e outros que são enviados por ele para o barramento externo.

Pergunta-se:

a) Qual deverá ser a máxima capacidade da memória principal desse sistema?

b) Qual deverá ser a taxa de transferência do BD?

c) Qual é o total de pinos que o processador precisa ter para usar todos os sinais necessários ao seu correto funcionamento?

Solução

a) Sendo BE = 24 bits, então a máxima capacidade de memória é $2^{BE} = 2^{24}$.

Pode-se calcular este valor de várias maneiras, sendo uma delas por uso das simplificações adotadas com as unidades K, M, G ou T.

No caso, como estamos tratando do valor 24 e 1 mega é igual a 2^{20}, podemos estabelecer que em 2^{24} há 2^4 megas, pois:

$2^4 \times 2^{20} = 2^{24}$. Assim, temos:

$$2^{24} = 2^4 \times 2^{20} = 16\ \text{M}$$

A máxima capacidade da memória, neste caso, será 16 M endereços.

b) Taxa de transferência, T = V × L, sendo V = velocidade e L = largura.

Como L = 32 bits e V = 400 MHz (aproximadamente 400 Mbps), então:

T = 32 × 400.000.000 = 12.800.000.000 bps

Usando a simplificação pelas unidades, teremos:

T = 12.800 Mbps ou 12,8 Gbps (simplificando 1 G = 1000 M, quando na realidade, 1 G = 1024)

c) A quantidade de pinos do processador é resultante da soma dos pinos usados para transportar endereços (largura do BE) mais a quantidade de pinos usados para transportar dados (largura do BD) mais a quantidade de pinos usados para transportar sinais de controle (largura do BC).

No exemplo dado, teremos:

(BE = 24) + (BD = 32) + (BC = 245) (um para cada tipo de sinal de controle) = 301 pinos no total.

2.2.2 Conceito de Arquivos e Registros

Todo processamento em um computador consiste, como já mencionado, na manipulação de dados segundo um conjunto de instruções que, globalmente, chamamos de *programa*.

Para que seja possível individualizar grupos diferentes de informações (o conjunto de dados de um programa constitui um grupo diferente do conjunto de dados de outro programa, por exemplo), os sistemas operacionais (programas que controlam o armazenamento e a recuperação dessas informações para entrada, saída ou guarda em memória secundária) estruturam esses grupos de dados sob uma forma denominada *arquivo*.

Um arquivo de informações (ou dados) é um conjunto formado por dados (ou informações) de um mesmo tipo ou para uma mesma aplicação. Por exemplo, podemos ter um arquivo de alunos de uma turma (contendo informações sobre cada aluno individualmente) ou um arquivo contendo as instruções de um programa.

Cada arquivo é constituído por itens individuais de informação (cada aluno, no nosso exemplo) chamados *registros*.

Assim, um arquivo de uma turma de 60 alunos possui um total de 60 registros; um arquivo com informações sobre 1000 empregados de uma organização possui mil registros, e assim por diante.

Um programa é também um arquivo (embora constituído de um único registro, visto que as instruções não são consideradas como registros individuais).

Para entendermos melhor o conceito de armazenamento e recuperação de informações sob a forma de arquivos, podemos fazer analogia com um sistema semelhante, porém manual.

Suponhamos a existência de uma empresa com 500 empregados, que manipula um estoque de material de consumo com cerca de 10 mil itens e que, por incrível que possa parecer, ainda não possua um sistema de computação eletrônico.

Na gerência de pessoal, as informações sobre os funcionários da empresa estão organizadas da seguinte forma:

- as informações sobre cada funcionário são colocadas em um formulário apropriado, estruturado com campos separados para cada um dos itens de informação, tais como: número de matrícula, nome, endereço, departamento, salário;
- o formulário é guardado ("armazenado") em uma pasta (uma para cada funcionário), identificada externamente pelo número de matrícula do funcionário;
- as 500 pastas são guardadas em um armário de aço com gavetas (arquivo), sendo organizadas em ordem crescente de número de matrícula (é a chave de acesso à pasta desejada).

Já a gerência de material possui controle dos itens do estoque de material de forma semelhante: há uma ficha para cada item de estoque, contendo as informações necessárias sobre cada um; as fichas são armazenadas em pequenas caixas metálicas, chamadas *arquivos portáteis*.

No exemplo descrito, o armário de aço e a caixa metálica constituem arquivos, com função semelhante aos arquivos de dados em sistemas de computação eletrônicos; cada pasta ou ficha constitui um registro, respectivamente, do funcionário ou do material de estoque. As informações de um funcionário são especificadas em campos separados (nome é um campo, endereço é outro campo, e assim por diante).

A estrutura de armazenamento e recuperação de informações na memória secundária de um sistema de computação é concebida segundo o conceito de arquivos e registros. Isso porque, na memória secundária, o sistema operacional pode guardar informações em grupos para obter maior eficiência na transferência com a memória principal.

O processo é diferente da estrutura da memória principal, onde a preocupação é com itens individuais de informação (uma instrução, um número, uma letra etc.).

2.3 MEDIDAS DE DESEMPENHO DE SISTEMAS DE COMPUTAÇÃO

Um dos aspectos mais interessantes da evolução tecnológica dos computadores é que, embora esta tenha sido, sem dúvida, extraordinariamente rápida e acentuada, os princípios básicos estabelecidos nos primórdios da computação permanecem essencialmente os mesmos. Em outras palavras, as características de arquitetura do computador IAS, como definidas por von Neumann, são instruções organizadas em um programa, previamente armazenadas na memória, e o ciclo de busca, interpretação e execução de cada instrução se mantendo de modo geral intacto. No entanto, várias inovações no processo operacional do ciclo das instruções vêm surgindo, ano após ano, sempre na busca do objetivo de aumentar o desempenho dos sistemas de computação. O desempenho aumenta dramaticamente, mas a essência dos princípios fundamentais de concepção do processo de computação tem permanecido, pelo menos até o momento atual.

Na busca do aumento de desempenho, verifica-se que a medida geral desse desempenho depende fundamentalmente da capacidade e da velocidade de seus diferentes componentes, da velocidade com que estes componentes se comunicam entre si e do grau de compatibilidade que possa existir entre eles (p. ex., se a velocidade da UCP de um sistema é muito maior que a da memória, então este sistema tem um desempenho inferior ao de um outro em que a UCP e a memória têm velocidades mais próximas).

Há muito tempo se sabe que uma corrente, constituída de vários elos interligados, é tão forte quanto o mais fraco deles, assim como um sistema (constituído de vários componentes) é tão produtivo e eficaz quanto o menos produtivo e eficaz de seus componentes. Por exemplo, uma ligação telefônica de um aparelho localizado no Rio de Janeiro para outro, localizado em Londres, Inglaterra, se realiza através da conexão de vários circuitos (como os elos de uma corrente), iniciando pela linha física que conecta o aparelho à sua central local no Rio de Janeiro, desta passando provavelmente por uma ou mais centrais até a da operadora internacional (ainda no Rio de Janeiro); daí se estabelece uma conexão por satélite com a central da operadora internacional na Inglaterra, e os circuitos vão se estabelecendo de modo similar na Inglaterra, em Londres e até o aparelho de destino. Todos esses circuitos menos um podem ser da melhor qualidade, devido à excelente tecnologia de sua construção, os mais imunes a ruídos etc. Um deles, no entanto, pode ter sofrido algum tipo de problema e, nesse caso, o sinal passando por ele sofre grande interferência de ruídos, sem proteção adequada para evitar isso. As duas pessoas estarão falando em meio a ruídos e, naturalmente, reclamando da qualidade e do desempenho do circuito completo.

Assim também acontece com os computadores, constituídos de diversos componentes, como o processador, as memórias, barramentos, dispositivos periféricos e outros. Para aumentar o desempenho desses sistemas é necessário que todos os seus componentes tenham qualidade adequada para que um deles não comprometa o esforço dos demais.

Considerando a existência de tantos fatores que influenciam o desempenho de um sistema de computação, desenvolveram-se diversos meios de medir seu desempenho.

O desempenho dos processadores, em geral, é medido em termos da sua velocidade de trabalho; como seu trabalho é executar instruções, criou-se a unidade (sempre questionada por alguns) chamada MIPS – milhões de instruções por segundo, e também a unidade MFLOPS (millions of floating point operations per second) – milhões de operações de ponto flutuante por segundo, que é uma medida típica de estações de trabalho e de supercomputadores, pois estes costumam trabalhar mais com cálculos matemáticos.

Para tentar equalizar e padronizar as medidas de desempenho de processadores de diferentes fabricantes e com características diferentes, foram desenvolvidos programas de teste e medida denominados SPEC ("System Performance Evaluation Cooperative").

Já quando se trata de recuperação ou escrita de informações na memória, o ***tempo de acesso*** é uma unidade de medida mais apropriada, estando relacionada à velocidade de cada componente e à do canal de interligação entre os dois (UCP e memória).

Tempo de resposta é uma medida ligada ao desempenho mais global do sistema, e não de um ou outro componente. Trata-se do período de tempo gasto entre o instante em que o usuário iniciou uma solicitação ou interrogação e o instante em que o sistema apresentou ao usuário a sua resposta ou atendeu à sua solicitação. Por exemplo, o intervalo de tempo entre a solicitação de um saldo de conta em um terminal bancário e a apresentação no vídeo da resposta (o saldo da conta).

Uma outra unidade de medida de desempenho é a **vazão** (*throughput*), que define a quantidade de ações ou transações que podem ser realizadas por um sistema na unidade de tempo. Por exemplo, a quantidade de atualizações que podem ser feitas em um sistema de controle do estoque de uma empresa.

Quando estamos nos referindo à velocidade com que um determinado dispositivo de entrada ou de saída transfere ou recebe dados da UCP, utilizamos uma unidade que mede a taxa de transferência que o canal de ligação (ver barramento no Apêndice D) pode suportar, isto é, a quantidade de bits por segundo que podem trafegar pelo referido canal (item 2.1).

EXERCÍCIOS

1) Explique o que você entende por memória. Cite dois exemplos de memórias na vida prática (evite usar exemplo de memória de computador).

2) Descreva as funções de uma Unidade Central de Processamento.
3) Faça o mesmo para a memória de um computador.
4) Para que servem os dispositivos de entrada e de saída de um computador? Cite alguns exemplos.
5) Imagine uma empresa qualquer. Cite exemplos de arquivos e registros a serem criados para o armazenamento das informações que circulam na tal empresa.
6) Conceitue o bit, o byte e a palavra.
7) Indique o valor de x nas seguintes expressões:
   a) 65.536 = xK
   b) 12.288K = xM
   c) 19.922.944 = xM
   d) 8 Gbytes = x bytes
   e) 64 Kbytes = x bits
   f) 262.144 bits = x K bits
   g) 16.777.216 palavras = x palavras
   h) 128 Gbits = x bits
   i) 512K células = x células
   j) 256 Kbytes = x bits
8) O que é vazão em um sistema de computação? E tempo de resposta? Em que circunstâncias são utilizadas estas informações?
9) Qual é a diferença entre linguagem de alto nível e linguagem de máquina?
10) Se um barramento de endereços possui 17 fios condutores, qual deverá ser o maior endereço que pode ser transportado nesse barramento?
11) Cite exemplos de processadores (UCP) comerciais.
12) Os barramentos são fios condutores que interligam os componentes de um sistema de computação (SC) e permitem a comunicação entre eles. Eles são organizados em três grupos de fios, cada um deles com funções separadas. Quais são esses grupos? Indique, para cada grupo: sua função, direção do fluxo de sinais e suas principais características.
13) Um determinado Sistema de Computação é constituído de um processador com quatro unidades de cálculo para inteiros, operando a 1,2 GHz de velocidade e de uma Memória Principal (MP) constituída de um espaço máximo de endereçamento de 128M endereços. Ambos os componentes são interligados por um barramento de dados (BD), de endereços (BE) e de controle (BC), sabendo-se que o BC possui 112 fios condutores para seus diversos sinais e que o BD tem uma taxa de transferência de dados de 6,4 Gbits/s. Considerando que o soquete do processador é do tipo 1 para 171 pinos, pergunta-se:
   a) Qual deverá ser a velocidade do BD?
   b) O que acontecerá com o sistema se o BE tiver seu projeto alterado, acrescentando-se dois novos fios condutores?
14) Qual é o princípio fundamental que caracteriza a existência e eficácia dos barramentos em um SC – Sistema de Computação?
15) Considere um SC que possua um processador capaz de endereçar, no máximo, 32M posições de memória principal. Qual deverá ser o tamanho, em bits, de seu barramento de endereços (BE)?
16) Um determinado processador tem seus transistores com espessura de 90 nanômetros. Se se desejasse expressar esta medida em angströms, como seria indicada a espessura dos transistores? E se a unidade fosse o mícron?

17) Calcule o valor de *x* nas seguintes expressões:

a) 16K = 2^x

b) 2^{27} = x (expresse em quantidade de K, de M ou de G)

c) 4M * 128K = 2^xG

d) 32 Mbytes = 2^x Mbits

18) Por que se menciona que a equivalência 200 MHz = 200 Mbps é aproximada e não exata? E por que a equivalência 8000 Mbps = 8 Gbps também não é exata e sim aproximada?

19) Cite uma das razões principais pela qual os atuais sistemas de computação possuem uma hierarquia de barramentos interligando os diversos componentes, em vez de utilizar um único conjunto de barramentos, interligando todos os componentes do sistema.

3

Conversão de Bases e Aritmética Computacional

3.1 NOTAÇÃO POSICIONAL — BASE DECIMAL

Desde os primórdios da civilização o Homem vem adotando formas e métodos específicos para representar números, tornando possível, com eles, contar objetos e efetuar operações aritméticas (de soma, subtração etc.).

A forma mais empregada de representação numérica é a chamada *notação posicional*. Nela, os algarismos componentes de um número assumem valores diferentes, dependendo de sua posição relativa no número. O valor total do número é a soma dos valores relativos de cada algarismo. Desse modo, é a posição do algarismo ou dígito que determina seu valor.

A formação de números e as operações com eles efetuadas dependem, nos sistemas posicionais, da quantidade de algarismos diferentes disponíveis no referido sistema. Há muito tempo a cultura ocidental adotou um sistema de numeração que possui dez diferentes algarismos — 0, 1, 2, 3, 4, 5, 6, 7, 8, 9 — e, por essa razão, foi chamado de ***sistema decimal***. (Ver mais detalhes no Apêndice A — Sistemas de Numeração.)

A quantidade de algarismos disponíveis em um dado sistema de numeração é chamada de ***base***; a base serve para contarmos grandezas maiores, indicando a noção de grupamento. O sistema de dez algarismos, mencionado anteriormente, tem base 10; um outro sistema que possua apenas dois algarismos diferentes (0 e 1) é de base 2, e assim por diante.

Vamos exemplificar o conceito de sistema posicional. Seja o número 1303, representado na base 10, escrito da seguinte forma:

$1\ 3\ 0\ 3_{10}$

Em base decimal, por ser a mais usual, costuma-se dispensar o indicador da base, escrevendo-se apenas o número:

1303

Neste exemplo, o número é composto de quatro algarismos:

1, 3, 0 e 3

e cada algarismo possui um valor correspondente à sua posição no número.

Assim, o primeiro 3 (algarismo mais à direita) representa 3 unidades. Neste caso, o valor absoluto do algarismo (que é 3) é igual ao seu valor relativo (que também é 3), por se tratar da 1.ª posição (posição mais à direita, que é a ordem das unidades). Considerando-se o produto três vezes a potência 0 da base 10 ou

$3 \times 10^0 = 3$

enquanto o segundo 3 vale três vezes a potência 2 da base 10 ou

$3 \times 10^2 = 300$

E o último à esquerda vale uma vez a potência 3 da base 10, ou $1 \times 10^3 = 1000$.

O valor total do número seria então:

$1000 + 300 + 0 + 3 = 1303_{10}$

$1 \times 10^3 + 3 \times 10^2 + 0 \times 10^1 + 3 \times 10^0 = 1303_{10}$

Generalizando, num sistema qualquer de numeração posicional, um número N é expresso da seguinte forma:

$$N = (d_{n-1}\, d_{n-2}\, d_{n-3} \ldots d_1\, d_0)_b \qquad (3.1)$$

onde:

d indica cada algarismo do número;

n − 1, n − 2, 1, 0 (índice) indicam a posição de cada algarismo;

b indica a base de numeração;

n indica o número de dígitos inteiros.

O valor do número pode ser obtido do seguinte somatório:

$$N = d_{n-1} \times b^{n-1} + d_{n-2} \times b^{n-2} + \ldots + d_1 \times b^1 + d_0 \times b^0 \qquad (3.2)$$

Desse modo, na base 10, podemos representar um número:

$N = 3748$

onde:

$n = 4$ (quatro dígitos inteiros).

Utilizando a fórmula indicada na Eq. 3.1:

$d_{n-1} = 3$ ou $d_3 = 3$; $d_2 = 7$; $d_1 = 4$; $d_0 = 8$

ou obtendo seu valor de acordo com a fórmula mostrada em (3.2):

$N = 3 \times 10^3 + 7 \times 10^2 + 4 \times 10^1 + 8 \times 10^0 =$

$= 3000 + 700 + 40 + 8 = 3748_{10}$

Observação: Números fracionários são apresentados em detalhe no Apêndice A.

3.2 OUTRAS BASES DE NUMERAÇÃO

Vejamos, em seguida, como representar números em outra base de numeração.

Entre as bases diferentes de 10, consideremos apenas as bases 2 e potências de 2, visto que todo computador digital representa internamente as informações em algarismos binários, ou seja, trabalha em base 2. Como os números representados em base 2 são muito extensos (quanto menor a base de numeração, maior é a quantidade de algarismos necessários para indicar um dado valor) e, portanto, de difícil manipulação visual, costuma-se representar externamente os valores binários em outras bases de valor mais elevado. Isso permite maior compactação de algarismos e melhor visualização dos valores. Em geral, usam-se as bases octal ou hexadecimal, em vez da base decimal, por ser mais simples e rápido converter valores binários (base 2) para valores em bases múltiplas de 2.

Utilizando-se a notação posicional indicada na Eq. 3.1, representam-se números em qualquer base:

$(1011)_2$ — na base 2

$(342)_5$ — na base 5

$(257)_8$ — na base 8

No entanto, nas bases diferentes de 10, o valor relativo do algarismo (valor dependente de sua posição no número) é normalmente calculado usando-se os valores resultantes de operações aritméticas em base 10 e não na base do número (ver Apêndice A para mais detalhes) e, portanto, o valor total do número na base usada será expresso em termos de grandeza na base 10.

Exemplo 3.1

Seja o número na base 2: $(1011)_2$ (usou-se a descrição da Eq. 3.1).

Se aplicássemos a Eq. 3.2, teríamos:

$1 \times 2^3 + 0 \times 2^2 + 1 \times 2^1 + 1 \times 2^0 =$

$= 8 + 0 + 2 + 1 = (11)_{10}$

Este valor 11 está expresso na base 10 e não na base 2. Portanto, será $(11)_{10}$.

Exemplo 3.2

$(1043)_5 = 1 \times 5^3 + 0 \times 5^2 + 4 \times 5^1 + 3 \times 5^0 =$

$= 125 + 0 + 20 + 3 = (148)_{10}$

Sobre o assunto, podemos concluir:

a) O número máximo de algarismos diferentes de uma base é igual ao valor da base.

Exemplo:

- na base 10 temos 10 dígitos: de 0 a 9;
- na base 2 temos apenas dois dígitos: 0 e 1;
- na base 5 temos cinco dígitos: de 0 a 4.

b) O valor do algarismo mais à esquerda (mais significativo) de um número de **n** algarismos inteiros é obtido pela multiplicação de seu valor absoluto (algarismo d_{n-1}) pela base elevada à potência **(n − 1)**, ou seja, $(d_{n-1} \times b^{n-1})$.

c) O valor total do número é obtido somando-se **n** valores, cada um expressando o valor relativo de um dos **n** algarismos componentes do número.

Exemplo 3.3

a) 375_{10}

n = 3	(3 algarismos)
$3 \times 10^2 + 7 \times 10^1 + 5 \times 10^0 =$	(3 produtos)
$= 300 + 70 + 5$	(3 valores a somar)

b) 11101_2 (5 algarismos)

$\underline{1 \times 2^4}$	$+ \underline{1 \times 2^3}$	$+ \underline{1 \times 2^2}$	$+ \underline{0 \times 2^1}$	$+ \underline{1 \times 2^0}$	(5 produtos − 5 valores)
1.º prod.	2.º prod.	3.º prod.	4.º prod.	5.º prod.	
16	+ 8	+ 4	+ 0	$+ 1 = 29_{10}$	

A base do sistema binário é 2 e, conseqüentemente, qualquer número, quando representado nesse sistema, consiste exclusivamente em dígitos 0 e 1. O termo dígito binário é chamado ***bit***, contração do termo inglês *bi*nary digi*t*.

Por exemplo, o número binário 11011 possui cinco dígitos, ou algarismos binários. Diz-se que o referido número é constituído de 5 bits.

Em bases de valor superior a 10, usam-se letras do alfabeto para a representação de algarismos maiores que 9. Uma dessas bases é especialmente importante em computação — trata-se da base 16 ou hexadecimal, por ser de valor potência de 2 (como a base 8).

Nessa base, os "algarismos" A, B, C, D, E e F representam, respectivamente, os valores (da base 10): 10, 11, 12, 13, 14 e 15.

Na base 16 (hexadecimal), dispomos de 16 algarismos (não números) diferentes:

0, 1, 2, 3, ..., 9, A, B, C, D, E e F

Um número nessa base é representado na forma da Eq. 3.1:

$(1A7B)_{16}$

O seu valor na base 10 será obtido usando-se a Eq. 3.2:

$1 \times 16^3 + 10 \times 16^2 + 7 \times 16^1 + 11 \times 16^0 = 4096 + 2560 + 112 + 11 = 6779_{10}$

Observemos que na Eq. 3.2 foram usados os valores 10 (para o algarismo A) e 11 (para o algarismo B) para multiplicar as potências de 16. Por isso, obtivemos o valor do número na base 10.

Em outras palavras, utilizamos valores e regras de aritmética da base 10 e, por isso, o resultado encontrado é um valor decimal. A Tabela 3.1 mostra a representação de números nas bases 2, 8, 10 e 16.

Pela tabela, podemos observar que os dígitos octais e hexadecimais correspondem a combinações de 3 (octais) e 4 (hexadecimais) bits (algarismos binários). Sendo a base desses sistemas de valor maior que a base 2 e tendo em vista essa particularidade na representação de números nas bases 8 e 16 em relação à base 2, verifica-se que é possível converter rapidamente números da base 2 para as bases 8 ou 16, ou vice-versa.

Por exemplo, o número (101111011101), na base 2, possui 12 algarismos (bits), mas pode ser representado com quatro algarismos octais ou com apenas três algarismos hexadecimais:

$(101111011101)_2 = (5735)_8$

porque 101 = 5; 111 = 7; 011 = 3 e 101 = 5

$(101111011101)_2 = (BDD)_{16}$

porque 1011 = B; 1101 = D; 1101 = D.

Tabela 3.1

Base 2	Base 8	Base 10	Base 16
0	0	0	0
1	1	1	1
10	2	2	2
11	3	3	3
100	4	4	4
101	5	5	5
110	6	6	6
111	7	7	7
1000	10	8	8
1001	11	9	9
1010	12	10	A
1011	13	11	B
1100	14	12	C
1101	15	13	D
1110	16	14	E
1111	17	15	F
10000	20	16	10
10001	21	17	11

3.3 CONVERSÃO DE BASES

Uma vez entendido como representar números em notação posicional e como esta notação é aplicável em qualquer base inteira, podemos exercitar a conversão de números de uma base para outra.

Interessa-nos, principalmente, verificar o processo de conversão entre bases múltiplas de 2, e entre estas e a base 10, e vice-versa.

3.3.1 Conversão entre Bases Potência de 2

3.3.1.1 Entre as Bases 2 e 8

Como $8 = 2^3$, um número binário (base 2) pode ser facilmente convertido para o seu valor equivalente na base 8 (octal). Se o número binário for inteiro, basta dividi-lo, da direita para a esquerda, em grupos de 3 bits (o último grupo, à esquerda, não sendo múltiplo de 3, preenche-se com zeros à esquerda). Então, para cada grupo, acha-se o algarismo octal equivalente, conforme mostrado na Tabela 3.1.

A conversão de números da base 8 para a 2 é realizada de forma semelhante, no sentido inverso; substitui-se cada algarismo octal pelos seus 3 bits correspondentes (ver Tabela 3.1).

Exemplo 3.4

1) $(111010111)_2 = (\ )_8$

   $(111)\ (010)\ (111)_2 = (727)_8$

   7 2 7

2) $(1010011111)_2 = (\ )_8$

   $(001)\ (010)\ (011)\ (111)_2 = (1237)_8$

   1 2 3 7

3) $(327)_8 = (\ )_2$

   $(011)\ (010)\ (111)_2 = (011010111)_2$ ou $(11010111)_2$ Obs.: Naturalmente, despreza-se o(s) zero(s) à esquerda do número.

   3 2 7

4) $(673)_8 = (\ )_2$

   $(110)\ (111)\ (011)_2 = (110111011)_2$

   6 7 3

3.3.1.2 Entre as Bases 2 e 16

O procedimento de conversão entre números binários e hexadecimais (base 16) é idêntico ao da conversão entre as bases 2 e 8, exceto que, neste caso, a relação é $16 = 2^4$.

Desse modo, um algarismo hexadecimal é representado por 4 bits (ver Tabela 3.1). Converte-se um número binário em hexadecimal dividindo-se este número em grupos de 4 bits da direita para a esquerda.

A conversão de hexadecimal para binário é obtida substituindo-se o algarismo hexadecimal pelos 4 bits correspondentes, de acordo com os valores indicados na Tabela 3.1.

Exemplo 3.5

1) $(1011011011)_2 = (\ )_{16}$

   $(0010)\ (1101)\ (1011)_2 = (2DB)_{16}$

   2 D B

2) $(10011100101101)_2 = (\ \ )_{16}$

$(0010)\ (0111)\ (0010)\ (1101)_2 = (272D)_{16}$

2 7 2 D

3) $(306)_{16} = (\ \ )_2$

$(0011)\ (0000)\ (0110)_2 = (1100000110)_2$

3 0 6

4) $(F50)_{16} = (\ \ )_2$

$(1111)\ (0101)\ (0000)_2 = (111101010000)_2$

F 5 0

3.3.1.3 Entre as Bases 8 e 16

O processo de conversão utiliza os mesmos princípios antes apresentados. No entanto, como a base de referência para as substituições de valores é a base 2, esta deve ser empregada como intermediária no processo. Ou seja, convertendo-se da base 8 para a base 16, deve-se primeiro efetuar a conversão para a base 2 (como mostrado nos subitens anteriores) e depois para a base 16. E o mesmo ocorre se a conversão for da base 16 para a base 8.

Exemplo 3.6

1) $(3174)_8 = (\ \ )_{16}$

Primeiro, converte-se o número da base 8 para a base 2:

$(011)\ (001)\ (111)\ (100)_2 = (011001111100)_2$

Em seguida, converte-se da base 2 para a base 16, separando-se os algarismos de 4 em 4, da direita para a esquerda:

$(0110)\ (0111)\ (1100) = (67C)_{16}$

6 7 C

2) $(254)_8 = (\ \ )_{16}$

$= (010)\ (101)\ (100)_2 = (010101100)_2$

$= (1010)\ (1100)_2 = (AC)_{16}$

3) $(2E7A)_{16} = (\ \ )_8$

$= (0010)\ (1110)\ (0111)\ (1010)_2 = (0010111001111010)_2 =$

$= (010)\ (111)\ (001)\ (111)\ (010)_2 = (27172)_8$

4) $(3C7)_{16} = (\ \ )_8$

$= (0011)\ (1100)\ (0111)_2 = (1111000111)_2 =$

$= (001)\ (111)\ (000)\ (111)_2 = (1707)_8$

3.3.2 Conversão de Números de uma Base B para a Base 10

A conversão de um número, representado em uma base B qualquer, para seu correspondente valor na base 10 é realizada empregando-se a Eq. 3.2. A melhor maneira de compreender o processo de conversão consiste na realização de alguns exemplos práticos, onde se indica, detalhadamente, a aplicação da referida equação.

Os exemplos apresentados referem-se apenas a números inteiros. No Apêndice A — Sistemas de Numeração, são detalhados os diversos processos de conversão de números inteiros e fracionários.

Exemplo 3.7

1) $(101101)_2 = (\ )_{10}$

   Substituindo, na Eq. 3.2, as letras pelos valores do exemplo, teremos:

   $b = 2$ (a base origem do número a ser convertido)

   $n = 6$ (6 algarismos)

   $n - 1 = 5$ (expoente do 1.º produto mais à esquerda)

   $d_{n-1} = 1$ (algarismo mais à esquerda)

   1.º produto: $d_{n-1} \times b^{n-1} = 1 \times 2^5$

   Os demais produtos seguem a seqüência da Eq. 3.2, resultando em:

   $1 \times 2^5 + 0 \times 2^4 + 1 \times 2^3 + 1 \times 2^2 + 0 \times 2^1 + 1 \times 2^0 =$

   $= 32 + 0 + 8 + 4 + 0 + 1 = (45)_{10}$

2) $(27)_8 = (\ )_{10}$

   Da mesma maneira, substitui-se na Eq. 3.2:

   $b = 8$

   $n = 2$

   $n - 1 = 1$

   $$\begin{array}{|c|c|c|c|c|c|c|} d_{n-1} & \times & B^{n-1} & + & d_0 & \times & B^0 \\ 2 & \times & 8^1 & + & 7 & \times & 8^0 \end{array}$$

   $d_{n-1} = 2$

   Valor total:

   $2 \times 8^1 + 7 \times 8^0 = 16 + 7 = (23)_{10}$

3) $(2A5)_{16} = (\ )_{10}$

   $2 \times 16^2 + 10 \times 16^1 + 5 \times 16^0 =$

   $= 512 + 160 + 5 = (677)_{10}$

4) $(6734)_8 = (\ )_{10}$

   $6 \times 8^3 + 7 \times 8^2 + 3 \times 8^1 + 4 \times 8^0 =$

   $= 3072 + 448 + 24 + 4 = (3548)_8$

5) $(27)_8 = (\ )_{10}$

   $2 \times 8^1 + 7 \times 8^0 = 23_{10}$

Observação: No desenvolvimento foram suprimidos os produtos em que os algarismos eram 0, visto que o resultado seria também sempre zero.

6) $(457)_9 = (\ )_{10}$

   $4 \times 9^2 + 5 \times 9^1 + 7 \times 9^0 =$

   $= 324 + 45 + 7 = (376)_{10}$

7) $(243)_5 = (\ )_{10}$

   $2 \times 5^2 + 4 \times 5^1 + 3 \times 5^0 =$

   $= 50 + 20 + 3 = (73)_{10}$

3.3.3 Conversão de Números Decimais para uma Base B

A conversão de números, representados na base 10, para seus valores equivalentes em uma base B qualquer é efetuada através de um processo inverso ao do subitem anterior (base B para base 10).

A conversão é obtida dividindo-se o número decimal pelo valor da base desejada; o resto encontrado é o algarismo menos significativo do valor na base B (mais à direita). Em seguida, divide-se o quociente encontrado pela base B; o resto é o algarismo seguinte (à esquerda); e assim, sucessivamente, vão-se dividindo os quocientes pelo valor da base até se obter quociente de valor zero. Em cada divisão, o resto encontrado é um algarismo significativo do número na nova base; o primeiro resto encontrado é o valor do algarismo menos significativo (mais à direita), e o último resto será o algarismo mais significativo (mais à esquerda).

Na realidade, o algoritmo de conversão pode ser definido com vários critérios de parada, tais como:

a) Enquanto o quociente for diferente de zero:
   - dividir dividendo por divisor;
   - extrair resto como algarismo e colocá-lo à esquerda do anterior;
   - repetir.

   Quando o quociente for igual a zero, parar.

b) Enquanto o dividendo for maior que o divisor:
   - dividir dividendo por divisor;
   - extrair resto como algarismo e colocá-lo à esquerda do anterior;
   - repetir.

Usar o dividendo (que agora é menor que o divisor) como último algarismo à esquerda (algarismo mais significativo).

No Apêndice A — Sistemas de Numeração, são detalhados os procedimentos de conversão de números inteiros e fracionários.

Exemplo 3.8

1) $(3964)_{10} = (\ )_8$

   $3964/8 = 495$ $\quad$ $resto_0 = 4$ (algarismo menos significativo)

   $495/8 = 61$ $\quad$ $resto_1 = 7$

   $61/8 = 7$ $\quad$ $resto_2 = 5$

   $7/8 = 0$ $\quad$ $resto_3 = 7$ (algarismo mais significativo)

   Observa-se que o primeiro resto encontrado (algarismo 4) é o algarismo mais à direita do número.

   O número é, então, $(7574)_8$.

2) $(483)_{10} = (\ )_8$

   $483/8 = 60$ $\quad$ $resto_0 = 3$ (algarismo menos significativo, mais à direita)

   $60/8 = 7$ $\quad$ $resto_1 = 4$

   $7/8 = 0$ $\quad$ $resto_3 = 7$ (algarismo mais significativo, mais à esquerda)

   O número é $(743)_8$.

   Para verificar, façamos o processo inverso, isto é: converter $(743)_8$ para a base 10.

   $7 \times 8^2 + 4 \times 8^1 + 3 \times 8^0 =$

   $= 448 + 32 + 3 = (483)_{10}$

3) $(45)_{10} = (\ )_2$

$45/2 = 22$ resto$_0 = 1$ (algarismo menos significativo, mais à direita)
$22/2 = 11$ resto$_1 = 0$
$11/2 = 5$ resto$_2 = 1$
$5/2 = 2$ resto$_3 = 1$
$2/2 = 1$ resto$_4 = 0$
$1/2 = 0$ resto$_5 = 1$ (algarismo mais significativo, mais à esquerda)

O número é 101101_2.

4) $(97)_{10} = (\ )_2$

$97/2 = 48$ resto$_0 = 1$ (algarismo menos significativo)
$48/2 = 24$ resto$_1 = 0$
$24/2 = 12$ resto$_2 = 0$
$12/2 = 6$ resto$_3 = 0$
$6/2 = 3$ resto$_4 = 0$
$3/2 = 1$ resto$_5 = 1$
$1/2 = 0$ resto$_6 = 1$ (algarismo mais significativo)

O número é $(1100001)_2$.

5) $(2754)_{10} = (\ )_{16}$

$2754/16 = 172$ resto$_0 = 2$ algarismo 2_{16} (algarismo menos significativo)
$172/16 = 10$ resto$_1 = 12$ algarismo C_{16}
$10/16 = 0$ resto$_2 = 10$ algarismo A_{16} (algarismo mais significativo)

O número é $(AC2)_{16}$.

6) $(490)_{10} = (\ )_{16}$

$490/16 = 30$ resto$_0 = 10_{10}$ algarismo A_{16} (algarismo menos significativo)
$30/16 = 1$ resto$_1 = 14_{10}$ algarismo E_{16}
$1/16 = 0$ resto$_2 = 1_{10}$ algarismo 1_{16} (algarismo mais significativo)

O número é $(1EA)_{16}$.

É possível simplificar o processo de conversão de valores da base 2 para a base 10 e vice-versa. Para tanto, basta considerar o seguinte:

a) A Eq. 3.2 estabelece o valor de um número pela soma de produtos:

$d_{n-1} \times b^{n-1} + \ldots$

b) Cada produto é constituído de duas parcelas: a primeira é o algarismo correspondente à posição em que se encontra e a segunda é a potência da base, cujo índice indica a posição.

c) No caso de a base ser 2, os algarismos só podem assumir o valor 0 ou 1. Dessa forma, o resultado do produto somente pode ser 0 ou o próprio valor da potência de 2.

Exemplos:

$101 = 1 \times 2^2 + 0 \times 2^1 + 1 \times 2^0$

O primeiro produto, 1×2^2, tem valor igual a $2^2 = 4$. Isto é, como o algarismo é 1, então 1×2^2 ou apenas 2^2 tem mesmo valor. No caso do segundo produto, 0×2^1 é igual a zero. O terceiro produto, igual ao primeiro, é 1×2^0 ou $2^0 = 1$.

d) As potências de 2, da direita para a esquerda, crescem da seguinte forma:

$2^0 = 1$ (potência zero, correspondente à posição mais à direita)

$2^1 = 2$; $2^2 = 4$; $2^3 = 8$; $2^4 = 16$ etc.

Ou seja:

... 6	5	4	3	2	1	0	←	posição
... 2^6	2^5	2^4	2^3	2^2	2^1	2^0	←	potência
... 64	32	16	8	4	2	1	←	valor

Em conseqüência, converter um número da base 2 para a base 10 consiste essencialmente em somar as potências de 2 correspondentes às posições onde o algarismo é igual a 1, desprezando as potências onde o algarismo é zero.

Exemplo 3.9

Efetuar as seguintes conversões:

1) $(110011)_2 = (\ )_{10}$

5	4	3	2	1	0	←	posição
1	1	0	0	1	1	←	algarismo
2^5	2^4	—	—	2^1	2^0	←	potências válidas para somar
32	16	—	—	2	1	←	valores

Valor em base 10: $32 + 16 + 2 + 1 = (51)_{10}$

2) $(100111)_2 = (\ )_{10}$

32	16	8	4	2	1	←	potências
1	0	0	1	1	1	←	algarismos

Valor em base 10: somam-se as potências válidas, correspondentes à posição onde o algarismo é 1.

$32 + 4 + 2 + 1 = (39)_{10}$

3.4 ARITMÉTICA NÃO-DECIMAL

Neste item serão apresentados procedimentos para realização das quatro operações aritméticas (adição, subtração, multiplicação e divisão) de números não-decimais (qualquer outro sistema de base diferente de 10), essencialmente os de base 2 e potência de 2, que interessam aos sistemas de computação.

Os números serão inteiros, sem limite de tamanho e positivos (sem sinal).

No Apêndice A — Sistemas de Numeração, são detalhados procedimentos para execução de operações aritméticas, com números binários, octais e hexadecimais, incluindo valores inteiros e fracionários, porém ainda sem sinal.

No Cap. 7, são detalhados procedimentos para execução de operações aritméticas com números positivos e negativos (inclusão do sinal nos números), inteiros e fracionários, bem como aqueles expressos na forma BCD (Binary Coded Decime). Os procedimentos estão relacionados ao processo efetivamente realizado no interior da unidade de processamento dos computadores. Já, neste capítulo, procura-se descrever procedimentos apenas matemáticos, para familiarizar o leitor com operações matemáticas não-decimais.

Finalmente, não se está levando em conta qualquer limite dos números, ou seja, a quantidade máxima de algarismos permitida para um dado número, o que é uma efetiva preocupação no caso dos computadores. Trata-se do problema de *overflow* ou estouro do limite, quando uma operação aritmética resulta em um valor acima do limite máximo possível (ver Cap. 7).

3.4.1 Aritmética Binária

3.4.1.1 Soma Binária

A operação de soma de dois números em base 2 é efetuada de modo semelhante à soma decimal, levando-se em conta, apenas, que só há dois algarismos disponíveis (0 e 1). Assim, podemos criar uma tabela com todas as possibilidades:

$0 + 0 = 0$ $\quad$ $0 + 1 = 1$

$1 + 0 = 1$ $\quad$ $1 + 1 = 0$, com "vai 1" ou 10_2

Exemplo 3.10 (adição)

a) Efetuar a soma 45_{10} e 47_{10}:

Decimal	Binário
1	1 1111
45	101101
+ 47	+ 101111
92	1011100

b) Efetuar a soma 37_{10} e 87_{10}:

Decimal	Binário
11	111
37	0100101
+ 87	+ 1010111
124	1111100

Exemplo 3.11 (adição)

a) Efetuar a soma 27_{10} e 25_{10}:

Decimal	Binário
1	11 11
27	11011
+ 25	+ 11001
52	110100

b) Efetuar a soma 11_{10} e 14_{10}:

Decimal	Binário
	111
11	1011
+ 14	+ 1110
25	11001

Exemplo 3.12 (adição)

a) Efetuar a soma 357_{10} e 315_{10}:

Decimal	Binário
1	1 1111111
357	101100101
+ 315	100111011
672	1010100000

b) Efetuar a soma 99_{10} e 91_{10}:

Decimal	Binário
11	1 11
99	1100011
+ 91	1011011
190	10111110

3.4.1.2 Subtração Binária

A subtração em base 2, na forma convencional, usada também no sistema decimal (minuendo − subtraendo = diferença), é relativamente mais complicada por dispormos apenas dos algarismos 0 e 1 e, dessa forma, 0 menos 1 necessita de "empréstimo" de um valor igual à base (no caso é 2), obtido do primeiro algarismo diferente de zero, existente à esquerda. Se estivéssemos operando na base decimal, o "empréstimo" seria de valor igual a 10.

Exemplo 3.13 (subtração)

Efetuar a subtração 101101 – 100111:

```
    2
   002
 101101
- 100111
 ------
 000110
```

A partir da direita para a esquerda, vamos executar a operação algarismo por algarismo (6 algarismos).

1) 1 – 1 = 0 (primeiro algarismo do resultado — mais à direita).
2) 0 – 1 não é possível. Então, retira-se 1 da ordem à esquerda (3.ª ordem a partir da direita), que fica com 1 – 1 = 0, e passa-se para a ordem à direita, o valor equivalente, que é 2, visto que 1 unidade de ordem à esquerda vale uma base de unidades (no caso: Base = 2) da ordem à direita.
   2 – 1 = 1 (segundo algarismo do resultado)
3) Agora tem-se 0 – 1 e, portanto, repete-se o procedimento do item anterior.
   2 – 1 = 1
4) 0 – 0 = 0
5) 0 – 0 = 0
6) 1 – 1 = 0

Resultado: 000110_2 ou simplesmente 110_2.

Exemplo 3.14 (subtração)

Efetuar a subtração 100110001 – 10101101:

```
       1
  02  022
  100110001
- 010101101
  ---------
  010000100
```

A partir da direita para a esquerda:

1) 1 – 1 = 0
2) 0 – 0 = 0
3) 0 – 1 não é possível. Retira-se 1 da 5.ª ordem, a partir da direita, ficando 2 unidades na 4.ª ordem. Dessas 2 unidades, retira-se 1 unidade para a 3.ª ordem (nesta 3.ª ordem ficam, então, 2), restando 1 unidade nesta 4.ª ordem.
   2 – 1 = 1
4) 1 – 1 = 0
5) 0 – 0 = 0
6) 1 – 1 = 0
7) 0 – 0 = 0
8) 0 – 1 não é possível. Retira-se 1 da ordem à esquerda, que fica com zero e passam-se 2 unidades para a direita.
   2 – 1 = 1
9) 0 – 0 = 0

Resultado: $(010000100)_2$

Exemplo 3.15 (subtração)

a) Efetuar a subtração 37 − 26:

```
Decimal          Binário

                    1
                  02202
   37             100101 = 37
 − 26           − 011010 = 26
 ----           --------
   11             001011 = 11
```

b) Efetuar a subtração 201 − 187:

```
Decimal          Binário

  9                1121
1 10              022022
2 0 1 +10         11001001 = 201
1 8 7             10111011 = 187
-----             --------
0 1 4             00001110 =  14
```

3.4.1.3 Multiplicação Binária

As regras para realização de multiplicação com números binários são exatamente iguais às das multiplicações decimais, com uma enorme vantagem sobre estas pelo fato de que só temos 2 algarismos em vez de 10. Desse modo, temos apenas:

Ø × Ø = Ø

0 × 1 = 0

1 × 0 = 0

1 × 1 =1

Enquanto na multiplicação decimal temos uma tabela com 100 operações, do tipo:

1 × 2 = 2; 2 × 7 = 14; 5 × 6 = 30 etc.

Para melhor entendimento sobre o assunto, basta observar alguns exemplos, com a descrição detalhada de cada passo e incluindo em todos os exemplos a operação em decimal e em binário.

Exemplo 3.16 (multiplicação)

Efetuar a multiplicação 6 × 5:

```
Decimal                    Binário

   6                 110   ←  multiplicando
 × 5               × 101   ←  multiplicador
 ---               -----
  30                 110   ←  produtos parciais
                    000
                   110
                   -----
                   11110   ←  resultado
```

O procedimento consiste em multiplicar cada algarismo do multiplicador pelos algarismos do multiplicando, resultando em sucessivos produtos parciais, tantos quantos forem os algarismos do multiplicador. No Exemplo 3.16 são três algarismos e, portanto, temos três produtos parciais.

Cada produto parcial é colocado de modo a se posicionar uma casa para a esquerda do produto anterior, isto é, há um deslocamento do 2.º produto para a esquerda em relação ao 1.º produto e há um deslocamento à esquerda do 3.º produto em relação ao 2.º produto.

Em seguida, os três produtos são somados produzindo o resultado desejado.

No caso de sistemas binários, o procedimento é ainda mais simples porque os produtos parciais só podem ser zero (se o algarismo do multiplicando for zero) ou o próprio valor do multiplicador (se o algarismo do multiplicando for um).

Exemplo 3.17 (multiplicação)

Efetuar a multiplicação 21 × 13:

Decimal

```
  21
× 13
----
  63
+21
----
 273
```

Binário

```
     10101     ← multiplicando
  ×   1101     ← multiplicador
  --------
     10101     ← 4 produtos parciais,
   +00000        cada um deslocado
   10101         1 casa para a
  10101          esquerda
  ---------    ← resultado
 100010001
```

Exemplo 3.18 (multiplicação)

Efetuar a multiplicação 18 × 4:

Decimal

```
 18
× 4
---
 72
```

Binário

```
   10010
 ×   100
 -------
   00000
  00000
 10010
 -------
 1001000
```

Neste exemplo, bastaria acrescentarmos dois zeros à direita do multiplicando e teríamos o mesmo resultado da operação completa.

multiplicando: 10010

mais dois zeros: 1001000 ← resultado

Isso acontece porque o multiplicador é constituído do algarismo 1 (repetição do multiplicando) seguido de dois zeros. O produto parcial de cada multiplicador por zero é igual a zero e, portanto, a soma com o multiplicando resulta no próprio valor do multiplicador, porém deslocada uma ordem para a esquerda, o que significa acréscimo de um zero à direita.

3.4.1.4 Divisão Binária

O procedimento matemático para realização de uma operação de divisão com números binários é semelhante ao procedimento para a mesma operação com valores decimais.

O procedimento compreende a manipulação de quatro elementos:

dividendo — valor a ser dividido

divisor — valor que deve estar contido *n* vezes no dividendo e que, então, se deseja saber qual o valor de *n*

quociente — quantidade de vezes que o divisor se repete no dividendo (valor de *n*)

resto — caso a divisão não seja exata, isto é, o divisor vezes *n* não seja igual ao dividendo, a diferença é chamada de resto.

Vamos descrever o processo na base 10 para entendermos bem cada passo e, em seguida, exemplificar na base 2, seguindo os mesmos procedimentos.

Exemplo 3.19

1) 35/5 = 7, com resto = ∅ e

2) 37/5 = 7, com resto = 2.

Nestes exemplos, o dividendo é 35 e 37, os divisores são, em ambos os casos, 5, o quociente é igual a 7 em ambos os casos e o resto é, respectivamente, ∅ e 2.

$$\begin{array}{r|l} 35 & 5 \\ \hline -35 & 7 \\ \hline 0 & \end{array} \qquad \begin{array}{r|l} 37 & 5 \\ \hline -35 & 7 \\ \hline 2 & \end{array}$$

Procedimento:

a) Verifica-se quantas vezes o divisor cabe no dividendo por tentativa.

b) Iniciam-se, mentalmente ou por qualquer outro método que o leitor considere confortável, as tentativas tais como:

   2 × 5 =10, 3 × 5 = 15, 4 × 5 = 20 (todos menores que 35)

   E prossegue-se: 5 × 5 = 25, 6 × 5 = 30, 7 × 5 = 35 e 8 × 5 = 40. Como 40 é maior que 35 (ou 37, no caso do segundo exemplo) o valor escolhido para quociente é igual a 7.

c) Subtrai-se de 35 (dividendo) o valor resultante da multiplicação do quociente pelo divisor (7 × 5), encontrando-se um valor que é o resto da divisão. No primeiro exemplo, o valor é zero, 35 − 35 = ∅, e no segundo exemplo é 2, 37 − 35 = 2.

d) O resto da divisão deve sempre ser um valor igual, no máximo, ao divisor menos 1. No exemplo, ele deverá ser, no máximo, igual a 4, pois se ele fosse 5, isso significaria que o quociente poderia ser maior, já que o divisor (valor 5) ainda cabe no dividendo.

Vejamos um exemplo de divisão binária.

Exemplo 3.20 (divisão)

Efetuar a divisão $(1001)_2$ por $(101)_2$:

$(1001)_2/(101)_2$

No caso da divisão binária o procedimento se torna mais simples, visto que cada algarismo do quociente só pode ser 1 (quando o divisor é menor — apenas 1 vez — que o dividendo ou parte dele) ou zero (caso contrário).

No exemplo acima, 101 é menor e cabe apenas 1 vez em 1001. O quociente é, então, 1 e

$$\begin{array}{r} 1001 \\ -\ 101 \\ \hline 0100 \end{array}$$

o resto é $(100)_2$.

Em decimal, $(1001)_2 = 9_{10}$, $(101)_2 = 5_{10}$ e $(100)_2 = 4_{10}$. Ou seja, 9/5 = 1, resto 4.

Vejamos em seguida um exemplo de operação de divisão binária com dividendo de valor bem maior que o divisor de modo que ocorram divisões parciais.

Exemplo 3.21 (divisão)

Efetuar a divisão 101010_2 por 101_2:

$(101010)_2/(110)_2$

a) Em primeiro lugar, verifica-se que valor (que quantidade de algarismos) é suficientemente maior que o divisor, de modo que o primeiro algarismo do quociente seja 1.

No exemplo utilizado, o valor 1010 (quatro primeiros algarismos da esquerda para a direita) é maior uma vez que o divisor. Assim, temos inicialmente

```
101010|110
- 110   1
  100
```

b) Em seguida, subtrai-se de 1010 (parte utilizada do dividendo) o valor 110 (que é 1 × 110), ou seja, quociente, 1, vezes divisor, 110, encontrando-se como resto parcial 100.

c) Efetua-se nova divisão, utilizando-se como novo dividendo o valor do resto parcial 100 acrescido de um algarismo do dividendo completo, sendo, no caso, o algarismo 1.

O novo dividendo será 1001, que contém 1 vez o divisor, 110. E assim teremos nova divisão parcial

```
 1001|110
- 110  1
  011
```

d) Repete-se pela terceira vez o processo, dividindo-se 110 (novo dividendo, formado pelo resto parcial 11 acrescido do último algarismo do dividendo completo ∅) por 110. Encontra-se quociente 1 e resto parcial ∅∅∅. A divisão está completada.

```
 110|110
-110  1
 ∅∅∅
```

A operação completa fica assim:

```
101010|110
- 110   111
  1001
-  110
  0110
-  110
   ∅∅∅
```

Exemplo 3.22 (divisão)

Efetuar a divisão 37_{10} por 4,0:

Decimal	**Binário**
37/4	100101/100

```
Decimal:          Binário:

37|4              100101|100
36  9              100    1001
--                ------
 1                 0101
                    100
                   ----
                    001
```

a) Divide-se 100 (menor valor do dividendo que é ainda igual ou maior que o divisor) por 100 (divisor), encontrando-se quociente 1, com resto parcial ∅ (100 − 100).

b) Acrescenta-se ao resto ∅ tantos algarismos do dividendo (um a um da esquerda para a direita) quantos necessários para que o valor obtido seja igual ou maior que o divisor. A cada algarismo selecionado e não suficiente acrescenta-se um zero ao quociente.

c) No exemplo, foram selecionados os algarismos 101 (acrescentou-se 00 ao quociente, para os algarismos 10 que formaram o valor 010, ainda menor que o divisor 100. Finalmente acrescentou-se 1 (último algarismo disponível do dividendo), resultando 101, neste caso superior a 100. Então, o quociente foi acrescido de 1.

3.4.2 Aritmética Octal (em Base 8)

O sistema binário, por ser constituído de tão poucos algarismos diferentes em sua base (0 e 1), causa o fato de os números serem na maioria das vezes constituídos de uma enorme quantidade de algarismos. Na realidade, podemos generalizar a regra de que "quanto menor o valor da base, maior é a quantidade de algarismos de um número naquela base".

Assim, por exemplo, o número 9 na base 10 só possui um algarismo, porém na base 6 é constituído de dois algarismos, 13, e na base 2 necessita de quatro algarismos para sua representação:

$9_{10} = 13_6 = 1001_2$

Quanto maior o número, mais rapidamente cresce a quantidade de dígitos binários (bits) necessários para essa representação:

$(1011001111011101)_2 = (46045)_{10} = (B3DD)_{16}$

Além disso, os sistemas de base menor (e o sistema binário é o menor de todos) ainda possuem um outro inconveniente. A quantidade de algarismos disponíveis na base sendo pequena, há pouca diferença entre os algarismos e, sendo muitos, acarreta dificuldade de percepção do usuário. Basta ver o exemplo anterior, onde o valor binário possui 16 algarismos com variação apenas entre ∅s e 1s, muito mais complicado de compreensão por parte do leitor do que o valor 46045, com apenas cinco algarismos e vários símbolos diferentes (o 4, o 6, o 5 e o ∅) ou mais ainda, na base 16, com o valor B3DD, com apenas 4 algarismos.

O nosso sistema visual distingue melhor variações acentuadas entre elementos (por exemplo, entre B, 3, D, 4, 5, 6 etc.) do que diferenças mínimas, tais como apenas ∅s e 1s. Por isso, distinguimos melhor as diferenças entre objetos coloridos do que estes mesmos objetos em preto e branco, apenas distinguidos por tons diferentes de preto.

Por esta razão, apesar de internamente nos computadores o sistema ser essencialmente binário, costuma-se empregar bases mais elevadas para representar externamente os valores armazenados ou manipulados pelos computadores.

Utiliza-se com freqüência as bases 8 e 16 por serem bases maiores, e a conversão da base 2 para elas, e vice-versa, é mais rápida que para a base 10. Atualmente, a base 16 é a base mais usada para representar, em manuais, vídeos etc., estes valores que estão internamente em binário.

Com este propósito, vamos apresentar alguns aspectos da aritmética octal e hexadecimal, apenas as operações de adição e subtração, visto que as outras não se aplicam para o fim a que se destinam.

Para finalizar e consolidar o assunto, apresentamos alguns exemplos de aritmética em qualquer outra base não-decimal nem potência de 2.

Exemplo 3.23 (adição)

Efetuar a soma $(3657)_8 + (1741)_8$:

```
  111      "vai 1"
  3657    ← 1.ª parcela
 +1741    ← 2.ª parcela
 -----
  5620
```

Da direita para a esquerda, temos para cada um dos quatro algarismos:

1) $7 + 1 = 8$

Como não há algarismo 8 na base 8, emprega-se o conceito posicional, isto é, 8 unidades de uma ordem valem 1 unidade da ordem imediatamente à esquerda. Então: fica $\emptyset = 8 - 8$ e "vai 1" para a esquerda.

2) 1 (vai 1 vindo da ordem à direita) + 5 + 4 = 10

Utilizando o mesmo conceito anterior, temos:

10 − 8 = 2 e "vai 1" (que é igual a 8).

3) 1 (vai 1) + 6 + 7 = 14

14 − 8 = 6 e "vai 1"

4) 1 + 3 + 1 = 5 Não há "vai 1" porque não se excede 7.

Resultado: 5620_8

Exemplo 3.24 (adição)

Efetuar a soma $(443)_8 + (653)_8$:

```
  11      "vai 1"
 443    ← 1.ª parcela
+653    ← 2.ª parcela
----
1316
```

Da direita para a esquerda, para cada um dos três algarismos:

1) 3 + 3 = 6

Como 6 é um algarismo válido da base 8, não há "vai 1".

2) 4 + 5 = 9

Então: 9 − 8 = 1 e "vai 1" (que correspondem às oito unidades em excesso).

3) 1 + 4 + 6 = 11

Então: 11 − 8 = 3 e "vai 1".

4) 1 + 0 = 1

Resultado: 1316_8

Exemplo 3.25 (subtração)

Efetuar a subtração $(7312)_8 - (3465)_8$:

```
   88
 6208     ← empréstimos
 7312     ← 1.ª parcela
-3465     ← 2.ª parcela
-----
 3625
```

Da direita para a esquerda, temos para cada um dos quatro algarismos:

1) 2 − 5 não é possível. Então, retira-se 1 unidade da ordem à esquerda, a qual vale uma base de unidades (no caso base = 8) da direita, somando-se ao valor 2.

8 + 2 = 10 − 5 = 5

2) 1 − 1 = 0 − 6 não é possível. Então, retira-se 1 unidade da esquerda (que fica com 3 − 1 = 2 unidades), passando 8 para a direita, o que fica 8 + 0 = 8.

8 − 6 = 2

3) 3 − 1 = 2 − 4 não é possível. Então, retira-se 1 da esquerda (7 − 1 = 6), passando oito unidades para a direita.

8 + 2 = 10 − 4 = 6

4) 7 − 1 = 6 − 3 = 3

Resultado: 3625_8

3.4.3 Aritmética Hexadecimal (em Base 16)

Já mencionamos anteriormente que a aritmética com valores expressos em algarismos hexadecimais segue as mesmas regras para qualquer base: somar ou subtrair algarismo por algarismo, utilizando-se de "vai x" na casa à esquerda (e somando-o com as parcelas seguintes à esquerda) ou de "empréstimo" (como nas subtrações em qualquer outra base), e assim por diante.

Exemplo 3.26 (adição)

Efetuar a soma $(3A943B)_{16}$ + $(23B7D5)_{16}$:

```
  1  11    ← "vai 1"
  3A943B   ← 1.ª parcela
+ 23B7D5   ← 2.ª parcela
--------
  5E4C10
```

Da direita para a esquerda, temos para cada um dos seis algarismos:

1) $B = 11_{10} + 5_{16} = 16_{10}$

Como 16_{10} não é um algarismo válido da base 16 (o maior algarismo, F, tem valor = 15_{10}), então usa-se o princípio posicional, substituindo 16 unidades da ordem da direita por 1 unidade da ordem à esquerda (vai 1).

B + 5 = 0 e vai 1

2) $1 + 3 + D = 1 + 3 + 13 = 17_{10}$

17_{10} = 16 (vai 1 para a esquerda) + 1

3) $1 + 4 + 7 = 12_{10}$

12_{10} equivale ao algarismo C_{16}. Coloca-se C como resultado e não há "vai 1".

4) $9 + B = 9 + 11 = 20_{10}$

20 = 16 (vai 1 para a esquerda) + 4. Coloca-se 4 como resultado e "vai 1" para a esquerda.

5) $1 + A + 3 = 1 + 10 + 3 = 14_{10}$

14_{10} equivale ao algarismo E_{16}. Coloca-se E como resultado e não há "vai 1".

6) 3 + 2 = 5. Coloca-se 5 como resultado e não há "vai 1".

Resultado: $5E4C10_{16}$

Exemplo 3.27 (subtração)

Efetuar a subtração $(4C7BE8)_{16}$ − $(1E927A)_{16}$:

4 − 1 = 3	C − 1 = B + 16 = 27			E − 1 = D	8 + 16 = 24
~~4~~	~~C~~	7 + 16 = 23	B	~~E~~	8
− 1	E	9	2	7	A
2	D	E	9	6	E

Da direita para a esquerda, para cada um dos seis algarismos:

1) 8 − A não é possível. Retira-se, então, 1 unidade da ordem à esquerda (E − 1 = D), passando 16 unidades (valor igual ao da base) para a direita, as quais são somadas ao valor existente, 8.

   $16 + 8 = 24 - A = 24 - 10 = 14_{10}$, equivalente ao algarismo E_{16}

2) D − 7 = 13 − 7 = 6

3) B − 2 = 11 − 2 = 9

4) 7 2 9 não é possível. Retira-se uma unidade da ordem à esquerda (C − 1 = B), passando 16 unidades para a direita, as quais são somadas ao valor existente, 7.

   $16 + 7 = 23 - 9 = 14_{10}$, equivalente ao algarismo E_{16}

5) C − E não é possível. Retira-se 1 unidade da ordem à esquerda (4 − 1 = 3), passando 16 unidades para a direita, as quais são somadas ao valor existente, $B_{16} = 11_{10}$.

   $16_{10} + B_{16} = 16_{10} + 11_{10} = 27 - 14 = 13_{10}$, equivalente ao algarismo D_{16}

6) 3 − 1 = 2

   Resultado: $2DE96E_{16}$

EXERCÍCIOS

1) Converter os seguintes valores decimais em valores binários equivalentes (conversão de base 10 para base 2):

   a) 329
   b) 284
   c) 473
   d) 69
   e) 135
   f) 215
   g) 581
   h) 197

2) Converter os seguintes valores binários em valores decimais equivalentes (conversão de base 2 para base 10):

   a) 11011101010
   b) 11001101101
   c) 10000001111
   d) 11101100010
   e) 111001101001
   f) 111111000011
   g) 101100011000
   h) 100000000110

3) Converter os seguintes valores decimais em valores octais equivalentes (conversão de base 10 para base 8):

   a) 177
   b) 254
   c) 112
   d) 719
   e) 343
   f) 27
   g) 821
   h) 197

4) Converter os seguintes valores decimais em valores binários equivalentes (conversão de base 10 para base 2):

   a) 417
   b) 113
   c) 819
   d) 77
   e) 251
   f) 769
   g) 180
   h) 27

5) Converter os seguintes valores binários em valores decimais equivalentes (conversão de base 2 para base 10):

a) 1100011
b) 10101111101
c) 11000011001
d) 101101
e) 1000000011
f) 111100011110110
g) 1100100001
h) 1101110

6) Converter os seguintes valores decimais em valores octais equivalentes (conversão de base 10 para base 8):

a) 917
b) 779
c) 610
d) 593
e) 325
f) 216
g) 413
h) 521

7) Converter os seguintes valores octais em valores decimais equivalentes (conversão de base 8 para base 10):

a) 405
b) 477
c) 237
d) 46
e) 705
f) 173
g) 201
h) 452

8) Converter os seguintes valores decimais em valores hexadecimais equivalentes (conversão de base 10 para base 16):

a) 447
b) 544
c) 223
d) 71
e) 622
f) 97
g) 121
h) 297

9) Converter os seguintes valores hexadecimais em valores decimais equivalentes (conversão de base 16 para base 10):

a) 3A2
b) 33B
c) 621
d) 99
e) 1ED4
f) 7EF
g) 22C
h) 110A

10) Converter os seguintes valores octais em valores decimais equivalentes (conversão de base 8 para base 10):

a) 2136
b) 1741
c) 613
d) 546
e) 120
f) 317
g) 720
h) 665

11) Converter os seguintes valores decimais em valores hexadecimais equivalentes (conversão de base 10 para base 16):

a) 2173
b) 1325
c) 743
d) 212

e) 681
f) 937
g) 1480
h) 1671

12) Converter os seguintes valores hexadecimais em valores decimais equivalentes (conversão de base 16 para base 10):

a) 21A7
b) 1BC9
c) 27D
d) E5F
e) 2351
f) 19AE
g) ACEF
h) 214B

13) Efetuar as seguintes conversões de base:

a) $37421_8 = (\ )_{16}$
b) $14A3B_{16} = (\ )_{10}$
c) $11011100011_2 = (\ )_{16}$
d) $2BEF5_{16} = (\ )_8$
e) $5331_8 = (\ )_2$
f) $100011011_2 = (\ )_8$
g) $217_{10} = (\ )_7$
h) $413_8 = (\ )_2$

14) Efetuar as seguintes somas:

a) $31752_8 + 6735_8 =$
b) $37742_8 + 26573_8 =$
c) $2A5BEF_{16} + 9C829_{16} =$
d) $356_7 + 442_7 =$
e) $1100111101_2 + 101110110_2 =$
f) $211312_4 + 121313_4 =$
g) $3645_8 + 2764_8 =$
h) $110011110_2 + 11011111_2 =$

15) Efetuar as seguintes operações de subtração:

a) $64B2E_{16} - 27EBA_{16} =$
b) $2351_8 - 1763_8 =$
c) $543_6 - 455_6 =$
d) $43321_5 - 2344_5 =$
e) $11001000010_2 - 1111111111_2 =$
f) $10001101000_2 - 101101101_2 =$
g) $43DAB_{16} - 3EFFA_{16} =$
h) $100010_2 - 11101_2 =$

16) Efetuar as seguintes conversões de base:

a) $2317_8 = (\ )_2$
b) $1A45B_{16} = (\ )_8$
c) $3651_{16} = (\ )_2$
d) $11001011011011_2 = (\ )_8$

17) Efetuar as seguintes somas:

a) $3251_8 + 2167_8 =$
b) $2EC3BA_{16} + 7C35EA_{16} =$
c) $1011101_2 + 1111001_2 =$
d) $1110000101_2 + 1000011111_2 =$

e) $312321_4 + 112213_4 =$

f) $2AC79_{16} + B7EEC_{16} =$

g) $2748E_{16} + FA7B5_{16} =$

h) $217_8 + 173_8 =$

18) Efetuar as seguintes operações de subtração:

a) $110000001101_2 - 10110011101_2 =$

b) $35A3_{16} - 2FEC_{16} =$

c) $37425_8 - 14766_8 =$

d) $1001001_2 - 111100_2 =$

19) Quantos números inteiros positivos podem ser representados em uma base B, cada um com *n* algarismos significativos?

20) A partir do valor binário 110011, escreva os cinco números que se seguem em seqüência.

21) A partir do valor binário 101101, escreva seis números, saltando de três em três números, de forma crescente.

22) A partir do valor octal 1365, escreva os oito números que se seguem em seqüência.

23) A partir do valor octal 3745, escreva os oito números pares seguintes.

24) A partir do valor hexadecimal 2BEF9, escreva os 12 números que se seguem em seqüência.

25) A partir do valor hexadecimal 3A57, escreva os 10 números subseqüentes, saltando de quatro em quatro valores (por exemplo, o primeiro subseqüente é 3A5B).

26) A maioria das pessoas só pode contar até 10 utilizando seus dedos. Entretanto, quem trabalha com computador pode fazer melhor. Se você imaginar cada um dos seus dedos como um dígito binário, convencionando que o dedo estendido significa o algarismo 1 e o recolhido significa 0, até quanto você poderá contar usando as duas mãos?

27) Supondo um sistema posicional de numeração de base 4, determine, a partir da operação de adição a seguir, os valores de A, B, C e D:

$$\begin{array}{r} BADB \\ +\,DDDC \\ \hline BCDCB \end{array}$$

28) Suponha um sistema posicional de base 6. Determine os valores de A, B, C, D, E e F:

$$\begin{array}{r} ADCFA \\ BABDF \\ \hline CFEDFB \end{array}$$

29) Efetue as seguintes operações aritméticas na base indicada para o resultado:

a) $FEFE_{16} + 1110100100011110_2 = (\ \ )_8$

b) $7374_8 + 313202_4 = (\ \ )_{16}$

c) $384_{10} + 512_{16} = (\ \ )_{16}$

d) $532_6 + 101_8 = (\ \ )_{16}$

e) $10011101_2 + 376_8 = (\ \ )_{16}$

f) $3E54_{16} + 1257_8 = (\ \ )_8$

g) $10110110101_2 + 2FE_{16} = (\ \ )_8$

h) $1374_{10} + 11011011110111_2 = (\ \ )_8$

30) Expresse o valor decimal 100 em todas as bases entre 2 e 9 (inclusive).

31) Quantos números diferentes podem ser criados por um conjunto de quatro chaves, cada uma podendo gerar três diferentes algarismos?

32) Quantos números binários diferentes podem ser armazenados em memórias com espaço de armazenamento de seis dígitos cada uma?

33) Quantos números diferentes podem ser criados na base 8 cada um possuindo três algarismos?

34) Quantos números binários diferentes podem ser criados cada um possuindo oito algarismos?

35) Qual é o valor decimal equivalente ao maior número de sete algarismos que pode existir na base 2?

36) Em cada uma das seguintes equivalências, ache o valor da base *b*, na qual o número à direita está expresso:

a) $496_{10} = 1306_b$
b) $249_{10} = 13B_b$
c) $1248_{16} = 11110_b$
d) $1248_{16} = 1021020_b$

37) Um hodômetro hexadecimal mostra o número 5ECFC. Quais são as seis próximas leituras?

38) Um hodômetro hexadecimal mostra o número A3FF. Qual é a leitura seguinte? Após rodar alguns quilômetros, o hodômetro apresenta a seguinte leitura: A83C. Quanto foi andado? (Dê a resposta em hexadecimal e em decimal.)

39) Converter os seguintes números, representados em base 6, para seus valores equivalentes em base 9.

a) 24_6
b) 144_6
c) 2354_6
d) 555_6
e) 3144_6
f) 211_6

40) Converter os seguintes números de uma base B para outra base B indicada:

a) $234_6 = (\quad)_8$
b) $1321_4 = (\quad)_7$
c) $431_5 = (\quad)_9$
d) $246458_9 = (\quad)_4$
e) $4452_6 = (\quad)_7$
f) $2112_3 = (\quad)_5$

41) Complete a tabela abaixo:

Decimal	**Binário**	**Octal**	**Hexadecimal**
37			
	11001101		
		356	
			1A4C
	10001101		
117			
			2A5B
		457	

42) Efetue as seguintes operações aritméticas:

a) $(101)_2 \times (111)_2 = (\quad)_2$
b) $(11101)_2 \times (1010)_2 = (\quad)_2$
c) $(11001110)_2 \,/\, (1101)_2 = (\quad)_2$

d) $(111110001)_2 \times (10011)_2 = (\ )_2$

e) $(100100011)_2 / (11101)_2 = (\ )_2$

f) $(1101101)_2 / (100)_2 = (\ )_2$

g) $(111000001) \times (101001)_2 = (\ )_2$

43) Se um número binário é deslocado uma ordem para a esquerda, isto é, cada um de seus bits move-se uma posição para a esquerda e um zero é inserido na posição mais à direita, obtém-se um novo número. Qual é a relação matemática existente entre os dois números?

44) A soma de dois números binários é 101000 e a diferença entre eles é igual a 1010. Quais são os números binários?

45) Ache os valores decimais equivalentes aos seguintes números representados nas bases indicadas:

a) $2C6_{16}$

b) 1101110_2

c) 346_8

d) 1432_5

e) 100110010_2

f) 2567_9

g) $4DC9_{16}$

h) 2657_8

46) Mostre por que 121_B é igual a 100_{N+1}.

47) Considere um número decimal N constituído por três algarismos. A soma dos três algarismos desse número é 18 e a soma do algarismo mais significativo com o menos significativo é igual a 10. O quociente da divisão de N pelo algarismo menos significativo é 171. Qual é o valor de N?

48) Considere um número representado em base 8 composto de dois algarismos, sendo que o algarismo menos significativo é o menor dos dois. A soma dos dois algarismos é 8 e a diferença entre eles é 2. Calcule o valor equivalente desse número na base 16.

49) Ache os valores binários correspondentes aos seguintes números nas bases indicadas:

a) $26DF8_{16}$

b) 756377_8

c) 5341_8

d) 10010_{16}

e) 12121_8

f) $FFAB_{16}$

4

Memória Principal

4.1 INTRODUÇÃO

Conforme já mencionado no Cap. 2, a ***memória*** é o componente de um sistema de computação cuja função é armazenar as informações que são (ou serão) manipuladas por esse sistema, para que elas possam ser prontamente recuperadas, quando necessário.

Conceitualmente, a memória é um componente muito simples: é um "depósito" onde são guardados certos elementos (dados ou informações) para serem usados quando desejado (recuperação da informação armazenada).

A Fig. 4.1 apresenta o esquema conceitual de qualquer tipo de memória, imaginada como um depósito para uso de uma ou mais entidades, assim como uma caixa de cartas em um correio.

No entanto, na prática, em um sistema de computação não é possível construir e utilizar apenas um tipo de memória. Na verdade, a memória de um computador é em si um sistema, ou melhor, um subsistema, tendo em vista que é constituída de vários componentes (vários tipos diferentes de memória) interligados e integrados, com o objetivo já definido acima: armazenar informações e permitir sua recuperação quando requerido.

A necessidade da existência de vários tipos de memória ocorre em virtude de vários fatores concorrentes. Em primeiro lugar, o aumento, sempre crescente, da velocidade do processador, muito maior que o ***tempo de***

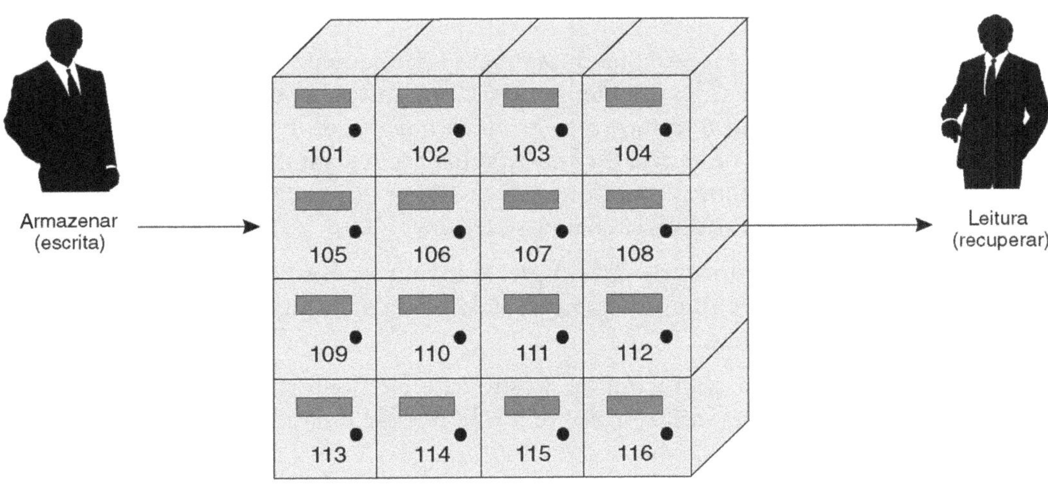

Figura 4.1 Exemplo de um típico depósito que funciona de modo semelhante a uma memória.

acesso[1] da memória, ocasiona atrasos (às vezes, intoleráveis) na transferência de bits entre memória e processador, e vice-versa. Outro fator se relaciona com a capacidade de armazenamento de informações que os sistemas de computação precisam ter, cada vez maior, em face do aumento do tamanho dos programas, bem como do aumento do volume dos dados que devem ser armazenados e manipulados nos sistemas atuais. Se existisse apenas um tipo de memória, sua velocidade (tempo de acesso) deveria ser compatível com a do processador, de modo que este não ficasse esperando muito tempo um dado que estivesse sendo transferido da memória. Sua capacidade deveria ser muito grande, mesmo. E não poderia perder os dados em uma eventual falta de energia. Naturalmente, é impossível reunir todos esses requisitos em uma única memória.

Explicando melhor, pode-se imaginar um sistema no qual o processador manipula um dado em 5 nanossegundos e a memória pode transferir um dado para o processador em 60 nanossegundos. *Grosso modo* (vamos simplificar bastante o processo para facilitar o entendimento do leitor), pode-se afirmar que o processador, em cada 60 nanossegundos, trabalharia cinco e ficaria os outros 55 nanossegundos ocioso, acarretando uma baixa produtividade do sistema. Para aumentar essa produtividade pode-se, p. ex., desenvolver memórias com maior velocidade (isso já vem sendo realizado há muito tempo, como veremos mais adiante). No entanto, tais memórias têm um custo mais elevado; esse custo cresce ainda mais quando se sabe que as memórias vêm aumentando de capacidade sistematicamente.

Na realidade, o avanço da tecnologia na construção de processadores e memórias de semicondutores não tem sido uniforme, isto é, o aumento da velocidade do processador tem sido bem maior que o aumento da velocidade de acesso das memórias. Enquanto a quantidade de instruções executadas por segundo por um processador tem dobrado a cada 18 meses para o mesmo preço, a velocidade de acesso das memórias tem aumentado cerca de 10% ao ano, embora sua capacidade de armazenamento venha quadruplicando a cada 36 meses, para o mesmo preço.

Em resumo, os dois citados fatores, velocidade e capacidade, indicam a necessidade de se projetar não um único tipo de memória (com elevada velocidade e grande capacidade, mas com custo altíssimo), mas sim um conjunto de memórias com diferentes características, o que leva a uma hierarquia de funcionamento a que denominamos subsistema de memória. Tal hierarquia será descrita no item 4.2, a seguir.

Na realidade, a existência, nos sistemas de computação, de uma hierarquia de memória se torna possível graças a um princípio revelado na execução dos programas e que se conhece como princípio da localidade, o qual será abordado em detalhes no Cap. 5.

No entanto, pode-se observar que o princípio, que foi estabelecido a partir de trabalhos de pesquisa sobre comportamento de programas, indica que, em média, os programas tendem a ser executados em blocos, constituídos de instruções que são executadas de forma seqüencial e ordenada.

Assim, em função desse princípio e do fato, já citado, de que se deseja rapidez de memória e grande capacidade a baixo custo, organiza-se a área de armazenamento em memórias de vários tipos e características, organizadas de forma hierárquica.

Conforme pode ser observado na Fig. 4.1, há duas únicas ações que podem ser realizadas em um depósito (memória). A primeira é a ação de guardar um elemento (ou um grupo de elementos) – em computação, esta ação é genericamente denominada ***armazenar***, e a operação em si, que é realizada para a consecução desta ação de armazenamento, é chamada de ***escrita ou gravação*** (*write*). A segunda é a ação de recuperação do elemento guardado (ou grupo de elementos) para um uso qualquer – em computação esta ação se denomina ***recuperar*** (*retrieve*), e a operação para realizá-la chama-se ***leitura*** (*read*).

Para solidificar mais ainda esses conceitos tão simples e incluir novos conceitos concernentes, podem-se imaginar vários tipos de "depósitos" existentes na nossa vida cotidiana e cujo funcionamento pode ser associado ao das memórias de computadores.

Uma biblioteca,[2] p. ex., funciona como um "depósito" de elementos (os livros, periódicos etc.). Todo elemento recebido para ser guardado (armazenado) tem que possuir uma identificação (nome do livro ou do

[1]A definição completa de tempo de acesso está contida no item 4.2, porém podemos simplificar, estabelecendo que se trata de velocidade da memória.
[2]Por favor, não pensem os(as) bibliotecários(as) que reduzi a importância e o valor inestimável de uma biblioteca, comparando-a a um simples depósito. A idéia foi tão-somente comparar o modo de funcionamento, não a função.

periódico, autor etc.) e um código de localização (número da estante, da prateleira etc.) para que seja possível ao funcionário ou usuário encontrar o livro ou periódico quando desejado.

O funcionamento de uma agência de correios para guarda e recuperação de correspondência, ou o modo de manipulação de correspondência em um edifício de apartamentos, é semelhante ao das bibliotecas (apenas no que se refere às operações de armazenamento e leitura) e, de certa forma, ao de uma memória de computador (ou, ainda, ao da própria memória dos seres humanos).

Em uma biblioteca, o elemento a ser manipulado (a "informação" a que nos referimos antes) é o livro. A ação de armazenamento (que se denomina *escrita* em sistemas de computação), por exemplo, consiste na operação de guardar o livro em uma estante/prateleira previamente identificada como disponível, a qual tem um código de localização, p. ex., prateleira 5 da estante 15 (que é o endereço). Quando alguém deseja um livro emprestado, realiza-se uma operação de "recuperação da informação" (dado o nome do livro, encontra-se a sua localização, seu endereço).

Na caixa de correio de um edifício de apartamentos o conceito é também semelhante. A ***informação*** é a carta; cada apartamento possui um ***endereço*** e uma caixa correspondente. A colocação pelo carteiro de uma carta que chega para um certo apartamento consiste na operação de ***armazenamento*** (escrita). E a ação do proprietário de apanhar sua correspondência (recuperação ou leitura) é possível através do conhecimento da localização da caixa correspondente.

Há uma pequena diferença nos exemplos citados em relação às memórias de computador, no que se refere à possibilidade de haver um endereço vazio. Uma caixa de correio pode estar vazia porque o responsável retirou toda a correspondência, como também um determinado local de uma biblioteca pode estar vazio porque o livro está emprestado. Isto não acontece com a memória eletrônica de um computador, pois se ele estiver energizado a memória conterá sinais elétricos em cada local de armazenamento, mesmo que não seja uma informação útil.

4.1.1 Como as Informações São Representadas nas Memórias

A memória de um sistema de computação tem como elemento básico de armazenamento físico o ***bit***. Ou seja, fisicamente ela é construída de modo a representar individualmente bit por bit (seja com seu valor 0 – zero, seja com seu valor 1 – um). O modo pelo qual cada bit é identificado na memória é variado: pode ser um sinal elétrico, como mostrado na Fig. 4.2, ou um campo magnético ou, ainda, a presença/ausência de uma marca ótica.

Como um bit pode apenas indicar dois valores distintos, sua utilidade individual é bastante restrita. Na prática, precisamos passar para o computador as informações que conhecemos na vida cotidiana, normalmente em forma de caracteres ou símbolos gráficos que visualmente conseguimos distinguir. Assim, claramente distinguimos o caractere "a" do caractere "b", como também o símbolo matemático "+" do símbolo "(", porque todos eles têm formato visual diferente e o ser humano, através do sentido da visão, consegue distingui-los (é possível, também, para os humanos, separar esses símbolos através do sentido do tato, como se faz em braile, para pessoas cegas).

Como computadores não possuem esses sentidos dos humanos, eles conseguem apenas distinguir sinais elétricos diferentes, isto é, se o valor representa 0 (zero) ou 1 (um). Nesse caso, para introduzir todos os símbolos básicos que usamos em nosso dia-a-dia precisaríamos mais do que um bit, visto que com apenas um bit só poderíamos representar dois símbolos distintos. Considerando, por exemplo, que gostaríamos de representar internamente em um computador o nosso alfabeto e demais símbolos gráficos da matemática e afins, precisaríamos criar uma forma de representação interna para o seguinte:

26 letras minúsculas (considerando as letras k, w, x, y)

26 letras maiúsculas

4 símbolos matemáticos (+, −, *, /)

8 sinais de pontuação (. ; , : ( ) - ")

Somente nesse simples exemplo criamos 64 possibilidades de representação de informações que precisariam ser distinguidas internamente pelo computador, que possui apenas dois valores diferentes. A solução para

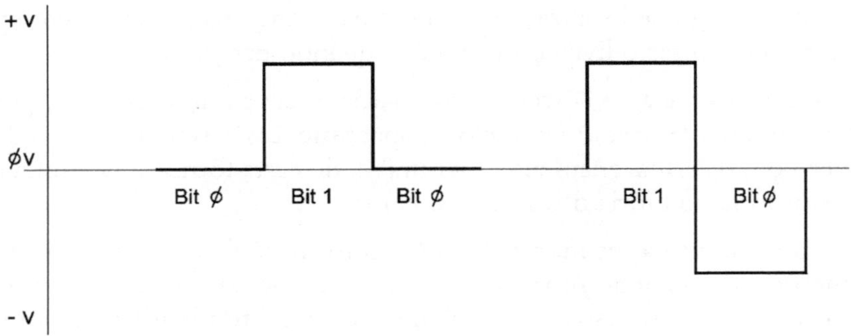

Figura 4.2 Representação de 1 bit.

esse problema é a definição de um código representativo de cada símbolo, cada um tendo uma mesma quantidade de bits, tantos quantos forem necessários para nos permitir representar todos os símbolos desejados. No exemplo acima, em que criamos 64 símbolos, precisariamos definir um código com 64 elementos, cada um com seis bits. No item 7.3 o assunto é abordado com mais detalhe, e o Apêndice E apresenta os elementos de alguns códigos de representação de dados.

Por isso, os sistemas de computação costumam grupar uma determinada quantidade de bits, identificando este grupo como uma unidade de armazenamento, denominada ***célula***.[3]

Uma ***célula*** é, então, um grupo de bits tratado em conjunto pelo sistema, isto é, ele se move em bloco, como se fosse um único elemento, sendo identificado para efeitos de armazenamento e transferência como uma unidade. Como veremos mais adiante, o termo ***célula*** está sendo utilizado apenas para identificar a unidade de armazenamento da memória principal; nos demais tipos de memória, a unidade de armazenamento (grupo de bits que se move junto) possui outras denominações (bloco, setor, cluster etc.).

Observação: Nesta parte inicial do capítulo estamos nos referindo à memória do computador de forma genérica, embora já tenhamos explicado que a memória é na realidade um conjunto de memórias. Na prática, esse conjunto é constituído:

– pela memória chamada principal ou primária, que no mercado e mesmo na literatura técnica se denomina RAM – Random Access Memory (memória de acesso randômico ou aleatório), a qual será analisada ainda neste capítulo;

– pela memória cache, construída com tecnologia RAM e que se insere nos sistemas para acelerar a transferência de dados com o processador – esse dispositivo será analisado no Cap. 5;

– pelos registradores – pequenos dispositivos de armazenamento existentes no interior dos processadores, com o propósito de armazenar individualmente dados, instruções ou endereços. Esses dispositivos serão analisados tanto neste capítulo quanto no Cap. 6; e

– pelos dispositivos de armazenamento secundário, como discos rígidos, disquetes, CDs e DCDs. Esses componentes serão analisados no Cap. 9.

Embora no item seguinte seja efetuada uma breve apresentação de cada um deles, com o propósito de apresentar a estrutura hierárquica do subsistema de memória, este capítulo se destina a analisar e detalhar as características e o funcionamento da memória principal (ou RAM).

É também interessante mencionar um ponto sobre a nomenclatura dos dispositivos de armazenamento, conforme se encontra nas descrições de produto, nos artigos publicados e no entendimento do mercado de um modo geral, sem que se se torne uma regra formalmente estabelecida por algum órgão de padronização.

---

[3]Muitos autores definem o grupo de bits identificado por um endereço de memória como ***palavra*** e como célula um único bit, sem endereço individual. Neste livro, consideramos ***palavra*** a unidade de valor nos processadores (ver Cap. 6) e a unidade de armazenamento como célula, não confundindo, assim, os termos.

É comum, quando se mencionam os termos em inglês, separar a nomenclatura dos dispositivos de armazenamento em duas partes: *memory* (memória) e *storage* (depósito ou armazenador), referindo-se a *memory* quando se trata de memórias eletrônicas, tipo DRAM e cache (SRAM), e *storage* quando se trata de discos, CDs etc. Não é comum chamar-se discos (Hard Disk ou HD) de memória, talvez porque aqueles dispositivos não perdem informação quando desligados, e as memórias sim.

Ratificando, então, o que já foi mencionado anteriormente, neste capítulo trataremos de memórias, especificamente memórias principais (RAM). No Cap. 5 será abordada a memória cache e no Cap. 9 a memória secundária.

4.1.2 Como se Localiza uma Informação nas Memórias

Como uma memória é constituída de vários desses grupos de bits (célula, bloco etc.), é necessário que seja definido um método para identificar univocamente cada uma dessas células (ou blocos), de modo que possa ser distintamente identificado o grupo de bits desejado para um certo processamento.

Trata-se de um processo semelhante a vários outros encontrados em nosso dia-a-dia. Por exemplo, em uma rua podem-se construir 100 casas rigorosamente iguais, de tal forma que não se possa visualmente distinguir uma da outra. No entanto, o carteiro não erra ao entregar diariamente a correspondência, pois cada casa possui uma forma única de identificação, um número fixado em sua porta ou fachada. Este número, diferente e único para cada casa, é denominado ***endereço***.

De modo análogo, em um sistema de computação as células (ou grupos de bits que se movem junto) são identificadas, uma a uma, por um número, também denominado ***endereço***. Na Fig. 4.1 podemos observar que cada caixa possui um número identificador, 101, 102, 103, 104, ... 116, que é seu endereço.

Em resumo, cada célula da memória principal ou cada grupo de bits (bloco, setor etc.) em um sistema de computação é identificado na sua criação por um número denominado endereço. A memória é organizada, então, em grupos de bits, seqüencialmente dispostos, a partir do grupo (célula, bloco, setor etc.) de endereço 0 (zero) até o último grupo, de endereço (N − 1), sendo N a quantidade total de grupos. O sistema de controle das memórias é construído de modo a localizar um certo grupo de bits a partir do seu endereço, conforme veremos mais adiante.

As Figs. 4.7 a 4.10 mostram memórias com a disposição de suas células e respectivos endereços.

É importante enfatizar (e isso será repetido em outras partes deste livro) que as memórias são constituídas de elementos físicos (seu conteúdo) que, de diferentes formas (elétrica, magnética, ótica), representam os dados que desejamos armazenar e manipular. Os endereços de cada grupo de bits (célula, bloco, setor etc.) **não são** fisicamente representados em qualquer lugar do sistema. Didaticamente se insere, ao lado de cada célula, p. ex., o seu endereço de modo que o leitor possa identificar a célula e acompanhar melhor a explicação, mas o valor do endereço não está fisicamente naquela posição.

O endereço de memória é, então, o elemento que indica a unidade de armazenamento, ou seja, toda e qualquer memória é organizada em partes iguais (algumas tão pequenas quanto 8 bits ou 1 byte, como é o caso da memória principal [RAM] e outras bem maiores, como 512 bytes de um setor de um disco magnético), cada uma delas identificada e localizada por um endereço.

No caso das memórias eletrônicas, este endereço, em forma de valor binário, é enviado pelo processador (sempre que este realiza um acesso à memória) para o barramento do sistema (o BE), por meio dos pinos de contato existentes na pastilha do processador.

Os processadores da geração de 16 bits de palavra (Intel 8086/8088) possuíam endereços com 20 bits de largura, permitindo usar memórias com 1M endereços (ou 1M células), cada um podendo armazenar um dado com 8 bits, 1 byte de largura. Assim, a capacidade de memória podia ser expressa como:

1M células de 1 byte ou apenas 1MB (o B maiúsculo significa byte)

porque $1M = 2^{20}$.

Já os processadores Pentium, da geração de 32 bits de palavra possuem endereços de 32 bits, podendo, assim, ter memórias com capacidade de endereçamento de 4G células, também de 1 byte, ou:

$4\ GB = 2^{32}$

4.1.3 Operações Realizadas em uma Memória

Já foi mencionado que uma memória é um dispositivo de armazenamento (depósito) de informações. Quando se organiza um depósito, tem-se por objetivo permitir que elementos (objetos, no caso de uma fábrica, p. ex., ou informações, no caso das memórias) possam ser guardados (armazenados) de uma forma organizada que possibilite sua identificação e localização, quando se desejar recuperar (apanhar para uso) um desses elementos. Pode-se, então, em um depósito realizar duas ações distintas:

– guardar o elemento (armazenar); e

– retirar o elemento (recuperar).

Também em uma memória podem-se realizar essas mesmas duas ações (ou operações), as quais, nesse caso, são denominadas:

– escrita ou gravação ou armazenamento (*write* ou *record*); e

– leitura ou recuperação (*read* ou *retrieve*).

Ambas as operações são possíveis graças à técnica utilizada para identificar cada elemento (ou grupo de bits) por um número, seu endereço, que permite identificar o local de armazenamento (para escrita) ou de recuperação (para leitura).

A operação de escrita é naturalmente destrutiva, ou seja, ao armazenar-se um dado em uma célula o conteúdo anterior é destruído, visto que os bits que chegam são gravados por cima dos que estavam no local. O processo é semelhante ao realizado para gravar uma música em uma fita cassete; a música que vai sendo gravada apaga a anterior. A Fig. 4.3(a) mostra um exemplo de operação de escrita, descrita em detalhes no item 4.3.3.2.

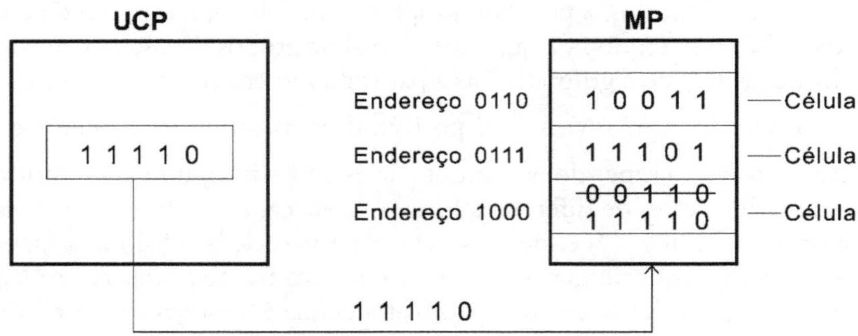

(a) Operação de escrita — O valor 11110 é transferido (uma cópia) da UCP—para a MP e armazenado na célula de endereço 1000, apagando o conteúdo anterior (00110).

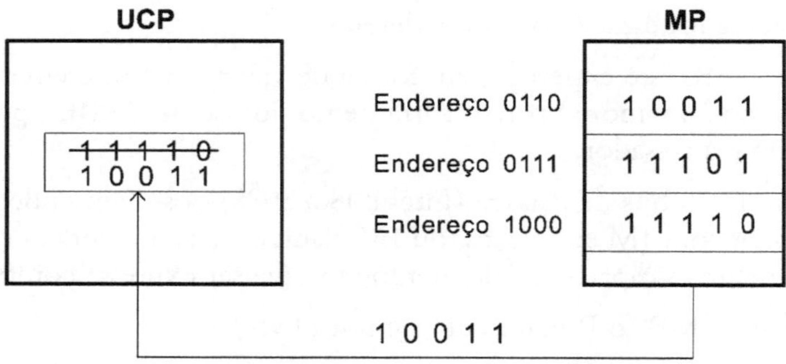

(b) Operação de leitura — O valor 10011, armazenado no endereço da MP 0110, é transferido (cópia) para a UCP, apagando o valor anterior (11110) e armazenando no mesmo local.

Figura 4.3 Operação de leitura e escrita na MP.

A operação de leitura, cujo exemplo é apresentado na Fig. 4.3(b) e descrita no item 4.3.3.1 não deve ser destrutiva. Ela é, na realidade, uma ação de copiar um valor (dado ou informação) em outro local, permanecendo o mesmo valor no local de origem.

4.2 HIERARQUIA DE MEMÓRIA

No item anterior mencionamos o fato de haver atualmente vários tipos diferentes de dispositivos de armazenamento, cada um com características próprias (tempo de acesso, capacidade, aplicabilidade etc.) e que, em conjunto, formam o que podemos chamar de um subsistema, organizado de forma hierárquica.

Sem querer simplificar demais uma explicação sobre um assunto técnico, mas com o propósito de, principalmente aos iniciantes, exemplificar melhor a necessidade e a funcionalidade dessa hierarquia, vamos apresentar uma situação que pode ser real em uma indústria qualquer, que fabrique produtos constituídos de diversos componentes (itens de montagem), os quais precisam ser armazenados enquanto não são utilizados pelos operários na produção de um artigo.

Vamos supor que a linha de produção é constituída de algumas bancadas, e em cada uma há um funcionário montando o produto a ser fabricado. Para isso, ele se utiliza de um esquema previamente determinado, que define a ordem para apanhar os itens e inserir na montagem. Vamos supor que há uma caixa de depósito de itens na própria bancada e que a operação de apanhar um item armazenado nessa caixa gaste 30 segundos.

O ideal seria que, em cada turno de trabalho, p. ex., cada funcionário tivesse à disposição na bancada todos os itens requeridos para a montagem dos produtos. Assim, ele gastaria apenas o tempo necessário para apanhar, na própria bancada, o item desejado (tempo de acesso), que seria, em nosso exemplo, de 30 segundos.

No entanto, para que isso acontecesse era necessário que a caixa da bancada fosse muito grande (para armazenar todos os itens necessários às montagens em um turno de trabalho), e isso custaria espaço e muito dinheiro. Além do mais, o operário não usa todos os itens a todo o momento; na maior parte do seu tempo de trabalho ele usa uma pequena quantidade de itens de todos que estão previstos naquela montagem.

Assim, os departamentos de planejamento e de produção pensaram em uma solução mais barata, e mais eficaz. Foi instalado um armário no espaço de montagem, organizado de modo a acomodar gavetas iguais às das bancadas, com os itens nelas. E mais, o armário estava dividido em prateleiras, cada uma delas contendo ***n*** gavetas, de modo que ele é preenchido gaveta por gaveta. O almoxarifado central é organizado, para isso, em conjuntos de prateleiras, cada uma com ***n*** gavetas cheias de itens.

Desse modo, o operário inicia seu turno apanhando uma gaveta do armário (o tempo para fazer isso é da ordem de 3 minutos, bem maior que os 30 segundos anteriormente mencionados), e dela ele vai apanhando os itens desejados até que procura um item e não encontra em sua bancada; nesse caso, ele apanha a gaveta que contém o item e prossegue em sua montagem, tendo que eventualmente ir ao armário (gastar os 3 minutos) e buscar outra gaveta. Vez por outra, quando ele vai ao armário buscar uma gaveta que contenha um item desejado na montagem não acha esse item em nenhuma das gavetas existentes e, por isso, é necessário obtê-lo no almoxarifado central. Como o tempo de ida ao local do almoxarifado, a análise do pedido pelo funcionário de lá e sua busca são bem demorados (vamos supor, cerca de 3 horas), o material é trazido em uma grande quantidade para não se ter que ir ao almoxarifado muitas vezes em um turno. Assim, o funcionário encarregado transporta uma prateleira completa com N gavetas, que encaixa no espaço apropriado do armário.

E, assim, o sistema funciona com três níveis de armazenamento:

1. o almoxarifado central (parece nosso conhecido disco rígido), com grande espaço de armazenamento e longos tempos de busca de itens (tempo de acesso);

2. o armário na sala de montagem (semelhante à nossa memória principal [RAM]), organizado em gavetas de itens, com tempo de recuperação bem menor que o do almoxarifado; e

3. as gavetas de cada bancada (semelhante à memória cache), com o menor tempo de acesso e pouca quantidade de armazenamento, porém suficiente para as necessidades de montagem.

Naturalmente, não descrevemos (nem mesmo no exemplo da fábrica) uma situação em todos os seus detalhes, pois o escopo é apenas mostrar a conveniência da organização de depósitos em níveis e sua eficácia.

A estratégia encontrada nos sistemas de computação foi semelhante à do exemplo anterior e, por isso, encontramos atualmente uma variedade de componentes para armazenamento funcionando integrados nos computadores, como mostraremos no decorrer deste texto.

A Fig. 4.4 mostra o subsistema de memória, projetado de modo que seus componentes sejam organizados hierarquicamente, em forma de pirâmide.

A pirâmide em questão é projetada com uma base larga, que simboliza a elevada capacidade, o tempo de uso e o custo do componente que a representa (no caso, os componentes utilizados como armazenamento de capacidade, como discos rígidos [HDs], CDs, DVDs e fitas).

A variação crescente dos valores de certos parâmetros que caracterizam um tipo de memória pode ser mostrada no formato inclinado de uma pirâmide.

Com a finalidade de permitir ao leitor compreender a função de cada componente do subsistema de memória e as diferenças entre eles, a seguir serão definidos os principais parâmetros para análise das características de cada tipo de memória apresentada na Fig. 4.4. O valor maior (base) ou menor (pico) de algum parâmetro foi a causa da utilização de uma pirâmide para representar a hierarquia do sistema de memória de um computador.

As características analisadas são: tempo de acesso, capacidade, volatilidade, tecnologia de frabricação, temporariedade e custo.

Tempo de acesso – indica quanto tempo a memória gasta para colocar uma informação na barra de dados após uma determinada posição ter sido endereçada. Isto é, o período de tempo decorrido desde o instante em que foi iniciada a operação de acesso (quando a origem – em geral é o processador – passa o endereço de acesso para o sistema de memória) até que a informação requerida (instrução ou dado) tenha sido efetivamente transferida. É um dos parâmetros que pode medir o desempenho da memória. Pode ser chamado de ***tempo de acesso*** para leitura ou, simplesmente, tempo de leitura.

O valor do tempo de acesso de uma memória é dependente da sua tecnologia de construção e da velocidade de seus circuitos. Ele varia bastante para cada tipo, de alguns poucos nanossegundos, no caso de memórias tipo RAM (DRAM, SRAM etc. – descritas mais adiante) até dezenas de milissegundos, no caso de memória secundária (discos magnéticos, CD-ROMs e fitas).

A descrição desses tipos, seu funcionamento e características básicas serão apresentados mais adiante (neste capítulo será tratada a memória principal, RAM/ROM e memória cache, ficando a memória secundária para ser discutida no Cap. 9).

Deve ser mencionado ainda que o tempo de acesso das memórias eletrônicas (do tipo RAM, ROM etc.) é igual, independentemente da distância física entre o local de um acesso e o local do próximo acesso, ao passo que, no caso de dispositivos eletromecânicos (discos, CD-ROMs etc.), o tempo de acesso varia conforme a distância física entre dois acessos consecutivos.

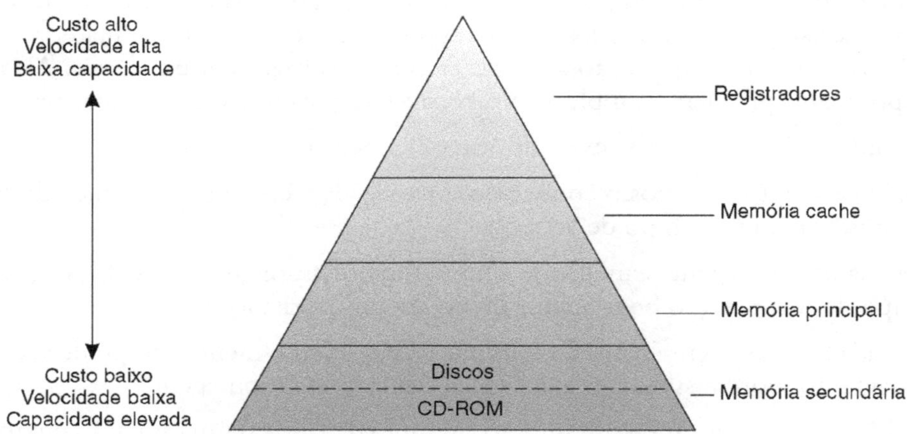

Figura 4.4 Hierarquia de memória.

Outro parâmetro (utilizado apenas em memórias eletrônicas) é o chamado ciclo de tempo do sistema de memória (*memory system's cycle time*), ou simplesmente ***ciclo de memória***, que é o período de tempo decorrido entre duas operações sucessivas de acesso à memória, sejam de escrita ou de leitura. Esse tempo depende de outros fatores relacionados aos tempos de funcionamento do sistema. Esses outros fatores podem, em certas memórias, impedir, por um pequeno intervalo de tempo, o uso do sistema de memória para um novo acesso, logo após a conclusão do acesso anterior. Nesses casos, o ciclo de memória compreende o tempo de acesso mais um certo tempo para essas outras atividades, a serem descritas mais adiante. Outras memórias não requerem esse tempo adicional entre acessos e, portanto, o ciclo de memória é igual ao tempo de acesso.

O ciclo de memória é usualmente empregado como elemento de medida de desempenho das memórias eletrônicas, sendo indicado nos manuais e demais documentos descritivos das características de um dado tipo de memória.

Capacidade é a quantidade de informação que pode ser armazenada em uma memória; a unidade de medida mais comum é o ***byte***, embora também possam ser usadas outras unidades, como ***células*** (no caso de memória principal ou cache), setores (no caso de discos) e bits (no caso de registradores). Dependendo do tamanho[4] da memória, isto é, de sua capacidade, indica-se o valor numérico total de elementos de forma simplificada, através da inclusão de K (quilo), M (mega), G (giga), T (tera) ou P (peta) - (ver item 2.2.1).

Exemplos de nomenclatura para valores de capacidade de memórias:

- O registrador RI tem 32 bits.
- A memória ROM do microcomputador A tem 32 Kbytes.
- A memória RAM do computador B tem capacidade para endereçar 128M células.
- O disco C tem capacidade para armazenar 8,2 Gbytes.
- O CD-ROM E tem capacidade de armazenamento igual a 650 Mbytes.

Volatilidade – memórias podem ser do tipo volátil ou não-volátil. Uma memória não-volátil é a que retém a informação armazenada quando a energia elétrica é desligada. Memória volátil é aquela que perde a informação armazenada quando a energia elétrica desaparece (interrupção de alimentação elétrica ou desligamento da chave ON/OFF do equipamento).

Uma vez que um processador nada pode fazer sem instruções que indiquem a próxima operação a ser realizada, é óbvio que todo sistema de computação deve possuir alguma quantidade de memória não-volátil. Isto é, ele deve possuir, pelo menos, algumas instruções armazenadas em memória não-volátil para serem executadas inicialmente, sempre que se ligar o computador.

Registradores são memória do tipo volátil, como também memórias de semicondutores, do tipo RAM. Memórias magnéticas e óticas, como discos e fitas e também memórias de semicondutores do tipo ROM, EPROM etc. são do tipo ***não-volátil***.

É possível manter a energia em uma memória originalmente não-volátil através do emprego de baterias. Mais adiante, este parâmetro será analisado e exemplificado com um pouco mais de detalhe (ver Apêndice D).

Tecnologia de fabricação – ao longo do tempo, diversas tecnologias vêm sendo desenvolvidas para a fabricação de memórias. Atualmente, algumas dessas tecnologias já são obsoletas, como as memórias de núcleo de ferrite (magnéticos), e outras ainda não têm uma aplicação comercial ampla, como as memórias de bolha. Algumas das tecnologias mais conhecidas e utilizadas são:

a) *Memórias de semicondutores* – são dispositivos fabricados com circuitos eletrônicos e baseados em semicondutores. São rápidas e relativamente caras, se comparadas com outros tipos. Dentro desta categoria geral há várias tecnologias específicas, cada uma com suas vantagens, desvantagens, velocidade, custo

[4]Em computação, costuma-se usar o termo tamanho para indicar a quantidade de informação (bits, bytes etc.), e não para indicar a grandeza física do elemento, como se faz na vida cotidiana. Por exemplo, o tamanho do barramento de dados de um certo sistema é de 64 bits, significando que o referido barramento de dados possui 64 fios colocados juntos, cada um permitindo a passagem de um sinal elétrico, correspondente ao valor de um bit.

como memórias SRAM, DRAM, SDRAM etc., as quais são mencionadas no item 4.3.5 e serão mais detalhadamente descritas no Apêndice D.

Registradores, memória principal e memória cache são exemplos de memórias de semicondutores ou, mais simplesmente, memórias eletrônicas.

b) *Memórias de meio magnético* – são dispositivos, como os disquetes e discos rígidos (*hard disks*), fabricados de modo a armazenar informações sob a forma de campos magnéticos. Eles possuem características magnéticas semelhantes às das fitas cassete de som, as quais são memórias não-voláteis. Devido à natureza eletromecânica de seus componentes e à tecnologia de construção em comparação com memórias de semicondutores, esse tipo é mais barato e permite, assim, o armazenamento de grande quantidade de informação. O método de acesso às informações armazenadas em discos e fitas é diferente (ver itens 9.2 e 9.4), resultando em tempos de acesso diversos (por possuírem acesso direto, discos são mais rápidos do que fitas, que operam com acesso seqüencial). O Cap. 9 descreve, com mais detalhe, a organização, as tecnologias e outras características dos discos e fitas magnéticas.

c) *Memória de meio ótico* – dispositivos, como os CD-ROMs, capazes de armazenar cerca de 650 Mbytes de informação permitindo apenas sua leitura, por isso o nome ROM após o CD (recentemente surgiram no mercado dispositivos que podem regravar dados, como os discos – denominam-se em inglês CD-RW (*readable/writeble*). Tais dispositivos utilizam um feixe de luz para "marcar" o valor (0 ou 1) de cada dado em sua superfície.

Temporariedade – trata-se de uma característica que indica o conceito de tempo de permanência da informação em um dado tipo de memória.

Por exemplo, informações (programas e dados) podem ser armazenadas em discos ou disquetes e lá permanecerem armazenadas indefinidamente (por "indefinidamente" entende-se um considerável período de tempo, por muitos anos, mas há sempre a possibilidade de perda de magnetismo com o passar do tempo). Pode-se, então, definir esse tipo de memória como ***permanente***, ao contrário dos registradores, p. ex., que armazenam um dado por um tempo extremamente curto (nanossegundos), o suficiente para o dado ser, em seguida, transferido para a UAL. Os registradores podem, às vezes, reter o dado armazenado para posterior processamento pela UAL, mas, mesmo assim, esta retenção não dura mais do que o tempo de execução do programa (na hipótese de maior permanência) ou de parte dele (hipótese de duração menor). É uma memória do tipo ***transitório***. Outros exemplos de memórias de permanência transitória de dados são a memória cache e a memória principal, embora os dados nelas permaneçam armazenados mais tempo do que nos registradores (tempo de duração da execução de um programa – que pode ser de uns poucos segundos ou até mesmo de algumas horas).

Custo – o custo de fabricação de uma memória é bastante variado em função de diversos fatores, entre os quais se pode mencionar principalmente a tecnologia de fabricação, que redunda em maior ou menor tempo de acesso, ciclo de memória, quantidade de bits em certo espaço físico e outros. Uma boa unidade de medida de custo é o preço por byte armazenado, em vez do custo total da memória em si. Isso porque, devido às diferentes capacidades, seria irreal considerar, para comparação, o custo pelo preço da memória em si, naturalmente diferente, e não da unidade de armazenamento (o byte), igual para todos os tipos.

Em outras palavras, um disco rígido de microcomputador pode armazenar, p. ex., 80GB e custar, no mercado, em torno de R$300,00, o que indica um custo de R$0,00375 por Mbyte, enquanto uma memória do tipo de semicondutor, dinâmica, pode custar cerca de R$0,82 por Mbyte, adquirindo-se, então, 256MB por R$20,00 (o preço de 1MB na MP é muito mais caro que 1MB armazenado no disco). Não há comparação física nem lógica possível entre o valor dos 256MB de RAM e os 80GB do disco se analisarmos apenas o dispositivo como um todo (o disco como um componente individual é mais caro que o pente de memória RAM).

4.2.1 Registradores

Em um sistema de computação, a destinação final do conteúdo de qualquer tipo de memória é o processador. Isto é, o objetivo final de cada uma das memórias (ou do subsistema de memória) é armazenar informações destinadas a serem, em algum momento, utilizadas pelo processador. Ele é o responsável pela execução das ***instruções***, pela manipulação dos ***dados*** e pela produção dos resultados das operações.

As ações operativas do processador são realizadas (ver Cap. 6) nas suas unidades funcionais: na unidade aritmética e lógica – UAL (ALU – *Arithmetic and Logic Unit*), na unidade de ponto flutuante – UPF (*Float Point Unit* – FPU) ou talvez em uma unidade de processamento vetorial. No entanto, antes que a instrução seja interpretada e as unidades do processador sejam acionadas, o processador necessita buscar a instrução onde ela estiver armazenada (memória cache ou principal) e armazená-la em seu próprio interior, em um dispositivo de memória denominado ***registrador de instrução***.

Em seguida a este armazenamento da instrução, o processador deverá, na maioria das vezes, buscar dados da memória (cache, principal ou mesmo de unidades de disco em fita) para serem manipulados na UAL. Esses dados também precisam ser armazenados em algum local do processador até serem efetivamente utilizados. Os resultados de um processamento (de uma soma, subtração, operação lógica etc.) também precisam, às vezes, ser guardados temporariamente no processador, ou para serem novamente manipulados na UAL por uma outra instrução, ou para serem transferidos para uma memória externa à UCP. Esses dados são armazenados na UCP em pequenas unidades de memória, denominadas ***registradores***.

Um registrador é, portanto, o elemento superior da pirâmide de memória (ver Fig. 4.4), por possuir a maior velocidade de transferência dentro do sistema (menor tempo de acesso), menor capacidade de armazenamento e maior custo.

Analisando os diversos parâmetros que caracterizam as memórias, descritos no item anterior, temos:

Tempo de acesso – um ciclo de memória; por serem construídos com a mesma tecnologia do processador, estes dispositivos possuem o menor tempo de acesso/ciclo de memória do sistema (neste caso, não é aplicável distinguir-se tempo de acesso e ciclo de memória, por serem sempre iguais), algo em torno de 1 a 2 nanossegundos.[5]

Capacidade – os registradores são fabricados com capacidade de armazenar um único dado, uma única instrução ou até mesmo um único endereço. Desta forma, a quantidade de bits de cada um é de uns poucos bits (de 8 a 128), dependendo do tipo de processador e, dentro deste, da aplicação dada ao registrador em si. Registradores de dados têm, em geral, o tamanho definido pelo fabricante para a palavra do processador, tamanho diferente dos registradores usados exclusivamente para armazenar endereços (quando há registradores com esta função específica no processador). Por exemplo, o processador Intel Pentium, cuja palavra é de 32 bits (ver Cap. 6), tem registradores de dados (inteiros) também de 32 bits, inclusive registradores de endereços (os números que indicam os endereços de célula de memória principal do processador têm 32 bits, enquanto os registradores para armazenar valores em ponto flutuante têm 64 bits de largura); o processador PowerPC tem registradores de dados de 32 bits (palavra de 32 bits) e registrador de endereços também de 32 bits, enquanto o processador Alpha possui registradores de dados de 64 bits, assim como os Pentium Itanium (ver Tabela 6.2).

Volatilidade – registradores são memórias de semicondutores e, portanto, necessitam de energia elétrica para funcionarem. Assim, registradores são memórias voláteis. Para o processador funcionar sem interrupção, mesmo quando eventualmente a energia elétrica para o computador é interrompida, é necessário que o sistema de computação seja ligado a um dispositivo de alimentação elétrica denominado *no-break*, o qual é constituído de bateria ou gerador de corrente e um conversor AC/DC.

Tecnologia – conforme mencionado no tópico anterior, os registradores são memórias de semicondutores, sendo fabricados com tecnologia igual à dos demais circuitos do processador, visto que eles se encontram inseridos em seu interior. No entanto, há diversos modelos de tecnologia de fabricação de semicondutores, uns com tempo de acesso maior que outros, custos e capacidade de armazenamento, no mesmo espaço físico, diferentes. Tecnologia bipolar e MOS (*metal oxide semiconductor*) são comuns na fabricação de registradores.

Temporariedade – os registradores são memórias auxiliares internas ao processador e, portanto, tendem a guardar informação (dados ou instruções) o mais temporariamente possível. Acumuladores ou registradores de dados armazenam os dados apenas o tempo necessário para sua utilização na UAL.

---

[5]É importante mencionar que os números que representam o desempenho de um computador são bastante variáveis, visto que a tecnologia avança em enorme velocidade (maior do que a rapidez com que atualizo as versões deste livro). Assim, citar 1 a 2 ns neste instante pode significar um valor conservador quando este livro estiver sendo lido, por estarem já ultrapassados ou desatualizados.

Custo – devido à tecnologia mais avançada de sua fabricação, os registradores encontram-se no topo da pirâmide em termos de custos, sendo os dispositivos de maior custo entre os diversos tipos de memória.

4.2.2 Memória Cache

Na pirâmide de memória, abaixo dos registradores, encontra-se o conjunto cache-memória principal. Em sistemas de computação mais antigos a pirâmide não possuía memória cache e, desse modo, os registradores eram ligados diretamente à memória principal. A Fig. 4.5 mostra uma pastilha (*chip*) de memória cache (cache externa).

Em toda execução de uma instrução, o processador acessa a memória principal (sem cache) pelo menos uma vez, para buscar a instrução (uma cópia dela) e transferi-la para um dos registradores do processador (ver Cap. 6). E, mais ainda, muitas instruções requerem outros acessos à memória, seja para a transferência de dados para o processador (que serão processados na UAL), seja para a transferência do resultado de uma operação do processador para a memória.

Em resumo, para a realização do ciclo de uma instrução há sempre a necessidade de ser realizado um ou mais ciclos de memória (no Cap. 6 será descrito com detalhes o procedimento referente à realização de ciclos de instrução).

Considerando-se que um ciclo de memória é atualmente bem mais demorado do que o período de tempo que o processador gasta para realizar uma operação na UAL, fica claro que a duração da execução de um ciclo de instrução é bastante afetada pela demora dos ciclos de memória.

Desde há muito, então, esta interface entre o processador e a memória principal vem sendo um ponto frágil no que se refere à performance do sistema.

Na tentativa de melhorar o desempenho dos sistemas de computação, os projetistas do processador vêm constantemente obtendo velocidades cada vez maiores nas operações dessas unidades, o que não está acontecendo na mesma proporção com o aperfeiçoamento tecnológico das memórias utilizadas como memória principal. Assim, atualmente a diferença de velocidade entre processador e memória principal é talvez maior do que já foi no passado.

Na busca de uma solução para este problema (o gargalo de congestionamento na comunicação processador/MP que degrada o desempenho dos sistemas), criou-se um mecanismo, que consiste na inclusão de um dispositivo de memória entre processador e MP, denominado memória cache, cuja função é acelerar a velocidade de transferência das informações entre processador e MP e, com isso, aumentar o desempenho dos sistemas de computação.

Para tanto, esse tipo de memória é fabricado com tecnologia semelhante à do processador e, em conseqüência, possui tempos de acesso compatíveis, resultando numa considerável redução da espera do processador para receber dados e instruções da cache, ao contrário do que acontece em sistemas sem cache (conceitos e tecnologia de fabricação de memórias cache, bem como seu funcionamento, são detalhadamente apresentados no Cap. 5).

O conceito de cache difundiu-se e é atualmente usado em sistemas de computação modernos: RAM cache, ou cache para a memória principal e cache para disco. Trataremos aqui das características das memórias cache para memória principal, deixando para o Cap. 5 a descrição das características das memórias cache para disco.

Figura 4.5 Exemplo de memória cache (cache externo).

Além disso, deve-se mencionar que as memórias RAM cache podem ser inseridas em dois (ou até três) níveis, sendo o primeiro denominado L1 (*Level* 1 – nível 1), uma memória cache inserida internamente no processador, isto é, é encapsulada na mesma pastilha, enquanto a de nível 2, L2[6] ou cache externa (ou ainda cache secundária) consiste em uma pastilha (*chip*) separada e própria, instalada na placa-mãe do computador. No Cap. 5 descreveremos esses tipos com um pouco mais de detalhe.

Logo abaixo dos registradores na pirâmide é inserida a memória RAM cache, com os seguintes parâmetros:

Tempo de acesso, ciclo de memória – sendo memórias de semicondutores, fabricadas com tecnologia e recursos para prover menores ciclos de memória que as memórias RAM comuns (memória principal do tipo dinâmica, a ser explicada nos itens 4.3 e 4.7), elas possuem velocidade de transferência tal que lhes garante tempos de acesso entre 5 e 20 ns, sendo por esta razão colocadas, na pirâmide, logo abaixo dos registradores.

Capacidade – tendo em vista que o processador acessa primeiramente a memória cache, para buscar a informação requerida (a próxima instrução ou dados requeridos pela instrução em execução), é importante que a referida memória tenha capacidade adequada para armazenar uma apreciável quantidade de informações, visto que, se ela não foi encontrada na cache, então o sistema deverá sofrer um atraso para que a informação seja transferida da memória principal para a cache.

Por outro lado, uma grande capacidade implicará certamente a elevação de seu custo, muitas vezes inaceitável para compor o preço total do sistema, sem aumentar o desempenho na proporção esperada.

Na realidade, conforme será mostrado no Cap. 5, a eficiência de uma memória cache é da ordem de 95% a 98%, isto é, em cada 100 acessos, por exemplo, o processador encontra o valor desejado na cache em 95 a 98 deles e somente nos acessos restantes é que ele não se encontra na cache. Neste caso, o sistema precisa buscar o dado na MP (de fato ele busca o dado e mais os dados contíguos – um bloco de dados – que certamente ele precisará em seguida, devido ao princípio da localidade) armazenando-o na cache e daí para o processador.

Desse modo, aumentar o tamanho da memória cache tende a aumentar o custo do sistema, sem acréscimo significativo de eficiência da cache, pois não há praticamente nada o que crescer após 98% de eficiência.

A capacidade da memória cache varia conforme seu tipo, sendo menor para caches L1 do que para caches L2.

Valores típicos de memória cache L1 oscilam entre 32 e 256KB e até 4MB para L2.

Volatilidade – a exemplo dos registradores, memórias cache são dispositivos construídos com circuitos eletrônicos, requerendo, por isso, energia elétrica para seu funcionamento. São, deste modo, dispositivos voláteis.

Tecnologia – memórias cache são fabricadas com circuitos eletrônicos de alta velocidade para atingirem sua finalidade. Em geral, são memórias estáticas, denominadas SRAM (ver item 4.3.5).

Temporariedade – o tempo de permanência de uma instrução ou dado nas memórias cache é relativamente pequeno, menor que a duração da execução do programa ao qual a referida instrução ou dado pertence. Isto porque, devido a seu tamanho não ser grande e ser utilizada por todos os programas em execução, há necessidade de alteração periódica da informação armazenada para permitir a entrada de novas informações. Embora a transitoriedade das informações na cache seja uma realidade, o período efetivo de permanência de um dado ou instrução é dependente do tipo de política de substituição de informação (ver item 5.5).

Custo – o custo de fabricação das memórias cache é alto. O valor por byte está situado entre o dos registradores, que são os mais caros, e o da memória principal, mais barata. Memórias cache internas à CPU ainda são mais caras do que as externas.

---

[6]A evolução do emprego e o desempenho das memórias cache têm conduzido os fabricantes a usarem mais de uma cache no interior do processador, L1 e L2, e, em alguns sistemas, uma terceira cache, L3, na placa-mãe.

4.2.3 Memória Principal

Uma das principais características definidas no projeto de arquitetura do sistema de von Neumann, o qual constitui a primeira geração dos computadores, consistia no fato de ser uma máquina "de programa armazenado". O fato de as instruções, uma após a outra, poderem ser imediatamente acessadas pelo processador é que garante o automatismo do sistema e aumenta a velocidade de execução dos programas (uma máquina executando ações sucessivas, sem intervalos e sem cansar, como não acontece com os seres humanos).

E o processador pode acessar imediatamente uma instrução após a outra porque elas estão armazenadas internamente no computador. Esta é a importância da memória.

E, desde o princípio, a memória especificada para armazenar o programa (e os seus dados) a ser executado é a memória que atualmente chamamos de principal (ou memória real), para distingui-la da memória de discos e fitas (memória secundária).

A memória principal é, então, a memória básica de um sistema de computação desde seus primórdios. É o dispositivo onde o programa (e seus dados) que vai ser executado é armazenado para que o processador vá "buscando" instrução por instrução.

Seus parâmetros possuem as seguintes características:

Tempo de acesso: *ciclo de memória* – a memória principal é construída com elementos cuja velocidade operacional se situa abaixo das memórias cache, embora sejam muito mais rápidas que a memória secundária. Nas gerações iniciais de computadores o tipo mais comum de memória principal era uma matriz de pequenos núcleos magnéticos, os quais armazenavam o valor 1 ou o valor 0 de bit conforme a adição do campo magnético armazenado. Essas memórias possuíam baixa velocidade, a qual foi substancialmente elevada com o surgimento das memórias de semicondutores. Atualmente, as memórias desse tipo possuem tempo de acesso entre 50 ns e 80 ns.

Capacidade – a capacidade da memória principal (memória RAM, como é chamada pelo mercado e na maior parte da literatura) é sempre bem superior à das memórias cache, podendo ser limitada por dois fatores:

- a definição de seu tamanho máximo, estabelecida no projeto da arquitetura do processador (constando inclusive na sua pinagem); e
- a limitação imposta pelo dispositivo de controle da memória (inserido no *chipset*) e pela tecnologia da placa-mãe.

Os processadores, desde o Intel 386, lançado em 1985, possuem endereços com 32 bits e, assim, podem endereçar até 4G. No entanto, desde a época do lançamento do 386 e até recentemente, as placas-mãe (exceto de máquinas especiais, como servidores etc.) e *chipsets* não endereçavam tanto; na verdade, bem menos que o limite de 4G.

Com o surgimento das arquiteturas de 64 bits, os processadores poderão gerar endereços de 64 bits de largura. Isto acarreta a possibilidade de gerenciar um espaço de endereçamento de memória de:

2^{64} = 16 EB (16 exabytes).

Conforme se pode observar dos dados mostrados na Tabela 2.1, 1EB (um exabyte) corresponde a 1 milhão de TB – terabytes (na realidade é mais do que 1 milhão ou 1024 × 1024), um valor extraordinariamente elevado para os dias atuais. Imagina-se que se deva levar algum tempo para que se possa ter módulos de memória, placas-mãe e *chipsets* capazes de manipular valores tão elevados.

Volatilidade – sendo atualmente construído com semicondutores e circuitos eletrônicos correlatos, este tipo de memória também é volátil, tal como acontece com os registradores e a memória cache. No entanto, há normalmente uma pequena quantidade de memória não-volátil fazendo parte da memória principal, a qual serve para armazenar pequena quantidade de instruções que são executadas sempre que o computador é ligado.

Tecnologia – conforme já mencionado, nos primeiros sistemas usavam-se núcleos de ferrite (processo magnético) para armazenar os bits na memória principal, até que foram substituídos pela tecnologia de semicondutores. Os circuitos que representam os bits nas memórias atuais possuem uma tecnologia bem mais avançada que seus predecessores de ferrite e, portanto, têm velocidade mais elevada de transferência, garantindo baixos tempos de acesso em comparação com o modelo anterior. São, porém, elementos mais lentos do que aqueles que constituem as memórias cache. Na maioria dos sistemas atuais esta tecnologia produz memória com elementos dinâmicos (DRAM), como será mostrado no item 4.3.5 e no Apêndice D.

Temporariedade – para que um programa seja executado é necessário que ele esteja armazenado na memória principal (e seus dados também). Atualmente esta afirmação é parcialmente verdadeira, visto que não é mais necessário que o programa completo (todas as instruções) esteja na MP; neste caso, é obrigatório apenas o armazenamento, na MP, da instrução que será acessada pelo processador (na prática, não se usa somente a *instrução* que será executada, mas sim esta e um grupo de outras). Não importa, contudo, se é o programa todo ou parte dele que deve estar armazenado na MP para ser utilizado pela UCP. Fica claro que, em qualquer circunstância, as instruções e os dados permanecem temporariamente na MP enquanto durar a execução do programa (ou até menos tempo). Esta temporariedade é bastante variável, dependendo de várias circunstâncias, como, por exemplo, o tamanho do programa e sua duração, a quantidade de programas que estão sendo processados juntos e outras mais. No entanto, a transitoriedade com que as informações permanecem armazenadas na MP é, em geral, mais duradoura que na memória cache ou nos registradores, embora mais lenta que na memória secundária.

Custo – memórias dinâmicas usadas como memória principal têm um custo mais baixo que o custo das memórias cache, por isso podem ser vendidos computadores com uma quantidade apreciável de MP (com 128MB, 256MB, 512MB e 1 ou 2GB) sem que seu preço seja inaceitável. Valores típicos de MP oscilam entre R$0,80 e R$5,00 por Mbyte.

4.2.4 Memória Secundária

Na base da pirâmide que representa a hierarquia de memória em um sistema de computação encontra-se um tipo de memória com maior capacidade de armazenamento do que os outros tipos já descritos, menor custo por byte armazenado e com tempos de acesso também superiores aos outros tipos. Esta memória, denominada memória secundária, memória auxiliar ou memória de massa, tem por objetivo garantir um armazenamento mais permanente a toda a estrutura de dados e programas do usuário, razão por que deve naturalmente possuir maior capacidade que a memória principal.

A memória secundária de um sistema de computação pode ser constituída por diferentes tipos de dispositivos, alguns diretamente ligados ao sistema para acesso imediato (discos rígidos, por exemplo), e outros que podem ser conectados quando desejado (como os disquetes, fitas de armazenamento, CD-ROMs etc.), cuja informação armazenada se toma diretamente conectada e disponível para o específico disquete ou fita que estiver inserido no elemento de leitura/escrita (*drive* ou acionador), enquanto os demais ficam disponíveis (*off-line*) para acesso manual pelo usuário.

Um das grandes características dos dispositivos que constituem a memória secundária é sua não-volatilidade.

A análise de seus parâmetros (considerando uma média entre os diversos equipamentos) conduz às seguintes observações:

Tempo de acesso/ciclo de memória – conforme será mostrado no Cap. 9, os dispositivos que podem constituir um elemento de armazenamento secundário ou auxiliar em um sistema de computação são, em geral, dispositivos eletromecânicos e não circuitos puramente eletrônicos, como é o caso de registradores, memória cache e memória principal. Por essa razão, aqueles dispositivos possuem tempos de acesso mais altos.

Tempos de acesso típicos para discos rígidos estão atualmente na faixa de 8 a 30 milissegundos (já estão sendo fabricados discos com tempos ainda menores, mas sempre da ordem de milissegundos, muito acima dos nanossegundos das outras memórias). Discos do tipo CD-ROM trabalham com tempos de acesso ainda maiores, na faixa de 120 a 300 ns, enquanto as fitas magnéticas são ainda mais lentas, podendo ler um arquivo em tempos da ordem de segundos.

Capacidade – uma das características que coloca a memória secundária na base da pirâmide é justamente sua grande capacidade de armazenamento, a qual também varia consideravelmente, dependendo do tipo de dispositivo utilizado.

Discos rígidos de microcomputadores podem, atualmente, ser encontrados com capacidades variando entre 2 e 50 Gbytes. Sistemas de grande porte já há muito tempo possuem discos rígidos com dezenas de Gbytes de

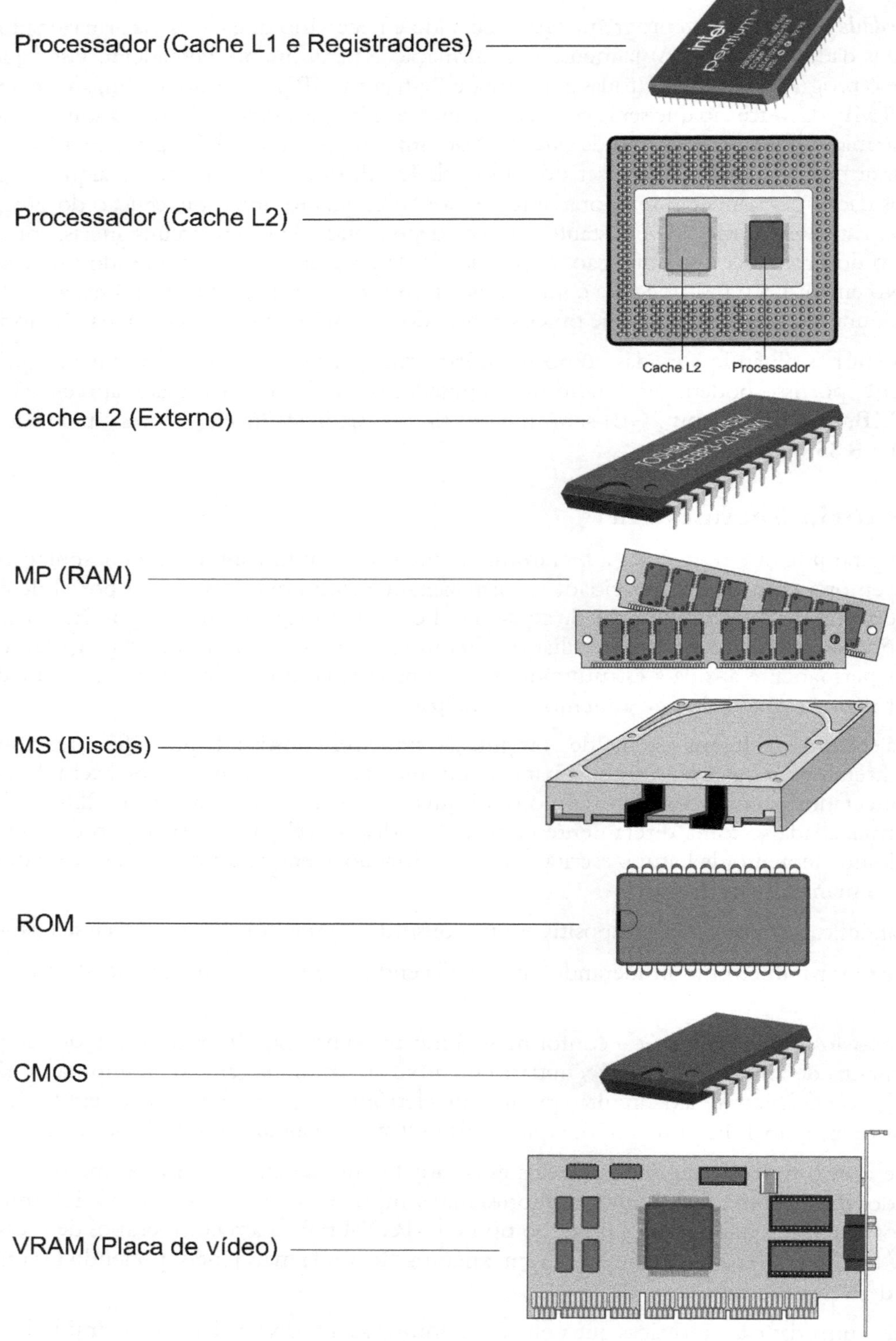

Figura 4.6 Tipos de memória em uso nos microcomputadores.

capacidade de armazenamento. Os demais dispositivos, como CD-ROM (com capacidade da ordem de 600 MB ou mais para cada disco, podendo o usuário possuir tantos quantos quiser e puder pagar), fitas magnéticas (a capacidade depende do comprimento da fita e da densidade de gravação), discos óticos etc. serão analisados com mais detalhe nos Caps. 9 e 10.

Volatilidade – como estes dispositivos armazenam as informações de forma magnética ou ótica, elas não se perdem nem desaparecem quando não há alimentação elétrica. Trata-se, pois, de elementos úteis para guardar os programas e dados de forma permanente.

Tecnologia – este parâmetro possui uma variedade imensa de tipos, visto que para cada dispositivo entre os já mencionados (discos, disquetes, fitas, discos óticos, CD-ROM) há diferentes tecnologias de fabricação atualmente em uso, o que dificulta a sua descrição neste item. Nos Caps. 9 e 10 serão apresentados mais detalhes de cada dispositivo, incluindo-se algumas das tecnologias em uso.

Temporariedade – conforme já mencionado no item *volatilidade*, a memória secundária é um componente (vendo-se os diversos dispositivos como um todo) de armazenamento com caráter permanente ou, pelo menos, de longo período de armazenamento. Ela serve, então, para armazenar programas e dados que não estão sendo requeridos imediatamente e que exigem também grande espaço de armazenamento devido à sua natural quantidade.

A Fig. 4.6 apresenta diversos tipos de memória atualmente em uso nos microcomputadores, caracterizando definitivamente a hierarquia e os elementos mencionados até então neste texto.

4.3 MEMÓRIA PRINCIPAL OU MEMÓRIA PRIMÁRIA – MP

Neste item serão apresentadas as características essenciais da memória principal ou primária de um sistema de computação. Em primeiro lugar será mostrada a estrutura organizacional da MP, projetada para um acesso rápido e fácil pelo processador. Em seguida, serão descritas as operações que podem ser realizadas entre processador e MP, bem como detalhes de capacidade, tempo de acesso e ciclo de máquina. Como conclusão, serão apresentados alguns tipos de memória principal. No Apêndice D abordam-se maiores detalhes de fabricação e endereçamento das memórias RAM.

4.3.1 Organização da Memória Principal

Para melhor descrever a organização da memória principal (MP) dos computadores, é bom lembrar alguns conceitos já expostos juntamente com outros a serem apresentados pela primeira vez:

a) a MP é o "depósito" de trabalho do processador, isto é, o processador e a MP trabalham íntima e diretamente na execução de um programa. No instante de execução do programa, as instruções e os dados do programa vão sendo armazenados na MP (o processo de criação e funcionamento da memória virtual, da organização da MP em páginas etc. foge ao escopo deste livro, mas pode ser encontrado em literatura referente aos sistemas operacionais) e o processador os vai "buscando" à medida que a execução vai se desenrolando.

   Neste capítulo não será considerada a existência das memórias cache, pois, na realidade, o processador "busca" um dado/instrução na MP, mas essa solicitação é interceptada pelo controle da memória cache, e se uma cópia do dado já estiver armazenada na cache ela é trazida para o processador, sem necessidade de acesso à MP (ver Cap. 5);

b) os programas são organizados de modo que os comandos são descritos seqüencialmente e o armazenamento das instruções se faz da mesma maneira, fisicamente seqüencial (embora a execução nem sempre se mantenha de forma seqüencial – ver Cap. 6);

c) ***palavra*** – é a unidade de informação do sistema processador/MP que deve representar o valor de um número (um dado) ou uma instrução de máquina. Desse modo, a MP deveria ser organizada como um conjunto seqüencial de palavras, cada uma diretamente acessível pelo processador. Na prática isto não acontece porque os fabricantes seguem idéias próprias, não havendo um padrão para o tamanho da palavra e sua relação com a organização da MP. Por exemplo, os antigos processadores Intel 8086/

8088 possuíam palavra com um tamanho igual a 16 bits; a palavra dos processadores Intel, desde o 80386 até o Pentium 4, bem como dos processadores AMD, desde o K6 até os Athlon K7 é igual a 32 bits; a palavra dos processadores Intel Itanium, AMD Athlon 64, AMD Opteron e do HP Alpha é de 64 bits, enquanto a MP associada a todos esses processadores é organizada em células com 8 bits (1 byte) de tamanho;

d) ***endereço, conteúdo e posição de MP*** – em toda organização composta de vários elementos, que podem ser identificados e localizados individualmente para, com eles, ser realizado algum tipo de atividade, há necessidade de se estabelecer um tipo qualquer de identificação para cada elemento e associar a esta identificação um código (ou coisa parecida) que defina sua localização dentro da organização, de modo que cada elemento possa ser facilmente identificado e localizado. Este é o conceito, já exposto, de endereço, conteúdo ou posição de MP (vale, aliás, para qualquer tipo de memória) (ver item 4.1). A Fig. 4.7 mostra um exemplo do significado de endereço e conteúdo de uma memória e sua óbvia diferença;

e) ***unidade de armazenamento*** – consiste no grupo de bits que é inequivocamente identificado e localizado por um endereço. A MP é, então, organizada em unidades de armazenamento, que denominamos, neste texto, ***células***, cada uma possuindo um número de identificação – seu ***endereço*** – e contendo em seu interior uma quantidade M de bits, que se constitui na informação propriamente dita (pode ser uma instrução ou parte dela, pode ser um dado ou parte dele). Na vida real, o valor de M, ou seja, a largura de cada célula de memória RAM (MP), é de 8 bits ou 1 byte. Por essa razão, é comum simplificar-se a nomenclatura da capacidade das MP (RAM) e, em vez de se expressar a capacidade de uma dada memória por "64M células de 1 byte cada uma", simplifica-se para "64 Mbytes" ou 64MB.

Teoricamente, a unidade de armazenamento da MP deveria ser a palavra, isto é, palavra e célula deveriam ser especificadas com o mesmo tamanho, o que não acontece, e os fabricantes têm preferido organizar as MP com células de 1 byte (8 bits) de tamanho, com palavras de 16, 32 e até 64 bits. Há autores que definem célula como o local destinado a armazenar 1 bit e, nesse caso, um grupo de células (ou de bits) é acessado por um mero endereço;

f) ***unidade de transferência*** – para a MP, consiste na quantidade de bits que é transferida da memória em uma operação de leitura ou transferida para a memória em uma operação de escrita. Também, teoricamente, deveria ser igual à palavra e à unidade de armazenamento, porém, em face do aumento da velocidade e da taxa de transferência dos barramentos e aperfeiçoamento da tecnologia das memórias RAM, os sistemas vêm usando unidades de transferência diferentes não só da largura de uma célula, mas também da palavra.

Por exemplo, os processadores atuais (excluídos os de 64 bits), embora sendo construídos com palavras de 32 bits, estão podendo transferir 64 bits (8 células) ou até 128 bits (16 células) de cada vez entre processador e MP, devido ao barramento de dados de 64 ou 128 bits.

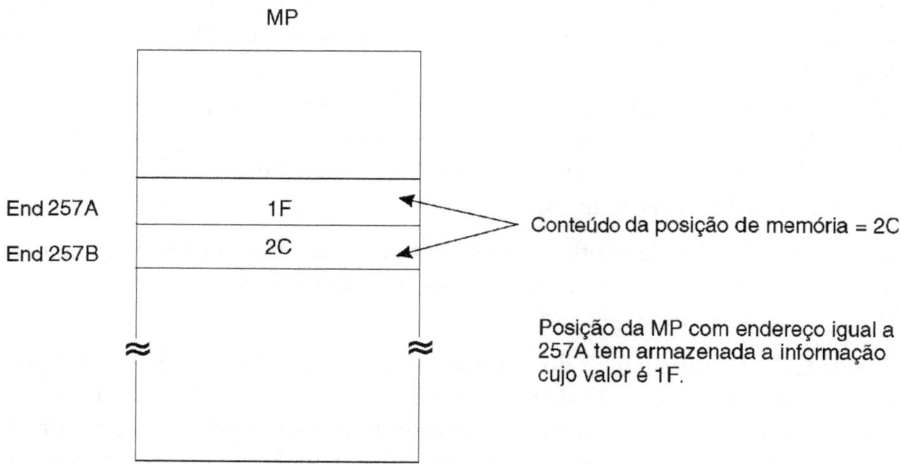

Figura 4.7 Significado dos valores de endereço e conteúdo na MP.

A memória principal de qualquer sistema de computação é organizada como um conjunto de N células seqüencialmente dispostas a partir da célula de endereço igual a 0 até a última, de endereço igual a N-1, conforme mostrado na Fig. 4.8.

Cada célula é construída para armazenar um grupo de M bits, que representa a informação propriamente dita e que é manipulado em conjunto (como se fosse uma única unidade) em uma operação de leitura ou de escrita.

Com o desenvolvimento da tecnologia de microeletrônica e de semicondutores, as antigas memórias de núcleo magnético foram substituídas, por volta de 1970, por dispositivos voláteis de estado sólido, denominadas genericamente RAM (memórias de acesso aleatório) e, no caso das MP, por um modelo de tecnologia chamado DRAM – memórias RAM dinâmicas, ou *dynamic random access memory*. As memórias de semicondutores possuem várias características interessantes que as tomam extremamente vantajosas para se constituírem na base da MP, quais sejam:

- são memórias de acesso aleatório (RAM, *random access memory*), ou seja, o acesso a cada célula depende apenas de seu endereço e não da posição do acesso anterior, como acontecia nas memórias de acesso seqüencial;
- ocupam relativamente pouco espaço, podendo muitos bits serem armazenados em uma pastilha (*chip*), pois a espessura dos componentes (capacitor e transistor) é extremamente pequena, da ordem de mícrons; e
- possuem tempo de acesso pequeno (da ordem de nanossegundos).

Essencialmente, o espaço de armazenamento da memória principal (genericamente chamada de RAM) é um grupo de N células, cada uma podendo armazenar um grupo de M bits. Esta é a memória de trabalho do processador e, portanto, deve permitir o armazenamento de instruções e dados (operação de escrita) e também a leitura dessas mesmas instruções e dados. Chama-se a isso uma memória do tipo Leitura e Escrita (*Read/Write*). Este tipo de memória tem uma particularidade desvantajosa, que é o fato de ser volátil, isto é, perde toda a informação nela armazenada se for interrompida a energia elétrica que a alimenta.

No entanto, todo sistema precisa, para iniciar seu funcionamento regular, que um grupo de instruções (não são programas grandes) esteja permanentemente armazenado na MP de modo que, ao ligarmos o computador, esse programa inicie automaticamente o funcionamento do sistema; no caso dos PCs, esse programa chama-se

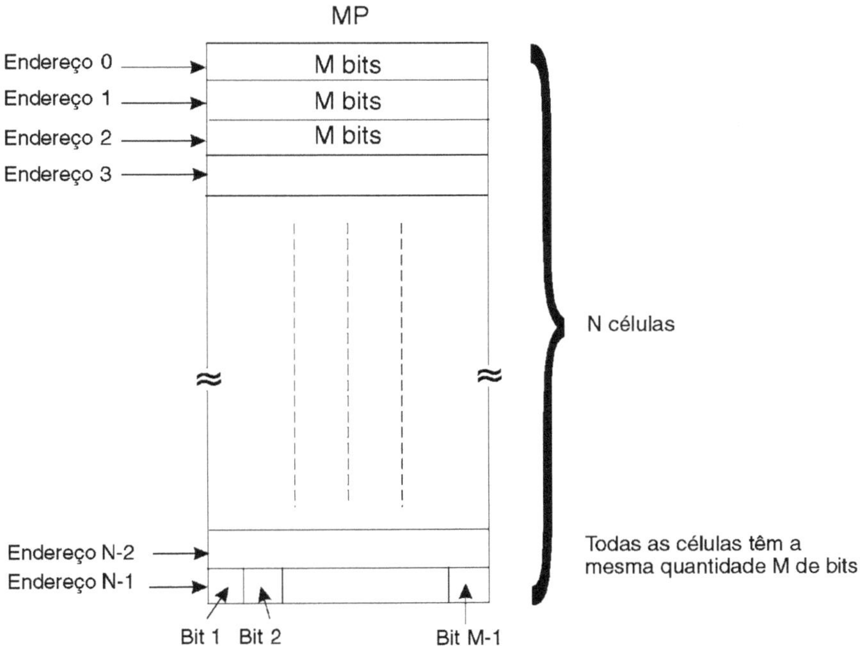

Figura 4.8 Organização básica da MP.

POST – *Power On Self Test*. Essas instruções vêm junto com o hardware e não devem sofrer um acidental apagamento se, inadvertidamente, um programa do usuário tentar gravar em cima delas. Elas devem estar, portanto, em um tipo de RAM que só permita leitura por parte dos programas comuns. A gravação (escrita) nelas deve ser realizada eventualmente, e não através de processos comuns. Essas memórias chamam-se *memórias somente de leitura* (ROM – *Read Only Memory*). O item 4.3.5 descreve outros aspectos relativos às memórias RAM e ROM.

Observação: O mercado e a maioria dos textos encontrados sobre o assunto consideram a MP constituída de duas partes: memória RAM, apenas a memória volátil que usamos para armazenar programas e dados em execução (os tradicionais pentes de memória DIMM), e memória ROM, a parte que contém os programas de inicialização e outros de controle. No entanto, há opinião que considera a MP como um todo como memória RAM, separada em duas partes, uma *Read/Write* (leitura e escrita) volátil etc. (a memória aqui mencionada como RAM) e outra somente para leitura, ou ROM. Ou seja, por essa opinião as memórias ROM, tendo acesso aleatório e tempo fixo de acesso a qualquer célula, são também RAM, embora com características de fabricação (para não serem voláteis) diferentes do outro tipo (leitura/escrita). Porém, essa opinião não é muito difundida e partilhada pela maioria e, assim, na prática devemos considerar a primeira versão: memória principal constituída de RAM e ROM.

No item 4.3.5 trataremos um pouco mais dos tipos RAM e ROM, bem como no Apêndice D, quando serão abordados mais detalhes de fabricação e funcionamento da memória RAM.

4.3.2 Considerações sobre a Organização da Memória Principal

Embora a organização estrutural das memórias de semicondutores, atualmente adotadas como MP, seja simples do ponto de vista conceitual – grupo de N células com M bits cada –, uma análise mais detalhada dessa mesma organização permite relacionar algumas observações interessantes que têm servido de base para modelos diferentes ou discussões técnicas.

a) ***A quantidade de bits de uma célula*** (valor de M na Fig. 4.8)

Já mencionamos que cada célula é constituída de um conjunto de circuitos eletrônicos, baseados em semicondutores, que permitem o armazenamento de valores 0 ou 1, os quais representam um dado ou uma instrução.

A quantidade de bits que pode ser armazenada em cada célula é um requisito definido pelo fabricante. Uma célula contendo M bits permite o armazenamento de 2^M combinações de valores, uma de cada vez, é claro. A Fig. 4.9 mostra alguns exemplos de MP com diferentes tamanhos de células.

Há bastante tempo todo o mercado vem adotando uma largura (tamanho) padrão de célula de 8 bits – 1 byte, mas no passado vários tamanhos foram utilizados por diferentes fabricantes.

b) ***A relação endereço × conteúdo de uma célula***

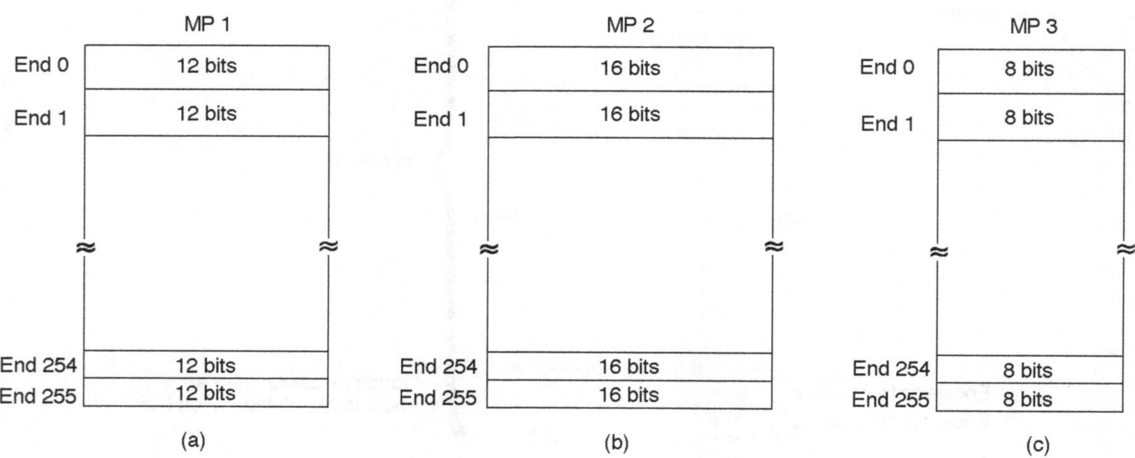

Figura 4.9 Exemplos de MP com mesma quantidade de células (256), porém com largura de célula diferente.

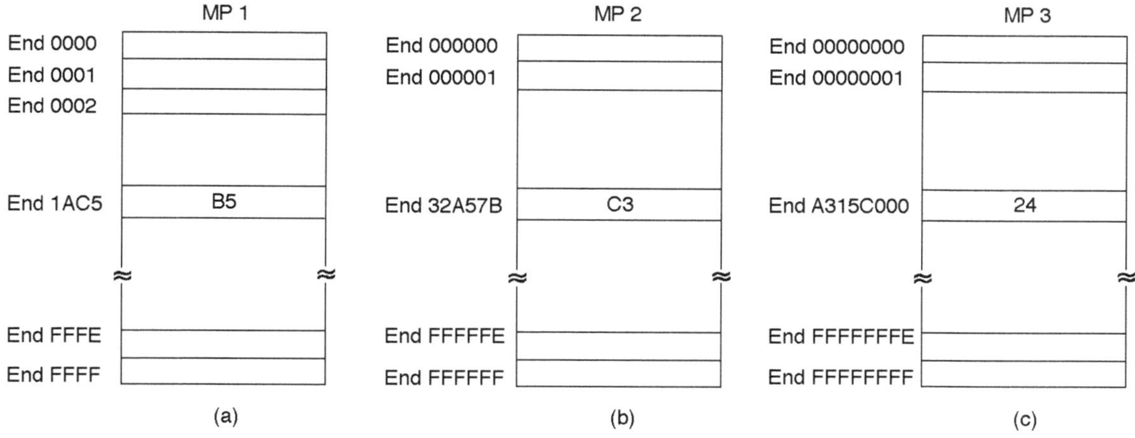

Figura 4.10 Exemplo de MP com mesma largura de célula, porém com quantidade de células diferente.

A Fig. 4.9 mostra exemplos de memória com diferentes tamanhos de célula, porém com a mesma quantidade de células (nos exemplos há três organizações de MP, cada uma com 256 células), endereçadas de 0_{10} a 255_{10} ou de 00_{16} a FF_{16} ou ainda de 00000000_2 a 11111111_2.

A Fig. 4.10 mostra outros exemplos de organização de MP, desta vez com memórias de mesmo tamanho de célula, porém com quantidades diferentes de células.

A comparação entre os exemplos das Figs. 4.9 e 4.10 indica que os valores de endereço e conteúdo de célula, embora associados, ou seja, o endereço IAC5 está associado ao conteúdo B5 no exemplo da Fig. 4.10 (a), têm origens diversas. Em outras palavras, a quantidade de bits do número que representa um determinado endereço, p. ex., 16 bits do número IAC5 no exemplo da Fig. 4.10 (a), define a quantidade máxima de endereços que uma MP pode ter, bem como o seu espaço de endereçamento. No exemplo citado, esse espaço de endereçamento ou capacidade máxima da memória é:

64K células, porque $2^{16} = 2^6 \cdot 2^{10} = 64 \cdot K$ ou 64K

Como todas as células têm o tamanho de 1 byte, a quantidade de células é sempre igual à quantidade de bytes.

4.3.3 Operações do Processador com a Memória Principal

Já sabemos, conforme anteriormente explicado, que é possível realizar duas operações com a memória principal (pode-se extender essa afirmação para qualquer tipo de dispositivo de armazenamento, embora se usem nomes diferentes em outros dispositivos):

- escrita (*write*) – armazenar informações na memória;
- leitura (*read*) – recuperar uma informação armazenada na memória.

Sabemos também que a operação de leitura não destrói o conteúdo da memória, ela apenas providencia a transferência de uma cópia do que está armazenado, enquanto a informação desejada continua armazenada. Somente a operação de escrita é destrutiva.

Vamos descrever, com um pouco mais de detalhe, como se desenrola conceitualmente uma operação de leitura e uma de escrita na MP de um sistema de computação.

Para tanto, há necessidade de se apresentar os elementos que compõem a estrutura Processador/MP e que são utilizados naquelas operações (ver Figs. 4.11 e 4.12), a saber:

– barramentos (de dados-BD, de endereços – BE e de controle – BC);

– registradores de dados e endereços da memória;

– controlador da memória.

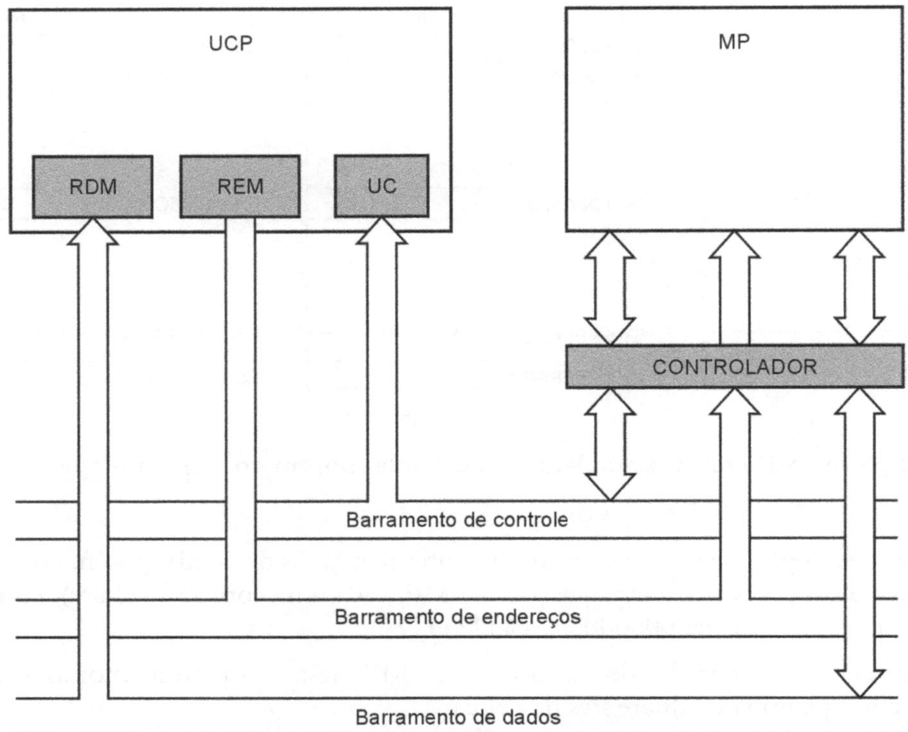

Figura 4.11 Estrutura UCP/MP e a utilização de barramento para comunicação entre eles.

A Fig. 4.12 mostra alguns dos componentes citados (exceto os registradores, minúsculos dispositivos existentes dentro do processador), como os barramentos e o controlador de memória.

Barramento de dados – (ver item 2.1) – interliga o RDM (MBR) à MP, para transferência de informações entre MP e processador (sejam instruções ou dados). É ***bidirecional***, isto é, ora os sinais percorrem o barramento do processador para a MP (operação de escrita), ora percorrem o caminho inverso (operação de leitura); este elemento já foi mostrado no Cap. 2.

Na Fig. 4.12 pode ser visto o barramento que interliga os conectores da MP (RAM) ao controlador e deste ao processador. Trata-se do barramento conhecido como barramento do sistema (*system bus*) ou FSB (*front side bus*), já mostrado no Cap. 2. Uma parte dos fios é usada para transferência de dados, o BD.

Registrador de Dados da Memória (RDM), *Memory Buffer Register* (MBR) – registrador que armazena temporariamente a informação (conteúdo de uma ou mais células) que está sendo transferida da MP para o processador (em uma operação de leitura) ou do processador para a MP (em uma operação de escrita). Em seguida, a referida informação é reencaminhada para outro dispositivo do processador para processamento ou para uma célula da MP, conforme o tipo da operação de transferência. Permite armazenar a mesma quantidade de bits do barramento de dados.

Registrador de Endereços da Memória (REM), *Memory Address Register* (MAR) – registrador que armazena temporariamente o endereço de acesso a uma posição de memória, ao se iniciar uma operação de leitura ou de escrita. Em seguida, o referido endereço é encaminhado à área de controle da MP para decodificação e localização da célula desejada. Permite armazenar a mesma quantidade de bits do barramento de endereços.

Barramento de endereços – interliga o REM (MAR) à MP para transferência dos bits que representam um determinado endereço. É unidirecional, visto que somente o processador aciona a MP para a realização de operações de leitura ou escrita. Possui tantos fios (ou linhas de transmissão) quantos são os bits que representam o valor de um endereço. É parte do barramento do sistema, mostrado na Fig. 4.12 e já descrito no Cap. 2.

Barramento de controle – conjunto de fios condutores que interliga o processador (unidade de controle) à MP para passagem de sinais de controle durante uma operação de leitura ou escrita. É bidirecional, porque o

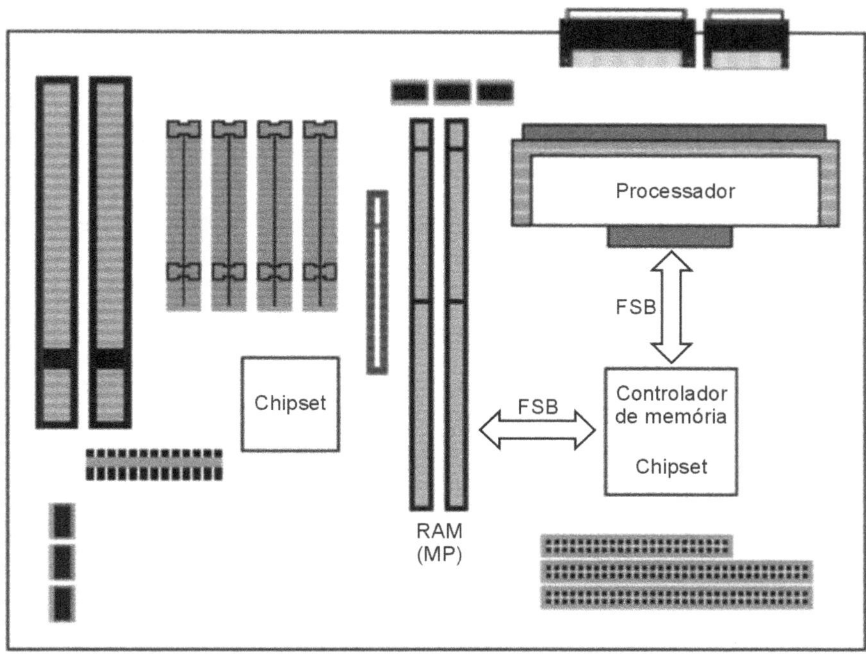

Figura 4.12 Exemplo de placa-mãe com componentes do sistema de memória.

processador pode enviar sinais de controle para a MP, como sinal indicador de que a operação é de leitura (READ) ou de escrita (WRITE), e a MP pode enviar sinais do tipo WAIT (para o processador se manter aguardando o término de uma operação), além de uma infinidade de outros sinais, como os do relógio etc. Esse barramento também já foi descrito no Cap. 2.

Controlador da Memória – tem por função gerar os sinais necessários para controlar o processo de leitura ou de escrita, além de interligar a memória aos demais componentes do sistema de computação. É o controlador que possui a lógica requerida para receber e interpretar os sinais de controle do processador e responder a ele nas operações de leitura e escrita; além disso, decodifica o endereço colocado no barramento de endereços, localizando a célula desejada e liberando os bits para o barramento de dados.

O controlador da memória faz parte de um chip conhecido como *chipset*, localizado na placa-mãe (ver Fig. 4.12), cujas demais funções serão descritas no Cap. 6 e no Apêndice D.

Para simplificar a descrição dos procedimentos de leitura/escrita serão omitidos alguns detalhes dos sistemas reais, como o fato de o endereçamento não ser realizado diretamente a cada célula, e sim por um método de organizar a memória em linhas e colunas (esse método é detalhadamente apresentado no Apêndice D), assim como o uso de dispositivos auxiliares no processo de leitura/escrita: interface de dados do barramento, decodificadores de linhas e colunas e sinais de tempo, como CAS e RAS.

O autor considera que para o entendimento básico do leitor sobre o processo de leitura/escrita é essencial simplificar a quantidade de componentes e a descrição, sem perder a essência conceitual do processo. Para os leitores interessados no detalhe e na realidade do funcionamento das memórias, sugere-se a leitura do Apêndice D.

Também com o propósito de simplificar a descrição de procedimentos e operações realizadas internamente em um sistema de computação, vamos adotar uma convenção genericamente conhecida como Linguagem de Transferência entre Registradores (LTR), tradução do termo *Register Transfer Language*. Princípios básicos da LTR:

a) Caracteres alfanuméricos significam abreviaturas de nomes de registradores ou posições de memória. Ex.: REM, MP.

b) Parênteses indicam conteúdo, no caso de registradores, ou que o valor entre parênteses é um endereço de MP.

c) Uma seta indica atribuição, isto é, transferência de conteúdo de um registrador para outro ou para a MP ou vice-versa.

Por exemplo:

(REM) (CI) – significa que o conteúdo do registrador cujo nome é CI é transferido (uma cópia) para o registrador REM.

(RDM) (MP(REM)) – significa que o conteúdo da célula da MP cujo endereço está no REM é transferido para o RDM.

4.3.3.1 Operação de Leitura (Ver Fig. 4.13)

A realização de uma operação de leitura é efetivada através da finalização de algumas operações menores (microoperações), cada uma consistindo em uma etapa ou passo individualmente bem definido. O tempo gasto para realização de todas estas etapas caracteriza o *tempo de acesso* (ver item 4.2). O intervalo de tempo decorrido entre duas operações consecutivas (leitura-leitura, leitura-escrita ou escrita-leitura) denomina-se ciclo *de memória*.

A Fig. 4.13 mostra um exemplo de operação de leitura de um dado armazenado no endereço 1324 da MP para o processador (o valor do dado é 5C).

Os passos que descrevem a referida operação de leitura são:

1) REM ← de outro registrador do processador (ver Cap. 6).

1a) O endereço é colocado no barramento de endereços.

2) Sinal de leitura no barramento de controle.

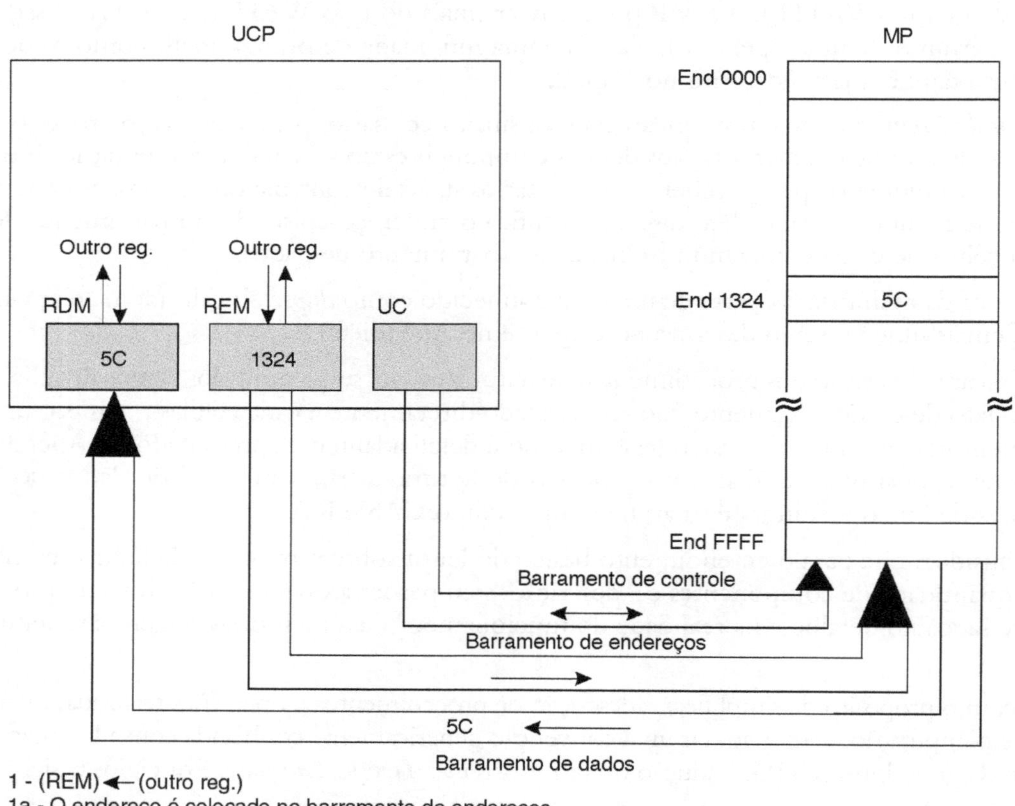

Figura 4.13 Exemplo de operação de leitura.

2a) Decodificação do endereço e localização da célula (controlador de memória).

3) RDM ← MP(REM) pelo barramento de dados.

4) Para outro registrador do processador ← RDM.

No primeiro passo, a unidade de Controle, UC do processador (a UC será descrita no Cap. 6) inicia a operação de leitura através da transferência do endereço 1324 de um de seus registradores específicos (pode ser, por exemplo, o CI, a ser descrito no Cap. 6) para o REM e coloca o sinal de leitura (READ) no barramento de controle para indicar aos circuitos de controle da MP o que fazer em seguida.

A MP decodifica o endereço recebido (ver Apêndice D) e transfere seu conteúdo para o RDM através do barramento de dados. Do RDM, então, a informação desejada é transferida para o elemento do processador destinatário final (normalmente é um dos registradores do próprio processador).

A realização completa dos quatro passos descritos gasta um tempo de acesso, mas não garante que a MP possa realizar logo em seguida uma nova operação. Estar pronta ou não para realizar uma nova operação depende do tipo de memória RAM utilizada, como veremos no item 4.3.5 (também no Apêndice D). As memórias estáticas (SRAM) permitem que outra operação (de leitura ou escrita) seja imediatamente realizada após a conclusão de uma operação de leitura/escrita, enquanto memórias dinâmicas (DRAM), não.

Observação: Como já mencionado anteriormente, o processo foi simplificado para mostrar apenas os seus elementos conceituais, não considerando, por exemplo, itens de tempo (sinais de relógio, em diagramas de tempo), nem a decodificação de endereços em duas etapas (linhas e colunas), deixando esses detalhes reais de funcionamento das memórias SRAM ou DRAM para o Apêndice D.

4.3.3.2 Operação de Escrita (Ver Fig. 4.14)

A realização de uma operação de escrita segue procedimento semelhante ao da operação de leitura, exceto, é claro, pelo sentido da transferência, que é inverso, isto é, do processador para a MP.

A Fig. 4.14 mostra um exemplo de operação de escrita de um dado, de valor igual a F7, do processador para a MP, a ser armazenado no endereço 21C8.

Os passos que descrevem a referida operação são:

1) (REM) ← (outro registrador) - o Processador coloca endereço no REM

1a) O endereço é colocado no barramento de endereços

2) (RDM) ← (outro registrador) - o Processador coloca no RDM o dado a ser transferido

3) Sinal de escrita - o Processador aciona o sinal WRITE pelo barramento de controle

4) (MP(REM)) ← (RDM) - o dado é transferido para a célula de memória pelo barramento de dados.

Nos primeiros passos a UC coloca o endereço desejado no REM e o dado a ser transferido no RDM. O endereço é colocado no barramento de endereços, o dado no barramento de dados e o sinal de escrita (*Write*) é acionado no barramento de controle.

Como resultado da decodificação do endereço pelos dispositivos de controle da memória, o valor F7 é colocado na célula desejada, de endereço 21C8.

Conforme explicado para a operação de leitura, a realização dos passos necessários à efetivação de uma operação de escrita gasta um tempo de acesso, e a MP pode ou não estar preparada para imediatamente realizar nova operação.

Observação: A descrição dos passos relativos à realização de uma operação de leitura ou de escrita não teve o propósito de ser precisa no tempo e na sincronização absolutamente necessários, se fosse desejada uma explicação mais profunda a respeito do mecanismo de sincronização de operações em um computador. No

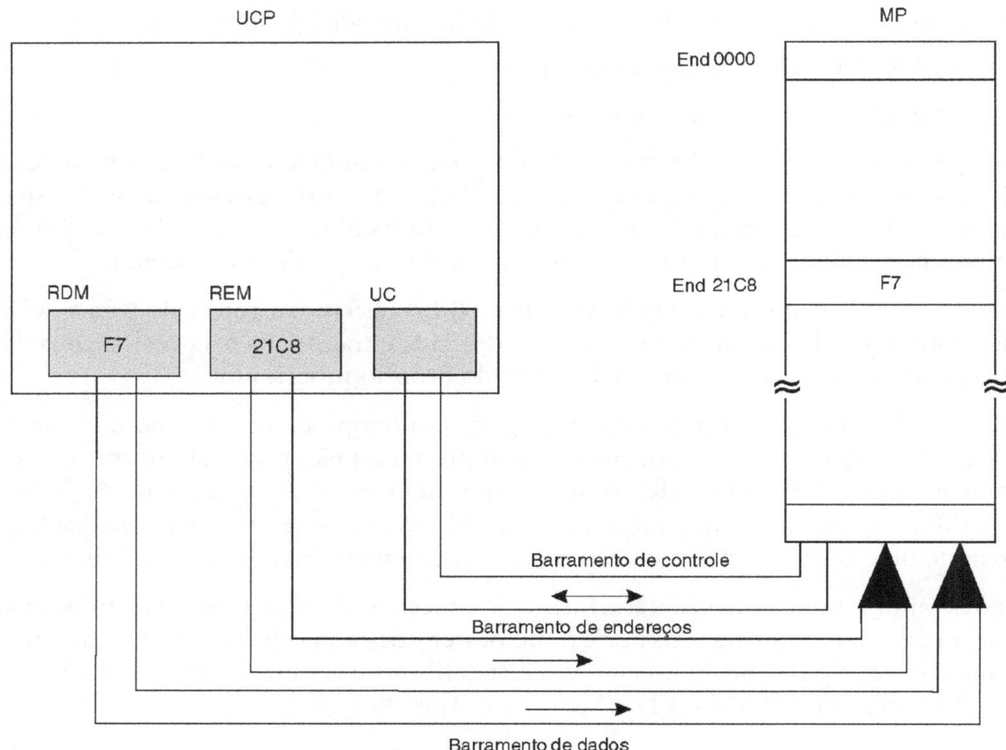

Figura 4.14 Exemplo de operação de escrita.

entanto, para quem estiver interessado nesse nível de detalhe o Apêndice D apresenta uma descrição mais precisa das referidas operações.

4.3.4 Capacidade de MP – Cálculos

Conforme já exposto neste capítulo, a memória principal (MP), que o mercado conhece como memória RAM ou simplesmente RAM, é organizada em conjuntos de células, cada uma podendo armazenar uma certa quantidade de bits – a informação em si, seja uma instrução (ou parte dela) ou um dado (ou parte dele).

Na realidade, embora seja mais simples imaginarmos a MP como uma seqüência contínua de células, desde a célula de endereço 0 (zero) até a última célula, na prática essas memórias são organizadas fisicamente de forma diferente. Na maioria delas são construídas como matrizes de bits (divididas em linhas e colunas), algumas vezes matrizes quadradas, mesmo número de linhas e de colunas e outras vezes retangular, com mais colunas que linhas (ver Apêndice D).

Considerando que instruções e dados precisam estar armazenados na MP para que o programa possa ser executado pelo processador,[7] e considerando ainda que é possível, e bastante desejável, que vários programas possam ser executados concorrentemente pelo processador, é importante conceituar o que seja capacidade de uma memória e como podemos calcular e entender aumentos de capacidade e outras informações concernentes. Neste item, o enfoque maior do assunto se refere aos cálculos de capacidade em memórias RAM (MP).

Capacidade de memória refere-se genericamente à quantidade de informações que nela podem ser armazenadas em um instante de tempo. Tratando-se de um computador, cuja unidade básica de representação de

[7]Deve-se considerar que, atualmente, as técnicas utilizadas para gerenciamento de memória determinam que apenas uma parte do programa e seus dados precisam estar armazenados na MP durante a execução do referido programa. Esta parte tem diversas denominações (página, p. ex.).

informação é o bit, pode-se imaginar este elemento como unidade de medida de capacidade. Neste caso, poderia expressar a capacidade de uma memória com valores do tipo:

512 bits 16.384 bits 8.388.608 bits

À medida que os valores crescem, torna-se mais complicado e pouco prático indicar o valor pela sua completa quantidade de algarismos. No item 2.2.1 foi mostrado que é possível simplificar esta informação através do emprego de unidades como o K (1K = 2^{10} = 1024), o M-mega (1M = 2^{20} = 1.048.576), o G-giga (1G = 2^{30} = 1.073.741.824), o T-tera (1T = 2^{40} = 1.099.511.627.776) e o P-peta (1P = 2^{50} = 1024 T).

Desse modo, os mesmos valores antes indicados com todos os seus algarismos agora podem ser assim simplificados:

512 bits 16K bits 8M bits

Mas, mesmo simplificando a apresentação da informação continua-se, neste caso, a indicar a capacidade da memória pela quantidade de bits. No entanto, esta não é a melhor maneira de quantificar a referida capacidade.

Na realidade, sabemos que não é possível armazenar dois ou mais valores em uma célula de memória, ou seja, em um único endereço somente poderá ser localizado e identificado um valor (um dado). Isto porque se fossem armazenados dois valores em um endereço (uma célula), o sistema não saberia identificar qual dos dois seria o desejado em uma certa operação de leitura ou escrita (precisar-se-ia, então, de uma identificação a mais – um endereço dentro de um endereço), com todos os óbvios inconvenientes.

Desta forma, o mais importante elemento para determinar a capacidade de uma memória é a quantidade de endereços que poderemos criar e manipular naquela memória, visto que, na melhor das hipóteses, pode-se armazenar um dado em cada endereço. Na realidade, o mais comum, principalmente quando se manipulam valores numéricos, é um dado ser armazenado ocupando várias células e, conseqüentemente, vários endereços. Por exemplo, se a MP de um certo sistema estiver organizada com células de 8 bits de tamanho e os dados forem definidos com 32 bits, então um dado será armazenado em quatro células (a maneira pela qual o sistema recebe a informação de endereço daquele dado não é discutida aqui).

Como não se podem armazenar dois números no mesmo endereço (mas um número pode até ocupar mais de um endereço), a quantidade de endereços tem mais sentido de individualidade de informação do que qualquer outra unidade.

Na prática, então, usa-se a quantidade de células para representar a capacidade da memória e, como no mercado informal de compra, venda, assistência técnica etc. da maioria dos computadores a célula de memória principal (que o mercado denomina informalmente RAM) tem um tamanho de 8 bits - 1 byte -, usa-se mesmo é a quantidade de bytes (e muitos abreviam a informação colocando apenas o valor, sem a unidade, de tão comum que é o uso de bytes). Em outras palavras, é normal procurar-se memória para compra informando ao vendedor: "preciso de 16 megas", o que significa, na realidade: preciso de memória com 16 megacélulas de 1 byte cada uma, isto é, preciso de 16 megabytes de memória.

Ainda mais:

a) o bit, apesar de ser a unidade elementar de representação de informação nos computadores, individualmente não representa nenhuma informação útil (com exceção do valor de uma variável lógica), pois somente pode assumir dois valores, 0 ou 1;

b) para representar uma informação útil, seriam necessários mais bits (em grupo) para se poder codificar vários elementos de um conjunto qualquer. Por exemplo, a representação de caracteres maiúsculos, minúsculos, séries de pontuação, gráficos etc. requer, em média, 7 ou 8 bits, de modo a se criar um conjunto de 128 ou 256 códigos, conforme já mencionamos no início deste capítulo;

c) os tempos de transferência de informações entre processador e MP (tempo de acesso) são decorrentes de vários fatores (tipo de circuitos para construção da memória, distância física entre os elementos, quantidade de etapas durante as operações de transferência, duração do pulso do relógio da processador etc. – ver Cap. 6 e Apêndice D), dos quais o menos importante é a quantidade de bits. Deve ser esclarecido que estamos falando de um único acesso e não de vários acessos em conjunto, pois, neste último caso, o desempenho do sistema aumenta sensivelmente se o barramento de dados for maior.

Uma outra possível unidade de medida de capacidade de memória seria a ***palavra***. Expressar uma capacidade assim:

16K palavras é mais significativo do que:

16K bytes

visto que, neste último caso, não sabemos ao certo quantas palavras há na tal memória (quantos dados ou instruções podem ser armazenados na memória), enquanto, no primeiro exemplo, a palavra deve indicar o tamanho de um dado ou de uma instrução (na prática, isto também não é verdade, o que complica muitas vezes os cálculos de capacidade).

Não há uma padronização para indicar valores de capacidade de memória, embora seja mais comum se usar "quantidade de bytes" em vez de, p. ex., "quantidade de palavras". Para computadores construídos com propósitos comerciais usa-se o byte como unidade básica de armazenamento (embora isto não seja um padrão imutável), enquanto computadores ditos científicos, mais habilitados a manipular números (como os supercomputadores), costumam organizar sua MP em palavras.

No entanto, a título de esclarecimento e para acostumar o leitor com os jargões da área, vamos apresentar a seguir alguns exemplos de expressões para representar capacidade de memória.

2 Kbytes $= 2 \times 2^{10} = 2048$ bytes.

384K células $= 384 \times 2^{10} = 393.216$ células

384K palavras = 393.216 palavras

2 Mbytes $= 2 \times 2^{20} = 2.097.152$ bytes.

4.3.4.1 Cálculos com Capacidade da MP (RAM)

A memória principal (RAM) é um conjunto de N células, cada uma armazenando um valor com M bits. Então, a quantidade de endereços contida no espaço endereçável da referida RAM é também igual a N, visto que a cada conteúdo de célula está associado um número, que é o seu endereço.

O valor de N representa ***a capacidade da memória***, através da quantidade de células ou de endereços. O valor de M indica a quantidade de bits que podem ser armazenados em uma célula individual (que é a informação propriamente dita).

Como um bit representa apenas um entre dois valores (base binária), então podemos concluir que:

a) pode-se armazenar em cada célula um valor entre 0 e $2^M - 1$, porém um de cada vez. São 2^M combinações possíveis.

   Por exemplo, se M = 8 bits, temos: $2^8 = 256$.

   Seriam armazenados valores entre:

   00000000(0_{10} ou 0_{16}) e 11111111 (255_{10} ou FF_{16}).

b) a MP tendo N endereços e sendo E = quantidade de bits dos números que representam cada um dos N endereços, então:

   $N = 2^E$.

   Por exemplo, se N = 512 (porque a MP tem 512 células), então, $512 = 2^E$, e E = 9, pois $2^9 = 512$.

c) o total de bits que podem ser armazenados na referida MP é denominado T, sendo:

   $T = N \times M = 2^E \times M$

No exemplo acima, onde a MP (RAM) é um espaço seqüencial de 512 células, cada uma com 8 bits de tamanho, teremos:

N (total de células) = 512 células; M (tamanho de cada célula) = 8 bits; E (tamanho em bits do número que representa cada endereço) = 9 bits; T (total de bits da memória) = 4096 bits

$N = 2^E$; $512 = 2^E$ donde $E = 9$.

$T = N \times M = 512 \times 8 = 4096$ bits $= 4 \times 1024$ (K) bits ou 4K bits.

Também se poderia obter o valor 4K utilizando potenciação:

$512 \times 8 = 2^9 \times 2^3 = 2^{12} = 2^2 \times 2^{10} = 4K$, pois $2^2 = 4$ e $2^{10} = K$.

A Fig. 4.15 mostra exemplos de configurações de MP (RAM) com diferentes valores de N, M, E e T.

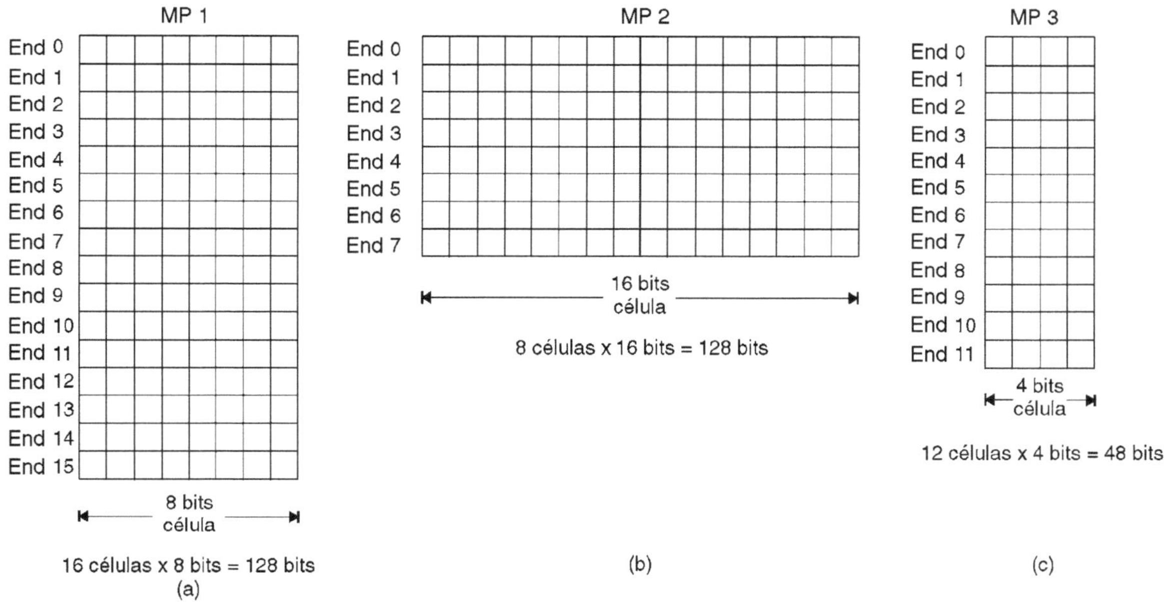

Figura 4.15 Exemplos de organização de MP.

Exemplo 4.1

Uma memória RAM (MP) tem um espaço máximo de endereçamento de 2K. Cada célula pode armazenar 16 bits. Qual o valor total de bits que podem ser armazenados nesta memória e qual o tamanho de cada endereço?

Solução

Se o espaço máximo endereçável é 2K, então: N = 2K (a quantidade máxima de células é 2K).

1 célula = 16 bits. Então: M = 16 bits (tamanho em bits de cada célula).

Sendo $N = 2^E$, então $N = 2K = 2 \times 1024$, e convertendo em potências de 2, temos: $2^1 \times 2^{10} = 2^{11}$.

Se $N = 2^E$ e $N = 2^{11}$, então: $2^E = 2^{11}$ e $E = 11$.

Se E = quantidade de bits de cada número que expressa um endereço, e sendo E = 11, então os endereços de cada célula são números que têm 11 bits.

$T = N \times M = 2^{11} \times 16 = 2^{11} \times 2^4 = 2^{15}$ Convertendo para múltiplo de $K = 2^{10}$, teremos: $2^5 \times 2^{10} = 32K$.

Respostas: Total de bits da MP: 32K (T)
Tamanho de cada endereço: 11 bits (E)

Exemplo 4.2

Uma memória RAM (MP) é fabricada com a possibilidade de armazenar um máximo de 256K bits. Cada célula pode armazenar 8 bits. Qual é o tamanho de cada endereço e qual é o total de células que podem ser utilizadas naquela RAM?

Solução

Total de bits = T = 256K. Utilizando potenciação, temos: $256K = 2^8 \times 2^{10} = 2^{18}$.

Uma célula = 8 bits Então: M (tamanho de cada célula) = $8 = 2^3$.

Sendo $T = N \times M$, então: N (quantidade de células) = T/M = 256K / 8 = 32K.

Pode-se obter o mesmo resultado através de potenciação: $256K / 8 = 2^{18} / 2^3 = 2^{15} = 2^5 \times 2^{10} = 32K$.

Se $N = 2^{15}$ e se sabemos que $N = 2^E$ então: E=15

Respostas: Tamanho de cada endereço: 15 bits (E)
Total de células: 32K (N)

Nesse instante podemos passar a considerar também os elementos básicos do processo de transferência de dados entre MP e processador: o REM, RDM, barramento de dados e barramento de endereços. Além disso, devem ser efetuadas algumas considerações sobre os tamanhos de cada um desses elementos, o que permitirá realizar os cálculos de capacidade desejados.

Como o BD – barramento de dados – interliga o RDM e a memória RAM (MP), então ambos possuem o mesmo tamanho em bits. O mesmo acontece entre o BE – barramento de endereços e o REM.

Como o REM e o BE têm por função armazenar o endereço de acesso a uma célula da MP, então seus tamanhos devem corresponder à quantidade de bits de cada endereço. Em outras palavras, o tamanho, em bits, do REM e do BE é igual ao valor de E na equação $N = 2^E$.

Já o RDM deve ter um tamanho correspondente à palavra do sistema, visto que deve transferir os bits de uma palavra entre o processador e a MP (ou vice-versa, dependendo da operação ser de escrita ou de leitura). Na prática, não há um padrão de tamanho de RDM (ou seja, nem sempre seu tamanho é o da palavra) e, portanto, para cada caso deve ser indicado o seu tamanho ou uma indicação de como obtê-lo. A título de informação pode-se mencionar que, atualmente, a maioria dos processadores possui um BD, barramento de dados, com tamanho múltiplo da palavra, de modo a acelerar o processo de transferência de dados entre processador e MP, visto que o processador tem espaço de armazenamento interno para receber dados antes que esses sejam processados.

Exemplo 4.3

Um computador, cuja memória RAM (MP) tem uma capacidade máxima de armazenamento de 2K palavras de 16 bits cada, possui um REM e um RDM. Qual o tamanho desses registradores; qual o valor do maior endereço dessa MP e qual a quantidade total de bits que nela podem ser armazenados?

Solução

Se a capacidade máxima da MP é 2K palavras, entende-se que o endereçamento é por palavra (nada foi dito diferente) e, então: N = 2K.

Se cada palavra tem 16 bits e foi entendido que o endereçamento é por palavra, deduz-se que em cada célula pode ser armazenada uma palavra. Nesse caso, M = 16.

Sabe-se que $N = 2^E$ e, no exemplo, N = 2K. Então: $2^E = 2K = 2^1 \times 2^{10} = 2^{11} \cdot E = 11$ bits.

Se cada endereço é um número de 11 bits, então o REM (registrador cuja função é armazenar endereços) também deve ter um tamanho igual a 11 bits.

Se a palavra tem 16 bits e o RDM é o registrador cuja função é armazenar uma palavra de dados (não foi especificado outro dado), então: RDM = 16 bits.

Como T = N × M, então: T = 2K × 16 = 32K bits.

Finalmente, o maior endereço:

Deve ser igual a (2K − 1) ou (2 × 1024) − 1 ou 2048 − 1 = 2047.

Respostas: Tamanho do REM = 11 bits.
Tamanho do RDM = 16 bits.
Maior endereço: $11111111111_2 = 2047_{10} = 7FF_{16}$.
Quantidade total de bits da MP: 32K bits.

Exemplo 4.4

Um processador possui um RDM com capacidade de armazenar 32 bits e um REM com capacidade de armazenar 24 bits. Sabendo-se que em cada acesso são lidas duas células da memória RAM (MP) e que o barramento de dados (BD) tem tamanho igual ao da palavra, pergunta-se:

a) Qual é a capacidade máxima de endereçamento do microcomputador em questão?

b) Qual é o total máximo de bits que podem ser armazenados na memória RAM (MP)?

c) Qual é o tamanho da palavra e de cada célula da máquina?

Solução

RDM = 32 bits e REM = 24 bits BD = palavra cada acesso = 2 células

A capacidade máxima de endereçamento, isto é, o total de endereço e de células é igual a $N = 2^E$.

Se REM = 24 bits e se REM armazena valor de endereço, então: E = 24 bits e $2^E = 2^{24}$.

Separando as potências, teremos: $2^{24} = 2^4 \times 2^{20} = 16 \times 1M$ (pois $1M = 2^{20}$)

Assim, N = 16M endereços ou 16M células (resposta a)

Total de bits = T = N × M, sendo M = tamanho de uma célula e N = total de células = $16M = 2^{24}$.

Como em cada acesso se lê duas células, e um acesso transfere, pelo BD, uma quantidade de bits, então: BD = 2 células. Como BD = RDM, então BD = 32 bits = 2 células. Uma célula = 1/2 BD = 16 bits.

Então: T = 16M células × 16 bits = 256M bits. Por potenciação, temos: $2^{24} \times 2^4$ (pois $16 = 2^4$) $= 2^{28}$.

Como $2^{28} = 2^8 \times 2^{20}$, então: 256M bits (resposta b).

O tamanho da palavra é igual ao do barramento de dados (BD). Como BD = RDM, então: palavra = 32 bits.

O tamanho de cada célula é de 16 bits, pois já vimos que célula = 1/2 BD (em cada acesso são lidas 2 células).

Respostas:

a) Capacidade máxima de endereçamento do microcomputador : 16M células.

b) Total máximo de bits que podem ser armazenados na memória RAM: 256M bits.

c) Tamanho da palavra: 32 bits e tamanho de cada célula: 16 bits.

Exemplo 4.5

Um processador possui um BE (barramento de endereços) com capacidade de permitir a transferência de 33 bits de cada vez. Sabe-se que o BD (barramento de dados) permite a transferência de quatro palavras em cada acesso e que cada célula da memória RAM (MP) armazena um oitavo (1/8) de cada palavra. Considerando que a memória RAM (MP) pode armazenar um máximo de 64G bits, pergunta-se:

a) Qual é a quantidade máxima de células que podem ser armazenadas na memória RAM (MP)?

b) Qual é o tamanho do REM e do BD existentes neste processador?

c) Qual é o tamanho de cada célula e da palavra desta máquina?

Solução

BE = 33 bits   BD = 4 palavras por acesso   célula = 1/8 da palavra T = 64G bits

Sabemos, por definição, que: BE = REM, BD = RDM, M = tamanho de cada célula e T = N × M.

Assim, REM = 33 bits. Como, então, cada um dos N endereços da MP é um número de 33 bits, E = 33, e N sendo igual a 2^E , N = $2^{33} = 2^3 \times 2^{30}$ = 8G endereços ou células, pois $2^3 = 8$ e 2^{30} = 1G (resposta a).

Como T = N × M, e sendo M = tamanho de uma célula, então: M = T / N ou M = 64G (T) / 8G (N) = 8 bits.

As unidades estão corretas, pois T = bits em células e N = total de células. Então M = bits em células/célula = bits.

Se 1 célula = 8 bits e cada célula = 1/8 palavra, então: tamanho de 1 palavra = 8 × 1 célula = 8 × 8 = 64 bits.

Se o BD permite a transferência de quatro palavras de cada vez, então: BD = 4 × 1 palavra = 4 × 64 = 256 bits.

Respostas:

a) Quantidade máxima de células que podem ser armazenadas na memória: 8G células.
b) Tamanho do REM: 33 bits e tamanho do BD: 256 bits.
c) Tamanho de cada célula: 8 bits e tamanho da palavra: 64 bits.

4.3.5 Tipos e Nomenclatura de MP

A memória principal dos computadores modernos é fabricada com tecnologia de semicondutores, o que lhes permite elevada velocidade de acesso e transferência de bits, já que são circuitos apenas elétricos em funcionamento (não há partes mecânicas, como acontece nos discos e fitas magnéticas, bem como nos disquetes e CD-ROMs). A velocidade de percurso de um sinal elétrico é nominalmente a velocidade da luz (300.000 km/s).

Tais memórias, no entanto, mantêm os valores binários armazenados apenas enquanto estiverem energizadas, sendo assim do tipo volátil, conforme já mencionado anteriormente. No Apêndice D há uma mais completa descrição dos métodos de fabricação e funcionamento dessas memórias.

A memória principal é a memória de trabalho do processador, seu grande "bloco de rascunho", onde os programas (e seus dados) se sucedem em execução, uns após os outros. Ou seja, para que um programa seja executado é necessário que suas instruções e os dados por elas manipulados estejam armazenados, ainda que temporariamente, na memória principal (MP). Este programa e dados estão normalmente armazenados de forma permanente na memória secundária, seja um disco magnético (usualmente denominado disco rígido, palavra traduzida do inglês *hard disk*, HD) seja um CD-ROM.

Por exemplo, quando vamos trabalhar um texto utilizando um processador de textos tipo Microsoft Word, é requerido que o código do Word esteja armazenado na MP para garantir velocidade no processamento (o processador precisa encontrar na MP as instruções do Word necessárias a um determinado processamento do texto, colocar negrito em uma palavra, por exemplo), assim como também o texto sendo trabalhado deve estar armazenado na MP.

Na realidade, as coisas ocorrem ligeiramente diferentes, visto que atualmente não é mais requerido que o programa inteiro esteja armazenado na MP, bastando que ele seja dividido em "pedaços", chamados páginas, e o sistema transfere apenas algumas das páginas de cada vez (as que estão ou irão ser usadas em breve). Além disso, como já mencionamos antes, o processador de texto e o arquivo de dados (o texto) estão inicialmente armazenados em disco. E, mais ainda, atualmente o processador não acessa diretamente a MP, como nos sistemas mais antigos; ele procura inicialmente a instrução desejada no momento ou o dado requerido para um processamento, em outro tipo de memória, a memória cache, já apresentada anteriormente e que será descrita no Cap. 5.

A Fig. 4.16 mostra um demonstrativo do fluxo de bits para um determinado processamento, a partir de seu local de armazenamento permanente (o disco rígido) até sua chegada ao processador para se efetivar o processamento.

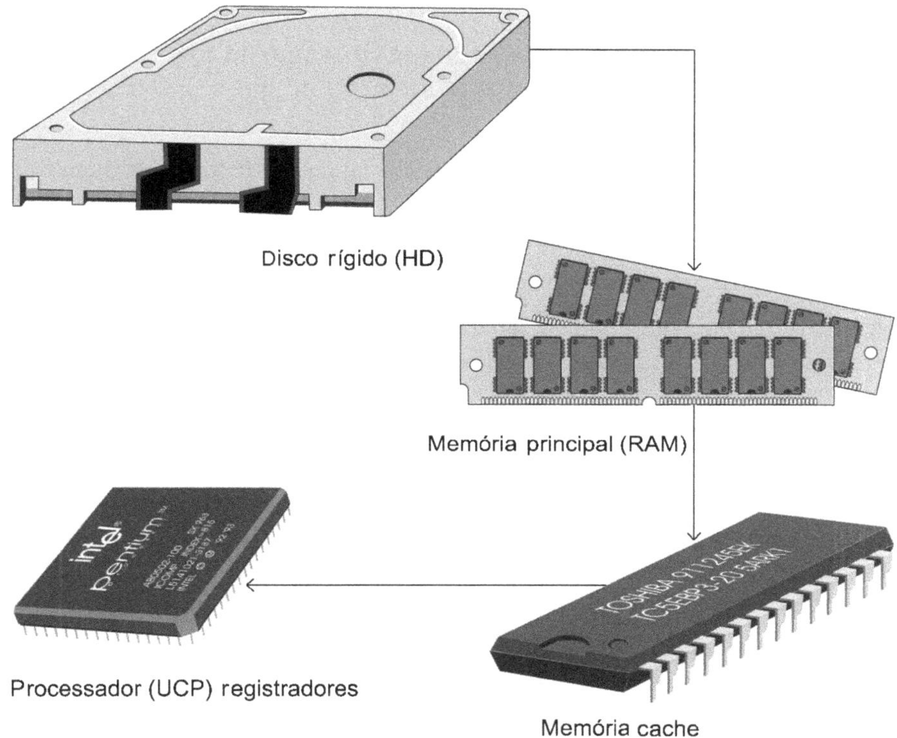

Figura 4.16 Fluxo de bits para um processamento.

A MP dos microcomputadores é comercial e popularmente denominada memória RAM, ou simplesmente RAM. O termo é uma sigla das palavras inglesas *Random Access Memory*, cuja tradução é Memória de Acesso Aleatório (ou randômico).

As memórias RAM são construídas com tecnologia que lhes garante tempos de acesso na faixa dos nanossegundos (variável entre valores da ordem de 15 a 70 ns, de acordo com os elementos e processos de fabricação), tendo uma característica única e marcante: o tempo de acesso a qualquer de suas células é igual, independente da localização física da célula.

Em outras palavras, se o tempo de acesso de uma determinada memória de semicondutor é, p. ex., 70 ns, isto significa que este será o tempo para acessar a célula de endereço 0 (primeira célula). Se, em seguida, se desejar acessar a célula de maior endereço, o tempo também será igual a 70 ns, como também será de 70 ns se, após acessar a célula de endereço 13A, se desejar acessar a célula de endereço 13B. Qualquer que seja o endereço, aleatoriamente ou randomicamente escolhido, o tempo de acesso será o mesmo. Daí o seu nome, memória de acesso randômico (RAM).

Isto é possível devido à tecnologia (circuitos eletrônicos) de construção, onde sinais elétricos percorrem os condutores (cujo comprimento é milimétrico) com a velocidade da luz, seja da primeira para a última célula, seja da terceira para a quarta. Não há movimento físico de qualquer de seus elementos (o que consumiria tempo), pois uma célula é localizada através da decodificação de seu endereço (processo quase instantâneo) e emissão de sinais elétricos correspondentes para "abertura" da célula e passagem dos seus bits para o barramento de dados.

A tecnologia RAM tem variações, que foram evoluindo com o tempo, as quais redundaram em vários diferentes tipos. Estes tipos podem ser primeiramente grupados em duas vertentes: SRAM (Static RAM) e DRAM (Dynamic RAM), isto é, a RAM estática e a RAM dinâmica; o primeiro tipo, mais rápido e de custo mais elevado, costuma ser utilizado na construção das memórias cache, e o outro tipo, DRAM, é aquele usado genericamente nas memórias principais tradicionais. Este tipo vem evoluindo e sendo produzido pelos diversos fabricantes com diferentes nuances, que lhe valeram diversos nomes, tais como: FPM, EDO, DDR. Ambas, no entanto, são voláteis.

A tecnologia RAM, constituída de memórias eletrônicas, de tempo de acesso igual independente da célula localizada, pode servir para construção de dois tipos de memória no que se refere à sua aplicação em um sistema:

- memórias que servem para se ler e escrever nelas (memórias L/E), denominadas em inglês *R/W memory*; e
- memórias onde os programas aplicativos somente podem ler seu conteúdo, não lhes sendo permitido gravar em suas células, as memórias do tipo ROM (*read only memory,* ou memória somente para leitura); estas têm uma notável particularidade, que é o fato de não serem voláteis, como as memórias L/E.

Além da MP permitir que um programa seja armazenado em seguida ao outro (isto significa que são realizadas sucessivas operações de escrita nas mesmas células), durante a execução normal de um programa, suas instruções são sucessivamente lidas pelo processador, que, por sua vez, também realiza operações de escrita sobre a MP, armazenando resultados das operações realizadas.

Se uma memória é de acesso aleatório (RAM) para leitura, invariavelmente também o será para realizar ciclos de escrita. Assim, as memórias do tipo RAM, que permitem leitura/escrita (R/W), são usadas como memória principal (MP), e este termo, RAM, passou a ser tão comum com estas memórias que se confundiu com o próprio nome da memória (comumente se usa no comércio e na indústria o termo RAM quando se refere à MP, assim como falamos, em geral, gilete – nome de um fabricante – em vez da lâmina de barbear).

O uso do termo RAM para definir a memória principal de trabalho, onde nossos programas e aplicativos são armazenados, é incorreto, como veremos a seguir.

Embora seja rápida (tempo de acesso pequeno) e de acesso aleatório (mesmo tempo no acesso a qualquer célula), a RAM possui algumas desvantagens, entre as quais a volatilidade, isto é, perde seu conteúdo quando a corrente elétrica é interrompida.

Por outro lado, as memórias *read-write* apresentam o inconveniente (nem sempre é um inconveniente) de, permitindo que se escreva normalmente em suas células, ser possível a acidental eliminação do conteúdo de uma ou mais de suas células.

Uma vez que o processador nada realiza sem as instruções, é óbvio que ele deve possuir uma certa quantidade de memória não-volátil. Isto é, um local onde estejam permanentemente armazenadas instruções que automaticamente iniciam a operação e a inicialização do sistema, tão logo a alimentação elétrica seja ligada. Em microcomputadores costuma-se chamar isso de programa *bootstrap*, ou simplesmente *boot*, enquanto outros fabricantes chamam IPL – *Initial Program Load* (Carregamento do Programa Inicial), entre outros nomes.

Esse tipo de memória (ainda de semicondutores e, portanto, RAM), além de ter que ser ***não-volátil*** (para não haver a perda do programa de *boot*), também não deve permitir que haja eliminações acidentais. Trata-se de um programa que deve estar permanentemente armazenado e não pode sofrer alterações por parte de nenhum outro programa. Em outras palavras, memórias que armazenam este tipo de programas devem permitir ***apenas leitura***. Chamam-se estas memórias de ROM – *Read Only Memory* (memórias somente para leitura), e elas devem ser não-voláteis.

No entanto, o tempo de acesso em memórias ROM também é constante, independentemente da localização física da célula e, por conseguinte, elas também são memórias RAM. Porém, o mercado incorreu no engano

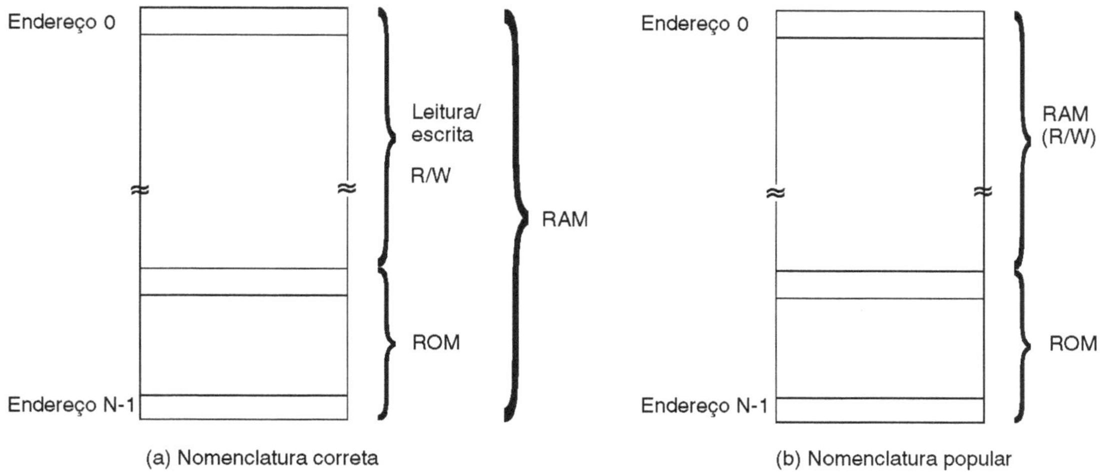

(a) Nomenclatura correta (b) Nomenclatura popular

Figura 4.17 Configuração da memória principal (MP) de um microcomputador do tipo PC.

de chamar de RAM apenas as memórias R/W – leitura/escrita, talvez para claramente diferençá-las do outro tipo, ROM (somente para leitura), já que as siglas são bem parecidas.

A Fig. 4.17 apresenta a distribuição espacial das memórias R/W, RAM e ROM em um microcomputador, indicando o conceito correto e o conceito usado na prática pelo mercado.

As memórias DRAM vêm evoluindo em termos de aumento de capacidade e de velocidade (embora esta em menor percentagem do que o desejado em face do aumento da velocidade dos processadores), redundando em diversos tipos: EDO DRAM, BEDO DRAM, SDRAM, RDRAM e outros, vistos no quadro-resumo a seguir.

Em resumo, podemos classificar as memórias de semicondutores do seguinte modo:

- RAM
  - L/E – Leitura/Escrita (R/W – Read/ Write)
    - SRAM
    - DRAM
      - FPM DRAM
      - EDO DRAM
      - BEDO DRAM
      - SDRAM
      - RDRAM (Rambus)
      - DDR e DDR2
  - ROM (Somente leitura) (Read Only Memory)
    - ROM
    - PROM
    - EPROM
    - EEPROM e Flash Memory

Como podemos observar no quadro-resumo acima, tanto as memórias L/E (que permitem leitura e escrita) quanto as memórias ROM (que permitem apenas leitura) são memórias de acesso randômico, isto é, são memórias RAM.

A descrição dos diversos tipos de DRAM e os métodos de endereçamento das DRAM SRAM encontram-se no Apêndice D, enquanto os modelos de memórias ROM são descritos no item 4.3.5.1 a seguir.

4.3.5.1 Memórias do Tipo ROM

Memórias ROM são também memórias de semicondutores fabricadas para atingir três objetivos:

a) ter desempenho semelhante ao das memórias R/W de semicondutores (o seu desempenho não é igual, pois possuem menor velocidade de acesso, mas pode-se dizer que é semelhante);

b) não ser volátil (característica essencial para que o computador possua memórias rápidas e permanentes);

c) ter segurança, permitir apenas leitura de seu conteúdo por determinados programas. Há determinados programas críticos que não gostaríamos de ver infectados por vírus, por exemplo.

Todo sistema de computação utiliza uma parte do espaço de endereçamento da memória principal com memórias do tipo ROM. Os microcomputadores do tipo PC, por exemplo, vêm da fábrica com um conjunto de rotinas básicas do sistema operacional armazenadas em ROM, denominadas em conjunto como BIOS – *Basic lnput Output System*, ou Sistema Básico de Entrada e Saída.

Outra aplicação importante das ROM é o armazenamento de microprogramas em memória de controle (ROM) (ver item 6.6.4.2), e também em sistemas de controle de processos, como sistemas de injeção eletrônica de automóveis, fornos de microondas e outros eletrodomésticos controlados por computadores, assim como em jogos eletrônicos (videogames).

As memórias ROM também sofreram uma evolução tecnológica ao longo do tempo, principalmente para torná-las mais práticas e comercialmente aceitáveis, sem perder a sua principal característica de serem memórias somente para leitura por parte dos programas aplicativos (embora, com sua evolução, elas possuam tipos que permitem a troca do seu conteúdo, sempre através de processos especiais e nunca por um simples programa aplicativo).

MASK-ROM

O primeiro e original tipo é a chamada memória ROM pura (usamos este nome "pura" para diferençar de outros tipos de ROM, mais flexíveis, como veremos a seguir), que é também conhecida tecnicamente como ***programada por máscara*** ("*mask programmed*"), devido ao processo de fabricação e escrita dos bits na memória.

Nesta mask-ROM, o conjunto de bits (programa especificado pelo usuário) é inserido no interior dos elementos da pastilha durante o processo de fabricação. Chama-se a isso em inglês de processo *hardwired*, pois cada bit (seja 0 ou 1 conforme o programa) é criado já na célula apropriada. Após o término da fabricação, a pastilha ROM está completa, com o programa armazenado, e nada poderá alterar o valor de qualquer de seus bits.

Por ser desta forma, a ROM se torna um dispositivo muito mais simples do que uma RAM, necessitando apenas de um decodificador de endereços, as correspondentes linhas de barramento de saída e alguns circuitos lógicos (por exemplo, operadores OR). A Fig. 4.18 mostra um exemplo de uma memória ROM constituída de quatro células de 4 bits cada uma, possuindo, então, quatro endereços de 2 bits cada um.

Na Fig. 4.18 podemos observar o decodificador de endereços, com uma entrada para um endereço de 2 bits, A_0 e A_1, as linhas de saída do decodificador para as quatro portas lógicas OR, S_0, S_1, S_2 e S_3, cada uma responsável pela geração de um dos 4 bits das células da memória, conforme o endereço dado.

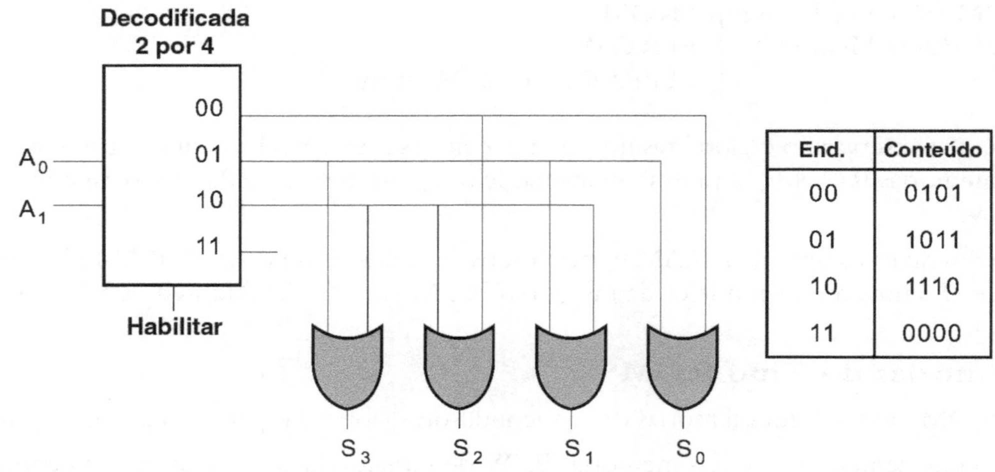

End.	Conteúdo
00	0101
01	1011
10	1110
11	0000

Figura 4.18 Memória ROM com 4 células de 4 bits cada.

Como exemplo, seja o endereço de entrada 01, sendo 0 na linha A_0 e 1 na linha A_1. O decodificador produzirá um sinal positivo (bit 1) na linha correspondente ao valor 01 da figura, que incidirá sobre uma das entradas das portas S_3, S_1 e S_0. A outra entrada de cada porta, bem como as duas entradas da porta S_2, terão valor nulo (bit 0), já que não incide nada da saída do decodificador. A combinação de bits 0 e bit 1 nas três portas indicadas produzirá como saída um bit 1 em cada uma e, na restante, S_2, sairá bit 0. Em conclusão, o valor da célula a ser lido será 1011, conforme programado na fabricação da memória. Processo semelhante ocorre nas demais posições.

Trata-se de um processo semelhante ao da fabricação de CDs, onde se cria primeiro uma matriz do CD desejado (no caso é uma matriz da pastilha com todos os bits inseridos), a qual tem um valor financeiro apreciável e, em seguida, se realiza a prensagem (reprodução da matriz em cada cópia) das cópias (no caso, trata-se da criação das demais pastilhas). O método é bastante parecido com o da fabricação de processadores.

Esse tipo de memória é relativamente barato se fabricado em grandes quantidades, porque, nesse caso, o custo da fabricação da máscara de programa é diluído para cada pastilha. No entanto, há certas desvantagens:

a) não há possibilidade de recuperação de qualquer erro eventual no programa. Se se inserir um único bit errado na pastilha (em geral é no conjunto fabricado, devido ao processo de máscara), o lote deve ser destruído e fabricada nova partida correta. Isso pode acarretar problemas de custo do sistema;

b) o custo (não pequeno) da criação da máscara para inserção dos bits é o mesmo, seja para fabricar uma pastilha ou milhares delas.

PROM

Para atenuar o problema do custo fixo da máscara (matriz), desenvolveu-se uma variação daquele tipo de memória ROM pura, denominado PROM (*Programmable Read Only Memory*), ROM programável. Na realidade, não se trata propriamente de ser programável, porque não é possível a reutilização da PROM (como também não se reutiliza a ROM). Nela, como nas ROM puras, somente é possível gravar os bits desejados uma única vez, porém com a diferença de que a gravação dos bits é posterior à fase de fabricação da pastilha, embora deva ser realizada por dispositivo especial.

Uma PROM é, então, fabricada "virgem" (sem qualquer bit armazenado) e depois, seja pelo usuário, fabricante do programa ou qualquer agente especializado que possua a máquina específica para inserir os bits, ocorre a etapa de gravação da informação, a qual, após seu término, também não permite alteração. Esta etapa de gravação é conhecida como processo de "queimar" a pastilha (ver Apêndice D).

Trata-se de um processo semelhante ao utilizado atualmente pelos dispositivos gravadores de CD, que produzem os CD-R. Nestes, também se usa um CD virgem e o gravador de CD insere os elementos de informação no CD-R, o qual é, em seguida, "queimado", inviabilizando outras gravações.

Uma ponderável diferença entre as ROM e as PROM reside no seu custo individual. Como já mencionado, as ROM só se tornam atraentes se fabricadas em grande quantidade, pois neste caso o custo fixo da matriz é dividido por uma grande quantidade de cópias; para menores quantidades, a PROM se torna mais conveniente devido ao menor custo individual, o qual independe da quantidade (não há custo fixo de fabricação de máscara).

EPROM e EEPROM

Posteriormente foram desenvolvidos outros dois tipos de ROM, os quais possuem uma particularidade interessante. Conquanto se mantenham somente para leitura (ROM) de programas aplicativos, durante uma execução normal, elas podem ser apagadas (através de um processo especial, que depende do tipo) e regravadas, sendo portanto reutilizáveis. São elas: EPROM (*Erasable* PROM) – PROM apagável, a EEPROM (*Electrically* ou *Electronically* EPROM) ou EPROM eletrônica, também chamada EAROM (*Electrically Alterable* ROM) e a memória *Flash* ou *Flash*-ROM. São memórias úteis no caso de aplicações que requerem muito mais leitura de dados do que escrita, sendo o caso, por exemplo, de programas de sistemas (controle do vídeo, de modems, de dispositivos de entrada/saída), onde o fabricante escreve o programa, que é intensamente lido pelos aplicativos, mas que não deve ser por eles modificado (escrito por cima); eventualmente, o fabricante precisa modificar seu programa, criando uma nova versão, o que pode ser realizado nessas memórias.

A EPROM pode ser utilizada diversas vezes, porque os dados nela armazenados podem ser apagados ao se iluminar a pastilha com luz ultravioleta (ver Fig. 4.19), a qual incide em uma janela de vidro, montada na parte superior da pastilha. O processo de apagamento, que é completo (todo o conteúdo da memória é apagado), dura em média cerca de 20 a 25 minutos.

Uma vez apagada, a pastilha pode ser reutilizada através de novo processo de "queima" de novos bits. Após esse passo, a janela de vidro costuma ser coberta para evitar um apagamento acidental.

O outro tipo, EEPROM ou EAROM, desenvolvido posteriormente, introduziu uma característica mais versátil e prática no processo de reutilização das ROM: a programação (escrita dos bits), o apagamento e a reprogramação são efetuados através de controle do processador, isto é, por software. Uma grande vantagem deste tipo de memória é o fato de as operações poderem ser realizadas especificamente sobre um byte ou bytes determinados.

Com a EEPROM programada, as instruções nela armazenadas são retidas indefinidamente ou até que um sinal de apagamento seja captado por um sensor.

Uma boa aplicação para a EEPROM consiste em se utilizar programação das teclas de um teclado. Nesse caso, a função de cada tecla é definida em uma tabela, que reside em uma EEPROM instalada no circuito impresso normalmente localizado na parte interna do teclado. Programas aplicativos (como processadores de texto, planilhas etc.), ao serem carregados na memória do sistema para execução, armazenam na EEPROM funções de teclas específicas para o referido aplicativo. Desta forma, as funções do teclado podem ser padronizadas para cada aplicação.

Finalmente, um outro tipo dessas memórias é denominada Flash, tendo processo de funcionamento bastante semelhante ao das EEPROM, ou seja, o conteúdo total ou parcial da memória pode ser apagado normalmente por um processo de escrita, embora nas Flash o apagamento não possa ser efetuado no nível de byte como nas EEPROM. O termo Flash foi imaginado devido à elevada velocidade de apagamento dessas memórias em comparação com as antigas EPROM e EEPROM.

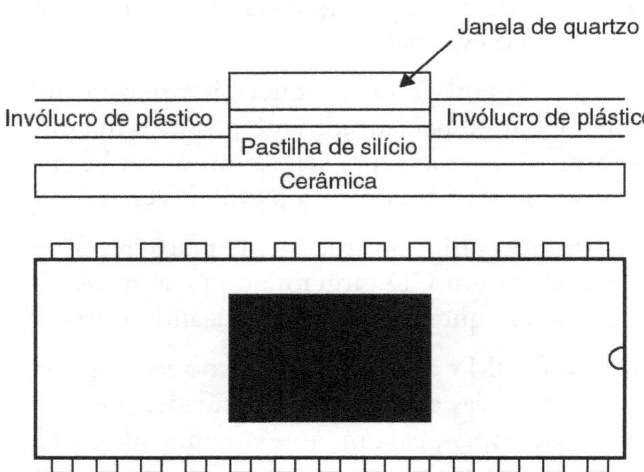

Figura 4.19 Uma pastilha de EPROM inclui uma janela transparente pela qual um feixe de luz ultravioleta pode apagar todo o seu conteúdo.

4.4 ERROS

Em todo sistema de transmissão de informação a distância (telecomunicação) há sempre a possibilidade de ocorrerem deformações, ou até mesmo destruição de parte da informação transmitida (ou toda). Isso ocorre devido a interferências no meio de transmissão.

A memória principal (ou qualquer outro tipo de memória) utiliza um meio de transmissão (barramento de dados) para o trânsito da informação (palavras de dados ou instruções) entre a MP e a UCR. Esse trânsito sofre interferências que podem alterar o valor de um ou mais bits (de 0 para 1 ou de 1 para 0) ou até mesmo destruí-los.

Não faz parte do escopo deste livro descrever as possíveis causas da existência de erros na transmissão e no armazenamento de informações na MP de um sistema de computação, mas é importante sabermos que os atuais sistemas de memória possuem mecanismos capazes de detectar e corrigir tais erros. A Fig. 4.20 sumariza o processo básico de detecção e correção de erros.

O processo pode ser resumido nas seguintes etapas (ver Fig. 4.20):

a) Os grupos de M bits de informação que serão gravados nas células da MP sofrem um processamento específico, em um dispositivo próprio para detecção de erros. Esse processamento é realizado segundo as etapas de um algoritmo determinado (A) e produz, como resultado, um conjunto de K (M) bits.

b) Serão gravados, então, em células com capacidade para armazenar M + K bits (e não apenas os M bits de informação).

c) Ao ser recuperado o valor em bits de uma determinada célula (operação de leitura), o sistema de detecção é acionado; o mesmo algoritmo inicial (A) é executado sobre os M bits de informação armazenados, obtendo-se um novo conjunto de K bits (K2).

d) Os K (M) bits armazenados são comparados com os K (K2) bits acima calculados, obtendo-se um entre os seguintes possíveis resultados:

1 - ambos os conjuntos de K bits têm o mesmo valor, o que significa ausência de erros. Neste caso, os M bits da célula desejada são transmitidos;

2 - os conjuntos são diferentes, concluindo-se pela existência de erro no bloco de M bits. O erro pode ser corrigido ou não, dependendo de como o sistema foi projetado.

O processo de correção de erros, denominado comumente ECC (*Error Correction Code* ou código de correção de erro), baseia-se no código utilizado para constituir os K bits adicionais de cada célula. Em geral, este método é utilizado em computadores com aplicações mais sensíveis, tais como um servidor de arquivos ou servidor de rede. Eles podem detetar a ocorrência de erros em um ou mais bits e corrigir um bit errado. Ou seja, se for detectada a ocorrência de erro em um bit, este será identificado pelo código e naturalmente corrigido; porém, se forem detetados mais bits errados então o ECC somente indica o erro sem poder identificar (e corrigir) os bits errados.

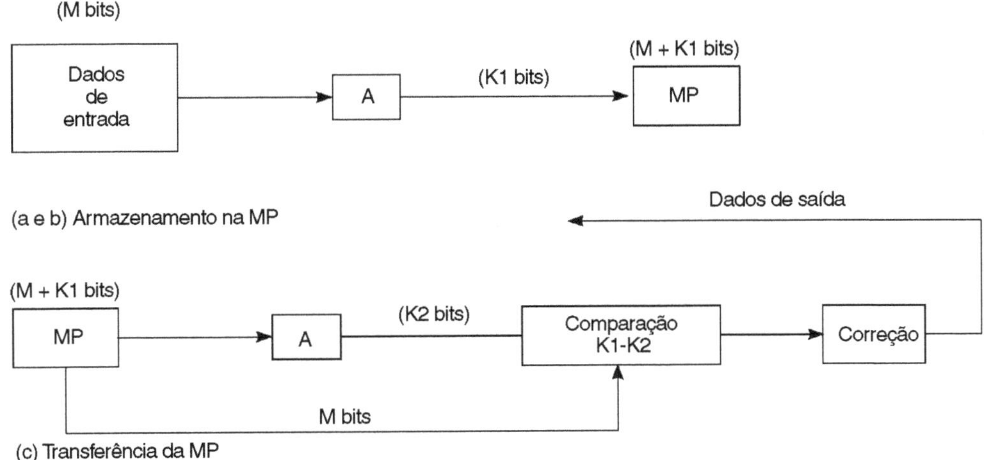

Figura 4.20 Processo básico de detecção/correção de erros.

EXERCÍCIOS

1) Um computador possui uma memória principal com capacidade para armazenar palavras de 16 bits em cada uma de suas N células, e o seu barramento de endereços tem 12 bits de tamanho. Sabendo-se que em cada célula pode-se armazenar o valor exato de uma palavra, quantos bytes poderão ser armazenados nessa memória?
2) O que você entende por acesso à memória? Caracterize o tempo de acesso nos diversos tipos de memória.
3) Quais são as possíveis operações que podem ser realizadas em uma memória?
4) Qual é a diferença conceitual entre uma memória do tipo SRAM e outra do tipo DRAM? Cite vantagens e desvantagens de cada uma.
5) Qual é a diferença, em termos de endereço, conteúdo e total de bits, entre as seguintes organizações de MP:

    a) memória A: 32K células de 8 bits cada;

    b) memória B: 16K células de 16 bits cada; e

    c) memória C: 16K células de 8 bits cada?
6) Qual é a função do registrador de endereços de memória (REM)? E do registrador de dados de memória (RDM)?
7) Descreva os barramentos que interligam processador e MP, indicando função e direção do fluxo de sinais de cada um.
8) Descreva passo a passo uma operação de leitura. Utilize um diagrama esquemático.
9) Faça o mesmo para uma operação de escrita.
10) Um computador possui um RDM com 16 bits de tamanho e um REM com capacidade para armazenar números com 20 bits. Sabe-se que a célula deste computador armazena dados com 8 bits de tamanho e que ele possui uma quantidade N de células, igual à sua capacidade máxima de armazenamento. Pergunta-se:

    a) Qual é o tamanho do barramento de endereços?

    b) Quantas células de memória são lidas em uma única operação de leitura?

    c) Quantos bits tem a memória principal?
11) Um microcomputador possui uma capacidade máxima de memória principal (RAM) com 32K células, cada uma capaz de armazenar uma palavra de 8 bits. Pergunta-se:

    a) Qual é o maior endereço, em decimal, desta memória?

    b) Qual é o tamanho do barramento de endereços deste sistema?

    c) Quantos bits podem ser armazenados no RDM e no REM?

    d) Qual é o total máximo de bits que pode existir nesta memória?
12) Considere uma célula de uma MP cujo endereço é, em hexadecimal, 2C81 e que tem armazenado em seu conteúdo um valor igual a, em hexadecimal, F5A. Sabe-se que, neste sistema, as células têm o mesmo tamanho das palavras e que em cada acesso é lido o valor de uma célula. Pergunta-se:

    a) Qual deve ser o tamanho do REM e do RDM nesse sistema?

    b) Qual deve ser a máxima quantidade de bits que podem ser implementados nessa memória?
13) Considere uma memória com capacidade de armazenamento de 64K bytes; cada célula pode armazenar 1 byte de informação e cada caractere é codificado com 8 bits. Resolveu-se armazenar na memória deste sistema um conjunto de caracteres do seguinte modo. A partir do endereço (hexadecimal) 27FA, foram escritos sucessivamente grupos de 128 caracteres iguais, iniciando pelo grupo de As, seguido do grupo de Bs, e assim por diante. Qual deverá ser o endereço correspondente ao local onde está armazenado o 1.º J?

14) O custo das memórias SRAM é maior que o das memórias DRAM. No entanto, o processo de conexão das memórias DRAM é mais complexo que o das SRAM e, em conseqüência, o preço da interface das DRAM é bem maior que o das SRAM. Supondo que uma interface de DRAM custe R$5,00, uma interface de SRAM custe R$1,00, o preço por bit de uma SRAM é de R$0,00002 e o de uma DRAM é de R$0,00001, calcule quantos bits deve ter uma memória dinâmica (DRAM) para que o conjunto seja mais barato.

15) Compare uma memória principal e uma memória cache em termos de tempo de acesso, capacidade e temporariedade de armazenamento de dados.

16) Uma memória ROM pode ser também considerada uma memória do tipo Leitura/Escrita? Por quê?

17) Qual é a diferença entre uma memória do tipo PROM e uma do tipo EPROM?

18) E qual é a diferença entre uma memória do tipo ROM "original" (mask ROM) e uma memória do tipo PROM? E o que é idêntico nelas?

19) O que significa o termo *shadow ROM*?

20) Enumere os diferentes tipos de memória que podem existir em um microcomputador moderno, atual, desde um simples registrador até os CD-ROMs etc.

21) Considere um sistema constituído de um processador – memória cache – memória principal, no qual o tempo de acesso processador/memória cache é de 8 ns e o tempo de acesso memória cache/memória principal é de 70 ns. Observando-se um intervalo correspondente a 100 acessos consecutivos do processador e que a eficiência da memória cache é de 96%, calcule o tempo médio de acesso do sistema.

22) Qual é a vantagem do uso de muitos registradores em um processador?

23) Por que não é possível a memória principal ser totalmente volátil?

24) Sempre que o processador realiza um acesso à memória para efetuar uma operação de leitura ou de escrita, ele manipula dois valores distintos, mas que estão associados ao acesso. Quais são estes valores?

25) O que significa a expressão ECC – código de correção de erros?

26) Projete uma memória ROM de forma semelhante a que está mostrada na Fig. 4.18, considerando que ela possua 8 células de 4 bits cada uma. Podem ser assumidos quaisquer valores para armazenar nas 8 células.

27) Quantos bits são requeridos para se endereçar células em uma memória de 128G?

28) E quantos bits seriam requeridos se a memória tivesse 32K?

29) Quantas posições de memória existem desde o endereço 0400 (hexadecimal), inclusive, e o endereço 11FF (hexadecimal)?

30) De que depende fundamentalmente a determinação da quantidade máxima de posições de memória que um processador consegue endereçar?

31) Uma imagem pode ser representada por uma matriz de pontos armazenada na memória de um computador. Cada ponto possui uma indicação de cor associada a ela; essa cor precisa de 4 bytes para ser representada. Baseado nessas informações pede-se:

    a) a quantidade de memória, em bytes, necessária para armazenar uma imagem de 640 × 420 pontos;

    b) a quantidade de memória em megabytes necessária para armazenar 10 imagens semelhantes a esta;

    c) quantas imagens como esta poderiam ser armazenadas na memória de um computador com 128MB de memória RAM?

32) Quantos bytes podem ser armazenados em uma memória ROM que possua 16 linhas de endereçamento e que possua 4 linhas de saída de dados?

33) Você considera válida a afirmação "um computador com mais poder de processamento pode armazenar mais programas"?

34) Você considera válida a afirmação "vale aumentar a capacidade da memória principal para que o acesso aos meios magnéticos (discos rígidos e disquetes) seja mais rápido"?

5

Memória Cache

5.1 INTRODUÇÃO

No item 4.2.2 foi apresentada uma breve explicação sobre o conceito de memória cache, bem como dados de seu desempenho e características de modo a situá-la adequadamente na estrutura piramidal de uma hierarquia de memória.

Neste capítulo serão apresentados, com mais detalhes, conceitos e técnicas que permitiram o desenvolvimento, o projeto, o funcionamento e o uso de memórias cache em sistemas de computação atuais.

Inicialmente será apresentado o motivo impulsionador da existência das memórias cache: o *gap* de velocidade entre memória principal e processador; devido à necessidade de redução desse *gap*, os pesquisadores concluíram, de vários estudos de comportamento dos programas, pela existência de um princípio originado no modo pelo qual os programas em geral são executados, denominado princípio da localidade, e que esse princípio é importante para a inserção da memória cache na hieraquia de memória dos sistemas de computação. Em seguida, será mostrada a organização básica de uma memória cache e, finalmente, serão apresentados e analisados diversos itens que impactam o projeto e construção de memórias cache.

5.2 CONCEITUAÇÃO

Para que seja possível entender perfeitamente o sentido da criação e do desenvolvimento das memórias cache e de sua crescente e permanente utilização nos sistemas de computação, deve-se, primeiramene, analisar dois aspectos relacionados com o funcionamento e a utilidade dessas memórias: um deles refere-se à diferença de velocidade processador/MP, e o outro, ao conceito de localidade, sendo o primeiro o motivador para se ter chegado ao último.

5.2.1 Diferença de Velocidade Processador/MP

Nesse caso, trata-se de uma constatação inevitável. Parte do problema de limitação de desempenho dos processadores, que qualquer projetista de sistemas de computação enfrenta, refere-se à diferença de velocidade entre o ciclo de tempo do processador e o ciclo de tempo da memória principal. Ou seja, a MP transfere bits para o processador em velocidades sempre inferiores às que o processador pode receber e operar os dados, o que acarreta, muitas vezes, a necessidade de acrescentar-se um tempo de espera para o processador (*wait state* - estado de espera). Mesmo atualmente existindo memórias DRAM síncronas, que eliminam o estado de espera, a diferença de velocidade processador/memória principal permanece grande. A Fig. 5.1 mostra um exemplo da diferença de velocidade processador/MP.

Se todos os circuitos do processador e da MP fossem fabricados com elementos de mesma tecnologia, este problema deixaria de existir e não estaríamos aqui explicando o que é e para que serve uma memória cache.

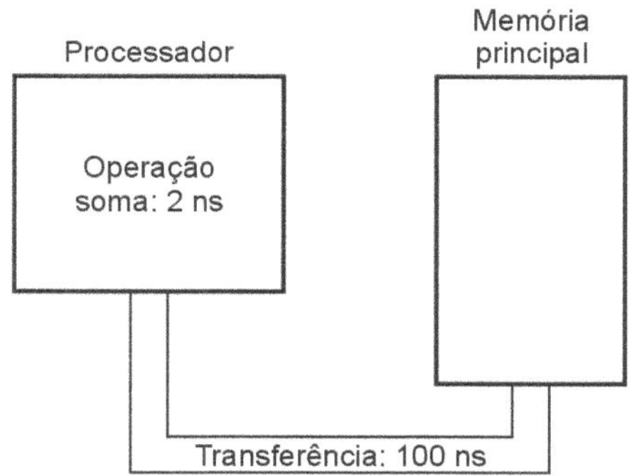

Figura 5.1 Exemplo de diferença de velocidade P/MP. Enquanto o processador gasta 2 ns adicionando dois dados a MP gasta 100 ns transferindo os dados para o processador.

O problema de diferença de velocidade se torna difícil de solucionar apenas com melhorias no desempenho das MP, devido a fatores de custo e tecnologia. Já foi anteriormente mencionado que, enquanto o desempenho dos microprocessadores, por exemplo, vem dobrando a cada 18 a 24 meses, o mesmo não acontece com a velocidade de transferência (tempo de acesso) das memórias DRAM (RAM dinâmicas), largamente utilizadas como MP, que vem aumentando relativamente pouco de ano para ano (cerca de 10%).

Apesar de a tecnologia para aumentar a velocidade das MP ser bem conhecida, fazer isso neste momento penalizaria consideravelmente o sistema em custo, pois memórias rápidas são muito caras, como é o caso das memórias SRAM.

Embora correndo o risco de redundância, é bom enfatizar, então, que, apesar de todos os avanços na tecnologia de construção das memórias DRAM, passando das obsoletas FPM, EDO etc. para as atuais DDR, DDR2 e Rambus, elas continuam a ser constituídas de um capacitor/transistor por bit e, portanto, requerem recarregamento. Naturalmente, são consideravelmente mais rápidas que as antecessoras, mas ainda mais lentas que as memórias SRAM e mais lentas ainda que os tempos de transferência interna dos processadores (p.ex., entre registradores).

Esse problema permanente, existente desde o surgimento dos computadores, foi-se agravando com a possibilidade de uso concorrente de vários programas (multiprogramação), quando a manutenção da ocupação do processador é essencial para o aumento de desempenho do sistema como um todo e a velocidade de transferência da MP tem papel relevante.

Na década de 1960, então, com o propósito de encontrar uma solução para este problema (eles poderiam ter vários objetivos em mente, mas o problema do *gap* de velocidade processador/MP era um deles) diversos pesquisadores, notadamente na IBM, analisaram de forma extensiva o comportamento dos processos (programas em execução), e de suas conclusões a respeito surgiu um princípio de funcionamento dos programas, denominado genericamente princípio da localidade (*locality of reference* ou *principle of locality*).

5.2.2 Conceito de Localidade

Se observarmos um programa de computador de forma ampla e genérica, podemos observar que:

- Considerando que o programa já esteja em sua forma executável (já sofreu o processo de compilação e está transformado em instruções de máquina binárias), ele tem suas instruções ordenadas seqüencialmente, de acordo com o algoritmo desenvolvido pelo programador. Nesse instante, o programa nada mais é do que um conjunto de linhas de instruções que são armazenadas seqüencialmente na memória (em um endereço após o outro).
- Quando o programa é colocado em execução (se transforma em um ou mais processos), as instruções vão sendo buscadas pelo processador na MP para interpretação e execução (ver Cap. 6) e, naturalmente, os endereços vão se sucedendo no CI (ver descrição e operação do contador de instrução no Cap. 6) seqüencialmente, exceto quando ocorre algum loop ou comando de desvio, em que a seqüência de execução é abruptamente alterada.

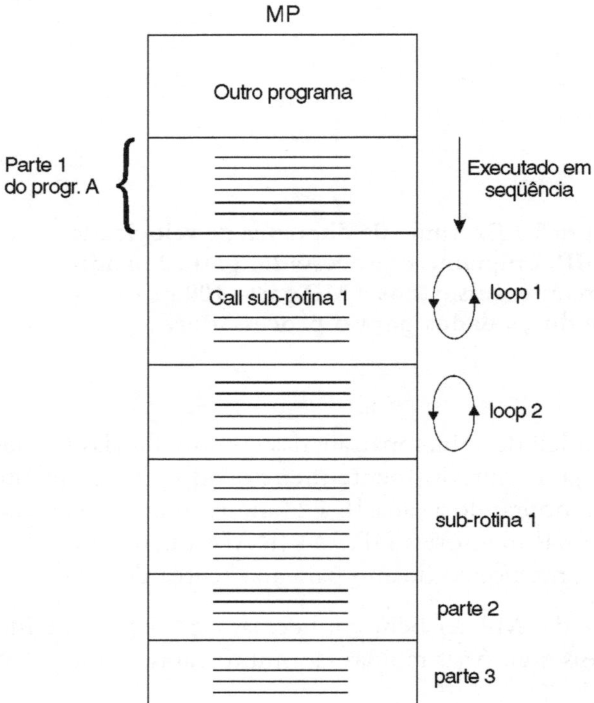

Figura 5.2 Um programa em execução com várias partes (exemplo do princípio de localidade especial).

Ao analisar a estrutura e a execução de diversos programas (comerciais, científicos, programas de exercícios etc.), os pesquisadores verificaram que os programas são, em média, executados de forma semelhante, isto é, em blocos de instruções seqüenciais, sendo algumas delas muitas vezes executadas mais de uma vez em curtos intervalos de tempo.

Há vários exemplos em serviços e práticas cotidianas, seja em computação ou não, que seguem essa tendência de realizar uma pequena quantidade do total de tarefas (ou qualquer coisa semelhante) mais freqüentemente e, por isso, essas tarefas ou ações são separadas para mais rápido acesso. Assim, quando estamos navegando na Internet temos a tendência de acessar uma página de um site mais de uma vez em curto espaço de tempo, ou seja, acessamos aquela página, passamos para outra e outra e, pouco depois, voltamos àquela página inicial. Os sistemas tendem a guardar essas páginas acessadas em nossa memória para evitar um longo acesso várias vezes à mesma página.

Outro exemplo pode ser de uma recepcionista de um escritório qualquer, que precisa realizar (ou recebe) contatos de muitos clientes em um período de tempo de trabalho. As fichas de todos os clientes podem estar em ordem alfabética em um arquivo de aço, afastado de sua mesa e, assim, ela precisa buscar uma a uma seqüencialmente, embora muitos dos clientes há muito tempo não procurem o escritório e um grupo menor é freqüentemente contatado. Para facilitar seu trabalho, aumentando a produtividade nos contatos, é preciso que ela perca pouco tempo buscando a ficha de um cliente, o que pode ser obtido se a ficha estiver em uma pequena pasta suspensa, colocada em cima de sua mesa (mas a pasta tem espaço para poucas fichas).

Ao longo do tempo de trabalho (de execução, no caso de um programa, por exemplo), a recepcionista vai colocando na pasta suspensa em cima da mesa as fichas dos clientes de contato mais freqüente, de modo que sempre que ela precisar fazer contato com algum ela procura sua ficha primeiro na pasta da mesa, onde ela deve, na maioria das vezes (mais de 90% a 95%), encontrar a ficha desejada, ganhando um tempo considerável em relação ao processo inicial, em que ela precisaria levantar-se e ir ao arquivo de aço cada vez que desejasse uma ficha. É desnecessário mencionar que seria praticamente impossível a recepcionista trazer o arquivo para cima de sua mesa, pois o tempo de busca de uma ficha entre várias centenas delas continuaria a ser maior do que procurar uma ficha entre algumas poucas dezenas, na pequena pasta suspensa.

Da mesma forma, uma loja armazena nas prateleiras artigos semelhantes em uma mesma prateleira, pois um cliente quando localiza e apanha um artigo é muito provável que queira também examinar um outro parecido e gastará pouco tempo buscando-o, pois está armazenado ao lado. O mais provável é que o atendente retire da prateleira para cima do balcão todos os produtos semelhantes ao que o cliente deseja, e que estão armazenados juntos. O tempo de acesso no balcão é naturalmente muito menor que a ida à prateleira.

Poderíamos ficar aqui apresentando inúmeros outros exemplos da localidade de busca, ou seja, grupar pequenos itens de acesso freqüente próximo ao usuário para seu uso freqüente.

A este tipo de comportamento dos programas em execução, concluído pelos pesquisadores, chamou-se de ***princípio da localidade***.

Basicamente, e de modo simplista, podemos definir o conceito de localidade como sendo o fenômeno relacionado com o modo pelo qual os programas em média são escritos pelo programador e executados pelo processador. Este princípio, aliáis, não é aplicado apenas em memórias cache, fisicamente existentes em um chip, mas deu origem, como já observamos anteriormente, ao desenvolvimento da hieraquia de memória, com a implementação de diversos tipos diferentes de memória em um sistema de computação e mesmo, como mostrado nos exemplos, ao seu amplo uso na nossa vida comum.

Prosseguindo, este princípio pode ser decomposto em duas facetas ou modalidades: localidade *espacial* e *temporal*.

Na realidade, os programas não são executados de modo que a MP seja acessada randomicamente como seu nome sugere (RAM). Se um programa acessa uma palavra da memória, há uma boa probabilidade de que ele em breve acesse a mesma palavra novamente. Este é o princípio da *localidade temporal*. E se ele acessa uma palavra da memória, há uma boa probabilidade de que o acesso seguinte seja uma palavra subseqüente ou de endereço adjacente àquela palavra que ele acabou de acessar. Nesse caso, trata-se da modalidade *localidade espacial*.

A modalidade de localidade espacial é aceitavelmente simples de ser entendida, pois se refere ao fato já mencionado e mostrado anteriormente de que os programas são executados em pequenos blocos de instruções, blocos esses constituídos de instruções executadas seqüencialmente. Na realidade, na maior parte do tempo é isso mesmo que acontece, tanto que o hardware do controle de execução das instruções nos processadores é construído com este propósito (no Cap. 6 será mostrado que, após a busca de cada instrução o hardware – registrador que armazena o endereço de acesso a instrução (o contador de instrução CI) – é incrementado para apontar para o endereço da próxima instrução na seqüência, pressupondo, então, que é ela a desejada). Eventualmente, esta ordem seqüencial é quebrada por uma instrução de desvio, como, p.ex, um IF-THEN-ELSE ou um DO-WHILE, ou uma chamada de rotina etc.

A ***modalidade temporal*** refere-se ao fato de os programas tenderem a usar freqüentemente o mesmo endereço em curtos espaços de tempo, como, por exemplo, em um *loop* (ou no caso da visita ao mesmo site várias vezes, como mencionamos no início deste capítulo). No caso de nossa recepcionista, é comum ela acessar a ficha de um mesmo cliente várias vezes em curtos intervalos de tempo.

A Fig. 5.2 já mostra um exemplo do princípio da localidade espacial. Nesta figura, um certo programa pode ser constituído de um grupo de instruções iniciais, realizadas em seqüência (parte 1), de dois loops (loop 1 e loop 2) de uma sub-rotina chamada dentro do loop 1, o que significa que ela será repetida diversas vezes, e do resto do código (parte 2 e parte 3).

O que acontece é que cada parte do programa (parte 1, loop 1, sub-rotina, loop 2, parte 2 e parte 3) é realizada separadamente, isto é, durante um tempo o processador somente acessa o grupo de instrução da parte 1, depois se dedica ao loop 1 e, neste, diversas vezes salta para a área da sub-rotina e acessa somente seu código, e assim por diante. Ou seja, o programa não salta indiscriminadamente da primeira instrução para uma no meio do programa, depois para outra no final, retornando para o início etc.

Na Fig. 5.3, apresentamos um programa em C, cuja estrutura e execução podem ser analisadas do mesmo modo, e com isso podermos identificar a existência de ambos os princípios, da localidade espacial e da localidade temporal.

Pode-se observar, na figura, um exemplo da existência de localidade espacial na execução de programas, através da apresentação de um programa que calcula a média de duas turmas; com ele podemos vislumbrar a propriedade do emprego da memória cache em sua execução.

```
                    Cálculo da média de 2 turmas, A e B

void main ()
{
printf ("Número de alunos da turma A: ");          início de execução em seqüência
scanf ("%d", &quant_A);
maior_nota_A = -1;
soma_nota_A = 0;                                   término execução em seqüência
for (i=0;i < quant_A; i++)
{                                                  loop  - início
  printf ("Informe a matrícula do aluno: ");
  scanf  ("%d",&matr[0][i]);
  printf ("Informe a nota: ");
  scanf  ("%f",&nota[0][i]);
  if (nota[0][i] > maior_nota_A )
     maior_nota_A = nota[0][i];
  soma_nota_A = soma_nota_A + nota[0][i];
}                                                  loop - término
media_nota_A = soma_nota_A / quant_A;

clrscr ();                                         sub-rotina (limpa tela)

printf  ("Número de alunos da turma B: ");         início de exec. em seq.
scanf  ("%d", &quant_B);
total = 0;
soma_nota_B = 0;                                   término exec. seq.
for (i=0;i < quant_B; i++)
{                                                  loop - início
  printf  ("Informe a matrícula do aluno: ");
  scanf  ("%d",&matr[1][i]);
  printf  ("Informe a nota: ");
  scanf  ("%f",&nota[1][i]);
  if (nota[1][i] > maior_nota_A)
     total++;
  soma_nota_B = soma_nota_B + nota[1][i];
}                                                  término - loop
media_nota_B = soma_nota_B / quant_B;              cálculo média turma B
printf  ("A média dos alunos da turma A foi: %4.2f", media_nota_A);
printf  ("A média dos alunos da turma B foi: %4.2f", media_nota_B);
printf  ("A nota mais alta da turma A foi: %4.2f", maior_nota_A);
printf  ("%d alunos da turma B obtiveram nota superior à maior nota da turma A", total);
}
```

Figura 5.3 Exemplo de programa para demonstração de localidades na sua execução.

Pode-se observar no programa os trechos de execução em seqüência, bem como dois loops, que mostram também a localidade temporal.

Assim, seria uma boa idéia tirar vantagem daqueles princípios de localidade se se colocasse a parte repetitiva de um pedaço do programa em uma memória bem rápida, mantendo o restante do programa, que não está sendo utilizado no momento, na memória mais lenta e de maior capacidade, porém mais barata.

5.2.3 Organização e Funcionamento da Memória Cache

Como aproveitar, então, os dois princípios da localidade? Conforme mencionado no parágrafo anterior, o projetista do sistema cria um elemento de memória intermediário entre o processador e a MP, como mostrado na Fig. 5.4. Este elemento de memória, denominado *memória cache*, deve possuir elevada velocidade de transferência e um tamanho capaz de armazenar partes de um programa, suficientemente grandes para obter o máximo rendimento do princípio da localidade espacial e suficientemente pequenas para não elevar em excesso o custo do sistema de computação.

Praticamente em todo este capítulo estamos nos referindo à memória cache fisicamente real, que é localizada internamente no invólucro do processador ou que é um chip inserido na placa-mãe, seja na sua organização e funcionamento, seja também referente aos seus elementos de projeto. Este foi o objetivo dos pesquisadores e projetistas de sistema nos primórdios da computação; naquela época e durante algum tempo sua

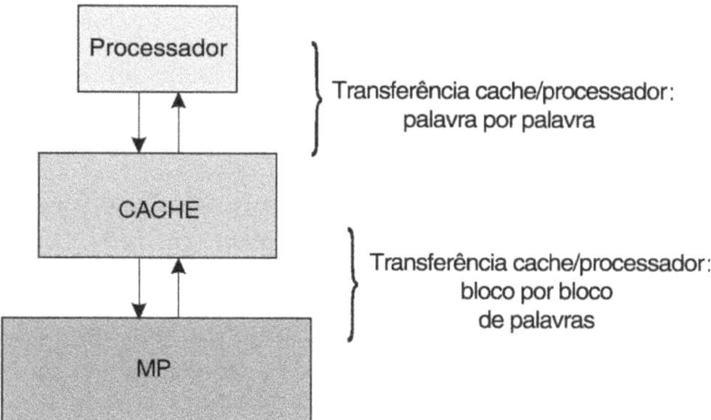

Figura 5.4 Organização para transferência de informações entre Processador/Cache/MP.

aplicação se resumia nesse uso. No entanto, atualmente se emprega o termo ***cache*** para expressar e organizar diferentes tipos de aplicação de armazenamento em sistemas de computação (ver item seguinte, 5.3), como cache de disco, cache no navegador (browser) e qualquer outro sistema de armazenamento que se valha das características do princípio da localidade.

Com a inclusão da memória cache entre o processador e a memória principal, podemos descrever os seguintes elementos e um procedimento de funcionamento entre os três componentes, conforme mostrado na Fig. 5.5.

Na figura observa-se que a conexão entre os dispositivos é comum ao processador e às duas memórias, de modo que, colocado um endereço no BE, este é "visto" tanto pela memória cache quanto pela MP; o mesmo ocorre com o BD, embora sob outro aspecto. Isto, como veremos a seguir, tem por propósito acelerar o processo de transferência ao facilitar a comunicação entre os três componentes.

Desde o princípio, e pelo menos até os dias atuais, o processador é projetado para, quando desejado, solicitar um dado que esteja armazenado na MP e, por isso, coloca no BE um valor binário correspondente ao endereço de uma célula (1 byte) da MP, independentemente do fato de existir ou não memória cache. Sem nos determos nesse instante sobre a organização da cache, vamos apenas descrever o processo operacional de uma transferência de dados entre os três componentes e, em seguida, descreveremos a organização do sistema todo.

Funcionamento Genérico de Acesso

Este procedimento operacional pode ser apresentado (sempre de forma simplificada, ver Fig. 5.5) referindo-se a uma operação de leitura de 1 byte de dados (1 célula da MP), conforme enumerado na página seguinte.

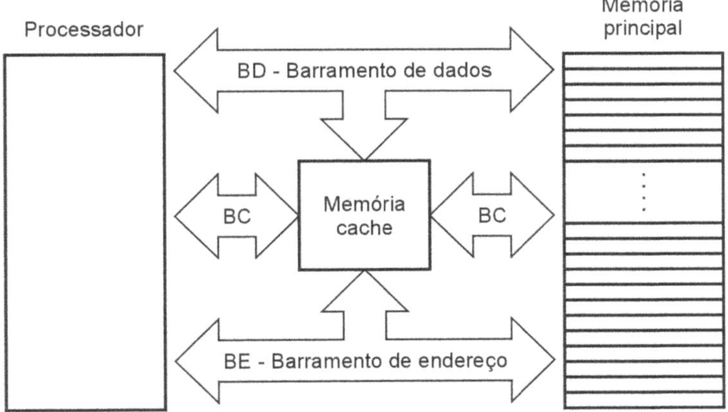

Figura 5.5 Exemplo de conexão e funcionamento do sistema processador, cache e memória principal.

1. o processador inicia a operação de leitura e coloca o endereço desejado da MP no BE (ver item 4.3.3);
2. o sistema de controle da cache intercepta o endereço, interpreta seu conteúdo (dependendo do método de mapeamento de endereço cache/MP a interpretação dos bits do endereço é diferente, conforme veremos no item 5.4.3);
3. da interpretação do endereço o controle da cache conclui se o byte (dado) solicitado está ou não armazenado na cache. Se estiver, este fato é denominado ***acerto*** (ou *hit*). O dado (cópia) é transferido, pelo BD, da cache para o processador na velocidade desses elementos, muito maior que a MP/processador.
4. se o byte desejado não estiver armazenado na cache, este fato é denominado ***falta*** (ou *miss*). Nesse caso, o controle da MP é acionado para localizar o bloco da MP que contém o byte desejado e este bloco é transferido para a cache, sendo armazenado em uma linha daquela memória (a seguir será definido o que é um bloco de MP e uma linha da memória cache). Em seguida, o byte desejado é transferido para o processador. Naturalmente, a operação decorrente de uma ***falta*** é muito mais demorada que a de um acerto, e será mais ainda se o conteúdo da linha (algum byte dela) tiver sido alterado, pois esta terá que ser transferida de volta para a MP para garantir a integridade dos dados alterados após o término da execução do programa;
5. considerando o que é estabelecido no princípio da localidade espacial, de que, realizado um acesso a um determinado endereço, o acesso seguinte deve (é muito provável) ser realizado no endereço contíguo de memória e tendo em vista aproveitar ao máximo a maior velocidade (pequeno tempo de acesso) das memórias cache, quando o sistema de controle tiver que buscar um dado na MP ele busca esse dado e mais alguns que se supõe o processador desejará em seguida. Daí o conceito de divisão da MP em blocos de X bytes e da cache em linhas com X bytes de largura.

O que se deseja, então, é um máximo de ***acertos*** (*hits*) e um mínimo de ***faltas*** (*misses*), para que o sistema tenha um bom desempenho. Podemos definir um valor de eficiência da cache pela relação entre acertos e o total de acessos:

$$E_c = \frac{\text{Acertos (Hit)}}{\text{Total acessos}} * 100 \qquad \text{sendo } E_c = \text{eficiência da cache.}$$

Exemplo 5.1

Um determinado sistema de computação possui uma memória cache, MP e processador. Em operações normais, obtêm-se 96 acertos para cada 100 acessos do processador às memórias. Qual deve ser a eficiência do sistema cache/MP?

Solução

Se em 100 acessos ocorrem 96 acertos, teremos quato faltas e a eficiência do sistema será:

$$E_c = \frac{96}{100} = 0{,}96 * 100 = 96\%$$

Organização Genérica de Memórias Cache

Para permitir, com aproveitamento, o funcionamento adequado dos sistemas de armzenamento, as memórias cache são organizadas de modo diferente da memória principal (RAM) e essas, por sua vez, passam a ter, para o sistema de acesso processador/cache/MP, uma organização lógica diferente da tradicional organização física (conjunto de N células seqüencialmente organizadas por endereços subseqüentes de 1 a N − 1). Na realidade, uma outra memória, chamada virtual, também se encaixaria nesse mesmo tipo de organização a ser apresentado (na memória secundária), mas não faz parte do escopo deste livro).

A Fig. 5.6 mostra um exemplo de organização básica de memória cache, e na Fig. 5.7 é mostrada essa mesma organização de memória cache, mas foi acrescentada a memória principal, com sua organização física-padrão (em células) e a organização lógica apropriada, em blocos, para funcionamento com a memória cache.

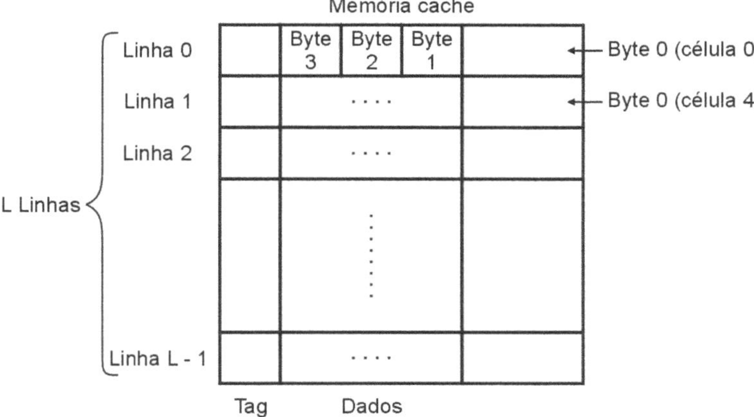

Figura 5.6 Organização básica de uma memória cache.

Desse modo, a MP permanece fisicamente como uma seqüência ordenada e contínua de células ou bytes, visto que na prática, conforme já mencionado no Cap. 4, atualmente todas as memórias principais (RAM) são organizadas com células de largura igual a 8 bits, ou 1 byte.

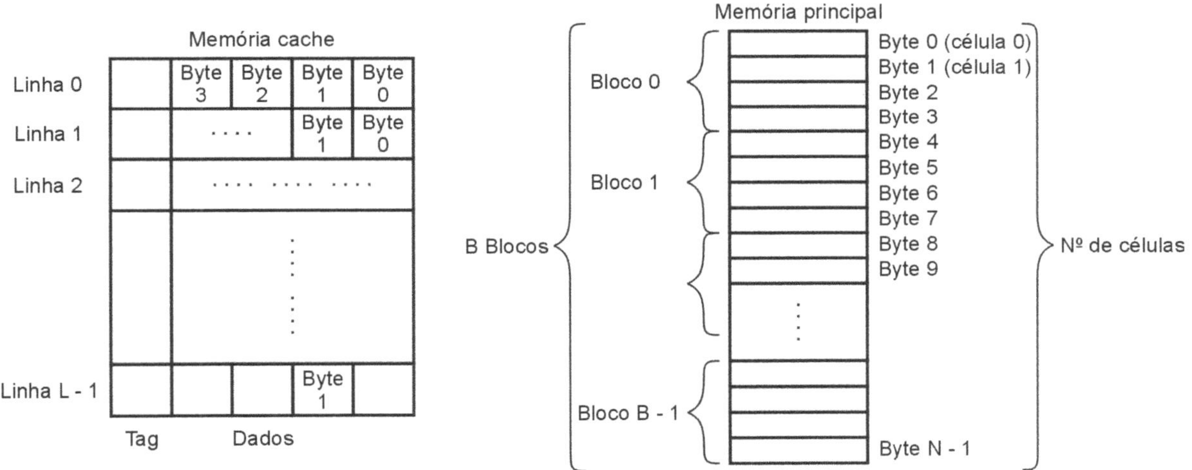

Figura 5.7 Organização memória cache/memória principal.

No entanto, para funcionar com a cache inserida no sistema o controle da cache (também localizado no *chipset* – ver Caps. 4 e 6) considera a MP organizada em blocos de X células ou X bytes cada, de modo que, quando há uma solicitação de transferência de dados pelo processador e o sistema de controle não encontra o dado desejado na cache, ocorre a sua transferência da MP para a memória cache, porém não só este byte é transferido, mas também os subseqüentes, que fazem parte do conjunto (bloco). Repetindo o que foi mencionado anteriormente, isso se baseia no princípio da ***localidade espacial***. Ou seja, transfere-se o dado desejado e mais alguns outros que se pressupõe o processador irá precisar logo em seguida.

No exemplo das Figs. 5.6 e 5.7, cada bloco possui 4 bytes (quatro células) de largura, que deve ser a mesma largura de uma linha da cache, isto é, o X = 4 (largura de bloco/Linha).

Em resumo (Fig. 5.7):

– A MP é fisicamente organizada em uma seqüência contínua de N células cada uma com 1 byte de largura; então, é constituída fisicamente de N bytes de dados, do endereço 0 (byte 0) até o endereço N − 1 (byte N − 1).

- Para funcionar integrada ao sistema processador/cache/MP, esta última é organizada em B blocos, de X bytes (X células cada um), cada um deles com endereço B_i, sendo i = 0 a B − 1.

$$\text{Quantidade de blocos} = \frac{\text{Quantidade de células (bytes)}}{\text{Largura de 1 bloco (X bytes)}}$$

- A memória cache é organizada em um conjunto de L linhas, sendo cada linha constituída de X bytes, mesma largura de 1 bloco da MP. As linhas têm endereço de 0 até L − 1. Além disso, cada linha possui um campo indicador do endereço do bloco que está naquele instante armazenado nela. Este campo é chamado Tag ou rótulo (usaremos no decorrer deste capítulo o termo Tag, mais conhecido na literatura).
- Então, cada bloco ou linha, possuindo X bytes de largura, cada byte é endereçado igualmente por endereços 0, 1, 2.... X − 1 e, portanto, sua localização é composta, no mínimo, pelo endereço do bloco e do byte em seu interior.
- No exemplo da Fig. 5.7, a largura de 1 bloco/Linha = X = 4 bytes, de modo que teremos sempre os bytes 0, 1, 2 e 3 (que é X − 1). O bloco de endereço 0 (bloco 0) é constituído dos bytes 0, 1, 2 e 3, correspondentes, respectivamente, às células de endereços 0, 1, 2 e 3; o bloco 1 é constituído dos bytes 0, 1, 2 e 3 dele, correspondentes, respectivamente, às células de endereços 4, 5, 6 e 7; o bloco 2, constituído dos bytes 0, 1, 2 e 3 dele, correspondentes, respectivamente, às celulas de endereços 8, 9, 10 e 11, e assim por diante, até o bloco B − 1 (último bloco da MP).

É claro, a quantidade de blocos B é sempre muito maior que a quantidade de Linhas, L, requerendo que se tenha que definir métodos para mapear os blocos da MP nas poucas linhas da cache; no item 5.4.1 serão descritos três métodos desenvolvidos: ***direto***, ***associativo*** e ***associativo por conjunto***.

É importante ressaltar a importância do princípio da localidade (importância da construção de programas de forma estruturada), pois, mesmo se tendo uma enorme relação entre quantidade de blocos e quantidade de linhas (tamanho da MP muito maior que o da cache, como, p.ex., em sistemas atuais, com 128MB ou 256MB de MP e caches L2 de 1MB a 4MB e dessas para as L1 com algumas poucas dezenas de KB), ainda assim, a eficiência das memórias cache, E_c, é da ordem de 95% a 98%.

A Fig. 5.8 mostra um processador com barramento único (ônibus) e memória cache incluída.

Figura 5.8 Exemplo de um sistema de computação (microcomputador) com utilização de memória cache em um barramento único.

5.3 TIPOS DE USO DE MEMÓRIA CACHE

A importância das memórias cache nos sistemas de computação é inquestionável, e atualmente elas se tornam cada vez mais imprescindíveis para um correto e eficaz desempenho dos sistemas. Esta importância temse traduzido, entre outros elementos, no desenvolvimento e na criação de diferentes tipos de cache.

Em princípio, podem-se definir dois tipos básicos de emprego de cache nos sistemas de computação contemporâneos:

- na relação UCP/MP (cache de RAM ou "RAM Cache") e
- na relação MP/Discos (cache de disco ou "Disk Cache").

O primeiro tipo, cache de RAM ou cache para a MP, refere-se ao conceito exposto nos itens anteriores, em que a memória cache é utilizada para substituir o uso da memória principal (ou RAM) pelo processador, acelerando o processo de transferência de dados desejados pelo processador.

No segundo tipo, cache de disco, o sistema funciona segundo os mesmos princípios da cache de memória RAM, porém, em vez de utilizar a memória de alta velocidade SRAM para servir de cache o sistema usa uma parte da memória principal, DRAM, como se fosse um espaço em disco (vale-se de uma parte da RAM como buffer). Deste modo, quando um programa requer um dado que esteja armazenado em disco, o sistema verifica em primeiro lugar se o dado está no espaço reservado na memória RAM e que simula o espaço em disco; da mesma forma que na cache de RAM, se o dado for encontrado no buffer da memória (que simula o espaço em disco) haverá um acerto (hit), e se não for encontrado lá então ocorre uma falta (miss), e nesse caso o sistema interrompe o seu processamento para acessar o disco efetivamente, localizar e transferir o dado desejado e mais um bloco de dados subseqüentes, de modo semelhante ao da cache de RAM.

Assim como no caso de cache de RAM, a cache de disco pode aumentar excepcionalmente o desempenho do sistema, visto que o acesso à memória RAM (faixa de nanossegundos) é milhares de vezes mais rápido que o acesso ao disco (faixa de milissegundos).

5.4 ELEMENTOS DE PROJETO DE UMA MEMÓRIA CACHE

Para se efetivar o projeto e a implementação de uma memória cache deve-se decidir entre várias alternativas tecnológicas, atualmente disponíveis, as quais podem ser agrupadas por função:

- Função de mapeamento de dados MP/cache
- Algoritmos de substituição de dados na cache
- Política de escrita pela cache
- Níveis de cache
- Definição do tamanho das memórias cache, L1 e L2
- Escolha de largura de linha de cache

5.4.1 Mapeamento de Dados MP/Cache

Para entender melhor o sentido desta função como elemento de projeto de memória cache, vamos repetir algumas considerações sobre a organização da MP e memória cache, explicadas no item 5.2.3. A memória RAM (MP) consiste em um conjunto seqüencial de $N = 2^E$ palavras endereçáveis (células), cada uma possuindo um único e unívoco endereço com E bits de largura; as células são dispostas a partir do endereço 0 até a célula de endereço $(N - 1)$ e, na prática, todas possuem largura de 8 bits ou 1 byte para armazenamento de dados (ver exemplo da Fig. 5.7).

Para efeito de funcionamento da memória principal, MP (memória RAM), com a memória cache, consideremos:

- que a MP está organizada como um conjunto de B blocos (numerados de 0 a $B - 1$);
- que cada bloco da MP é constituído de X células (X bytes, já que nos sistemas atuais uma célula armazena 8 bits ou 1 byte de dados);
- que a quantidade B de blocos da MP é $B = N / X$ ou $B = 2^E / X$ (ver Fig. 5.7);
- que a memória cache é organizada como um conjunto de L grupos de bytes, sendo cada um deles denominado linha. Cada uma das L linhas da cache possui X bytes, isto é, a mesma quantidade de bytes de um bloco da MP;
- o tamanho da cache ($L * X$ bytes) é sempre muito menor que o tamanho da MP ($B * X$ bytes).

Observemos, então, a extraordinária tecnologia de uso da memória cache: esta memória possui uma capacidade menor que 1% da capacidade da memória RAM, mas permite obter 90% a 95% de taxa de acertos (hits). É por esta razão que atualmente todos os sistemas utilizam o conceito de cache com mais de um tipo, L1 e L2, e muitos com L3 também). Naturalmente, esta enorme eficácia é possível graças ao conhecimento do princípio da localidade, exposto anteriormente. Para recapitularmos este princípio utilizemos um simples exemplo, através de um pequeno loop, dos inúmeros que qualquer programa tem.

Suponhamos um trecho de um programa do tipo:

```
Índice = 1000
Enquanto Índice diferente de zero
Iniciar
    X(Índice) = A (Índice) + B (Índice)
    Índice = Índice – 1
Terminar
```

Neste exemplo, consideremos que a memória cache é capaz de armazenar este simples trecho do programa. Isto significa que em 999 vezes das 1000 o sistema obterá um acerto, ou seja, uma taxa de acerto da ordem de 99,9%, mesmo considerando-se que sua capacidade seja muito menor que a da memória RAM.

A cada instante, a memória cache possui um conjunto de blocos de MP armazenados em suas ***linhas***, com os dados que o processador deve precisar (para haver acertos e não faltas). Porém, como L << B (há muito mais blocos que linhas) não é possível uma ***linha*** da cache estar dedicada a armazenar um específico bloco da MP, ou seja, uma linha é usada por mais de um bloco e, por conseguinte, é preciso identificar, em cada instante, qual o específico bloco que está armazenado na específica linha da cache. Para isso, conforme mencionado anteriormente, cada linha tem um campo (além daquele para armazenar as X palavras), denominado etiqueta (*tag*), que contém a identificação do bloco e que, como veremos a seguir, faz parte dos E bits do endereço completo da MP.

Considerando, então, a grande diferença de tamanho entre as duas memórias, ou seja, há uma grande quantidade de blocos da MP que, durante o funcionamento do sistema, precisarão ser armazenados na pequena quantidade de linhas da memória cache (por demanda do processador ao longo da execução dos programas).

Em outras palavras, há necessidade de se determinar um meio eficaz de determinar qual a linha em que um bloco específico será armazenado, quando solicitado pelo sistema. Ora, como B >> L, então não se pode ter uma relação 1:1 entre eles, daí a necessidade de estabelecer um método de mapear os endereços dos blocos com os endereços das linhas. Há três alternativas:

- Mapeamento direto
- Mapeamento associativo
- Mapeamento associativo por conjuntos

Na realidade, poderíamos classificar em dois: direto e associativo, tendo este duas modalidades: completo e por conjuntos.

Mapeamento Direto

Por esta técnica, cada bloco da MP tem uma linha da cache previamente definida onde será armazenado. Como há mais blocos do que linhas da cache, isso significa que muitos blocos irão ser destinados a uma mesma linha, naturalmente, um bloco de cada vez; é, portanto, preciso definir a regra a ser seguida para a escolha da linha específica de cada bloco.

Desta forma, os X primeiros bytes (X primeiras células) da MP constituirão o bloco 0 (zero), o qual estará previamente destinado (quando tiver que ser armazenado na cache) à linha de endereço 0 (zero) da cache.

Os X bytes seguintes constituirão o bloco 1 (um), o qual estará previamente destinado à linha de endereço 1 (um) da cache, e assim por diante, até o bloco de endereço correspondente ao valor L − 1, o qual estará previamente destinado à linha de endereço L − 1 (última linha da cache).

Os X bytes seguintes constituirão o bloco de endereço correspondente ao valor L, o qual também estará destinado ao endereço 0 (zero), assim como o bloco L + 1 mapeado à linha 1 (um) da cache, o bloco L + 2 à linha 2, e assim por diante.

Assim, a linha 0 (zero) da cache é destino de armazenamento dos blocos 0 (zero), L, 2L, 3L etc. (naturalmente, um em cada instante de tempo); a linha 1 (um) é destino dos blocos 1 (um), L + 1; 2L + 1 etc.

Na Fig. 5.9 apresenta-se um exemplo simples para mostrar, com números, os elementos aqui mencionados acima.

No exemplo, a MP possui 64 células de 1 byte cada, ou um total de 64 bytes (64B), e a memória cache tem uma capacidade de 16 bytes (16B). A MP é organizada em blocos de 4 bytes (células) cada um, de byte 0 a byte 3, mesma largura das linhas da cache.

Como a cache possui um total de 16B e cada linha tem 4B de largura, ela acomoda apenas quatro linhas, endereçadas de linha 0 a linha 3 (ver a Fig. 5.9).

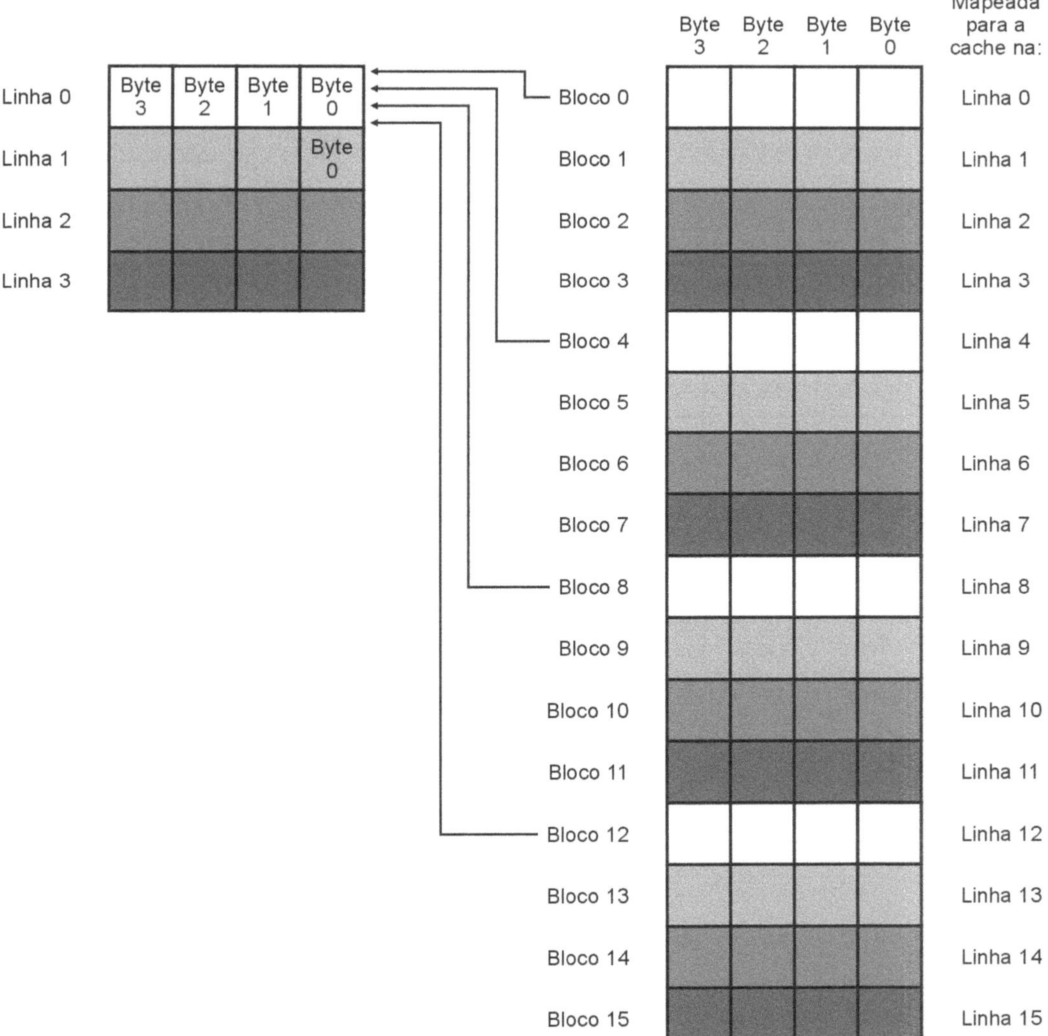

Figura 5.9 Exemplo de mapeamento direto. A memória possui 64 células (64 bytes) e a memória cache possui 16 bytes (quatro linhas com quatro bytes cada). Cada linha pode armazenar quatro blocos, um de cada vez. Exemplo: a linha 0 pode armazenar os blocos 0, 4, 8 e 12.

Em resumo:

- Total de capacidade da MP = 64B ou 2^6, ou seja, cada endereço E da MP possui seis bits de largura.
- Total de blocos = 64B / 4B = 16 ou 2^4.
- Capacidade total da cache = 16B, e cada linha = 4 bytes.
- Total de linhas = 16 / 4 = quatro linhas ou 2^2, ou seja, cada endereço de linha possui 2 bits de largura.
- Como há 16 blocos na MP e quatro linhas na cache, cada linha pode acomodar quatro blocos, naturalmente um de cada vez. Sabemos que 4 = 2^2, ou seja, 2 bits para tag.

Para detalhar um pouco mais o método, apresenta-se um outro exemplo (exemplos nunca são demais para melhor compreensão do leitor), ainda com valores pequenos, de modo que os desenhos possam ser completos em termos dos elementos das memórias, e que está mostrado na Fig. 5.10.

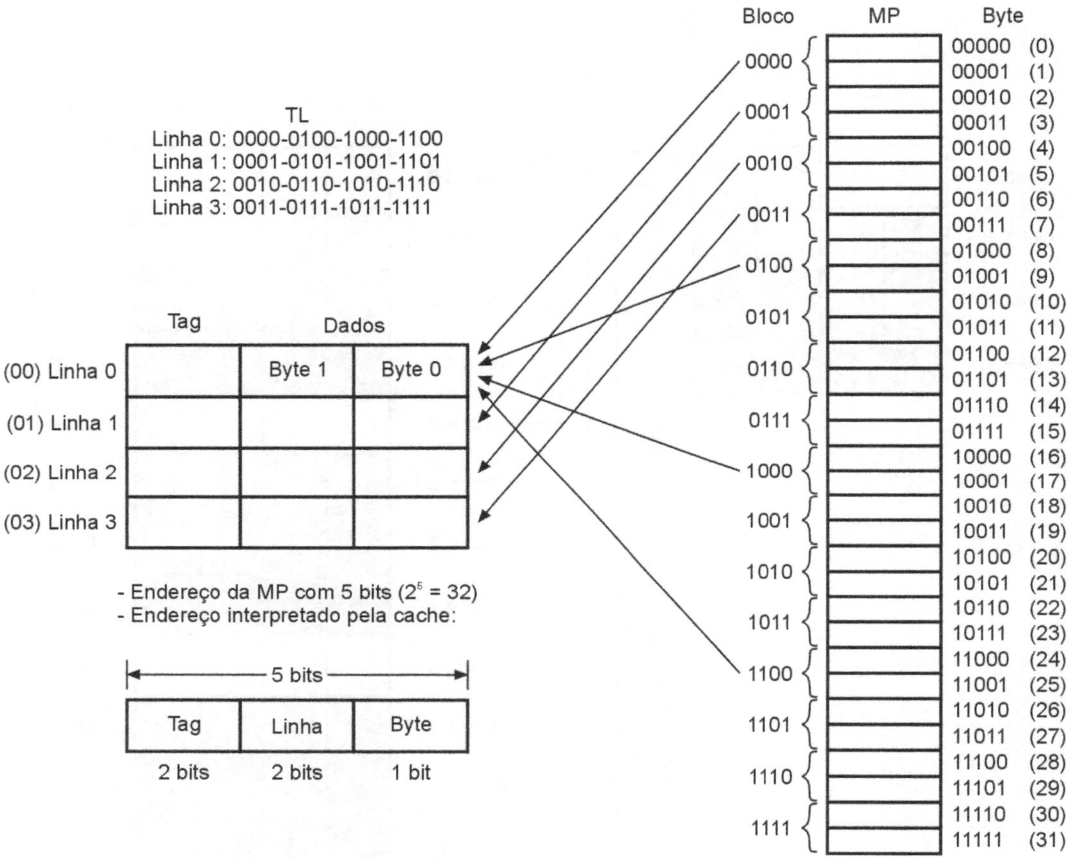

Figura 5.10 Exemplo de organização com mapeamento direto em uma MP com 32 células (bytes) e uma cache com quatro linhas de 2 bytes cada.

Na figura, observam-se os seguintes elementos e valores:

- Memória principal, MP, com 32 células de 8 bits cada uma, ou 32B (bytes), com endereços desde 0 (zero) até 31. Como 2^5 = 32, cada endereço binário possui 5 bits de largura e vai de 00000 até 11111, como mostrado à direita de cada célula.
- A MP é também organizada em blocos de 2 bytes, totalizando B = 32 / 2 = 16 blocos e, como 2^4 = 16, então cada bloco tem um endereço de 4 bits de largura, indo de 0000 até 1111, como mostrado à esquerda de cada bloco da MP na figura. Observa-se que os endereços dos blocos correspondem aos quatro algarismos mais significativos (mais à esquerda) do endereço de uma célula.

– A memória cache possui 8 bytes de tamanho para dados, sendo organizada em quatro linhas de 2 bytes cada uma, pois os blocos da MP também têm largura de 2 bytes. O endereço de um dos dois blocos precisa apenas de 1 bit (bloco 0 ou bloco 1), sendo, portanto, o último algarismo à direita do endereço da célula. Em outras palavras: os 5 bits de endereço de célula dividem-se em quatro para os endereços de cada um dos 16 blocos e um para o endereço do específico byte.

– Como a cache possui quatro linhas, cada endereço de linha é um número de 2 bits de largura ($2^2 = 4$).

– Tendo 16 blocos para serem armazenados (quando solicitado pelo processador em um determinado acesso) em uma das quatro linhas, isto significa que cada linha terá atribuição de receber quatro blocos (16 / 4 = 4), estando previamente determinado como isto ocorrerá. A figura confirma o que já foi mencionado anteriormente:

- A linha de endereço 00_2 (decimal 0) recebe os blocos 0000 – 0100 – 1000 e 1100 (observa-se, nesse caso, que os dois bits à direita de cada bloco são 00 nos quatro blocos – endereço da linha).
- As linhas 01, 10 e 11 receberão os blocos indicados na figura. Verifica-se que os dois últimos bits são sempre o endereço da linha.

– Como temos quatro blocos para cada linha, é necessário um meio de identificar qual deles está armazenado em um dado instante para que o sistema identifique se ocorreu uma falta (miss) ou acerto (hit) em cada acesso e tome as providências de acordo. Para isso, as memórias cache possuem um campo adicional ao dos dados, denominado etiqueta (ou, em inglês, *tag*), o qual permite identificar qual bloco, daqueles destinados àquela linha, está armazenado. No exemplo mostrado na Fig. 5.10, o campo tag possui 2 bits de largura (correspondendo aos 2 bits mais significativos do endereço da célula, mais à esquerda).

Neste ponto, podemos mostrar o formato de endereço de célula como é interpretado pelo sistema de controle da cache para determinar se o byte requerido está na cache (hit) ou se não está (miss).

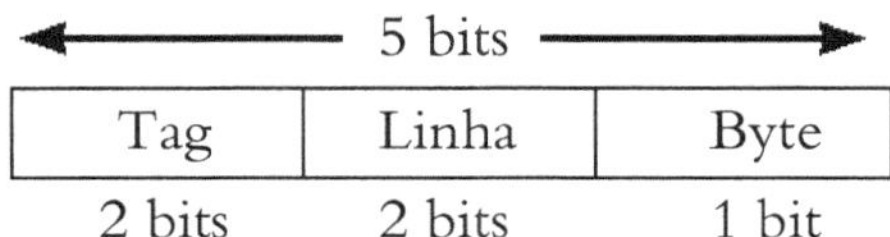

O endereço é subdividido em três campos distintos, que serão interpretados de forma diferente pelo sistema de controle da cache:

Tag – 2 bits ($2^2 = 4$ blocos por linha) – serve para se saber que bloco está armazenado no momento na linha especificada;

Linha – 2 bits (2^2 = quatro linhas) – indica o endereço da linha onde pode estar o dado;

Byte – 1 bit (21 = 2 bytes por bloco) – caso haja um acerto (hit), indica qual byte está sendo requerido pelo processador.

Vamos considerar, em seguida, um exemplo com valores mais reais.

Seja uma memória principal (MP) com espaço de endereçamento de 4GB (células), tendo cada uma um endereço com 32 bits (2^{32} = 4G), como acontece nos processadores INTEL Pentium ou AMD K7 e outros.

Para exemplificar, vamos assumir que a cache associada a esta memória RAM (MP) possui um tamanho correspondente a 64 Kbytes, divididos em 1024 (2^{10}) ou 1K linhas, com 64 bytes de dados cada uma (largura de 1 bloco/1 linha = 64 bytes ou células de dados = 64B). Cada bloco ou Linha terá, então, os bytes de 0 a 63 (de modo semelhante ao que mostramos no exemplo da Fig. 5.7).

A memória principal será, então, dividida em 64M blocos de 64 bytes cada (64B é a mesma quantidade de bytes do bloco de dados da memória principal e da linha da cache). A Fig. 5.11 mostra, com dados, o exemplo que estamos descrevendo.

Relembrando as informações do item anterior, vemos que a MP possui N palavras (células), divididas em B blocos e que a cache possui L linhas de 64B cada. Sendo B = N/L, então: B = 4G / 64K = 64M blocos, numerados de bloco 0 até bloco 64M − 1.

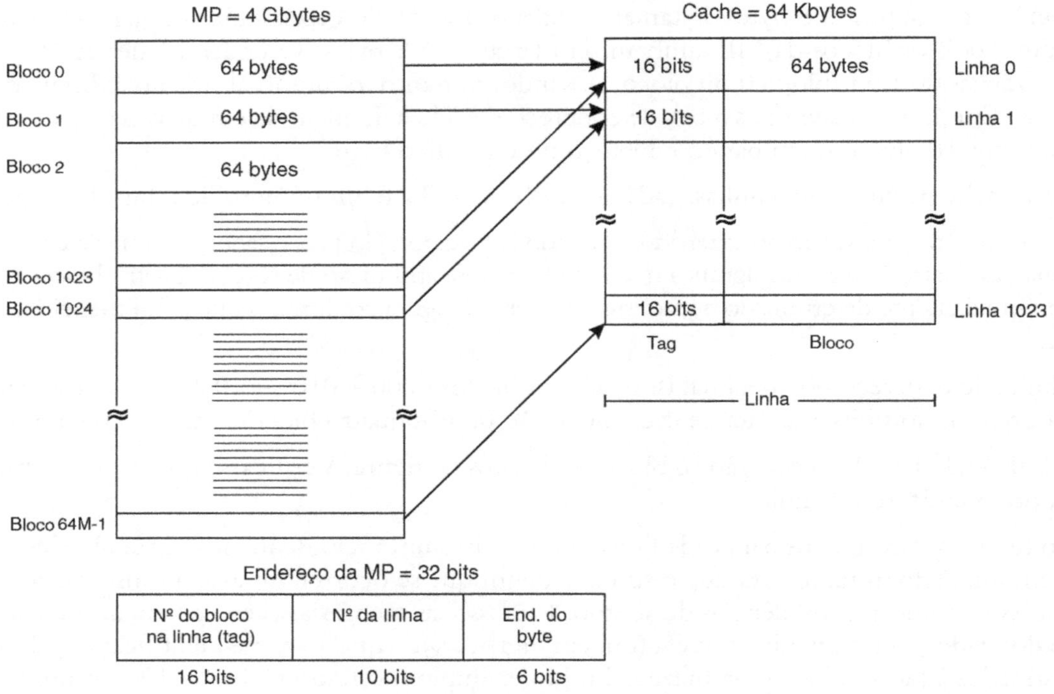

Figura 5.11 Memória cache com mapeamento direto.

Como há 64M blocos na MP e 1024 linhas na cache, então cada linha deverá acomodar (um de cada vez, é claro) 65.536 blocos ($64K = 2^{16}$).

Em resumo:

- Total de capacidade da MP = 4GB ou 2^{32}, ou seja, cada endereço E da MP possui 32 bits de largura.
- Total de capacidade da cache: 64KB. Cada linha possui 64B.
- Total de blocos da MP = N / L = 4GB / 64B = $2^{32} / 2^6 = 2^{26}$, portanto cada endereço de bloco tem 26 bits de largura (campo Linha + Tag do formato de endereços).
- Total de linhas = 64 KB / 64 B = 1024 linhas ou 1 K, ou 2^{10}, ou seja, cada endereço de linha possui 10 bits de largura.
- Como há 64M blocos na MP e 1024 linhas na cache, cada linha pode acomodar 64M / 1K = $2^{26} / 2^{10} = 2^{16}$ ou 64K blocos, naturalmente um de cada vez. Assim, o campo Tag possuirá 16 bits.

O formato de endereço de célula como é interpretado pelo sistema de controle da cache para determinar se o byte requerido está na cache (hit) ou se não está (miss).

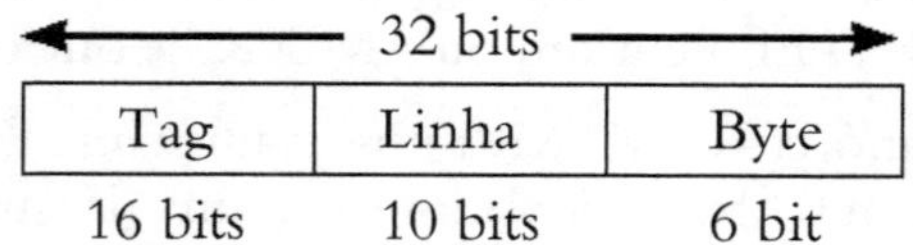

Tag – 16 bits – há 65.536 blocos atribuídos a cada linha ($64K = 2^{16}$);

Linha – 10 bits – há 1024 ou 1K linhas;

Byte – 6 bits – há 64 ($2^6 = 64$) bytes por bloco/linha.

Para definir quais blocos da MP serão alocados a uma linha específica, pode-se efetuar um simples cálculo usando-se aritmética de módulo (resto da divisão). Assim, para definir a linha de cada bloco, seja:

EL = endereço da linha da cache (desde linha 0 até linha 1024 –1)

E = endereço da RAM (MP), que vai de endereço 0 até end. 4G –1

L = quantidade de linhas da cache, sendo no caso Q = 1024

e, então: EL = E módulo L.

No exemplo da Fig. 5.11, L = 1024 e, portanto, EL = E módulo 1024, e teríamos o seguinte mapeamento previamente definido:

- para a linha 0 estarão destinados os blocos 0, 1024, 2048, 3072 e assim por diante, num total de 64K blocos;
- para a linha 1 estarão destinados os blocos 1, 1025, 2049, 3073 e assim por diante;
- e assim sucessivamente até a linha 1023, que receberá o bloco 1023, 2047, até o bloco 64M − 1.

Deste modo, cada bloco da MP estará **diretamente mapeado** a uma linha específica da cache, daí o nome do método de **mapeamento direto**.

Uma outra observação interessante refere-se ao tamanho da cache em bits, valor que determina, entre outras coisas, seu custo, devido à quantidade de componentes físicos (transistores etc.) que deverão ser requeridos.

A quantidade de bits de uma memória cache compreende os bits necessários para armazenamento dos dados (no exemplo da Fig. 5.10 é de 64 bits (quatro linhas * 2 bytes cada), e no exemplo da Fig. 5.11 é de 524.288 bits = 64KB * 8 bits) mais os bits necessários para os L campos *tag* (etiqueta) da memória (no exemplo da Fig. 5.10 é de 8 bits = quatro linhas * 2 bits, e no exemplo da Fig. 5.11 é de 1.048.576 bits = 65.536 linhas * 16 bits).

Em seguida, vamos apresentar o procedimento básico de uma operação de leitura efetuada pelo processador e que é interpretada primeiramente pelo sistema de controle da cache. Para isso, utilizaremos os dois exemplos mostrados nas Figs. 5.10 e 5.11.

Em primeiro lugar, considera-se o exemplo da Fig. 5.10, onde temos:

– endereço de byte (célula) = 5 bits

– endereço de linha = 2 bits

– tag = 2 bits

A Fig. 5.12 auxilia na compreensão do procedimento, que é descrito a seguir:

1) O endereço de 5 bits (endereço de célula/byte) que se apresenta para cache e MP é interpretado pelo sistema de controle da cache conforme os campos específicos:

   tag: 2 bits; linha: 2 bits; byte: 1 bit.

2) Primeiramente, o sistema decodifica a parte do endereço referente ao endereço de linha (dois bits centrais); daí, aponta para a linha selecionada.

3) Em seguida, o sistema irá checar se o bloco que contém o byte desejado está armazenado naquela linha (**acerto ou *hit***) ou não (**falta ou *miss***). Para isso, é realizada uma comparação (usualmente por meio de portas **xor**) entre o valor do campo *tag* da linha e o valor no campo *tag* do endereço (2 bits).

4) Se forem valores iguais, significa que o bloco procurado se encontra armazenado na cache (um acerto ou *hit*). Nesse caso, o endereço do byte desejado é passado para um decodificador de endereços que localiza e transfere o byte para o processador pelo barramento de dados (procedimento semelhante ao mostrado no item D.1).

5) Se os valores forem diferentes, significa que o bloco não se encontra na cache (falta ou miss). O sistema interrompe o processamento e vai iniciar a localização e a busca do bloco requerido (o endereço corresponde aos 4 bits mais significativos) para transferir uma cópia da MP para a linha específica.

6) Nesse ponto, o sistema precisa verificar se algum byte do bloco foi alterado durante o período em que esteve armazenado (se o processador realizou alguma operação de escrita). Se houve alteração, então o bloco a ser substituído retorna para a MP, caso contrário ele simplesmente é destruído pelo armazena-

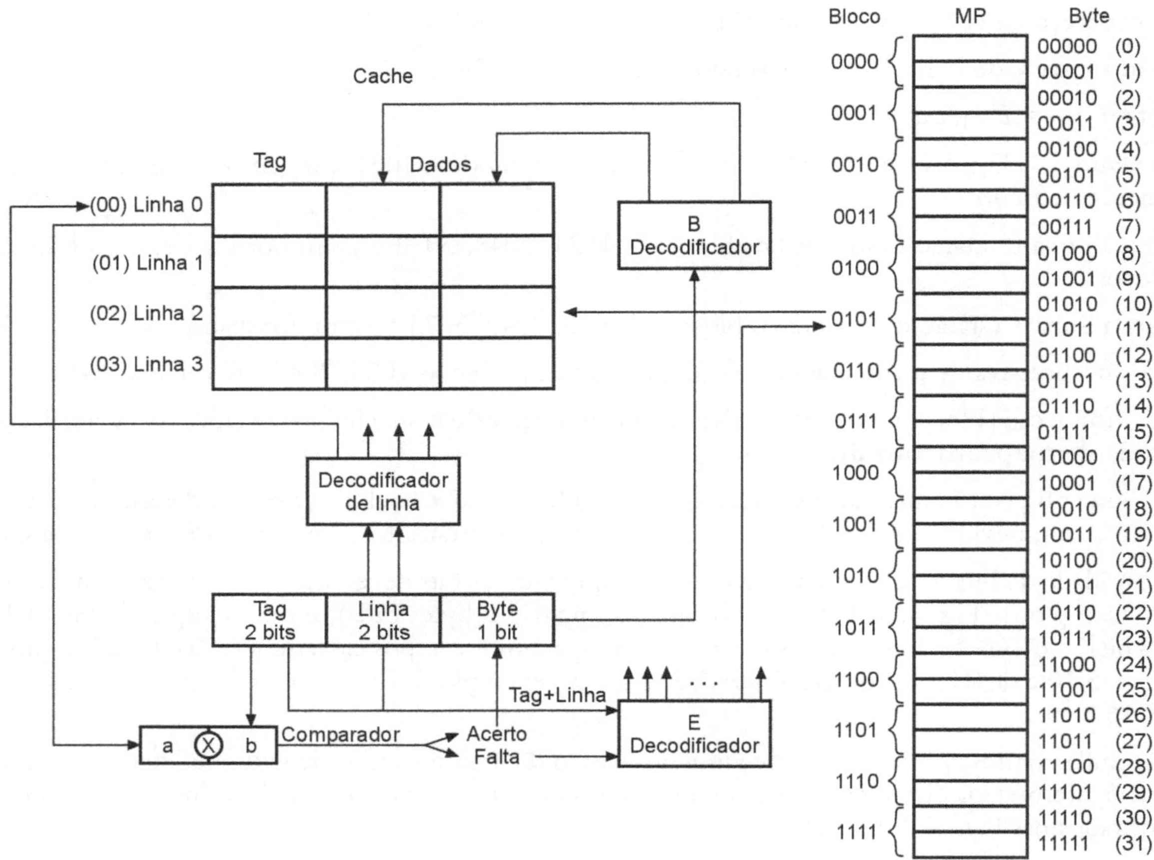

Figura 5.12 Exemplo de acesso à memória cache por meio de mapeamento direto.

mento em cima do novo bloco. Para saber se houve ou não alteração no bloco, os sitemas usam um bit adicional em cada linha, que será setado (bit 1) caso tenha ocorrido alguma operação de escrita ou se mantém em 0 (zero) caso não.

Em seguida, utilizaremos os elementos do sistema exemplificado na Fig. 5.11, onde temos:

- endereço de byte (célula) = 32 bits
- endereço de linha = 10 bits
- tag = 16 bits

O procedimento, a seguir apresentado, pode ser acompanhado por meio da Fig. 5.13.

1) O processador apresenta o endereço de 32 bits no BE, comum à cache e MP e sinal de controle correspondente à operação desejada no BC, que é primeiramente interceptado pelo circuito de controle da cache (ver Fig. 4.5). Este circuito inicia a identificação de seus campos para definir primeiramente se a palavra desejada está na cache ou não. Para exemplificar, vamos considerar o endereço binário 00000000000001000000110001001000. Para efeitos de processamento pelo sistema de controle da cache, este endereço será dividido em três partes, conforme já mostrado na Fig. 5.11, da esquerda para a direita, a saber:

0000000000000100	0000110001	001000
Tag (16 bits)	Linha (10 bits)	Byte (6 bits)

2) Os 10 bits centrais são examinados (ver Fig. 5.13), e seu valor indica que se trata da linha $000011001_2 = 25_{10}$. Resta verificar se o bloco solicitado é o que se encontra armazenado no quadro 25 ou se lá está um outro bloco.

3) O controlador da cache examina por comparação se o valor do campo tag do endereço – no caso, o valor é $0000000000000100_2 = 4_{10}$ – é igual ao do campo tag da linha. No exemplo dado eles são iguais. Isso significa um acerto (Hit), que o dado desejado encontra-se também na cache.

4) Em seguida, é acessado o dado do endereço = $001000_2 = 8_{10}$ (últimos 6 bits do endereço) e transferido para o processador.

5) Se os valores dos campos *tag*, do endereço e da linha da cache não fossem iguais, isto significaria que o bloco desejado não se encontrava armazenado na cache (uma falta ou miss) e, portanto, deveria ser transferido da MP para o quadro 25, substituindo o atual bloco, para, em seguida, o dado (o byte de dados) requerido – byte 8 – ser transferido para o processador pelo barramento de dados, BD. Na realidade, dois acessos: uma cópia do bloco da MP para a cache e o dado da cache para o processador.

Para tanto, os 26 bits mais significativos do endereço (16 bits do campo tag mais 10 bits do campo quadro) seriam utilizados como endereço do bloco desejado, pois: 2^{26} = 64M, ou seja, cada um dos 64M blocos tem um endereço com 26 bits.

Deve ser observado que os procedimentos mostrados são básicos para qualquer tipo de cache, porém há algumas pequenas diferenças, específicas em cada caso, como, por exemplo, para operações de leitura ou de escrita; ou, ainda, se se trata de uma cache L1 de dados (em que a atualização do bloco que retorna é importante) ou de instruções (nunca há retorno de instrução para MP) e estas são buscadas pelo endereço contido no CI (*program counter*, ou *PC*).

A técnica de mapeamento direto é, sem dúvida, simples e de baixo custo de implementação, além de não acarretar sensíveis atrasos de processamento dos endereços. O seu problema consiste justamente na fixação da localização para os blocos (em um dos exemplos dados (Fig. 5.11), 65.536 blocos estão destinados a uma linha, o que indica que somente um de cada vez pode estar lá armazenado).

Se, por exemplo, durante a execução de um programa um dado código fizer repetidas referências (acessos) a palavras situadas em blocos alocados na mesma linha, então haverá necessidade de sucessivos acessos à MP para substituição de blocos (muitas faltas) e a relação acerto/faltas será baixa, com a conseqüente redução de desempenho do sistema. No exemplo da Fig. 5.11 poderíamos ter referências seguidas a uma célula do bloco 0 e a outra célula do bloco 1024, como também, por coincidência, outro acesso subseqüente a uma célula do bloco 2048, todos destinados à mesma linha 0 da cache.

Para concluir, apresentam-se alguns exemplos que auxiliam a entender melhor o conceito e a sistemática do mapeamento direto.

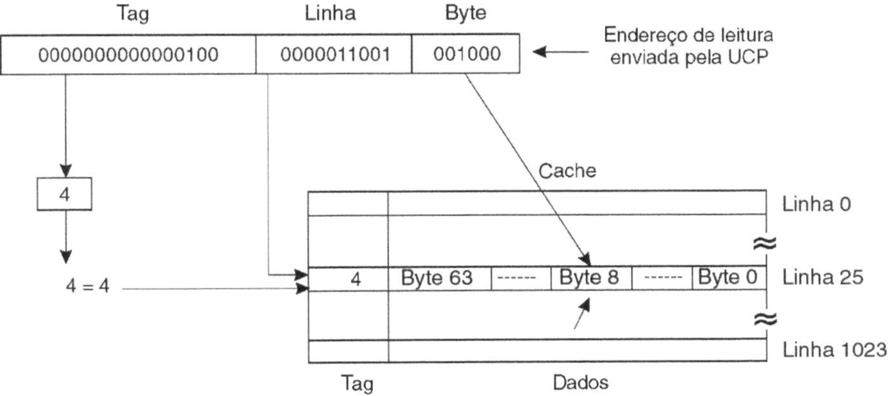

Figura 5.13 Exemplo de operação de leitura em memória cache com mapeamento direto.

Exemplo 5.2

Cálculo da quantidade de bits necessários para uma determinada memória cache.

Considere um sistema de computação com uma memória cache de 32KB de capacidade, constituída de linhas com 8 bytes de largura. A MP possui uma capacidade de 16MB.

Solução

O total de bits a serem usados na cache é a soma dos bits de dados (produto da quantidade de linhas pela largura em bits de cada uma) mais os bits usados na coluna *tag*, cujo valor existe para cada linha.

Assim, temos:

T (total de bits da cache) = T_d (total de bits para a parte de dados) + T_t (total de bits dos tags)

T_d = 32KB × 8 bits = 32 * 1024 * 8 = 262.144 bits

T_t = quantidade de linhas * largura do campo tag

Quantidade de linhas = 32KB / 8 bytes = 4KB = 2^{12}

Largura do campo tag = quantidade de blocos / quantidade de linhas

Quantidade de blocos = 16MB / 8B = 2MB = 2^{21}

Quantidade de blocos por linha = 2^{21} / 2^{12} = 2^9 = 512, e o campo tag possui 9 bits de largura.

T_t = 4 × 1024 × 9 = 36.864

T = 262.144 + 36.864 = 299.008 = 292KB

Exemplo 5.3

Cálculo de formato de endereço para memórias cache com mapeamento direto.

Considere uma MP com 64MB de capacidade associada a uma memória cache que possui 2K linhas, cada uma com largura de 16 bytes. Determine o formato do endereço para ser interpretado pelo sistema de controle da cache.

Solução

MP = 64MB = 2^{26} Largura de bloco = linha = 16B = 2^4
L = 2K = 2^{11}

O formato do endereço possui três campos: tag – linha – byte.

Tag – endereço do bloco desejado, atribuído a uma específica linha. Seu valor em bits é diretamente dependente da quantidade de blocos atribuídos a cada linha, o que pode ser obtido da relação entre o total de blocos, T_b, e o total de linhas, L.

Linha – endereço da linha desejada. Sua largura depende diretamente da quantidade de linhas.

Byte – endereço do byte desejado. Sua largura depende diretamente da quantidade de bytes em cada bloco/linha.

T_b = 64MB / 16B = 4MB = 2^{22}.

Byte = 4 bits, pois há 16 bytes por bloco.

Linha = 11 bits, pois L = 2^{11}.

Tag = 11 bits, pois: T_b / L = 4 MB / 2K = 2^{22} / 2^{11} = 2^{11} = 2K blocos por linha.

← 26 bits →

Tag	Linha	Byte
11 bits	11 linhas	4 bits

Exemplo 5.4

Seja uma MP constituída de blocos com largura de 32 bytes, associada a uma cache com 128KB. Em dado instante o processador realiza um acesso, colocando o seguinte endereço (expresso em algarismos hexadecimais): 3FC92B6. Determine qual deverá ser o valor binário da linha que será localizada pelo sistema de controle da cache.

Solução

O endereço completo da MP possui sete algarismos hexadecimais, ou 7×4 bits $= 28$ bits.

Campo byte = 5 bits, pois $2^5 = 32$ e há 32 bytes por bloco/linha.

Quantidade de linhas, L, da cache é igual a 128KB (total da cache) / 32B (largura da linha = 4K linhas $= 2^{12}$.

O campo "linha" do endereço tem largura de 12 bits, pois $L = 2^{12}$.

O campo tag terá 11 bits, pois: $28 - 12 - 5 = 11$.

O endereço 3FC92B6 em bits será:

0011 1111 1100 1001 0010 1011 0110

Dividindo pelos campos do endereço, teremos:

00111111110	010010010101	10110
Tag	Linha	Byte

Deste modo, o endereço da linha desejada é: 010010010101.

Mapeamento Associativo

Conforme foi exposto na descrição do mapeamento direto, este método é simples de implementar e funcionar; no entanto, acarreta uma razoável inflexibilidade no uso do mapeamento, pois os blocos são fixamente determinados para uma linha específica. Com isso, pode ocorrer um aumento de faltas (misses) devido justamente a essa inflexibilidade (dois acessos próximos em tempo podem fazer referência a blocos alocados para uma mesma linha, resultando, por exemplo, na retirada de um bloco que acabou de ser trazido da MP e sua utilização em seguida – nova falta).

Para enfrentar este problema e tornar a distribuição dos blocos mais flexível, foi desenvolvido um outro método, exatamente o oposto do mapeamento direto (ver Fig. 5.14). Trata-se do método chamado **mapeamento associativo**.

Por este método não há local fixo na memória cache para alocação de um bloco da MP; quando é requisitado pelo sistema de controle da cache em um acesso o específico bloco pode ser armazenado em qualquer linha, substituindo a que lá estiver armazenada. Neste caso, no entanto, há necessidade de se escolher cuidadosamente qual deverá ser o bloco a ser substituído (pelo menos este problema o mapeamento direto não possui). Há diferentes estratégias para se definir esta escolha, caracterizando diferentes políticas de substituição de linhas, as quais serão tratadas no item 5.4.2.

Além disso, para o sistema determinar se o bloco acessado está armazenado na cache (acerto – hit) ou não (falta – miss), há necessidade de se efetuar a verificação em cada linha, comparando o endereço do bloco com o que está armazenado no campo *tag* da linha. Para que esta verificação seja rápida e, por isso, eficaz, há necessidade de que a comparação seja simultânea a todas as linhas (no exemplo da Fig. 5.14 seriam quatro comparações, mas em memórias bem maiores há um grande consumo de hardware para isso).

A Fig. 5.14 mostra o mesmo exemplo anterior de MP (com 32 células) e cache (com quatro linhas), adotando agora o método associativo, em que cada bloco pode ir para qualquer linha.

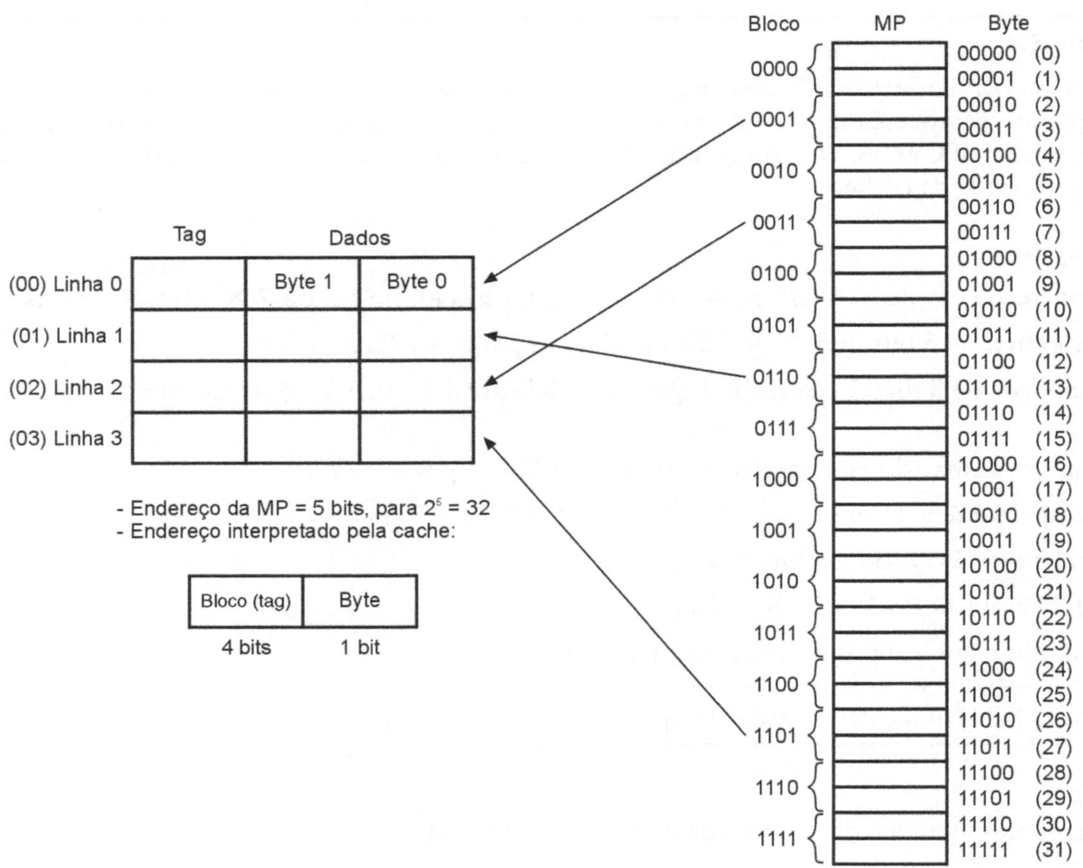

Figura 5.14 Exemplo de organização com mapeamento associativo completo, com MP de 32 células (bytes) e uma cache com quatro linhas de 2 bytes cada.

Nesse caso, o endereço passado pelo processador no BE (5 bits) é interpretado pelo sistema de controle da cache apenas com dois campos: o de identificação do bloco (com 4 bits) e o de endereço do específico byte (ou palavra), com 1 bit.

Então, uma das diferenças em relação ao método anterior (mapeamento direto) reside no tamanho do campo *tag* incluído em cada linha: neste método o campo *tag* possui uma largura igual à do endereço do bloco (no exemplo, são 4 bits), valor sempre maior do que o usado no mapeamento direto (consome-se mais bits neste tipo de mapeamento).

A Fig. 5.15 mostra a organização lógica da cache para o funcionamento do sistema com o método de mapeamento associativo.

Na figura, observa-se a mesma MP e cache, os mesmos decodificadores de endereço de bloco e de byte e os comparadores, sendo no caso quatro, a saída dos quais está conectada a uma porta indicadora de acerto ou falta.

O procedimento básico para o método de mapeamento associativo completo é:

1) O processador inicia o acesso pela colocação do endereço no BE, o qual é interceptado pelo sistema de controle da cache.
2) O valor do campo bloco do endereço (4 bits mais significativos) é replicado em todos os elementos de comparação, os quais possuem, no outro lado, o valor armazenado em cada campo tag de linha (endereço de bloco).
3) Usualmente, esta comparação pode ser realizada por uma porta lógica xor (ver Apêndice B); a saída de todas as comparações (realizadas em um único instante de tempo, qualquer que seja a quantidade de

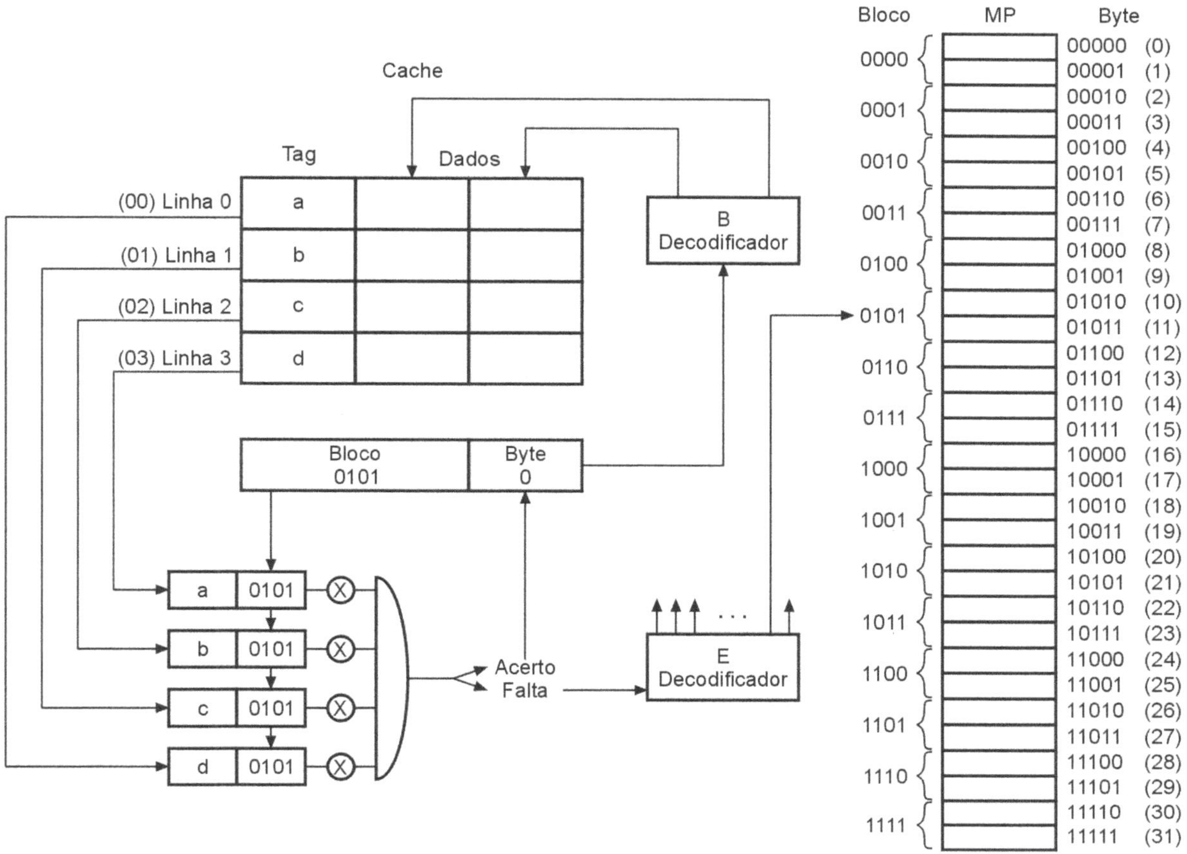

Figura 5.15 Exemplo de acesso à memória cache por meio de mapeamento associativo completo.

comparadores) é entrada de uma porta lógica and, cuja saída acusa se o bloco está (acerto – hit) ou não (falta – miss) na cache.

4) Caso haja acerto (hit), o endereço do byte (bit menos significativo) é acionado para se efetuar a transferência para o processador do respectivo valor pelo barramento de dados; cajo haja falta, o elemento de acesso à MP é acionado para se efetuar a localização do bloco e, segundo a política estabelecida de substituição de linha (item 5.4.2), transferi-lo para a linha escolhida.

Naturalmente, este método possui a grande vantagem de garantir uma maior flexibilidade na alocação e armazenamento dos blocos, evitando maior quantidade de faltas (hits), porém acarreta um aumento considerável de hardware, com o conseqüente aumento de custo e complexidade do sistema. Há maior quantidade de bits na cache (conforme podemos verificar pelo Exemplo 5.4), bem como de componentes necessários para cada um dos L comparadores (no exemplo da Fig. 5.14 são quatro comparadores, pois há apenas quatro linhas na cache, mas um sistema real possui caches com milhares de linhas, o que redundaria em milhares de comparadores, respectiva fiação de conexão, portas lógicas e outros elementos, encarecendo bastante o sistema.

Em função desses óbices do mapeamento associativo, bem como considerando-se os inconvenientes do mapeamento direto, mas também as vantagens de ambos os métodos, desenvolveu-se um método alternativo, que procurou agregar as vantagens de ambos os métodos anteriores e eliminar ou minimizar suas desvantagens. Chamou-se a este método de associativo por conjunto; na realidade, é conhecido como associativo por conjunto de N.

Antes de apresentar os detalhes desse método, vamos mostrar alguns exemplos do emprego e funcionamento do método associativo completo.

Exemplo 5.5

Cálculo da quantidade de bits necessários para uma determinada memória cache.

Considere um sistema de computação com uma memória cache de 32KB de capacidade, constituída de linhas com 8 bytes de largura. A MP possui uma capacidade de 16MB.

Solução

O total de bits a serem usados na cache é a soma dos bits de dados (produto da quantidade de linhas pela largura em bits de cada uma) mais os bits usados no campo **bloco** (coluna bloco) existente em cada linha.

Assim, temos:

T_c (total de bits da cache) = T_d (total de bits para a parte de dados) + T_b (total de bits do campo bloco)

T_d = 32KB × 8 bits = 32 * 1024 * 8 = 262.144 bits.

T_b = quantidade de linhas * largura do campo **bloco**.

Quantidade de linhas = 32KB / 8 bytes = 4KB = 2^{12}.

Largura do campo bloco = $larg_B$.

Quantidade de blocos = $2^{larg\ bloco}$.

Quantidade de blocos = 16 MB / 8 B = 2 MB = 2^{21}.

Largura do campo bloco = 21 bits.

T_b = 4KB * 21 bits = 84 Kbits = 84 * 1024 = .

T = 262.144 + 86.016 = 348.160 = 340 Kbits.

Exemplo 5.6

Cálculo de formato de endereço para memórias cache com mapeamento associativo completo.

Considere uma MP com 64MB de capacidade associada a uma memória cache que possui 2K linhas, cada uma com largura de 16 bytes. Determine o formato do endereço para ser interpretado pelo sistema de controle da cache.

Solução

MP = 64MB = 2^{26}. Largura de bloco = linha = 16B = 2^4.

L = 2K = 2^{11}.

Total de blocos = 4M blocos (2^{26} / 2^4 = 2^{22} ou 4M)

O formato do endereço possui dois campos: bloco – byte

O campo byte é calculado de forma idêntica ao do mapeamento direto, possuindo, pois, 4 bits de largura.

A largura do campo bloco é obtida calculando-se o total de blocos, que é de 4MB = 2^{22} e será, portanto, de 22 bits.

Assim, teremos:

Bloco	Byte
22 bits	4 bits

Exemplo 5.7

Seja uma MP constituída de blocos com largura de 32 bytes, associada a uma cache com 64KB. Em dado instante o processador realiza um acesso, colocando o seguinte endereço (expresso em algarismos hexadecimais): 3FC92B6. Determine qual deverá ser o valor binário do campo bloco que será localizado pelo sistema de controle da cache.

Solução

O endereço completo da MP possui sete algarismos hexadecimais, ou 7 × 4 bits = 28 bits.

Campo byte = 5 bits, pois $2^5 = 32$ e há 32 bytes por bloco/linha.

Quantidade de blocos, B, igual a $2^{28} / 2^5 = 2^{23} = 8M$.

O campo bloco possui, então, 23 bits de largura.

O endereço 3FC92B6 em bits será:

0011 1111 1100 1001 0010 1011 0110

Dividindo pelos campos do endereço, teremos:

00111111110 010010010101	10110
Bloco	Byte

Deste modo, o endereço do bloco desejado é: 0011 1111 1100 1001 0010 101.

Mapeamento Associativo por Conjuntos

Esta técnica tenta resolver o problema de conflito de blocos em uma mesma linha (da técnica de *mapeamento direto*) e o problema da técnica de *mapeamento associativo*, relativo à custosa busca e comparação simultâneas do campo *tag* de toda a memória cache.

É, pois, um compromisso entre ambas as técnicas anteriores.

A Fig. 5.16 mostra o mesmo exemplo de MP (32 células) e de memória cache (quatro linhas de 2 bytes cada) adequado ao método associativo por conjunto.

Pode-se observar na figura que o sistema dividiu o espaço de dados da cache em dois conjuntos de duas linhas cada. Cada conjunto é tratado pelo sistema como no método direto, ou seja, cada bloco da cache é previamente dedicado a um conjunto, mas dentro do conjunto o bloco pode ser armazenado em qualquer das linhas do conjunto (método associativo).

Como são 16 blocos, atribuídos fixamente a dois conjuntos, teremos oito blocos por conjunto; conforme se observa na Fig. 5.15, temos oito blocos atribuídos ao conjunto 0 (zero) e oito blocos atribuídos ao conjunto 1 (um) e, por isso, o campo *tag* do endereço possui 3 bits ($2^3 = 8$).

O endereço interpretado pelo sistema de controle da cache possui três campos, identificados da esquerda para a direita:

Tag (3 bits) — Conjunto (1 bit) — Byte (1 bit)

A Fig. 5.17 auxilia na descrição do procedimento de acesso do processador a um byte (palavra) específico, identificando se ocorreu um acerto (e o byte especificado é imediatamente transferido da cache para o processador) ou uma falta (há necessidade de se transferir o bloco desejado para a cache e daí o byte para o processador).

O procedimento básico para acessos em sistemas que usam o método de mapeamento associativo por conjunto é:

1) O processador inicia o acesso pela colocação do endereço no BE, o qual é interceptado pelo sistema de controle da cache.

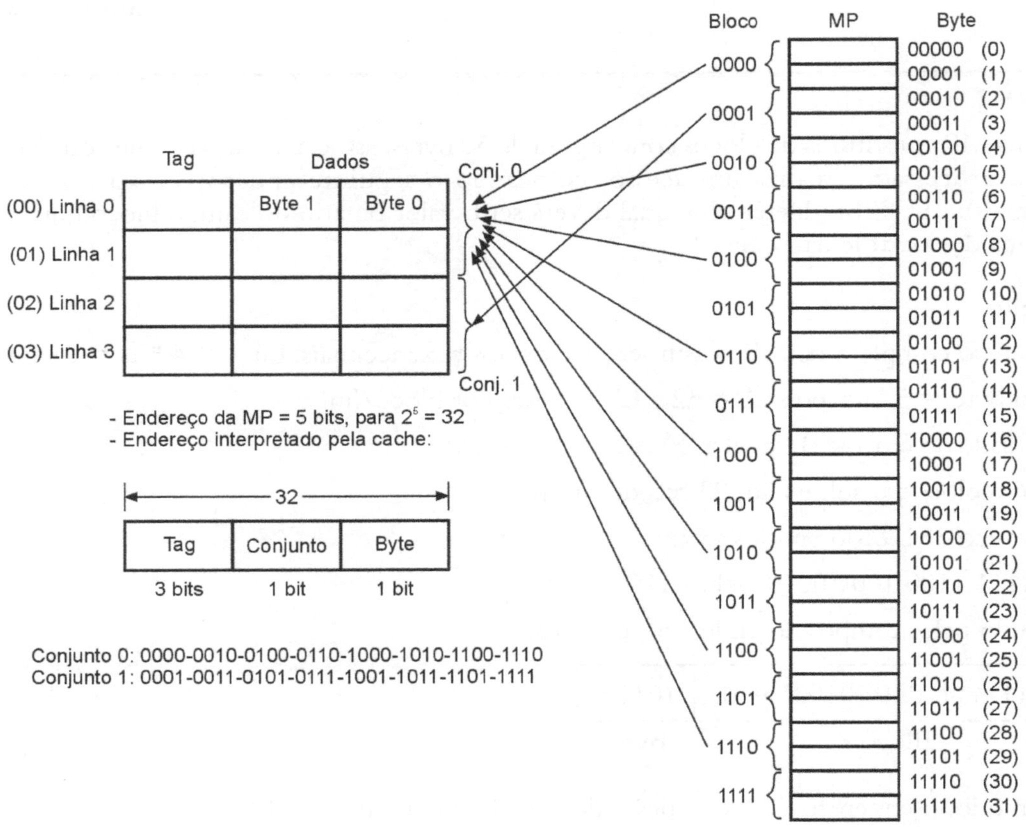

Figura 5.16 Exemplo de organização com mapeamento associativo por conjunto em MP com 32 células (bytes) e uma cache com quatro linhas de 2 conjuntos de duas linhas.

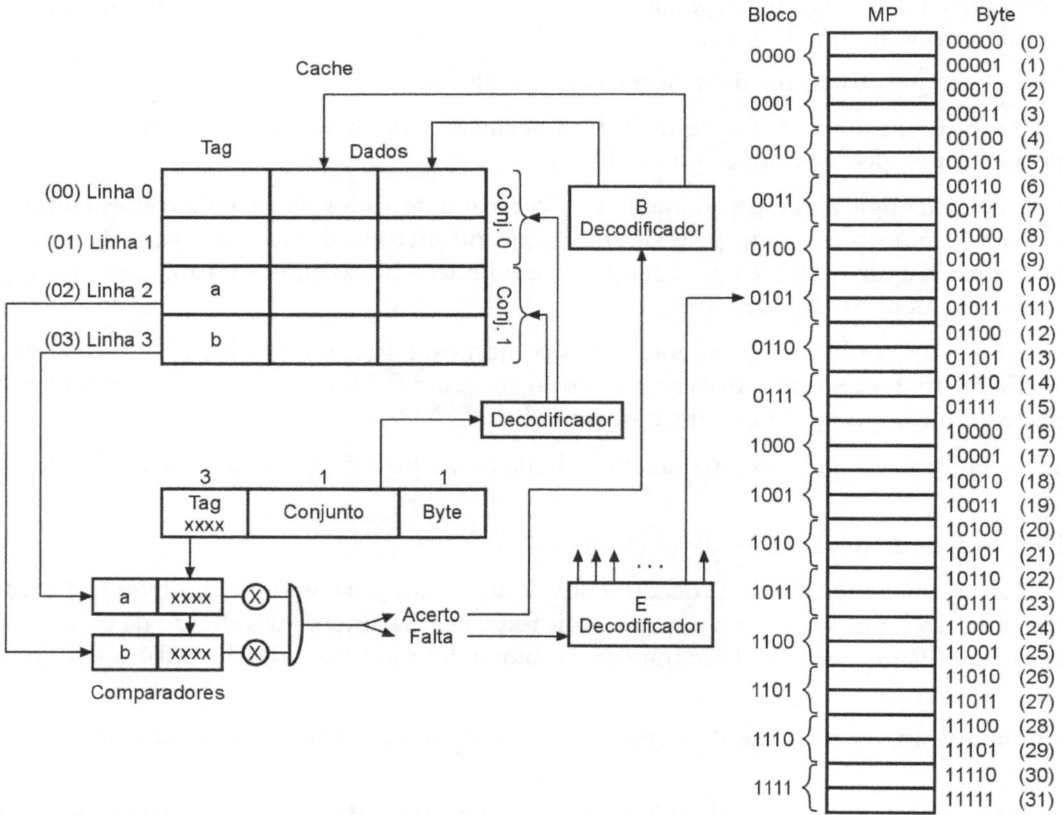

Figura 5.17 Exemplo de acesso à memória cache por meio de mapeamento associativo por conjunto.

2) O valor do campo **conjunto** do endereço (no exemplo da Fig. 5.17, é 1 bit — o segundo bit da direita para a esquerda no formato do endereço) é transferido para o decodificador, cuja saída aponta para o conjunto formado por duas linhas da cache (linhas 2 e 3, que correspondem ao conjunto de endereço 1). Trata-se de procedimento exatamente igual ao do mapeamento direto, sendo que, neste caso, cada bloco está associado diretamente a um conjunto e não a uma linha.
3) Em seguida, o controle da cache irá localizar qual das linhas se deseja, comparando o valor existente no campo **tag** (3 bits) com o valor existente na coluna **tag** de cada uma das duas linhas do conjunto, exatamente como no método associativo completo).
4) Caso haja acerto (hit), o endereço do byte (bit menos significativo) é acionado para se efetuar a transferência para o processador do respectivo valor pelo barramento de dados; caso haja falta, o elemento de acesso à MP é acionado para se efetuar a localização do bloco; primeiramente, é definido o conjunto para onde ele será transferido (previamente definido como no mapeamento direto) e, segundo a política estabelecida de substituição de linha (item 5.4.2), escolhe-se qual linha do conjunto será usada, como no mapeamento associativo completo.

Para finalizar, apresentam-se alguns exemplos do emprego desse método de mapeamento:

Exemplo 5.8

Cálculo da quantidade de bits necessários para uma determinada memória cache, que funciona com mapeamento por conjunto de quatro.

Considere um sistema de computação com uma memória cache de 32KB de capacidade, constituída de linhas com 8 bytes de largura e conjunto de 4. A MP possui uma capacidade de 16MB.

Solução

O total de bits a serem usados na cache é a soma dos bits de dados (produto da quantidade de linhas pela largura em bits de cada uma) mais os bits usados na coluna *tag*, cujo valor existe para cada linha de um conjunto.

Assim, temos:

T (total de bits da cache) = T_d (total de bits para a parte de dados) + T_t (total de bits dos tags).

T_d = 32KB × 8 bits = 32 * 1024 * 8 = 262.144 bits.

T_t = quantidade de linhas * largura do campo tag.

Quantidade de linhas = 32KB / 8B = 4K = 2^{12}.

Quantidade de conjuntos, C = 4K (quantidade de linhas) / 4 (quantidade de linhas por conjunto) = 1K = 2^{10}.

Quantidade de blocos = 16MB / 8B = 2MB = 2^{21}.

Campo tag: quantidade de blocos por conjunto = 2M / 1K = $2^{21} / 2^{10} = 2^{11}$.

A largura do campo tag é, pois, de 11 bits.

T_t = 4K × 2K = $2^{12} * 2^{11} = 2^{23}$ = 8K = 8 * 1024 = 8192 bits.

T = 262.144 + 8.192 = 270.336 = 264 Kbits.

Exemplo 5.9

Cálculo de formato de endereço para memórias cache com mapeamento associativo por conjunto.

Considere uma MP com 64MB de capacidade associada a uma memória cache que funciona com mapeamento associativo por conjunto de 4 e que possui 32KB, com linhas de largura de 16 bytes. Determine o formato do endereço para ser interpretado pelo sistema de controle da cache.

Solução

MP = 64MB = 2^{26} Largura de bloco = linha = 16B = 2^4.

Quantidade de blocos da MP = 64MB / 16B = 4M = 2^{22}

Quantidade de linhas da cache = 32KB / 16B = 2K = 2^{11}.

Quantidade de conjuntos = quantidade de linhas / 4 = 8K / 4 = 2K = 2^{11}.

Quantidade de blocos por conjunto = 4M / 2K = 2^{22} / 2^{11} = 2^{11} = 2K.

O formato do endereço possui três campos: tag – conjunto – byte.

Campo byte = 4 bits (16 bytes por bloco = 2^4).

Campo conjunto = 11 bits.

Campo tag = 11 bits (devido à quantidade de blocos por conjunto).

Tag	Conjunto	Byte
11 bits	11 bits	4 bits

Exemplo 5.10

Seja uma MP constituída de blocos com largura de 32 bytes, associada a uma cache com 64KB; a cache usa mapeamento por conjunto de 4. Em dado instante o processador realiza um acesso, colocando o seguinte endereço (expresso em algarismos hexadecimais): 3FC92B6. Determine qual deverá ser o valor binário do conjunto que será localizado pelo sistema de controle da cache.

Solução

O endereço completo da MP possui sete algarismos hexadecimais, ou 7 × 4 bits = 28 bits.

Campo byte = 5 bits, pois 2^5 = 32 e há 32 bytes por bloco/linha.

Quantidade de linhas, L, da cache é igual a 128KB (total da cache) / 32B (largura da linha = 4K linhas = 2^{12}.

Quantidade de conjuntos = quantidade de linhas / 4 = 4K / 4 = 1K = 2^{10}.

O campo "conjunto" do endereço tem largura de 10 bits, pois C = 1K = 2^{10}.

O campo tag terá 13 bits, pois: 28 − 10 − 5 = 13.

O endereço 3FC92B6 em bits será:

0011 1111 1100 1001 0010 1011 0110

Dividindo pelos campos do endereço, teremos:

0011111111001	001 0010 101	10110
Tag	Conjunto	Byte

Deste modo, o endereço do conjunto desejado é: 001 0010 101

Atualmente, grande parte dos sistemas emprega mapeamento por conjunto, variando apenas o valor de N, podendo-se encontrar caches com conjuntos de 4, conjuntos de 8 e conjuntos de 16. À medida que a capacidade das caches vai aumentando, tende a aumentar o valor de N, de modo a se manter o equilíbrio das vantagens dos métodos anteriores.

5.4.2 Algoritmos de Substituição de Dados na Cache

O problema se resume em definir qual dos blocos atualmente armazenados na cache deve ser retirado para dar lugar a um novo bloco que está sendo transferido (é bom lembrar que isto é necessário porque todos os quadros da cache estão sempre ocupados, visto que L << B). Se o leitor esqueceu o significado das letras, L = quantidade de linhas da cache e B = quantidade de blocos da MP.

A necessidade de decisão sobre substituição de linhas somente ocorre quando se usam os métodos de mapeamento associativo, seja o completo ou por conjunto, pois é neles que se considera a flexibilidade de alocação de blocos em linhas. No método de mapeamento direto esta possibilidade não ocorre, pois previamente são estabelecidas as linhas onde serão armazenados os blocos.

No caso, então, dos métodos associativos, pode-se optar por algum dos seguintes algoritmos de substituição de linhas:

O que não é usado há mais tempo (LRU - *least recently used*), o sistema escolhe para ser substituído o bloco que está mais tempo sem ser utilizado. Ou seja, trata-se de um bloco que o processador não acessa há mais tempo.

O algoritmo LRU pode ser implementado de forma simples em caches associativas por conjuntos de 2, utilizando-se 1 bit adicional em cada linha. Quando uma das duas linhas do conjunto é acessada, o bit é setado (passa para valor 1) e o bit da outra linha passa para valor 0. De modo que na ocasião em que um bloco vai ser armazenado na cache em um determinado conjunto (lembre-se de que a escolha do conjunto não é opcional, pois se faz de modo igual ao método direto), escolhe-se a linha que possui bit igual a 0 (pois é o que não é usado há mais tempo entre os dois do conjunto).

Quando aumenta a associatividade, como, p.ex., para conjunto de 4, o problema também cresce; uma das maneiras para solucionar isso é considerar pares de linhas e, nesse caso, têm-se dois pares, podendo-se estabelecer 1 bit para cada par, funcionando de modo idêntico ao do conjunto de 2. Em seguida, determina-se, no par escolhido, qual a linha que foi usada há mais tempo por meio de outro bit. Com isso, gasta-se mais hardware e mais tempo para processamento dos tais bits.

Com o crescimento da associatividade, o problema se torna bem maior, tornando-se difícil implementar esse processo de forma exata; nesse caso, opta-se por uma estratégia de aproximação na escolha da linha a ser substituída ou por outra modalidade, como a de fila (FIFO), LFU ou escolha aleatória, como descrito a seguir.

Fila, ou seja, o primeiro a chegar é o primeiro a ser atendido (FIFO - *first-in, first-out*). O sistema escolhe o bloco que está há mais tempo na cache (chegou primeiro, *first-in*, é o que sai primeiro, *first-out*), independentemente de estar sendo usado ou não com freqüência pelo processador.

O que tem menos referências (LFU - *least frequently used*). Nesse caso, o sistema de controle escolhe o bloco que tem tido menos acessos por parte do processador (menos referências).

Escolha aleatória – trata-se de escolher aleatoriamente um bloco para ser substituído, independentemente de sua situação no conjunto.

Um estudo realizado sobre memórias cache, baseado em diversas simulações (ver SMIT82), obteve diversas conclusões, entre as quais a de que escolher um bloco aleatoriamente reduz muito pouco o desempenho do sistema em comparação com os demais algoritmos, baseados em algum tipo de uso, e é extremamente simples de implementar. E, mais ainda, quando a associatividade aumenta em associação por conjunto (p. ex., conjuntos de 4 ou de 8), ambos os métodos, LRU e aleatório, quase se equivalem em desempenho, sendo o aleatório muito mais simples e barato em termos de hardware.

5.4.3 Política de Escrita pela Memória Cache

Em sistemas com memória cache, toda vez que o processador realiza uma operação de escrita, esta ocorre imediatamente na cache. Como a cache é apenas uma memória intermediária, não a principal, é necessário que, em algum momento, a MP seja atualizada, para que o sistema mantenha sua correção e integridade.

Antes que um bloco possa ser substituído na cache, é necessário considerar se ele foi ou não alterado na cache e se essas alterações também foram realizadas na MP; caso contrário, isto significa que o bloco da cache está diferente do da MP, e isto não pode acontecer, pois a MP precisa ser tão corretamente mantida quanto a cache.

Atualmente podem ser encontradas algumas políticas de escrita, cada uma contendo suas vantagens e desvantagens em relação às outras, no que se refere principalmente ao custo e ao desempenho.

O problema é complicado se levarmos em conta algumas ponderações, tais como:

- A memória principal pode ser acessada tanto pela cache quanto por elementos de Entrada e Saída (um dispositivo de acesso direto à memória, DMA, por exemplo). Neste caso, é possível que uma célula da MP tenha sido alterada na cache e ainda não na MP e, assim, esta célula da MP está desatualizada. Ou um elemento de E/S pode ter alterado o conteúdo da célula da MP e, então, a célula da cache é que estará desatualizada.
- A memória principal pode ser acessada por vários processadores, cada um contendo sua memória cache. Neste caso, é possível que o conteúdo de uma célula da MP seja alterado para atender à alteração de uma cache específica de um processador, e as demais caches cujo conteúdo esteja ligado a esta célula estarão desatualizadas.

Entre as técnicas conhecidas, temos:

- *Escrita em ambas* (*write through*)

Nesta técnica, cada escrita em uma palavra da cache acarreta escrita igual na palavra correspondente da MP, assegurando validade permanente e igual ao conteúdo de ambas as memórias. Caso haja outros módulos UCP/cache, estes alterarão também suas caches correspondentemente.

- *Escrita somente no retorno* (*write back*)

Esta técnica não realiza atualização simultânea como a anterior, mas sim quando o bloco foi substituído e se houver ocorrido alteração. Em outras palavras, sempre que ocorrer uma alteração do byte na cache o quadro correspondente será marcado através de um bit adicional, que pode ser denominado ATUALIZA, por exemplo. Assim, quando o bloco armazenado no quadro específico foi substituído, o sistema verifica o valor do bit ATUALIZA; caso seja de valor igual a 1, então o bloco é escrito na MP; caso contrário, não.

- *Escrita uma vez* (*write once*)

É uma técnica apropriada para sistemas de multiprocessadores, cada um com sua cache, que compartilhem um mesmo barramento. Por ela, o controlador da cache escreve atualizando o bloco da MP sempre que o bloco correspondente na cache foi atualizado pela primeira vez. Este fato não só atualiza ao mesmo tempo ambos os blocos (como na técnica *write through*), mas também alerta os demais componentes que compartilham o barramento único. Estes são cientificados de que houve alteração daquela palavra específica e impedem seu uso. Outras alterações (escritas) naquele bloco apenas são realizadas na cache local, pois o bloco somente é atualizado na MP quando foi substituído na cache.

Comparando-se as três políticas, podem ser estabelecidas algumas conclusões:

- Com a política *write through* pode haver uma grande quantidade de escritas desnecessárias na MP, com a natural redução de desempenho do sistema.
- A política *write back* minimiza aquela desvantagem, porém a MP fica potencialmente desatualizada para utilização por outros dispositivos a ela ligados, como o módulo de E/S, o que os obriga a acessar o dado através da cache, o que é um problema.
- A política *write once* pode ser conveniente, mas apenas para sistemas com múltiplos processadores, não sendo ainda muito usada.

O mesmo estudo sobre caches mencionado anteriormente [SMIT82] mostra que a percentagem de escritas na memória é baixa, da ordem de 15%, o que pode apontar para uma simples política *write through*.

5.4.4 Níveis de Cache de Memória RAM

No que se refere às memórias cache de RAM, o aumento crescente da velocidade dos processadores e o compromisso de não se aumentar demasiado o custo das memórias cache (o que ocorreria inevitavelmente com o aumento de sua capacidade) conduziram os projetistas e cientistas a desenvolver caches com diferentes características de velocidade e capacidade, formando também um sistema hierárquico em níveis ou camadas, a exemplo do próprio sistema global de memória.

Assim é que, atualmente, os fabricantes e montadores de sistemas estabeleceram dois e até três diferentes níveis de memória cache, todos constituídos de memórias SRAM, porém cada um com características e localização diferentes. Estes níveis/camadas podem ser, dependendo do projeto do sistema de computação:

- Nível 1 (Level 1) ou L1, sempre localizada no interior do processador;
- Nível 2 (Level 2) ou L2, sendo localizada, em geral, na placa-mãe do computador, ou seja, externa ao processador. Porém, têm sido lançados processadores em que a cache L2 está localizada no interior da pastilha do processador, separada deste;
- Nível 3 (Level 3) ou L3 – existente em alguns processadores, quando estes possuem L1 e L2 internamente em seu invólucro; nesse caso, é localizada externamente ao processador, na placa-mãe.

Os computadores que possuem múltiplas memórias cache iniciam o acesso pela cache L1, também denominada cache primária. Esta memória, constituída de elementos com tecnologia SRAM e com velocidade de acesso igual à do processador é, por esta razão, a que possui menor tempo de acesso; sempre que o processador buscar um dado/instrução e obtiver um acerto (hit), a velocidade de transferência será a do processador, com um tempo extremamente rápido.

O funcionamento do sistema é sempre o mesmo de casos anteriores: a memória de nível mais baixo é a que tem maior velocidade (e também maior custo) e menor capacidade. O processador sempre procura o dado/instrução na memória de menor nível; não encontrando na L1, buscará na L2 (se houver uma); desta para a memória DRAM e, finalmente, não encontrando na DRAM irá buscar o dado/instrução no disco.

Apesar das memórias cache L1 serem sempre internas, isto é, construídas com os mesmos elementos do processador, pode haver diferenças de arquitetura entre elas que modificam seu desempenho. É o caso, por exemplo, de um processador com cache de maior tamanho que outro ou se um processador possui ou não a cache dividida, cache L1 de instruções e cache L1 de dados; a maior capacidade e/ou a divisão da cache interna, L1, podem tornar um processador mais rápido que outro, até mesmo se esse outro possuir um processador mais rápido. Por exemplo, os processadores Pentium possuem cache dividida, normalmente de 32KB (16KB para dados e 16KB para instruções, outros possuem 24KB para instruções e 8KB para dados), enquanto alguns AMD Athlon possuem cache L1 unificada e outros dividida.

A Tabela 5.1 apresenta alguns processadores e suas caches primárias, L1. As caches podem ser organizadas de forma unificada (nesse caso, na coluna Tamanho consta um único valor) ou dividida (nesse caso, mostram-se os dois valores, iniciando-se cada um pelas iniciais I, cache de instrução, e D, de cache de dados).

Tabela 5.1 Exemplos de Caches em Processadores

Processadores	Fabricante	Tamanho da Cache
80486	Intel	8 KB
Athlon K7	AMD	I-64KB e D-64KB
Pentium	Intel	I-8KB e D-8KB
Pentium MMX	Intel	I-8KB e D-24KB
Pentium PRO	Intel	I-8KB e D-8KB
PowerPC 601	Motorola/IBM	32 KB
Pentium III	Intel	I-8KB e D-24KB
Pentium 4	Intel	I-8KB e D-8KB
Athlon 64	AMD	I-64KB e D-64KB
Power 5	IBM	64KB
Itanium	Intel	I-16KB e D-16KB

A memória cache L2 ou cache externa, ou ainda denominada cache secundária, é usualmente instalada na placa-mãe do sistema, externamente ao processador, mas ainda constituída de elementos com tecnologia SRAM. Naturalmente, possui menor velocidade de transferência do que a cache L1, visto que opera na velocidade do barramento de dados da placa-mãe, sempre mais lento que a velocidade do processador. No entanto, possui bem maior capacidade de armazenamento que as memórias cache L1, em uma faixa de 64KB a 4MB (é possível que ao ler este texto o leitor já tenha tido informação sobre valores ainda maiores, o que é perfeitamente natural em face da velocidade de avanço da tecnologia desses componentes).

Apesar de a cache L2 ser também conhecida como cache externa, alguns processadores têm sido fabricados com a cache L2 instalada internamente na pastilha do processador, embora em um invólucro separado deste, mas não podendo mais ser chamada de cache externa. É o caso, por exemplo, do Pentium Pro, Pentium II, III e 4.

Alguns modelos de processadores AMD Athlon possuem cache L2 interna, integrada ao processador, e foi desenvolvido para permitir um terceiro nível de memória cache, denominado L3, externo, com controlador na placa-mãe.

5.4.5 Tamanho da Memória Cache

Já foi explicado que uma memória cache só é produtiva, isto é, o desempenho do sistema cresce bastante com seu uso se, durante a execução de um programa, ocorrerem muito mais acertos (o dado requerido pelo processador se encontra na cache) do que faltas (o dado requerido pelo processador não se encontra na cache e deve, então, ser transferido da memória DRAM (MP) para a cache (seja L1 ou L2), para desta ir para o processador), e se isto for obtido através do emprego de uma memória cache de tamanho relativamente pequeno, para que o custo do sistema seja baixo.

A definição da faixa de tamanho adequada para urna cache depende de uma série de fatores específicos de um certo sistema, tais como:

- tamanho da memória principal,
- relação acertos/faltas,
- tempo de acesso da MP,
- custo médio por bit, da MP, e da memória cache L1 ou L2,
- tempo de acesso da cache L1 ou L2,
- natureza do programa em execução (princípio da localidade).

Vários estudos têm sido realizados a respeito, podendo-se considerar uma faixa entre 32K e 256 Kbytes para memórias cache do tipo L1 (cache primária ou interna) e de 64K até 4 Mbytes para memórias cache do tipo L2 (cache secundária). Naturalmente, estes valores não são definitivos nem estáticos, o que significa que, logo adiante, pode-se estar trabalhando com outras faixas de valores.

5.4.6 Largura de Linha da Memória Cache

A escolha da largura ótima de uma cache é tão difícil quanto qualquer outra escolha neste tipo de assunto, devido às diversas variáveis envolvidas. Normalmente se tentam valores estimados em laboratório, que a prática e novos testes aperfeiçoam. É comum se encontrar caches com linhas de 8 a 32 bytes de largura.

O tamanho da linha de uma cache está naturalmente associado ao princípio da localidade espacial; como se sabe que acessando um determinado endereço os acessos seguintes têm grande probabilidade de serem endereços contíguos, então uma linha com vários bytes atende a este princípio. Ao buscar um dado, o sistema busca este e vários outros em seqüência, que serão provavelmente acessados em seguida (mas agora em tempo bem mais rápido, pois já estarão na cache).

Nesse caso deveríamos imaginar que crescendo a largura da linha (muitos bytes) o princípio da localidade espacial seria mais bem atendido, o que não é necessariamente verdade. Realmente, aumentando até uma certa (não específica nem calculável) quantidade de bytes o tamanho da linha vamos aumentando a taxa de acertos. Porém, a manutenção da seqüência de execução de um programa não é permanente, pois vez por outra aparece um desvio, p.ex., em um comando IF-THEN- ELSE, e neste caso alguns dos bytes a mais existentes na linha estarão sendo desnecessários, acarretando aumento de faltas.

Uma outra possível desvantagem de uma largura de linha excessiva é a redução da quantidade de linhas, L = Tamanho da cache / largura da linha. Mantido L, se aumentarmos largura da linha, reduz-se a quantidade de linhas e isso aumentará a quantidade de blocos para cada linha, p.ex., aumentando a probabilidade de faltas.

EXERCÍCIOS

1) Uma memória cache associativa por conjunto consiste em 256 linhas divididas em conjuntos de duas linhas cada. A memória principal contém 4K blocos de 128 bytes cada um. Mostre o formato de um endereço de MP e da cache.

2) Em que circunstâncias uma cache que funciona com mapeamento associativo por conjunto pode ser considerada igual à cache que funciona com mapeamento direto?

3) Considere um sistema de computação que possui uma memória principal (RAM) com capacidade máxima de endereçamento de 64K células, e que cada célula armazena um byte de informação. Para criar um sistema de controle e funcionamento da sua memória cache, a memória RAM é constituída de blocos de 8 bytes cada. A memória cache do sistema é do tipo mapeamento direto, contendo 32 linhas. Pergunta-se:

   a) Como seria organizado o endereço da MP (RAM) em termos de tag, número da linha e do byte dentro de uma linha?

   b) Em que linha estaria contido o byte armazenado no seguinte endereço da MP: 0001 0001 0001 1011?

   c) Qual é a capacidade da memória cache em bytes?

4) Como a memória principal pode ser organizada de modo diferente, tendo uma única estrutura física, e quais são essas diferentes formas de organização daquela memória?

5) Explique por que não é conveniente escolher valores muito grandes de tamanho de linha de caches e porque este tamanho é sempre muito maior que o de uma célula de memória principal.

6) Ao se verificar a organização de uma memória cache e da MP de um sistema de computação, observa-se que a cache tem uma capacidade de armazenamento muito menor que a MP e, ainda assim, sabe-se que em 100 acessos do processador à cache ele obtém cerca de 95 a 98% de acertos. Por quê?

7) Por que é necessário se estabelecer uma política para substituição de linhas para os métodos de mapeamento associativo e não para o método direto?

8) Considere uma MP que possui 4K blocos de 128 células de 1 byte cada e uma memória cache do tipo associativa por conjunto que possui 64 linhas divididas em conjuntos de quatro linhas. Qual deverá ser o formato do campo de endereçamento para acesso à MP e à memória cache?

9) Considere um sistema de computação que possui uma memória principal organizada em células de 1 byte cada e apenas uma memória cache externa, organizada com mapeamento direto, sendo cada linha de 32 bytes. Em um dado instante, o processador inicia um acesso colocando no BE comum o endereço hexadecimal: 5D7A9F2. Sabendo-se que neste sistema cada linha da cache tem atribuídos 512 blocos da MP, pergunta-se:

   a) Qual deverá ser a largura do BE do sistema?

   b) Qual foi a linha acessada pelo processador?

10) Qual é a diferença entre caches unificadas e divididas? Que categoria de cache em um sistema multicache usa um ou outro tipo daquela organização?

11) Considere uma memória cache organizada com mapeamento associativo por conjunto, sendo cada conjunto de quatro linhas. A MP tem uma capacidade de armazenar 64MB, sendo organizada byte a byte, e o sistema transfere de cada vez (MP ←→ cache) 32 bytes. Considerando que a capacidade da cache é de 64KB, mostre como deve ser o formato dos campos de endereço para a memória cache.

12) Por que a memória cache é um dispositivo de armazenamento volátil?

13) Considere um sistema de armazenamento constituído de uma memória principal, que é endereçada por byte e que tem uma capacidade de 256KB, sendo organizada em blocos de 16 bytes de largura. Considerando que se usa neste sistema o método de mapeamento direto para uma cache constituída de 128 linhas, pergunta-se:

a) Qual deverá ser o formato do endereço a ser interpretado pelo sistema de controle da cache, indicando a largura de cada campo?

b) Em que linhas deverão ser armazenados os bytes que possuam os seguintes endereços:

– 1011 1110 0010 1001 1101 0000 1100?

– 0001 1010 0011 0001 0111 1000 1111?

c) Qual deverá ser o total de bits consumido nessa cache?

d) Qual deverá ser o endereço do bloco que contém um byte com o seguinte endereço:

0010 1110 1001 0001 1110 0011 1110?

14) Considere um sistema de armazenamento com MP endereçada por byte, onde cada endereço tem uma largura de 30 bits e uma memória cache constituída de 256KB, possuindo L linhas com largura de 16 bytes. Calcule o total de bits da memória cache para um dos métodos de mapeamento: direto, associativo e associativo por conjunto.

15) Considere um sistema de armazenamento onde a MP é endereçada por byte, que utiliza o método de mapeamento direto na sua cache e onde o formato dos endereços interpretados pelo sistema de controle é:

Tag	Linha	Byte
8 bits	12 bits	4 bits

Pergunta-se:

a) Qual a capacidade de armazenamento da MP, em bytes?

b) Quantas linhas possui a memória cache?

c) Qual é a largura de cada bloco/linha?

d) Qual é a quantidade de blocos atribuído a cada linha da cache?

16) Supondo que esse sistema utilize o método de mapeamento associativo por conjunto de 4 e que o formato do endereço de cache é:

Tag	Conjunto	Byte
8 bits	8 bits	4 bits

,

pergunta-se:

a) Qual a capacidade de armazenamento da MP, em bytes?

b) Quantas linhas possui a memória cache?

c) Quantos conjuntos possui a memória cache?

d) Qual é a largura de cada bloco/linha?

e) Qual é a quantidade de blocos atribuído a cada linha da cache?

6

Processadores

6.1 INTRODUÇÃO

No Cap. 2 apresentamos uma visão global da estrutura sistêmica de um computador e uma breve descrição de cada um de seus principais componentes, incluindo os barramentos que interconectam os referidos componentes. A partir do Cap. 4 iniciamos a descrição mais detalhada de cada componente, a memória em primeiro lugar, mais especificamente a memória principal (Cap. 4) e a memória cache (Cap. 5), ambas interligadas direta e logicamente à UCP (ao processador) na execução de um programa.

Neste capítulo, analisaremos um outro componente, o *processador* ou Unidade Central de Processamento – UCP, que desempenha um papel crucial no funcionamento do sistema de computação. O processador é responsável pela atividade-fim do sistema, isto é, computar, calcular, processar. Como já mencionamos em capítulos anteriores, os processadores atuais são fabricados de modo que, em um único invólucro (pastilha – *chip*) são inseridos todos os elementos necessários à realização de suas funções. E cada vez mais a tecnologia tem avançado nessa área, de modo a se fabricar processadores mais complexos e poderosos, como o Pentium 4 e o Itanium, da Intel, este último contendo em uma pastilha mais de 100 milhões de transistores, ou o IBM/ Motorola PowerPC, ou ainda os Athlon (K7), da AMD, encapsulados com cerca de 22 milhões de transistores. A Tabela 6.1 apresenta um quadro demonstrativo com as principais características de diversos processadores, o que nos permitirá comparar e observar sua evolução tecnológica.

Para descrever e analisar um processador:

- em primeiro lugar, será apresentada sua organização funcional, isto é, quais são suas funções principais e como logicamente ele é estruturado para realizar tais funções, ou seja, quais são os componentes básicos que fazem parte de cada área funcional distinta e o objetivo de cada um – em conjunto, constitui-se em uma combinação da microarquitetura do processador e mais uma parte relativa à execução das operações primitivas nesse processador.
- em seguida, será descrito o funcionamento, passo a passo, deste processador básico, através da execução de instruções de máquina.
- finalmente, serão apresentados alguns aspectos relevantes dos processadores. Mais detalhes sobre características avançadas, fabricação e evolução tecnológica dos processadores constam do Cap. 12 e do Apêndice D; o Cap. 11 trata especificamente de processadores com arquitetura RISC.

Considerando a crescente complexidade não só de componentes mas também do ponto de vista funcional, o autor tem adotado, não só em suas aulas mas também nos textos elaborados a respeito, como este livro, uma estratégia que consiste em:

- inicialmente mostrar uma arquitetura simples de um processador, que serve de base para as explicações conceituais sobre seus componentes internos, suas funções e eles todos integrados para executar instruções individuais e em bloco, como programa. Essa arquitetura, baseada essencialmente no neanderthal Intel 8080, tem sido excelente ferramenta de aprendizagem, e é a base do método de apresentação deste capítulo. Posteriormente, os alunos, em disciplinas mais avançadas ou em textos desse tipo (como o Apêndice D deste livro), são apresentados a arquiteturas mais avançadas, com os demais componentes, que servem para aperfeiçoar o desempenho, a capacidade e a flexibilidade dos processadores, mas não alteram sua concepção básica.
- em outras palavras, consideramos que o conhecimento do que é e como funciona um processador qualquer, como dispositivo de computação, pode ser explicado através apenas dos elementos básicos aqui apresentados e descritos, necessários a executar um ciclo de instrução (ver item 6.4). Que, após esse conhecimento adquirido, é possível mostrar outros componentes e funções dos processadores (existentes nos mais modernos, apenas), outros métodos de processar, desenvolvidos para aumentar o desempenho, mas que não alteram o conceito inicial.

6.2 ORGANIZAÇÃO FUNCIONAL DO PROCESSADOR

O *processador* ou Unidade Central de Processamento – UCP[1] é o componente vital do sistema de computação. Na realidade, o processador é responsável pela realização de qualquer operação realizada por um computador. Isto quer dizer que o processador comanda não somente as ações efetuadas internamente, como também, em decorrência da interpretação de uma determinada instrução, ele emite os sinais de controle para os demais componentes do computador agirem e realizarem alguma tarefa.

A Fig. 2.4 mostra exemplos de processadores, ou microprocessadores. A possibilidade de encapsular em um único invólucro todos os transistores necessários para constituir cada componente interno (unidade de cálculo, registradores, unidade de controle e muitos outros) e todos juntos formando um processador surgiu em 1971, com o processador Intel 4004 e, por ser um elemento tão pequeno e com já (para a época) tantos componentes eletrônicos juntos, denominou-se microprocessador (ver item 1.2.4.6).

Um dos fatores de sucesso daquele projeto residia no avanço da microeletrônica, que permitia construir, na época, transistores (o menor componente físico de um processador, que atua como chave de duas posições, para o sistema binário da máquina) tão minúsculos, da ordem de 10 mícrons ou 10 milésimos de milímetro de espessura (ver unidades de medida no Cap. 2). Na realidade, o valor da espessura de um transistor é que se torna a base da evolução de velocidade, capacidade e funcionalidade, bem como da miniaturização dos processadores. Por essa razão, atualmente processadores são construídos usando-se transistores com tecnologia de espessuras de transistores da ordem de 0,09 mícron (90 nanômetros) e 65 nanômetros (ver essa unidade no Cap. 2). No Apêndice D serão apresentadas mais informações sobre a fabricação de processadores com elevada taxa de miniaturização, bem como as perspectivas dos fabricantes para o futuro.

Um dos fatores primordiais dessa miniaturização está na famosa equação de Einstein,

$E = v * t$, sendo E = espaço; v = velocidade de propagação do sinal; t = tempo de percurso

Se um bit (um sinal elétrico) percorre um fio condutor interno (p.ex., de um registrador para outro ou percorrendo a unidade de cálculo) com velocidade fixa, *v*, correspondente à velocidade da luz, então se queremos que ele realize uma tarefa, por exemplo, de percorrer uma unidade de cálculo para efetivar uma operação aritmética em menos tempo, podemos reduzir o espaço a ser percorrido. Para isso, reduz-se a espessura (o espaço) de cada transistor e, conseqüentemente, será reduzido o tempo de percurso. Além disso, com es-

[1]Durante muito tempo usou-se apenas o termo UCP – Unidade Central de Processamento para indicar o componente responsável pelo processamento das instruções dos programas, para distinguir de outros componentes que realizavam tarefas secundárias de processamento, como processadores para realizar e controlar operações de E/S. Mais recentemente, tem-se encontrado na literatura o termo processador, indicado para representar o processador central, sem haver referências a processadores periféricos, típicos de máquinas de grande porte. Neste texto usaremos ambos os termos, de forma sinônima, isto é, propositadamente aparecerá um ou outro deles.

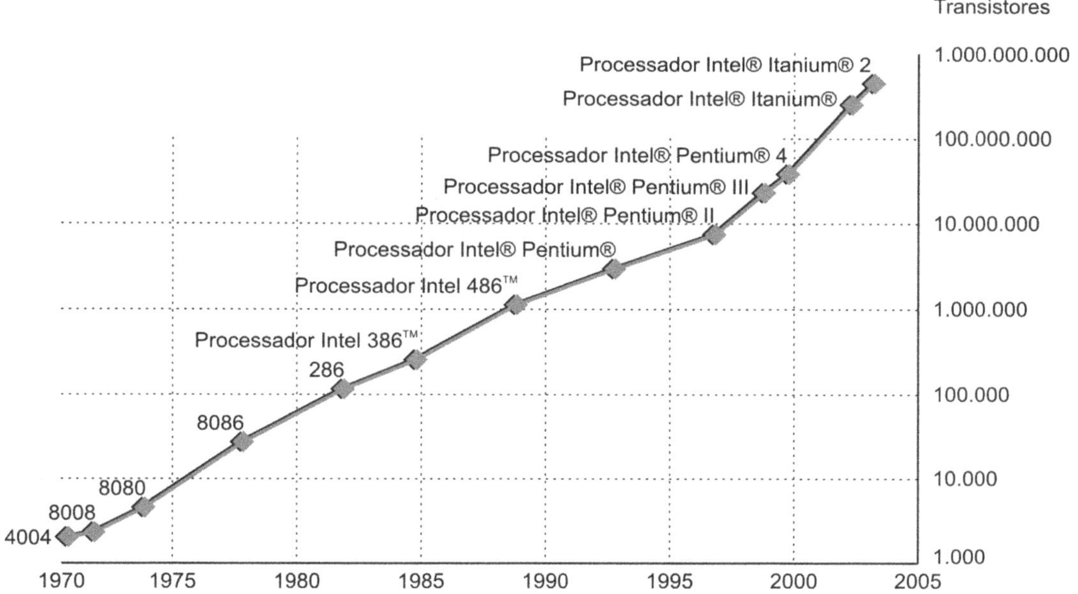

Figura 6.1 Gráfico-exemplo da lei de Moore.

pessuras menores pode-se encapsular mais e mais transistores, tornando o processador mais poderoso (mais e mais complexos componentes), e assim por diante.

Com o avanço da tecnologia, passou-se de 2300 transistores encapsulados no 4004 para 29.000 no 8088, para 3.100.000 no primeiro Pentium e para mais de 100 milhões de transistores nos processadores Itanium, da Intel, e no Opteron, da AMD.

Ainda sobre esse assunto, é interessante mencionar uma entrevista do co-fundador da Intel, Gordon Moore, em abril de 1965 (portanto, antes do lançamento do 4004) sobre sua perspectiva de evolução dos processadores nos anos seguintes. Ele, na famosa entrevista, afirmou que os processadores deveriam dobrar a quantidade interna de transistores anualmente (a Fig. 6.1 apresenta a lei de Moore em termos da evolução dos processadores Pentium). Essa afirmação, atualizada por ele mais tarde (1975) para dois anos (há quem mencione que se tratava de 18 meses, e não 24), vem se revelando verdadeira ao longo do tempo, e passou a ser conhecida como Lei de Moore, devido à importância do processo de aumento da capacidade e desempenho dos processadores. Atualmente, mais de 40 anos depois, a lei de Moore continua válida.

Um processador tem, por propósito, realizar operações com dados (que denominamos processamento) normalmente numéricos. Para realizar essas operações o processador necessita, em primeiro lugar, interpretar que tipo de operação ele irá executar (pode ser a soma de dois números, pode ser a subtração de dois valores, e assim por diante). Em seguida, antes da realização propriamente dita da operação, é necessário que os dados estejam armazenados no dispositivo que irá executar a operação.

Portanto, o processador não somente realiza o processamento (executa a operação com os dados) como também controla todo o funcionamento do sistema, ou seja, busca a descrição da operação a ser realizada, interpreta que tipo de operação deverá ser realizado, localiza e busca os dados que serão processados, e assim por diante.

Todo processador é construído de modo a ser capaz de realizar algumas operações, denominadas primitivas, tais como:

- somar, subtrair, multiplicar ou dividir números (operações aritméticas);
- mover um dado de um local de armazenamento para outro (operação de movimento de dados);
- transferir um valor (dado) para um dispositivo de saída (operação de entrada ou saída (E/S), e assim por diante.

Essas operações e a localização dos dados que elas manipulam têm que estar representadas na única forma inteligível pelo sistema, que é uma seqüência de sinais elétricos, cuja intensidade corresponde a 0s e 1s (uma seqüência de bits).

A seqüência de 0s e 1s que formaliza uma determinada operação a ser realizada pelo processador denomina-se *instrução de máquina*.

Uma instrução de máquina é a identificação formal do tipo de operação a ser realizado (portanto, cada operação consiste em uma instrução diferente), contendo um grupo de bits que identifica a operação a ser realizada e outro grupo de bits que permite a localização e o acesso aos dados que serão manipulados na referida operação. Ou seja, se a operação desejada é uma soma, a instrução de máquina correspondente deve conter os bits necessários para indicar que se trata de soma e onde estão armazenados os valores que deverão ser somados.

Na realidade, não se trata só de os bits indicarem que a operação é de soma, pois este grupo de bits, que mais adiante será identificado como um elemento chamado *código de operação*, será responsável por gerar uma seqüência de ações (que chamamos microoperações em sistemas microprogramados) para execução propriamente dita da instrução (da operação).

O que realmente se deseja mostrar é que, em nossa linguagem (dos humanos), que é gráfica (temos muitos símbolos diferentes para diversas atividades que queremos realizar), é mais simples expressar diferentes modos de realizar uma mesma operação, como, por exemplo, o de uma mesma operação de soma:

a) soma de valores inteiros: 135 + 272
b) soma de valores fracionários: 135, 77 + 272, 89
c) notação científica: $0{,}135 * 10^{+03} + 0{,}0272 * 10^{+04}$

No computador, por ser uma máquina sem inteligência própria, é necessário especificar detalhadamente como as operações serão realizadas. O algoritmo (passo a passo) para executar a soma indicada no item (a) é totalmente diferente do algoritmo para realizar a mesma operação de soma, porém indicada de modo diferente no item (c). Ainda mais, a mesma operação, representada do mesmo modo e com o mesmo algoritmo do item (a), pode ser realizada com os valores 135 e 272 (dados) armazenados nos registradores do processador ou com os mesmos dados, porém armazenados na memória. Em cada caso, alguns passos do algoritmo da soma (a busca dos dados) serão diferentes, caso estejam nos registradores ou na memória.

Um programa executável (ver Apêndice C) é constituído de um conjunto de instruções de máquina (ver o item 6.3) seqüencialmente organizadas (nos sistemas PC, um programa executável possui a terminação .EXE). Para que a execução do referido programa tenha início é necessário que:

1) as instruções a serem executadas estejam armazenadas em células sucessivas, na memória principal;
2) o endereço da primeira instrução do programa esteja armazenado no processador, para que ele possa iniciar o processo de buscar – que é efetivamente uma operação de leitura - essa primeira instrução (veremos mais adiante que os endereços das instruções são armazenados em um registrador específico para isso).

A função do processador (UCP) consiste, então, em:

a) buscar uma instrução na memória (operação de leitura), uma de cada vez (cujo endereço deve estar armazenado no registrador existente na UCP e específico para esse fim);
b) interpretar que operação a instrução está explicitando (pode ser uma soma de dois números, uma multiplicação, uma operação de entrada ou de saída de dados, ou ainda uma operação de movimentação de um dado de uma célula para outra);
c) buscar os dados onde estiverem armazenados, para trazê-los até o processador;
d) executar efetivamente a operação com o(s) dado(s);
e) guardar o resultado (se houver algum) no local definido na instrução; e, finalmente,
f) reiniciar o processo buscando uma nova instrução.

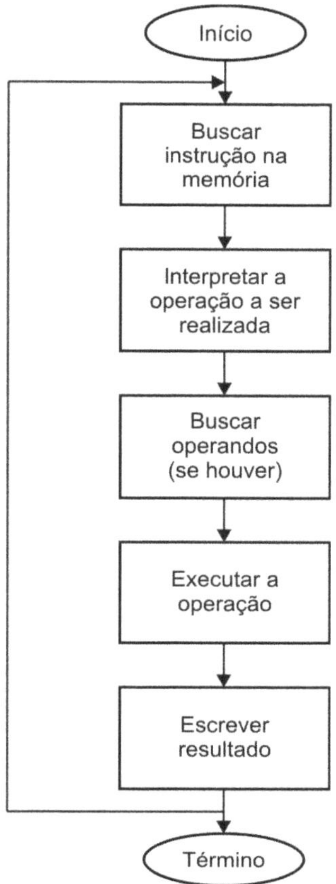

Figura 6.2 Ciclo de instrução básico.

Estas etapas compõem o que se denomina um ciclo *de instrução* (ver Fig. 6.2). Este ciclo se repete indefinidamente até que o sistema seja desligado ou reiniciado (por reset ou novo *boot*) ou ocorra algum tipo de erro ou, ainda, que seja encontrada uma instrução de parada. Em outras palavras, o processador é projetado e fabricado com o propósito único de executar sucessivamente pequenas operações matemáticas (ou outras manipulações simples com dados), na ordem e na seqüência definidas pela organização do programa.

A Fig. 6.2, que se constitui em uma versão ampliada da Fig. 2.6, mostra uma seqüência simplificada do algoritmo de funcionamento de um processador ou, visto de outro modo, o conjunto de etapas que constituem efetivamente o ciclo de execução de uma instrução. Mais adiante esta seqüência será detalhada, de modo a se tornar completa.

Mais uma vez, é preciso ressaltar a simplicidade do modelo de processador em análise, o que favorece as explicações e garante solidez no conhecimento adquirido, permitindo que, posteriormente, se possa mostrar, neste ou em qualquer outro texto, modelos mais avançados que o leitor esclarecido e com essa base poderá compreender sem dificuldade.

Uma das simplificações do modelo consiste em demonstrar o funcionamento do sistema pela execução seqüencial de um ciclo de instrução, ou seja, a realização de um ciclo (de uma operação) de cada vez. Ou seja, somente após o processador realizar todas as etapas do ciclo de uma instrução é que iniciará o ciclo da próxima, e assim sucessivamente. É semelhante ao processo de uma fábrica de TVs, cujo modelo de produção (antigo) fosse o de montar uma TV completa de cada vez (o ato de interligar e montar todos os componentes até o aparelho estar pronto pode ser assemelhado ao ciclo de uma instrução); ou seja, somente após um aparelho de TV estar pronto é que se inicia o ciclo de montagem do aparelho seguinte.

Nem as fábricas de TV nem os processadores atuais utilizam esse modelo, mas ele é fundamentalmente simples de ser explicado. Atualmente (no caso dos processadores, a partir do Intel 8086, em 1978) o modelo de processamento usado é de múltiplas instruções sendo executadas concorrentemente ou até mesmo simultaneamente, processo denominado linha de montagem, por ser semelhante ao exemplo da linha de montagem da fábrica de TV (ou *pipelining*), havendo ainda arquiteturas que empregam mais de uma linha de montagem para execução das operações primitivas – são os processadores superescalares, como o Pentium 4, cujas características básicas serão mostradas no Apêndice D.

Os processadores Intel 8080 e 8085, o processador Motorola 6800 e o processador Zilog Z80 empregavam o método de execução seqüencial de um ciclo de instrução, semelhante ao da fábrica de TV que montava um aparelho completo de cada vez.

Os processadores Intel 8086 e 8088 introduziram dois estágios de *pipelining;* já o processador Intel 80486 atingiu cinco estágios de processamento independente; o Intel Pentium Pro e o PowerPC operavam com seis estágios funcionais; o Intel Pentium II (6.ª geração) trabalhava com 10 estágios, e alguns modelos do Pentium 4 adotam até 20 estágios.

O leitor que compreendeu bem o modelo simples de ciclo de instrução seqüencial, a ser explicado neste capítulo, não deverá ter dificuldade para entender a evolução do processo, como a tecnologia *pipelining*, que mostraremos brevemente ainda neste capítulo, ou como o processamento paralelo ou o processamento fora de ordem, o processamento especulativo ou o processamento vetorial, tratados tanto no Cap. 12 quanto no Apêndice D.

Os termos INÍCIO e TÉRMINO, mostrados na Fig. 6.2, podem ser entendidos como o início e o término do funcionamento da máquina, isto é, quando se liga a chave de alimentação (*power on*) e quando se desliga o computador (*power off*), ou início de seu funcionamento em uma reinicialização. Durante todo o tempo em que a máquina está ligada ela executa ininterruptamente ciclos de instrução, como mostrado na Fig. 6.3.

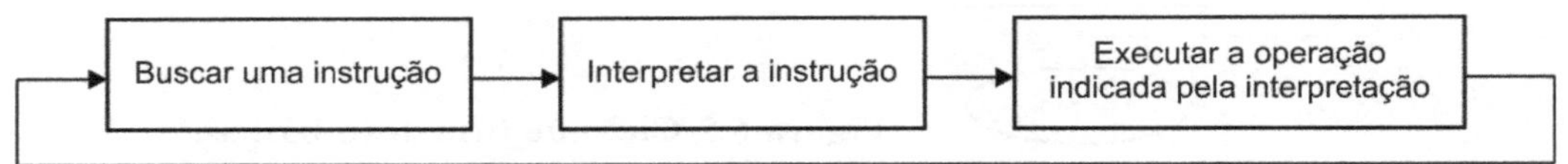

Figura 6.3 Funcionamento do hardware do processador – ciclo de instrução básico.

Mais adiante, iremos observar que um ciclo de instrução é constituído de etapas mais detalhadas do que as que mostramos até o momento. Por exemplo, antes de realizar a operação o processador deve buscar o(s) dado(s) que será(ão) manipulado(s) durante a execução da operação, quando for o caso de uma operação com dados.

As Funções Realizadas pelos Processadores

As atividades realizadas por um processador (suas funções) podem ser divididas em duas grandes categorias:

- função processamento; e
- função controle.

A Fig. 6.4 mostra um diagrama em bloco simples de um processador, mostrando as duas áreas funcionais aqui referidas, interligadas por um conjunto de fios denominados, em bloco, barramento interno do processador, por onde fluem sinais de dados (de/para o bloco de processamento), de endereços e de controle, que servem tanto a uma quanto a outra área do processador; a parte constituída pelos componentes da área de processamento é usualmente conhecida em textos em inglês como *data path*.

A Fig. 6.5 mostra um esquema de um processador simples (baseia-se essencialmente no esquema de funcionamento e nos componentes do Intel 8080 que, até hoje, após 30 anos de seu lançamento, ainda serve para ensino não só de arquiteturas de processadores, mas também de programação em linguagem assembly). Embora nos dias atuais se use mais o termo processador, naquela época usava-se mais Unidade Central de Processamento – UCP, tendo sido assim mantido na figura. Além disso, não se falava em microarquitetura e, por isso, estamos e estaremos usando juntos nos diagramas conceitos de dois níveis de arquitetura atuais, o das instruções de máquina (conhecido e acessado pelos programadores de sistema) e o da microarquitetura (mais baixo, próximo ao hardware e não acessível aos programadores).

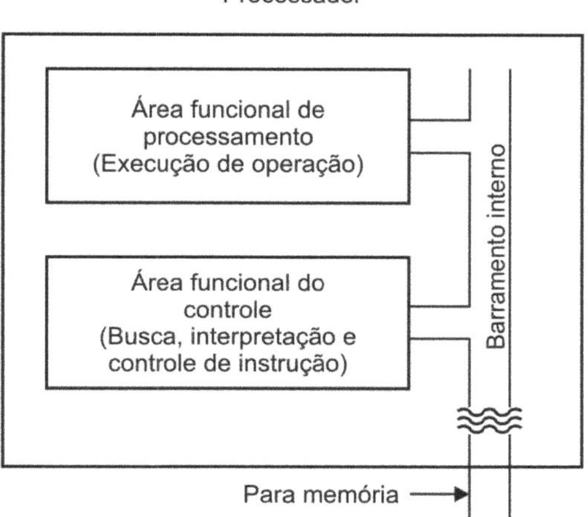

Figura 6.4 Diagrama em bloco (básico) de um processador.

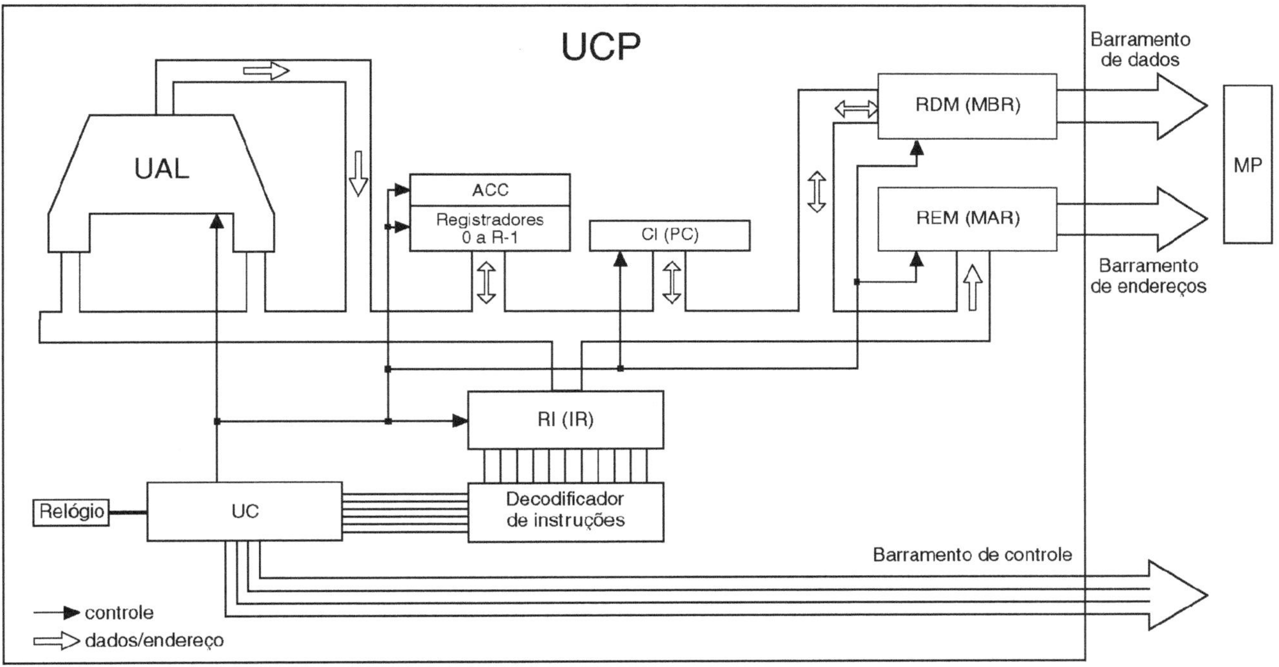

Figura 6.5 Esquema simplificado de uma UCP.

Na figura, mostram-se os principais componentes das duas áreas funcionais de um processador (apresentadas na Fig. 6.4), os quais serão descritos mais adiante: a UAL, o ACC e registradores de dados, como parte da área funcional de **processamento**; a UC – unidade de controle, RI – registrador de instrução, decodificador de instruções, CI (PC) – contador de instrução (todos fazendo parte da área funcional de **controle** – Fig. 6.4), REM (MAR) – registrador de endereços de memória e RDM (MBR) – registrador de dados de memória, além do barramento interno.

Descrevendo as duas funções, pode-se afirmar que a *função processamento* se encarrega de realizar as atividades relacionadas com a efetiva execução de uma operação, ou seja, processar, realizar um cálculo aritmético ou lógico, p.ex.. O item 6.2.1 apresenta os detalhes mais importantes relativos aos componentes do processador que constituem esta área, e as Figs. 6.6 e 6.7 mostram, respectivamente, o diagrama em bloco do proces-

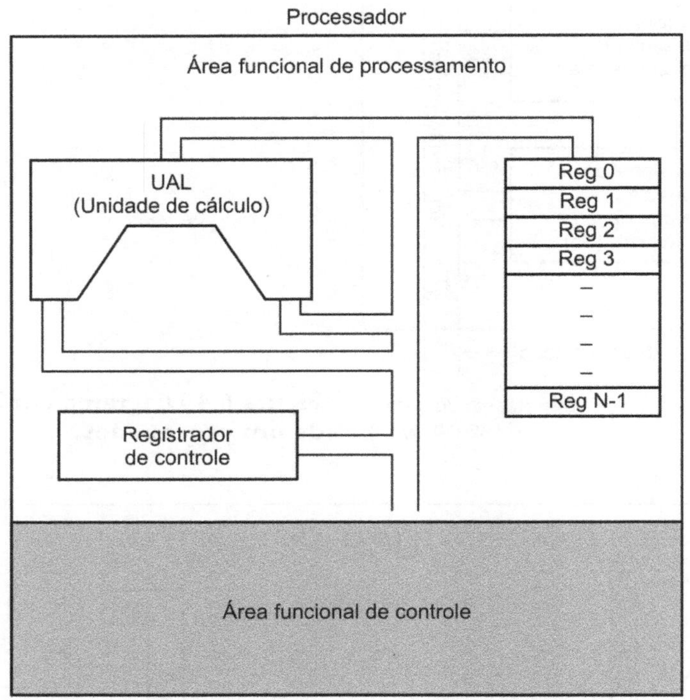

Figura 6.6 Componentes da área funcional de processamento.

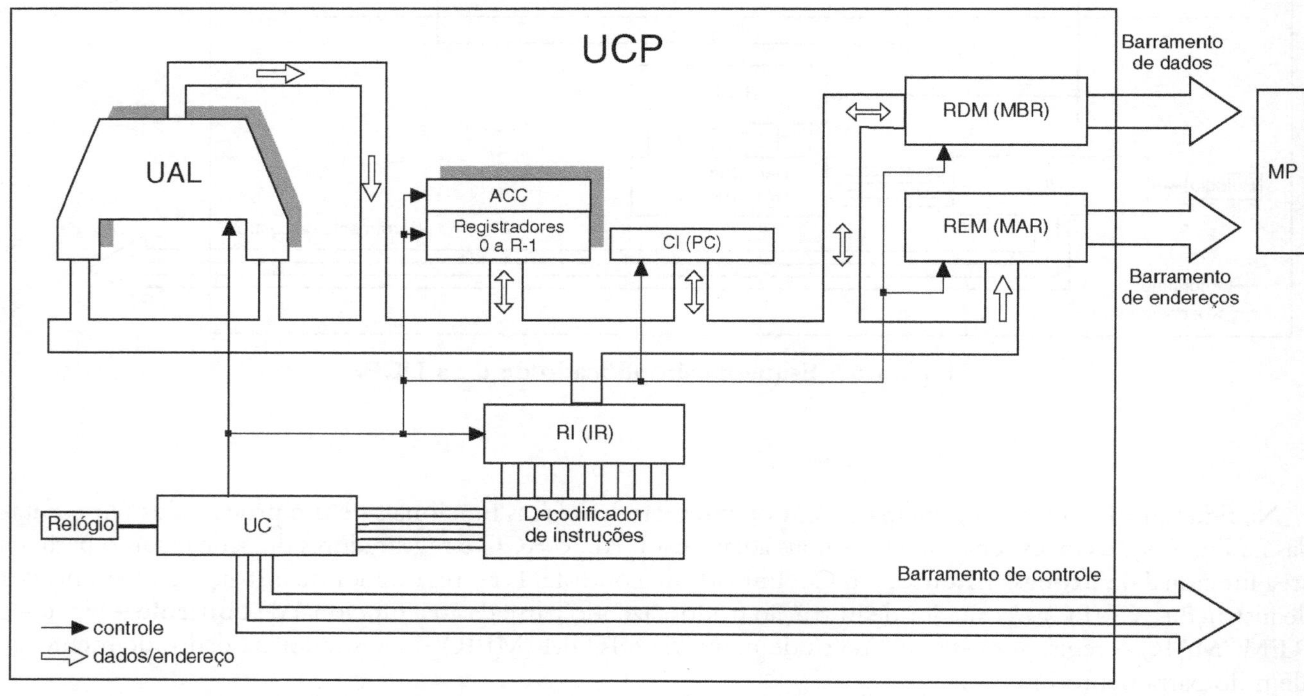

Figura 6.7 Esquema da UCP mostrada na Fig. 6.5, com realce para os elementos que contribuem para a realização da função processamento.

sador, com os componentes da área de processamento e o mesmo diagrama do processador mostrado na Fig. 6.5, porém realçando os componentes diretamente relacionados a essa função (item 6.2.1).

A *função controle* é exercida pelos componentes do processador que se encarregam das atividades de busca, interpretação e controle da execução das instruções, bem como do controle da ação dos demais componentes do sistema de computação (memória, entrada/saída). O item 6.2.2 descreve em detalhes os elementos desta área do processador, e as Figs. 6.8 e 6.9 mostram, respectivamente, o diagrama em bloco do processador, com os componentes da área de controle e o mesmo diagrama do processador mostrado na Fig. 6.5, porém realçando os componentes diretamente relacionados a essa função (item 6.2.2).

Em resumo, é possível conceitualmente imaginar que um processador simples, sem elementos mais complexos, pode ser dividido nestas duas áreas. Esta divisão é bem apropriada para caracterizarmos e entendermos melhor o processo de execução seqüencial e serial de um ciclo de uma instrução, aquele que é típico das máquinas com arquitetura SIMD (*Single Instruction Single Data* – Uma Instrução, Um Dado) (ver item 12.2.1), ou seja, a cada instrução se manipula um dado, no qual cada atividade do ciclo de instrução (ver Fig. 6.2) é realizada em seqüência à anterior. Como já mencionamos mais de uma vez, é um processo lento e pouco eficiente, se desejarmos maior velocidade de processamento. Na maior parte deste capítulo vamos tratar do funcionamento de um processador que trabalha de modo seqüencial. Mais adiante, será apresentada uma descrição do processo pipeline; o leitor poderá, conforme também já mencionamos, obter informações sobre arquiteturas atuais, mais avançadas, no Cap. 12 e no Apêndice D. Além disso, no Cap. 11 há informações e detalhes sobre outro tipo de arquitetura de computadores, denominada RISC – *Reduced Instruction Set Computers,* ou Computadores com Conjunto Reduzido de Instruções.

Ainda para completar nosso entendimento das macrofunções dos processadores em termos de suas duas grandes áreas funcionais, podemos apresentar um exemplo do funcionamento do corpo humano, no qual pode-se observar que os processadores têm grande semelhança.

Se uma pessoa, de repente, deseja levantar seu braço direito (executar uma operação primitiva – o processador pode ter que, por exemplo, executar uma soma de dois números, que é uma operação primitiva, cuja seqüência de execução vem de fábrica embutida na unidade de controle do processador), realiza primeiro a atividade cerebral de interpretar a ordem (instrução de máquina, no caso do processador) de levantar o braço

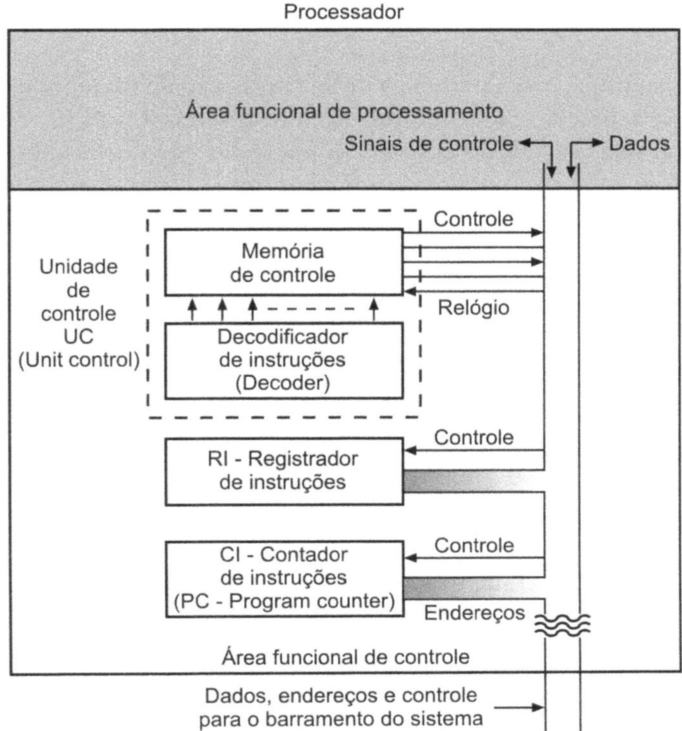

Figura 6.8 Componentes básicos da área funcional de controle.

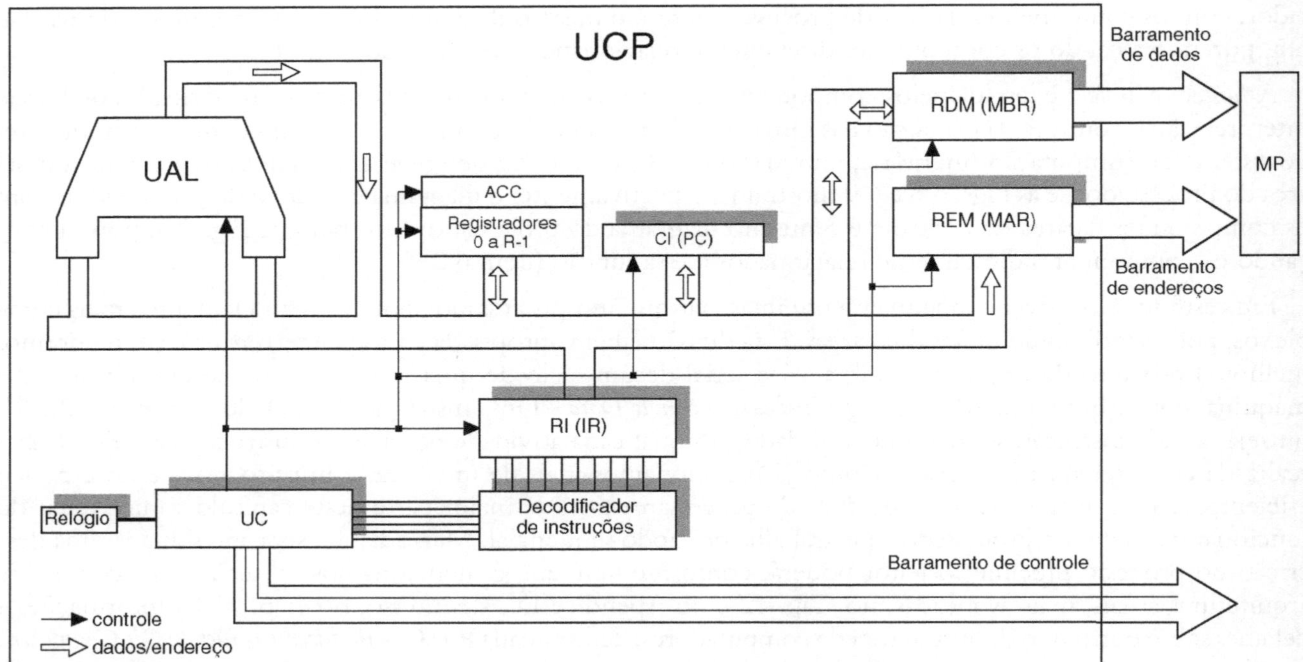

Figura 6.9 Esquema da UCP mostrada na Fig. 6.5, com realce para os elementos que contribuem para a realização da função controle.

(ou de somar dois valores, no caso do processador) e, em seguida, gera sinais elétricos que percorrem os nervos (nossa "fiação" interna, semelhante ao barramento do processador) até os músculos do braço – essa seqüência faz parte da atividade cerebral, semelhante à da área de controle de um processador. Ao atingir os músculos, os sinais acionam o movimento de suspender o braço (atividade muscular ou, no caso dos processadores, a atividade de execução da operação ou atividade de processamento).

6.2.1 Função Processamento

No Cap. 1 foi apresentado o conceito do que significa processamento de dados, a ação de manipular um ou mais valores (dados) em uma certa seqüência de ações, de modo a produzir um resultado útil. O resultado muda conforme o tipo de operação realizada (ou seja, de acordo com a seqüência de ações – de acordo com a instrução específica). Esta é a essência dos sistemas de computação comerciais, que combinam o hardware (fixo e imutável) com o software (facilmente modificado – pelo menos para programadores espertos), capaz de realizar diferentes tarefas (o hardware) conforme a ordem e a seqüência de instruções que recebe (através do software).

Por exemplo, se uma instrução define que deve ser realizada uma operação de adição sobre os valores A = 5 e B = 3,

ou seja: A + B,

o sistema, ao interpretar a instrução, gera as ações subseqüentes que redundarão no resultado de valor igual a 5 + 3 = 8. Por outro lado, se o sistema interpretar uma outra instrução que define a operação de subtração,

ou A − B,

ele deve gerar outras ações (embora sobre os mesmos dados), de modo que o resultado seja 5 − 3 = 2 (e não mais 8). É claro que parte das ações realizadas para executar as duas instruções é igual.

Processar o dado é executar com ele uma ação que produza algum tipo de resultado. Esta é, pois, a atividade-fim do sistema; ele existe para processar dados. Entre as tarefas comuns a esta função – processamento – podem ser citadas as que realizam:

- operações aritméticas (somar, subtrair, multiplicar, dividir);
- operações lógicas (and, or, xor etc. – ver Apêndice B);
- movimentação de dados (memória – UCP, UCP – memória, registrador – registrador etc.);
- desvios (alteração de seqüência de execução de instruções);
- operações de entrada ou saída.

Basicamente, esta área consiste nos seguintes componentes principais (ver Figs. 6.6 e 6.7):

- UAL[2] – Unidade Aritmética e Lógica ou *Arithmetic and Logic Unit* – ALU – é o dispositivo principal da função processamento, o que efetivamente realiza as operações primitivas da máquina;
- registradores de dados – ou simplesmente registradores, que servem para armazenar dados (ou para guardar resultados), que serão usados pela UAL, ou resultados parciais das operações.
- registrador especial de controle (ou de *flags*) – que armazena um conjunto de bits, cada um deles com funções específicas, decorrentes das operações aritméticas realizadas;
- barramento interno - a interligação entre estes componentes é efetuada pelo barramento interno do processador (ver mais sobre barramentos no Cap. 2 e no Apêndice D). Em conjunto, essa área é conhecida também como *data path*.

6.2.1.1 Unidade Aritmética e Lógica – UAL

A UAL ("ALU") é o dispositivo do processador que efetivamente executa as operações matemáticas com os dados. Tais operações podem ser:

– soma	– subtração
– multiplicação	– divisão
– operação lógica AND	– operação lógica OR
– operação lógica XOR	– operação complemento
– deslocamento à direita	– deslocamento à esquerda
– incremento de 1 a um valor	– decremento de 1 a um valor

Tais operações podem utilizar dois valores (operações aritméticas, operações lógicas), por isso a UAL possui duas entradas de dados (ver Fig. 6.5) ou apenas um valor (como, por exemplo, a operação de complemento – ver item 7.5.1). Ambas as entradas se conectam à saída (resultado da operação efetuada) pelo barramento interno de dados. Além dessas entradas, a UAL recebe, também, sinais de controle que vão determinar que operação será realizada.

Nos processadores mais antigos, o barramento interno de dados servia para interligar a UAL a um registrador especial chamado acumulador ou, abreviadamente, ACC (accumulator) e aos demais registradores e daí à memória principal, conforme pode ser observado na Fig. 6.5; nos processadores mais modernos, com mais componentes, o barramento interno conduz os bits de dados de e para a memória cache L1, um dos N registradores de dados e daí para a UAL que processa os valores (ver diagrama do processador Pentium no Apêndice D).

Qualquer UAL é um aglomerado de circuitos lógicos (ver Apêndice B) e componentes eletrônicos simples que, integrados, realizam as operações já mencionadas. Ela pode ser uma parte pequena da pastilha do processador, usada em pequenos sistemas, ou pode compreender um considerável conjunto de componentes lógicos de alta velocidade, sendo que os processadores vêm utilizando em suas arquiteturas, conforme já mencionado, mais de uma UAL, de modo a tornar a execução das instruções mais rápida. A Fig. 6.10 mostra uma UAL contendo duas entradas (dados e controle) e saídas.

---

[2]O termo UAL também pode ser encontrado como ULA – Unidade Lógica e Aritmética.

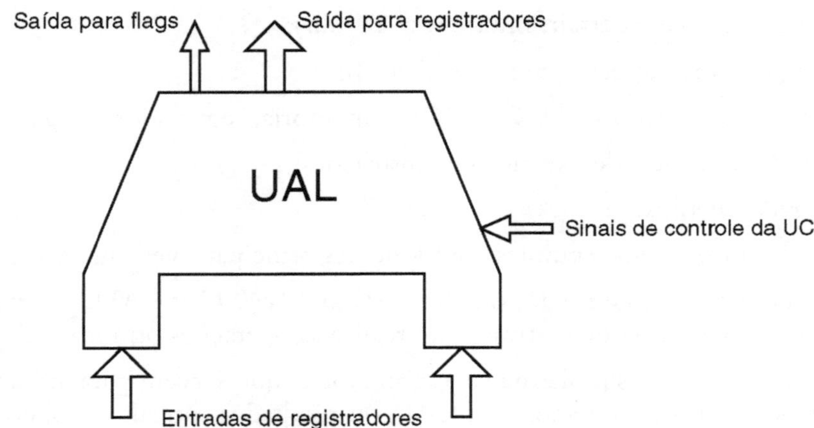

Figura 6.10 Interligação da UAL ao restante da UCP.

Alguns fabricantes têm substituído o nome Unidade Aritmética e Lógica – UAL por Unidade de Cálculo ou de Execução, como é o caso da Intel e AMD (IU – *Integer Unit*), para o componente que realiza tanto cálculos aritméticos (com números inteiros, normalmente utilizando a metodologia de complemento a dois) quanto cálculos com operadores lógicos, daí seu nome UAL. No entanto, arquiteturas mais recentes, como do Pentium 4, voltaram a denominar a unidade como originalmente, ALU – *Arithmetic and Logic Unit*). Já o componente projetado para executar cálculos com números fracionários – representados em ponto flutuante – não executa operações lógicas e seu nome, desde o surgimento do Intel 486, tem sido FPU – *Floating Point Unit*, ou Unidade de Ponto Flutuante.

É interessante observar, também, o que já tem sido mencionado diversas vezes nesse texto sobre o real funcionamento do hardware, especialmente dos processadores, como um imenso conjunto de minúsculas chaves que abrem e fecham e permitem a passagem de sinais elétricos, os quais caminham de um local para outro na velocidade nominal da luz; e que, por isso, quanto menor for a distância entre os pontos de um percurso, mais rápida será a ação decorrente.

A UAL, como todos os demais componentes, também se enquadra nesse modelo, o que pode ser exemplificado na Fig. 6.11, na qual mostra-se duas UAL com tamanhos físicos diferentes. A UAL 1 é constituída de transistores com determinada espessura, e a UAL 2 é constituída da mesma quantidade de transistores, porém com espessura bem menor. A realização de uma operação de soma de 1 bit (valor 1) com outro bit (valor 0) produzirá, naturalmente, o resultado de valor binário igual a 1. Na figura, a operação (simplificadíssima, é

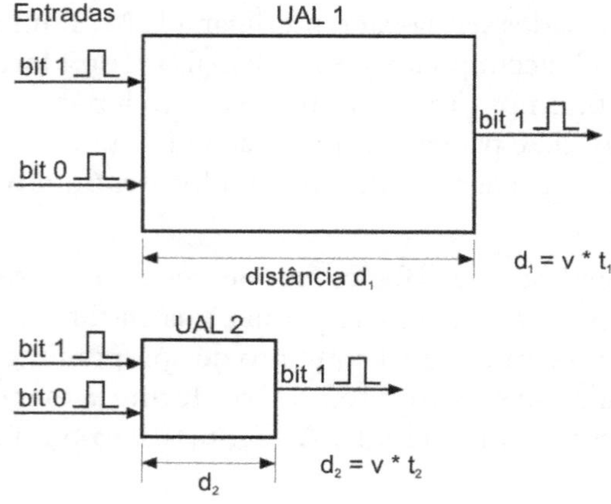

t_1 e t_2 - tempo para sinais (bits) percorrerem a UAL 1 e a UAL 2

como $d_1 < d_2$ então: $t_1 < t_2$

Figura 6.11 Influência da redução do tamanho dos componentes no tempo de execução de atividades do processamento.

claro) é mostrada com o propósito de mostrar que ela se constitui efetivamente do percurso dos dois sinais pelo dispositivo (a UAL), percurso este que tem uma extensão física d1 para a UAL1 e d_2 para a UAL2. Como os sinais elétricos em ambos os componentes percorrem os elementos com a mesma velocidade, *v*, da luz, então:

Na UAL1 → $d_1 = v * t_1$

Na UAL2 → $d_2 = v * t_2$

Como $d_1 < d_2$, então, $t_1 < t_2$

A despeito da grande variação de velocidade, tamanho e complexidade, as operações aritméticas e lógicas realizadas por uma UAL seguem sempre os mesmos princípios fundamentais das UAL mais antigas. Nos Caps. 3 e 7 são apresentados detalhes sobre a execução de operações aritméticas e lógicas, tanto com valores inteiros, ponto fixo, quanto com valores representados em ponto flutuante, inclusive incluindo o sinal dos números e operações em complemento a dois, usadas nas UAL contemporâneas. No Apêndice D são mostrados mais detalhes do funcionamento das UAL para inteiros.

6.2.1.2 Registradores de dados

Para que um dado possa ser transferido para a UAL, é necessário que ele permaneça, mesmo que por um breve instante, armazenado em um registrador (a memória específica dos processadores – ver definição e características de registradores no Cap. 4). Além disso, o resultado de uma operação aritmética ou lógica realizada na UAL deve ser armazenado temporariamente, de modo que possa ser reutilizado mais adiante (por outra instrução) ou apenas para ser, em seguida, transferido para a memória (seja memória cache L1 ou L2, ou memória RAM). Mesmo no caso dos atuais processadores, dotados de uma quantidade apreciável de espaço de armazenamento nas memórias cache L1, os registradores continuam a existir e ser importantes, visto que o tempo de transferência de um registrador para a UAL é notavelmente menor que o das memórias cache. Nos processadores com arquitetura do tipo RISC, por exemplo, a importância dos registradores é considerável e sua quantidade, por isso, é maior que a dos processadores com arquitetura do tipo CISC, conforme pode ser constatado com detalhe no Cap. 11.

Para atender aos propósitos mencionados, os processadores são fabricados contendo uma certa quantidade de registradores, destinados ao armazenamento de dados. Servem, pois, de memória auxiliar básica da UAL. Os sistemas mais antigos, como mostrado na Fig. 6.5, possuíam um registrador especial, denominado *acumulador* (abrevia-se, em inglês, ACC), o qual, além de armazenar dados, servia, também, de elemento de ligação da UAL com os restantes dispositivos do processador. As máquinas de grande porte nunca tiveram esse registrador incluído em sua arquitetura, sejam os fabricados pela IBM ou pela DEC ou, ainda, pela Unysis e CDC.

Posteriormente, a partir do surgimento da segunda geração de microprocessadores da Intel, processadores 8086/8088, o ACC desapareceu, optando-se por inserir no processador registradores especializados no armazenamento de dados, de endereços e de segmentos, cujas funções nos processadores constam nos exemplos descritos no Apêndice D; os registradores costumam ser identificados por letras, tipo: AH, AL, EAX e outras. Nos processadores de outros fabricantes, como os K6 e Athlon-K7 da AMD, não existiu o ACC, mas apenas registradores de dados. A Fig. 6.6 mostra um conjunto de registradores de dados, que também podem receber endereços para acesso, numerados genericamente de R_0 até R_{N-1}.

Os registradores de dados de alguns processadores têm uma largura (quantidade de bits que podem armazenar) igual ao tamanho estabelecido pelo fabricante para a palavra do referido processador, quando se trata de registradores para valores inteiros e que operam com a unidade de execução de cálculos de valores inteiros, enquanto possuem, em geral, o dobro da largura da palavra quando se trata de registradores para armazenar números representados em ponto flutuante, a serem manipulados pelas unidades de cálculo de ponto flutuante (FPU). Desse modo, processadores que possuem palavra de largura igual a 16 bits devem ter seus registradores de dados com largura igual a 16 bits, assim como aqueles que possuem palavra de 32 ou 64 bits devem ser fabricados com seus registradores de dados com largura, respectivamente, de 32 bits e 64 bits.

Além dos registradores de dados, os processadores possuem, em geral, outros registradores (que não participam diretamente da função processamento), com funções específicas ou que funcionam para a área de controle, os quais serão descritos mais adiante. Entre estes registradores podemos citar desde já o registrador de instrução (RI) e o contador de instrução (CI) ou PC – *Program Counter*, além do registrador de endereços de memória – REM (ou MAR) e o registrador de dados de memória – RDM (ou MBR), já descritos no Cap. 4.

Registradores Especiais de Estado

Além dos registradores usuais para armazenamento de dados e de endereços, a área de processamento se vale de um outro tipo de registradores que auxiliam e completam a realização das operações matemáticas pela UAL, indicando o estado de vários elementos referentes à operação em si. Alguns fabricantes denominam esse conjunto de registradores de PSW – *Program Status Word*, que poderia ser traduzido como palavra de estado do programa e outros denominam registrador de controle, como mostrado na Fig. 6.6.

Na realidade, o registrador se comporta conceitualmente de modo diferente dos demais registradores existentes nos processadores, pois em vez de armazenar dados de forma integral, isto é, um único valor, ele se divide em bits que possuem significado diferente, um por um. Usualmente, esses bits são setados (seu valor é colocado em 1) ou não (mantidos em valor 0) após a execução de cada operação aritmética; a descrição da operação em si já estabelece que ou quais bits de controle serão setados pelo resultado da operação. Os principais bits de estado mais freqüentemente encontrados nos processadores são:

- sinal — contém o sinal resultante da última operação aritmética realizada pelo processador.
- overflow — quando setado (=1) indica que a última operação aritmética realizada resultou em estouro do valor, um erro.
- zero — quando setado (=1) indica que a última operação aritmética realizada resultou no valor zero.
- vai 1 (*carry*) - indica que ocorreu "vai 1" para o bit mais à esquerda na última operação de soma realizada. Pode indicar, também, overflow em operações com números sem sinal.
- paridade — é setado (=1) ou não (=0), dependendo da quantidade de bits 1 no byte recebido (ver Cap. 7).

A Fig. 6.12(a) mostra o conjunto de bits do registrador de estado dos processadores Pentium, denominados em conjunto registrador Eflags, enquanto a Fig. 6.12(b) mostra o mesmo tipo de bits de estado utilizado pelos preocessadores Motorola, 68000, denominados códigos de condição (*condition codes*).

6.2.1.3 A Influência do Tamanho da Palavra

A capacidade de processamento de um processador (a velocidade com que realiza o ciclo de uma instrução) é em grande parte determinada pelas facilidades embutidas no hardware da UAL (ela é, aliás, só hardware) para realizar as operações matemáticas projetadas[3].

Um dos elementos fundamentais para isso é a definição do *tamanho da palavra* do processador. O valor escolhido no projeto de fabricação do processador determinará o tamanho dos elementos ligados à área de processamento, a UAL e os registradores de dados.

Nos processadores mais antigos, como o 8080/8085, 8086/8088 ou mesmo o 80386, também o barramento externo de dados (o BD, existente na placa-mãe, também chamado em bloco de barramento do sistema ou FSB – front side bus) tinha uma largura, em bits, igual ao tamanho da palavra. Com a inserção da memória cache interna nos processadores, a partir do processador Intel 486 (atualmente, todos os processadores possuem, pelo menos, a cache interna L1 e alguns possuem, além dessa, também uma segunda cache interna, a L2), tornou-se vantajoso buscar mais dados de cada vez das memórias externas ao processador, já que estes poderiam ser armazenados na cache L1 antes de requeridos pelo processador, acelerando a velocidade de processamento. Desta forma, os barramentos de dados passaram a ter uma largura, em bits, maior do que o tamanho da palavra. Nos Pentium originais, o barramento interno de dados tinha largura de 64 bits, e atualmente há barramentos com 128 bits.

---

[3]Na realidade, muitos fatores contribuem para o aumento da capacidade de processamento de uma UCP e não somente o tamanho da palavra, como, p.ex., a quantidade de UAL existente no processador (desde o processador 486 tem sido permanente o uso de duas ou mais unidades aritméticas, separando, inclusive, o cálculo com inteiros (ponto fixo) do de fracionários (ponto flutuante) em unidades independentes e especializadas para cada caso).

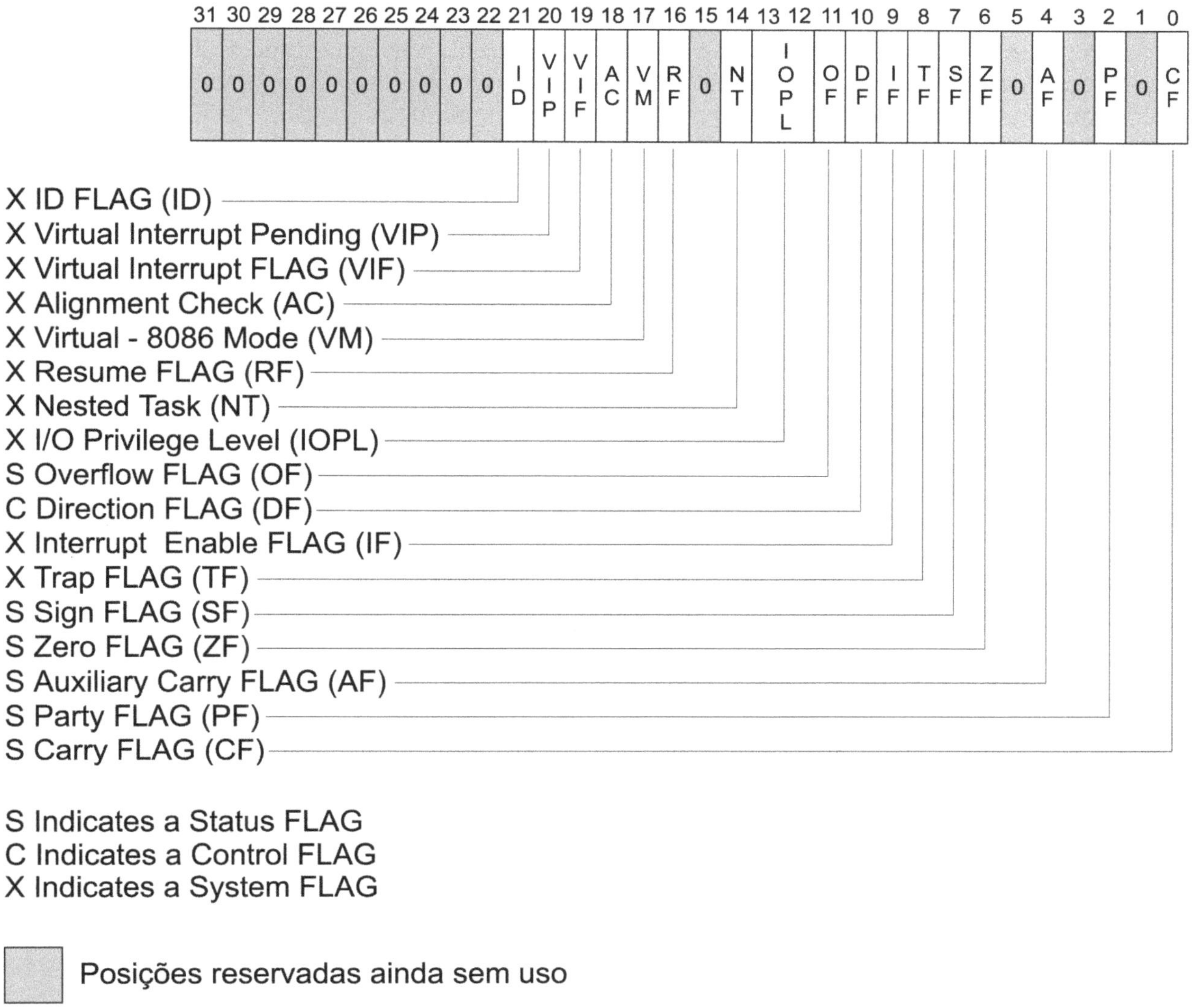

31	30	29	28	27	26	25	24	23	22	21	20	19	18	17	16	15	14	13	12	11	10	9	8	7	6	5	4	3	2	1	0
0	0	0	0	0	0	0	0	0	0	ID	VIP	VIF	AC	VM	RF	0	NT	IOPL		OF	DF	IF	TF	SF	ZF	0	AF	0	PF	0	CF

X ID FLAG (ID)
X Virtual Interrupt Pending (VIP)
X Virtual Interrupt FLAG (VIF)
X Alignment Check (AC)
X Virtual - 8086 Mode (VM)
X Resume FLAG (RF)
X Nested Task (NT)
X I/O Privilege Level (IOPL)
S Overflow FLAG (OF)
C Direction FLAG (DF)
X Interrupt Enable FLAG (IF)
X Trap FLAG (TF)
S Sign FLAG (SF)
S Zero FLAG (ZF)
S Auxiliary Carry FLAG (AF)
S Party FLAG (PF)
S Carry FLAG (CF)

S Indicates a Status FLAG
C Indicates a Control FLAG
X Indicates a System FLAG

Posições reservadas ainda sem uso

Figura 6.12(a) Registrador EFLAG do processador Pentium.

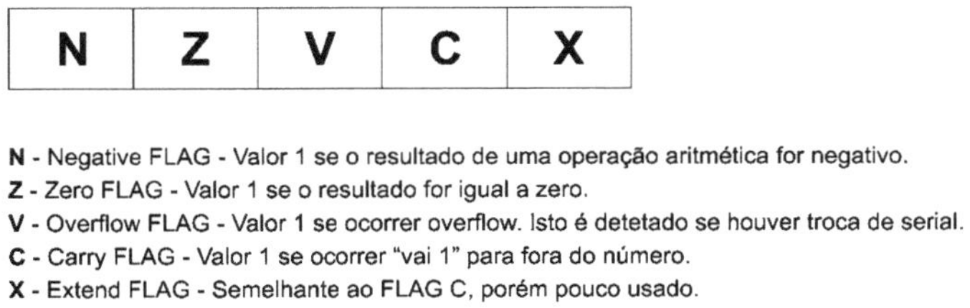

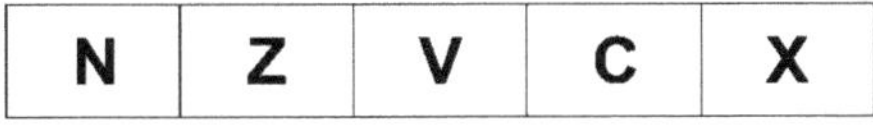

N - Negative FLAG - Valor 1 se o resultado de uma operação aritmética for negativo.
Z - Zero FLAG - Valor 1 se o resultado for igual a zero.
V - Overflow FLAG - Valor 1 se ocorrer overflow. Isto é detetado se houver troca de serial.
C - Carry FLAG - Valor 1 se ocorrer "vai 1" para fora do número.
X - Extend FLAG - Semelhante ao FLAG C, porém pouco usado.

Figura 6.12(b) Códigos de condição (conditional codes) no processador Motorola 68000.

Um tamanho maior ou menor de palavra (e, por conseguinte, da UAL e dos registradores de dados) acarreta, sem dúvida, diferenças acentuadas de desempenho do processador.

Com o único propósito de mostrar de forma prática a influência do tamanho da palavra na capacidade de processamento de um processador, vejamos um exemplo simples de cálculo.

Seja, por exemplo, a execução de uma operação de soma de dois valores, A = 3A25 e B = 172C, ambos números inteiros, sem sinal, com 16 bits de tamanho cada um (os dois números estão representados em hexadecimal, sendo por isso armazenados da forma visual mais inteligível, denominada *big-endian,* isto é, a parte mais significativa do número é armazenada no endereço mais baixo, e a parte menos significativa do número é armazenada no endereço mais alto). Esta forma é utilizada por alguns processadores, mas nem todos. Nos processadores Intel utiliza-se a forma oposta, denominada *little-endian* (ver Apêndice D). A referida soma será simulada em dois sistemas de computação, sistema 1 e sistema 2.

O sistema 1 possui palavra de 8 bits, e a memória principal tem 64K células de 8 bits cada uma, conforme mostrado na Fig. 6.13 (poderia ser, p.ex., semelhante à arquitetura básica dos processadores Intel 8080/8085 ou Motorola 6800).

O sistema 2 possui palavra de 16 bits, e a memória principal possui um espaço de endereçamento de 1M células, todas também com 8 bits cada uma, conforme mostrado na Fig. 6.14 (poderia ser, p.ex., semelhante à arquitetura básica do processador Intel 8086 ou 8088).

Em resumo, a unidade de processamento (este termo "unidade" não é utilizado na literatura nem pelos fabricantes, mas acredito ser pertinente para o entendimento do assunto), a palavra, é diferente nos dois sistemas, tendo a do sistema 2 o dobro do tamanho da palavra do sistema 1, enquanto a unidade de armazenamento de ambos os sistemas tem o mesmo valor, 8 bits. A título de informação pode-se afirmar que ainda nos processadores mais modernos a unidade de armazenamento continua sendo o byte, isto é, as células são organizadas de modo a cada uma armazenar um byte de dados; enquanto isso, o tamanho da palavra vem evoluindo sistematicamente do valor inicial de 4 bits do primeiro microprocessador (Intel 4004) para 64 bits dos processadores mais modernos e para o futuro (Alpha, da HP, Itanium, da Intel, Athlon 64 e Opteron da AMD ou Power PC G5, da IBM/Apple, por exemplo).

Operação de Soma no Sistema 1

a) A operação é realizada em duas etapas lógicas (na prática, são gastos diversos tempos de relógio, conforme mostrado no Apêndice D), porque cada valor tem 16 bits e o processador (UCP) (UAL, registrador ACC e barramento de dados) só permite armazenar, processar e transferir dados com 8 bits de tamanho.

b) Na primeira etapa são transferidos para a UAL, via ACC e barramento de dados, a primeira metade de cada número (25 para o número A e 2C para o número B), e eles são somados.

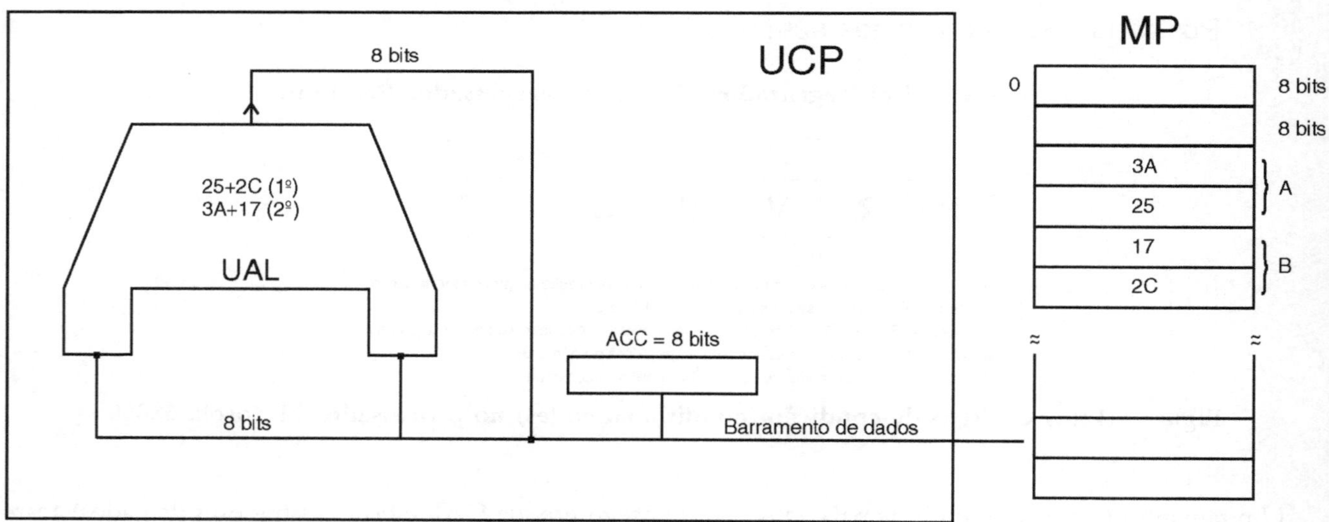

UCP - palavra de 8 bits
Memória de 64 Kbytes

Operação: somar 2 números com 16 bits de tamanho
A = 3A25 e B = 172C (realizada em duas etapas)

Figura 6.13 Exemplo de uma operação de soma de dois números, A e B, em um computador com palavra de 8 bits.

c) Na segunda etapa a operação é realizada de forma idêntica, exceto para a segunda parte dos valores (3A para o número A e 17 para o número B).

d) A operação completa gasta um período de tempo igual a T_1 (soma dos tempos $T_1/2$ da etapa 1 e $T_1/2$ da etapa 2).

A Fig. 6.13 mostra este exemplo em um diagrama em bloco de um processador semelhante à do sistema 1, com a transferência dos valores sendo efetuada de 8 em 8 bits de cada vez.

Operação de Soma no Sistema 2

a) A operação é realizada em uma única etapa lógica, porque o processador é fabricado para operar valores de 16 bits de tamanho, mesmo tamanho dos números. Desse modo, os números não necessitam ser divididos em duas partes, como no sistema 1.

b) A operação completa gasta um período de tempo igual a T_2.

A Fig. 6.14 mostra este exemplo em um diagrama em bloco de um processador semelhante à do sistema 2, com a transferência dos valores sendo efetuada de 16 em 16 bits de cada vez.

Considerando que a operação de soma no sistema 1 é realizada em duas etapas e a mesma operação no sistema 2 é realizada em uma etapa, o tempo T_2 deve ser aproximadamente a metade do tempo T_1. Isto torna a capacidade do processador do sistema 2 bem maior que a capacidade do sistema 1.

Nota: É importante ressaltar que nos exemplos anteriores foram consideradas várias simplificações, não somente na arquitetura dos dois sistemas, como também no processo de soma, visando não complicar a explicação do essencial – a influência do tamanho da palavra na variação da capacidade de processamento dos sistemas. Nenhuma das simplificações feitas compromete a conclusão final.

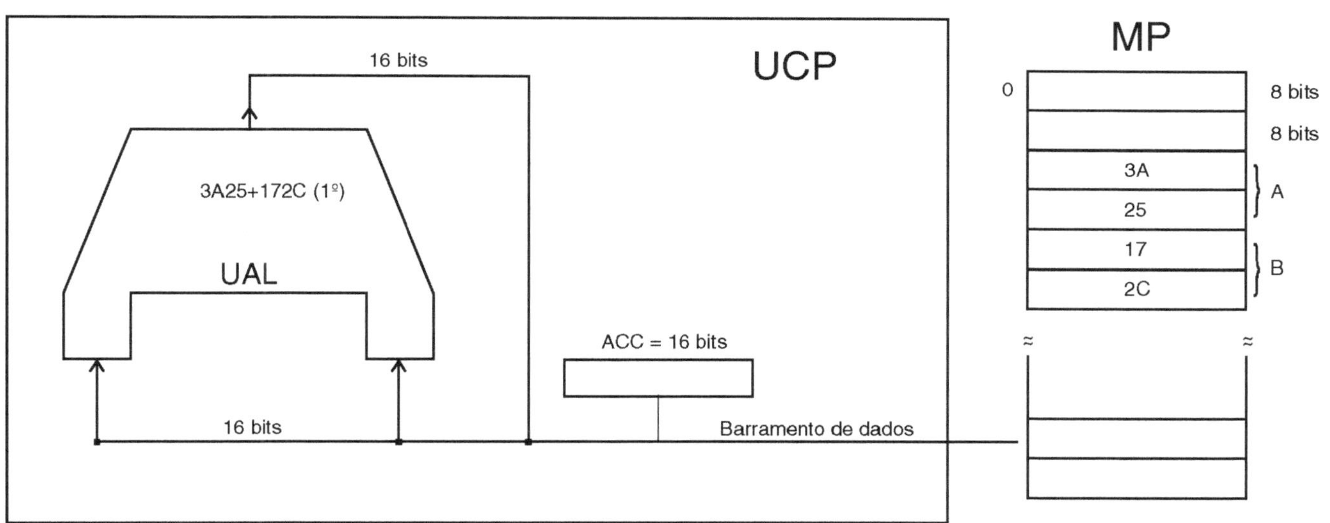

UCP - palavra de 16 bits
Memória de 1 Mbyte

Operação: somar 2 números com 16 bits de tamanho
A = 3A25 e B = 172C (realizada em uma única etapa)

Figura 6.14 Exemplo de uma operação de soma de dois números, A e B, em um computador com palavra de 16 bits.

No projeto de um processador, a definição do tamanho da palavra tem enorme influência no desempenho global de todo o componente e, por conseguinte, do sistema como um todo. Vejamos:

a) Influência ou desempenho devido ao maior ou menor tempo na execução de instruções com operações matemáticas na UAL, conforme demonstrado no exemplo anterior.

b) Influência no desempenho devido ao tamanho escolhido para o barramento interno e externo. Conforme já mencionamos, obtém-se o máximo de desempenho quando a largura (tamanho) do barramento de dados é, no mínimo, igual ao tamanho da palavra (como nos exemplos mostrados). Se a largura do barramento for, p. ex., igual a 16 bits em um sistema com palavra de 32 bits (UAL e registradores de 32 bits), então o movimento de 4 bytes de um dado tipo de caractere requererá dois ciclos de tempo do barramento, ao passo que em barramento de 32 bits requereria apenas um ciclo de tempo.

c) Influência também na implementação física do acesso à memória. Embora atualmente a capacidade das memórias seja medida em bytes (porque as células são sempre de largura igual a 8 bits), o movimento de dados entre o processador e memória é normalmente medido em palavras, porque o barramento de dados que une o RDM (MBR) à memória é múltiplo da largura da palavra. Para um processador de 32 bits de palavra, por exemplo, é desejável que a memória seja organizada de modo que sejam acessadas quatro células contíguas (4 bytes = 32 bits) em um único ciclo de memória. Se isto não ocorrer, o processador deverá ficar em estado de espera (wait state). Como observamos anteriormente, na realidade atual o barramento de dados é ainda maior que o tamanho da palavra, em geral múltiplo do tamanho da palavra, acarretando um desempenho ainda melhor do sistema.

A Tabela 6.1 apresenta uma relação de processadores com vários dados característicos, entre os quais o tamanho da palavra.

6.2.2 Função Controle

Já verificamos que as instruções de máquina que compõem um programa em execução devem estar armazenadas seqüencialmente na memória principal (e na cache, se houver uma). Já verificamos também que a UAL é o dispositivo do processador responsável por realizar a operação matemática definida pela instrução que estiver sendo executada no momento. Falta conhecermos mais detalhes sobre as instruções de máquina, a saber:

- o que é e como funciona uma instrução de máquina – descrito nos itens 6.3 e 6.4;
- como a referida instrução de máquina é movimentada da memória para o processador;
- onde a instrução de máquina será armazenada no processador, e
- como será identificada e controlada a ação (a operação) que deve ser realizada.

A resposta para estas indagações está no conhecimento das funções desempenhadas pela área de controle dos processadores.

A área de controle de um processador é a parte funcional que realiza as atividades de (uma etapa de cada vez em sistemas de execução seqüencial, ou várias etapas simultaneamente, em sistemas de execução *pipelining*):

a) busca da instrução que será executada, armazenando-a em um registrador especialmente projetado para esta finalidade;

b) interpretação das ações a serem desencadeadas com a execução da instrução (se é uma soma, uma subtração, uma complementação etc. e como realizá-la). Estas duas etapas compõem o que se denomina *ciclo de busca da instrução* (ou, em inglês, *fetch cycle*); e

c) geração dos sinais de controle apropriados para ativação das atividades requeridas para a execução propriamente dita da instrução identificada. Esses sinais de controle são enviados aos diversos componentes do sistema, sejam internos do processador (como a UAL) ou externos (como a memória ou E/S). Esta etapa é denominada ciclo de execução da instrução (ou, em inglês, *execute cycle*). A Fig. 6.2 mostra os passos principais de um ciclo de instrução; no item 6.4 será mostrado o detalhamento do ciclo, bem como apresentados exemplos de seu efetivo funcionamento.

A área de controle é projetada para entender o que fazer, como fazer e comandar quem vai fazer no momento adequado. Conforme a analogia com os seres humanos, exemplificada anteriormente neste capítulo, é a parte cerebral, enquanto a área de processamento realiza a parte muscular e os nervos assemelham-se à fiação dos barramentos, por onde os sinais emitidos por um componente específico da área de controle são encaminhados para todos os demais componentes ativos do processador.

A Fig. 6.8 mostra o diagrama em bloco de um processador genérico, com os componentes básicos da área de controle, enquanto a Fig. 6.9 apresenta o mesmo diagrama em bloco do processador exemplificado na Fig. 6.5, com realce para os dispositivos que fazem parte da área de controle.

Os dispositivos básicos que fazem parte da área funcional de controle são:

1) unidade de controle – UC;
2) relógio ou *clock*;
3) registrador de instrução – RI ou IR – *instruction register*";
4) contador de instrução – CI ou PC – *program counter* ou ainda IP – *instruction pointer*;
5) decodificador de instrução;
6) registrador de dados da memória – RDM (MBR) e registradores de endereço de memória – REM (MAR).

A quantidade, a complexidade e a disposição dos componentes que realizam as funções de controle variam consideravelmente de processador para processador, porém, essencialmente, os dispositivos indicados (realçados na Fig. 6.9) são os mesmos.

É importante ressaltar que a organização dos componentes e o funcionamento básico da área de controle constituem a microarquitetura dos processadores, uma parte normalmente tratada de forma separada na literatura, por marcar um nível específico da abstração de um sistema de computação.

Neste livro, optamos por descrever esses elementos e o funcionamento básico do processador integrando o nível da microarquitetura (o controle) com o nível superior, das instruções de máquina e dos componentes visíveis a esse nível, como a UAL e os registradores de dados.

Com a finalidade de explicar de modo mais simples o funcionamento de um processador, continuaremos a adotar o esquema das Figs. 6.5 a 6.9.

6.2.2.1 A Unidade de Controle

É o dispositivo mais complexo do processador. Ele possui a lógica necessária para realizar a movimentação de dados e de instruções de e para o processador, através dos sinais de controle que emite em instantes de tempo determinados conforme uma programação prévia. A Fig. 6.15 mostra um diagrama em bloco simplificado dos principais elementos da função controle de um processador, ressaltando a Unidade de Controle, UC. Como também se observa nas Figs. 6.8 e 6.9, a UC se conecta a todos os principais elementos do processador (como, p.ex., a UAL, os registradores de dados) e ao barramento externo de controle. Os sinais de controle emitidos pela UC ocorrem em vários instantes durante o período de realização de um ciclo de instrução e, de modo geral, todos possuem uma duração fixa e igual, originada em um gerador de sinais denominado relógio (*clock*), também mostrado na Fig. 6.15.

Os microeventos (ou microoperações) comandados pelo funcionamento da UC podem ser iniciados segundo um de dois princípios de organização de processadores (ver Apêndice D):

- por microprogramação; ou
- por programação prévia diretamente no hardware.

Assim, por exemplo, o início de um ciclo de instrução consiste na busca (*fetch*) da referida instrução (ver Fig. 6.2), trazendo uma cópia dela da MP para o processador (armazenando no RI- registrador de instrução, como será explicado mais adiante). Para efetivar esta ação são realizadas algumas ações menores que, em conjunto, constituem a desejada transferência (na realidade, constituem os passos de um ciclo de leitura, conforme descrito no item 5.3.3.1). Tais operações menores denominam-se microoperações, por se constituírem na menor parte individualmente executável pelo processador. A Fig. 6.16 mostra um exemplo de microoperações realizadas para completar o referido ciclo de busca.

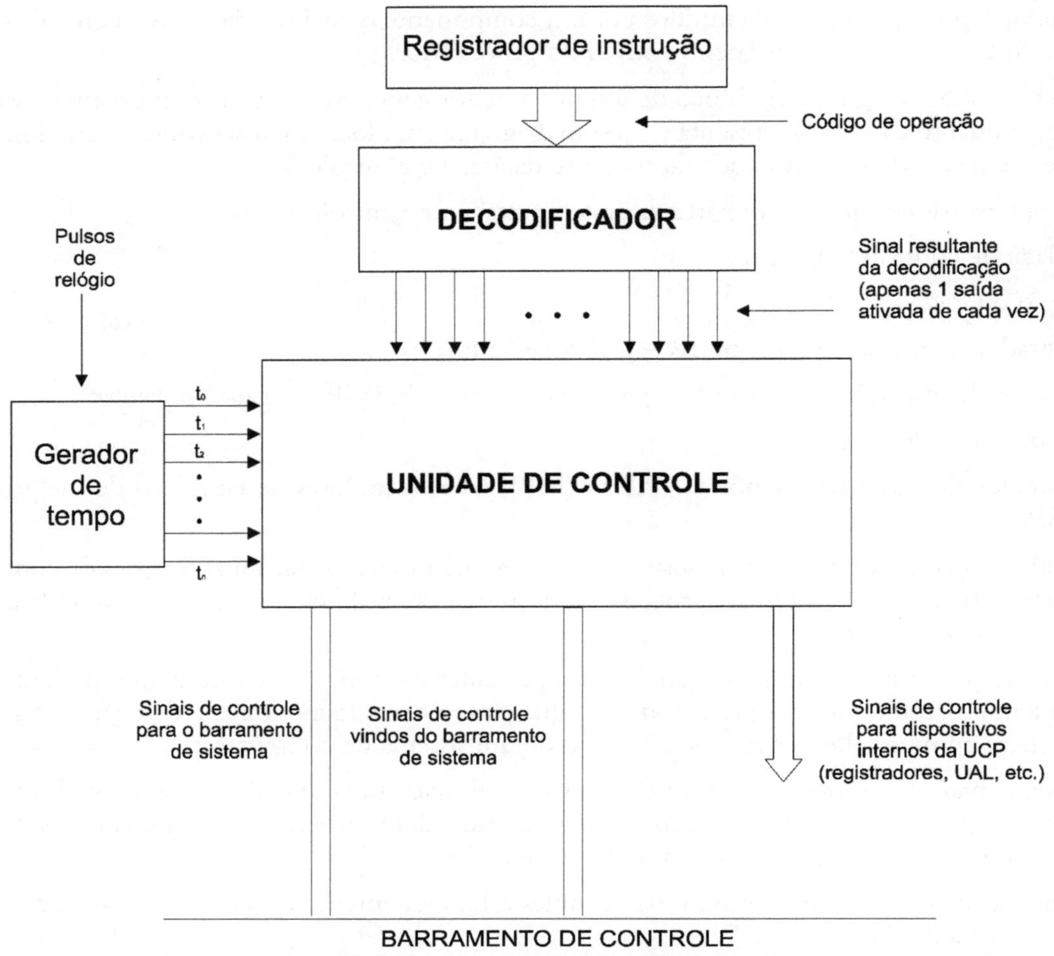

Figura 6.15 Diagrama em bloco simplificado da função controle.

Cada microoperação é realizada por iniciativa de um pulso originado na UC em decorrência de uma prévia programação (diretamente no hardware ou pela execução de uma microinstrução, se a arquitetura do processador é microprogramada).

t_0: REM ← (CI)
t_1: CI ← CI + N
RDM ← M(Op.)
t_2: RI ← RDM

Sendo: t_0, t_1 e t_2 - pulsos de relógio emitidos em instantes seqüencialmente crescentes
REM - registrador de endereços de memória
RDM - registrador de dados de memória
CI - contador de instruções
M(Op.) - conteúdos de célula(s) de endereço igual a Op.

Figura 6.16 Seqüência de microoperações realizadas em um ciclo de busca (fetch).

Uma outra característica de funcionamento dos sistemas de computação na área de controle, mais especificamente com relação à Unidade de Controle, refere-se ao modo pelo qual o sistema conduz a execução das instruções, redundando em diversos tipos de arquitetura de processadores, tais como:

1) processadores que executam instruções de modo exclusivamente seqüencial ou serial (SISD);

2) processadores que executam instruções de modo concorrente, ou tipo *pipeline* (linha de montagem);
3) processadores que executam várias instruções simultaneamente (processamento paralelo);
4) processadores que realizam processamento vetorial.

Neste capítulo trataremos de explicar as funções básicas dos processadores através do método citado no item 1; no Cap. 12 descreveremos processadores cujos modelos de controle baseiam-se nos itens 3 e 4. A tecnologia *pipelining* é abordada neste capítulo e no Apêndice D.

6.2.2.2 O Relógio

Tendo em vista que os processadores (não só estes, mas também memórias e outros componentes digitais) são constituídos na sua menor parte por circuitos digitais, que mudam de estado (de um valor para outro) milhões de vezes por segundo e que para executarem as tarefas determinadas de acordo com uma programação prévia precisam estar sincronizados, usa-se nos computadores um dispositivo com essa finalidade de sincronização, o relógio (ou *clock*).

A base de qualquer relógio (que é um contador de tempo) é um dispositivo gerador de pulsos cuja duração é chamada de ciclo. A Fig. 6.17 mostra um conjunto de pulsos gerados por um relógio, com seus principais elementos indicados.

Os pulsos, então, se alternam do valor de intensidade alta (correspondente a 1) para o valor de intensidade baixa (correspondente a 0), esta alternância se fazendo ao longo do tempo. Dessa forma, o sistema serve para **sincronizar**, ou seja, permitir que duas ou mais ações ocorram no mesmo instante de tempo (no mesmo ponto de um pulso) e **cadenciar** as ações (ou atividades ou microoperações) realizadas em um determinado dispositivo; por cadenciar, entenda-se controlar a velocidade com que elas ocorrem.

O relógio pode ser entendido como um dispositivo de controle; ele é como um maestro de uma orquestra, que sincroniza e cadencia a ação dos músicos. Outro exemplo interessante é o do "patrão" de uma embarcação a remo. Para a embarcação deslizar certa (na mesma direção sempre) e com velocidade é necessário que todos os remadores levantem, abaixem e empurrem a água (remar) no mesmo instante de tempo (isso é sincronismo), e executando mais remadas por minuto aumenta-se a velocidade do barco (isto é cadência). O patrão executa as duas funções ao gritar (marcar o tempo), que acionam o movimento igual de cada remador. Quanto mais "marcas" de som ele der por minuto mais remadas acontecem e maior será a velocidade do barco (aumento da velocidade do relógio).

Na Fig. 6.17 observamos os seguintes elementos:

- ciclo do relógio ou simplesmente ciclo (clock cycle ou cycle) – é o intervalo de tempo entre o início da subida (ou da descida) de um pulso até o início da subida (ou da descida) do outro pulso;
- período (cycle time ou period) – intervalo de tempo gasto para se obter um ciclo do sinal do relógio. Medido em unidades de tempo, usualmente de nanossegundos, ns;
- lado de subida (rising edge) – é a parte do pulso que realiza a transição do valor baixo para o valor alto;
- tempo de subida (rising time) – é o período de tempo gasto pelo sinal para realizar toda a subida. Medido em unidades de tempo, usualmente de nanossegundos;

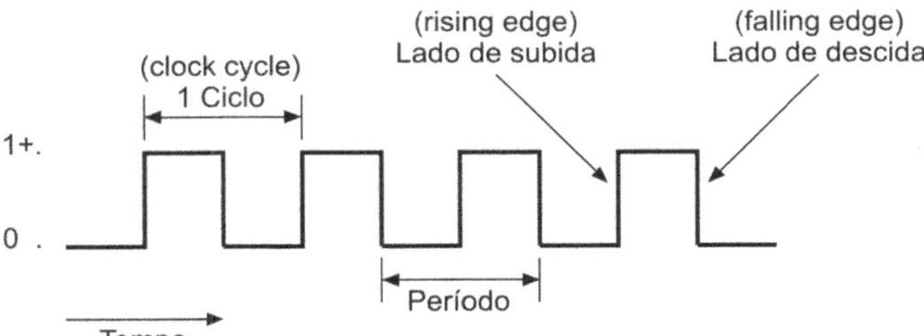

Figura 6.17 Pulsos de relógio.

- lado de descida (falling edge) – é a parte do pulso que realiza a transição do valor alto para o valor baixo;
- tempo de descida (falling time) – é o período de tempo gasto pelo sinal para realizar toda a descida. Medido em unidades de tempo, usualmente de nanossegundos;
- freqüência (frequency ou clock rate) – é a quantidade de ciclos por segundo de um relógio. Ela é o inverso do período e vice-versa, sendo usualmente medida em Hertz (Hz), onde 1 Hz = 1 ciclo/s. Como as taxas de pulsos ou velocidades dos relógios dos processadores são muito elevadas, usam-se unidades múltiplas do Hz, a saber:

  1000 Hz = 1 kHz

  1000 kHz = 1.000.000 = 1 MHz

  1000 MHz = 1.000.000.000 = 1 GHz

Como o período é o inverso da freqüência e vice-versa, então:

Se F = 1 GHZ (velocidade ou taxa de relógio de diversos processadores), então: P = 1/ F = 1 / 1.000.000.000 = 1×10^{-9} 1 ns (ver unidades de tempo no Cap. 2).

Se P = 1,25 ns, então: F = 1 / P = $1 / 1 * 10^{-9}$ = 1 / 0, 00000000125 = 800.000.000 Hz = 800 MHz.

A Fig. 6.18(a) mostra um exemplo de um esquema relacionado ao relógio de um processador e os pulsos por ele gerados (Fig. 6.18(b)). O ciclo de relógio está relacionado à realização de uma operação elementar, durante o ciclo de uma instrução. No entanto, mesmo esta operação elementar não se realiza em um só passo e, por essa razão, costuma-se dividir o ciclo de máquina em ciclos menores (subciclos), defasados no tempo, de modo que cada um aciona um passo diferente da operação elementar. Esses diferentes passos de uma operação elementar denominam-se microoperações, conforme já mencionamos anteriormente. A Fig. 6.18(b) mostra o ciclo básico e os cinco subciclos gerados por um retardador (foi utilizado um exemplo dos ciclos do processador Intel 8085).

Como mencionado antes, a base de operação de qualquer relógio (inclusive a maioria dos relógios de pulsos atuais) é um cristal de quartzo que gera pulsos, acionado por oscilador. Quando "cutucado" eletricamente pelo oscilador, o quartzo produz seus pulsos, que variam em freqüência conforme a espessura do corte do cristal.

Na Fig. 6.16 apresentamos um exemplo de microoperações realizadas para completar a busca de uma instrução da MP para o Registrador de Instrução, RI, na UCP. Cada microoperação é realizada em um instante de tempo T_n, conforme se observa na figura. Esses instantes de tempo são originados no relógio.

Se as operações, para realizar um ciclo de instrução, duram o tempo definido por um ou mais pulsos do relógio, e se estes pulsos tiverem curta duração, mais operações podem ser realizadas na mesma unidade de tempo (o período-base utilizado é o segundo, ciclos por segundo, milhões de instruções por segundo, ou MIPS ou milhões de operações de ponto flutuante por segundo, MFlops).

Uma das características de processadores mais conhecida dos usuários que trabalham com computadores ou pretendem adquirir um é justamente a freqüência do relógio do processador. Ela realmente pode ser considerada também um indicador de desempenho menos técnico para os leigos. No entanto, não é absolutamente verdade que um processador com velocidade de relógio maior que o outro seja mais eficiente que aquele. Isto porque, se é verdade que a maior velocidade de relógio implica pulsos de duração menores, a tecnologia e a arquitetura de projeto do processador podem torná-lo mais eficiente que um outro, mesmo que funcionando com velocidade de relógio menor, como, p.ex., através de paralelismo de atividades (ou seja, em um pulso de relógio pode-se disparar mais de uma ação, como em processadores superescalares).

O processador Pentium possuía uma arquitetura superior ao do processador 80486, com mais estágios de pipelining, memória cache maior, entre outras características melhores que as do 486. Neste caso, um Pentium funcionando a 66 MHz teria desempenho superior a um 486 que pudesse funcionar a uma velocidade de 80 ou 100 MHz.

O processador Intel 8080 foi lançado com velocidade de 2 MHz, enquanto atualmente temos processadores funcionando em velocidades de 1,6 GHz a 3 GHz e maiores, como o Pentium 4, o AMD Athlon 64 e PowerPC G5. A Tabela 6.1 apresenta uma relação mais completa de processadores e suas freqüências de relógio.

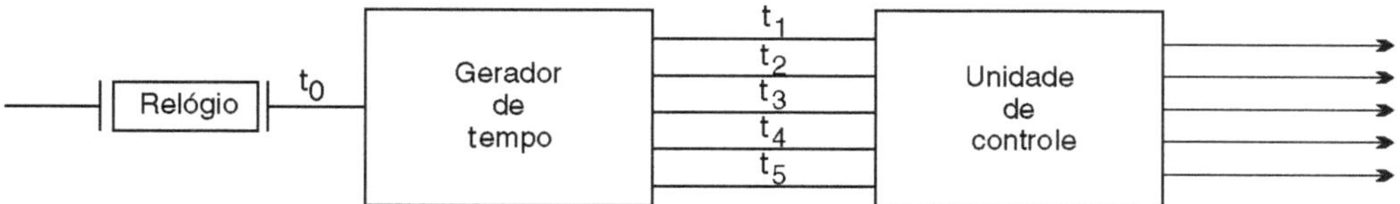

(a) Diagrama em bloco do conjunto de tempo da área de controle

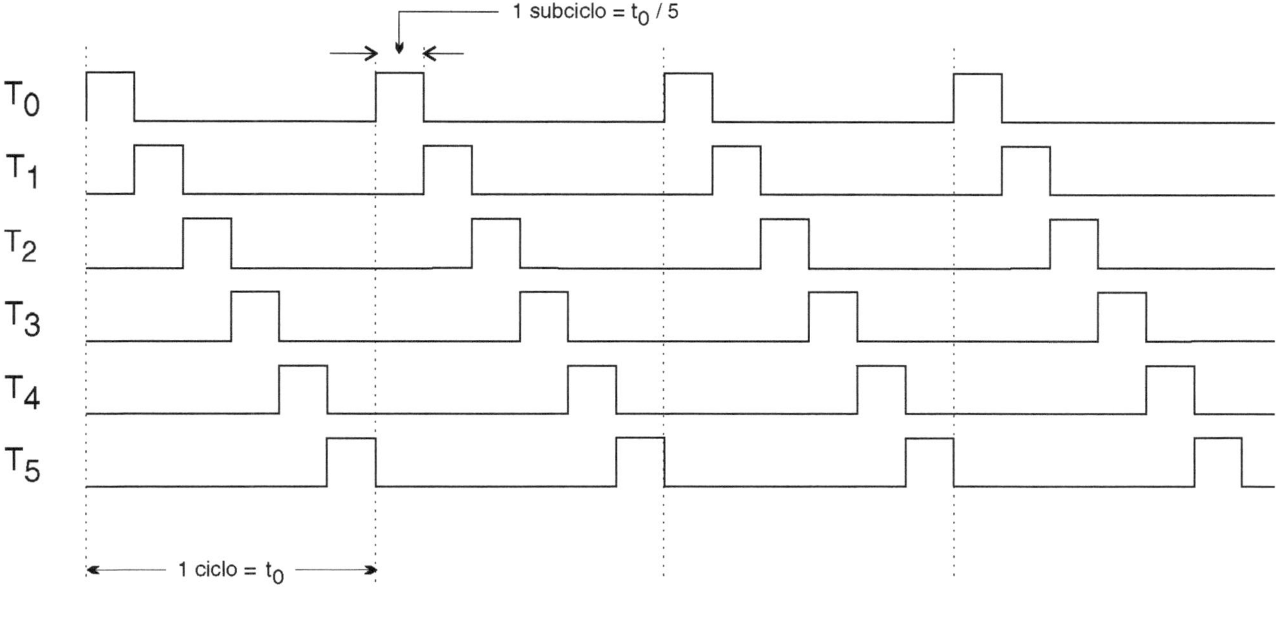

(b) Diagrama de tempo do ciclo do processador (t_0) e seus 5 subciclos

Figura 6.18 Diagrama em bloco da UC, mostrando o relógio e um conjunto de ciclos de tempo.

6.2.2.3 Registrador de Instrução (RI) – Instruction Register (IR)

É o registrador (mostrado na Fig 6.8 e realçado na Fig. 6.9) que tem a função específica de armazenar a instrução a ser executada pelo processador. Ao se iniciar um ciclo de instrução (ver item 6.4), a UC emite sinais de controle em seqüência no tempo, de modo que se processe a realização de um ciclo de leitura para buscar a instrução na memória (uma cópia dela). Conforme definido na programação do ciclo de busca de um ciclo de instrução (ver Fig. 6.2), ao término deste ciclo de leitura a instrução desejada será armazenada no RI, via barramento externo de dados, barramento interno e RDM (no item 6.4 são apresentados mais detalhes da execução completa de um ciclo de instrução).

Na realidade e mesmo nos processadores usados como exemplo (8080/8085/6800) nesse texto, os eventos se passavam ligeiramente diferentes e o RI de fato armazenava uma parte da instrução, denominada código da operação, como será descrito a seguir. Atualmente, o processo é ainda mais complexo, em face da necessidade de maior desempenho, com maiores velocidades e processo pipeline, usando-se *buffers* para armazenar instruções em fila antes mesmo de sua execução (unidade de busca e decodificação no Pentium 4 ou Instruction Control Unit no AMD Athlon, por exemplo).

Neste capítulo estamos descrevendo o funcionamento de um processador simples e serial e, por essa razão, continuaremos a empregar o RI como registrador que armazena uma instrução completa em cada ciclo de instrução.

6.2.2.4 Contador de Instrução (CI) – Program Counter (PC)

É o registrador cuja função específica é armazenar o endereço da próxima instrução a ser executada. Tão logo a instrução que vai ser executada seja buscada (lida) da memória para o processador (início do ciclo de instrução), o sistema automaticamente efetiva a modificação do conteúdo do CI de modo que ele passe a armazenar o endereço da próxima instrução na seqüência (ver item 6.4). Por isso, é comum definir a função do CI como sendo a de "armazenar o endereço da próxima instrução"; na realidade, durante a maior parte da realização de um ciclo de instrução o CI contém o endereço já da próxima instrução.

O CI é um registrador crucial para o processo de controle e de seqüenciamento da execução dos programas. Esta característica será detalhadamente analisada no item 6.4, quando será apresentada, passo a passo, a execução de um ciclo de instrução.

Como esse registrador armazena o endereço da instrução que será buscada em seqüência na memória para a execução do ciclo de instrução subseqüente (ver item 6.4, que detalha passo a passo a realização de ciclos de instrução), ele é fundamental para o processo de controle e da seqüencialidade da execução das instruções. Em outras palavras, o hardware (componentes do processador, incluindo o CI) não tem controle sobre qual instrução deverá ser executada em seguida; ele simplesmente busca a instrução cujo endereço está no CI. Desse modo, a alteração de seu conteúdo define a próxima instrução, cujo ciclo será executado (pois contém o endereço dela), seja ela a instrução em seqüência no mesmo programa, seja uma outra instrução fora de seqüência no mesmo programa (p.ex., decorrente de um desvio, devido a um comando IF-THEN-ELSE) ou mesmo podendo ser uma instrução de um outro programa, que está iniciando ou retomando a execução (sistemas multiprogramados, contendo vários processos ou threads armazenados na memória e "simultaneamente" em execução). Embora o conceito de multiprogramação não faça parte do escopo deste livro, é importante conhecer as possibilidades de alteração do conteúdo do CI, entre as quais está a de mudar de conteúdo para reiniciar ou iniciar um outro programa.

Possibilidades de alteração do conteúdo do CI:

1) Sistematicamente, através de seu incremento automático em um ciclo de instrução (característica da seqüencialidade com que pedaços de um programa são executados, conforme já explicado no Cap. 5, princípio da localidade espacial). É realizado sempre pelo hardware;
2) Sempre que o sistema precisa reinicializar (ou iniciar-se), o hardware é programado para inserir no CI o endereço da primeira instrução do programa de inicialização, o qual dispara o processo de inicialização;
3) Eventualmente, através de instruções de desvio (Jump ou Branch, como será mostrado a seguir e no Cap. 8), quando se usa um comando de desvio (IF-THEN-ELSE ou DOWHILE, p.ex.) em um programa ou quando o sistema operacional decide mudar de programa em execução.

6.2.2.5 Decodificador de Instrução

É um dispositivo utilizado para identificar qual operação será realizada, correlacionada à instrução cujo código de operação foi decodificado. Em outras palavras, cada instrução é uma ordem para que o processador realize uma determinada operação (ver item 6.3). Como são muitas instruções, é necessário que cada uma possua uma identificação própria e única. A unidade de controle está, por sua vez, preparada para sinalizar adequadamente aos diversos dispositivos do processador, conforme ela tenha identificado a instrução a ser executada.

O decodificador recebe em sua entrada um conjunto de bits previamente escolhido e específico para identificar uma instrução de máquina (cada instrução tem um valor próprio, denominado código de operação, conforme será mostrado no item 6.3) e possui 2^N saídas, sendo N a quantidade de algarismos binários do valor de entrada. O funcionamento de um decodificador é detalhado no Apêndice B e há exemplo de uso de decodificadores no Apêndice D.

A Fig. 6.19 mostra um exemplo de configuração de decodificador com entrada de 4 bits e 16 saídas. Cada linha de saída aciona de modo diferente a UC e esta, por sua vez, emite sinais de controle por diferentes caminhos, conforme a linha de saída decodificada.

Por exemplo, quando aparece na entrada o valor 0010 ($E_0 = 0$, $E_1 = 0$, $E_2 = 1$, $E_3 = 0$), então, na saída somente a linha S_2 (=1) estará ativa.

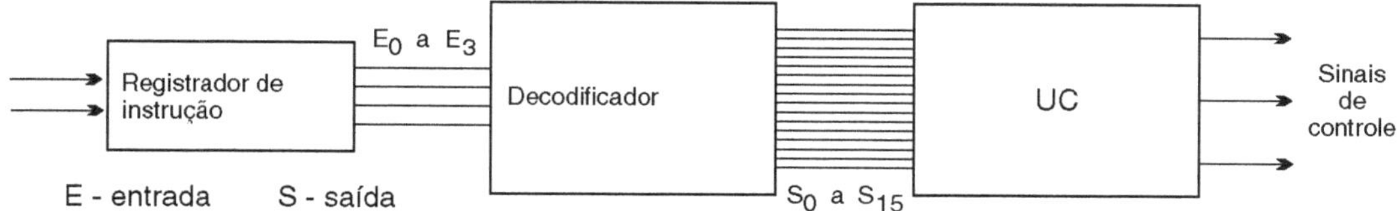

(a) Diagrama em bloco da decodificação em uma UCP

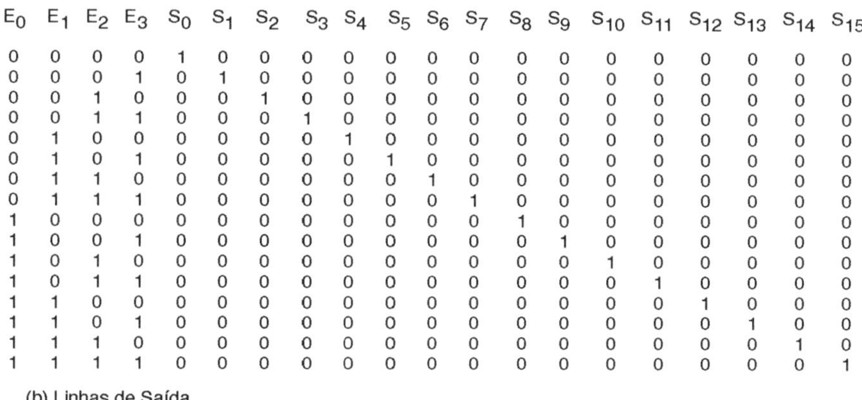

E_0	E_1	E_2	E_3	S_0	S_1	S_2	S_3	S_4	S_5	S_6	S_7	S_8	S_9	S_{10}	S_{11}	S_{12}	S_{13}	S_{14}	S_{15}
0	0	0	0	1	0	0	0	0	0	0	0	0	0	0	0	0	0	0	0
0	0	0	1	0	1	0	0	0	0	0	0	0	0	0	0	0	0	0	0
0	0	1	0	0	0	1	0	0	0	0	0	0	0	0	0	0	0	0	0
0	0	1	1	0	0	0	1	0	0	0	0	0	0	0	0	0	0	0	0
0	1	0	0	0	0	0	0	1	0	0	0	0	0	0	0	0	0	0	0
0	1	0	1	0	0	0	0	0	1	0	0	0	0	0	0	0	0	0	0
0	1	1	0	0	0	0	0	0	0	1	0	0	0	0	0	0	0	0	0
0	1	1	1	0	0	0	0	0	0	0	1	0	0	0	0	0	0	0	0
1	0	0	0	0	0	0	0	0	0	0	0	1	0	0	0	0	0	0	0
1	0	0	1	0	0	0	0	0	0	0	0	0	1	0	0	0	0	0	0
1	0	1	0	0	0	0	0	0	0	0	0	0	0	1	0	0	0	0	0
1	0	1	1	0	0	0	0	0	0	0	0	0	0	0	1	0	0	0	0
1	1	0	0	0	0	0	0	0	0	0	0	0	0	0	0	1	0	0	0
1	1	0	1	0	0	0	0	0	0	0	0	0	0	0	0	0	1	0	0
1	1	1	0	0	0	0	0	0	0	0	0	0	0	0	0	0	0	1	0
1	1	1	1	0	0	0	0	0	0	0	0	0	0	0	0	0	0	0	1

(b) Linhas de Saída

Figura 6.19 Exemplo de um decodificador com 4 entradas e 16 saídas.

6.2.2.6 Registrador de Dados de Memória – RDM e Registrador de Endereços de Memória – REM

São os registradores utilizados pelo processador e memória para comunicação e transferência de informações, conforme já explicado no Cap. 4. Eles serão novamente mencionados durante a descrição de um ciclo de instrução, no item 6.4. Em geral, o RDM (ou MBR – *Memory Buffer Register*) possui um tamanho (capacidade de armazenamento de bits) igual ao do barramento de dados; este, atualmente, tem sido construído com largura, em bits, múltipla do tamanho da palavra do processador. Assim é que o Pentium 4, por exemplo, que possui palavra de 32 bits, tem sido inserido em sistemas com barramento de dados com largura de 64 bits e de 128 bits.

O REM (ou MAR – *Memory Address Register*) possui um tamanho igual ao dos endereços da memória (e, conseqüentemente, do barramento de endereços do sistema). Pela definição do tamanho em bits do REM podemos calcular qual o espaço máximo de endereçamento da memória principal de um computador.

Por exemplo, se no projeto de um determinado processador o endereço de acesso à memória é definido com uma largura de 20 bits, todos os barramentos de endereços, bem como o REM e CI, devem possuir uma largura mínima de 20 bits, indicando que o espaço máximo de endereçamento nos sistemas baseados naquele processador deverá ser de:

2^{20} = 1M endereços.

Se, por outro lado, os endereços fossem definidos com 32 bits (caso dos processadores Intel a partir do 386 até os Pentium atuais e dos AMD até o Athlon K7), então, o espaço máximo de endereçamento seria:

2^{32} = 4G endereços

6.3 INSTRUÇÕES DE MÁQUINA

6.3.1 O que É uma Instrução de Máquina?

Desde os primeiros capítulos deste livro as instruções de máquina vêm sendo sempre mencionadas, sem que tenhamos, até este momento, nos detido a entender efetivamente o que é uma instrução de máquina.

A arquitetura básica dos processadores do tipo von Neumann (ver item 2.1), cujos princípios fundamentais ainda são válidos (a seqüencialidade da execução das instruções deixou de existir com o advento das técnicas *pipelining*, ou de processamento paralelo, ou vetorial etc.), é baseada essencialmente na existência de uma ordem ou instrução para que o processador (o hardware) realize uma determinada operação (assim como nós instruímos um funcionário a realizar uma determinada atividade – a instrução, aqui, não no sentido de ensinar, mas de comandar a realização de um ato).

Uma máquina pode executar tarefas complicadas e sucessivas se for "instruída" (no sentido de ordenar, determinar) sobre o que fazer e em que seqüência isso deve ser feito. Os seres humanos (pelo menos a maioria), se receberem uma instrução do tipo: "trazer a pasta da funcionária Maria", são capazes de localizar o arquivo onde as pastas de todos os funcionários estão arquivadas – em geral por ordem alfabética – e achar a pasta, trazendo-a a quem pediu. Nosso cérebro realizou uma série de ações intermediárias para que a tarefa fosse concluída com êxito.

No entanto, se a mesma "instrução" fosse dada a uma máquina (e ela não tivesse qualquer outra orientação prévia armazenada), ela não conseguiria "trazer a pasta desejada".

Para a máquina, é necessário que a "instrução" seja detalhada em pequenas etapas, visto que ela é construída para ser capaz de entender só dessa forma, ou seja, em pequenas operações.

No exemplo em questão, a máquina deveria receber um conjunto de instruções como o da Fig. 6.20, específicas para ela, sendo, portanto, chamadas de instruções de máquina (da máquina).

O programa mostrado na Fig. 6.20 – não completo nem estruturado – tem apenas o propósito de indicar, por comparação simbólica, a diferença entre a generalidade de uma instrução para o funcionário e o detalhe de uma instrução para a máquina. Com os sistemas de computação isto não é diferente.

Uma instrução de máquina é a formalização de uma operação básica, simples (ou primitiva) que o hardware é capaz de realizar diretamente. Podemos, p.ex., projetar um processador que possua uma UAL capaz de somar ou de multiplicar dois números, mas ainda não se conseguiu fabricar uma UAL capaz de executar diretamente, em uma única ação:

$X = A+B*C$

Nesse caso, a UAL tem que ser instruída para executar, em primeiro lugar:

$T = B * C$, onde T é um local temporário de armazenamento.

Em seguida, ela realizará a operação:

$X = A+T$

Primeiramente, a UAL efetuará a multiplicação, cujo resultado é temporariamente armazenado em algum tipo de memória (dependendo do programa e do sistema), que poderia ser um registrador ou uma célula de memória, para, em seguida, este resultado parcial ser recuperado e somado ao valor A. Como foi necessário criar duas instruções diferentes, passou a ser um programa, executado de forma seqüencial: primeiro, realizando $T = B * C$ e, em seguida, $X = A + T$.

1 • achar arquivo. Se não houver arquivo, vá p/3; *senão*, prosseguir
• comparar nº arquivo com nº arquivo que contém as pastas dos funcionários
• se números iguais, *então* prosseguir; *senão*, voltar para 1
2 • achar uma pasta. Se não houver mais pastas, vá p/3; *senão*, prosseguir
• comparar nome da pasta com nome dado
• se forem iguais, *então* prosseguir; *senão*, voltar para 2
• retirar a pasta
• abrir a pasta para quem pedir
3 • parar

Figura 6.20 Exemplo de instruções primitivas ou instruções para uma máquina localizar e buscar uma pasta de documentos de um arquivo.

Na realidade, pode-se observar que o cérebro humano também não realiza, de imediato, três operações simultaneamente. Embora possamos indicar no papel uma operação, digamos, com quatro parcelas, como indicado:

$$\begin{array}{r} 19 \\ 27 \\ 35 \\ +\ \underline{48} \\ 129 \end{array}$$

Quando efetivamente executamos a operação mentalmente, fazemos primeiro a soma dos algarismos menos significativos (ordem das unidades) das duas primeiras parcelas de cima para baixo (é claro que se poderia iniciar de baixo para cima etc.):

9 + 7 = 16

Em seguida, este valor (16) com o primeiro algarismo da 3.ª parcela:

16 + 5 = 21

E, finalmente, a soma parcial (21) com o primeiro algarismo da 4.ª parcela:

21 + 8 = 29

Nesse ponto, colocamos 9 no resultado e dizemos "vai 2" (representativo de 20 ou 2 * a base 10)

E retornamos no mesmo processo para o 2.º algarismo, até obtermos 129 de resultado.

Ou seja, apesar de constarem quatro parcelas no papel, não somamos os quatro primeiros algarismos de uma única vez e, assim, os processadores também operam de dois em dois números, só que de modo mais formal (a UAL somente aceita duas seqüências de bits, uma para cada número a ser manipulado). O Apêndice D mostra o funcionamento completo de uma UAL.

O projeto de um processador é centrado no conjunto de instruções de máquina que se deseja que ele execute (na realidade, do conjunto de operações primitivas que ele poderá executar). Uma das mais fundamentais análises e decisões do projeto envolve o tamanho e a complexidade do conjunto de instruções. Quanto menor e mais simples o conjunto de instruções, mais rápido é o ciclo de tempo do processador (porém mais difícil é a transformação de um programa desenvolvido em uma linguagem do tipo Pascal ou Delphi para a linguagem da máquina que tenha esse conjunto simples (isso será mais bem explicado no Cap. 11, sobre arquiteturas RISC).

Pode-se utilizar, pelo menos, duas tecnologias de projeto de processadores empregadas pelos fabricantes de mini, microcomputadores e de estações de trabalho:

- Sistemas com conjunto de instruções complexo (*complex instruction set computers* – CISC); e
- Sistemas com conjunto de instruções reduzido (*reduced instruction set computers* – RISC).

Embora na maioria dos capítulos deste livro sejam mencionados conceitos e características de arquiteturas CISC e o Cap. 11 seja dedicado a arquiteturas RISC, eventualmente tem-se mostrado alguns exemplos de processadores RISC. O próprio conjunto de instruções, definido especificamente neste capítulo para explicar o funcionamento de um ciclo de instrução, tem características de máquinas RISC, por serem instruções simples e de mesmo tamanho (Fig. 6.23).

Do ponto de vista físico (do ponto de vista do hardware), uma instrução de máquina é um grupo de bits que indica ao processador uma operação ou ação que ele deve realizar. Um processador é fabricado com a capacidade de realizar uma certa quantidade de operações bem simples (primitivas), cada uma delas associada a uma instrução de máquina.

Funcionalmente, um processador possui instruções capazes de realizar operações do tipo:

- operações matemáticas (aritméticas, lógicas, de complemento, de deslocamento);
- movimentação de dados (memória – processador e vice-versa);
- entrada e saída (leitura e escrita em dispositivo de E/S); e
- controle (desvio da seqüência de execução, parar etc.).

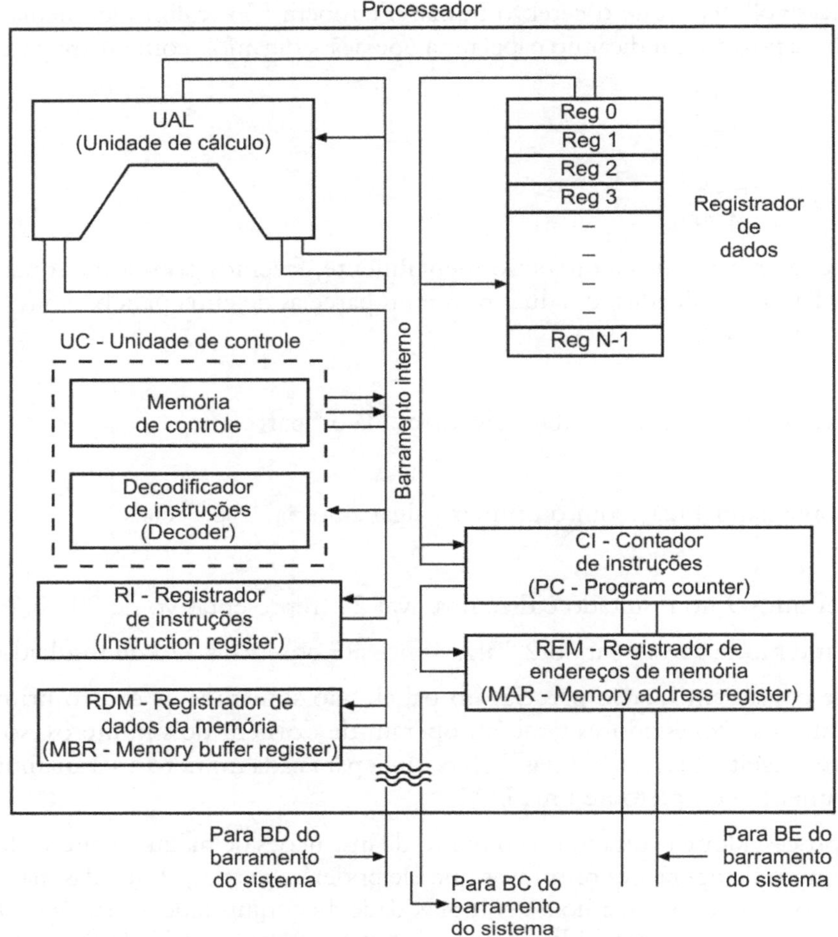

Figura 6.21 Componentes básicos de um processador.

Quando se menciona "conjunto de instruções" (ou "instruction set"), estamos nos referindo a todas as possíveis instruções que podem ser interpretadas e executadas por um processador. O processador Intel 8080 possuía um conjunto de 78 instruções de máquina, enquanto o Intel 8088 possuía 117 instruções, o 80486 tinha um conjunto com 286 instruções de máquina e alguns modelos do Intel Pentium 4 têm um conjunto de 247 instruções.

O nível de arquitetura de processadores que trata das instruções de máquina é o mais baixo nível de entendimento dos programadores, que podem acessar as instruções de máquina (usualmente pelo seu mneumônico de linguagem assembly) e utilizar, inclusive, os registradores de dados. No entanto, conforme já mencionamos anteriormente e será mais detalhado no Apêndice D, as instruções de máquina são interpretadas pelo nível inferior, denominado microarquitetura, não visível ao programador, que compreende principalmente os elementos da área de controle, mostrados de forma resumida na Fig. 6.21.

Nota: A partir deste ponto, vamos simplificar a nomenclatura e o entendimento do assunto instruções. O termo *instrução* será usado quando estivermos nos referindo à instrução de máquina, como instrução binária ou Assembly (ver Cap. 8), e o termo *comando* quando nos referirmos a uma instrução de linguagem de mais alto nível, como Pascal, C, Delphi, Java, Lisp, C++ etc.

6.3.2 Formato das Instruções

Neste item trataremos apenas das definições necessárias para entendermos um ciclo de instrução e a execução de programas em linguagem de máquina, por execução sucessiva de ciclos de instruções. Detalhes conceituais, de formatação e de operacionalização de instruções de máquina, são especificamente analisados no Cap. 8.

De modo geral, podemos separar o grupo de bits que constitui uma instrução em duas partes: uma delas indica o que é a instrução e como será executada, e a outra parte se refere ao(s) dado(s) que será(ão) manipulado(s) na operação. A primeira parte é constituída de um só campo, enquanto a segunda parte poderá ter um ou mais campos, conforme a instrução se refira explicitamente a um ou mais dados. Assim, temos os seguintes campos em cada instrução:

- um campo (um subgrupo de bits) chama-se *código de operação;*
- o restante grupo de bits (se houver) denomina-se *campo do(s) operando(s) ou,* simplesmente, operando(s).

Código de operação	**Operando(s)**

Código de operação – C.Op. – é o campo da instrução cujo valor binário é a identificação (ou código) da operação a ser realizada. Assim, cada instrução possui um único código, o qual servirá de entrada no decodificador da área de controle (ver item 6.2.2.5). A Fig. 6.22 apresenta exemplos de tipos de operações primitivas normalmente encontradas na implementação dos processadores.

Um processador que possua instruções cujo campo C.Op. tenha uma largura de 8 bits poderá ser fabricado contendo a implementação de um conjunto de até 256 instruções diferentes, visto que:

C.Op. = 8 bits. Então: $2^8 = 256$ códigos de operação.

Como cada C.Op. representa uma única instrução, então 256 C.Op. indica 256 instruções de máquina.

Campo operando – Op. – é(são) o(s) campo(s) da instrução cujo valor binário indica(m) a localização do dado (ou dados) que será(ão) manipulado(s) durante a realização da operação.

* Transferir uma palavra de dados de uma célula para outra.
* Efetuar a soma entre dois operandos, guardando o resultado em um deles ou em um terceiro operando.
* Desviar incondicionalmente para outro endereço fora da seqüência.
* Testar uma condição. Se teste verdadeiro, então desviar para outro endereço fora da seqüência.
* Realizar uma operação lógica AND entre dois valores.
* Parar a execução de um programa.
* Adicionar 1 ao valor de um operando.
* Transferir um byte de dados de uma porta de E/S para a MP.
* Transferir um byte de dados da MP para uma porta de E/S.
* Substituir o operando por seu valor absoluto.

Figura 6.22 Exemplo de operações primitivas típicas.

Como já mencionado antes, a instrução pode ser constituída de um ou mais campos "operando", isto é, se a operação for realizada com mais de um dado a instrução poderá conter o endereço de localização de cada um dos dados referidos nela, como mostrado a seguir (ver Cap. 8)

C.Op.	**Operando 1**	**Operando 2**	**Operando 3**

Utilizando-se uma forma mais específica para representar a operação que a instrução indica, teríamos:

(operando 3) $\leftarrow$ (operando 1) + (operando 2)

Esta instrução poderia ser do tipo: "**somar** o valor armazenado na memória no endereço indicado no campo **operando 1** com o valor armazenado na memória no endereço indicado no campo **operando 2** e armazenar o resultado na posição de memória, cujo endereço está indicado no campo **operando 3**".

Esta longa frase poderia ser substituída por uma expressão mais simples, com sintaxe rígida, do tipo:

SOMAR Operando1, Operando 2, Operando 3 (em português)

OU

ADD Op1, Op2, Op3

ADD – é o código da operação (C.Op.) que significa somar e cuja sigla é comumente usada nos conjuntos de instruções de processadores reais:

Op1, Op2, Op3 – é a abreviatura do campo Operando 1, Operando 2, Operando 3.

Pode-se economizar o emprego dos operandos, escolhendo-se um deles para servir a um duplo propósito: inicialmente armazenar o valor de um dos dados e, em seguida, armazenar, no mesmo local, o resultado da operação. Dessa forma, basta indicar apenas dois campos operando na instrução, como exemplificado a seguir:

C.Op.	**Operando 1**	**Operando 2**

De forma semelhante à mostrada no exemplo anterior, pode-se ter a descrição completa da instrução com o novo formato, como a seguir:

"**somar** o valor armazenado na memória no endereço indicado no campo **operando 1** com o valor armazenado na memória no endereço indicado no campo **operando 2** e armazenar o resultado na posição de memória cujo endereço está indicado no campo **operando 1**"; o resultado também poderia ser armazenado em "operando 2" em vez de em "operando 1".

A frase poderia ser substituída por:

SOMAR Operando 1, Operando 2 (em português)

OU

ADD Op1, Op2

que significa:

(Operando 1) ← (Operando 1) + (Operando 2)

ou poderia significar (dependendo do desejo do fabricante):

(Operando 2) ← (Operando 1) + (Operando 2)

Também poderíamos utilizar o registrador chamado acumulador (ACC), mostrado nas Figs. 6.5, 6.7 e 6.9, utilizado em arquiteturas de processadores da família 8080 para armazenar inicialmente um dos valores e, depois da realização da soma, armazenar o resultado. Como em processadores dotados de ACC ele tende a ser um só, não há necessidade de explicitar seu endereço; basta programar a UC para utilizá-lo quando decodificar o C.Op. específico.

A instrução teria o seguinte formato:

C. Op.	**Operando**

E sua representação:

ACC ← ACC + (Operando)

Nos exemplos em que descreveremos o funcionamento de um processador na execução de ciclos de instrução, utilizaremos este modelo de instrução de um operando (apresentado na Fig. 6.23), porém será empregado um registrador denominado R_0, de modo a iniciar a aproximação com os modelos existentes, onde não mais existe ACC.

Pode-se observar, então, que em um mesmo conjunto de instruções de um processador podem existir formatos diferentes de instruções, inclusive para a realização de uma mesma operação. Os formatos apresentados são parte da quantidade de formatos e modos de endereçamento que podem existir em processadores reais e que serão descritos e exemplificados no Cap. 8.

Um outro fator a ser considerado no projeto do conjunto de instruções de um processador refere-se ao significado do valor binário indicado no(s) campo(s) operando(s) das instruções. Ou seja, o modo de localizar o dado pode variar de instrução para instrução. Chama-se a isto de **modo de endereçamento**; atualmente há vários destes modos sendo empregados nos processadores. Para evitar o risco de tornar a explicação inicial do assunto mais complicada do que o desejado, deixaremos, como no caso anterior, mais detalhes para o Cap. 8. Neste capítulo apresentaremos apenas instruções com formato e características bem simples: apenas dois modos de endereçamento e somente um operando.

6.4 FUNCIONAMENTO DO PROCESSADOR. O CICLO DA INSTRUÇÃO

A base do projeto de um processador é a escolha do conjunto de instruções que ele irá executar (trata-se de definir que operações o hardware será capaz de realizar diretamente através de seus circuitos), para em seguida definir e especificar os demais componentes da arquitetura e da organização, os quais contribuirão para o processo de interpretar e executar cada instrução.

Neste item mostra-se, em detalhe, o funcionamento básico de um processador ao descrever-se, passo a passo, as etapas requeridas para o processador completar a execução de uma instrução de máquina. O Cap. 8 trata de modo mais amplo os aspectos e características do conjunto de instruções dos processadores reais.

Para descrever com clareza as referidas etapas e permitir o entendimento do sentido individual e global do processo de funcionamento da UCP, vamos utilizar um subsistema UCP/MP hipotético, mais simples que os modelos comerciais e de acordo com o que já estamos descrevendo nos itens anteriores. A Fig. 6.23 relaciona as características básicas do subsistema UCP/MP hipotético, o qual será utilizado no decorrer das explicações deste item. As instruções JZ Op., JP Op., JN Op., JMP Op., mostradas nessa figura, denominam-se instruções de desvio.

Desvio é uma alteração forçada da seqüência de execução de um programa. Como já mencionamos anteriormente, os programas são elaborados e armazenados de forma seqüencial, uma instrução em seguida à ou-

Característica de um processador, a ser utilizado nos exemplos do livro
1 - Palavra: 12 bits
2 - Endereços: 8 bits (256 células de memória)
3 - Células de 8 bits
4 - Instruções de 1 operando apenas, com C. Op. = 4 bits e campo operando = 8 bits
5 - Campo operando sempre indica o endereço de memória do dado, exceto em instruções de desvio
6 - O processador possui vários registradores de dados, todos com largura de 12 bits, porém somente o registrador R_0 está habilitado; além disso, possui, um RI, também com 12 bits de tamanho, o CI e o REM com 8 bits cada um e o RDM com 12 bits também.
7- Formato das instruções

C. Op.	Operando
4 bits	8 bits

8 - Instruções disponíveis:

C. Op.	Sigla	Descrição
0	HLT	Para a execução do programa*** Halt, em inglês
1	LDA Op	$R_0 \leftarrow$ (Op.)*** Load em inglês
2	STR Op	(Op.) $\leftarrow R_0$*** Store
3	ADD Op	$R_0 \leftarrow R_0$ + (Op.)
4	Sub Op	$R_0 \leftarrow R_0$ - (Op.)
5	JZ Op	Se $R_0 = 0$, então: CI $\leftarrow$ Op.
6	JP Op	Se $R_0 > 0$, então: CI $\leftarrow$ Op.
7	JN Op	Se $R_0 < 0$, então: CI $\leftarrow$ Op.
8	JMP Op	CI $\leftarrow$ Op.
9	GET Op	Ler dado da porta de entrada e armazená-lo em (Op.)
A	PRT Op	Colocar na porta referente à impressora o valor armazenado em (Op.)

Figura 6.23 Descrição das características principais de um pequeno processador.

tra, que é a base do princípio da localidade espacial. No entanto, nem sempre a efetiva execução do programa se faz de forma seqüencial, como, p.ex., quando se executa uma instrução de desvio do tipo: IF – THEN – ELSE. Nesse caso, ao testar a condição expressa na cláusula IF, se a condição é verdadeira o processador executará, em seguida, o conjunto de instruções constantes da cláusula THEN, saltando (desviando) as instruções que fazem parte da cláusula ELSE. Por outro lado, se a condição do IF for falsa, o processador saltará (desviará) as instruções que fazem parte da cláusula IF e executará a seqüência constante da parte ELSE. Como as instruções são localizadas na memória por seus endereços, os tais "desvios" se efetivam pela alteração de endereço de busca da instrução, o qual deve estar armazenado no CI – Contador de Instrução, na fase de busca da instrução.

Dessa forma, se o conteúdo do CI for alterado, a instrução a ser buscada em novo ciclo poderá estar fora da seqüência, definida pelo hardware no item do ciclo de instrução: CI = CI + n (incremento do CI), na Fig. 6.24.

A Fig. 6.24 descreve, com mais detalhe, o fluxo de ações que constituem um ciclo de instrução, ampliando o fluxo mostrado na Fig. 6.2.

O ciclo de instrução apresentado pelo fluxo da Fig. 6.24 pode ser descrito em LTR (linguagem de transferência entre registradores - ver item 5.3.3), de modo que possamos acompanhar sua realização com a movimentação de informações nos componentes da UCP/MP descritos na Fig. 6.23:

Iniciar

RI ← (CI)	Buscar a instrução, cujo endereço está no CI
(CI) ← (CI) + 1	Conteúdo de CI é incrementado para o endereço da próxima instrução

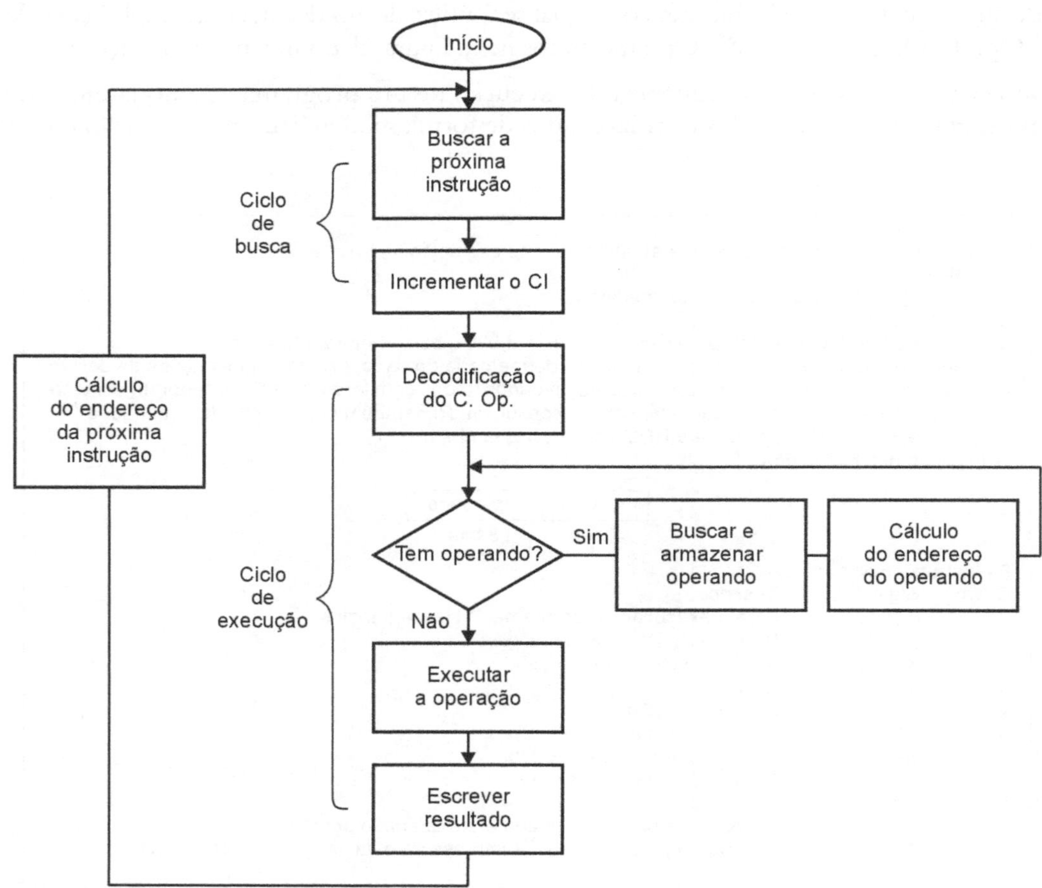

Figura 6.24 Fluxograma de um ciclo de instrução.

Interpretar o C.Op.	O decodificador recebe os bits do C.Op. e gera uma saída para a UC
Buscar Op. (se houver)	
Executar a instrução	
Escrever resultado	
Retornar	

Não vamos, neste momento, considerar alguns aspectos, como a possibilidade de ocorrer a detecção de um sinal de interrupção (fenômeno que será discutido no Cap. 10) ou a execução de vários ciclos de instrução de modo paralelo (método de pipelining, que será abordado brevemente mais adiante e em mais detalhes no Apêndice D).

Para que a explicação seja mais interessante, vamos considerar a execução de duas das instruções definidas no modelo UCP/MP da Fig. 6.23:

LDA Op. **e** **ADD Op.**

e, utilizando a organização de MP e o processador (UCP) dessa mesma figura, vamos considerar alguns valores iniciais (a Fig. 6.25 mostra os detalhes) existentes ao iniciar a execução do primeiro ciclo de instrução da *instrução LDA*.

Execução do ciclo da instrução LDA Op.:

a) A instrução LDA está armazenada na MP no endereço decimal 2, que é igual a 02_{16} e a 00000010_2. Sua descrição em binário é: 000110110100, ou 1B4 em hexadecimal.

   Os 12 bits que constituem a instrução têm finalidades diferentes conforme o formato já definido para as instruções (Fig. 6.23), sendo os 4 primeiros bits determinados para o código da operação (C.Op.) e os 8 bits restantes indicam o valor do campo operando, endereço do dado a ser manipulado pela operação (Op.).

   Assim, temos: C.Op. 1_{16} (0001_2) e Op. = $B4_{16}$, (10110100_2) (valor escolhido no exemplo), e o formato completo da instrução será:

0001	10110100
C.Op.	Op.

b) O valor do dado armazenado na célula de endereço B4 é igual a 423_{10} ou $1A7_{16}$ (trata-se de um valor assumido para o exemplo).

c) A instrução ADD está armazenada no endereço 03_{16}, e sua descrição em binário é: 001110110101 ou $3B5_{16}$.

   Como na instrução anterior, os 4 primeiros bits constituem o C.Op. e os 8 bits restantes o valor de Op.

0011	10110101
C.Op.	Op.

   sendo C.Op. = 3_{16} (conforme definido no exemplo da Fig. 6.23 para a instrução ADD) e Op. = $B5_{16}$ (valor também assumido para o exemplo).

d) O valor do dado armazenado em $B5_{16}$ é $07D_{16}$ ou 125_{10}.

e) O valor armazenado no CI = 02_{16} é considerado no exemplo como tendo sido atribuído pelo sistema operacional.

f) O valor armazenado no RI = 317_{16} (provavelmente é o valor da instrução anteriormente executada).

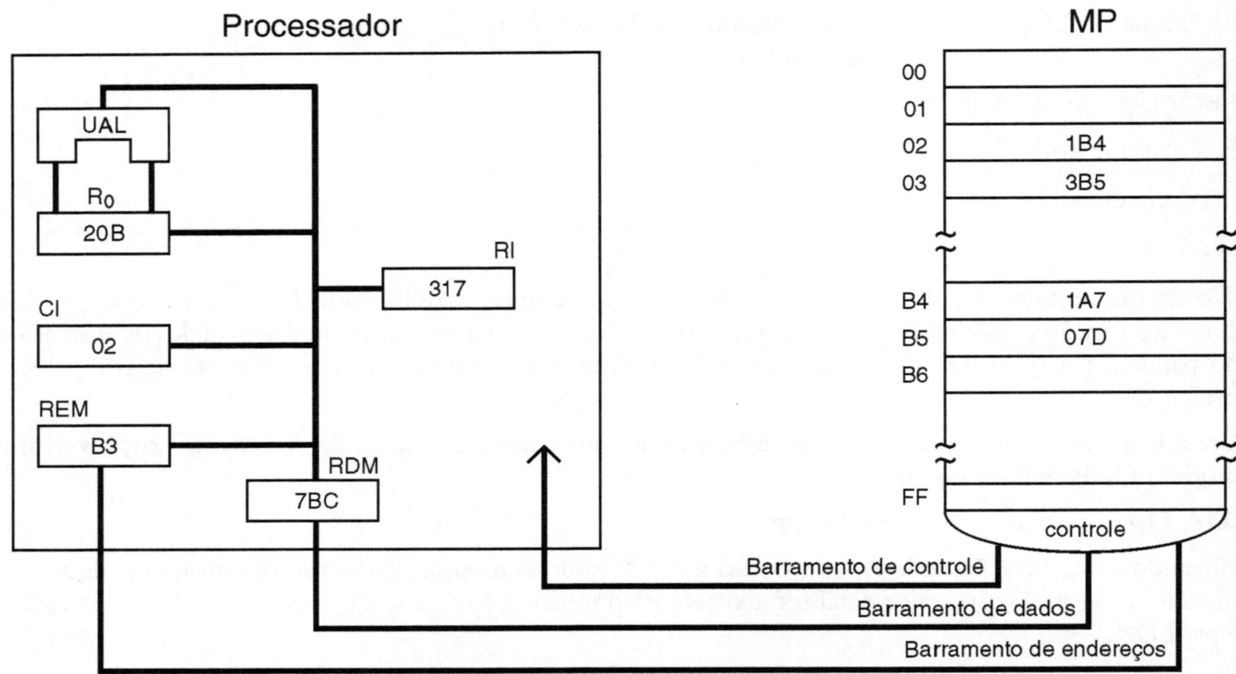

Figura 6.25 Dados iniciais para execução do ciclo das instruções LDA e ADD.

g) O valor armazenado no registrador de dados, $R_0 = 20B_{16}$ (também é um valor obtido em operação anterior).

h) O valor armazenado no REM = B3 e no RDM = 7BC.

Então, ao terminar um ciclo de uma instrução qualquer, a UC reinicia o processo através da execução do ciclo de uma nova instrução (no caso, será a instrução LDA de nosso exemplo), conforme o fluxo da Fig. 6.24.

Seguindo as etapas indicadas na referida figura e observando os valores armazenados e alterados nas Figs. 6.26 (subciclo de busca) e 6.27 (subciclo de execução), teremos (todos os valores estão representados em hexadecimal):

1) RI ← (CI);

Resultado: RI = 1B4 (02) (Fig. 6.26)

Descrição passo a passo:

a) A UC aciona a transferência dos bits do CI para o REM (cópia), pelo barramento interno.
Resultado: CI → REM = 02 (Fig. 6.26).

b) A UC ativa a linha READ (leitura) do barramento de controle, a qual é reconhecido pelo circuito decodificador de endereços da MP.

c) O dispositivo de controle da memória decodifica o endereço. Em seguida, aquele circuito transfere os bits (cópia) da célula de endereço 02, cujo valor é 1B4, para o barramento de dados e daí para o RDM.

Resultado RDM = 1B4 (Fig. 6.26).

d) No instante seguinte, o valor 1B4 é transferido do RDM para o RI, pelo barramento interno do processador, substituindo o valor 317, que estava lá armazenado.

Nota: 1) Observe a notação usada, (RI) e (CI), ou seja, RI e CI entre parênteses, para indicar conteúdo, porque (02) significa "transferir o conteúdo do endereço 02". Se fosse usado o termo CI apenas (sem parênteses), o próprio valor 02 seria transferido para o RI.

2) Para simplificar a explicação, foram omitidos diversos eventos que ocorrem no barramento, na realidade de um ciclo destes, como, por exemplo, a colocação, pelo circuito de controle da memória, de um sinal no barramento de controle confirmando o término da transferência do valor no barramento de dados, de modo que o processador possa utilizá-lo (transferência para o RDM etc.), como também o fato de que o endereçamento pode ser realizado em duas etapas (linha e coluna), como é descrito em detalhes no Apêndice D.

2) CI ← (CI) + 1;

Resultado: CI = 03 (Fig. 6.26)

Como no exemplo adotado cada instrução ocupa uma célula da MP (especificação da Fig. 6.23) e as instruções estão organizadas em seqüência, a próxima instrução deverá ocupar a célula seguinte, cujo endereço será, então, 03. Portanto, 02 + 01 = 03, que é o endereço seguinte.

No entanto, em quase todos os sistemas em funcionamento não há processadores tão "bem comportados" quanto o especificado na Fig. 6.23, especialmente no que se refere à relação entre o tamanho das instruções e das células de MP. Quando se trata de processadores com arquitetura do tipo CISC, a realidade está mais para:

(CI) ← (CI) + n, sendo **n** = quantidade de células ocupadas por uma única instrução, em vez de: (CI) ← (Cl) + 1

O que indica que o tamanho das instruções é variável, o valor de **n** é variável também e a UC deve ser preparada para este fato.

Quando se trata de processadores com arquitetura do tipo RISC, a realidade é *n* ter um valor fixo, normalmente igual ao da palavra, 32 bits, na maiora dos sistemas, ou seja, ocupando quatro células (quatro endereços contíguos) de 1 byte cada.

Nos microprocessadores 8080/8085, cujas instruções podiam ocupar 1, 2 ou 3 células de memória (e cada célula possuía 8 bits de largura), as instruções eram lidas para o processador (UCP) um byte de cada

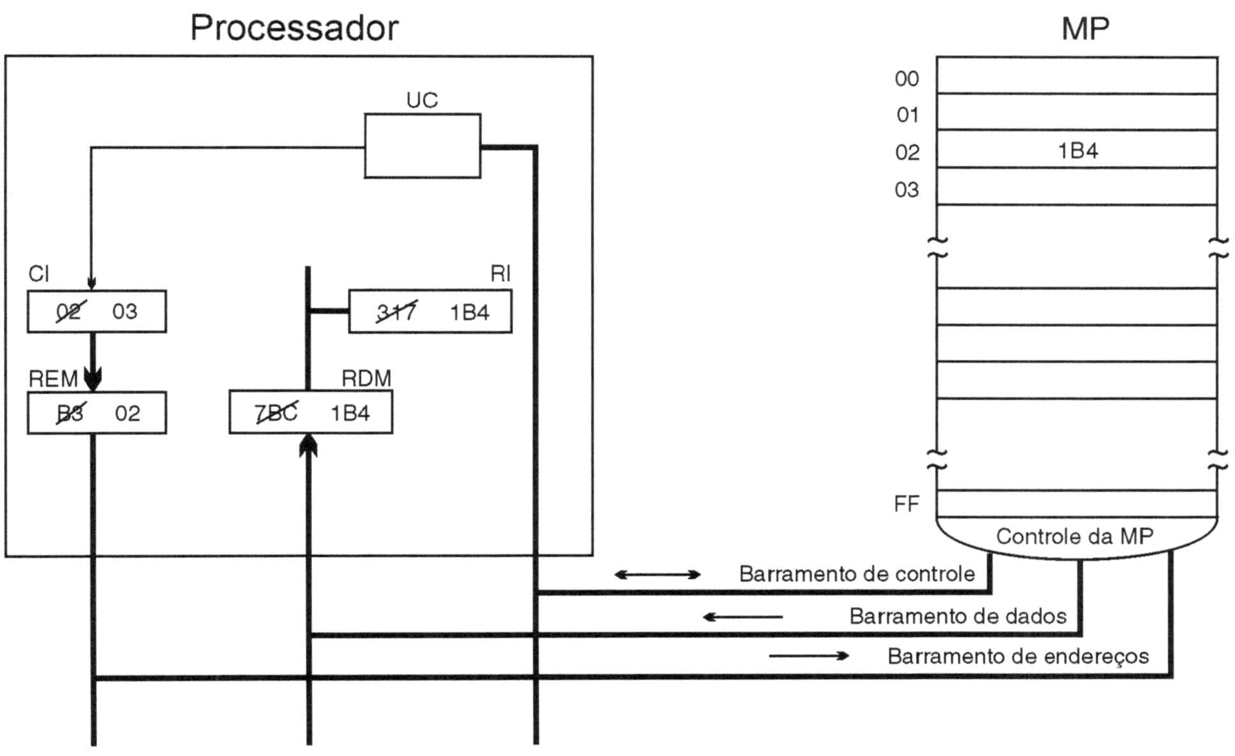

Figura 6.26 Fluxo de dados e de endereços durante a realização do ciclo de busca da instrução LDA.

vez (tamanho da célula) e o CI era incrementado de 1 em 1, porém mais de uma vez durante o ciclo da mesma instrução (se a instrução ocupasse 2 ou 3 bytes). Nos sistemas IBM/370, os 2 primeiros bits do código de operação indicavam o tamanho da instrução, sendo 00 para instruções de 2 bytes, 01 para instruções de 4 bytes e 11 para instrução de 6 bytes de tamanho, de modo que o CI era incrementado de acordo. Nos processadores Pentium e AMD, as instruções possuem diversos tamanhos (*n* tem valor variável), enquanto nos processadores SPARC e PowerPC as instruções têm largura fixa, sendo n = 32.

Em nosso sistema fictício usamos um valor não-múltiplo de 1 byte porque precisávamos do menor valor possível (para facilitar a visualização das explicações, sem comprometer a inteligibilidade do texto).

OBS.: Para um melhor entendimento do fluxo de dados nos exemplos, se ocorrer uma operação de escrita em célula de MP ou registrador a figura mostrará os dois valores: o anterior à esquerda, com uma barra diagonal atravessada; e o novo valor à direita.

3) Decodificação do Código de Operação – Fig. 6.27

a) A UC emite o sinal apropriado para que o RI transfira para o decodificador de instrução os 4 bits mais significativos que correspondem ao valor do C.Op.

Resultado: decodificador ← 0001_2 ou 1_{16} (Fig. 6.27)

b) O decodificador seleciona, através da lógica nele existente (ver exemplos de decodificadores no Apêndice B e no item 6.2.2.5), a linha de saída correspondente para a UC, a qual emitirá os sinais adequados e na seqüência preestabelecida que conduzirão à execução da operação definida pela instrução.

Na realidade, a ação decorrente da saída decodificada do C. Op. depende do método utilizado pelo sistema para executar as instruções, seja por microprogramação ou programação diretamente no hardware.

4) Se tiver operando(s), buscá-lo(s); senão, passar para o item 5 – Fig. 6.27

No caso presente, não há operando a ser previamente buscado.

5) Execução da operação

Resultado: R_0 = 1A7 (Fig. 6.27).

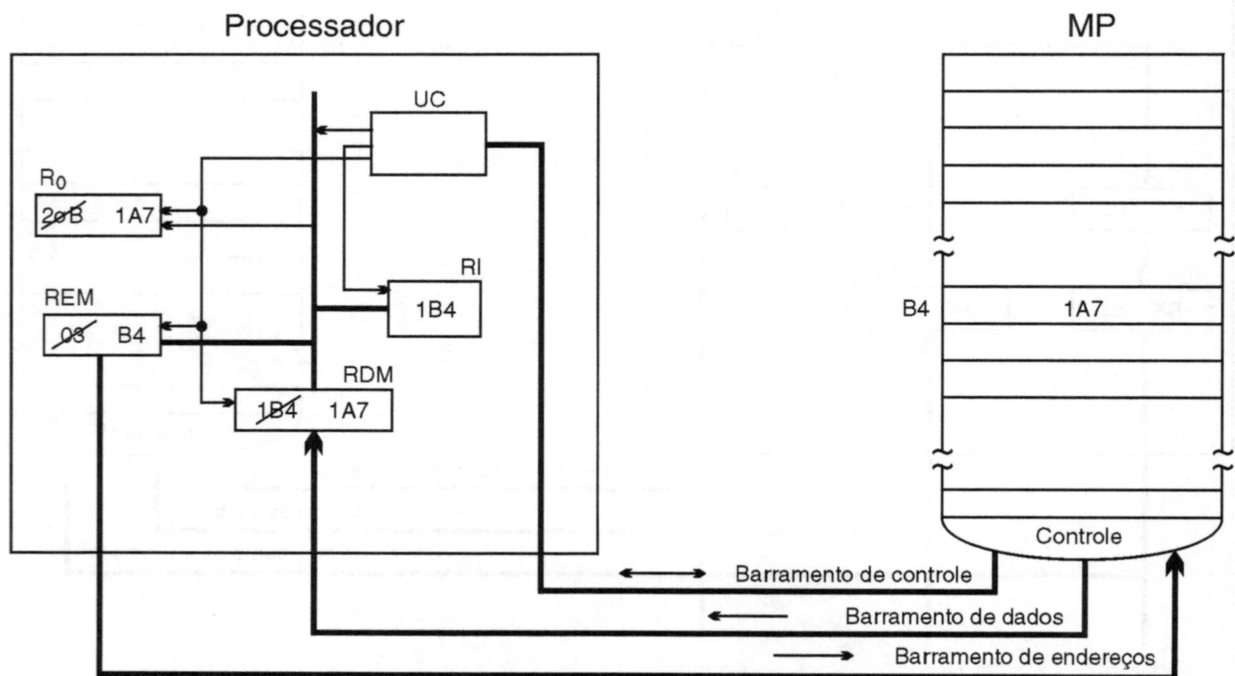

Figura 6.27 Fluxo de dados e de endereços durante o ciclo de execução da instrução LDA.

a) A UC emite o sinal para que os bits correspondentes ao valor do campo do operando da instrução - B4 sejam transferidos para o REM, pelo barramento interno.

Na prática, em geral há um cálculo para se achar o valor de um endereço, como acontecia nos microprocessadores de 16 bits e ainda acontece nos processadores atuais, somando-se o valor de um registrador de segmento ao constante da instrução (ver modos de endereçamento no Cap. 8). No nosso sistema "bem comportado" isto não é necessário, e o endereço B4 é transferido diretamente para o REM.

b) A UC ativa a linha READ (leitura) do barramento de controle, o qual aciona o circuito de controle da MP para decodificar o endereço B4.

c) Decodificado o endereço, o circuito de controle da MP transfere o valor (o conteúdo) armazenado na célula de endereço B4 – cujo valor é 1A7 – para o RDM, pelo barramento de dados.

6) Escrever o resultado

Resultado: RDM = 1A7

a) No instante seguinte, a UC emite o sinal apropriado para que este valor seja transferido (cópia) para o registrador R_0 pelo barramento interno do processador.

Observação: Se o processador utilizasse todos os registradores existentes (R_0 a R_{n-1}), então seria necessário que as instruções tivessem um formato diferente (para dois operandos), de modo a incluir o endereço do registrador desejado (ou seja, um dos N registradores). Como, para simplificar, só o R_0 está ativo, então é desnecessário indicar o endereço do registrador no formato da instrução.

Os passos 1 e 2 correspondem ao ciclo ***de busca*** (*fetch*), e os seguintes – 3, 4, 5 e 6 – correspondem ao ciclo ***de execução.*** O ciclo de instrução realizou dois acessos à memória para a realização de dois ciclos de leitura.

O que, na prática, realmente diferencia o desempenho de uma instrução em relação à outra é a quantidade de ciclos de memória (acessos) que cada uma realiza durante seu ciclo de instrução, visto que o ciclo de memória é um tempo ponderável, se comparado com o ciclo do processador.

Execução do ciclo da instrução ADD Op.

Vamos, em seguida, descrever o **ciclo da instrução ADD Op.,** considerando que é a instrução seguinte na seqüência da execução (a Fig. 6.28 mostra a instrução no endereço 03 da MP, justamente o valor atualmente armazenado no CI após a execução do ciclo de LDA Op. – ver Fig. 6.26).

A Fig. 6.28 mostra o subciclo de busca de ADD Op., e a Fig. 6.29 mostra o subciclo da execução. Nesta instrução será usado o passo 4 do ciclo de instrução (buscar operando) e haverá efetivamente a realização de uma operação (operação aritmética de adição), com a conseqüente ação da UAL e o passo 6, com a escrita do resultado no registrador R_0.

Dados a serem inicialmente considerados, referentes ao término da instrução anterior:

CI = 03; RI = 1B4; R_0 = 1A7; REM = B4; RDM = 1A7

Seguindo as etapas indicadas na Fig. 6.24, teremos:

1) RI ← (CI)

a) REM ← CI = 03 (Fig. 6.28)

b) Ativação da linha READ pela UC. Decodificação pelo circuito de controle da MP do endereço colocado no barramento de endereços.

c) RDM ← 3B5. Naturalmente, o valor copiado da célula (3B5) vai primeiro para o barramento de dados e daí para o RDM, conforme já explicado no exemplo anterior.

d) RI ← 3B5, substituindo o valor 1B4, da instrução anterior.

2) (CI) ← (CI) + 1

CI = 03 + 1 = 04 (Fig. 6.28)

3) Decodificação do código de operação

C.Op. = 3 (Fig. 6.28)

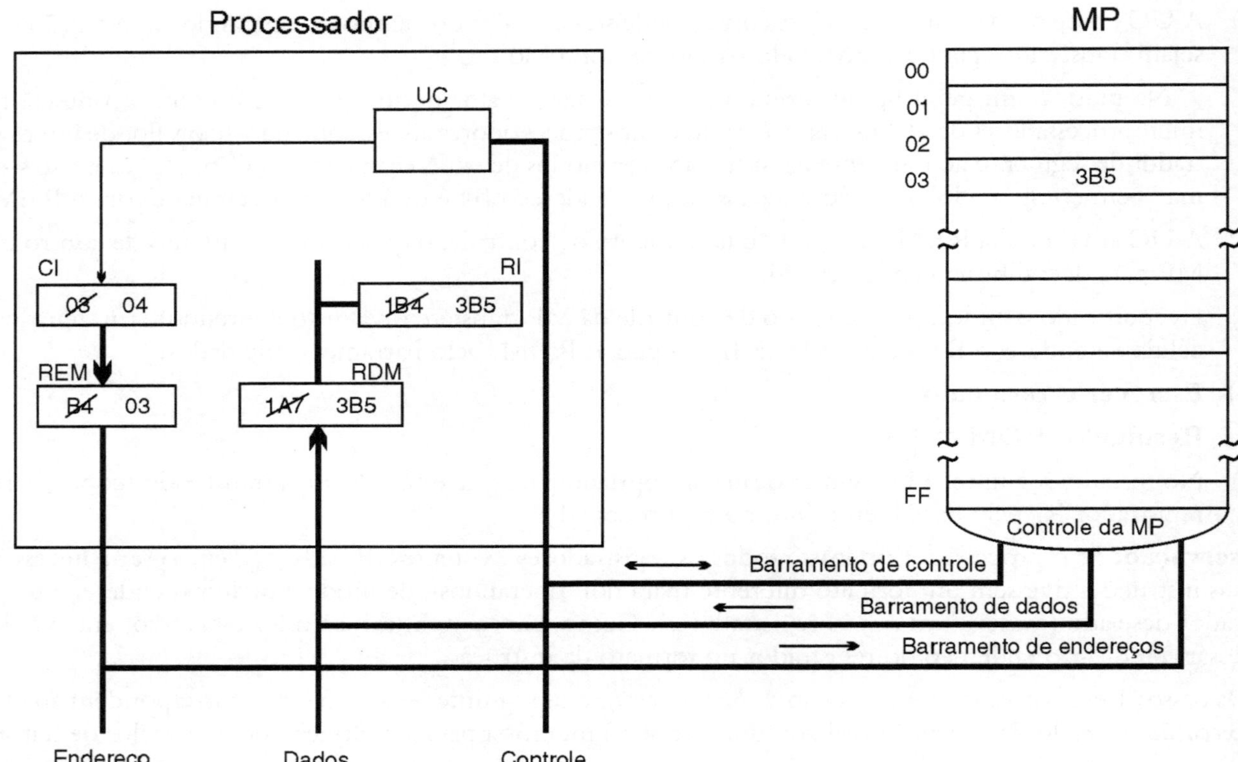

Figura 6.28 Fluxo de dados e de endereços durante a realização do ciclo de busca da instrução ADD.

a) Decodificador ← (RI(C.Op.))

A definição da saída decodificada correspondente à operação ADD é enviada para a UC.

b) A UC emite sinais apropriados para a realização dos passos 4 e 5, de acordo com sua programação prévia para esse código de operação.

4) Buscar operando na MP (Fig. 6.29)

Como a instrução determina que o valor armazenado no registrador R_c (1A7) seja somado a um valor que está na MP, no endereço B5, este valor (operando) deve ser transferido da MP para a UAL (na realidade é transferida uma cópia do valor, permanecendo este também na sua célula) de modo que, em seguida, possa ser somado. Trata-se, então, de realizar um ciclo de memória para leitura.

a) A UC emite sinal de controle de modo que:

REM ← Op.   REM ← B5 , pois Op. = B5

b) O valor B5 é colocado no barramento de endereços (UC) e a UC ativa a linha READ.

c) O controle da MP decodifica o endereço B5 e, em seguida, os bits armazenados no endereço B5 (07D) são transferidos para o RDM.

RDM ← (M(REM))

RDM ← (M(B5))

RDM = 07D

d) UAL ← R_0 (1A7), que é o primeiro operando

R_0 ← RDM (07D)

UAL ← R_0 (07D), que é o segundo operando

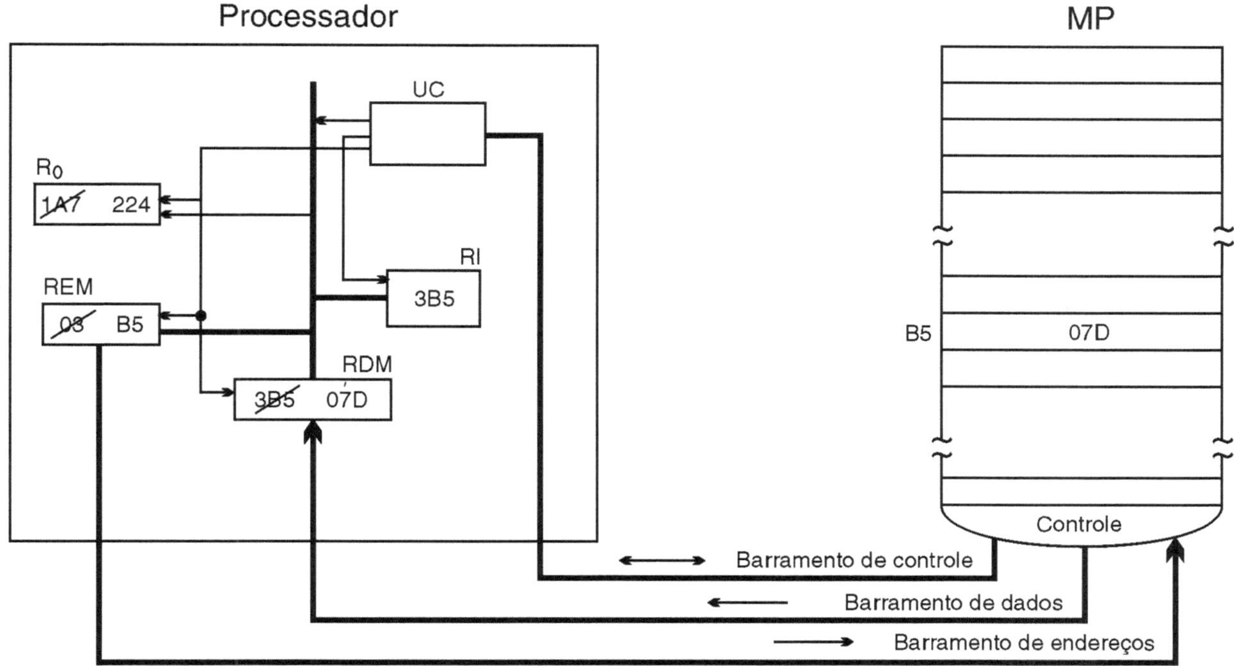

Figura 6.29 Fluxo de dados e de endereços durante a realização do ciclo de execução da instrução ADD.

Há diversos modos de implementar a colocação de valores na UAL. Certos sistemas usam registradores temporários para armazenar os dois operadores imediatamente antes de serem transferidos para a UAL. Em outros, o barramento interno leva dados diretamente para a UAL, quando desejado.

No nosso sistema hipotético, vamos utilizar o registrador R_c como meio de ligação entre o barramento interno e a UAL.

5) Execução da operação (Fig. 6.29)

Nesta etapa, a UC emite o sinal correspondente que aciona a entrada dos dois valores no circuito lógico, que realiza uma adição e obtém o resultado na saída (no Apêndice D pode-se observar uma UAC em detalhe, com seus circuitos internos, de modo a se poder compreender melhor a operação da soma em um processador).

$1A7_{16} + 07D_{16} = 224_{16}$

A soma foi realizada usando-se aritmética hexadecimal para números inteiros sem sinal (ver Cap. 3).

6) Escrever o resultado

O resultado, valor 224_{16}, é transferido para o R_0, concluindo a execução do subciclo de execução e o ciclo completo da instrução.

Se o programa continuasse em execução, neste momento seria iniciado um outro ciclo de instrução, correspondente ao valor armazenado no endereço 04.

A instrução ADD consumiu dois ciclos de memória (para leitura), um para a busca da instrução e outro para a busca do 2º operando.

Em termos comparativos, seu tempo básico de execução é praticamente o mesmo da instrução LDA, visto que ambas realizaram a mesma quantidade de acessos à MP, ou seja, dois acessos. A pequena diferença existente reside na operação aritmética realizada pela instrução ADD. No entanto, se a instrução a ser executada possuísse dois operandos, sendo, p.ex., do tipo:

$(Op._1) \leftarrow (Op._1) + (Op._2)$

então, a completa realização de seu ciclo de instrução consumiria quatro ciclos de memória (quatro acessos), o dobro das duas instruções exemplificadas: um ciclo de memória para buscar a instrução e armazená-la no

RI; um ciclo de memória para buscar o primeiro operando (Op.); um terceiro ciclo para buscar o segundo operando e, finalmente, o último ciclo de memória para armazenar o resultado da operação na memória, no endereço indicado por Op.

Ao mencionar ciclo de memória, estamos nos referindo ao conjunto de etapas que leva a concluir-se um ciclo de leitura ou um ciclo de escrita, e não aos ciclos de relógio que efetivamente acionam a efetivação de uma microoperação (um dos passos de uma das citadas operações de memória). Na realidade, a execução de um ciclo de instrução consome vários pulsos de relógio, variando-se sua quantidade de acordo com o tipo da instrução.

Os exemplos mostrados consideraram uma série de limitações que não existem nos processadores reais, mas que foram introduzidas para facilitar a compreensão do leitor, sem invalidar a realidade. Entre elas pode-se citar a quantidade de operandos (mais de um) e o modo de endereçamento (significado do campo operando). No Cap. 8 são apresentados outros tipos de instruções, como as que manipulam valores armazenados nos registradores de dados (mais rápidas) em vez de armazenados na memória, que foram mostrados nesses exemplos e que consomem mais tempo de execução do que com o emprego de registradores.

A simples observação dos elementos contidos nas Figs. 6.5 e 6.6 e sua comparação com outras arquiteturas mais recentes mostra diversas diferenças com novos componentes e funções (Apêndice D). A título de informação inicial, podem-se mencionar entre as diferenças:

– o surgimento de uma memória interna do processador (cache interna - L1), que pode ser usada de forma unificada, para armazenar instruções e dados (caso de algumas arquiteturas iniciais da Intel e AMD) ou de forma dividida; nesse caso, utilizado nas arquiteturas Intel desde o Pentium, e nas da AMD a partir do Athlon K7, há duas cache L1 separadas, a cache que somente armazena dados (pode ser de 8KB ou mais) e a cache que armazena as instruções (pode ser de 8KB ou mais);

– a existência de mais de uma UAL, uma delas ou mais de uma, exclusivamente para efetuar cálculos com valores inteiros e uma ou mais de uma para efetuar separadamente cálculos com valores fracionários (números representados em ponto flutuante - ver Cap. 7). A Fig. 6.30 mostra um diagrama em bloco simplificado do processador Pentium original.

Na figura, pode-se observar as duas memórias cache L1, sendo a cache para dados o componente que alimenta (barramento interno) os registradores de dados e as duas UALs para valores inteiros (denominada, pela Intel, *Integer Unit* – IU) e a unidade de cálculo de ponto flutante, denominada FPU – *Floating Point Unit.*

A quantidade e o emprego dos registradores variam bastante de modelo para modelo de processador. A Fig. 6.6 mostra um grupo de N registradores, identificados por R_0 a R_{N-1}, enquanto a Fig. 6.5 mostra o ACC e um grupo de registradores de dados, de endereços genéricos R_0 a R_n. Já as Figs. 6.12, 6.13 e 6.14 apresentam exemplos de organização de registradores de dados de alguns processadores, respectivamente, o Intel 8085 (microprocessador de palavra igual a 8 bits), Intel 8088 (primeiros PC - palavra de 16 bits) e Pentium 4 (palavra ainda de 32 bits). Estamos, em mais detalhes, nos referindo a registradores de dados para inteiros, mostrando exemplos dos registradores para armazenar valores em ponto flutuante, no Apêndice D.

Uma outra consideração refere-se ao tamanho da palavra dos antigos processadores de grande porte IBM/370, que era de 32 bits, a mesma largura dos 16 registradores de emprego geral neles existentes. O microprocessador Intel 8088, que moveu os primeiros sistemas IBM PC, possuía registradores de 16 bits cada um, tamanho idêntico ao definido pela Intel para a palavra. Os processadores Pentium de 6.ª geração (P6) possuíam palavra de 32 bits e 8 registradores de mesmo tamanho, denominados emprego geral; além disso, possuíam também 6 registradores de 16 bits denominados registradores de segmento, que funcionavam para o cálculo dos endereços de acesso à memória na execução de programas (ver Apêndice D).

Nos exemplos acima, os valores indicados referem-se a números inteiros; para números representados em ponto flutuante, alguns processadores possuem registradores explicitamente dedicados a essa função, com o dobro da largura da palavra e outros utilizavam pares de registradores para cada número, de modo, então, a produzir o dobro do tamanho, visto que números em ponto flutuante sempre requerem mais algarismos devido à precisão necessária (ver Cap. 7).

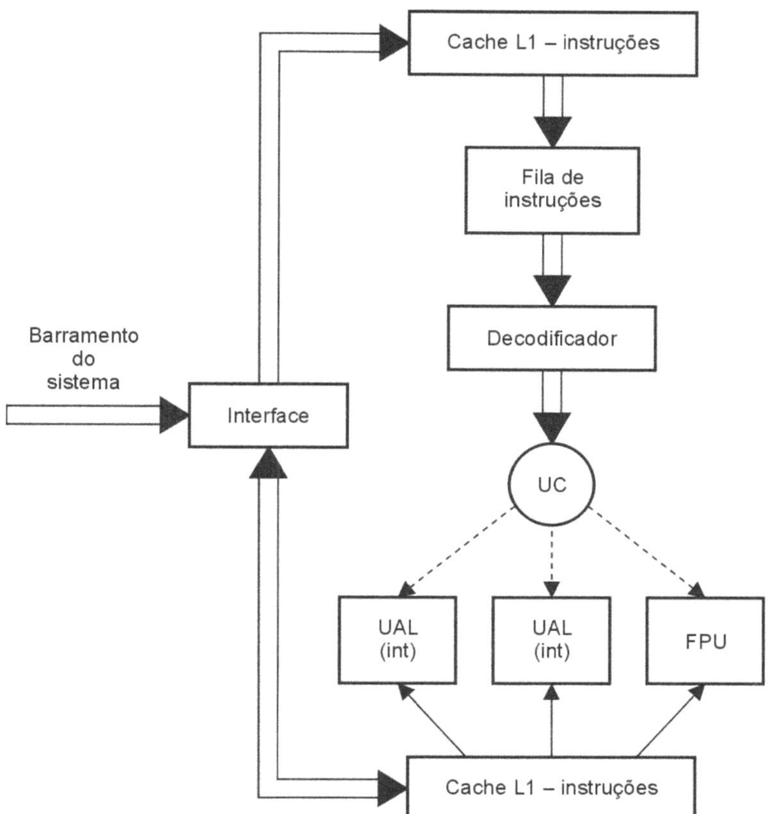

Figura 6.30 Diagrama em bloco do processador Intel Pentium (original).

6.5 CONSIDERAÇÕES SOBRE PROCESSADORES

Neste capítulo foram apresentadas as características básicas dos processadores, componente central de um sistema de computação. Como foi mencionado diversas vezes, analisamos elementos, características e componentes de um sistema simples, organizado para funcionar de forma seqüencial (executando uma instrução de máquina de cada vez), um processo lento e pouco eficaz nos dias atuais, mas que serve bem para a apresentação conceitual do processador.

Para concluir este capítulo e prover a ponte de conhecimento ao leitor, útil para o aprendizado dos assuntos mais avançados apresentados no Cap. 12 (sobre arquiteturas avançadas, paralelas e de 64 bits) e no Apêndice D (mais detalhes sobre processadores existentes atualmente no mercado), vamos mencionar alguns pontos relevantes da arquitetura e da organização de processadores. Pontos a considerar:

– tecnologia de fabricação dos processadores;
– largura da palavra;
– conjunto de instruções;
– registradores de dados (quantidade, tipo e largura);
– metologia de funcionamento da unidade de controle;

6.5.1 Tecnologia de Fabricação dos Processadores

Os detalhes sobre a tecnologia de fabricação dos processadores são, naturalmente, um assunto que foge ao escopo deste livro. No entanto, é importante saber o elemento principal em que se baseia a tecnologia, razão primordial da notável evolução dos processadores, desde 1971, quando a Intel criou o primeiro microchip, ao encapsular em um único invólucro mais de 2000 transistores, colocando-os sobre o mesmo wafer de silício.

Isso foi possível, e vem sendo cada vez mais, pela capacidade de alguns fabricantes (Intel, AMD, IBM) reduzirem cada vez mais a espessura de cada transistor e, assim, conseguirem encapsular cada vez mais componentes em um chip, dotando os processadores de mais recursos e mais capacidade de processamento.

Atualmente, a tecnologia de fabricação da maioria dos processadores utilizados em microcomputadores é baseada em uma espessura de 0,065 mícrons, ou 65 nanômetros (no Cap. 2 já definimos a unidade nanômetro), já sendo mencionada a tecnologia de 45 nanômetros. A Intel já divulgou dados sobre essa evolução e seu planejamento até 2015, quando se espera uma tecnologia de 11 nanômetros de espessura dos transistores.

O componente básico para qualquer chip a ser fabricado é o *wafer* de silício, um componente constituído, como o nome pressupõe, essencialmente de silício fundido com alguns outros componentes. De um único *wafer* podem ser cortados vários processadores, formando um lote específico, de forma semelhante ao que se obtém com as memórias ROM e CD-ROM, ou seja, a partir de uma matriz são obtidas diversas cópias idênticas. O wafer é construído em várias camadas, algumas delas tendo espessura tão fina quanto o tamanho de 5 a 7 átomos.

Há perspectivas do lançamento para 2007 de processadores para PCs constituídos de transistores com espessura de 45 nanômetros; com isso, vai ser possível encapsular cerca de 1 bilhão de transistores em um chip.

O grande objetivo dos fabricantes de chips como Intel e AMD é produzir componentes, como processadores, com mais elementos internos, conforme mencionado acima, o que acarreta um aumento do desempenho do componente global como um processador, por exemplo, e, ao mesmo tempo, obter uma redução no consumo de energia, o que, aparentemente, é um paradoxo.

Segundo a Intel, que planeja fabricar os chips baseados no processo de fabricação de 45 nanômetros, vai-se manter ainda por alguns anos a máxima contida na lei de Moore (ver Fig. 6.1) sobre a evolução da quantidade de transistores por chip.

6.5.2 Largura da Palavra

No item 6.2.1.3 demonstramos, com um exemplo elucidativo, a importância da largura da palavra sobre a capacidade de cálculo dos processadores.

Um maior valor de palavra pode representar a possibilidade de o processador operar, de uma só vez, com valores muito grandes, requeridos atualmente em processamento científico avançado, bem como para valores comerciais de grande porte.

Muitas aplicações atualmente requerem grande capacidade computacional, como processamento de som e imagem (multimídia), projeto e manufatura de produtos por computador (CAD e CAM), como também jogos para computador, processamento em tempo real e vídeo digital.

Além disso, tem sido comum na indústria de processadores manter a mesma largura do valor de palavra e de endereços, desde o lançamento em 1985 do processador Intel 80386, o qual possuía palavra de 32 bits e também seus endereços possuíam 32 bits de largura, o que alcançava enormes (para a época) 4GB de espaço de endereçamento.

Os processadores que vêm sendo lançados com arquitetura de 64 bits possuem tanto palavra de 64 bits (largura dos elementos internos de processamento como unidades de cálculo e registradores de dados) quanto endereços de 64 bits, o que permitirá alcançar-se extraordinário espaço de endereçamento de 2^{64} = 16EB (dezesseis exabytes).

Na realidade, a palavra é adotada pelos fabricantes como um elemento de definição de características dos processadores, especialmente no que se refere às suas funções de processamento. A largura da palavra tem sido um fator determinante da escolha, pelos fabricantes de processadores, dos tamanhos dos componentes da área de processamento, bem como dos barramentos de dados correspondentes.

Uma pequena variação nessa política tem sido a escolha, pelos fabricantes, da largura dos barramentos de dados em processadores contemporâneos. Em face da necessidade do aumento da velocidade de processamento e aproveitando o uso crescente das memórias cache internas, a largura dos barramentos tem sido dobrada e até mesmo quadruplicada em relação ao tamanho da palavra dos processadores.

O primeiro microprocessador, Intel 4004, possuía palavra de 4 bits, ou seja, processava valores numéricos de 4 em 4 bits e, assim, toda sua pequena área de processamento tinha a mesma largura, de 4 bits.

Já o processador mais comercial e conhecido efetivamente como primeiro pelo mercado, o Intel 8080, dobrou o tamanho da palavra e processava valores numéricos de 8 em 8 bits. Todos os seus registradores de dados, como a UAL e o barramento interno e externo de dados, tinham a mesma largura de 8 bits.

Ainda com o processador Intel 486 e o processador AMD K6, a largura da palavra, no caso, de 32 bits, predominava como unidade de processamento e de transferência de dados pelos barramentos.

O processador Pentium manteve a largura da palavra em 32 bits, o que só veio a ser alterado em 2002, com o lançamento das primeiras versões do Itanium, processador de 64 bits (palavra de 64 bits de largura). No entanto, com versões subseqüentes do Pentium original, os barramentos de dados passaram a ter largura superior ao tamanho de 32 bits, passando a 64 bits e mesmo 128 bits, até ao Pentium 4, que possui, em determinadas versões, barramento interno de 256 bits, com barramento do sistema de 64 bits e 128 bits de largura

A Tabela 6.1 relaciona o valor da palavra de todos os processadores dela constantes.

É interessante observar o uso do termo **palavra**, ou *word*, em inglês. É possível encontrar-se na literatura o uso do termo word (palavra) para indicar mais o conteúdo de uma posição de memória (local identificado por um único endereço) do que a capacidade de processamento de uma UCP.

Por exemplo, os processadores atuais possuem posições de memória capazes de armazenar 1 byte cada uma e, assim, pode-se encontrar citado na literatura que eles possuem memória com **palavras** (word) de 8 bits e mencionar-se que o processador tal possui arquitetura de 32 bits ou que aquele outro possui arquitetura de 64 bits, sem mencionar-se explicitamente que tem palavra de 32 ou de 64 bits.

No entanto, o autor considera mais adequado diferenciar o emprego do termo palavra, tornando-o exclusivo do tamanho dos componentes internos do processador, e chamar de célula a posição de memória. E é isso que tem sido feito neste texto.

6.5.3 Conjunto de Instruções

O conjunto de instruções de um processador define as operações primitivas que essa máquina irá executar, bem como a natureza do desempenho de suas atividades. Além disso, irá determinar a especificação dos demais componentes, já que a instrução interfere com praticamente todos os componentes do processador, visto que ela estabelece a operação que será realizada (então, a UAL, os registradores de dados, o barramento interno se relacionam a isso). O seu formato e partes componentes irão determinar a organização e o desempenho do decodificador de instrução e a largura do registrador de instrução.

Dessa maneira, é a partir da especificação das instruções de máquina que o restante do processador começa a ser delineado. É, portanto, uma parte essencial do projeto de processadores, definindo inclusive sua arquitetura (CISC ou RISC, por exemplo).

Neste capítulo mostramos o funcionamento de um ciclo de instrução, que é, na realidade, o modo de funcionamento de um processador. Para isso, precisamos explicar (mesmo sucintamente) o que é e como se formatam as instruções inerentes aos processadores. No Cap. 8 são mostradas em mais detalhe a organização e a variedade das instruções dos processadores contemporâneos.

6.5.4 Registradores de Dados

Como já sabemos, os registradores de dados constituem-se na memória diretamente ligada às unidades de cálculo (UAL e FPU), portanto, de tempo de acesso mais rápido. Sua largura costuma ser igual à da palavra do processador, tendo variado como a palavra, ao longo do tempo, de 8 bits até os 64 bits das máquinas atuais; nesse caso, estamos tratando de registradores de dados representados como valores inteiros (representação em ponto fixo – item 7.3.2) e manipulados pelas UAL específicas para valores inteiros (é o caso das Integer Unit ou Execution Unit dos processadores Intel e AMD).

Quando se trata de manipulação de valores fracionários (representados em ponto flutuante), as operações matemáticas são realizadas por unidades de cálculo específicas (unidades de ponto flutante ou FPU) e os dados são armazenados em registradores específicos, normalmente com o dobro do valor da palavra, por exemplo, 64 bits para os processadores de 32 bits.

A existência de registradores de dados nos processadores acarreta uma série de vantagens ao sistema, entre as quais:

- registradores são mais rápidos do que a memória comum, mesmo as memórias cache interna L1;
- é mais fácil para o compilador usar registradores do que pilhas de dados, por exemplo;
- o armazenamento de uma variável em um registrador permite que ela possa ser usada diversas vezes no decorrer da execução do programa, sem haver acessos adicionais à memória; isto é, se ela estivesse armazenada na memória, em cada referência do programa haveria acesso à memória para buscá-la, enquanto com o uso de registrador basta o acesso inicial (load) para um registrador, e as demais referências à variável serão feitas ao registrador, rapidamente.
- como há relativamente poucos registradores em um processador (mesmo aqueles que possuem 128 registradores) comparativamente com a memória, economizam-se bits no endereçamento de registradores (no exemplo de 128 registradores, seriam 7 bits para endereço de cada um deles), em relação à quantidade de bits requerida se o acesso fosse à memória (32 ou mais bits).

A quantidade deles tem variado de máquina para máquina, mas tem sido costume nos processadores que seguem a arquitetura do tipo CISC possuir poucos registradores, enquanto processadores RISC são constituídos de muitos desses componentes.

O processador 8080 possuía sete registradores de dados (ver Fig. 6.31), o ACC mais os registradores B, C, D, E, H e L, todos de 8 bits de largura, enquanto o processador 8086/8088, de 16 bits de palavra, tinha quatro registradores de 16 bits, os quais eram, na verdade, a junção de quatro pares de registradores de 8 bits (AH/AL – BH/BL – CH/CL – DH/DL), de modo que era possível armazenar 8 bits ou 16 bits (mantendo a compatibilidade com os 8080/8085). Além dos registradores de dados, o 8086 tinha também registradores de segmento, para relocação e endereçamento.

Os processadores Pentium originais também dispunham de poucos registradores de dados, tendo, porém, evoluído para arquiteturas tipo RISC, até os Pentium 4, que podem chegar a 128 registradores de 32 bits para inteiros, além dos registradores de ponto flutuante (ver Apêndice D).

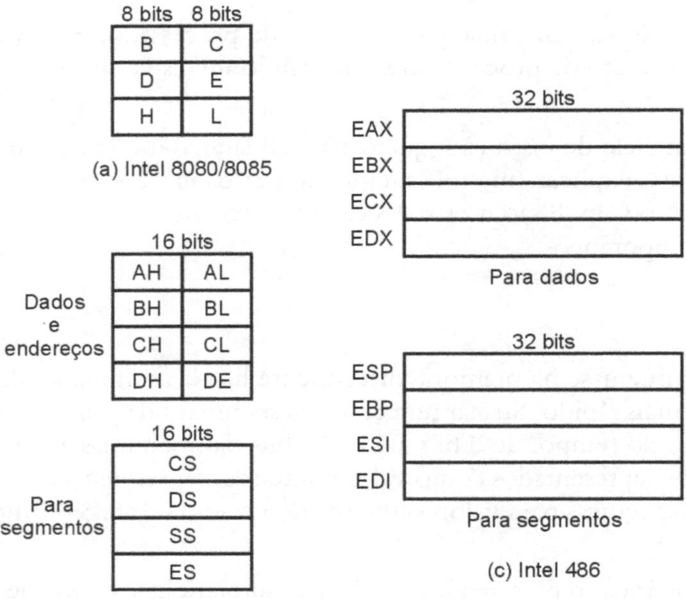

Figura 6.31 Exemplos de conjunto de registradores de dados de alguns processadores.

Os processadores que seguem as especificações normalmente estabelecidas para a arquitetura RISC têm como padrão possuir muitos registradores de dados. Exemplos desses tipos são os processadores SPARC, que podem ter até 512 registradores, os processadores MIPS e os PowerPC.

6.5.5 Metodologias de Funcionamento da Unidade de Controle

Conforme já foi exposto anteriormente, a unidade de controle é o componente responsável pela efetiva atividade do processador, através da programação que traz em seu interior. Dela partem os sinais de controle (pulsos elétricos) que percorrem o barramento interno e chegam a todos os elementos do processador, como a UAL, os registradores de dados, o contador de instruções etc. (como os nervos do corpo humano, que conduzem os sinais elétricos que o cérebro emite para comandar nossos movimentos). A seqüência de geração dos sinais depende da programação existente na unidade de controle, que foi armazenada ou construída permanentemente durante a fabricação do processador.

O conjunto formado pela UC, pelo decodificador de instrução e pelos registradores associados à UC constitui a microarquitetura de um processador, a área responsável pela realização das microoperações (menores operações realizadas diretamente pelo hardware) e que, neste capítulo, explicamos de modo integrado com os registradores de dados, UAL e instruções de máquina. Na realidade, o conjunto de instruções de máquina (instruction set) é o menor nível acessado pelo programador, o qual é, no entanto, um elemento abstrato de comunicação entre o programador e o hardware.

Cada instrução de máquina é, por sua vez, decomposta em partes menores, que se denominam microoperações, estas sim, responsáveis por uma ação específica do hardware, como, p.ex., a transferência de bits de um registrador para outro ou a saída de bits de um registrador para a UAL para a realização de uma operação aritmética.

A Fig. 6.32 mostra um exemplo de decomposição da estrutura de um programa em linguagem de alto nível até o nível das microoperações. Na Fig. 6.32(a) mostra-se uma estrutura genérica constituída inicialmente de um programa codificado em uma linguagem qualquer de alto nível (como C ou Pascal ou Fortran). O programa é organizado com uma seqüência de comandos, C_1, C_2, C_3, ... até C_n. Cada comando, após o processo de compilação (ver Apêndice C), é convertido em uma seqüência de instruções de máquina, IM_1, IM_2, IM_3 ... até IM_n.

Quando uma instrução de máquina está sendo executada, isto é, quando o processador está realizando o ciclo daquela instrução específica, após a etapa de decodificação do código da operação, a UC é acionada e dispara a execução das microoperações, MO_1, MO_2, MO_3 ... até MO_n, as quais constituem a menor parte do processo e que são efetivamente o hardware.

Na Fig. 6.32(b), a referida decomposição se realiza por meio de um exemplo mais real, partindo-se de um comando de um possível programa de controle administrativo de um escritório e chegando-se às microoperações.

Ambas as figuras, (a) e (b), não são completas, pois faltam níveis como o do sistema operacional e os que se colocam acima do programa individualmente mostrado na Fig. 6.32(b) utilizam um comando de linguagem de alto nível (como, p.ex., a linguagem C), como:

salario = salario + alteraçao – desconto

ao ser compilado pode se transformar em um conjunto de instruções de máquina (código objeto), em geral com uma quantidade de instruções bem maior, em virtude da simplicidade e da limitação de cada instrução de máquina. Por exemplo:

MOV R_0, salario

MOV R_1, alteracao

ADR R_0, R_1

SUB R_0, desconto

MOV salario, R_0

C_i – comando(s) de linguagem de alto nível
IM_i – instrução(ões) de máquina
MO_i – microoperação(ões)

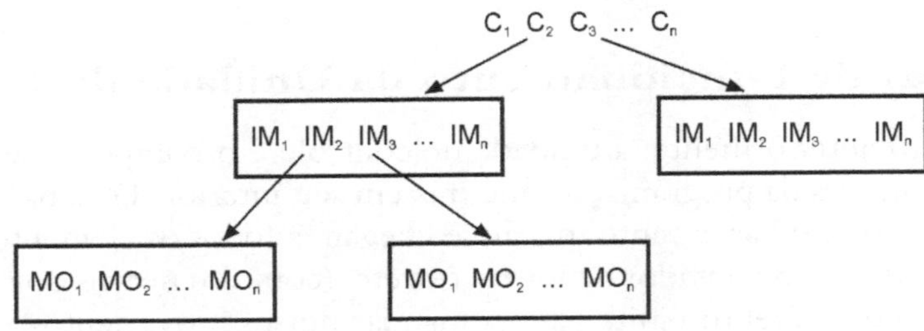

(a) Exemplo genérico de decomposição da estrutura de um programa em linguagem de alto nível (comandos C_1, C_2 ... C_n) em microoperações (MO_i).

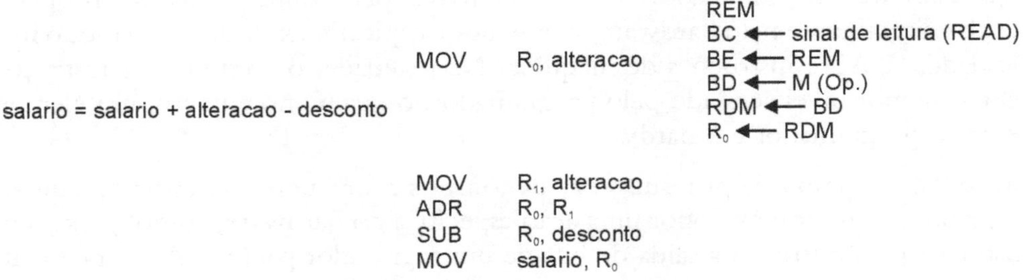

(b) Exemplo da decomposição da estrutura de um programa em linguagem de alto nível, com uma instrução real.

Figura 6.32 Exemplos de transformação de programas em microoperações.

No nível da microarquitetura do processador, cada instrução de máquina mostrada aqui, que é apenas a explosão de um dos inúmeros comandos da linguagem de alto nível (há programas que são constituídos de centenas ou milhares de linhas de código), pode ser decodificada e, como resultado, gerar um específico sinal de controle que aciona, na UC, a execução de uma seqüência de microoperações, como:

REM ← RI (Op.)

BC ← sinal de leitura (Read)

BE ← REM

BD ← M (Op.)

RDM ← BD

R_0 ← RDM

No Apêndice D é mostrado com mais detalhe o conceito de microprogramação, o esquema de uma microarquitetura de processador e o modo de funcionamento de um microprograma.

Nesses exemplos e explicações mostrou-se um dos modos de organização e funcionamento da unidade de controle de um processador. É possível construir uma UC para funcionar de forma diferente, embora os resultados sejam semelhantes, mas o desempenho não. Pode-se classificar o projeto e a organização das UC em:

1) UC microprogramada;

2) UC programada diretamente no hardware.

A UC microprogramada consiste na existência de um estágio de interpretação inferior ao das instruções de máquina e que efetivamente comanda as atividades do hardware e foi o que pudemos observar no exemplo acima, com auxílio da Fig. 6.31. Esta tecnologia, que será abordada em detalhes no Apêndice D, e vem sendo adotada pelos fabricantes de processadores que seguem as regras para uma arquitetura do tipo CISC, como a Intel em sua família x86, foi lançada pela primeira vez pela IBM em seus famosos computadores de grande porte IBM/360.

Em linhas gerais, a UC é constituída de um decodificador de instruções e de uma memória ROM que contém um conjunto de microprogramas, cada um deles relacionado a uma das instruções de máquina daquele específico processador. Assim, por exemplo, a instrução

MOV reg1, reg 2

possui um determinado código de operação, o qual, quando decodificado, acarreta a geração de um sinal de controle na saída do decodificador, que aciona o início da execução do microprograma correspondente armazenado na memória ROM da UC.

O referido microprograma é constituído de várias microinstruções, cada uma capaz de executar uma ação simples (microoperação), do tipo:

transferir bits do registrador RDM para o registrador de instrução – RI
ou RI ← RDM

Apesar da necessidade de se interpretar cada microinstrução (como qualquer instrução de máquina) e, com isso, acarretar algum atraso no processamento, a tecnologia produz uma notável flexibilidade ao fabricante, com sensível economia de custo, permitindo a inclusão de novas instruções em uma família de processadores sem ter que redesenhar o chip todo.

Tecnologia Pipelining. A unidade de Controle – UC, cujo papel principal é realizar, de forma permanente e sucessiva, ciclos de instrução (que consistem em atividades para execução de uma instrução de máquina), pode funcionar de forma:

1) seqüencial ou serial – um ciclo completo de uma instrução de cada vez;
2) pipelining – vários ciclos de instrução sendo excutados de forma concorrente.

A execução de forma seqüencial é uma forma antiga e fora de uso no mercado desde os processadores de 8 bits (8080, Z-80, M6800 etc.), em face de suas inúmeras limitações, principalmente de desempenho. No entanto, por ser simples e de fácil compreensão foi adotada neste livro para a maioria das explicações sobre o funcionamento de um processador e do ciclo de execução das instruções.

A forma pipelining, também conhecida como linha de montagem, garante que múltiplas instruções possam ser executadas concorrentemente, reduzindo de modo considerável o tempo de completar-se cada ciclo, com isso aumentando bastante o desempenho dos processadores. Esta metodologia vem sendo adotada pelos processadores desde o lançamento do Intel 8086, que possuía dois estágios, enquanto atualmente o Pentium 4 tem até 20 estágios de processamento. No Apêndice D, há um item específico sobre esta tecnologia.

A Tabela 6.1 apresenta alguns dados de processadores, existentes no mercado ao longo do tempo, do Intel 4004 (primeiro microprocessador) aos atuais Pentium 4, AMD Athlon K7 e PowerPC, tendo-se omitido dados referentes a processadores com arquitetura de 64 bits, os quais serão analisados e descritos no Cap. 12.

Tabela 6.1 Características de Processadores

Processador	Modelo	Fabricação	Ano	Velocidade do Barramento Sist - MHz	Velocidade do Processador MHz	Tecnologia de Fabricação	Intervalo Interno (mícrons)	Quantidade de Transistores (milhões)	Largura do BD (bits)	Largura BE (bits)	Capacidade máxima da MP (bytes)
8080		Intel	1971	2MHz	2MHz	CMOS	10	0,0006	8	16	64 K
8086	xxxxx	Intel	1978	4,77 - 10	4,77-10	NMOS, CMOS	3,0	0,029	16	20	1M
8088	xxxxx	Intel	1979	4,77	4,77	NMOS, CMOS	3,0	0,029	8	20	1M
80286	xxxxx	Intel	1982	6 - 20	6 - 20	CMOS	1,5	0,134	16	24	16M
80386	DX	Intel	1985	16 - 40	16 - 40	CMOS	1,5	0,275	32	32	4 G
80486	DX	Intel	1989	25 - 50	25 - 50	CMOS	1,0	1,2	32	32	4 G
5x86	xxxxx	AMD	1995	33	133	CMOS	0,35	xxxxx	32	32	4 G
5x86M1	xxxxx	Cyrix	1996	33 - 50	100 - 120	CMOS	0,65	2,0	32	32	4 G
Pentium	P5	Intel	1993	60 - 266	60 - 200	Bipolar CMOS	0,8 - 0,35	3,1	64	32	4 G
Pentium	MMX	Intel	1997	266	166 - 233	CMOS	0,35	4,5	64	32	4 G
6x86	M1	Cyrix	1995	50 - 75	100 - 150	CMOS	0,6 - 0,5	3,0	64	32	4 G
K5	xxxxx	AMD	1995	50 - 66	75 - 116	CMOS	0,35	4,3	64	32	4 G
Pentium Pro	P6	Intel	1995	150 - 266	150 - 200	Bipolar CMOS	0,6 - 0,35	21,0	64	36	64 G
Pentium	II	Intel	1997	66	233 - 333	CMOS	0,35- 0,25	7,5	64	36	64 G
K6	II	AMD	1997	66	166 - 266	CMOS	0,35 - 0,25	8,8	64	32	4 G
6x86MX	M2	Cyrix	1997	60 - 75	150 - 187	CMOS	0,35	6,0	64	32	4 G
Pentium	III	Intel	1999	100 - 133	500 - 900	CMOS	0,25 - 0,18	28	64	36	64 G
K7	Athlon	AMD	1999	200MHz	500- 1GHz	CMOS	0,18	37	64	32	4 G
Pentium	4	Intel	2002	800MHz	Até 3.6GHz	CMOS	0,065	100	128	36	64 G

Processador	Modelo	Tipo do Soquete	Tipo do Encapsu-lamento	Pinos do Soquete	Cache L1	Tipo da Cache L1	Cache L2 (na placa-mãe)	Unidade de Cálculo Int	FPU	Estag. Pipelining	Largura Registrador (bits)
8080	xxxxx	DIP	DIP	40	Não	xxxxx	Não	1	xxxxx	xxxx	8
8086	xxxxxx	DIP	DIP	40	Não	xxxxxx	Não	1	8087	2	16
8088	xxxxxx	DIP	DIP	40	Não	xxxxxx	Não	1	8087	2	16
80286	xxxxxx	PGA	PGA	68	Não	xxxxxx	Não	1	80287	2	16
80386	DX	PGA	PGA	132	Não	xxxxxx	Não	1	80387	4	32
80486	DX	Soq 1, 2 e 3	PGA	168	8 KB	Unificada	Até 256 KB	1	1 - no chip	5	32
5x86	xxxxx	Soquete 3	PGA	168	16 KB	Unificada	Até 256 KB	1	1 - no chip	5	32
5x86M1	xxxxx	Soquete 3	PGA	168	16 KB	Unificada	256 KB	1	1 - no chip	5	32
Pentium	P5	Soq 4, 5 e 7	PGA	273 e 296	16 KB	D-8 e I-8	256 a 512K	2	1 - no chip	5	32
Pentium	MMX	Soquete 7	PGA	296	32KB	D-16 e I-16	256 a 512K	2	1- no chip	6	32
6x86	M1	Soquete 7	SPGA	296	16 KB	Unificada	256 a 512K	2	1- no chip	7	32
K5	xxxxx	Soq 5 e 7	PGA	296	24 KB	D-8 e I-16	256 a 512K	5	1- no chip	5	32
Pentium Pro	P6	Soquete 8	SPGA	387	16 K	D-8 e I-8	256K a 1M	4	1 - no chip	14	32
Pentium	II	Slot 1	SEC	242	32 KB	D-16 e I-16	512 K	5	1 - no chip	14	32
K6	xxxxx	Soquete 7	SPGA	296	64 KB	D-32 e I-32	256K a 1M	6	1 - no chip	6	32
6x86MX	M2	Soquete 7	SPGA	296	64 KB	Unificada	256 a 512K	2	1 - no chip	7	32
Pentium	III	Soquete 370	FC-PGA2	370	40 KB	D-16 e I-24	512K a 2M	3	2 – no chip	10	32
K7	Athlon	Slot A	PGA	462	64 KB	D-32 e I-32	512K a 1 M	3	1 – no chip	10	32
Pentium	4	Slot 1	FC-PGA2	478	28 KB	D-16 e I-12 12K trace	Até 4M	5	2 – no chip	20	32/64

EXERCÍCIOS

1) Descreva as funções básicas de uma UCP, indicando os seus componentes principais.

2) Quais são as funções da unidade aritmética e lógica – UAL?

3) O que é e para que servia o ACC?

4) Qual é o componente de um processador que determina o período de duração de cada uma de suas atividades e controla o sincronismo entre elas?

5) Quais são as funções da unidade de controle de um processador?

6) Seria possível realizar o projeto de um processador em que o tamanho em bits do CI fosse diferente do tamanho do REM? Nesse caso, qual dos dois registradores deveria ter maior tamanho? Por quê?

7) Considere um computador cuja MP é organizada com N células de 1 byte cada uma. As instruções interpretadas pela UCP possuem três tamanhos diferentes: as do tipo A possuem 16 bits; as do tipo 13 têm 32 bits e as do tipo C possuem 48 bits. Considerando que o código de operação de cada uma tem um tamanho fixo e igual a 8 bits e que os programas executados nesse processador são constituídos de uma mistura dos três tipos de instruções, imagine um processo prático para incremento automático do CI após a execução de cada instrução de um programa.

8) Considere um processador cujo ciclo de instrução não possua a etapa de incremento automático do valor do CI. Imagine um método alternativo que permita a execução do programa.

9) Qual é e onde se localiza o registrador cujo conteúdo controla a seqüência de processamento das instruções de um programa?

10) Considerando as instruções a seguir, indique a quantidade de ciclos de memória despendidos para realizar seu ciclo de instrução completo (explicite a quantidade de ciclos de leitura e de escrita, quando for o caso):

ADD Op.	$R_0 \leftarrow R_0 + (Op.)$
SUB Op.	$(Op.) \leftarrow R_0 - (Op.)$
ADD Op.1, Op.2	$(Op.l) \leftarrow (Op.l) + (Op.2)$
INCR	$R_0 \leftarrow R_0 + 1$
LDA Op.	$R_0 \leftarrow (Op.)$

11) Qual é o registrador cujo conteúdo determina a capacidade de memória de um computador? Justifique.

12) Considere um computador com 64K células de memória, instruções de um operando, tendo possibilidade de ter um conjunto de 256 instruções de máquina. Considerando que cada instrução tem o tamanho de uma célula, que é o mesmo tamanho da palavra do sistema, qual o tamanho, em bits, do Reg, CI e RDM? Qual é o total de bits dessa memória?

13) Um computador tem um REM de 16 bits e um barramento de dados de 20 bits. Possui instruções de um operando, todas do tamanho de uma célula de memória e do mesmo tamanho da palavra. Ele foi adquirido com apenas uma placa de 4K de memória.

Pergunta-se:

a) Qual o tamanho, em bits, do RDM e CI?

b) Seria possível aumentar-se a capacidade de armazenamento dessa memória? Até quanto? Por quê?

c) Qual a quantidade máxima de instruções de máquina que poderia existir nesse computador?

14) Um computador possui um conjunto de 128 instruções de um operando; supondo que sua memória tenha capacidade de armazenar 512 palavras e que cada instrução tenha o tamanho de uma palavra e da célula de memória.

Pergunta-se:

a) Qual o tamanho em bits do REM, RDM, RI e CI?

b) Qual a capacidade da memória, em bytes?

c) Se se quisesse alterar o tamanho das instruções para 17 bits, mantendo inalterado o tamanho do REM, quantas novas instruções poderiam ser criadas?

15) Quando se fala que um determinado microcomputador A é um micro de 8 bits e que um outro micro 13 é de 16 bits, a que estamos nos referindo? Ao tamanho da célula de MP ou ao tamanho da palavra? Qual a base desses dois conceitos (palavra e célula)?

16) Considere um computador que possua uma UCP com CI de 16 bits e RI de 38 bits. Suas instruções têm dois operandos do mesmo tamanho (16 bits), além, é claro, de um código de operação.

Pergunta-se:

a) Qual o tamanho da instrução?

b) Qual o tamanho do campo do código de operação?

c) Considerando que a configuração básica dessa máquina é de 16 Kbytes de memória, até que tamanho pode a memória ser expandida?

17) A figura a seguir ilustra uma memória de 256 células em que cada célula (ou palavra) contém 16 bits. Nessa figura, cada retângulo simboliza uma célula de memória; o número hexadecimal que está dentro do retângulo representa o seu conteúdo, e o número colocado ao lado de cada um indica o endereço da célula (retângulo).

End	**MP** **Conteúdo**
00	0010
01	A0FD
02	0000
A4	1123
A5	C1305
A6	B200
FD	4040
FE	21F8
FF	09A5

Pergunta-se:

a) Qual a capacidade total da memória, em bits?

b) Supondo que, no início de um ciclo de instrução, o conteúdo do CI (contador de instrução) seja o hexadecimal A5 e que cada instrução ocupe uma única célula (palavra), qual será a instrução que será executada?

c) Supondo que o conteúdo do REM (registrador de endereços de memória) tenha o valor hexadecimal FD e que um sinal de leitura seja enviado da UCP para a memória, qual deverá ser o conteúdo do RDM (registrador de dados de memória) ao final do ciclo de leitura?

18) Explique a diferença entre um processamento seqüencial e um outro *pipeline*.

19) Considere um processador que possua um CI com largura de 32 bits e tenha um conjunto de 61 instruções todas de tamanho fixo igual a 32 bits; o processador é, ainda, constituído de 60 registradores de dados para armazenamento de valores inteiros, todos com 32 bits de largura e 20 registradores de 64 bits de largura para armazenamento de valores em ponto flutuante.

Considere que todas as instruções que manipulam operações matemáticas têm um formato de 2 operandos.

Pergunta-se:

a) Qual é o total de bits da largura de cada campo operando das instruções matemáticas?

b) Qual é o valor do espaço de endereçamento da memória desse sistema?

c) Considerando as instruções que manipulam com dados armazenados em registradores, indique qual deverá ser a largura mínima do endereçamento dos registradores de inteiros.

20) Considere um processador que possua um conjunto de 197 instruções, algumas das quais têm formato de 2 operandos, com 32 bits de largura e outras possuem formato de 1 operando, com 24 bits de largura. Explique como deve ser a organização de entrada e saída do decodificador de instruções desse processador.

21) Um determinado processador possui uma velocidade de processamento expressa como 800 MHz. Calcule qual deverá ser o intervalo do ciclo de relógio dessa máquina.

22) Considere um processador que possua um conjunto de instruções sobre o qual foi feito um extrato das mais importantes na tabela a seguir. Neste processador todos os endereços possuem 16 bits e as instruções possuem um formato único, mostrado a seguir, e ele possui um conjunto de 16 registradores de dados. Suponha que em um determinado instante, correspondente ao término da execução de uma instrução qualquer, o CI tenha armazenado o seguinte valor, representado em hexadecimal: CI = 2B78, e que o registrador RI tenha armazenado o seguinte valor em hexadecimal: RI = 2C4F08D9.

C.Op.	Reg.	Op. 2

Tabela com um extrato do conjunto de instruções do processador

C.Op. (base 16)	**Sigla Assembly**	**Descrição**
00	HLT	Parar
01	MOV R, Op.	R ← (Op.)
02	MOVM Op., R	(Op.) ← (R)
10	JMP R, Op.	CI ← Op.
11	JP R, Op.	Se R > 0, então: CI ← Op.
12	JP R, Op.	Se R < 0, então: CI ← Op.
13	JP R, Op.	Se R = 0, então: CI ← Op.
20	ADD R, Op.	(R) ← (R) + Op.
21	SUB R, Op.	(R) ← (R) − Op.

Pergunta-se:

a) Qual deverá ser a largura, em bits, do campo C.Op. das instruções?

b) Qual deverá ser a largura do campo Reg das instruções?

c) Quantos acessos à memória devem ser realizados para executar o ciclo completo da instrução de C.Op. igual a 11? E para a instrução de C.Op. igual a 21?

7

Representação de Dados

7.1 INTRODUÇÃO

Já sabemos que um computador funciona através da execução sistemática de instruções que o orientam a realizar algum tipo de operação sobre valores (numéricos, alfabéticos ou lógicos). Estes valores são genericamente conhecidos como *dados*.

Quer desejemos calcular uma expressão matemática complexa, quer o objetivo seja colocar uma relação de nomes em ordem alfabética, como também a tarefa de acessar a Internet e até a manipulação do mouse, tarefas que requerem ou não a execução de operações matemáticas, todas elas necessitam do emprego de instruções[1] que ativem operações com os dados. Estes dados podem ser valores numéricos (no cálculo de expressões matemáticas), valores alfabéticos (caracteres) ou ainda valores apenas binários (lógicos). De qualquer modo, tanto as instruções quanto os dados estão sempre armazenados internamente sob a forma de uma seqüência de 0s e 1s, os algarismos binários, que constituem a linguagem da máquina.

Quando digitamos os valores dos dados, estes são convertidos internamente em um código de armazenamento como se fossem caracteres alfabéticos (nesse instante, eles são tratados como um texto), conforme mostrado nos Caps. 6 e 10 (ver item 10.3.1), isto é, quando introduzimos, por exemplo, um dado cujo valor decimal é 143, este número é digitado algarismo por algarismo, é claro, primeiro o algarismo 1, depois o algarismo 4 e, em seguida, o algarismo 3. Logo, o sistema de computação segue o mesmo processo, recebendo estes algarismos não como o número 143, mas sim um texto com caracteres codificados segundo o código de armazenamento interno utilizado (na maioria dos casos é o código ASCII — ver item 7.3 e Apêndice E).

Nesse exemplo, seriam introduzidos (digitados) os seguintes valores binários:

00110001 (algarismo 1 em ASCII)   00110100 (algarismo 4)   00110011 (algarismo 3)

Qualquer que tenha sido a linguagem de programação utilizada para escrever o programa, este deverá ser convertido para um outro programa equivalente, porém em linguagem de máquina, denominado código-objeto e, em seguida, completado através do processo de ligação, tornando-se um código executável pelo processador (os processos de compilação, que geram código-objeto e código de ligação, que dão origem a códigos executáveis, são apresentados no Apêndice C). A referida conversão (compilação) também inclui os dados, que deverão ser alterados de modo a estarem em uma forma apropriada para utilização pela unidade aritmética e lógica (UAL). Em outras palavras, se o programa que vamos executar contiver um comando do tipo:

X:= A + B;

[1]Neste texto, para distinguir o assunto, denominaremos *instruções* quando se tratar de linguagem de máquina e *comandos* quando tratarmos de instruções em linguagens de alto nível. Há pessoas que denominam indistintamente instruções, acrescentando o atributo "de máquina" ou "linguagem de alto nível".

antes da sua execução teremos que, de alguma forma, introduzir um valor numérico correspondente a "A" e um outro valor para "B", de modo que esses valores sejam lidos pelo processador e somados na UAL. Para efetivar a soma, a UAL executa, passo a passo, uma série de microoperações (um algoritmo), como, por exemplo, verificar o sinal dos números, efetuando uma ou outra ação diferente, conforme o valor dos sinais, como será descrito mais adiante.

No entanto, dependendo da forma com que o dado foi definido no programa pelo programador (ao escrever o programa em uma linguagem de alto nível), o referido algoritmo poderá ser diferente (em cada passo serão realizadas microoperações diferentes, de acordo com o algoritmo realizado), embora o resultado final seja o mesmo. Ou seja, se o programador definiu o dado como um valor inteiro, ele será representado de uma forma diferente, por exemplo, da forma que ele seria internamente representado se o programador tivesse definido o mesmo dado como sendo um valor fracionário. E a operação aritmética, embora sendo a mesma (uma soma, por exemplo), teria sua efetivação estabelecida por algoritmos diferentes, um para o caso de soma com números representados sob a forma de inteiros e outro para o caso de uma soma com números representados sob a forma de fracionários. Por exemplo:

Se $A = +5$ e $B = -3$, então, após a execução do comando, teremos: $X = +2$.

Se, por exemplo, A e B forem representados internamente de uma forma binária simples e direta, com 16 bits (mais adiante veremos que se trata do caso de os valores estarem sendo representados como inteiros com sinal), teríamos para cada um:

$A = +5 = 0000000000000101$

$B = -3 = 1000000000000011$

Observação: Não vamos, por ora, explicar o que significa o bit 1 mais à esquerda da variável B.

E o algarismo para a UAL realizar a soma dos dois valores seria mais ou menos igual ao que mentalmente fazemos para a mesma operação.

No entanto, poderíamos usar uma máquina calculadora que utilizasse uma outra forma de representar os mesmos valores (+5 e −3), como, por exemplo, a notação científica matemática:

$A = +0{,}005 \times 10^{+3}$

$B = -0{,}003 \times 10^{+3}$

Observação: Para números inteiros e tão pequenos, esta forma de representação nunca é utilizada. Está servindo apenas para tornar a explicação mais clara.

Nesse caso, o algoritmo que a UAL deve executar certamente será diferente, embora, no final, os resultados sejam idênticos.

Esta diferença de formas de representação e respectivos algoritmos de realização das operações matemáticas é bastante útil, pois cada uma tem uma aplicação onde é mais vantajosa que a outra. Cabe ao programador a escolha da forma a ser utilizada pelo sistema, podendo ser explícita, quando ele define as variáveis e constantes em seu programa, ou implícita, ao deixar que o compilador faça sua própria escolha. A seguir são apresentados alguns exemplos de definição de variáveis em determinadas linguagens, indicando-se, em cada caso, o tipo de dados correspondente, estabelecido internamente no sistema.

Exemplo 7.1 Definição de variáveis em Pascal

Inteiros	int I
String sem limite de tamanho	
String com 30 caracteres	
Ponto flutuante	real V
Array de 5 valores inteiros (este não é um tipo primitivo de dados)	

Exemplo 7.2 Definição de variáveis em C

Inteiros	int I
String sem limite de tamanho	char *S
String com 30 caracteres	char S{30}
Ponto flutuante	double V
Array de 5 valores inteiros	int I[5]

(este não é um tipo primitivo de dados)

Exemplo 7.3 Definição de variáveis em Visual Basic

Inteiros	Dim I As Integer
String sem limite de tamanho	Dim S As String
String com 30 caracteres	Dim S As String*30
Ponto flutuante	Dim V As Double
Array de 5 valores inteiros	Dim I [4] As Integer

(este não é um tipo primitivo de dados)

Exemplo 7.4 Definição de variáveis em Delphi

Inteiros	var I: Integer
String sem limite de tamanho	var S: String
String com 30 caracteres	var S: String [30]
Ponto flutuante	var V: Double
Array de 5 valores inteiros	var I: Array[0...4] of Integer

(este não é um tipo primitivo de dados)

Este capítulo trata justamente das diversas formas de representação de dados ("tipos de dados", em linguagens de programação) utilizadas nas linguagens e compreendidas pelo hardware dos sistemas modernos. Não discorreremos especificamente sobre todos os possíveis tipos de dados aceitos pelas linguagens de programação, visto que grande parte deles consiste na especificação lógica de representação do dado e não na sua forma primitiva de uso pelo hardware. Trataremos apenas dos tipos primitivos, inteligíveis ao processador e às instruções de máquina.

Um dos aspectos mais importantes do processo de representação de dados em um computador e, conseqüentemente, do projeto propriamente dito do processador se refere à quantidade de algarismos que cada dado deve possuir na sua representação interna, o que afetará consideravelmente o tamanho e capacidade de inúmeros componentes do sistema. Por exemplo, o projetista da Intel ou da AMD ou da Motorola, ao definir os elementos de projeto de um novo processador, pode estabelecer que os números inteiros serão representados internamente com valores binários de 32 algarismos cada um (32 bits é o termo mais usual). Isso significará uma série de providências correlatas, como a definição do barramento interno de dados, da quantidade de fiação, do tamanho da Unidade Aritmética e Lógica (ver Cap. 6) para suportar operações aritméticas e lógicas com valores de 32 bits, e assim por diante.

Pode acontecer, por exemplo, que uma operação aritmética de multiplicação realizada com valores representados em 32 bits produza um resultado de valor maior que o maior número representável com 32 bits. Nesse caso, ocorre o que se denomina *estouro* da representação (*overflow*), o que está descrito com mais detalhes mais adiante, neste capítulo.

Assim, diferentemente de nossos cálculos usando papel e lápis, cujo único limite é o tamanho do papel (embora possamos emendar várias folhas e torná-la enorme), em computação precisa-se ter atenção aos limites impostos pela quantidade máxima de bits dos valores representados e dos diversos componentes da máquina (registradores, barramento etc). Tais limites afetam a precisão dos resultados, como veremos mais adiante.

7.2 TIPOS DE DADOS

Conforme podemos observar pelos exemplos mostrados anteriormente, quando um programador elabora um programa ele precisa definir para o sistema como cada dado deverá ser manipulado, isto é, ele deverá (explícita ou implicitamente) determinar o tipo de cada dado declarado. Assim, por exemplo, a declaração

VAR ANOS: INTEGER;

indica para um programa compilador Pascal (ver Apêndice C sobre compiladores) que o número que foi armazenado na memória no endereço correspondente à variável ANOS deverá ser um valor inteiro, a ser convertido para uma forma binária com 16 bits. Porém, se a declaração fosse do tipo:

VAR ANOS: REAL;

o valor numérico a ser armazenado em REAL teria uma forma diferente, representada em notação científica.

As palavras INTEGER e REAL foram, pois, interpretadas de modo diferente, acarretando alterações significativas, tanto no modo de organizar os bits que representam um número, quanto na seqüência de etapas do algoritmo de execução de uma operação aritmética com o número.

Talvez algum leitor possa, ainda neste instante (antes de ter lido o capítulo por completo), se perguntar que formas diferentes são essas e, principalmente, que algoritmos diferentes são esses para realizar a mesma operação aritmética com os mesmos valores. Se, por exemplo, tivéssemos os valores (decimais):

1249 e 3158

e desejássemos somar ambos os valores, utilizando duas formas diferentes para sua representação. Nesse caso, os passos (algoritmo) para realização da referida operação de soma seriam diferentes conforme a forma de representação utilizada. Senão vejamos:

Exemplo 7.5 Soma de 1249 e 3158, representados com sua forma natural, de valores inteiros

A efetivação da soma se realiza pela soma parcial de cada algarismo individualmente especificado (mais o algarismo correspondente ao "vai 1"), como fazemos na vida cotidiana, usando papel e lápis. No presente exemplo serão quatro somas, uma para cada parcela de algarismo.

```
 0 1 1
 1 2 4 9
+3 1 5 8
--------
 4 4 0 7
```

Exemplo 7.6 Soma de 1249 e 3158, representados na forma matemática denominada notação científica

A efetivação da soma com os valores representados em notação científica se realiza de acordo com as seguintes etapas:

1) Converter cada valor para a representação em notação científica:

   $1249 = 0{,}1249 \times 10^{+4}$ e $3158 = 0{,}3158 \times 10^{+4}$

2) Em seguida se realiza a soma propriamente dita. Neste caso, como os expoentes são iguais (ambos de valor igual a +4) e a parte fracionária está com as vírgulas alinhadas, ambos com 4 algarismos depois da vírgula, a soma se realiza somente através da adição, algarismo por algarismo, dos valores fracionários, 0,1249 e 0,3158.

```
     0 1 1
  0,1 2 4 9
+ 0,3 1 5 8
-----------
  0,4 4 0 7
```

3) O resultado final será $0{,}4407 \times 10^{+4}$.

Caso os expoentes não fossem iguais, seria necessário antes que eles fossem igualados, através de modificação (por multiplicação ou divisão uma ou mais vezes por 10 da parte fracionária de um dos números) do valor da parte fracionária de um dos números.

Os leitores que possuem máquinas de calcular um pouco mais avançadas do que aquelas bem simples que se usam para simples operações aritméticas podem constatar o que acabamos de explicar e até concluir sobre uma das razões de se usar duas formas diferentes de representação e cálculo de um mesmo valor numérico. As máquinas científicas com certeza se prestam bem a essa demonstração.

Consideremos, por exemplo, uma calculadora capaz de realizar cálculos matemáticos simples ou complexos. Como todo equipamento (hardware), sendo construído com partes e componentes físicos, possui suas limitações. Uma delas, p.ex., é a quantidade de elementos existentes na calculadora (Leds) e usados para mostrar visualmente ao operador os algarismos dos números que ele estiver manipulando (no visor ou display da máquina). Em nossa calculadora, o visor somente permite que sejam vistos 11 algarismos, além de espaço para as vírgulas (ou ponto em inglês) que separam valores e do eventual sinal negativo (o sinal + para positivos é normalmente omitido), ou seja, o espaço do visor só mostra até, no máximo, um número inteiro ou não com 11 algarismos.

Esta forma direta de representação é semelhante a representação de inteiros nos computadores (variável integer) ou, como veremos adiante, representação em ponto fixo.

Por exemplo: o número 13467245901 (11 algarismos) pode ser representado na calculadora nessa forma direta, semelhante a que usamos no papel.

Já o número 235667378911 não pode ser representado assim, pois tem 12 algarismos e não há espaço no visor para mais um algarismo.

Se não usarmos a calculadora e apenas papel, poderíamos manipular números com enorme e variável quantidade de algarismos, que o papel permite; porém, uma máquina tem limites definidos na fábrica (isso caracteriza um hardware, como observamos no capítulo 1 deste livro).

Caso desejemos efetuar operações aritméticas com valores até o limite apresentado, o sistema embutido na calculadora adotará o algoritmo mostrado no Exemplo 7.5, da mesma forma que faríamos se estivéssemos apenas com papel e lápis.

No entanto, nessa calculadora é possível realizar operações aritméticas cujos resultados em valor ultrapassem os 11 algarismos previamente definidos como limite. Nesse caso, o sistema deverá substituir a forma de representação por outra que, usando o mesmo limite do display (do visor) de 11 algarismos, possa indicar valores muito maiores. Este método de representação (e, como será mostrado adiante também possui regras específicas para realizar operações aritméticas) é usado há muito tempo em matemática, com o propósito de expressar números muito grandes (muitos algarismos) ou muito pequenos (números menores que 1); em matemática, este método é denominado notação científica. Na computação, foi batizado de representação em ponto flutuante e, naturalmente, as operações aritméticas realizadas com números assim representados fazem parte do mesmo contexto e se chamam, em conjunto, de aritmética em ponto flutuante.

No exemplo de nossa calculadora, se multiplicássemos dois valores muito grandes, como

a) 12352788 e b) 35697008

embora cada valor individualmente tivesse menos que 11 algarismos e, por isso, estaria representado normalmente, o resultado, que é um valor inteiro com 16 algarismos não poderia ser diretamente representado no visor da máquina. Nesse caso, o sistema interno da calculadora mostraria o resultado na forma de notação científica, assim:

4,41 E 14 ← resultado de a * b

E que, na forma direta, ficaria assim:

440.957.562.058.304, um valor com 15 algarismos ou 4,41 * 10^{+14}

Daí a forma

4,41 E 14,

sendo E indicador de que a seguir tem-se o valor do expoente e 14 a representação do expoente +14.

Assim, para um número muito grande, que consumiria mais espaço na calculadora adotou-se uma técnica para manipulá-lo sem aumentar espaço no visor nem internamente.

No item 7.5 serão apresentadas, em detalhe, as diversas formas de representar e manipular valores numéricos em computadores.

De um modo geral, as seguintes formas de dados são mais utilizadas nos programas atuais de computador (formas primitivas, entendidas pelo hardware):

- dados sob forma de caracteres (tipo caractere);
- dados sob forma lógica (tipo lógico);
- dados sob forma numérica (tipo numérico).

Outras formas mais complexas são permitidas em certas linguagens modernas (como tipo REGISTRO, tipo ARRAY, tipo INDEX, tipo POINTER etc.). No entanto, durante o processo de compilação, os dados acabam sendo convertidos finalmente nas formas primitivas já mencionadas, para que o hardware possa entendê-las e executá-las.

A Fig. 7.1 apresenta um quadro contendo a nomenclatura das formas primitivas mais conhecidas e dos tipos de dados correspondentes.

Cada linguagem implementa um ou mais desses tipos primitivos de dados. A linguagem ADA, por exemplo, utiliza INTEGER (para valores inteiros), FLOAT (para valores fracionários), CHARACTER (para símbolos alfanuméricos) e BOOLEAN (para variáveis do tipo lógico). A linguagem Pascal denomina INTEGER, REAL, CHAR e BOOLEAN, respectivamente. E as demais linguagens utilizam nomes semelhantes, conforme podemos observar nos exemplos já apresentados.

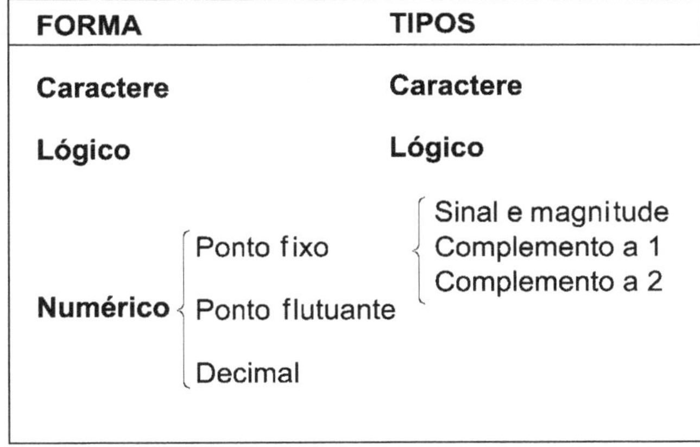

Figura 7.1 Tipos primitivos de dados.

7.3 TIPO CARACTERE

A representação interna de informação em um computador é realizada através da especificação de uma correspondência entre o símbolo da informação e um grupo de algarismos binários (bits). Isso porque o computador, possuindo somente dois símbolos (0 ou 1) para representação, requer mais de um bit para identificar todos os possíveis símbolos que constituem as informações usadas pelo homem e que precisam ser armazenadas e processadas na máquina.

Como poderemos representar, com apenas dois símbolos (0 e 1), todos os caracteres alfabéticos (maiúsculos e minúsculos), algarismos decimais, sinais de pontuação e de operações matemáticas etc., necessários à elaboração de um programa de computador?

Isso é obtido através de um método chamado codificação, pelo qual cada símbolo da nossa linguagem tem um correspondente grupo de bits que identifica univocamente o referido símbolo (caractere). A codificação é, então, a forma de representar caracteres (alfabéticos ou numéricos) armazenados no computador.

Desde o advento da computação, vários códigos de caracteres foram desenvolvidos para representação interna de informações nessas máquinas. Dentre eles podemos citar:

BCD — Binary Coded Decimal — grupo de 6 bits/caractere, permitindo a codificação de 64 caracteres (praticamente não é mais empregado).

EBCDIC — Extended Binary Coded Decimal Interchange Code — exclusivo da IBM — grupo de 8 bits, permitindo a codificação de 256 símbolos diferentes.

ASCII — American Standard Code for Information Interchange — usado pelos demais fabricantes — grupo de 7 bits, sendo normalmente usado com mais 1 bit de paridade. Atualmente, com a necessidade de codificação de mais caracteres que os 128 possíveis com 7 bits (gráficos principalmente), há uma versão estendida do ASCII, com 8 bits, desenvolvida para aplicação com os microcomputadores de 16 bits (IBM-PC e compatíveis).

UNICODE — trata-se de um código de 16 bits por símbolo (portanto, pode representar um máximo de 65.536 símbolos diferentes) que pretende ser universal, ou seja, pode codificar em um único código símbolos de qualquer linguagem conhecida no mundo, solucionando vários problemas com os códigos atuais (na realidade há diversos conjuntos para o código ASCII devido ao fato de ele poder codificar apenas 256 símbolos diferentes), como a necessidade de várias versões para atender aos caracteres diferentes de várias linguagens (grego, hebraico, chinês e japonês, francês, inglês, português, espanhol etc.), além dos naturais conflitos decorrentes de essas versões produzirem, por exemplo, vários símbolos com um mesmo código. O Unicode está sendo desenvolvido por um consórcio constituído em 1991, compreendendo representantes das mais importantes empresas e órgãos governamentais.

Mais informações sobre o Unicode podem ser encontradas em seu site na Web (www.unicode.org).

O Apêndice E apresenta as tabelas de símbolos codificados nos códigos ASCII e EBCDIC e um conjunto de símbolos codificados no Unicode, em sua última versão conhecida até a data em que esta edição estava sendo preparada, a versão 3.0.

Na realidade, a forma de texto (conjunto de caracteres que possuem um código de representação válido para um certo sistema de computação) é o método primário de introdução de informações no computador (sejam essas instruções de um programa ou dados). As demais formas de representação de informação (tipos de dados) surgem no decorrer do processo de compilação ou interpretação do programa. Assim, ao introduzirmos, via teclado, o seguinte trecho de um programa em Basic:

```
DIM NOTA(12)
DATA 26.5, 45, 29
FOR I = 0 TO 12
READ NOTA(I)
NEXT I
```

o sistema converte cada caractere em um conjunto de pulsos elétricos, cada um com valores correspondentes ao bit 0 ou bit 1, cada conjunto indicando a representação de um dos caracteres digitados. Se, por exemplo, cada caractere for codificado com 8 bits (1 byte) e cada célula da MP armazenasse 1 byte, então cada caractere do programa citado seria armazenado em uma célula da memória do sistema usado, conforme mostrado na Fig. 7.2.

O valor decimal 26.5, por exemplo, é introduzido como caractere 2, caractere 6, caractere ponto (.) e caractere 5.

Quando o compilador ou interpretador Basic processar o programa, provavelmente converterá o valor 26.5 para representação denominada ponto flutuante (a notação científica mostrada anteriormente) (ver item 7.5.3).

E	C	E	C	E	C	E	C	E	C
70	01000100	7E	01000001	8C	00110010	9A	01001111	A8	00101000
71	01001001	7F	01010100	8D	00111001	9B	00100000	A9	01001001
72	01001101	80	01000001	8E	10001101	9C	00110001	AA	00101001
73	00100000	81	00100000	8F	01000110	9D	00110010	AB	10001101
74	01001110	82	00110010	90	01001111	9E	10001101	AC	01001110
75	01001111	83	00110110	91	01010010	9F	01010010	AD	01000101
76	01010100	84	00101110	92	00100000	A0	01000101	AE	01011000
77	01000001	85	00110101	93	01001001	A1	01000001	AF	01010100
78	00101000	86	00101100	94	00100000	A2	01000100	B0	00100000
79	00110001	87	00100000	95	00111101	A3	00100000	B1	01001001
7A	00110010	88	00110100	96	00100000	A4	01001110	B2	10001101
7B	00101001	89	00100101	97	00110000	A5	01001111		
7C	10001101	8A	00101100	98	00100000	A6	01010100		
7D	01000100	8B	00100000	99	01010100	A7	01000001		

E - Endereço da MP, em hexadecimal
C - Conteúdo da MP, célula por célula, em valores binários

Figura 7.2 Armazenamento em MP (binário) de um programa Basic.

Ou seja, primeiramente os caracteres são introduzidos um a um como um texto livre, sendo convertidos para o código de bits usado pela máquina; em seguida, ao serem traduzidos para código-objeto, os elementos do programa são passados para uma representação passível de ser interpretada e manipulada pelo hardware (pelo processador — UCP).

7.4 TIPO LÓGICO

O leitor deve ter atenção para o fato de que, nesse item, o foco é descrever como os dados são representados e manipulados nos processadores. Por isso, as explicações sobre operadores e operações lógicas se restringirão a esse foco. No entanto, no Apêndice B, é apresentada uma descrição mais detalhada sobre Lógica Digital. Dessa descrição foi extraída parte necessária para inserção no presente item.

Para o entendimento de tipos de dados e aspectos básicos de operações lógicas, basta conhecer as informações aqui contidas, deixando o Cap. 4 para aqueles que desejem se aprofundar mais no assunto.

O tipo de dados *lógico* permite a utilização de variáveis que possuem apenas dois valores para representação, FALSO (usualmente representado pelo bit 0) e VERDADEIRO (representado pelo bit 1). Estas variáveis são utilizadas de diversas formas em um programa, inclusive podendo ser realizado um tipo específico de operação, empregando operadores lógicos.

Em Pascal, além do tipo Boolean, é possível definir diversos tipos booleanos, distintos basicamente pelo tamanho da variável, como, por exemplo:

ByteBool — a variável irá ocupar 1 byte na memória; e

WordBool — a variável irá ocupar 1 palavra ou 2 bytes.

7.4.1 Operador Lógico AND

O operador lógico AND é definido de modo que o resultado da operação com ele será VERDADE (representado no computador como o dígito binário 1) *se e somente se* todas as variáveis de entrada forem VERDADE (= 1). Isto é, se a variável A (1.º operando ou variável) **E** (AND) a variável B (2.º operando ou variável) forem VERDADEIRAS, então o resultado X também será VERDADEIRO; caso contrário (basta apenas uma das variáveis não ser verdade), o resultado será FALSO (= 0).

A tabela-verdade da operação AND será:

Tabela-verdade da Operação Lógica AND		
A	B	X = A and B ou X = A · B
0	0	0
0	1	0
1	0	0
1	1	1

Exemplo 7.7

Se as variáveis lógicas A e B possuem os seguintes valores:

A = 0 e B = 1,

então o valor de X na expressão lógica X = A and B será X = 0. Isto porque pela tabela-verdade da operação lógica AND teremos:

X = A and B (ou pode-se representar assim A · B ou AB, como na multiplicação algébrica) = 0 · 1 = 0.

Exemplo 7.8

Sejam A = 0 1 1 0 e B = 1 1 1 0. Obter o valor de X na expressão lógica: X = A · B.

Solução

A operação lógica é realizada na UAL bit a bit, como as operações aritméticas, usando-se a tabela-verdade por bit. Assim, iniciando dos algarismos menos significativos (mais à direita) teremos:

0 · 0 = 0   1 · 1 = 1   1 · 1 = 1   0 · 1 = 0

A operação completa, mostrada de forma semelhante a uma operação aritmética, ficaria assim:

```
    0110
and 1110
    0110
```

Se usássemos a tabela-verdade diretamente teríamos:

Tabela-verdade para a Operação X = A · B		
A	B	X = A · B
0	1	0
1	1	1
1	1	1
0	0	0

Resultado: X = 0 1 1 0

Exemplo 7.9

Sejam A = 1 1 0 0, B = 1 0 0 0 e C = 0 0 1 0. Obter o valor de X na expressão lógica: X = A · B · C

Solução

Calcula-se a expressão da seguinte forma: primeiro R = A · B e, em seguida, X = R · C, sempre bit a bit, como a seguir mostrado:

Para R = A · B, da direita para a esquerda:

0 · 0 = 0 0 · 0 = 0 1 · 0 = 0 1 · 1 = 1 e R = 1 0 0 0

Para X = R · C, teremos:

0 · 0 = 0 0 · 1 = 0 0 · 0 = 0 1 · 0 = 0 e X = 0 0 0 0

Se usássemos a tabela-verdade diretamente teríamos que criar duas tabelas, uma para R = A · B e outra para X = R · C:

Tabela-verdade da Operação Lógica R = A · B		
A	B	R = A · B
1	1	1
1	0	0
0	0	0
0	0	0

Tabela-verdade da Operação Lógica X = R · C		
R	C	X = R · C
1	0	0
0	0	0
0	1	0
0	0	0

Resultado: X = 0 0 0 0

7.4.2 Operador Lógico OR

O operador lógico OR (OU) é definido de modo que o resultado da operação será VERDADE (= 1) se um operando (ou variável lógica) OU o outro for VERDADEIRO (basta que apenas um dos operandos seja VERDADEIRO); caso contrário, o resultado será FALSO (= 0).

A tabela-verdade da operação OR será, então:

Tabela-verdade da Operação Lógica OR		
A	B	X = A or B ou X = A + B
0	0	0
0	1	1
1	0	1
1	1	1

O símbolo matemático para a operação lógica OR é o sinal de adição aritmética ("+"). Desse modo, representa-se a operação por uma das duas formas:

A or B ou A + B

Exemplo 7.10

Se as variáveis lógicas A e B possuem os seguintes valores:

A = 1 e B = 0,

então o valor de X na expressão lógica X = A or B será X = 1. Isto porque pela tabela-verdade da operação lógica OR teremos:

X = A or B = A + B = 1 + 0 = 1.

Exemplo 7.11

Sejam A = 0 1 0 1 e B = 0 1 1 0. Obter o valor de X na expressão lógica: X = A + B.

Solução

A operação lógica é realizada na UAL bit a bit, como as operações aritméticas, usando-se a tabela-verdade por bit. Assim, iniciando dos algarismos menos significativos (mais à direita) teremos:

1 + 0 = 1 0 + 1 = 1 1 + 1 = 1 0 + 0 = 0

A operação completa, mostrada de forma semelhante a uma operação aritmética, ficaria assim:

```
   0101
or 0110
   ----
   0111
```

Se usássemos a tabela-verdade diretamente teríamos:

Tabela-verdade para a Operação X = A + B		
A	B	X = A + B
0	0	0
1	1	1
0	1	1
1	0	1

Resultado: X = 0 1 1 1

Exemplo 7.12

Sejam A = 1 1 0 0, B = 1 0 0 0 e C = 0 0 1 0. Obter o valor de X na expressão lógica:

X = A + B + C

Solução

Calcula-se a expressão da seguinte forma: primeiro R = A + B e, em seguida, X = R + C, sempre bit a bit, como a seguir mostrado:

Para R = A + B, da direita para a esquerda:

0 + 0 = 0 0 + 0 = 0 1 + 0 = 1 1 + 1 = 1 e R = 1 1 0 0

Para X = R + C, teremos:

0 + 0 = 0 0 + 1 = 1 1 + 0 = 1 1 + 0 = 1 e X = 0 0 0 0

Se usássemos a tabela-verdade diretamente teríamos que criar duas tabelas; uma para R = A + B e outra para X = R + C:

Tabela-verdade da Operação Lógica R = A + B		
A	B	R = A + B
1	1	1
1	0	1
0	0	0
0	0	0

Tabela-verdade da Operação Lógica X = R + C		
R	C	X = R + C
1	0	1
1	0	1
0	1	1
0	0	0

Resultado: X = 1 1 1 0

7.4.3 Operador Lógico NOT

O operador NOT, também conhecido como INVERSOR ou COMPLEMENTO (Inverter ou Complement), é definido de modo a produzir na saída um resultado de valor oposto (ou inverso) ao da variável de entrada. Naturalmente, em um sistema numeral onde somente há dois valores, 0 e 1, o inverso de um é o outro. Este operador é o único que pode ser utilizado sobre apenas uma única variável. Desse modo, se a variável tem o valor 0 (FALSO), o resultado da operação NOT sobre essa variável será 1 (VERDADE), e se a variável for igual a 1 (VERDADE), então o resultado do NOT será 0 (FALSO); sempre o valor oposto como resultado.

A tabela-verdade da operação NOT será, então:

Tabela-verdade da Operação Lógica NOT	
A	X = NOT A ou X = $\overline{A}$
0	1
1	0

O símbolo matemático para a operação lógica OR é o traço superposto sobre a variável. Desse modo, representa-se a operação por uma das duas formas:

not A ou $\overline{A}$

Exemplo 7.13

Se as variáveis lógicas A, B e C possuem os seguintes valores:

A = 1; B = 101; C = 1101

então o valor de X, Y e Z nas expressões lógicas X = not A, Y = not B e Z = not C será:

X = 0; Y = 010 e Z = 0010. Isto porque pela tabela-verdade da operação lógica NOT o inverso de 0 é 1 e o inverso de 1 é 0. Neste exemplo foram invertidos os valores de cada bit das variáveis indicadas.

É também possível que, em vez de uma só variável, o resultado de uma expressão seja invertido, como também apenas parte da expressão.

Exemplo 7.14

Seja A = 1101. Calcule: X = NOT A ou X = $\overline{A}$.

Solução

Para calcular o valor de X, inverte-se cada bit de A e assim:

X = 0 0 1 0

Se usar diretamente a tabela-verdade da operação NOT:

Tabela-verdade da Operação Lógica X = not A	
A	X = NOT A ou X = $\overline{A}$
1	0
1	0
0	1
1	0

Resultado: X = 0 0 1 0

É também possível que, em vez de uma só variável, o resultado de uma expressão seja invertido, como também pode-se inverter apenas parte da expressão.

Exemplo 7.15

Sejam as variáveis A = 011; B = 110; C = 001; D = 111. Calcular o valor de X na expressão:

$$X = \overline{D} \cdot (B + \overline{C \cdot A})$$

Solução

Na expressão indicada a execução das operações se realiza na seguinte ordem, de modo semelhante à da aritmética, ou seja: em primeiro lugar resolvem-se as expressões no interior dos parênteses, tendo prioridade a operação de AND (como a multiplicação sobre a soma) sobre a operação OR.

Uma diferença para a aritmética consiste no emprego, neste caso, da operação NOT (não existente na aritmética convencional), a qual é realizada em primeiro lugar, se a inversão for apenas de uma variável, ou após a realização da operação ou expressão, se a inversão for de uma operação ou operações).

Dessa forma, a ordem de execução será: primeiro, a operação dentro dos parênteses, iniciando pelo AND de C e A, em seguida, invertendo o resultado e, depois, a operação deste resultado OR B. Finalmente, inverte-se o valor de D e executa-se a operação final AND.

1.ª oper.	2.ª oper.	3.ª oper.	4.ª oper.	5.ª oper.
001	not 001	110	not 111	000
and 011	110	or 110	000	and 110
001		110		000

7.4.4 Operador Lógico EXCLUSIVE-OR (OU EXCLUSIVO)

O operador lógico XOR (EXCLUSIVE-OR) ou OU EXCLUSIVO é definido de modo a prover um resultado VERDADEIRO se apenas uma das duas variáveis ou operadores for VERDADEIRA. Isto é: sendo X = A xor B, o resultado X será VERDADE se *exclusivamente* (daí o nome OU EXCLUSIVO) A OU B for VERDADE. Caso ambos sejam VERDADE ou ambos FALSOS, então o resultado será FALSO.

A diferença conceitual entre os operadores OR e XOR está no termo EXCLUSIVO; no caso do operador OR, as variáveis não necessitam ter valores *verdade* exclusivos, bastando apenas que ocorra um valor VERDADE (no entanto, os demais valores *também* podem ser VERDADE). No caso do operador XOR, isso não é possível: é preciso que uma variável ou outra seja VERDADE; não podem ambas serem VERDADE, pois deixa, nesse caso, de haver exclusividade.

A tabela-verdade da operação XOR será então:

Tabela-verdade da Operação Lógica XOR		
A	B	X = A xor B ou X = A ⊕ B
0	0	0
0	1	1
1	0	1
1	1	0

O símbolo matemático para a operação lógica XOR é o sinal de adição aritmética ("⊕") envolvido por um círculo. Desse modo, representa-se a operação por uma das duas formas:

A or B ou A ⊕ B

Exemplo 7.16

Se as variáveis lógicas A e B possuem os seguintes valores:

A = 1 e B = 0,

então o valor de X na expressão lógica X = A ⊕ B será X = 1. Isto porque pela tabela-verdade da operação lógica XOR teremos:

X = A xor B = A ⊕ B = 1 ⊕ 0 = 1.

Exemplo 7.17

Sejam A = 1 1 0 1 e B = 1 0 0 0. Obter o valor de X na expressão lógica: X = A ⊕ B.

Solução

A operação lógica é realizada na UAL bit a bit, como as operações aritméticas, usando-se a tabela-verdade por bit. Assim, iniciando dos algarismos menos significativos (mais à direita) teremos:

1 ⊕ 0 = 1   0 ⊕ 0 = 0   1 ⊕ 0 = 1   1 ⊕ 1 = 0

A operação completa, mostrada de forma semelhante a uma operação aritmética, ficaria assim:

```
   1101
or 1000
-------
   0101
```

Se usássemos a tabela-verdade diretamente teríamos:

Tabela-verdade para a Operação X = A ⊕ B		
A	B	X = A ⊕ B
1	1	0
1	0	1
0	0	0
1	0	1

Resultado: X = 0 1 0 1

Exemplo 7.18

Sejam A = 1 1 0 0, B = 1 0 0 0 e C = 0 0 1 0. Obter o valor de X na expressão lógica: X = A xor B xor C ou X = A ⊕ B ⊕ C.

Solução

Calcula-se a expressão da seguinte forma: primeiro R = A ⊕ B e, em seguida, X = R ⊕ C, sempre bit a bit, como a seguir mostrado:

Para R = A ⊕ B, da direita para a esquerda:

0 ⊕ 0 = 0   0 ⊕ 0 = 0   1 ⊕ 0 = 1   1 ⊕ 1 = 0   e   R = 0 1 0 0

Para X = R ⊕ C, teremos:

0 ⊕ 0 = 0   0 ⊕ 1 = 1   1 ⊕ 0 = 1   0 ⊕ 0 = 0   e   X = 0 1 1 0

Se usássemos a tabela-verdade diretamente teríamos que criar duas tabelas; uma para R = A ⊕ B e outra para X = R ⊕ C:

Tabela-verdade da Operação Lógica R = A ⊕ B		
A	B	R = A ⊕ B
1	1	0
1	0	1
0	0	0
0	0	0

Tabela-verdade da Operação Lógica X = R ⊕ C		
R	C	X = R ⊕ C
0	0	0
1	0	1
0	1	1
0	0	0

Resultado: X = 0 1 1 0

As operações lógicas mostradas são parte do conjunto de operações existentes na álgebra lógica, conforme descrito com mais detalhe no Apêndice B. Essas operações possuem características marcantes nos sistemas de computação. Assim, o operador lógico AND serve como "porta" ou "gate" de passagem de bits; ou seja, um determinado conjunto de bits de um registrador ou célula de memória pode ser transferido para outro registrador ou célula (como acontece freqüentemente durante a realização dos ciclos de memória ou de execução de instruções, durante o instante de tempo (nanossegundos) em que um pulso de controle VERDADE se combina com cada sinal elétrico armazenado do elemento de origem através de um circuito lógico AND). O resultado de saída desta combinação será igual ao valor de origem, isto é, transferindo o valor de origem para a saída. Em resumo:

A AND 1 = A (ver Fig. 7.3).

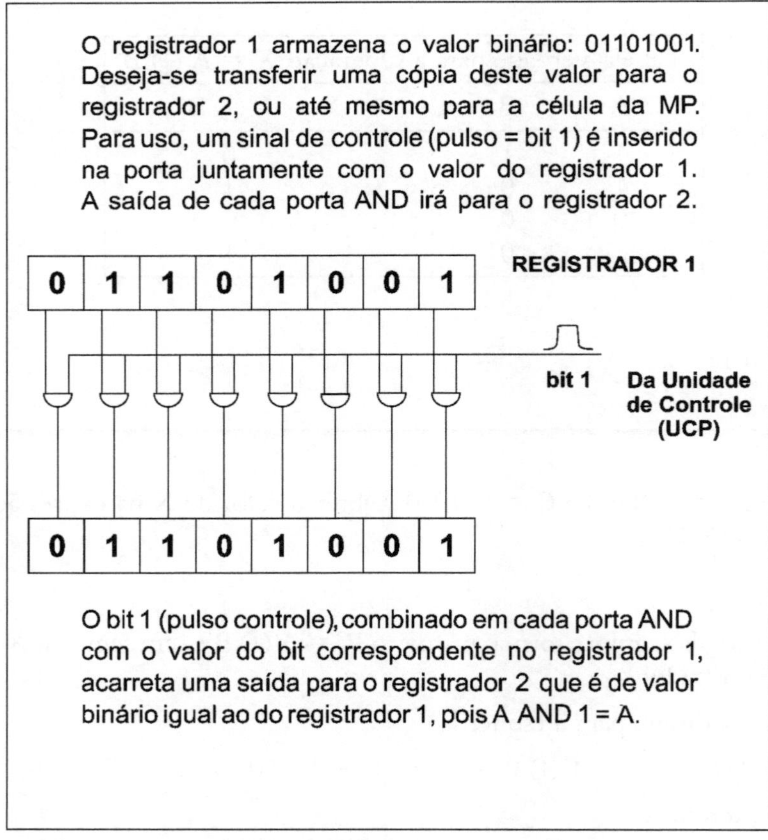

Figura 7.3 Exemplo da utilização da porta lógica AND.

O operador lógico XOR também tem um papel importante nos sistemas de computação em virtude de sua característica de produzir um resultado VERDADE, se os valores de entrada forem diferentes, e FALSO, se os valores de entrada forem iguais, ou seja:

0 xor 1 e 1 xor 0 produzem sempre resultado VERDADE

0 xor 0 e 1 xor 1 produzem sempre resultado FALSO.

Esta propriedade permite que se possa verificar a igualdade ou não entre dois valores (muito necessário em operações aritméticas para verificação da igualdade ou não do sinal entre dois números).

7.5 TIPO NUMÉRICO

Como os computadores são elementos binários, a forma mais eficiente de representar números deve ser a binária, isto é, converter o número diretamente de decimal para seu correspondente valor binário. A unidade aritmética e lógica (UAL) dos computadores executa operações mais rapidamente se os valores estiverem representados desse modo.

Para se trabalhar em computação com valores numéricos deve-se levar em consideração três fatos que podem acarretar inconvenientes no projeto e na utilização da máquina e que, na nossa vida cotidiana (aritmética com papel e lápis), não causam nenhum problema:

- a representação do sinal de um número;
- a representação da vírgula (ou ponto) que separa a parte inteira da parte fracionária de um número não-inteiro; e
- a quantidade-limite de algarismos possível de ser processada pela UAL de um processador.

Sinal do Número

O primeiro dos problemas, que consiste na indicação do sinal do número, é resolvido com o acréscimo de mais um bit na representação do número. Esse bit adicional indica o sinal do número. A convenção adotada de forma universal é:

- valor positivo: bit de sinal igual a zero;
- valor negativo: bit de sinal igual a um.

A Fig. 7.4 apresenta alguns exemplos de números binários representados com sinal.

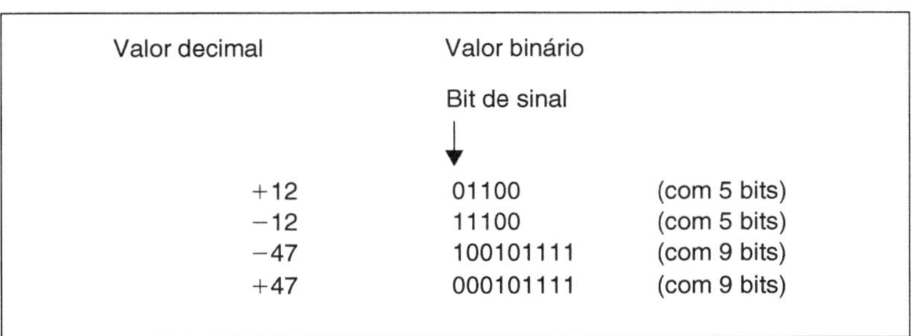

Valor decimal	Valor binário (Bit de sinal ↓)	
+12	01100	(com 5 bits)
−12	11100	(com 5 bits)
−47	100101111	(com 9 bits)
+47	000101111	(com 9 bits)

Figura 7.4 Exemplo de números com sinal.

Como podemos observar, no computador toda e qualquer informação somente é representada sob a forma de 0s ou 1s, diferentemente de nossa linguagem (dos humanos), na qual utilizamos vários símbolos diferentes para diferentes itens, como os símbolos visualmente diferentes de um valor negativo ("−"), bit 1 em computação ou positivo ("+"), bit 0. Em geral, o bit de sinal é inserido à esquerda do número, como bit mais significativo.

Algumas das linguagens de programação permitem o emprego de valores com sinal e sem sinal. Neste último caso, as operações aritméticas são mais simples, pois não precisam considerar o valor do sinal do número.

Uso da Vírgula (Ponto) Fracionária

O segundo problema reside na forma de representação de números fracionários. Isso ocorre devido à dificuldade de representar-se a vírgula (ou ponto de separação entre a parte inteira e fracionária do número) internamente, entre a posição de dois bits, mais uma vez, devido ao fato de que não existe símbolo[2] para a vírgula (",") em computação. Na realidade, a vírgula não é efetivamente representada, mas sim assumida sua posição no número e este sendo representado apenas pelos seus algarismos significativos como se fosse inteiro. Ou seja, o número 110111,110 seria representado internamente como 110111110 e o sistema "saberia" que os três últimos algarismos à direita seriam fracionários.

O "saber" que quantidade de algarismos é inteira e que quantidade é fracionária é um problema cuja solução pode ser encontrada pela escolha entre dois modos de representação e de realização de operações aritméticas:

- representação em ponto fixo (ou vírgula fixa), usualmente indicada e usada para valores inteiros;
- representação em ponto flutuante (vírgula flutuante), usada para valores fracionários — números reais.

De modo geral, os sistemas de computação somente representam a vírgula de separação entre as partes inteira e fracionária dos números (ou ponto fracionário, como adotado nos EUA) quando o número é introduzido no sistema como um texto livre. A Fig. 7.5 mostra um exemplo de representação de um número pela codificação de cada um de seus algarismos no código ASCII.

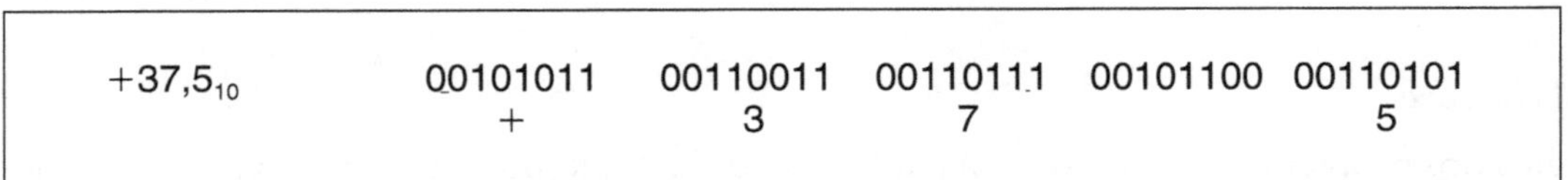

Figura 7.5 Representação de um número em código ASCII.

Quando o número é convertido para uma forma binária pura, onde sua magnitude é um valor binário correspondente ao decimal de entrada, então a vírgula fracionária (ou ponto) é assumida em uma determinada posição (definida na declaração do tipo da variável efetuada no corpo do programa-fonte); não há espaço nas células de memória para armazenar um bit de vírgula.

Limite de Algarismos de um Número

Finalmente, o terceiro fato — quantidade de algarismos disponível no sistema de computação para representar números — já mencionado anteriormente, no item 7.1, é realmente um problema, visto que, na nossa matemática comum, este fato não existe. Em outras palavras, na matemática a quantidade de números reais existente é infinita; podemos ter infinitos valores entre qualquer faixa de números (dependendo, é claro, do tamanho do papel que temos disponível). Por exemplo, há infinitos valores entre 7,01 e 7,02, tais como 7,011, 7,012, 7,0123, 7,012245, e assim por diante.

No entanto, computadores são máquinas de tamanho finito, elementos finitos, células e registradores de tamanho finito e, por causa disso, somente têm capacidade de representar uma quantidade finita de números. Isso acarreta um problema de precisão e erros tanto para representar números quanto na ocasião de obter-se o resultado de operações aritméticas. Desse modo surge o aspecto denominado *overflow* ou estouro da capaci-

[2]Naturalmente os códigos de representação de caracteres possuem um código para a vírgula, como também para o ponto, dois pontos etc. Não estamos aqui nos referindo a este fato, verdadeiro, mas sim ao fato de que em um número binário não há um bit para indicar a posição da vírgula.

dade de representar números que a natureza finita da máquina produz. Além do *overflow*, que é o excesso do limite superior de representação, há também *underflow*, que é o excesso para menos (o resultado é um valor menor que o menor valor representável com uma determinada quantidade de algarismos, disponível em uma dada máquina).

A questão do erro em operações aritméticas devido ao excesso da quantidade de algarismos pode ocorrer de muitas e perigosas maneiras, como se pode ver pelo exemplo a seguir.

Exemplo 7.19

Considere-se os seguintes números decimais com 2 algarismos: A = 45; B = 63 e C = −53.

Primeiramente, vamos considerar a seguinte operação: A + (B + C).

A operação seria: 45 + (63 − 53) = 45 + 10 = 55.

No entanto, se resolvermos realizar esta outra operação com os mesmos dados, o resultado não poderá ser obtido de forma correta, senão vejamos:

(A + B) + C = (45 + 63) − 53 = 108 − 53 = 55

Considerando-se apenas as leis da matemática e o fato de essas operações estarem sendo realizadas no papel, onde não há excesso de limite da quantidade permitida de algarismos de cada número, ambos os resultados serão iguais a 55, sem qualquer problema. No entanto, se considerarmos que as operações estão sendo realizadas por um computador, onde cada número é representado apenas por 2 algarismos, então a segunda operação estará incorreta, pois ocorreu *overflow* no resultado intermediário de A + B = 108, visto que 108 é um número de 3 algarismos. Trata-se, portanto, de um problema que pode ocorrer com certa freqüência nos sistemas computacionais, como veremos mais adiante.

No item 7.5.2 trataremos este assunto com um pouco mais de detalhes.

A representação de números nos computadores (seja pelo hardware/firmware seja pela definição de tipos de dados suportados pelas linguagens de programação) pode ser realizada de três formas diferentes. Como a forma de representar o número é diferente, cada uma delas também possui um algoritmo diferente para realizar as operações aritméticas sobre os números assim representados.

As três formas utilizadas são:

- ponto fixo;
- ponto flutuante;
- decimal.

Vamos descrever cada uma delas, suas aplicações em computação, bem como mostrar, com exemplos, como se desenvolve, em cada caso, o algoritmo para execução das operações aritméticas.

7.5.1 Representação em Ponto Fixo

Esse método consiste na determinação de uma posição fixa para a vírgula (ou ponto). Todos os valores representados em ponto fixo para uma determinada operação possuem a mesma quantidade de algarismos inteiros, bem como a mesma quantidade de algarismos fracionários; isto é, a vírgula deve ser alinhada em todas as parcelas de modo a garantir essa igualdade de algarismos e do resultado e, para isso, acrescenta-se zeros à esquerda da parte inteira e à direita da parte fracionária quando necessário. Por exemplo:

1101,101   1110,001   0011,110

As posições mais adotadas para a vírgula são:

- na extremidade esquerda do número — nesse caso, o número é totalmente fracionário;
- na extremidade direita do número — nesse caso, o número é inteiro.

Em qualquer desses casos, no entanto, a vírgula fracionária não estará fisicamente representada na memória; sua posição é determinada na definição da variável, realizada pelo programador (ou pelo compilador), e o sistema memoriza essa posição, mas não a representa fisicamente.

Na quase totalidade das linguagens de programação e nos sistemas de computação (e os compiladores da maior parte das linguagens de programação) emprega-se a representação de números em ponto fixo para indicar apenas valores inteiros (a vírgula fracionária é assumida na posição mais à direita do número); números fracionários são, nesses casos, representados apenas em ponto flutuante (ver item 7.5.3).

Algumas linguagens mais antigas, como PL/I e Cobol (esta ainda hoje bastante usada em processamento bancário com computadores de grande porte), também representavam números fracionários em ponto fixo, definindo-se na declaração da variável a quantidade de casas fracionárias.

A Fig. 7.6 mostra alguns exemplos de declarações de dados, onde se observa a palavra-chave da linguagem (indica o tipo de dados para o compilador) e a correspondente representação utilizada pelo compilador para o armazenamento e as operações aritméticas a serem eventualmente realizadas com o referido dado.

Linguagem	Tipos de dados	Representação interna
Basic	INTEGER	Ponto fixo (inteiro c/ 16 bits)
	SINGLE-PRECISION	Ponto flutuante (real c/ 32 bits)
	DOUBLE-PRECISION	Ponto flutuante (real c/ 64 bits)
Fortran	INTEGER	Ponto fixo (inteiros)
	REAL	Ponto flutuante (reais)
	DOUBLE-PRECISION	Ponto flutuante c/precisão dupla
Cobol	COMP	Ponto fixo (inteiros)
	COMP 1	Ponto flutuante (reais)
	COMP 2	Ponto flutuante (reais)
	COMP 3	Decimal compactado (decimais)
Pascal	INTEGER	Ponto fixo
	REAL	Ponto flutuante
C	SHORT INT	Ponto fixo (C2) – int c/ 16 bits
	LONG INT	Ponto fixo (C2) – int c/ 32 bits
	FLOAT	Ponto flutuante
	DOUBLE	Ponto flutuante
	LONG DOUBLE	Ponto flutuante
Java	INT short e long	Ponto fixo (inteiro, c/ 8,16, 32 ou 64 bits)
	FLOAT	Ponto flutuante (real c/ 32 ou 64 bits)

Figura 7.6 Exemplos de tipos de dados em algumas linguagens de programação.

É importante ressaltar a diferença conceitual entre a definição do tipo de dado, estabelecida por uma específica linguagem de programação, como Fortran ou C, e a implementação da respectiva representação, bem como das operações aritméticas com os dados nessa representação pelos processadores. Por exemplo, seria possível um tipo de dado inteiro em Fortran, com 32 bits, ser manipulado em um processador de 8 bits.

Na representação de números em ponto fixo, os valores positivos são representados pelo bit zero de sinal. Normalmente esse bit é posicionado como o algarismo mais significativo do número, o mais à esquerda, e pelos n-1 restantes bits, que correspondem ao valor absoluto do número (magnitude).

Quanto aos números negativos, o sinal é representado pelo bit um e a magnitude pode ser representada por um dos três seguintes modos:

- sinal e magnitude;
- complemento a 1;
- complemento a 2.

Conforme verificaremos a seguir, as operações com números negativos (soma com uma das parcelas negativa ou subtração de números) são difíceis e demoradas, quando realizadas no modo sinal e magnitude. Isso porque é necessário efetuar várias comparações e decisões, em vista da manipulação dos sinais das parcelas para determinação do sinal do resultado.

Também mostraremos que as mesmas operações se tornam mais simples e rápidas se realizadas através da aritmética de complemento. Essa é a razão básica do seu emprego em computadores digitais (ver item 7.5.1.2).

Em cada um dos três métodos não só mostraremos como os números são representados, mas também descreveremos um algoritmo básico utilizado para realizar operações de soma e subtração em cada caso.

7.5.1.1 Sinal e Magnitude

A representação de números com *n* algarismos binários (*n* bits) em sinal e magnitude é obtida atribuindo-se 1 bit (em geral, na posição mais à esquerda do número) para indicar o valor do sinal, e os n-1 bits restantes para indicarem a magnitude (a grandeza) do número, como mostrado na Fig. 7.7 (o método de posicionamento dos bits é próprio da representação em ponto fixo e, portanto, será também igual em complemento a 1 e complemento a 2). Nessa figura, a representação em S/M (abreviatura comum para se indicar sinal/magnitude) consiste em 10 bits, sendo o mais da esquerda para indicar o sinal e os nove restantes da direita para indicar o valor, a magnitude do número.

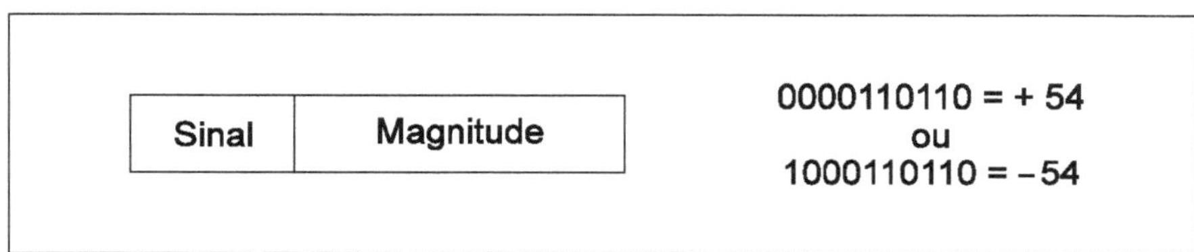

Figura 7.7 Exemplo de uma representação de dado em sinal e magnitude.

Nesse tipo de representação, o valor dos bits usados para representar a magnitude (seu valor absoluto) do número é o mesmo, seja o número positivo ou negativo; o que varia é apenas o valor do bit de sinal, exatamente como acontece quando usamos os símbolos de nossa linguagem, com a diferença de que usamos símbolos gráficos diferentes dos bits do computador (ver Fig. 7.8).

Para representar internamente cada número neste formato, a máquina converte o valor absoluto (a magnitude) do número (que deverá estar representado em decimal) para seu valor correspondente em base 2 (valor

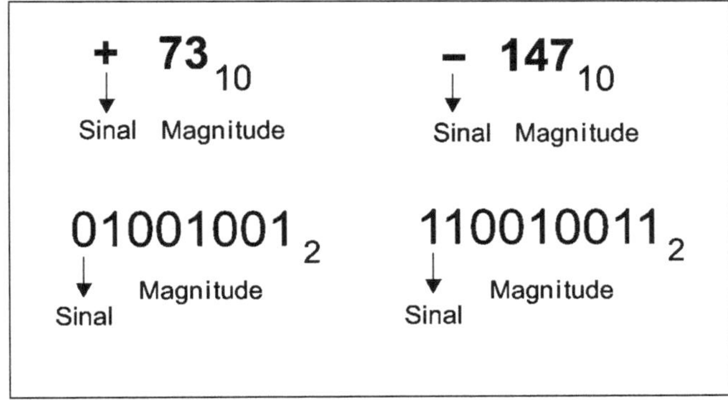

Figura 7.8 Representação de valores em sinal e magnitude.

binário interno da máquina), completa com inserção de zeros à esquerda a quantidade especificada de algarismos (16 ou 32 ou ainda 64 bits) e acrescenta um bit à esquerda (que passa a ser o algarismo mais significativo), cujo valor será igual a 0 se o número for positivo (+) e será igual a 1 se o número for negativo (−).

Limites de Representação

Se os registradores que irão armazenar os valores possuem capacidade para receber *n* algarismos, então a faixa-limite de números inteiros que pode ser armazenada nos referidos registradores é obtida da expressão (7.1):

$$-(2^{n-1} - 1) \quad \text{a} \quad +(2^{n-1} - 1) \qquad (7.1)$$

Se *n* é a quantidade-limite de algarismos, então a magnitude é calculada a partir de n-1 algarismos, visto que 1 algarismo é reservado para indicar o sinal do número.

Do valor obtido (2^{n-1}) subtrai-se 1 (para os valores negativos e positivos) porque o primeiro valor a ser representado é o valor zero (0).

Ainda sobre o modo de representação sinal e magnitude (ver Tabela 7.2), a Fig. 7.9 apresenta alguns exemplos da representação binária em sinal e magnitude.

A referida representação possui algumas características que, comparadas com as demais representações em ponto fixo (complemento a 1 e complemento a 2), tornam-na menos vantajosa que as outras, razão por que não é utilizada atualmente nos processadores. São elas:

a) Possui duas representações para o zero (matematicamente incorreto), o que é uma desvantagem em relação ao modo complemento a 2. Essas representações são o valor zero precedido do bit 0 (positivo) e o valor zero precedido do bit 1 (negativo).

   $+0_{10} = 0000_2$ e $-0_{10} = 1000_2$

b) A representação de números é simétrica entre positivos e negativos, limitada à quantidade permitida de bits dos registradores internos. Ou seja, se temos um registrador com capacidade para armazenar 6 bits, podem ser introduzidas nesse registrador até 64 combinações de valores binários, pois $2^6 = 64$.

Essas representações seriam desde 000000 até 111111, sendo divididas em duas partes de 32 representações cada uma. A primeira parte consistiria em números iniciados por 0, cuja faixa seria 000000 a 011111 (valores positivos, de decimal 0 até decimal 31) e a outra faixa, de 32 valores negativos, de 100000 a 111111 (valores negativos, de decimal 0 até decimal 31).

a) Para um registrador de 6 bits, n = 6, e os limites de representação serão:

de $-(2^{6-1} - 1)$ a $+(2^{6-1} - 1)$ ou
$-(2^5 - 1)$ a $+(2^5 - 1) = -31$ a $+31$

b) Para um registrador de 16 bits, n = 16, e teremos:

de $-(2^{16-1} - 1)$ a $+(2^{16-1} - 1) = -32.767$ a $+32.767$

c) Para um registrador de 16 bits, porém representando um número fracionário tendo, por exemplo, 10 bits para a parte inteira, 5 bits para a parte fracionária e 1 bit para o sinal.

Nesse caso, n = 10 (somente a parte inteira, é claro) e os limites serão:

de $-(2^{10-1} - 1)$ a $(2^{10-1} - 1) = -(2^9 - 1)$ a $+(2^9 - 1) = -511$ a $+511$

Figura 7.9 Exemplos de limites de representação.

c) Conforme se observa no exemplo da Fig. 7.9, se os números são fracionários, a faixa de representação é mais reduzida, porque o valor n-1 refere-se tão-somente à quantidade de algarismos da parte inteira.

Aritmética em Sinal e Magnitude

Em sistemas de computação, o sinal é um símbolo de forma idêntica à dos algarismos representativos do seu valor (é um bit igual aos demais), diferentemente da linguagem humana, onde o sinal (+ ou −) é um símbolo de forma diversa daquela utilizada para os algarismos que representam o valor do número (0, 1, 2, 5 ...). Além disso, na forma dos humanos ele é colocado separado da magnitude (+31), não fazendo parte dos cálculos em si, mas tão-somente servindo para definir o sinal do resultado e o tipo da operação a ser realizada efetivamente, enquanto, nos computadores, o bit de sinal está incorporado aos bits da magnitude, formando um número só.

Aparentemente, parece que a maneira mais simples de efetuar uma soma seria considerar o número como um inteiro sem sinal; caso contrário, o resultado será incorreto:

```
  0100 +4          0110 +2
+ 1010 −2        + 1010 −2
---------        ---------
  1110 −6          1100 −4

 incorreto        incorreto
```

Esses exemplos mostram claramente que o bit de sinal não pode, pelo menos nessa forma de representação (sinal e magnitude), ser considerado na operação; ele será necessário apenas para identificar o tipo da operação e o sinal do resultado, conforme já mencionado anteriormente.

Por isso, as operações aritméticas em sinal e magnitude são efetuadas de modo idêntico ao que fazemos com lápis e papel, isto é, informalmente, executamos um algoritmo para determinar o sinal do resultado e, depois, efetuamos a operação propriamente dita, utilizando apenas as magnitudes.

Assim, se o leitor em seu dia-a-dia se defrontar com a necessidade de efetuar a operação

13 − 17

prontamente (acredito mentalmente) obterá como resultado o valor −4.

Na realidade, mentalmente o leitor executou o seguinte algoritmo:

1) Comparou os sinais dos números, + para 13 e − para 17, verificando que eram diferentes.
2) Deduziu que, sendo os sinais diferentes, a operação a ser realizada era de subtração.
3) Sendo operação de subtração, determinou o maior dos dois números (17) de modo que a operação será subtrair o menor do maior dos números (17 − 13) e que o resultado da operação terá o sinal do maior dos números ("−").
4) Desse modo, obteve −4 = −(17 − 13).

Para formalizar, são descritos em seguida os passos de um possível algoritmo para operações aritméticas de soma e subtração, utilizando-se números representados em sinal e magnitude:

Soma

1) Verificam-se os sinais dos números e efetua-se uma comparação entre eles.
2) Se ambos os números têm o mesmo sinal, somam-se as magnitudes; o sinal do resultado é o mesmo das parcelas.
3) Se os números têm sinais diferentes:
   a) identifica-se a maior das magnitudes e registra-se o seu sinal;

b) subtrai-se a magnitude menor da maior (apenas as magnitudes);

c) sinal do resultado é igual ao sinal da maior magnitude.

Exemplo 7.20

Utilizando-se o algoritmo de soma em sinal e magnitude, efetuar a soma dos números (+13) e (+12). Considerar que a soma será realizada com os números representados na forma binária e a palavra de dados (tamanho dos registradores e da UAL) terá 6 bits.

Solução

Comparando-se os sinais verifica-se que ambos são iguais (bit 0 em ambos). Portanto, somam-se as magnitudes e coloca-se como sinal do resultado o mesmo sinal dos números, isto é: bit 0, conforme item 2 do algoritmo.

```
+13  001101
+12  001100
-----------
+25  011001
```

Exemplo 7.21

Efetuar a soma de (−17) e (−9). Considerar a palavra de dados (tamanho dos registradores e da UAL) com 6 bits.

Solução

Trata-se de situação semelhante à do exemplo anterior, apenas com a diferença do valor do sinal.

Comparando-se os sinais verifica-se que ambos são iguais (bit 1 em ambos). Portanto, somam-se as magnitudes e coloca-se como sinal do resultado o mesmo sinal dos números, isto é: bit 1, conforme item 2 do algoritmo.

```
−17  110001
− 9  101001
-----------
−26  111010
```

Exemplo 7.22

Efetuar a soma de (+18) e (−11). Considerar a palavra de dados (tamanho dos registradores e da UAL) com 6 bits.

Solução

Comparando-se os sinais verifica-se que são diferentes e, portanto, recai-se no item 3 do algoritmo. A magnitude de maior valor é 18 (item 3a do algoritmo) e seu sinal é positivo (bit 0); subtrai-se 18 − 11 = 7 (item 3b); sinal do resultado será positivo (bit 0), porque é o sinal da maior magnitude (item 3c).

```
+18  010010
−11  101011
-----------
+ 7  000111
```

Exemplo 7.23

Somar (−21) e (+10). Considerar a palavra de dados (tamanho dos registradores e da UAL) com 6 bits.

Solução

Trata-se de caso semelhante ao do exercício anterior, apenas trocando-se o sinal que será atribuído ao resultado.

Comparando-se os sinais verifica-se que são diferentes e, portanto, recai-se no item 3 do algoritmo. A magnitude de maior valor é 21 (item 3a do algoritmo) e seu sinal é negativo (bit 1); subtrai-se 21 − 10 = 7 (item 3b); sinal do resultado será negativo (bit 1), porque é o sinal da maior magnitude (item 3c).

```
−21  110101
+10  001010
−11  101011
```

Exemplo 7.24

Somar (−21) e (+10). Considerar a palavra de dados (tamanho dos registradores e da UAL) com 16 bits.

Solução

Trata-se de operação exatamente igual à do exercício anterior. A única diferença, para o leitor compreender melhor a questão da quantidade de bits de cada valor, reside no fato de que, neste exemplo, a palavra é de 16 bits e não mais de 6 bits. O leitor deve observar os valores dos algarismos.

```
−21  1 000000000010101
+10  0 000000000001010
−11  1 000000000001011
```

Exemplo 7.25

Somar (−17) e (−19). Considerar a palavra de dados (tamanho dos registradores e da UAL) com 6 bits.

Neste exemplo iremos observar a ocorrência de um *overflow* ou estouro da capacidade dos registradores, visto que, tendo a palavra 6 bits, e considerando-se a expressão 7.1, da faixa de representação de valores em sinal e magnitude, identificamos como limites os valores −31 a +31. Como o resultado desta operação será igual a −36, este valor não poderá ser representado com 6 bits. Seria necessário que o sistema de computação possuísse palavra de, pelo menos, 7 bits, pois, neste caso, os limites passariam a ser de −63 a +63.

O estouro (*overflow*) é determinado quando ocorre a existência de um "vai 1" para o bit de sinal.

```
      1 011   ← "Vai um" para o bit de sinal indica que houve estouro (overflow)
−17  110001
−19  110011
     100100
```

Subtração (Minuendo − Subtraendo = Resultado)

O algoritmo para o caso de operação de subtração é praticamente igual ao caso da soma, exceto que se realiza um passo anterior: troca-se o sinal do subtraendo. Daí em diante segue-se exatamente o algoritmo indicado para a operação de soma.

1) Troca-se o sinal do subtraendo.
2) Procede-se como no algoritmo da soma.

Exemplo 7.26

Efetuar a subtração: (−18) − (+12). Considerar palavra de dados com 6 bits.

Solução

Seguindo o algoritmo mostrado, troca-se o sinal do subtraendo (o valor atual é +12 e passa a ser −12). Em binário teríamos o seguinte, com palavra de 6 bits:

+12 = 0 01100 e −12 = 1 01100

Em seguida, executa-se o algoritmo definido para a operação de soma, ou seja: comparam-se os sinais dos números, verificando-se que são iguais (ambos são negativos − bit 1). Neste caso, somam-se os números e mantém-se o mesmo sinal (bit 1) para o resultado encontrado.

```
−18  1 10010
−12  1 01100
------------
−30  1 11110
```

Exemplo 7.27

Efetuar a subtração: (−27) − (−14). Considerar palavra de dados com 6 bits.

Solução

Seguindo o algoritmo, troca-se o sinal do subtraendo (passa de −14 para +14) e executa-se o algoritmo definido para somas.

Com palavra de 6 bits teremos para o subtraendo:

−14 = 1 01110 e +14 = 0 01110

Executando-se o algoritmo definido para a operação de soma, teremos: comparam-se os sinais dos números, verificando-se que são diferentes (27 é negativo − bit 1 e 14 é positivo − bit 0). Neste caso, a operação a ser realizada é de subtração (item 3); subtrai-se 14 de 27 e o sinal do resultado será negativo − bit 1, que é o sinal do maior dos números.

```
−27  1 11011
+14  0 01110
------------
−13  1 01101
```

Exemplo 7.28

Efetuar a subtração: (+27) − (+31). Considerar palavra de dados com 6 bits.

Solução

Seguindo o algoritmo, troca-se o sinal do subtraendo (passa de +31 para −31) e executa-se o algoritmo definido para somas.

Com palavra de 6 bits teremos para o subtraendo:

+31 = 0 11111 e −31 = 1 11111

Executando-se o algoritmo definido para a operação de soma, teremos: comparam-se os sinais dos números, verificando-se que são diferentes (27 é positivo − bit 0 e 31 é negativo − bit 1). Neste caso, a operação a ser realizada é de subtração (item 3); subtrai-se 27 de 31 e o sinal do resultado será negativo − bit 1, que é o sinal do maior dos números.

```
+27   0 11011
-31   1 11111
-----------
 -4   1 00100
```

Observação: Na realidade a colocação das parcelas em uma operação de subtração usando-se papel seria iniciada, em cima, com o valor maior (no caso é 31), subtraindo-se do menor (27 neste exemplo), e não como está posicionado na figura, com o 27 na parte superior. Mantivemos apenas a ordem do enunciado do exemplo.

Exemplo 7.29

Efetuar a subtração: (+19) − (−25). Considerar palavra de dados com 6 bits.

Solução

Neste exemplo os valores escolhidos nos permitirão observar a ocorrência de *overflow* (estouro da capacidade dos registradores). Isto porque, com 6 bits, a faixa de representação de números é de −31 a +31 e o resultado da operação será −44, o que somente poderá ser representado com sinal se a palavra fosse, pelo menos, igual a 7 bits.

Seguindo o algoritmo, troca-se o sinal do subtraendo (passa de −25 para +25) e executa-se o algoritmo definido para somas.

Com palavra de 6 bits teremos para o subtraendo:

−25 = 1 11001 e +25 = 0 11001

Executando-se o algoritmo definido para a operação de soma, teremos: comparam-se os sinais dos números, verificando-se que são iguais (ambos têm bit 0, que indica valor positivo: +19 e o outro, +25). Neste caso, a operação a ser realizada será de soma e o sinal do resultado deverá ser bit 0 (positivo).

```
     1   11
+19  0  10011
+25  0  11001
-------------
+44     01100
```

– Ocorreu "vai um" para o bit de sinal e, por isso, o resultado está incorreto.

O problema encontrado pelos fabricantes de computadores na implementação da UAL que efetuasse operações aritméticas com valores representados em sinal e magnitude residiu, principalmente, em dois fatores: *custo* e *velocidade*.

Custo, devido à necessidade de construção de dois elementos diferentes, um para efetuar somas e outro para efetuar subtrações (dois componentes eletrônicos custam mais caro do que um), e *velocidade*, ocasionada pela perda de tempo gasto na manipulação dos sinais, de modo a determinar o tipo da operação e o sinal do resultado.

Além disso, há também a inconveniência da dupla representação para o zero, o que requer um circuito lógico específico para evitar erros de má interpretação. O sistema pode ser programado, por exemplo, para executar uma determinada ação se e somente se o resultado de uma operação aritmética for igual a zero. Para realizar essa verificação é feito um teste do sinal do resultado que, sendo −0, bit de sinal igual a 1, redundaria, erroneamente, na não execução da ação desejada.

Embora atualmente a construção de circuitos lógicos complexos seja bastante barata e, considerando também que é desprezível o custo de fabricação de um circuito lógico para efetuar uma operação de subtração em uma UAL, nenhum sistema moderno emprega aritmética em sinal e magnitude, a qual foi definitivamente substituída pela aritmética em complemento a 2 (no caso, é claro, de representação em ponto fixo), cuja descrição será efetuada a seguir.

7.5.1.2 Representação de Números Negativos em Complemento

Em face dos inconvenientes apresentados pela representação e aritmética em sinal e magnitude e das vantagens que, em contrapartida, a representação em complemento a 2 (C2) possui, os sistemas de computação empregam, de modo generalizado, aritmética de complemento a 2 em vez de sinal e magnitude.

Neste item, serão apresentados os conceitos e detalhes da aritmética tanto em complemento a 2 (C2) quanto em complemento a 1 (C1), embora este último não seja empregado nos sistemas atuais.

A comparação entre os três modos de representação e aritmética para números em ponto fixo indica vantagens de C2 e C1 sobre sinal e magnitude e mais vantagens ainda na aritmética e representação de C2 sobre C1. A Tabela 7.1 mostra um resumo comparativo entre as três modalidades de representação para ponto fixo.

Tabela 7.1 Quadro Comparativo entre as Modalidades de Representação em Ponto Fixo

Tipo de representação	Dupla representação para o zero	Custo	Velocidade
Sinal e magnitude	SIM (desvantagem)	Alto (componentes separados para soma e subtração)	Baixa (algoritmo de verif. sinais, soma e subtração)
Complemento a 1	SIM (desvantagem)	Baixo (um componente único para soma e subtração)	Média (operação mais demorada que em C2)
Complemento a 2	NÃO (vantagem)	Baixo (um componente único para soma e subtração)	Alta (algoritmo simples e igual para soma e subtração)

O conceito matemático de complemento é válido para qualquer base de numeração (B). Há dois tipos de complemento: *complemento à base (Compl. a B)* e *complemento à base menos um (Compl. a B − 1).*

Substituindo B pelo valor de uma determinada base, podemos ter, por exemplo:

- complemento a 10 e complemento a 9 (se a base B = 10);
- complemento a 2 e complemento a 1 (se a base B = 2);
- complemento a 16 e complemento a 15 (se a base B = 16 ou hexadecimal), e assim por diante.

Complemento à Base

Em matemática, o termo *complemento* significa a quantidade que falta para "completar" um valor, torná-lo completo.

Por exemplo, o complemento de um ângulo agudo é o valor de graus que precisa ser adicionado ao ângulo para se obter 90°, considerando-se, nesse caso, que um ângulo de 90° é completo.

Em operações aritméticas, o complemento à base de um número N é o valor necessário para se obter B^n, ou seja:

complemento à base de N = $B^n - N$, onde
n = quantidade de algarismos utilizados na operação; e
N = valor do número.

Considera-se, então, que B^n é o valor completo de um conjunto de números com *n* algarismos e, por isso, o complemento de cada um é o resultado da subtração de N por esse valor (é o que falta a N para completar o valor B^n). A Fig. 7.10 mostra alguns exemplos de complemento à base. Todos os exemplos consideram que os números a serem obtidos do complemento são números com cinco algarismos e, por isso, n = 5 (para simplicidade, não representamos os valores originais com 5 algarismos, mas com 2 algarismos em cada número, pois os que faltam para completar 5 são zeros e estão implicitamente colocados à esquerda do algarismo mais significativo de cada número).

Tabela 7.2 Correspondência entre Valores Decimais e nas Representações em Ponto Fixo

Decimal	Sinal e magnitude	Complemento a 1	Complemento a 2	Decimal	Sinal e magnitude	Complemento a 1	Complemento a 2
−16	—	—	10000	+0	00000	00000	00000
−15	11111	10000	10001	+1	00001	00001	00001
−14	11110	10001	10010	+2	00010	00010	00010
−13	11101	10010	10011	+3	00011	00011	00011
−12	11100	10011	10100	+4	00100	00100	00100
−11	11011	10100	10101	+5	00101	00101	00101
−10	11010	10101	10110	+6	00110	00110	00110
−9	11001	10110	10111	+7	00111	00111	00111
−8	11000	10111	11000	+8	01000	01000	01000
−7	10111	11000	11001	+9	01001	01001	01001
−6	10110	11001	11010	+10	01010	01010	01010
−5	10101	11010	11011	+11	01011	01011	01011
−4	10100	11011	11100	+12	01100	01100	01100
−3	10011	11100	11101	+13	01101	01101	01101
−2	10010	11101	11110	+14	01110	01110	01110
−1	10001	11110	11111	+15	01111	01111	01111
−0	10000	11111	—				

Na base 10:	$N = 763_{10}$	$C10 \text{ de } N = 10^5 - N = 100\,000_{10} - 763_{10} = 99\,237_{10}$
Na base 8:	$N = 254_8$	$C8 \text{ de } N = 8^5 - N = 100\,000_8 - 254_8 = 77\,524_8$
Na base 2:	$N = 110_2$	$C2 \text{ de } N = 2^5 - N = 100\,000_2 - 110 = 1\,1\,0\,1\,0_2$

Figura 7.10 Exemplos de valores representados em complemento à base.

Na prática, a obtenção mais rápida do valor do complemento à base de um número é realizada através da seguinte operação, em duas etapas:

a) Subtrair cada algarismo do maior algarismo da base considerada (9 na base 10, 1 na base 2 etc.).

b) Ao resultado encontrado somar 1 ao algarismo menos significativo (o mais à direita).

Os complementos dos números utilizados como exemplos na Fig. 7.10 podem ser calculados por esse método, assim:

$N = 763_{10}$ $\quad$ $C10 \text{ de } N = 99\,999 - 763 = 99\,236_{10} + 1 = 99\,237_{10}$

$N = 254_8$ $\quad$ $C8 \text{ de } N = 77\,777 - 254 = 77\,523_8 + 1 = 77\,254_8$

$N = 110_2$ $\quad$ $C2 \text{ de } N = 11\,111 - 110 = 11001 + 1 = 11010_2$

A primeira etapa desse método consiste na operação de obtenção do complemento à base −1, descrito no item Complemento à Base menos 1.

Quando se trata de valores na base 2 (números binários), pode-se executar a primeira etapa da obtenção do complemento a 2 de um número através de um outro método ainda mais rápido que o anterior:

- em vez de se subtrair cada algarismo do número do maior algarismo da base (no caso da base 2, trata-se de subtrair de 1), simplesmente inverte-se o valor de cada algarismo, isto é, se o algarismo é 0, passa a ser 1, e se for 1, passa a ser 0. A segunda etapa (somar 1 ao resultado) permanece a mesma.

A Fig. 7.11 mostra alguns exemplos desse método (todos os números estão representados na base 2).

N = 0 0 1 1 0 C2 de n = 1 1 0 0 1 + 1 = 1 1 0 1 0

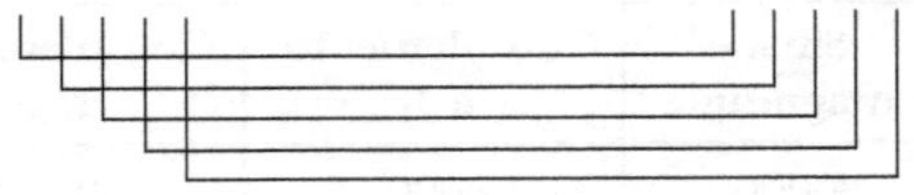

N = 1 1 0 0 1 1 C2 de N = 0 0 1 1 0 0 + 1 = 0 0 1 1 0 1

N = 0 0 0 0 0 1 C2 de N = 1 1 1 1 1 0 + 1 = 1 1 1 1 1 1

N = 0 0 0 0 C2 de N = 1 1 1 1 + 1 = 0 0 0 0 (o quinto à esquerda é desprezado e, assim, somente há uma representação para o zero em C2)

Figura 7.11 Método rápido de obtenção de complemento de um número.

Como o que interessa neste texto é o trabalho interno nos computadores e esses são elementos binários, detalhes da representação e de operações aritméticas em complemento a 2 são mais importantes que complemento à base em geral.

Pode-se dizer, sem risco de erro, que a quase totalidade dos computadores atuais utilizam aritmética de complemento a 2 (quando se trata de representação em ponto fixo), devido às duas grandes vantagens daquele método sobre sinal e magnitude, e mesmo sobre complemento a 1 conforme apresentado na Tabela 7.1:

- possuir uma única representação para o zero;
- necessitar de apenas um circuito somador para realizar, não só operações de soma, mas também operações de subtração (mais barato).

Conforme já pudemos observar no último exemplo da Fig. 7.11, a obtenção do complemento a 2 do valor 0 redunda no mesmo valor 0 sem troca de sinal; não há, portanto, duas representações para o zero, como acontece na representação em sinal e magnitude e complemento a 1.

Seja, por exemplo, um computador com palavra de 6 bits, isto é, com registradores e UAL com capacidade para armazenar números de 6 bits. Nesse caso, representa-se o valor zero como:

000000 o primeiro 0 indica o sinal do número.

Para calcular o complemento a 2 desse número, vamos usar o método rápido (da Fig. 7.11), ou seja: troca-se o valor de todos os bits, inclusive o bit de sinal, e adiciona-se 1 ao resultado. Assim, teremos:

000000 → 111111 + 1 = 000000

O "vai 1" para a 7.ª ordem (à esquerda) é desprezado, porque consideramos o limite de 6 bits para o registrador. O valor final é igual ao inicial — uma única representação para o 0.

Isso acarreta uma assimetria na quantidade de números que podem ser representados em complemento a 2, permitindo que se tenha a representação de um número negativo a mais do que os números positivos. No caso exemplificado (com um registrador de 6 bits), teremos:

2^6 valores representáveis = 64 números binários.

Desses 64 números, 32 iniciam com 0 e 32 iniciam por 1. Os 32 números, cujo primeiro bit à esquerda é 0, representam 31 valores positivos (de +1 a +31) e o zero (000000), enquanto os 32 números com o primeiro bit à esquerda igual a 1 representam 32 valores negativos (−1 a −32).

Este número negativo a mais em relação aos números positivos decorre do fato de não haver representação de zero negativo; conseqüentemente este valor não tem um correspondente (com a mesma quantidade limite de bits da palavra, é claro) positivo. No exemplo anterior, o número −32 não tem correspondente positivo (+32).

Pode-se generalizar para qualquer quantidade de bits nos registradores, definindo a faixa de representação de números em complemento a 2 (ver Tabela 7.2):

$$-2^{n-1} \quad a \quad +(2^{n-1} - 1) \tag{7.2}$$

Utilizando-se, por exemplo, um registrador de 6 bits, teremos n = 6 e n − 1 = 5; a faixa de representação será:

$-2^{6-1=5}$	a	$+(2^{6-1=5} - 1)$
de −32	a	+31

(+32 não possui representação para essa quantidade de bits).

É importante, neste ponto, mencionarmos que complementar um número positivo significa torná-lo negativo, como por exemplo passar +13 para o valor −13. Isto é o mesmo que dizer: complementar +13, pois acarretará no valor −13. Da mesma forma, podemos voltar ao valor positivo, a partir de −13, complementando do mesmo modo o valor −13, o que redundará no valor +13.

De um modo geral, então, complementar N significa obter −N.

Esta observação é importante para entendermos a aritmética em complemento, bem como a representação de números naquela forma (de complemento).

Aritmética com Complemento

Na aritmética (e na representação de números) com complemento, o sentido de negatividade do número não é dado por um símbolo que indica o sinal e é acrescentado ao número, mas que não é incluído na operação aritmética propriamente dita, como na representação em sinal e magnitude (símbolo + ou 0 e − ou 1). Em complemento a 2 (ou mesmo a 1), a negatividade é incorporada ao próprio número e, nesse caso, nas operações de soma e subtração, é usado o número completo (sem se dispensar o algarismo do sinal).

O ponto fundamental (diferença entre a aritmética de S&M e de C2) é que o complemento de um número N também representa a sua forma com o sinal inverso. Ou seja:

complemento de N = −N e complemento de − N = N

Em conseqüência, podemos estabelecer as seguintes conclusões:

1) A operação N1 + N2 é efetuada como uma soma comum, algarismo por algarismo (inclusive o algarismo de sinal para a aritmética binária). Os números negativos devem estar previamente representados em complemento à base.

2) A operação N1 − N2 = N1 + compl. à base de N2 ou N1 + $\overline{N}2$
   - o traço horizontal sobre N2 significa que se trata da representação do complemento de N2;
   - a operação de soma se realiza de modo igual ao especificado no item 1.

Assim, ambas as operações, de adição e de subtração, são realizadas através do processo de soma, bastando pois um único componente somador na UAL, senão vejamos:

Operação soma: A + B = A + B (não interessa o sinal de A ou de B)

Operação de subtração: A − B = A + (−B) ou A + compl. de B ou ainda A + $\overline{B}$

Podemos demonstrar (e para isso utilizaremos como exemplos a aritmética decimal — mais bem entendida por nós) que operações aritméticas de soma e subtração podem ser efetuadas apenas empregando-se somas entre os números, desde, é claro, que esses estejam representados em complemento e que se utilize a aritmética de complemento.

Para simplificar, consideremos números decimais expressos com quatro algarismos para:

Exemplo 7.30

Somar (+15) e (−12). Os números em C10 terão quatro algarismos.

Solução

Efetuamos primeiramente a soma algébrica dos valores de modo a percebermos a exatidão dos resultados.

• soma algébrica: (+15) + (−12), que é equivalente a (+15) − (+12) = +3

Vamos agora executar a operação utilizando aritmética de complemento, sendo no caso complemento a 10 (complemento à base 10, pois os números estão representados na base 10).

• em C10: +15 = 0015 e −12 = 9988 (em ambos os casos desaparece o sinal)

−12 = 9988 porque teremos (9999 − 0012) + 1 = 9987 + 1 = 9988 (ver o item complemento à base)

Somando em C10, efetua-se a operação algarismo por algarismo. Operações aritméticas em complemento não usam sinal, o qual está incorporado ao número (algarismo mais significativo — mais à esquerda), e este algarismo também faz parte da operação como se o número estivesse sem sinal. Se ocorrer "vai 1" na soma dos dois algarismos mais significativos, ele será desprezado.

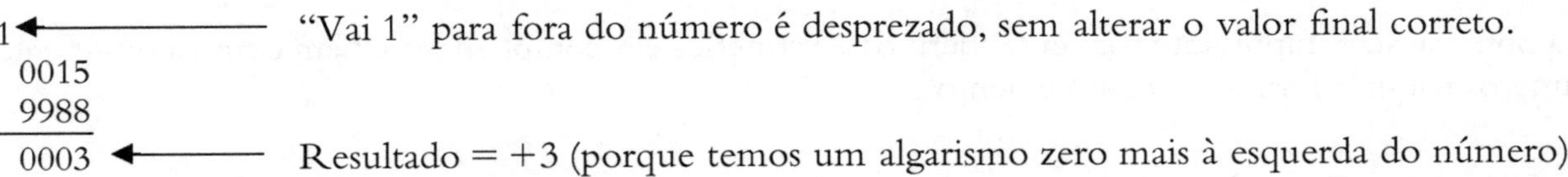

Exemplo 7.31

Subtrair (+12) de (+19). Os números em C10 terão quatro algarismos.

• subtração algébrica: (+19) − (+12), que é equivalente a (+19) + (−12) = +7

O que fizemos foi transformar a operação de subtração em uma operação equivalente de soma, passamos +12 para −12 (complementamos +12 encontrando o valor oposto em sinal). Se trocamos o sinal do subtraendo, teremos que trocar o sinal da operação, que passará de subtração para soma. Deste modo o resultado se mantém igual e a verdadeira operação a ser realizada será de soma e não de subtração.

• N1 − N2 = N1 + compl. de N2   Como N2 = +12, então compl. de N2 = −12

• em C10: +19 = 0019   e   −12 = 9988 (como no exercício anterior)

```
1 ←——— "Vai 1" desprezado.
 0019
 9988
 ————
 0007 ←——— Resultado = +7 (por causa do algarismo 0 mais à esquerda)
```

Exemplo 7.32

Somar (−15) e (−12). Os números em C10 terão quatro algarismos.

• soma algébrica: (−15) + (−12) = −15 − 12 = (−27)

• em C10: −15 = 9999 − 15 = 9984 + 1 = 9985 e −12 = 9988 (como no exercício anterior)

```
1 ←——— "Vai 1" desprezado.
 9985
 9988
 ————
 9973 ←——— Resultado, representado em C10 (pois tem um algarismo 9 na posição mais à esquerda)
```

Para sabermos qual é este valor em decimal teremos que complementar este resultado, ou seja, retornar a representação de S/M.

9999 − 9973 = 26 + 1 = −27

O resultado é, então, −27.

A característica do processo de realização de operações aritméticas em complemento reside no fato de que se trata de operações realizadas sem sinal, ou seja, como se os números não possuíssem sinal e, por essa razão, não se passa pelas etapas de comparação de sinais, decisão se a operação é de soma ou subtração etc., conforme aconteceria se a operação fosse realizada com os números representados em sinal e magnitude (S/M). Apesar da simplificação das etapas com o método de complemento, as operações são naturalmente mais complicadas para o ser humano do que a nossa corriqueira aritmética com sinal.

No entanto, para os processadores, sendo máquinas, essas complicações não existem e, como o que se deseja é um método mais rápido, a aritmética de complemento (e mais especificamente a de complemento a dois) é muito mais competitiva em termos de velocidade e custo do que a de S/M, razão de sua adoção completa pelos fabricantes de processadores.

Aritmética em Complemento a 2

A aritmética em complemento a 2 requer apenas um componente (somador) para somar dois números e um componente que realize a operação de complementação. O algoritmo básico refere-se, então, à soma dos números, considerando-se que os números negativos estejam representados em complemento a 2; ele acusa, também, se o resultado ultrapassar a quantidade de bits representáveis na UAL (e registradores), *overflow*, conforme já mostrado anteriormente (ver subitem 7.5.2).

Algoritmo da operação de adição em complemento a 2

a) Somar os dois números, bit a bit, inclusive o bit de sinal.

b) Desprezar o último "vai 1" (para fora do número), se houver.

c) Se, simultaneamente, ocorrer "vai 1" para o bit de sinal e "vai 1" para fora do número, ou se ambos não ocorrerem, o resultado está correto.

d) Se ocorrer apenas um dos dois "vai 1" (ou para o bit de sinal ou para fora), o resultado está incorreto. Ocorreu um *overflow*.

Pode-se resumir a condição de ocorrência de *overflow* na operação aritmética realizada para:

"ambos os números possuem mesmo sinal e o resultado tem sinal oposto ao dos números".

Caso os números possuam sinais diferentes não ocorrerá *overflow*.

Algoritmo da operação de subtração em complemento a 2

a) Complementar a 2 o subtraendo, independentemente se é um valor positivo ou negativo.

b) Somar ambos os números, utilizando o algoritmo da adição já mostrado antes.

Vamos considerar as quatro possibilidades indicadas nos algoritmos, de modo a confirmarmos sua correção. Elas são:

1) Ocorrência de "vai 1" para o bit de sinal e para fora do resultado.

2) Não ocorrência de nenhum "vai 1", nem para o bit de sinal nem para fora do número.

3) Ocorrência de "vai 1" para o bit de sinal mas não ocorre "vai 1" para fora do número.

4) Não ocorrência de "vai 1" para o bit de sinal mas ocorre "vai 1" para fora do número.

Nos exemplos a seguir (7.33 a 7.36) todos os números já estão representados em C2. Cada exemplo corresponde a uma das possibilidades relacionadas anteriormente.

Antes de apresentar os exemplos mencionados, vamos realizar alguns exercícios de conversão e representação de valores em complemento a 2, de modo a familiarizar o leitor com essa metodologia diferente da sua habitual — sinal e magnitude.

Para representar valores em complemento a 2 (na verdade, em qualquer forma de representação), é preciso definir previamente qual será a largura do número, ou seja, qual será a quantidade de algarismos a ser utilizada, pois, conforme já mencionamos anteriormente, a máquina possui seus limites físicos. Normalmente, a quantidade de algarismos a ser utilizada é de 16, 32 ou 64 bits para valores em ponto fixo (no caso, em complemento a dois), estabelecida inicialmente na declaração da variável adotada pela linguagem de programação.

Vamos considerar nos exemplos a seguir, um valor de 16 bits para que se possa visualizar melhor as diferenças entre SM e C2 sem sobrecarregar o texto com muitos bits; no Exemplo 7.36 será utilizada uma largura maior, de 32 bits, como ocorre efetivamente nos processadores.

Serão mostradas duas maneiras diferentes de obter os valores binários em complemento e seus correspondentes decimais, uma, que já estava sendo usada neste capítulo, de passar de decimal para S/M e daí para C2 e vice-versa, e a outra usando uma tabela de valores, mostrada em [STAL06].

Exemplo 7.33

Converter o valor decimal + 75 em C2, com largura de 16 bits.

Solução

1) Passar o valor para binário, com 7 bits e depois para S/M, acrescentando o bit de sinal (0 por ser positivo). A representação de C2 do número é a mesma por se tratar de número positivo.

   75 → 1 0 0 1 0 1 1
   \+ 75 → 0 0 0 0 0 0 0 0 0 1 0 0 1 0 1 1
   ↑ (primeiro bit) —— Bit de sinal

2) Também não há cálculo diferente no segundo método por ser valor positivo.

Exemplo 7.34

Converter o valor decimal − 119 para C2, com largura de 8 bits

Solução

1) Passar o valor para binário, com 7 bits e depois para S/M, acrescentando o bit de sinal (1 por ser negativo). Em seguida, converter a magnitude, trocando todos os bits de valor (0 para 1 e 1 para 0), mantendo-se o bit 1 de sinal.

   119 → 1 1 1 0 1 1 1

   Em SM: −119 → 1 0 0 0 0 0 0 0 0 1 1 1 0 1 1 1

   Em C2: mantém-se o bit de sinal e troca-se (complementa-se) todos os valores dos bits da magnitude. Em seguida, soma-se 1 ao resultado.

   Magnitude: 1 1 1 1 1 1 1 1 0 0 0 1 0 0 0 + 1 = 1 1 1 1 1 1 1 1 0 0 0 1 0 0 1

   Número completo em C2 → 1 1 1 1 1 1 1 1 1 0 0 0 1 0 0 1

2) Usando a tabela de valores mostrada em [STAL06].

   O processo consiste em:

   – criar uma "caixa" com n posições, sendo **n** a quantidade de algarismos usada;
   – a posição mais à direita (algarismo menos significativo) corresponde ao valor 1, que corresponde à potência 0 da base 2 ou $2^0 = 1$;
   – as posições seguintes (para a esquerda) correspondem às potências 2, 3 etc. ou $4 = 2^2$; $8 = 2^3$ etc.;
   – quando se inserir um bit 1 em uma posição, o valor da potência servirá para a adição;
   – na última posição, o valor da potência é tornado negativo e corresponde ao sinal;

- o valor decimal desejado é obtido da soma algébrica desse valor negativo (maior potência de 2) com os demais valores lançados (todos positivos).

32 768	16 384	8 192	4 096	2 048	1 024	512	256	128	64	32	16	8	4	2	1
1	1	1	1	1	1	1	1	1	0	0	0	1	0	0	1

−32 768 + 32 649 = −119

32 649 = soma de todas as potências de 2 que tem o algarismo 1 inserido ou:

16 384 + 8 192 + 4 096 + 2 048 + 1 024 + 512 + 256 + 128 + 8 + 1 = 32 649

Exemplo 7.35

Qual é o valor decimal correspondente ao binário 1 1 1 1 0 0 1 1 0 1 1 1 0 0 0 1, representado em C2?

Solução

1) O valor é negativo, pois o bit mais significativo (mais à esquerda) é igual a 1. Separa-se o bit de sinal e passa-se a magnitude para S/M, trocando-se todos os bits e somando 1 ao resultado.

   Assim, a magnitude 1 1 1 0 0 1 1 0 1 1 1 0 0 0 1 é convertida para 0 0 0 1 1 0 0 1 0 0 0 1 1 1 0 + 1 = 0 0 0 1 1 0 0 1 0 0 0 1 1 1 1.

   Convertendo este valor para decimal (ver Cap. 3) encontra-se:

   $1 \times 2^{11} + 1 \times 2^{10} + 1 \times 2^{7} + 1 \times 2^{3} + 1 \times 2^{2} + 1 \times 2^{1} + 1 \times 2^{0} = 2048 + 1024 + 128 + 8 + 4 + 2 + 1 = 3215$

   O número é −3215 (negativo pelo bit de sinal 1).

2) Pelo método da tabela de valores teremos:

32 768	16 384	8 192	4 096	2 048	1 024	512	256	128	64	32	16	8	4	2	1
1	1	1	1	0	0	1	1	0	1	1	1	0	0	0	1

   −32 768 somado ao valor da soma das potências de 2 onde há bit 1.

   Soma das potências de 2 ativadas: 16 384 + 8192 + 4096 + 512 + 256 + 64 + 32 + 16 + 1 = 29 553
   −32 768 + 29 553 = −3215

Exemplo 7.36

Converter o valor decimal −297 para a representação em C2 com largura de 32 bits.

Solução

1) Passar o valor para binário, com 31 bits e depois para S/M, acrescentando o bit de sinal (1 por ser negativo). Em seguida, converter a magnitude, trocando todos os bits de valor (0 para 1 e 1 para 0), mantendo-se o bit 1 de sinal.

   297 = 1 0 0 1 0 1 0 0 1 e com 31 bits → 0 0 0 0 0 0 0 0 0 0 0 0 0 0 0 0 0 0 0 0 0 0 1 0 0 1 0 1 0 0 1

   Em SM: − 297 → 1 0 0 0 0 0 0 0 0 0 0 0 0 0 0 0 0 0 0 0 0 0 0 1 0 0 1 0 1 0 0 1

   Em C2: mantém-se o bit de sinal e troca-se (complementa-se) todos os valores dos bits da magnitude.

   Em seguida, soma-se 1 ao resultado.

Magnitude: + 1 = 1 1 1 1 1 1 1 1 1 1 1 1 1 1 1 1 1 1 1 1 1 1 0 1 1 0 1 0 1 1 0 + 1 =
1 1 1 1 1 1 1 1 1 1 1 1 1 1 1 1 1 1 1 1 1 1 1 0 1 1 0 1 0 1 1 1
Número completo em C2 → 1 1 1 1 1 1 1 1 1 1 1 1 1 1 1 1 1 1 1 1 1 1 1 0 1 1 0 1 0 1 1 1

2) Usando a tabela de valores (vamos separar em quatro partes)

2.147.483.648	1.073.741.824	536.770.912
1	1	1

268.435.456	134.217.728	67.108.864	33.554.432	16.777.216	8.388.608	4.194.304
1	1	1	1	1	1	1

2.097.152	1.048.576	524.288	262.144	131.072	65.536
1	1	1	1	1	1

32.768	16.384	8.192	4.096	2.048	1.024	512	256	128	64	32	16	8	4	2	1
1	1	1	1	1	1	1	0	1	1	0	1	0	1	1	1

Teremos:

− 2.147.483.648 + 2.147.483.351 = − 297

2.147.483.351 = 1.073.741.824 + 536.870.912 + ... + 1024 + 512 + 0 + 128 + 64 + 0 + 16 + 0 + 4 + 2 + 1.

Exemplo 7.37

Primeira possibilidade: ocorre "vai 1" para o bit de sinal e "vai 1" para fora do número resultante.

Somar 1100 e 1101.

Solução

Os números são negativos e estão representados em C2. Para sabermos seu valor decimal precisamos convertê-los para a representação em sinal e magnitude (S/M). Neste caso, teremos que trocar o valor dos bits da magnitude e somar 1 ao resultado, ou seja:

1011 + 1 = 1100 valor em S/M (por pura coincidência, o número apresenta os mesmos bits)

Como o bit mais significativo é 1, o número decimal é negativo.

A magnitude é 100 em binário, o que, em decimal, significa valor 4. O número 1100 é equivalente a decimal − 4.

De modo idêntico converte-se 1101 para S/M e tem-se: 1101 em C2 = 1011 em S/M. E 1011 em S/M = decimal − 3.

```
  11 ←——————  "Vai 1" para fora do número é desprezado.
  1100        −4
+ 1101        −3
  ————
  1001 ←————  O resultado está correto porque houve "vai 1" para o bit de sinal e
              "vai 1" para fora do número.
```

O resultado, 1001, é um valor negativo representado em C2. Passamos para S/M, o que redunda em 1111 (mantido o bit de sinal, trocam-se os valores dos bits da magnitude e soma-se 1 ao resultado). Este valor, 1111 em S/M, representa, em decimal, o valor: −7, o que garante a correção do resultado, pois (−3) + (−4) = (−7).

Adotando-se o método de tabela de valores, para conferir, temos:

8	4	2	1
−8	0	0	1

−8 + 1 = −7

Conferindo o mesmo valor, −7.

Exemplo 7.38

Segunda possibilidade: não ocorre "vai 1" para o bit de sinal nem ocorre "vai 1" para fora do número resultante.

Somar 0001 e 0101.

Solução

Os números são positivos e, portanto, sua representação é de S/M. Seu valor em decimal será:

0001 = +1 e 0101 = +5

```
  ←——————      Não há nenhum "vai 1".
  0001         +1
+ 0101         +5
  ————
  0110 ←————   O resultado está correto porque não houve "vai 1" para o bit de sinal nem
               "vai 1" para fora do número.
```

O resultado 0110 é um valor positivo e, neste caso, seu valor decimal é obtido da simples conversão de sua magnitude de base 2 para base 10, o que redunda no decimal +6. Este valor garante a correção do resultado, pois (+1) + (+5) = (+6).

Exemplo 7.39

Terceira possibilidade: ocorre "vai 1" para o bit de sinal, mas não ocorre "vai 1" para fora do número resultante.

Somar 0101 e 0110.

Solução

Os números são positivos e, portanto, sua representação é de S/M. Seu valor em decimal será:

0101 = +5 e 0110 = +6

```
   1←———— Há "vai 1" para o bit de sinal, mas não há "vai 1" para fora do número.
  0101      +5
+ 0110      +6
  ————
  1011←———— O resultado está incorreto porque houve "vai 1" para o bit de sinal, mas
            não para fora do número.
```

Também podemos verificar a incorreção do resultado ao constatar que dois valores positivos somados não podem redundar em um valor negativo (bit de sinal mais à esquerda é 1).

Esta incorreção decorre do excesso ao limite de representação de números, utilizando-se apenas 4 bits. Neste caso, a faixa permitida é de (−7 a +7), pois sendo n = 4 (quantidade de algarismos) teremos (ver expressão 7.2):

-2^{n-1} até $+(2^{n-1}-1)$, ou seja, $-2^{4-1} = -8$ até $+2^{4-1} - 1 = +7$

Ora, como o resultado de (+5) + (+6) = (+11) e a faixa limite de positivos é +7, o resultado deveria ser mesmo incorreto. Para que o resultado desse certo seria necessário que a palavra fosse igual a, pelo menos, 5 bits, cuja faixa de representação passaria a ser em decimal de −16 até +15.

Exemplo 7.40

Quarta possibilidade: não ocorre "vai 1" para o bit de sinal, mas ocorre "vai 1" para fora do número resultante.

Somar 1010 e 1101.

Solução

Os números são negativos e estão representados em C2. Para sabermos seu valor decimal precisamos convertê-los para a representação em sinal e magnitude (S/M). Neste caso, teremos que trocar o valor dos bits da magnitude e somar 1 ao resultado, ou seja:

1101 + 1 = 1110 valor em S/M

Como o bit mais significativo é 1, o número decimal é negativo.

A magnitude é 110 em binário, o que, em decimal, significa valor 6. O número 1010 é equivalente a decimal −6.

De modo idêntico converte-se 1101 para S/M e tem-se: 1101 em C2 = 1011 em S/M. E 1011 em S/M = decimal −3.

```
            Não há "vai 1" para o bit de sinal, mas há "vai 1" para fora do número.
  1←————    Este "vai 1" é desprezado.
  1010      −6
+ 1101      −3
  ————
  0111←———— O resultado está incorreto porque não houve "vai 1" para o bit de sinal, mas
            houve para fora do número.
```

Também podemos verificar a incorreção do resultado ao constatar que dois valores negativos somados não podem redundar em um valor positivo (bit de sinal mais à esquerda é 0).

Esta incorreção decorre do excesso ao limite de representação de números, utilizando-se apenas 4 bits. Neste caso, a faixa permitida é de (−7 a +7), pois sendo n = 4 (quantidade de algarismos) teremos (expressão 7.2):

-2^{n-1} até $+(2^{n-1}-1)$, ou seja, $-2^{4-1} = -8$ até $+2^{4-1} - 1 = +7$

Ora, como o resultado de (−6) + (−3) = (−9) e a faixa limite de negativos é −8, o resultado deveria ser mesmo incorreto. Para que o resultado desse certo seria necessário que a palavra fosse igual a, pelo menos, 5 bits, cuja faixa de representação passaria a ser em decimal de −16 até +15.

Observe-se um fato interessante: quando se trata de realizar uma operação aritmética e esta é de subtração, complementa-se o subtraendo, isto é, se o valor é A passa a ser −A, seja A um valor positivo (por exemplo, +6, que se tornaria −6) ou um valor negativo (por exemplo, −6, que passaria a ser +6). Em binário, todos os bits do número, inclusive o de sinal, serão invertidos e soma-se 1 ao resultado.

No entanto, quando o resultado de uma operação é um valor negativo, representado naturalmente em C2 e deseja-se saber seu valor decimal, precisa-se converter o valor de C2 para S/M e, assim, trocam-se também todos os bits da magnitude e soma-se 1 ao resultado. Neste caso, como se viu, trocam-se os bits apenas da magnitude, mantendo-se o bit 1 de sinal invariável. Isto é claro, visto que não se está complementando o número e sim apenas obtendo outra representação (de C2 para S/M) do mesmo número negativo. Se trocássemos o valor do bit de sinal, o número passaria a ser positivo.

Vamos consolidar o entendimento dessa aritmética simples em complemento a 2 através de novos exemplos, tendo sempre em mente que:

a) As operações de soma são normalmente realizadas como soma.

b) As operações de subtração são realizadas como soma de complemento (minuendo mais o complemento do subtraendo).

c) Se o resultado encontrado é um valor positivo, então o valor decimal correspondente da magnitude é obtido por pura conversão de base 2 para base 10.

d) Se o resultado encontrado é um valor negativo, deve-se primeiro converter esse valor para representação de sinal e magnitude (consistirá em trocar o valor dos bits da magnitude e somar 1 ao resultado) e, em seguida, converter a magnitude de base 2 para base 10.

Exemplo 7.41

Efetuar a adição dos seguintes números: (+13) e (+15). Considerar palavra de 6 bits.

Solução

+13 = 0 01101 e +15 = 0 01111

Efetuando a operação algébrica, temos: (+13) + (+15) = (+28). Como a faixa de representação de valores em C2, com palavra de 6 bits, é de −32 até +31 (já vimos isso nos exercícios anteriores e expressão 7.2), a operação deverá indicar um resultado correto.

```
  001111 ◄──── Não houve "vai 1" para o bit de sinal nem para fora do número.
  001101
+ 001111
  ──────
  011100 ◄──── Resultado correto, porque não houve "vai 1" nem para bit de sinal
               nem para fora do número.
```

Resultado positivo (bit de sinal = 0) e magnitude = 11100 = decimal 28. Ou seja: +28.

Exemplo 7.42

Efetuar a adição dos seguintes números: (+23) e (+20). Considerar palavra de 6 bits.

Solução

+23 = 0 10111 e +20 = 0 10100

Efetuando a operação algébrica, temos: (+23) + (+20) = (+43). Como a faixa de representação de valores em C2, com palavra de 6 bits, é de −32 até +31 (expressão 7.2), a operação deverá indicar um resultado incorreto (*overflow*) visto que +43 é maior que o limite positivo (+31) com 6 bits de palavra.

```
  011100 ←——— Houve "vai 1" para o bit de sinal, mas não houve para fora do número.
  010111
+ 010100 ←——— Resultado incorreto, porque houve "1" para bit de sinal e não
              para fora do número. Além disso, dois valores positivos (bit ϕ de sinal)
              resultaram em um valor com sinal oposto (bit 1 de sinal).
```

Resultado incorreto: *overflow*.

Exemplo 7.43

Efetuar a adição dos seguintes números: (+15) e (−13). Considerar palavra de 6 bits.

Solução

+15 = 0 01111 e −13 em S/M = 1 01101 e em C2 = 1 10010 + 1 = 1 10011

Efetuando a operação algébrica, temos: (+15) + (−13) = (+2). Como a faixa de representação de valores em C2, com palavra de 6 bits, é de −32 até +31 (expressão 7.2), a operação deverá indicar um resultado correto.

A operação é realizada com a adição em binário de +5 com −13 representado em C2, pois o algoritmo para a aritmética em C2 somente é válido se os valores negativos estiverem previamente representados em C2, independentemente do fato de que venha o número a ser complementado ou não.

```
  111111 ←——— Houve "vai 1" para o bit de sinal e para fora do número; este é desprezado.
  001111
+ 110011
  ------
  000010 ←——— Resultado correto, porque houve "vai 1" para bit de sinal e para fora do número.
```

Resultado positivo (bit de sinal = 0) e magnitude = 00010 = decimal. Ou seja: +2.

Exemplo 7.44

Efetuar a subtração: (+20) − (+17). Considerar palavra de 6 bits.

Solução

+20 = 0 10100 e +17 = 0 10001

Efetuando a operação algébrica, temos: (+20) − (+17) = (+20) + (−17) = +3. Observamos, então, que foi usado o conceito de substituição da operação de subtração por soma de complemento. −17 é o complemento de +17. Como a faixa de representação de valores em C2, com palavra de 6 bits, é de −32 até +31 (expressão 7.2), a operação deverá indicar um resultado correto, pois o resultado será +3.

Para realizar a operação complementa-se o valor 010001 (+17) e, nesse caso, trocam-se todos os bits (inclusive o de sinal) e soma-se 1 ao resultado, obtendo-se o equivalente, em binário, ao número −17. Este complemento fica assim:

C2 de 010001 = 101110 + 1 = 101111

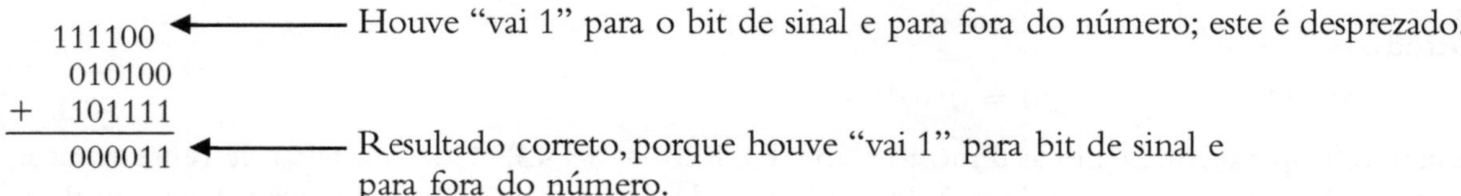

Resultado positivo (bit de sinal = 0) e magnitude = 00011 = decimal 3. Ou seja: +3.

Exemplo 7.45

Efetuar a subtração: (−24) − (−15). Considerar palavra de 6 bits.

Solução

−24 em S/M = 1 11000 e em C2 = 1 00111 + 1 = 1 01000 −15 em S/M = 1 01111 e em C2 = 1 10000 + 1 = 1 10001

Efetuando a operação algébrica, temos: (−24) − (−15) = (−24) + (+15) = −9. Observamos, então, que foi usado o conceito de substituição da operação de subtração por soma de complemento, sendo +15 o complemento de −15. Como a faixa de representação de valores em C2, com palavra de 6 bits, é de −32 até +31 (expressão 7.2), a operação deverá indicar um resultado correto, pois o resultado será −9.

Para realizar a operação complementa-se o valor 110001 (−15) e, nesse caso, trocam-se todos os bits (inclusive o de sinal) e soma-se 1 ao resultado, obtendo-se o equivalente, em binário, ao número +15. Este complemento fica assim:

C2 de 110001 = 001110 + 1 = 001111

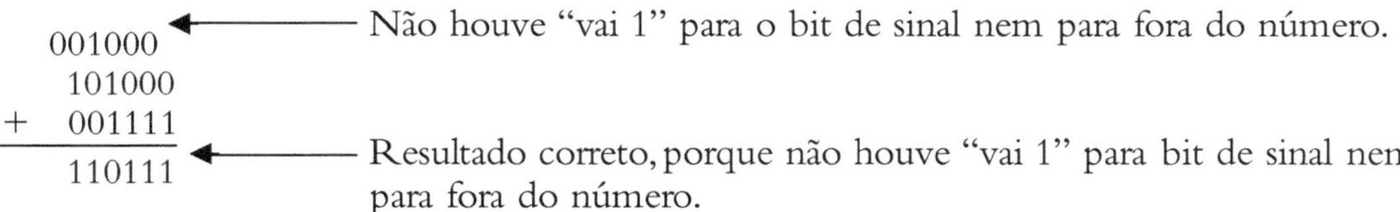

Resultado negativo (bit de sinal = 1), e como está representado em C2, para conhecermos seu valor decimal teremos que converter para S/M. Assim:

1 10111 em C2 = 1 01000 + 1 = 1 01001 em S/M (trocam-se os bits da magnitude e soma-se 1 ao resultado).

Sendo o valor em S/M = 101001, então em decimal o número é −9, o bit de sinal é 1 ("−") e a magnitude 1001 = 9.

Na realidade, um algoritmo mais "inteligente" analisaria os sinais dos números e efetuaria diretamente a soma dos valores positivos, em vez de complementá-los duas vezes. Porém, se o valor (−15) estivesse armazenado em complemento a 2 (110001), antes de a soma ser iniciada ele apenas seria complementado a 2 (001111), que representa (+15).

Finalmente, para conferir o resultado decimal encontrado, utiliza-se o método da tabela de valores:

32	16	8	4	2	1
−32	1	0	1	1	1

Soma dos valores em que potência de 2 é 1: 16 + 4 + 2 + 1 = + 23
Cálculo do resultado: −32 + 23 = −9

Está correto como no método anterior.

Exemplo 7.46

Seja A = 10111100 e B = 00110011 (ambos usando palavra de 8 bits e já representados em C2).

Efetuar a operação: A − B, usando aritmética de C2 (isto significa: usar o algoritmo para operação aritmética em C2).

Solução

Estando os valores já representados em C2, temos que B = +51, pois bit de sinal é 0 e magnitude 0110011 = 51.

Como A é negativo (bit de sinal = 1) deve ser convertido para S/M para sabermos seu valor decimal.

10111100 em C2 = 11000011 + 1 = 11000100 em S/M = −68

Utilizando-se o algoritmo para aritmética em C2 temos que: A − B = A + C2 de B. Então:

A = 10111100 e B = 00110011, sendo C2 de B = 11001100 + 1 = 11001101

```
  11111100 ←——— Houve "vai 1" para bit de sinal e para fora do número; este é desprezado.
   10111100
+  11001101
-----------
   10001001 ←——— Resultado correto, pois ocorreram ambos os "vai 1".
```

O resultado é um número negativo (bit de sinal igual a 1) e representado em C2. Portanto, terá que ser convertido para S/M para conhecer-se seu valor decimal.

Sendo em 10001001 em C2, será 11110110 + 1 = 11110111 em S/M.

11110111 em S/M = −119

Como A = −68 e B = +51, temos que: A − B = (−68) − (+51) = −68 − 51 = −119 (resultado correto, pois está dentro da faixa de representação de números em C2 com palavra de 8 bits (a faixa é de −128 até +127).

Exemplo 7.47

Seja A = 00110001 e B = 10000011 (ambos usando palavra de 8 bits e já representados em C2).

Efetuar a operação: −A + B, usando aritmética de C2 (isto significa: usar o algoritmo para operação aritmética em C2).

Solução

Estando os valores já representados em C2, temos que A = +49, pois bit de sinal é 0 e magnitude 0110001 = 49.

Como B é negativo (bit de sinal = 1) deve ser convertido para S/M para sabermos seu valor decimal.

10000011 em C2 = 11111100 + 1 = 11111101 em S/M = −125

Utilizando-se o algoritmo para aritmética em C2 temos que: −A + B = C2 de A + B. Para obter-se o C2 de A trocam-se todos os bits (inclusive o de sinal) e soma-se 1 ao resultado:

A = 00110001 e C2 de A = 11001110 + 1 = 11001111

```
  10001111 ←——— Não houve "vai 1" para bit de sinal e houve para fora do número;
   11001111      este é desprezado.
+  10000011
-----------
   01010010 ←——— Resultado incorreto, pois ocorreu apenas "vai 1" para fora do número.
```

Observa-se que o resultado é mesmo incorreto, pois dois valores negativos somados não poderão resultar em um valor positivo. Pela expressão 7.2 observa-se que a faixa de representação com palavra de 8 bits é de −128 até +127. No presente exemplo temos que:

A = +49 e B = −125. E que −A + B = −(+49) + (−125) = −49 − 125 = −174, que excede −128 e, por isso, temos o *overflow*, resultando no valor incorreto.

Complemento à Base Menos Um

A definição matemática do complemento à base menos um (C_{B-1}) de um número N é:

C_{B-1} (N) = (2^n − N) − 1, onde n = quantidade de algarismos do número e 2^n − N = complemento à base ou C_B

Como se pode observar, também é possível dizer que se trata da representação em complemento à base subtraída de 1 (um); daí o nome complemento à base menos um.

Na prática, obtém-se o complemento à base menos um de um número (C_{B-1}) subtraindo-se do valor (B − 1) cada algarismo do número; o valor B − 1 é o maior algarismo da base, seja ela qual for.

Por exemplo, se a base B é 10, então C_{B-1} = complemento a 9 e obtém-se, de forma prática, o complemento a 9 de um número decimal, subtraindo-se do valor 9 o algarismo correspondente do número, um a um. Assim, o complemento a 9 do número 716 é o número 283, porque:

9 − 7 = 2

9 − 1 = 8

9 − 6 = 3 ou 283

Se a base for 2, teremos complemento a 1 (2 − 1), que será obtido subtraindo-se de 1 (B − 1) cada algarismo do número. Na realidade, pode-se obter a representação em complemento a 1 de um número através da simples troca de valor dos bits do número; ou seja: altera-se o valor de cada bit, de 1 para 0 e de 0 para 1.

Exemplos de complemento a 1:

C1 de 01110 → 10001

C1 de 11001 → 00110

C1 de 00000 → 11111

Nessa forma de representação (válida apenas para valores negativos), também temos duas representações para o zero. E, assim, a faixa-limite de representação de números em complemento a 1 é idêntica à de sinal e magnitude.

$$-(2^{n-1} - 1) \quad \text{a} \quad +(2^{n-1} - 1) \qquad (7.3)$$

A Tabela 7.2 exemplifica o formato das três representações em ponto fixo (sinal e magnitude, complemento a 1 e complemento a 2), utilizando-se valores com 5 bits.

Aritmética em Complemento à Base Menos 1

Como já mencionado, os computadores vêm sendo fabricados com UAL que realiza apenas aritmética em complemento a 2 (para representação em ponto fixo). Isso é devido, basicamente, à maior rapidez e simplicidade do método C2, bem como à única representação para o zero (CI e S&M possuem dupla representação para o zero).

Por essa razão, vamos nos deter, neste item, apenas no essencial. Somente mencionaremos elementos básicos de C1, de modo a não detalhar informações sobre uma representação já em desuso.

O algoritmo para operações de soma em C1 é ligeiramente diferente, embora guarde os mesmos princípios básicos de C2. Naturalmente, como em C2, a operação de subtração é realizada através da soma do minuendo com o complemento a 1 do subtraendo, ou seja:

A − B = A + C1 de B

a) Somar os dois números bit a bit, inclusive o bit de sinal.

b) Contar a ocorrência de "vai 1", para o bit de sinal e para fora do número (se ocorrer algum).

c) O "vai 1" para fora do número (se houver) será somado ao resultado obtido. Nessa soma, continuam-se contando os "vai 1" para o bit de sinal e para fora do número que ocorrer.

d) O resultado estará correto se a quantidade de "vai 1" contada for par. Caso contrário, o resultado estará incorreto, pois ocorreu *overflow*.

Exemplo 7.48

Adicionar (+15) e (+13). Considerar palavra de 6 bits.

Solução

+15 = 0 01111 e +13 = 0 01101

```
  001111 ←—— Quantidade de "vai 1" é zero (nem bit de sinal nem para fora).
  001111
+ 001101
  ------
  011100 ←—— Resultado correto, pois a quantidade de "vai 1" é zero.
```

O valor em decimal do resultado é: +28 (bit de sinal 0 – "+" e magnitude 11100 = 28). Este valor está dentro da faixa limite de representação de números em C1 com palavra de 6 bits (expressão 7.3), que é de −31 até +31. Razão por que também o resultado está correto.

Exemplo 7.49

Adicionar (+25) e (+13). Considerar palavra de 6 bits.

Solução

+25 = 0 11001 e +13 = 0 01101

```
  011001 ←—— Quantidade de "vai 1" é 1 — ÍMPAR (1 para bit de sinal e 0 para fora do número).
  011001
+ 001101
  ------
  100110 ←—— Resultado incorreto, pois a quantidade de "vai 1" é ímpar.
```

Verifica-se que o resultado é incorreto devido a três fatos:

1) A quantidade de "vai 1" é ímpar (apenas o "vai 1" para o bit de sinal).
2) Dois valores positivos somados não podem resultar em um valor negativo.
3) O resultado esperado em decimal excede o limite da representação com este tamanho de palavra, 6 bits (expressão 7.3), que é de −31 até +31, pois (+25) + (+13) = +38.

Exemplo 7.50

Adicionar (−18) e (−7). Considerar palavra de 6 bits.

Solução

(−18) em S/M = 1 10010 e em C1 = 1 01101 (trocar os bits da magnitude) e (−7) em S/M = 1 00111 e em C1 = 1 11000

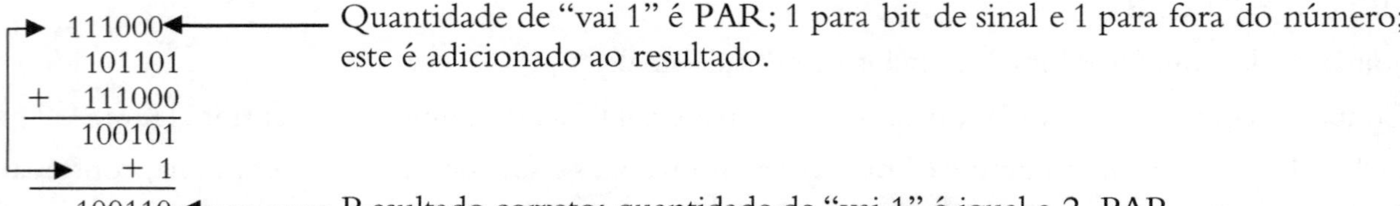

O valor em decimal do resultado é um número negativo, e como está representado em C1 necessita ser convertido para S/M para identificar-se seu valor decimal. Temos, pois:

100110 em C1 = 111001 em S/M = −25 (bit de sinal 1, "−" e magnitude 11001 = 25).

Este valor está dentro da faixa limite de representação de números em C1 com palavra de 6 bits (expressão 7.3), que é de −31 até +31. Razão por que também o resultado está correto.

Exemplo 7.51

Adicionar (−17) e (−14)

Solução

(−17) em S/M = 1 10001 e em C1 = 1 01110 (trocar os bits da magnitude) e (−14) em S/M = 1 01110 e em C1 = 1 10001

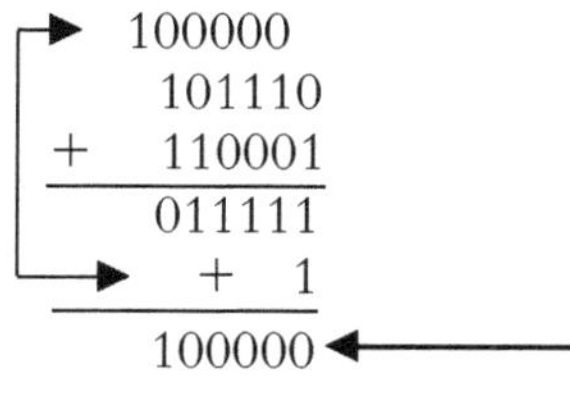

Resultado correto; a quantidade de "vai 1" é igual a 2, PAR, sendo 1 "vai 1" para fora do número, na primeira soma, e 1 "vai 1" para bit de sinal na segunda soma.

O valor em decimal do resultado é um número negativo, e como está representado em C1 necessita ser convertido para S/M para se identificar seu valor decimal. Temos, pois:

100000 em C1 = 111111 em S/M = −31 (bit de sinal 1, "−" e magnitude 11111 = 31).

Este valor está dentro da faixa limite de representação de números em C1 com palavra de 6 bits (expressão 7.3), que é de −31 até +31. Razão por que também o resultado está correto.

7.5.2 Overflow

Quando uma soma de dois números de n algarismos resulta em um valor com $n + 1$ algarismos, ocorre o que chamamos *overflow*. Também pode ocorrer *overflow* em operações de multiplicação.

Esse é um fato válido, sejam os números binários ou decimais, com ou sem sinal.

Quando realizamos tal operação com lápis e papel não sentimos esse problema porque o papel é sempre largo o suficiente para colocarmos mais um algarismo à esquerda, no resultado.

No entanto, em computadores com circuitos digitais, em que todos os seus elementos são finitos, a quantidade de algarismos permitida para representar um valor é sempre finita e limitada e, assim, *overflow* se torna um problema porque todas as memórias, principalmente os registradores, têm tamanho fixo e finito. Não há lugar para um bit extra (vai 1 para fora do número).

Um exemplo válido e de fácil comprovação fisicamente é com o uso de uma máquina de calcular, conforme já mostrado no início deste capítulo. O seu visor possui uma quantidade finita de elementos (*leds*) que representam, assim, uma quantidade finita de algarismos.

De modo que:

- não é possível criar, na máquina, um número que tenha uma quantidade de algarismos acima de seu limite, considerando a representação em sinal e magnitude (usado nas máquinas);
- se uma determinada operação aritmética produzir um resultado cujo valor é superior ao limite da máquina, ela acusa logo o erro (ou troca a forma de representação para ponto flutuante – notação científica), conforme já mostrado.

Por isso, todo sistema de computação verifica, de algum modo, a ocorrência de *overflow* em operações aritméticas (uma das maneiras foi mostrada nos subitens anteriores). Sua ocorrência é sinalizada para que o sistema operacional tome alguma providência a respeito (como, por exemplo, ao utilizar um bit de um registrador especial, que assume o valor 1 quando ocorre *overflow*, o sistema sempre verifica o valor desse bit após uma operação aritmética).

Se a aritmética for realizada em sinal e magnitude (como fazemos com lápis e papel), a ocorrência de *overflow* é facilmente detectada pelo bit "vai 1" após o último bit de magnitude à esquerda.

Porém, na soma por complemento, os algoritmos que foram descritos acarretam a modificação completa do resultado se ocorrer *overflow*. Por exemplo, dois números positivos somados, resultando em um valor de resultado negativo, ou vice-versa. Isso ocorre porque a soma em complemento inclui também a soma dos bits de sinal; o "vai 1" para o bit de sinal, somado a eles, modifica seu valor, alterando a natureza do número.

Na representação e na aritmética com números reais, (ou seja, números fracionários), pode ocorrer não somente *overflow* como também *underflow*. Este último se caracteriza por ocorrer um resultado cujo valor é menor que o menor valor representável com uma específica quantidade de bits estabelecida para a forma de representação em uso. Esta forma, para números reais, é em geral a de ponto flutuante, que será apresentada no item a seguir.

7.5.3 Representação em Ponto Flutuante

Em muitos cálculos de Engenharia, Física, Astronomia, Matemática etc., os dados são números de valor muito grande, como a massa da Terra, a distância entre a Terra e um astro qualquer do universo; outras vezes, os números considerados são demasiadamente pequenos, tais como a massa de um átomo, ou de um elétron.

Se esses números tivessem que ser representados em ponto fixo (qualquer que seja o método: S&M, C1 ou C2), seria necessário utilizar uma grande quantidade de algarismos, muito mais do que a UAL de qualquer computador pode normalmente armazenar em ponto fixo. E pior ainda: a grande maioria dos algarismos seria de valor igual a zero.

Vejamos um exemplo:

Se N1 = 0,00000000000000000000000073 e N2 = 25370000000000000000000000

e se fosse desejado efetuar a operação de soma:

S = N1 + N2

teríamos que efetuar assim:

25370000000000000000000000,00000000000000000000000000

\+ 00000000000000000000000000,00000000000000000000000073

O que consumiria 56 algarismos decimais (imaginem quantos mais seriam necessários se a representação fosse em números binários).

Uma das possíveis soluções para esse problema seria criar algoritmos para eliminar os zeros na ocasião de imprimir o valor; porém, internamente, seria um consumo caro e desnecessário de memória e UCP para realizar tais operações com todos esses algarismos.

O método mais simples e eficiente empregado para resolver o problema consiste na utilização da representação conhecida na Matemática como *notação científica* e que, em computação, é denominada *ponto flutuante (floating point)*. Nessa forma de representação, pode-se representar números muito grandes ou números muito pequenos sem consumir enormes quantidades de algarismos, visto que só se usam as quantidades necessárias de algarismos, além dos valores serem representados por potências e, por isso, não requererem muitos dígitos.

Por exemplo, o número +5 bilhões representado em forma inteira de ponto fixo necessita de 11 símbolos: +5.000.000.000. No entanto, em notação científica precisaríamos apenas de 7 símbolos:

$+5 \times 10^{+9}$ (e se considerarmos que o valor da base, 10, é sempre o mesmo, precisaríamos apenas de 5 símbolos)

Um número em notação científica é representado por um produto de dois fatores: o primeiro fator indica o sinal do número mais a sua parte significativa, sua precisão, e a segunda parte indica a grandeza do número, representada por uma potência; é justamente o valor do expoente que marca essa grandeza. Assim, temos:

$N = \pm F \times B^{\pm E}$, onde:

N = número que se deseja representar;
± = sinal do número;
F = dígitos significativos do número (também chamada parte fracionária ou mantissa);
B = base de exponenciação;
±E = valor do expoente, com seu sinal (o expoente pode ser positivo, valores acima de 1, ou negativo, valores compreendidos entre 0 e 1).

Representação do Expoente

A representação do expoente é definida pelo fabricante do processador. Há três métodos mais comuns, a saber:

1) **sinal e magnitude**,
2) **complemento a 2** e
3) **excesso de N** (ou também chamado, em inglês, *biased exponent*).

A representação **sinal e magnitude** é a mais simples de descrever e exemplificar, razão por que será utilizada nos exemplos e exercícios e já foi explicada no item anterior, para ponto fixo. A representação de **complemento a 2** é implementada da mesma forma descrita anteriormente, sendo usada em alguns sistemas devido à rapidez da execução das operações de soma e subtração dos expoentes.

Como as formas de representação em **sinal e magnitude** e **complemento a 2** já foram mostradas anteriormente, resta apenas uma breve descrição da forma ***excesso de N.***

Basicamente, o método excesso de N (biased) define um valor para o campo expoente, usualmente chamado de **característica** (C), de modo que o valor nesse campo seja sempre um inteiro, mesmo que o valor real do expoente seja positivo ou negativo, o que facilita as operações aritméticas durante a conversão, etc.

C é definido pela expressão: $(2^n/2-1) + E$, sendo:
n – largura do campo expoente (da característica) e
E – valor real do expoente com sinal.

O valor $2^n/2-1$ é constante para uma dada representação.

Por exemplo: seja um expoente real igual a + 37 que se deseja representar em excesso de N em um campo com n = 8 bits.

– $2^8-1 = 256 / 2 = 128 - 1 = 127$ (o valor constante)
– campo expoente (característica) – $C = 127 + (+37) = 164 = 10100100_2$

Supondo agora, para mesma constante (127), que o expoente real seja: – 72.

$C = 127 + (-72) = 55$ ou 00110111_2

O emprego da tecnologia de ponto flutuante em computação, que consiste em representar números por um produto, permite uma separação entre a precisão desejada para o valor (algarismos significativos, expressos na fração ou mantissa) e a grandeza do número (expressa pelo expoente).

Desse modo, aqueles valores dos números N1 e N2 do exemplo inicial podem ser representados em notação científica como

$N1 = +0,73 \times 10^{-24}$ e $N2 = 0,2573 \times 10^{+30}$

Nesse caso, somente os algarismos significativos de cada número foram usados (73 para N1 e 2573 para N2); todos os zeros foram substituídos por poucos algarismos representativos do valor do expoente.

Um outro fato pode ser observado: tendo em vista que a grandeza do número é expressa pelo valor do expoente, os números N1 e N2 podem ser representados por diferentes produtos, todos com o mesmo valor final:

$N1 = 0,73 \times 10^{-24} = 0,0073 \times 10^{-22} = 73 \times 10^{-26}$

$N2 = 2573 \times 10^{+26} = 25,73 \times 10^{+28} = 0,2573 \times 10^{+30}$

O conceito é o mesmo qualquer que seja tanto a base de numeração utilizada quanto a base de exponenciação, que têm significado diferente da base de representação.

Em computadores, onde qualquer valor é representado internamente em base 2, teríamos, por exemplo, um dado número:

$X = 1010011,1011$ ou $X = 0,10100111011 \times 2^{+111\,(+7)}$

Internamente, o sistema precisa armazenar:

a) O sinal do número: bit 0 para positivos e bit 1 para negativos.

b) O valor da mantissa: 10100111011(pode-se esquecer o 0, por ser desnecessário, visto que todos os números iniciam por "0," estes símbolos podem deixar de ser representados internamente, poupando bits, mas o sistema "sabe" que o número inicia por "0,").

c) O valor do expoente e seu sinal: +7 = 0 111 (o 0 indica sinal "+", como seria 1 se o sinal fosse "−").

Outro exemplo:

$N4 = 111000111001$ ou $N4 = 0,E39 \times 16^{+3}$

Nesse caso, foi usada a base de exponenciação 16 apenas para verificarmos que essa base pode ser diferente da base 10 ou da base 2.

A base de exponenciação não precisa ser armazenada para cada número (como o sinal, a mantissa e o expoente precisam), pois o sistema reconhece sua existência e valor por ser igual para qualquer número.

Desse modo, em uma representação de números em ponto flutuante, dois fatores são basicamente considerados:

- precisão do número — expressa pela quantidade de algarismos da parte fracionária ou mantissa
- grandeza do número — expressa pelo valor do expoente.

A precisão mede a exatidão do número, como, por exemplo:

(Pi) pode ser expresso como: 3,14 ou 3,1416 ou 3,141592 etc.

Cada representação mais à direita tem maior precisão que a da esquerda adjacente, pois é expressa com mais algarismos significativos.

A grandeza, ou limite de representação, indica quão grande ou quão pequeno é o número que se deseja representar. O valor do campo expoente de uma representação em ponto flutuante indica, então, a ***faixa de grandeza*** dos números naquela representação.

Por exemplo, se em uma certa representação em ponto flutuante o campo expoente possuir 6 bits de tamanho (serão 5 bits para o valor do expoente e 1 bit para seu sinal), isso significa que poderemos representar números tão pequenos quanto 2^{-31} e tão grandes quanto 2^{+31}. Isto é, uma faixa de representação com 2^{62} valores.

7.5.3.1 Representação Normalizada

Conforme pudemos verificar pelos exemplos precedentes, a representação de um número em ponto flutuante (notação científica) pode ser efetuada através de diferentes produtos (diferentes valores de expoente para diferentes posições da vírgula fracionária na mantissa).

Por exemplo, o número $+25_{10}$ pode ser representado, em notação científica, como:

$+25 = +25 \times 101^{0}$

$+25 = +0{,}25 \times 10^{+2}$

$+25 = +0{,}0025 \times 10^{+4}$

$+25 = +2500 \times 10^{-2}$, e assim por diante.

Para evitar diferentes interpretações de representação, costuma-se estabelecer nos sistemas uma representação-padrão denominada representação *normalizada*.

Na forma normalizada, a parte fracionária ou mantissa é definida sempre como sendo um valor M (ou F) que satisfaça a seguinte expressão:

$1/B \leq M < 1$ (exceto se $M = 0$)

Na prática, essa definição pode ser expressa pelas seguintes regras:

a) A mantissa deve ser sempre fracionária (M é sempre menor que 1).

b) O primeiro algarismo após a vírgula tem que ser diferente de zero (porque é igual ou maior que 1/B).

Se a base de exponenciação (base B) for 2, então o primeiro algarismo após o 0 será sempre 1 (a mantissa poderá ser qualquer número entre 1/2 e 1 (excluído 1).

Os seguintes valores estão normalizados:

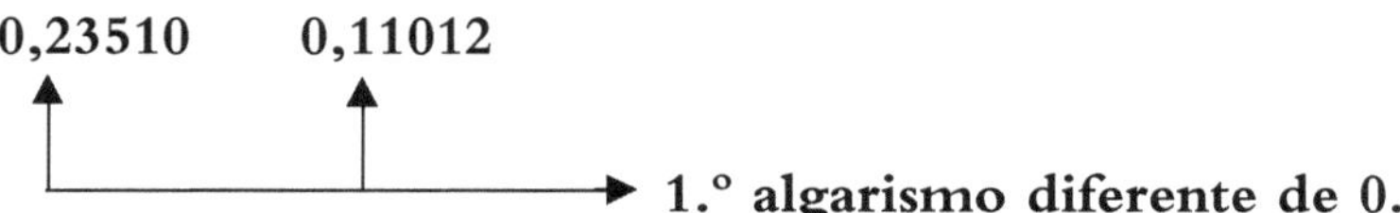

Os seguintes valores NÃO estão normalizados:

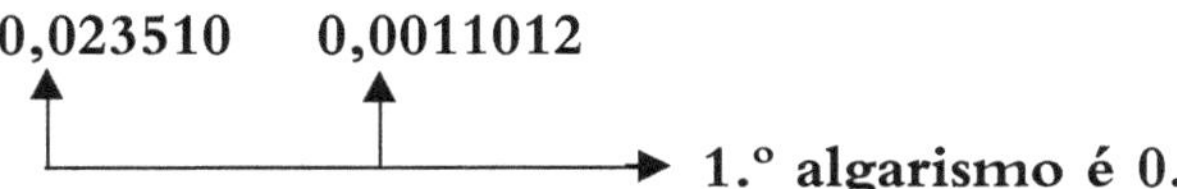

A forma normalizada apresenta uma grande vantagem, que é permitir a melhor precisão possível, por conter apenas algarismos significativos.

7.5.3.2 Conversão de Números para Ponto Flutuante

Para um dado sistema, a representação em ponto flutuante é especificada a partir da identificação dos seguintes elementos:

a) A quantidade de palavras de dados (total de bits/bytes da representação).

b) O modo de representação da parte fracionária ou mantissa (se normalizada, se em C2, se em S&M etc.).

c) O modo de representação do expoente (S&M, C2, por característica etc.).

d) A quantidade de bits definida para o expoente e para a mantissa.

e) A posição, no formato, do sinal do número, da mantissa e do expoente.

f) O valor da base de exponenciação.

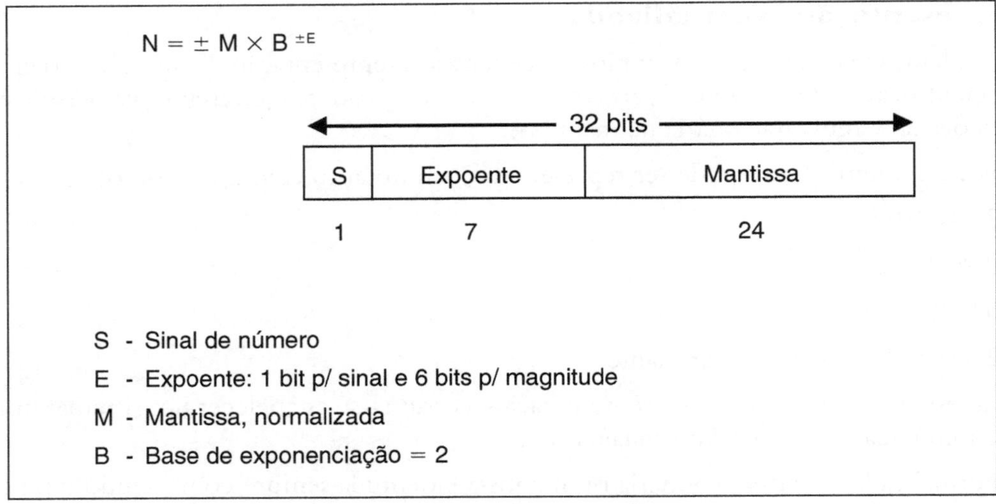

Figura 7.12 Um formato de representação em ponto flutuante.

A título de exemplo, vamos definir um formato típico de representação em ponto flutuante. A Fig. 7.12 mostra o formato da representação, com o tamanho em bits de cada campo.

Exemplo 7.52

Converter o valor decimal +407,375 para ponto flutuante (formato da Fig. 7.12).

Solução

O que se deseja é obter valores binários para o sinal do número (S), para a parte significativa ou mantissa (M) e para o expoente (E), de modo a satisfazer a expressão:

$N = \pm M \text{ (ou F)} \times B^{\pm E}$

onde:

N = 407,375

Sinal do número = +(positivo)

M e E — ainda desconhecidos

Deste modo, temos:

$407{,}375 = +M \times 2^{\pm E}$, sendo M fracionária (1.º bit não zero).

1) A primeira etapa do processo consiste na conversão direta do valor decimal para seu correspondente valor em algarismos binários, ou seja: conversão de um número da base 10 para a base 2 (item 3.3.3), o que vai identificar todos os algarismos (bits) significativos do número, ou seja, sua parte fracionária ou mantissa:

   $407{,}375_{10} = 110010111{,}011_2$

   Esse valor já poderia ser assumido como o valor da mantissa (algarismos significativos) e, nesse caso, para satisfazer a representação em notação científica (produto de dois fatores), o expoente seria igual a zero:

   $407{,}375_{10} = 1\,1\,0\,0\,1\,0\,1\,1\,1{,}\,0\,1\,1 \times 2^0$

2) Porém, como a forma da mantissa deve ser normalizada (a mantissa deve ser apenas uma fração, não tendo parte inteira à esquerda da vírgula e tendo o primeiro algarismo após a vírgula diferente de zero), é necessário deslocar a vírgula fracionária da posição atual para a posição situada imediatamente à esquerda do algarismo mais significativo (2.ª etapa).

O número passaria de 110010111,011 para: 0, 110010111 011

deslocamento da vírgula

3) Como o deslocamento da vírgula (nove casas para a esquerda) corresponde à divisão do número 9 vezes por 2 (divisão por 2^9) — visto que a operação é em base 2 — para manter íntegro o valor do número é necessário multiplicá-lo por 2^9. Isso é obtido através do incremento do valor do expoente (incrementar nove vezes), que passa do valor 0 para o valor 9 (3.ª etapa). A expressão, em notação científica (ponto flutuante), ficaria assim:

   $407{,}375 = 0{,}1\ 1\ 0\ 0\ 1\ 0\ 1\ 1\ 1\ 0\ 1\ 1 \times 2^{+9\,(1001)}$

4) Já podemos, então (4.ª etapa), indicar todos os valores dos campos constantes do formato de representação em ponto flutuante (Fig. 7.12):

   S (sinal do número) = 0 (número positivo)

   E (expoente) = 0 0 0 1 0 0 1 (+9 → 0 = sinal positivo e 001001 = 9, magnitude)

   M (fração ou mantissa) = 110010111011000000000000 (dispensa-se indicar o valor 0,). A mantissa tem 24 algarismos (Fig. 7.12) e, portanto, completamos seu valor com zeros à direita, por se tratar de um valor fracionário.

5) A representação completa do número em ponto flutuante seria em binário (como fica internamente no sistema) e em hexadecimal (para simplificar a apresentação), de acordo com o formato dos campos indicado na Fig. 7.12:

Binário	00001001110010111011000000000000
Hexadecimal	0 9 C B B 0 0 0

Observação: Caso a forma de representação adotada indicasse os mesmos valores e campos exceto que a representação do expoente (7 bits) fosse do tipo excesso de N, o campo expoente seria obtido de forma diferente.

Na 4.ª etapa, definição do campo do expoente, obteve-se o valor $+9_{10}$. Precisamos nesse ponto substituir a conversão de +9 para binário em S/M (sinal e magnitude) para binário, porém em modo excesso de N.

Característica ou bias = N = $(2^7/2) - 1) = (128/2) - 1 = 63$

Campo expoente = $+\ 9 + 63 = 72$ ou 1001000_2

A nova representação, com apenas a alteração do campo expoente, seria:

Binário	01001000110010111011000000000000
Hexadecimal	4 8 C B B 0 0 0

Exemplo 7.53

Converter o valor decimal −0,078125 para representação em ponto flutuante, de acordo com o formato especificado na Fig. 7.12.

Solução

Seguindo as etapas realizadas de acordo com o Exemplo 7.48, teremos:

1.ª etapa — conversão da magnitude do número de base 10 para base 2:

$0{,}078125_{10} = 0{,}000101_2$

2.ª etapa — transformação do número para o formato de ponto flutuante (notação científica):

$-0{,}078125 = -0{,}000101 \times 2^0$ (a mantissa já é fracionária)

3.ª etapa — normalização da mantissa:

deslocamento da vírgula três ordens para a direita e ajustar o expoente

$-0{,}078125 = -0{,}101 \times 2^{-3}$ (mantissa × 3 e expoente/3)

4.ª etapa — indicação dos valores de cada campo do formato (Fig. 7.12):

S = 1 (número negativo)

E = 1000011 (−3) (bit mais significativo, mais à esquerda, de sinal = 1 e magnitude 000011 = 3)

M = 101000000000000000000000 (completa-se o valor 101 com zeros à direita até 24 bits)

Formato final em binário e em hexadecimal:

Binário	11000011101000000000000000000000
Hexadecimal	C 3 A 0 0 0 0 0

Exemplo 7.54

Converter o valor armazenado na memória de um computador (mostrado a seguir em hexadecimal) em formato de ponto flutuante (definição apresentada na Fig. 7.12) para seu correspondente valor decimal.

O valor hexadecimal armazenado é: 0 4 D 0 0 0 0 0

Solução

As etapas a serem seguidas para obtenção do resultado final, valor em decimal do número, são:

1) Converter o valor de hexadecimal para binário

   04D00000 = 00000100110100000000000000000000

2) Separar os 32 bits encontrados de acordo com o formato especificado na Fig. 7.12, ou seja:

   S − E − M, sendo: S = 1 bit; E = 7 bits, 1 bit de sinal mais 6 bits da magnitude e M = 24 bits

Assim, temos:

0	0	000100	110100000000000000000000
S_N	S_E	E	M

3) Identificar cada campo com os bits correspondentes, a seguir mostrado:

   $S_N = 0$. O sinal do número é bit 0, sendo, portanto, positivo ("+").

   $S_E = 0$. O sinal do expoente é bit 0, sendo, portanto, positivo ("+").

   E = 000100. Convertendo de binário para decimal, temos $100_2 = 4_{10}$.

   M = 110100000000000000000000 ou como valor fracionário: 0,110100000000000000000000

4) Mostrar o número completo na forma de notação científica:

   $N = +0{,}11010000000000000000 \times 2^{+4}$ ou simplificando (suprimindo os zeros) $N = 0{,}1101 \times 2^{+4}$

5) Calcular a expressão indicada pelo produto anterior

   N = 1101. Pois multiplicando 0,1101 quatro vezes por 2 significa andar com a vírgula 4 ordens para a direita.

   $1101_2 = 13_{10}$

Para confirmar o resultado final podemos fazer de outra maneira, convertendo o valor binário da mantissa, 0,1101, para seu valor decimal correspondente, que é: 0,8125. Em seguida, multiplicar este valor por 16, que corresponde a 2^4.

$0{,}8125 \times 16 = 13$

Assim, o resultado final é $N = 13_{10}$.

A forma de representação mostrada na Fig. 7.12 não é a única existente. Sistemas de computação comerciais possuem outras formas semelhantes, mas com certas diferenças (por exemplo, alguns fabricantes empregam a representação em complemento a 2 para o tipo de dado do campo expoente). Um dos aspectos mais interessantes dessas diferenças consiste na diversidade de precisão definida por fabricantes, conforme o processador seja mais dedicado a fins comerciais ou científicos, estes últimos requerendo sempre uma precisão maior em vários tipos de cálculos.

A Tabela 7.3 apresenta características de alguns sistemas (computadores de grande e médio porte), bem como o formato-padrão definido pelo IEEE — Institute of Electrical and Electronics Engineers Inc. — padrão IEEE 754, 1985. Os atuais processadores, sejam os Pentium da Intel, sejam os da AMD ou IBM/Motorola/Apple, seguem o padrão IEEE 754, o qual é detalhado no Apêndice D.

Aritmética em Ponto Flutuante

Como os números são representados em ponto flutuante pela expressão

$$N = \pm M \times B^{\pm E}$$

as operações aritméticas devem ser realizadas considerando aquele produto; as mantissas e os expoentes devem ser manipulados separadamente.

Tabela 7.3 Formatos de Representações em Ponto Flutuante

Sistema	Total de bits	Base de exponenciação	Quantidade de bits do expoente	Quantidade de bits da mantissa
Grande porte IBM — formato reduzido	32	16	7	24
Grande porte IBM — formato estendido	128	16	15	112
Médio porte DEC — VAX — precisão simples	32	2	8	23
Grande porte CYBER — precisão simples	120	2	11	108
IEEE 754 — precisão simples	32	2	8	23
IEEE 754 — precisão dupla	64	2	11	52
IEEE 754 — precisão estendida	80	2	15	64

Adição e Subtração

São operações mais complexas em ponto flutuante do que em aritmética de ponto fixo, devido à necessidade de alinhamento da vírgula (ponto) fracionária.

A operação de adição ou subtração é efetivamente realizada pela soma ou subtração dos valores das mantissas das parcelas, desde que o valor dos expoentes de cada uma seja igual. A igualdade dos expoentes indica que o alinhamento da vírgula fracionária está correto.

Assim, considerando os números N1 e N2, expressos em notação científica:

$$N1 = M1 \times B^{\pm E1} \qquad N2 = M2 \times B^{\pm E2}$$

Obteremos os valores de soma (N_S) e da diferença (N_D), sendo M_S e M_D, respectivamente, o resultado da soma e o da diferença entre os valores das mantissas, e E_S e E_D, respectivamente, o valor do expoente resultante na soma e na diferença:

$N_S = N1 + N2 = M_S \times B^{\pm E_S}$ $\quad\quad$ $N_D = N1 - N2 = M_D \times B^{\pm E_S}$

Sendo que:

$M_S = M1 + M2$ $\quad$ e $\quad$ $M_D = M1 - M2$

Desde que:

$E_S = E1 = E2$ $\quad$ e $\quad$ $E_D = E1 = E2$

A operação de soma ou subtração das mantissas é uma simples operação em ponto fixo (em sinal/magnitude ou complemento a 2, conforme o sistema de computação usado); o resultado da operação deve ser normalizado, caso já não esteja.

Antes da operação aritmética com os valores das mantissas, deve ser verificada a igualdade dos expoentes; caso seus valores sejam diferentes, deve ser efetuada a operação de ajuste da igualdade dos valores.

O processo de ajuste da igualdade dos expoentes é, em geral, realizado de modo que o expoente resultante seja o maior dos dois valores. Ou seja, o sistema efetua a subtração entre os valores dos expoentes. Em seguida, a mantissa de menor valor é dividida (deslocamento à direita — "*shift right*") pelo valor da diferença. Finalmente, o expoente do número menor é igualado ao do maior, que passa a ser o expoente do resultado.

Exemplo 7.55

Efetuar adição dos números N1 = +37 e N2 = −9, utilizando o formato de representação em ponto flutuante da Fig. 7.12.

Solução

Para melhor compreensão do leitor, o exemplo será solucionado realizando-se as tarefas em partes, como a seguir detalhado:

1) Conversão de N1 e N2 para a representação em ponto flutuante (na prática, esses valores já estariam representados em ponto flutuante, tarefa realizada pelo compilador (ver Apêndice C) tendo em vista a definição da variável, efetuada pelo programador no seu programa-fonte).

   $+37 = 0{,}100101 \times 2^{+6} = 00000110100101000000000000000000$

   $-9 = 0{,}1001 \times 2^{+4} = 10000100100100000000000000000000$

2) A soma é realizada somente se os expoentes tiverem o mesmo valor e, neste caso, somam-se as mantissas. Como os expoentes não são de mesmo valor, é necessário antes ajustar seus valores. Isto é realizado do seguinte modo:

   Subtraindo o menor do maior expoente:

   $6 - 4 = 2$

   Como E2 é o menor dos expoentes e a diferença entre seus valores é 2, deve-se somar 2 ao menor expoente ($E2 + 2 = 4 + 2 = 6$) e assim ele se iguala a E1. Para N2 se manter de mesmo valor, deve-se dividir sua mantissa, M2, por 2^2, assim:

   N2 é multiplicado por 2^2 (pela soma de 2 ao seu expoente) e ao mesmo tempo é dividido por 2^2 (pela divisão de sua mantissa por 2^2).

   $M2/2^2 = 0{,}1001/2^2 = 0{,}001001$

   E2 = +6, que é também o valor de E1 e, portanto, do resultado E_S

3) Somar algebricamente as mantissas. No caso, a soma algébrica resulta em M1 − M2 (porque M1 é "+" e M2 é "−"):

   $M_S = 0{,}100101 - 0{,}001001 = 0{,}0111$ (não se registram os zeros à direita)

4) Normalizar a mantissa do resultado:

Passa de Ms = 0,0111 para Ms = 0,111 (deslocamento da vírgula uma vez para a direita — Ms $\times$ 2^1)

Passa de Es para 6 − 1 = 5 (corresponde à divisão do número por 2^1).

5) O formato completo do valor do resultado, Ns, é:

S = + = 0 (sinal do maior dos números)

E = 0 000101 (+5)

M = 11100000000000000000000

Então:

Ns = 0	0000101	11100000000000000000000
SE	M	
+	2^{+5}	0,111

ou seja: Ns = $+0{,}111 \times 2^{+5} = 11100 = +28_{10}$

Verificando, temos: (+37) + (−9) = +28

Finalmente, em hexadecimal:

Ns = M1 + M2 = 0 5 E 0 0 0 0 0

Multiplicação e Divisão

As operações de multiplicação e divisão com números representados em ponto flutuante também requerem a manipulação separada da mantissa e do expoente, não havendo, porém, necessidade da operação de alinhamento da vírgula (que é uma operação demorada), que somente diz respeito a operações de adição e subtração.

Em essência, dados os números N1 e N2:

$N1 = \pm M1 \times B^{\pm E1}$ e $N2 = \pm M2 \times B^{\pm E2}$

Temos o seu produto N_P = N1 $\times$ N2 e a sua divisão N_D = N1/N2, representados da seguinte forma:

$N_P = \pm M_P \times B^{\pm E_P}$ e $N_D = \pm M_D \times B^{\pm E_D}$

Sendo que a obtenção dos campos S_P, E_P e M_P, componentes do produto N_P e dos campos S_D, E_D e M_D, componentes do resultado da divisão, N_D e cujos formatos estão especificados na Fig. 7.12, se realiza da seguinte forma:

1) Sinal do produto e da divisão

   Se N1 e N2 tiverem o mesmo sinal, então o sinal de N_P ou de N_D será positivo ("+"), bit 0.

   Se N1 e N2 tiverem sinais diferentes, então o sinal de N_P ou de N_D será negativo ("−"), bit 1.

2) Expoente do produto ou da divisão:

   E = E1 + E2 (soma algébrica)

   E = E1 − E2 (subtração algébrica)

3) Mantissa do produto e da divisão:

   M_P = M1 $\times$ M2

   M_D = M1/M2

Exemplo 7.56

Multiplicar os números N1 = +89 e N2 = −19, utilizando as regras definidas para a aritmética com números representados em ponto flutuante e adotando o formato da Fig. 7.12.

Solução

1) Conversão de N1 e N2 para formato de ponto flutuante (item 7.5.3.2):

$+89 = +0{,}1011001 \times 2^{+7} = 00000111101100100000000000000000$

$-19 = -0{,}10011 \times 2^{+5} = 10000101100110000000000000000000$

2) Determinação do sinal do produto (SP):

Como S1 ≠ S2, então: SP = −(corresponde ao bit 1)

3) Cálculo da mantissa do produto (MP):

MP = M1 × M2 = 0,1011001 × 0,10011 = 0,011010011011 (não registrando os zeros)

A multiplicação é realizada na UAL conforme o tipo de dado adotado (complemento a 2 etc.).

Observe que a mantissa não está normalizada, pois o 1.º algarismo após a vírgula é zero.

4) Cálculo do expoente do produto (EP):

$EP = E1 + E2 = (+7) + (+5) = +12_{10}$

5) Normalização do resultado

Para que o 1.º algarismo após a vírgula (na mantissa) seja diferente de zero, desloca-se a vírgula uma vez para a direita (corresponde a multiplicar o valor uma vez pela base — no caso, é a base 2 —, ou seja, multiplicar por 2^1). Mantém-se o mesmo valor final dividindo-se o número pelo mesmo valor: 2^1. Para se obter isso, efetua-se a subtração de 1 do expoente EP (que sendo atualmente 12 passa a ser 11).

MP passa de 0,011010011011 para 0,11010011011

$EP = EP - 1 = +12 - 1 = +11_{10} = 0001011_2$

6) Formato final do produto Np, na representação de ponto flutuante:

10001011110100110110000000000000 ou

8 13 13 3 6 0 0 0 (em hexadecimal)

Para conferir se o resultado está correto efetua-se a multiplicação em base decimal e também realiza-se o cálculo do produto indicado pelo formato de ponto flutuante (notação científica):

$+89_{10} \times -19_{10} = -1691_{10}$ e

1	0	001011	110100110110000000000000
S_N	S_E	E	M

$N = 0{,}11010011011 \times 2^{+11} = 11010011011_2 = 1024 + 512 + 128 + 16 + 8 + 2 + 1 = 1691_{10}$

Exemplo 7.57

Efetuar a divisão de $N1 = +264_{10}$ por $N2 = +0{,}75_{10}$, utilizando aritmética de ponto flutuante e o formato apresentado na Fig. 7.12.

Solução

1) Conversão de N1 e N2 para o formato de ponto flutuante:

$+264 = +0{,}100001 \times 2^{+9} = 00001001100001000000000000000000$

$+0{,}75 = +0{,}11 \times 2^{+0} = 00000000110000000000000000000000$

2) Determinação do sinal do resultado (S_D):

Como S1 = S2, então: S_D = +(corresponde ao bit 0)

3) Cálculo do valor da mantissa do resultado (M_D):

   $M_D = M1/M2 = 0{,}100001/0{,}11 = 0{,}1011$ (não se registrando os zeros à direita)

   A divisão é realizada pela UAL, segundo o algoritmo correspondente ao tipo de dado adotado (complemento a 2 etc.)

4) Cálculo do expoente do resultado (ED):

   $E = E1 - E2 = (+9) - (+0) = +9 = 0\ 001001$

5) Normalização da mantissa do resultado

   Não é necessário porque o primeiro algarismo após a vírgula, na mantissa, é diferente de zero.

6) Formato final do resultado da divisão, N, na representação em ponto flutuante:

   000010011011000000000000000000000

   0 9 B 0 0 0 0 0

Para conferir se o resultado está efetivamente correto efetua-se a divisão em base decimal e, depois, de acordo com o produto indicado pela notação científica:

$+264_{10}/0{,}75_{10} = 352_{10}$

$+0{,}1011_2 \times 2^{+9} = 101100000_2 = 256 + 64 + 32 = 352_{10}$

7.5.4 Representação Decimal

As formas de representação de dados numéricos descritas nos itens anteriores (ponto fixo e ponto flutuante) são eficientes e adequadas para utilização em cálculos matemáticos, de engenharia e em outras áreas de ciências matemáticas ou afins.

No entanto, possuem certas desvantagens em aplicações comerciais, especialmente no caso de representação e operações matemáticas com valores financeiros, devido à necessidade de resultados absolutamente exatos em nível de centavos (ou cents ou pennies etc.) e não apenas aproximadamente precisos (a representação de um número em ponto flutuante pode mostrá-lo com dezenas de algarismos significativos, indicando grande precisão, mas ainda assim é um resultado aproximado, não exato).

O fechamento de um balanço de banco, por exemplo, deve ser obtido com toda a exatidão, e não apenas com aproximação.

Para isso, é útil existir uma forma de representar e operar com valores na sua forma decimal, para que os valores obtidos nas operações matemáticas sejam decimais e, conseqüentemente, exatos.

Porém, não se cogita construir um sistema de computação com representação interna de valores em outro modo que não o binário, devido a fortes razões econômicas e técnicas.

A solução encontrada para equilibrar a necessidade de realizar eventuais operações aritméticas com valores decimais, mas representando-os internamente, sempre na forma binária, constitui-se num método híbrido de representação de dados (nem completamente decimal nem totalmente binária) denominado *código binário decimal* (Binary Coded Decimal ou BCD).

Na forma BCD (há outros métodos de representação decimal, porém menos conhecidos na prática), os dados decimais usados em um programa, em vez de serem diretamente convertidos da base 10 para a base 2, são representados internamente por códigos binários correspondentes a cada algarismo decimal, conforme mostrado na Tabela 7.4.

Assim, por exemplo, o número decimal 7458 seria representado no código BCD da seguinte forma:

0111	**0100**	**0101**	**1000**
7	**4**	**5**	**8**

Uma vez que com 4 bits podemos codificar 16 valores diferentes e, na base 10, somente possuímos dez algarismos, há realmente um desperdício de códigos, o que pode ser uma desvantagem dessa representação, quando se trata de codificar números grandes. Por exemplo, representar em BCD o número 1.734.345.200 requer o emprego de 40 bits (10 algarismos × 4 bits por algarismo) mais uma quantidade de bits para indicar o sinal do número. Este mesmo valor seria representado em ponto fixo com apenas 31 algarismos binários, 31 bits.

Entre os algarismos sem código válido em decimal (códigos representativos dos valores decimais de 10 a 15), é comum utilizar alguns deles para indicar o sinal do número. Há sistemas que adotam a seguinte convenção para o sinal dos números representados em BCD:

1100 → representa o sinal positivo ("+")

1101 → representa o sinal negativo ("−")

Na maioria dos sistemas de computação que possuem a forma de representação decimal, um dos métodos mais usados é o BCD, denominado *decimal compactado* (packed decimal) para diferençar de um método mais antigo e em desuso, o *decimal zonado* (zoned decimal).

Na representação BCD ou decimal compactado, o número decimal é convertido algarismo por algarismo ao código binário descrito na Tabela 7.4. O sinal é colocado após o algarismo menos significativo à direita, segundo uma das convenções já apresentadas.

Tabela 7.4 Representação de números no formato BCD

Decimal	Binário — BCD
0	0000
1	0001
2	0010
3	0011
4	0100
5	0101
6	0110
7	0111
8	1000
9	1001

Operações Aritméticas em BCD

As operações aritméticas realizadas pela UAL de um sistema de computação com números representados na forma decimal BCD não têm a mesma simplicidade que o mesmo processo realizado com números representados em ponto fixo.

Um dos fatores que prejudicam a execução dos algoritmos para operações aritméticas em decimal é justamente o fato de os números não estarem representados na forma binária pura, mais bem entendida pelo hardware.

Outro detalhe refere-se aos números de valor decimal entre 10_{10} e 15_{10} (correspondem aos números binários de 1010 a 1111), que não representam algarismo válido na base 10. O algoritmo da soma em BCD deve prever essa situação, o que torna sua execução mais demorada.

Operação de Adição

Na definição de um algoritmo para realizar o processo de adição de dois números, usando aritmética em BCD, deve ser considerado que:

a) cada algarismo decimal é constituído por um valor com 4 bits e, portanto, a soma entre dois algarismos decimais é, na realidade, efetuada entre quatro algarismos binários de cada vez;

b) o hardware deve poder somar as duas parcelas e mais o "vai 1" que foi gerado na adição dos algarismos anteriores;

c) o resultado da adição de uma parcela pode ultrapassar o valor do maior algarismo decimal (algarismo 9), podendo ser, nesse caso, igual a um dos valores existentes entre 10_{10} a 18_{10}; por isso deve ser definida uma regra que evite um resultado incorreto.

Na realidade, o resultado da soma de duas parcelas em aritmética BCD pode ser enquadrado em uma das três seguintes categorias:

- Valor igual ou menor que 9. Resultado correto e definitivo; não há passagem de "vai 1" para a soma da parcela seguinte.
- Valor maior que 9 e igual ou menor que 15. Soma-se ao resultado o valor decimal 6 (0110_2) de modo a produzir um resultado válido. Não há passagem de "vai 1" para a soma da parcela seguinte.
- Valor maior que 15 e igual ou menor que 18. Soma-se 6 ao resultado; há passagem de "vai 1" para a soma da parcela seguinte.

O valor 6 a ser somado ao resultado é devido, justamente, à existência de 6 números (10 a 15) não-válidos.

A seguir, é apresentado um algoritmo para a soma com números representados em BCD e alguns exemplos que auxiliam a compreensão de cada uma das possibilidades definidas para o resultado.

Algoritmo para a Operação de Soma em BCD — (A + B)

1) Decompor os números A e B em grupos de 4 bits, cada grupo representando um dos algarismos decimais dos números, de acordo com o código mostrado na Tabela 7.4.
2) Somar os novos números A e B (aritmética binária), como se fossem valores binários puros (bit a bit).
3) Se o resultado da soma dos quatro primeiros algarismos for igual ou menor que 1001, ele está correto; retornar ao item 1 para a adição da parcela seguinte de 4 bits.
4) Se o resultado for superior a 1001, soma-se 0110 (6_{10}) àquele valor; o novo resultado é o algarismo desejado; o "vai 1" após o último bit à esquerda é ainda acrescentado à soma da parcela seguinte. Retornar ao item 1.
5) Se o resultado for superior a 1111, somar 0110 ao resultado; o "vai 1" obtido com essa última soma é transferido para a parcela seguinte. Retornar ao item 1.
6) O processo acaba após a adição do último grupo de 4 bits (algarismo decimal mais significativo).

Exemplo 7.58

Adicionar $A = +3_{10}$ e $B = +5_{10}$. Utilizar a representação e o correspondente algoritmo de aritmética BCD.

Solução

Em BCD, conforme a Tabela 7.4, os valores decimais passam a ser: $3_{10} = 0011_2$ e $5_{10} = 0101_2$.

```
  0011
+ 0101
------
  1000 ←——— Resultado correto; não há "vai 1" após a soma do último bit de cada parcela.
```

O valor decimal do resultado é obtido da conversão do binário 1000 para decimal = 8. Também se verifica que está correto através da adição decimal das parcelas: 3 + 5 = 8.

Exemplo 7.59

Adicionar $A = 5_{10}$ e $B = 6_{10}$. Utilizar a representação e o correspondente algoritmo de aritmética BCD.

Solução

Em BCD, conforme a Tabela 7.4, os valores decimais passam a ser: $5_{10} = 0101_2$ e $6_{10} = 0110_2$.

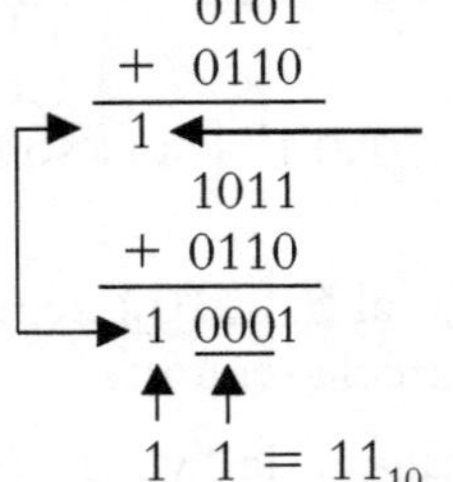

Como o resultado (1011) ultrapassa (1001 = 9), então é como se ocorresse "vai 1" na operação (na realidade, em decimal, o resultado de uma adição sendo 11, ocorre "vai 1").

O resultado está correto. Passa-se o "vai 1" para a parcela seguinte (próximo grupo de 4 bits, se houvesse, ou para o resultado, como neste caso).

Assim, o valor resultante, em decimal, será composto de 2 algarismos, o primeiro à direita (menos significativo) é igual a 1, correspondente ao valor binário encontrado: 0001. O outro algarismo (à esquerda) é também igual a 1, mas trata-se do "vai 1" encontrado na primeira soma, por ter excedido 1001 (9).

Exemplo 7.60

Adicionar $A = 8_{10}$ e $B = 9_{10}$. Utilizar a representação e o correspondente algoritmo de aritmética BCD.

Solução

Em BCD, conforme a Tabela 7.4, os valores decimais passam a ser: $8_{10} = 1000_2$ e $9_{10} = 1001_2$.

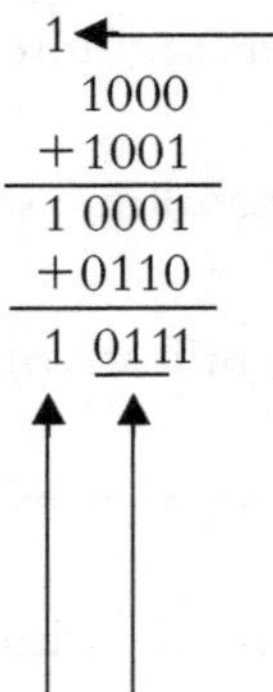

Este "vai 1" passa para a parcela seguinte da soma.

Resultado parcial (0001, corresponde ao algarismo decimal 1).

Soma-se 0110 = 6 ao resultado parcial, mantendo-se o "vai 1" anterior, que desce para o novo resultado.

Resultado final correto, com dois algarismos decimais: 17. O algarismo 7 corresponde ao valor binário 0111 (resultado da operação) e o algarismo 1 corresponde ao "vai 1" encontrado na operação inicial, pois o resultado excedeu 1001 (9).

Exemplo 7.61

Adicionar $A = 1734_{10}$ e $B = 4985_{10}$. Utilizar a representação e o correspondente algoritmo de aritmética BCD.

Solução

Em BCD, conforme a Tabela 7.4, os valores decimais passam a ser: 1734_{10} = 0001 0111 0011 0100_2 e 4985_{10} = 0100 1001 1000 0101_2.

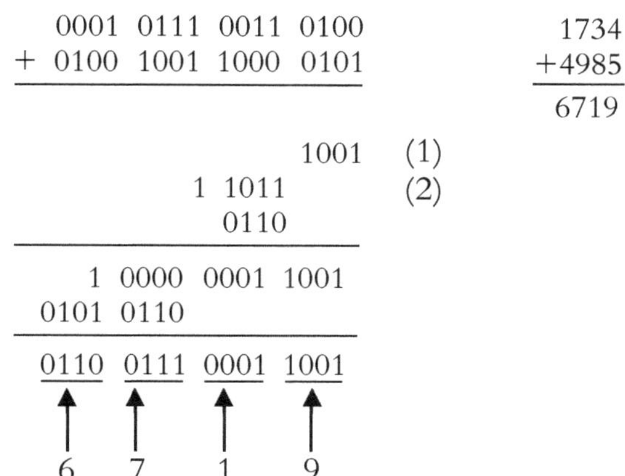

(1) A soma do primeiro algarismo decimal de cada número (4 + 5) corresponde à soma do primeiro grupo de 4 bits (0100 + 0101), cujo resultado é 1001 = 9. Pelo algoritmo, o resultado está correto e passa-se para a parcela seguinte (próximo grupo de 4 bits).

(2) A soma destes, 0011 e 1000 = 1011 = 3 + 8 = 11, portanto, ultrapassa 1001 = 9. Neste caso, soma-se 0110 (6) ao 1011, e o "vai 1" encontrado deve ser transferido para a parcela seguinte.

Operação de Subtração em Aritmética BCD

A operação de subtração de números representados na forma decimal é pouco simples e prática, devido ao fato de não ser possível converter de modo rápido os números negativos para sua representação de complemento.

Conforme já exposto no item 7.5.1, o melhor método de efetuar operações de subtração consiste no emprego da aritmética de complemento (evitando-se a operação de subtração). No entanto, com os valores representados em BCD, a simplicidade da complementação a 2 de um número binário (substituição do bit 0 pelo bit 1, do bit 1 por 0 e somar 1 ao resultado) deixa de existir, visto que a complementação em BCD pode acarretar valores incorretos.

Por exemplo, o complemento a 2 do valor 0010 (decimal 2) é 1110_2 (decimal 14), o que, além de não ser um algarismo decimal válido, não é o natural complemento a 10 do valor 2 (o complemento a 10 de 2_{10} é 8_{10}).

Pode-se, então, identificar três possíveis maneiras para efetuar operações de subtração com números em formato BCD:

1) Realizar a efetiva operação de subtração na forma usual, com "empréstimos" e definição do sinal do resultado — mesmas regras de operação com sinal e magnitude.
2) Substituir o código de representação BCD por um outro código decimal, como, por exemplo, o de representação "excesso de 3" (ver Tabela 7.5) e efetuar a operação por complemento a 9.
3) Utilizar a representação e regras de complemento a 9 ou complemento a 10, com formato BCD.

Tabela 7.5 Representação de algarismos na forma "excesso de 3", com seus complementos a 9, C9 e a 10, C10

Algarismo decimal	Código em excesso de 3	Complemento a 9	Complemento a 10
0	0011	1100	1101
1	0100	1011	1100
2	0101	1010	1011
3	0110	1001	1010
4	0111	1000	1001
5	1000	0111	1000
6	1001	0110	0111
7	1010	0101	0110
8	1011	0100	0101
9	1100	0011	0100

Primeiro método — Subtração pelo método usual

É o processo menos prático, mais complexo e demorado, razão de seu atual desuso.

Exemplo 7.62

Seja A = 351_{10} e B = 237_{10}. Efetuar a operação A − B, utilizando representação BCD.

Solução

No formato BCD (ver Tabela 7.4), os valores são: 351 = 0011 0101 0001 e 237 = 0010 0011 0111.

A operação em si é realizada da seguinte forma:

```
     0100 1010
0011 0101 0001        351
______________        ___

0001 0001 0100        114
 ↑    ↑    ↑
 1    1    4
```

Segundo método — Subtração utilizando o código "excesso de 3"

Conforme se pode verificar pela Tabela 7.5, o código "excesso de 3" é formado adicionando-se o valor 3 a cada algarismo decimal e, em seguida, convertendo-se o novo valor na correspondente representação binária usual.

Esse código (parece bem esquisito) tem a vantagem de permitir a obtenção direta do complemento a 9 ou complemento a 10 de qualquer número, diferentemente do método, nada prático, de se obter C9 e C10 para valores representados em BCD.

Por exemplo, a representação do algarismo 5_{10} é:

5_{10} → % + 3 = 8_{10} → 1000_2 (excesso de 3)

O complemento a 9 é obtido fazendo-se, normalmente, o complemento a 1:

C9 de 8 → C1 de 1000 = 0111 (troca dos bits) → corresponde ao decimal 4.

Ora, o complemento a 9 de 5_{10} é o número 4_{10}.

O algoritmo para se efetuar a subtração por complemento de números representados no código "excesso de 3" consiste, basicamente, nas mesmas etapas para operações em complemento (C2 para C10, e C1 para C9) de ponto fixo, explicadas, respectivamente, nos itens 7.5.1.2 e 7.5.1.3. Há apenas algumas alterações decorrentes do processo de formação em "excesso de 3":

1) Inicialmente os valores devem estar representados no código "excesso de 3".
2) Os números negativos devem ser representados em C9 (ou em C10).
3) Somar os valores, tendo em vista que:

   A − B = A + compl. (B) → compl. (B) significa C9 ou C10 de B.
4) A soma é realizada bit a bit, como se os valores fossem números binários puros.
   - 4a) Se na soma de um grupo de 4 bits (código de um algarismo decimal) não ocorrer "vai 1" para fora do grupo, deve-se subtrair 3 (ou adicionar 13_{10}) = 1101_2 ao resultado.
   - 4b) Se ocorrer "vai 1" para fora do grupo, deve-se adicionar 3_{10} = 0011_2 ao resultado.
5) No caso de a operação ser realizada com valores em C9, se ocorrer "vai 1" após o último bit do último algarismo decimal (último grupo de 4 bits) deve-se adicionar 1 ao resultado geral.

Exemplo 7.63

Considerando-se os números A = 351 e B = 257, efetuar a operação A − B, utilizando-se a representação "excesso de 3".

Solução

No formato "excesso de 3" (ver Tabela 7.5), os valores são: 351 = 0110 1000 0100 e 237 = 0101 0110 1010.

O complemento a 10 de B, C10 (B) (ver Tabela 7.5) = 1010 1001 0110.

A operação será realizada assim:

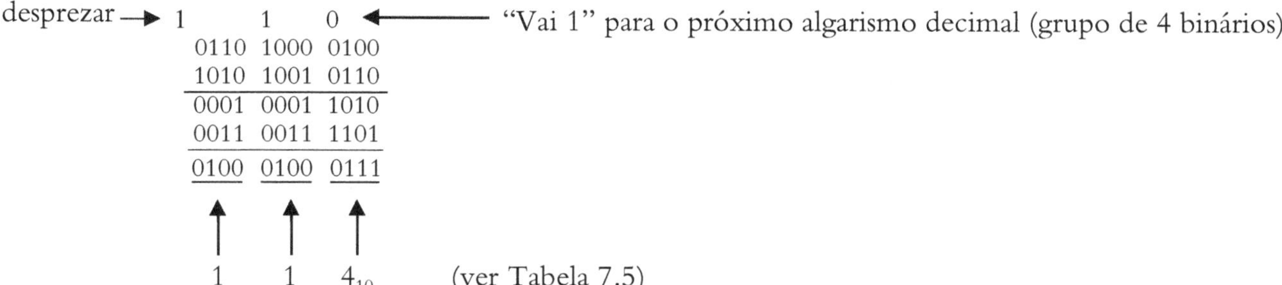

Terceiro método — Subtração por complemento — representação em BCD

Esse método procura atingir a vantagem do uso da aritmética em complemento (subtração por soma de complemento), mas ainda possui a desvantagem da obtenção do C10 ou C9, onde não se realiza a simples troca de 0s por 1s e 1s por 0s.

Nesse caso, é necessário que haja, na UAL, um dispositivo específico para realizar a complementação de cada algarismo decimal (complementa um grupo de 4 bits).

O algoritmo se torna idêntico à operação de soma no formato BCD.

Exemplo 7.64

Efetuar a subtração de A = 351 e B = 257, A − B, utilizando-se a representação BCD, aritmética de complemento.

Solução

No formato BCD (ver Tabela 7.4), os valores são: 351 = 0011 0101 0001 e 237 = 0010 0011 0111.

A operação em si é realizada da seguinte forma:

```
 0011 0101 0001
 0111 0110 0011
 ──────────────
    1
 1010 1011 0100
 0110 0110
 ──────────────
 0001 0001 0100
  ↑    ↑    ↑
  1    1    4₁₀
```

Multiplicação e divisão

As operações de multiplicação e divisão para números decimais são bem mais complexas que as mesmas operações com números binários. Isso porque, na multiplicação binária, o algarismo multiplicador só pode assumir os valores 0 e 1; o produto parcial, então, somente poderá ser ou zero (0) ou o próprio valor do multiplicando (quando o multiplicador é 1).

Já no caso da multiplicação com números decimais, os algarismos do multiplicador podem ter os valores entre 0 e 9 e, em conseqüência, a obtenção do produto parcial é mais complexa devido às possíveis variações de valores.

Na matemática (em computadores, é raro implementar-se esse tipo de operação), há diversas soluções para o problema, sendo a mais simples (e também a mais demorada) a de realizar a multiplicação por sucessivas somas. Ou seja, soma-se o multiplicador a ele próprio tantas vezes quanto o valor do multiplicado, exatamente como se realiza essa operação com lápis e papel.

Por motivos semelhantes, a operação de divisão com valores decimais é complexa e de execução demorada em face da quantidade de algarismos diferentes envolvidos, enquanto, na divisão binária, o quociente pode ter apenas os valores 0 e 1, e, na divisão decimal, os algarismos do quociente podem ter os valores de 0 a 9.

Um dos processos usados para realizar divisão decimal, semelhante ao da divisão binária, consiste em subtrair o divisor do dividendo sucessivamente enquanto o dividendo for maior que o divisor (essa subtração pode ser realizada pelo método de complemento), para se obter cada um dos algarismos do quociente.

Em face da complexidade dos processos e da pouca utilidade prática em computação, não serão apresentados mais detalhes nem exemplos de métodos para realização de operações de multiplicação e divisão com valores representados em decimal.

EXERCÍCIOS

1) Utilizando **k** dígitos binários, determine quantos números não-negativos podem ser representados em: sinal e magnitude; complemento a 1; complemento a 2.

2) O código de representação de caracteres ASCII é de 7 bits, enquanto o código EBCDIC é de 8 bits. Mostre uma possível razão para a escolha de um código de 7 bits, em vez de um de 8 bits, que permite maior quantidade de representação de símbolos.

3) Descreva os aspectos básicos do código de representação de caracteres denominado Unicode.

4) Considere os valores abaixo, representados em complemento a 2:

a) 11100000　　b) 11001100　　c) 11101111

d) 10001110　　e) 10111011　　f) 10000001

Considerando que a palavra do computador tenha 8 bits de tamanho, obtenha o resultado das operações a seguir, indicando se ocorrer *overflow*:

a − d   b − e   c − f

5) Converta os seguintes valores decimais para os formatos de representação de números indicados ao lado de cada um:

a) +119 para S/M, com palavra de 8 bits

b) −77 para S/M, com palavra de 16 bits

c) −135 em C1, com palavra de 10 bits

d) +217 para S/M, com palavra de 16 bits

e) −143 para C2, com palavra de 12 bits

f) −227 para C2, com palavra de 16 bits

6) Considerando um sistema de computação cuja palavra é de 16 bits, indique a faixa de representação de valores inteiros se o sistema opera com valores em:

a) sinal e magnitude

b) complemento a 1

c) complemento a 2

7) O complemento a 2 de um número binário N pode ser definido como:

C2 de $N = 2^n - N$, onde n = número de dígitos.

Mostre que o C2 do C2 de um número é o próprio número.

8) Por que o emprego da aritmética de complemento é mais vantajosa que a aritmética de sinal e magnitude? Por que a de complemento a 2 é ainda mais vantajosa que a de complemento a 1?

9) Considerando um sistema que utilize aritmética em ponto flutuante, mostre qual dos campos representativos do número é responsável pela precisão daquele número.

10) E qual dos campos é responsável pela grandeza do número?

11) Indique a faixa-limite de representação de números considerando computadores com o tamanho indicado de palavra:

a) complemento a 1 — palavra de 16 bits

b) complemento a 2 — palavra de 16 bits

c) sinal e magnitude — palavra de 12 bits

d) complemento a 2 — palavra de 12 bits

12) Converta cada um dos números decimais relacionados na representação de complemento a 2 em sistema com palavra de 16 bits:

a) +14   b) +6954   c) −1543   d) +28481

e) −328   f) −32768   g) −8739   h) −32767

13) Considere a seguinte representação de ponto flutuante:

S	E	M
1	5	10 bits

S — sinal do número
E — representação do expoente em sinal e magnitude
M — mantissa normalizada
Base de exponenciação: 2

Converta os valores decimais a seguir na representação de ponto flutuante indicada:

a) +0,00565 b) −674,25 c) +46,5 d) −0,0245 e) +1260,32

14) Considere a representação de números em ponto flutuante definida no exercício anterior. Converta os números abaixo, representados em ponto flutuante (são mostrados em hexadecimal para reduzir a quantidade de algarismos), para sua forma decimal. Podem ser indicados apenas em notação científica.

a) E745 b) 3FC6 c) F320

15) Os seguintes valores binários estão representados em ponto flutuante da seguinte forma: bit mais significativo (à esquerda) indica sinal do número, segue-se a representação do expoente, em excesso de 63 e uma mantissa com 24 bits. Efetue sua normalização:

a) 0 1000001 000101110000000100000000

b) 0 1111000 000000001101111100000000

c) 1 0001110 100000001000000000000000

16) Considere um sistema cuja aritmética de ponto fixo é realizada em complemento a 2 e que possua palavra de 7 bits. Efetue as operações indicadas (usando aritmética de C2), apresentando o resultado de cada uma em binário e decimal e explicitando quando ocorrer *overflow*:

A = 0111100 B = 1110110 C = 0001111 D = 0010100 E = 1111110

a) A − B b) D + C c) −A + D
d) E − A e) −A − C f) B − D

17) Considere a representação em ponto flutuante definida na Fig. 7.12. Qual é o maior valor positivo que pode ser representado? E qual é o menor valor positivo?

18) Qual é o inteiro mais negativo que pode ser representado em sinal e magnitude em um sistema com palavra de 16 bits?

19) Por que em complemento a 2 existe uma representação a mais de números negativos que de números positivos?

20) Considere os valores binários abaixo:

A = 110011 B = 011000 C = 010111 D = 000011 E = 111100

Obtenha o valor de X após a execução das seguintes equações:

a) X = NOT (B OR A) XOR (NOT B OR A) AND (C AND NOT A)

b) X = C XOR (A OR (B AND C) OR (A XOR B) AND NOT B)

c) $X = (\overline{A \oplus B}) + (D + \overline{A \cdot \overline{B}}) \cdot \overline{C} \oplus E$

d) $X = A \cdot \overline{B} \cdot C \cdot (E + \overline{D \oplus B})$

e) $X = A + (B \cdot D) \cdot (E + C)$

21) Quais são os operadores lógicos que sempre satisfazem as seguintes equações:

A op A = 0

A op 1 = A

22) Converta os valores a seguir (estão em decimal) em representação em complemento a 2 e realize as operações aritméticas indicadas, considerando sempre uma palavra de 16 bits:

A = −345   B = −563   C = +239   D = −893

a) A − C   b) B + D   c) B − A   d) C + B

23) Converta os seguintes números decimais para complemento a 1 e para complemento a 2 (empregue palavra de 16 bits):

a) +219   b) −774   c) −225   d) +117

24) Considere os seguintes números já representados em complemento a 2:

A = 11100011   B = 11001110   C = 11001100   D = 11101000

Efetue os cálculos a seguir, utilizando aritmética de complemento a 2:

a) A − B   b) C + B   c) D − C   d) B + D

25) Considerando a representação de ponto flutuante indicada no Exercício 13, converta os seguintes valores decimais para aquela representação:

a) −173   b) −219   c) +237   d) −318

26) Considere a seguinte representação de números em ponto flutuante:

S_N	Expoente	Fração (ou mantissa)
1 bit	8 bits	23 bits

Base de exponenciação: 2
Fração: normalizada
Expoente: representado na forma excesso de 127 (*biased*).

Obtenha a representação em PF dos seguintes valores decimais:

a) 319,45   b) −0,00584   c) 281,6   d) 968,254

27) Considerando uma quantidade N de bits disponíveis para representar números inteiros em um dado sistema, explique se há maior quantidade de números na representação em complemento a um ou se é na representação em complemento a dois ou se ambas representam a mesma quantidade de números?

28) Uma das representações em ponto flutuante adotadas pela IBM em alguns de seus computadores usava base 16 para exponenciação, fração normalizada de 24 bits, 7 bits para representação do valor do expoente em excesso de N e 1 bit para o sinal do número.

a) Qual o valor decimal que está sendo representado pelo seguinte valor hexadecimal: B F 7 0 0 0 0 0?

b) Represente o valor decimal 174,65 naquela forma.

29) Considerando a forma de representação descrita no Exercício 13, responda se, reduzindo a largura do campo da mantissa (fração), irá aumentar ou reduzir o valor do maior número possível de representar.

30) Considerando o formato de ponto flutuante mostrado no Exercício 27, efetue os seguintes cálculos:

a) 11100000011010100000000000000000 × 01110000011101000000000000000000

b) 01111000001111001000000000000000 + 01111000010010001001000000000000

31) Converta os seguintes valores decimais para os correspondentes valores na representação em complemento a 2 com largura de 32 bits:

a) 1634 b) 328 c) 2265 d) −1023 e) −7000

32) Converta os mesmos números indicados no Exercício 13, considerando uma forma de representação em ponto flutuante, com 1 bit para o sinal do número, 8 bits para o expoente, representado em complemento a dois e 23 bits para o campo da fração.

33) Converta os mesmos números indicados no Exercício 27 para ponto flutuante utilizando 1 bit para o sinal do número, fração normalizada de 9 bits e 6 bits para o expoente, representado em excesso de N.

34) Efetue a soma dos seguintes valores decimais:

a) −112 e b) −16

considerando a aritmética de complemento a 2 com UAL de 7 bits.

35) Há alguma diferença na forma de representação de um número em complemento a dois e no complemento a dois de um número?

36) Quais são as partes essenciais do formato de um número em ponto flutuante? Explique cada uma delas.

37) Qual é a vantagem do emprego da forma "excesso de N" na representação do expoente de um número em ponto flutuante?

38) Quando pode ocorrer *overflow* de fração nas representações em ponto flutuante?

39) Considere os números:

a) −2457 e b) +7216

e efetue o cálculo de sua soma considerando aritmética de complemento a 10 (use uma largura de 5 algarismos).

8

Conjunto de Instruções

8.1 INTRODUÇÃO

Já verificamos anteriormente que os processadores funcionam (o seu hardware funciona) através de ordens simples e básicas, tais como:

- efetuar a soma de dois números;
- mover um dado de um local para outro;
- adicionar 1 ao valor de um número;
- transferir 1 byte de dados da memória para uma porta de saída;

As referidas ordens são simples porque o hardware não é capaz de manipular diretamente ordens mais complexas.

Essas ordens são transmitidas ao hardware (componentes do processador) para serem interpretadas e executadas por meio de sinais elétricos que representam ou o bit 1 ou o bit 0, ou seja, por um conjunto de bits, que chamamos formalmente de instrução de máquina. Todo processador já é fabricado de modo a conter em seu interior um grupo dessas instruções, que são chamadas em bloco de conjunto de instruções (*instruction set*). A escolha de que operações o processador poderá diretamente realizar (instrução) e como cada uma delas será realizada, passo a passo, são dos itens mais importantes no projeto e na fabricação de um processador.

Nesse ponto, estamos nos referindo à fronteira entre o entendimento do usuário/programador – que deseja obter solução para seu problema e elabora um programa em uma linguagem que seja próxima de seu entendimento, de sua lógica, contendo operações complexas, como a linguagem Pascal, a linguagem C ou a linguagem Java – e o hardware do processador, que aceita apenas operações simples para ser executadas. O programador (em linguagem de baixo nível) pode ver e manipular alguns poucos elementos do hardware, como os registradores de dados, a parte de cima da tal fronteira, enquanto um outro nível, chamado de microarquitetura (contendo microoperações e microprogramação), se encarrega de interpretar essas instruções e efetivamente providenciar sua execução, passo a passo (microoperação por microoperação).[1]

Vamos acrescentar um exemplo que deve auxiliar o entendimento do leitor sobre o conceito e o papel das instruções de máquina e como, por isso, funcionam os processadores de emprego geral, assim comercialmente denominados.

[1]Referimo-nos ao tipo de controle que usa microprogramação, embora hajam processadores (p.ex., os de arquitetura RISC) que usam o controle por meio de programação direta no hardware, sem o uso de microprogramação.

Considere uma máquina, um robô, construído de forma a possuir dois braços mecânicos, com terminações capazes de se mover para cima e para baixo (o braço da esquerda e o braço da direita) e cada uma das terminações sendo capaz de girar no sentido horário ou contrariamente ao sentido horário. O referido robô certamente pode realizar outros movimentos, mas irrelevantes para o exemplo, e só mencionaremos oito movimentos.

Para que ele possa realizar cada um desses movimentos e tenha flexibilidade de realizar outros mais complexos, projetou-se um conjunto de instruções primitivas (simples) que acionam o hardware (efetivam os movimentos das articulações, braços); cada uma dessas instruções foi identificada por um código numérico de 0 a 7, conforme mostrado na Tabela 8.1.

Tabela 8.1 Exemplo de Instruções Primitivas de um Robô

Código da instrução	Descrição da execução da instrução
0	Mover braço direito 1 grau para cima
1	Mover braço direito 1 grau para baixo
2	Girar braço direito 1 grau no sentido horário
3	Girar braço direito 1 grau no sentido anti-horário
4	Mover braço esquerdo 1 grau para cima
5	Mover braço esquerdo 1 grau para baixo
6	Girar braço esquerdo 1 grau no sentido horário
7	Girar braço esquerdo 1 grau no sentido anti-horário

Essa máquina pode ser usada por uma empresa, por exemplo, para aparafusar algum objeto em uma parede ou desaparafusar; a operação (de aparafusar) pode ser realizada em qualquer posição (como, p.ex., inclinada para baixo, cerca de 45° ou na perpendicular do chão, (90°), usando qualquer um dos dois braços articulados, e assim por diante).

Se, em determinado momento, se quiser aparafusar um objeto na perpendicular do chão (90°), pode-se, a partir da posição de repouso do robô (braços estendidos para baixo), comandar a execução de um programa do tipo:

```
Contador A = 1
Contador B = 100
Enquanto contador A < 90
  Iniciar
    Instrução cod. 0
    Contador A = contador + 1
  Fim
Enquanto contador B < 100
  Iniciar
    Instrução cod. 2
    Contador B = Contador B + 1
  Fim
```

A essência do conceito aqui mostrado é apenas a capacidade de a máquina poder realizar operações complexas diferentes (é, pois, uma máquina de emprego geral) usando as mesmas instruções primitivas (da Tabela 8.1), as quais podem ser manipuladas de forma diferente para obter-se resultados diferentes.

O programa mostrado é bastante incompleto, porém sua única finalidade é mostrar a diferença entre uma instrução primitiva, que realiza uma operação básica simples, e uma outra operação, mais complexa, que requer várias instruções básicas (um programa) para ser realizada. Além disso, teremos grande flexibilidade de ações complexas a realizar, pois podemos variar a combinação das primitivas, obtendo-se, com isso, resultados diferentes.

Essa é uma das características essenciais dos computadores de emprego geral. Ou seja, possuem um conjunto básico de instruções primitivas e o usuário (programador) pode combiná-las de diferentes modos (criar diferentes programas), obtendo diferentes resultados.

Assim é que um determinado computador (pode ser um dos atuais sistemas baseados em um processador Pentium 4 ou AMD Athlon XP), com seu conjunto de instruções de máquina (primitivas) pode ser empregado para o desenvolvimento de textos (com o MS Office ou Open Office), mas também pode ser empregado para controlar o fluxo de carros em uma região (controlando a abertura e o fechamento dos sinais de trânsito) e, em determinadas circunstâncias, poderá, também, ser empregado como plataforma para um sistema de controle bancário e outras aplicações. O que se quer demonstrar é que a inteligência e a versatilidade do sistema estão na combinação dessas instruções primitivas (nos programas), no software, visto que o hardware é imutável (pelo menos para o usuário).

8.2 FORMATO DE UMA INSTRUÇÃO DE MÁQUINA

Pelo que já foi mencionado, o conjunto de instruções de um processador define o que ele é capaz de realizar em si, permitindo ao programador do programa compilador escrever seu código de acordo (ver o que é e como funciona um compilador no Apêndice C).

Uma instrução de máquina deve, então, especificar para o hardware (especificamente a unidade de controle do processador) que determinada operação deve ser realizada (soma de dois números, movimento de um dado, etc.). Em função da interpretação do que é a instrução, a UC, que já possui a seqüência de execução (programação) de todas as instruções daquele específico processador, "dispara" (emite os sinais elétricos de controle correspondentes a cada microação) a sinalização para efetivação das ações subseqüentes para a completa execução da operação (ver Apêndice D, sobre controle microprogramado ou programado no hardware).

A Fig. 8.1 mostra exemplos de diversas operações primitivas que podem redundar em instrução de máquina de um determinado processador.

Quais são os elementos requeridos para execução de uma operação? Como eles são projetados para formatar, em binário, uma instrução de máquina? Qual ou quais tipos de dados ela manipulará? Por exemplo, uma operação de somar dois números requer a indicação da operação em si (como ela ocorrerá) e a localização dos dados envolvidos: a 1ª parcela, a 2ª parcela e o resultado; é também necessário indicar se os valores são números inteiros ou números fracionários (ponto flutuante), conforme visto no Cap. 7.

A resposta a essas e outras questões pertinentes configura o projeto do conjunto de instruções de um determinado processador ou "família" de processadores.

O projetista do conjunto de instruções define, então, que operações aquele processador irá realizar e especifica, para cada uma delas, todos os detalhes de identificação e execução da operação, estabelecendo, assim, o formato de cada instrução da máquina. Além disso, é necessário detalhar sua execução, ou seja, criar uma seqüência de microoperações para efetivamente realizar a tarefa (ver Cap. 6 e Apêndice D).

* Transferir uma palavra de dados de uma célula para outra.
* Efetuar a soma entre dois operandos, guardando o resultado em um deles ou em um terceiro operando.
* Desviar incondicionalmente para outro endereço fora da seqüência.
* Testar uma condição. Se teste verdadeiro, então desviar para outro endereço fora da seqüência.
* Realizar uma operação lógica AND entre dois valores.
* Parar a execução de um programa.
* Adicionar 1 ao valor de um operando.
* Transferir um byte de dados de uma porta de E/S para a MP.
* Transferir um byte de dados da MP para uma porta de E/S.
* Substituir o operando por seu valor absoluto.

Figura 8.1 Exemplo de operações primitivas típicas.

Código de operação (C. Op.)	Campo operando Pode haver mais de um operando

Figura 8.2 Formato básico de uma instrução de máquina.

Corroborando o que já foi explicado até então, uma instrução de máquina, basicamente, possui dois elementos ou campos, cada um deles formado por uma determinada quantidade de bits (ver Fig. 8.2), que pode ser entendida como a largura do campo, a saber:

- Código de Operação (abrevia-se C.Op.) – indica ao processador o que fazer e como fazer (os fabricantes tendem a chamá-lo, em inglês, de Op Code – Operation Code).
- Operando (abrevia-se Op.) – indica ao processador qual dado ou dados a operação irá se realizar (em inglês, Operand).

O campo C.Op. é sempre único, pois como ele identifica a operação a ser realizada e esta é única, não há como uma mesma instrução possuir dois códigos diferentes. Porém, uma instrução pode estar se referindo a mais de um dado ou ela necessita indicar o endereço de origem e o endereço de destino de um determinado movimento de um dado e, por isso, é comum e freqüente haver instruções que possuem mais de um campo operando (Op.).

O campo operando (Op.) indica a localização (endereço) do dado, ou de cada dado, se houver mais de um campo operando; é possível, também, a este campo indicar o próprio valor do dado, como veremos mais adiante. A Fig. 8.3 mostra exemplos de alguns formatos típicos de instruções de máquina.

A escolha do formato das instruções, a largura de cada campo e seu conteúdo variam conforme um determinado tipo de arquitetura de processador. Ao longo do tempo, surgiram no mercado duas estratégias para projeto e implementação de arquiteturas de processadores, cada um deles possuindo uma série de características próprias, sendo a especificação do conjunto de instruções talvez a mais importante delas, tanto que deu nome a elas:

Conjunto de Instruções Complexo (CISC – Complex Instruction Set Computer); e

Conjunto de Instruções Reduzido (RISC – Reduced Instruction Set Computer).

Até algum tempo atrás, os processadores Intel e AMD eram essencialmente projetados com característica típicas da arquitetura CISC; processadores IBM/Motorola/Apple PowerPC, SPARC, da Sun, e os atuais processadores de 64 bits de todos os fabricantes seguem, mais ou menos, os preceitos para arquitetura tipo RISC (o Cap. 11 trata especificamente de arquiteturas RISC, enquanto o Cap. 12 se ocupa de arquiteturas avançadas, como as de 64 bits).

Apesar de tratarmos de RISC em um capítulo específico, ao longo deste capítulo serão abordados alguns aspectos daquela arquitetura, de modo a trazer ao leitor elementos comparativos interessantes para a compreensão do conceito de instruções de máquina.

A análise do formato de uma instrução de máquina pode ser realizada campo por campo. Assim, vamos, em primeiro lugar, efetuar algumas considerações sobre o campo Código de Operação e, posteriormente, sobre o campo Operando.

8.2.1 Campo Código de Operação (C.Op.)

Conforme já mencionamos desde o capítulo anterior, o campo C.Op. indica qual é a operação a ser executada (caracteriza o nome da instrução propriamente dito) e sinaliza para a unidade de controle o procedimento a ser seguido para execução da operação determinada. Na realidade, o C.Op. é a instrução em si e, quando utilizamos uma linguagem simbólica para expressar os bits da instrução, isso fica ainda mais claro, como, p.ex., uma determinada instrução assim

1 1 0 1 0 0 1 1 1 1 0 0 1 0 0 0 0 0 1 1 1 1 0 0 1 1 0 0 1 1 0 1

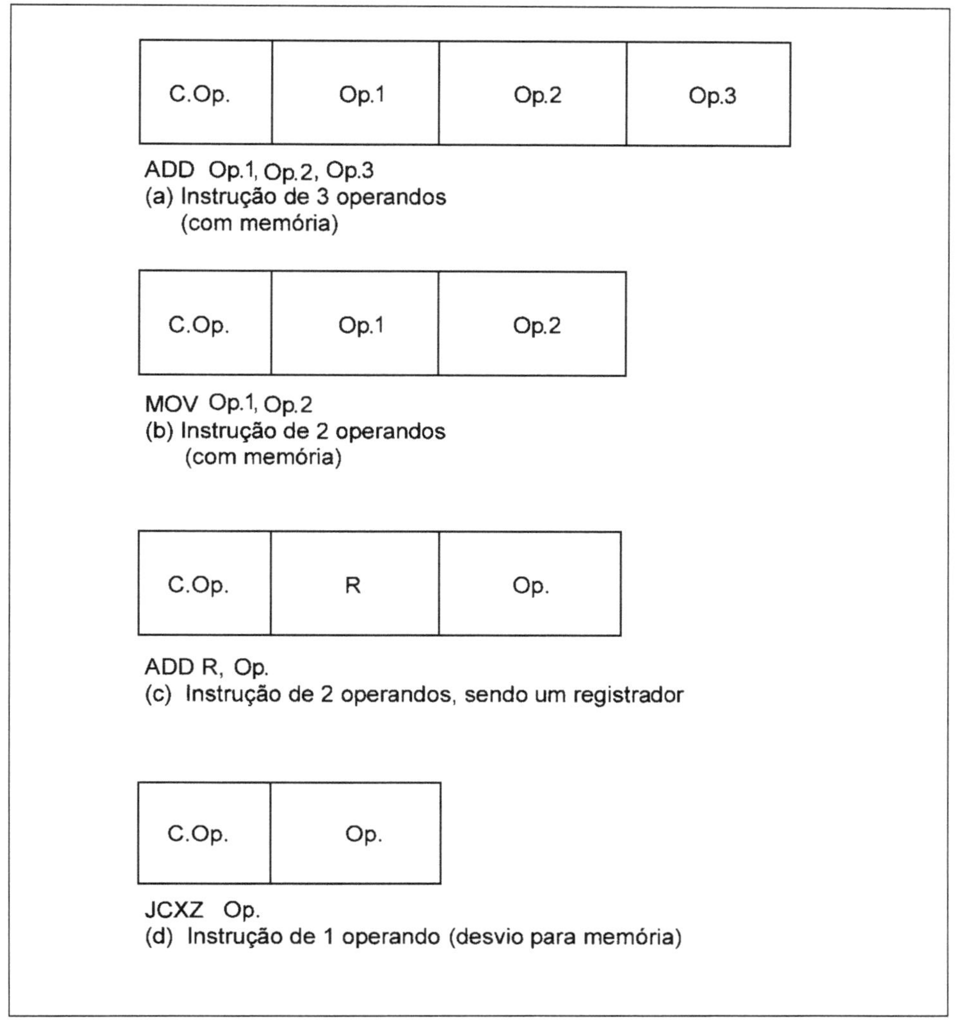

Figura 8.3 Exemplos de formatos de instruções de máquina.

pode ser representada em uma linguagem simbólica de máquina (chamamos a essa linguagem de linguagem Assembly, como veremos mais adiante) assim:

ADD salario, taxa

A distribuição dos bits pelos diversos campos da instrução é rígida e estabelecida no formato e descrição da instrução, realizada no projeto da respectiva arquitetura. No exemplo em questão, a instrução é de 2 operandos (salario e taxa) e poderíamos supor que o campo código de operação (C.Op.), que é representado simbolicamente pela expressão ADD, tem uma largura de 8 bits e que os demais campos, dos operandos (Op.), têm igual largura de 12 bits; desse modo, 8 bits do C.Op. mais duas vezes 12 bits totalizam os 32 bits da instrução.

C.Op.	Salario	Taxa
1 1 0 1 0 0 1 1	1 1 0 0 1 0 0 0 0 0 1 1	1 1 0 0 1 1 0 0 1 1 0 1

8 bits | 12 bits | 12 bits

Esta instrução é normalmente conhecida como instrução ADD (de soma), palavra que indica o código da operação.

A quantidade de bits estabelecida para o campo C.Op. define o limite máximo de instruções que o processador poderá executar. Se, por exemplo, um determinado processador possui instruções de máquina cujo C.Op. é um campo de 7 bits, então esse processador somente poderá ter 128 instruções diferentes, dado que $2^7 = 128$.

No exemplo anterior, o campo C.Op. possuía 8 bits de largura, definindo, então, uma quantidade máxima de 256 códigos de operação ou 256 instruções de máquina.

No que se refere à largura do código de operação, C.Op., há duas maneiras de se criar um conjunto de instruções de um processador:

- instruções com C.Op. de tamanho fixo; e
- instruções com C.Op. de tamanho variável.

Conjuntos de instruções com C.Op. de tamanho fixo são mais simples de implementar e de manipular durante a execução de um programa. Porém, em sistemas que possuem uma grande quantidade de instruções, o tamanho do C.Op. tem de crescer o suficiente para acomodar todos os códigos necessários; com isso, aumenta o tamanho das instruções e, conseqüentemente, o tamanho requerido pelo programa na MP, o que é uma desvantagem de um modo geral.

Nesse tipo de C.Op. pode-se calcular imediatamente a quantidade máxima de instruções que podem ser implementadas no respectivo processador apenas sabendo-se a quantidade de bits do campo.

Por exemplo, um conjunto de instruções que tenham C.Op. de 6 bits pode ter, no máximo, 64 códigos diferentes, ou seja, 64 instruções podem ser criadas.

Nunca se deve esquecer que a memória, apesar dos avanços tecnológicos que têm reduzido o seu custo e da maior capacidade por pastilha, ainda representa uma parcela razoável no preço total de um sistema de computação, não devendo, portanto, ser desperdiçada. Um valor típico de C.Op. de tamanho fixo é 8 bits.

Os microprocessadores Intel 8080 e 8085 são exemplos de utilização de código de operação (C.Op.) de tamanho fixo igual a 8 bits. Embora seja possível configurar 256 diferentes códigos com 8 bits, este não foi o caso dos dois processadores referidos (o 8080 possuía um conjunto de 78 instruções; e o 8085, um conjunto de 80 instruções), visto que, na realidade, cada código variava os 6 bits mais significativos, deixando os 2 bits mais à direita para indicações de especificidade na instrução.

Instruções que possuem C.Op. de tamanho variável permitem codificar uma quantidade maior de instruções com menor quantidade de bits, embora muitas vezes se personalize o tamanho do campo operando (reduzindo-se, com isso, a quantidade de endereçamento de memória) ou se tenha de aumentar o tamanho total da instrução, acarretando os prejuízos de gasto de memória já mencionados.

Basicamente, o C.Op. de tamanho variável permite que se estabeleça um compromisso mais versátil entre a quantidade de bits do código de operação e a quantidade de bits do(s) campo(s) operando(s), de modo a se criar um conjunto de instruções que atenda ao requisito de mais instruções com quantidades diferentes de operandos, sem aumentar demasiadamente o tamanho total das instruções.

Nos processadores Intel 8086, 8088 e 80286 o código de operação tinha 1 byte de tamanho, enquanto nos processadores Intel 386, 486 e Pentium o código de operação pode ter 1 ou 2 bytes de tamanho. Os processadores Motorola, da família 68000, possuem instruções com código de operação de tamanho variável entre 1/2 e 2 bytes.

Na realidade, todos os processadores aqui listados utilizavam um conjunto de instruções denominado em bloco de arquitetura ou "família" x86, visto que, iniciando com o processador 8086, tem servido até o Pentium 4 e mais aos processadores da AMD. Esta arquitetura, naturalmente com as variações decorrentes da largura da palavra dos processadores e de sua própria evolução, é uma só para toda a família de processadores, tendo, por definição, códigos de operação de tamanho não fixo (8 bits – 1 byte ou 16 bits – 2 bytes).

Em geral, o uso de C.Op. de tamanho variável é típico de arquiteturas CISC, cujas instruções como um todo também são de tamanho variável. Já os processadores que seguem os conceitos da arquitetura RISC possuem tamanho fixo de C.Op., e as instruções como um todo também têm tamanho fixo.

Uma outra consideração a ser feita sobre os C.Op. refere-se a sua largura em si (não sobre o fato de ela ser de largura variável, como já descrito).

Já verificamos que a largura do campo C.Op. (sua quantidade de bits) determina o tamanho do conjunto de instruções daquela máquina (a quantidade máxima de instruções que podem ser implementadas naquele processador). Isso também determina a quantidade de saídas possíveis do decodificador de instruções existente com a UC (ver Fig. 6.7). Ou seja, se o C.Op. de um determinado conjunto possui 7 bits, então, o decodificador terá 7 entradas e 128 possíveis saídas para a UC ($2^7 = 128$), conduzindo a 128 possíveis locais da memória de controle (em sistemas multiprogramados) ou 128 seqüências de execução (em unidades de controle programadas no hardware).

Muitas instruções (como em arquiteturas CISC, exemplo da arquitetura x86) significam maior flexibilidade e rapidez da compilação, pois a transformação de um comando de linguagem de alto nível em instruções de máquina é mais simples, o que é uma vantagem. Além disso, têm-se, em princípio, programas executáveis menores, pois sendo as instruções de máquina mais completas aproximam-se das de alto nível.

Por outro lado, quanto maior o número de instruções, mais o hardware do processador tende a ser complexo, com maior quantidade de gates e outros circuitos digitais para poder fazer face aos elementos necessários à execução de tantas instruções diferentes. Essa é uma das razões por que processadores CISC têm um custo maior do que processadores RISC equivalentes (ver Cap. 11).

Além disso, possuindo maior quantidade de saídas possíveis, o decodificador tende a ser mais complexo e levar mais tempo para decodificar cada C.Op. Decodificar um C.Op. de 4 bits, p.ex., que possui apenas 16 possíveis saídas leva menos tempo e gasta menos componentes eletrônicos (pois tem menos lógica) do que decodificar um C.Op. de 8 bits, que possui 256 possíveis saídas. E, mais ainda, a instrução fica mais longa.

Desse modo, verifica-se que a simples (parece simples...) decisão sobre a largura do C.Op. implica uma série de conseqüências que afetam todo o projeto do processador. Ou são decorrentes disso.

8.2.2 Campo Operando (Op.)

O campo operando, ou campos operandos (pois pode haver mais de um campo, indicando a localização de mais de um dado ou endereço), de uma instrução indica genericamente o dado que se deseja manipular em um endereço para buscar ou armazenar um dado ou resultado de uma determinada operação. O dado pode estar explicitamente colocado no próprio campo operando da instrução ou estar armazenado em uma posição de memória ou em um registrador de dados do processador, cujo endereço é o que se encontra no campo operando da instrução. Essa diversidade de apresentação do dado na instrução denomina-se genericamente *modo de endereçamento*, e será analisada mais adiante.

Na prática, o conjunto de instruções definido para um determinado processador ou família de processadores (como é o caso da arquitetura x86) é sempre constituído de uma mistura de formatos diferentes, justamente para permitir a melhor aplicação em cada caso, exceto em arquiteturas do tipo RISC (ver Cap. 11).

No que se refere ao campo Operando, podem-se analisar dois aspectos:

- quantidade de operandos;
- modo de endereçamento do dado (modo de interpretação do valor armazenado no campo operando).

8.3 QUANTIDADE DE OPERANDOS

Desde os primeiros processadores concebidos até os atuais Pentium, PowerPC, K7, Alpha e outros, os projetistas têm definido conjuntos de instruções dos mais variados tipos e formatos, de modo que, mesmo em um único e específico processador, as instruções tendem a ter formato diferente, isto é, com tamanhos e campos diversos, conforme a operação que a instrução indica.

Assim, instruções que realizam operações aritméticas ou lógicas tendem a ter 2 operandos (embora uma instrução desse tipo devesse possuir 3 operandos para se tornar completa, como veremos mais adiante), algumas vezes um apenas (os outros ficam implícitos) e muito raramente 3 operandos. E assim por diante.

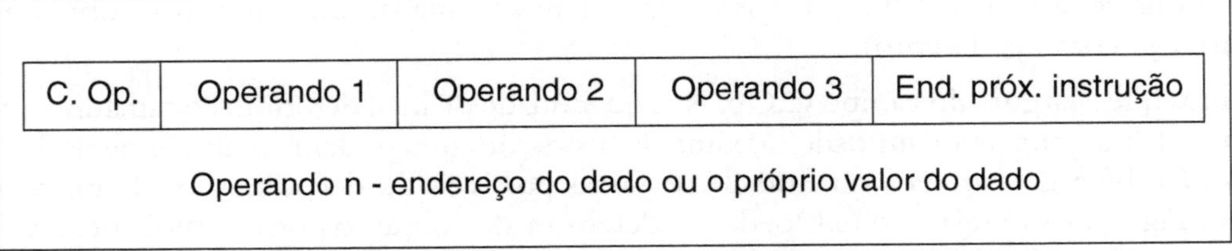

Figura 8.4 Exemplo de formato de instrução de quatro operandos.

Um dos primeiros formatos de instrução idealizados foi incluído no sistema SEAC (Standard Eastern Automatic Computer), que ficou pronto em 1949 e possuía quatro operandos, conforme mostrado na Fig. 8.4.

Tal instrução (que não é mais utilizada, nem a máquina) era completa; não só possuía indicação explícita da localização de todos os operandos (no caso, é claro, de se tratar de uma instrução que realiza uma operação aritmética), como também já trazia armazenado o endereço da próxima instrução.

No caso de um computador com memória de 2K células (endereços) e com instrução tendo um código de operação de 6 bits (conjunto de 64 possíveis instruções), cada instrução teria um tamanho total de 50 bits. Isso porque se a memória tem 2K células, então cada endereço seria indicado por um número de 11 bits, pois:

$2^{n} = 2K$

Como cada campo operando contém o endereço de um dado e a instrução possui quatro operandos:

4 (operandos) × 11 (bits de endereços) + 6 (C.Op.) = 50 bits

Essa máquina poderia ter, p.ex., uma instrução de soma do tipo (em assembler):

ADD X, Y, Z, P,

cuja descrição para execução seria: (Z) ← (X) + (Y), sendo P ← endereço da próxima instrução.

Essa única instrução permitiria a execução da expressão:

C = A+ B

podendo ser representada em linguagem Assembly como:

ADD A, B, C, P

Muitas considerações podem ser feitas a respeito das vantagens relativas à quantidade de operandos desse tipo de instrução, entre as quais podemos citar:

a) *completeza* - a instrução possui todos os operandos necessários à realização de uma operação aritmética, dispensando até instruções de desvio incondicional, pois o endereço de desvio consta no campo P;

b) *menor quantidade de instruções em um programa*, em comparação ao uso de instruções com menor quantidade de operandos, como veremos mais adiante.

Mas, apesar dessas vantagens, esse tipo de instrução tem uma grande desvantagem: a ocupação demasiada de espaço de memória, principalmente se atentarmos para o fato de que grande número de instruções de um programa não necessita de todos os 3 operandos (praticamente só as instruções que tratam de operações matemáticas é que poderiam requerer 3 operandos).

Uma instrução de desvio, por exemplo, precisaria apenas do campo P (que conteria o endereço da próxima instrução, para onde se estaria querendo desviar), restando inúteis 33 bits da instrução (3 × 11 bits).

Outras instruções também deixam de usar todos os campos operandos; a instrução que transfere um valor da MP para o processador (LOAD) é outro exemplo, pois necessita apenas de dois campos: um para o endereço do dado e outro para indicar o endereço da próxima instrução; restariam inúteis dois campos, ou 22 bits. Às vezes, este tipo de instrução poderia requerer outro operando, para indicar o destino do dado no processador, se considerarmos que o local de destino (registrador) poderia ser um entre vários registradores. No exemplo, consideramos que o LOAD seria realizado armazenando o dado em um registrador especial e único, o Acumulador, prescindindo, assim, de indicação explícita na instrução, o que somente aconteceu no conjunto de instruções para os processadores 8008, 8080/8085.

Um dos fatores mais importantes no projeto de um processador consiste na escolha do tamanho das instruções. Essa escolha depende de várias características da máquina, tais como:

- tamanho da memória;
- tamanho e organização das células da MP;
- velocidade de acesso;
- organização do barramento de dados.

O ponto crucial a ser analisado por ocasião do projeto reside na comparação entre dois fatores antagônicos:

economia de espaço e de custo *versus* conjunto completo e poderoso de instruções.

Além disso, um grande conjunto de instruções pode indicar que elas sejam mais completas e, nesse caso, há necessidade de muitos bits na instrução, já que haverá diversos campos de operandos.

No entanto, quanto mais bits a instrução possua, mais memória se consome para armazená-la. Isso é contrário ao desejo de economia de espaço de armazenamento, visando à redução de custos (mesmo atualmente, com a redução dos preços dos dispositivos eletrônicos, memória é sempre um elemento caro).

Continuando, pode-se obter a desejada economia sem comprometer a flexibilidade das instruções e, como possível solução do problema, efetuar uma redução na quantidade de operandos nas instruções.

Se, por exemplo, na instrução mostrada na Fig. 8.4 fosse retirado um operando, então os 44 bits seriam usados para 3 operandos, o que, mantido o mesmo tamanho da palavra, daria para se acessar endereços de 14 bits (2^{14} = 16K) em vez dos 2K anteriores. Além disso, os 2 bits restantes poderiam servir para aumentar o campo código de operação para 8 bits (aumentaria o conjunto de instruções para 256).

Outra possibilidade seria reduzir o tamanho total da instrução, melhorando o uso da memória e permitindo programas maiores.

Na prática, a busca de instruções menores redundou inicialmente na retirada do campo P. Isto foi possível através da concepção de uma técnica mais aperfeiçoada de obter, de forma automática, o endereço da próxima instrução. Esta técnica consistiu na criação de um registrador especial no processador, cuja função indica o endereço da próxima instrução (sendo automaticamente incrementado, está sempre indicando novo endereço). Trata-se, como já vimos no Cap. 6, do CI – contador de instrução (ou em inglês, PC — Program Counter ou IP – Instruction Pointer, como a Intel e AMD chamam).

8.3.1 Instruções com Três Operandos

Uma instrução que trata da execução de uma operação aritmética com dois valores requer, naturalmente, a indicação explícita da localização desses valores. Quando eles estão armazenados na MP, o campo operando deve conter, então, o endereço de cada um deles, o que indica a necessidade de 2 campos operandos. Além disso, se se trata de uma soma de valores é natural imaginar que o sistema deve ser orientado para armazenar o resultado em algum local e, assim, deve haver um terceiro campo operando, para indicar o endereço da MP onde será armazenado o resultado.

A Fig. 8.5 apresenta o formato básico de uma instrução de 3 operandos. Pode-se estabelecer, por exemplo, que os campos Operando 1 e Operando 2 representam o endereço de cada dado utilizado como operando,

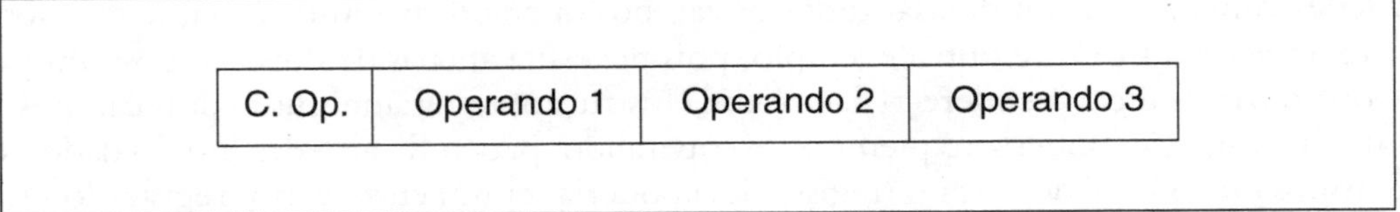

Figura 8.5 Exemplo de formato de instrução de três operandos.

em uma operação aritmética ou lógica, e que o campo Operando 3 contenha o endereço para armazenamento do resultado dessas operações.

As instruções de 3 operandos, empregadas em operações aritméticas, podem ser do tipo (trata-se de instruções em linguagem Assembly – uma instrução Assembly é uma instrução de máquina expressa de forma simbólica, em vez do seu valor binário – ver item 8.5):

```
ADD A, B, X     (X) ← (A) + (B)
SUB A, B, X     (X) ← (A) − (B)
MPY A, B, X     (X) ← (A) × (B)
DIV A, B, X     (X) ← (A) / (B)
```

Para exemplificar sua utilização, consideremos que um programa escrito em linguagem de alto nível contenha o comando mostrado a seguir, o qual calcula o valor de uma expressão algébrica:

$$X = A \star (B + C \star D - E / F) \tag{8.1}$$

Como resultado do processo de compilação (ver Apêndice C), o referido comando será convertido em instruções de máquina que, em conjunto, representam um programa com resultado idêntico ao do comando já apresentado.

Para simplicidade e melhor entendimento nosso, vamos utilizar as instruções da linguagem Assembly para montar o programa equivalente, em vez de criarmos instruções em linguagem binária.

A seqüência do algoritmo para resolver a equação é a seguinte, considerando as regras matemáticas usuais:

1) Inicialmente, resolver as operações internas aos parênteses.
2) Dentre as operações existentes, a primeira a ser realizada é a multiplicação de C por D (o resultado é armazenado em uma variável temporária, T1) e, em seguida, a divisão de E por F (resultado em uma variável temporária, T2); prioridade dessas operações sobre soma e subtração).
3) Posteriormente, efetua-se a soma de B com T1.
4) Subtrai-se T2 do resultado dessa soma.
5) Finalmente, multiplica-se A por esse último resultado e armazena-se em X.

Considerando as instruções Assembly de 3 operandos, anteriormente definidas, podemos construir o seguinte programa equivalente ao comando exemplificado:

```
MPY     C, D, TI      ; multiplicação de C e D, resultado em T1 (item 2).
DIV     E, F, T2      ; divisão de E por F, resultado em T2 (item 2)
ADD     B, TI, X      ; soma de B com T1; resultado em X (item 3).
SUB     X, T2, X      ; subtração entre X e T2, resultado em X (item 4)
MPY     A, X, X       ; multiplicação de A por X, resltado em X (item 5)
```

Utilizaram-se duas variáveis temporárias, TI e T2; todas as letras usadas (A, B, C, D, E, F, T1, T2, X) representam variáveis, que são endereços simbólicos de memória. A ordem de execução foi a normal: da esquerda para a direita, de acordo com a prioridade matemática.

Observemos que há operandos com endereços iguais, o que é um desperdício de espaço de memória. Também deve ser observado que o número de instruções é igual ao de operações; isso sempre acontecerá com instruções de 3 operandos, pois cada uma delas resolve por completo uma operação.

Ainda que se tenha reduzido a quantidade de operandos (de quatro para três), continuamos a consumir demasiado espaço de memória para a efetiva utilização dos operandos (continua a haver muitas instruções que não requerem todos os campos de operandos).

Instruções de máquina de 3 operandos são raramente encontradas em conjuntos de instruções dos atuais processadores existentes no mercado, devido principalmente ao seu longo tamanho.

Exemplos dessas instruções podem ser encontrados em processadores RISC, como os processadores MIPS, que possuem instruções do tipo:

ADD $t0, $s1, $s2);

Já o Pentium possui apenas duas instruções (IMUL) de três operandos.

8.3.2 Instruções com Dois Operandos

No exemplo anterior, pudemos observar que a maioria das instruções exige apenas dois endereços (o outro é repetido). Considerando a importância do problema de economia de espaço de armazenamento, foram criadas instruções com dois campos de operandos, como:

ADD A, B (A) ← (A) + (B)

As demais operações aritméticas seriam realizadas com instruções de formato igual. Na realidade, o conjunto de instruções aritméticas de dois operandos poderia ser do tipo a seguir indicado:

```
ADD   Op.1,Op.2   (Op1) ← (Op.1) + (Op.2)
SUB   Op.1,Op.2   (Op.1) ← (Op.1) − (Op.2)
MPY   Op.1,Op.2   (Op.1) ← (Op.1) * (Op.2)
DIV   Op.1,Op.2   (Op.1) ← (Op.1) / (Op.2)
```

Nesse caso, o conteúdo da posição de memória, cujo endereço está indicado em Op.1 (valor do primeiro operando), será destruído com o armazenamento, naquele endereço, do resultado da operação. Pode-se evitar, quando necessário, essa destruição "salvando-se" o valor da variável antes da execução da instrução.

Esse "salvamento" de variável pode ser realizado através de uma nova instrução:

MOVE A,B (A) ← (B)

Com essas instruções de 2 operandos, o comando correspondente à Eq. (8.1) poderia ser convertido, para execução, no programa Assembler apresentado a seguir, ainda de acordo com a seqüência apresentada no item anterior:

```
MPY    C,D   ; multiplicação de C por D, resultado em C (item 2)
DIV    E,F   ; divisão de E por F, resultado em E (item 2)
ADD    B,C   ; soma de B com C, resultado em B (item 3)
SUB    B,E   ; subtração entre B e E, resultado em B (item 4)
MPY    A,B   ; multiplicação de A por B, resultado em A (item 5)
MOVE   X,A   ; armazenamento do resultado final, A, em X
```

Note, agora, que a seqüência contém uma instrução a mais que o número de operações da expressão; e, também, podemos observar que foram destruídos os valores armazenados nos endereços correspondentes às variáveis A, B, C e E.

É sempre provável que se empregue, em um programa, uma variável mais de uma vez. Para evitar que uma determinada variável tenha seu valor destruído devido ao armazenamento de um resultado parcial no endereço correspondente, podem-se usar algumas variáveis temporárias e instruções MOVE com o propósito de preservar todos os valores de variáveis.

Assim, a execução da instrução

```
MPY     C, D
```

acarretaria a destruição do valor da variável C, visto que a descrição da instrução orienta a soma do valor armazenado no endereço indicado no campo (Op.1), que, neste caso, é correspondente à variável C, com o valor armazenado no endereço indicado no campo (Op.2) que, no caso, é correspondente à variável D, e que o resultado obtido (valor C + D) seja armazenado na MP no endereço indicado no mesmo campo (Op.1), que era o de C.

Para evitar essa destruição, o programa anterior poderia ser alterado para o seguinte:

MOVE	X, C	; mover cópia de C para o endereço X
MPY	X, D	; multiplicar X (cópia de C) por D. O resultado será armazenado em X e não mais em C e, assim, o valor da variável não é destruído (item 2)
MOVE	T1, E	; mover cópia de E para o endereço T1
DIV	T1, F	; dividir T1 (cópia de E) por E. O resultado será armazenado em T1 e não mais em E (item 2)
ADD	X, B	; somar X com B, resultado em X (item 3)
SUB	X, T1	; subtrair T1 de X, resultado em X (item 4)
MPY	X, A	; multiplicar A por X, resultado final em X (item 5)

A Fig. 8.6 mostra um formato típico de instrução de 2 operandos, indicando-se nela o campo C.Op. e dois campos operandos, denominados *destino* (*destination*) e *fonte* (*source*), os quais, como já mencionado, podem ser endereços de memória ou indicadores de qual registrador se deseja a atividade. Na figura incluíram-se duas alternativas para a nomenclatura dos campos operandos, chamados de "operando 1" e "operando 2" ou de "destino" e "origem", o que tem sido mais comumente usado pelos fabricantes.

C. Op.	Operando 1	Operando 2

C. Op.	Destino (destination)	Origem (source)

Figura 8.6 Exemplo de formatos de instrução de dois operandos.

Os processadores que seguem as especificações conhecidas como arquitetura IA-32 ou da linguagem Assembly x86 possuem diversas instruções de 2 operandos, como:

```
MOV     EAX, EBX
MOV     CX, variável
ADD     AL, 25
```

Além dos processadores CISC (da arquitetura IA-32) também processadores RISC possuem instruções de 2 operandos, como o processador SPARC e o MIPS; um exemplo é a instrução do MIPS

```
Lw $tn, $sm
```

8.3.3 Instruções com Um Operando

Considerando as vantagens obtidas com a redução da quantidade de operandos (instruções menores), foram também criadas instruções de apenas 1 operando (instruções do tipo usado no Cap. 6).

Com esse tipo, um registrador específico, usualmente o acumulador (ACC) é empregado como operando implícito (não é necessário especificar seu endereço na instrução, pois só há um ACC), guardando o valor de um dos dados e, posteriormente, o valor do resultado da operação.

ADD Op. ACC ← ACC + (Op.)

SUB Op. ACC ← ACC − (Op.)

MPY Op. ACC ← ACC * (Op.)

DIV Op. ACC ← ACC / (Op.)

Com o propósito de permitir a transferência de dados entre o ACC e a MP, foram criadas duas novas instruções,

LDA Op. que significa ACC ← (Op.)

STA Op. (Op.) ← ACC

Ainda o mesmo comando mostrado na Eq. (8.1) poderia ser convertido no programa Assembler, mostrado a seguir, constituído de instruções de 1 operando (sem destruirmos valor algum das variáveis).

```
LDA C
MPY D
STA X
LDA E
DIV F
STA T1
LDA B
ADD X
SUB T1
MPY A
STA X
```

A comparação entre os diferentes programas (para instruções com 3 operandos, com 2 e com 1 operando) está mostrada na Tabela 8.2, a qual inclui, também, a quantidade de memória despendida com cada programa, bem como a quantidade de acessos à memória (para ciclos de leitura ou de escrita) em cada caso.

Para calcular a quantidade de bits gasto em cada programa foi considerado um tamanho de código de operação de 8 bits (para todos os três tipos de instrução) e uma MP com capacidade de armazenamento de 1M células, sendo, portanto, cada campo operando de 20 bits (endereço do dado), visto que 2^{20} = 1M.

Tabela 8.2 Tamanho e Consumo de Tempo de Execução de Instruções de 3, de 2 e de 1 Operando

Instrução de 3 operandos —	C.Op. = 8 bits + 3 operandos de 20 bits cada um = 68 bits acessos = 4 (1 para buscar a instrução e 3 para cada operando)
Instrução de 2 operandos —	C.Op. = 8 bits + 2 operandos de 20 bits cada um = 48 bits acessos = 4 (1 para buscar a instrução e 3 para cada operando)
Instrução de 1 operando —	C.Op. = 8 bits + 1 operando de 20 bits = 28 bits acessos = 2 (1 para buscar a instrução e 1 para o operando)

Tabela 8.3 Programas Assembly para Solucionar a Equação: X = A * (B + C * D − E / F)

Com instruções de 3 operandos	Com instruções de 2 operandos (sem salvamento)	Com instruções de 2 operandos (com salvamento)	Com instruções de 1 operando

MPY C, D, T1
DIV E, F, T2
ADD B, T1, X
SUB X, T2, X
MPY A, X, X
	MPY C, D
	DIV E, F
	ADD B, C
	SUB B, E
	MPY A, B
	MOVE X, A
		MOVE X, C
		MPY X, D
		MOVE T1, E
		DIV T1, F
		ADD X, B
		SUB X, T1
		MPY X, A
			LDA C
			MPY D
			STA X
			LDA E
			DIV F
			STA T1
			LDA B
			ADD X
			SUB T1
			MPY A
			STA X

Espaço: 340 bits Tempo: 20 acessos	Espaço: 288 bits Tempo: 24 acessos	Espaço: 336 bits Tempo: 28 acessos	Espaço: 308 bits Tempo: 22 acessos

A Tabela 8.2 apresenta o tamanho em bits de cada tipo de instrução, bem como a quantidade de acessos que são consumidos em cada uma delas.

Os programas mostrados na Tabela 8.3 indicam que, em termos de gasto de memória, instruções de 3 operandos são custosas, em termos de espaço, razão por que não são usadas na IA-32, embora continuem nos processadores RISC. Usualmente, as instruções de 2 operandos são mais bem empregadas em operações matemáticas (aritméticas e lógicas), como no conjunto de instruções x86 utilizando-se também instruções de 1 operando em outros casos, como instruções de desvio.

Instruções de poucos operandos ocupam menos espaço de memória e tornam o projeto do processador mais simples em virtude das poucas ações que elas induzem a realizar. No entanto, o programa gerado em binário é algumas vezes maior devido ao aumento da quantidade de instruções (não é o caso do exemplo apresentado na Tabela 8.3).

Instruções de 1 operando são simples e baratas de implementar, porém somente empregam um único registrador (o ACC) e, com isso, reduzem a flexibilidade e a velocidade de processamento (o emprego de mais de um registrador acelera o processamento devido à velocidade de tranferência desses dispositivos). Embora não sejam empregadas em operações aritméticas, instruções de 1 operando servem, por exemplo, para chamadas de rotinas.

8.3.4 Instruções com Zero Operando (Pilha)

O tipo de instrução que não possui operando (possui apenas o campo C.Op. – código de operação) requer uma estrutura de armazenamento denominada **pilha**.

Uma pilha é uma estrutura de armazenamento onde um dado é armazenado em seguida ao outro e cujo acesso para manipulação ocorre sempre com os dois últimos dados armazenados, o que está no topo da pilha (último a ser armazenado) e o que se segue ao do topo. A pilha é, então, uma organização do tipo: último a chegar é o primeiro a ser manipulado (acessado), ou LIFO (*Last IN First OUT*).

Na estrutura da pilha, como os dados a serem manipulados (operandos) já estão localizados (topo e subtopo), não há necessidade de explicitarem-se os seus endereços nos campos operandos.

Uma pilha pode ser organizada com registradores ou em uma parte da memória, e usualmente requer, pelo menos, um registrador denominado ponteiro da pilha (SP – *stack pointer*); o SP contém sempre o endereço de acesso ao topo da pilha. As instruções que manipulam a pilha são de dois tipos:

– duas instruções com 1 endereço (o de acesso) – PUSH e POP

– instruções aritméticas com zero endereço: ADD – SUB – MPY – DIV e outras.

A instrução PUSH (empilhar) armazena um dado "acima" daquele que está no momento no topo da pilha (na realidade, é costume a pilha crescer para os endereços menores da memória (ver Fig. 8.7), alterando o valor armazenado no registrador SP (SP = SP – 1)).

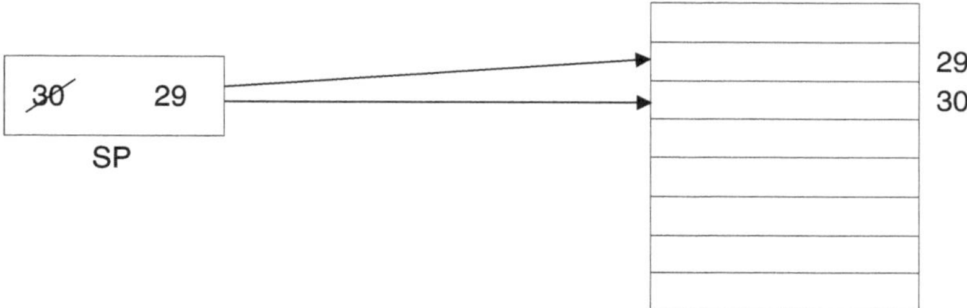

A instrução POP (desempilhar) remove o dado do topo da pilha, alterando o valor armazenado no registrador SP (SP = SP + 1).

Observação: Mostramos o empilhamento e desempilhamento por meio da soma ou subtração do valor 1 ao SP, assumindo que cada dado ocupa uma única célula (um endereço) de memória. Caso os dados ocupassem mais de uma célula, o SP teria de ser alterado de mais de 1 (SP = SP + – n, sendo n igual à largura em células do dado).

Uma instrução de zero operando (endereços) pode ser do tipo:

ADD somar os dois valores no topo (o topo e o que se segue), remover os dois, executar um POP e armazenar o resultado no novo topo.

Exemplo 8.1

Obter o resultado de X na equação X = A * B + C, utilizando pilha e instruções de zero operandos.

Solução

(a) A pilha está vazia e o SP (registrador que contém o ponteiro da pilha) tem armazenado o endereço 34 (topo da pilha).

PUSH A empilhar a variável A (SP = SP – 1 ou SP = 34 – 1 = 33 e A é armazenado no endereço 33, que passa a ser o novo topo da pilha).

PUSH B empilhar a variável B (SP = SP – 1 ou SP = 33 – 1 = 32 e B é armazenado no endereço 32, que passa a ser o novo topo da pilha).

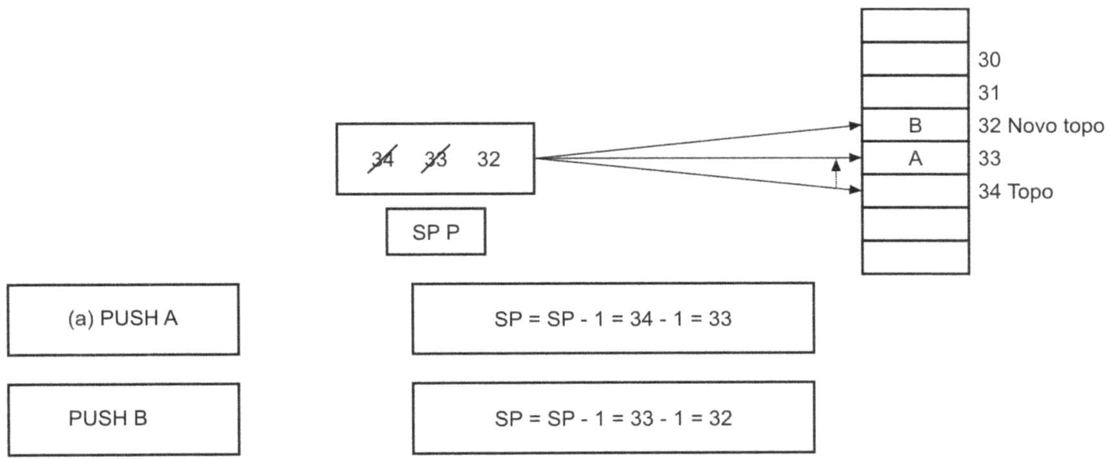

Figura 8.7(a) Execução da 1.ª parte da equação, carregando A e B na pilha.

(b) MPY multiplicar A e B; desempilhar B (POP B – SP + SP + 1 ou SP = 32 + 1 = 33) e o resultado é armazenado no novo topo da pilha (endereço 33).

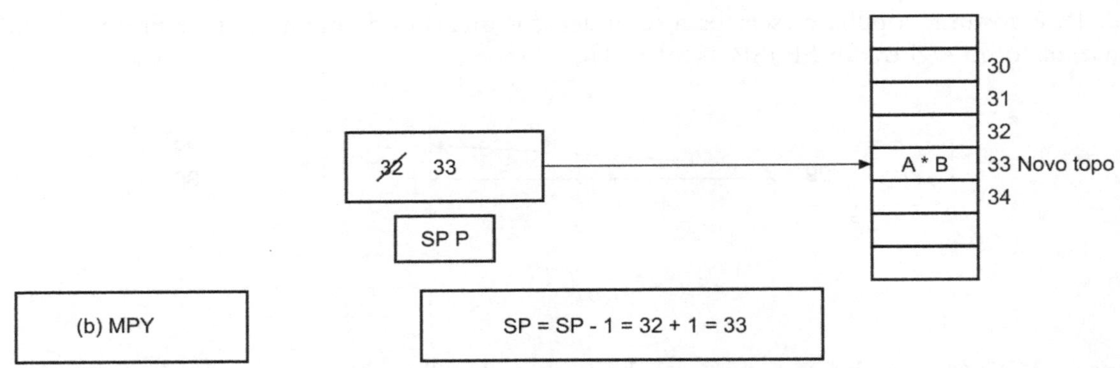

Figura 8.7(b) Execução da 2.ª parte – multiplicação (0 operando) de A e B.

(c) PUSH C idem a PUSH A (ou B) (SP = 33 – 1 = 32).

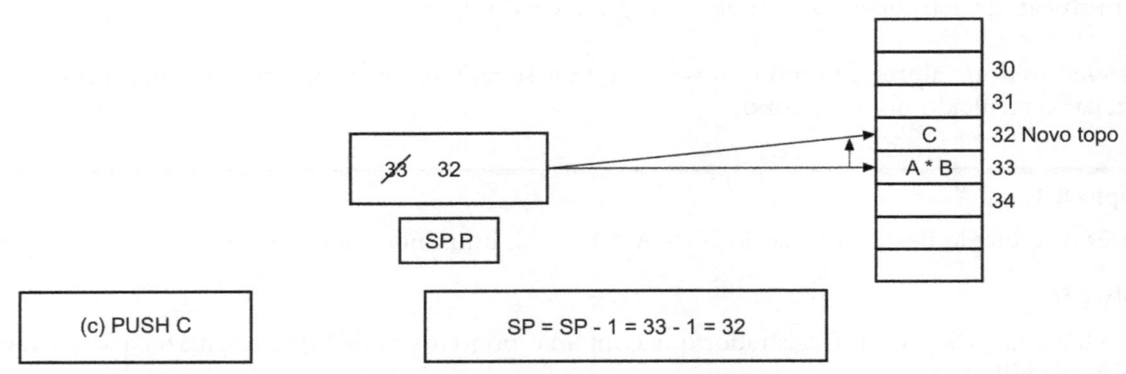

Figura 8.7(c) Execução da 3.ª parte – carregar C no topo da pilha, em cima do resultado de A * B.

(d) ADD somar (A * B) com C; desempilhar C (POP C – SP = 32 + 1 = 33).

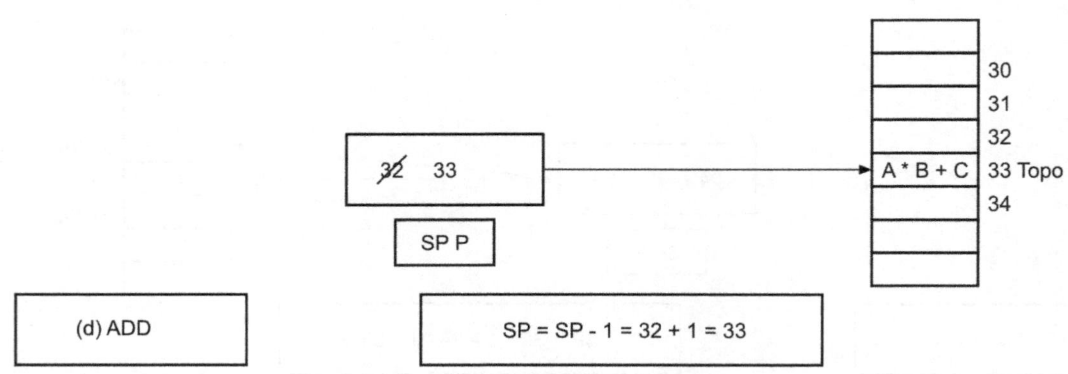

Figura 8.7(d) Execução da 4.ª parte – somar C com (A * B), desempilhar C e o resultado é o novo topo da pilha, em cima do resultado de A * B.

(e) POP X o resultado é armazenado em X; SP = 33 + 1 = 34.

8.4 MODOS DE ENDEREÇAMENTO

No Cap. 6 descrevemos o formato básico de instruções de máquina e o ciclo de execução de cada instrução, concluindo que:

a) O endereçamento de uma instrução é sempre realizado através do valor armazenado no contador de instrução (CI). Todo ciclo de instrução é iniciado pela transferência da instrução para o RI (usando-se o endereço contido no CI).

b) Toda instrução consiste em uma ordem codificada (código de operação), para o processador executar uma operação qualquer sobre dados. No contexto da interpretação de uma instrução, o dado pode ser um valor numérico, um caractere alfabético, um endereço (instrução de desvio).

c) A localização do(s) dado(s) pode estar explicitamente indicada na própria instrução por um ou mais conjuntos de bits, denominados *campo do operando,* ou implicitamente (quando o dado estiver armazenado no único registrador existente no processador para este fim, como era o caso quando os processadores possuíam o ACC – acumulador).

Todos os exemplos apresentados até esse ponto definiram o campo operando como contendo o endereço da MP onde está localizado o dado referido na instrução; no entanto, essa não é a única maneira de indicar a localização de um dado, havendo outros *modos de endereçamento.*

A existência de vários métodos para localizar um dado que está sendo referenciado em uma instrução se prende à necessidade de dotar os sistemas de computação da necessária flexibilidade no modo de atender aos diferentes requisitos dos programas, o que é uma característica típica de arquiteturas CISC.

Para justificar a existência de muitos métodos de indicar a localização do dado referenciado na instrução pode-se citar o caso de instruções em que é ineficiente usar o dado armazenado na MP, como, por exemplo, o de um contador, o qual tem um valor fixo inicial e, durante a execução do programa, é sistematicamente atualizado. Nesse caso, melhor seria se o referido contador (dado) fosse inicialmente transferido para um registrador, dentre os que estivessem disponíveis no processador e lá permanecesse (sendo diretamente atualizado no processador) até o final da execução do programa, em vez de ir da MP para o processador e vice-versa (para atualização de seu valor), o que acarreta um considerável gasto de tempo para os repetidos ciclos de leitura e gravação.

A manipulação de vetores acarreta a necessidade de se estabelecer um método eficaz de endereçamento para variáveis que ocupam posições contíguas de memória, ocasionando outro tipo de necessidade de indicar-se o dado de forma diferente. E assim por diante.

Dentre os diversos modos de endereçamento desenvolvidos para processadores, os principais são:

- imediato;
- direto;
- indireto;
- por registrador;
- indexado;
- base mais deslocamento.

A existência de muitos modos de endereçamento de dados em um mesmo conjunto de instruções é típico de arquiteturas CISC, pois sem dúvida aumenta a complexidade da decodificação de cada instrução e aumenta a quantidade delas, com isso acarretando todas as desvantagens já mencionadas quando analisamos a largura do campo código de operação.

Nem todos esses modos estão incluídos nos conjuntos de instruções dos processadores contemporâneos, mas devem ser descritos não só por razões históricas, mas para percepção do leitor do processo evolutivo da tecnologia.

8.4.1 Modo Imediato

O método mais simples e rápido de obter um dado é indicar seu próprio valor no campo operando da instrução, em vez de buscá-lo na memória. A vantagem desse método reside no curto tempo de execução da instrução, pois não gasta ciclo de memória para sua execução, exceto o único requerido para sua busca.

Assim, o dado é transferido da memória juntamente com a instrução (para o RI), visto estar contido no campo operando da instrução. A Fig. 8.8 mostra um exemplo do uso de modo de endereçamento imediato.

Esse modo, denominado *imediato*, é útil:

- para inicialização de contadores (um valor sempre fixo em toda execução do mesmo programa);
- na operação com constantes matemáticas;
- para armazenamento de ponteiros em registradores do processador; ou
- para indicação da quantidade de posições em que um determinado número será deslocado para a direita ou para a esquerda (em operações de multiplicação e divisão – operações de shift).

Uma de suas desvantagens consiste na limitação do tamanho do campo operando das instruções, o que reduz o valor máximo do dado a ser manipulado.

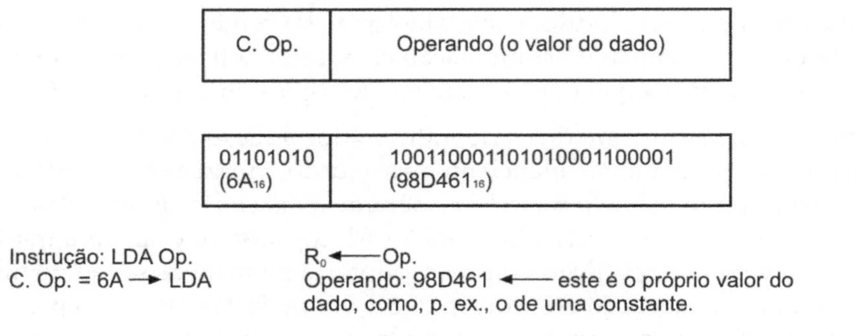

Figura 8.8 Exemplo de modo de endereçamento imediato.

Outra desvantagem é o fato de que, em programas repetidamente executados, com valores de variáveis diferentes a cada execução, esse método acarretaria o trabalho de alteração do valor do campo operando a cada execução (dado de valor diferente).

Tanto os processadores Intel (Pentium) quanto AMD (Athlon) – arquitetura x86 – possuem uma ou mais instruções que empregam o modo de endereçamento imediato: para instruções de desvio; de movimentação de um dado; para operações aritméticas com uma constante etc.

Aqueles processadores possuem, entre outras, a instrução:

MOV R, Op., que pode ser assim usada: MOV AL, 22H (copiar o valor hexadecimal 22 para o registrador AL, sendo o valor de tamanho igual a 1 byte).

Com esta mesma instrução é possível copiar um valor de 32 bits. Por exemplo: MOV EBX, 33445566H (copiar o valor hexadecimal 33445566 para o registrador de 32 bits EBX).

Exemplo 8.2

C. Op.	Operando
4 bits	8 bits

JMP Op. CI ← Op.
C. Op. = 1010 = hexadecimal A

Instrução: 101000110101 ou A35 (C.Op. = A e Operando = 35) _______ Armazenar o valor 35 no CI.

Exemplo 8.3

C. Op.	R	Operando	MOV R, Op. R ← Op. C. Op. = 0101 = hexadecimal 5
4 bits	4 bits	8 bits	

Instrução: 0101001100000111 ou 5307 (C.Op. = 5, R = 3 e Operando = 07) ______ Armazenar o valor 07 no registrador de endereço 3 (R3).

8.4.2 Modo Direto

Nesse método, o valor binário contido no campo operando da instrução indica o endereço de memória onde se localiza o dado. Tem sido o modo empregado em nossos exemplos anteriores.

O endereço pode ser o de uma célula onde o dado está inteiramente contido ou pode indicar o endereço da célula inicial (menor endereço), quando o dado está armazenado em múltiplas células e o método de disposição do dado é big-endiam (ver Apêndice D).

É também um modo simples de acesso, pois requer apenas uma referência à MP para buscar o dado, sendo, porém, mais lento que o modo imediato devido naturalmente à referência à memória.

Quando um dado varia de valor a cada execução do programa, a melhor maneira de utilizá-lo é, inicialmente, armazená-lo na MP (do dispositivo de entrada para a memória). O programa, então, usa o dado através do modo direto, onde a instrução indica apenas o endereço onde ele se localiza. Esta é a característica de uma variável de programa representar simbolicamente o endereço do dado.

Uma possível desvantagem desse processo está na limitação de memória a ser usada, conforme o tamanho do campo operando. Isto é, se o campo tiver um tamanho, por exemplo, de 12 bits, com o emprego do modo direto somente se pode acessar as células de endereço na faixa de 0 a 4095 (decimal), correspondentes aos valores binários 000000000000 a 111111111111.

Como o espaço de endereçamento de MP pode ser muito grande (endereços com 32 bits, como os dos Pentium e Athlon ou PowerPC, podem endereçar até 4GB, pois 2^{32} = 4G), não seria desejável criar instruções com um campo operando de tantos bits. Nesse caso, usa-se um artifício para reduzir o tamanho do campo operando através de outro modo de endereçamento, como base + deslocamento, a ser descrito adiante.

Os processadores que usam a arquitetura x86 possuem várias instruções no modo direto (com o artifício), uma das quais, do tipo MOV R, Op., que pode ser implementada copiando até quatro células contíguas de memória, 32 bits, para um registrador.

A Fig. 8.9 mostra um exemplo do uso de modo de endereçamento direto, também demonstrado nos exemplos a seguir.

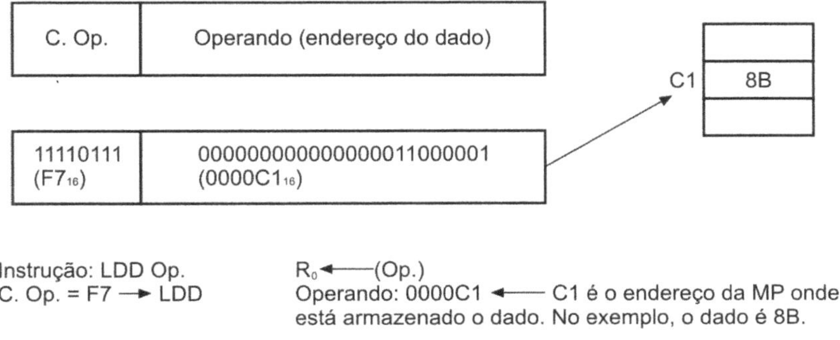

Figura 8.9 Exemplo de modo de endereçamento direto.

Exemplo 8.4

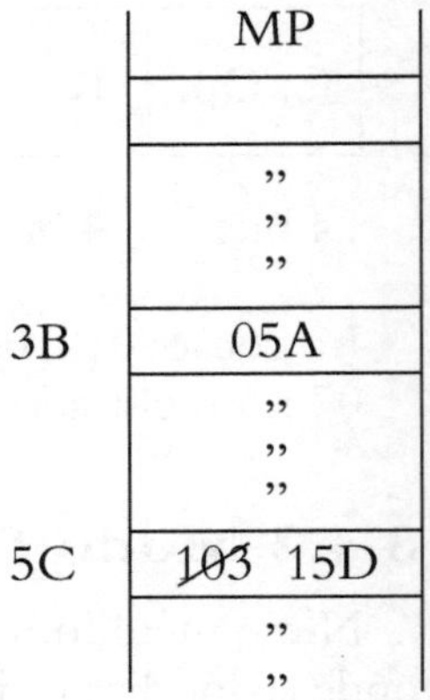

a)

C.Op.	Operando

4 bits 8 bits

Instrução de C.Op. = 7H LDA Op. R ← (Op.)

Após a execução da instrução, o valor (uma cópia) armazenado na memória no endereço indicado no campo Op. será armazenado no registrador R.

Instrução do exemplo: 73B

Como, no trecho de memória mostrado ao lado, o endereço 3B contém o valor 05AH, então, ao final da execução da instrução o valor 05A (do endereço 3B) será armazenado no registrador R.

	MP
	”
	”
	”
3B	05A
	”
	”
	”
5C	~~103~~ 15D
	”
	”

b)

C.Op.	Op. 1	Op. 2

4 bits 8 bits 8 bits

Instrução: C.Op. = B ADD Op.1, Op.2 (Op.1) ← (Op.1) + (Op.2)

Instrução do exemplo: B5C3B

Somar o dado de valor binário 000100000011 ou hexadecimal 103 armazenado na célula de endereço hexadecimal 5C (Operando l) com o dado de valor binário 000001011010 ou hexadecimal 05A armazenado na célula de endereço 3B (Operando 2) e armazenar o resultado (15D) na célula de endereço hexadecimal 5C (Operando 1).

8.4.3 Modo Indireto

Nesse método, o valor binário do campo operando representa o endereço de uma célula; mas o conteúdo da referida célula não é o valor de um dado (como no modo direto), é um outro endereço de memória, cujo conteúdo é o valor do dado.

Assim, há um duplo endereçamento para o acesso a um dado e, conseqüentemente, mais ciclos de memória para buscar o dado, comparativamente com os métodos já apresentados.

O endereço intermediário (conteúdo da célula endereçada pelo valor do campo operando) é conhecido como *ponteiro,* pois indica a localização do dado (“aponta” para o dado).

Com esse processo, elimina-se o problema do modo direto, de limitação do valor do endereço do dado, pois estando o endereço armazenado na memória (pode ocupar uma ou mais células) se estenderá ao tamanho necessário à representação do maior endereço da MP do sistema de computação em uso.

O conceito de ponteiro de dado é largamente empregado em programação, porém não é mais comum o emprego desse tipo de instrução em arquiteturas modernas, devido à lentidão do processo.

A Fig. 8.10 mostra um exemplo do uso do modo de endereçamento indireto, também demonstrado nos exemplos a seguir.

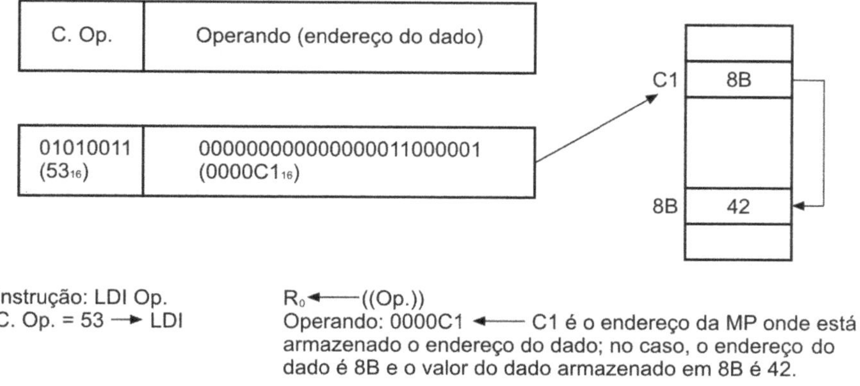

A instrução pode indicar que se deseja armazenar em R_0 o valor cujo endereço de memória é o endereço do dado. Há um duplo endereçamento.

Figura 8.10 Exemplo de modo de endereçamento indireto.

Exemplo 8.5

C.Op.	Operando
4 bits	8 bits

C.Op. = 4 LDA Op. R ← ((Op.))

Exemplo: instrução 474

	MP
74	05D
	"
5D	1A4
	"

74 é o endereço de memória, cujo conteúdo (5D) é o endereço do dado (1A4). Após a execução da instrução, o valor 1A4 (uma cópia dele) é armazenado no registrador R.

Com isso, teremos dois acessos à memória, um para buscar o conteúdo de 74 e o outro para buscar efetivamente o dado.

Uma das implementações dessa variação do modo indireto prevê a inclusão de um bit especial na instrução, o qual representa a continuação ou não do endereçamento; se o valor desse bit for igual a 0, o endereçamento prossegue com novo acesso, enquanto o valor 1 significa o encerramento do processo, isto é, o endereço final do dado.

O método não existe mais nas arquiteturas atuais devido à quantidade de acessos à memória e sua complexidade para programadores em linguagem Assembly.

Nos sistemas mais antigos, um dos possíveis usos para o modo indireto era na manutenção de ponteiros de dados. Se tivermos uma relação de dados a serem movimentados para novas posições de memória (caso, por exemplo, de elementos de vetores) usando o modo indireto, basta apenas modificar o valor da célula endereçada no primeiro nível (campo do operando), isto é, modificar o endereço de acesso ao dado, sem alterar o valor do campo operando.

Como já mencionado anteriormente, a grande desvantagem desse método é, obviamente, a maior quantidade de ciclos de memória requerida para completar o ciclo da instrução, pois para se acessar um dado no modo indireto é necessário efetuar dois acessos à memória (um para buscar o endereço do dado e outro para efetivamente buscar o dado).

Observações

1) Há dois métodos de indicação do modo de endereçamento de instruções:

a) cada código de operação estabelece não só o tipo da instrução como também o modo de endereçamento;

A Fig. 8.11 apresenta um exemplo desse método.

b) a instrução possui um campo específico para indicar o modo de endereçamento; nesse campo, consta um código binário correspondente ao modo desejado. A Fig. 8.12 apresenta em exemplo desse método.

2) Comparando-se as características dos três modos de endereçamento apresentados, pode-se observar que:

a) o modo *imediato* não requer acesso à MP para buscar o dado (exceto, é claro, para a busca da instrução); o modo *direto* requer um acesso, e o modo *indireto* pelo menos dois acessos para a busca do dado na MP;

b) quanto ao tempo de execução das instruções, as que usam o modo *imediato* são mais rápidas, seguidas das que usam o modo *direto* e, finalmente, as que usam o modo *indireto* são executadas mais lentamente. A velocidade de execução é diretamente proporcional à quantidade de acessos despendida em cada ciclo da instrução.

C. Op.	Operando
4 bits	8 bits

C. Op.	Sigla	Descrição
2	LDI Op.	ACC ← Op. (imediato)
3	LDA Op.	ACC ← (Op.) (direto)
4	LDID Op.	ACC ← (Op.) (indireto)

Instrução hex.	binário	ACC (Após execução)
233E	0010001100111110	033E
333E	0011001100111110	0341
433E	0100001100111110	02AB

Endereço	Conteúdo
33C	A5D
33D	43E
33E	341
33F	03C
340	33D
341	2AB

Figura 8.11 Modo de endereçamento implícito no código de operação.

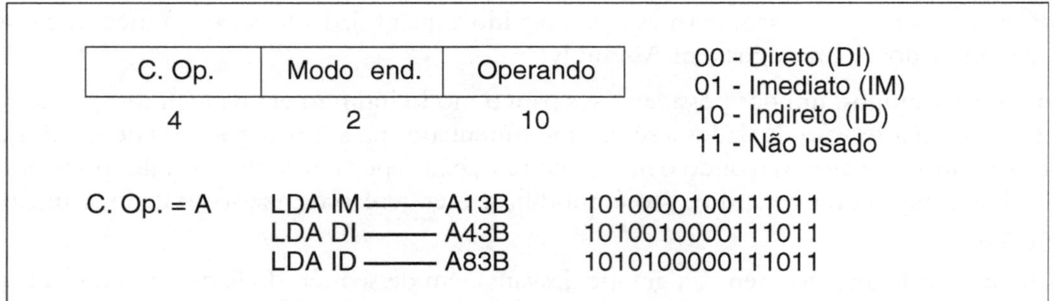

Figura 8.12 Exemplo de instrução com indicação explícita do modo de endereçamento.

A Fig. 8.13 apresenta um resumo comparativo da definição, vantagens e desvantagens de cada modo de endereçamento.

Modo de endereçamento	Definição	Vantagens	Desvantagens
Imediato	O campo operando contém o dado.	Rapidez na execução da instrução.	Limitação do tamanho do dado. Inadequado para o uso com dados de valor variável.
Direto	O campo operando contém o endereço do dado.	Flexibilidade no acesso a variáveis de valor diferente em cada execução do programa.	Perda de tempo, se o dado é uma constante.
Indireto	O campo operando contém o endereço da posição de memória que contém o endereço definitivo do dado.	Manuseio de vetores (quando o modo indexado não está disponível). Uso como "ponteiro".	Muitos acessos à MP para execução.

Figura 8.13 Quadro demonstrativo das características dos modos de endereçamento.

Um exemplo de modo direto, nos processadores SPARC é o da instrução ADD

ADD r_{s1}, r_{s2}, r_d r_{s1} e r_{s2} são registradores de origem (source) 1 e 2

Na arquitetura x86 há muitas instruções que usam o modo direto, seja com acesso à memória seja com o endereço de um registrador, o qual contém o dado, como a instrução

CMP reg, reg (comparando o conteúdo de 2 registradores)

ou

CMP mem, reg (utilizando posição de memória e de registrador)

8.4.4 Endereçamento por Registrador

Esse método tem característica semelhante aos modos direto e indireto, exceto que a célula (ou palavra) de memória referenciada na instrução é substituída por um dos registradores do processador. Com isso, o endereço mencionado na instrução passa a ser o de um dos registradores, e não mais de uma célula da MP.

A primeira vantagem, logo observada, consiste no menor número de bits necessários para endereçar os registradores, visto que estes existem em muito menor quantidade que as células de memória. Isto reduz o tamanho geral da instrução.

Um computador que tenha, por exemplo, um processador com 16 registradores requer apenas 4 bits para endereçá-los (cada um dos 16 registradores tem um endereço de 4 bits, de 0 a F_{16}, por exemplo); no caso de endereçamento de células de MP, como o espaço de endereçamento das memórias é grande há necessidade de 20 ou mais bits para indicar o endereço de cada uma das células (é claro que, com o emprego do método de registrador + deslocamento a largura do campo operando não é tão grande, mas será sempre maior do que a de indicação do registrado).

Outra vantagem está no próprio emprego do dado, que passa a ser armazenado em um meio (registrador) cujo acesso é muito mais rápido que o acesso à memória.

Para mostrar, de modo mais objetivo, a utilidade e as vantagens do uso de registradores no endereçamento de instruções, vamos considerar a execução do conjunto de instruções mostrado a seguir (pode ser parte de um programa), através de dois modos diferentes: *com emprego do modo de endereçamento por registrador* e *sem emprego desse modo de endereçamento.*

```
DO I = 1 TO 100
READ A, B
X = A + B
END
```

O trecho de programa descrito executa 100 vezes o mesmo tipo de ação: ler dois valores e somá-los. Para implementar sua execução direta, é necessário definir uma variável inteira (chamamos de *contador*); após a execução de cada conjunto de instruções de leitura dos dados (GET) e de soma, o contador é incrementado de 1 até atingir o valor 100, quando a execução do trecho de programa se completa.

Em linguagem Assembly teríamos:

	GET L	; ler valor do "loop" para endereço L (no exemplo o valor é igual a 100)
	LDA L	; armazenar em R_0 do "loop", que estava em L.
	SUBM 0	; $R_0 \leftarrow R_0 - 0$; no caso, $100 - 0 = 100$ (instrução subtrair modo imediato)
In	STA I	; (I) $\leftarrow R_0$ (como R_0 é inicialmente 100, então: I = 100, que é o contador)
	JZ Fim	; se $R_0 = 0$ vá para Fim
	GET A	; ler valor do dado para o endereço A
	GET B	; ler valor do dado para o endereço B
	LDA A	; $R_0 \leftarrow$ (A)
	ADD B	; $R_0 \leftarrow R_0 +$ (B)
	STR X	; (X) $\leftarrow R_0$
	LDA I	; $R_0 \leftarrow$ (I)
	DCR	; $R_0 \leftarrow R_0 - 1$ (no exemplo, estamos fazendo I + 1)
	JMP In	; vá para In
Fim	HLT	; parar

Como podemos observar, as instruções: LDA I e STA I manipulam a leitura e a gravação de cada um dos 100 valores assumidos por I durante a execução do programa; gastam-se, com isso, 200 ciclos de memória (100 de leitura de I – LDA Op. e 100 de gravação do novo valor de I – STA Op.).

Vamos agora executar o mesmo trecho de programa de outra forma; desta vez vamos utilizar o modo de endereçamento por registrador.

O objetivo é armazenar no processador (em um dos registradores disponíveis) o valor inicial de I (do contador) e efetuar a subtração $I = I - 1$, diretamente no processador (sem necessidade de acesso à MP, visto que o valor de I permanece armazenado em um dos registradores). Esse método irá economizar os 200 acessos gastos pelo processo anterior.

Nesse caso, no entanto, precisaremos definir outras instruções, dessa vez com dois operandos, pois precisaremos usar mais de um registrador ou o programa gastaria ainda mais memória.

Podemos definir um formato do tipo:

C.Op.	R	Operando
4 bits	4 bits	8 bits

Pode-se ter uma instrução que adote o modo imediato e, assim, R ← valor do dado e outra que adote o modo direto e, nesse caso, R ← (Op.).

R é o endereço de um dos 16 possíveis registradores do processador.

Por exemplo, suponhamos, no 1.º caso, a instrução com C.Op. = 7, mneumônico Assembly de MOVM R,V e que estejamos usando o registrador R_6 e que V = valor do dado, no caso, 100D = 64H.

Suponhamos outra instrução (modo direto) com C.Op. = 8 e Assembly MOV R,Op.

Instrução: 7664H, sendo 64H em hexadecimal = decimal 100

O novo trecho de programa em linguagem Assembly ficaria assim:

```
       MOV R6,64H    ; o registrador R6 recebe o valor 100 (valor inicial do contador)
In     DCR R6        ; (R) ← (R) − 1, o contador (registrador R6) é decrementado de 1
       JZ R6, Fim    ; se R6 = 0 vá para Fim
       GET A         ; ler valor do dado para o endereço A
       GET B         ; ler valor do dado para o endereço B
       MOV R8,A      ; R8 ← (A), o registrador R8 recebe o valor no endereço A
       ADD R8, B     ; R9 ← R8 + (B)
       MOV B,R8      ; (X) ← R8
       JMP In        ; vá para In
Fim    HLT           ; parar
```

A instrução MOV R_6,64H armazena o valor decimal 100 (hexadecimal 64) no registrador R6, que é o valor do contador do loop. A instrução DCR R_6 irá providenciar 100 vezes a subtração de 1 do valor armazenado no registrador, até que ele seja igual a 0 (zero), quando o programa sai do loop.

Outra vantagem do emprego do modo de endereçamento por registrador – economia de bits nas instruções – pode ser verificada pela seguinte comparação:

Instrução com uso de registradores

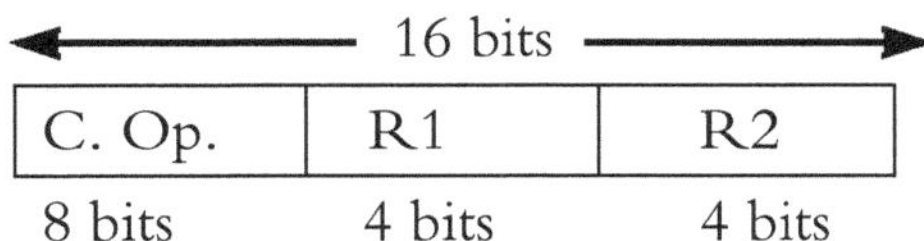

Instrução com acesso a 64K células de MP

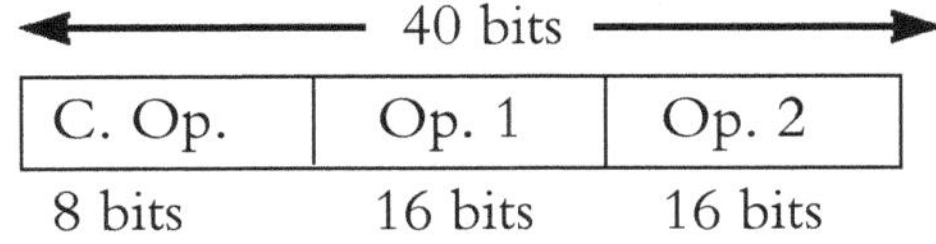

Há duas maneiras de empregar o modo de endereçamento por registrador:

- modo por registrador direto;
- modo por registrador indireto.

No primeiro caso, o registrador endereçado na instrução contém o dado a ser manipulado; no outro, o registrador referenciado armazena o endereço de uma célula de memória onde se encontra o dado; a instrução conterá, como sempre, o endereço do registrador.

A Fig. 8.14 mostra dois tipos de instruções que empregam o modo de endereçamento por registrador.

Em 8.14(a) observa-se que a instrução possui dois campos contendo, cada um, o *endereço* de um registrador (um dos 16 possíveis), o qual poderá ter armazenado o dado (direto) ou o endereço da MP onde estará o dado (indireto). A figura consiste nas 1.ª e 3.ª instruções.

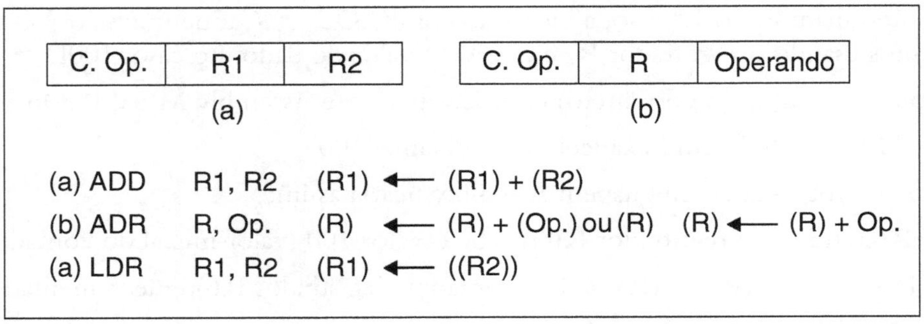

C. Op.	R1	R2

(a)

C. Op.	R	Operando

(b)

(a) ADD R1, R2 (R1) ← (R1) + (R2)
(b) ADR R, Op. (R) ← (R) + (Op.) ou (R) (R) ← (R) + Op.
(a) LDR R1, R2 (R1) ← ((R2))

Figura 8.14 Exemplo de instruções com modo de endereçamento por registrador.

Em 8.14(b), a instrução possui dois campos de operando, um dos quais é o endereço de um registrador (que contém o dado) e o outro é o endereço de uma célula da MP, que armazena o dado (direto); pode-se, ainda, ter uma variação desse formato, onde o campo operando pode conter o próprio valor do dado (imediato). A figura consiste nos exemplos da 2.ª instrução.

Embora o modo de endereçamento por registrador seja vantajoso em vários aspectos, tais como rapidez de execução da instrução e economia de espaço de armazenamento das instruções, essas vantagens nem sempre são aplicáveis. Há certos casos em que não se observa vantagem alguma no referido método, ocorrendo até desperdício de instruções, o que pode vir a constituir uma desvantagem.

No exemplo utilizado, as instruções que efetivamente calculam a equação X = A + B não empregaram modo de endereçamento por registrador, e sim o modo direto convencional.

Não é eficaz usar registrador apenas para realizar uma transferência do tipo:

MP → R → UAL

Como podemos verificar, os dados representados pelas variáveis A e B estarão, em cada uma das 100 execuções, sempre na MP (são lidos do meio exterior para a MP) e terão que ser passados para a UAL as 100 vezes. Assim, se utilizássemos algum registrador para armazenar A ou B, o dispositivo serviria apenas para atrasar a execução da instrução com mais um armazenamento, sem se obter qualquer vantagem.

O uso do registrador somente é vantajoso se proporcionar redução de ciclos de memória, o que não era o caso.

Uma outra possível desvantagem do emprego do modo de endereçamento por registrador, em arquiteturas CISC (processadores Intel e AMD antes da arquitetura de 64 bits) consiste na dificuldade em se definir (essa definição é realizada pelo compilador ou pelo programador Assembly) quais dados serão armazenados nos registradores e quais permanecerão na MP (por falta de registradores). Isso acontece devido ao reduzido número dos registradores existentes nos processadores (CISC) e à grande quantidade de dados manipulados pelos programas.

Processadores com arquiteturas RISC, por outro lado, possuem grande quantidade de registradores, e sua característica é essencialmente usar registradores para acelerar o processamento (ver Cap. 11).

Podem-se citar diversos exemplos do uso de endereçamento por registrador em processadores, entre os quais temos:

a) na arquitetura x86 (CISC)

   BTR reg, reg
   ADD reg, reg
   ADD reg, mem

b) nos processadores MIPS (RISC)

   add $s1, $s2, $s3

c) nos processadores SPARC (RISC)

   ldsb mem, reg_{rd}
   add reg_{rs1}, reg_{rs2}, reg_{rd}

8.4.5 Modo Indexado

Freqüentemente, durante a execução de programas há necessidade de se manipular endereços de acesso a elementos de certos tipos especiais de dados. Esses endereços servem, na realidade, de ponteiros para os referidos elementos.

Por exemplo, o acesso aos elementos de um vetor (array) deve considerar que tais elementos são armazenados seqüencialmente na memória e que sua localização pode ser referenciada por um ponteiro (endereço), que é alterado para indicar o elemento desejado (o índice do elemento identifica univocamente cada um).

Portanto, é interessante que haja, no conjunto de instruções de máquina, algumas capazes de realizar essas manipulações de endereços, permitindo uma localização dos dados mais rápida e eficiente.

A descrição dessas instruções caracteriza um modo de endereçamento denominado *indexado*. Essa denominação advém do fato de que a obtenção do endereço de um dado (elemento de um array) relaciona-se com seu índice.

Nesse tipo de instrução, o endereço do dado é a soma do valor do campo operando (fixo para todos os elementos de um dado array) e de um valor armazenado em um dos registradores do processador (normalmente denominado *registrador índice*). O valor armazenado nesse registrador varia para o acesso a cada elemento ("aponta" para o elemento desejado).

Na verdade, esse modo de endereçamento é uma evolução das técnicas desenvolvidas desde os primórdios da computação para manipulação dessas estruturas de dados especiais.

Podemos exemplificar essa assertiva apresentando alguns possíveis métodos, evolutivamente usados para manipulação de arrays, até atingirmos a eficiência do modo indexado.

Consideremos, por exemplo, a necessidade de, em certo programa, executar-se a seguinte operação sobre três vetores (arrays) de 100 elementos cada:

```
Prog-1    DO I = 1 TO 100
          C(I) = A(I) + B(I)
```

Usando o Modo Direto sem Alterar os Bits que Descrevem as Instruções

Nesse caso, haveria necessidade de se escrever instruções para cada uma das 100 operações de soma a serem efetivamente realizadas pela máquina. Exemplificando com as instruções de um operando adotadas nesse texto, teríamos um programa semelhante ao mostrado na Fig. 8.15.

Evidentemente, essa técnica de programação é ineficiente e trabalhosa, usando o computador apenas como calculadora, já que o programador terá toda a carga de trabalho.

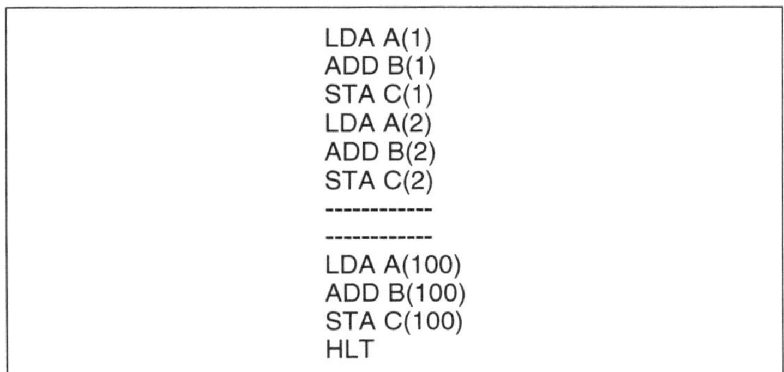

Figura 8.15 Programa 1, em linguagem Assembly.

Usando o Modo Direto com Alteração Dinâmica do Conteúdo das Instruções

O cálculo da soma dos 100 elementos pode ser obtido através de um programa com muito menor quantidade de instruções; nesse caso, emprega-se o automatismo do computador para realizar a tarefa de executar 100 vezes as operações.

Para tanto, é necessário que se determine, em tempo de execução, o endereço de cada um dos 100 elementos dos vetores. Como esses elementos estão armazenados seqüencialmente na MP, basta existir uma instrução que incremente o valor do campo operando (endereço do dado). Tal instrução executa uma operação aritmética (X = X + 1) sobre um valor binário (X), que é, na realidade, um endereço.

O programa, em Assembly, para resolver o algoritmo definido em Prog-1 seria semelhante ao mostrado na Fig. 8.16.

Observe a Fig. 8.17, onde é apresentada uma MP com 64K células (cada célula é identificada por um endereço com quatro algarismos hexadecimais), todas com capacidade de armazenar valores com 20 bits (cinco algarismos hexadecimais) e instruções (de um operando) do tamanho da célula e da palavra.

Nessa memória foram armazenados os elementos do vetor A (a partir do endereço hexadecimal 1A00) e do vetor B (a partir do endereço hexadecimal 1A64), e a partir do endereço 1AC8 deverão ser armazenados os elementos do vetor C (resultado da soma). O trecho do programa (Fig. 8.15) começa a partir do endereço hexadecimal 103A (o conteúdo da célula tem armazenada a instrução cujo valor em hexadecimal é 11A00).

A primeira execução da instrução INC, código de operação igual a 8 (utilizando o modo de endereçamento imediato), acarreta a alteração do valor do campo operando das instruções LDA, ADD e STA, respectivamente, para: 1A01 (endereço do segundo elemento do vetor A, identificado por A(2)), 1A65 (endereço do elemento B(2) do vetor B) e 1AC9 (endereço do elemento C(2) do vetor C). Na passagem seguinte do loop, os valores seriam novamente alterados (somando 1 ao valor atual) para, respectivamente: 1A02, 1A66 e 1ACA, endereços dos elementos A(3), B(3) e C(3), dos vetores A, B e C e, assim, sucessivamente até alcançar-se o endereço dos últimos elementos: A(100), B(100) e C(100).

O método é adequado e vantajoso, na medida em que são elaboradas apenas *nove* instruções (é claro que há outras maneiras de fazer o mesmo programa), e o trabalho de execução fica por conta da máquina, não do programador.

A desvantagem deste método, porém, reside no fato de que o valor de uma instrução (o campo operando) é alterado durante a execução do programa. Caso houvesse alguma interrupção anormal no meio da execução, seria preciso reinicializar os valores iniciais, bem como a reinicialização dos valores teria que ser realizada em toda nova execução do programa, pois ele termina com os valores de endereço de A(100), B(100) e C(100).

Programa Assembly	Programa em linguagem de máquina
T LDA A(1)	11A00
1 ADD B(1)	21A64
2 STA C(1)	31AC8
INC T	8103A
INC 1	8103B
INC 2	8103C
DCR N	919FF
JNZ T	D103A
END	F0000

Figura 8.16 Programa 2, em linguagens Assembly e de máquina.

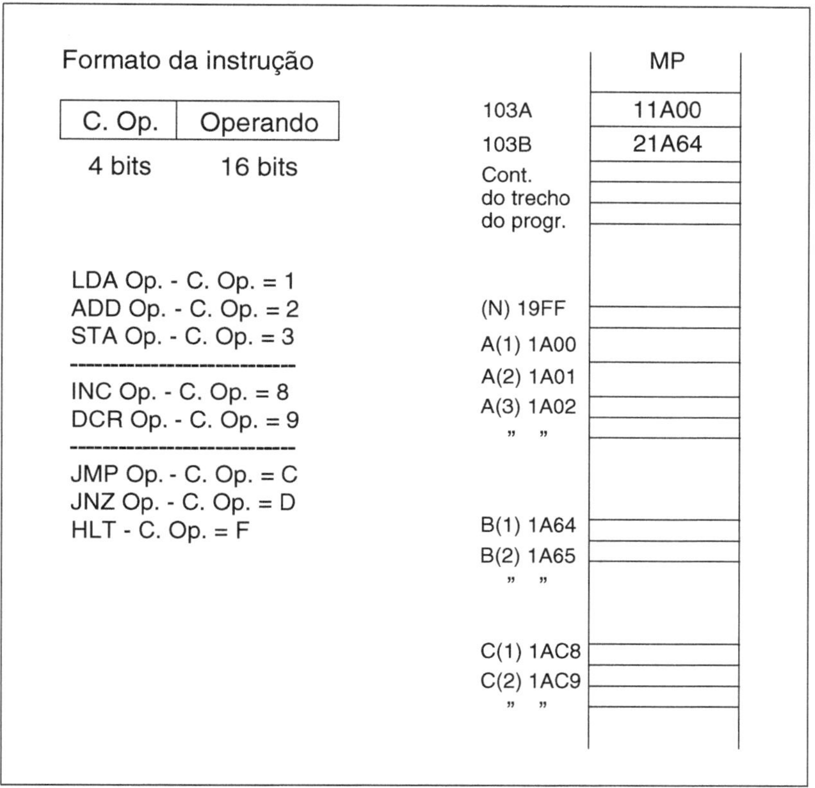

Figura 8.17 Programa e dados de uma soma de vetores no modo direto.

Usando o Modo Indireto

Essa é uma das aplicações do modo indireto, pois o endereço de cada elemento do vetor estará armazenado na MP, em uma célula cujo endereço consta no campo operando da instrução.

O processo de obtenção do endereço de cada elemento, durante a execução do programa, consiste na alteração (adicionando-se um valor que aponte para o novo elemento) do conteúdo da posição de memória endereçada, no modo indireto, pelo campo operando da instrução. Assim, não há modificação das instruções em tempo de execução (um dos problemas do método anterior).

A Fig. 8.18 apresenta um exemplo dessa técnica. Os elementos de cada vetor estão armazenados nos mesmos endereços da figura anterior; as instruções LDA, ADD e STA empregam o modo indireto, enquanto INC usa o modo direto (para incrementar os endereços dos elementos dos vetores).

O programa é basicamente semelhante ao do exemplo anterior (modo direto), exceto que a primeira execução das instruções 1NC somaria 1 aos valores 1A00, 1A64 e 1AC8 (respectivamente, conteúdo das células de endereços 1503, 1504 e 1505). Isso permitiria apontar para os elementos A(2), B(2) e C(2).

Outra diferença fundamental em relação ao método anterior é que, nesse caso, os valores de endereços dos elementos não fazem parte das instruções; estão armazenados na MP e, portanto, as instruções não são alteradas durante a execução do programa.

Essa é uma técnica mais limpa e eficiente, em termos de programação, embora haja um gasto maior de tempo na execução do programa devido à maior quantidade de acessos do modo indireto.

Usando o Modo Indexado

Nesse modo, o endereço de cada elemento do vetor é obtido através da soma (a soma é efetuada antes da colocação do valor do endereço de acesso no REM) do valor do campo operando da instrução com o valor

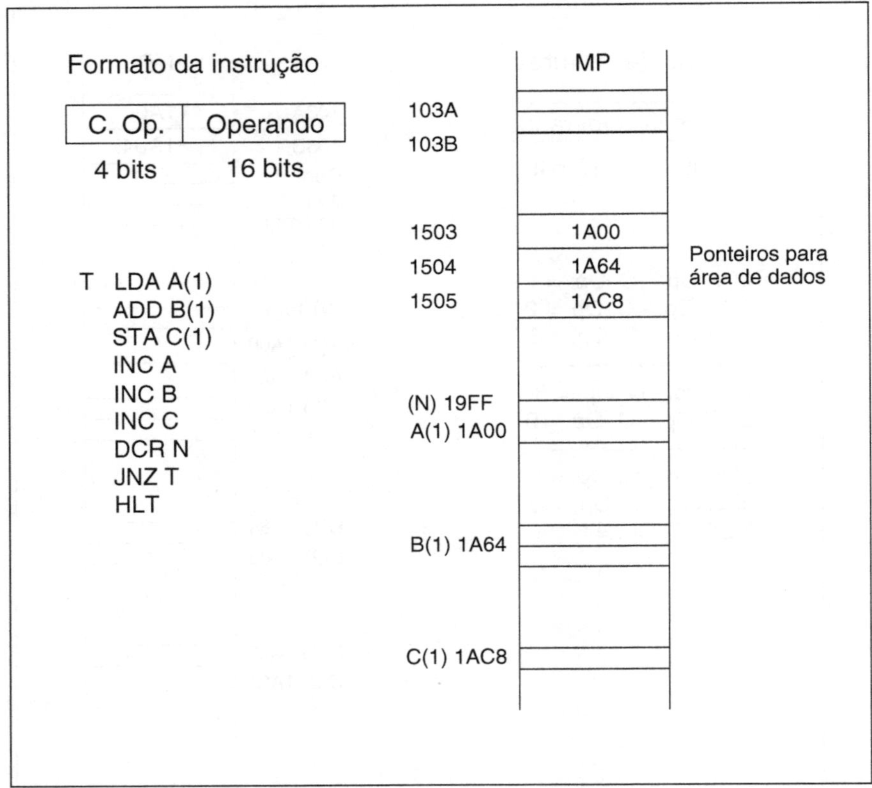

Figura 8.18 Soma de vetores (programa e dados) usando o modo indireto.

armazenado em um dos registradores do processador (escolhido como registrador-índice). O resultado da soma é o endereço efetivo do dado, o qual será, então, transferido para o REM. A escolha de qual registrador será utilizado como registrador-índice depende da linguagem que se estiver empregando: caso a linguagem seja Assembly, é responsabilidade do programador administrar o uso dos registradores da UCP; se, por outro lado, for empregada uma linguagem de alto nível, a escolha de uso dos registradores fica por conta do programa compilador.

Para utilizar esse modo, é necessário haver instruções que manipulem valores em registradores, tais como:

- carregar um valor no registrador (armazenar o índice);
- somar um dado valor ao existente no registrador;
- desviar para outra instrução, se o valor armazenado no registrador for igual a zero (permite sair de um looping de execução), e assim por diante.

A grande vantagem da técnica reside na rapidez de execução das instruções de acesso aos dados, visto que a alteração do endereço dos elementos é realizada no próprio processador.

Instruções no modo indexado são exemplificadas nas Figs. 8.19 e 8.20 (ainda a mesma soma dos vetores A, B e C, dos métodos anteriores – Prog-l).

Em primeiro lugar, move-se (MVI) o valor inicial do índice para o registrador escolhido como Rx (foi escolhido como exemplo o registrador R4) e, assim, teremos a instrução, em linguagem de máquina:

$0\,4\,0\,0\,0\,1_{16}$

Em seguida, inicia-se o trecho repetitivo do programa, executando o teste de verificação da saída do looping (quando se atingir a soma do centésimo elemento de cada um dos vetores, A e B).

```
       MVI (R4), 1
       MVI (R2), 100
T      LDA (R4), 19FF
       ADD (R4), 1A63
       STA (R4), 1AC7
       INC (R4)
       DCR (R2)
       JZR (R2), T
       HLT
```

Figura 8.19 Programa 3, em linguagem Assembly.

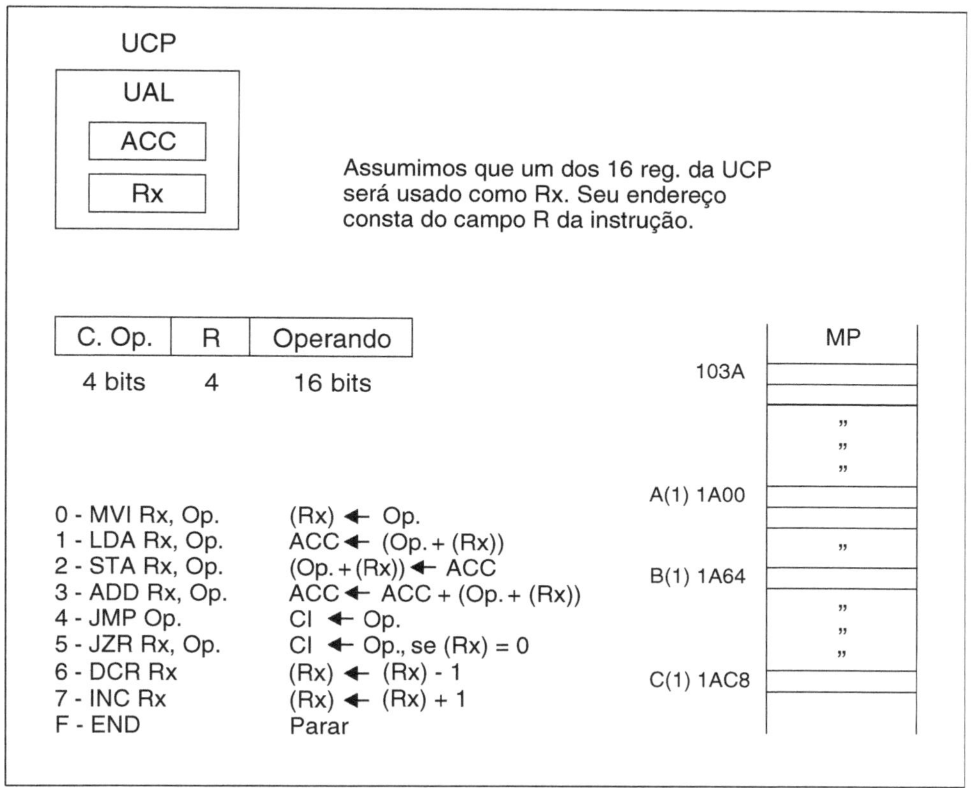

Figura 8.20 Exemplo de emprego do modo indexado.

A soma propriamente dita é obtida pela repetição de:

LDA Rx,Op. Começa carregando A(1)

ADD Rx, Op. Somar A e B

STA Rx,Op. Armazenar resultado em C

Em primeiro lugar, o endereço de A(1), (1A00), é indicado na instrução através da soma do campo Op. (no caso presente seria, por exemplo, o valor hexadecimal 19FF) com o conteúdo de Rx (no caso presente, é o conteúdo de R4, que deverá ser 0001). O resultado dessa soma, 1A00, será, então, transferido para o REM, iniciando o ciclo de leitura do elemento A(1) do vetor A.

A obtenção do valor do elemento de B(1) do vetor B, cujo endereço em hexadecimal é 1A64, também será realizada através da soma do valor 0001 (armazenado em R4) com o valor 1A63 (valor constante do campo

Op. – sempre o mesmo em todas as instruções que manipulem elementos do vetor B), e assim também será efetuado para o cálculo do endereço dos elementos do vetor C.

O programa prossegue, com o incremento do valor armazenado em R4 (Rx), de modo a permitir a soma do elemento A(2) com o elemento B(2). A instrução seria INC Rx. Nesse caso, o valor de R4 passaria de 0001 para 0002, o que, somado ao valor do campo Op., apontaria para o segundo elemento de cada vetor.

Em seguida, retorna-se ao ponto inicial, para testar se o loop já foi executado 100 vezes; caso negativo, a soma é reiniciada: o valor 19FF será somado ao valor 0002 (para endereço de A(2)), bem como 1A63 e 1AC7 com 0002, respectivamente, para endereços de B(2) e C(2). E, assim, sucessivamente, até o final.

8.4.6 Modo Base Mais Deslocamento

Este modo de endereçamento tem características semelhantes ao modo indexado, visto que o endereço de acesso a uma célula de memória se obtém através da soma de dois valores, um inserido no campo apropriado da instrução (normalmente denominado campo deslocamento – *displacement*) e o outro valor inserido em um determinado registrador, denominado registrador-base ou registrador de segmento.

A diferença entre eles está na aplicação e no propósito do método e, por conseguinte, na forma de implementá-lo. Neste caso, o valor a se manter fixo é o do registrador-base/segmento, variando o conteúdo do campo deslocamento em cada instrução, diferentemente do modo indexado, onde o conteúdo do registrador é que se altera.

Os processadores da família Intel x86 possuem alguns registradores projetados especificamente com a finalidade de servir como registrador de segmento, como os registradores de 16 bits dos primeiros processadores Pentium, seguidos posteriormente pelos registradores de segmento de 32 bits.

Este modo de endereçamento acarreta uma redução do tamanho das instruções (e, com isso, economiza memória), bem como facilita o processo de relocação dinâmica de programas.

A sua escolha decorre de dois fatores:

a) durante a execução de uma grande quantidade de programas, as referências a células de memória, onde se localizam os operandos, normalmente são seqüenciais, ocorrendo poucos acessos a outras instruções fora de ordem (exceto desvios); e

b) a maioria dos programas ocupa um pequeno espaço da MP disponível.

Dessa forma, em vez de ser necessário, em cada instrução, que o campo operando tenha um tamanho correspondente à capacidade total de endereçamento da MP, basta que o endereço desejado seja obtido pela soma de um valor existente em um dos registradores da UCP com um valor contido na instrução.

Por isso o método é chamado de *base mais deslocamento,* consistindo, então, na utilização de dois campos na instrução (que substituem o campo operando): um, com o endereço de um registrador (chamado de *base ou segmento),* e outro, com um valor denominado *deslocamento* (porque contém um valor relativo – que se desloca em relação – à primeira instrução).

Consideremos, por exemplo, o caso de processadores, nos quais as instruções possuem campo de endereço de registrador-base com 4 bits (estipulamos no exemplo que o processador possui 16 registradores e, portanto, será necessário se definir 16 endereços, um para cada registrador) e campo deslocamento, com 12 bits. E que o processador pode endereçar até 16M células (cada endereço linear de memória deverá ter 24 bits).

Nesse caso, podem-se endereçar áreas de 4.096 bytes (4 K) com um valor armazenado no registrador-base, gastando-se apenas 16 bits (4 + 12), ao contrário dos 24 bits necessários para endereçar diretamente todas as células da MP daquele computador (capacidade máxima da MP igual a 16 Mbytes). Economizam-se, assim, 8 bits em cada instrução.

A Fig. 8.21 apresenta um exemplo desse modo de endereçamento, usando quatro registradores-base e 12 bits para o campo deslocamento. Pode-se observar, então, que, em um dado instante há quatro áreas de endereçamento, cada uma correspondente ao valor armazenado em cada registrador-base.

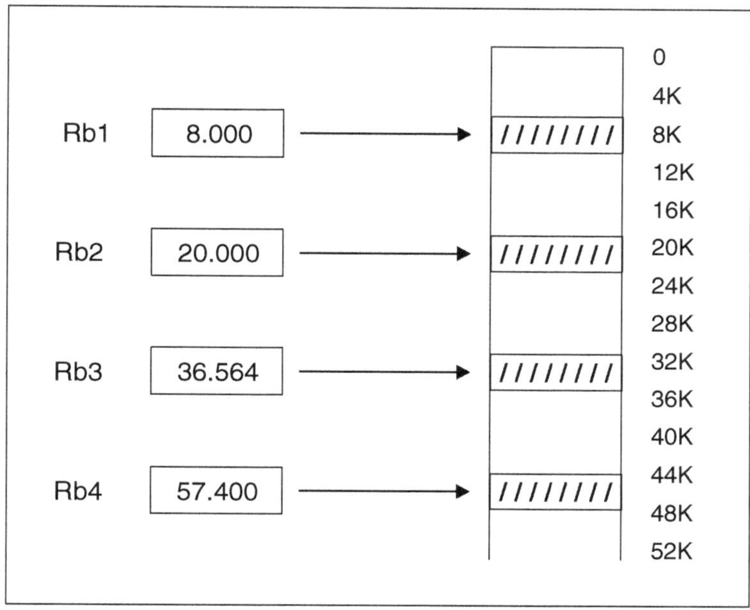

Figura 8.21 Exemplo de uso do modo base mais deslocamento.

Da descrição dos modos *indexado* e *base mais deslocamento* podemos observar que o processo de cálculo do efetivo endereço de acesso é idêntico em ambos os modos. A diferença está no conceito de cada um, não na sua implementação.

A indexação é empregada quando se deseja acessar diferentes dados, através de alteração do endereço, por incremento (ou decremento) do valor do registrador-índice. Quando a modificação de endereço é realizada para relocação de programa, basta uma única alteração do conteúdo do registrador-base (no modo base mais deslocamento).

Sobre o que realmente acontece na máquina, podemos observar:

a) no modo indexado vários dados são acessados com diversos valores de registrador-índice e um único valor no campo operando;

b) no modo base mais deslocamento vários dados são acessados com um único valor de registrador-base e valores diferentes no campo deslocamento da instrução.

8.5 LINGUAGEM ASSEMBLY. O ASSEMBLER

Conforme já verificamos nos capítulos anteriores, a linguagem efetivamente entendida por um processador é um conjunto contínuo de sinais elétricos que podem assumir, em cada instante predefinido de tempo, um entre dois valores de intensidade e caracterizam os algarismos binários 0 (zero) ou 1 (um).

Desse modo, um programa executável diretamente pelo hardware deve estar armazenado na memória com uma imensa quantidade de 0s e 1s. Esta é a linguagem da máquina.

Nos primórdios da computação, essa era a linguagem utilizada pelos programadores; o Altair, primeiro microcomputador, que utilizava o processador Intel 8080 (ver Cap. 1), também podia ser programado em binário diretamente em seu painel frontal.

Realmente, a linguagem de máquina (linguagem binária de 0s e ls) é a mais elementar, a mais direta forma de utilizar o hardware. Mas é também a mais complicada e difícil para o programador.

Vamos exemplificar através da descrição de um simples comando em linguagem Pascal e o programa equivalente em linguagem de máquina, mostrado na Fig. 8.22, usando-se as instruções definidas na Fig. 6.23.

```
X: = A + B - C;
(a) Comando em Pascal

000100100011                              123
001100100100                              324
010000100101                              425
001000100110                              226

(b) Programa em linguagem de máquina      (c) Programa em hexadecimal
equivalente ao comando em (a)             equivalente ao programa em (b)

PROG  SOMA
LDA   A
ADD   B
SUB   C
STR   X

(d) Programa em Assembly equivalente ao comando em (a)
```

Figura 8.22 Exemplo de modos diferentes (e trabalhosos) de escrever um programa, equivalente a um único comando em uma linguagem de alto nível, como Pascal.

Consideremos o seguinte comando escrito em linguagem Pascal:

X:= A + B − C;

A Fig. 8.22(a) apresenta o referido comando, e a Fig. 8.22(b) mostra o mesmo comando após ser convertido em seqüências binárias em linguagem de máquina. Se para um conjunto bastante pequeno de quatro instruções, usando-se palavras de apenas 12 bits, já é trabalhoso e com grande probabilidade de erro, imagine-se o caso de um programa com centenas de linhas de código em um sistema com palavras de 32 bits. Podem ser páginas e páginas com números absolutamente ininteligíveis.

Uma ligeira melhoria de apresentação para o programador (se é que hoje em dia existe algum programador que utilize este tipo de instruções) consiste em substituir os valores binários por números hexadecimais.

É possível obter-se uma imagem da memória do sistema em um dado instante (em geral, quando ocorre algum problema na execução de um processo). Esta imagem, conhecida como "dump" de memória, produz uma seqüência enorme de algarismos hexadecimais, correspondentes a cada byte armazenado na memória na ocasião da ocorrência do problema, com seu respectivo endereço (também representado em hexadecimal). Ainda nos dias atuais, em sistemas que usam a plataforma Windows, é possível ocorrer um problema na execução do sistema, aparecendo a conhecida visão da tela do monitor, em cor azul e com um conjunto de informações sobre o problema ocorrido, normalmente informando o endereço (representado em algarismos hexadecimais) e o conteúdo de alguns registradores (também com valores em hexadecimal).

Apesar de se continuar trabalhando com números, reduz-se consideravelmente a quantidade de algarismos (divide-se por 4) e a apresentação dos elementos se torna um pouco menos complicada (muito pouca melhora mesmo). A Fig. 8.22(c) mostra o programa anterior, porém representado em linguagem hexadecimal. Este, aliás, é o método freqüentemente utilizado em todos os manuais e livros: quando se trata de representar valores binários internos da máquina, usa-se o hexadecimal equivalente.

A primeira evolução para tornar os programas mais representativos da intenção do programador e, portanto, mais inteligíveis ao próprio foi com o emprego de símbolos alfanuméricos, em vez de números. O ser humano está mais acostumado com o significado de uma ação ser expresso de forma mais direta e de acordo com os símbolos que ele aprendeu a usar.

Para o programador que precise usar uma instrução de adição, é mais simples (ou menos complicado) entendê-la se estiver expressa como ADD (palavra inglesa cujo significado é soma) do que pelo número 3 ou 0011 (código de operação de ADD no sistema hipotético que criamos na Fig. 6.23).

Desenvolveu-se, então, uma linguagem de símbolos (e não de números) alfabéticos, denominada *linguagem de montagem* (em inglês chama-se *Assembly Language*). A Fig. 8.22(d) mostra o programa equivalente ao comando Pascal da Fig. 8.22(a), escrito em linguagem de montagem.

O programa, como o da Fig. 8.22(d), compreende uma linha de código para cada instrução, tendo, portanto, uma relação de 1:1 com as instruções de máquina da Fig. 8.22(b), porém possuindo muito mais facilidade de compreensão e manuseio do que as instruções binárias ou mesmo hexadecimais.

Em geral, uma linha de instrução Assembly é composta de quatro partes ou campos, conforme mostrado nas Figs. 8.23 e 8.24:

[rótulo]	sigla	[operandos]	; [comentários]
(label)	(mneumonic)	(operands)	; (comment)

Figura 8.23 Formato de uma instrução Assembly.

1) *Rótulo* (ou label) – indica um endereço significativo no programa, como, por exemplo, o endereço de início do programa (sempre é colocado para o sistema se orientar sobre o início), o endereço de desvio em um "loop" e outros. No exemplo da Fig. 8.22(d), PROG, A, B, C e X são rótulos. As demais linhas não usam rótulos, o que significa que o endereço da linha é o seguinte na seqüência.

   É um campo opcional.

2) *Sigla* – contém o mnemônico predefinido adequadamente para simbolizar a correspondente operação. Conforme já mencionado, ADD, SUB, LDA e STR simbolizam melhor a operação desejada do que 3, 4, 1 e 2. Na realidade, este é o código da operação da instrução.

   É um campo obrigatório, pois quando o programa for convertido para código binário o montador (assembler) transforma este campo no valor binário correspondente ao código da operação.

3) *Operando(s)* – onde são inseridos os símbolos representativos dos endereços de memória ou dos registradores utilizados pela instrução para armazenar o(s) respectivo(s) dado(s) referido(s) pela instrução. No exemplo da Fig. 8.22(d), os dados estão na MP e, por isso, A, B, C e X representam endereços de memória.

4) *Comentários* – é um campo opcional, ignorado durante o processamento do programa. Serve apenas para auxiliar o entendimento do programa, de modo idêntico ao que se faz em programas escritos em linguagem de mais alto nível.

Programas escritos em linguagem de montagem (Assembly) não são diretamente executáveis porque o hardware não entende símbolos, mas sim conjuntos de algarismos binários (que podem significar um código de operação ou um operando). Desta forma, há necessidade de se desenvolver um programa com o propósito de converter as instruções Assembly em correspondentes instruções de máquina, e os endereços simbólicos (A, B, C, X do exemplo) em endereços físicos de memória. Este programa denomina-se montador (Assembler) e é específico do processador em que ele será executado (na realidade ele também é específico para o sistema operacional em uso. Isto fica claro quando se sabe que o montador cria instruções de máquina, as quais, é óbvio, são específicas de uma máquina, de um processador (UCP).

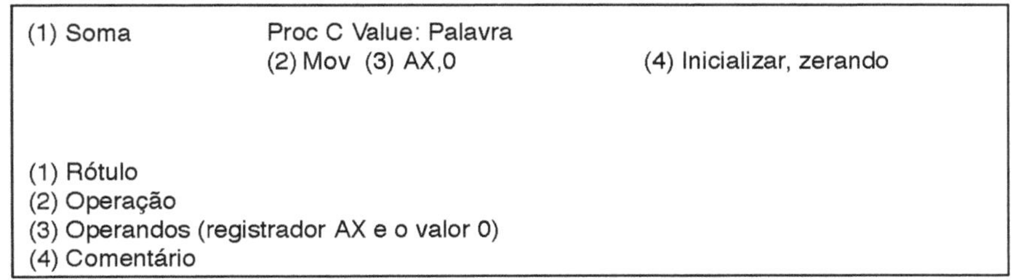

Figura 8.24 Partes componentes de uma linha de código Assembly.

Desta forma, um montador (*assembler*) desenvolvido para entender instruções Assembly do processador Pentium e convertê-las em código binário (instrução de máquina) daquele processador não poderá ser utilizado para programas escritos na linguagem Assembly do processador PowerPC. O nome das instruções Assembly do PowerPC é diferente do nome de uma instrução semelhante no Pentium. Também o formato das instruções é diferente e, principalmente, o código gerado para cada processador é diferente, porque seu conjunto de instruções é bastante diferente.

A Fig. 8.25 mostra um exemplo de programa escrito na linguagem de montagem dos microprocessadores Intel 80386/ 80486, enquanto a Fig. 8.26 apresenta um trecho de programa na linguagem de montagem dos antigos sistemas VAX-11.

```
CHNGSTR  SAVE    (14,12)
         BALR    12,0
         USING   *,12
         LM      4, 5, 0 (1)    ADDRESS OF STRING IN REG. 4
         L       5,0 (5)        LENGTH IN REG. 5
         LA      6,1
         LA      7,0 (4,5)
         S       7, = f'1'      ADDRESS OF LAST BYTE IN STRING
LOOP     CLI     0 (4), C'#'    TEST FOR #
         BE      REPL1
         CLI     0 (4) C'&&'    TEST FOR &
         BE      REPL2
         CLI     0 (4), C'%'    TEST FOR %
         BE      REPL3
         CLI     0 (4), C'<'    TEST FOR <
         BNE     LOOPCONT
         MVI     0 (4), C')'    IF <, REPLACE BY )
         B       LOOPCONT
REPL1    MVI     0 (4), C'='    IF # REPLACE BY =
         B       LOOPCONT
REPL2    MVI     0 (4), C'+'    IF &, REPLACE BY +
         B       LOOPCONT
REPL3    MVI     0 (4), C'('    IF %, REPLACE BY (
LOOPCONT BXLE    4,6, LOOP      LOOP CONTROL
         RETURN  (4,12)
```

Figura 8.25 Exemplo de um programa em linguagem de montagem (Assembly) do processador Intel 80486.

Embora no passado a linguagem de montagem tenha sido utilizada em grande escala, especialmente no desenvolvimento de programas básicos (sistemas operacionais) e de controle, atualmente isto já não ocorre. Como a linguagem de montagem tem uma relação de 1:1 com a linguagem de máquina, os programas desenvolvidos em linguagem de montagem tendem a ser sempre maiores (têm mais instruções) do que seus equivalentes em linguagem de alto nível.

Além de maiores e, portanto, de consumirem mais tempo no seu desenvolvimento, os programas escritos em linguagem de montagem são consideravelmente mais complexos no seu entendimento do que o seu correspondente programa em linguagem de mais alto nível. Em geral, aqueles programas (em Assembly) são "dedicados" ao seu criador, isto é, somente quem os elaborou tem facilidade de entendê-los (é claro que um programador experiente em linguagem de montagem poderá, depois de um certo tempo e esforço, entender e até modificar um complexo programa em Assembly). Deste modo, a manutenção desses programas pode se tornar um problema para o proprietário do respectivo sistema, seja pelo seu custo, seja pela saída de programadores experientes (especialmente do desenvolvedor – "o criador" do programa).

A pretensa vantagem dessa linguagem era calcada na pressuposição de que, por atuar diretamente com o hardware, utilizava de modo mais eficiente os recursos computacionais às vezes escassos. Ou seja, cada instrução de linguagem de montagem deve atuar diretamente com a operação desejada e usando apenas e exclusivamente as células de memória necessárias. Ao contrário, p.ex., de um programa desenvolvido em linguagem COBOL, cuja compilação (ver Apêndice C), isto é, a conversão para linguagem de máquina, pode utilizar mais código binário do que se ele tivesse sido escrito diretamente em código binário (ou em linguagem de montagem).

```
            . ENTRY      START, 0
            CMPL         R2, R1
            BLEQU        OVERFL
            MOVL         # 32, R3
LOOP:       ASHL         # 1, R5, R5
            ASHQ         4,0 (1)# 1, R0, R0

            CMPL         R1, R2
            BLSSU        ENDLP
            SUBL         R2, R1
            INCL         R5
ENDLP:      MRSOBGTR     R3, LOOP
            MOVL         R5, R0

OVERFL:     HALT
            . END        START
```

Figura 8.26 Exemplo de um programa em linguagem de montagem (Assembly) do processador VAX-11.

Atualmente há linguagens poderosas, como a linguagem C, que não só manipulam estruturas primitivas como também permitem que o programador desenvolva programas mais claros, estruturados e menores, como só as linguagens de programação de alto nível possibilitam. Grande parte dos aplicativos atualmente no mercado e sistemas operacionais é codificada em linguagem C ou C++, como o Windows e o processador de textos Word, ambos da Microsoft, e o Unix e o Linux.

No Apêndice C, Execução de Programas, será explicado o mecanismo de funcionamento do programa Montador (Assembler), descrevendo o processo de conversão de um programa em linguagem de montagem para o programa equivalente em linguagem de máquina.

8.6 CONSIDERAÇÕES SOBRE O CONJUNTO DE INSTRUÇÕES DOS PROCESSADORES

Resumindo o que foi explicado neste capítulo, podemos apresentar algumas considerações sobre o conjunto de instruções dos processadores:

1) Cada instrução de máquina, parte do conjunto de uma determinada arquitetura, define a operação básica (primitiva) que o hardware irá executar. Por exemplo, uma instrução de soma pode ser expressa em linguagem clara como:

   SOMAR o valor indicado pelo operando A com o valor indicado pelo operando B, armazenando o resultado no local indicado pelo operando C.

   Os processadores são projetados para executar sistemática e ininterruptamente instruções desse tipo, milhões (ou bilhões) de vezes por segundo, durante o completo período em que estão ligados.

2) É usual apresentar e manipular as instruções de máquina (quando se deseja efetivamente manipular as instruções diretamente, o que é cada vez mais raro) de forma simbólica, indicando-se seus campos por meio de símbolos e expressões em vez de codificá-las diretamente por meio de algarismos 0s e 1s. Esta linguagem simbólica é conhecida como linguagem Assembly.

3) Uma arquitetura é definida de modo que seus elementos possam ser comuns a diversas implementações (organizações) diferentes, formando o que se conhece como "família" de processadores. Assim, uma arquitetura permanece ao longo do tempo, enquanto novas implementações (organizações) surgem freqüentemente.

4) Pode-se diferenciar um conjunto de instruções de outro por meio de diversos parâmetros, tais como:
   - largura das instruções, ou seja, a quantidade de bits de cada uma;
   - tipo e quantidade de operandos;
   - tipos de operações que podem ser implementadas pelas instruções;
   - orientação a acesso a memória ou a acesso a registradores.

- quantidade de instruções do conjunto.

5) O projetista do conjunto de instruções de uma determinada arquitetura deve considerar vários fatores em seu trabalho, tais como:
   - o comprimento da instrução (se é curto, ou longo ou, ainda, se é de tamanho variável);
   - a quantidade de operandos que serão possíveis;
   - a quantidade de registradores a serem manipulados pelas instruções (largura do seu endereço);
   - a organização da memória principal (se é endereçada byte a byte ou por palavra);
   - os modos de endereçamento que serão utilizados;
   - o tipo de armazenamento de dados multiendereçados (little endiam ou big endiam – ver Apêndice D).

Uma das famílias (arquitetura) de conjunto de instruções mais conhecida nas últimas décadas, por estar presente na maioria dos microcomputadores (PCs) no mundo inteiro, é a chamada IA-32, também conhecida como conjunto de instruções x86, lançada pela Intel e seguida pela AMD (ambas fabricantes de processadores do mesmo tipo – PC).

8.6.1 A Arquitetura IA-32 ou o Conjunto de Instruções dos Processadores Intel e AMD

A IA-32 (Intel Architecture) consiste na especificação do conjunto de instruções de máquina de processadores de 32 bits fabricados pela Intel (e que a AMD, para efeitos de compatibilidade e mercado, segue em seus processadores, desde o K6 até os atuais Athlon-K7 – não, é claro, os de 64 bits).

A IA-32 (x86) é conseqüência da especificação anterior, IA-16, para os processadores da família 8086/8088.

Esta arquitetura é também conhecida como x86, pois esta é a terminação de seus processadores desde o primeiro de 32 bits, o Intel 80386, lançado em 1985, que seguem esta arquitetura.

A IA-32, como qualquer especificação de arquitetura, define as instruções que são usadas, tipo:

```
ADD reg1, reg2
JMP Op.
POP BX, e outras.
```

Define, também, os registradores (de dados, de segmentos, de endereços, etc.) que serão usados, bem como o espaço de endereçamento permitido. Além disso, estabelece o tipo de dados permitido (inteiro, ponto flutuante, lógicos, etc.) e o modo de endereçamento dos dados.

Este é, portanto, o nível mínimo de conhecimento pelo programador (naturalmente, se estivermos programando em uma linguagem de alto nível não se tem a preocupação com registradores, etc.).

A IA-32, que foi um aperfeiçoamento da IA-16, acrescentou novas instruções ao conjunto já existente e funcional para os processadores 8086/8088. Das 117 instruções originais do 8086/8088 e 27 adicionais dos processadores 80186 e 80286, foram incluídas, exclusivamente para o processador 386, 66 novas instruções.

Outro elemento característico da arquitetura IA-32/x86 foi a possibilidade de se usar uma gerência de memória mais versátil, denominada modo protegido. Em outras palavras, com a IA-32 foram estabelecidos dois modos diferentes de acessar a memória: modo real e modo protegido.

Com o modo real, o processador continuava acessando apenas 1MB de memória (máximo permitido ao 8086/8088, com seus 20 bits de largura de endereços), o que era necessário para os usuários que continuavam a usar o sistema operacional DOS antigo, que somente acessava diretamente 1MB de memória em 16 partições de 64KB (mas essa é uma outra história).

Com o modo protegido (mais avançado), os sistemas poderiam ultrapassar a barreira de 1MB, teoricamente (na época era teoria, mas atualmente é muito real) indo até o limite de endereçamento do processador de 32 bits de largura de endereço, 4GB, visto que $2^{32} = 4G$.

A IA-32 foi apresentada no mercado com o processador Intel 80386, em 1985, estando em atividade nos processadores desde então (fabricados pela própria Intel, pela AMD e durante um tempo pela Cyrix); somente a partir do lançamento dos processadores de 64 bits, ainda minoritários no mercado em 2006, é que a IA-32 começa a ser substituída, devendo essa transição ainda levar bastante tempo.

No que se refere à Intel, são diversos processadores a utilizar a arquitetura definida pela IA-32, a saber:

80386 (versões SX e DX) – 80486 (versões SX, DX, DX2 e DX4) – Pentium – Pentium MMX – Pentium Pro – Pentium II – Pentium III – Pentium 4 – Xeon – Celeron.

Também são diversos os processadores fabricados pela AMD e que empregam a arquitetura IA-3:

K5 – K6 – K6-II – Athlon K7 (diversas implementações)

A IA-32 já foi lançada com uma quantidade apreciável de instruções e que só fez crescer com as novas implementações, como o acréscimo de instruções para processamento multimídia (MMX, SSE), caracterizando mesmo uma arquitetura do tipo CISC. Esse tipo de estrutura acarreta alguns inconvenientes, como perda de tempo de decodificação, grande quantidade de microcódigo, também de transistores no núcleo do processador, o que será mais discutido no Cap. 11, onde se compara as arquiteturas RISC e CISC.

Um dos acréscimos ao conjunto formado pela IA-32 foi referente ao lançamento pela Intel de instruções MMX (para multimídia), o que será mostrado em seguida.

Instruções do Tipo SIMD (Single Instruction Multiple Data)

Tendo em vista uma série de situações de mercado e com a concorrência, a Intel promoveu, em 1997, uma grande alteração na IA-32, acrescentando não só novas instruções ao conjunto existente, mas também novos registradores (embora ainda virtuais, naquele primeiro momento) e outras facilidades, tudo com o propósito declarado de aperfeiçoar o desempenho dos processadores dotados da nova metodologia, principalmente na área de multimídia (som e vídeo), de comunicações e outras aplicações que tivessem grande intensidade de cálculos numéricos. Os novos processadores com essas instruções chamaram-se MMX (*multimedia extension*).

A tecnologia MMX caracterizou-se por:

- usar oito registradores de 64 bits, para o armazenamento dos dados manipulados pelas instruções MMX (usou-se para isso os registradores de ponto flutante existentes, por isso mencionamos "virtuais");
- novos tipos de dados, para inteiros, denominados *packed*;
- compatibilidade com a IA-32 em uso (muito importante para prover aceitabilidade pelos usuários).

Em essência, as novas instruções permitiam que se manipulassem vários dados com uma única instrução, característica do modo SIMD (uma instrução – SI, manipulando diversos dados – MD). Isso aceleraria a execução de determinado tipo de programas, como aqueles que manipulam pixels de um gráfico. Ou seja, cada pixel pode ser representado por 1 byte, e se forem encapsulados 8 pixels – 8 bytes – em uma instrução aritmética, por exemplo, pode-se manipular 8 pixels por instrução, em vez de executar oito instruções separadas, uma para cada pixel, o que seria, sem dúvida, mais lento (decodificação, busca de dados, etc., uma a uma, enquanto nas MMX poderia ser de oito em oito).

Nessa ocasião foram oferecidas 57 novas instruções (MMX) incorporadas aos processadores Pentium, os quais passaram a ser chamados, na época, de Pentium MMX. Posteriormente, os novos processadores, Pentium Pro e Pentium II em diante, já traziam as novas instruções incorporadas, deixando de ser atributo do nome de processador.

A AMD também adotou as instruções MMX em seus processadores, e fez ainda mais, lançando também seu próprio conjunto de instruções SIMD, denominado 3D Now.

Devido à agressividade da AMD em marketing, em inovações e desempenho, especialmente com a tecnologia 3D Now, a Intel efetuou em 1999 mais uma atualização de sua já extensa lista de instruções da IA-32, lançando 70 novas instruções em uma tecnologia denominada SSE (Streaming SIMD Extension).

Esta tecnologia em conjunto visava resolver alguns dos inconvenientes do modelo MMX, como:

– apenas manipular valores inteiros;
– compartilhar o uso dos registradores de pronto flutuante entre as MMX e as instruções normais de ponto flutuante.

Deste modo, os processadores que foram oferecidos com instruções SSE tiveram acréscimo de oito novos registradores de 128 bits, para manipulação de dados em ponto flutuante com as novas instruções.

Posteriormente, com os Pentium 4 vieram novas instruções de manipulação de múltiplos dados, denominadas SSE2. As maiores inovações dessa tecnologia seriam mais aperfeiçoamentos das instruções MMX e SSE originais, tais como a possibilidade de as instruções MMX manipularem dados de 128 bits ou as instruções SSE poderem suportar dados representados em ponto flutuante com 64 bits.

8.6.2 Arquitetura de Processadores RISC

O conjunto de instruções definido para processadores que seguem a filosofia RISC (ver do Cap. 11) é bastante diferente da IA-32, a começar pela quantidade de instruções, mais reduzida, sendo a redução bastante acentuada em alguns processadores, como os SPARC, fabricados primariamente pela Sun, e os MIPS, fabricados pela MIPS, e menos nos processadores Power, fabricados pela IBM/Motorola.

De qualquer modo, possuem diferenças em muitos outros aspectos, incluindo-se a quantidade maior de registradores, o tamanho fixo de cada instrução (em geral de 32 bits), a pouca quantidade de modos de endereçamento e o uso intenso de manipulação de dados em registradores em vez do uso de memória, como acontece na IA-32.

O Cap. 11 apresenta uma descrição mais detalhada das arquiteturas tipo RISC, incluindo-se alguns processadores específicos.

EXERCÍCIOS

1) Cite uma possível vantagem do emprego de instruções com menor quantidade de operandos.

2) Crie um conjunto de instruções de dois operandos, definidas em linguagem Assembly, necessárias para a realização de operações aritméticas, e elabore programas para cálculo das seguintes equações:

a) X = A + (B * (C − A) + (D − E/B) * D)

b) Y = (A + B * (C − D * (E / (B − F)) + B) * E)

3) Considere as instruções Assembly de um operando utilizadas neste livro e escreva programas para resolver as equações apresentadas no exercício anterior.

4) Faça o mesmo para instruções de 3 operandos.

5) Cite uma aplicação em programa para o modo de endereçamento imediato. Indique uma desvantagem desse modo.

6) Faça o mesmo para o modo de endereçamento direto.

7) Analise os modos de endereçamento direto e direto por registrador, estabelecendo diferenças de desempenho, vantagens e desvantagens de cada um.

8) Considere as instruções definidas a seguir (de um operando):

LDA Op.	$R_0 \leftarrow$ (Op.)	STA Op.	(Op.) $\leftarrow$ ACC
ADD Op.	$R_0 \leftarrow R_0$ + (Op.)	SUB Op.	$R_0 \leftarrow R_0$ − (Op.)
MPY Op.	$R_0 \leftarrow R_0$ * (Op.)	DIV Op.	$R_0 \leftarrow R_0$ / (Op.)

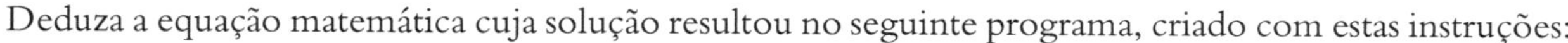

Deduza a equação matemática cuja solução resultou no seguinte programa, criado com estas instruções:

```
LDA   A
ADD   C
STA   X
LDA   B
MPY   D
SUB   E
STA   Y
LDA   X
ADD   Y
DIV   F
STA   X
```

9) Qual é o objetivo do emprego do modo de endereçamento base mais deslocamento ? Qual é a diferença de implementação entre esse modo e o modo indexado?

10) Em um determinado processador, há instruções que usam o modo de endereçamento base mais deslocamento, cada uma tendo um tamanho de X bits. Desses X bits, **a** bits identificam o código da operação; **b** bits especificam o endereço do registrador usado como base; **c** bits são empregados para o campo deslocamento. Considerando que a barra de endereços possui **y** bits, que fração da MP pode ser endereçada sem que sejam alterados os conteúdos dos registradores-base existentes nesse processador?

11) Considere um processador que possui as seguintes características:

- um registrador de 8 bits;
- um registrador de 16 bits;
- uma barra de dados de 8 bits;
- uma barra de endereços de 16 bits.

Defina instruções que permitam ao processador carregar em um registrador o conteúdo do endereço dado, adicionar a um registrador um valor especificado e carregar no registrador A o conteúdo da posição de memória apontada pelo registrador B. Descreva cada instrução e caracterize o tipo de endereçamento que ela utiliza. Com essas instruções faça um programa que permita carregar no registrador A o elemento de ordem 1F de uma tabela que começa na posição de memória de endereço 013D e que gasta 8 bits de memória para cada elemento.

12) Considere um computador com processador constituído de um RI com 24 bits, CI e REM de 12 bits, UAL, UC e vários registradores de emprego geral. Esse computador tem um conjunto de 256 instruções de formato único, mostrado a seguir, e modos de endereçamento *direto, indireto* e *por registrador:*

C. Op.	R1	R2	Operando

a) Quantos registradores de emprego geral podem ser endereçados nesse processador?

b) Supondo duas instruções A e B, em que a instrução A acessa a MP no modo indireto e a instrução B acessa a MP no modo por registrador (modalidade indireta), qual delas executa seu ciclo de instrução mais rápido? Por quê?

13) Um processador possui um conjunto de instruções que emprega vários modos de endereçamento, entre os quais, direto, imediato e indireto, e a MP é orientada a byte, possuindo endereços com 16 bits cada. Em um dado momento, algumas posições da MP possuem os seguintes valores, expressos em hexadecimal:

END	CONTEÚDO
15B9	7C
15BA	82
15BB	15
15BC	BE
15BD	9A
15BE	75

Pergunta-se:

a) Se uma instrução usa o modo direto e o campo operando possui o valor 15B9, qual será o valor do dado?

b) Se uma instrução usa o modo imediato e o campo operando possui o valor 15BA, qual será o valor do dado?

c) Se uma instrução usa o modo indireto e o campo operando possui o valor 15BB, qual será o valor do dado?

14) Suponha um processador que possui um conjunto com 118 instruções, sendo algumas de 2 operandos, um dos quais endereça os 32 registradores de emprego geral existentes no processador e o outro usa o modo base mais deslocamento, sendo o formato da instrução assim:

C.Op.	Reg.	Reg. base	Deslocamento
x bits	y bits	y bits	z bits

Pergunta-se:

a) Qual deverá ser o valor mínimo de x?

b) Qual deverá ser o valor mínimo de y?

c) Qual deverá ser o valor de z, caso se deseje utilizar segmentos de 16K nesse sistema?

15) Suponha um sistema de computação que empregue instruções que usam, entre outros, o modo de endereçamento base mais deslocamento. Em um certo processamento o processador encontra uma instrução que contém um deslocamento de 1248 (expresso em decimal), estando armazenado no registrador base daquele segmento o valor decimal 783590. Qual deverá ser o endereço de acesso à memória daquele operando?

16) Considere um processador que emprega um conjunto de instruções, o qual usa o modo pilha de endereçamento e processamento, com algumas instruções aritméticas de zero operando. Crie um programa para calcular o valor de X na seguinte equação:

$$X = (A - (B * (C + E - F) / D))$$

Use as instruções que foram apresentadas neste capítulo.

17) Considere um processador que utiliza instruções com zero operando e processamento orientado a pilha. Observando o modo operacional de pilha mostrado neste capítulo e considerando que, inicialmente a pilha usada está vazia, indique que elemento(s) da pilha permanece(m) armazenado(s) após a execução do seguinte trecho de programa:

PUSH 4
PUSH 7
PUSH 8
ADD
PUSH 10
SUB
MPY

18) Considere um sistema de computação cujo processador possui instruções de tamanho variável, sendo um deles igual a 32 bits, pertencente a instruções de 2 operandos. Todo o conjunto emprega código de operação de tamanho fixo e uma dessas instruções utiliza o modo base mais deslocamento em ambos os operandos e, em todos os casos, o segmento endereçado é de 1K e a quantidade de registradores usados como base simultaneamente é de 8. Qual poderá ser, no máximo, a quantidade de instruções a serem implementadas nesse processador?

9

Memória Secundária

9.1 INTRODUÇÃO

Conforme mostrado no Cap. 4, o sistema de memória de um computador é constituído de vários tipos de dispositivos de armazenamento, cada um com suas características próprias de tempo de transferência de dados, capacidade e custo, entre outras. Este conjunto de memórias diferentes se interliga hierarquicamente, constituindo um sistema integrado, cujo funcionamento é possível graças ao princípio da localidade com que os programas são estruturados.

Deste modo, a pirâmide de memória (ver Cap. 4) possui uma base de grande capacidade de armazenamento, na qual os programas e dados dos usuários são armazenados de forma permanente (outra característica própria deste tipo de dispositivo); eles têm também baixa velocidade de transferência e baixo custo por byte armazenado. Essas características, especialmente a capacidade elevada e a baixa velocidade, tornaram-na um excelente dispositivo de armazenamento secundário ou auxiliar, podendo operar on-line no sistema como o elo inicial da cadeia de memória.

Os primeiros computadores não tinham nenhuma memória secundária (mal tinham memória primária), muito menos os nossos conhecidos HDs (discos rígidos) considerados os dispositivos de memória secundária por excelência.

Nessa época, então, os programas eram introduzidos manualmente sempre que se desejasse executá-los; imagine-se atualmente, quando o mesmo programa pode ser executado inúmeras vezes em curto espaço de tempo. Os dispositivos iniciais de armazenamento permanente foram as fitas magnéticas, usadas de forma quase idêntica ao processo dessas mesmas fitas em gravadores de som. No caso dos microcomputadores, duas décadas mais tarde, também as primeiras versões não tinham memória secundária, sendo, em seguida, lançados computadores com cassetes (iguais aos drivers de som) para armazenar os programas e submetê-los. Somente mais tarde, com o surgimento dos PCs, em 1981, é que os primeiros dispositivos de disco rígido, HDs, foram desenvolvidos e introduzidos nos sistemas pela IBM. Desde então, os HDs não pararam de se desenvolver, não só em aumento de capacidade como também de confiabilidade, em crescimento da taxa de transferência e em redução de custo por byte armazenado.

Desde meados da década de 1950, quando surgiram precariamente os primeiros dispositivos de armazenamento secundário até os dias de hoje, diversos componentes foram desenvolvidos e lançados no mercado, tais como: fitas magnéticas tipo cassete, discos rígidos e discos flexíveis, compact disks (CDs), fitas magnéticas, DVDs e outros.

Os discos rígidos podem ser considerados os mais importantes dispositivos representativos da memória secundária de um sistema de computação; praticamente não há computador de grande porte, do tipo PC ou mesmo estações de trabalho que não possuam um ou mais de um desses dispositivos instalados, para armazenamento permanente dos programas e dados dos usuários. Grandes sistemas de banco de dados, como os dos bancos ou de empresas multinacionais de petróleo, automobilísticas e de seguros, valem-se de componentes de memória de massa para armazenamento secundário, memórias essas constituídas de conjuntos de múltiplos discos, como os sistemas RAID.

Enquanto os discos rígidos se utilizam de meio magnético para armazenamento de dados (e, com isso, obtêm a permanência da informação mesmo com o equipamento desligado), outro tipo de dispositivo de armazenamento secundário emprega tecnologia ótica para guardar e manter os dados, servindo também como meio de armazenamento secundário (possui grande capacidade, custo baixo do byte armazenado e tem baixa velocidade de transferência). Trata-se dos CDs e, mais recentemente, dos DVDs. Ambos têm sido bastante usados como elementos para cópia de segurança de dados (backup), substituindo em muitos sistemas o uso das fitas magnéticas nessa finalidade, e, também, a distribuição de programas aplicativos.

Neste capítulo serão analisados os dispositivos mais empregados como memória secundária, iniciando pelos discos magnéticos (na versão rígida, HDs e na versão flexível e móvel – disquetes), seguindo-se da descrição da organização e do funcionamento dos CDs e DVDs para, finalmente, apresentarmos as fitas magnéticas.

9.2 DISCOS MAGNÉTICOS

9.2.1 Histórico

O primeiro disco magnético surgido no mercado foi lançado pela IBM em 1956, e foi chamado de RAMAC (random access method of accounting and control – método de acesso aleatório de contagem e controle). Este dispositivo, batizado de Ramac 305, à semelhança do ENIAC (que era enorme e lento, mas um sucesso de inovação para sua época), era grande (tinha quase o tamanho de duas geladeiras residenciais comuns, pesando muito e armazenando pouco, cerca de 5 milhões de caracteres (5M), sendo constituído de vários pratos superpostos (na realidade, 24 pratos de 24 polegadas cada um), cobertos em ambos os lados por um material magnético.

Os primeiros dispositivos, anteriores ao Ramac, não eram discos; tratava-se de tambores (drums) cobertos com material magnético para armazenar os dados sob a forma de minúsculos campos magnéticos. No entanto, um dos laboratórios de pesquisa aplicada da IBM em S. Jose, na Califórnia foi o pólo impulsionador dessa nova tecnologia para a época. Eles trabalharam, em meados da década de 1950, em um dispositivo tipo disco, mas os problemas eram difíceis, notadamente o fato de os discos girarem com elevada velocidade (na época, de 1000 a 1200 rpm, enquanto atualmente giram a 7200 e até 10.000 rpm), o que tendia a danificar rapidamente a cabeça de gravação, que, na época, encostava na superfície. O desafio, então, era sustentar a cabeça sobre a superfície sem tocá-la, considerando-se, na época, que isso significava algo em torno de um espaço entre ambos de 800 micropolegadas. Imagine-se hoje, quando as cabeças flutuam com espaços da ordem de 3 ou menos micropolegadas.

A IBM (o laboratório de S. Jose) continuou aperfeiçoando esses dispositivos e, no início de 1960, produziu alguns lançamentos, entre os quais o do primeiro acionador de disco (disk driver) com suspensão de ar nas cabeças e o da primeira bandeja de disco (disk pack). No final dessa década e ao longo da década seguinte (1970) a tecnologia de desenvolvimento de discos foi crescendo, com a IBM liderando as pesquisas e lançamentos, porém perdendo sucessivamente alguns de seus melhores engenheiros para concorrentes; pequenas empresas surgiram e faliram, e assim por diante. Deve-se destacar, no período, a história de um jovem engenheiro (jovem em 1961), Alan Shugart, que iniciou sua carreira na IBM, passando posteriormente pela Memorex, grande fabricante de fitas magnéticas e que desenvolveu sua área de discos com Shugart, o qual, finalmente, em 1979, criou uma empresa fabricante de discos magnéticos, até hoje conhecida e respeitada na área, a Seagate Technology.

Outros eventos importantes relativos ao desenvolvimento histórico dos discos magnéticos podem ser mencionados:

- em 1967, o lançamento dos discos flexíveis (floppy disk) pela IBM;
- em 1973, o lançamento, pela IBM, da unidade móvel de disco, IBM 3340, usada em computadores de grande porte (mainframes), que empregava, pela primeira vez, uma tecnologia denominada Winchester.

Figura 9.1 Um CPD com o computador principal (mainframe) e a unidade de disco magnético.

Tão popular se tornou que as unidades de discos eram chamadas de discos winchester. Um dos fatos relevantes da referida tecnologia era o fato de os discos ficarem em um invólucro (disk pack) selado a vácuo, justamente para evitar que impurezas penetrassem no pacote, visto que as cabeças se mantinham sobre os discos girando a uma distância de 17 micropolegadas, e qualquer minúsculo ponto de impureza poderia danificar o sistema. A Fig. 9.1 mostra um antigo CPD (centro de processamento de dados), com os componentes do sistema de computação de grande porte (main frame).

- em 1976, a Seagate lançou o primeiro disco rígido para microcomputadores (esse nome – hard disk – foi dado em contraposição aos discos flexíveis, ou floppy), o modelo ST506 (ver Fig. 9.2). Ele tinha 5 1/4" de diâmetro e 5MB de capacidade.
- em 1983, lançamento do primeiro disco com 3,5", pela Conner Peripherals, a qual também lançou, em 1986, o primeiro atuador de cabeça (o braço do disco) movido por bobina de voz (voice coil actuator). Neste mesmo ano, a Sony lançou o primeiro disquete de 3,5", até hoje usado em nossos computadores. A IBM, com o lançamento do computador PC-XT, tornou padrão o emprego de discos (HDs) em microcomputadores.
- 1992 – surgem os discos com diâmetro de 1,8", para uso em pequenos dispositivos, como laptops, na época com capacidade de até 40MB.

Figura 9.2 Disco Seagate ST506. (From Computer Desktop Encyclopedia Reproduced with Permission. © 1998 Seagate Technologies.)

- em 1997, a IBM anuncia o lançamento do disco de maior capacidade até então, 16GB, baixando o custo do MB armazenado para 25 centavos de dólar.
- em 1999, ainda a IBM anuncia novo disco com cerca de 75GB de capacidade e a maior velocidade de rotação até então (10.000 rpm).
- em 2000, a IBM anuncia o lançamento de um disco capaz de armazenar 1GB em uma superfície do tamanho de uma moeda de 25 centavos de dólar.
- em 2006, a Western Digital anuncia o lançamento de um disco com capacidade de 500GB.

9.2.2 Organização e Funcionamento

Um disco magnético (disco rígido, ou hard disk) é constituído de uma ou mais superfícies, denominadas pratos (platters, em inglês). Cada superfície é circular, fina e coberta com uma camada de material magnetizável. Nos discos atuais as duas superfícies são cobertas com o referido material, podendo, por isso, conter dados gravados; elas são usualmente chamadas de faces. A Fig. 9.3 mostra um típico disco magnético (disco rígido, ou HD), muito empregado em microcomputadores.

Cada superfície (face ou lado) de um prato de um disco é organizada em áreas circulares concêntricas, denominadas *trilhas*, as quais são numeradas de 0 até T-1 (endereço da última trilha), a partir da trilha mais externa (trilha 0) até a mais interna (trilha T-1), conforme mostrado na Fig. 9.4. Todas as trilhas armazenam a mesma quantidade de bytes; isto é possível devido à diferença de densidade de gravação entre a trilha mais

Figura 9.3 Exemplo de um disco rígido.

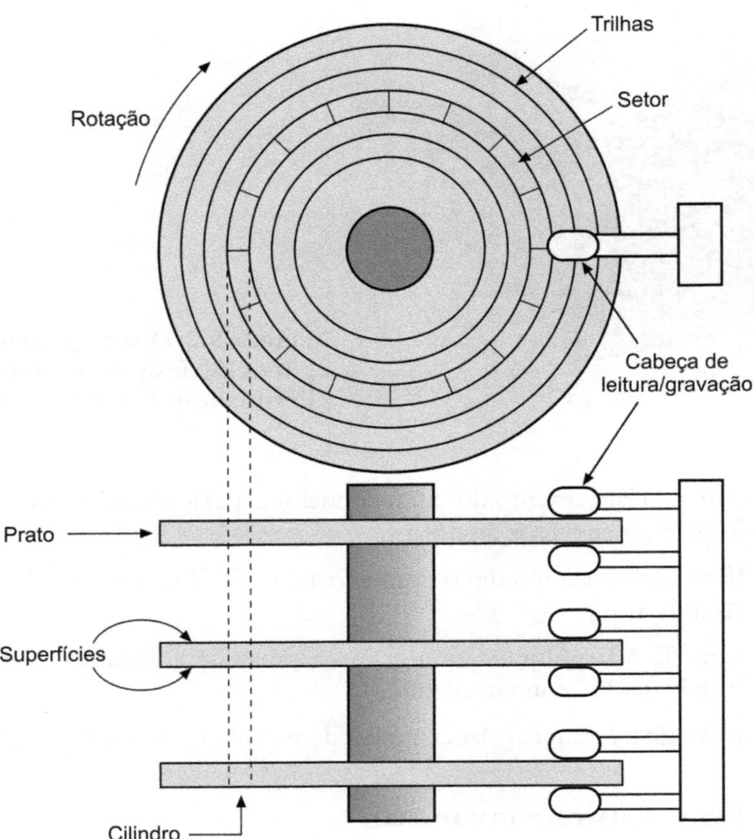

Figura 9.4 Organização de um disco rígido com mais de um prato.

externa e a trilha mais interna. Para se evitar erros devido à proximidade do final do prato em cada extremidade e também para evitar que se tenha uma diferença muito grande de densidade entre as trilhas extremas, a área magnetizável (de trilhas) está mais na parte central do prato, ou seja, não há trilhas próximo à borda do prato nem próximo ao orifício do eixo de rotação.

Em geral, como cada trilha possui uma grande capacidade de armazenamento de bytes, elas são divididas em partes menores, de tamanho fixo, denominadas *setores* (ver Fig. 9.4), os quais servem de unidade de armazenamento (antigamente também serviam de unidade de transferência, sendo mais tarde substituídas por outra unidade lógica, o **cluster** – em sistemas PC –, que se compõe de vários setores. Nos computadores tipo PC, a definição básica da largura de um setor, a ser entendida pelo sistema operacional, é de 512 bytes. Como nas trilhas, os setores são identificados por um endereço, de 0 até S–1, a partir da marca de início da trilha, definidas em todas elas na ocasião da formatação do disco.

Conforme mostrado na Fig. 9.4, as trilhas constituem-se na superfície magnetizável onde são armazenados os bytes (grupos de 8 bits) de informação. Cada bit tem sua "marca" magnética, indicando, quando requerido (leitura ou gravação), se o valor do bit é bit 0 ou bit 1. Na realidade, os valores dos bits 0 e 1 não são exatamente representados por uma direção do campo magnético N–S ou S–N, como pode parecer à primeira vista (e seria mais fácil mesmo), sendo o processo de representação efetiva dos bits um pouco mais complicado, fugindo ao escopo deste livro.

O disco completo (todos os pratos) gira constantemente em torno do seu eixo central, de modo idêntico ao da rotação de um disco de som.

Sobre cada prato (superfície) um elemento mecânico, denominado braço, transporta a cabeça de leitura/gravação, efetuando um movimento transversal sobre as trilhas, de modo a poder realizar as operações de leitura e gravação sobre cada trilha. Este movimento do braço é realizado por um mecanismo chamado **atuador**, que é movimentado pela atração de uma bobina (ver Fig. 9.5).

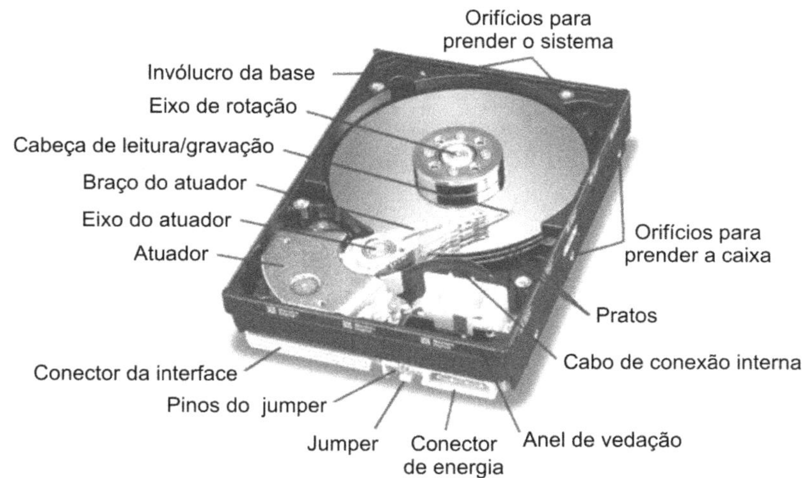

Figura 9.5 Exemplo de um disco rígido e seus componentes.

Cada setor é organizado de modo a gravar os 512 bytes de dados sem que o sistema de leitura/gravação possa confundir um setor com o outro. Para isso (ver Fig. 9.6), cada setor possui um campo inicial (antes dos bytes de dados) denominado **preâmbulo**, o qual contém elementos para sincronizar a cabeça antes de cada leitura ou gravação; além disso, entre cada par de setores há um espaço morto, denominado gap intersetorial, para evitar superposição de leitura/gravação, caso os setores ficassem contíguos em face da alta velocidade de rotação do eixo do disco. Finalmente, o setor tem um campo ECC, contendo bits calculados na ocasião da transmissão, com o propósito de proteger o bloco de 512 bytes de possíveis erros durante a transmissão (ver item 4.7).

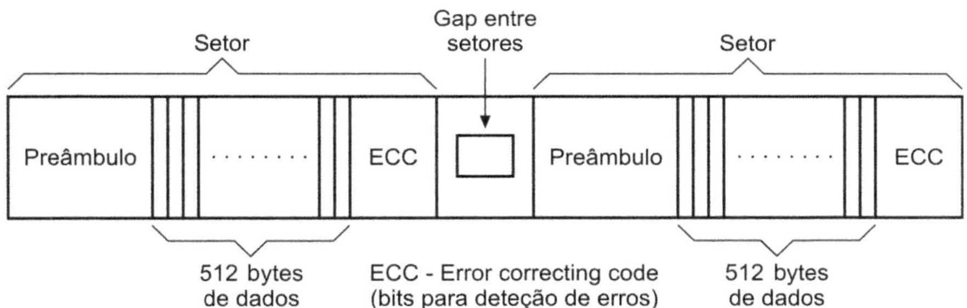

Figura 9.6 Organização de uma trilha, por setor.

Na prática, há diferentes métodos de acesso aos discos, bem como diversas unidades de transferência, dependendo do sistema operacional, do próprio sistema de disco, etc. Há sistemas que efetuam transferência de dados disco/Processador-MP setor por setor; outros, devido à maior capacidade dos discos e ao volume de transferências, movimentam um grupo de setores (denominado cluster, conforme já mencionado) de cada vez, embora a unidade básica de armazenamento continue a ser o setor.

9.2.3 Características de Funcionamento dos Discos Rígidos

O acesso a um disco consiste em uma série de pequenas etapas (quando o processador executa uma instrução de máquina, este evento também ocorre por meio de diversas pequenas etapas, as microoperações), seja para uma operação de leitura seja para uma operação de gravação.

Resumidamente, pode-se definir a seguinte seqüência de etapas para completar um acesso ao disco:

1. Interpretação do comando de solicitação de E/S.

Esta etapa (composta da execução de várias instruções) depende do tipo de sistema operacional e do interface do disco (IDE, SCSI etc.) usados e serve para que o dispositivo de controle do disco interprete o que é desejado e converta, finalmente, em um endereço físico do disco onde se encontra os dados a serem lidos (ou onde serão gravados). Este endereço é usualmente caracterizado pelo número do cilindro, cabeça e setor (conhecido como geometria do disco).

2. Movimentação do braço para cima da(s) trilha(s) desejada(s) – cilindro. Conhecido por evento de busca (ou seek).
3. Localização do setor desejado, quando a cabeça de gravação/leitura passa por cima do setor.
4. Efetiva transferência dos bits pelos condutores, depois que o campo magnético foi transformado em sinal elétrico (correspondente a cada bit). Inicialmente, os bits vão para um buffer e daí para a área de memória especificada na solicitação.

Algumas etapas e detalhes foram omitidos para não aprofundar demais a explicação e perder-se seu foco, entre elas, a verificação se o dado já estava armazenado (em uma leitura) na cache do disco ou não, pois caso afirmativo o acesso seria simplificado (um acerto – hit – de cache pode significar um tempo de busca e latência de 4 ms, enquanto uma falta – miss – pode significar até 9 ms).

O tempo gasto entre o instante de início da leitura/ou escrita e seu término é denominado tempo de acesso, o qual é constituído do somatório dos quatro tempos distintos e diferentes; correspondentes às etapas descritas:

– tempo de interpretação do comando;
– tempo de busca (*seek*);
– tempo de latência (*latency*); e
– tempo de transferência do dado (*transfer*).

a) *Tempo de Interpretação do Comando* – período de tempo gasto para o SO interpretar o comando, passar a ordem (em outra linguagem) para o controlador do disco e este converter no endereço físico executando suas próprias instruções. Este é um componente pequeno do tempo total, dependendo, é claro, se ocorre acerto ou falta na cache (muito dessa tarefa é realizada diretamente pelo hardware).

b) Tempo de Busca (seek) – gasto para interpretação do endereço pela unidade de controle e movimento mecânico do braço para cima da trilha desejada. É o maior componente do tempo de acesso. Valores comuns atualmente estão na faixa de 5 a 10 ms.

c) *Tempo de Latência* – período decorrido entre a chegada da cabeça de leitura e gravação sobre a trilha e a passagem do bloco (setor) desejada sobre a referida cabeça (depende da velocidade de rotação do disco).

   O tempo médio de latência é igual à metade do tempo gasto para o disco efetuar uma volta completa, ou seja, para o setor desejado girar completamente em torno da cabeça. Em conseqüência, ele é inversamente proporcional à velocidade de rotação do disco, uma das razões para esses componentes estarem aumentando de velocidade nos últimos anos. Valores típicos atuais são 7200 rpm e 10000 rpm, acarretando valores de tempo de latência de 4,1 ms e 3 ms, respectivamente.

d) *Tempo de Transferência* – gasto para a efetiva transmissão dos sinais elétricos (bits) para o destinatário. Um valor típico é da ordem de 0,4 a 0,8 ms.

Conforme já mencionamos anteriormente, todos os discos magnéticos possuem dois ou mais pratos superpostos, conforme mostrado nas Figs. 9.4, 9.7 e 9.8; o primeiro disco rígido lançado comercialmente, o Ramac 305, tinha 50 pratos, enquanto atualmente os fabricantes têm procurado reduzir muito a quantidade de pratos. No entanto, eles têm aumentado, em contrapartida, a densidade de gravação das trilhas e, com isso, obtêm o desejado aumento da capacidade de armazenamento dos discos sem o emprego de muitas superfícies.

Possuindo vários pratos (com duas superfícies magnetizáveis em cada um), cada superfície apresenta um braço com sua cabeça de gravação/leitura, e o conjunto é armado de forma integrada e acionado através de um mecanismo atuador único.

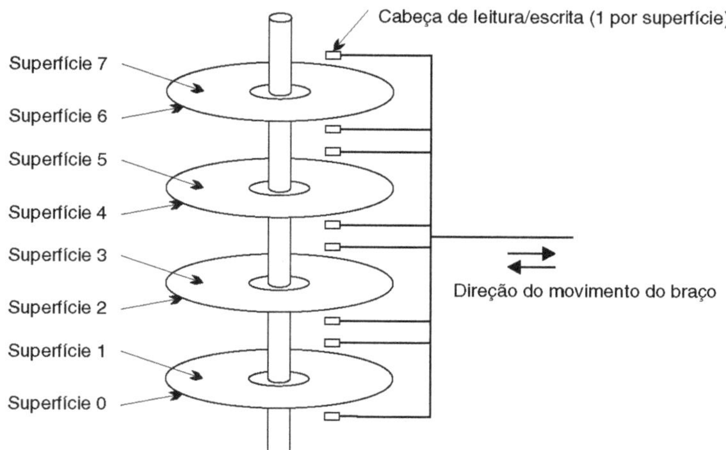

Figura 9.7 Esquema de um disco magnético com várias superfícies superpostas em um único eixo. Cada superfície é percorrida por um braço com cabeça de leitura/escrita, e todos os braços estão presos a um único mecanismo de movimento.

Como os braços/cabeças se movimentam juntos, quando o atuador se desloca para acessar uma determinada trilha de certa superfície (o endereço de acesso pode ser, por exemplo, trilha 12 da superfície 05) todas as cabeças estacionam sobre a trilha de mesmo endereço (trilha 12, nesse exemplo) em cada superfície. O conjunto de trilhas de mesmo endereço, acessado em um único movimento do atuador, denomina-se *cilindro,* podendo também servir como unidade de transferência em certos sistemas (ver Figs. 9.4, 9.7 e 9.8).

O acesso por cilindro aumenta a produtividade do sistema de disco quando se movimentam grandes volumes de dados, visto que se economiza tempo de busca (de seek) comparativamente ao processo de armazenamento trilha por trilha.

Se, por exemplo, desejarmos armazenar em disco um arquivo que consumirá um espaço correspondente a 200 trilhas, serão gastos 200 tempos de busca (de seek) no caso de a organização dos endereços ser por trilha. No entanto, se o sistema de disco for organizado de modo a armazenar e recuperar dados cilindro a cilindro, poderemos verificar que o tempo total de busca será bem menor.

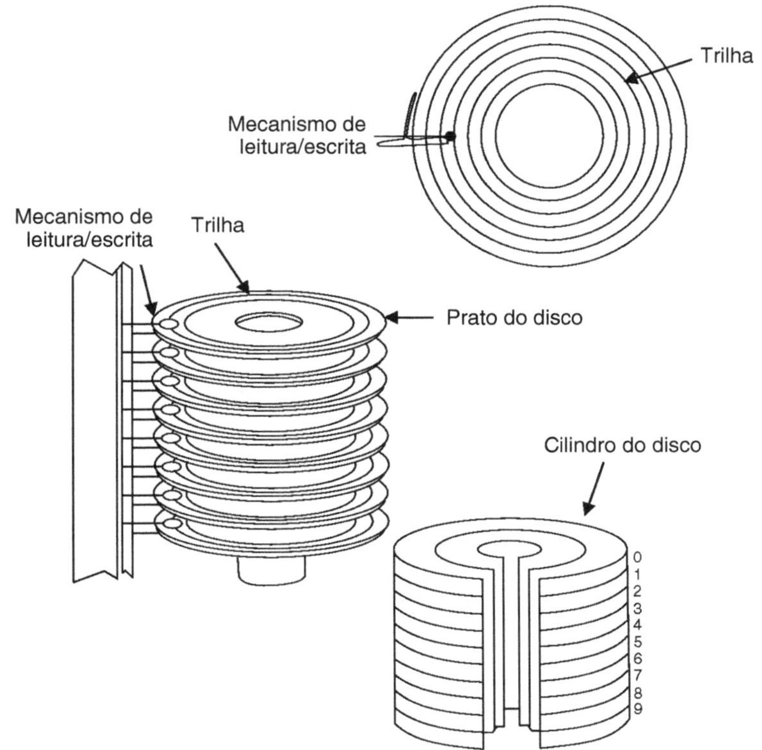

Figura 9.8 Exemplo de organização de um disco magnético com múltiplos pratos.

Assim, se no exemplo dado o disco possuir 20 superfícies magnetizáveis, cada cilindro compreenderá 20 trilhas (o cilindro 23 é constituído de todas as 20 trilhas de endereço 23, uma para cada superfície); nesse caso, seriam consumidos apenas 10 tempos de busca (e não mais os 200 anteriores), um para cada cilindro.

Os discos magnéticos vêm aumentando de capacidade desde sua invenção, graças ao avanço da tecnologia, que tem permitido aumento de densidade dos bits e este avanço tecnológico se reflete em todos os componentes dos discos, como atuadores, braços e cabeças de gravação/leitura, que vêm, também, diminuindo de tamanho. Ou seja, os discos se tornam fisicamente menores, com muito maior capacidade de armazenamento e maior taxa de transferência, além da redução do custo por byte armazenado.

O IBM-Ramac possuía uma capacidade de 5MB (1956), enquanto que, na década de 1990, já se obtinham discos rígidos de 1 ou pouco mais GB. Em 2006 são oferecidos discos rígidos de 80GB a 150GB de forma comum, e existem no mercado, para grandes usuários (principalmente grandes financeiramente) discos de 300GB a 750GB.

Todos os discos atuais usam uma tecnologia de armazenamento dos bits em campos magnéticos dispostos horizontalmente na superfície, o que estabelece um limite de densidade (pelo menos até o momento) de cerca de 250 a 500 Gbits por centímetro quadrado (e, com isso, definindo um limite máximo de capacidade total do disco).

Recentemente, têm sido divulgados lançamentos de discos com outra tecnologia, chamada de gravação perpendicular (*perpendicular recording*), que deverá permitir (por diminuir o espaçamento entre cada elemento magnético) um aumento da densidade de armazenamento para cerca de 3 Tbits (três tera bits) por centímetro quadrado.

9.2.4 Discos Flexíveis ou Disquetes

As unidades de disquetes (*floppy disk drivers*) possuem características semelhantes às das unidades de disco rígido, de maior capacidade. A diferença entre os dois dispositivos reside mais na capacidade de armazenamento, na velocidade de acesso, no tempo de transferência de informações e, principalmente, na sua portabilidade, por ser removível.

As unidades de disquetes (e os próprios disquetes) foram desenvolvidas na década de 1960 como uma alternativa mais barata para os sistemas de disco. Porém, esse meio se tornou mais popular, crescendo enormemente sua utilização pelos usuários, com o surgimento dos microcomputadores e a conseqüente demanda por um periférico mais rápido e versátil que os cassetes (primeiros dispositivos de armazenamento secundário usados nos microcomputadores).

O disquete é um meio de armazenamento removível, o que permite o transporte de informação de um sistema para outro. As informações são armazenadas de forma idêntica à dos discos rígidos, isto é, em trilhas e setores de cada superfície (um disquete possui as duas superfícies magnetizáveis, embora apenas uma delas o fosse nos primeiros disquetes). O acionador de disquete em um computador (drive) contém um mecanismo de leitura/gravação para cada superfície. Os disquetes possuem ainda uma abertura para que a cabeça de leitura/escrita tenha acesso às trilhas/setores (nos atuais disquetes de 3,5" esta abertura fica coberta por um elemento metálico).

Em geral, quando um usuário se dispõe a adquirir um sistema de disco ele procura comparar os diversos modelos oferecidos através de três fatores principais:

- a capacidade total de armazenamento do meio;
- a taxa de transferência de bits (quantos bits/s);
- o tempo médio de acesso.

Os primeiros disquetes (sistema IBM 3740) possuíam um tamanho de 8" (o mercado de disquetes costuma identificar esses dispositivos pelo tamanho do elemento de armazenamento) e capacidade de armazenamento de até 360 Kbytes. Mais tarde, com os sistemas do tipo IBM-PC, surgiram os disquetes de 5 1/4"com face simples e dupla face de armazenamento (duas cabeças de leitura/gravação e, conseqüentemente, cilindro com duas trilhas cada um), maior capacidade e velocidade.

Com o lançamento dos microcomputadores da linha PS/2, a IBM também implantou um novo sistema de disquete, com invólucro mais rígido que os modelos anteriores (flexíveis), 3 1/2" de tamanho e maior capacidade de armazenamento. No início da década de 1990, a Iomega lançou o zipdrive e os discos zip, com maior capacidade que os disquetes, com capacidades acima de 250MB. Ainda podem ser encontrados disquetes de 3 1/2" com 1,44Mb, e outros com capacidade de 2,88Mb e até de 120MB, além dos zip, embora estejam, em muitos casos, sendo substituídos pelos CDs.

A taxa de transferência de unidades de disquetes não é tão grande, se comparada com sistemas de disco rígido (disquetes podem alcançar taxas de transferência da ordem de centenas de Kbytes/s, enquanto os discos rígidos podem transferir alguns Mb/s).

O tempo médio de acesso também é relativamente elevado nas unidades de disquetes (da ordem de 60 a 100 ms), ao passo que unidades de disco rígido podem realizar acessos com tempos bem menores que 60 ms (fabricantes típicos, como a Seagate, a Western Digital, a Fujitsu, LG, Samsung e outros, vêm produzindo unidades de disco rígido para microcomputadores com tempos de acesso menores que 10 ms).

Os atuais sistemas de computação, por terem capacidade de armazenamento secundário cada vez maior (discos rígidos de dezenas de Gbytes de capacidade), utilizam menos os disquetes, por esses apresentarem muito menos capacidade de armazenamento. Por isso, foram ganhando espaço como elementos de armazenamento terciário (para backup) primeiro os discos zip, da Iomega, posteriormente os CD-ROM e discos CD regraváveis e, atualmente, os DVDs, com capacidade bem maior que os CDs, conforme mostrado nos itens seguintes.

9.2.5 Cálculo de Espaço de Armazenamento em Discos

O problema do cálculo de espaço em disco necessário para o armazenamento de arquivos é semelhante ao cálculo de espaço em fitas magnéticas. Uma das possíveis diferenças consiste, em grande parte dos sistemas, na adoção do setor (ou grupo de setores) como unidade de transferência fixa e, portanto, deixa de existir *o fator de bloco* variável.

No caso de discos, é necessário calcular quantas trilhas (ou cilindros) serão consumidas por um arquivo constituído de N registros lógicos. Deve-se considerar a divisão das trilhas em setores, cada um com uma quantidade fixa de bytes para armazenamento.

Exemplo 9.1

Deseja-se saber qual será o dispêndio de espaço para armazenar em disco um arquivo com 1000 RL de 80 bytes cada um. O disco possui 40 trilhas com 9 setores de 512 bytes para dados em cada um.

Solução

Total de bytes do arquivo: $1000 \times 80 = 80.000$ bytes

Quantidade de setores necessária: $80.000/512 = 156,25 = 157$ setores

Quantidade de trilhas: $157/9 = 17,4 = 18$ trilhas

Exemplo 9.2

Um sistema de armazenamento em disco magnético possui discos com cinco superfícies de dupla face, todas com as respectivas cabeças de leitura/gravação. Cada superfície contém 115 trilhas, cada uma com possibilidade de gravar 9500 bytes de dados (e informações de controle). Podem ser armazenados nesse disco blocos de tamanho variável, de acordo com o fator de bloco (H) escolhido; cada bloco contém 80 bytes para informações de controle. Em cada trilha somente podem ser gravadas quantidades inteiras de blocos (ou RF), não sendo possível gravar parte de um bloco em uma trilha e o restante em outra. Calcule a quantidade de cilindros a ser consumida com o armazenamento de um arquivo constituído de 8000 RL de 110 bytes cada, empregando-se um FB de 12.

Solução

Tamanho de 1 bloco: 12 × 110 = 1320 bytes (se o FB = 12, então: 12 RL em cada bloco)

Quantidade de blocos por trilha: 9500/1320 = 7,2 = 7 blocos (sobram 260 bytes em cada trilha)

Quantidade de blocos necessária: 8000/12 = 666,66 = 667 blocos

Se FB = NRL / NRF, então:

NRF = NRL / FB

Quantidade de trilhas: 667/7 = 95,29 = 96 trilhas (porque são 7 blocos/trilha).

Como o disco possui cinco pratos de dupla face, há 10 superfícies de armazenamento; há, então, cilindros com 10 trilhas em cada um (o cilindro 3, por exemplo, compreende todas as trilhas 3 das 10 superfícies).

O disco apresenta um total de 115 cilindros.

Cálculo da quantidade necessária de cilindros: 96/10 = 9,6 = 10 cilindros.

9.2.6 RAID

À medida que os sistemas de computação têm evoluído em desempenho, tem-se procurado encontrar solução para o problema decorrente da necessidade sempre crescente de capacidade de armazenamento secundária, com confiabilidade e rapidez de transferência de dados com a área de armazenamento primária.

Do mesmo modo que se pensou e se usa o paralelismo de atividades nos processadores (múltiplas UALs, UC com pipelining, múltiplos processadores etc.), também os pesquisadores voltaram-se em grande parte para o estudo e o desenvolvimento de soluções para a área de memória secundária, concluindo pelo emprego, em determinadas circunstâncias, de múltiplas unidades de disco, com um sistema de controle integrado e único.

Desse modo, surgiu um conceito de organização de vários discos em um sistema de computação, que foi padronizado para uso comum entre diversos fabricantes e denominado RAID, em inglês – *Redundant Array of Independent Disks*, cuja tradução direta é conjunto redundante de discos independentes, mas que poderia ser traduzido, também, como Matriz Redundante de Discos Independentes. No entanto, mesmo no Brasil somente se usa o termo inglês RAID para esse assunto, o que também faremos.

Trata-se de uma tecnologia de emprego de múltiplos discos rígidos e de paralelismo cujo propósito básico é usar redundância para aumento de confiabilidade, mas que se aproveita do paralelismo para aumentar o desempenho de sistemas que operam com grandes volumes de dados e que exigem baixos tempos de transferência.

Desse modo, podemos usar a tecnologia RAID para se alcançar dois objetivos:

- combinar vários discos rígidos (HDs) de modo a se constituírem em uma única unidade lógica, onde os mesmos dados podem ser armazenados em todos eles (chama-se também de espelhamento, pois o mesmo dado em uma unidade existe na outra, como uma cópia, o que é a mesma coisa quando vemos nossa imagem em um espelho), o que caracteriza a redundância.
- dividir o armazenamento de um grande volume de dados em mais de um disco, reduzindo o tempo de transferência, por usar os múltiplos discos em paralelo, como se fossem um só.

O conceito, então, que surgiu no final da década de 1980, pode ser exemplificado em um sistema que possua dois discos de 50GB, cada um com taxas de transferência da ordem de 5GB/s. Se usados individualmente, o acesso é realizado um por um, e dois arquivos de 30GB teriam que ser armazenados um em cada disco, gastando-se 6 segundos para transferir cada arquivo separadamente e 12 segundos no total. Se fosse usada a tecnologia RAID, poderíamos considerar os dois discos como um só de 100GB e dividir o armazenamento de cada arquivo pelos dois discos, colocando metade em cada um (15GB em cada disco). Considerando que a transferência seria efetuada em paralelo, como se os dois discos fossem um só, então o tempo de transferência de um arquivo seria de 3 segundos, pois 3 segundos × 5GB = 15GB/s × 2, pois estariam sendo transferidos os 30GB do arquivo em dois eixos de 15GB, um por disco, simultaneamente. O tempo total de transferência dos dois arquivos seria 6 s, a metade do que se gastaria se o sistema não usasse tecnologia RAID.

Um outro exemplo de uso de RAID está relacionado ao seu outro objetivo, de redundância (ou espelhamento). Poderíamos arranjar os dois discos do exemplo anterior de modo que se comportassem de modo único e, assim, o arquivo de 30GB seria armazenado simultaneamente nos dois discos. Caso um deles tivesse problemas durante a execução de seus acessos, o outro automaticamente seria acessado, de modo transparente ao usuário, garantindo maior disponibilidade do que um só. Trata-se do velho axioma popular: "quem tem um não tem nenhum". Sistemas críticos, como em servidores de missão dedicada 24 h, têm melhor segurança e disponibilidade usando essa tecnologia, mesmo correndo-se o risco de redução de tempo, devido ao acesso simultâneo para um mesmo dado.

Conforme pode ser observado, a tecnologia RAID tem possibilidade de ser implementada em várias condições e combinações diferentes, as quais já foram definidas como padrão, sendo denominadas por sete diferentes níveis, numerados de 0 (zero) a 6 (seis).

RAID nível 0

Trata-se do caso já exemplificado antes, do armazenamento de um único arquivo por dois ou mais discos, assim obtendo-se mais rapidez na transferência. Em inglês, chama-se essa técnica de stripping, que pode significar fracionamento, ou seja, fragmenta-se ou fraciona-se o arquivo em várias partes e cada uma é armazenada em um disco diferente, sendo todos eles acionados simultaneamente em uma transferência. Deve ser observado que este nível de RAID não aplica o conceito de redundância, pois não se está colocando a mesma parte do arquivo em mais de um disco, mas partes diferentes. Havendo algum problema em um dos discos, a parte nele armazenada pode ser perdida. Em face de suas características de velocidade, este nível é freqüentemente usado em aplicações com grandes volumes de dados que requeiram rapidez de acesso, como CAD ou tratamento de imagens, vídeo e áudio, embora de custo elevado.

RAID nível 1

Consiste na implementação do outro objetivo da tecnologia RAID, de redundância, a qual é utilizada através de duplicação, triplicação ou mais de um determinado volume de dados por vários discos (espelhamento). Desse modo, cada transação para gravação de dados em um disco é realizada também no outro ou outros, definidos no espelhamento.

Naturalmente, o espelhamento é realizado sem intervenção do usuário, por meio de lógica apropriada, que deve estar presente no sistema ou não funcionará.

É possível combinar os dois níveis, 0 e 1, de modo a garantir rapidez e confiabilidade maiores. Por exemplo, um sistema que possua dois discos pode usá-los para o nível 0 e acrescentar mais dois discos para espelhamento, de maneira que os quatro discos sejam usados para os RAID 0 e 1 de modo único.

Seu emprego é apropriado, por exemplo, para servidores de arquivos ou sistemas gerenciadores de grandes bancos de dados.

RAID nível 2

Este tipo de RAID adapta o mecanismo de detecção de falhas, para funcionar com a memória principal e através do emprego de acesso paralelo. Trata-se de uma especificação nunca implementada em face do seu elevado custo para um benefício já implantado nos discos (tolerância a falhas) e por visar um tipo de problema (muitos erros em acessos a discos) raramente encontrado.

RAID nível 3

Neste nível, semelhante ao nível 2, os dados são divididos pelos vários discos e se usa um disco adicional para armazenar os dados de paridade (detecção de erros). Através da verificação dessa informação (paridade) pode-se garantir maior integridade dos dados, em caso de recuperação. Para usar o RAID 3 são necessários pelo menos três discos, oferecendo altas taxas de transferência e confiabilidade das informações.

RAID nível 4

Neste tipo, basicamente semelhante ao nível 3, os dados são igualmente divididos entre todos os discos menos um, que servirá exclusivamente para inserir os elementos de paridade; a diferença é que no nível 4 o tamanho dos blocos a serem armazenados é grande, maior que no nível 3. Por isso, o rendimento é maior em uma leitura. Ele é indicado para o caso de arquivos grandes, onde se requer maior integridade das informações, visto que em cada operação de leitura se efetua novamente o cálculo da paridade, obtendo-se, assim, maior confiabilidade (apesar do aumento do tempo de cada operação).

RAID nível 5

Semelhante ao nível 4, exceto pelo fato de que a paridade não se destina a um só disco, mas a toda a matriz. Nesse caso, o tempo de gravação é menor, pois não é necessário acessar o disco de paridade em cada operação de escrita. Não obstante, o nível 4 ainda possui melhor desempenho, pois no nível 5 a paridade é distribuída entre os discos. Ele precisa de pelo menos 3 discos para funcionar, mas é um dos mais utilizados em aplicações não muito pesadas.

RAID nível 6

Este nível, que foi acrescentado ao mercado posteriormente, é baseado no nível 5, porém com a diferença de que nele há uma segunda gravação de paridade em todos os discos utilizados no sistema, aumentando, desse modo, a confiabilidade das informações.

9.3 MEIOS DE ARMAZENAMENTO COM TECNOLOGIA ÓTICA

9.3.1 Introdução

Um outro grande grupo de componentes, utilizados atualmente em grande escala como memória de armazenamento secundário e para armazenamento de segurança (backup), se baseia em tecnologia ótica, ao invés do emprego de material e técnicas de magnetismo, como os discos anteriormente analisados.

O primeiro desses componentes, criado pela Philips, surgiu no mercado no início da década de 1980 para atender à indústria de áudio, sendo denominado CD – *compact disk*. A tecnologia obteve enorme sucesso, principalmente devido à grande capacidade de armazenamento e ao reduzido tempo de acesso comparativamente às fitas cassete da época e, principalmente, ao fato de o acesso ser individual aos dados e não seqüencial, como nas fitas magnéticas, sendo logo em seguida adotado pelos fabricantes de equipamentos periféricos de computação.

9.3.2 Compact Disk – CD

Em 1983, a Phillips, grande empresa fabricante de equipamentos e material para áudio, anunciou um novo produto para armazenar músicas, que viria rapidamente substituir as fitas cassete e de rolo. O produto, denominado Compact Disk, rapidamente se tornou conhecido pela sigla CD, sendo até os dias atuais ainda um forte elemento usado pelas empresas fonográficas para venda de músicas, embora já em fase de declínio, em virtude do uso cada vez maior dos DVDs (ver item 9.3.3).

Considerando sua rápida evolução, desde o lançamento voltados para a indústria de áudio, o baixo custo e a densidade de gravação tornaram os CDs também de utilidade para a indústria de computação, com vistas, em um primeiro momento, a substituir os discos magnéticos portáteis (disquetes, zips etc.), sendo criado o CD-ROM (*compact disk – read only memory*).

Logo em seguida, seu baixo custo, principalmente quando produzido em volumes grandes, aliado a uma elevada confiabilidade e alta capacidade de armazenamento (650MB a 750MB), levou os fabricantes de software a usarem o CD-ROM como mídia de distribuição de seus produtos, como a Microsoft, iniciando, em 1987, a distribuição do Microsoft Bookshelf; logo depois, os fabricantes de computadores começaram a lançar suas máquinas incluindo um driver de CD-ROM em sua configuração.

Durante muito tempo, então, os CD se tornaram a mídia por excelência para distribuição e uso em software, jogos, vídeo e som na computação, sendo o reprodutor (e mais tarde o gravador) de CDs (cd driver) dispositivo obrigatório em todas as configurações de computadores fornecidos pelo mercado.

Ao longo do tempo, surgiram três tipos de CD, usados pelo mercado, conforme as necessidades e aplicações de cada usuário:

1) CD-ROM compact disk, somente para leitura.

2) CD-R compact disk, gravável uma vez pelo usuário e lido muitas vezes.

3) CD-RW compact disk, pode ser apagado e regravado várias vezes pelo usuário.

Cada um desses tipos, embora semelhantes em aspecto e aplicabilidade, tem características técnicas de fabricação diferentes, bem como processos de gravação e reprodução um pouco diferentes. A Fig. 9.9 mostra um CD (no caso, uma imagem de um CD-R).

Figura 9.9 Exemplo de um CD-R.

CD-ROM

O CD-ROM foi o primeiro tipo utilizado pela indústria, tanto no caso das empresas fonográficas e de som quanto pelas de computação, tendo um modo de fabricação e reprodução semelhante (apenas semelhante) ao das memórias eletrônicas ROM básicas e originais.

Utiliza-se um sistema ótico para marcação dos bits (0s e 1s) em sua superfície reprodutora, diferente dos discos rígidos, que empregam meios magnéticos de gravação/leitura.

O disco é constituído de um material, em geral policarbonato, fabricado sob forma circular e coberto com mais de uma substância, de modo a permitir a criação das marcas óticas (pits e lands) e proteger o material. Os discos possuem uma pequena espessura, 1,2 mm, sendo os mais comuns os discos de 12 cm de diâmetro, embora haja discos com menores diâmetros (minidiscos). O processo de gravação é feito uma única vez na origem, seja por um distribuidor de software, como a Microsoft, a IBM, a Oracle etc., ou uma empresa fonográfica, como a Sony, Odeon etc., através da produção de um disco matriz, onde são marcados (gravados) digitalmente os elementos da informação (0s e 1s de som ou de dados de computador). Em seguida, o disco matriz é reproduzido (copiado) em diversos outros discos, tantos quanto for determinado no lote pelo fabricante, sendo tão mais barato cada um quanto maior for a quantidade constante de um lote de mesma matriz.

Diferentemente dos HDs, em que a superfície do prato é constituída de muitas trilhas concêntricas, todas com a mesma quantidade de bytes armazenáveis, seja na trilha mais externa (maior circunferência), seja na

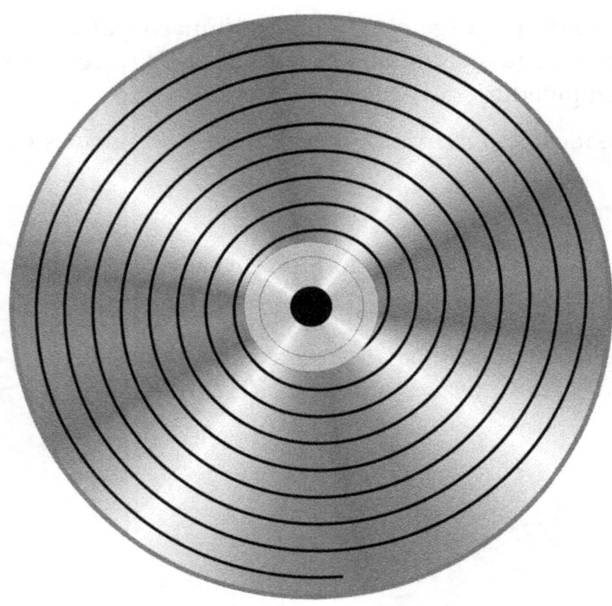

Figura 9.10 Um CD com sua única trilha em espiral, com início na parte central.

trilha mais interna (menor circunferência), os CDs possuem apenas uma única trilha, criada em espiral a partir de um ponto próximo ao centro do disco, conforme se observa na Fig. 9.10.

No caso dos HDs, para manter a mesma quantidade de bytes em todas as trilhas, mantendo-se a velocidade de rotação constante, é necessário que a velocidade linear seja constante e a velocidade angular de passagem do braço seja variável; perde-se com isso espaço no HD, pois as trilhas mais externas possuem menos bytes armazenados (são mais espaçados) do que as trilhas internas. Já nos CD, com o propósito de aumentar a capacidade de armazenamento, ou seja, não desperdiçar os bytes das trilhas externas, optou-se por criar uma única trilha, e nela todos os blocos de dados têm a mesma capacidade, do início ao final da única trilha. Para se obter esse requisito, a velocidade de rotação do CD é desigual, sendo maior na área mais interna e menor na parte mais externa, de modo a se obter, com isso, velocidade angular constante.

O processo usado para geração dos dados no disco matriz consiste, em linhas gerais e simplificadas, em se usar um feixe de laser de alta intensidade para criar, no disco, valas (pits) separadas por regiões planas (lands). O valor de bit 1 é representado pela passagem de uma vala para a superfície plana e desta para uma vala, enquanto que o valor de bit 0 é representado pelo espaço entre elas. Conforme a informação digital (1s e 0s) vai sendo recebida para ser gravada no disco matriz., as valas e planos (pits e lands) são cobertos com um material bastante reflexivo (o que irá facilitar o processo de leitura nos equipamentos reprodutores). A Fig. 9.11 mostra uma parte de uma trilha, expandida para se observar as valas e planos, enquanto a Fig. 9.12 mostra uma visão ampliada das valas e planos.

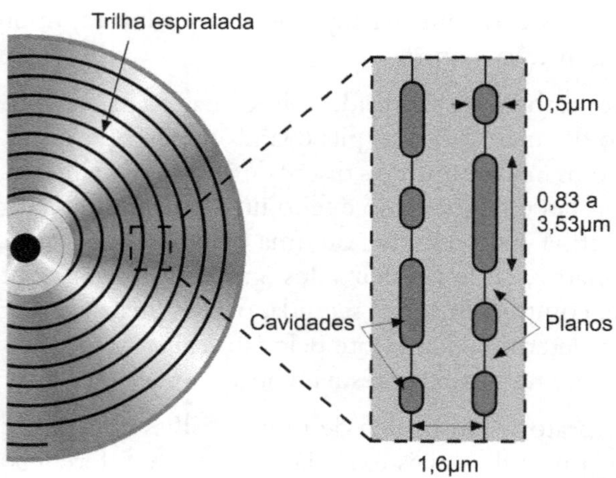

Figura 9.11 Parte da trilha de um CD, observando-se as valas e os planos.

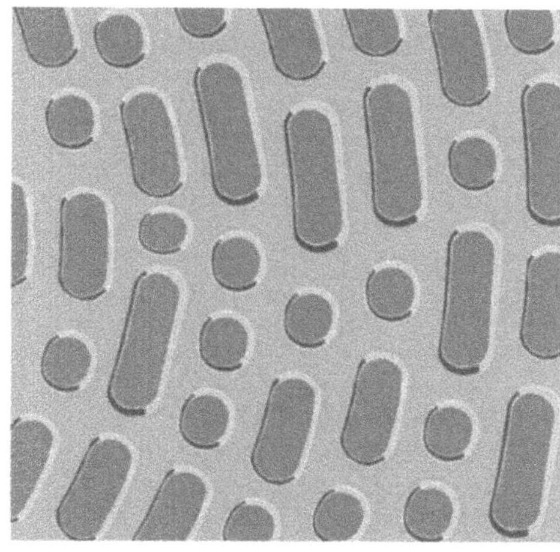

Figura 9.12 Visão expandida de planos e valas (lands e pits) em um CD.

Nos equipamentos de leitura (CD players), durante o processo de reprodução surge um feixe de laser, de muito menor intensidade que o usado na criação do disco matriz, que percorre a trilha de forma bastante precisa também, já que as valas e planos são extremamente minúsculos (normalmente, uma vala mede 0,5 mícron), refletindo de volta sempre que encontra uma vala ou plano, variando a intensidade da reflexão conforme seja proveniente de uma vala (claro) ou de um plano (escuro). Estas diferenças de intensidade de reflexão são captadas por um dispositivo sensor, que as converte em informação digital (1s e 0s).

Conforme já mencionamos antes, no equipamento de leitura (CD player) um dispositivo ótico gera um feixe de laser altamente preciso (já que percorre valas e planos com comprimento da ordem de mícrons) que é movimentado por um motor para percorrer a trilha com velocidade angular constante, iniciando pela parte próxima ao centro do disco e caminhando em direção à sua borda. Para que o feixe de laser percorra o pit ou land com velocidade constante é preciso que ele diminua a velocidade de rotação à medida que vai se aproximando da borda e aumente quando se aproxima do centro.

O "trem" de 1s e 0s será armazenado apropriadamente se se tratar de dados de computador ou será separado em grupos de bits (código apropriado) que serão decodificados para representar pontos de intensidade diferente (dependente do código obtido) de um sinal analógico, que, em conjunto, constituirá o áudio a ser reproduzido (trata-se de uma tecnologia denominada PCM – *Pulse Coded Modulation*, de conversão de sinais de áudio ou vídeo em sinais digitais e vice-versa, que não faz parte do escopo deste livro).

CD-R

A tecnologia usada em CD-ROMs (unidades produzidas como parte de um lote, sem possibilidade de gravação de dados individuais) é apropriada para distribuição de grandes volumes de CDs, de forma barata, como acontece, p.ex., na distribuição de softwares aplicativos ou básicos por fabricantes de software, tipo Microsoft, Macromedia, Oracle, distribuidores de jogos e outros. O custo é baixo nesses casos, pois o preço da geração da matriz e da prensagem das cópias é diluído por cada uma das inúmeras cópias individuais. Por outro lado, se se quiser produzir apenas poucas cópias de um determinado produto o processo de obtenção das cópias por CD-ROM (matriz e cópias) não seria vantajoso, nesse caso, devido ao alto custo da matriz a ser diluído apenas por umas poucas cópias.

A solução encontrada para esse tipo de problema foi fabricar CDs virgens (muito baratos) e também um gravador especial de CD para uso do público em geral (por isso tendo que ser a preço acessível também), cujo processo de gravação fosse individual por CD e não de matriz e prensagem. Dessa forma, surgiu um novo tipo de CD, denominado CD-R (*compact disk recorded*), que utiliza uma técnica WORM (*Write Once Read Many*, ou seja, grava uma vez e permite ler muitas vezes), uma metodologia de funcionamento semelhante (apenas semelhante) ao das memórias eletrônicas conhecidas como PROM.

Um CD-R tem característica diferente do CD-ROM com relação à existência de uma camada refletora de alumínio, que é plana e possui uma camada adicional, ativa, constituída de um corante fotossensível, conforme mostrado na Fig. 9.13.

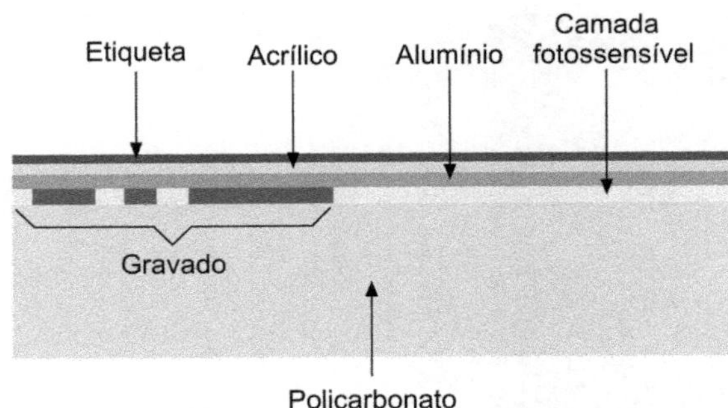

Figura 9.13 Visão de parte de uma trilha de um CD-R.

O equipamento gravador de CD funciona utilizando dois feixes de laser, um de alta intensidade, usado na parte de gravação (parecido com o das gravadoras industriais) e outro de baixa intensidade, que servirá na leitura.

Durante o processo de gravação (que é realizado uma única vez) o feixe de alta intensidade percorre a trilha (o disco possui um processo para conduzir o feixe sem errar a trilha) e atinge a camada ativa, que é translúcida quando virgem e se torna opaca quando atingida pelo feixe (de acordo com os bits de dados que se quer armazenar). Deste modo, nos CD-R os dados são gravados em regiões opacas e translúcidas, de modo semelhante ao dos CD-ROM, onde se tem valas e planos. Embora os nomes pit e land seja próprios dos CD-ROM, é comum se generalizar e chamar de pit a parte opaca e land a parte translúcida de um CD-R após a gravação.

Na parte de leitura, o feixe de baixa intensidade percorre as regiões opacas e translúcidas produzindo reflexões ou não, conforme as regiões (bits 0 e 1), sensibilizando o sistema detetor e gerando os bits desejados de forma semelhante aos dos CD-ROM.

A rápida evolução dos equipamentos de gravação e leitura de CD-R e de leitura para CD-ROM, aumentando as taxas de transferência e reduzindo os tempos de acesso, além da já conhecida vantagem referente à grande capacidade de armazenamento, fez a indústria caminhar para o uso desse tipo de mídia de armazenamento também em cópias de segurança (backup), em substituição a fitas magnéticas.

No entanto, a impossibilidade de os CD-R permitirem apagamento e regravação de dados acarreta uma inflexibilidade do sistema para backups continuados e progressivos, como é comum, principalmente nas empresas.

Assim como as memórias ROM evoluíram para PROM e posteriormente para EPROMs e EEPROMs (memórias regraváveis), também os CD-R evoluíram para um outro tipo de processo de fabricação, gravação e leitura, denominando-se o dispositivo de CD-RW (*compact disk read/write*, ou seja, disco para leitura e escrita), que pode ser apagado e regravado.

Sob o ponto de vista técnico, a diferença básica dos CD-RW para os CD-R reside na camada extra, ativa, que no caso dos CD-RW constitui-se, na realidade, por três camadas, sendo duas para proteção, feitas de material dielétrico, e a terceira ativa, inserida entre as duas primeiras e que, originalmente, permanece em um estado translúcido, conforme mostrado na Fig. 9.14.

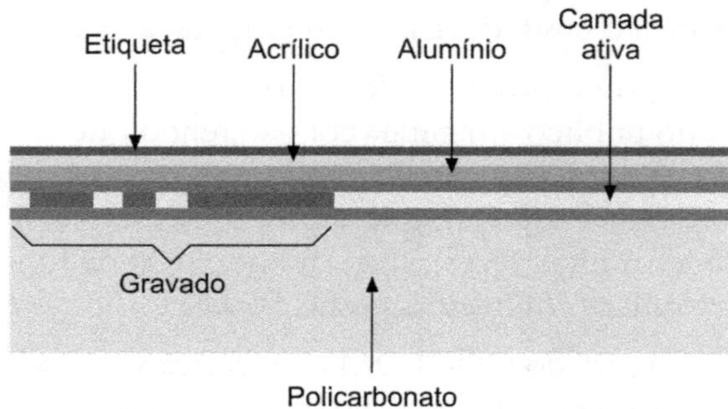

Figura 9.14 Visão de parte de uma trilha de um CD-RW.

Outra diferença entre os dois sistemas (CD-RW e CD-R) é que no caso dos CD-RW seu sistema de gravação dispõe de um feixe de laser que pode ser gerado com três intensidades diferentes, uma baixa, usada na operação de leitura, uma média, usada na parte de apagamento de dados gravados e outra de alta intensidade, usada quando se efetua uma nova gravação.

O sistema ótico dos CD-RW atua modificando as características químicas das camadas, fazendo aparecer os pedaços opacos e translúcidos, bem como efetuando seu apagamento para retomá-los (nova gravação).

O processo de apagamento e gravação de um CD-RW pode ser repetido milhares de vezes, mas aparentemente muito menos vezes do que o apagamento e a regravação nos discos rígidos e HDs, que se acabam antes de que o processo de regravação se deteriore, o que ainda não parece ser o caso dos RW. De qualquer modo, esses dispositivos nem tiveram tempo de "esquentar" no mercado e já estão em fase de superação pelos DVDs, que serão abordados no item seguinte.

9.3.3 Digital Versatile (ou Video) Disk – DVD

Os DVDs surgiram com o objetivo de dotar o mercado de um dispositivo com a mesma tecnologia ótica dos CDs, porém com muito maior capacidade de armazenamento. Usualmente os discos são produzidos com 8" e com 12" de diâmetro, podendo ter as duas superfícies gravadas, de modo a alcançar até 17GB de capacidade.

Da mesma forma que aconteceu com os CDs, os DVDs têm sido muito usados pela indústria de áudio e vídeo, substituindo, neste último caso, as fitas magnéticas VHS para distribuição de filmes e shows com muito maior versatilidade devido à natureza digital da informação armazenada.

Os DVDs podem ser do tipo comum, gravados por matriz na fábrica e distribuídos em cópias iguais, caso de filmes, shows e softwares aplicativos; podem ser do tipo DVD-R, vendidos em unidades individuais virgens, permitindo ao usuário que dispuser de um gravador de DVD a realização de suas gravações de forma semelhante ao que faz para os CD-R, ou seja, uma única gravação e múltiplas leituras. Finalmente, há os DVD-RW, que possibilitam apagamento e regravação de dados de forma semelhante aos adotados pelos CD-RW.

Finalmente, deve-se mencionar o surgimento recente de novas modalidades de armazenamento utilizando tecnologia ótica, quais sejam o HD-DVD e o disco Blue-Ray, ambos com enorme capacidade de armazenamento em relação aos DVDs tradicionais.

9.4 FITAS MAGNÉTICAS

A fita magnética é um dos meios mais antigos de armazenamento de informações em computador, servindo também como meio de entrada e saída de programas e dados. O dispositivo eletromecânico, capaz de ler e gravar as informações nas fitas, é o periférico (unidade de fita magnética ou driver), enquanto a fita em si é o meio de armazenamento.

O princípio de funcionamento das unidades de fita magnética de computadores é bastante semelhante ao dos tape-deck de som, consistindo em dois carretéis (a fita com dados sempre se desenrola de um lado para o outro, da esquerda para a direita, onde está o carretel alimentador) e a fita que passa por um par de cabeças de leitura e gravação em velocidade constante. A Fig. 9.15 mostra um mecanismo de acionamento das fitas magnéticas usadas em computadores de grande porte até a década de 1980.

Devido ao conceito de funcionamento, as fitas são dispositivos de acesso apenas seqüencial, isto é, cada informação é armazenada após a última; sua recuperação (leitura) é realizada através de um processo também seqüencial, a localização do registro desejado começa a partir do início da fita; de registro em registro, até que seja identificado o registro desejado (como usualmente também fazemos com o gravador cassete de som. Nesse caso, quando queremos ouvir uma música que se encontra gravada no meio da fita, começamos do princípio, desenrolando a fita até o ponto desejado).

Uma fita magnética é normalmente constituída de uma tira contínua de material plástico coberto com elementos magnéticos, onde os dados (bits) são gravados como campos magnéticos (em um sentido representam

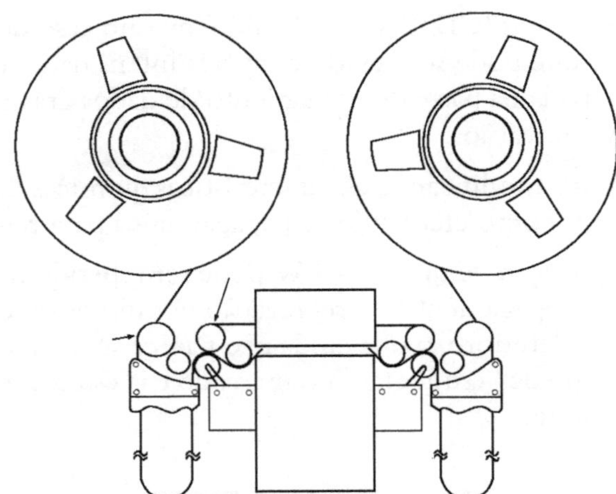

Figura 9.15 Mecanismo de transporte de uma unidade de fita magnética.

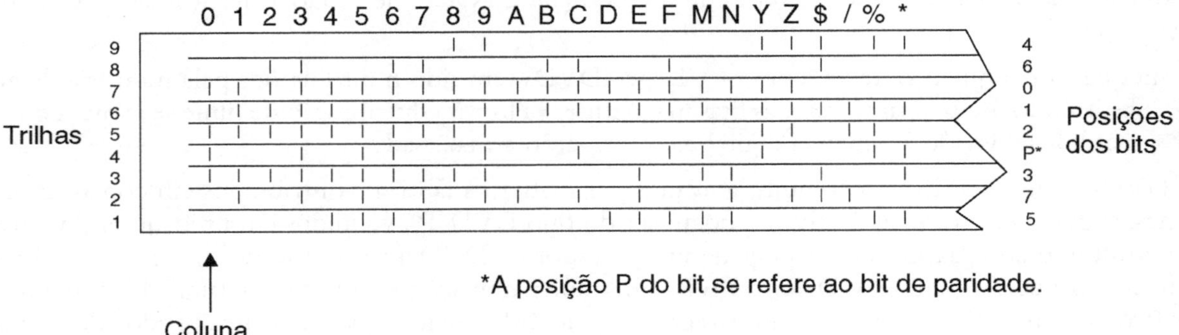

Figura 9.16 Parte retificada de uma fita magnética, mostrando os bits, de cada caractere armazenados em colunas (coluna de 9), cada bit em uma linha diferente (trilha).

o bit 0, no outro sentido representam o bit 1). Esses campos são gerados pela passagem de corrente elétrica em uma bobina existente na cabeça de gravação. A Fig. 9.16 mostra um trecho de fita magnética retificada, onde se observam os bits representados em linhas paralelas (canais).

Em geral, as fitas magnéticas para computadores são enroladas em carretéis com comprimento de 300 pés, 600 pés, 1200 pés e 2400 pés.

Conforme mostrado na Fig. 9.16, os dados são armazenados em canais paralelos, denominados trilhas, que percorrem toda a fita. O número de trilhas pode ser igual a 7 ou 9, embora fitas e acionadores com 7 trilhas tenham ficado obsoletos há décadas; somente fitas com 9 trilhas continuaram a ser fabricadas.

A razão da escolha desses números é conseqüência do padrão de bits de cada código de caracteres usado no mercado (antigamente usava-se o código BCD de 6 bits por caractere; em seguida, os códigos mais populares passaram a ser o ASCII e o EBCDIC, que representam caracteres com 8 bits por caractere – 1 byte, mesmo o ASCII de 7 bits, que acrescenta um bit adicional, sem efeito, para manter o total múltiplo de 2 (ver Cap. 7).

Cada caractere é armazenado verticalmente, um bit por trilha, mais um bit de verificação (bit de paridade), completando as nove trilhas (o conjunto de bits de uma coluna é também conhecido como quadro ou frame).

Uma das características mais interessantes do sistema de transporte das unidades de fita magnética consiste na rapidez de parada e partida da rotação dos carretéis. É importante que o carretel inicie a rotação e pare rapidamente, visto que o processo de leitura e gravação somente se inicia quando a velocidade de passagem da fita pelo cabeçote for constante (senão, poderá haver erro de leitura/gravação); quanto mais rápida for a partida, mais rápido a velocidade de rotação se estabiliza e não há atrasos acentuados na operação de leitura ou de gravação.

O espaçamento entre as colunas (que é o mesmo espaço entre bits por trilha e entre caracteres) é obtido automaticamente durante a operação de gravação e varia de acordo com a velocidade de passagem da fita, indicando uma das principais características do desempenho de unidades de fita – sua *densidade*.

É possível utilizar densidades de 800 caracteres por polegada (usa se o termo BPI – *bytes per inch*, visto que um caractere é codificado por byte), 1600 bpi e até 6250 caracteres (ou bytes) por polegada. Esta última, devido à grande capacidade de armazenamento, é a que mais vem sendo empregada.

Em meados da década de 1980 foi desenvolvido um novo tipo de fita denominado cartucho, cuja característica principal é a enorme densidade de gravação, mais de 30.000 bpi, o que lhe garantia grande capacidade de armazenamento. É um sistema apropriado para servir de back-up para unidades maiores de disco magnético, embora atualmente esteja caindo em desuso em face de novos meios de grande capacidade, como DVD, HD-DVD e Blue-Ray.

Em face da baixa velocidade de acesso em relação aos discos, as fitas magnéticas deixaram de ser elementos de E/S para processamento, sendo mais empregadas como meio de armazenamento off-line, via de regra servindo para obter-se cópias de segurança de dados armazenados em discos (back-up dos arquivos armazenados nos discos magnéticos).

As fitas magnéticas costumam ter uma marca refletora no seu início e no final do carretel (uma pequena peça metálica que é detectada por um sensor ótico), de modo a impedir que a fita ultrapasse os limites e se estrague.

Basicamente, as informações (dados ou programas) são armazenadas em blocos ou registros físicos (conjunto de registros lógicos – ver Cap. 2), separados por espaços denominados IRC (*Inter Record Gap*), ou simplesmente *gap*. Os gaps são incluídos entre blocos para permitir a aceleração e a desaceleração da fita sem haver perda de leitura do início de cada novo bloco. Como há um gap entre cada par de blocos armazenados, quanto maior a quantidade de blocos maior será a quantidade de gaps e, conseqüentemente, de espaço morto na fita. Isso porque, embora indispensável (devido ao já mencionado problema de desaceleração/aceleração), o gap é um espaço perdido, que reduz a disponibilidade da fita para armazenar informações úteis.

Bloco ou registro físico (RF) é a unidade de armazenamento/transferência de informação dos sistemas de fita magnética, sendo constituído de um ou mais registros lógicos (RL) e mais alguns bytes inseridos pelo programa de controle (parte do sistema operacional) com dados necessários à identificação e à recuperação do bloco (ver Fig. 9.17). A quantidade de RL em um bloco (RF) define um elemento chamado fator de bloco – FB.

Vamos imaginar um exemplo de armazenamento/recuperação de arquivo em fita magnética, de modo a verificar o efeito do tamanho do bloco (decorrente da escolha de um valor de Fator de Bloco) no desempenho de um sistema de fita magnética.

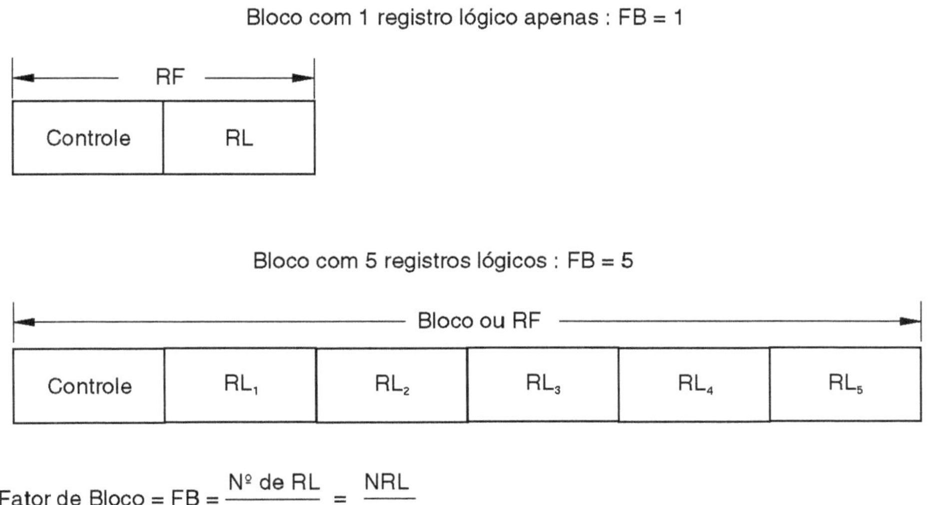

Figura 9.17 Blocos (RF) e registros lógicos (RL).

Suponhamos que um certo arquivo constituído de 10.000 RL esteja armazenado em uma fita magnética e que o referido arquivo tenha sido armazenado usando-se um FB igual a 5. Como:

FB = NRL/NRF e sendo: NRL = 10.000 e FB = 5

Então:

NRF (n.º de blocos) = NRL / FB = 10.000/5 = 2000 blocos.

O sistema armazenará 2000 blocos e gastará espaço com cerca de 2000 gaps (na realidade seriam 1999 gaps entre o primeiro e o último bloco). Consumirá na leitura/gravação de todo o arquivo um tempo correspondente à operação de transferência de 2000 blocos.

Caso fosse modificado o fator de bloco para um valor igual a 10, teríamos um novo cálculo para o armazenamento do mesmo arquivo:

NRF = NRL / FB = 10.000/10 = 1000 blocos

O sistema armazenará o arquivo utilizando a metade da quantidade de blocos do caso anterior, pois agora cada bloco possui 10 RL, em vez de 5 RL. Com isso, a quantidade de gaps também se reduz pela metade (1000 gaps), com grande economia de espaço morto.

Conforme se pode verificar dos exemplos anteriores (os cálculos foram simplificados para indicar apenas os dados necessários à explicação), o aumento do valor do FB (aumento do tamanho dos blocos) acarreta uma dupla vantagem:

Menor tempo de transferência de dados entre fita e MP – a maior parte do tempo de transferência reside nos procedimentos de localização do bloco e movimento do carretel para posicionamento da fita sobre o bloco desejado, e não no tamanho do bloco;

Maior economia de espaço perdido com gaps – sobrando, assim, mais espaço para armazenamento de informações úteis.

Com os elementos utilizados e sabendo-se que, em geral, um gap ocupa 3/4 polegada (0,75") de uma fita, podemos calcular (valores aproximados apenas) o consumo de espaço ocupado por um arquivo em fita magnética.

Exemplo 9.3

Calcule o espaço gasto para armazenar em fita magnética um arquivo A contendo 10.000 RL de 100 bytes cada um. O armazenamento será realizado com FB = 10, densidade de gravação de 1600 bpi. Sabe-se que 1 gap ocupa 0,75", que cada campo de controle de bloco gasta 200 bytes e que 1 pé = 12 polegadas.

Solução

Arquivo A = 10.000 RL   1 RL = 100 bytes   FB = 10

Controle = 200 bytes   Densidade = 1600 bpi

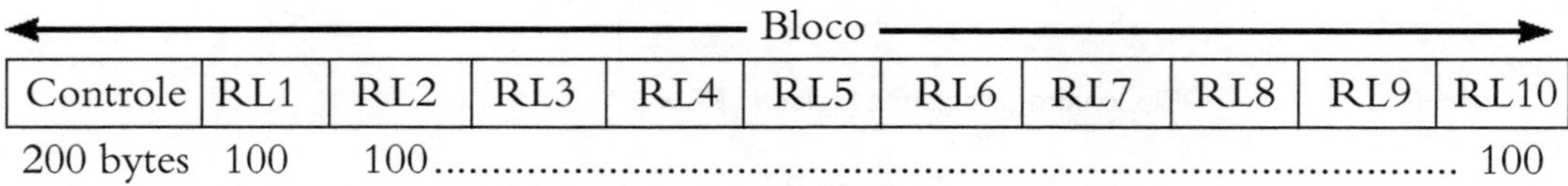

Tamanho de um bloco: 200 + 10 × 100 = 1200 bytes

Quantidade de blocos: FB = NRL / NRF. Assim, NRF = NRL / FB = 10.000 / 10 = 1000 RF

Espaço gasto com gaps: 1000 gaps (= NRF) × 0,75" = 750 polegadas

Espaço gasto com blocos: 1000 blocos × 1200 bytes = 1.200.000 bytes

Como a densidade é de 1600 bpi, então: 1.200.000/1600 = 750 polegadas

Total do espaço com o arquivo: 750" (gaps) + 750" (blocos) = 1500 polegadas

1500/12 = 125 pés

EXERCÍCIOS

1) Descreva o que é tempo de busca (seek) em um acesso de disco magnético.

2) O que caracteriza um cilindro em um disco magnético?

3) Um disco magnético possui um tempo de busca (seek) médio de 15 ms., um tempo de latência rotacional médio de 8 ms e é constituído de 200 cilindros, cada um com 10 trilhas de 20 setores cada uma. Quanto tempo deverá ser gasto para o sistema ler um arquivo de dados composto de 3000 setores, sabendo-se que o sistema de E/S primeiramente lê todos os setores da trilha 0, começando pelo setor 0, depois todos os setores da trilha 1 e assim por diante, e que o arquivo está armazenado de forma rigorosamente seqüencial?

4) Explique o que significa os termos "pit" e "land" em CDs.

5) Como se obtém redundância em sistemas RAID?

6) Deseja-se armazenar em disco magnético um arquivo de dados contendo 30.000 registros lógicos, cada um com 150 bytes e usando um fator de bloco de 15. O disco possui trilhas com 7200 bytes cada uma e cada bloco (registro físico) utiliza 150 bytes para informações de controle. Quantas trilhas seriam necessárias para armazenar todo o arquivo?

7) Explique os níveis estabelecidos em um sistema RAID.

8) Qual é a diferença organizacional entre trilha de um disco rígido e trilha de um CD?

9) Suponha que um arquivo A foi armazenado em disco usando-se um fator de bloco igual a 10 e que ocupou 20 cilindros. O disco possui 18 superfícies de armazenamento e trilhas de 13.030 bytes, sendo o tamanho dos blocos igual a 4335 bytes, dos quais 135 são utilizados para informações de controle.

   Pergunta-se:

   a) Qual é o número de registros lógicos (NU), o tamanho de cada registro lógico e o número de blocos (NRF)?

   b) Se uma cópia do arquivo fosse transferida para uma fita magnética, qual seria o comprimento (em pés) da fita usada, considerando que o fator de bloco será mantido, que os bytes de controle dos blocos não serão gravados, que cada gap ocupa 0,75 polegada e que será empregada uma unidade de fita que permite selecionar a densidade de 1600 bpi?

10) Qual a vantagem da tecnologia Winchester no processo de fabricação de unidades acionadoras de disquetes (drivers)?

11) Por que é mais vantajoso armazenar um arquivo ocupando seqüencialmente as trilhas de cada cilindro em vez de ocupar seqüencialmente trilhas de cada superfície?

12) Por que um disco magnético de grande capacidade deve ser fabricado com um invólucro lacrado e isento de poeira internamente?

13) Como é possível obter-se a mesma quantidade de bytes em todas as trilhas de um disco rígido, sendo elas concêntricas e de diferentes comprimentos?

14) Quais são os elementos componentes do tempo de acesso de um disco rígido? Explique sucintamente cada um deles.

15) O que ocorre com o tempo de busca (seek) quando um arquivo é acessado de forma seqüencial em um disco rígido organizado por cilindros e o arquivo está armazenado em vários cilindros consecutivos?

16) Suponha um disco rígido organizado em um único prato, constituído de 2048 trilhas, tendo cada trilha 18 setores de 512 bytes cada. Sabe-se que o sistema lê um setor de cada vez, sendo o tempo médio de busca (seek) 8 ms, o tempo médio de latência é de 4 ms e o tempo de leitura é de 3 ms. O arquivo é constituído de 64 Kbytes e está armazenado de forma seqüencial a partir da trilha 16 setor 7. Calcule o tempo gasto para leitura total do arquivo.

10

Entrada e Saída (E/S)

10.1 INTRODUÇÃO

No Cap. 2 foram apresentados os componentes principais de um sistema de computação e descritas suas funções básicas. Nos capítulos seguintes, descreveram-se, em detalhe, as características e funcionamento de cada um deles: a memória (memória principal no Cap. 4, memória cache no Cap. 5 e memória secundária no Cap. 9) e o processador (Cap. 6), restando os dispositivos de entrada e saída (E/S) para este capítulo.

Das descrições efetuadas, pode-se observar que o conjunto processador (UCP) e memória funcionam de modo bastante interligado, inclusive com faixa de velocidade mais ou menos compatível (estamos nos referindo a MP e Cache). A interligação UCP/MP pode ser vista como mostrado na Fig. 10.1, através do barramento do sistema, decomposto na figura em seus três elementos funcionais distintos: endereços, dados e controle.

No entanto, para que possamos desfrutar da rapidez e flexibilidade de um computador, não basta sabermos que ele pode armazenar na memória os programas e dados que desejamos processar e nem que ele pode executar mais de um bilhão de operações por segundo. É preciso que o programa que tenha sido codificado em uma folha de papel e os dados que serão por ele manipulados sejam inseridos no sistema, caractere por caractere, inclusive os espaços em branco entre os caracteres, os sinais de pontuação e os símbolos de operações matemáticas. Para tanto, precisamos de um meio qualquer que faça essa comunicação homem/máquina. Um teclado do tipo semelhante ao de uma máquina de escrever pode servir como elemento de entrada.

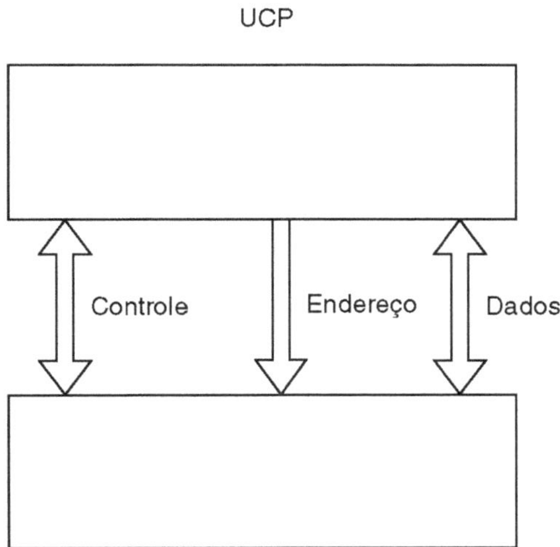

Figura 10.1 Interligação UCP/MP pelo barramento do sistema.

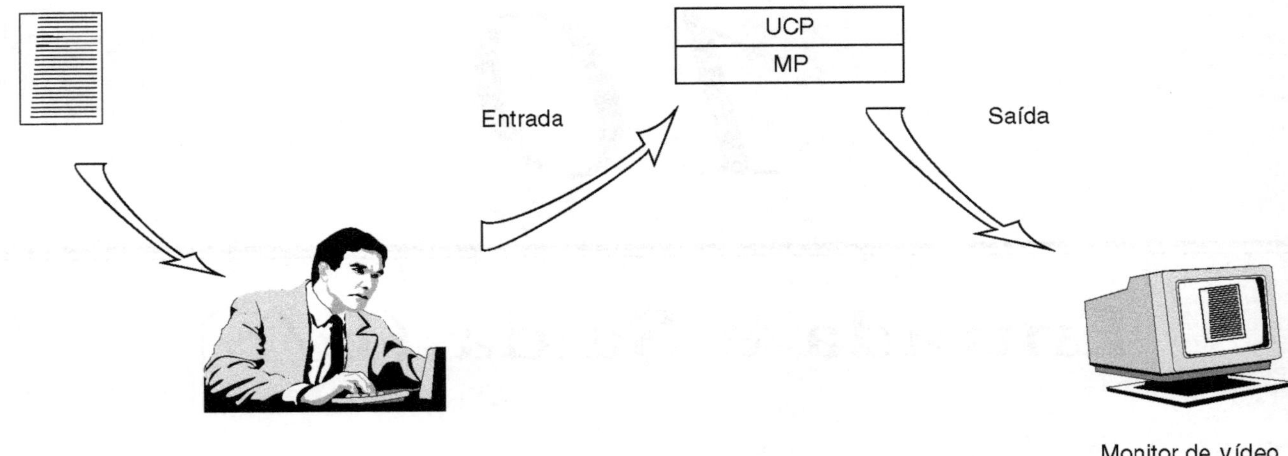

Figura 10.2 Exemplo de comunicação homem-máquina.

Da mesma forma que temos a necessidade de comunicação com a máquina, também é preciso que haja comunicação no sentido contrário, isto é, máquina-homem, de modo que o usuário possa entender os resultados de um processamento. Uma impressora ou uma tela de vídeo pode servir como dispositivo de saída ou periférico de saída (no decorrer deste capítulo usaremos os dois termos indistintamente, dispositivo de entrada ou de saída ou simplesmente periférico). A Fig. 10.2 mostra um exemplo deste tipo de comunicação.

Em geral, os dispositivos de entrada ou de saída são denominados *periféricos* (porque se encontram instalados fora do núcleo principal processador/MP, mas ficam na maior parte das vezes próximos, isto é, na sua periferia).

Na verdade, podem-se atualmente utilizar infindáveis meios de comunicação do meio exterior com o sistema interno e vice-versa, em face da natureza multifuncional e flexível dos computadores. É sempre mais prático, e por isso comum, observarmos na literatura especializada exemplos de periféricos como impressoras, teclados, vídeos, mouses, scanners, que são os preferidos da maioria dos usuários, por permitirem a interferência humana na sua operação.

No entanto, há diversos outros tipos de elementos de E/S, que servem ao mesmo propósito, embora com aspecto e características operacionais diferentes dos tradicionais componentes, acima relacionados. Assim é que podem-se usar sensores analógicos, como um termostato, ou elemento sensível ao calor ou um sinal eletromagnético, como o de um radar ou sonar e assim por diante. Todos servem para captar informações do mundo exterior e passá-las ao sistema processador/memória ou vice-versa.

A Fig. 10.1 mostra o modo de interligação adotado para a comunicação processador/MP: o *barramento*. Este mesmo método define a interligação do conjunto processador/MP aos periféricos; é através do barramento do sistema (*system bus*), já citado no Cap. 2, que se pode, então, interligar todos os componentes de um sistema de computação e por onde fluem os mesmos tipos de informação, dados, endereços e sinais de controle. A Fig. 10.3 mostra um possível diagrama do modelo dessas ligações.

Na realidade, o barramento do sistema permite o compartilhamento de informações entre os diversos componentes de um computador, da mesma forma que o barramento interno do processador permite o trânsito de informações entre os registradores e as demais unidades do processador. As Figs. 10.4 e 10.5 mostram outros exemplos do uso dos barramentos em computadores, conforme demonstrado nos Caps. 2 e 6, bem como no Apêndice D; na Fig. 10.4 é apresentado um esquema de barramento único (*unibus*) e, na Fig. 10.5, é mostrado um esquema simplificado de uma placa-mãe, onde se indicam as conexões entre os conectores de E/S para o barramento de E/S, conhecido, às vezes, como barramento de expansão.

O funcionamento do conjunto de dispositivos de entrada/saída em um computador é, em geral, caracterizado pela existência de diversos elementos que, embora realizem o mesmo tipo de função (tenham o mesmo objetivo de comunicação homem/máquina), possuem características bem diversas. Entre esses elementos,

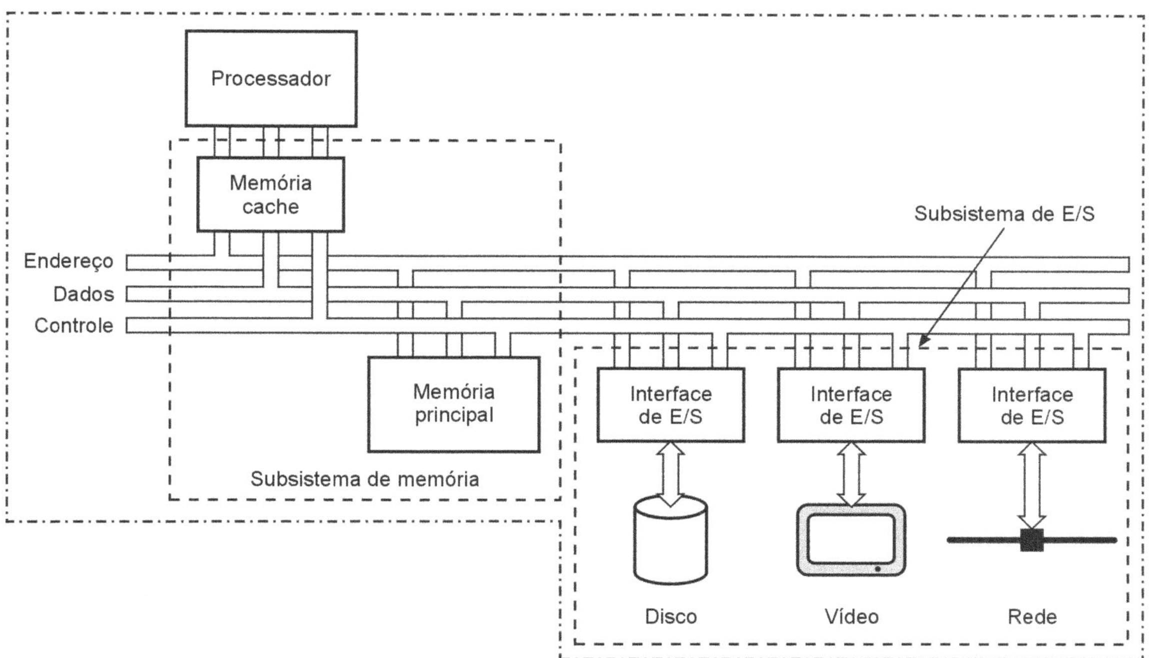

Figura 10.3 Modelo de estrutura de um sistema de computação.

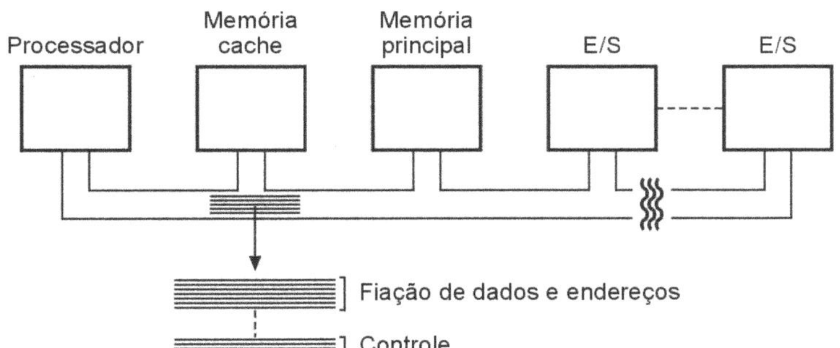

Figura 10.4 Exemplo de interligação com barramento único (unibus).

podemos citar o próprio dispositivo em si (a impressora ou o teclado ou um sensor analógico, e assim por diante), a interface (também conhecida como módulo de E/S) que controla o funcionamento do dispositivo em si, mas também provê sua conexão com o barramento de comunicação e o restante do sistema, os barramentos onde as interfaces são conectadas. Costuma-se integrar os diversos elementos que cooperam no processo de entrada e saída em um subsistema, que é parte do sistema de computação. A Fig. 10.3 mostra os principais componentes do subsistema de E/S: dispositivo e interface.

Um subsistema de entrada/saída (E/S) deve, em conjunto, ser capaz de realizar duas funções:

- receber ou enviar informações ao meio exterior;
- converter as informações (de entrada ou de saída) em uma forma inteligível para a máquina (se estiver recebendo) ou para o programador (se estiver enviando).

A Fig. 10.6 (a) mostra exemplos de símbolos utilizados pelos seres humanos para representar informações, enquanto a Fig. 10.6 (b) mostra os "símbolos" usados pelos computadores. No primeiro caso, a grande variedade de formas dos símbolos é interpretada pelo ser humano primariamente por observação visual (o leitor está interpretando as informações contidas neste livro através da visualização dos sinais gráficos que representam os diversos símbolos – caracteres alfabéticos, algarismos decimais, sinais de pontuação etc.).

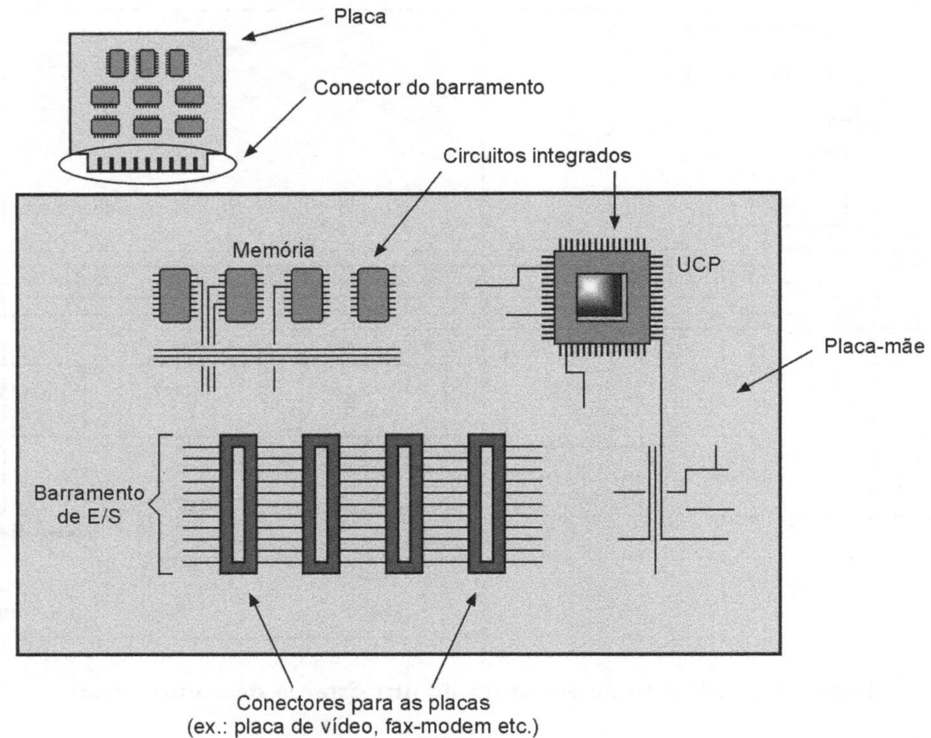

Figura 10.5 Exemplo de placa-mãe com barramentos.

No caso dos computadores, a variedade se restringe apenas aos valores 0 e 1; sendo máquinas, não utilizam o processo visual, entendendo dois diferentes níveis de intensidade de sinais elétricos, campos magnéticos com dois sentidos de magnetização etc. Daí termos mencionado a função *converter* dos dispositivos ou periféricos de E/S. Eles convertem, por exemplo, o movimento de pressão de uma tecla em vários sinais elétricos, com intensidades diferentes (conforme o valor desejado seja 0 ou 1), cujo significado, em conjunto, indica o código correspondente ao do caractere ou função desejada com a tecla referida.

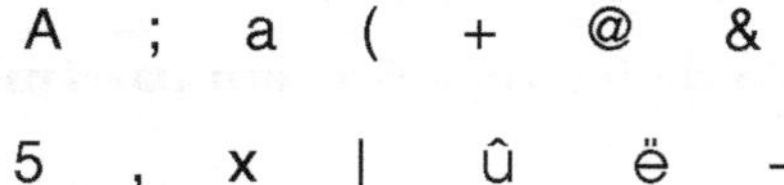

(a) Símbolos usados nas linguagens do ser humano

(b) Símbolos usados na linguagem dos computadores

Figura 10.6 Símbolos utilizados por pessoas (a) e por computadores (b).

10.2 INTERFACES DE E/S

Sobre a relação e comunicação entre o conjunto processador/MP e o subsistema E/S há algumas observações interessantes que devem ser mencionadas neste ponto:

Tabela 10.1 Exemplos de Dispositivos de E/S e a Sua Velocidade de Transmissão de Dados

Dispositivo	Taxa de transmissão (KB/s)
Teclado	0,01
Mouse	0,02
Impressora matricial	1
Modem	2 a 8
Disquete	100
Impressora a laser	200
Scanner	400
CD-ROM	1000
Rede local	500 a 6000
Vídeo gráfico	60000
Disco rígido (HD)	2000 a 10000

a) A primeira observação refere-se às diferentes velocidades (taxas de transmissão) de cada dispositivo de E/S, conforme exemplos apresentados na Tabela 10.1. Como se pode verificar na tabela, os valores apresentados podem não ser muito atuais, mas são perfeitamente válidos para servir como elemento de comparação entre os diversos componentes;

b) As atividades de E/S são assíncronas, ou seja, não estão sincronizadas com o elemento de sincronia do processador, o relógio (*clock*). Naturalmente, não são previsíveis no tempo, nem igualmente espaçados, os movimentos de pressionamento das teclas de um teclado, nem se pode prever quando um disco termina a movimentação de seu braço, o que varia segundo diferentes fatores. Por isso, há necessidade de estabelecer regras para o início e o término das comunicações entre os dispositivos e o barramento, assim como em uma rua de mão dupla e com uma única pista deve existir um guarda para controlar quem passa de cada vez e por quanto tempo;

c) Como as linhas de conexão entre cada periférico e o sistema processador/MP possuem apreciável comprimento (um ou mais metros), podem ocorrer interferências na transmissão dos sinais entre eles, como ruídos e distorções que, eventualmente, corrompam ou invertam o valor de um ou mais bits, acarretando erros na recepção. Para solucionar esse tipo de problema há necessidade de se dotar o sistema de mecanismos para detecção e correção de possíveis erros; e

d) Cada dispositivo, sendo de natureza diferente, possui suas próprias características, além da velocidade diferente e dos problemas aqui mencionados, tais como: formato dos dados a serem transmitidos/recebidos, quantidade de sinais (bits) passados de cada vez, e assim por diante. Por serem vários periféricos conectados a um só elemento (processador/memória), ficaria muito complicada a comunicação processador → periférico se esta fosse realizada direta e individualmente, isto é, se houvesse uma comunicação direta entre o processador e o teclado, entre o processador e a impressora, entre o processador e o vídeo, e assim por diante. A Fig. 10.7 mostra um esquema desse tipo de comunicação apenas para o entendimento do leitor, já que ele não é prático nem economicamente viável.

Da Fig. 10.7, podemos observar que o teclado é um dispositivo lento, comparativamente com os discos, e que o mouse e o teclado enviam os bits um a um, ao passo que o vídeo e a impressora recebem do processador as informações byte a byte. Já os discos e disquetes trocam informações com o conjunto processador/MP em grandes blocos de bits para otimizar a transferência. Obviamente, na Fig. 10.7 não estão assinaladas todas as diferenças entre os diversos dispositivos, existindo diferenças até mesmo relativas à parte elétrica de geração e interpretação dos sinais de transmissão.

Devido a essas diferenças, não é possível, na prática, conectar o processador diretamente a cada periférico. O meio utilizado pelos projetistas de sistema de computação foi introduzir, entre o barramento e o periférico propriamente dito, um dispositivo específico para realizar a "tradução" e a compatibilização das características de um (dispositivo de E/S) para o outro (barramento/processador/memória), além de realizar outras tarefas de controle do periférico.

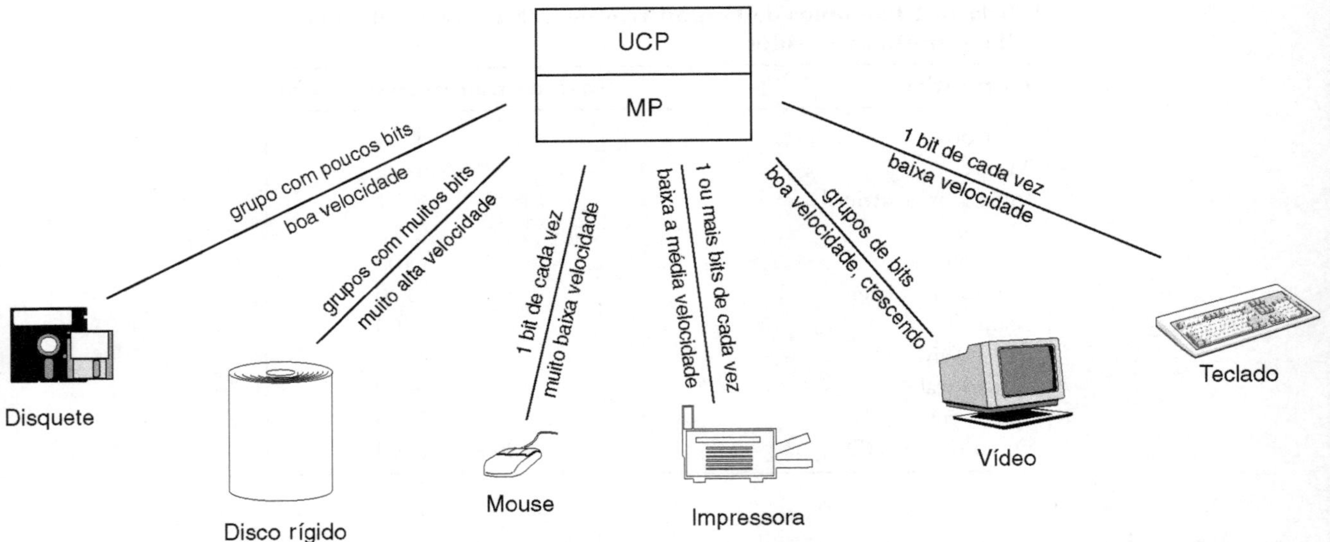

Figura 10.7 Exemplo de comunicação direta UCP/MP e periféricos, indicando-se as diferentes características de transmissão de cada um.

Esses dispositivos costumam ser chamados de interface de E/S, porém há outros nomes igualmente utilizados pelo mercado, como módulo de E/S (I/O Module); controlador (inserindo-se também o nome do periférico específico, como, por exemplo, controlador de disco, controlador de vídeo), processador de periféricos, canal, adaptador e outros. Mas as funções de todos é sempre a mesma: compatibilizar as diferentes características de um periférico com as do barramento onde são conectados e controlar a operação do respectivo dispositivo. A Fig. 10.3 já mostra para cada periférico uma interface, ligando o barramento de E/S ao respectivo periférico.

Basicamente, um dispositivo de entrada ou saída se comunica com o meio externo (usuário do sistema ou outro dispositivo) e com sua interface (ou módulo ou controlador) de E/S. Esta comunicação compreende o envio e o recebimento de dados (bits) e sinais de controle. A Fig. 10.8 mostra os principais componentes de uma interface ou módulo de E/S, bem como os tipos de informação e o sentido da direção do fluxo transmitidos/recebidos entre os elementos que se conectam a um dispositivo periférico. Embora cada dispositivo tenha características de funcionamento próprias e distintas dos outros, o fluxo de informações é basicamente o mesmo.

Na Fig. 10.8, podemos identificar três áreas distintas: uma, constituída dos registradores que fazem a interação básica entre a interface e sua conexão com o barramento do sistema, como relacionado na página seguinte.

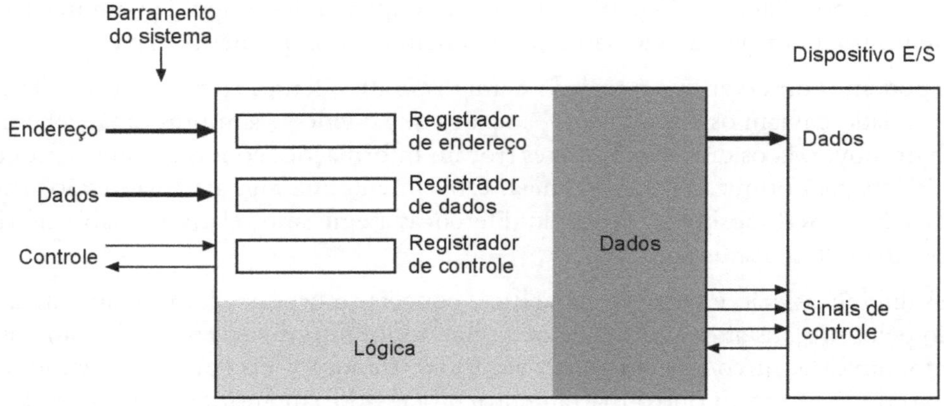

Figura 10.8 Exemplo de módulo de interface de E/S e suas conexões.

- registrador de dados, ligado à parte de dados – BD – do barramento do sistema;
- registrador de endereços, ligado à parte de endereço – BE – do barramento do sistema;
- registrador de controle, armazena o(s) sinal(ais) de controle trocado(s) entre o barramento e a interface durante uma operação de E/S.

A segunda área consiste no espaço de armazenamento dos dados que vão circular durante a operação ou operações de E/S, de modo que a interface pode agir como um "amortecedor/acelerador" – *buffer* – das diferentes velocidades entre o dispositivo de E/S e o barramento-sistema processador/MP; trata-se da área de dados.

Finalmente, a terceira parte é a área onde se localiza a lógica de funcionamento da interface, que permite sua interação com os dispositivos externos (periférico e barramento), procedimento para detecção de erros e outros processos, cuja quantidade e complexidade dependem da natureza da interface e do(s) dipositivo(s) ao qual ele serve. Há interfaces que se conectam apenas a um dispositivo, enquanto outras controlam vários deles, inclusive seu funcionamento eletromecânico. Por exemplo, um canal dos antigos sistemas IBM/370 e demais famílias subseqüentes podia controlar várias unidades de disco magnético ou várias unidades de fita magnética; já o controlador IDE (usado em microcomputadores) permite, em geral, a conexão a ele de duas unidades de disco rígido ou uma unidade de HD e um dispositivo gravador/leitor de CD; há outros tipos de controladores, em microcomputadores, que podem controlar até oito dispositivos periféricos, como o controlador SCSI – *Small Computer System Interface*, ou mais. A Fig. 10.9 mostra exemplo de conexões de UCP/MP a controlador de E/S ou interface.

Ainda na Fig. 10.8 podem-se identificar as linhas de conexão entre o barramento e a interface situadas à esquerda da interface na figura, organizadas para a parte de dados, de endereços e de sinais de controle que fluem pelo barramento, conforme já mostrado no Cap. 2.

Na parte da direita da Fig. 10.8 aparecem as linhas de comunicação entre a interface e o(s) dispositivo(s) de E/S que ele controla, organizadas, nesse caso, em linhas para dados e outras para sinais de controle, sendo que não aparecem linhas de endereços, visto que o dispositivo não tem porque endereçar nada, já que não é ele que tem iniciativa (modo semelhante ao da comunicação processador/memória, em que o BE é unidirecional). A comunicação de controle entre a interface e o dispositivo se realiza através das duas outras vias: uma, de sinais de controle, cuja direção do fluxo é da interface para o dispositivo, onde passam os sinais enviados pela interface para o dispositivo, do tipo: informe seu estado; solicito uma leitura (Read) de dados; solicito uma escrita (Write) de dados. A outra via, de sinais enviados do dispositivo para a interface, do tipo: meu estado é pronto (Ready) ou ocupado (Busy ou Not Ready).

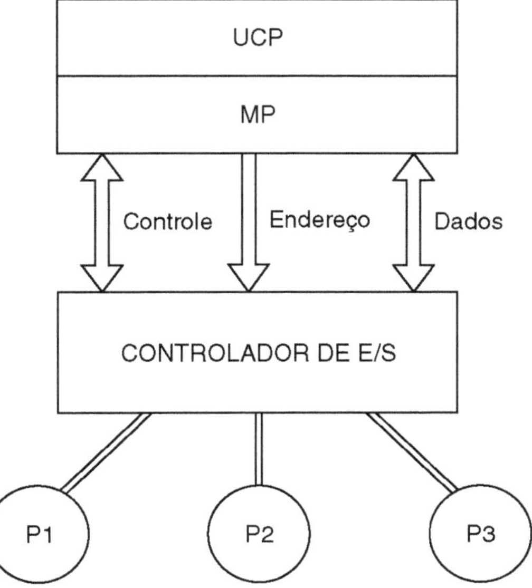

Figura 10.9(a) Exemplo de configuração UCP/MP e uma interface de E/S.

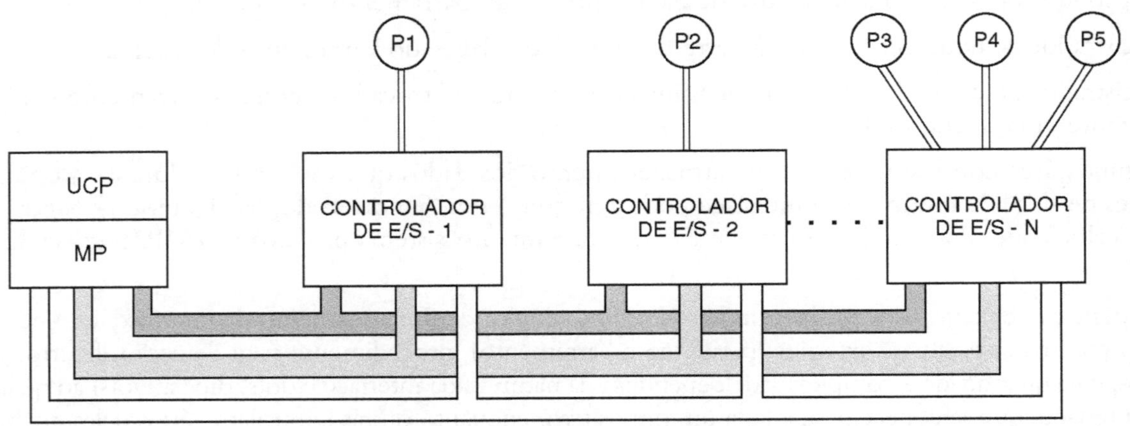

Figura 10.9(b) Exemplo de configuração UCP/MP e uma interface.

Uma interface de E/S pode servir apenas para a conexão do periférico ao barramento; pode servir para controle de um único dispositivo de E/S ou pode atender a vários dispositivos, até mesmo dispositivos diferentes.

Como já foi mencionado, uma interface ou módulo de E/S é responsável por duas funções básicas:

- compatibilizar o fluxo diferente de dados entre processador (através do barramento) e do dispositivo de E/S; e
- acionar e controlar o funcionamento do dispositivo.

Para isso, em geral, ele executa múltiplas tarefas, tais como:

a) controlar e sincronizar o fluxo de dados entre o barramento e o periférico (parte de compatibilização);

b) realizar a comunicação com o processador, inclusive interpretando suas instruções ou sinais de controle para o acesso físico ao periférico (parte de controle);

c) servir de memória auxiliar para o trânsito das informações entre os componentes (*buffer* de dados) (parte de compatibilização); e

d) realizar algum tipo de detecção e correção de erros (ver item 5.4) durante as transmissões (parte de controle).

Para realizar essas tarefas e outras próprias de alguma interface, ela se comunica com o processador (pelo barramento) e com o periférico através de várias ações previamente programadas em sua seção lógica. Para exemplificar esse funcionamento, vamos considerar o que acontece quando se deseja utilizar a impressora (dispositivo de E/S) para que ela imprima um caractere.

1) O processador, antes de enviar o caractere, necessita verificar se a impressora está ociosa (*idle*) ou ocupada (*busy*), se ela está, p. ex., sem papel e assim por diante; para isso, interroga a interface verificando seu registrador de estado.

2) O registrador, então, possui bits específicos para cada função, como p. ex., um bit (bit 2) indica se a impressora está ocupada (setado valor 1) ou ociosa (valor 0).

3) Se o dispositivo está ocioso, então o caractere é enviado e armazenado no registrador de dados; além disso, o registrador de controle recebe a informação do tipo de operação desejada, ou seja, enviar o caractere que está armazenado no registrador de dados para a impressora.

4) O processador acessa os registradores internos da interface através da porta de E/S (I/O port), que existe na placa-mãe; esta porta é logicamente o endereço de um registrador do periférico (pela interface).

O exemplo nos mostrou uma seqüência de etapas (simples) realizadas para se imprimir um caractere. Esta seqüência é, na realidade, um protocolo de comunicação entre o processador (barramento) e o periférico (pela interface). Casos mais complexos requerem protocolos mais complexos.

Há, também, meios diferentes de acessar estes registradores. No exemplo, o processador teria que ficar consultando (interrogar) repetidamente o registrador de estado até ele mudar seu estado de ocupado para ocioso, o que é uma perda de tempo para o processador. É possível otimizar esta operação através do emprego de um método diferente. No item 10.5 estaremos descrevendo três modos de realizar operações de E/S, os quais são, de fato, modos diferentes de implementar essa comunicação entre o processador e a interface/dispositivo.

10.3 TIPOS DE TRANSMISSÃO

Os diversos tipos de dispositivos que podem ser conectados em um computador são classificados em três categorias:

1) Os que transmitem/recebem informações inteligíveis para o ser humano – são adequados para estabelecimento de comunicação com o usuário. É o caso de impressoras, monitores de vídeo, teclados.
2) Os que transmitem/recebem informações inteligíveis apenas para a máquina – são adequados para comunicação máquina a máquina ou internamente a uma máquina. Exemplos desta categoria são os discos magnéticos e sensores.
3) Os que transmitem/recebem de/para outros dispositivos remotamente instalados, tais como os modems e regeneradores digitais em redes de comunicação de dados.

Há duas maneiras básicas de se realizar transmissão/recepção de dados entre os periféricos/interfaces e o barramento e processador/MP, bem como entre dispositivos interconectados entre si, local ou remotamente:

- a informação pode ser transmitida/recebida, bit a bit, um em seguida ao outro – isso caracteriza o tipo de transmissão denominado *transmissão serial;* e
- a informação pode ser transmitida/recebida em grupos de bits de cada vez, isto é, um grupo de bits é transmitido simultaneamente de cada vez. Chama-se *transmissão paralela.*

A escolha de um desses tipos para interligar os elementos de E/S ao sistema UCP/MP depende de vários fatores, tais como: tipo e natureza do periférico, custo de implementação e velocidade de transmissão desejada.

10.3.1 Transmissão Serial

Na *transmissão serial,* o periférico é conectado ao dispositivo controlador ou interface de E/S por uma única linha de transmissão de dados, de modo que a transferência de dados é realizada um bit de cada vez, embora o controlador possa ser conectado à UCP/MP através de barramento com várias linhas, conforme mostrado na Fig. 10.10.

No passado, a transmissão serial era mais lenta que a transmissão paralela, visto que ela só envia um bit de cada vez, sendo, na época, normalmente utilizada em periféricos de baixa velocidade ou cuja característica fosse típica de transmissão bit a bit. O *teclado* e o *mouse* são dispositivos que realizam comunicação serial, assim como os *modems* (equipamentos utilizados para enviar dados, via linhas telefônicas, para outros dispositivos geograficamente distantes). No entanto, atualmente a transmissão serial é intensamente usada para transmissão de alta velocidade, como será visto adiante.

Como a transmissão é realizada bit a bit, é necessário que o receptor e o transmissor estejam sincronizados bit a bit, isto é, o transmissor transmite os bits sempre com a mesma velocidade e, conseqüentemente, todos os bits terão a mesma duração no tempo. Por exemplo, se o transmissor estiver funcionando na velocidade de 1000 bits por segundo (abrevia-se para 1000 bps), isto significa que cada bit dura 1/1000 s, ou 1 milissegundo (ms).

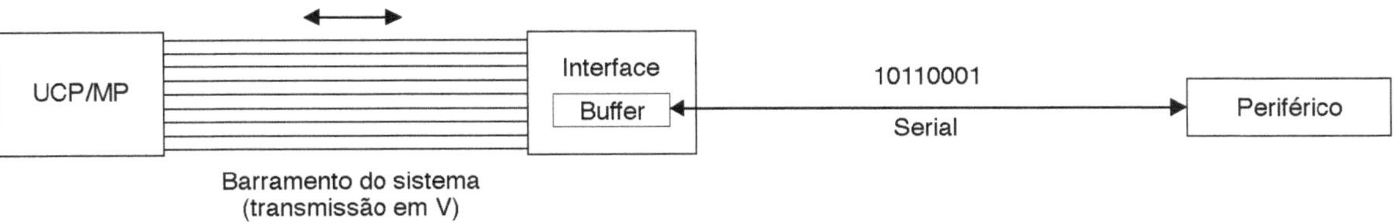

Figura 10.10 Exemplo de transmissão serial (interface-periférico).

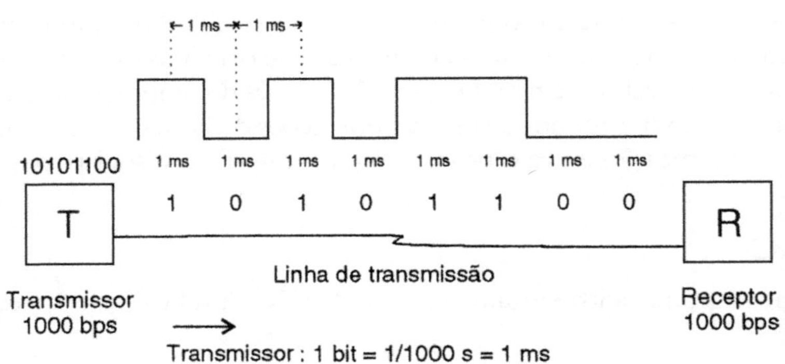

Figura 10.11 Exemplo de sincronização em nível de bit.

Para que o receptor seja capaz de receber todos os bits (um por um) enviados, ele precisa saber quando um bit inicia e qual é a sua duração (também se costuma chamar de largura do bit). Se a cada 1 ms o transmissor envia um bit (o nível de tensão alto significa, por exemplo, bit 1, e o nível de tensão baixo significa bit 0), então, a cada 1 ms o receptor deve "sensar" o nível de tensão da linha para captar o bit que está chegando e identificá-lo como 0 ou 1.

O receptor deve trabalhar, para isso, com a mesma velocidade (1000 bps, no exemplo) do transmissor. A Fig. 10.11 mostra um exemplo desse processo de sincronização de bits. Este processo é eficaz para a identificação de cada bit, porém ainda não é suficiente para a identificação de um caractere, já que é preciso definir quando um caractere inicia (qual é seu primeiro bit) e quando ele termina, ou seja, deve-se criar um método de identificação do bit inicial do caractere.

Conforme observado na Fig. 10.11, transmissor e receptor estão funcionando na mesma velocidade de 1000 bps, o que implica a geração de bits com duração igual a 1 ms. Dessa maneira, o receptor deve *"sensar"* a linha a cada 1 ms e captar o bit adequado, de acordo com o nível de tensão que for *"sensado"*. Para que haja maior confiabilidade no processo, é comum que o receptor *"sense"* no instante em que o bit está na metade de sua duração, de modo a evitar possíveis erros se ele, por exemplo, detectasse próximo à subida do valor 0 para 1 ou vice-versa.

Receber bit por bit não é suficiente. É preciso que o receptor saiba identificar grupos de bits que tenham um significado, como, por exemplo, o da representação de um caractere. Dependendo do código de representação utilizado (ver item 7.2), cada caractere será representado por um grupo de *n* bits (em geral, *n* é igual a 8 bits, que é o mesmo valor de 1 byte).

Há dois métodos de se realizar transmissão serial:

- transmissão assíncrona; e
- transmissão síncrona.

10.3.1.1 Transmissão Assíncrona

É o método mais antigo, simples e barato, utilizado por antigos terminais TTY e que sempre foi usado em larga escala por microcomputadores. Ele consiste em um processo de sincronização do receptor a cada novo caractere transmitido (daí o nome assíncrono). Para isso, antes de se iniciar a transmissão cada caractere é acrescido de dois pulsos, um no início do caractere, denominado START, com a duração exata de 1 bit e valor de tensão correspondente ao bit 0, e o outro, denominado STOP, com valor de tensão igual ao do bit 1 e duração variável entre 1 e 2 bits. No caso do START, trata-se de um bit 0 inserido antes do primeiro bit do caractere, passando a ser o novo primeiro bit do caractere, conforme mostrado na Fig. 10.12.

A Fig. 10.12 mostra um caractere ASCII transmitido pelo método assíncrono, isto é, os 8 bits ASCII, mais o START no início e o STOP no final do caractere. Quando não há transmissão, o transmissor envia continuamente bits 1 pela linha (nível alto de tensão). Quando um caractere é enviado, o receptor detecta a queda de tensão (nível alto quando não há transmissão, e nível baixo do START) e entra em sincronismo, recebendo, daí por diante, os demais bits do caractere até o STOP (ele possui um circuito contador e sabe quantos bits cada caractere tem, já que transmissor e receptor funcionam com o mesmo código de armazenamento).

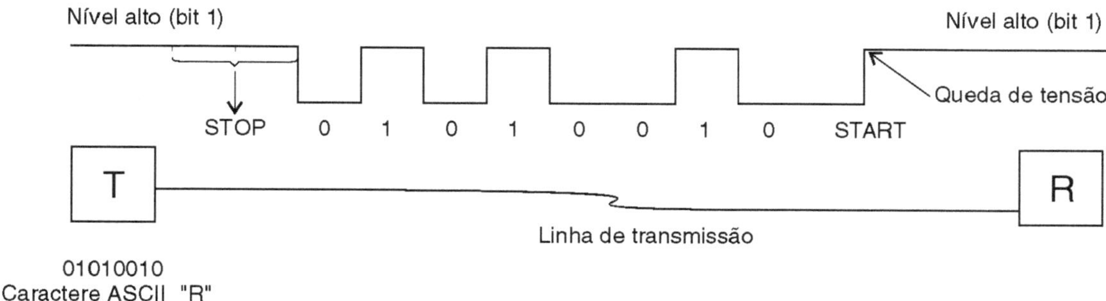

Figura 10.12 Exemplo de transmissão assíncrona do caractere ASCII "R".

Para se realizar a transmissão serial de forma assíncrona é necessário que em ambos os lados da linha de transmissão haja um dispositivo capaz de decompor cada caractere bit a bit e providenciar a inclusão dos bits START/STOP na transmissão e sua retirada após a recepção do caractere. Um dispositivo muito comum, usado em microcomputadores e que faz parte da maioria das pastilhas (*chips*) de entrada/saída, denomina-se *UART (Universal Asynchronous Receiver/Transmitter),* transmissor/receptor universal assíncrono. A UART é uma pastilha que emprega integração em larga escala (LSI), cuja função básica é a decomposição e composição de um caractere em bits e vice-versa, conforme mostrado esquematicamente na Fig. 10.13.

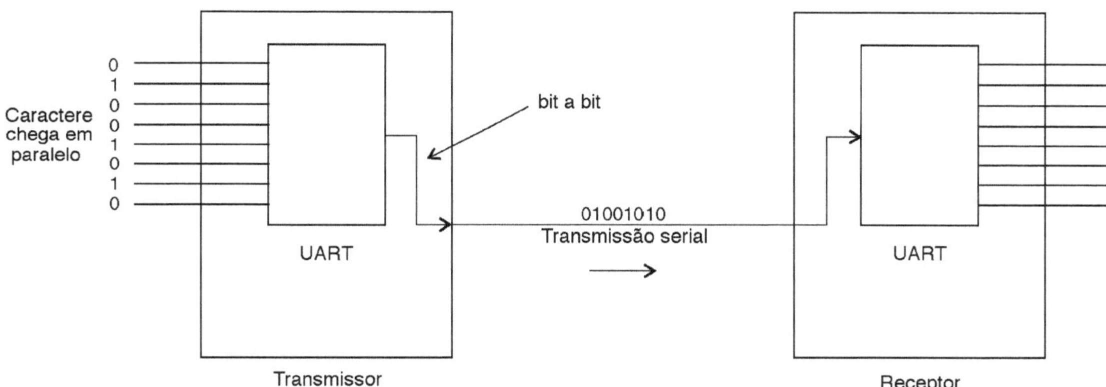

Figura 10.13 Exemplo de conversão paralela/serial, transmissão serial e conversão serial/paralela com emprego de uma UART.

A Fig. 10.14 mostra o diagrama em blocos de uma UART, indicando seus principais componentes:

"Buffer" de saída de dados a serem transmitidos – recebe os *n* bits do caractere (podem ser 5, 6, 7 ou 8 bits, dependendo do dispositivo que está sendo usado) e os envia para o registrador de transmissão.

Registrador de transmissão – desloca os bits do caractere um a um (*shift register*) para a linha de saída. Este deslocamento é realizado a cada pulso de relógio da UART.

Registrador de recepção e bufffer de saída de dados recebidos – funcionam de modo semelhante, porém em sentido inverso ao dos dois registradores já descritos. O caractere é recebido bit a bit no registrador de recepção, que efetua o deslocamento de cada bit até completar todo o caractere e, então, o encaminha para o *buffer* de saída.

Unidade de controle – permite que a UART funcione de modo diferente, conforme a escolha do usuário: opção de paridade, e se houver, se será par ou ímpar (ver item 5.4), opção de 1 ou 2 bits STOP.

Registrador de estado (semelhante ao flag dos microprocessadores) – possui um bit para indicar algumas ocorrências durante o funcionamento da UART, tais como: erro de paridade, erro de sincronização (a UART perdeu o bit START), dados disponíveis (para que o microprocessador leia o caractere).

Relógio – divide a freqüência de transmissão (taxa de bands) para permitir o deslocamento de cada bit dos registradores e deslocamento.

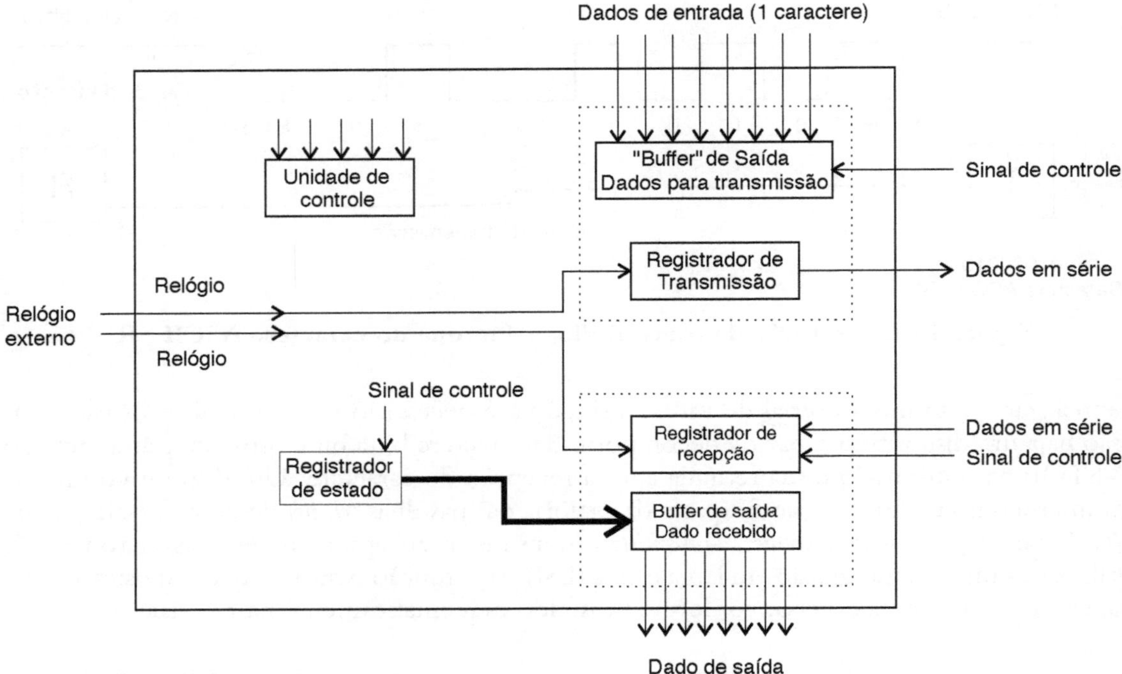

Figura 10.14 Diagrama em bloco de uma UART.

Em geral, a taxa de transmissão (velocidade de sinalização é o termo mais empregado na área de teleprocessamento) é medida em *bauds* (quantidade de símbolos transmitidos por segundo), que pode variar entre 110 bauds e 38.400 bauds, sendo comuns: 110, 150, 300, 600, 1.200, 2.400, 4.800, 9.600, 19.200 e 38.400 bauds.

10.3.1.2 Transmissão Síncrona

É uma técnica mais eficiente que a transmissão assíncrona, pois são transmitidos de cada vez blocos de caracteres sem intervalo entre eles e sem pulso START/STOP (isto reduz a quantidade de bits que não são usados para efetiva representação dos caracteres e que ocupam a capacidade da linha). Por exemplo, uma transmissão de 100 caracteres ASCII de modo assíncrono tem uma eficiência de:

$$\frac{\text{Quantidade de informação}}{\text{Quantidade total de bits de transmissão}} = \frac{7 \text{ bits} \times 100}{(7 + 1 + 1 + 1) \times 100}$$

- 7 → bits de informação
- 1 → bit start
- 1 → bit stop
- 1 → bit de paridade

A eficiência de 70%, neste caso em que todos os caracteres estão sendo considerados sem intervalo, é a mesma para a transmissão de 1 ou de N caracteres, mas poderia ser menor ainda se ocorresse intervalo entre os caracteres, pois o denominador de fração iria aumentar (um intervalo de 20 milissegundos em uma transmissão com a taxa de 100 bps corresponde a cerca de 20 bits: 20 × 1/1000).

Na transmissão síncrona, a eficiência seria:

$$E = \frac{100 \text{ caracteres}}{105 \text{ caracteres}} = 95\%$$

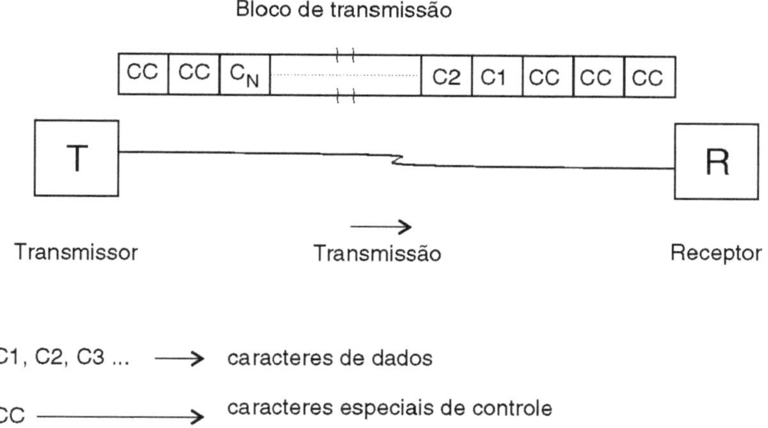

Figura 10.15 Exemplo de transmissão síncrona.

Os 105 caracteres do denominador compreendem os 100 caracteres da informação que se deseja transmitir mais cinco caracteres especiais necessários ao controle da transmissão e formato do bloco de caracteres (não faz parte do escopo deste livro detalhar um protocolo de comunicação de dados como o BSC ou HDLC/SDLC, onde se poderia melhor descrever a função de cada caractere especial).

A Fig. 10.15 mostra um esquema de transmissão síncrona, cujas características principais são:

a) não há intervalo entre os caracteres de um bloco, isto é, o transmissor monta um bloco, usualmente com cerca de 128 a 256 caracteres, e este é transmitido bit a bit sem intervalo entre o primeiro e o último bit; e

b) para que o receptor se mantenha sincronizado ("sensar" a linha no mesmo intervalo de tempo que dura um bit – ver Fig. 10.11) é necessário que ele funcione com a mesma freqüência do relógio do transmissor. Uma possibilidade de sincronizar os relógios é incluir uma linha de transmissão separada por onde circulam os pulsos de sincronização. Outra alternativa consiste na inclusão dos pulsos de sincronização junto com os bits de informação, utilizando-se alguma forma de codificação. Ambas as técnicas têm sido utilizadas com eficiência.

No entanto, como os caracteres são agrupados em blocos, surge a necessidade de um outro nível de sincronização entre transmissor e receptor – para identificação do início e do fim do bloco. Para tanto, usa-se a inserção de um grupo de bits no início do bloco (marca o início da contagem de bits a serem recebidos) e outro no seu final.

Há pastilhas (*chips*) que podem realizar as tarefas necessárias à formação do bloco de transmissão, inclusão dos caracteres especiais de controle e detecção de erros, denominadas *USART* (*Universal Synchronous Asynchronous Receiver Transmitter*), transmissor/receptor universal síncrono e assíncrono, que também podem realizar as atividades de uma UART.

10.3.2 Transmissão Paralela

Com o uso de transmissão em paralelo, um grupo de bits é transmitido de cada vez, cada um sendo enviado por uma linha separada de transmissão, conforme mostrado na Fig. 10.16. Esse processo já foi descrito no item 6.6, mas é interessante mencionar que sua utilização é mais comum para transmissão interna no sistema de computação (caso dos barramentos analisados no item 6.6.3) e para ligação de alguns periféricos (impressoras, por exemplo) a curta distância, visto que o custo da transmissão paralela é maior em face da quantidade de linhas utilizadas. Quanto maior a distância entre os dispositivos, maior será o comprimento da conexão e maior o custo correspondente. A pastilha Intel 8255A (Programmable Peripheral Interface - PPI) é um bom exemplo de interface usada para controlar a transmissão paralela em microcomputadores.

Uma outra interface paralela muito utilizada na conexão de impressoras é o CENTRONICS, nome dado em razão de o método ter sido desenvolvido por um fabricante com este nome.

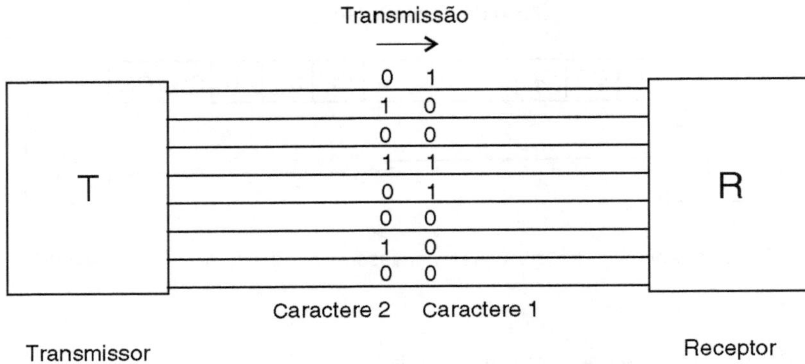

Figura 10.16 Exemplo de transmissão paralela.

O padrão CENTRONICS (padrão porque a maioria dos sistemas que usavam conexão paralela utiliza esta interface) define um conjunto de sinais que fluem pelas linhas de conexão, bem como estabelece o formato e a quantidade de pontos que devem existir no conector associado. Um outro tipo de interface paralela denomina-se SCSI - Small Computer Systems Interface), empregado para controlar dispositivos com elevado volume e velocidade de transmissão, como discos magnéticos e CD-ROM, é atualmente utilizado em escala crescente.

É natural que, em circunstâncias normais e sem maiores considerações a respeito, se imagine que a transmissão paralela seja mais rápida que a transmissão serial, permitindo, assim, maiores taxas de transmissão de dados. Do mesmo modo, pode-se inferir que passam mais carros na unidade de tempo em uma avenida com oito pistas (podem passar oito veículos em cada instante) do que em uma rua que só possui uma pista e, por isso, passa um veículo de cada vez.

No entanto, no caso dos bits de dados, para que o receptor capte o dado enviado em paralelo é necessário que todos os N sinais caminhem e cheguem rigorosamente no mesmo instante para que o pulso de relógio do instante sirva apropriadamente para captação dos N sinais. Se houver um atraso (por menor que ele seja) em um ou mais sinais, então, o receptor não capta o dado. No exemplo acima, dos veículos em uma avenida, é como se eles só pudessem chegar se todos os oito veículos cruzarem a linha de chegada com seus pára-choques rigorosamente alinhados.

Ora, embora os veículos (como os sinais representativos dos bits) caminhem com a mesma velocidade, se, por exemplo, uma das pistas (ou um dos canais no caso da transmissão paralela) estiver com um defeito qualquer que aumente ligeiramente seu comprimento, o tempo gasto pelo veículo que percorre aquela pista será ligeiramente maior e seu pára-choque já não chegará rigorosamente alinhado com os demais. Do mesmo modo, isso pode ocorrer (e ocorre) nas transmissões paralelas, à medida que as velocidades de transmissão forem aumentando. Trata-se, então, do fato de que, na transmissão paralela pode ocorrer de os bits de uma transmissão não chegarem ao destino exatamente no mesmo instante como deveriam (chama-se, em inglês, de *skew* – **desvio**), devido a ligeiras diferenças de comprimento dos cabos que constituem os canais; este problema surge mais acentuadamente em velocidades maiores, como na transmissão de dados nos discos rígidos.

A solução para evitar este tipo de problema foi retornar à transmissão em série, pois transmitindo um bit de cada vez deixa de existir o problema de **desvio** (*skew*) e, assim, podem-se obter velocidades muito maiores.

Em conseqüência, surgiu, em 1995, o padrão USB – Universal Serial Bus, criado por um consórcio de várias empresas, como também o padrão Firewire e outros sistemas em série de alto desempenho, reduzindo consideravelmente o uso de transmissão paralela (ver barramento no Apêndice D).

10.4 DISPOSITIVOS DE E/S

Um dispositivo de entrada ou de saída (periférico) é o equipamento acoplado a um sistema de computação que efetivamente identifica a função *Entrada* ou a função *Saída*. Um teclado, um monitor de vídeo, uma impressora caracterizam de modo inequívoco aquelas funções, embora sejam apenas parte de um subsistema do E/S. Um teclado, por exemplo, não tem utilidade sem uma interface que compatibilize sua lentidão e transmissão bit a bit com a velocidade e a transmissão paralela do barramento do sistema.

A seguir vamos efetuar uma breve descrição dos periféricos mais populares, encontrados nos atuais sistemas de computação. No Apêndice D são descritos outros processos, tecnologia e dispositivos para aqueles interessados em detalhes mais específicos.

Os dispositivos de E/S que são descritos neste item são:

a) Teclado

b) Monitor de vídeo

c) Impressora

d) Mouse

10.4.1 Teclado

O teclado é um dispositivo de E/S da categoria dos dispositivos que se comunicam com o ser humano, como também o são o vídeo e as impressoras. Nesse caso, eles precisam ser dotados de mecanismos que reconheçam de algum modo os símbolos utilizados pelos humanos (como os caracteres alfabéticos e outros símbolos de nossa linguagem). No caso do teclado, este reconhecimento é realizado pela interpretação do significado elétrico de cada tecla ao ser pressionada. A Fig. 10.17 mostra um exemplo de teclado.

De modo geral, há três categorias de teclado no mercado. Embora todas as três funcionem internamente de modo semelhante, elas apresentam aspecto externo diferente (quantidade e tipo de teclas diferentes), e seu uso é particularmente distinto em cada categoria:

1) *Teclados apenas numéricos* – é o caso das calculadoras de bolso ou de mesa, por exemplo (embora seja possível encontrarmos calculadoras de bolso que recebam e processem também caracteres alfabéticos, além dos numéricos).

2) *Teclados para sistemas dedicados* – consistem em teclas necessárias apenas para a entrada de informações relativas à tarefa do sistema. Por exemplo, o teclado de um sistema de computação para controle ambiental só teria teclas relacionadas ao controle do sistema: ar condicionado, aquecimento, ventoinha, bomba etc.

3) *Teclado comum para uso geral* – constituído de todas as teclas alfabéticas (permite entrada de caracteres maiúsculos e minúsculos), numéricas, de sinais de pontuação, de operações aritméticas e outras teclas para certas funções especiais. Um teclado desta categoria tem tipicamente de 80 a mais de 125 teclas.

Uma tecla pode ser compreendida como uma chave. Ao pressioná-la estamos acionando a chave e, como conseqüência, algumas ações vão ser realizadas pelos circuitos de controle inseridos no próprio teclado (no

Figura 10.17 Teclado.

caso de teclados de uso geral (categoria c)). Normalmente, embaixo das teclas há um circuito impresso com vários componentes eletrônicos, inclusive um microprocessador.

Há, atualmente, três tecnologias de fabricação de teclas:

- *teclas mecânicas* (ou de contato direto);
- *teclas capacitivas;* e
- *teclas de efeito-hall.*

Grande parte dos teclados utiliza a tecnologia *capacitiva* e, por essa razão, vamos descrevê-la brevemente.

A tecla capacitiva funciona na base da variação de capacitância (uma propriedade elétrica) do acoplamento entre duas placas metálicas, variação essa que ocorre quando uma tecla é pressionada.

A grande vantagem desse tipo de tecla é o seu baixo custo e pequeno tamanho, além de não possuir contatos mecânicos, que podem oxidar com o tempo. Tem, portanto, uma vida relativamente longa, cerca de 20 milhões de pressionamentos.

Os teclados funcionam de modo semelhante, embora com variações decorrentes da sua capacidade de teclas, rapidez de resposta desejada e custo. Um teclado típico, o dos microcomputadores atuais, funciona basicamente da seguinte maneira:

a) *Detecção do pressionamento de uma tecla* – um processador interno ao teclado (usualmente os microprocessadores de 8 bits Intel 8048 ou 8049) efetua periodicamente uma varredura para detectar o pressionar de uma tecla;

b) *Realização do "debouncing" do pressionamento* – consiste em confirmar se realmente a tecla foi pressionada. Para tanto, o processador repete várias vezes a varredura sobre a referida tecla;

c) *Geração do código correspondente à identificação da tecla pressionada* - no caso dos microcomputadores PC, isto significa a geração, por um circuito codificador de colunas e linhas, de um código binário (8 bits) referente à tecla pressionada, denominado código de varredura (*scan code*);

d) *Geração de um sinal de interrupção* (ver item 10.5 para explicação sobre o que é uma interrupção) do processador do microcomputador referente à ação corrente (o pressionar da tecla), de modo a fazer com que o processador tome providências relativas à identificação da tecla em questão e seu valor seja passado ao programa corrente;

e) O processador troca sinais (relativos à interrupção) com o processador do teclado, para finalmente o código de varredura ser transmitido para uma área de memória principal, onde é interpretado por um programa de E/S residente no microcomputador; e

f) O programa em questão (BIOS – Basic lnput Output System), sistema básico de entrada/saída, realiza uma detalhada análise no código recebido, para verificar, por exemplo, se a tecla foi pressionada sozinha ou em combinação com outra (como ALT), ou se já existe uma tecla acionada anteriormente (a tecla de letras maiúsculas, por exemplo, CAPS-LOCK) e, finalmente, coloca o código ASCII correspondente na área de memória apropriada, de modo que aquele valor possa ser utilizado pela aplicação em que o usuário estava trabalhando no momento em que pressionou a tecla.

A grande vantagem dessa metodologia de identificação da tecla pressionada e sua correlação com um determinado código é a possibilidade de se alterar, por programa, o significado da tecla ou conjunto de teclas pressionadas. Deste modo, um programa aplicativo, como um processador de textos, pode programar o pressionar das teclas ALT e P para acionar o processo de impressão de um arquivo, enquanto um outro aplicativo pode programar essa mesma atividade (impressão de um arquivo) através do pressionamento de outras teclas.

Os teclados, embora tenham uma funcionalidade que obriga o fabricante a manter as linhas gerais de sua estrutura física (o conjunto de teclas é imutável, embora se possa acrescentar uma ou outra tecla ou alterar seu posicionamento), têm evoluído ao longo do tempo, principalmente em termos de aspecto externo, em face do desenvolvimento de necessidades ergonômicas. Atualmente têm surgido no mercado teclados com formato ergonômico que facilita o apoio das mãos no processo de digitação, principalmente para o caso de pessoas que utilizam o equipamento por longos períodos de tempo. A Fig. 10.18 mostra um desses teclados.

Figura 10.18 Teclado ergonômico.

Basicamente as teclas de caracteres alfabéticos seguem o mesmo padrão, conhecido como QWERTY devido à colocação dessas letras na parte superior à esquerda. O padrão é importante para que os digitadores adquiram prática e velocidade de digitação independentemente do tipo de equipamento utilizado em seu trabalho.

Para mais detalhes sobre teclados, ver Apêndice D.

10.4.2 Monitor de Vídeo

Um dos periféricos mais populares (e também um dos mais necessários) é o *vídeo (video display)*. Vivendo na era da informação, necessitamos de ferramentas que nos permitam, da melhor forma possível, encontrar, assimilar e manipular os dados de que precisamos. A maneira mais simples de o ser humano identificar uma informação é através do sentido da visão. Esta é a razão da popularidade e importância vital do monitor de vídeo em um sistema de computação.

Nos primórdios da computação, as informações eram apresentadas muitas vezes na própria forma binária do computador, através de lâmpadas na frente do painel da máquina. Essas lâmpadas, acesas ou apagadas, indicavam o valor 1 ou o valor 0 da informação. Mas, como o ser humano possui uma linguagem para comunicação diferente de 0s e ls, em pouco tempo apareceram dispositivos para apresentar visualmente a informação com os símbolos mais inteligíveis pelas pessoas.

Na língua inglesa, o termo utilizado para esse componente é *display*, cuja melhor tradução literal seria elemento de exibição, sempre qualificado por outra palavra complementar. Por exemplo, *video display*, que simplificamos para *vídeo,* apenas, ou *monitor de vídeo* (expressão menos correta, mas também usada).

Há atualmente diversas tecnologias para fabricação de vídeos, que lhes dão diferentes apresentações físicas, sendo, por isso, também usadas em diferentes aplicações. A Fig. 10.19 apresenta um exemplo de tipo de vídeo utilizado em computadores pessoais.

Os vídeos podem ser classificados quanto à tecnologia de criação e apresentação da imagem, como também quanto à forma com que os bits são passados do sistema para o vídeo. Quanto à tecnologia:

VRC - válvula de raios catódicos (*CRT - cathode-ray tube*);

DEL - diodos emissores de luz (*LED - light emitting diodes*);

VCL - vídeos de cristal líquido (*LCD - liquid-crystal display*);

VPE - vídeos com painel estreito (*TDP - flat panel display*).

Figura 10.19 Vídeo para computadores.

Estas são apenas algumas das tecnologias hoje em uso pelos fabricantes de vídeos, sendo que os de painel estreito têm várias modalidades, como de gás plasma e eletroluminescentes.

No entanto, apesar dos avanços atuais, a antiga tecnologia de utilização de VRC tem prevalecido como componente de apresentação visual e, por essa razão, vamos nos deter um pouco na parte mais simples de sua descrição, visto que o princípio eletrônico e os detalhes da fabricação desse dispositivo fogem ao escopo deste livro. No entanto, deve-se observar que vídeos LCD vêm crescendo de oferta e baixo custo no mercado, o que indica que, em futuro próximo, os vídeos LCD devem superar, em quantidade de vendas, os vídeos VRC.

As VRC fazem parte atualmente de milhões de aparelhos de TV, computadores e estações de trabalho ao longo do mundo inteiro. Tem sido a tecnologia-padrão para vídeos, que outras tecnologias concorrentes, principalmente LCD, vêm tentando suplantar, como mencionado antes. A tecnologia de vídeos com painel estreito tem proliferado devido ao crescente número de laptops, notebooks e palmtops que tem surgido no mercado (é comum hoje vermos anúncios de computadores pessoais portáteis - os notebooks - com vídeo de matriz passiva ou de matriz ativa).

O elemento básico de um vídeo do tipo VRC, conforme mostrado na Fig. 10.20, é uma válvula eletrônica (daí o nome de VRC), constituída dos seguintes elementos:

- um catodo, mais comumente denominado canhão de elétrons;
- um anodo, que é a tela frontal, coberta com fósforo;
- um par de bobinas (*Yoke*), que servem para deflexionar o feixe horizontal e verticalmente.

Seu funcionamento pode ser resumido a seguir:

a) O canhão de elétrons emite os elétrons (um feixe concentrado) que, devido à diferença de potencial elétrico entre ambos os elementos (o catodo, negativo, e o anodo, positivo) caminha em velocidade para a tela frontal, bombardeando-a de tal forma que o fósforo se torna iluminado, aparecendo no local um ponto pequeno e brilhante.

b) No caminho para a tela, o feixe de elétrons sofre uma deflexão de modo a produzir o ponto brilhante em qualquer local que se deseje. Essa deflexão pode ser acarretada por uma corrente elétrica que passe em dois pares de placas, X e Y, como mostrado na Fig. 10.20, ou pode ser realizada magneticamente, através da passagem de corrente elétrica por um par de bobinas orientadas em ângulo reto (horizontal e vertical) e colocadas na parte externa da VRC. Na prática, é mais fácil deflexionar o feixe de elétrons de forma magnética (*Yoke*) do que eletrostaticamente (placas X,Y).

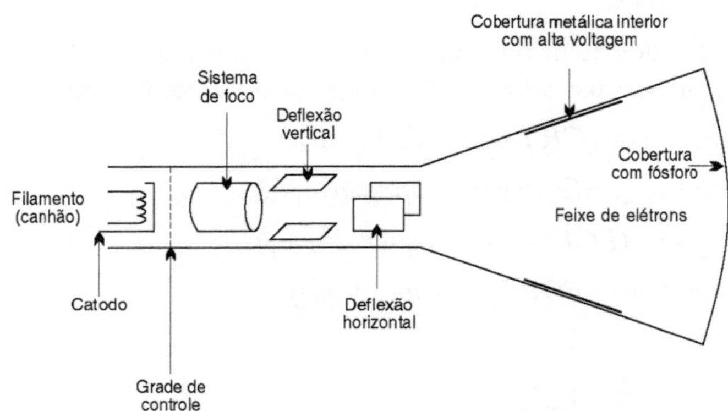

Figura 10.20 Válvula de raios catódicos — VRC.

c) Um dos modos de deflexionar o feixe de elétrons (seja com o *yoke* ou por coordenadas X e Y) denomina-se varredura de rastro (*raster-scan*), que, por ser a mais utilizada, será descrita a seguir.

Durante a passagem do feixe de elétrons do canhão para a tela, uma voltagem linearmente crescente (em eletrônica denomina-se sinal dente-de-serra, por ser parecido com a forma da lâmina de um serrote

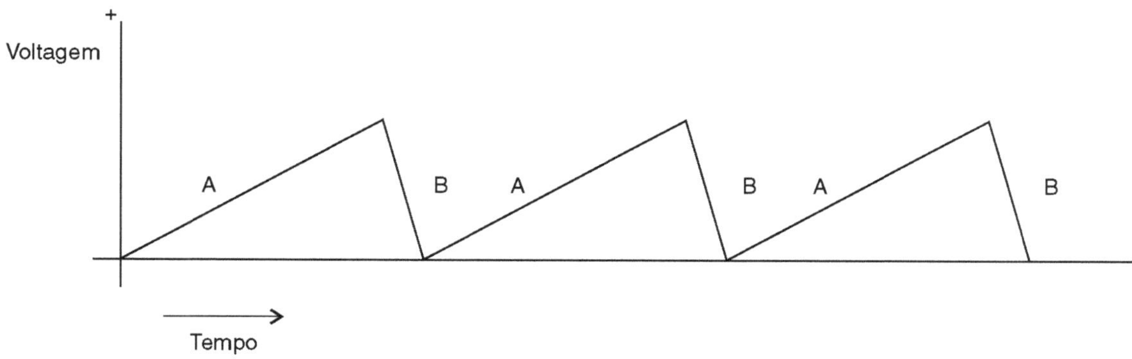

Figura 10.21 Exemplo de sinal dente-de-serra, utilizado para controlar as varreduras horizontal e vertical do feixe de elétrons em uma VRC do tipo *raster*.

- ver Fig. 10.21) é aplicada às placas ou bobinas, acarretando o movimento horizontal, da esquerda para a direita, do feixe de elétrons na tela do vídeo (parte A do sinal na figura). Nas televisões, a intensidade do feixe é modificada (modulada) em cada ponto da tela por onde ele passe, produzindo diferentes intensidades de brilho de acordo com o sinal de recepção, captado na antena, formando a imagem recebida da estação de TV que está sintonizada. Nos vídeos dos computadores, o feixe de elétrons tem somente duas opções em cada local: ligado (ponto brilhante) ou desligado.

Quando o feixe de elétrons atinge a extremidade direita da tela, ele é desligado e retorna à extremidade oposta (parte B do sinal na figura), para iniciar nova varredura horizontal.

Esta nova varredura horizontal (parte A seguinte do sinal dente-de-serra) é realizada um espaço para baixo na tela (na prática, dizemos que é uma linha para baixo, já que escrevemos em linhas, tanto na tela quanto no papel), pois o feixe também é deflexionado verticalmente, através de uma voltagem aplicada às placas Y (ou bobinas do *yoke*).

A diferença é que, no caso da deflexão vertical, o movimento é mais lento de modo a permitir que o feixe passe por várias linhas, enquanto realiza uma única varredura vertical. Durante um único percurso do sinal dente-de-serra vertical forma-se o que denominamos moldura vertical, que consiste na contínua deflexão do feixe a cada retorno para iniciar nova linha, até atingir a extremidade inferior da tela, quando a deflexão vertical é desligada para retornar o feixe de elétrons até a extremidade superior esquerda (e reiniciar nova varredura vertical). O conjunto de linhas gerado pelas duas varreduras está mostrado nas Figs. 10.22(a) e (b).

- Fica claro, pela observação da Fig. 10.22, que a freqüência de varredura horizontal é bem maior que a de varredura vertical, isto é, o feixe caminha várias vezes da esquerda para a direita e retorna, en-

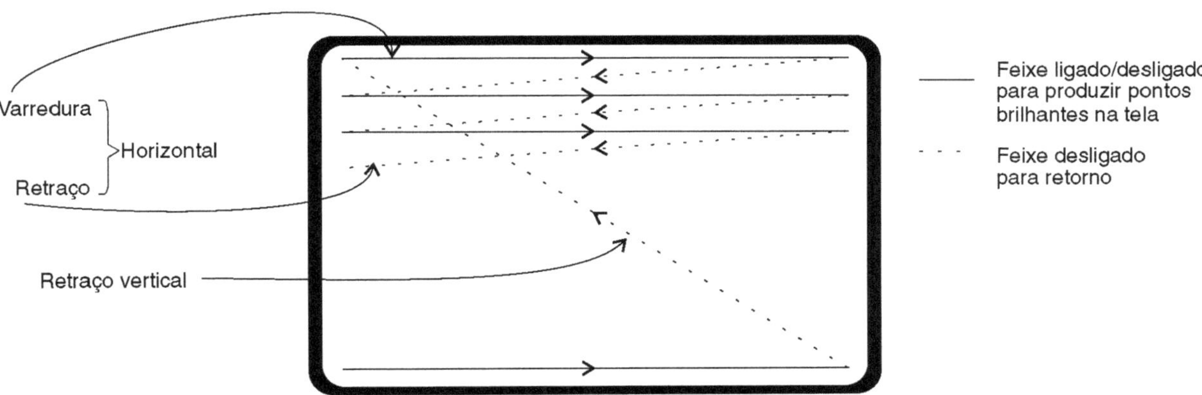

Figura 10.22(a) Funcionamento da VRC. Varreduras horizontal e vertical.

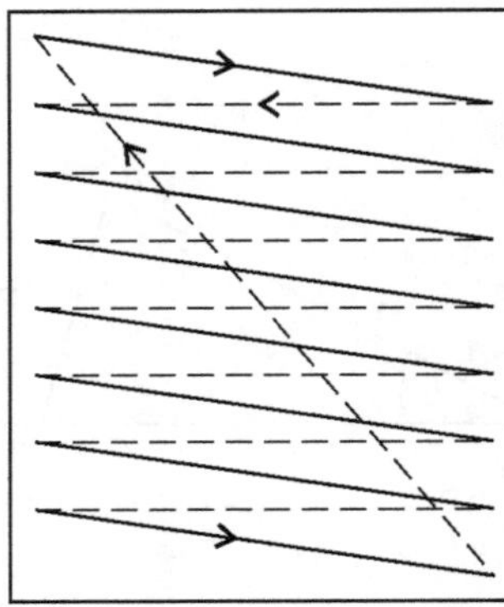

Figura. 10.22(b) Varredura completa (horizontal e vertical) para formar uma moldura (quadro).

quanto acontece uma única varredura vertical. A quantidade de vezes por segundo que o feixe de elétrons percorre a tela da esquerda para a direita é denominada *freqüência horizontal* (em geral, as TVs possuem este controle externo ao aparelho, podendo ser ajustado pelo usuário). A quantidade de vezes por segundo que a varredura vertical se repete é denominada *freqüência vertical* (da mesma forma, esta freqüência pode ser ajustada dentro de uma determinada margem). A geração dos pontos brilhantes (no caso do vídeo de computador) obtida em uma varredura vertical (que produz várias linhas) é denominada moldura ou *quadro* (*frame*), isto é, uma visão estática no tempo do que foi apresentado na tela durante uma varredura vertical.

- Como era de esperar, não há uma padronização universal para o valor da freqüência horizontal, da freqüência vertical, nem da quantidade de quadros que são formados por segundo. Como a tela não mantém permanentemente a luminosidade em um local, decorrente da ligação do feixe de elétrons naquele ponto, é necessário que o feixe passe periodicamente por aquele ponto (e esteja ligado na ocasião). Este procedimento é denominado rescrita da tela (*refreshing*). A rescrita ocorre várias vezes por segundo, de acordo com o valor da freqüência vertical.
- Em geral, um vídeo (para TV ou computador) pode funcionar adequadamente realizando de 50 a 90 varreduras verticais por segundo, ou seja, possuindo uma freqüência vertical de 50 a 90 Hz (a unidade *Hertz,* ou ciclos por segundo, já foi discutida no item 6.2.2.2), sendo comum também uma freqüência horizontal entre 15 e 48 KHz. Um conjunto de freqüências, vertical e horizontal, do tipo 50 Hz e 15.625 Hz produz 312,5 linhas em um quadro e 50 quadros por segundo (15.625/50 = 312,5). A Tabela 10.2 mostra um quadro comparativo com alguns sistemas de vídeo e seus valores básicos.

d) É importante mencionar como o feixe de elétrons acende e apaga em seu percurso pela tela, isto é, de onde vem o sinal e como ele se constitui, para controlar o acendimento e apagamento do feixe. Trata-se da informação propriamente dita, armazenada no computador sob a forma binária, mas que pode representar um símbolo que desejamos ver na tela (p.ex., o caractere "A" ou o símbolo "+", que acabamos de escolher ao pressionarmos as respectivas teclas em um teclado).

Os bits que constituem as informações sobre os símbolos que podemos mostrar na tela de um vídeo estão sempre armazenados em uma memória associada ao sistema de vídeo. Esta memória pode fazer parte do próprio vídeo (como acontece em certos terminais de computadores de grande porte) ou da memória principal do computador (modalidade mais comum nos microcomputadores), ou ainda na memória da interface ou

Tabela 10.2 Quadro Demonstrativo de Valores de Sistemas de Vídeo

Características	Sistema 1	Sistema 2	Sistema 3	Sistema 4
Freqüência horizontal	15.750 Hz	15.625 Hz	31,5 KHz	48 KHz
Freqüência vertical	60 Hz	50 Hz	65 Hz	72 Hz
Número de linhas	262,5	312,5	480	666
Número de campos por segundo	60	50	65	72

controlador do vídeo (costuma-se usar um termo mais popular – placa de vídeo, referindo-se à placa de circuito impresso que contém todos os circuitos eletrônicos que gerenciam a comunicação entre o processador/MP e o monitor de vídeo, gerando os sinais de varredura, enviando as informações de acendimento/apagamento do feixe de elétrons etc.).

Então, o interface, ao desejar apresentar na tela um caractere, armazenado na parte da memória que trata apenas de informações de vídeo, comanda o acendimento do feixe de elétrons nos locais definidos (endereço da tela correspondente ao local desejado para colocar o caractere) para compor o caractere (ver Fig. 10.23). Essa formação do caractere na tela é repetida **V** vezes (rescrita ou *refreshing*), sendo **V** a freqüência horizontal, até que se deseje apresentar outro símbolo, quando, então, o processo se repete.

Há basicamente, duas modalidades de representação de símbolos em uma tela de vídeo:

- *modalidade textual* (símbolo a símbolo); e
- *modalidade gráfica* (bit a bit).

10.4.2.1 Modalidade Textual ou Símbolo a Símbolo

Nesta modalidade, a tela de vídeo é dividida em linhas e colunas para formar uma matriz de localização, cada local servindo para armazenar um símbolo válido conforme o código de representação utilizado. A Fig. 10.23 mostra o esquema de uma tela que emprega matriz de 24 linhas por 80 colunas, que é um dos valores mais comuns em vídeos de computadores, o que permite representar simultaneamente na tela 1920 símbolos.

Cada símbolo é construído por uma matriz de pontos (o ponto brilhante que surge quando o feixe de elétrons acende), em geral sendo do tipo 5 × 7 (cinco colunas por sete linhas), 5 × 9 ou 7 × 9. A segunda tem mais densidade de pontos, servindo para representar caracteres maiúsculos e minúsculos. A Fig. 10.23 mostra um exemplo da apresentação de um caractere por matriz de pontos, enquanto a Fig. 10.24 mostra o exemplo de vários outros caracteres utilizando a matriz 5 × 9.

A matriz de pontos representativa de um caractere é na realidade maior que 5 × 9 ou 5 × 7 ou 7 × 9, visto que há necessidade de serem incluídas linhas e colunas adicionais para separar um caractere do outro e uma linha da outra. Os monitores monocromáticos (preto-e-branco) dos IBM PC originalmente utilizavam uma matriz 9 × 14 para representar caracteres, estes em si constituídos da tradicional matriz 7 × 9.

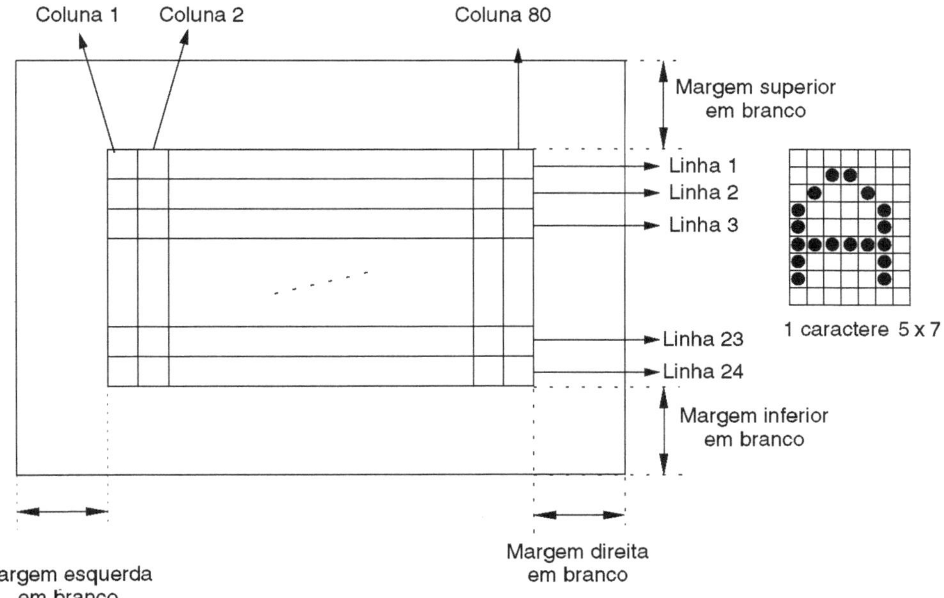

Figura 10.23 Exemplo de uma tabela com vídeo no modo textual, utilizando tecnologia de varredura de rastro.

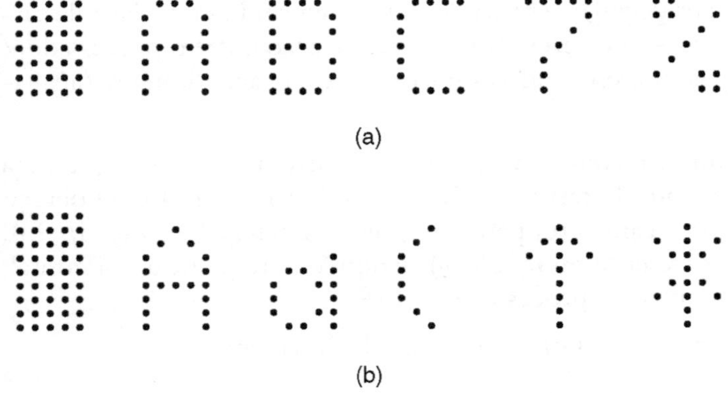

Figura 10.24 Exemplos de caracteres formados em um vídeo com matriz de 5 × 7 pontos (a) e 5 × 9 (b).

Para produzir estes pontos, a interface de vídeo deve produzir e emitir as freqüências horizontal e vertical capazes de gerar 14 × 24 = linhas (14 linhas na matriz de um caractere vezes 24 linhas de caracteres) mais as linhas de retração (feixe de elétrons apagado, retornando para iniciar nova varredura). Em cada linha, 720 pontos (para permitir nove pontos por caractere × 80 caracteres).

Cada caractere é armazenado na memória de vídeo (do processador ou da interface) como um conjunto de 2 bytes de informações, um para indicar o código de armazenamento do caractere propriamente dito (código ASCII, por exemplo) e o outro para indicar os atributos de representação do caractere na tela, como, por exemplo, sua intensidade, se estará piscando ou se estará sublinhado.

Desse modo, a memória necessária para armazenar o conjunto de caracteres que podem ser apresentados em uma tela de 25 × 80 é da ordem de 4 Kbytes, isto é, 25 × 80 = 2000 × 2 = 4000 bytes.[1]

10.4.2.2 Modalidade Gráfica ou Bit a Bit

Este tipo de funcionamento modifica o modo com que a interface manipula o acendimento e o apagamento do feixe luminoso durante sua varredura. Acarreta, também, a necessidade de varreduras mais rápidas para melhorar o desempenho do sistema de vídeo.

A tela do monitor é composta de uma única matriz de pontos (diferente da matriz de caracteres, cada um como uma matriz de pontos), que podem estar, em um certo instante, brilhantes (feixe ligado) ou escuros (feixe desligado). Cada ponto ou elemento é denominado um *pixel* (abreviação do termo *picture element*). Cada pixel contém 1 bit de informação (indica acender ou apagar) para terminais monocromáticos ou mais bits se o vídeo for do tipo colorido. A Fig. 10.25 mostra uma tela de um monitor de vídeo que funciona no modo gráfico.

O modo gráfico proporciona maior flexibilidade, não só para se apresentar caracteres na tela, como também por permitir a formação de qualquer figura através do acendimento de pontos contíguos, na seqüência definida pelo programa aplicativo, pois cada *pixel* possui um endereço individual. Nesta maneira, podemos apresentar um caractere por uma matriz de 9 × 14 pixels e, em seguida, um outro caractere ao lado, de tamanho menor, por exemplo, por uma matriz de 5 × 7 pixels.

Foi esta flexibilidade que fez surgir as fontes de caracteres (*fonts*), largamente empregados nos mais diversos aplicativos, como processadores de texto, planilhas eletrônicas, programas que manipulam gráficos e figuras e outros, já que é possível, em uma mesma tela, utilizar diferentes tamanhos e formas de caracteres, por estes serem construídos com pontos endereçáveis individualmente (pixel a pixel ou bit a bit).

Atualmente, a quase totalidade dos sistemas de vídeo funciona quase que exclusivamente no modo gráfico, embora as interfaces existentes permitam o uso de qualquer das duas modalidades (em certos programas pode-se optar por uma ou outra modalidade através do programa). Isto é devido, em grande parte, ao enorme uso do sistema operacional Windows, da Microsoft, que funciona basicamente utilizando uma interface gráfica.

---

[1]O valor correto correspondente a 4K é 4096 ou 4 × 1024, por isso menciona-se "da ordem de 4 Kbytes" para o valor 4000.

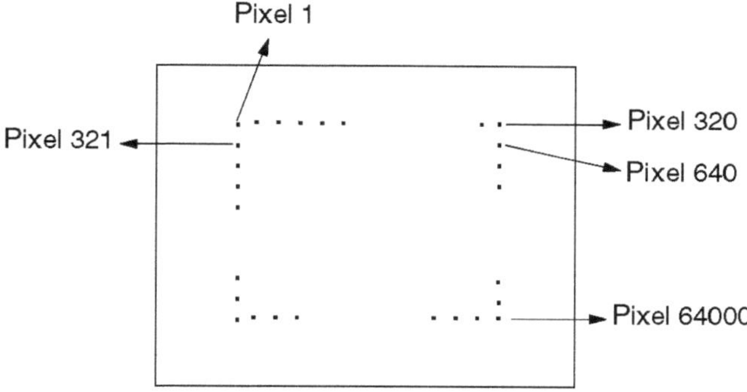

Figura 10.25 Exemplo de um monitor de vídeo funcionando em modalidade gráfica. Cada ponto mostrado "▪" corresponde a um pixel.

Embora o uso do modo gráfico proporcione maior flexibilidade no funcionamento dos aplicativos, ele também acarreta vários problemas de desempenho, demandando hardwares e softwares mais poderosos para solucionar os referidos problemas.

O primeiro deles refere-se à capacidade de memória necessária para armazenar as informações a serem apresentadas em uma tela (em geral, deve-se apresentar várias telas para proporcionar mais rapidez ao funcionamento de um aplicativo). Foi mostrado anteriormente que, na modalidade textual, necessita-se de cerca de 4 K de memória para apresentar uma tela no vídeo.

No caso do modo gráfico, para representar uma matriz de 320 × 200 pontos há necessidade de serem armazenados 64.000 pontos, ou 64 Kbytes e 768 Kbytes para representar uma única tela com resolução de 1024 × 768 pontos em preto-e-branco.

Na prática, os requisitos de memória de vídeo são bem maiores, pois é preciso armazenar várias telas e não apenas uma (senão o sistema teria um baixíssimo rendimento), e além disso o emprego de vídeo colorido é quase uma unanimidade, o que requer um ou até três bytes de informação para cada pixel.

O outro problema está relacionado com o desempenho do sistema de vídeo, que precisa ser bem maior do que é necessário a um sistema que funcione na modalidade textual, devido justamente à quantidade de bits envolvida e ao modo de funcionamento da interface.

No modo gráfico, cada informação é movimentada da memória de vídeo para a tela em grandes quantidades de bits. Por exemplo, uma tela do programa Windows pode conter um retângulo, desenhado com o uso de uma matriz de 30 × 12 pontos (ou pixels) = 360 pontos (360 bytes). Se existisse somente este retângulo e quiséssemos movê-lo para outro ponto da tela, todos os 360 bytes teriam que ser enviados, além do cálculo de endereços, que também é uma tarefa trabalhosa.[2]

Se, por outro lado, estivéssemos utilizando um processador de texto e toda a tela estivesse preenchida com caracteres do texto e quiséssemos "rolar" uma linha do texto (desaparecer a linha superior e aparecer uma linha nova no fundo da tela), seria necessário recolocar todos os bits que formam todos os caracteres de todo o texto mostrado (rescrever toda a tela sem a linha superior e com a inclusão da nova linha de baixo). Isto requer elevada velocidade de processamento, entre outros atributos. Razão por que atualmente as interfaces de vídeo ou placas gráficas possuem grande capacidade de memória (1 ou 2 Mbytes) e até processadores completos, para reduzir a sobrecarga da UCP e acelerar o processamento das telas. Por isso mesmo elas são chamadas de *placas aceleradoras de vídeo*.

10.4.2.3 Vídeo Colorido

Há uma diferença considerável de tecnologia e requisitos de desempenho de sistemas de vídeo entre aqueles que processam e apresentam informações de forma monocromática (com o emprego de apenas uma cor) e os que mostram as informações em cores. No entanto, neste tópico abordaremos de forma simples o assunto.

---

[2]Nestes exemplos, está sendo considerado que, cada pixel (ou ponto) é representado por 1 byte; atualmente, os pixels vêm sendo mais representados por 3 bytes (24 bits) ou 4 bytes (32 bits) nas resoluções de cor verdadeira (*true color*).

Em primeiro lugar, como a imagem é construída. Sabemos que os sistemas monocromáticos funcionam com um canhão que produz um feixe de elétrons, que acende e apaga um ponto luminoso na tela (no modo gráfico é um pixel). No caso de vídeos coloridos, há necessidade de três canhões, que gerem um feixe de elétrons para cada cor fundamental - vermelho, verde e azul. Os feixes são acionados para ligarem e desligarem de modo a produzir diferentes cores.

Para desenhar uma imagem na tela, os feixes caminham da extremidade superior esquerda para a extremidade inferior direita, repetindo-se esta varredura cerca de 40 a 90 vezes por segundo (freqüência vertical), dependendo do grau de persistência do fósforo na tela e do tipo de varredura realizada (ver Apêndice D para mais detalhes sobre a formação dos pixels). Cada pixel é constituído de uma tríade de pontos vermelhos, verdes e azuis, sendo também utilizado como unidade de referência de resolução de um vídeo/interface. Variando-se a intensidade de cada cor, pode ser produzida qualquer cor que se queira, e se os três feixes forem iluminados com igual intensidade obtém-se uma cor resultante branca, caso a observação tenha sido realizada a uma distância razoável.

10.4.2.4 Algumas Observações sobre Monitores de Vídeo

Modo Entrelaçado e Não-entrelaçado (*Interlaced* e *Noninterlaced*)

Quando descrevemos o funcionamento de um vídeo com varredura de rastro, mencionamos que o feixe de elétrons (esta explicação é válida seja um feixe, no caso de vídeos monocromáticos, ou três feixes, para o caso de vídeos coloridos ou policromáticos), ao realizar a dupla varredura, vertical e horizontal, produz um *quadro* (*frame*) constituído de várias linhas. Um conjunto de quadros gerados por segundo produz uma determinada imagem ou mantém a que está sendo apresentada. Há duas maneiras de obter-se a referida imagem:

Modo entrelaçado – é a técnica pela qual o feixe eletrônico varre a tela produzindo a metade das linhas que constituem um quadro. Por exemplo, se um quadro é constituído de 530 linhas, na primeira varredura são apenas geradas as linhas ímpares (1,3,5 ...), e em uma segunda varredura o quadro se completa com a geração das linhas pares. A vantagem desta técnica reside na redução de custos dos circuitos eletrônicos e do sistema como um todo em virtude da necessidade de freqüências mais baixas de varredura. No entanto, devido à capacidade de permanência de luminosidade do fósforo que recobre a tela, ocorre uma cintilação da imagem (*flickering*) que varia de intensidade de acordo com o tempo de persistência dos pontos das linhas ímpares sobre os pontos das linhas pares. Isto é uma desvantagem caso se desejem imagens nítidas, sendo a cintilação tão mais acentuada quanto mais pixels são gerados na tela (resolução maior).

Modo não-entrelaçado – é a técnica utilizada para evitar a cintilação e produzir imagens mais perfeitas, especialmente quando se empregam sistemas de vídeo de alta resolução. Por esta técnica, cada quadro é montado em apenas uma passagem, isto é, em apenas uma varredura vertical, de modo que deixa de ocorrer diferença de persistência. Isto é obtido com freqüências mais elevadas de varredura, entre outras características. O problema desta técnica, claramente superior à técnica entrelaçada de geração de quadros quanto ao desempenho visual, reside no seu custo. Para funcionarem com a técnica de não-entrelaçamento placas de vídeo e monitores são bem mais caros, devido em grande parte às altas freqüências envolvidas.

Resolução

De modo geral, a resolução de um sistema de vídeo é medida pela quantidade de pixels que pode ser apresentada em uma tela. Esta quantidade é descrita em termos de dois valores: a quantidade de pixels mostrados horizontalmente (em uma linha) e a quantidade de pixels mostrados verticalmente (em uma coluna). Por exemplo, uma resolução de 320 × 200 (o número à esquerda é usualmente maior) significa que na tela são endereçáveis 320 pixels em cada linha por 200 pixels em cada coluna, um total de 64.000 pixels. Além desse valor, uma outra medida *dot pitch* (afastamento entre pontos) é também considerada para compor medidas de resolução de um vídeo.

A resolução de um sistema de vídeo em microcomputadores está incluída dentro de um conjunto de definições (freqüência horizontal, freqüência vertical, largura de faixa etc.) que constitui um determinado padrão. A indústria de microcomputadores popularizou estes padrões e, assim, é comum ouvirmos as pessoas falando em adquirir um computador com vídeo VGA ou SVGA, sem entender o que isto realmente significa.

Embora não faça parte de qualquer padrão, a medida de *dot pitch* sempre deve ser considerada quando se examinam características de um monitor de vídeo. O *dot pitch* é a distância existente entre dois pixels adjacentes ou a distância entre dois pontos coloridos de uma tríade. É medida em milímetros (mm), e atualmente bons vídeos se apresentam com valor de *dot pitch* entre 0,24 mm e 0,40 mm.

Vídeos oferecidos com baixo valor de *dot pitch* (um valor típico é 0,28 mm) e alta resolução (grande quantidade de pixels, e um bom valor atualmente é 800 × 600) produzem imagens mais nítidas e definidas.

Os padrões de resolução atualmente existentes no mercado de vídeos para microcomputadores são:

VGA – Video Graphics Array – surgiu em 1987 com o lançamento dos sistemas PS/2 da IBM. Compreende vários padrões de medidas, dos quais o mais utilizado é 640 × 480 pixels, com 16 cores (significa que pode apresentar na tela 16 cores diferentes), freqüência vertical de 70 Hz e freqüência horizontal de 31,5 kHz.

SVGA – Super VGA – surgiu em 1989 e compreende uma medida de 800 × 600 pixels, com 16 cores e uma faixa de freqüências verticais entre 56 e 72 Hz, com freqüências horizontais entre 31,5 e 48,0 kHz.

8514A – surgiu também em 1987, definida pela IBM para seus sistemas de vídeo, e aceita resoluções de 640 × 480, 1024 × 768 e até 1280 × 1024 pixels, com 16 e 256 cores.

Há outros valores de resolução mais elevados (e sem um nome específico) e que já vêm sendo empregados em escala crescente, como os de 1024 × 768 pixels e 1280 × 1024 pixels.

Há também outros padrões, alguns já em desuso, como CGA, EGA, MGA e outros, XGA, não muito populares por serem proprietários. Outros detalhes sobre sistemas de vídeo podem ser encontrados no Apêndice D.

10.4.3 Impressoras

Assim como o monitor de vídeo, a impressora é o periférico clássico de saída, onde as informações armazenadas internamente no computador sob a forma binária são de algum modo convertidas em símbolos impressos em um meio externo qualquer (o papel é o mais comum) e em um formato inteligível ao usuário.

Ao se examinar uma impressora, devem ser consideradas algumas características básicas que podem definir seu desempenho em relação a outros dispositivos. Algumas dessas características são:

- o volume de impressão que ela suporta em uma unidade de tempo. Impressoras podem indicar sua vazão de impressão em caracteres por segundo (cps), em linhas por minuto (lpm) e em páginas por minuto (ppm), dependendo da tecnologia que utilizam para enviar os símbolos para o meio de impressão.
- A tecnologia utilizada para gerar os símbolos a serem impressos. Impressoras podem ser do tipo:

de impacto
- esfera
- margarida
- matricial

de impacto
- jato de tinta
- laser
- por transferência de cera aquecida (*thermal-wax*)
- por sublimação de tinta (*dye-sublimation*)

10.4.3.1 Impressoras Matriciais

Entre as impressoras de impacto, descreveremos apenas as *matriciais*, visto que as impressoras com mecanismo de impressão de esfera e de margarida são fabricadas para emprego em máquinas de escrever.

As impressoras matriciais, muito populares no mercado de microcomputadores, fazem parte da categoria de máquinas denominadas impressoras de impacto. Seu mecanismo de impressão consiste em um dispositivo

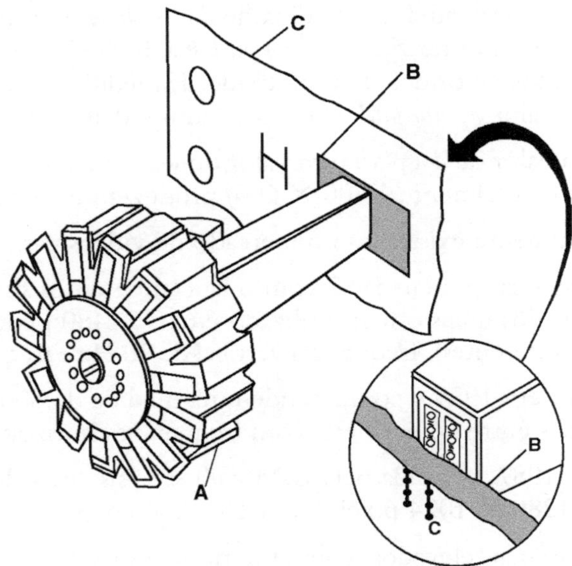

Figura 10.26 Mecanismo de impressão de uma impressora matricial.

qualquer (depende do tipo, mas pode ser, por exemplo, um conjunto de *martelos* ou *agulhas*, usado pelas impressoras matriciais) que se projeta contra uma fita com tinta, imprimindo o símbolo no papel que está atrás, conforme mostrado na Fig. 10.26.

O nome da tecnologia de impressão já caracteriza o seu funcionamento básico, isto é, os caracteres são formados por uma matriz de pontos (daí o nome matricial – em inglês usa-se *dot pitch*), de modo semelhante à matriz descrita no item anterior.

A Fig. 10.26 mostra um esquema do funcionamento de uma impressora matricial. Nela aparece: o mecanismo de impressão, constituído pela cabeça de impressão (A), a fita impregnada com tinta (B) e o papel onde os símbolos serão impressos (C).

O método de geração dos pontos no papel se inicia com a existência de um dispositivo (cabeça de impressão) composto de vários fios, muito finos, as *agulhas* ou *pinos* (em inglês usa-se o termo *pin*), montados em um tubo e ligados a uma bobina eletromagnética. As agulhas, que podem variar em quantidade entre nove e 24, são dispostas verticalmente, formando uma coluna, quando se trata de cabeça de impressão com nove agulhas, ou três colunas de oito agulhas cada, quando se trata de cabeça de impressão de 24 agulhas. Para que as agulhas possam ficar dispostas bem próximas umas das outras (e garantir, assim, boa qualidade de impressão – boa resolução), os magnetos são usualmente arranjados de forma radial, como mostrado nas Figs. 10.26 (parte indicada por A) e Fig. 10.27, visto que a largura do tubo é maior que a das agulhas. Cada agulha tem um diâmetro da ordem de 0,2 a 0,3 mm.

A *cabeça de impressão* caminha da esquerda para a direita (ou nos dois sentidos, dependendo do tipo de impressora) e em seu percurso vai marcando os pontos correspondentes aos caracteres que se deseja imprimir.

Figura 10.27 Distribuição radial das agulhas em uma cabeça de impressão.

Em geral, um caractere é constituído de uma matriz com 5 × 9 pontos (impressora com nove agulhas) ou bem mais, no caso de impressoras de 24 agulhas. Quando um padrão de bits, correspondente a um caractere, é recebido no circuito de controle da impressora, este padrão gera correntes elétricas que vão acionar a bobina ligada à correspondente agulha. Nessa ocasião, a bobina energizada projeta rapidamente a agulha, que impacta a fita com tinta, impregnando o papel com um ponto. Logo em seguida, uma mola retorna rapidamente a agulha, que fica pronta para novo acionamento. Dessa forma, a cabeça imprime simultaneamente os *n* pontos de uma coluna e logo em seguida os *n* pontos da coluna seguinte, e assim sucessivamente até formar todo o caractere e o caractere seguinte e o seguinte, até completar a linha.

Tendo em vista que o equipamento imprime um caractere de cada vez, costuma-se medir a velocidade de impressão em cps – caracteres por segundo. Embora seja cada vez menor o lançamento de impressoras matriciais, em face do baixo custo e boa resolução das impressoras de jato de tinta, principalmente, ainda podemos mencionar que valores típicos de mercado variam de 50 cps até impressoras com cerca de 460 cps. Impressoras matriciais também podem imprimir em cores, utilizando-se para isso fitas de impressão com cores diferentes.

Apesar de ainda estarem sendo produzidas em escala razoável, as impressoras matriciais vêm perdendo usuários em face das vantagens de preço/desempenho de modelos com tecnologias mais avançadas, especialmente as impressoras de jato de tinta.

10.4.3.2 Impressoras de Jato de Tinta

Impressoras de jato de tinta (*ink-jet*) produzem caracteres em um papel em forma de matriz de pontos, como nas impressoras matriciais. A diferença está na técnica de criar o ponto no papel. No caso de impressoras de jato de tinta, o ponto é o resultado de uma gota de tinta que é depositada no papel e secada por calor para não escorrer. Muitas dessas gotas depositadas moldam o formato do caractere, de modo semelhante aos pontos obtidos pela projeção das agulhas em impressoras matriciais.

O mecanismo de impressão é, em geral, constituído de uma certa quantidade de pequeninos tubos com um *bico* apropriado para permitir a saída das gotas de tinta (em inglês denomina-se *nozzle*). Um valor típico de bicos existentes em mecanismos de impressão dessas impressoras oscila entre 50 e 64, mas atualmente já estão sendo lançados novos modelos com 128 e até 256 bicos. A tecnologia mais comum – *drop-on-demand bubble jet* – projeção gota a gota por demanda – consiste na passagem de uma corrente elétrica por uma resistência que, aquecida por esta corrente, gera suficiente calor para o tubo de tinta. No instante em que se aquece o suficiente, a tinta vaporiza e se expande, acarretando a saída de uma gota pelo bico do tubo, a qual vai ser depositada e secada no papel, gerando um ponto de tinta. O processo ocorre milhares de vezes por segundo durante a impressão.

Há impressoras que funcionam com apenas um tubo de tinta preta, são as impressoras do tipo monocromáticas, e outras, cuja quantidade de modelos vem crescendo continuamente, que imprimem colorido através do emprego de três ou quatro tubos de tinta (com três, há um tubo de tinta magenta, um tubo de tinta cyan (azul) e outro de tinta amarela; com quatro tubos, acrescenta-se um tubo de tinta preta).

Sendo uma impressora do tipo matricial, sua resolução (a quantidade de pontos que constituem um caractere) é tão maior - produz caracteres mais sólidos e nítidos - quanto a quantidade de bicos que o mecanismo de impressão pode ter. Seu mecanismo de impressão contém algo em torno de 60 bicos, produzindo, assim, uma matriz de pontos muito mais densa do que se consegue com impressoras matriciais de 24 agulhas. Valores típicos de resolução de impressoras de jato de tinta estão na faixa de 300 × 300 pontos por polegada e 360 × 360 pontos por polegada (dpi, *dots per inchs*), com caracteres constituídos de uma matriz de 18 × 48 e até 36 × 48 pontos. Elas possuem outra vantagem sobre as impressoras matriciais: são silenciosas, já que não dispõem de mecanismo de impacto.

10.4.3.3 Impressoras a Laser

As impressoras que funcionam utilizando-se de um mecanismo de impressão a laser têm se tornado muito populares com o advento dos modelos pessoais para microcomputadores. O desenvolvimento da tecnologia de impressão a laser, impulsionado por uma crescente demanda de mercado, tem tido como resultado a fabricação de impressoras deste tipo com um custo/desempenho extraordinário. Atualmente podem ser encontradas no mercado impressoras a laser capazes de imprimir quatro páginas por minuto (4 ppm), 8 ppm, 12 ppm, 20 e mais, com excelente qualidade e um bom preço inicial.

O mecanismo de impressão funciona de modo semelhante ao das copiadoras de documentos. Isto é, a idéia consiste em formar, em um cilindro fotossensitivo, uma imagem da página que será impressa. Em seguida, um produto chamado *toner*, composto de partículas minúsculas, é espalhado sobre a imagem criada no cilindro. Finalmente, a imagem é transferida do cilindro para um papel e secada por intenso calor; depois disso, o cilindro deve ter a imagem apagada para que uma nova imagem possa ser nele criada. E assim, sucessivamente, as páginas vão sendo impressas. A imagem é criada no cilindro através de um feixe de laser que é aceso e apagado a cada ponto do cilindro (como pixels em um vídeo), conforme a configuração binária e a localização dos símbolos que se deseja imprimir.

A Fig. 10.28 mostra um esquema simplificado do funcionamento de um mecanismo de impressão a laser. Na Fig. 10.28(a), podemos observar o cilindro fotossensitivo, que é envolvido por um dispositivo que gera uma carga elétrica negativa no cilindro (*drum corona wire*). Quando o cilindro é exposto à luz (feixe laser ou outro meio), a carga elétrica em sua superfície se altera, criando uma área de exposição na qual a imagem é produzida pelo feixe de laser ou qualquer outro meio semelhante. O tambor vai girando e, assim, o feixe luminoso vai criando os pontos, que formam os símbolos, linha por linha.

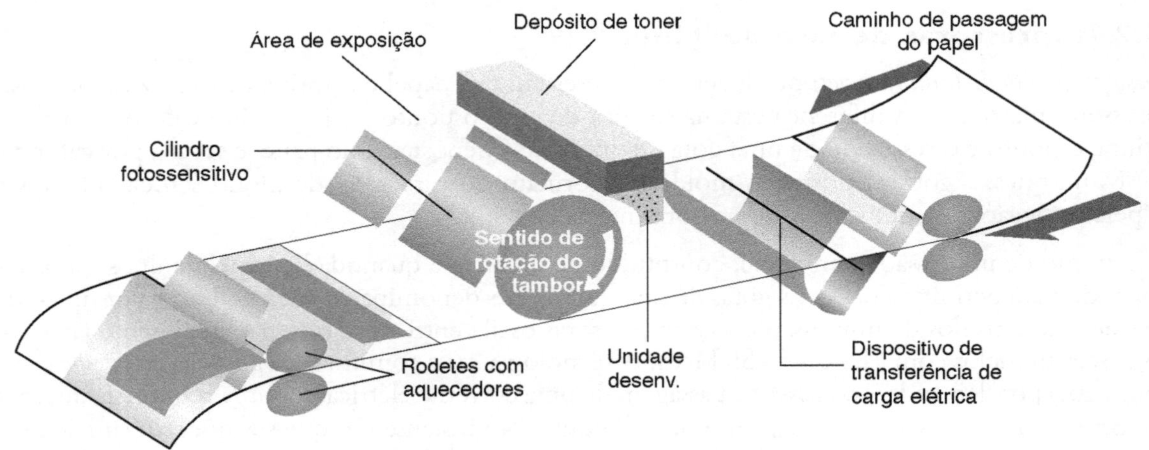

Figura 10.28(a) Mecanismo de impressão a laser.

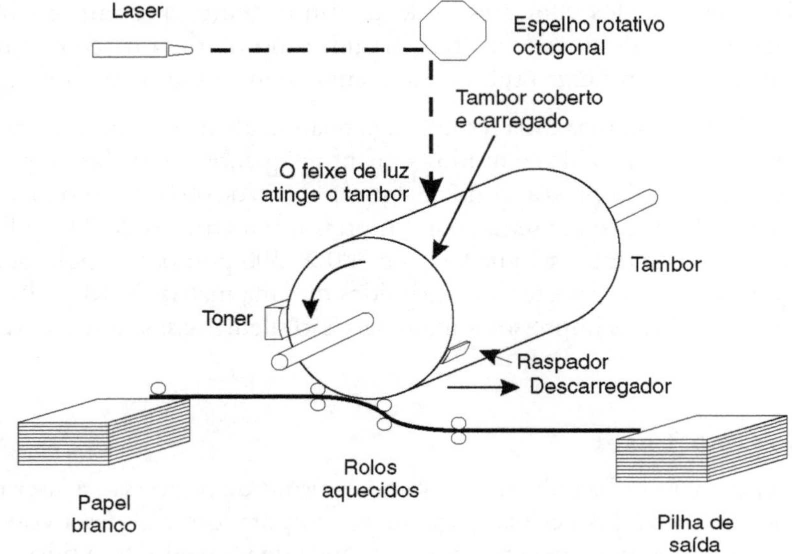

Figura 10.28(b) Esquema de impressão com feixe de laser.

Ao mesmo tempo, um cartucho, cheio de pequenas partículas de pó preto, fabricado com material sensível eletricamente, vai depositando estas partículas no cilindro, nos pontos que tiveram sua carga elétrica alterada (e que irão compor os símbolos). Em seguida, o papel que está passando pelo cilindro recebe uma carga elétrica suficiente para atrair as partículas do toner nos pontos desejados, formando, assim, os símbolos. Logo após, o papel passa por dois dispositivos aquecedores (funcionam com elevada temperatura) para secar o toner no papel.

A Fig. 10.28(b) mostra o esquema de uma das tecnologias utilizadas para produzir os pontos no cilindro, a tecnologia de laser. Nesta tecnologia, um diodo gera um feixe que é refletido em um tipo de espelho (*spinning mirror*); o feixe varre o cilindro e é rapidamente aceso e apagado, conforme os bits de informação que chegam ao mecanismo, para compor os pontos (feixe ligado) que constituirão a imagem que será impressa.

Impressoras a laser também imprimem ponto por ponto e, por essa razão, sua resolução é medida em pontos *por polegada* (dpi - *dots per inch*). Há, no mercado atual, impressoras deste tipo funcionando com resolução de 300 dpi, 600 dpi e 1200 dpi, produzindo páginas em uma taxa em torno de 4 ppm e 8 ppm (impressoras pessoais), como também 20 e mais (impressoras que funcionam em redes locais de microcomputadores) ou máquinas de maior porte, capazes de imprimir mais de 80 ppm.

10.4.4 Mouse

Em essência, o mouse é um dos dispositivos de entrada de um sistema de computação cujo propósito é facilitar o trabalho do usuário em sua comunicação com o sistema. Em vez de o usuário ser obrigado a digitar comandos que precisa aprender ou decorar ou ler de algum lugar, com o mouse o usuário necessita somente de um pouco de coordenação motora para movimentar o dispositivo. A Fig. 10.29 mostra um mouse.

É evidente que, sendo um dispositivo basicamente apontador (na realidade, o usuário movimenta o mouse para apontar para alguma figura - chama-se ícone em uma tela gráfica), ele é apropriado apenas como elemento de interligação visual do usuário com o sistema.

No que se refere ao funcionamento de um mouse (assim chamado em razão de seu formato pequeno, sua ligação ao sistema por um fio que pode parecer um rabo de rato e seus movimentos agitados na mão do usuário, fazendo lembrar - a quem criou o nome, pelo menos - um ratinho), pode-se descrevê-lo de modo simples.

O dispositivo possui um sensor (há três tipos de sensores: *mecânicos, óticos* e *ótico-mecânicos*) que capta seu movimento em uma superfície plana e transmite informações sobre este movimento ao sistema de computação e dois ou três botões. Um programa que controla o funcionamento do dispositivo e se comunica com o computador (é parte da interface) converte as informações de movimento do mouse em movimento de um elemento apontador na tela de vídeo. O usuário escolhe o que quer apontar e seleciona, pressionando um dos botões do mouse.

Mouses mecânicos costumam usar uma esfera coberta com borracha (para deslizar melhor) que gira acompanhando o movimento do mouse. O movimento de rotação da esfera é transmitido a dois rodetes perpendicularmente colocados e que possuem rodas com contatos de metal.

À medida que as rodas giram (devido ao movimento do mouse pela superfície), os contatos tocam periodicamente escovas colocadas no interior do mouse, completando o circuito. Embora simples e barato, este

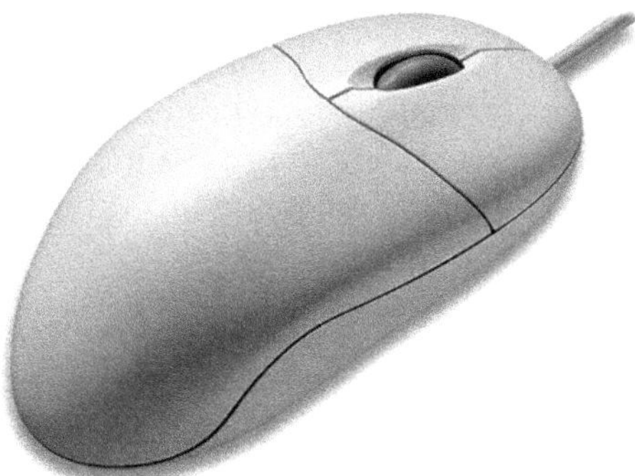

Figura 10.29 Mouse.

projeto é ineficaz porque volta e meia o mouse tem problemas de fechamento dos contatos devido à poeira e à sujeira. Os sistemas ótico-mecânicos são mais utilizados porque combinam bem as melhores características de dispositivos puramente mecânicos e óticos, sem absorver seus defeitos.

Os mouses do tipo *ótico-mecânico* possuem o mesmo mecanismo de esfera e rolete que os dispositivos mecânicos, exceto que os roletes são conectados a rodas vazadas (com furos). À medida que as rodas giram, elas ora bloqueiam, ora permitem a passagem de luz, que é produzida por um LED, e estas transições são detectadas por semicondutores sensíveis à luz. Este tipo tem a vantagem (como os mecânicos) de poder funcionar em qualquer superfície.

A maioria dos mouses atualmente fabricados possui uma resolução de 400 pontos por polegada, que significa que foram registrados 400 sinais de movimento do mouse enquanto ele andou uma polegada.

Além do mouse, tem-se usado também um outro tipo de dispositivo apontador, a *track-ball*, popularizada com o aparecimento de laptops e notebooks, por não requerer movimento em uma superfície. É a esfera que gira apenas, movimentando o cursor na tela do vídeo.

10.5 MÉTODOS PARA REALIZAÇÃO DE OPERAÇÕES DE E/S

Durante a execução de um programa, por diversas vezes a UCP tem necessidade de enviar ou receber dados de algum dispositivo periférico. Para tanto, da mesma forma que acontece com a comunicação processador/MP, é necessário que o processador indique o endereço correspondente ao periférico desejado, pois há sempre mais de um periférico ligado a um sistema de computação.

Cada periférico conectado ao sistema de computação possui um endereço, denominado endereço da porta de E/S (*port number*), visto que cada periférico se conecta por uma porta. Conforme a quantidade de bits que tenha sido estabelecida no projeto do sistema para definir endereços de E/S, teremos o limite de periféricos que podem ser conectados ao sistema. Se, por exemplo, os endereços de E/S forem números com 8 bits de tamanho, então somente será possível conectar até 256 periféricos ao sistema. O acesso da UCP a um periférico é obtido através do barramento do sistema e da respectiva interface do periférico.

A comunicação entre UCP e a interface pode ocorrer através de um entre três possíveis métodos:

1. Entrada/saída por programa.
2. Entrada/saída com emprego de interrupção.
3. Acesso Direto à Memória (DMA – *Direct Memory Access*).

No primeiro caso, a UCP controla diretamente todas as etapas da comunicação, executando as instruções necessárias, tais como: enviar um dado para a interface (por exemplo, a instrução assembly OUT ou OUTS, dos processadores Intel), ler um dado da interface (as instruções IN ou INS), verificar o estado do periférico e outras. Considerando que os periféricos transferem dados em um tempo muito maior do que a UCP gasta para processar uma soma, por exemplo, este processo é altamente ineficiente.

Uma alternativa a este método consiste no emprego da técnica de interrupção. Neste caso, a UCP comanda, por uma instrução, o início de uma operação de entrada ou de saída e passa a realizar outras tarefas até que o periférico sinalize (por um sinal de interrupção - ver item 10.5.2) que a operação terminou. Com isso, a UCP não perde tempo verificando se a operação do periférico terminou.

Mas ainda assim a UCP participa do processo e, com isso, perde tempo que poderia estar utilizando para realizar um processamento efetivo, como alguma operação matemática. Por essa razão, há um terceiro método, pelo qual a transferência de dados de/para a interface se realiza entre este e a memória, sem interveniência do processador. Trata-se do acesso direto à memória, ou DMA, a ser mostrado no item 10.5.3.

10.5.1 Entrada/Saída por Programa

Trata-se de um método pelo qual o processador é utilizado intensamente para a realização de uma operação de E/S, sendo que, durante este período, ele perde tempo apenas questionando se um determinado dispositivo está pronto ou não para nova operação (chama-se esse questionamento de *polling* ou interrogação).

Figura 10.30 Fluxograma de operação de E/S (método E/S por programa).

A Figura 10.30 mostra um fluxograma simplificado da operação de E/S por programa (chama-se de E/S por programa porque o processador tem de realizar o programa correspondente, mostrado no fluxo).

Primeiramente o processador teste o estado (status) do dispositivo (um HD, por exemplo), verificando se ele está pronto ou não para a operação (ele pode estar pronto, livre, ou estar executando uma operação anterior e, por isso, ocupado, *busy wait*); esta é fase de interrogação, ou *polling*. O teste pode ser efetivado por consulta a um registrador especial de estado. Enquanto o dispositivo não estiver respondendo pronto, o processador realiza o loop de interrogação.

Quando o estado é reconhecido como pronto, então o processador comanda a operação de escrita ou de leitura, até se completar todo o processo.

O fluxograma considera que é um conjunto de bytes ou palavras que devem ser introduzidos no sistema (operação de entrada) e que cada byte ou palavra é trazido para a UCP, sendo modificado de alguma forma e, em seguida, transferido para um *buffer* de memória. Quando todo o conjunto de dados tiver sido armazenado no *buffer*, este é processado.

Para executar uma operação de E/S, a UCP deve enviar o endereço do dispositivo e da sua interface e o comando de E/S desejado. Um comando de E/S pode ser de leitura (a interface interpreta o comando e busca um byte ou palavra do registrador interno do dispositivo e o coloca em seu registrador). A UCP necessita posteriormente receber o dado, solicitando que a interface o coloque no barramento (outra instrução). Outro possível comando de E/S é o de escrita, semelhante ao de leitura, exceto que em sentido contrário. Há também comandos de verificação de erros e de controle do periférico.

Conforme já mencionado, a grande desvantagem deste método consiste no intenso uso do processador. Como se tem que manter um loop de execução para diversas atividades (por exemplo, verificar o estado de uma interface, se esta completar uma operação e estiver com o dado disponível), ocorre um desperdício de uso em detrimento de atividades mais importantes. No caso do uso deste método de E/S, uma solução para compatibilizar as diferentes velocidades entre o processador e o periférico é justamente o loop de interrogação do estado do periférico, não se devendo enviar o dado enquanto ele não estiver pronto para recebê-lo.

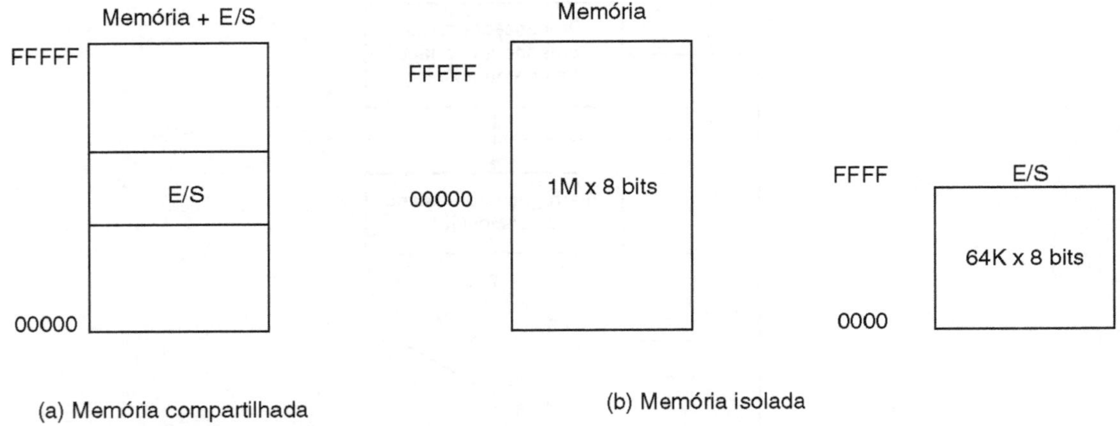

Figura 10.31 Exemplo de organização de memória nos microprocessadores Intel 8086/8088.

Há duas possibilidades de se organizar a comunicação entre o processador, memória principal e interface de E/S: por memória compartilhada (*memory-mapped*) e E/S isolada (*isolated* I/O). No primeiro caso, a memória principal é compartilhada tanto por instruções e dados comuns de um programa quanto por instruções/dados de operações de E/S. Os endereços têm a mesma quantidade de bits e as instruções o mesmo formato. A Fig. 10.31 (a) mostra um exemplo de organização de memória dos microprocessadores 8086/8088 para o caso de memória compartilhada, enquanto a Fig. 10.31(b) mostra o caso de organização isolada de E/S (isto é, isolada da memória).

O processo de entrada/saída isolada consiste em criar um espaço de memória próprio de E/S e diferente, portanto, da memória principal.

Com memória compartilhada, basta haver no barramento de controle uma única linha de leitura (*read*) e de escrita (*write*), visto que a memória é a mesma e, portanto, somente poderá ocorrer em cada instante uma operação de leitura/escrita para UCP/MP ou uma para UCP/E/S. No caso de E/S isolada, isto não é possível. É, pois, necessário que haja um sinal de identificação do tipo de operação, sempre que um endereço foi colocado na linha (se é da MP ou se de E/S). No caso de microprocessadores da família Intel, por exemplo, usa-se mais comumente a técnica de E/S isolada do que a de memória compartilhada.

Os endereços de E/S isolada são chamados portas (*ports*). No caso desses microprocessadores, há em geral uma convenção estabelecendo que os endereços de E/S (diferentes dos da MP) podem ter 8 ou 16 bits. Com 8 bits são endereçados dispositivos localizados na própria placa principal, como o controlador de tempo (timer) e a interface do teclado, e com 16 bits são endereçados os dispositivos externos, como o vídeo e controladores de disco.

O método de E/S isolada tem a vantagem de não utilizar espaço da memória principal, deixando-a toda para outras aplicações, mas tem a desvantagem de só ser utilizado com instruções especiais de E/S (no caso de microprocessadores Intel, são usadas apenas instruções IN, INS, OUT e OUTS). Além disso, também foram desenvolvidos sinais especiais de controle para o espaço de E/S (um para leitura e outro para escrita). Por outro lado, o método de memória compartilhada (*memory-mapped*) tem a vantagem de não necessitar de qualquer instrução especial, ou seja, qualquer instrução que utilize a memória principal se aplica também a E/S. Mas tem a desvantagem de ocupar parte do espaço de memória principal para uso de E/S.

10.5.2 Entrada e Saída com Emprego de Interrupção

O método de realizar E/S através da contínua atenção e controle do processador é bastante ineficiente, principalmente devido à lentidão dos dispositivos de E/S em relação à velocidade do processador.

Uma alternativa válida para evitar a perda de tempo do processador continuamente interrogar o estado de um periférico consiste em utilizar uma técnica denominada *interrupção*. Nesse caso, a comunicação UCP/interface/periférico funciona da seguinte maneira:

a) O processador emite a instrução de E/S para o interface e, como não deverá haver uma resposta imediata, em vez de ficar continuamente verificando o estado do periférico o processador desvia-se para realizar outra atividade (provavelmente executar um outro programa, suspendendo a execução daquele programa que requer a E/S);

b) Quando a interface está pronta para enviar os dados do periférico para o processador ela "avisa" ao processador através de um sinal de interrupção. Chama-se *interrupção* porque realmente o sinal interrompe a atividade corrente do processador para que este dê atenção ao dispositivo que a interrompeu;

c) O processador inicia, então, o programa de E/S como se fosse o método anterior.

Para que o método seja mais bem assimilado, é interessante que o conceito de interrupção seja compreendido um pouco mais.

Interrupção consiste em uma série de procedimentos que suspendem o funcionamento corrente do processador, desviando sua atenção para outra atividade. Quando esta outra atividade é concluída, o processador retorna à execução anterior do ponto onde estava antes de ser interrompida (é possível que o processador, após concluir a atividade que a interrompeu, não retorne imediatamente ao programa interrompido, fazendo isto um pouco mais tarde).

A Fig. 10.32 mostra um exemplo de interrupção e seu funcionamento básico, e a Fig. 10.33 ilustra um barramento com uma linha de interrupção. Todo sistema possui, pelo menos, uma destas linhas, por onde circula o sinal de interrupção que desencadeia a suspensão de atividade corrente da UCP.

Há basicamente duas classes de interrupção:

- *interrupções internas* ou de programas (às vezes chamadas de *traps* ou *exception*);
- *interrupções externas.*

As interrupções internas a um programa ocorrem devido a algum tipo de evento gerado pela execução de uma instrução ou até mesmo programado. Pode ser, por exemplo, uma divisão por zero, um overflow em uma operação aritmética, um código de operação inválido etc.

As interrupções externas são causadas por um sinal externo ao processador que o interrompe. Em geral, isto está relacionado a uma interface de E/S que pretende "avisar" ao processador que um determinado periférico deseja atenção para transferir dados.

A Fig. 10.34 mostra, em uma escala de tempo, a relação no tempo entre eventos que ocorrem em um sistema, indicando um digitador utilizando um teclado (cada tecla acarreta uma interrupção para que o caractere seja lido), uma impressora removendo dados da memória e um programa sendo executado.

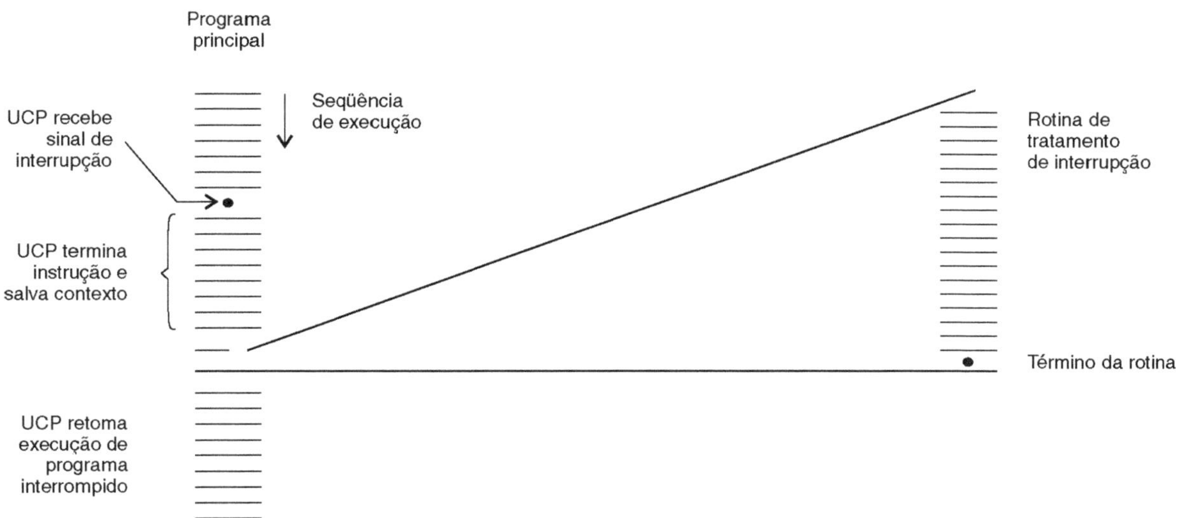

Figura 10.32 Exemplo de uma seqüência de atividades que ocorrem durante o desenrolar de uma interrupção.

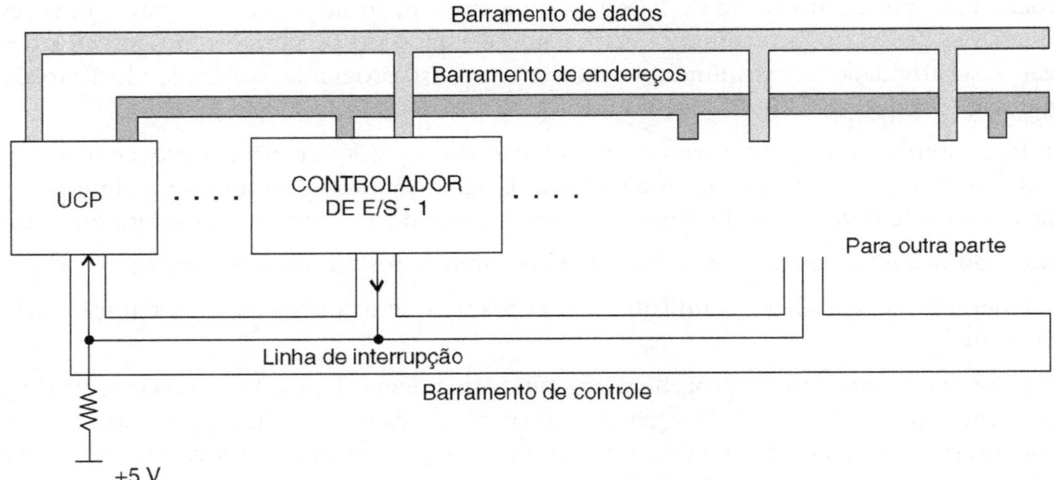

Figura 10.33 Tratamento de uma interrupção (elementos que participam do processo).

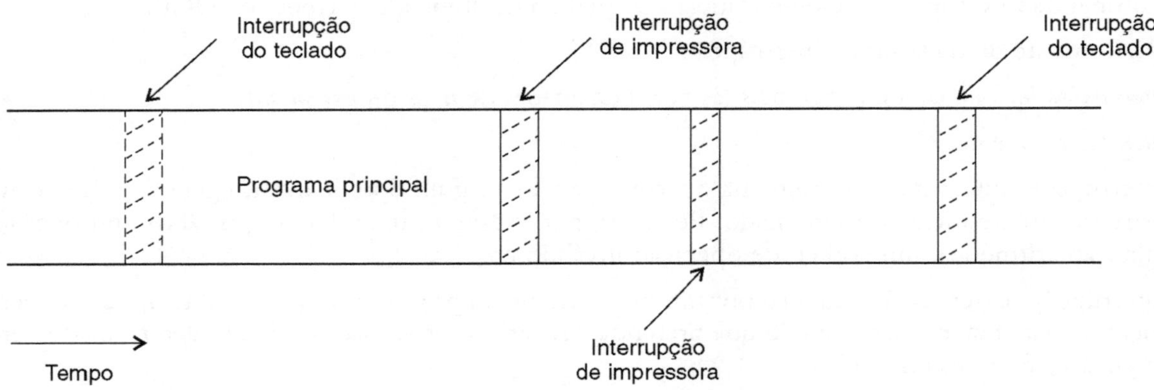

Figura 10.34 Exemplo de procedimentos de interrupção juntamente com a execução de programa (distribuição de tempo entre os diversos eventos).

O programa é o programa principal, que é interrompido a cada pressionamento de uma tecla bem como a cada caractere transmitido para a impressora. Observe a curta duração de cada procedimento de interrupção em comparação com o tempo gasto durante a execução do programa (entre as interrupções).

Ao se efetivar a interrupção do processador, algumas ações devem ser tomadas:

Identificação do tipo de interrupção (de que se trata?).
Qual o dispositivo que sinalizou?
Como reagir à ocorrência?
Dar atenção imediata? Aguardar para mais tarde? Ignorar?
O que deve acontecer com o programa interrompido? Quando ele retornará à sua execução?

Para atender a quase todas essas questões, o sinal de interrupção acarreta o desvio na seqüência de execução do programa corrente (ver Fig. 10.32), passando a ser executada uma rotina usualmente denominada de *Rotina de Tratamento de Interrupção* (*Interruption Handler*).

No entanto, antes de esse desvio ocorrer o processador termina a instrução corrente e executa uma ação denominada, de modo geral, *salvamento do contexto* do programa corrente. O fato é que os registradores do processador estão, no momento da interrupção, armazenando valores usados pelo programa que está sendo interrompido e que continuarão a ser utilizados quando o programa retornar à sua execução. Por outro lado, o novo programa a ser executado vai precisar utilizar os mesmos registradores.

Além disso, o CI (Contador de Interação) contém o endereço da próxima instrução do programa que está sendo interrompido, o qual precisa ser também guardado para ser utilizado quando o programa retomar sua execução. Este conjunto de dados e endereços do programa corrente chama-se *contexto* e deve ser armazenado em uma área previamente designada para isso na memória principal. Após o salvamento deste contexto, o CI recebe o endereço inicial da rotina de tratamento de interrupção e sua execução é iniciada.

Voltando ao problema inicial, podemos observar que esta modalidade de realizar operações de E/S melhorou o desempenho dos sistemas, mas ainda apresenta algumas desvantagens. Embora o processador não precise mais interrogar o estado de disponibilidade de um periférico, ele continua gastando tempo para executar o programa de E/S para efetivar a transferência dos dados.

Uma interface muito utilizada com este método denomina-se, em inglês, Programmable Peripheral Interface, fabricada pela Intel com o código 82C55A.

10.5.3 Acesso Direto à Memória – DMA

A melhor alternativa para se realizar operações de E/S com o máximo de rendimento da UCP é o método denominado acesso direto à memória (DMA – *Direct Memory Access*).

De modo geral, a técnica DMA consiste na realização da transferência de dados entre um determinado interface e a memória principal, praticamente sem intervenção do processador. Este se limita a solicitar a transferência para um dispositivo denominado controlador de acesso direto à memória – *DMA controller*, o qual realiza por si só a transferência. O processador fica liberado para realizar outras atividades. Quando o controlador termina a transferência, ele sinaliza para o processador através de uma interrupção.

Na realidade, o controlador de DMA age como um mestre ou estação principal para controlar o barramento (ver item 6.5.3) quando entra em funcionamento. A Fig. 10.35 mostra um exemplo de entrada/saída com emprego de DMA.

Durante o funcionamento normal do processador, a chave de barramento número 1 está ligada, permitindo a passagem de endereços/dados entre o processador e a MP, enquanto as chaves de barramento 2 e 3 estão desativadas, não permitindo passagem de informações. Quando o controlador DMA entra em funcionamento, a chave 1 e as chaves 2 e 3 são ligadas.

O controlador DMA coloca um endereço no barramento de endereços para a MP. Ao mesmo tempo ele autoriza, via sinal de controle, que o periférico envie ou receba dados diretamente da memória principal. Quando a operação de transferência de dados é concluída, o DMA retorna o controle do barramento para o processador.

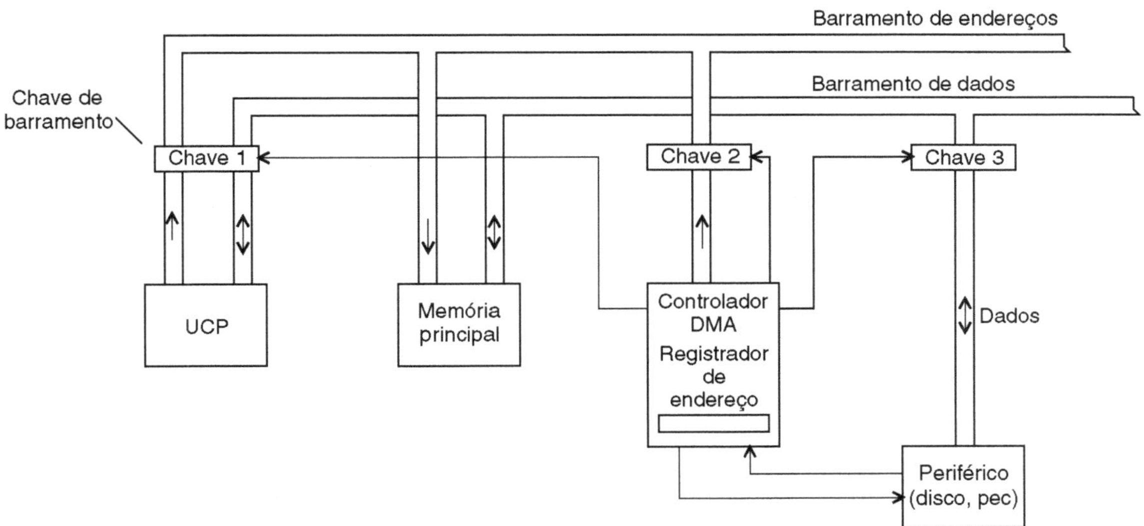

Figura 10.35 Operação de E/S com emprego de DMA.

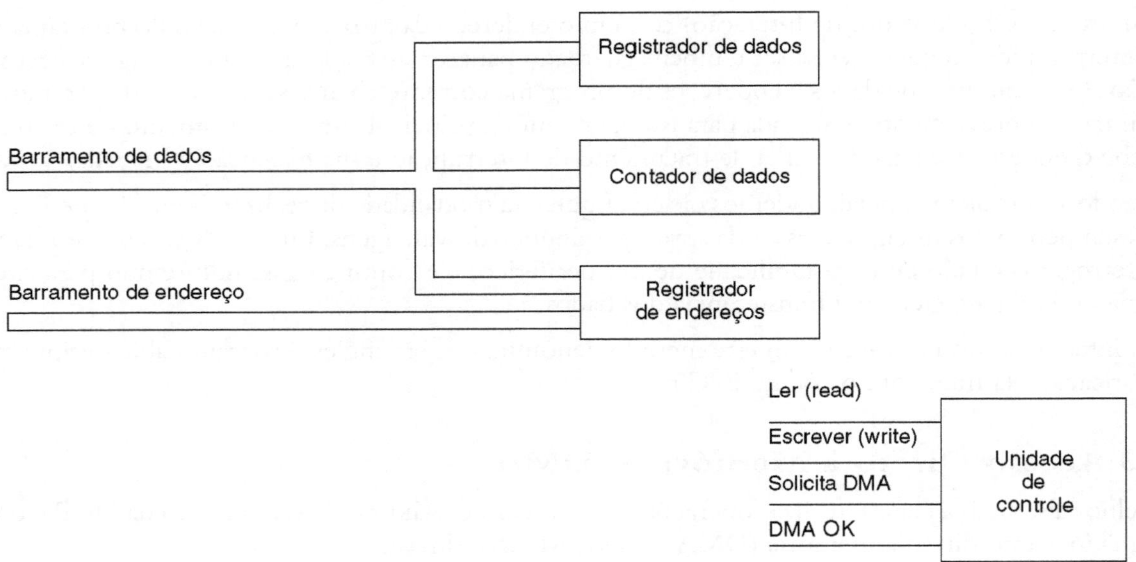

Figura 10.36 Organização simplificada de um controlador de DMA.

Um controlador de DMA é um dispositivo bastante complexo. Ele possui diversos registradores internos: pelo menos um registrador de dados, um registrador de endereços e um registrador que armazena um valor igual à quantidade de bytes ou palavras que são transferidas. A Fig. 10.36 mostra uma organização simples de controlador de DMA.

EXERCÍCIOS

1) O que é uma interface de E/S? Como funciona este elemento em um sistema de computação?

2) Cite alguns exemplos de interfaces atualmente empregados em computadores.

3) Mostre, através de um desenho, como funciona um vídeo não-entrelaçado. E um vídeo do tipo entrelaçado?

4) Quantas linhas possui um quadro desenhado por um sistema de vídeo do tipo *raster* que opera com freqüência horizontal de 15.750 Hz e freqüência vertical de 60 Hz?

5) Quais são os dois tipos de barramento que podem ser implementados para interligar a UCP aos componentes de E/S?

6) O que caracteriza uma transmissão do tipo serial?

7) Explique em linhas gerais o funcionamento de uma transmissão serial.

8) O que caracteriza uma transmissão paralela?

9) Explique em linhas gerais o funcionamento de uma transmissão paralela.

10) Cite dois microprocessadores muito empregados em controle de um teclado em microcomputadores.

11) Quais são as seis etapas básicas do processo de funcionamento de um teclado?

12) Indique três características inerentes a um dispositivo de E/S e a uma UCP que, sendo diferentes, necessitam de uma interface.

13) Quais são as ações básicas realizadas por uma interface de E/S para efetivar uma comunicação com o periférico ao qual está conectada?

14) Descreva o funcionamento do mecanismo de impressão de uma impressora do tipo matricial.

15) Idem para uma impressora a laser.

16) Como funciona uma impressora de jato de tinta?

17) O que é uma interrupção em um sistema de computação? Qual a importância do emprego de interrupção em operações de E/S?

18) Descreva o método de Acesso Direto à Memória (DMA) para operações de E/S.

19) Descreva o funcionamento da transmissão assíncrona.

20) Faça o mesmo para a transmissão síncrona.

21) Considere o caso de uma transmissão assíncrona de 200 caracteres, codificados cada um com 8 bits. O sistema emprega paridade do tipo par e pulso Stop com duração de 1 bit e todos os caracteres foram transmitidos em seqüência, sem intervalo entre eles. Calcule a eficiência e o tempo da transmissão supondo que a velocidade de transmissão foi de 2000 bps (bits por segundo).

22) O que é e como funciona uma UART?

23) Descreva a organização de memória para E/S Isolada.

24) Descreva a organização de memória compartilhada (*mapped I/O*).

25) Compare as duas organizações de memória para uso de E/S, indicando vantagens e desvantagens.

26) Qual é a tecnologia de fabricação de teclas mais difundida atualmente para utilização em teclados de computadores? Como funciona basicamente esta tecnologia?

27) Quais são os tipos de tecnologia para fabricação de vídeos de computadores mais comuns no momento?

28) Para que serve e como funciona um mouse?

29) Qual é a diferença de funcionamento entre o modo texto e o modo gráfico em um sistema de vídeo?

30) O que é um pixel?

31) O que caracteriza a resolução de um vídeo de computador? Cite alguns padrões de resolução de vídeos.

32) Qual é a desvantagem do processo de operação de entrada/saída por programa? Cite uma possível solução para esta desvantagem.

33) Qual é a diferença entre uma interrupção interna e uma externa?

34) O que é *debouncing* em um sistema de controle do funcionamento de um teclado?

35) Como funciona um vídeo de cristal líquido? E um vídeo de gás plasma?

36) Cite uma aplicação atual de vídeos de cristal líquido.

11

Arquiteturas RISC

11.1 INTRODUÇÃO

Desde os primeiros momentos da indústria de computadores que cientistas dos principais fabricantes, bem como pesquisadores de instituições acadêmicas e de centros de pesquisa, têm estudado, em maior ou menor intensidade (às vezes depende de demandas do mercado, outras vezes de interesses específicos de certas áreas de pesquisa), métodos e técnicas que possam aperfeiçoar o desempenho e a capacidade dos sitemas de computação. Tais pesquisas se desenvolvem tanto no que se refere à evolução das arquiteturas dos processadores e computadores quanto na parte de software, seja básico, como os sistemas operacionais, sejam aplicativos.

É interessante observar, ao longo de décadas de uso da computação, que o hardware em geral e os processadores e a memória em particular (nos interessa mais neste capítulo), têm evoluído mais rapidamente do que o software. Em outras palavras, os processadores têm crescido enormemente em termos de velocidade de operações (de poucos MHz em 1980 para alguns GHz em 2006), de tecnologia de processamento, como pipelining, superescalar, processamento paralelo, aumento de largura da palavra de 32 para 64 bits e outras e em capacidade de armazenamento (de alguns registradores internos para uma ou duas caches internas de dezenas e centenas de KB).

Por outro lado, o desenvolvimento e a manutenção de programas não têm evoluído em custo/benefício na mesma proporção, embora notáveis criações e lançamentos estejam surgindo a todo momento, mas sempre acarretando custos mais elevados (a falta de programadores qualificados é, sem dúvida, uma das razões), não só de desenvolvimento, mas também de manutenção, visto que os programas oferecidos pelos fabricantes de software estão quase sempre longe da ausência de falhas (*bugs*).

Em razão disso, foram surgindo, a partir do Fortran (a primeira linguagem de alto nível), novas e cada vez mais poderosas linguagens de programação, além de uma evolução dos conceitos de programação, mais sofisticados, como estruturação das linguagens, orientação a objetos, orientação a componentes e, mais recentemente, com sistemas multiagentes. Como os comandos e as estruturas existentes nessas linguagens são criados para atender ao modo de raciocinar do ser humano e à necessidade de reduzir o ciclo de vida dos sistemas de informações e aplicações, eles se afastam cada vez mais da simplicidade e do primitivismo do hardware, ou seja, das instruções que a máquina entende.

Em função desses fatores, constatou-se que estava acontecendo uma separação acentuada entre os comandos de linguagens de alto nível e as instruções de máquina decorrentes. Ou seja, um único comando de uma linguagem de alto nível significava muito, podendo gerar muitas instruções de máquina no código-objeto correspondente, dando bastante trabalho ao programa compilador (ver Apêndice C). Esta diferença de compreensão entre os comandos de linguagens de alto nível e de instruções de máquina ficou conhecida nas áreas de pesquisa como *semantic gap,* ou espaço semântico, e requereu decisões estratégicas de alguns fabricantes de processadores, em acordo com desenvolvedores de compiladores, entre os quais Intel, IBM e DEC (posteriormente adquirida pela Compaq, que, mais tarde, foi absorvida pela HP) e, posteriormente, AMD.

A decisão tomada por alguns dos fabricantes, inicialmente DEC e IBM, por serem fabricantes dos computadores de grande porte, predominantes na época, foi conduzindo, ao longo do tempo, ao crescimento da quantidade de instruções de máquina nos seus processadores. O objetivo era "fechar" o *gap* semântico, o que levou aqueles processadores a possuir uma considerável quantidade de instruções, com grande quantidade de modos de endereçamento e outras particularidades complexas.

Em determinada época (início da década de 1980), este tipo de arquitetura foi caracterizada como sendo de um determinado tipo chamado por alguns pesquisadores de CISC – *Complex Instruction Set Computers* ou **processadores com conjunto de instruções complexo**.

Em alguns processadores, a quantidade ultrapassava 300 instruções, como também a quantidade de modos de endereçamento, como no VAX, era enorme. A idéia dos fabricantes desses processadores era, como já mencionado, facilitar a construção e o serviço dos compiladores, procurando reduzir o referido gap semântico, embora isso não ocorresse na maioria dos casos, visto que os compiladores desprezavam a maior parte das instruções e modos de endereçamento.

Além dos processadores de grande (IBM) e médio (DEC/VAX) portes, também os fabricantes de microprocessadores (Intel e posteriormente AMD) procuraram o mesmo caminho, e a arquitetura x86 pôde ser considerada também como tendo as características identificadas como CISC.

Nesse ponto, parece interessante observar que os termos CISC e RISC surgiram quando se procurava encontrar arquiteturas de processadores mais rápidos e baratos. Provavelmente, foi o projeto do processador RISC 1, desenvolvido na Universidade da Califórnia, Berkeley, que adotou pela primeira vez esse nome, bem como os artigos decorrentes, escritos na época, denominaram CISC a arquitetura até então vigente com a Intel, DEC, IBM, etc. Mais adiante, veremos que os conceitos de um processador simples e rápido (objetivo de completar uma instrução por ciclo de máquina) são anteriores ao RISC 1.

Parece, então, que o termo CISC foi inserido na literatura e na discussão universitária como uma crítica ao modo de estrutura de alguns processadores e que, em conseqüência, os inventores do nome (CISC) criaram também a sigla RISC em contrapartida àquelas estruturas.

Ainda visando ao aperfeiçoamento dos projetos, não só de desenvolvimento das linguagens de alto nível mas também de seu comportamento, tanto estático, quando se transformam em instruções de máquina, quanto dinâmico em tempo de execução, várias pesquisas foram realizadas, desde a década de 1960, mas também em 1970 e 1980, sobre o comportamento dos programas, obtendo-se conclusões interessantes sobre o assunto. A intenção era também tentar encontrar outros modos de reduzir o gap semântico, em vez de somente criar instruções de máquina mais complexas e em maior quantidade.

A literatura possui várias dessas pesquisas, entre as quais pode-se citar a primeira delas, publicada em 1971 por Donald Knuth [KNUTH71], sobre o comportamento de vários programas codificados na linguagem Fortran, cujo resumo é mostrado na Fig. 11.1.

Comando	Média de ocorrência (em percentagem)
ASSIGN	47
IF	23
CALL	15
LOOP	6
GOTO	3
Outros	7

Figura 11.1 Percentagem da freqüência de ocorrência de Comandos Fortran em vários programas (KNUTH71).

Daquele estudo, pode-se observar que grande parte das instruções existentes, em média, nos programas resulta de instruções de atribuição – "assign" (ou movimento de dados), ou seja, transferência de dados de um local para outro, e sendo de uma memória implica a execução de uma demorada operação de leitura e/ou escrita. Verifica-se , ainda, o fato interessante de que apenas 7% são de "outras" intruções, nas quais se incluem as que realizam operações matemáticas e mais complexas.

E, mais ainda, se o desejo é aumentar o desempenho do sistema de computação, deve-se, então, procurar otimizar o emprego das instruções que consomem mais tempo de execução (como os "assign"), em vez de se ocupar com instruções mais complexas (próximas de um comando de linguagem de alto nível), mas que raramente são usadas.

Posteriormente, no início da década de 1980 surgiram várias pesquisas sobre o mesmo assunto, com o propósito específico de encontrar uma arquitetura de processadores que obtivesse os resultados desejados (reduzir o gap semântico entre os comandos de linguagens de alto nível e as instruções de máquina correspondentes), mas reduzindo os tempos de processamento e a complexidade do hardware.

Entre as pesquisas realizadas e os desenvolvimentos surgidos na época, pode-se citar o de David Patterson, que publicou em 1982 [PATT82], juntamente com Carlo Séquin, ambos da Universidade da Califórnia, em Berkeley, estudo mostrando o desempenho, os parâmetros e elementos de linguagens de alto nível quando compiladas e executadas. O artigo descrevia uma nova arquitetura para um processador, que visava solucionar os problemas de desempenho e custo existentes nas arquiteturas complexas (CISC) vigentes; esta arquitetura foi chamada de RISC, porque criava um processador com pequeno (reduzido) conjunto de instruções, conforme mencionado acima.

Além das pesquisas de Patterson, também surgiram resultados semelhantes de outros cientistas, como John Hennessy, da Universidade de Stanford; David Ditzel, dos laboratórios Bell, que publicou trabalhos, sozinho [DITZ80] e com Patterson [PATT80], sobre medidas de desempenho em programas. Um pouco antes, surgiram trabalhos de A. Lunde [LUND77] e B. A. Wichmann [WICH76], bem como o de Andrew Tanembaum [TANE78].

O trabalho mais citado como referência para avaliação do comportamento dos programas de alto nível e seus códigos-objeto gerados, e quando em execução (desempenho dinâmico), é um artigo de Patterson e Séquin [PATT82], no qual eles apresentam os resultados da compilação e da execução de oito programas diferentes, quatro em linguagem Pascal e quatro em linguagem C.

O propósito dos autores era o de verificar que tipo de estrutura de programação era usado mais freqüentemente e quais dessas estruturas redundavam, após a compilação e na fase de execução, em mais tempo de processamento, já como instruções de máquina. Em primeiro lugar, foram analisadas a existência e ocorrência dinâmica dos tipos de dados nos referidos programas, conforme resumo mostrado na tabela da Fig. 11.2.

Tipo de dado	Média em Pascal	Média em C	Média total
Constante inteira	(14,18,11,20) = 16%	(25,11,29,28) = 23%	20%
Variável escalar	58%	53%	55%
Array/Estruturas	26%	24%	25%

Obervação: 1. Utilizados quatro programas em Pascal (um compilador, uma macro em programa de design, um programa que analisa dois arquivos e um programa de impressão) e quatro programas em C (um compilador; um programa formatador de texto; um programa que realiza classificação de itens – sort e um programa de plotagem).
2. A partir da esquerda, a primeira coluna indica o tipo de dado (variável) existente nos programas; a segunda coluna mostra a média das medidas para os programas em Pascal; a terceira coluna mostra a média das medidas para os programas em C, e a última coluna, da direita, apresenta a média total das percentagens dos oito programas.

Figura 11.2 Tabela apresentando uma média da percentagem de ocorrência dinâmica de operandos em programas (adaptado de PATT82).

Da tabela, pode-se verificar que as constantes aparecem praticamente com a mesma freqüência que os arrays ou estruturas e, juntando com os resultados de [TANE78], verifica-se que mais de 80% dos escalares são variáveis locais, enquanto mais de 90% dos arrays e estruturas são variáveis globais.

Em seguida, o estudo passou a verificar a freqüência dinâmica de ocorrência de comandos de alto nível (como assign, if, call, etc.) dos mesmos oito programas. Combinando os resultados encontrados com o código de máquina gerado por cada comando, segundo dados obtidos de estudos internos em Berkeley por W. Wulf, obtiveram-se os elementos resumidos em uma única tabela, mostrada na Fig. 11.3.

Comando	Ocorrência		Peso nas instr. máquina		Peso em ref. à MP	
	Pascal	C	Pascal	C	Pascal	C
Assign	45%	38%	23%	13%	14%	15%
Loop	5%	3%	42%	32%	33%	26%
Call	15%	12%	31%	33%	44%	45%
LF	29%	43%	11%	21%	7%	13%
Goto	–	3%	–	–	–	–
Outros	6%	1%	3%	1%	2%	1%

Figura 11.3 Quadro comparativo da freqüência de ocorrência de certos comandos de linguagens de alto nível na execução de programas.

Em resumo, pode-se observar que:

a) Parece, da Fig. 11.3, que os comandos de chamada e retorno de rotinas (Call) são os que consomem mais tempo do processador em típicos códigos de alto nível. Os dados mostrados na tabela da Fig. 11.2, sobre dados, indicam a importância do emprego de variáveis locais e constantes.

b) O corpo básico de um programa (o "grosso" do programa, como se costuma falar informalmente) é simples, em termos de suas instruções de máquina, independentemente da possibilidade de serem criados programas mais complexos. Isso significa que esta complexidade adicional (até para reduzir o gap semântico) implica pouco significado no cômputo geral da execução do código de máquina.

E, mais ainda, as permanentes análises que são efetuadas sobre o código compilado por máquinas de arquitetura complexa (CISC) mostram que os compiladores não são tão espertos quanto os programadores assembly (hoje raros, mas nas décadas de 1980 e 1990 eram muitos) em buscar instruções de máquina sofisticadas. Eles usam muito pouco da grande quantidade de instruções e de modos de endereçamento disponíveis, pois parece ser bastante difícil ao programa compilador analisar o código de alto nível em suficiente detalhe para identificar que elementos requerem as instruções mais complexas que facilitariam a conversão. A razão mais aceitável parece ser a diferença natural entre o conceito e as estruturas das linguagens de alto nível e os das linguagens assembly.

Em resumo, o encontro de uma solução para se obter maior rapidez na operação dos processadores parece estar mais na definição de arquiteturas simples (que operam, por isso, mais rapidamente) do que as que são mais complexas (para se reduzir o gap semântico), que consomem mais tempo de operação.

Consideremos, por exemplo, em uma máquina com arquitetura CISC, como os Intel que usam o conjunto de instruções x86, uma instrução de soma com dois operandos, sendo um deles armazenado em um registrador (reg 1) e o outro armazenado na memória. Como em uma arquitetura do tipo CISC o endereço de memória é obtido de um complexo cálculo entre dois valores, teremos:

ADD reg1, reg2 B (para simplificar, usou-se reg1 e reg2 em vez dos nomes dos registradores da arquitetura x86).

Isto significa que haverá um gasto de tempo para se calcular o endereço de acesso à memória, ao somar-se o valor B com o conteúdo do registrador reg2.

Em um processador RISC seria aceitável efetuar a mesma operação de soma assim:

MOV reg2, B

ADD reg1, reg2

No exemplo, foram usadas duas instruções em vez de apenas uma no processador CISC (com processadores RISC é normal usar mais instruções ainda), porém sua construção é mais simples e sua execução bem mais rápida, de modo que o tempo total será menor.

Assim, durante as últimas duas décadas os centros de pesquisas e universidades vêm debatendo e a indústria vem pesquisando e construindo processadores que adotam uma ou outra das arquiteturas, alguns mantendo-se com máquinas CISC e outros criando e produzindo processadores com arquitetura RISC.

11.2 CARACTERÍSTICAS DAS ARQUITETURAS CISC

Conforme já definido anteriormente, o nome CISC (Complex Instruction Set Computer) advém do fato de se considerar complexo um conjunto constituído de grande quantidade de instruções, com múltiplos modos de endereçamento, entre outras críticas.

É possível imaginar o que os projetistas desses conjuntos esperavam, em uma época inicial da computação, em que a memória era cara e pequena e, por isso, os códigos gerados pelos compiladores deveriam ser compactos e eficientes na execução.

Dessa forma, os projetistas precisavam obter boa densidade do código de máquina, ou seja, cada instrução deveria fazer muito, de modo que o programa completo tivesse poucas instruções.

O surgimento, em 1951, do conceito de microprogramação [WILK51] facilitou o trabalho de projetar instruções complexas, implementando-as em microcódigo. Além disso, apareceram nessa esteira outras vantagens, tais como: como o microcódigo reside em memória de controle, pode-se acelerar sua execução com essas memórias sendo rápidas. Além disso, como a quantidade de células da memória é usualmente potência de dois, sempre sobra espaço nas memórias para se acrescentar novos microprogramas e, assim, a criação de novas instruções é, na maioria das vezes, quase sem custo e sem aumento de espaço, facilitando a implementação do conceito de famílias de processadores.

Um bom exemplo disso é a arquitetura x86, em que foram progressivamente acrescentadas novas instruções aos processadores que iam sendo lançados (386 para 486, para Pentium, para Pentium MMX e assim por diante), sem que o projeto básico se alterasse.

Outra vantagem do emprego de microcódigo reside na rapidez da execução de instruções que estão armazenadas em uma memória (memória ROM de controle, dentro da unidade de controle) bem mais rápida que a memória convencional.

O primeiro sistema de computação lançado com microcódigo e que originou, também, o conceito de família de computadores foi introduzido pela IBM em 1964, o Sistema IBM/360. Posteriormente, a DEC (Digital Equipment Corporation) introduziu sua família de PDP, mais tarde substituída pelo sistema VAX, um dos melhores exemplos de máquina CISC. Alguns sistemas VAX chegaram a possuir mais de 300 instruções de máquina, usando mais de 15 modos de endereçamento diferentes, com instruções de 2 a 57 bytes de largura.

Pode-se concluir que os projetistas de arquiteturas CISC consideram três aspectos básicos:

- uso de microcódigo;
- construção de conjuntos com instruções completas e eficientes (completeza no conjunto);
- criação de instruções de máquina de "alto nível", ou seja, com complexidade semelhante à dos comandos de alto nível.

Colocados juntos, esses elementos de projeto nortearam a filosofia de construção dos processadores CISC por longo tempo, como a família Intel x86, os processadores AMD K e, anteriormente, os sistemas IBM e VAX.

Assim é que existem naqueles conjuntos instruções poderosas, do tipo:

CAS	- compare and swap operands	(comparar valores e trocar operandos)
RTR	- return and restore codes	(retornar e restaurar código)
SWAP	- swap register words	(trocar palavras dos registradores)

Embora os fabricantes tenham seguido suas próprias concepções, agindo de forma independente, em geral o desenvolvimento das arquiteturas CISC tende a seguir algumas regras básicas:

a) Formato de dois operandos mais comum – instruções com campos origem e destino, como a instrução

ADD CX, mem (subtrair o valor na memória do valor no registrador CX e colocar Resultado no registrador CX)

b) Uso de modos registrador para registrador; registrador para memória e memória para registrador.

c) Uso de múltiplos modos de endereçamento para a memória, incluindo indexação para o caso de vetores.

d) Instruções com largura variável, com a quantidade de bytes variando de acordo com o modo de endereçamento utilizado.

e) As instruções requerem múltiplos ciclos de relógio para sua completa execução, além do que a quantidade desses ciclos varia de acordo com a largura das instruções. Por exemplo, se uma instrução realiza mais de um acesso à memória para buscar dois operandos, então gasta mais ciclos do que outra que só realiza um acesso.

f) O hardware possui poucos registradores devido ao fato de possuir muitas instruções com acesso à memória e por causa da limitação do espaço no chip usado para memória de controle (microcódigo), decodificação, etc.

g) Além de poucos, há também registradores especializados, como o registrador de controle (para códigos de condição ou flags, que instruções aritméticas possuem); de segmento, para o ponteiro da pilha, para tratamento de interrupção e outros.

Como é usual acontecer em qualquer área da atividade humana, é raro que algum conceito ou tecnologia importante, principalmente se interfere com muitos e, principalmente, que envolve interesses comerciais e financeiros enormes, obtenha unanimidade entre pesquisadores, técnicos, projetistas e administradores. Este é o caso da arquitetura CISC, a qual sempre foi alvo de críticas e comentários sobre desvantagens e problemas.

Neste texto não cabe posicionamento por este ou aquele fato ou tecnologia, mas sim apresentar todos os elementos possíveis das diversas tendências, no caso entre CISC e RISC.

No entanto, para se compreender o surgimento de processadores com arquitetura RISC deve-se analisar os eventuais problemas indicados para a arquitetura CISC, que levaram pesquisadores e projetistas de sistemas a criar uma alternativa, considerada por eles mais vantajosa.

Para entender melhor as raízes do surgimento da filofia RISC, pode-se mencionar alguns pontos das arquiteturas CISC citados como problemáticos por um dos criadores de máquinas RISC, David Petterson, em um de seus artigos [PATT80], induzindo ao projeto de processadores que pudessem, com sua especificação mais simples, reduzir ou eliminar os citados problemas. Na realidade, parece ter sido Patterson quem primeiro definiu as arquiteturas com muitas e poderosas instruções de CISC e sua máquina protótipo de RISC (o nome escolhido foi RISC-1):

Diferenças de velocidade entre memória e processador – no final da década de 1970, a IBM verificou que essa diferença era um problema em seus sistemas, visto que algumas operações (como aritméticas de ponto flutuante) eram realizadas por programas, acarretando muitos acessos a uma memória lenta. A solução encontrada foi criar novas instruções de máquina para executar tais operações, podendo-se acreditar que esse foi o início do aumento da quantidade de instruções nas CISC. Segundo Patterson, não parece que esta solução tenha reduzido as diferenças de velocidade.

Emprego de microcódigo – o surgimento e a real vantagem de custo/benefício do emprego de microcódigo sobre programação diretamente no hardware induziram os projetistas a criar mais e mais instruções, devido à facilidade e à flexibilidade decorrentes.

Desenvolvimento acelerado de linguagens de alto nível – na década de 1980, quando essas considerações foram elaboradas, havia um crescimento acelerado do emprego de linguagens de alto nível, o que conduzia os projetistas de processadores a incluir cada vez mais instruções de máquinas em seus produtos, com o propósito de manter um suporte adequado na compilação.

Densidade do código a ser executado – as arquiteturas CISC procuram, entre outros requisitos, obter um código compacto após a compilação, de modo a não consumir memória em excesso. Isso era possivelmente necessário em uma época em que as memórias eram caras e de reduzido tamanho. Assim, construindo conjuntos de instruções, cada uma delas mais próxima do significado do comando de alto nível, poder-se-ia obter códigos executáveis mais densos, mais compactos, visto que a tradução de um comando de alto nível redundaria em muito poucas isntruções de máquinas. Alega Patterson, no entanto, que isto acarretaria também mais bits nas instruções (códigos de operações com mais bits devido à quantidade delas, bem como mais modos de endereçamento), o que contrabalançaria aquela pretensa vantagem (densidade do código).

Necessidade de compatibilidade com processadores anteriores – uma das metas sempre seguida pela Intel e outros fabricantes foi a de conservar a compatibilidade entre as versões de seus processadores de modo a manter o mercado cativo. Assim, o processador 486 veio com apenas algumas instruções novas e todo o código do 386 junto, de modo que códigos executáveis para o 386 rodavam também no 486, e os usuários poderiam trocar de computador sem nenhum custo adicional de compilação, etc. O mesmo aconteceu com o Pentium I, II, III e 4. Mesmo isso, embora seja um notório requisito importante de marketing, acarreta uma limitação na especificação de novas arquiteturas. Dessa forma, as arquiteturas novas só crescem em quantidade de instruções, visto que o fabricante nunca retira as instruções antigas devido ao problema de compatibilidade.

11.3 CARACTERÍSTICAS DAS ARQUITETURAS RISC

O surgimento de processadores com características bastante diferentes do que conhecemos por CISC foi resultante de trabalhos de vários pesquisadores em diferentes locais, visando encontrar possibilidades de aperfeiçoamento do desempenho dos processadores por caminhos diferentes dos adotados na arquitetura CISC. Tais pesquisadores consideravam as já citadas dificuldades e desvantagens, e portanto o escopo da nova arquitetura era projetar um processador simples e, por isso, eficaz em termos de velocidade e desempenho.

Sob este ponto de vista, mostramos de forma resumida no item 11.1 os resultados de vários estudos sobre comportamento de programas que pudessem indicar possíveis soluções para os problemas citados no item 11.2.

O desenvolvimento de arquiteturas RISC teve início por três caminhos próximos, embora conduzindo a alternativas diferentes, a saber:

1) O primeiro deles, cronologicamente, foi um projeto da IBM, desenvolvido em meados da década de 1970, pelo pesquisador daquela empresa, John Cocke, denominado IBM 801, o qual nem chegou a se tornar realidade comercial, o que acarretou pouca divulgação sobre o projeto em si, mas serviu de base para os desenvolvimentos seguintes da IBM nessa área.
2) Outra linha de pesquisa desenvolvida um pouco mais tarde (início da década de 1980) na Universidade Stanford, na Califórnia, EUA, pela equipe de John Hennessey [HENN84], redundou posteriormente nos processadores MIPS e na criação da empresa MIPS Technology Inc.
3) Finalmente, na mesma época (1980), na Universidade da Califórnia, campus de Berkeley, EUA, foram desenvolvidas pesquisas semelhantes por uma equipe liderada por David Patterson, cujos primeiros protótipos, RISC-1 e RISC-2, tornaram-se a base para o surgimento posterior dos processadores SPARC.

Mais adiante serão apresentadas algumas características descritivas dessas arquiteturas e de alguns dos processadores decorrentes.

Podem-se descrever os elementos que constituem a base da arquitetura RISC (Reduced Instruction Set Computer) através das seguintes assertivas, as quais serão comentadas a seguir:

– pequeno conjunto de instruções, todas com largura fixa;
– execução otimizada de chamada de funções;
– menor quantidade de modos de endereçamento;
– uso intenso de pipelining;
– execução rápida de cada instrução (uma por ciclo de relógio).

11.3.1 Menor Quantidade de Instruções, Todas com Largura Fixa

Talvez a característica mais marcante de um sistema RISC seja a sua tendência de possuir um conjunto de instruções menor que o das máquinas CISC de mesma capacidade. Daí o nome da arquitetura (RISC – computadores com conjunto reduzido de instruções). A família SPARC, da SUN, possui cerca de 50 instruções, enquanto os VAX-11/780 tinham até 300 instruções, o Intel 80486 foi lançado com 147 instruções de máquina e os atuais Pentium possuem mais de 200 instruções.

Com menor quantidade de instruções e com cada uma delas tendo sua execução otimizada, o sistema deve produzir seus resultados com melhor desempenho, mesmo considerando que uma menor quantidade de instruções vá conduzir a programas um pouco mais longos.

Na realidade, com um conjunto reduzido de instruções de máquina obtêm-se outras vantagens, entre as quais, pode-se citar:

1) menor quantidade de transistores no chip e, conseqüentemente, menor espaço físico do VLSI e menor custo;
2) redução da complexidade do decodificador de instruções (menor largura de entrada e muito menor largura de saída), reduzindo também o tempo de decodificação;
3) menor quantidade de bits no campo código de operação da instrução, reduzindo o tamanho dos programas.

Com todas as instruções apresentando o mesmo tamanho em bits e alinhadas à largura da palavra (32 bits, por exemplo), facilita-se o trabalho de busca da instrução (*fetch cycle*), visto que ela pode ser realizada em uma única operação, e não há necessidade de verificação do seu tamanho para que o CI – Contador de Instruções possa ser corretamente incrementado, pois ele será sempre incrementado com o mesmo valor. Além disso, estando todas as instruções alinhadas por palavra e byte, não há possibilidade de uma instrução ocupar, p.ex., duas páginas de dados diferentes, o que traria problemas no acesso, por fazer o sistema operacional ter que trazer uma segunda página (tempo e espaço) por muito pouco.

Enquanto o VAX, por exemplo, tinha até 300 instruções, algumas com largura de 4 bytes, outras com 8 bytes e até instruções com 57 bytes de tamanho, os processadores SPARC possuem menos de 65 instruções, todas com 32 bits (4 bytes) de largura.

11.3.2 Execução Otimizada de Chamada de Funções

Outra característica importante da arquitetura RISC, que a distingue da arquitetura CISC, refere-se ao modo de realizar chamadas de rotinas e passagem de parâmetros. Os estudos sobre comportamento dos programas revelaram que chamadas de funções (que consomem razoável tempo do processador) requerem usualmente poucos dados, mas consomem, na transferência, demorados acessos à memória em leituras e escritas.

Enquanto em máquinas CISC a chamada de funções conduz a operações de leitura/escrita com a memória para passagem de parâmetros e recuperação de dados, nas máquinas com arquitetura RISC isto ocorre basicamente no processador, utilizando-se para isso mais registradores que as máquinas CISC; os parâmetros e variáveis são manuseados no próprio processador. A colocação de mais registradores no processador é possível devido à redução dos circuitos necessários à decodificação e à execução de instruções (porque há menor quantidade delas).

Com isso, o desempenho total do processador melhora, já que executa mais otimizadamente as chamadas de funções e estas ocorrem em quantidade apreciável na média dos programas.

11.3.3 Menor Quantidade de Modos de Endereçamento

Para facilitar o trabalho dos compiladores, o conjunto de instruções de máquinas CISC tende a possuir muitos modos de endereçamento (embora os atuais Pentium possuam menos modos, os processadores da família VAX-11 tinham até 22 modos) de endereçamento.

Uma simples instrução de soma pode ser realizada com os operandos localizados de diversos modos: podem-se somar valores que estão armazenados em registradores; outra instrução pode realizar a mesma soma, porém com um operando na memória e outro em um registrador, ou ainda uma outra instrução pode realizar a operação de soma com os dois operandos armazenados na memória.

No entanto, já foi mencionado que os estudos realizados sobre comportamento de compiladores e sobre a geração de código executável concluíram que os compiladores não usam a maioria dos modos de endereçamento disponíveis, nem mesmo a maioria das instruções existentes para "simplificar" seu trabalho.

Por isso, nas máquinas RISC a busca por soluções mais simples conduziu à criação, de um modo geral, de apenas dois tipos de instruções para acesso à memória: LOAD/STORE (LOAD – transfere o dado da memória para um dos registradores do processador; STORE – operação inversa, que transfere um dado de um dos registradores para a memória). Essas instruções utilizam somente o modo direto (ver modos de endereçamento no Cap. 8) e demais operações no processador (as operações matemáticas). Esta técnica simplifica consideravelmente o projeto e a implementação das instruções, reduzindo ainda mais os ciclos de relógio necessários à sua realização.

11.3.4 Modo de Execução com *Pipelining*

Uma das características mais relevantes da arquitetura RISC é o uso altamente produtivo de pipelining, obtido em face do formato simples e único das instruções de máquina.

Conforme poderemos observar no Apêndice D, a técnica pipelining funciona mais efetivamente quando as instruções são todas bastante semelhantes, pelo menos no que se refere ao seu formato e complexidade, o que redunda em mesmo tempo de excução de suas diversas etapas.

Isto é verdade se imaginarmos que os estágios de uma linha de montagem devem consistir em tarefas semelhantes em tempo e forma para que a produtividade seja maior. Porque não é interessante se um estágio terminar antes do outro e tiver que esperar a conclusão do estágio mais demorado, pois nesse caso perde-se a vantagem da linha de montagem (que pára em espera). O objetivo é cada instrução completar um estágio pipeline em um ciclo do relógio, embora isso nem sempre seja alcançado.

Por exemplo, uma linha de montagem de fabricação de um determinado objeto consome uma hora para terminar a fabricação de um único objeto e está dividida em quatro estágios. Se cada estágio estiver organizado de modo que suas tarefas para o processo de fabricação de um objeto durem aproximadamente 15 minutos, então o sistema será altamente produtivo, completando-se um objeto a cada 15 minutos.

No entanto, se as tarefas dos estágios estiverem desbalanceadas e, por exemplo, o estágio 1 durar 20 minutos, o estágio 2 durar 30 minutos e os restantes estágios completarem em 5 minutos cada um, então a produtividade desejada para a linha de montagem estará comprometida. Nesse caso, um segundo objeto será iniciado 20 minutos após o primeiro ter iniciado (e não 15 minutos); como o segundo estágio completa-se em 30 minutos, então o segundo objeto somente poderá iniciar o segundo estágio no minuto 50 e não no 40, como deveria, ficando 10 minutos ocioso. Enquanto o primeiro objeto está completo em 60 minutos, o segundo somente se completará no minuto 90, 30 minutos após, e não em 15 minutos, como aconteceria se os estágios tivessem duração igual.

Se continuássemos o processo (e o leitor é instado a fazê-lo, criando uma linha de tempo para, digamos, quatro objetos e seguindo os tempos estabelecidos para os estágios), iríamos constatar que a situação iria piorar à medida que os objetos fossem iniciados, deixando-se muito tempo de ociosidade entre os estágios devido à desigualdade entre eles.

Conforme já observado, projetar processadores que executam várias instruções quase que totalmente em paralelo é uma técnica bastante eficaz para acelerar o desempenho dos processadores, reduzindo o tempo de execução das instruções para poucos ciclos.

11.3.5 Execução de Cada Instrução em um Ciclo de Relógio

Se o uso correto e eficaz de pipelining (tecnologia de linha de montagem) é considerado uma das características mais importantes do projeto de uma arquitetura RISC, a definição de execução de uma instrução por ciclo de relógio é ainda mais importante, sendo um dos requisitos essenciais desse tipo de arquitetura, segundo aqueles que primeiro estabeleceram suas bases.

Na realidade, um dos aspectos mais negativos apontados para os processadores CISC reside no longo tempo de execução de certas instruções (quase todas) devido, entre outras coisas, ao uso de microcódigo, o que implica a interpretação de cada microoperação, com o decorrente atraso na execução total da instrução.

Característica	Considerações
Menor quantidade de instruções que as máquinas CISC	• Simplifica o processamento de cada instrução e torna este item mais eficaz. • Embora o processador RS/600 possua 184 instruções, ainda assim é bem menos que as 303 instruções dos sistemas VAX-11. Além disso, a maioria das instruções é realizada em 1 ciclo de relógio, o que é considerado o objetivo maior dessa arquitetura.
Execução otimizada de chamada de funções	• As máquinas RISC utilizam os registradores da UCP (em maior quantidade que os processadores CISC) para armazenar parâmetros e variáveis em chamadas de rotinas e funções. Os processadores CISC usam mais a memória para a tarefa.
Menor quantidade de modos de endereçamento	• As instruções de processadores RISC são basicamente do tipo Load/Store, desvio e de operações aritméticas e lógicas, reduzindo com isso seu tamanho. • A grande quantidade de modos de endereçamento das instruções de processadores CISC aumenta o tempo de execução das mesmas.
Utilização em larga escala de *pipelining*	• Um dos fatores principais que permite aos processadores RISC atingir seu objetivo de completar a execução de uma instrução pelo menos a cada ciclo de relógio é o emprego de *pipelining* em larga escala.

Figura 11.4 Características de processadores RISC.

Processadores RISC, por outro lado, por serem constituídos de poucas instruções e todas elas (com exceção, talvez, das instruções LOAD e STORE, que acessam a memória) simples, não requerem microcódigos.

A tabela da Fig. 11.4 apresenta um resumo das características básicas das arquiteturas RISC que as distinguem das CISC e contribuem para o melhor desempenho do hardware em termos gerais.

11.4 RISC × CISC

A tabela da Fig. 11.5 mostra exemplos classicos de características de máquinas CISC (IBM, Intel, VAX), comparando-as com arquiteturas RISC.

Embora haja atualmente um número razoável de adeptos das máquinas que possuem arquitetura RISC, também há, e em grande quantidade, aqueles que relacionam diversas desvantagens desses processadores, advogando em favor da arquitetura CISC.

Vários podem ser os temas para discussão sobre RISC e CISC, um dos quais se refere ao desempenho do processador na execução de um programa. De modo geral, os vendedores e outros pesquisadores tendem a

Características	RISC		CISC	
	MIPS R4000	RS/6000	VAX11/780	INTEL 486
Quantidade de instruções	94	183	303	235
Modos de endereçamento	1	4	22	11
Largura de cada instrução (bytes)	4	4	2-57	1-12
Quantidade de registradores de emprego geral	32	32	16	8

Figura 11.5 Características de alguns processadores RISC e CISC.

medir o desempenho através de programas de teste (*benchmarks*), já discutidos no item anterior. No entanto, verificamos que os referidos programas possuem uma série de complicações na interpretação de seus resultados em função do tipo de ambiente que utilizaram e da natureza dos testes.

Em princípio, os defensores da arquitetura CISC propugnam que instruções mais complexas redundarão em um código-objeto menor (as instruções de máquina, sendo mais complexas, se aproximam em definição dos comandos da linguagem de alto nível que está sendo compilada), o que reduz o consumo de memória (menos instruções), com reflexos no custo do sistema.

Isso não é necessariamente correto se considerarmos que uma menor quantidade de instruções nem sempre acarreta menor quantidade de bits (e é a quantidade efetiva de bits que consome menos memória e a menor custo). Se cada instrução CISC possuir mais operandos que as instruções RISC e se cada um de seus operandos ocupar uma boa quantidade de bits na instrução, então poderemos ter um programa CISC maior em bits do que um programa em máquina RISC, apesar de o programa para o processador RISC possuir maior quantidade de instruções.

Por exemplo, um programa escrito para rodar em um processador CISC pode gastar 150 instruções de máquina; cada uma das instruções possui código de operação de 8 bits, podendo ser de um, de dois e três operandos. Cada campo operando ocupa 18 bits e ainda há um campo para outras ações, com 4 bits de tamanho. Em média, as instruções têm um total de 50 bits. Um programa para realizar o mesmo problema, escrito para rodar em um processador RISC, pode ter 220 instruções, que em média ocupam 32 bits.

As instruções são, em sua esmagadora maioria, de dois operandos, porém os operandos são valores em registradores e, por isso, as instruções não consomem muitos bits para endereçar os dois registradores. Como há relativamente poucas instruções, elas têm um campo código de operação de 6 bits.

O programa para a máquina CISC gastaria 7.500 bits, enquanto o programa para a máquina RISC, mesmo possuindo mais 70 instruções que o do processador CISC, consumiria 7.040 bits. Trata-se, evidentemente, de um exemplo simples porém elucidativo, porque os valores apresentados estão próximos da realidade das máquinas atuais.

Outro ponto de debate se refere à rapidez da execução de um programa. Os defensores da arquitetura CISC alegam que estas máquinas executam mais rapidamente os programas escritos em linguagem de alto nível devido à pouca quantidade de códigos binários executáveis. No entanto, o tempo que cada instrução leva para ser executada nem sempre conduz à confirmação dessa assertiva.

Máquinas RISC tendem a executar instruções bem mais rápido porque:

a) as instruções possuem C.Op. com menor quantidade de bits (pois o conjunto de instruções é menor) e, portanto, o tempo de decodificação é menor que o das máquinas CISQ; e

b) as instruções são executadas diretamente pelo hardware e não por um microprograma. Conquanto um processador microprogramado traga mais flexibilidade ao projeto das máquinas, ele também acarreta uma sobrecarga adicional de interpretação de cada instrução. Máquinas RISC não são microprogramadas e, assim, tendem a executar as instruções de modo mais rápido.

Processadores RISC são também otimizados para operações de uma única tarefa devido ao grande número de registradores que possuem e à grande quantidade de estágios de *pipelining*. Nesses casos, a melhor maneira de obter um bom desempenho dos processadores RISC é executar um programa de teste (um *benchmark*), o qual possui exatamente esta característica: um grande número de operações similares, em uma única tarefa. Interessados em processamento científico podem se apoiar mais nesses programas de teste porque o processamento que fazem é similar ao dos programas usuais de teste. Mas o mesmo não se pode dizer de programas comerciais, que utilizam muita E/S (tarefa que, por exemplo, os programas de teste não realizam).

Neste ponto, e antes de serem apresentados alguns exemplos de arquiteturas clássicas RISC, deve-se observar que a discussão e detalhamento de características de processadores que seguem a filosofia CISC e os que seguem a filosofia RISC é atualmente bem menos crítica do que foi em anos anteriores, quando havia realmente uma nítida distinção entre ambas.

Com o passar do tempo, o avanço da tecnologia em hardware, principalmente, modificou a visão de alguns projetistas e as adaptações foram surgindo de ambas as partes, de modo que atualmente não se pode afirmar com absoluta certeza que um determinado processador segue rigorosamente a linha RISC nem que outro segue rigorosamente a linha CISC (talvez até mais um pouco neste último caso).

Assim é que, os últimos processadores Intel possuem um núcleo de execução RISC, assim como os processadores de 64 bits, Itanium, seguem, em grande parte, as características definidas para um componente RISC. E, é bem verdade, que processadores Power sempre possuíram uma quantidade apreciável de instruções (fugindo ao padrão original RISC), embora todas com largura fixa.

Além disso, o uso de técnicas de superpipeline (processadores MIPS) e superescalar (Sparc, PowerPC, etc), embora acarretem desempenho muito bom, não contribuem para simplicidade do processador, como se preconizava para a filosofia RISC.

11.5 EXEMPLOS DE ARQUITETURAS RISC

Conforme já foi mencionado anteriormente, o desenvolvimento de processadores com definição de arquitetura do tipo RISC aconteceu, pelo menos inicialmente, em três vertentes, uma evoluindo no âmbito das áreas de pesquisa e produção da IBM e outras duas oriundas de pesquisa em universidades americanas, financiadas pelo governo e pela iniciativa privada, uma em Berkeley e outra em Stanford, as quais geraram linhas de processadores e empresas correspondentes, respectivamente, o SPARC (Sun Microsystems) e o MIPS (MIPS Tecnology). Posteriormente, a Intel e a HP também vieram a produzir processadores com arquitetura RISC, e atualmente o próprio Pentium 4 tem um núcleo interno de execução nos moldes RISC, bem como a arquitetura IA-64 segue o padrão de simplicidade e paralelismo RISC. A seguir, vamos apresentar algumas considerações sobre esses desenvolvimentos, com exemplos sobre alguns dos produtos de cada um.

A tabela da Fig. 11.6 apresenta uma distribuição percentual do mercado americano de estações de trabalho RISC em 1993, segundo pesquisa realizada pela empresa Computer Intelligence InfoCorp.

Fabricante/Vendedor	Percentagem de máquinas vendidas/alugadas/leased
Sun Microsystems	44,4%
Hewlett-Packard	21,3%
IBM	12,6%
DEC	6,6%
Silicon Graphics	6,5%
Outros	8,6%

Figura 11.6 Distribuição das estações de trabalho no mercado americano em 1993. (Fonte: Computer Intelligence InfoCorp.)

11.5.1 O Desenvolvimento da Arquitetura RISC na IBM

É muitas vezes difícil estabelecer na indústria ou mesmo em outras atividades o que foi realmente feito primeiro, o que foi descoberto ou criado ou inventado em primeiro lugar. Até bem pouco tempo tinha-se certeza de que o telefone tinha sido inventado por Alexander G. Bell, e agora sabe-se que 10 anos antes o cientista Antonio Meucci tinha apresentado seu sistema, tendo o Congresso norte-americano reconhecido essa primazia em 2002.

Da mesma forma, sobre o primeiro sistema ou o primeiro desenvolvimento do tipo RISC a literatura tem mencionado a IBM, em 1970, e algum tempo depois as pesquisas de Berkeley e Stanford (1980).

No entanto, também se menciona (pouco, é verdade) sobre o sistema de computação Ciber, CDC6600, pertencente à empresa Control Data, fabricante de extraordinárias máquinas de grande porte (supercomputadores) mais voltadas para uso científico, com processamento matemático volumoso. Esta máquina, desenvolvida em 1964 por Seymor Cray e Jim Thornton, tinha as características que definiram, principalmente na década de 1980 (época do surgimento do nome RISC e das pesquisas de Berkeley e Stanford), o conceito RISC, ou seja, possuía um pequeno conjunto de instruções de máquina (eram 74), operações matemáticas usando exclusivamente registradores e UAL e apenas instruções LOAD/STORE para acesso à memória, com apenas dois modos de endereçamento. Além disso, usava intensamente pipelining, acarretando velocidade de processamento 10 vezes maior que a da memória.

Deve-se mencionar que a maioria dos grandes projetos de supercomputadores tem o dedo (ou o cérebro) de Seymor Cray, que mais tarde fundou a empresa Cray Research, fabricante de vários computadores da marca Cray, um dos quais funciona no INPE (Instituto Nacional de Pesquisas Espaciais).

Mas tem sido mais usual mencionar as pesquisas da IBM nessa área, lideradas em 1970 pelo cientista do laboratório de pesquisas Thomas J. Watson, da IBM New York, com o propósito de criar um processador com as características RISC (o nome ainda não tinha surgido) encapsulado em um único chip.

O projeto em questão, denominado Sistema IBM 801 (assim chamado porque era o nome do edifício, no complexo T. J. Watson, onde a pesquisa se desenvolveu), visava dotar um processador para gerenciar uma central telefônica de grande porte, capaz de manipular até 300 chamadas por segundo. O líder do projeto era John Cocke, que trabalhava nessa área desde a década de 1960, com o projeto ACS (IBM Advanced Computing System), com o qual a IBM pretendia superar a Control Data em computação científica; esse projeto, apesar de cancelado em 1968, proporcionou uma grande quantidade de conhecimentos sobre compiladores e arquitetura de instruções de máquina para o referido cientista.

O 801 tinha por objetivo completar a execução de uma instrução por ciclo de relógio (requisito do padrão RISC desde o início) e ter desempenho de 12 mips (milhões de instruções por segundo), considerando que executaria 20.000 instruções por chamado, requisito de atuação em tempo real, ou seja, processador bem rápido, porém para instruções simples (não se previa, pelo tipo de serviço desejado, instruções complexas e muito poucas operações em ponto flutuante).

O 801 foi construído apenas em laboratório, pois não chegou a ser usado na tal central telefônica. Porém, atendeu a muitas das expectativas da IBM, inclusive servindo para alterar diversas instruções dos sistemas IBM/370 (mainframe da época), tendo se encerrado o projeto em 1978.

Pouco depois ele se tornou o processador (passou a ser chamado de ROMP – Research/OPD microprocessor, sendo OPD a sigla de um departamento da IBM em Austin, Texas – Office Products Division) de computadores de escritório. Este produto, como um todo, chamou-se RT PC e, embora derivado do desenvolvimento do 801, sofreu algumas restrições técnicas para se enquadrar em preço/desempenho, uma delas sendo a redução à metade da quantidade de registradores de dados (de 32 para 16) e outra a ausência de duas caches, uma para dados e outra para instruções, que eram responsáveis pela alta velocidade do 801.

O sistema RT PC não teve grande sucesso nem interesse da IBM, provavelmente devido ao seu baixo rendimento, mas serviu, mais uma vez, de plataforma e fonte de conhecimentos e pesquisa para o continuado desenvolvimento desse tipo de arquitetura, sendo o precursor e a base para o projeto do sistema RS/6000.

O RT PC foi abandonado em 1988, e em 1990 a IBM lançou o sistema RS/6000, o qual usava especificações de uma arquitetura que a IBM batizou de Power (Performance Optimization with Enhanced RISC, ou seja, otimização de desempenho com RISC aperfeiçoado).

O RS/6000 se tornou um sucesso de vendas e desempenho, usando o sistema operacional AIX (Unix da IBM) e causando, inclusive, problemas de competição interna com seu sistema AS/400. A estação RS/6000 possuía inicialmente as seguintes características (as Figs. 11.7 e 11.8 mostram alguns detalhes da arquitetura do sistema RS/6000; a Fig. 11.7 contém as unidades de execução com seus principais registradores, e a Fig. 11.8, um diagrama funcional mais completo):

– destinada como estação de trabalho e eventualmente minicomputador;

– instruções com tamanho fixo de 4 bytes (32 bits);

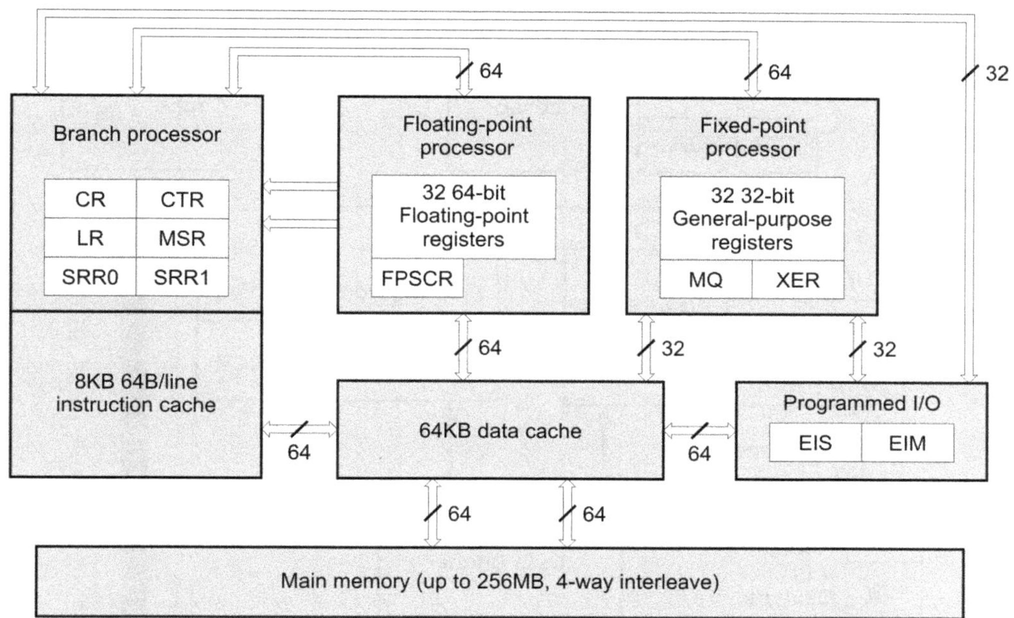

Figura 11.7 Arquitetura do hardware do sistema RS/6000, mostrando alguns de seus componentes.

- acesso à memória por instruções LOAD/STORE;
- 32 registradores de inteiros, com 32 bits cada (para endereços também);
- 32 registradores de 64 bits para operações em ponto flutuante;
- operações aritméticas usando apenas registradores e UAL, sem acesso à memória.
- uso intenso de pipeline, empregando (ver Fig. 11.8) unidades independentes de execução para obter paralelismo;
- conjunto de instruções com 183 instruções de máquina, com nove formatos diferentes e quatro modos de endereçamento.
- endereços de 32 bits de largura, permitindo endereçar memórias de até 4GB.
- duas caches L1, sendo uma para dados e outra para instruções.

Embora sendo uma especificação com características RISC, os processadores IBM nunca se fixaram em poucas instruções, nem mesmo o 801 inicial, conforme declarado por seu principal arquiteto, John Cocke [COCK87]. Por isso, a arquitetura POWER mostrou 183 instruções, quantidade muito maior, p.ex., do que as 50 e poucas instruções dos processadores SPARC.

A Fig. 11.8 mostra o esquema lógico do processador RS/6000, o qual é separado funcionalmente em três unidades distintas: o processador de desvios (*branch processor*), o processador de ponto fixo, para cálculos com inteiros, com valores lógicos, caracteres e de endereços (*fixed-point processor*) e o processador de ponto flutuante (*floating-point processor*). Além dessas três unidades, também pode-se ver a memória cache para dados e a memória cache para instruções, o acesso e a memória principal e os dispositivos de E/S.

Como resultado da divisão funcional em unidades distintas, o processador RS/6000 pode executar até quatro instruções por ciclo de relógio. Os dados são lidos e escritos entre o processador e a MP usando um barramento que pode ter 64 bits ou 128 bits de largura (cerca de 480 Mbytes/s).

A função lógica do processador de desvio é processar o fluxo de instruções recebidas da memória cache de instruções e repassá-las para execução pela unidade de inteiros ou a de ponto flutuante, conforme seja o caso. Ele possui seis registradores especiais.

Os processadores RS/6000, como o antigo 801 e o RT PC, não usavam uma só pastilha para todas as unidades de processamento, sendo usualmente constituídos de mais de três pastilhas (chips). Posteriormente,

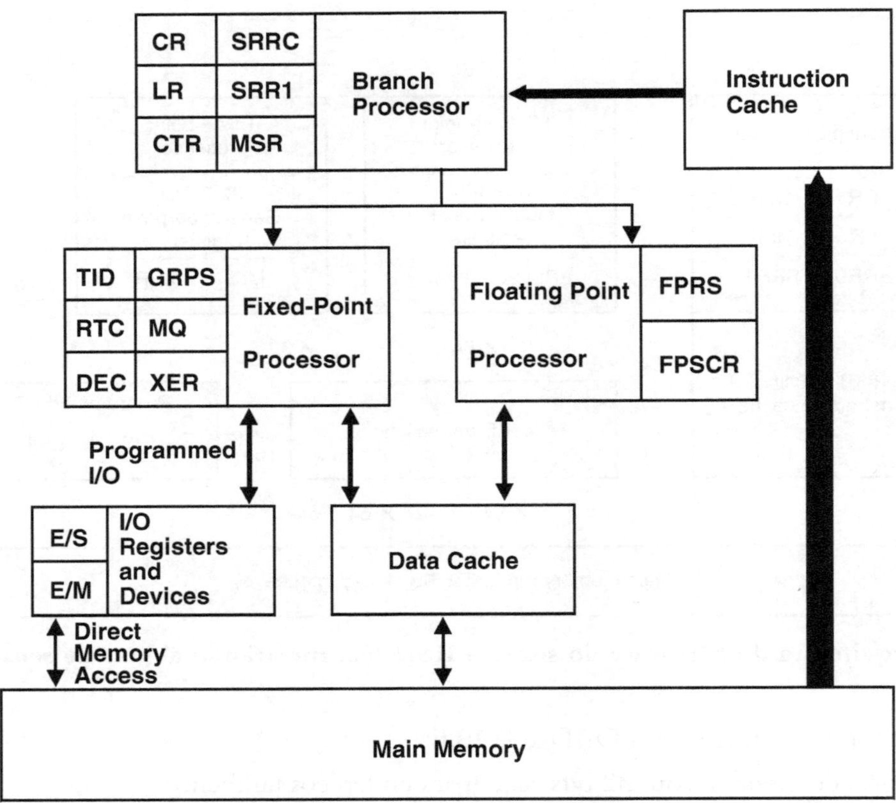

Figura 11.8 Diagrama em bloco da arquitetura do processador RS/6000 (IBM Corp.).

com a evolução da arquitetura para PowerPC, em combinação com a Apple e a Motorola, é que os processadores passaram a ser encapsulados em uma única pastilha (*single chip*).

Em 1991, provavelmente devido à conjuntura do mercado, à concorrência na área de RISC e às dificuldades de alguns dos membros, foi constituída uma *joint venture* entre IBM, Apple e Motorola para desenvolver um processador cuja arquitetura denominaram PowerPC. A união das três empresas denominou-se AIM (Apple, IBM e Motorola).

Em 1992, a IBM lançou o primeiro componente da arquitetura PowerPC, o PowerPC 601, o qual foi efetivamente comercializado no início de 1994 e que passaria a ser o processador das estações de trabalho RS/6000, além de ser implementado na maioria dos modelos Macintosh, da Apple. O conjunto de registradores é o mesmo em quantidade e tamanho no processador PowerPC 601 e no antigo RS/6000, embora esteja previsto que um modelo de melhor desempenho, o PowerPC 620, seja um completo processador de 64 bits, incluindo os registradores de emprego geral também com 64 bits.

O processador PowerPC 601 é composto de uma única pastilha, possuindo as seguintes características principais:

- tecnologia de transistores – espessura de 0,6 mícron;
- quantidade de transistores – 2,8 milhões
- velocidade de relógio: 60 a 80 MHz, e a quase-totalidade de suas instruções é programada diretamente no hardware (e não por microprograma, como nas máquinas CISC).
- 32 registradores de inteiros e 32 registradores de ponto flutuante.
- arquitetura superescalar, completando três instruções por ciclo de relógio.

O 601 tornou-se para a IBM a ponte entre a arquitetura Power dos RS/6000 e a PowerPC, utilizada em sistemas de controle (muito usados em automóveis) e como motor dos Macintosh, tendo posteriormente evoluído para os modelos 603, 603e, 604 e 604e.

Em 1997, a Apple introduziu em seus Macintosh um novo processador da família PowerPC, denominado PowerPC 750 e, mais tarde, G3. O 750 possuía tecnologia de fabricação de transistores de 0,25 mícron, freqüência de relógio de 233 a 266 MHz, aproximadamente 6,4 milhões de transistores no chip e cache L1 unificada de 64KB. O 750 tinha, ainda, duas unidades de execução de inteiros (IU) e uma unidade de ponto flutuante (FPU).

Provavelmente, foi o último processador de 32 bits da linha PowerPC, neste caso fabricado pela Motorola com o código 7400, e para os computadores Apple deve ser a linha G4. A linha G5, que se seguiu, passou a computar 64 bits (ver Cap. 12), e a partir de março de 2006 a Apple parece que abandonou a linha PowerPC, introduzindo os processadores Intel em seus produtos.

11.5.2 A Arquitetura dos Processadores SPARC (Pesquisa Inicial em Berkeley)

Conforme já mencionamos no início deste capítulo, uma das vertentes que introduziram o padrão de arquitetura RISC especificando processadores mais simples e, por isso, devendo ser mais rápidos que aqueles que seguiam a plataforma CISC foi originada, no início da década de 1980, na Universidade da Califórnia, em Berkeley, por uma equipe de pesquisadores liderada pelo prof. David Patterson e financiada pela Darpa (agência do departamento de defesa dos EUA, financiadora de projetos avançados, tendo, inclusive, sido a financiadora da pesquisa e da implantação da rede Arpanet, mais tarde Internet).

Patterson efetuou diversas análises de comportamento não só das linguagens de alto nível, mas também do trabalho dos compiladores e do código gerado por eles em processadores da época, que tinham uma quantidade considerável de instruções, com muitos modos de endereçamento e outras complexidades, conforme também já foi mostrado anteriormente neste capítulo.

Suas análises, conforme escreveu em mais de um artigo, eram críticas daquele tipo de arquitetura vigente, propondo uma nova especificação de processador, constituído de poucas instruções, a maioria com execução em um ciclo de relógio e tendo apenas duas instruções de acesso à memória, Load e Store.

Sua equipe, com os recursos do financiamento da Darpa, desenvolveu um processador com essas características de simplicidade, batizado de RISC-1 e descrito no artigo dele e Séquin [PATT82]. Foi dessa época em diante que começaram a surgir no mercado os nomes RISC e CISC. Logo em seguida, Patterson e Séquin e equipe construíram um segundo processador, RISC-2, que serviu de base para a arquitetura SPARC de processadores fabricados pela empresa Sun Microsystems Inc.

O projeto RISC-1 tinha as seguintes características principais:

- 31 instruções de máquina, a maioria delas realizando operações aritméticas e de deslocamento simples (com o uso da UAL e dos registradores);
- todas as instruções tinham tamanho fixo e igual a 32 bits (4 bytes);
- 78 registradores (inicialmente) de 32 bits, bem como endereços e dados de 32 bits;
- espaço máximo de endereçamento de 4GB:
- emprego de uma nova especificação para processar chamadas de rotinas (calls), através de uma janela de registradores que contém os parâmetros de chamada das rotinas.
- acesso à memória apenas com o uso de instruções Load e Store.

O protótipo do RISC 1 foi construído de janeiro a outubro de 1981, funcionando com as características mencionadas e usando a linguagem de alto nível C [PATT82].

A arquitetura SPARC (*Scalable Processor Architecture* – arquitetura de processador escalável) é oriunda das especificações do processador RISC-2; o processador decorrente possui palavra de 32 bits e segue o mesmo padrão de janelas de registradores, entre outras características do processador de Berkeley.

O processador foi criado nos laboratórios da empresa SUN Microsystems, que o emprega na maioria de seus produtos, embora não seja uma arquitetura proprietária.

A Sun, cujo nome é decorrente das palavras Stanford University Network, foi fundada em 1982 por alunos da Universidade de Stanford – Scott McNealy, que foi seu presidente até pouco tempo, Bill Joy, Andy Bechtolsheim e Vinod Khosla.

Em 1989 foi criada uma fundação internacional não-governamental para administrar e controlar a especificação da arquitetura SPARC [SPAR00], que é aberta, embora tendo sido criada nos laboratórios da SUN.

O processador SPARC difere de outros semelhantes, de padrão RISC, na forma de se organizar e como usa sua grande quantidade de registradores, uma característica herdada do RISC II. Uma específica organização de processadores pode ter de 48 a 528 registradores, os quais são combinados em grupos de oito registradores, chamados de globais, e N grupos de 24 registradores, chamados de janelas, sendo N determinado em cada implementação.

A Fig. 11.9 mostra o diagrama esquemático da arquitetura do processador SPARC. Ela consiste basicamente na IU, que a Sun denominou unidade de inteiro (IU – *Integer Unit*), na unidade de ponto flutuante (FPU – *Floating Point Unit*), no co-processador (CP – *Coprocessor*), em um gerenciador de memória (MMU – *Memory Manager Unit*) e em uma memória cache, além do barramento interno, que interliga os diferentes dispositivos e o barramento do sistema, para ligação com a memória principal externa e os periféricos.

A arquitetura SPARC tem uma particularidade única: ela não possui um único desenho. Na realidade, é uma especificação de como a pastilha processa os dados e define o conjunto mínimo de instruções a ser incorporado ao processador, de modo que, tendo acesso a essa especificação, o projetista poderá especificar seu próprio processador SPARC.

Todos os processadores SPARC compartilham um mesmo conjunto de instruções (um pouco mais de 50) e um espaço linear de memória com endereços de 32 bits. Além disso, conforme mencionado antes, o proces-

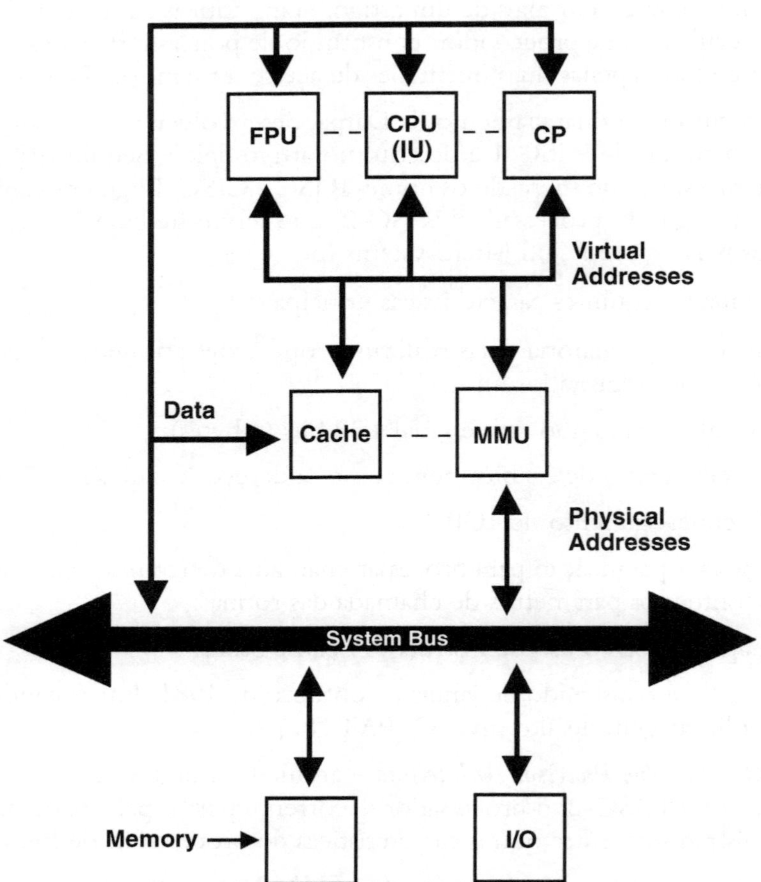

Figura 11.9 Diagrama em bloco da arquitetura SPARC (Sun Microsystems Co.).

sador pode possuir um conjunto total de até 528 registradores, distribuídos nas mencionadas janelas, cada um estando disponível apenas uma janela por vez. Essas janelas são usadas para armazenamento de variáveis e parâmetros de funções, quando chamadas, o que lhes garante rapidez no processamento devido à pouca utilização de acesso à memória, uma das características da arquitetura definida originalmente pelo pessoal de Berkeley. Somente quando há mais parâmetros que registradores disponíveis é que o processador precisa recorrer à memória para armazenamento desse excesso de parâmetros (e, nesse caso, o desempenho do sistema se reduz).

A arquitetura SPARC é também do tipo Load/Store, sendo as operações restantes executadas nos registradores, como qualquer boa arquitetura RISC.

O código de operação das instruções possui 6 bits de tamanho (menor que os 8, 16 ou mais dos processadores CISC, o que permite um máximo de 64 instruções, outra boa característica das arquiteturas RISC.

A maioria dos processadores SPARC é constituída de mais de uma pastilha (uma para o processador ou Unidade de Inteiro, outra para a unidade de ponto flutuante, outra para o gerenciador de memória e outra, ainda, para a memória cache), diferentemente dos microprocessadores CISC (inclusive o Intel Pentium), que são compostos de uma única pastilha.

Os processadores SPARC utilizam dados inteiros com largura que varia de 8 bits (*signed integer byte*) até 64 bits (*signed integer double*), e dados representados em ponto flutuante com largura de 32, 64 e 128 bits, sendo armazenados no método big-endiam.

A partir do primeiro processador SPARC, a Sun desenvolveu diversos outros, tornando-se uma empresa de faturamento acima do bilhão de dólares. Além dos seus empreendimentos na área de fabricação de processadores e na montagem de estações de trabalho, a Sun se tornou mundialmente conhecida também pela criação, com sucesso, da linguagem de programação Java, um modelo de linguagem multiplataforma, largamente usada.

Entre os produtos gerados em seus laboratórios pode-se citar o Super-Sparc I, lançado em 1992, o Super-Sparc II, em 1994, Ultra-Sparc I, lançado em 1995, Ultra-Sparc II, em 1997, Ultra-Sparc III, em 2001, e Ultra-Sparc IV em 2003. Os produtos Sun utilizam também um sistema operacional desenvolvido na empresa a partir do Unix, denominado atualmente Solaris, a partir do nome original SunOS.

11.5.3 A Arquitetura dos Processadores MIPS (Pesquisa Inicial em Stanford)

Os processadores MIPS são desenvolvidos pela empresa MIPS Technology Inc. São oriundos dos estudos realizados, em 1981, em Stanford (ver item 11.3) liderados pelo prof. John L. Hennessy, cujo sistema experimental foi batizado com esse nome [HENN84]. Na realidade, a Mips Technology foi organizada pelo prof. Hennessy, inaugurada com a arquitetura Mips R2000 (o R1000 não chegou a ser comercializado), a qual foi sucedida em 1990 pela arquitetura R3000, ambas de 32 bits. Posteriormente, a Mips evoluiu para uma arquitetura de 64 bits, batizada de R4000.

A Fig. 11.10 apresenta um esquema do hardware do processador R2000. Conforme pode ser observado na figura, a parte da direita é constituída pela CPU (processador central), onde as operações são realizadas, contendo as unidades de execução (ALU – unidade aritmética e lógica; shifter – deslocador de bits; address adder – para cálculo de endereços e multiplier/divider), bem como os registradores de dados e o PC – Program counter (contador de instrução). Já a parte da esquerda é constituída do co-processador de controle para gerenciar o acesso à memória. Além disso, o R2000 possui um co-processador para processamento em ponto flutuante.

O sistema é organizado com 32 registradores de 32 bits, de emprego geral. Além dos registradores de emprego geral, o R2000 possui 10 registradores na área de controle. Como um autêntico processador RISC, o R2000 possui apenas as instruções Load/Store para transferência memória/registrador, deixando todas as operações serem realizadas na UAL com os registradores.

Quanto às instruções, o R2000 também segue a regra RISC de instruções de tamanho fixo (são, no caso, todas de 32 bits), possuindo apenas três formatos, um para instruções de desvio, um para instruções de operações

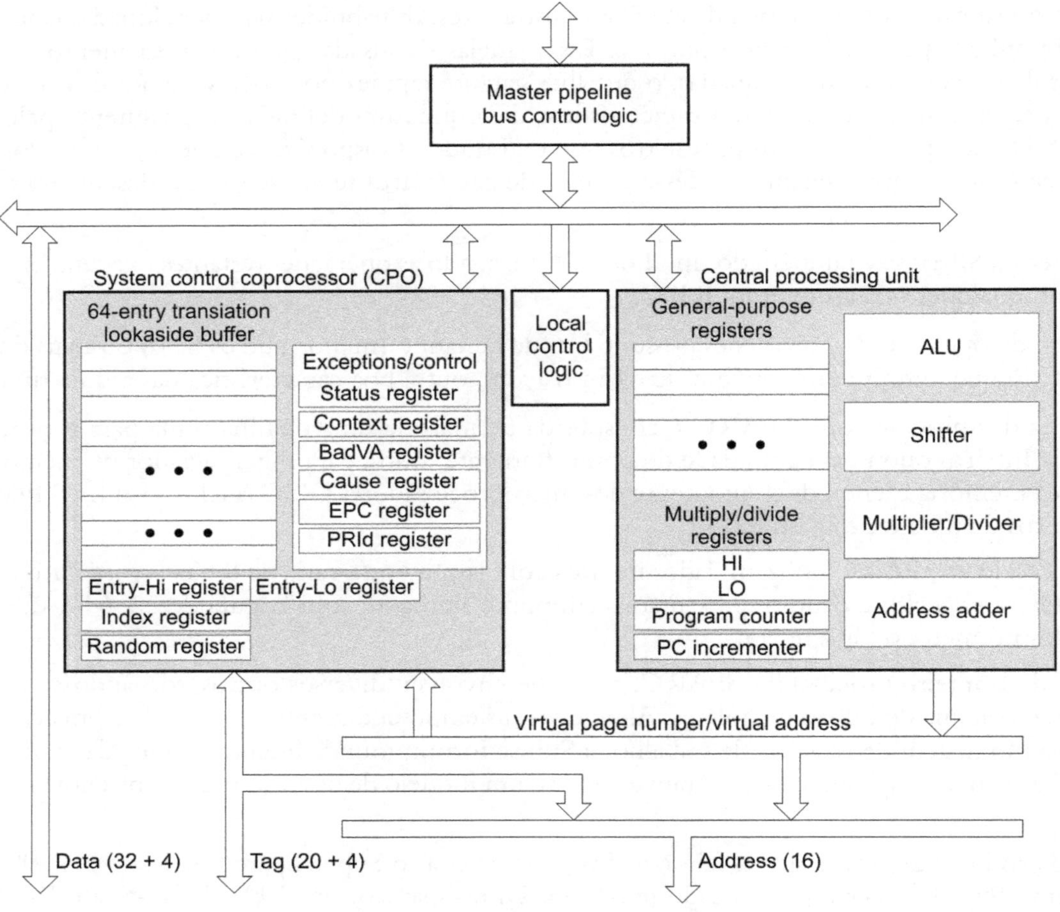

Figura 11.10 Arquitetura do hardware do processador MIPS R2000.

aritméticas e lógicas e, finalmente, um para instruções load/store e endereçamento imediato. Em todos os formatos o código de operação é de 6 bits, e este processador foi lançado com 37 instruções, apenas. A Fig. 11.11 mostra os três formatos.

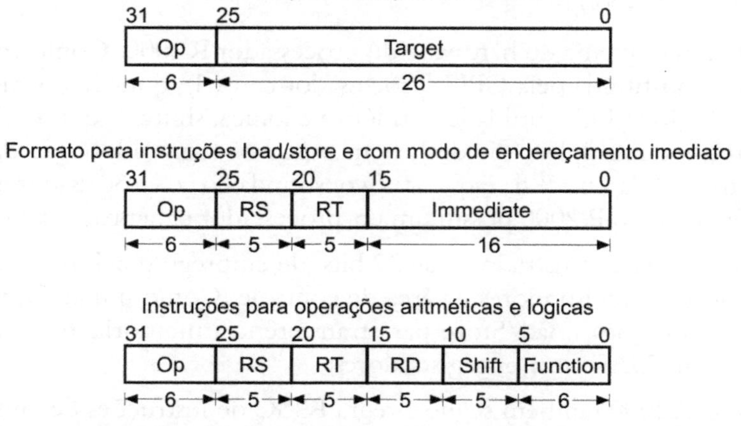

Figura 11.11 Formatos das instruções de máquina do processador MIPS R2000.

Já o processador R4000 evoluiu para a arquitetura RISC de 64 bits, possuindo as seguintes características principais:

- também constituído (como o R2000) de uma pastilha com duas partes: a UCP e o co-processador controlador de memória;
- 32 registradores de 64 bits para emprego geral (operações com inteiros, endereços e constantes);
- cache L1 de 128KB;
- instruções de largura fixa, de 32 bits cada uma, utilizando, como o R2000, três formatos diferentes, todos com código de operação de 6 bits.
- oito estágios no processo pipelining, operando com metodologia superpipelining (ver Apêndice D).

11.5.4 Outras Arquiteturas RISC

Processador ALPHA

A DEC (Digital Equipment Corporation), empresa que durante muitos anos concorreu com a IBM no mercado, principalmente de computadores de médio porte, fabricante dos famosos computadores PDP e VAX, expoentes da arquitetura CISC, também operou na área de arquietura RISC, lançando em 1992 um processador de 64 bits (muitos anos antes do surgimento de outros concorrentes de 64 bits, como os Itanium, da Intel, e Opteron, da AMD). O processador Alpha AXP, modelo 21064, foi o primeiro dessa série. O Alpha tinha por objetivo a área de grandes processamentos, através de um componente que podia acessar muito mais memória que os 4 GB da arquitetura de 32 bits.

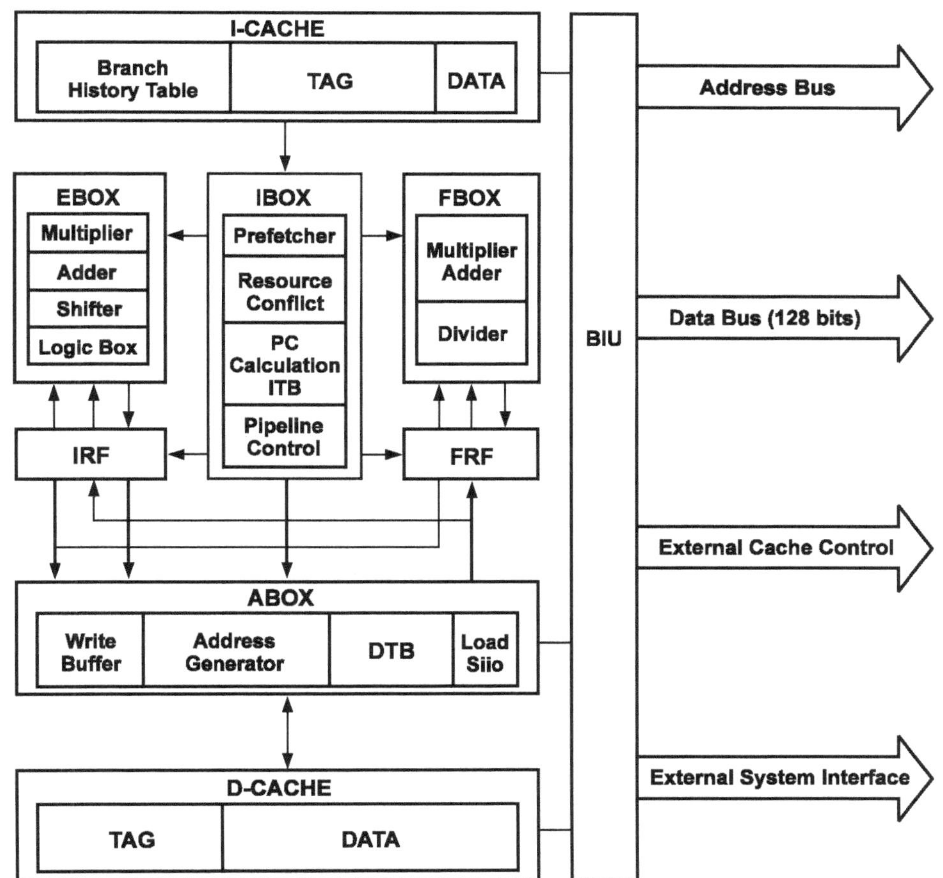

Figura 11.12 Diagrama em bloco da arquitetura do processador Alpha (Digital Equip. Co.).

Posteriormente, a DEC enfrentou uma série de dificuldades no mercado e foi adquirida pela Compaq, que, por sua vez, anos depois também saiu do mercado, sendo absorvida pela HP. Os direitos da tecnologia do processador Alpha não entraram na fusão da HP com a Compaq, sendo vendidos para a Intel.

A arquitetura do processador modelo 21064 é apresentada no diagrama em bloco da Fig. 11.12. Na época de seu lançamento ele possuía as maiores freqüências de relógio do mercado (até 200 MHz, enquanto o processador MIPS R4400 usava relógio de 150 MHz, o processador IBM PowerPC 601 funcionava até 80 MHz e os processadores SPARC rodavam em 50 MHz).

Pelo diagrama podem-se observar as seguintes características do processador:

- palavra de 64 bits, ou seja, processava números com 64 bits de largura;
- duas memórias cache distintas, sendo 8 KB para a de dados, usando método de mapeamento direto, com linhas de 32 bytes e 8 Kbytes para a de instruções, com mesmo mapeamento e largura de linha;
- possuía uma unidade de instrução (I box); uma unidade de execução de inteiros (E box); uma unidade de execução de valores em ponto flutuante (F box); uma unidade para operações Load/Store ou de endereçamento (Abox);
- 32 registradores para valores inteiros de 64 bits cada um e 32 registradores para valores em ponto flutuante, também de 64 bits cada um;
- todas as instruções eram de tamanho fixo, igual a 32 bits, usando quatro formatos diferentes, sempre dentro da concepção RISC, embora sua quantidade fosse de 143 instruções, um pouco mais do que outros processadores RISC, como MIPS e SPARC.

O processador podia executar quatro instruções por ciclo de relógio, sendo duas de valores inteiros e duas com valores em ponto flutuante, e isto era possível graças à cadeia apreciável de estágios de pipelining, sendo um pipeline para operações com inteiros de sete estágios e um pipeline para operações com valores em ponto flutuante com 10 estágios.

EXERCÍCIOS

1) O que caracteriza o chamado "gap semântico", denominação utilizada em estudos sobre processadores na década de 1980?

2) Quais as possíveis providências que podem ser tomadas para reduzir aquele "gap"?

3) Descreva as principais características das arquiteturas RISC e compare-as com as das arquiteturas CISC.

4) Quais são as principais características do processador PowerPC?

5) As arquiteturas RISC se baseiam, entre outros fatos, na existência de um conjunto reduzido de instruções. Como o processador RS/6000 possui 184 instruções de máquina e, ainda assim, registra um excelente desempenho?

6) Qual é a vantagem de os processadores possuírem, como acontece em grande parte das máquinas RISC, todas as instruções com tamanho igual?

7) Descreva as principais características da arquitetura SPARC.

8) Explique as três linhas de pesquisa que se tornaram o berço da arquitetura conhecida como RISC.

9) Descreva algumas vantagens e desvantagens de um processador realizar o acesso à memória por meio apenas de instruções do tipo Load e Store.

10) Por que a implementação de pipeline é mais eficiente em processadores com arquitetura do tipo RISC?

12

Considerações sobre Outras Arquiteturas

12.1 INTRODUÇÃO

Ao longo desse texto, especialmente nos Caps. 4 e 6, procurou-se apresentar a estrutura funcional e o modo de operar dos sistemas de computação considerando uma arquitetura simples, semelhante à de algumas máquinas antigas, visando proporcionar ao leitor uma explicação adequada, principalmente aos iniciantes, alunos da maioria dos cursos em que a disciplina *Arquitetura de computadores* é ministrada nos primeiros períodos. Como afirmamos mais de uma vez no texto e a experiência de tantos anos tem corroborado, as descrições e explicações, conquanto se baseando em aspectos e peculiaridades simples, caracterizam a base do conhecimento do leitor de modo que ele possa, sem muita dificuldade, compreender, quando for o caso, estruturas e organização mais avançadas.

Uma das grandes simplificações, assumidas com aquele objetivo, refere-se ao método de funcionamento das unidades de controle por conta da execução dos ciclos das instruções de máquina. Mostrou-se com detalhes apenas a execução de forma serial, uma etapa em seguida a outra e somente iniciando um novo ciclo (de outra instrução) após ter-se concluído totalmente o ciclo anterior. Esta visão é bastante simples de explicar, embora ineficaz, principalmente com a demanda por processadores cada vez mais rápidos e produtivos, e deixou de ser aplicada aos processadores fabricados após a família Intel 8080/8085, Motorola 6800 e outros processadores da época (década de 1970).

No entanto, desde meados da década de 1970, ainda na época de predominância dos sistemas de grande porte (*mainframes*), pesquisadores e fabricantes de processadores buscavam idéias para aumentar o desempenho dos sistemas de computação, principalmente na área de processamento científico. E já em 1964 a IBM lançava o sistema /360 com emprego de tecnologias avançadas, para a época, como a de pipeline, assim como já havia o CDC 6600, e mais tarde o Cray-1, ambos projetados por S. Cray e todos empregando esta tecnologia.

Com o aparecimento dos microprocessadores, no início da década de 1970, voltou-se ao patamar anterior, com processamento seqüencial (Intel 4004, 8008 e 8080/805).

A partir do lançamento da família x86, com o processador Intel 8086/8088, os projetistas de arquiteturas de sistemas de computação começaram a vislumbrar e implementar o uso do processamento concorrente e embrionariamente paralelo, para, junto com o aumento da freqüência do relógio, obter-se maior desempenho dos processadores. Esse processo caracteriza a metodologia pipelining (que pode ser chamada de *linha de montagem*), ver Cap. 6 e Apêndice D.

À medida que o tempo foi passando (pode-se dizer que a partir da década de 1980), a evolução das arquiteturas, impulsionadas, por um lado, pela demanda por mais capacidade e velocidade dos sistemas de computação e, por outro lado, pelas facilidades decorrentes da miniaturização, que a verdade da lei de Moore permitia, vem sendo acentuada graças à redução da espessura dos transistores e de novas criações da imaginação dos projetistas.

A necessidade de computação em grande escala vem crescendo sempre devido (1) ao advento do uso de várias mídias, como vídeo, imagens e som, não só em transmissão (Internet) como em armazenamento e processamento; (2) devido à necessidade de processamento rápido de vastíssimos volumes de dados, como em meteorologia, prospecções geológicas (de petróleo, gás, etc.) e pesquisas médicas, além de uma infindável série de outras aplicações de grande demanda de processamento.

A título de exemplo, pode-se citar:

1) O cálculo da passagem do ar em uma asa de avião (como parte dos exercícios de aerodinâmica) pode ser visto como uma grade de 512 × 64 × 256 pontos, tendo-se que efetuar 5.000 operações de ponto flutuante por ponto da grade; os 5.000 pontos de tempo requerem 2,1 * 10^{14} operações de ponto flutuante. Estes cálculos computacionais gastarão 3,5 minutos de uma máquina que sustente 1 TFLops (1 teraflop ou 1 quatrilhão de operações de ponto flutuante por segundo).

   Uma simulação semelhante àquela, para uma aeronave completa (e não somente para aquele pedacinho de asa), envolveria 3,5 * 10^{17} pontos de grade para um total de 8,7 * 10^{24} operações. Este total de operações, realizado na mesma máquina anteriormente exemplificada (de 1 teraflop), requereria mais de 275.000 anos para se completar;

2) Filmes digitais e efeitos especiais são outra fonte de enorme demanda de computação. Um filme de 90 minutos tem algo em torno de 50 quadros por segundo, acarretando cerca de 10^{14} operações de ponto flutuante por quadro. Isto representa 2,7 * 10^{19} operações de ponto flutuante. Estes cálculos todos consumiriam 2 000 processadores 1Gflop em aproximadamente 150 dias para se completar;

3) Anteriormente, vários tipos de simulação precisavam ser realizados em tempo real e em ambientes construídos especialmente para isso, como túneis de vento e outros, em indústrias de automóveis, de aviões, em siderúrgicas e em todo laboratório de pesquisas de material. Atualmente, muitas dessas simulações podem ser realizadas de forma mais barata e ocupando menos espaço e tempo através do uso de intensos cálculos matemáticos em programas de simulação, se houver capacidade computacional disponível na escala desejada. A NASA recentemente adquiriu um supercomputador constituído de 20 computadores, cada um deles com 512 processadores em paralelo, num total de 10.240 processadores. A finalidade principal, pelo menos declarada no projeto e a solicitação de recursos ao governo americano, foi a necessidade de realizar a simulação do funcionamento e das tensões e deformações sobre os milhares de componentes de um foguete no momento e nos instantes iniciais de seu lançamento, de modo a identificar possíveis falhas, antes que ocorram em tempo real como na explosão ocorrida há poucos anos.

Na verdade, uma das classificações da tecnologia de processamento (ou a arquitetura dos processadores) em duas grandes partes:

- a que emprega processamento seqüencial ou serial (já descrita detalhadamente nos capítulos anteriores); e
- a que emprega algum tipo de paralelismo no processamento.

A idéia do paralelismo é, sem dúvida, a de acelerar o início e a conclusão da execução das instruções de máquina (das operações do hardware). Naturalmente, em nossa vida cotidiana temos inúmeros exemplos do aumento de produtividade de alguma atividade qualquer através do uso de paralelismo, como as avenidas, que possuem mais do que uma pista, permitindo a passagem de mais de um veículo por vez (simultaneamente); dos bancos, que possuem mais de um caixa para atender mais de uma pessoa ao mesmo tempo, e assim por diante. Da mesma forma, podemos criar mecanismos internos nos processadores para permitir a execução de mais de uma instrução simultaneamente (algumas vezes não totalmente de modo simultâneo, mas concorrentemente sim).

Desta forma, têm sido desenvolvidos muitos modos de realizar o referido paralelismo, cada um deles caracterizando um tipo novo de tecnologia ou uma maneira diferente de reduzir o tempo de execução das instruções e, com isso, aumentar o desempenho do sistema.

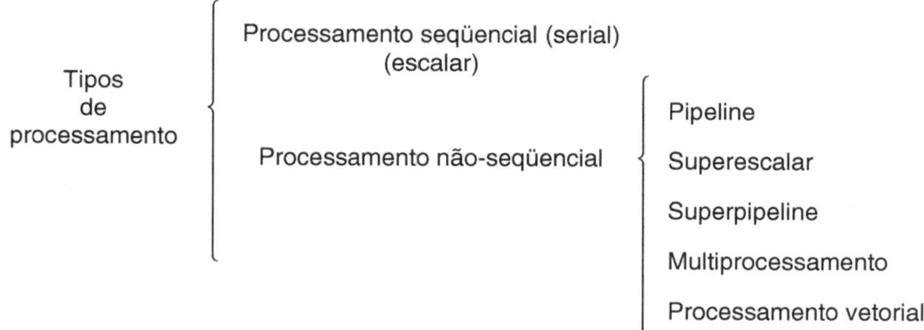

Figura 12.1 Resumo de modos ou tipo de processamento.

Por exemplo, a *tecnologia pipeline* é uma das maneiras de realizar esse paralelismo, de forma que mais de uma instrução seja realizada de forma concorrente, não absolutamente simultânea, mas com bastante redução de tempo. A tecnologia pipeline foi se aperfeiçoando com o tempo e, assim, surgiram as modalidades superpipeline e superescalar. Também a possibilidade de acelerar a execução das instruções, compactando várias delas em uma única operação de leitura e execução paralela, conduziu ao tipo VLIW (very long instruction word) ou palavra longa de instrução, método que utiliza bastante o compilador para produzir seus resultados.

O uso intenso e completo de paralelismo aponta para o emprego de multiprocessamento, um sistema constituído de diversos processadores (de dois ou um pouco mais até alguns milhares deles, integrados para processar um único programa).

A Fig. 12.1 mostra um quadro-resumo sobre os modos de processamento que estamos abordando, embora não seja absoluto e totalmente completo.

12.2 TIPOS DE PROCESSAMENTO NÃO-SEQÜENCIAL (PARALELO)

As especificações para uma arquitetura de computação básica, estabelecidas por von Newmann (ver Cap. 1), aplicam-se apenas aos sistemas que executam seu processamento (a realização das etapas do ciclo de cada instrução) de forma seqüencial ou serial, uma instrução de cada vez, ou processamento escalar.

Naturalmente, esses processadores são limitados devido a essa característica, e várias pesquisas e desenvolvimentos têm sido realizados desde muito tempo no sentido de modificar as regras de von Newmann, produzindo-se tecnologias que executem seus ciclos de instrução de forma não-serial (não-seqüencial), ou seja, podem estar em um instante realizando diversos ciclos, mesmo que em etapas diferentes, e outras, ainda, que podem executar mais de uma instrução de forma absolutamente simultânea.

Dentro desse contexto, vamos apresentar alguns elementos sobre diferentes tecnologias, surgidas ao longo do tempo, e que são usadas por vários processadores conforme o interesse do fabricante, tipo de aplicação desejada e outros requisitos, todas aplicando um modo não-seqüencial de realização das etapas do ciclo de instrução, conforme mostradas no resumo da Fig. 12.1.

Na verdade, todos aqueles tipos ou tecnologias de processamento não-seqüencial relacionadas na referida figura são alguma forma de implementação do paralelismo nas ações de um processador, em contrapartida da forma seqüencial preconizada por von Newmann.

A primeira delas, metodologia pipelining, já mostrada em capítulos anteriores e no Apêndice D, já é usada há muitos anos por processadores de grande porte, tendo sido implementada inicialmente, na década de 1960, em sistemas IBM e CDC e, posteriormente, nos microprocessadores a partir do Intel 80486. Ela é também um dos requisitos fundamentais das arquiteturas do tipo RISC, estando, portanto, presente em todos os processadores com essa arquitetura, conforme já mostrado no Cap. 11.

No que se refere a pipelining, trataremos neste capítulo apenas das tecnologias superescalar e superpipelining (mostrando a diferença entre elas); mais adiante, ainda neste capítulo, serão apresentados detalhes de algumas das atuais arquiteturas de 64 bits, que se aproveitam das técnicas de paralelismo para acelerar o processador.

Também será discutido um tipo de processamento que emprega paralelismo, porém com certas particularidades, denominado processamento vetorial.

12.2.1 Classificação de Computação — Taxonomia de Flynn

Uma das mais conhecidas classificações de processamento não-escalar foi idealizada e divulgada por Michael Flynn [FLYNN72] e se refere à maneira como instruções e dados são organizados em um determinado tipo de processamento. Todos os tipos definidos na taxonomia de Flynn mencionam o elemento "trem de dados", que significa um conjunto seguido de dados, e "trem de instruções", que indica um conjunto seguido de instruções a serem executadas.

Os quatro tipos de processamento são:

SISD – *Single Instruction Single Data* – considera-se um único conjunto de instruções e de dados. Enquadram-se nesta classificação as máquinas cuja arquitetura segue o padrão definido por von Newmann, isto é, processadores que executam uma instrução completa de cada vez, seqüencialmente (em série), cada uma delas manipulando um dado específico ou os dados daquela operação. São processadores lentos para os padrões de desempenho atualmente requeridos, deixando, por isso, de ser fabricados. Os processadores 8080/8085 da Intel, 6800 da Motorola e Z-80 da Zilog usavam essa arquitetura.

MISD – *Multiple Instruction Single Data* (múltiplas instruções com dados únicos) – trata-se de um tipo de arquitetura que pode usar múltplas instruções para manipular apenas um conjunto único de dados, como um vetor. Um exemplo dessa categoria de arquitetura é o do processador vetorial.

SIMD – *Single Instruction Multiple Data* (uma única instrução manipula vários dados) – neste tipo de arquitetura, o processador opera de modo que uma única instrução acessa e manipula um conjunto de dados simultaneamente. Nesse caso, a unidade de controle do processador aciona diversas unidades de processamento. Como exemplo, pode-se imaginar o processamento do seguinte comando 1000 vezes: A (I) * B (I). Em um processador do tipo SISD este comando seria executado 1000 vezes, um após o outro, enquanto em um processador do tipo SIMD ele poderia ser executado em uma única vez, considerando que a máquina possuísse 1000 unidades de cálculo. Outro exemplo desse tipo de arquitetura é o caso das instruções MMX, SSE ou 3D Now.

MIMD – *Multiple Instructions Multiple Data* (múltiplas instruções manipulando múltiplos dados diferentes) – é a categoria mais avançada tecnologicamente, produzindo, quando implementada, elevado desempenho do sistema de computação.

A Fig. 12.2 mostra um quadro-resumo das categorias aqui citadas.

	Single data (dado único)	Multiple data (dados múltiplos)
Single instruction (instrução única)	SISD	SIMD
Multiple instruction (instruções múltiplas)	MISD	MIMD

Figura 12.2 Classificação de processamento não-escalar segundo Michael Flynn.

12.2.2 Processamento Superescalar e Superpipelining

Processamento superescalar e superpipelining são dois métodos diferentes em concepção, porém com o objetivo comum de proporcionar um maior desempenho dos processadores através de algum tipo de paralelismo em suas atividades de execução de instruções, sendo que em ambos se tenta otimizar o emprego da técnica de pipeline, embora com metodologias diferentes.

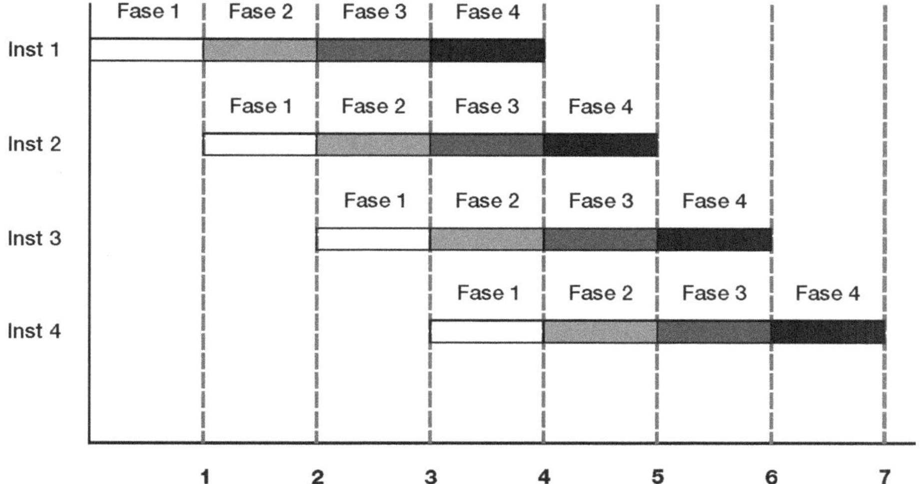

A execução de cada instrução é dividida em 4 fases: fase 1, fase 2, fase 3 e fase 4.
Cada fase é executada de forma independente da outra.
Cada instrução é concluída em 1/4 do tempo total de 1 se fosse executada seqüencialmente.

Figura 12.3 Exemplo de processo pipeline.

Como sabemos, um processamento escalar é o método convencional (atualmente pode-se dizer que superescalar está ficando convencional e escalar obsoleto) de executar instruções (SISD), segundo as regras de von Newmann. No processamento escalar, cada instrução é executada na ordem em que aparece.

Também já foi descrito que o processamento pipeline consiste em se obter uma aceleração do processamento através da possibilidade de se obter execução de múltiplas instruções de forma simultânea, embora em um determinado instante de tempo elas estejam em etapas diferentes de sua execução, conforme mostra a Fig. 12.3.

No exemplo da Fig. 12.3, o sistema divide a execução em quatro etapas ou fases (ou estágios, termo mais utilizado para descrever as fases de uma linha de montagem), cada uma delas sendo executada de forma independente, possuindo, assim, componentes para obter essa individualidade. Nessa figura, um exemplo do significado das fases 1 a 4 mostradas poderia ser as seguintes etapas do ciclo de instrução:

Fase 1 busca da instrução (*fetch cycle*)

Fase 2 decodificação da instrução (*instruction decode*)

Fase 3 execução da operação (*execute cycle*)

Fase 4 escrita do resultado (*write back*)

12.2.2.1 Processamento Superescalar

No processamento superescalar procura-se obter um grau pleno de paralelismo (paralelismo espacial, físico) criando-se mais de uma linha de montagem ou mais de um pipeline. Em outras palavras, através da existência de hardware para isso (p.ex., duas unidades de cálculo de inteiros, duas vias de dados para elas, registradores apropriados para cada uma, etc.) criam-se dois pipelines separados e, então, duas instruções podem ter (pelo menos a parte de execução da operação) sua execução rigorosamente em paralelo, cada uma em seu pipeline. Obtém-se a vantagem do pipelining em cada uma e dobra-se isso com a existência dos dois caminhos.

A análise das estruturas superescalares pode ser realizada sob dois pontos de vista ou dois conceitos distintos, porém que interagem:

- paralelismo de instrução (em inglês, *instruction level parallelism* – ILP); e
- paralelismo do hardware (em inglês, *machine parallelism*).

No primeiro caso (ILP), trata-se da idéia de a capacidade de uma instrução poder executar algumas de suas fases de forma independente, ou seja, explora-se a independência da fase de busca de uma instrução da fase de decodificação de outra instrução e, nesse caso, ambas as fases podem ser realizadas simultaneamente (caso não se encontre alguma superposição).

Um exemplo do paralelismo de instrução ocorre quando uma seqüência de instruções é executada sem que haja interferência de uma na outra, como, por exemplo, a seqüência a seguir:

```
MOV   R1, mem (A)
ADD   R2, R3
MOV   R4, "4"
SUB   R5, R7
```

Como se pode observar na seqüência, nenhuma instrução interfere com a execução da outra (usam registradores diferentes, p.ex.) e, por essa razão, poderíamos criar uma estrutura superescalar com quatro pipelines e executar as quatro instruções simultaneamente.

No entanto, a seqüência a seguir mostra dependências entre as instruções (o resultado de uma (ADD) é usado pela outra em seqüência (MOV), a qual só pode iniciar a execução quando a anterior terminar e se souber efetivamente o resultado):

```
MOV   R1, mem (A)
ADD   R2, R1
MOV   R4, R2
SUB   R5, R7
```

Naturalmente, há casos em que esta independência pode não acontecer devido, por exemplo, a se usar um único caminho de acesso à memória, e buscar uma nova instrução e um operando da instrução anterior não é possível.

Podem-se combinar técnicas de hardware (antecipação de execução, p.ex.) com otimização do compilador (técnicas de software) para aperfeiçoar o paralelismo das instruções.

O outro item, paralelismo de hardware, consiste no caso do processador possuir mais de uma unidade de cálculo, mais de uma unidade de carregar e escrever (load/store), e assim por diante. São naturalmente duas coisas distintas. Por exemplo, o processador 386 realizava pipelining através da divisão das instruções em fases, cada uma sendo executada independentemente (paralelismo de instrução), mas não possuía mais de um componente em cada fase e, por isso, não tinha paralelismo de hardware; enquanto isso, o processador Pentium 4 é um processador que possui paralelismo no hardware, além do paralelismo de instrução.

Com processadores superescalares pode-se concluir mais de uma instrução por ciclo de relógio, uma para cada pipeline existente, ou seja, conclui-se uma instrução por ciclo (devido à técnica pipeline) e mais de uma devido ao paralelismo do hardware (superescalar). A Fig. 12.4 mostra um exemplo de execução de instruções em processamento superescalar; nesse exemplo há duas pipelines independentes, de modo que o sistema conclui duas instruções em cada ciclo.

A Fig. 12.5 mostra um esquema simplificado e genérico de um processador com duas unidades diferentes (dois pipelines), sendo uma unidade para cálculo com inteiros e uma unidade para cálculo em pontos flutuante. Conforme pode ser observado na referida figura, rearranjou-se a organização dos registradores de dados, os quais passaram a ser chamados de arquivo de registradores (*register file*) em vez do tradicional grupo de registradores de arquiteturas anteriores, os quais eram conectados diretamente à UAL. No caso do processador superescalar, a quantidade de elementos se torna bem maior e, com isso, também a conexão é bem mais complexa se realizada nos moldes antigos. Assim, nesses processadores criou-se uma espécie de "memória de registradores", como se eles fossem células da memória principal (ver Cap. 4), e chamou-se a essa estrutura de arquivo de registradores (ou banco de registradores), termo oriundo do inglês *register file*; naturalmente, haverá um conjunto de registradores para a unidade de execução de inteiros (ou unidades de inteiros, se houver mais de uma, como no caso do Pentium 4, que possui três unidades de inteiros e duas unidades load/store com a memória) e um conjunto de registradores (*register file*) para a (ou as) unidade(s) de cálculo em ponto flutuante.

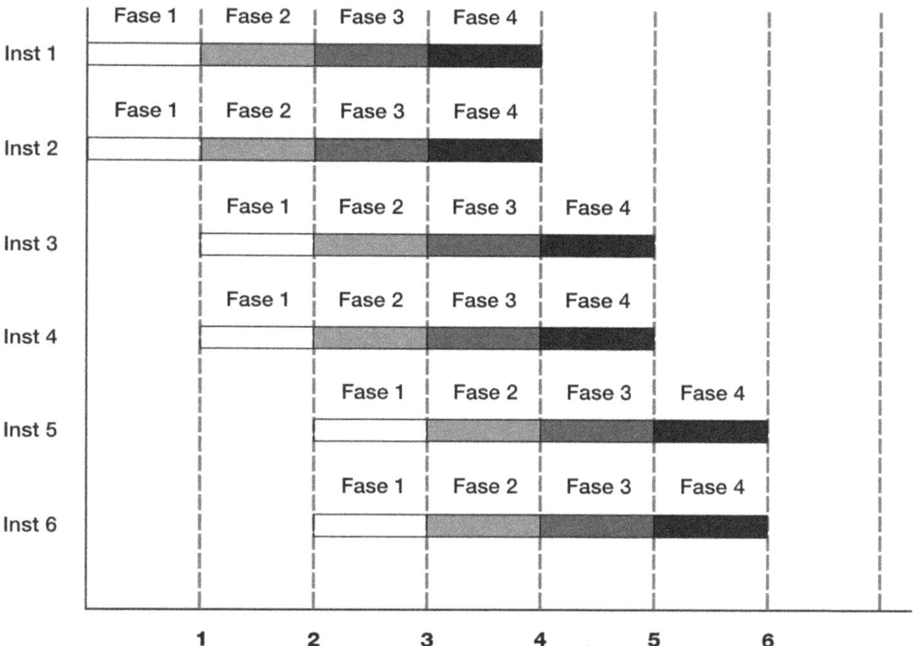

Figura 12.4 Exemplo de execução de instrução em metodologia superescalar.

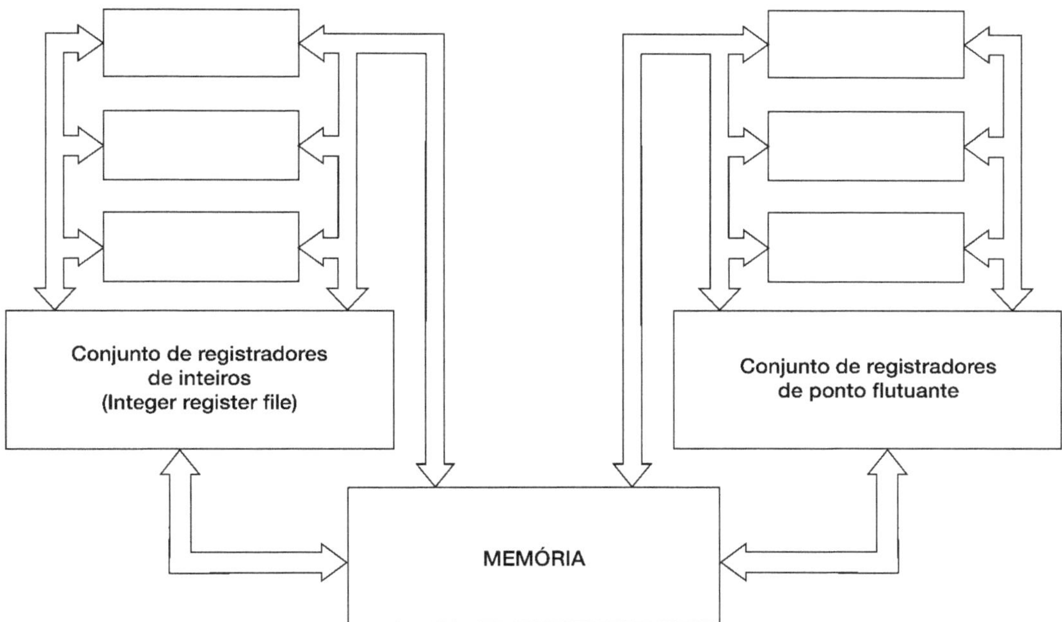

Figura 12.5 Organização básica de uma arquitetura superescalar.

O emprego de mais de um banco de registradores (ou arquivo de registradores) tem melhor desempenho do que se fosse criado um único banco de registradores para todo tipo de dado, tornando aquela estrutura pesada e lenta em termos de acessos.

Há mais de uma forma de criar arquiteturas superescalares, conforme podemos observar nas Figs. 12.6 e 12.7.

Na Fig. 12.6 apresenta-se uma estrutura com dois pipelines completos, a partir de uma unidade comum de busca de instrução; ela possui um bom desempenho, porém consome muitos recursos de hardware para implementar todas as unidades duplicadas; é uma estrutura semelhante à do processador Pentium, mostrada na

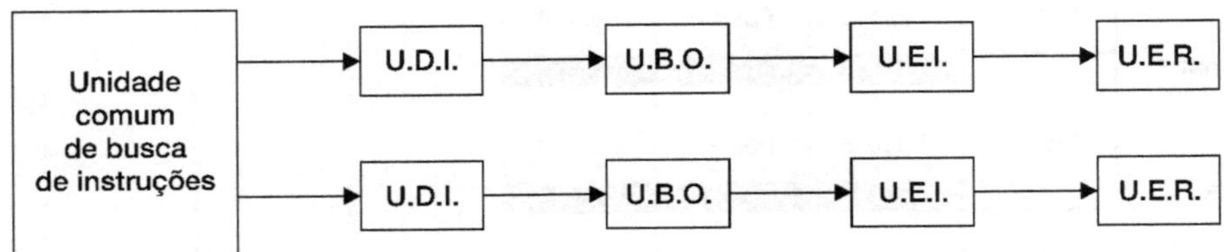

Figura 12.6 Exemplo de uma estrutura com duplo pipeline completo, com cinco estágios.

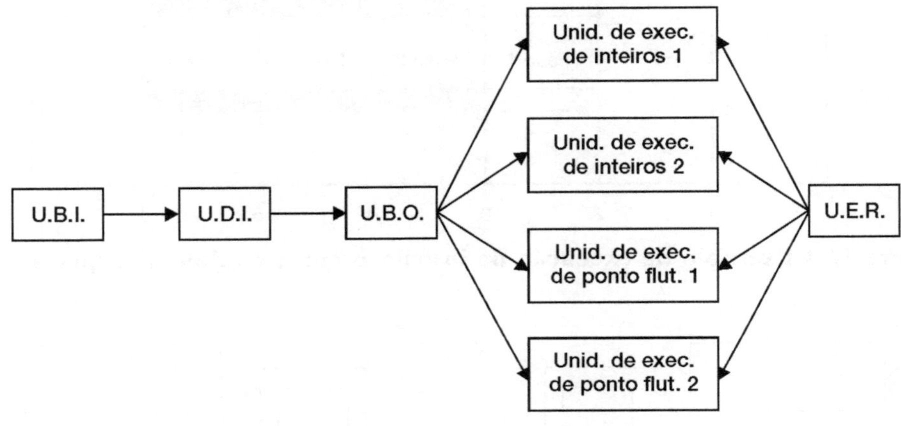

Figura 12.7 Exemplo de uma estrutura superescalar com quatro unidades funcionais de execução.

Fig. 12.9. Já a estrutura mostrada na Fig. 12.7 mostra uma duplicação das unidades de execução de inteiros e de ponto flutuante. Isto ocorre devido ao fato de que muitas instruções que realizam operações aritméticas, seja de inteiros e, principalmente, de ponto flutuante, requerem mais de um ciclo de relógio para se completar e, nesse caso, se houvesse apenas uma unidade de execução o sistema não conseguiria cumprir o requisito de completar uma instrução por ciclo. A solução é dividir a estrutura de execução em mais de um estágio.

O desempenho, então, de uma arquitetura superescalar é bastante dependente da quantidade de vias de execução (ou de linhas de pipeline) existentes na implementação. Por exemplo, uma arquitetura superescalar com quatro vias de execução, isto é, com quatro pipelines, pode executar até quatro instruções por ciclo de relógio, visto que cada pipeline completa uma instrução por ciclo (um requisito antigo de máquinas RISC). Generalizando, pode-se afirmar que uma estrutura com N pipelines pode atingir um desempenho máximo de N instruções por ciclo de relógio (IPC – *instructions per cycle*). Também se pode medir o desempenho em termos de quantidade de ciclos de relógio por instrução (no pipeline) ou CPI (*cycles per instruction*).

Em resumo:

Desempenho (IPC) = quantidade de instruções executadas/quantidade de ciclos decorridos

Desempenho (CPI) = quantidade de ciclos decorridos/quantidade de instruções executadas.

O primeiro processador superescalar, lançado em 1990, tinha arquitetura RISC, o IBM RS/6000, cujo diagrama em blocos consta da Fig. 11.6. Na Fig. 12.8 podem-se observar os pipelines diferentes do RS/6000, pois o processador possuía três unidades distintas de execução e conjuntos de registradores específicos para

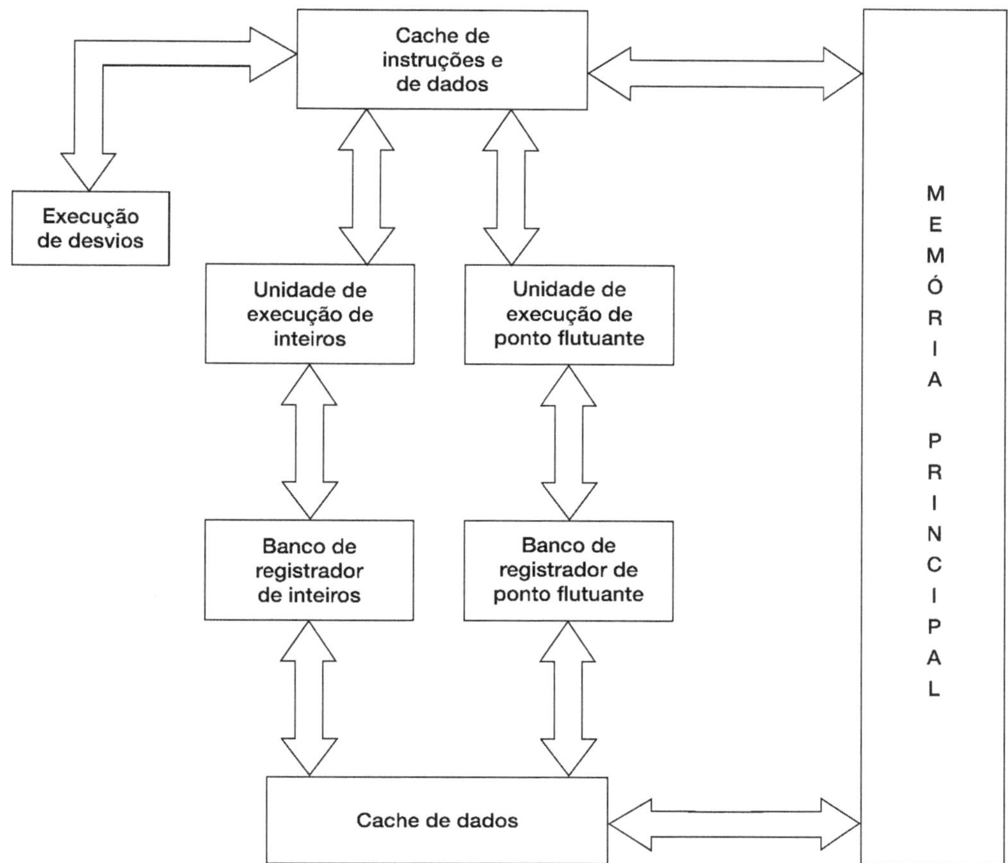

Figura 12.8 Estrutura superescalar de processador R5/6000.

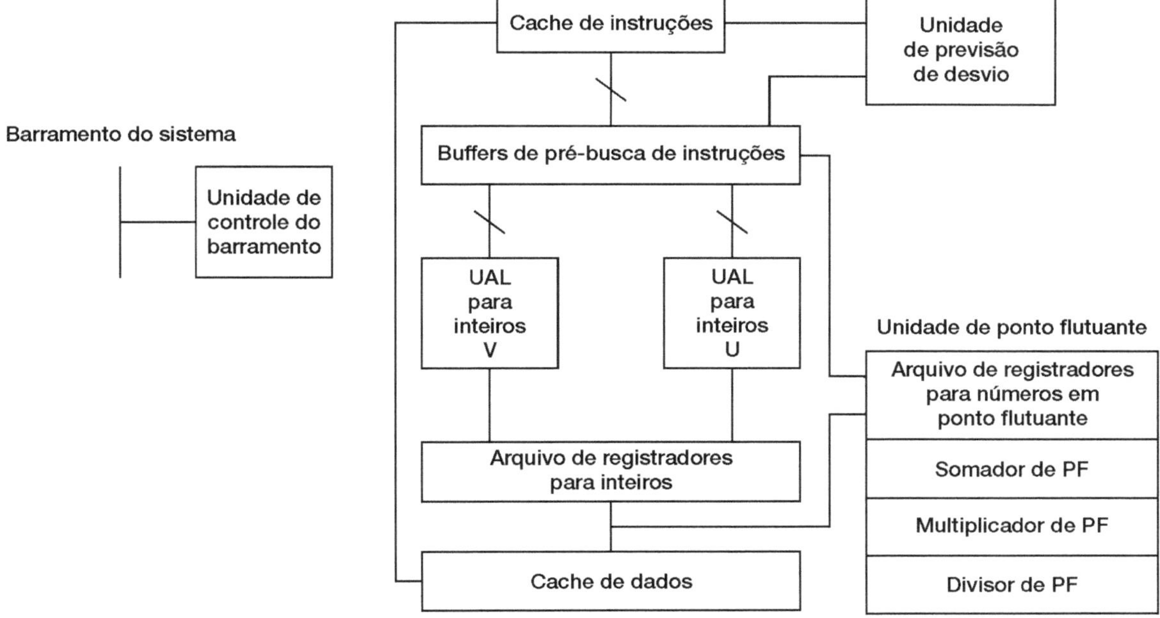

Figura 12.9 Diagrama em bloco do processador Pentium 1, mostrando-se os dois pipelines para operação com inteiros (V e U).

cada uma das unidades de cálculo (inteiros e de ponto flutuante). Posteriormente, a Intel introduziu no mercado sua linha Pentium (1993), a qual continha no processador duas unidades para cálculo de inteiros e uma unidade de cálculo de números representados em ponto flutuante, num total de três unidades de execução, conforme pode ser visto na Fig. 12.9.

Deve ser observado que, com a inclusão de mais um (ou até mais de dois) caminho de execução (mais pipelines), o processador se torna mais complexo, necessitando de mais componentes, fiação, transistores, etc., de modo a poder administrar os múltiplos pipelines e manter as unidades de cálculo o maior tempo possível ocupadas.

É um esquema de problemas e novas necessidades, como os da fabricante de televisores que exemplificamos no Apêndice D. Caso aquela empresa resolvesse criar uma nova linha de montagem teria que contratar mais empregados (ou criar novos componentes para o processador com mais de um pipeline) e melhorar o gerenciamento de tarefas, de modo a administrar com eficiência o maior volume de componentes e televisores que seriam processados.

Riscos e Problemas Decorrentes da Estrutura Superescalar (*Hazards*)

Além da necessidade de novos componentes para as novas áreas (mais pipeline), os sistemas superescalares têm que lidar com outros tipos de problemas (em maior intensidade do que já surgiram com a técnica de pipeline simples), como o fato de que, para o programa (e o programador), a criação do código de máquina (seqüência das instruções de máquina) e sua execução continuam a ser seqüenciais (ou, pelo menos, em ordem) enquanto, no interior do processador, para que os pipelines se mantenham o mais ocupados possível pode haver necessidade de alterar, durante a execução, a ordem dos cálculos (nas unidades de execução) e, posteriormente restaurar a seqüência para que o programador (código) nem perceba o que aconteceu.

Pode-se analisar os problemas gerados com o emprego da tecnologia superescalar dividindo-os conforme sua natureza:

- problemas de dependência de dados (*data hazards*);
- problemas gerados por estruturas de desvio (*control hazards*);
- problemas de conflitos entre recursos requeridos.

Na realidade, os dois primeiros problemas podem ocorrer em qualquer pipeline, mesmo aqueles simples, escalares, piorando, naturalmente, com o emprego de múltiplos pipelines (estrutura superescalar).

Problemas de Dependências de Dados

Esses problemas ocorrem em determinadas circunstâncias, quando as instruções em uma seqüência não são absolutamente independentes, ou seja, quando uma instrução que foi buscada e será executada depende do resultado de outra que ainda está no pipeline. O problema, que pode ocorrer em um pipeline simples, se agrava em arquiteturas superescalares (mais de um pipeline).

Por exemplo, na seguinte seqüência:

MOV	R1, mem (A)	armazenar o valor na memória (em A) no reg. R1
ADD	R1, R2	somar o conteúdo do reg. R1 com o conteúdo do reg. R2, resultado em R1
ADD	R3, R1	somar o conteúdo do reg. R3 com o do reg. R1, resultado em R3

A última instrução (Add R3, R1) depende do resultado da segunda instrução. Somente após saber o resultado da soma é que a última instrução poderá ser executada e, neste caso, o pipeline ficaria parado, aguardando. Há necessidade de se encontrar soluções para este tipo de problema, que pode acarretar bastantes atrasos, principalmente em sistema com múltiplos pipelines.

Uma das possíveis soluções consiste em se usar na terceira instrução diretamente o resultado da soma anterior, antes que ela seja escrita em R1, antecipando-se, assim, uma fase do pipeline. Outra possível solução consiste em "saltar" a instrução dependente e executar outra instrução não-dependente (processamento fora de ordem).

Problemas Gerados por Estruturas de Desvio

Estruturas de desvio, como IF-THEN-ELSE, consistem na escolha de uma ou outra alternativa de execução, a qual somente é conhecida após o processamento da condição de desvio (fase de execução da operação). Dessa forma, as instruções de desvio por si sós já produzem eventuais atrasos no pipeline, pois não é possível decidir que instrução seguinte buscar (*instruction fetch*) se a instrução anterior não está, ainda, com sua fase de execução concluída, para se decidir, p.ex., pelo caminho do THEN ou pelo caminho do ELSE.

Uma das possíveis soluções é executar ambos os caminhos e, após a fase de execução da condição, descartar o conjunto de instruções do caminho não escolhido (condição falsa). Outra é "especular" qual deverá ser o caminho, optando por uma das soluções e executando este caminho. No final, se estiver incorreto despreza-se e executa-se o outro. Em laços (loops) isto é uma boa estratégia em n-1 vezes (em um laço de n interações).

Problemas de Conflitos de Recursos Requeridos

Em um sistema de computação há sempre um conjunto de recursos a serem distribuídos entre os processos e nestes entre as instruções, especialmente em sistemas superescalares. Dentre estes recursos pode-se citar: a memória, os registradores, os barramentos, as unidades de execução, os decodificadores. Pode-se imaginar que haja uma certa semelhança entre este tipo de conflito e o de dependência de dados, visto que é possível que uma instrução a ser executada requeira um recurso que está sendo utilizado pela instrução anterior.

Uma das possíveis soluções para a falta de recurso é duplicá-lo, ou ainda, se ele consome muito tempo de execução (mais de um ciclo de relógio), como, por exemplo, no caso de unidade de execução de ponto flutuante, então pode-se dividir a fase em mais pipelines, conforme já foi mencionado anteriormente.

12.2.2.2 Processamento Superpipeline

Um outro tipo de estratégia de paralelismo com concorrência, ou uma nova versão de aperfeiçoamento para a tecnologia pipeline, denomina-se superpipeline, a qual tem sido usada nos processadores MIPS (ver Cap. 11).

A estratégia superpipeline, em vez de duplicar o caminho de execução, como nas máquinas superescalares, cria mais estágios, dividindo cada um ao meio (1/2 ciclo de relógio), de modo a obter o início e o término de cada instrução em metade do ciclo de relógio; assim, também se acelera o desempenho do processador, embora de outro modo.

Os processadores MIPS (ver Cap. 11) adotam esta estratégia conforme exemplo mostrado na Fig. 12.10. A Fig. 12.10(a) mostra os estágios de execução do ciclo de cada instrução, usando-se um pipeline simples (escalar), sendo quatro os referidos estágios:

Fetch – estágio de busca da instrução;

ALU – estágio de execução da operação na unidade aritmética e lógica;

Memory – estágio de busca de operando na memória, quando houver;

Write – estágio de escrita do resultado da operação realizada.

Na Fig. 12.10(b) mostra-se a execução do processamento utilizando-se a técnica superpipeline. Neste caso, o ciclo de relógio foi dividido na metade, e cada estágio do ciclo de instrução inicia-se em 1/2 do ciclo de relógio. Dessa forma, as instruções vão sendo buscadas de 12/2 em 1/2 ciclo e sendo completadas também a cada 1/2 ciclo de relógio, acelerando o desempenho global.

O grau de superpipeline é estabelecido pela quantidade de subestágios com que cada estágio é dividido. Com esta técnica, pode-se ter mais de uma instrução dividindo a mesma unidade funcional, como se fossem pipelines (estarão lá em instantes diferentes) e, com isso, obter-se economia de custos ao evitar duplicar ou mais o hardware. O processsador MIPS4000, por exemplo, possui oito estágios e cada estágio gasta 1/2 do ciclo de relógio.

Embora a técnica superpipeline obtenha as vantagens já mencionadas, de redução do tempo de se completar cada instrução e, com isso, melhore o desempenho do sistema por um custo menor do que em estruturas superescalares, que requerem mais hardware, o aumento da profundidade de pipeline (mais estágios) acarreta os conhecidos problemas de dependência de dados e de estruturas de controle.

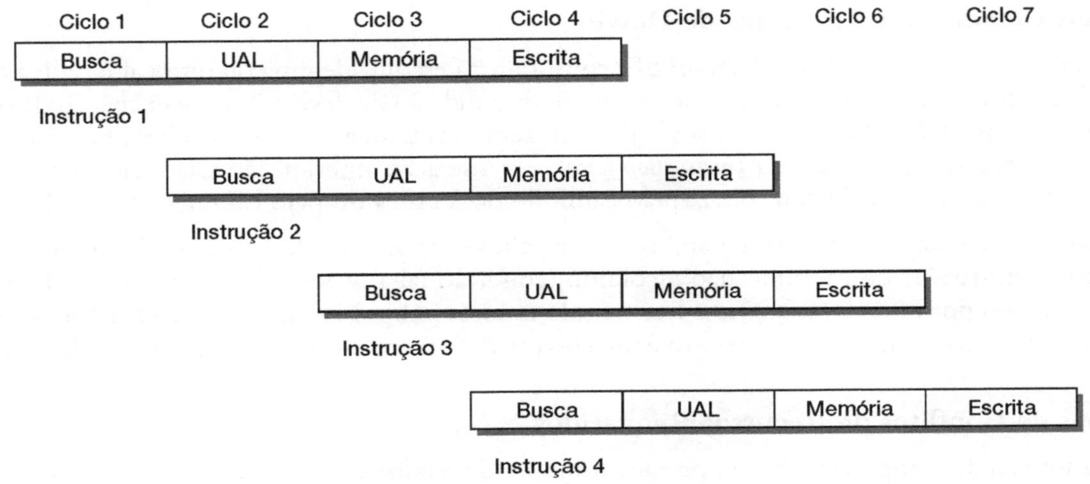

Figura 12.10(a) Pipeline com quatro estágios.

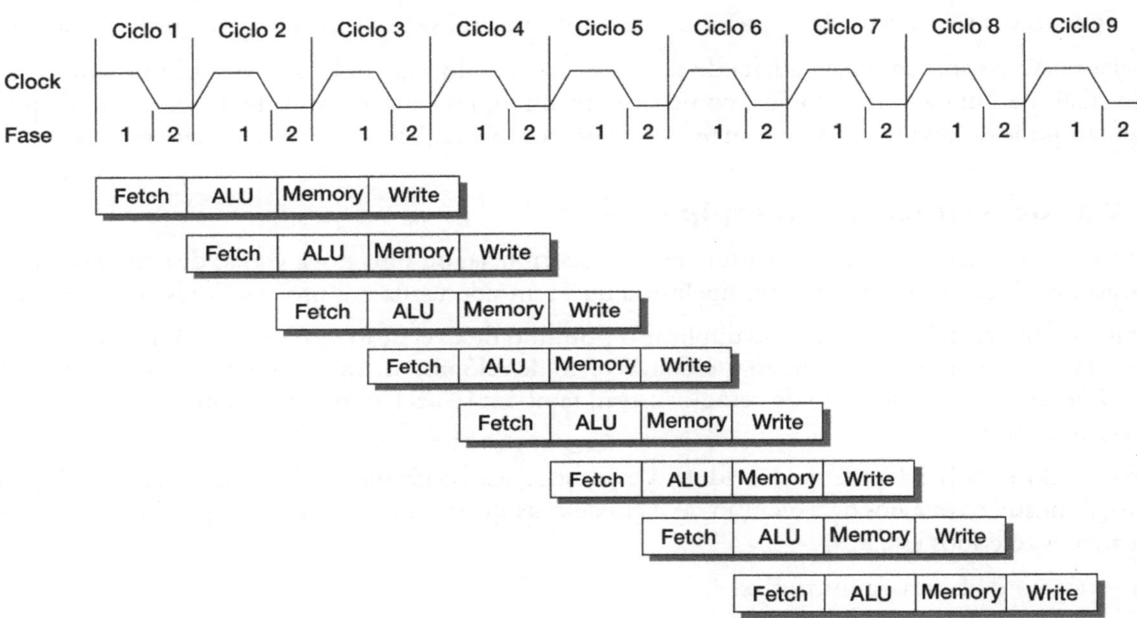

Figura 12.10(b) Exemplo de execução de instrução com processador superpipeline.

12.2.2.3 VLIW (Very Long Instruction Word)

O modo de otimizar a execução de instruções através de paralelismo também tem uma outra técnica denominada VLIW – *very long instruction word*, ou instruções em palavras muito longas. A técnica consiste em criar "instruções de grande tamanho", as quais podem acomodar mais de uma das instruções de máquinas reais, ou seja, o compilador, no processo de criar o código-objeto (a ser executado), utiliza-se de um formato de instrução que inclui mais de uma delas na mesma "instrução" a ser buscada e decodificada pelo processador. Para tanto, é necessário, naturalmente, que haja no hardware mais unidades funcionais para as instruções do pacote.

Na realidade, trata-se de uma estratégia que influencia muito no trabalho do compilador, preparando as instruções para execução plena nas unidades de hardware. A especificação EPIC, da Intel/HP para os processadores de 64 bits da Intel, seguem este padrão de arquitetura, conforme será mostrado no item a seguir.

Embora possuam objetivo semelhante, de acelerar o desempenho dos processadores, os que adotam o padrão VLIW diferem daqueles que se valem do processamento superescalar em alguns aspectos, especialmente quanto ao hardware requerido e à estratégia de paralelismo adotada. Nas máquinas VLIW, o emprego do paralelismo ao nível do conjunto de instruções é decidido antecipadamente, em tempo de compilação, diferentemente dos processadores superescalares, em que a escolha dos caminhos é decidida em tempo de execução (*run time*) diretamente pelo hardware.

Assim como a implementação da tecnologia RISC tende a ser mais simples do que as tradicionais CISC, também a implementação VLIW parece ser mais simples do que a das máquinas RISC, requerendo, no entanto, mais esforço de projeto e desenvolvimento dos compiladores.

Arquiteturas de processadores têm sido direcionadas (pelo menos em alguns casos recentes) para o emprego de conjuntos de instruções do tipo VLIW, os quais se caracterizam por ter cada instrução indicando mais de uma operação independente a ser realizada, em contraste com arquiteturas RISC, que possuem instruções simples, que indicam apenas uma operação, e arquiteturas CISC, que possuem instruções indicando mais de uma operação, porém todas dependentes entre si. Naturalmente, como o próprio nome indica, VLIW acarreta instruções bem mais longas do que CISC e RISC.

O grande objetivo de se obter melhor desempenho dos sistemas de computação apoiados em microprocessadores consiste em aplicar da melhor forma possível a capacidade de paralelismo das instruções de máquina. Entre as ferramentas disponíveis, com o tempo desenvolvidas para esse sentido, tem-se:

- pipelining;
- implementação de processadores superescalares ou com superpipelines;
- multiprocessamento;
- especificação de múltiplas operações independentes por instrução.

Os dois primeiros itens já foram discutidos e explicados nos itens anteriores, e a implementação de multiprocessamento vem sendo aplicada em casos mais específicos, embora os últimos lançamentos da Intel e AMD estejam alterando um pouco esta estratégia.

A especificação de múltiplas operações independentes, contidas em uma única instrução, cria um formato com muitos bits (longo) por instrução. A implementação VLIW tem a capacidade de completar mais de uma instrução (aquelas que estão contidas na palavra de instrução) por ciclo, assim como as implementações superescalares. No entanto, enquanto nos processadores superescalares é o hardware quem tem a tarefa (em tempo real e curto) de decidir pelo caminho a ser seguido pela operação que está sendo executada, na implementação VLIW esta tarefa é do compilador, em um estágio anterior da execução do programa (antes de sua entrada em máquina para execução propriamente dita), ou seja, em tempo de compilação; esta diferença aparentemente simples alivia o hardware de certa complexidade requerida em processadores superescalares.

Em resumo, pode-se afirmar que a estratégia VLIW é um método mais simples e barato de implementar um processador superescalar.

Após o que foi observado aqui, pode-se efetuar algumas comparações entre os principais elementos de arquiteturas CISC, RISC e VLIW, cujo resumo consta na Tabela 12.1.

12.2.3 Arquitetura Vetorial

No início deste capítulo apresentamos alguns exemplos de aplicações que manuseiam considerável volume de dados; muitas aplicações científicas possuem essas mesmas características, muitas delas processando dados representados em enormes matrizes que precisam ser operadas matematicamente e cujos resultados precisam estar disponíveis em pouco tempo após o início do processo. Estas necessidades só podem ser atendidas por supercomputadores, máquinas de custo enorme e também muito grande capacidade computacional, sendo atualmente projetadas com larga quantidade de processadores, integrados em processamentos dedicados.

Processamentos meteorológicos são característicos desse tipo de necessidade, como também aplicações em sismologia, aerodinâmica, física nuclear, química molecular e dinâmica dos fluidos.

Os supercomputadores, então, são máquinas voltadas para processamento em larga escala, sendo usados em centros de pesquisa governamentais ou de grandes corporações. Uma das arquiteturas comuns em certos tipos

Tabela 12.1 Comparação entre as Arquiteturas CISC, RISC e VLIW

Características da arquitetura	CISC	RISC	VLIW
Tamanho das instruções	Variável	Fixo normalmente de 32 bits	Fixo – usualmente acima de 120 bits
Formato das instruções	Variável	Regular – definição fixa dos campos em todas as instruções	Regular – definição fixa dos campos
Semântica das instruções	Em geral, muitas operações dependentes por instrução	Quase sempre apenas uma operação por instrução	Muitas operações simples e independentes por instrução
Quantidade de registradores	Poucos, alguns especiais	Muitos, de emprego geral	Muitos, de emprego geral
Acessos à memória	Variando muito, em diversos modos de endereçamento	Apenas do tipo load/store	Apenas do tipo load/store
Foco do projeto de hardware	Usando microcódigo	Usando pipeline e sem microcódigo	Usando múltiplos pipelines, sem microcódigo e sem complexidade no despacho de instruções
Formato de cinco instruções. Por exemplo, cada B representa o tamanho de 1 byte.	Instr 1: B B Instr 2: B Instr 3: B B B B Instr 4: B B B Instr 5: B B B	Instr 1: B B B B Instr 2: B B B B Instr 3: B B B B Instr 4: B B B B Instr 5: B B B B	Instr 1: B B B B B B B B B B B B B B Instr 2: B B B B B B B B B B B B B B Instr 3: B B B B B B B B B B B B B B Instr 4: B B B B B B B B B B B B B B Instr 5: B B B B B B B B B B B B B B

de supercomputadores é a chamada arquitetura vetorial. Tais sistemas têm por propósito aproveitar-se do paralelismo dos dados a serem processados, em vez de aproveitar-se do paralelismo das instruções, como ocorre em outras arquiteturas mais conhecidas. A idéia da manipulação com o paralelismo de dados é típica de cálculos com vetores, uma estrutura baseada em um conjunto de dados que usualmente podem ser processados de forma simultânea.

Vamos ilustrar a possibilidade de processamento vetorial através de um exemplo de soma de dois vetores, constituídos de duas matrizes unidimensionais (de uma dimensão apenas, como uma tabela linear).

Vamos supor que um vetor é chamado de vetor A e o outro de vetor B, e que ambos possuem 100 elementos. Cada elemento é, por exemplo, uma entrada em uma tabela; diz-se que o vetor tem um tamanho de 100 (o tamanho do vetor é o valor correspondente à quantidade de elementos). Para exemplo, desejamos somar os vetores A e B e colocar o resultado no vetor C, também de 100 elementos. Cada elemento de um vetor é um dado independente, e somar A e B significa efetuar 100 somas do tipo:

C = A + B,

ou seja, efetuar 100 vezes a operação: buscar o dado que está no local indicado por A (I) e somar com o dado que está no local indicado por B (I) e armazenar o resultado no local indicado por C (I), sendo o valor I um valor variável entre 1 e 100.

Se usássemos uma linguagem comum de alto nível, como C, poderíamos efetuar esta soma assim:

```
For (i = 0; 100)
C (i) = A {i} + B {i};
```

A execução desse programa consistirá em efetuar 100 vezes (i = 100) a soma de cada elemento do vetor A com cada elemento do vetor B e colocar o resultado no elemento correspondente do vetor C. Chamamos essa operação de operação escalar. Por exemplo:

C (1) = A (1) + B(1), depois C(2) = A (2) + B (2) e assim até C (100) = A (100) + B (100).

O mesmo exemplo pode ser programado na linguagem Fortran comum (primeira linguagem de alto nível, desenvolvida em 1957, para processamento matemático; posteriormente foi ajustada de modo a incluir comandos apropriados para processamento vetorial):

```
      DO 50 I = 1, 100
50    C (I) = A (I) + B (I)
```

Este loop seria executado por 100 instruções escalares que deveriam ser interpretadas uma a uma e executadas uma a uma.

Em um processador vetorial, o programa ficaria assim:

```
N = 100
C (1:N) = A (1:N) + B (1:N)
```

E esta instrução única seria interpretada uma única vez e executada de forma simultânea (em paralelo).

Arquitetura de Processadores Vetoriais

Processadores vetoriais podem realizar operações vetoriais e operações escalares como um processador comum. Normalmente eles são constituídos de duas partes: uma unidade escalar e uma unidade vetorial. A primeira delas, usando pipeline, realiza processamento comum, conforme já mostrado anteriormente, e a unidade vetorial serve para processamento vetorial específico. No que se refere ao acesso aos dados, essas máquinas podem ser organizadas de duas formas diferentes:

- orientadas à memória e
- orientadas a registradores.

No primeiro caso, o elemento vetorial recebia os dados da memória e armazenava o resultado na memória, sendo, portanto, um processo mais lento, usado nas primeiras máquinas desse tipo. No caso de organização a vetor, a unidade vetorial possui uma quantidade de registradores vetoriais, os quais têm capacidade para N elementos de um vetor e o processamento se dá, então, de registrador para registrador, como em arquiteturas RISC, obtendo-se, naturalmente, maior velocidade. As arquiteturas mais recentes, como das máquinas Cray, Nec, Fujitsu e outros, empregam esta estratégia.

A Fig. 12.11 mostra a arquitetura típica de um processador vetorial, tendo como base a arquitetura do Cray 1, que era uma máquina vetorial. A arquitetura mostrada na referida figura é constituída das seguintes partes:

- registradores vetoriais – com 8 registradores de 64 elementos, com 64 bits cada;
- registradores escalares – servem para armazenar valores escalares comuns, como uma constante, endereços para serem manipulados e outros valores semelhantes;
- unidade vetorial load/store – como em máquinas RISC, é responsável pela transferência de dados entre a memória e os registradores vetoriais, sendo normalmente organizada de forma a processar em pipeline, obtendo-se maior velocidade entre as leituras e escritas;
- unidades de cálculo vetorial – são as unidades responsáveis pelos cálculos de inteiros, de valores em ponto flutuante e de valores lógicos. Na figura podem-se observar seis dessas unidades, que eram a estrutura do processador Cray 1; já o processador NEC SX/2 possui 16 unidades funcionais. Além disso, qualquer processador vetorial também possui unidades de cálculo para escalares, não mostradas na figura;
- memória – nos processadores vetoriais a memória é organizada de forma diferente da usada nos processadores convencionais em face da necessidade de transferência de grandes volumes de dados de cada vez (vários elementos de um vetor). Assim, ele deve permitir transferência em modo pipeline, podendo-se, deste modo, sobrepor leituras e escritas.

Embora sendo máquinas especificamente voltadas para processamento científico, processadores vetoriais são bastante eficazes naquele tipo de atividade, minimizando alguns dos problemas típicos de grande quantidade de processamento, como, por exemplo:

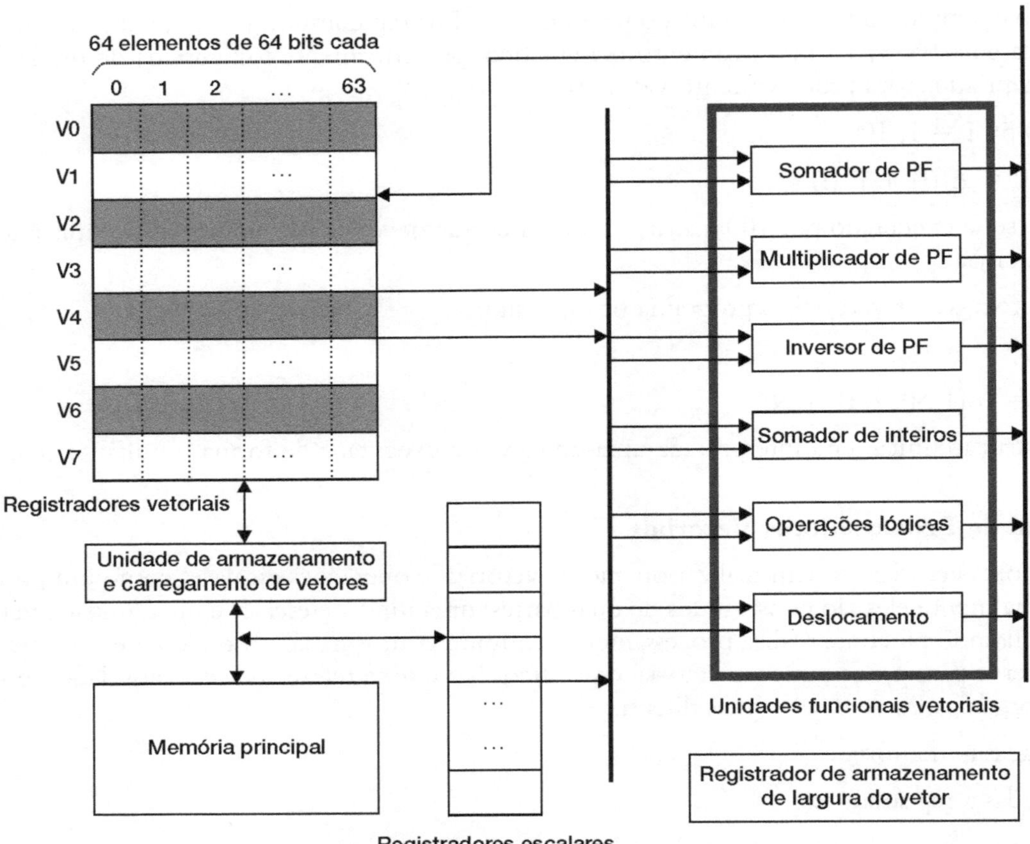

Figura 12.11 Arquitetura típica de um processador vetorial (semelhante ao processador Cray 1).

– dependência de dados (*data hazards*) – devido à natureza do processamento vetorial, o compilador já elimina qualquer possibilidade de dependência, em tempo de compilação, auxiliando também a busca antecipada de dados na memória;

– latência das operações com a memória – obtém-se rapidez no acesso pela introdução de pipeline nas operações de load/store, bem como com o emprego de memória de acesso intercalado, de modo a reduzir a latência de acesso quando se busca um vetor de 64 elementos, por exemplo.

12.3 ARQUITETURAS DE 64 BITS

Conforme já mencionamos diversas vezes neste texto, o projeto de processadores se baseia em diversos elementos, como o conjunto de instruções, o tipo delas e o modo de endereçamento, a quantidade de registradores, sua largura, bem como a quantidade de unidades funcionais (ou unidades de cálculo). Há decisões a serem tomadas no nível da arquitetura do processador, como a parte das instruções e dos registradores, e outras ao nível da implementação (ou da organização) do hardware, como a profundidade do pipeline, velocidade do relógio, etc. E ainda coisas que perduram por várias implementações, como a espessura dos transitores usados.

De qualquer maneira, qualquer que seja o projeto deseja-se sempre aumentar cada vez mais a capacidade de processamento e de endereçamento, bem como a velocidade do processamento. Observamos, também, que vários elementos contribuem para esse aperfeiçoamento, mas o consenso é total no que se refere a paralelismo de atividades, seja através de metodologia pipeline, superescalar ou superpipeline.

Desde o lançamento, pela Intel, da arquitetura x86 ou IA32 (com os 386, pois antes tinha-se a IA-16), que se emprega largura de palavra igual a 32 bits, ou seja, os registradores internos dos processadores armazenam valores com 32 bits de tamanho, bem como as unidades de cálculo (de inteiros) também manipulam valores com essa largura e os barramentos trabalham com valores múltiplos dele. Conquanto as máquinas iniciais já usassem, mesmo que pouco, pipeline, a arquitetura adotada pela Intel e posteriormente pela AMD (quando entrou no mercado de processadores) era o que foi denominado CISC, com poucos registradores e muitas instruções.

Desde o início da década de 1990 (pouco depois do lançamento no mercado do processador 486), quando ainda se usava em larga escala processamento de 16 bits, remanescente dos 8086/8088, já se começava a vislumbrar o emprego de uma arquitetura mais poderosa, capaz de processar de uma só vez valores com 64 bits de largura. Em julho de 1992 John Mashey, então vice-presidente de tecnologia da MIPS Computer Systems, publicou um artigo sobre o emprego futuro da tecnologia de 64 bits nas áreas de servidores, de computação gráfica, para criptografia, para manipular grandes bancos de dados e outras mais.

De forma simplista, podemos imaginar que o processador de 64 bits difere dos de 32 bits pelo aumento para 64 bits da largura de todos os seus componentes que manipulam dados (não a área de controle), como registradores, barramento e unidades de cálculo, e isso realmente acontece. Porém, há muito mais especificações diferentes para definir um processador de 64 bits, como quantidade de registradores e aproveitamento intenso do paralelismo de instruções e do hardware, características típicas de máquinas RISC.

O primeiro processador de 64 bits lançado e usado no mercado foi o chip Alpha, produzido pela DEC Corporation, o qual já foi descrito no Cap. 11 como processador RISC. Na área de microcomputadores pessoais predominam os fabricantes Intel e AMD, para os PC, e IBM/Apple para fabricar os processadores PowerPC, base dos computadores Macintosh. Assim, vamos descrever alguns detalhes das estratégias adotadas por alguns desses fabricantes na área do processamento de 64 bits:

- IA-64, no caso da Intel – utilizando este padrão para os processadores da família Itanium e Pentium 64; e
- AMD 64, no caso da AMD – utilizando seu padrão para os processadores Athlon 64 e Opteron.

12.3.1 IA-64 (Intel Architecture 64 Bits)

A IA-64 é uma especificação definida em conjunto pela Intel e HP (Hewlett-Packard) de arquitetura de processadores que funcionam com palavra de 64 bits. Diferentemente da IA-32, cuja sigla significa Intel Architecture, essa é Instruction Architecture, pois o crédito da definição não é só da Intel.

A IA-64 se baseia em um conceito de processadores cuja maior característica é a exploração ao máximo do paralelismo de processamento, seja no hardware, seja por software, e que recebeu o nome de EPIC (*explicit parallel instruction computing*) ou, em português, computação com paralelismo de instruções explícito. A base do conceito EPIC, que se enfileira com os conceitos de arquitetura CISC e RISC na história da computação, consiste em aperfeiçoar a tecnologia de compilação de modo a obter-se um paralelismo maior das instruções de um programa em tempo de compilação. A idéia básica é: se você pode fazer algo paralelo, faça, e se não pode, tente fazê-lo assim mesmo.

Em outras palavras, em vez de se deixar só para o hardware (em arquiteturas RISC superescalares) a tarefa de dividir o envio das instruções pelos diversos pipelines, com as regras da EPIC, cabe ao compilador estabelecer a escolha adequada da seqüência de execução, pela montagem dessa seqüência (podendo ser fora da ordem normal do programa, o que será rearranjado ao final da execução, é claro) no código-objeto gerado. Desse modo, as instruções já chegam na correta seqüência de execução que aproveite ao máximo o paralelismo, evitando os problemas de dependência (seja de dados, seja de controle). É claro que, muitas vezes, a seqüência que o compilador monta para ser executada não é a seqüência determinada e desejada pelo programa, e isto será corrigido no final da execução.

O conceito também inclui outras novas tecnologias, todas com o propósito de reduzir ou eliminar perdas de tempo, como na escolha de caminhos certos em instruções de desvio ou pela ocorrência de faltas (*misses*) em caches. Tais tecnologias, a serem abordadas a seguir, são especulação (processamento especulativo) e predicação (*predication*).

O conceito de arquitetura EPIC contempla o uso da tecnologia VLIW de processamento (ver item 12.2.2), a qual se vale de um formato de instrução próprio, que empacota várias delas para constituir uma instrução de grande tamanho (no caso da IA-64 veremos tratar-se de instrução de 128 bits de tamanho).

Em resumo, os processadores de 64 bits da Intel (série Itanium) são construídos baseados nas especificações da IA-64 (formato e tipos de instruções, quantidade e tamanho de registradores, unidades de cálculo, etc.). A IA-64 segue o modelo de arquitetura chamado EPIC, o qual contém um conjunto de definições, como uso de VLIW, uso do compilador para atribuir a seqüência de execução do código executável, uso de especulação e predicação, e outras.

Naturalmente, cada lote de processadores (ou grupos deles) deve seguir especificações do momento devido a custo, situação de mercado, tipo de aplicações destinadas, etc., como, p.ex., quantas unidades de cálculo para inteiros, quantas unidades de cálculo para ponto flutuante e velocidade do relógio do processador. Como exemplo, temos o processador Itanium (e mais adiante o Itanium 2), cujas implementações seguem a IA-64 (da categoria VLIW) que, por sua vez, se baseia no conceito EPIC.

Características da IA-64

Em linhas gerais, a IA-64 estabelece um conjunto de especificações, a saber:

1) **Palavra de 64 bits** – é a mais simples de entender, devido ao seu próprio nome. Ou seja, o sistema é capaz de manipular e realizar cálculos com valores de 64 bits de largura (ao contrário dos processadores anteriores, que manipulam números com 32 bits de tamanho). Isto implica um maior poder de processamento e velocidade de transferência, auxiliando sobremaneira aplicações com grande volume de dados: grandes BD; servidores; processamento de imagem e som, por exemplo;
2) **Unidades de cálculo** (*functional units*), para números inteiros e para números representados em ponto flutuante. A quantidade dessas unidades indica o grau de paralelismo (grau do efeito superescalar) do processamento e a quantidade de instruções concluídas por ciclo de relógio, um fator muito importante para o desempenho do processador. A quantidade dessas unidades depende de cada implementação específica de processador (sua organização);
3) **Registradores de inteiros** (GPR, *general purpose register*) – são 128 registradores para armazenar valores inteiros, todos de 64 bits, além de valores lógicos e outros, sendo, pois, registradores de emprego geral (exceto ponto flutuante);
4) **Registradores de ponto flutuante** (FPR, *floating point register*) – são 128 registradores para armazenar valores representados em ponto flutuante, todos de 82 bits de largura;
5) **Registradores de predicados** – são 64 registradores de 1 bit, para armazenar predicados;
6) **Espaço de endereçamento** – a IA-64 prevê 64 bits de largura de cada endereço de memória, de modo que o espaço máximo de endereçamento para processadores que seguirão esta arquitetura será de 16EB (16 Exa bytes), um espaço considerável, para os dias atuais, o que provavelmente deixará de ser verdade em um futuro não muito longíquo em face do avanço da tecnologia e das necessidades de certas aplicações sofisticadas e processamento gráfico e científico. Conforme já mostrado no Cap. 2, um Exa = 1024 * 1024 tera, ou aproximadamente 1 bilhão de gigas;
7) **Unidades de acesso e de tratamento de desvios** (*functional units*) – para operações load/store e operações de desvio (*branches*);
8) **Predicação** (*predication*) – tecnologia criada pelos pesquisadores da Intel e HP, com o propósito de evitar os atrasos na execução de instruções quando ocorre um desvio e o processador precisa decidir o caminho adequado sem perda de tempo;
9) **Especulação** (*speculation*) – inclusive de carga de dados, de modo a permitir ao processador buscar um dado antes que ele seja requerido por uma determinada instrução e, assim, quando o dado for requisitado ele já estará disponível, sem perda de tempo;
10) **Conjunto de instruções** – padrão RISC, embora um pouco maiores em tamanho do que o padrão comum daquelas máquinas (usualmente 32 bits, e na IA-64 são 41 bits);
11) **Formato das instruções geradas pelo compilador** – as instruções possuem tamanho fixo igual a 41 bits, de modo a acomodar três operandos e eventualmente quatro, mais um campo de template,

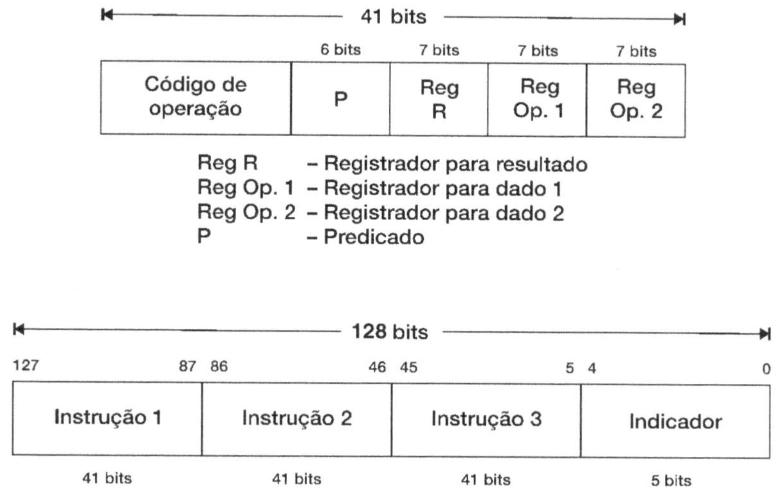

Figura 12.12 Formato das instruções geradas pelo compilador (128 bits) na IA-64.

para se incluir os valores dos predicados, a ser explicado adiante, e o campo código de operação. Como este possui 4 bits, permite apenas 16 combinações; o campo de operando 4 é usado em parte para extensão de código de operação. A Fig. 12.12 mostra o formato de uma instrução IA-64 (parte superior), bem como o pacote gerado pelo compilador contendo três instruções, seguindo o padrão VLIW (instrução longa, de 128 bits).

A Fig. 12.13 mostra um diagrama dos principais elementos da área de execução prevista na arquitetura IA-64, como os registradores e unidades de cálculo e execução, conforme já relacionado antes.

Para realizar o objetivo de incrementar o paralelismo das instruções (ILP – *instruction level parallelism*), sem crescer o hardware em complexidade como ocorre habitualmente com processadores RISC, a IA-64 utiliza o compilador para realizar a maior parte do trabalho de criar as condições para execução com um máximo de paralelismo. Uma das ferramentas usada para isso chama-se predicação, tradução do termo inglês *predication*. O predicado é na realidade uma "marca", estabelecida pelo valor 1 de um bit específico, colocado na instrução. Outra ferramenta é a especulação na transferência de dados. Ambas serão mostradas a seguir.

A criação de grupos de instruções e sua montagem em pacote de 128 bits (três instruções por pacote, conforme mostrado na Fig. 12.11) são realizadas pelo compilador, escolhendo-as de modo a evitar dependências

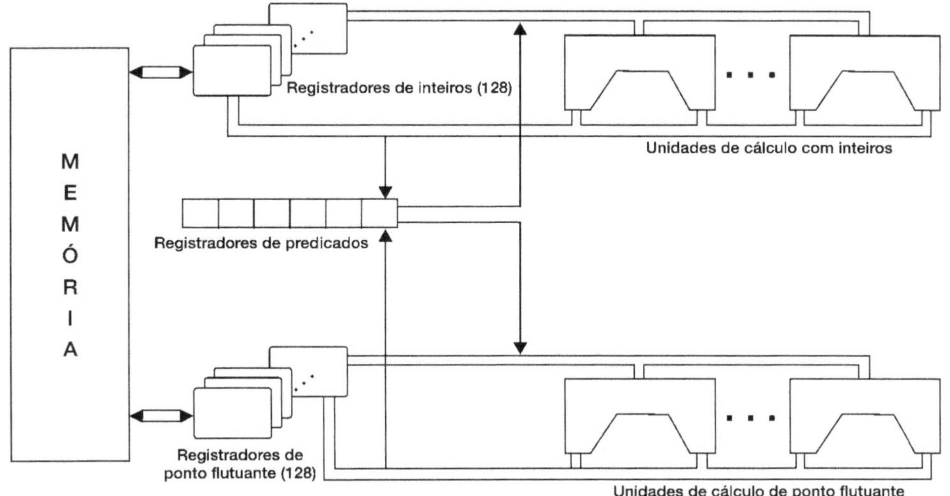

Figura 12.13 Elementos da IA-64 (arquitetura de 64 bits).

que poderiam atrapalhar a execução por perda de tempo; durante a fase de compilação são marcadas (usam-se dois ponto-e-vírgulas – ;; – após o último campo operando dela) as instruções que irão depender de outra, ou seja, colocando-se ;; está se separando uma da outra (a seguinte na seqüência), de modo que ambas não podem pertencer ao mesmo grupo, como exemplificado a seguir [STAL06]:

```
ld8   r1 = [5]          // primeiro grupo
sub   r6 = r8, r9 ;;    // primeiro grupo
add   r3 = r1, r4       // segundo grupo
at8   [r6] = r12        // segundo grupo
```

No exemplo, as duas primeiras instruções são separadas das duas seguintes devido à dependência entre a primeira e a terceira instrução, obrigando o compilador a colocar a marca de separação entre a segunda e a terceira. Esses grupos não serão executados em paralelo (devido à dependência) e, por isso, não serão colocados em uma mesma longa instrução (a de 128 bits).

Predicação

A especificação do conceito de arquitetura modelo EPIC procurou resolver o problema causado por estruturas de desvio de forma diferente da pura especulação, que se tem verificado não ser tão eficaz devido a eventuais perdas de tempo por especulação incorreta.

Ou seja, quando em um pipeline o processador se depara com uma instrução de desvio, como, por exemplo, um IF – THEN – ELSE, ele poderia tomar três decisões:

1) Aguardar a execução da condição do IF e somente nesse instante (conforme a condição fosse verdadeira ou falsa) ele iniciaria a execução das instruções pertencentes ao braço THEN ou ao braço ELSE.

   Naturalmente, esta opção nunca é usada pelo sistema, pois invalida as vantagens do pipeline.

2) Especular qual deverá ser o resultado da condição (por exemplo, verdade) e executar o braço escolhido (no caso THEN), desprezando a outra parte. Se tiver especulado certo praticamente não ocorrerá perda alguma de tempo, mas se a escolha for incorreta (era falso e não verdadeiro e, por isso, tem que ser executado o braço ELSE e não o THEN), então o processo pára, descartam-se todas as instruções do braço THEN (no exemplo, é claro) e passa-se a executar o braço ELSE (no exemplo dado), com enorme perda de tempo.

3) Usa-se predicação, que é uma tecnologia que transfere ao compilador a tarefa de escolher as instruções que serão executadas em paralelo; isso ocorre com ele orientando o processador para executar os dois braços do IF simultaneamente (é preciso haver recursos de hardware para as duas execuções em paralelo), e quando se souber o resultado da condição desprezam-se os resultados encontrados pelo processamento do braço que estava incorreto. É claro que processando-se ambos os braços está-se usando recursos e tempo para processar algo que sabidamente estará sendo descartado, mas isso é ainda mais rápido e eficiente do que a especulação, conforme estudos já realizados em laboratório na Universidade de Illinois [MAHL94].

A predicação (*predication*) funciona, de forma simplificada, da seguinte maneira (ver Figs. 12.14 e 12.15):

a) tendo-se um programa semelhante ao do trecho mostrado na Fig. 12.14, que contém na instrução 3 (beq) um IF-THEN-ELSE (instrução com decisão condicional). Durante a compilação, o compilador marca com um predicado específico (no exemplo, trata-se de P1) em todas as instruções do braço (do caminho) THEN, ou seja, ele marca com o predicado 1 (P1) as instruções correspondentes ao braço que se segue à condição VERDADE do IF;

b) ele marca com o predicado P2 as instruções do braço ELSE, isto é, aquelas que estão no braço em que o resultado da condição do IF é FALSA;

c) no primeiro caso, predicado P1, estão as instruções 4 – 5 – 6 e no segundo caso estão as instruções 7 – 8 – 9, conforme mostrado nas Figs. 12.14 e 12.15;

d) em seguida, o compilador monta a *instrução longa* contendo três instruções do programa conforme os grupos formados e de modo a colocar em um grupo de três instruções aquelas que não possuem dependência e podem, portanto, ser executadas em paralelo. A Fig. 12.14 mostra as três instruções longas, com a primeira delas contendo I1 – I2 – I3 (as três primeiras instruções do trecho exemplificado e que são independentes), sendo a última delas o IF (que possui a condição cujo resultado é que efetivamente determinará que braço é o correto). A segunda contém as instruções I4 – I7 – I5, e a última contém as instruções I8 – I6 – I9;

e) desse modo, o processador buscará, decodificará e executará todas as instruções dos dois braços do IF, guardando os resultados até que saiba o resultado do teste de condição do IF (se VERDADE OU FALSO);

f) quando o resultado da condição do IF se tornar conhecido, então o processador descarta os resultados das instruções com predicado correspondente à condição falsa e escreve os resultados das instruções cujo predicado correspondia à verdade.

```
I1: mov r1, r3
I2: sub r1.r2,r7
I3: beq r1,I7
I4: sub r3.r1,r7
I5: muli r3,r2,2
I6: j I10
I7: muli r7,r4,4
I8: div r6,r7,r3
I9: shri r6,7
I10: ...
```

Quando é encontrado o desvio na instrução 3 (I3:beq...) deve-se:

- **Iniciar a busca e execução do trecho I4-I5-I6 (braço THEN)?**

OU

- **Iniciar a busca e execução do trecho I7-I8-I9 (braço ELSE)?**

A decisão deve ser tomada ANTES do resultado do desvio.

Figura 12.14 Exemplo de programa com uso de predicação, na arquitetura IA-64.

Dessa maneira, o processador não espera pelo resultado do IF e nem corre o risco de especular o resultado errado, tornando, por isso, o desempenho melhor, mesmo com o inconveniente, conforme já mencionado, de executar instruções que sabidamente terão seu resultado descartado mais adiante.

Especulação na Carga (ou Transferência) de Dados

Como as memórias têm uma latência (ciclo de memória) bem lenta em relação ao ciclo do processador, pode haver um considerável atraso na chegada de um dado (dezenas de milhares de ciclos de relógio), como, por exemplo,

```
I1: lw    r1, 0(r4)
I2: add   r2, r1, r3
```

pode ocorrer um intervalo de milhares de ciclos de relógio entre as instruções I1 e I2.

Para evitar ou minimizar esse problema, a IA-64 desenvolveu uma tecnologia chamada especulação de carga de dados (*speculative load*), pela qual o compilador insere todas as instruções de carga *load* na frente do programa.

Isto pode ser simples, porém pode acarretar dois tipos de problemas: um deles refere-se à busca de um dado antecipadamente dentro de uma seqüência de execução, e um dado pode acarretar um resultado inválido (uma *exception*), o qual gera interrupção e ação do sistema operacional, com todos os atrasos decorrentes. E outro problema ocorre quando se busca um dado e ele faz parte de um braço de um IF-THEN-ELSE que não será efetivamente utilizado (lado falso do IF). No primeiro caso, a IA-64 trata como *speculative load,* ou especulação na carga, e no segundo caso como *control speculation*, ou especulação em desvios de controle.

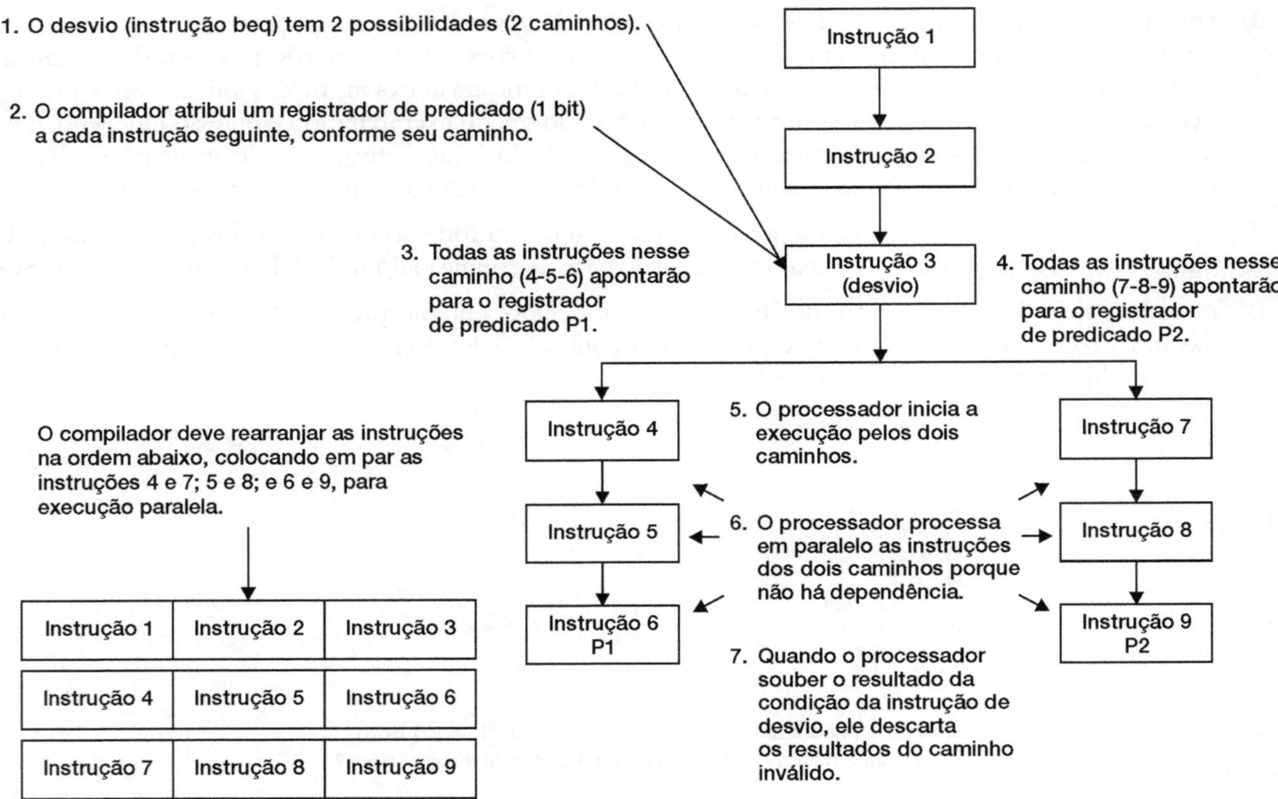

Figura 12.15 Exemplo de predicação na arquitetura IA-64, conforme conceito do modelo EPIC.

Assim, as instruções de carga (*load*) serão executadas concorrentemente com o resto do programa e os dados serão buscados antes que o processador realmente precise, porém quando precisar não haverá atrasos como nos processadores convencionais.

A exemplo do que observamos na técnica de predicação (instruções sendo buscadas e executadas e depois descartadas), pode ocorrer o fato de dados serem buscados sem que sejam efetivamente usados no decorrer da execução; eles são, na verdade, buscados de forma especulativa, na pressuposição de que serão usados. A perda de tempo com buscas que se revelam posteriormente desnecessárias é bem menor do que o atraso de latência na busca de um dado no instante em que é desejado, o que não ocorre nesta técnica.

As Figs. 12.16 e 12.17 mostram um exemplo do uso de especulação com instrução de desvio (*control speculation*).

Para se obter a correção do processo e não se cometer enganos, o compilador insere uma instrução de verificação (*check instruction*) antes do uso efetivo do resultado da busca (do *load*), de modo a verificar sua necessidade.

A técnica é exemplificada nas duas figuras, sendo que na Fig. 12.16(a) há um trecho de programa como escrito originalmente, e na Fig. 12.16(b) mostra-se o mesmo programa, porém com o código modificado pelo compilador para inserir a especulação de carga (observa-se a instrução I9 de verificação (chk) e os predicados inseridos. A Fig. 12.17 apresenta a seqüência de execução do programa exemplificado na Fig. 12.16 com as devidas modificações.

O Processador Itanium

Itanium foi o nome atribuído pela Intel ao processador que implementa a IA-64 que, conforme já explicado, segue os conceitos do modelo EPIC. O referido processador, cujo nome-código original era Merced, foi lançado inicialmente em 2001, em uma versão que não teve muito sucesso devido a muitos fatores adversos,

```
I1:add r3, r1, r2
I2:sub r2, r3, r5
I3:P1, P2 = cmp (r2 = =r3)
I4:<P1> sub r7, r3, r4
I5:<P1> rori r7,3
I6:<P1> j I10
I7:<P2> lw r4, 0 (r6)
I8:<P2> muli r4, r3, r6
```

(a) Código original

```
I1:add r3, r1, r2
I2:sub r2, r3, r5
I3:lw r4, 0 (r6) ←carga especulativa (speculative load)
I4:P1, P2 = cmp (r2= =r3)
I5:<P1> sub r7, r3, r4
I6:<P1> rori r7, 3
I7:<P1> j I10
I8:<P2> chk.s r4 ←instrução de verificação (load check)
I9:<P2> muli r4, r3, r6 ←carregar (load)
I10:
```

(b) Código modificado

Figura 12.16 Exemplo de programa com emprego de especulação de carga de dados (*speculative load*).

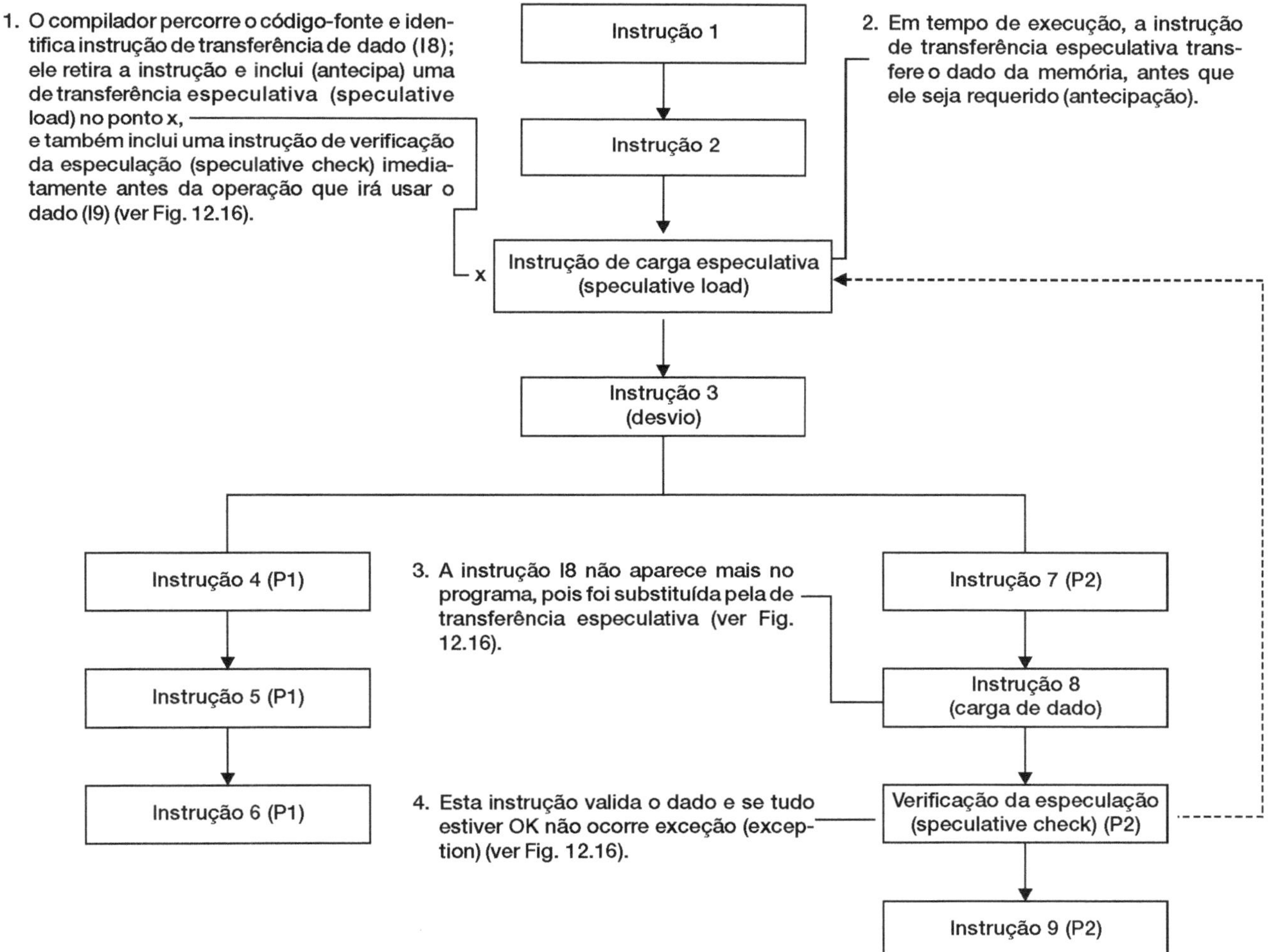

Figura 12.17 Exemplo demonstrativo de especulação de dados (com a Figura 12.16), na arquitetura EPIC.

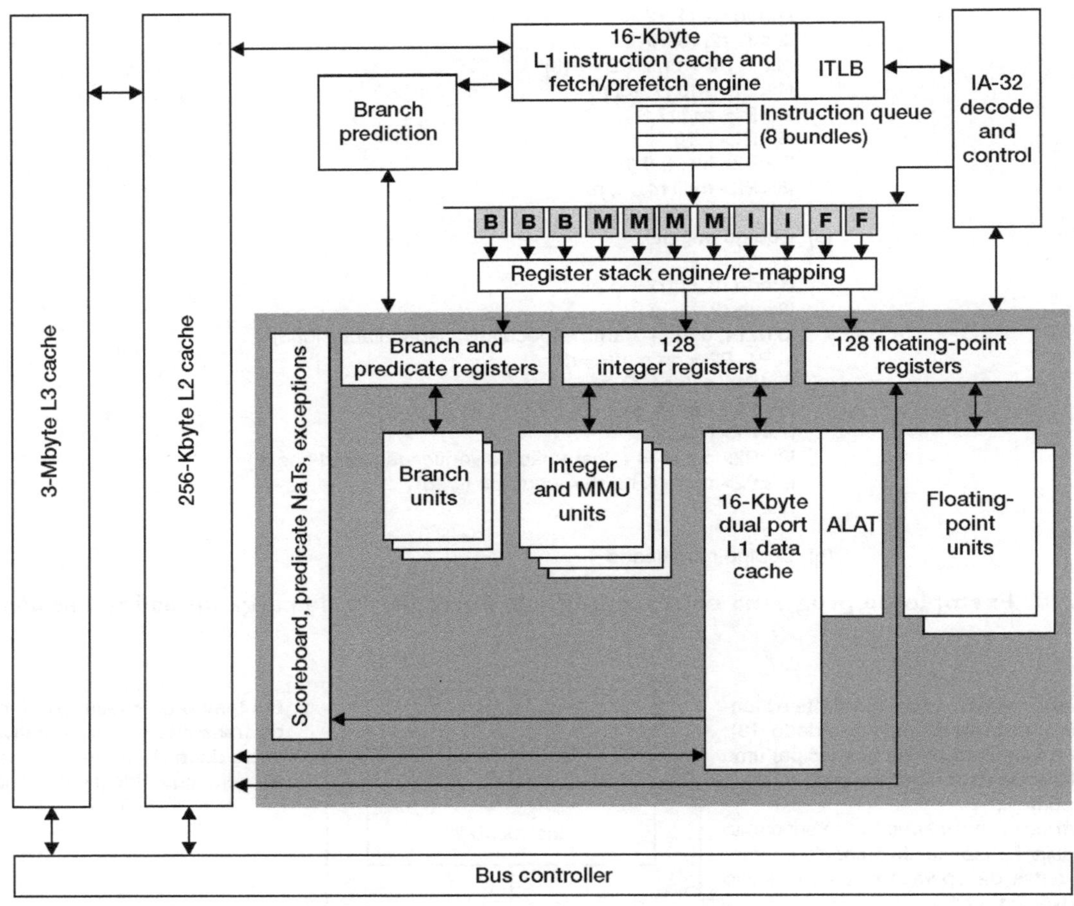

Figura 12.18 Diagrama em blocos do processador Itanium 2.

divulgados nos textos e críticas, tais como baixo desempenho e ausência no mercado da época de software em quantidade para aproveitar suas características inovadoras. Outro fator negativo importante foi o problema de capacidade do processador de executar código de 32 bits na forma nativa, ou seja, com rapidez.

A Intel aperfeiçou o processador, incluindo no novo componente inclusive a possibilidade de executar código de 64 bits ou de 32 bits na forma nativa, o que contribuiu bastante para a aceitação do novo modelo de Itanium, batizado de Itanium 2 e cujo diagrama em bloco é apresentado na Fig. 12.18. Posteriormente, a Intel lançou uma versão ainda de maior capacidade, denominada Itanium 2 6M e, recentemente, em julho de 2006, foi lançada uma versão Itanium de duplo núcleo (*dual core*), que recebeu o nome-código Montecito.

O Itanium 2 basicamente possui as seguintes características (ver Fig. 12.18):

a) 128 registradores para armazenamento de valores inteiros e outros, com 64 bits de largura;

b) 128 registradores para armazenamento de valores em ponto flutuante, com 82 bits de largura;

c) Até quatro unidades de cálculo para inteiros;

d) Até quatro unidades de processamento multimídia (MMX);

e) Até duas unidades de processamento de ponto flutuante de precisão estendida e duas unidades de precisão simples (FPU);

f) Até três unidades de processamento de desvios;

g) Duas unidades de processamento de acesso à memória (load/store);

h) 64 registradores de 1 bit para predicação;

i) Seis pipelines de oito passos, o que permite completar até seis instruções por ciclo de relógio;

j) Tecnologia de fabricação dos transistores (CMOS) de 180 nm (o Itanium 2 modelo 6M tem tecnologia de 130 nm);

k) Memória cache L1 para instruções e outra para dados, ambas com 16KB (tipo associativo de quatro caminhos; *4-way*);

l) Memória cache L2, inserida no processador, com 256KB (tipo associativo de oito caminhos; *8-way*);

m) Memória cache L3, também inserida dentro do invólucro do processador, com 3MB de tamanho (tipo associativo de quatro caminhos; *4-way*), enquanto no Itanium 2, modelo 6M, a cache L3 possui 6MB de capacidade, sendo do tipo associativo de 24 caminhos.

12.3.2 AMD 64

A arquitetura para processadores de 64 bits especificada pela AMD seguiu estratégia diferente da IA-64 (EPIC) da Intel/HP, e foi batizada de x86-64, uma extensão de 64 bits para a arquitetura x86. Ela tem sido usada nos processadores Athlon 64 e Opteron, tendo sido inicialmente conhecida por K8 (em seqüência à arquitetura de 32 bits K7), ou nome-código Hammer.

A estratégia da AMD, conforme divulgada pela própria empresa, consistiu em entrar no mundo de alto desempenho e elevada capacidade de armazenamento, proporcionado pelos 64 bits, sem perder o universo de usuários construído pelo sucesso da arquitetura K7 de 32 bits. Em outras palavras, a AMD decidiu fazer a transição de 32 para 64 bits de forma semelhante ao que foi adotado pela Intel quando migrou de 16 para 32 bits.

É fato que a nova arquitetura, implementada por meio dos processadores Athlon 64, para estações de trabalho e computadores pessoais, e do Opteron para servidores e trabalho mais pesado, não é somente uma extensão para 64 bits da arquitetura x86, como o nome poderia supor. Ela acrescenta novas características que tornam o desempenho dos processadores AMD bastante interessante, se comparado com o de processadores semelhantes da Intel. Como dito aqui, a idéia básica da AMD foi permitir que o usuário pudesse usar tanto programas codificados para arquitetura de 32 bits quanto novos programas para 64 bits de modo transparente, e sempre diretamente na forma nativa (32 ou 64 bits) escolhida, um efeito de marketing e fidelização impressionante.

Para especificar sua arquitetura de 64 bits, a AMD, além de estender a largura de seus registradores para 64 bits, aumentou a quantidade deles, de modo a se adequar a todas as arquiteturas do tipo RISC (muitos registradores). Assim, na área de registradores, tem-se:

- 16 registradores para armazenamento de valores inteiros, endereços, etc. (emprego geral ou GPR – *general purpose registers*), todos com 64 bits. Um aumento de oito registradores em relação à arquitetura de 32 bits;
- 16 registradores para processamento de multimídia (SSE). Também um aumento de oito registradores;
- Mantida em 64 bits a largura dos registradores de ponto flutuante e processamento MMX;
- O espaço máximo de endereçamento também aumentou de 4GB ou 2^{32} (32 bits de largura dos endereços) para 16EB ou 2^{64} (64 bits de largura de endereços).

Os processadores que seguirem esta arquitetura (x86-64 bits) poderão operar em dois modos: o de 32 bits (denominado pela AMD de modo *herança* (do original inglês *legacy*), herdado da arquitetura original x86, de 16 ou 32 bits, de modo a tornar o processador compatível para todo código escrito para 32 bits, que é a quase totalidade, atualmente, ou ainda de 16 bits (um atrativo grande para os usuários), e o modo longo, específico para processamento de 64 bits.

O modo longo (*long mode*) possui dois submodos:

- de 64 bits, que permite realmente processamento de 64 bits, com todas as possibilidades acrescentadas aos processadores para uso em 64 bits, e
- de compatibilidade, na qual é possível ao Sistema Operacional de 64 bits rodar em 32 ou 16 bits.

A Fig. 12.19 mostra dois quadros com as possibilidades e processo de escolha pelo sistema. Na Fig. 12.19(a) é mostrado um quadro com as opções de modo (LMA) e de submodos, obtidas por bits adicionais, D (de

SO de 64 bits LMA	Aplicações de 64 bits CSD bit L	Dados CSD bit D	Modo da UCP
0	X	0	Modo padrão de 16 bits
0	X	1	Modo padrão de 32 bits
1	0	0	Modo compatibilidade de 16 bits
1	0	1	Modo compatibilidade de 32 bits
1	1	0	Modo 64 bits
1	1	1	Reservado

(a) Modos de Operação

<table>
<tr><th colspan="2" rowspan="2">Modo</th><th rowspan="2">Tipo de sistema operacional</th><th rowspan="2">Recompilar?</th><th colspan="4">Default</th></tr>
<tr><th>Largura dos endereços (bits)</th><th>Largura dos operandos (bits)</th><th>Registradores estendidos</th><th>Larg. reg. emprego geral</th></tr>
<tr><td rowspan="3">Modo Longo (novo)</td><td>Modo 64 bits</td><td rowspan="3">Novo SO de 64 bits</td><td>Sim</td><td>64</td><td rowspan="3">32</td><td>sim</td><td>64</td></tr>
<tr><td rowspan="2">Modo Compatibilidade</td><td rowspan="2">Não</td><td>32</td><td rowspan="2">não</td><td rowspan="2">32</td></tr>
<tr><td>16</td></tr>
<tr><td colspan="2" rowspan="2">Modo Herança (antigo)</td><td rowspan="2">SO de 32 ou de 16 bits</td><td rowspan="2">Não</td><td>32</td><td>32</td><td rowspan="2">não</td><td rowspan="2">32</td></tr>
<tr><td>16</td><td>16</td></tr>
</table>

(b) Características de Programação

Figura 12.19 Quadro demonstrativo de modos AMD64.

dados) e L (de aplicação), existentes em um registrador CS (*code segment*, ou de segmento de código), visto que a escolha a ser efetuada se aplica a cada segmento de código, garantindo mais flexibilidade ao programador. A Fig. 12.19(b) mostra o quadro geral de possibilidades com os modos e submodos escolhidos.

O sistema ativa os modos por meio de um bit de controle, LMA (*long mode active*), e controla os submodos do modo 64 bits pelos já mencionados bits de controle, L e D, conforme mostrado na Fig. 12.19(a) e (b).

Naturalmente, o sistema só funciona de modo adequado permitindo todas essas escolhas com um sistema operacional desenvolvido para operar com 64 bits.

Para implementar a arquitetura x86-64, a AMD lançou duas linhas de processadores, a linha AMD Athlon 64 (ver Fig. 12.20), de computadores de mesa (desktops), embora com capacidade elevada por serem máqui-

Figura 12.20 O processador AMD Athlon 64.

nas de 64 bits (para jogos, 3D, computação gráfica e outros). Além disso, criou a linha Opteron, para servidores e processamento de maior capacidade.

EXERCÍCIOS

1) Explique a diferença entre processamento superescalar e processamento superpipeline.

2) O que significa o termo: paralelismo de instrução (*instruction level parallelism*)?

3) Qual é a diferença entre paralelismo de instrução e paralelismo de hardware?

4) Cite um fator chave para se obter melhorias no desempenho de um sistema superescalar.

5) Considerando-se dois processadores, A e B, ambos projetados com arquitetura superescalar, e que, em determinado momento, os dois processadores executam um total de 1000 instruções. Que fator permitiria se determinar, neste exemplo, qual dos dois processadores teria melhor desempenho?

6) O que se entende por dependência de dados?

7) Cite uma vantagem e uma desvantagem da arquitetura superpipeline.

8) Explique o funcionamento de um processador vetorial.

9) Explique uma possível desvantagem da arquitetura pipeline quando se tem estágios heterogêneos em tempo, isto é, a duração dos estágios não é igual.

10) Considere um processador que opere na freqüência de 2 GHz e que possua arquitetura superescalar com 3 pipelines. No referido processador cada instrução é concluída em 1 ciclo de relógio. Desprezando outras características de tempo e eventuais dependências e conflitos de recursos responda em quanto tempo este processador completará a execução de 12 instruções.

11) Explique o que é predicação. E especulação?

12) O que significa e como funciona a arquitetura VLIW?

13) Cite 4 características da arquitetura IA-64.

14) Qual é a vantagem de um maior emprego das funções do compilador na arquitetura IA-64 em relação às arquiteturas convencionais?

15) Descreva os aspectos básicos da arquitetura AMD 64.

Apêndice A

Sistemas de Numeração

A.1 SOBRE SÍMBOLOS E NÚMEROS

Símbolo é uma marca visual ou gráfica que representa um objeto que desejamos identificar, uma idéia ou conceito que desejamos expressar.

A é um símbolo definido para representar a idéia de um caractere, enquanto o símbolo 2 representa o conceito ou idéia de valor (2 litros de leite, 2 reais).

A bandeira nacional é um símbolo representativo do conceito de nação, enquanto *mesa* é um símbolo (constituído de quatro outros símbolos indicadores de cada caractere) que representa um objeto. Para o mesmo objeto, a língua inglesa define outro símbolo, a palavra *table*.

Na aritmética, os símbolos + e − representam, respectivamente, o conceito de adição e de subtração.

Na vida cotidiana costumamos usar indistintamente o símbolo e a idéia que ele representa, como, por exemplo: 2 carros; 2 é o símbolo que representa o valor 2. Embora ocorra essa confusão de usos, devemos ter certeza de que conhecemos a diferença entre o símbolo e seu conceito, especialmente na aritmética, na qual essa confusão é mais freqüente.

Vamos exemplificar o que acabamos de expor:

a) *numeral* é um símbolo designado para representar um número, como, por exemplo: 2, 7, 6 + 9, 57%.

b) *número* é a idéia que o símbolo representa. Um número pode ser representado por diversos numerais, como, por exemplo:

   $5 = 7 - 2 = 4 + 1 = 10/2 = 1 \times 5$

c) considere, nas afirmações a seguir, símbolos representados entre aspas e números (a idéia ou conceito) sem aspas.

   "1" carneiro — "5 – 2" lápis

   "19" cadeiras — "7" carros

Escreva 4, depois × e em seguida 3 e efetue mentalmente a operação ($4 \times 3 = 12$). Representa-se o valor 12 usando os numerais 1 e 2 em seqüência. Em 12, o 1 representa o valor 10 (e não 1) e o 2 representa, realmente, o valor 2.

A origem dos conceitos sobre números não é um fato bem determinado no tempo; sabe-se apenas que o homem pré-histórico já empregava algum modo de contar grandezas, como: um homem, dois peixes ou dois animais.

Os primeiros registros sobre o emprego mais ordenado de números remontam a cerca de 4000 a.C., com as civilizações da Mesopotâmia. Os sumérios e seus sucessores, os babilônios, deixaram muitas informações a respeito do uso de seus sistemas numéricos, relativos a práticas comerciais bastante organizadas.

É importante observar que a simples indicação de nomes para representar números não estabelece a estrutura de um sistema de numeração. Um nome é apenas uma mera representação simbólica de um valor, em uma determinada linguagem; embora o objeto nomeado seja sempre o mesmo, o símbolo usado em cada linguagem costuma ser diferente, conforme já mostrado ao definirmos os símbolos.

Repetindo, com outro exemplo, a grandeza que exprime o valor seis (seis carros, seis pessoas, seis livros, seis reais) é, em português, escrita simbolicamente como seis, enquanto outras culturas possuem nomes (ou símbolos) diferentes para indicar a mesma grandeza, como:

6, VI, six, sechs, IIII II

Na realidade, não há sociedade que tenha criado um nome (numeral) específico para cada número, visto que a quantidade de números é infinita. Em geral, usa-se um método pelo qual são definidos nomes básicos (pequena quantidade); os demais nomes, em seqüência crescente, são estabelecidos através de combinações dos nomes básicos. Trata-se de um método que utiliza a recursividade para compor o nome dos números.

Por exemplo, em nossa linguagem (e em outras também) há nomes específicos para os primeiros vinte e um números (0 a 20), embora alguns desses formem um composto de outros (dezessete é um composto de dez e sete). Em seguida ao vinte, há uma combinação de dois nomes (numerais) entre os já definidos:

vinte e um, vinte e dois, até o vinte e nove, para em seguida aparecer outro nome singular: trinta.

O processo de nomenclatura recursiva prossegue de modo que, a cada nove números (com nomes compostos), é definido um nome novo:

quarenta, cinqüenta, ..., até cem. E depois tem-se mil, etc.

Esse processo de nomear números está relacionado com os símbolos que os representam, visto que podemos criar poucos símbolos diferentes e, com estes, indicar valores crescentes através da comparação desses símbolos, como:

1 2, 1 3 3 3 1 1, X C, C X X I V

A partir desse ponto vamos utilizar o termo *número* em vez de numeral, visto que aprendemos bem a usar a palavra símbolo como se fosse a própria idéia do valor.

A.2 SISTEMA DE NUMERAÇÃO NÃO-POSICIONAL

Atualmente (e desde muito tempo), é generalizado o emprego, tanto na matemática quanto em ambientes comerciais, de um sistema de numeração chamado *posicional*, embora, em tempos bem remotos, alguns povos (os romanos, por exemplo) tenham adotado um outro método representativo de números.

O sistema de numeração romano é constituído de um conjunto N de 7 algarismos diferentes, cada um representando um valor fixo, independentemente de sua posição relativa no número:

N = (I, V, X, L, C, D, M)

indicando, respectivamente, os valores:

1, 5, 10, 50, 100, 500 e 1000.

Nesse sistema não há símbolo representativo para o zero; os números são definidos da esquerda para a direita, e seus valores obtidos segundo uma regra simples:

- cada algarismo colocado à direita de um maior é adicionado a esse;
- cada algarismo colocado à esquerda de outro maior tem seu valor subtraído do maior.

Exemplo A.1

I V = 4 (I = 1 < V = 5 e à sua esquerda, então: 5 − 1 = 4)

V I = 6 (I = 1 à direita é somado a V = 5)

X C = 90

C L X V = 165 (100 + 50 + 10 + 5)

Observação: É interessante esclarecer que o sistema romano não foi criado para efetuar cálculos matemáticos, devido à enorme dificuldade de efetuá-los em tal sistema.

Exemplo A.2

X X I V	2 4
+ L X V	6 5
+ M C X L I I	1 1 4 2
M C C X X X I	1 2 3 1

Ele era utilizado pelos contadores romanos apenas para registrar informações numéricas (eles usavam ábacos para efetuar os cálculos), sendo baseado no valor 10 e no princípio da adição (posteriormente, criou-se uma complicação com a inclusão da subtração na formação dos números).

Exemplo A.3

X = 10; L = 5 × 10 = 50; C = 10 × 10 = 100

D = 50 × 10 = 500 M = 100 × 10 = 1000

XXVI = 10 + 10 + 5 + 1 = 26

No entanto, esse sistema possui, conforme já mencionamos, uma notável imperfeição (que tornou impraticável seu uso para cálculos), qual seja, a de inserir regra de subtração na formação dos números (algarismo menor à esquerda de um maior é subtraído desse).

Exemplo A.4

XIV = 10 + 5 − 1 = 14, em vez de XIIII

XL = 50 − 10 = 40, em vez de XXXX

Ainda a título de ilustração, podemos acrescentar que a forma gráfica dos algarismos romanos evoluiu desde sua criação até se constituir nos algarismos hoje conhecidos. Na realidade, sua invenção data de muitos séculos antes do estabelecimento da civilização romana. Apesar de chamados algarismos romanos, por terem sido amplamente usados por um povo tão importante quanto o romano, sua origem remonta a outros povos,* possuindo antes outra forma gráfica, a qual foi gradualmente evoluindo, conforme se depreende da Fig. A.1.

A.3 SISTEMA DE NUMERAÇÃO POSICIONAL

Um sistema posicional de formação de números é definido pelo fato de o valor de cada algarismo componente do número ser diferente conforme sua posição no número. Seu valor absoluto é modificado por um fator (ou peso), o qual varia conforme a posição do algarismo, sendo crescente da direita para a esquerda.

*Afirma-se que os povos etruscos (século VII ao IV a.C.) foram os inventores desse sistema de numeração, posteriormente chamado de sistema romano.

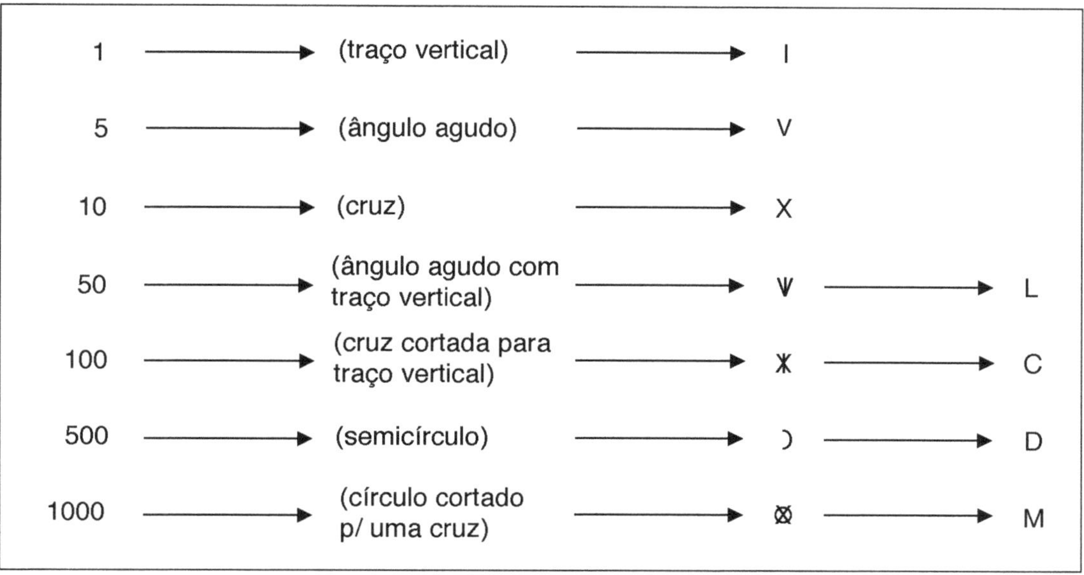

Figura A.1 Desenvolvimento da forma gráfica dos números.

Por exemplo, no sistema decimal o número representativo do valor 2622 é constituído de quatro algarismos, tendo três deles o mesmo valor absoluto (o algarismo 2). No entanto, cada um dos citados algarismos indica um valor diferente:

$2622_{10} = 2000 + 600 + 20 + 2$

$2000 = 2 \times 10^3$

$600 = 6 \times 10^2$

$20 = 2 \times 10^1$

$2 = 2 \times 10^0$

O fator antes mencionado, que modifica o valor do algarismo conforme sua posição, é, em cada parcela, uma potência de 10 a partir da potência 0 (algarismo mais à direita do número — menos significativo), sendo crescente para a esquerda (potência 1, potência 2, ...).

É uma potência de 10 porque o sistema usado como exemplo é o sistema decimal. Isso conduz a um conceito fundamental dos sistemas posicionais: o de BASE.

Toda a estrutura de formação de números e realização de operações aritméticas em um sistema posicional está relacionada com o valor da base do referido sistema.

A.3.1 Base

A noção de *base* de numeração está relacionada à idéia de grupamento de valores, para permitir a contagem e as operações aritméticas de qualquer valor, grande ou pequeno, através do emprego de pequena quantidade de símbolos diferentes.

O problema é originado na necessidade de o homem escrever (ou dizer) números de valor elevado, utilizando, para isso, um mínimo de símbolos possíveis.

Pode-se simplesmente definir a base de um sistema de numeração como a quantidade de símbolos ou dígitos ou algarismos diferentes que o referido sistema emprega para representar números.

O sistema decimal usa 10 símbolos e, portanto, a sua base é 10 (daí o nome decimal).

0, 1, 2, 3, 4, 5, 6, 7, 8, 9

O sistema binário — de base 2 — possui apenas os símbolos: 0 e 1, enquanto o sistema octal — de base 8 — emprega os algarismos:

0, 1, 2, 3, 4, 5, 6, 7

Nos sistemas de base maior que 10 torna-se necessário criar outros símbolos para representar os algarismos não existentes no sistema decimal (algarismos de valor maior que 9). Na base 16 — hexadecimal — convenciona-se usar as letras A, B, C, D, E e F para indicar o valor dos 6 algarismos restantes, que completam o conjunto de algarismos da base 16:

$S_{16} = \{0, 1, 2, 3, 4, 5, 6, 7, 8, 9, A, B, C, D, E, F\}$

O índice 16 indica o valor da base, para distinguir diferentes valores de números com algarismos iguais:

$3\,7_{10} = 3\,7_8 = 3\,7_{16}$

Adotando para exemplo nosso conhecido sistema decimal, verifica-se que, em vez de criar infinitos símbolos para representar cada número desejado, pode-se grupar valores e simplificar sua representação.

Até o valor 9, os números são escritos com algarismos diferentes, mas o valor seguinte, valor 10, é representado por dois algarismos: algarismo 1 e algarismo 0. O primeiro deles à esquerda, algarismo 1, indica um valor equivalente a um grupo de unidades – casa da direita —, e o outro, algarismo zero, 0, já que o valor completo foi representado pelo algarismo 1:

1 grupo de 10 unidades + zero unidade = 10

Se, p. ex., fosse acrescentado 1 unidade ao número 10, então, teríamos + 1 adicionado ao zero, mantendo-se inalterado o algarismo 1 da casa esquerda, ou:

10 + 1 = 11

O número 23, por exemplo, tem seu valor representado por dois grupos de 10 unidades mais três unidades.

Prosseguindo na formação de números de 2 algarismos, atinge-se o maior valor, constituído de nove grupos de 10 unidades mais nove unidades — valor igual a 99. O valor seguinte teria que conter 10 grupos de 10 unidades; não existindo um algarismo 10, avança-se uma casa para a esquerda: uma unidade dessa segunda casa à esquerda representa 10 grupos de 10 unidades ou 100 unidades ou 10^2. E assim por diante.

0	6	12	21	199	1000
1	7	-	-	200	1001
2	8	-	-	201	-
3	9	-	99	-	-
4	10	19	100	-	-
5	11	20	101	999	-

Pode-se verificar, então, que a base de um sistema de numeração posicional é o fundamento (daí seu nome base, local ou elemento onde se assenta a estrutura) da formação dos números, bem como do processo de realização de operações aritméticas em um determinado sistema.

A base é o grupo de unidades pelo qual os números vão sendo construídos, da direita para a esquerda.

Assim, o valor (número):

$3\,2\,7\,4_{10}$ (base 10)

Corresponde a três mil duzentas e setenta e quatro unidades,

ou

3 grupos de dez vezes dez vezes dez mais dois grupos de dez vezes dez mais 7 grupos de dez mais quatro unidades

ou

$3 \times 10^3 + 2 \times 10^2 + 7 \times 10^1 + 4 \times 10^0$

A.3.2 Um Pouco de História

O sistema decimal parece ter sido desenvolvido (ou pelo menos registrado) na Índia, por volta de 600 a.C., tendo sido passado aos persas e transcrito em arábico, razão pela qual foi introduzido na Europa, quando da invasão bárbara, sendo até hoje seus algarismos chamados de *arábicos.*

Os algarismos representativos do sistema evoluíram em sua forma gráfica desde sua origem conhecida até os símbolos atualmente usados, de modo semelhante ao que aconteceu com os algarismos romanos.

O sistema decimal, embora não fosse o primeiro, teve a particularidade interessante da criação do algarismo zero, incluído na constituição dos números. Outros sistemas posicionais mais antigos, como o *sexagenal* (base 60) dos babilônios, e o *duodecimal* (base 12), não possuíam representação para o zero (o sistema não-posicional romano também não possuía representação para o zero).

O sistema de base 12 foi empregado por antigos comerciantes (os sumérios foram um exemplo), sendo bastante interessante devido à sua capacidade de divisão, superior ao sistema decimal; a base 12 é divisível por 2, 3, 4 e 6 (ao contrário do sistema decimal, onde a base 10 é divisível apenas por 2 e 5).

Dessa forma, divisões comuns no comércio (terço, quarto, meio, sexto) são perfeitamente calculáveis e com resultados exatos, no sistema duodecimal. Além disso, há doze meses no ano; 2 vezes 12 horas em um dia; 5 vezes 12 minutos em uma hora, etc.

Atualmente ainda se usa em certas transações comerciais o conceito de uma dúzia, meia dúzia, etc.

Outro sistema de numeração importante na Antigüidade foi o sistema sexagenal (base 60), inicialmente adotado pelos sumérios e depois pelos babilônios, sendo notável o seu estágio de desenvolvimento para a época (cerca de 1800 a.C.). Apesar desse adiantamento, o sistema sexagenal também não possuía representação para o algarismo zero e tinha que recorrer a 60 diferentes algarismos (quantidade grande para se decorar).

Embora fosse difícil efetuar a contagem de números, devido à grande quantidade de algarismos diferentes, a base 60 permaneceu em uso por longo tempo, restando ainda hoje vestígios de sua utilidade na contagem do tempo (hora de 60 minutos e minuto de 60 segundos) e no cálculo de valores angulares (1 grau = 60 minutos e 1 minuto = 60 segundos).

Na verdade, existiram dezenas de modos diferentes de contar valores e efetuar aritmética, todos concernentes a um modo qualquer de representar valores por grupamento de valores menores (conceito de base), cuja identidade depende da posição do algarismo (sistema posicional).

Assim, pode-se definir a estrutura de um sistema de numeração com qualquer valor de base (diferente de 0 e 1), inclusive de bases com valor negativo ou fracionário.

A.4 ALGARISMOS E NÚMEROS

Em um sistema posicional de base fixa B, um número é usualmente representado por uma série de algarismos pertencentes ao conjunto disponível para a referida base.

Assim, dada uma base B, teremos nessa o conjunto S de algarismos:

$S = \{d_{b-1}, d_{b-2}, d_{b-3}, ..., d_1, d_0\}$

Cada número que se deseje escrever será representado por:

$$N = d_{n-1}\ d_{n-2}\ d_{n-3}\ ...\ d_1\ d_0 \qquad (A.1)$$

sendo N o número e n a quantidade de algarismos desse número.

Por exemplo, na base decimal (B = 10), temos:

372_{10}

Sendo n = 3, n − 1 será = 2, na forma de representação mostrada em A.1,

$d_2 = 3 \quad d_1 = 7 \quad d_0 = 2$

Pode-se observar que o conjunto de algarismos exemplificado (372) é interpretado como tendo um determinado valor somente pelo fato de que estabelecemos o conceito de representação posicional.

Desse modo, 372 representa um número cujo valor é obtido ao somarmos três vezes cem, sete vezes dez e duas vezes um. Alterando-se a ordem dos algarismos, obteremos a representação de outro valor, diferente do anterior, como, por exemplo, o valor 237.

$237_{10} = 2 * 10^2 + 3 * 10^1 + 7 * 10^0$

Sendo o nosso sistema posicional e decimal (base 10), cada número é interpretado como tendo o seguinte valor:

$$N = d_{n-1} \times 10^{n-1} + d_{n-2} \times 10^{n-2} + \ldots + d_1 \times 10^1 + d_0 \times 10^0 \qquad \text{(A.2)}$$

Observe que nessa outra forma de representação (diferente da apresentada em (A.1)) não há necessidade de indicar-se o valor zero (0), pois o produto de qualquer valor por zero será igual a zero.

No entanto, se o número for representado pela maneira usual (A.1), o algarismo 0 deve constar do conjunto de dígitos.

Por exemplo:

$N = 4 \times 10^2 + 0 \times 10^1 + 6 \times 10^0$

pode ser simplificado para

$N = 4 \times 10^2 + 6 \times 10^0$

mas 406_{10} *não é* igual a 46_{10} (sendo necessário o uso do algarismo 0).

A expressão (A.2) pode ser entendida como a soma de fatores com expoentes negativos, indicando valores fracionários. Na realidade, costumamos escrever números mistos sob uma única forma, constituída de uma parte inteira e outra fracionária, separadas por uma vírgula (alguns países usam o ponto em vez da vírgula para separar inteiros de fracionários).

A expressão (A.2) mais completa seria:

$$N = \underbrace{d_{n-1} \times 10^{n-1} + d_{n-2} \times 10^{n-2} \ldots + d_0 \times 10^0}_{\text{parte inteira}} + \underbrace{d_{-1} \times 10^{-1} + d_{-2} \times 10^{-2} + \ldots + d_{-m} \times 10_{-m}}_{\text{parte fracionária}} \qquad \text{(A.3)}$$

sendo **n** a quantidade de algarismos inteiros e **m** a de fracionários.

Exemplo A.5

$27{,}3_{10} = 2 \times 10^1 + 7 \times 10^0 + 3 \times 10^{-1} = 20 + 7 + 0{,}3 = 27{,}3_{10}$

$32{,}12_{10} = 3 \times 10^1 + 2 \times 10^0 + 1 \times 10^{-1} + 2 \times 10^{-2} = 30 + 2 + 0{,}1 + 0{,}02 = 32{,}12_{10}$

$127{,}3_{10} = 1 \times 10^2 + 2 \times 10^1 + 7 \times 10^0 + 3 \times 10^{-1} = 100 + 20 + 7 + 0{,}3 = 127{,}3_{10}$

A.5 CONVERSÃO DE BASES

A.5.1 Da Base 10 para uma Base B Qualquer

Um problema comum em computação refere-se à conversão do valor de um número de uma certa base para outra. Isto é, dado um número N, expresso por um conjunto de algarismos de uma base B_o (base origem), procura-se obter o conjunto de algarismos que representa o mesmo número (mesmo valor) expresso em termos de outra base B_r (base resultante).

Sabe-se que o número N pode ser representado por:

$$N = d_{n-1}\, d_{n-2}\, d_{n-3} \ldots d_1\, d_0 \quad (A.1)$$

ou

$$N = d_{n-1} \times B_r^{n-1} + d_{n-2} \times B_r^{n-2} + \ldots + d_1 \times B_r^1 + d_0 \times B_r^0 \quad (A.2)$$

onde os algarismos (dígitos) $\mathbf{d_i}$ são os algarismos, ainda desconhecidos, de N, para sua representação na base B_r.

Para se obter os referidos algarismos, pode-se desenvolver a expressão (A.2) sob a forma polinomial multiplicativa, resultando no polinômio mostrado em (A.4).

$$N = \{[(d_{n-1} \times B_r + d_{n-2}) \times B_r + d_{n-3}] \times B_r + \ldots + d_1\} \times B_r + d_0 \quad (A.4)$$

Por exemplo, poder-se-ia representar um valor na base 10 segundo a expressão (A.2), o que resulta na expressão (A.5):

$$18\,543_{10} = 1 \times 10^4 + 8 \times 10^3 + 5 \times 10^2 + 4 \times 10^1 + 3 \times 10^0 \quad (A.5)$$

ou segundo a expressão (A.4), o que resulta na expressão (A.6):

$$18\,543_{10} = |\{[(1 \times 10 + 8) \times 10 + 5] \times 10 + 4\} \times 10 + 3| \quad (A.6)$$

A.5.1.1 Conversão de Números Inteiros

A forma polinomial expressa em (A.4) pode também ser desdobrada de outro modo, se se considerar que:

$N = N_1 \times B_r + d_0,$

expressão que denominaremos N_0, e onde N_1 é, na expressão (A.4), todo o polinômio compreendido entre chaves { }.

E os polinômios mais internos são:

$N_1 = N_2 \times B_r + d_1$

$N_2 = N_3 \times B_r + d_2$

$N_{n-1} = d_{n-1}$

Ou ainda:

$N = N_1 \times B_r + d_0$

$N_j = N_{j+1} \times B_r + d_i$

$N_{n-1} = d_{n-1}$

No exemplo apresentado em (A.6) — $18\,543_{10}$ — teremos:

$N = N_0 = 18\,543 = N_1 \times B_r + d_0 = 1854 \times 10 + 3$ ou $d_0 = 3$

$N_1 = 1854 = N_2 \times B_r + d_1 = 185 \times 10 + 4$ ou $d_1 = 4$

$N_2 = 185 = N_3 \times B_r + d_2 = 18 \times 10 + 5$ ou $d_2 = 5$

$N_3 = 18 = N_4 \times B_r + d_3 = 1 \times 10 + 8$ ou $d_3 = 8$

$N_4 = d_{n-1} = 1$ ou $d_4 = 1$

Como, por definição, $0 <= d_i < B_r$, para todos os valores de **i**, podemos obter cada algarismo $\mathbf{d_i}$, o qual é o resto da divisão de N_i por B_r. Ou seja,

$N_{i+1} = [\, N_i / B_r \,]$

As operações de sucessivas divisões são realizadas na base origem (B_o) e, por isso, esse processo é empregado na conversão de valores da base 10 (base origem) para outra base qualquer (B_r).

Exemplo A.6

Converter o número 175_{10} para a base 2 (B_r).

O algoritmo básico consiste nos seguintes passos:

a) i = 0 (inicialização do contador);

b) valor $N_i = N$;

c) enquanto N_i # 0

   1) d_i = resto da divisão: N_i / B_r;

   2) N_{i+1} = quociente de: N_i / B_r;

   3) i = i + 1.

Sendo N = 175 e B_r = 2, teremos:

i	N_i	N_{i+1}	d_i (resto)
0	175	87	$1 = d_0$
1	87	43	$1 = d_1$
2	43	21	$1 = d_2$
3	21	10	$1 = d_3$
4	10	5	$0 = d_4$
5	5	2	$1 = d_5$
6	2	1	$0 = d_6$
7	1	0	$1 = d_7$

O número, na base 2, é: 10101111_2.

A.5.1.2 Conversão de Números Fracionários

O processo empregado no item anterior aplica-se à conversão de números inteiros, porém o procedimento de obtenção de algarismos fracionários de uma base B_r é bastante semelhante, se considerarmos apenas a parte fracionária do número N, obtida da expressão geral (A.3):

$$N = d_{-1} \times B_r^{-1} + d_{-2} \times B_r^{-2} + ... + d_{-m} \times B_r^{-m} \quad \text{(A.7)}$$

onde **m** é a quantidade de algarismos fracionários.

Cada algarismo fracionário do número, para a nova base (B_r), será a parte inteira do produto da base B_r por um valor N_{-i}. O valor N_{-i} é a parte fracionária a ser convertida.

O algoritmo é então:

a) multiplicar B_r pelo valor fracionário a ser convertido;

b) o resultado obtido é um valor constituído de duas partes: parte inteira (mesmo tendo valor igual a zero), e parte fracionária, ambas separadas pela vírgula;

c) a parte inteira compreende o algarismo $\mathbf{d_{-1}}$ desejado (primeiro algarismo à direita da vírgula);

d) a parte fracionária será novamente multiplicada pela base B_r, obtendo-se novo resultado (sempre dividido em duas partes);

e) repetir o processo, a partir do item b) descrito aqui, obtendo-se sucessivamente os algarismos: d_{-2}, d_{-3}, ..., d_{-m}.

A exemplo do que ocorre na conversão de valores inteiros, também nesse caso (valores fracionários) as operações são realizadas com a aritmética da base origem, B_o.

Exemplo A.7

Converter o número $0{,}7265625_{10}$ para a base 2.

-i =	Valor a ser multiplicado por $B_r = 2$	Resultado	Parte inteira = d_{-i}	Parte fracionária: novamente multiplicada
1	0,7265625	1,453125	1	0,453125
2	0,453125	0,90625	0	0,90625
3	0,90625	0,8125	1	0,8125
4	0,8125	0,625	1	0,625
5	0,625	0,25	1	0,25
6	0,25	0,50	0	0,50
7	0,50	1,00	1	0,00

O resultado será $0{,}1011101_2$.

Para verificar a correção do resultado, efetua-se a conversão no sentido inverso:

$$0{,}1011101_2 = 1 \times 2^{-1} + 1 \times 2^{-3} + 1 \times 2^{-4} + 1 \times 2^{-5} + 1 \times 2^{-7} =$$

$$= 0{,}5 + 0{,}125 + 0{,}0625 + 0{,}03125 + 0{,}0078125 = 0{,}7265625_{10}.$$

Exemplo A.8

Converter o número $0{,}78125_{10}$ para a base 8.

$0{,}78125 \times 8 = 6{,}25$ ou $d_{-1} = 6$ e $N_{-1} = 0{,}25$

$0{,}25\ (N_{-1}) \times 8 = 2{,}00$ ou $d_{-2} = 2$ e $N_{-2} = 0{,}00$

O resultado será: $0{,}\ 62_8$.

A conversão de valores mistos (parte inteira e fracionária, ambas contendo dígitos significativos) deve ser realizada pela execução separada dos dois algoritmos apresentados.

Um fato interessante a considerar é que no caso da conversão de valores inteiros, de B_o para B_r, e no sentido inverso, de B_r para B_o, os resultados apresentam sempre valores exatos, como, por exemplo:

$21_{10} = 10101_2$ e $10101_2 = 21_{10}$.

No entanto, no que se refere à conversão de valores fracionários, as operações de multiplicação da parte fracionária pela base B_r podem ser efetuadas infinitas vezes (em certas conversões) sem que seja possível identificar uma condição exata para terminar o processo (nos exemplos anteriores, o processo de multiplicação terminava quando se obtinha valor 0 para o resultado). Isto ocorre porque não há uma correspondência exata e biunívoca entre cada par de valores reais das bases B_o e B_r.

Nos exemplos anteriores foram escolhidos números que produziram resultados exatos, mas podemos verificar que, na maioria das conversões, isso não ocorre.

Na prática, é necessário estabelecer a quantidade desejada de algarismos significativos, o que determinará a quantidade de operações de multiplicação a ser efetuada.

É óbvio que, quanto maior a quantidade de algarismos significativos, maior será a precisão do número fracionário. No entanto, quanto mais algarismos ele possuir, maior deverá ser o espaço interno de armazenamento (o Cap. 7 trata de representação de dados e do problema de espaço *versus* precisão).

Exemplo A.9

Converter o número $0{,}37_{10}$ para a base 2.

$0{,}37 \times 2 = 0{,}74 \quad d_{-1} = 0 \;\; N_{-i} = 0{,}74$

$0{,}74 \times 2 = 1{,}48 \quad d_{-2} = 1 \;\; N_{-i} = 0{,}48$

$0{,}48 \times 2 = 0{,}96 \quad d_{-3} = 0 \;\; N_{-i} = 0{,}96$

$0{,}96 \times 2 = 1{,}92 \quad d_{-4} = 1 \;\; N_{-i} = 0{,}92$

Como exemplo, decidimos terminar o processo após quatro multiplicações, obtendo-se como resultado um valor com quatro algarismos significativos:

$0,\ 3\ 7_{10} \;=\; 0,\ 0\ 1\ 0\ 1_2$

Se o valor encontrado for convertido no sentido inverso (base 2 para base 10), teremos:

$0{,}0101_2 = 1 \times 2^{-2} + 1 \times 2^{-4} = 0{,}25 + 0{,}0625 = 0{,}3125_{10}$

Como se pode verificar, ocorreu uma razoável imprecisão entre os valores: 0,37 e 0,3125.

Se em vez de quatro algarismos significativos optássemos, na conversão para a base 2, por um valor com oito algarismos fracionários significativos, a precisão seria maior:

$0{,}82 \times 2 = 1{,}64 \quad d_{-5} = 1 \;\; N_{-i} = 0{,}64$

$0{,}64 \times 2 = 1{,}28 \quad d_{-6} = 1 \;\; N_{-i} = 0{,}28$

$0{,}28 \times 2 = 0{,}56 \quad d_{-7} = 0 \;\; N_{-i} = 0{,}56$

$0{,}56 \times 2 = 1{,}12 \quad d_{-8} = 1 \;\; N_{-i} = 0{,}12$

O novo resultado seria:

$0,\ 3\ 7_{10} = \;0,\ 0\ 1\ 0\ 1\ 1\ 1\ 0\ 1_2$

A conversão no sentido inverso (para a base 10) seria:

$0{,}01011101_2 = 1 \times 2^{-2} + 1 \times 2^{-4} + 1 \times 2^{-5} + 1 \times 2^{-6} + 1 \times 2^{-8} =$

$= 0{,}25 + 0{,}0625 + 0{,}03125 + 0{,}015625 + 0{,}00390625 =$

$= 0{,}36328125_{10}$.

O novo resultado aproxima-se mais do valor inicial 0,37, demonstrando que, quanto maior a quantidade de algarismos, maior será a precisão do resultado.

A.5.2 Conversão de Base B (não 10) para Valor Decimal

O aspecto mais interessante desses procedimentos de conversão (divisões sucessivas) refere-se ao fato de que as divisões devem ser executadas segundo as regras aritméticas da base origem (B_o). Por essa razão, o método é conveniente e simples para a conversão de números da base 10 (B_o) para uma base B_r qualquer, pois, nesse caso, usaremos nossa conhecida aritmética decimal.

Entretanto, também podemos converter números de uma base B_o diferente de 10 para a base decimal (base 10), isto é, efetuar a conversão:

$B_o = 10 \quad \text{para} \quad B_r = 10$

Nesse caso, como as divisões devem ser realizadas na aritmética de B_o, é preciso que se conheçam previamente os resultados (valores do quociente e resto de cada divisão) a serem obtidos nessa aritmética.

Exemplo A.10

Converter o número 657_8 para representação equivalente na base 10.

O processo consiste, basicamente, nas divisões sucessivas pelo valor 10_{10} (a primeira divisão será do próprio número a ser convertido e, em seguida, as divisões serão dos quocientes a serem obtidos nas divisões anteriores), usando-se aritmética da base 8. Na realidade, a divisão será por $12_8 = 10_{10}$.

Teremos, então:

1) $657_8 / 12_8$

a) $65_8 / 12_8 = 5\!\!\!/8_8$ — multiplicado por $B_r = 25_8 \times 12_8 = 62_8$ — $65_8 - 62_8 = 3_8$

b) $37_8 / 12_8 = 3_8$ — $3_8 \times 12_8 = 36_8$ — $37_8 - 36_8 = 1_8$

Então:

$$\begin{array}{l|l} 657_8 & 12_8 \\ \hline 37 & 53_8 \\ 1 & \end{array}$$

Quociente: 53_8

Resto: 1 ou $d_0 = 1_{10}$

2) $53_8 / 12_8 = 4_8$ — $4_8 \times 12_8 = 50_8$

$53_8 - 50_8 = 3_8$

Então:

$$\begin{array}{l|l} 53_8 & 12_8 \\ \hline -50 & 4_8 \\ 3 & \end{array}$$

Quociente: 4_8

Resto: 3_8 ou $d_1 = 3_{10}$

3) $4_8 / 12_8 = 0_8$

Quociente: 0_8

Resto: 4 ou $d_2 = 4_{10}$

$$\begin{array}{l|l} 4_8 & 12_8 \\ \hline 4 & 0_8 \end{array}$$

O número é: $4\ 3\ 1_{10}$

Ainda com relação ao exemplo apresentado, dois pontos devem ser considerados:

- Para realizar as operações aritméticas em base não-decimal, necessita-se conhecer os resultados das operações na base referida, o que é um processo trabalhoso. Na prática, devem ser estabelecidas previamente tabelas de conversão para os valores que serão manipulados, como exemplificado na Fig. A.2 (exemplo da conversão de base $B_8 \rightarrow$ base B_{10}).
- Tendo em vista o polinômio (A.2), que expressa o valor de um número na base do resultado, com a aritmética dessa base torna-se muito mais simples obter a conversão de uma base B_o qualquer para a base $B_r = 10$ através do referido polinômio (ver item 2.3.2).

Assim, quanto ao exemplo anterior, teríamos:

$657_8 \rightarrow B_{10}$

$6 \times 8^2 + 5 \times 8^1 + 7 \times 8^0 = 431_{10}$

A.5.3 Conversão Direta entre Bases Não-decimais

O método de divisões sucessivas, usando aritmética da base origem, não é apropriado para conversão à base decimal, porém é adequado para conversões diretas entre bases diferentes da base 10, ou seja, onde as bases B_o e B_r são ambas diferentes de 10. Se não houvesse a possibilidade de conversão direta, ter-se-ia que efetuar o processo em duas etapas:

1) convertendo da base origem para a base 10;

2) convertendo da base 10 para a base desejada.

Para a conversão direta é necessário apenas que sejam elaboradas tabelas semelhantes à da Fig. A.2, conforme as bases envolvidas, de maneira a se poder efetivar a aritmética na base origem, B_o.

Exemplo A.11

Converter 673_8 para B_6.

B = 10	B = 8	+	0	1	2	3	4	5	6	7
10	12	0	0	1	2	3	4	5	6	7
20	24	1	1	2	3	4	5	6	7	10
30	36	2	2	3	4	5	6	7	10	11
40	50	3	3	4	5	6	7	10	11	12
50	62	4	4	5	6	7	10	11	12	13
60	74	5	5	6	7	10	11	12	13	14
70	106	6	6	7	10	11	12	13	14	15
80	120	7	7	1	11	12	13	14	15	16
90	132									

Figura A.2 Tabela para operações aritméticas em base 8.

a) Dividir 673_8 por 6_8, empregando aritmética de base 8.

b) Prosseguir na divisão, obtendo sucessivos quocientes e restos, que se constituirão nos algarismos de base 6 (B_r).

$673_8 / 6_8$ Quociente: 118_8 Resto: 4; $d_0 = 5_6$

$111_8 / 6_8$ Quociente: 14_8 Resto: 1; $d_1 = 1_6$

$14_8/6_8$ Quociente: 2_8 Resto: 0; $d_2 = 0_6$

$2_8/6_8$ Quociente: 0_8 Resto: 2; $d_3 = 2_6$

O resultado é: 2015_6.

Esse valor pode ser verificado pelo método (mais trabalhoso, porém com menor possibilidade de erros devido à nossa intimidade com a base 10) de conversão intermediária para a base decimal — 10.

Assim, da base 8 para a base 10 teremos:

$673_8 = 6 \times 8^2 + 7 \times 8^1 + 3 \times 8^0 = 443_{10}$

e da base 10 para a base 6:

443	|6			
23	73	|6		
5	13	12	|6	
1	0		2	|6
			2	0 = 2015_6

A.6 OUTROS MÉTODOS DE CONVERSÃO DE BASES

A forma polinomial multiplicativa (A.4), que deu origem à dedução do método de conversão por divisões sucessivas, permite também que se obtenha o valor de um número em $B_r = 10$ através do cálculo do polinômio (conforme exemplificado antes, com o valor 18543_{10}).

Algoritmo:

a) multiplicar o dígito mais significativo por B_o;

b) somar ao resultado o algarismo seguinte (à direita, é claro), obtendo um novo resultado;

c) multiplicar esse novo resultado por B_o;

d) repetir o processo até se atingir o último algarismo à direita (o menos significativo).

Exemplo A.12

Converter o número $1\ 0\ 1\ 1\ 1\ 1\ 0_2$ para a base 10.

$1 \times 2 + 0\ \ (d_5) = 2$

$2 \times 2 + 1\ \ (d_4) = 5$

$5 \times 2 + 1\ \ (d_3) = 11$

$11 \times 2 + 1\ \ (d_2) = 23$

$23 \times 2 + 1\ \ (d_1) = 47$

$47 \times 2 + 0\ \ (d_0) = 94$

O resultado é: $9\ 4_{10}$.

Exemplo A.13

Converter $3\ 1\ 2\ 5_8$ para decimal.

$3 \times 8 + 1 = 25$
$25 \times 8 + 2 = 202$

$202 \times 8 + 5 = 1621$

O resultado é: $1\ 6\ 2\ 1_{10}$.

Um outro método de conversão de bases consiste na realização das operações estabelecidas pelo polinômio A.3, somente que, nesse caso, a aritmética refere-se à base do resultado, B_r.

Para tanto, torna-se necessário conhecer a forma de representação de cada elemento a ser operado, bem como efetuar as multiplicações e somas na base do resultado.

Exemplo A.14

Converter $3\ 7_{10}$ para a base 2.

$N = d_{n-1} \times B_o^{n-1} + d_{n-2} \times B_o^{n-2} + \ldots + d_0 \times B_o^0$

ou

$N = \{[(d_{n-1} \times B_o + d_{n-2}) \times B_o + d_{n-3}] + \ldots + d_1\} \times B_o + d_0$

$N = 3 \times 10^1 + 7 \times 10^0$

Na aritmética binária teremos:

$N = 11_2 \times 1010_2^1 + 111_2 \times 1010_2^0 =$

$= 11110_2 + 111_2 = 100101_2$

O resultado é: $1\ 0\ 0\ 1\ 0\ 1_2$.

Exemplo A.15

Converter 1 8 9_{10} para a base 8.

$N = [(d_{n-1} \times B_o + d_{n-2}) \times B_o] + d_0$

onde:

$d_{n-1} = d_2 = 1_{10} = 1_8$

$d_{n-2} = d_1 = 8_{10} = 10_8$

$d_0 \ = d_0 = 9_{10} = 11_8$

$B_o \ = 10_{10} = 12_8$

n = 3 (quantidade de algarismos do número)

$N_8 = [(1 \times 12 + 100 \times 12] + 11 =$

$= [(12 + 10) \times 12] + 11 = [22 \times 12] + 11 =$

$= 264 + 11 = 275_8$

Para conferir:

$275_8 = 2 \times 8^2 + 7 \times 8^1 + 5 \times 8^0 = 128 + 56 + 5 = 189_{10}$

A implementação de um algoritmo para a conversão com essa aritmética (de B_o) requereria a prévia determinação de tabelas de soma e multiplicação na base desejada, de modo semelhante ao mostrado na Fig. A.1.

Para valores fracionários, o processo é semelhante, usando-se a expressão:

$N = B_o^{-1} \times \{d_{-1} + B_o^{-1} \times [d_{-2} + ... + B_o^{-1} \times (d_{-(m-1)}) + B_o^{-1} \times d_{-m}]...\}$

obtida de:

$N = d_{-1} \times B^{-1} + d_{-2} \times B^{-2} + d_{-3} \times B^{-3} + ... + d_{-m} \times B^{-m}$

sendo **m** a quantidade de algarismos fracionários do número.

Até esse ponto foram apresentados algoritmos de conversão de números de uma base B_o para outra base B_d, considerando-se o caso mais geral, onde B_o e B_d podem assumir quaisquer valores inteiros e positivos (exceto os valores 0 e 1), inclusive 10.

No entanto, sabemos que:

a) todo computador digital é construído para funcionar internamente apenas com valores binários;

b) como estamos acostumados a trabalhar no sistema decimal, os valores numéricos introduzidos no sistema computacional estão, usualmente, representados em base 10;

c) há ocasiões em que se torna necessário usar a linguagem binária interna da máquina (seja para introduzir valores diretamente nessa linguagem, seja para verificar ou analisar o conteúdo de sua memória). Para evitar trabalhar diretamente com números binários (possuem muitos algarismos), costuma-se converter esses valores internos para outros em base maior (pois quanto maior o valor da base, menor a quantidade de algarismos necessários para representar um número).

A maioria dos fabricantes vem empregando bases de valor igual ao de uma potência de 2, mais especificamente as bases 8 (octal) e 16 (hexadecimal), em virtude da rapidez da conversão, comparativamente ao que seria necessário para converter para outras bases diferentes das potências de 2.

No Cap. 3 (subitem 3.3.1) foram descritos os aspectos essenciais dessas conversões, sendo portanto desnecessário repetir os algoritmos.

Conversão através de código binário – decimal

(Binary Coded Decimal — BCD)

Uma das formas mais comuns de representação de algarismos em um computador consiste no método chamado BCD — Binary Coded Decimal, assim denominado pela estreita relação que faz entre algarismos decimais e seus valores em base 2.

Por esse método, cada algarismo decimal é convertido para um valor binário, com quatro dígitos (ou bits), segundo a relação:

0 → 0000	5 → 0101
1 → 0001	6 → 0110
2 → 0010	7 → 0111
3 → 0011	8 → 1000
4 → 0100	9 → 1001

O método BCD é empregado nos processos de Entrada e Saída (E/S), para posterior conversão em valores binários diretos. Ou seja, o número é convertido, na entrada (dispositivo ou unidade controladora de entrada), de base 10 para o valor correspondente em BCD; em seguida, é convertido para o valor binário direto.

Exemplo A.16

Decimal	BCD	Binário direto
17	0 0 0 1 0 1 1 1	1 0 0 0 1
35,4	0 0 1 1 0 1 0 1, 0 1 0 0	1 0 0 0 1 1, 0 1 1

Nas operações de saída o processo se inverte, isto é, o valor interno (binário direto) é primeiramente convertido para a forma BCD e, para apresentação no dispositivo de saída, é convertido para sua forma decimal (entendida pelo operador).

Além disso, há computadores capazes de efetuar operações aritméticas com números representados na forma BCD, de modo que os cálculos são executados como se fossem operações em decimal (embora os algarismos estejam representados em binário). No item 6.4 essas operações aritméticas são apresentadas em detalhe.

A.7 OPERAÇÕES ARITMÉTICAS

Todo sistema de computação moderno é construído de modo a ser capaz de armazenar, interpretar e manipular informações codificadas na forma binária. Além disso, muitos deles possuem a capacidade de representar valores e efetuar operações aritméticas utilizando recursos de outras bases da potência de 2 (mais especialmente as bases octal — base 8 e hexadecimal — base 16). Esse é o caso, por exemplo, da representação e aritmética de números em ponto flutuante (ver Cap. 6); alguns sistemas de computação IBM empregavam a base 16 quando efetuavam aritmética em ponto flutuante.

A seguir serão descritos procedimentos para execução das quatro operações aritméticas de números binários (base 2), inteiros e fracionários, sem sinal (operações aritméticas de números com sinal serão apresentadas no Cap. 7 — Representação de Dados).

A título de ilustração, descreveremos também algumas operações em bases não-binárias; adição e subtração nas bases octal e hexadecimal, com os mesmos tipos de números.

A.7.1 Procedimentos de Adição

Tendo em vista que toda representação de valores nos computadores digitais é realizada no sistema binário, é óbvio, então, que as operações aritméticas efetuadas pela máquina sejam também realizadas na mesma base de representação, a base 2.

As operações de adição nas bases 2, 8 e 16 são realizadas de modo idêntico ao que estamos acostumados a usar para a base 10, exceto no que se refere à quantidade de algarismos disponíveis (que, em cada base, é diferente). Esse fato acarreta diferença nos valores encontrados, mas não no modo como as operações são realizadas.

A soma de dois números com sinal depende, em computadores, do modo de representação interna desses números; no Cap. 6 — Processadores, foram descritos processos para realização de operações aritméticas entre números positivos e negativos; nessa parte, trataremos apenas de operações com valores sem sinal (inteiros e fracionários).

A.7.1.1 Adição de Números Binários

A operação de soma de dois números em base 2 é efetuada de modo semelhante à soma decimal, levando-se em conta, apenas, que só há dois algarismos disponíveis (0 e 1). Assim:

0 + 0 = 0

0 + 1 = 1

1 + 0 = 1

1 + 1 = 0, com "vai 1"

Exemplo A.17

```
   1 11111 1        "vai 1"          11  11 1
   101101,01        parcela 1      11001,1101
 + 100111,11        parcela 2    + 11100,111
 -----------                     ------------
  1010101,00                      110110,1011
```

Do mesmo modo que operamos na base decimal, a soma é efetuada algarismo por algarismo, de maneira que, quando somamos 1 com 1, obtemos como algarismo resultante 0 e sobra o valor 1 para ser somado aos algarismos da parcela imediatamente seguinte à esquerda (valor de uma base — 2); esse é o valor que denominamos "vai 1". Se os dois algarismos a serem somados são de valor igual a 1, e ainda temos o "vai 1" anterior a ser acrescentado, o algarismo resultante é igual a 1, com outro "vai 1" para o algarismo da esquerda.

Resumindo:

1 + 1 + 1 = 1 com "vai 1";

1 + 0 + 1 = 0 com "vai 1".

Exemplo A.18

Executar a soma dos seguintes valores binários: 110,101 e 1001,1111

```
"vai 1"          11111 11
Parcela 1          0110,1010
Parcela 2      +   1001,1111
                 -----------
                  10000,1001
```

A primeira soma (algarismos mais à direita) é: 0 + 1 = 1, sem ocorrência de "vai 1".
A segunda soma: 1 + 1 = 0 e "vai 1".
A terceira soma: 1 (do "vai 1") + 1 = 0 e "vai 1".
A quarta e última soma da parte fracionária é: 1 (do "vai 1") + 1 + 1 = 1 e "vai 1".
A quinta soma (primeira da parte inteira à direita) é: 1 (do "vai 1") + 1 = 0 e "vai 1".
A sexta soma: 1 (do "vai 1") + 1 = 0 e "vai 1".
A sétima soma é: 1 (do "vai 1") + 1 = 0 e "vai 1".
A oitava soma é: 1 (do "vai 1") + 1 = 0 e "vai 1".
A nona soma é: 1 (do "vai 1") + 0 = 1 (algarismo extra).

A.7.1.2 Adição de Números Octais e Hexadecimais

Os procedimentos para adição nas bases 8 (octal) e 16 (hexadecimal) também não diferem da base 10, exceto quanto à quantidade de algarismos diferentes em cada base, conforme já mencionamos anteriormente.

No caso da base octal, temos sete algarismos disponíveis e, portanto, a soma de dois algarismos produzindo um valor superior a sete implica a utilização do conceito de "vai 1" (nessa base, o "vai 1" consiste em um valor igual a oito na ordem inferior).

Para a base 16, o "vai 1" somente ocorre quando a soma de dois algarismos excede o valor da base, 16.

Exemplo A.19

Soma com aritmética em base 8:

	(1)	(2)	(3)
"vai 1"	11	1 1 1	111 1
parcela 1	3463	422,74	27,416
parcela 2	+ 1524	+ 513,74	+ 55,635
resultado	5207	1136,70	105,253

A execução detalhada do algoritmo de soma para o exemplo (1) é apresentada a seguir, de modo que se possa compreender melhor o processo:

1) 3 + 4 = 7, valor colocado na coluna, em resultado;

2) 6 + 2 = 8 (não há esse algarismo na base 8 — o maior algarismo é 7). Assim, temos: 8 = 8 + 0; o 0 é colocado na coluna como resultado e o 8 é passado para a esquerda com valor 1 (é o "vai 1"), pois oito unidades de uma ordem representam apenas uma unidade de ordem superior — mais à esquerda;

3) 4 + 5 + 1 ("vai 1") = 10 (10 = 8 + 2; logo, é 2 na coluna de resultado e "vai 1" à esquerda, representando o valor 8);

4) 3 + 1 + 1 ("vai 1") = 5, colocado na coluna resultado.

O processo é semelhante para os exemplos (2) e (3).

Exemplo A.20

Soma com aritmética em base 16:

"vai 1"	11 1
primeira parcela	3A54,3B
+	
segunda parcela	1BE8,7A
soma	563C,B5

a) 10(A) + 11(B) = 21, que excede 5 da base 16. Logo, coloca-se 5 na linha "soma" e "vai 1" para a esquerda;

b) 7 + 3 + 1 = 11 (algarismo B);

c) 8 + 4 = 12 (algarismo C);

d) 14(E) + 5 = 19, que excede de 3 a base 16. Logo, coloca-se 3 na linha "soma" e "vai 1" para a esquerda;

e) 10(A) + 11(B) + 1 = 22, que excede 6 da base 16 e "vai 1";

f) 1 + 3 + 1 = 5.

Na realidade, a operação de adição leva em consideração exatamente o conceito de base. Ou seja, se a soma de um dos algarismos de uma determinada posição ultrapassar o maior algarismo existente naquela base, então, usa-se o princípio posicional que estabelece que uma unidade de uma determinada posição tem um valor equivalente a B (valor da base) unidades da posição à direita. Daí o termo "vai 1", que significa:

vai 1 grupo de B unidades para a esquerda.

A.7.2 Procedimentos de Subtração

Os procedimentos para execução da operação de subtração em bases 2, 8, 16 ou qualquer outra não-decimal seguem as mesmas regras adotadas para a base 10, variando, conforme já mencionado diversas vezes, quanto à quantidade de algarismos existentes em cada base.

Essas regras são:

1) minuendo − subtraendo = diferença;
2) operação realizada algarismo por algarismo;
3) se o algarismo do minuendo for menor que o algarismo do subtraendo, adiciona-se ao minuendo um valor igual ao da base (2 ou 8 ou 16). Esse valor corresponde a uma unidade subtraída (empréstimo) do algarismo à esquerda do minuendo (princípio posicional);
4) o resultado é colocado na coluna, na parcela diferença.

Inicialmente trataremos da subtração binária e, no item seguinte, apresentaremos alguns exemplos de subtração nas bases 8 e 16.

A.7.2.1 Subtração de Números Binários

A subtração em base 2, na forma convencional usada também no sistema decimal (minuendo − subtraendo = diferença), é relativamente mais complicada por dispormos apenas dos algarismos 0 e 1. Assim, 0 menos 1 necessita de um "empréstimo" de um valor igual à base (no caso é 2), obtido do primeiro algarismo diferente de zero, existente à esquerda. Se estivéssemos operando na base decimal, o "empréstimo" seria de valor igual a 10; se estivéssemos operando na base 16, o "empréstimo" seria de valor igual a 16, e assim por diante.

Exemplo A.21

022	empréstimo	112012
101101	minuendo	100010001
− 100111	subtraendo	− 010101100
000110		001100101

Exemplo A.22

1001,101	101110000,00110
− 110,110	− 10101101,01111
0010,111	11000010,10111

A.7.2.2 Subtração de Números Octais e Hexadecimais

Os procedimentos para realização da operação de subtração com valores representados em base 8 (octal) ou 16 (hexadecimal) são os mesmos das bases 2 ou 10, porém com a já conhecida diferença em termos de algarismos disponíveis.

Exemplo A.23

Subtração com valores em base 8:

3526,53	46234,710
− 2764,36	− 15573,523
0742,15	30441,165

Exemplo A.24

Subtração com valores em base 18:

49AB,8D5	54CF,6BC
− FC8,AB8	− 379E,6FB
39E2,E1D	1D30,FC1

A.7.3 Multiplicação de Números Binários

O processo de multiplicação binária é realizado na forma usualmente efetuada para a base 10, isto é, somas sucessivas, visto que os algarismos do multiplicador somente podem ser 0 ou 1.

Exemplo A.25

1011	multiplicando
× 101	multiplicador
1011	primeiro produto parcial
+ 0000	segundo produto parcial
1011	terceiro produto parcial
110111	produto final

Em um sistema numérico posicional, o deslocamento (*shift*) de um número uma posição para a esquerda ou para a direita (*shift left* ou *shift right*) é equivalente, respectivamente, à multiplicação ou divisão desse número pela sua base.

Por exemplo, na base 10, tendo o número:

1035, onde * 10 = 10350 (deslocamento à esquerda)

←

/ 10 = 0103,5 (deslocamento à direita)

Na base 2 teríamos:

101110, onde * 2 = 1011100 (deslocamento à esquerda)

/ 2 = 010111 (deslocamento à direita)

No caso da aritmética binária, a multiplicação se resume apenas em *deslocamento e soma*, conforme mostrado no exemplo anterior.

Poder-se-ia, também, efetuar a multiplicação através da soma sucessiva do multiplicando com ele mesmo, tantas vezes quanto fosse o valor do multiplicando.

É claro que nesses exemplos não estamos levando em consideração diversos fatores, tais como o sinal do número (que pode alterar os resultados), o espaço disponível para armazenar os números internamente na máquina etc.

A.7.4 Divisão de Números Binários

Como nas demais operações aritméticas, a divisão binária é efetuada de modo semelhante à divisão decimal, considerando-se apenas que:

0 / 1 = 0 e 1 / 1 = 1

e que a divisão por zero acarreta erro.

Podemos efetuar uma divisão binária pelo método comum, isto é, dividendo / divisor = quociente e resto. Ou podemos realizá-la através de sucessivas subtrações, um processo mais simples de implementação em circuitos digitais.

Nesse caso, o desejado quociente será a quantidade de vezes que o divisor poderá ser subtraído do dividendo, até que se obtenha um quociente igual a zero.

O outro método consiste na execução do algoritmo a seguir apresentado, o qual é o detalhamento do processo usado para executarmos essa operação no lápis e papel na base decimal.

a) a partir da esquerda, avançam-se tantos algarismos quantos sejam necessários para obter-se um valor igual ou maior que o divisor;
b) encontrado esse valor, registra-se 1 para o quociente;
c) subtrai-se do valor obtido no dividendo o valor do divisor (na divisão binária, como o quociente somente pode ser de valor igual a 1, a subtração é sempre com o próprio valor do divisor);
d) ao resultado acrescentam-se mais algarismos do dividendo (se ainda houver algum), até obter-se um valor igual ou maior que o divisor (como no item *a*). Se o(s) algarismo(s) for(em) zero, acrescentam-se zero(s) ao quociente;
e) repete-se o processo a partir do item *b*, até que se esgotem os algarismos do dividendo.

Exemplo A.26

$100_2 / 10_2 = 10_2$ ou $4_{10} / 2_{10} = 2_{10}$

```
10'0 | 10
     +----
-10    10
---
 00
```

item a: 10 (dividendo) = 10 (divisor)

item b: quociente = 1

item c: 10 − 10 = 0

item d: dividendo = 00, quociente = 0

ou $18_{10} / 3_{10} = 6_{10}$

Exemplo A.27

$10010_2 / 11_2 = 110_2$ ou $18_{10} / 3_{10} = 6_{10}$

```
100'1'0 |11
         -----
- 11     110
----
 011
  00
```

EXERCÍCIOS

1) Converta os seguintes valores conforme indicado, sem usar a base 10 como base intermediária:

   a) 253 = da base 6 para a base 8

   b) 171 = da base 8 para a base 5

   c) 328 = da base 4 para a base 7

2) Indique quatro valores em seqüência, considerando as bases indicadas:

   a) $2\ A\ F\ F\ E_{16}$

   b) $2\ 5\ 6\ 6_8$

   c) $3\ B\ E_{16}$

   d) $3\ 2\ 5\ 4_6$

   e) $1\ 1\ 0\ 0\ 1\ 1_2$

   f) $1\ 1\ 1\ 0\ 0_2$

3) Converta os seguintes valores binários para seu valor equivalente na base 10:

   a) 1011,1011

   b) 1101,001101

   c) 110,111001

   d) 10101,0101011

   e) 10011,1010

   f) 1001,11011

4) Converta os seguintes valores decimais para valores equivalentes nas bases indicadas (considere quatro casas fracionárias na conversão):

   a) 437,12 ⟶ B_{16}

   b) 174,011 ⟶ B_8

   c) 233,371 ⟶ B_2

   d) 97,051 ⟶ B_2

5) Quantos valores inteiros podem ser criados na base 16 com três algarismos?

6) Quantos valores inteiros podem ser criados na base 8 com quatro algarismos?

7) Quantos valores inteiros podem ser criados na base 2 com seis algarismos?

8) Execute as seguintes operações aritméticas considerando as bases indicadas:

   a) $101101{,}1101_2 + 11110{,}011011_2$

   b) $237{,}14_8 + 145{,}027_8$

   c) $342{,}5_8 + 245{,}7_8$

   d) $1001{,}0011_2 - 111{,}10101_2$

   e) $2B5{,}7B_{16} - 1C9{,}BC_{16}$

9) Escreva os quatro números em seqüência de dois em dois, a partir do valor indicado, considerando as bases especificadas:

a) 3677_8

b) $2FEE_{16}$

c) 454_6

d) 110010_2

e) 100011110_2

Apêndice B

Conceitos da Lógica Digital

B.1 INTRODUÇÃO

Conforme já foi explicado anteriormente, um computador digital é uma máquina projetada para armazenar e manipular informações representadas apenas por algarismos ou dígitos e que só podem assumir dois valores distintos, 0 e 1, razão por que (ver Cap. 1) é chamado *computador digital, sistema digital* ou simplesmente *máquina digital binária.* Como na prática não há máquinas digitais não-binárias, como, por exemplo, máquinas digitais decimais, é mais usual simplificar-se o termo, usando apenas *computador digital* (a palavra binário fica implícita).

A informação binária (valores 0 ou 1) é representada em um sistema digital por quantidades físicas, sinais elétricos, os quais são gerados e mantidos internamente ou recebidos de elementos externos, em dois níveis de intensidade, cada um correspondente a um valor binário (há outras formas de armazenamento de bits internamente em um computador, como orientação de um campo magnético e por meio de marcas óticas).

A Fig. B.1 mostra um exemplo de valores elétricos de sinais binários, sendo escolhido um sinal de +3 V para representar o bit 1 e +0,5 V para representar o valor binário 0. Como se observa na figura, cada valor tem uma faixa de tolerância, tendo em vista que nenhum sinal é sempre absolutamente preciso em seu valor (ver Figs. 1.5 e 2.13).

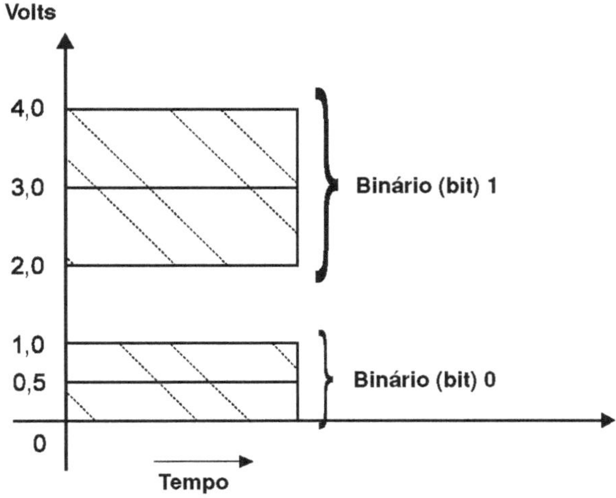

Figura B.1 Exemplo de um sinal binário.

Internamente, um computador é constituído de elementos eletrônicos, como resistores, capacitores e principalmente transistores. Nesses computadores, os transistores são, em geral, componentes de determinados circuitos eletrônicos que precisam armazenar os sinais binários e realizar certos tipos de operações com eles. Esses circuitos, chamados circuitos digitais, são formados de pequenos elementos capazes de manipular grandezas apenas binárias. Os pequenos elementos referidos são conhecidos como *portas* (*gates*) lógicas, por permitirem ou não a passagem desses sinais, e os circuitos que contêm as portas lógicas são conhecidos como *circuitos lógicos*.

Uma *porta* (*gate*) é, então, um elemento de hardware (é um circuito eletrônico) que recebe um ou mais sinais de entrada e produz um sinal de saída, cujo valor é dependente do tipo de regra lógica estabelecida para a construção do referido circuito.

Em resumo, um computador digital é construído, então, contendo uma infinidade de circuitos lógicos ou portas, convenientemente distribuídos e organizados, de modo que alguns servirão para armazenamento de valores, outros permitirão e controlarão o fluxo de sinais entre os componentes e outros, ainda, serão utilizados para realizar operações matemáticas.

O projeto de circuitos digitais e a análise de seu comportamento em um computador podem ser realizados através do emprego de conceitos e regras estabelecidas por uma disciplina conhecida como *Álgebra de Chaveamentos* (*Switching Algebra*), que é um ramo da álgebra booleana ou álgebra moderna.

Neste texto serão descritos alguns aspectos relativos à lógica digital e ao projeto de componentes digitais que, em conjunto, constituem a essência de um processador e memória dos computadores.

Inicialmente, no item B.2, trataremos das portas lógicas (*gates*) e as operações lógicas implementadas por aqueles dispositivos. Portas lógicas podem ser consideradas como os "tijolos" com que o "edifício" processador é construído.

Continuando o assunto, no item B.3 serão abordados aspectos sobre equações lógicas e regras estabelecidas para cálculos de expressões lógicas; no item B.4 serão abordados conceitos de álgebra booleana e suas principais regras.

O arranjo de mais de uma porta lógica de acordo com determinados objetivos conduz à construção de elementos digitais de nível superior e que podem ser classificados em duas categorias:

- circuitos combinacionais; e
- circuitos seqüenciais.

No item B.5 serão apresentados circuitos combinacionais, com exemplos, tais como decodificadores, e no item B.6, os circuitos seqüenciais, mostrando um exemplo com flip-flops.

B.2 PORTAS E OPERAÇÕES LÓGICAS

Uma *porta lógica* (*gate*) é um circuito eletrônico, portanto uma peça de hardware, que se constitui no elemento básico e mais elementar de um sistema de computação. Grande parte do hardware do sistema é fabricado através da adequada combinação de milhões desses elementos, como o processador, memórias principal e cache, interfaces de E/S e outros.

Há diversos tipos bem definidos de portas lógicas, cada uma delas capaz de implementar uma operação ou função lógica específica. Uma *operação lógica* (de modo semelhante a uma operação algébrica) realizada sobre um ou mais valores lógicos produz um certo resultado (também um valor lógico) conforme a regra definida para a específica operação lógica (ver Fig. B.2).

Assim como na álgebra comum (que estudamos no 2.º grau), é necessário definir símbolos matemáticos e gráficos para representar as operações lógicas (e os operadores lógicos). A Fig. B.3 mostra os símbolos matemáticos e gráficos referentes às operações lógicas (portas) que iremos analisar neste item. No item B.4 mostraremos os símbolos das demais portas.

Como já citado anteriormente, uma operação lógica produz um resultado que pode assumir somente dois valores, 0 ou 1, os quais são relacionados na álgebra booleana às declarações FALSO (F = bit 0) ou VER-

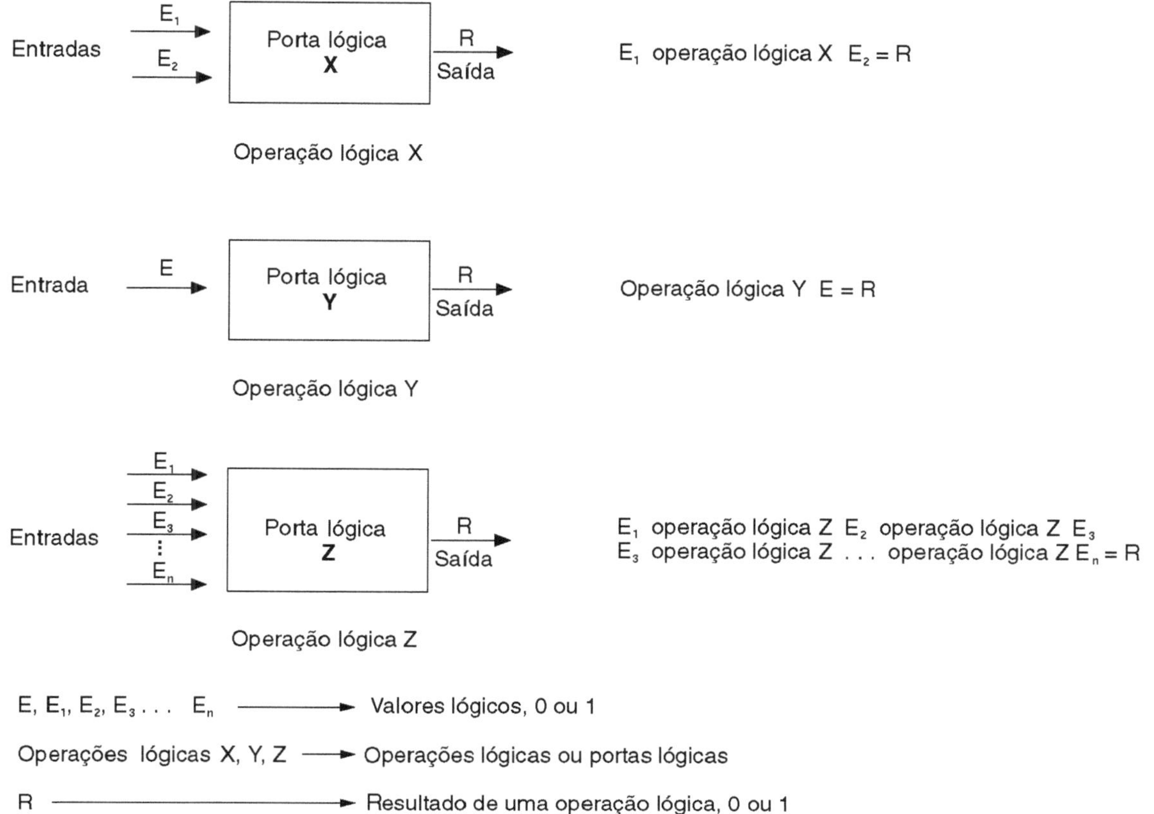

Figura B.2 Exemplo de configuração de operações lógicas.

Porta lógica	Símbolo matemático	Símbolo gráfico
AND	· $X = A \cdot B$	
OR	+ $X = A + B$	
NOT	- $X = \overline{A}$	
NAND	$X = \overline{A \cdot B}$	
NOR	$X = \overline{A + B}$	
XOR	$\oplus$ $X = A \oplus B$	

Figura B.3 Símbolos gráficos e matemáticos de portas lógicas.

DADEIRO (V = bit 1). Se as variáveis de entrada só podem assumir os valores F (falso) = 0 ou V (verdadeiro) = 1, e se o resultado também, então podemos definir previamente todos os possíveis valores de resultado de uma dada operação lógica conforme a combinação possível de valores de entrada. Essas possibilidades são representadas de forma tabular, e o conjunto se chama ***Tabela-verdade***. Cada operação lógica possui sua própria ***tabela-verdade***, estabelecida de acordo com a regra que define a respectiva operação lógica.

Uma ***tabela-verdade*** tem, então, tantas linhas de informação quantas são as possíveis combinações de valores de entrada, o que pode variar conforme a quantidade de diferentes valores de entrada que se tenha.

Assim, se tivermos apenas um valor de entrada, então a saída só pode assumir dois valores (já que a variável de entrada só pode assumir dois valores distintos, F = 0 ou V = 1) e, nesse caso, a tabela-verdade teria duas linhas, uma para a entrada igual a 0 e outra para a entrada igual a 1. Se, por outro lado, fossem definidas duas entradas, então haveria quatro possíveis combinações dos valores de entrada (00, 01, 10 e 11), pois $2^2 = 4$ e a tabela-verdade possuiria quatro linhas, e assim por diante.

De um modo geral, a tabela-verdade de uma dada operação lógica possui 2^n linhas ou combinações de valores de entrada, sendo *n* igual à quantidade de elementos de entrada.

B.2.1 Operação Lógica ou Porta AND (E)

A porta AND é definida como o elemento (ou operação lógica) que produz um resultado-verdade (V = 1) na saída ***se e somente se todas as entradas forem verdade***. Essa definição pode ser expressa pela tabela-verdade e símbolos mostrados na Fig. B.4.

Uma porta lógica AND pode ter várias utilidades na fabricação de um sistema digital, algumas das quais são mostradas neste livro em diversas oportunidades. Entre elas, uma das mais importantes pode ser a de ativação de uma linha de dados para movimentar bits de um registrador (ou células) para outro.

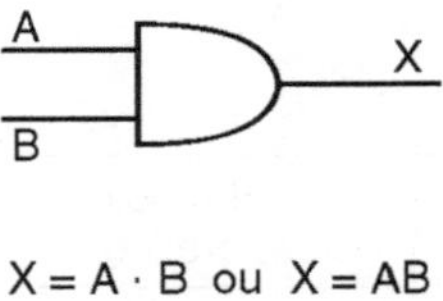

X = A · B ou X = AB

Entrada		Saída
A	B	X = AB
0	0	0
0	1	0
1	0	0
1	1	1

Figura B.4 Porta lógica AND (E).

A Fig. B.5 mostra um exemplo de aplicação do circuito lógico (ou porta) AND como elemento de controle em transferências de dados. Para cada bit do registrador, um sinal da unidade de controle (UC) serve de entrada, juntamente com o sinal correspondente ao bit do registrador de origem (registrador A na Fig. B.5); quando o sinal da unidade de controle for igual a 1 (pulso elétrico de intensidade e codificação correspondente ao bit 1) — ***verdade*** —, a combinação dos sinais de entrada produz na saída um valor, sempre igual ao do bit do registrador de entrada, o qual será armazenado no registrador de destino (registrador B na Fig. B.5). Com isso, obteve-se a transferência dos bits do registrador de origem para o registrador de destino durante o período em que a linha da UC esteve com o bit 1 ativo. Nos itens B.4 e B.5 serão abordadas outras aplicações de utilização de portas lógicas.

A combinação dos dois valores de entrada que estão exemplificados na Fig. B.5 e que produziram resultados de acordo com a tabela-verdade apresentada na Fig. B.4 constitui, na realidade, uma operação lógica AND, porque foi realizada utilizando-se o operador lógico AND.

Operações lógicas AND podem ser realizadas para satisfazer um determinado requisito de hardware, como veremos no item B.3 (Expressões Lógicas — Aplicações de Portas), ou para atender a uma especificação de um programador em um programa. Para tanto, a maioria dos processadores possui uma instrução

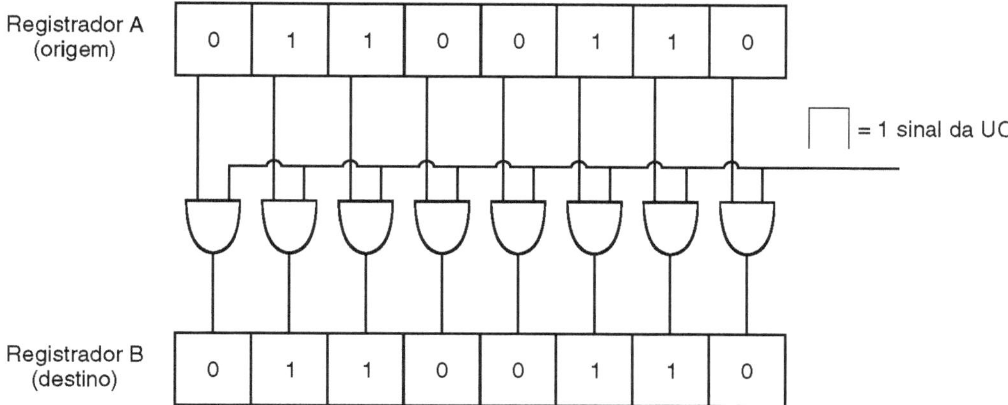

Figura B.5 Exemplo de utilização de porta AND na movimentação de dados de um registrador para outro.

de máquina AND em seu conjunto de instruções, bem como muitas linguagens de programação de alto nível implementam essa função para, como já mencionamos, atender a determinadas condições de programa (condição de instruções de desvio).

Por exemplo, a lógica de um determinado programa pode estabelecer:

- Ler X, Y e Z
- T = X + Y
- R = Z + X
- SE (T > 6 E(AND) R < 10)
  - ENTÃO IMPRIMIR T
  - SENÃO IMPRIMIR R

O trecho de programa exemplificado é ridículo, mas exprime um exemplo do uso de AND na composição de uma condição a ser satisfeita (ser VERDADE) para que uma determinada ação seja realizada ou não.

No exemplo verificamos que o valor de T somente será impresso se ambas as condições forem verdadeiras: T > 6 e R < 10. O operador AND uniu ambas as afirmações.

Operações lógicas AND também podem ser realizadas com valores constituídos de vários algarismos (a UAL — Unidade Aritmética e Lógica realiza tal tipo de operação).

Exemplo B.1

Seja A = 1 e B = 0. Calcular X = A · B (A **and** B).

Solução

Analisando a tabela-verdade da Fig. B.4 verificamos que:

X = 0, pois 1 **and** 0 = 0.

Exemplo B.2

Seja A = 0110 e B = 1101. Calcular X = A · B (A **and** B).

Solução

Pela tabela-verdade da Fig. B.4 teremos:

	A	B	X = A · B
0110 ← A	0	1	0
and 1101 ← B	1	1	1
	1	0	0
0100 ← X	0	1	0

Resultado: X = 0100

Exemplo B.3

Seja A = 0101, B = 0011 e C = 1111. Calcular X = A · B · C (A **and** B **and** C).

Solução

O resultado é obtido através da realização das operações em duas etapas. Na primeira parte, calcula-se A · B (T = A **and** B) e, em seguida, o resultado parcial obtido (T) é combinado com C em outra operação lógica AND (T **and** C), sempre utilizando as combinações de entrada e os resultados definidos na tabela-verdade da Fig. B.4.

	A	B	T = A · B
0101 ← A	0	0	0
and 0011 ← B	1	0	0
	0	1	0
0001 ← T	1	1	1

Resultado parcial: T = 0001

	T	C	X = T · C
0001 ← T	0	1	0
and 1111 ← C	0	1	0
	0	1	0
0001 ← X	1	1	1

Resultado: X = 0001

B.2.2 Operação Lógica ou Porta OR (OU)

A porta OR é definida para produzir um resultado-verdade (V = 1) na sua saída, ***se pelo menos uma das entradas for verdade***. Esta definição pode ser expressa pela tabela-verdade e símbolos mostrados na Fig. B.6.

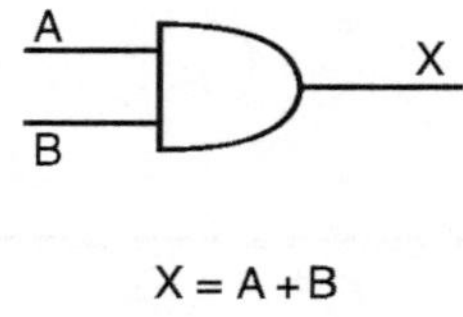

Entrada		Saída
A	B	X = A + B
0	0	0
0	1	1
1	0	1
1	1	1

Figura B.6 Porta lógica OR (OU).

Operações lógicas OR também são largamente utilizadas em lógica digital (ver item B.3) ou na definição de condições em comandos de decisão de certas linguagens de programação. No exemplo de trecho de programa mostrado no item anterior pode-se modificar a condição do SE, tornando-a mais flexível:

- SE (T > 6 **OU** (OR) R < 10)
  - ENTÃO IMPRIMIR T
  - SENÃO IMPRIMIR R

Nesse caso, para T ser impresso basta que uma das duas condições seja verdadeira (não obrigatoriamente ***ambas***, como determina a operação AND), basta **ou** T > 6 **ou** R < 10. Não importa, inclusive, que ambas sejam verdadeiras, embora baste que apenas uma delas o seja.

Vejamos alguns exemplos de operações OR:

Exemplo B.4

Seja A = 1 e B = 0. Calcular X = A + B (A **or** B).

Solução

Pela tabela-verdade da Fig. B.6, verificamos que:

X = 1, porque 1 **or** 0 = 1

Exemplo B.5

Seja A = 0110 e B = 1110. Calcular X = A + B (A **or** B)

Pela tabela-verdade da Fig. B.6, teremos:

	A	B	T = A + B
0110 ← A	0	1	1
or 1110 ← B	1	1	1
	1	1	1
1110 ← T	0	0	0

Resultado: X = 1110

Exemplo B.6

Seja A = 1100, B = 1111 e C = 0001. Calcular X = A + B + C (A **or** B **or** C).

Solução

O cálculo, como no Exemplo B.3, também é realizado em duas etapas, utilizando-se a tabela-verdade da Fig. B.6. Na primeira parte, calcula-se A + B (T = A **or** B) e, em seguida, o resultado parcial obtido (T) é combinado com C em outra operação lógica OR (T **or** C), sempre utilizando as combinações de entrada e os resultados definidos na tabela-verdade da Fig. B.6.

	A	B	T = A + B
1100 ← A	1	1	1
or 1111 ← B	1	1	1
	0	1	1
1111 ← T	0	1	1

Resultado parcial: T = 1111

	T	C	X = T + C
1111 ← T	1	0	1
or 0001 ← C	1	0	1
	1	0	1
1111 ← X	1	1	1

Resultado: X = 1111

B.2.3 Operação Lógica NOT (Inversor)

A operação lógica NOT é também chamada de ***inversor*** ou ***função complemento***. Ela inverte o valor de um sinal binário colocado em sua entrada, produzindo na saída o valor oposto. É um circuito lógico que requer apenas um valor na entrada (um outro circuito lógico — ***buffer*** — também requer apenas um valor de entrada, como será mostrado no item B.4). A Fig. B.7 mostra um circuito inversor, bem como os símbolos utilizados e a respectiva tabela-verdade.

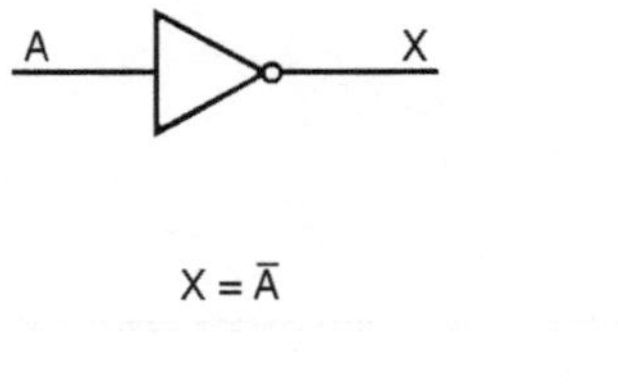

Entrada	Saída
A	$X = \bar{A}$
0	1
1	0

Figura B.7 Porta lógica NOT (inversor ou *inverter*)

É interessante observar (ver Fig. B.8) que a conexão de dois circuitos inversores em série produz, na saída, um resultado de valor igual ao da entrada. Ou seja, um duplo complemento restaura o valor original.

Em termos de representação gráfica do operador NOT, é possível também encontrar na literatura o apóstrofo (') para representar um circuito NOT, como exemplificado a seguir:

NOT A = A'

No entanto, adotaremos a barra em cima do valor de entrada

NOT A = $\bar{A}$

também mostrado na Fig. B.7, simbologia definida pelo ANSI (American National Standards Institute).

Uma das aplicações mais comuns do circuito inversor ou NOT é justamente em operações aritméticas em ponto fixo, quando se usa aritmética de complemento (complemento a 1 ou complemento a 2), conforme será mostrado no Cap. 7.

A $\quad X = \bar{A} \quad Y = \bar{X} = \bar{\bar{A}} = A$

$Y = \bar{\bar{A}} = A$

A = 1, então:

$X = \bar{A} = 0$, logo:

$Y = \bar{X} = 1 = A$

Figura B.8 Exemplo de um duplo inversor, que restaura o valor de entrada.

A seguir, apresentaremos alguns exemplos de operações com circuitos inversores.

Exemplo B.7

Seja A = 0. Calcular $X = \overline{A}$.

Solução

Utilizando a tabela-verdade da Fig. B.7, temos X = 1 porque $\bar{0} = 1$.

Exemplo B.8

Seja A = 10011. Calcular $X = \overline{A}$.

Solução

Utilizando a tabela-verdade da Fig. B.7, obtemos o valor de X invertendo o valor de cada algarismo.

10011 ← A

01100 ← inverso de A, bit a bit

$X = 01100 = \overline{A}$

Exemplo B.9

Seja A = 10010 e B = 11110. Calcular $X = \overline{A \cdot B}$.

Solução

Trata-se da realização de duas operações lógicas em seqüência. Primeiro, realiza-se a operação lógica AND e, em seguida, obtém-se o inverso do resultado.

Pela tabela-verdade da Fig. B.4, temos:

	A	B	T = A · B
10010 ← A	1	1	1
and 11110 ← B	0	1	0
	0	1	0
10010 ← T	1	1	1
	0	0	0

Resultado parcial: T = 10010

Inverte-se T, usando a tabela-verdade da Fig. 4.7:

10010 ← T → A · B.

01101 ← $\overline{T}$ → $\overline{A \cdot B}$.

Resultado: $X = \overline{T} = \overline{A \cdot B} = 01101$

B.2.4 Operação Lógica NAND — NOT AND

A operação lógica ou porta NAND é definida como o complemento da porta AND, isto é, a saída de um circuito lógico NAND (que é o mesmo resultado da operação lógica NAND) é obtida ao se aplicar a regra da operação lógica AND e inverter o resultado. São, então, dois passos, conforme pode ser visto pelos símbolos mostrados na Fig. B.9.

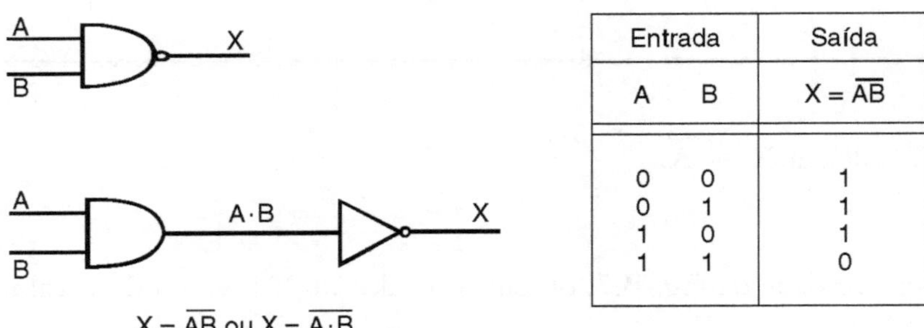

Entrada		Saída
A	B	$X = \overline{AB}$
0	0	1
0	1	1
1	0	1
1	1	0

Figura B.9 Porta lógica NAND ou NOT AND.

Deve-se observar que o valor encontrado em

$\overline{A \cdot B}$

não é o mesmo valor obtido em

$\overline{A} \cdot \overline{B}$

Se não, vejamos:

Exemplo B.10

Seja A = 1 e B = 0. Calcular: a) $X = \overline{A \cdot B}$ e b) $Y = \overline{A} \cdot \overline{B}$.

Solução

Adotando a tabela-verdade da Fig. B.4 para a operação AND e a tabela-verdade da Fig. B.7 para a inversão (NOT), teremos:

a) Para X: $A \cdot B = 1 \cdot 0 = 0$ e $\overline{A \cdot B} = \overline{0} = 1$

b) Para: $Y = \overline{A} \cdot \overline{B} = 0$

Se A = 1, então: $\overline{A} = 0$ (porque NOT 1 = 0), e se B = 0, então: $\overline{B} = 1$ (porque NOT 0 = 1)

Então: $Y = \overline{A} \cdot \overline{B} = 0 \cdot 1 = 0$

O circuito lógico NAND realiza a operação de inversão do AND; logo, é a operação usada no Exemplo B.10 (a).

A porta NAND produzirá uma saída falsa (ver tabela da Fig. B.8) ***se e somente se todas as entradas forem verdade***. Do contrário, a saída será verdade se, pelo menos, uma entrada for falsa.

É muito comum encontrar esta porta em complexos circuitos lógicos, visto que é possível simplificar a fabricação de circuitos lógicos e reduzir a quantidade de componentes eletrônicos se usarmos apenas circuitos NAND. No item B.3 veremos algumas dessas aplicações, mas podemos exemplificar desde já mostrando, na Fig. B.10, alguns usos de circuitos constituídos apenas de portas NAND.

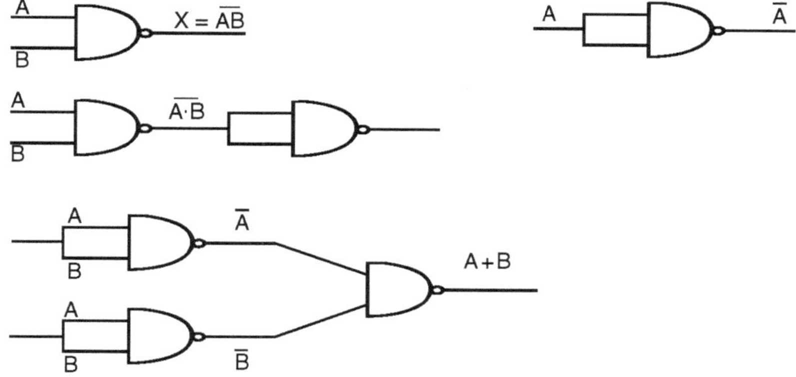

Figura B.10 Usos da porta NAND.

Exemplo B.11

Seja A = 1 e B = 1. Calcular o valor de X em $X = \overline{A \cdot B}$.

Solução

Como A = 1 e como B = 1

então $A \cdot B = 1 \cdot 1 = 1$ (Tabela B.4)

logo $X = \overline{1 \cdot 1} = \overline{1} = 0$ (Tabela B.7)

Exemplo B.12

Seja A = 10110 e B = 00011. Calcular o valor de X em $X = \overline{A \cdot B}$.

Solução

Utilizando as mesmas tabelas-verdade do exemplo anterior (Figs. B.4 e B.7), calcularemos o valor de X em duas etapas: em primeiro lugar efetuaremos a operação AND de A e B, obtendo um resultado parcial $T = A \cdot B$. Em seguida, o valor do resultado parcial T será invertido, utilizando o operador NOT.

	A	B	$T = A \cdot B$
10110 ← A	1	0	0
and 00011 ← B	0	0	0
	1	0	0
00010 ← T	1	1	1
	0	1	0

Resultado parcial: T = 00010

Invertendo o resultado parcial T:

T = 00010 e $\overline{T}$ = 11101

Resultado final: $X = \overline{A \cdot B} = 11101$

Exemplo B.13

Seja A = 11110, B = 01001 e C = 10000. Calcular: $X = \overline{A \cdot B \cdot C}$.

Solução

Utilizando as mesmas tabelas-verdade (Figs. B.4 e B.7), realizam-se as operações em três etapas. Primeiro, $T_1 = A \cdot B$. A segunda etapa é $T_2 = T_1 \cdot C$ e, finalmente, na terceira etapa, inverter o resultado parcial T_2.

	A	B	$T_1 = A \cdot B$
11110 ← A	1	0	0
and 01001 ← B	1	1	1
	1	0	0
01000 ← T_1	1	0	0
	0	1	0

1.ª etapa — Resultado parcial: $T_1 = 01000$

	T_1	C	$T_2 = T \cdot C$
01000 ← T_1	0	1	0
and 10000 ← C	1	0	0
	0	0	0
00000 ← T_2	0	0	0
	0	0	0

2.ª etapa — Resultado parcial: $T_2 = 00000$

3.ª etapa — Inversão de T_2: Se $T_2 = 0000$, então: $X = \overline{T_2} = 11111$

Resultado final: $X = \overline{A \cdot B \cdot C} = 11111$

B.2.5 Operação Lógica NOR — NOT OR

Assim como a porta NAND, a porta NOR é o complemento ou o inverso da porta OR. A saída de um circuito lógico NOR é obtida ao se efetuar a operação lógica OR sobre as entradas e inverter o resultado. Também esta operação lógica (NOR) é realizada em dois passos: primeiro a operação OR e, em seguida, a inversão (ou operação NOT) do resultado.

A Fig. B.11 mostra os símbolos e a tabela-verdade da operação lógica NOR.

A porta NOR apresentará uma saída verdade ***se e somente se todas as entradas forem falsas***. Caso contrário, a saída será falsa (se, pelo menos, uma das entradas for verdade).

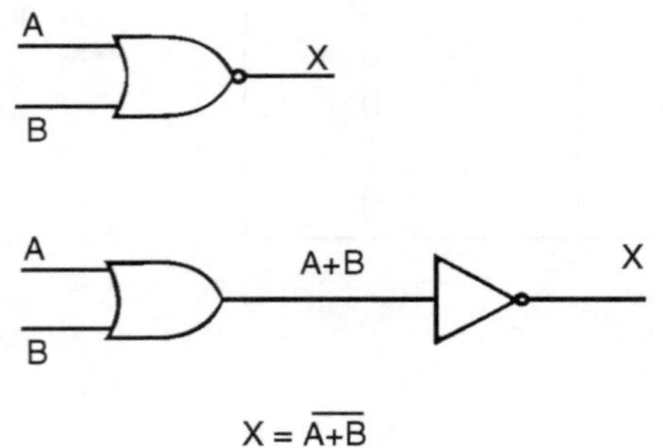

Entrada		Saída
A	B	$X = \overline{A+B}$
0	0	1
0	1	0
1	0	0
1	1	0

Figura B.11 Porta lógica NOR ou NOT OR.

Assim como verificamos com a porta NAND, também o valor encontrado como resultado na operação

$\overline{A + B}$, que é a implementação da porta NOR,

por definição não é o mesmo valor obtido com a operação:

$\overline{A} + \overline{B}$

Exemplo B.14

Seja A = 1 e B = 0. Calcular o valor de X e de Y nas expressões: a) $X = \overline{A + B}$ e b) $Y = \overline{A} + \overline{B}$.

Solução

Adotando a tabela-verdade da Fig. B.6 para a operação OR e a tabela-verdade da Fig. B.7 para a operação NOT, teremos:

a) $A + B = 1 + 0 = 1$ e $X = \overline{A + B} = \overline{1} = 0$

Então: $X = \overline{A + B} = 0$

b) Se A = 1, então: $\overline{A} = \overline{1} = 0$ e se B = 0, então: $\overline{B} = \overline{0} = 1$

Assim, $Y = \overline{A} + \overline{B} = 0 + 1 = 1$

É possível projetar circuitos lógicos mais complexos utilizando apenas portas NOR, de modo semelhante ao que já foi mostrado para o caso de portas NAND. A Fig. B.12 mostra alguns exemplos somente com o emprego de circuitos lógicos NOR.

Em seguida, são apresentados alguns exemplos da aplicação de circuitos lógicos NOR em operações lógicas.

Exemplo B.15

Seja A = 0 e B = 1. Calcular: $X = \overline{A+B}$.

Solução

O cálculo é efetuado em duas etapas e utilizando as tabelas-verdade das Figs. B.6 e B.7. Na primeira, realiza-se a operação OR (Tabela B.6) e, em seguida, inverte-se o resultado parcial anterior (operação NOT, Tabela B.7).

Como A = 0 e B = 1 então

$A + B = 0 + 1 = 1$ (Tabela B.6)

$\overline{A + B} = \overline{1} = 0$ (Tabela B.7)

Resultado: $X = \overline{A + B} = \overline{1} = 0$

Exemplo B.16

Seja A = 10001 e B = 01010. Calcular: $X = \overline{A+B}$.

Solução

Trata-se da realização de duas operações lógicas em seqüência. Primeiro, a operação lógica OR, obtendo-se o resultado parcial T. Em seguida, obtém-se o valor de X, invertendo-se (operação NOT) o valor de T.

Pela tabela-verdade da Fig. B.6, temos:

	A	B	T = A + B
10001 ← A	1	0	1
or 01010 ← B	0	1	1
	0	0	0
11011 ← T	0	1	1
	1	0	1

Resultado parcial: T = 11011

Inverte-se T, usando a tabela-verdade da Fig. B.7:

11011 ← T → A + B

00100 ← $\overline{T}$ → $\overline{A + B}$

Resultado: X = $\overline{A + B}$ = 00100

Exemplo B.17

Seja A = 11110, B = 10011 e C = 00100. Calcular: X = $\overline{A + B + C}$.

Solução

Utilizando as mesmas tabelas-verdade (Figs. B.6 e B.7), realizam-se as operações em três etapas. Na primeira etapa, T_1 = A + B; na segunda etapa, $T_2 = T_1$ + C e, finalmente, na terceira etapa, inverter o resultado parcial T_2.

	A	B	T_1 = A + B
11110 ← A	1	1	1
or 10011 ← B	1	0	1
	1	0	1
11111 ← T_1	1	1	1
	0	1	1

1.ª etapa: Resultado parcial: T_1 = 11111

	T_1	C	T_2 = T + C
11111 ← T_1	1	0	1
or 00100 ← C	1	0	1
	1	1	1
11111 ← T_2	1	0	1
	1	0	1

2.ª etapa: Resultado parcial: T_2 = 11111

3.ª etapa: Inversão de T_2: Se T_2 = 11111, então: X = $\overline{T_2}$ = 00000

Resultado final: X = $\overline{A + B + C}$ = 00000

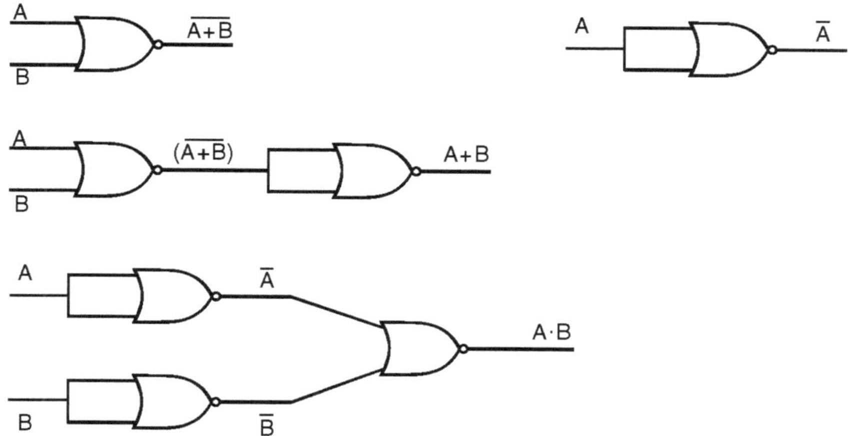

Figura B.12 Exemplo de uso de circuitos lógicos NOR.

B.2.6 Operação Lógica XOR — EXCLUSIVE OR

A operação lógica XOR, abreviação do termo EXCLUSIVE OR, pode ser considerada um caso particular da função OR, ou seja, sua definição: "a saída será verdade se ***exclusivamente*** uma ou outra entrada for verdade". Isto só se aplica, é claro, se houver apenas duas entradas, e o termo ***exclusivamente*** é crucial. Não podem ambas as entradas ser verdade, e é esta a diferença para os resultados da porta OR (ver Tabela B.6).

A Fig. B.13 mostra os símbolos e a tabela-verdade para a operação lógica XOR, e realmente podemos verificar que os resultados mostrados na tabela são iguais aos da operação OR, exceto quanto ao resultado de 1 $\oplus$ 1. Isto por causa do termo *exclusivo*. No caso da operação lógica OR não há exclusividade de que uma ou outra entrada seja verdadeira, mas no que se refere à operação XOR sim, isto é, na operação XOR é necessário que uma ou outra entrada seja verdade; se forem ambas verdade o resultado é falso.

O XOR é um elemento lógico bastante versátil, aparecendo em diversos locais e com diferentes utilidades em circuitos digitais. A saída (resultado) de uma operação XOR será ***verdade se os valores de suas entradas forem diferentes*** e será ***falsa se os valores das entradas forem iguais***. Esta definição se aplica melhor do que a que mencionamos anteriormente, porque é abrangente para qualquer quantidade de linhas de entrada.

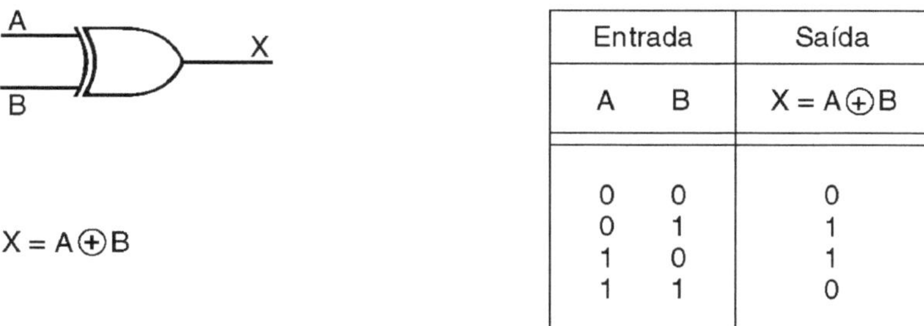

Entrada		Saída
A	B	X = A$\oplus$B
0	0	0
0	1	1
1	0	1
1	1	0

Figura B.13 Porta lógica XOR (*exclusive or* = ou exclusivo).

Além disso, esta particularidade dos circuitos lógicos XOR permite que se fabrique um testador de igualdade entre valores, por exemplo, para testar, de modo rápido, se duas palavras de dados são iguais. Se as duas palavras forem iguais (ver exemplo na Fig. B.14), as saídas do circuito XOR serão todas FALSAS. A figura mostra o exemplo completo do teste que inclui um circuito lógico NOR para receber, como entrada, a saída de todos os circuitos XOR (um para o teste de cada bit das duas palavras) e produzir uma única saída.

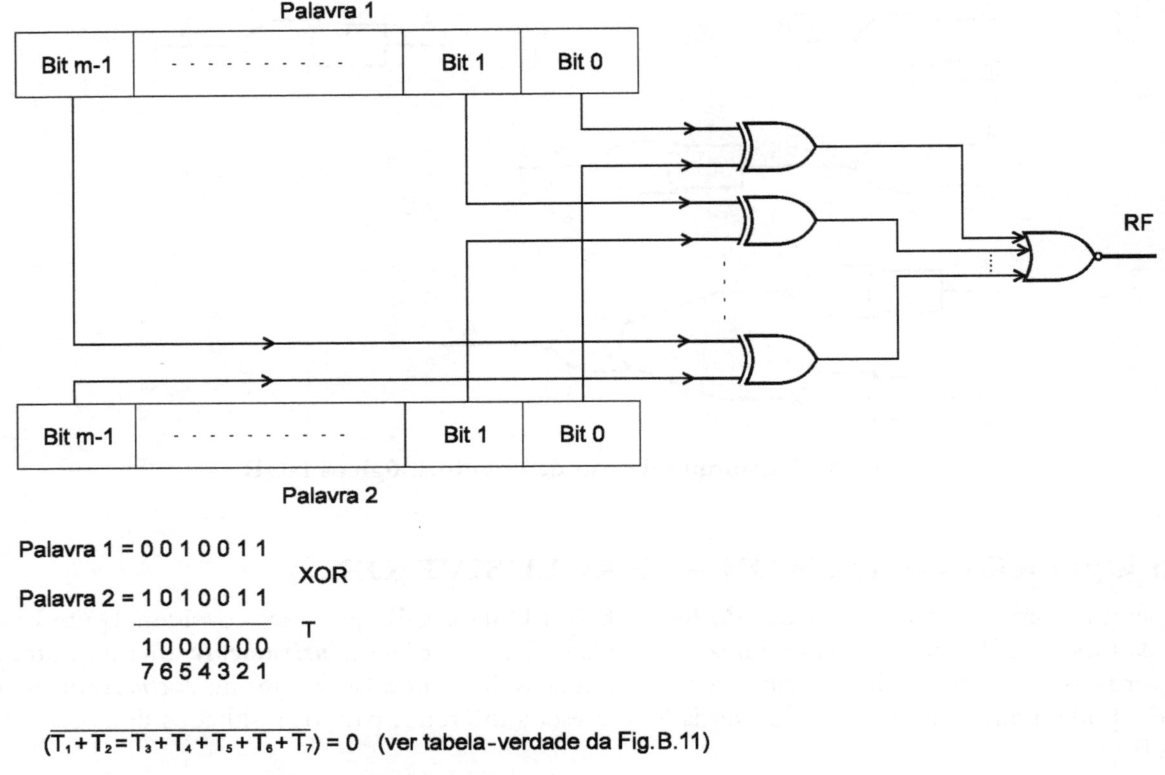

Figura B.14 Exemplo de emprego de circuitos XOR para teste de igualdade entre duas palavras de dados.

Se as palavras forem iguais, isso significa que o bit 0 da palavra 1 e o bit 0 da palavra 2 têm valores iguais e que cada dois bits até o bit (m-l) das duas palavras também são iguais. Isto garante que se as entradas de cada circuito lógico XOR forem iguais, sua saída será FALSA. Se todas as entradas do circuito lógico NOR forem FALSAS, então sua saída será VERDADE, e este valor (bit 1) será armazenado em um registrador especial de estado da UCP (denominado Flag, em algumas UCP, ou Código de Condição em outras, como vimos no Cap. 6).

O operador lógico XOR pode servir, com este mesmo tipo de teste, para verificar se os sinais de dois valores são iguais ou não (no caso, por exemplo, de valores representados em sinal e magnitude, como mostrado no item 7.5.1).

Vamos, em seguida, apresentar alguns exemplos de operações lógicas XOR.

Exemplo B.18

Seja A = 0 e B = 1. Calcular: $X = A \oplus B$.

Solução

Utilizando os resultados da tabela-verdade da Fig. B.13, teremos:

Como A = 0 e B = 1 então $A \oplus B = 0 \oplus 1 = 1$

Resultado: $X = A \oplus B = 1$

Exemplo B.19

Seja A = 11001 e B = 11110. Calcular: $X = A \oplus B$.

Solução

Adotando a tabela-verdade da Fig. B.13, teremos:

	A	B	$T = A \oplus B$
11001 ← A	1	1	0
xor 11110 ← B	1	1	0
	0	1	1
00111 ← T	0	1	1
	1	0	1

Resultado: $X = A \oplus B = 00111$

Exemplo B.20

Seja A = 11001, B = 10011 e C = 11100. Calcular: $X = A \oplus B \oplus C$.

Solução

Utilizando a mesma tabela-verdade (Fig. B.13), realiza-se a operação em duas etapas. Na primeira etapa, $T = A \oplus B$ e na segunda etapa, $X = T \oplus C$.

	A	B	$T = A \oplus B$
11001 ← A	1	1	0
xor 10011 ← B	1	0	1
	0	0	0
01010 ← T	0	1	1
	1	1	0

1.ª etapa: Resultado parcial: T = 01010

	T	C	$X = T \oplus C$
01010 ← T	0	1	1
xor 11100 ← C	1	1	0
	0	1	1
10110 ← X	1	0	1
	0	0	0

2.ª etapa: Resultado final: X = 10110

$X = A \oplus B \oplus C = 10110$

B.3 EXPRESSÕES LÓGICAS — APLICAÇÕES DE PORTAS

Uma expressão lógica ou função lógica pode ser definida como uma expressão algébrica formada por variáveis lógicas (binárias), por símbolos representativos de uma operação lógica (+, . , ⊕ etc.), por parênteses (às vezes) e por um sinal de igualdade ("=").

Por exemplo:

$F = X + \overline{Y} \cdot Z$

Neste exemplo, F, que é uma função lógica, é representada pela expressão lógica mostrada. E como função lógica, somente poderá assumir os valores 0 ou 1, dependendo do valor das variáveis X, Y e Z. F será igual a

1 (será VERDADE) se X for igual a 1 OU (OR) se ambos $\overline{Y}$ E (AND) Z forem iguais a 1 (para isso, Y = 0). É possível representar a função F de duas maneiras:

- pela expressão algébrica ou expressão lógica acima mostrada; e
- por um diagrama interligando os símbolos gráficos correspondentes às operações lógicas.

E o valor do resultado de uma expressão lógica pode ser obtido por uma tabela-verdade construída com todas as possibilidades de entrada e as correspondentes saídas. A Fig. B.15 mostra a função F, utilizada como exemplo, representada das duas maneiras citadas, sendo que no exemplo (a) apresenta-se a expressão lógica; no exemplo (b) é mostrado o diagrama lógico da função F e no exemplo (c) a correspondente tabela-verdade. Esta, por se tratar de três entradas (X, Y e Z), possui $2^3 = 8$ combinações possíveis.

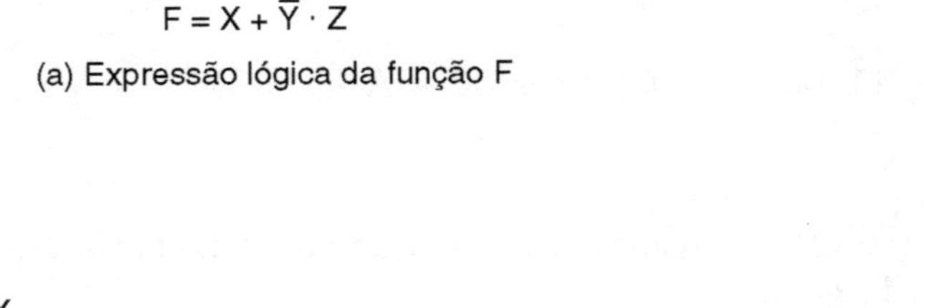

$F = X + \overline{Y} \cdot Z$

(a) Expressão lógica da função F

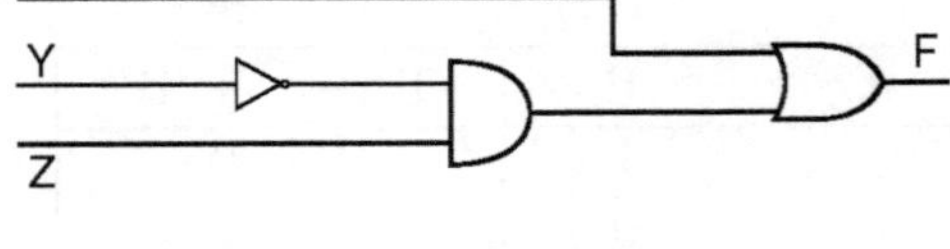

(b) Diagrama lógico da função F

Entrada			Saída
X	Y	Z	F
0	0	0	0
0	0	1	1
0	1	0	0
0	1	1	0
1	0	0	1
1	0	1	1
1	1	0	1
1	1	1	1

(c) Tabela-verdade da função F

Figura B.15 Representação da função F = X or (not Y) and Z.

Uma boa maneira de avaliar expressões lógicas consiste em construir a tabela-verdade final da expressão através da obtenção de todas as possibilidades de forma progressiva, operando por operando, até chegarmos ao valor da função para cada possibilidade.

Vejamos o mesmo exemplo anterior da função $F = X + \overline{Y} \cdot Z$; vamos obter a tabela-verdade final, igual à da Fig. B.15(c), passo a passo, através de sucessivas tabelas-verdade, como mostrado na Fig. B.16.

Em primeiro lugar, verificamos que a tabela deve ter 8 entradas, pois temos 3 variáveis e sabemos que $2^3 = 8$, conforme está mostrado nos valores de X, Y, Z da Fig. B.16(a). Como Y é invertido (complementado) na expressão, então cria-se outra coluna com o valor de $\overline{Y}$, como mostrado na Fig. B.16(b). Como desejamos obter o valor de $\overline{Y} \cdot Z$, então acrescenta-se outra coluna à tabela com o resultado de $\overline{Y} \cdot Z$ para cada uma das 8 entradas possíveis, o que está mostrado na Fig. B.16(c). E, finalmente, completa-se o cálculo da expressão, incluindo a coluna com o resultado de $X + \overline{Y} \cdot Z$ para cada uma das 8 possibilidades de entrada, conforme mostrado na Fig. B.16(d), que é igual à tabela-verdade apresentada inicialmente na Fig. B.15(c).

B.3.1 Cálculos com Expressões Lógicas

Assim como podemos obter todos os possíveis resultados de uma expressão lógica para cada um dos valores de entrada, componentes da expressão (através da construção progressiva da tabela-verdade), também podemos obter o valor da expressão para um valor específico de cada uma das entradas (usar apenas uma linha da tabela-verdade).

Expressões lógicas podem ou não conter parênteses; quando contêm, eles têm a mesma prioridade para o cálculo que parênteses de equações algébricas comuns.

X	Y	Z
0	0	0
0	0	1
0	1	0
0	1	1
1	0	0
1	0	1
1	1	0
1	1	1

(a) Possibilidade de X, Y e Z

X	Y	$\overline{Y}$	Z
0	0	1	0
0	0	1	1
0	1	0	0
0	1	0	1
1	0	1	0
1	0	1	1
1	1	0	0
1	1	0	1

(b) Inclusão de $\overline{Y}$

X	Y	Z	$\overline{Y}$	$\overline{Y} \cdot Z$
0	0	0	1	0
0	0	1	1	1
0	1	0	0	0
0	1	1	0	0
1	0	0	1	0
1	0	1	1	1
1	1	0	0	0
1	1	1	0	0

(c) Avaliação de $\overline{Y} \cdot Z$

X	Y	Z	$\overline{Y}$	$\overline{Y} \cdot Z$	$X + \overline{Y} \cdot Z$
0	0	0	1	0	0
0	0	1	1	1	1
0	1	0	0	0	0
0	1	1	0	0	0
1	0	0	1	0	1
1	0	1	1	1	1
1	1	0	0	0	1
1	1	1	0	0	1

(d) Avaliação de $X + \overline{Y} \cdot Z$

Figura B.16 Avaliação da expressão $F = X + \overline{Y} \cdot Z$ por tabelas-verdade.

A prioridade de cálculo de uma operação AND é maior do que a do cálculo de uma operação OR, semelhante ao que temos na aritmética comum, em que a multiplicação (representada por um ponto (·), assim como o AND) tem prioridade sobre a adição (representada por um sinal +, igual ao da operação lógica OR).

Assim, na expressão:

$$X + \overline{Y} \cdot Z$$

o primeiro cálculo a ser realizado é:

$\overline{Y} \cdot Z$ e não $X + \overline{Y}$

como se a expressão tivesse parênteses:

$$X + (\overline{Y} \cdot Z)$$

O que é desnecessário, dado o conhecimento da prioridade de cálculo, isto é, AND (·) tem prioridade sobre OR (+).

Vamos mostrar alguns exemplos do cálculo do valor de expressões lógicas, isto é, como obter o resultado de uma expressão lógica (que pode ser apenas = 0 ou = 1) para um dado valor (= 0 ou = 1) de cada variável componente da expressão. Como se trata de um valor específico de cada variável, a construção de cada tabela-verdade seria tediosa e demorada. Neste caso, é mais simples realizar os cálculos passo a passo.

Exemplo B.21

Seja A = 1, B = 0, C = 1, D = 1. Calcular: $X = A + \overline{B \cdot C} \oplus D$.

Solução

Adotando o esquema de prioridade, então o valor de X será obtido com a realização de quatro etapas.

1) Realizar a operação AND (maior prioridade, além de ter uma inversão determinada sobre a operação). Assim, trata-se de calcular $B \cdot C = T_1$.
2) Inverter o resultado parcial T_1.
3) Realizar a operação OR (as operações OR e XOR têm mesma prioridade, optando-se pela que está primeiro à esquerda). Assim, calcula-se: $T_2 = A + T_1$.
4) Realizar a operação XOR, calculando-se $X = T_2 \oplus D$.

Desse modo, vamos efetuar as etapas indicadas:

1) $0 \cdot 1 = 0 = T_1$ 2) $\overline{0} = 1$

3) $1 + 1 = 1 = T_2$ 4) $1 \oplus 1 = 0 = X$

Resultado: $X = 0$

Exemplo B.22

Seja A = 0, B = 0, C = 1, D = 1. Calcular: $X = \overline{(A + \overline{B} \oplus D)} + (\overline{C} \cdot B) \oplus A$

Solução

Adota-se a seqüência de etapas semelhantes à do exemplo anterior e consideram-se as prioridades envolvidas (a primeira prioridade é solucionar os parênteses, e dentro ou fora destes a prioridade é da operação AND sobre as demais, exceto se houver inversão (NOT)). Assim, temos:

1) Calcular o parêntese mais à esquerda; dentro deste parêntese, efetuar primeiro a inversão do valor de B: B = 0 e not B = 1.

2) Ainda dentro do parêntese, efetuar A + not B ou $0 + 1 = 1 = T_1$.

3) Em seguida, encerra-se o cálculo do interior do parêntese efetuando $T_1 \oplus D = T_2$ e invertendo o resultado total do parêntese:

   a) $1 \oplus 1 = 0 = T_2$

   b) $T_2 = 0$ e $\overline{T_2} = 1$

4) Então, calcula-se o outro parêntese, primeiro invertendo o valor de C (NOT), depois efetuando a operação AND daquele resultado com a variável B. O valor final é, temporariamente, T_3.

   a) C = 1 e not C = 0

   b) $0 \cdot 0 = 0 = T_3$

5) Finalmente calcula-se a operação OR do resultado final do primeiro parêntese (T_2) com o do outro parêntese (T_3), para concluir com a operação XOR com A.

   a) $1 + 0 = 1$

   b) $X = 1 \oplus 0 = 1$

Resultado: $X = 1$

Exemplo B.23

É possível, também, realizar operações lógicas com palavras de dados, isto é, com variáveis de múltiplos bits.

Seja A = 1001, B = 0010, C = 1110, D = 1111. Calcular o valor de X na seguinte expressão lógica:

$X = A \oplus (\overline{B \cdot C} + D) + (B \oplus \overline{D})$

Solução

Neste exemplo segue-se o mesmo método, execução por etapas, dos exemplos anteriores, com a diferença de que são quatro algarismos binários, em vez de um apenas.

Considerando as prioridades já definidas anteriormente, temos:

1) Executar a operação AND de B e C, obtendo resultado parcial T_1.
2) Inverter o valor de T_1 (not T_1).
3) Executar a operação OR de not T_1 com D, atualizando um novo resultado parcial T_1, que é a solução do primeiro parêntese.
4) Inverter o valor de D no segundo parêntese.
5) Executar a operação XOR de B com o inverso de D, obtendo o resultado parcial T_2, que é a solução do segundo parêntese.
6) Executar a operação XOR de A com T_1, obtendo um valor temporário para X.
7) Executar a operação OR de X com T_2, obtendo o resultado final de X.

Executando as etapas aqui indicadas, teremos:

Etapa 1: $T_1 = B \cdot C$

			B	C	$T_1 = B \cdot C$
	0010	← B	0	1	0
and	1110	← C	0	1	0
			1	1	1
	0010	← T_1	0	0	0

Resultado parcial: $T_1 = 0010$

Etapa 2: $T_1 = \text{not } T_1$

$T_1 = 0010$ e not $T_1 = 1101$

Resultado parcial: novo $T_1 = 1101$

Etapa 3: $T_1 = T_1 + D$

			T_1	D	$T_1 = T_1 + D$
	1101	← T_1	1	1	1
or	1111	← D	1	1	1
			0	1	1
	1111	← T_1	1	1	1

Resultado parcial: T_1 atualizado: $T_1 = 1111$

Etapa 4: not D

D = 1111 e not D = 0000

Etapa 5: $T_2 = B \oplus \text{not } D$

			B	not D	$T_2 = B \oplus \text{not } D$
	0010	← B	0	0	0
xor	0000	← not D	0	0	0
			1	0	1
	0010	← T_2	0	0	0

Resultado parcial T_2: 0010

Etapa 6: $X = A \oplus T_1$

		A	T_1	$X = A \oplus T_1$
1001	← A	1	1	0
xor 1111	← T_1	0	1	1
		0	1	1
0110	← X	1	1	0

Resultado parcial: X = 0110

Etapa 7: $X = X + T_2$

		X	T_2	$X = X \oplus T_2$
0110	← X	0	0	0
xor 0010	← T_2	1	0	1
		1	1	1
0110	← X	0	0	0

Resultado final: X = 0110

Exemplo B.24

Solucionar a expressão apresentada no Exemplo B.22, utilizando os mesmos valores das variáveis daquele exemplo. No entanto, executar as etapas através da composição completa de todas as tabelas-verdade envolvidas nos cálculos.

Solução

Neste exemplo, idêntico ao Exemplo B.22, vamos adotar um processo mais demorado ao obter as tabelas-verdade passo a passo e para todos os possíveis valores de resultado. De modo que teremos um resultado final (valor de X) para cada uma das 16 possibilidades (A, B, C, D são quatro entradas, haverá, portanto, $2^4 = 16$ saídas). Das 16 saídas, será escolhida aquela que corresponde aos valores de entrada de dados definidos no exemplo. Se as entradas fossem palavras com tamanho maior que um bit, então seria necessário construir tantos conjuntos de tabelas-verdade quanto fosse a quantidade de bits da palavra.

Ao se comparar a quarta linha da tabela Exemplo B.24 — item 1), cujo valor final é igual a 1, com o resultado do Exemplo B.22, que também é igual a 1, verifica-se serem iguais. E mais ainda, também se pode constatar que o resultado obtido no Exemplo B.22 consumiu um tempo menor pela ausência da elaboração de tantas tabelas-verdade.

Vamos construir as tabelas, uma para cada operação a ser efetuada, como definido a seguir:

1) Calcular o parêntese mais à esquerda; dentro deste parêntese, efetuar primeiro a inversão do valor de B: B = 0 e not B = 1.
2) Ainda dentro do parêntese, efetuar A + not B ou $0 + 1 = 1 = T_1$.
3) Em seguida, encerra-se o cálculo do interior do parêntese efetuando $T_1 \oplus D = T_2$ e invertendo o resultado total do parêntese:
   a) $1 \oplus 1 = 0 = T_2$
   b) $T_2 = 0$ e $\overline{T_2} = 1$
4) Então, calcula-se o outro parêntese, primeiro invertendo o valor de C (NOT), depois efetuando a operação AND daquele resultado com a variável B. O valor final é, temporariamente, T_3.
   a) $C = 1$ e $\overline{C} = 0$
   b) $0 \cdot 0 = 0 = T_3$

5) Finalmente calcula-se a operação OR do resultado final do primeiro parêntese (T_2) com o do outro parêntese (T_3), para concluir com a operação XOR com A.

a) not $T_2 = 1 + T_3 = 0 = 1 + 0 = 1$

b) $X = 1 \oplus 0 = 1$

Resultado: $X = 1$

A	B	C	D
0	0	0	0
0	0	0	1
0	0	1	0
0	0	1	1
0	1	0	0
0	1	0	1
0	1	1	0
0	1	1	1
1	0	0	0
1	0	0	1
1	0	1	0
1	0	1	1
1	1	0	0
1	1	0	1
1	1	1	0
1	1	1	1

Ex. B.24

Etapa 1: not B

A	B	C	D	$\overline{B}$
0	0	0	0	1
0	0	0	1	1
0	0	1	0	1
0	0	1	1	1
0	1	0	0	0
0	1	0	1	0
0	1	1	0	0
0	1	1	1	0
1	0	0	0	1
1	0	0	1	1
1	0	1	0	1
1	0	1	1	1
1	1	0	0	0
1	1	0	1	0
1	1	1	0	0
1	1	1	1	0

Ex. B.24 — item 1

Etapa 2: $T_1 = A + \text{not } B$

A	B	C	D	$(A + \overline{B})$
0	0	0	0	1
0	0	0	1	1
0	0	1	0	1
0	0	1	1	1
0	1	0	0	0
0	1	0	1	0
0	1	1	0	0
0	1	1	1	0
1	0	0	0	1
1	0	0	1	1
1	0	1	0	1
1	0	1	1	1
1	1	0	0	1
1	1	0	1	1
1	1	1	0	1
1	1	1	1	1

Ex. B.24 — item 2

Etapa 3a: $T_2 = T_1 \oplus D$

A	B	C	D	$T_2 = (A + \overline{B}) \oplus D$
0	0	0	0	1
0	0	0	1	0
0	0	1	0	1
0	0	1	1	0
0	1	0	0	0
0	1	0	1	1
0	1	1	0	0
0	1	1	1	1
1	0	0	0	1
1	0	0	1	0
1	0	1	0	1
1	0	1	1	0
1	1	0	0	1
1	1	0	1	0
1	1	1	0	1
1	1	1	1	0

Exemplo B.24 — item 3a

Etapa 3b: not T_2

A	B	C	D	T_2	$\overline{T_2}$
0	0	0	0	1	0
0	0	0	1	0	1
0	0	1	0	1	0
0	0	1	1	0	1
0	1	0	0	0	1
0	1	0	1	1	0
0	1	1	0	0	1
0	1	1	1	1	0
1	0	0	0	1	0
1	0	0	1	0	1
1	0	1	0	1	0
1	0	1	1	0	1
1	1	0	0	1	0
1	1	0	1	0	1
1	1	1	0	1	0
1	1	1	1	0	1

Exemplo B.24 — item 3b

Etapa 4a: not C

A	B	C	D	$\overline{C}$
0	0	0	0	1
0	0	0	1	1
0	0	1	0	0
0	0	1	1	0
0	1	0	0	1
0	1	0	1	1
0	1	1	0	0
0	1	1	1	0
1	0	0	0	1
1	0	0	1	1
1	0	1	0	0
1	0	1	1	0
1	1	0	0	1
1	1	0	1	1
1	1	1	0	0
1	1	1	1	0

Exemplo B.24 — item 4a

Etapa 4b: $T_3 = \text{not } C \cdot B$

A	B	C	D	$\overline{C}$	$T_3 = (\overline{C} \cdot B)$
0	0	0	0	1	0
0	0	0	1	1	0
0	0	1	0	0	0
0	0	1	1	0	0
0	1	0	0	1	1
0	1	0	1	1	1
0	1	1	0	0	0
0	1	1	1	0	0
1	0	0	0	1	0
1	0	0	1	1	0
1	0	1	0	0	0
1	0	1	1	0	0
1	1	0	0	1	1
1	1	0	1	1	1
1	1	1	0	0	0
1	1	1	1	0	0

Exemplo B.24 — item 4b

Etapa 5a: X = not T_2 + T_3						
A	B	C	D	$\overline{T}_2$	T_3	$X = \overline{T}_2 + T_3$
0	0	0	0	0	0	0
0	0	0	1	1	0	1
0	0	1	0	0	0	0
0	0	1	1	1	0	1
0	1	0	0	1	1	1
0	1	0	1	0	1	1
0	1	1	0	1	0	1
0	1	1	1	0	0	0
1	0	0	0	0	0	0
1	0	0	1	1	0	1
1	0	1	0	0	0	0
1	0	1	1	1	0	1
1	1	0	0	0	1	1
1	1	0	1	1	1	1
1	1	1	0	0	0	0
1	1	1	1	1	0	1
Exemplo B.24						

Etapa 5b: X = X ⊕ A					
A	B	C	D	X	$X = X \oplus A$
0	0	0	0	0	0
0	0	0	1	1	1
0	0	1	0	0	0
0	0	1	1	1	1
0	1	0	0	1	1
0	1	0	1	1	1
0	1	1	0	1	1
0	1	1	1	0	0
1	0	0	0	0	1
1	0	0	1	1	0
1	0	1	0	0	1
1	0	1	1	1	0
1	1	0	0	1	0
1	1	0	1	1	0
1	1	1	0	0	1
1	1	1	1	1	0
Exemplo B.24 — item 1					

a) Como são quatro variáveis, A, B, C e D, então temos 16 possibilidades, Tabela B.24a.
b) Cada uma das etapas está implementada por tabela-verdade correspondente.
c) Finalmente, verifica-se que o resultado da etapa 5b indica um valor para X igual a 1 na 4.ª linha. Nesta linha temos o seguinte conjunto de 4 bits:

0011

correspondendo aos valores A = 0, B = 0, C = 1 e D = 1, conforme enunciado do exemplo. Este é o mesmo valor do Exercício B.22.

B.4 NOÇÕES DE ÁLGEBRA BOOLEANA

Álgebra booleana é uma área da matemática que trata de regras e elementos de lógica. O nome "booleana" é uma retribuição da comunidade científica ao matemático inglês George Boole (1815-1864), que desenvolveu uma análise matemática sobre a Lógica. Em 1854, ele publicou o famoso livro *An Investigation of the Laws of Thought on Which are Founded the Mathematical Theories of Logic and Probabilities* (Uma investigação das leis do pensamento nas quais estão alicerçadas teorias matemáticas de lógica e probabilidade), no qual propôs os princípios básicos dessa álgebra.

Talvez a álgebra booleana se tornasse apenas uma ferramenta da filosofia, se não tivesse ocorrido o desenvolvimento tão acentuado da eletrônica neste século e a grande utilização da lógica digital nesse processo.

Em 1938, Claude Shannon, no MIT (Massachusetts Institute of Technology), utilizou os conceitos dessa álgebra para o projeto de *circuitos de chaveamento* (*switching circuits*) que usavam relés. Tais circuitos estavam ligados a centrais de comutação telefônica e, mais tarde, a computadores digitais. Atualmente, essa álgebra é largamente empregada no projeto de circuitos digitais para:

- *análise* — é um método prático e econômico de descrever as funções de um circuito digital e, conseqüentemente, seu funcionamento; e
- *projeto* — ao identificar a função a ser realizada por um circuito, a álgebra booleana pode ser aplicada para simplificar sua descrição e, assim, também sua implementação.

O projeto de elementos digitais está relacionado com a conversão de idéias em hardware real, e os elementos encontrados na álgebra booleana permitem que uma idéia, uma afirmação, possa ser expressa matematicamente. Permitem também que a expressão resultante da formulação matemática da idéia possa ser simplificada e, finalmente, convertida no mundo real do hardware de portas lógicas (*gates*) e outros elementos digitais.

Assim como na álgebra comum, a álgebra booleana trata de variáveis e de operações a serem realizadas com essas variáveis. A diferença é que, no que se refere à álgebra booleana, as variáveis usadas são binárias, tendo apenas dois valores possíveis, VERDADE — V (equivalente ao bit 1) e FALSO — F (equivalente ao bit 0). Da mesma forma que o bit só possui dois valores, também um relé ou uma porta lógica pode estar em uma de duas possíveis posições: ou na posição ABERTO (V = bit 1) ou na posição FECHADO (F = bit 0).

Por exemplo, observemos a expressão de uma idéia:

"*A lâmpada acenderá se o sinal A estiver presente.*"

Esta afirmação implica a dependência de uma ação sobre outra. Se criássemos o indicador L para o fato de a lâmpada acender e o indicador A para o sinal A, poderíamos estabelecer uma equação simbólica para expressar esta afirmação (ver Fig. B.17(a)).

L = A (à direita) e L ≠ A (à esquerda)

Poderíamos também modificar a expressão para indicar:

"*A lâmpada acenderá se a chave A* **E** *(AND) a chave B estiverem fechadas.*"

Neste caso, a expressão será diferente, aparecendo a conexão E (AND), conforme exemplo de um circuito em série, mostrado na Fig. B.17(b).

L = A AND B

Ou ainda a expressão:

"*A lâmpada somente acenderá se o sinal A* **NÃO** *estiver presente.*"

E a expressão correspondente será:

L = NOT A

Além de utilizar variáveis que possuem apenas dois valores, 0 e 1, a álgebra booleana define a existência de três operações fundamentais (as demais operações booleanas são combinações das três fundamentais):

AND (representada pelo ponto, "·", da multiplicação aritmética)

OR (representada pelo sinal "+" da adição aritmética)

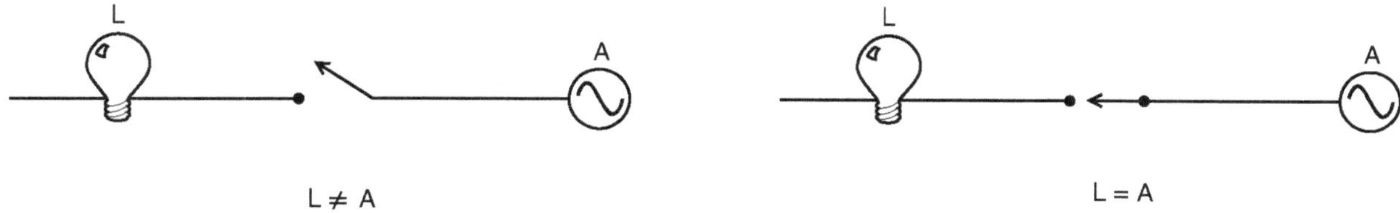

(a) Exemplo de afirmação expressa por uma equação lógica

(b) Exemplo de afirmação com dupla idéia

Figura B.17 Exemplo de circuitos que implementam idéias.

NOT (representada por uma barra em cima da variável, " $\overline{A}$ ", — terminologia ANSI — ou por apóstrofo à direita da variável "A'").

Tendo em vista que livros, revistas e manuais, principalmente na área de computação, usam termos um pouco diferentes para identificar as operações lógicas AND, OR e NOT, parece interessante esclarecer o leitor mencionando estes termos.

Já vimos que (Fig. B.6) a operação OR é representada pelo símbolo de + e que sua tabela-verdade consiste nas linhas a seguir:

$$0 + 0 = 0$$

$$0 + 1 = 1$$

$$1 + 0 = 1$$

$$1 + 1 = 1$$

Quem observa essas expressões pode pensar, à primeira vista, que se trata de soma aritmética e, não fosse pela última operação, que os resultados são iguais mesmo aos de uma soma aritmética. É por isso que alguns autores chamam a operação lógica OR de soma lógica e outros criaram diferentes símbolos para não confundirmos com soma. Símbolos como ∪ e V (usados também em teoria dos conjuntos).

Assim, usar-se-ia:

A ∪ B ∪ C em vez de A + B + C

Mas o pessoal de computação (e os livros e manuais estão aí para confirmar isso) continua preferindo usar o símbolo +, talvez por uma deferência a mais com George Boole, já que foi ele quem propôs originalmente o símbolo.

O mesmo acontece com a operação AND e seu símbolo. Como o símbolo da referida operação (ponto "·") também representa uma operação de multiplicação aritmética e os resultados da tabela-verdade (ver Fig. B.4) são idênticos aos da multiplicação, alguns chamam a operação lógica AND de multiplicação lógica.

B.4.1 Regras Básicas da Álgebra Booleana

A Tabela B.1 apresenta todas as regras básicas da álgebra booleana [MANO 82] e [BART 91].

As expressões simples, de 1 a 9, que usam apenas uma variável, podem ser facilmente provadas através do emprego das tabelas-verdade já mostradas anteriormente. Aliás, todas as demais regras também podem ser comprovadas com o emprego de tabelas-verdade, embora algumas tenham um pouco mais de complexidade do que as nove primeiras.

Tabela B.1 Regras Básicas da Álgebra Booleana

1. $X + 0 = X$	12. $X \cdot Y = Y \cdot X$
2. $X + 1 = 1$	13. $X + (Y + Z) = (X + Y) + Z$
3. $X + X = X$	14. $X \cdot (Y \cdot Z) = (X \cdot Y) \cdot Z$
4. $X + \overline{X} = 1$	15. $X \cdot (Y + Z) = X \cdot Y + X \cdot Z$
5. $X \cdot 0 = 0$	16. $X + X \cdot Z = X$
6. $X \cdot 1 = X$	17. $X \cdot (X + Y) = X$
7. $X \cdot X = X$	18. $(X + Y) \cdot (X + Z) = X + Y \cdot Z$
8. $X \cdot \overline{X} = 0$	19. $X + \overline{X} \cdot Y = X + Y$
9. $\overline{\overline{X}} = X$	20. $X \cdot Y + Y \cdot Z + \overline{Y} \cdot Z = X \cdot Y + Z$
10. $X + Y = Y + X$	21. $\overline{(X + Y)} = \overline{X} \cdot \overline{Y}$
11. $X \oplus X = 0$	22. $\overline{(X \cdot Y)} = \overline{X} + \overline{Y}$

Por exemplo:

- na regra 1: se $X = 0$, então: $0 + 0 = 0 = X$; e
  se $X = 1$, então: $1 + 0 = 1 = X$
- na regra 6: se $X = 0$, então: $0 \cdot 1 = 0 = X$; e
  se $X = 1$, então: $1 \cdot 1 = 1 = X$
- na regra 8: se $X = 0$, então: $0 \cdot \overline{0} = 0 \cdot 1 = 0$; e
  se $X = 1$, então: $1 \cdot \overline{1} = 1 \cdot 0 = 0$

As regras 10 e 12 são conhecidas como *lei da comutatividade* (aprendemos esta lei na escola para o caso da adição e da multiplicação), significando que a ordem das parcelas não afeta o resultado da respectiva operação.

A regra 11 não consta das tabelas de regras básicas, mas resolvemos inseri-la devido à natural importância do circuito lógico XOR como zerador de valores de registradores, testador de igualdades entre palavras e outras aplicações. Sua confirmação é simples, com o emprego da tabela-verdade da Fig. B.13; o resultado de um XOR é sempre *igual a 1* para valores diferentes, e *igual a zero* para valores iguais.

As regras 13 e 14 constituem a *lei da associatividade,* seja para a soma lógica (OR), seja para a multiplicação lógica (AND). Isto é, o resultado não se altera se a operação desejada, de soma ou multiplicação — OR ou AND — for efetuada entre o segundo e o terceiro operandos e depois com o primeiro operando, ou se for efetuada entre o primeiro e o segundo operandos, para em seguida operar com o terceiro.

A regra 15, que utiliza a *lei da distributividade,* estabelece que o produto (AND) de um operando por um polinômio (parcelas internas usando operação OR) é igual à soma (OR) do produto do referido operando com cada elemento do polinômio.

A regra 16,

$X + (X \cdot Z) = X \cdot (1 + Z)$,

é obtida da regra 15.

E, de acordo com a regra 2, temos que: $1 + Z = 1$

Então,

$X + X \cdot Z = X \cdot 1$

E, pela regra 6, sabemos que: $X \cdot 1 = X$

No caso da regra 17, $X \cdot (X + Y)$, esta pode ser provada como se segue:

$X \cdot (X + Y) = X \cdot X + X \cdot Y$ (regra 15) $= X$ (regra 7) $+ X \cdot Y =$

$= X \cdot (1 + Y)$ (regra 15) $= X \cdot 1$ (regra 2) $= X$ (regra 6)

A regra 18, que não se aplica na álgebra comum, pode ser provada como se segue:

$(X + Y) \cdot (X + Z) = X \cdot X + X \cdot Z + X \cdot Y + Y \cdot Z$ (regra 15) $=$

$= X$ (regra 7) $+ X \cdot Z + X \cdot Y + Y \cdot Z = X + X \cdot Y + X \cdot Z + Y \cdot Z$

$= X \cdot (1 + Y) + Z \cdot (X + Y) = X \cdot 1$ (regra 2) $+ Z \cdot (X + Y) =$

$= X$ (regra 6) $+ Z \cdot (X + Y) = X + Z \cdot (X + Y) = X + X \cdot Z + Y \cdot Z$

$= X \cdot (1 + Z) + Y \cdot Z = X \cdot 1 + Y \cdot Z = X + Y \cdot Z$

A regra 19 pode ser provada, como as regras anteriores:

$X + \overline{X} \cdot Y = \underbrace{(X + X \cdot Y)}_{\text{regra 16}} + \overline{X} \cdot Y = X + X \cdot Y + \overline{X} \cdot Y$

$X + Y \cdot (X + \overline{X}) = X + Y \cdot 1$ (regra 4) $= X + Y$ (regra 6)

A regra 20 pode também ser provada de modo idêntico:

$X \cdot Y + Y \cdot Z + \overline{Y} \cdot Z = X \cdot Y + Z \cdot (Y + \overline{Y})$ regra 15 =

$= X \cdot Y + Z \cdot 1$ (regra 4) $= X \cdot Y + Z$ (regra 6) $= X \cdot Y + Z$

As regras 21 e 22 constituem, em conjunto, o Teorema de Morgan, e são repetidas em seguida:

$$\overline{(X + Y)} = \overline{X} \cdot \overline{Y}$$

$$\overline{(X \cdot Y)} = \overline{X} + \overline{Y}$$

Com este teorema pode-se obter o complemento de qualquer expressão.

"Esquecendo" sua demonstração nesse ponto, a conclusão mais importante é que, pelo teorema, pode-se substituir a expressão not X · not Y por uma simples porta NOR e a expressão not X + not Y por uma simples porta NAND, com sensível redução de custos. A expressão not X · not Y é, na realidade, idêntica ao seguinte circuito lógico: NOT X AND NOT Y, o qual utiliza três circuitos diferentes, duas portas NOT e uma porta AND. O Teorema de Morgan também pode reduzir esses três circuitos para apenas um, com o uso da porta NOR. O mesmo pode ser exposto para a outra expressão, que substitui 2 NOT e 1 OR por apenas 1 NAND.

Uma das mais vantajosas conseqüências do emprego da álgebra booleana está justamente na utilização de suas regras para simplificar as expressões lógicas que definem a função de um dado dispositivo digital. Essas simplificações não só facilitam o entendimento do funcionamento do dispositivo, como também contribuem para a redução dos custos de fabricação dos circuitos digitais, devido à redução de componentes eletrônicos utilizados.

Vejamos, em seguida, alguns exemplos do emprego da álgebra booleana na simplificação de expressões lógicas.

Exemplo B.25

Simplificar a expressão: $X = \overline{[(\overline{A} + B) \cdot \overline{B}]}$

Solução

A Fig. B.18 mostra a expressão a ser simplificada (B.18(a)), o diagrama lógico equivalente à referida expressão (B.18(b)) e a expressão simplificada resultante (B.18(c)), com o seu diagrama lógico correspondente (B.18(d)). A simples observação da figura permite concluir o quanto se obteve de economia de circuitos lógicos, passando-se dos três iniciais (2 NAND e 1 NOT) para apenas um (1 OR).

$X = \overline{[(\overline{A} + B) \cdot \overline{B}]}$

(a) Exemplo a ser simplificado

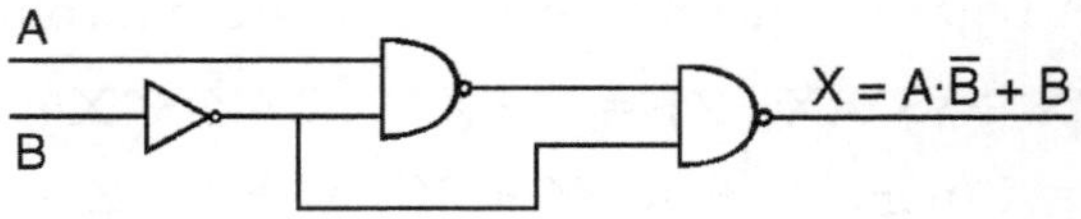

(b) Diagrama lógico correspondente à expressão em (a)

$X = A + B$

(c) Exemplo simplificado

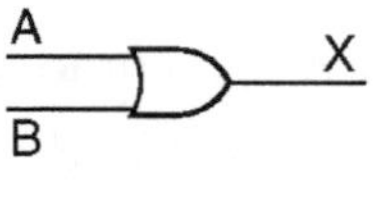

(d) Diagrama lógico correspondente à expressão em (c)

Figura B.18 Exemplo de simplificação de circuito lógico.

A simplificação foi obtida por meio dos seguintes passos:

$X = [\overline{(\overline{A} + B) \cdot \overline{B}}]$

Usando o teorema de Morgan, teremos:

$X = \overline{(\overline{A} + B)} + \overline{\overline{B}}$ (usamos $\overline{X \cdot Y} = \overline{B} + \overline{Y}$)

Usando novamente o teorema, $\overline{(X + Y)} = \overline{X} \cdot \overline{Y}$ para a 1.ª parcela do OR:

$X = \overline{\overline{A}} \cdot \overline{B} + \overline{\overline{B}}$

Aplicando a regra 9 em $\overline{\overline{A}}$ e $\overline{\overline{B}}$, teremos:

$X = A \cdot \overline{B} + B$

Continuando a simplificação pelas regras da Tabela B.1, teremos:

$X = A \cdot \overline{B} + B = B + A \cdot \overline{B}$ (regra 10)

$X = A + B$ (regra 19)

Se usássemos a prova da tabela-verdade (o leitor interessado está convidado a fazê-lo, de modo semelhante ao do Exemplo B.24), concluiríamos que ambas as expressões produzem os mesmos resultados.

Exemplo B.26

Simplificar a expressão: $X = \overline{A} \cdot B \cdot \overline{C} + \overline{A} \cdot B \cdot C + A \cdot \overline{B} \cdot C + A \cdot B \cdot C$

Solução

Utilizando as regras da Tabela B.1, teremos:

$X = \overline{A} \cdot B \cdot (\overline{C} + C) + A \cdot C \cdot (\overline{B} + B)$ regra 15

$X = \overline{A} \cdot B \cdot 1 + A \cdot C \cdot 1$ regra 4

$X = \overline{A} \cdot B + A \cdot C$ regra 6

B.5 CIRCUITOS COMBINACIONAIS

Após analisarmos cada porta individualmente (sua definição e os resultados obtidos com o emprego da tabela-verdade de cada uma) e termos conhecido as regras que servem de alicerce à álgebra booleana e seu emprego para a simplificação de expressões lógicas, podemos verificar como é possível interligar as diversas portas, de modo a construir *redes lógicas* (*logic networks*), também chamadas de *circuitos combinacionais* (termo mais usado em teoria de chaveamento (*switching theory*), para projeto, análise e construção de circuitos de chaveamento (*switching circuits*)).

Um circuito combinacional é um arranjo determinado de portas lógicas cuja saída em qualquer instante é somente função de suas entradas naquele instante. Desse modo, da mesma forma que observamos nos componentes simples (portas lógicas), também nesses componentes mais complexos (circuitos combinacionais) o sinal do resultado aparece na saída logo após os sinais de entrada serem inseridos; a única diferença de tempo entre eles refere-se ao natural atraso do percurso entre a entrada e a saída (*gate delay*).

Exemplos de circuitos combinacionais são: multiplicadores, decodificadores, multiplexadores, somadores e outros.

A Fig. B.19 mostra um diagrama exemplificando o emprego de circuitos combinacionais (rede lógica) [MANO 82]. No Apêndice D é mostrado o uso desses circuitos para fazer funcionar a unidade de controle das UCP (em oposição à metodologia de emprego de sistemas microprogramados).

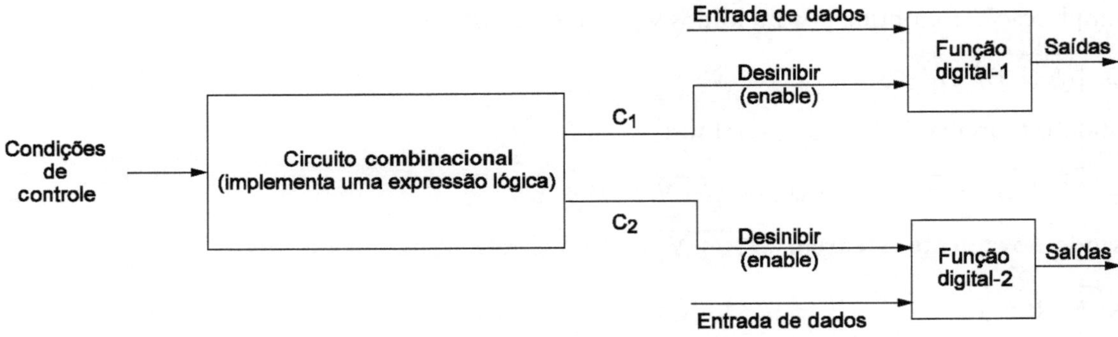

Figura B.19 Exemplo de uso de circuito combinacional.

Em resumo, o exemplo da Fig. B.19 consiste no seguinte:

a) Os módulos da função digital 1 e 2 representam circuitos que realizam algum tipo de operação, como, por exemplo, soma de dois valores que cheguem à entrada (módulo 1) ou soma de um valor e uma constante (módulo 2).

b) Cada módulo é acionado para executar a ação que lhe corresponde quando um sinal de controle (C_1, para o módulo 1 e C_2, para o módulo 2) assume o valor 1 (ativado), nada acontecendo se o valor for igual a zero.

c) O circuito combinacional produzirá a saída adequada, de acordo com os sinais de tempo (condições de controle) que aparecem nas suas entradas (ver Fig. B.22).

d) Supondo, por exemplo, que as condições de ativação da saída 1 do circuito combinacional sejam três seqüências de tempo, T_1, T_2 e T_3, mais as variáveis binárias *x* e *y*, geradas internamente, os sinais de tempo ocorrem em seqüência, de modo que, em um instante de relógio, $T_1 = 1$ e $T_2 = T_3 = 0$; no período seguinte (outro pulso de relógio), $T_1 = 0$, $T_2 = 1$ e $T_3 = 0$; em seguida, $T_1 = T_2 = 0$ e $T_3 = 1$, e depois tudo se repete. As variáveis internas *x* e *y* são resultantes de outras operações previamente realizadas, como, por exemplo, o resultado de uma operação aritmética ser igual a zero (X = 1) ou diferente de zero (X = 0).

e) As condições que definem o valor das variáveis de controle C_1 e C_2 podem ser especificadas por expressões booleanas (lógicas). Vamos, por exemplo, considerar as seguintes expressões (tarefa das mais complexas para os projetistas de Unidades de Controle do tipo programadas por hardware ou *hardwired*):

$C_1 = x \cdot T_1 + T_2 + y \cdot T_3$

$C_2 = y \cdot T_3$

f) A interpretação do processo consistiria no seguinte:

1) se $x = 1$ **e** $T_1 = 1$ **ou** $T_2 = 1$ **ou** $y = 1$ **e** $T_3 = 1$,
   então: $C_1 = 1$,
   senão: $C_1 = 0$;
2) quando $C_1 = 1$, a função digital 1 é realizada com os dados de entrada;
3) se $y = 0$ **e** $T_3 = 1$,
   então: $C_2 = 1$
   senão: $C_2 = 0$;
4) quando $C_2 = 1$, a função digital 2 é realizada com os dados de entrada.

g) A Fig. B.20 mostra o diagrama lógico do circuito combinacional aqui exemplificado.

Entre outros exemplos de circuitos combinacionais, podemos citar o somador parcial, descrito no Apêndice D, e o somador completo, também descrito no mesmo apêndice.

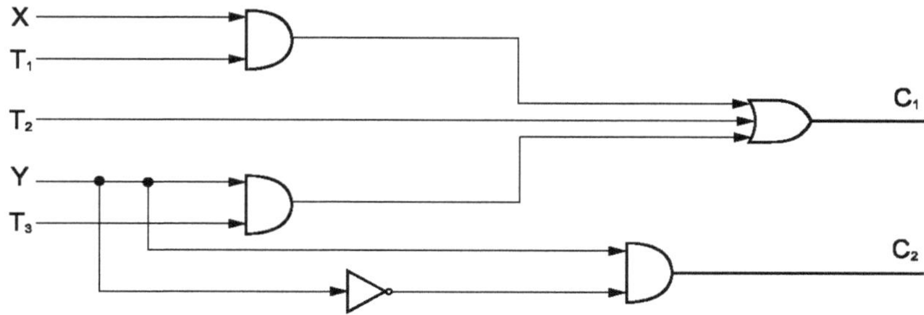

Figura B.20 Diagrama lógico do circuito combinacional da Fig. B.19.

B.5.1 Exemplo Prático — Projeto de um Multiplicador de 2 Bits

Para compreender melhor como a álgebra booleana é utilizada na implementação de um problema prático, vamos descrever um exemplo, apresentado em [CLEM 86], consistindo no projeto de um circuito combinacional que recebe dois valores numéricos de 2 bits cada e produz, na saída, um valor de 4 bits igual ao produto dos valores de entrada, isto é, um multiplicador de 2 bits.

A Fig. B.21 apresenta o diagrama em bloco do multiplicador, contendo as quatro entradas, para o número A, com 2 bits, e para o número B, com 2 bits, e a saída com quatro linhas, uma para cada bit do valor do resultado, R.

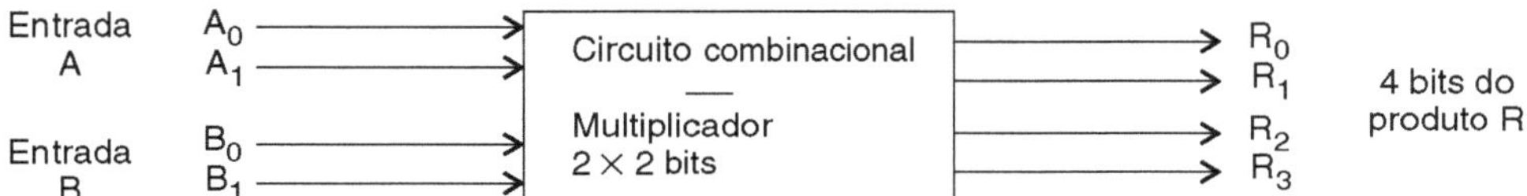

Figura B.21 Diagrama em bloco de um multiplicador de 2 bits.

Como temos 4 bits na entrada (2 para cada número), podemos construir a tabela-verdade da multiplicação com 16 combinações possíveis ($2^4 = 16$), conforme mostrado na Tabela B.2.

Tabela B.2 Tabela-verdade para a Multiplicação de Dois Valores Binários

A * B = R	Entradas				Saídas			
	A		B		R			
	A_1	A_0	B_1	B_0	R_3	R_2	R_1	R_0
0 * 0 = 0	0	0	0	0	0	0	0	0
0 * 1 = 0	0	0	0	1	0	0	0	0
0 * 2 = 0	0	0	1	0	0	0	0	0
0 * 3 = 0	0	0	1	1	0	0	0	0
1 * 0 = 0	0	1	0	0	0	0	0	0
1 * 1 = 1	0	1	0	1	0	0	0	1
1 * 2 = 2	0	1	1	0	0	0	1	0
1 * 3 = 3	0	1	1	1	0	0	1	1
2 * 0 = 0	1	0	0	0	0	0	0	0
2 * 1 = 2	1	0	0	1	0	0	1	0
2 * 2 = 4	1	0	1	0	0	1	0	0
2 * 3 = 6	1	0	1	1	0	1	1	0
3 * 0 = 0	1	1	0	0	0	0	0	0
3 * 1 = 3	1	1	0	1	0	0	1	1
3 * 2 = 6	1	1	1	0	0	1	1	0
3 * 3 = 9	1	1	1	1	1	0	0	1

A Tabela B.2 possui 16 linhas de informações porque há 4 bits de entrada, A_0, A_1, B_0 e B_1 e, portanto, tem 16 combinações entre 0000 e 1111. Cada uma dessas combinações representa um produto mostrado na coluna da esquerda (A*B = R), como, por exemplo, 1 × 3 = 3, que é o mesmo que $A_0 = 0$, $A_1 = 1$, $B_0 = 1$ e $B_1 = 1$, e tendo como resultado: $R_0 = 0$, $R_1 = 0$, $R_2 = 1$ e $R_3 = 1$.

Para criar o circuito combinacional que implemente a tabela-verdade (Tabela B.2), devem ser construídas quatro expressões lógicas, uma para cada saída. Na realidade, um circuito com X saídas terá sempre X expressões lógicas.

$$R_0 = A_0 \cdot \overline{A}_1 \cdot B_0 \cdot \overline{B}_1 + A_0 \cdot \overline{A}_1 \cdot B_0 \cdot B_1 + A_0 \cdot A_1 \cdot B_0 \cdot \overline{B}_1 + A_0 \cdot A_1 \cdot B_0 \cdot B_1$$

que pode ser simplificada para:

$$R_0 = A_0 \cdot \overline{A}_1 \cdot B_0 \cdot (B_1 + \overline{B}_1) + A_0 \cdot A_1 \cdot B_0 \cdot (B_1 + \overline{B}_1) = A_0 \cdot \overline{A}_1 \cdot B_0 + A_0 \cdot A_1 \cdot B_0 =$$

$$= A_0 \cdot B_0 (A + \overline{A}_1) =$$

$$\boxed{R_0 = A_0 \cdot B_0}$$

$$R_1 = A_0 \cdot \overline{A}_1 \cdot \overline{B}_0 \cdot B_1 + A_0 \cdot \overline{A}_1 \cdot B_0 \cdot B_1 + \overline{A}_0 \cdot A_1 \cdot B_0 \cdot \overline{B}_1 + \overline{A}_0 \cdot A_1 \cdot B_0 \cdot B_1 + A_0 \cdot A_1 \cdot B_0 \cdot \overline{B}_1 +$$

$$A_0 \cdot A_1 \cdot \overline{B}_0 \cdot B_1 =$$

$$= A_0 \cdot \overline{A}_1 \cdot B_1 \cdot (\overline{B}_0 + B_0) + \overline{B}_0 \cdot B_1 \cdot B_0 (\overline{B}_1 + B_0) + A_0 \cdot A_1 \cdot B_0 \cdot \overline{B}_1 + A_0 \cdot A_1 \cdot \overline{B}_0 \cdot B_1 =$$

$$= A_0 \cdot \quad \cdot B_1 + \overline{A}_0 \cdot A_1 \cdot B_0 + A_0 \cdot A_1 \cdot B_0 \cdot \overline{B}_1 + A_0 \cdot A_1 \cdot \overline{B}_0 \cdot B_1 =$$

$$= A_0 \cdot B_1 \cdot (\overline{A}_1 + A_1 \cdot B_0) + A_1 \cdot B_0 \cdot (\overline{A}_0 + A_0 \cdot \overline{B}_1) =$$

$$= A_0 \cdot B_1 \cdot (\overline{A}_1 + \overline{B}_0) + A_1 \cdot B_0 \cdot (\overline{A}_0 + B_1) =$$

$$\boxed{R_1 = A_0 \cdot \overline{A}_1 \cdot B_1 + A_0 \cdot \overline{B}_0 \cdot B_1 + \overline{A}_0 \cdot A_1 \cdot B_0 + A_1 \cdot B_0 \cdot \overline{B}_1}$$

$$R_2 = \overline{A}_0 \cdot A_1 \cdot \overline{B}_0 \cdot B_1 + A_1 \cdot \overline{A}_0 \cdot B_1 \cdot B_0 + A_0 \cdot A_1 \cdot \overline{B}_0 \cdot B_1 =$$

$$= \overline{A}_0 \cdot A_1 \cdot B_1 \cdot (\overline{B}_0 + B_0) + A_0 \cdot A_1 \cdot \overline{B}_0 \cdot B_1 =$$

$$= \overline{A}_0 \cdot A_1 \cdot B_1 + A_0 \cdot A_1 \cdot \overline{B}_0 \cdot B_1 =$$

$$= A_1 \cdot B_1 \cdot (\overline{A}_0 + A_0 \cdot \overline{B}_0) =$$

$$= A_1 \cdot B_1 \cdot (\overline{A}_0 + \overline{B}_0) =$$

$$\boxed{R_2 = \overline{A}_0 \cdot A_1 \cdot B_1 + A_1 \cdot \overline{B}_0 \cdot B_1}$$

$$\boxed{R_3 = A_0 \cdot A_1 \cdot B_0 \cdot B_1}$$

Em resumo, as quatro expressões lógicas correspondentes às quatro saídas são:

$$R_0 = A_0 \cdot B_0$$

$$R_1 = A_0 \cdot \overline{A}_1 \cdot B_1 + A_0 \cdot \overline{B}_0 \cdot B_1 + \overline{A}_0 \cdot A_1 \cdot B_0 + A_1 \cdot B_0 \cdot \overline{B}_1$$

$$R_2 = \overline{A}_0 \cdot A_1 \cdot B_1 + A_1 \cdot \overline{B}_0 \cdot B_1$$

$$R_3 = A_0 \cdot A_1 \cdot B_0 \cdot B_1$$

A Fig. B.22 mostra uma entre várias possíveis implementações das expressões lógicas R_0 a R_3.

É possível simplificar certas expressões lógicas, transformando-as somente em circuitos NAND. Isto é desejável em certas circunstâncias porque a porta NAND é mais rápida e mais barata que o correspondente circuito AND. O mesmo, aliás, acontece com os circuitos lógicos NOR e OR, onde o primeiro é também mais barato e rápido que este último.

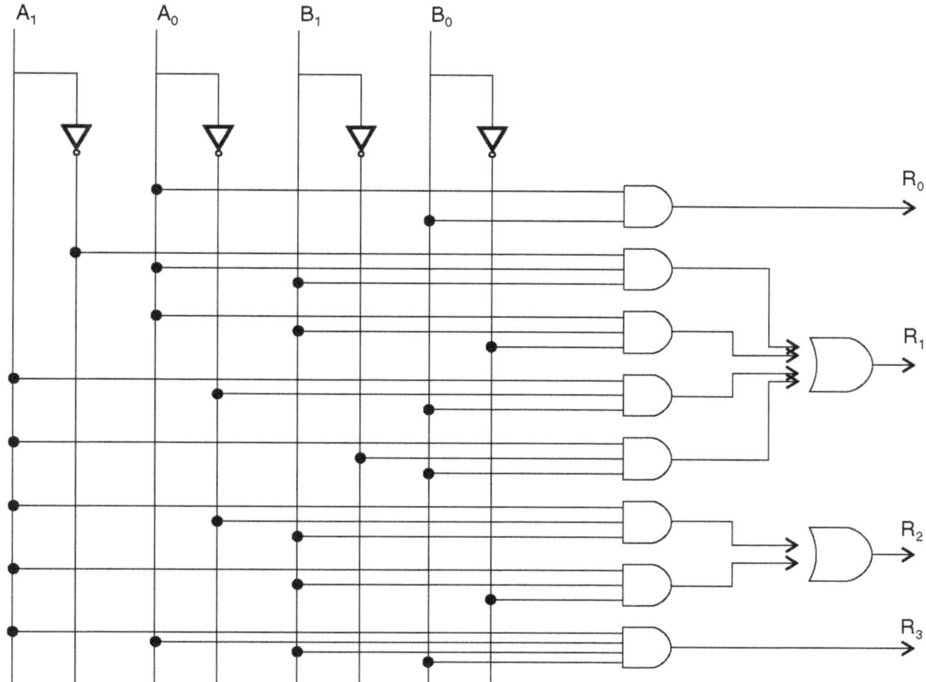

Figura B.22 Uma implementação das expressões lógicas R_0 a R_3 do exemplo da Fig. B.21.

B.5.2 Portas Wired-Or e Wired-And

Um outro exemplo de utilização de circuitos combinacionais se refere a uma certa maneira de construir várias portas OR ou AND por meio de uma única conexão (ver Apêndice D, item D.1).

A Fig. B.23 mostra uma combinação de porta NAND para AND, na qual a porta AND é formada pela conexão das saídas das portas NAND. Neste circuito (wired-AND) não há necessidade de nenhum outro elemento a não ser as portas NAND, o que é comprovado pelas linhas tracejadas da figura [BART 91].

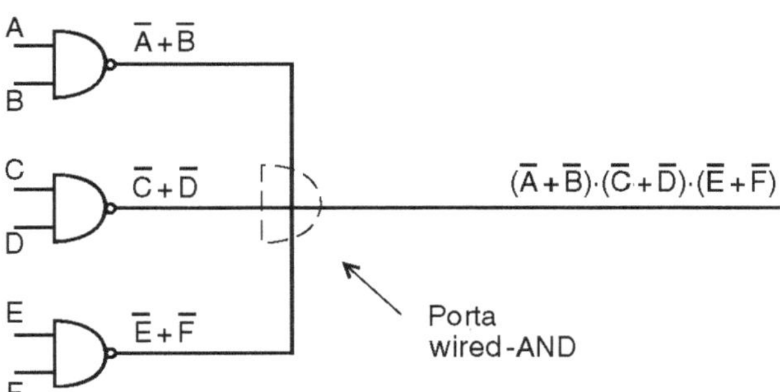

Figura B.23 Exemplo de implementação de circuito wired-AND.

Nem todas as portas NAND podem ter suas saídas conectadas dessa maneira para formar uma porta AND. Antes de sua obtenção, é preciso verificar se o tipo desejado é o adequado.

A Fig. B.24 mostra um circuito lógico composto de portas NOR que formam um OR (wired-OR) de modo semelhante ao exemplo anterior para o circuito wired-AND.

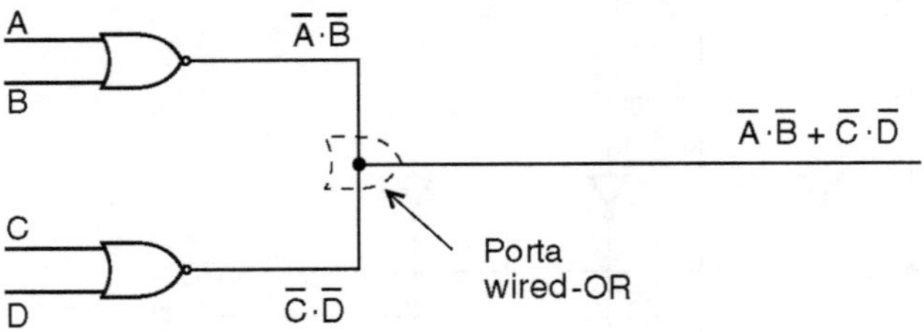

Figura B.24 Exemplo de implementação de circuito wired-OR.

B.5.3 Circuitos Integrados

Após a primeira parte do processo, o projeto de um circuito combinacional, completa-se esta tarefa com a implementação física do circuito através da fabricação dos elementos e integrando-os em um só dispositivo (encapsulando-o), com o propósito de redução de espaço e custo, isto é, construindo um *circuito integrado.*

Um circuito integrado — CI (*IC — Integrated Circuit*) é um pequeno dispositivo, denominado *pastilha* (*chip*), que contém em seu interior centenas e atualmente milhares de componentes eletrônicos: transistores, diodos, resistores, capacitores e suas interligações. Estes componentes são os formadores das portas lógicas que, interligadas, formam um determinado circuito combinacional.

A pastilha é encapsulada em um pacote de cerâmica ou plástico e as conexões com o exterior são soldadas aos pinos externos para completar o dispositivo. A Fig. B.25(a) mostra uma pequena pastilha de circuito integrado (CI) e a Fig. B.25(b), o diagrama lógico de seu interior.

A pastilha é mostrada com 14 pinos, sendo alguns tipos inseridos e outros soldados a um componente maior, normalmente uma placa de circuito impresso.

É possível construir pastilhas com pequena quantidade de portas lógicas (pequena integração) até pastilhas de uma UCP (como a dos processadores Pentium, fabricados pela Intel, ou K7, fabricado pela AMD) contendo milhões de transistores (integração em muito larga escala — VLSI). Pastilhas de CI (IC) podem ser fabricadas com diferentes quantidades de pinos. Os fabricantes de CI costumam identificar cada um por um número, além da função à qual se destinam, e os fabricantes de sistemas de computação adquirem, então, estes CI de acordo com suas necessidades, para serem inseridos nas placas de circuito impresso. Este processo (fabricantes especializados na construção de circuitos integrados padronizados para executar determinadas funções) tira um pouco da flexibilidade do fabricante de sistemas de computação, visto que ele deve projetar seu sistema usando as pastilhas que já existem no mercado e não fazendo, talvez, tudo o que se desejaria para o referido sistema. No entanto, apesar deste inconveniente, isso ainda é mais vantajoso do que o próprio fabricante do computador ter que também verticalizar, projetando e construindo todas as pastilhas necessárias (seria um processo semelhante ao das fábricas de automóveis, que na realidade são denominadas montadoras, que adquirem no mercado a quase totalidade das peças necessárias à montagem do veículo, em vez de a própria montadora fabricar todas as peças).

É comum classificar pastilhas (*chips*) pela quantidade de integração que elas suportam, isto é, a quantidade de portas lógicas (e, em última análise, a quantidade de transistores encapsulados):

- *SSI* (*Small Scale Integration*) — Integração em pequena escala constituída de 1 a 10 portas. Poucos pinos. O exemplo da Fig. B.25 é uma amostra de pastilha SSI de número 7400, enquanto a Fig. B.26 apresenta outros exemplos de pastilhas SSI.

Todas as pastilhas apresentadas na figura possuem 14 pinos, 7 de cada lado, caracterizando-se como um pacote DIL (*Dual-Inline*), também chamado DIP (*Dual-Inline Package*).

- *MSI* (*Medium Scale Integration*) — Integração em média escala constituída de até 100 portas. Tem também poucos pinos. Circuitos desse tipo costumam ser usados para a construção de certos pequenos dispositivos, como multiplicadores e contadores.
- *LSI* (*Large Scale Integration*) — Integração em larga escala constituída de até 100.000 portas. Normalmente são processadores completos.

(a) Figura da pastilha de um circuito integrado com 14 pinos

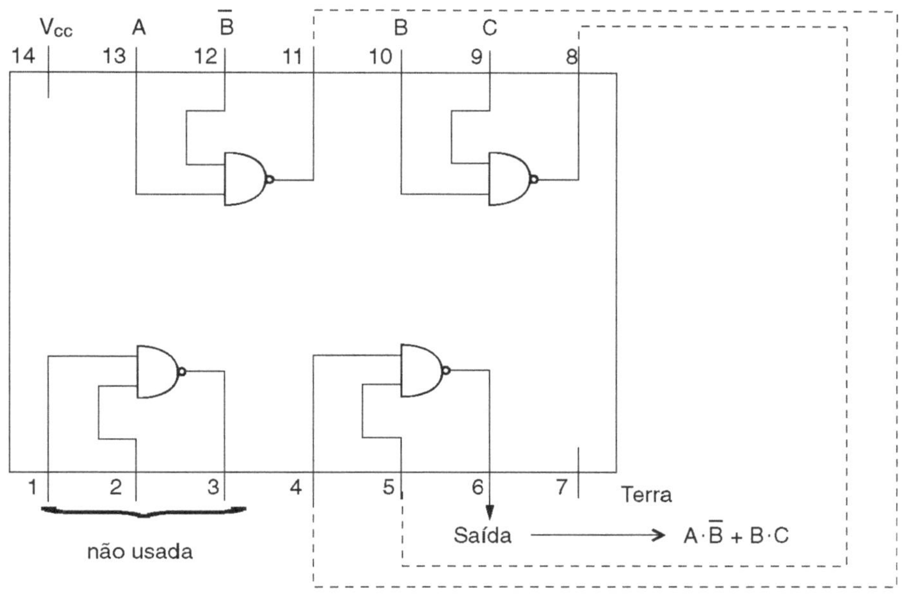

------ Conexões feitas externamente

A, $\overline{B}$, C Entradas

(b) Diagrama lógico do circuito integrado

Figura B.25 Exemplo de um pequeno circuito integrado.

- *VLSI* (*Very Large Scale Integration*) — Integração em muito larga escala. É costume classificar pastilhas com até 100.000 portas como LSI e, acima desta quantidade, como VLSI. O processador Intel 80486 possui cerca de 1,2 milhão de transistores em uma única pastilha, com 168 pinos, enquanto o processador Pentium possui cerca de 3,1 milhões de transistores (no caso, trata-se dos modelos iniciais de Pentium, pois os atuais modelos possuem muito mais transistores na pastilha) em uma pastilha de CI com 273 pinos.

Outro tipo de classificação de circuitos integrados se refere à tecnologia do circuito eletrônico básico utilizado para montagem do circuito combinacional correspondente. A topologia do circuito básico, os componentes eletrônicos utilizados e suas interligações caracterizam cada classificação diferente. A Tabela B.3 mostra algumas dessas tecnologias atualmente em uso [BART 91]:

Por fugir ao escopo deste livro, não entraremos em detalhes sobre o processo de fabricação de cada tipo. O leitor interessado poderá recorrer a [BART 81], [BART 91] e [MCCCL 86] para uma descrição mais pormenorizada do assunto. Ainda assim, é possível fazer algumas observações interessantes:

a) Há dois tipos de transistores usados em circuitos digitais: *bipolar* e *FET* — *Field Effect Transistor*. Embora, neste texto, não seja possível analisar cada um desses tipos, pode-se mencionar que a técnica bipolar usa transistores convencionais e que a técnica FET emprega um processo não-convencional.

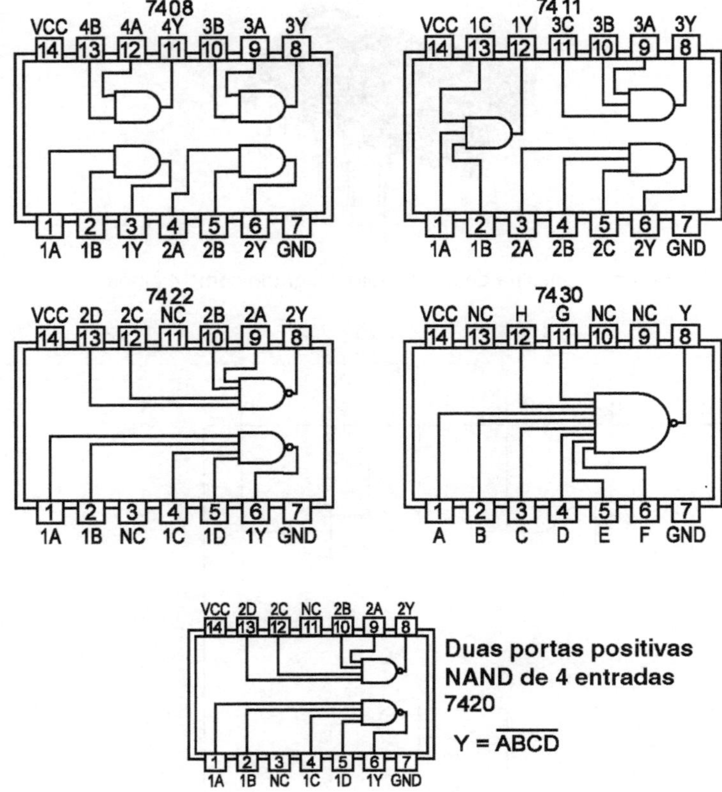

Figura B.26 Exemplos de CI do tipo SSI.

b) Os circuitos integrados da Tabela B.3, exceto os que usam tecnologia CMOS (74C, 74HC, 74HCT, 74AC e 74ACT), são do tipo "lógica bipolar", enquanto os CI do tipo CMOS usam tecnologia MOS — Metal Oxide Semiconductor e empregam transistores do tipo FET.

c) A lógica bipolar é muito usada quando se deseja alta velocidade dos dispositivos e o custo não é problema (são mais caros que os FET). Linhas com lógica bipolar consomem mais corrente e calor, razão por que não se costuma usar muitas portas em um encapsulamento deste tipo (são MSI).

Tabela B.3 Terminologias de Fabricação de Circuitos Integrados

Código	Descrição
74XXX	Família TTL original
74LXXX	Versão de baixo consumo do TTL padrão
74LSXXX	TTL Schottky de baixa potência. Largamente usado
74SXXX	Antigo Schottky (TTL)
74ALXXX	Schottky avançado, de baixa potência
74ASXXX	Schottky avançado
74CXXX	CMOS equivalente aos TTL
74HCXXX	CMOS de alta velocidade
74HCTXXX	CMOS de alta velocidade compatível com TTL
74ACXXX	CMOS avançado
74ACTXXX	CMOS avançado, compatível com TTL
ECL	Alta velocidade, alta potência, baixa densidade, somente MSI
GaAs	Gallium-Arsenide. Alta velocidade. Caro. Baixa densidade

Obs.: XXX indica 3 dígitos. Para cada código, o CI possui a mesma pinagem. Por exemplo, o CI 74166 tem a mesma pinagem do CI 74S166 e do CI 74ALS166.

d) Para se produzir circuitos integrados em larga e muito larga escala (LSI e VLSI), costuma-se empregar transistores FET, e a tecnologia básica empregada na fabricação do CI é a MOS (Metal Oxide Semiconductor). Transistores FET construídos com técnica MOS são chamados MOSFET.

e) Apesar de os transistores FET não serem tão rápidos quanto os de tecnologia bipolar, eles são menores (podem-se integrar mais elementos), de fabricação simples e de baixo custo, consomem menos corrente e calor (também auxiliam na integração de mais elementos). Por isso, são mais empregados quando se desejam muitos elementos, como grandes memórias, microprocessadores etc.

B.5.4 Decodificador

É um tipo de circuito combinacional de média integração (MSI), que possui x linhas de entrada e 2^x linhas de saída. Para cada configuração de bits que aparece na entrada haverá uma e somente uma linha de saída ativa, definida conforme o padrão de bits de entrada. Por exemplo, um decodificador pode ter 3 linhas de entrada ($x = 3$) e 8 linhas de saída ($2^3 = 8$), o que significa que na entrada podem aparecer valores entre 000 e 111, um valor de cada vez. Quando aparecer na entrada o valor 100, será ativada (a linha aparece com um pulso de voltagem correspondente ao bit 1) a 5.ª linha de saída e se aparecer na entrada o valor 010, será ativada a 3.ª linha de saída.

A Fig. B.27 mostra um exemplo de decodificador 3 × 8, isto é, com 3 linhas de entrada e 8 linhas de saída, contendo a sua tabela-verdade (Fig. B.27(a)), o diagrama lógico do decodificador (Fig. B.27(b)) e o seu dia-

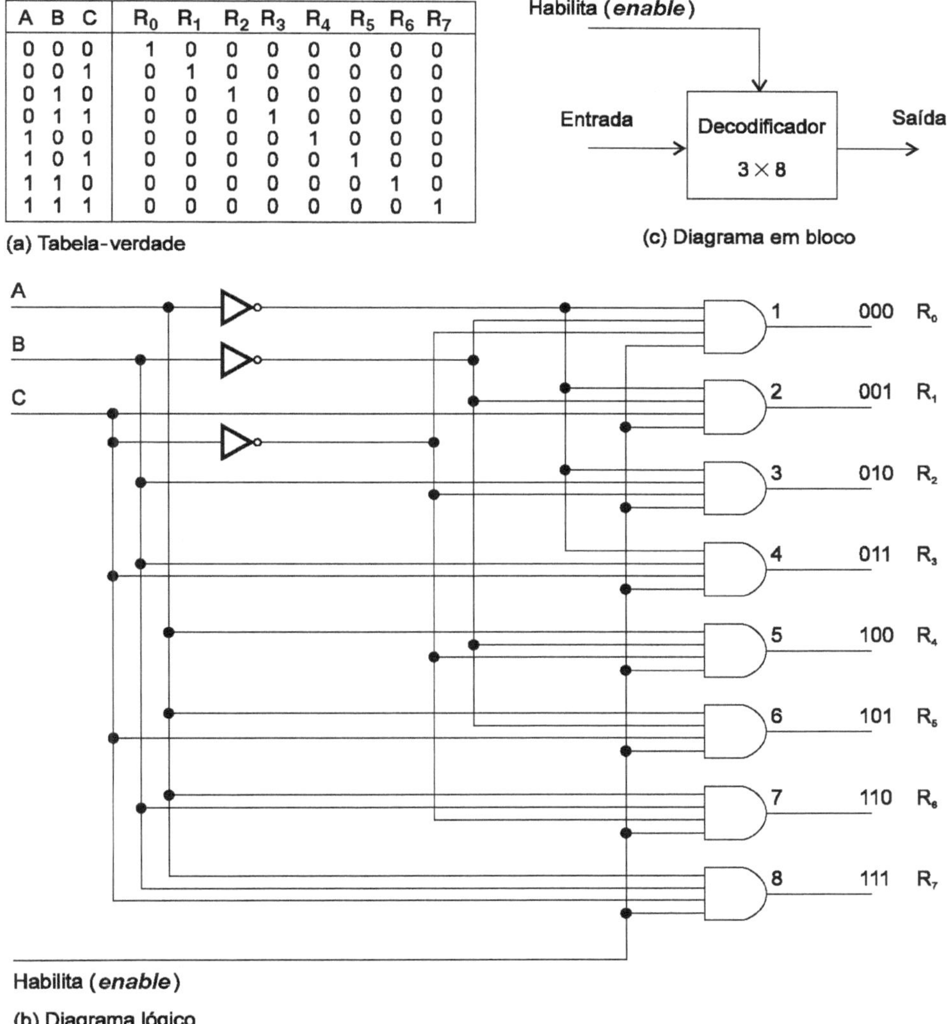

A	B	C	R_0	R_1	R_2	R_3	R_4	R_5	R_6	R_7
0	0	0	1	0	0	0	0	0	0	0
0	0	1	0	1	0	0	0	0	0	0
0	1	0	0	0	1	0	0	0	0	0
0	1	1	0	0	0	1	0	0	0	0
1	0	0	0	0	0	0	1	0	0	0
1	0	1	0	0	0	0	0	1	0	0
1	1	0	0	0	0	0	0	0	1	0
1	1	1	0	0	0	0	0	0	0	1

Figura B.27 Decodificador 3 × 8, com linha habilita (*enable*).

grama em bloco (Fig. B.27(c)). Normalmente, é mais comum representar o decodificador pelo seu diagrama em bloco do que pelo diagrama lógico, de modo a se reduzir a complexidade do desenho.

Podem ser fabricados decodificadores com ou sem sinal de habilitação (*enable*) na entrada. Quando o sinal existe, ele serve para permitir ou não o aparecimento do valor de saída. Se a linha de habilitação for igual a 0, todas as saídas serão iguais a 0, porque a linha está conectada a cada porta AND e esta porta produzirá saída 0 se pelo menos uma entrada for igual a 0. Se a linha de habilitação for igual a 1, então o decodificador operará normalmente.

Se, como mencionamos anteriormente, aparece na entrada o valor 100, isto é, A = 1, B = 0 e C = 0, então teremos na entrada de cada porta AND e na saída os valores mostrados na Tabela B.4.

Tabela B.4 Valores de Entrada e de Saída de um Decodificador

Entradas	R_0	R_1	R_2	R_3	R_4	R_5	R_6	R_7
1.ª = A	0	0	0	0	1	1	1	1
2.ª = B	0	0	1	1	0	0	1	1
3.ª = C	0	1	0	1	0	1	0	1
Saídas	0	0	0	0	1	0	0	0

A tabela mostra que a única saída ativada (bit 1) é a da quinta coluna (R_4), correspondente a 100, o valor de entrada.

Uma boa aplicação desses dispositivos consiste na decodificação de instruções em uma UCP, servindo o código de operação como entrada do decodificador. Outra aplicação reside na decodificação de endereços para acesso à memória RAM.

A Fig. B.28 mostra um diagrama em bloco de um decodificador usado para decodificar endereços. No exemplo, temos uma memória composta de 1024 (1K) bytes (cada célula ocupa 1 byte), organizados em quatro pastilhas de 256K cada. Cada endereço de memória é um número com 10 bits e, no caso, os 10 bits são divididos em duas partes. Os 8 bits menos significativos compreendem o endereço do byte desejado de uma das quatro pastilhas e os 2 bits mais significativos (mais à esquerda) indicam a qual das quatro pastilhas se está referindo. O decodificador 2 × 4 atua nesta última parte, isto é, para identificar, pela sua única saída válida, qual a pastilha que está sendo localizada.

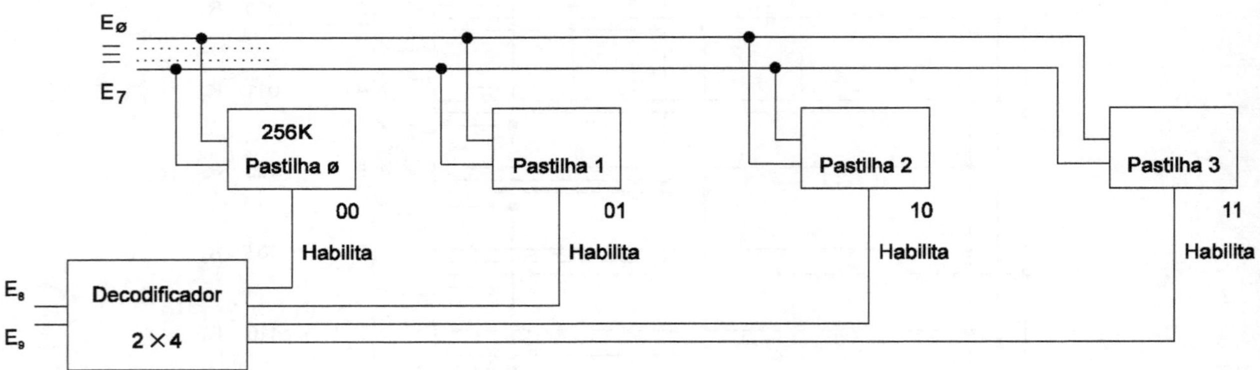

Figura B.28 Decodificador 2 × 4, usado para decodificação de endereço.

B.6 CIRCUITOS SEQÜENCIAIS

Enquanto circuitos combinacionais implementam funções lógicas básicas e de forma direta (a saída depende apenas das entradas e do arranjo interno), há um outro tipo de organização de circuitos digitais, mais complexo, denominado circuito seqüencial.

Circuitos seqüenciais são arranjos de portas lógicas de modo que sua saída depende não só dos valores de entrada em um determinado instante, mas também das entradas anteriores; ou seja, esses circuitos introduzem o elemento "memória", que não existe nos circuitos combinacionais.

Um exemplo desse tipo de circuitos são os flip-flops, descritos a seguir.

B.6.1 Flip-flops

O flip-flop não é construído como um circuito combinacional. Ele é, na realidade, um outro tipo de circuito lógico, denominado seqüencial. Um circuito seqüencial é constituído de um conjunto de flip-flops e portas lógicas interligadas. A interligação apenas de portas constitui, como já vimos, um circuito combinacional, mas quando se incluem flip-flops na conexão, então o chamamos de circuito seqüencial.

Se analisarmos de modo simplista os dois elementos que constituem um circuito seqüencial, os flip-flops e as portas lógicas, podemos imaginar os primeiros compondo uma memória e as últimas constituindo as operações que são realizadas em um computador.

Dessa maneira, o flip-flop é o elemento básico utilizado para se armazenar informações em um sistema digital. Ele é capaz de armazenar (operação de escrita) e permitir a leitura de um valor binário (bit 0 ou bit 1). São duas as características fundamentais de um circuito flip-flop:

a) É um elemento biestável, isto é, pode guardar (armazenar) um entre dois possíveis valores (correspondentes aos bits 0 e 1) permanentemente, enquanto estiver energizado. Em outras palavras, se um sinal de entrada acarreta sua passagem para um estado correspondente ao bit 1 (*set*), ele permanece neste estado até que outro sinal na entrada altere seu valor para 0.

b) Possui dois sinais, um deles sendo o complemento do outro (1 é complemento de 0 e vice-versa).

Flip-flop do Tipo S-R

A Fig. B.29 mostra um diagrama em bloco de um circuito flip-flop, denominado flip-flop SR (há vários tipos de flip-flops produzidos para o mercado) ou latch SR.

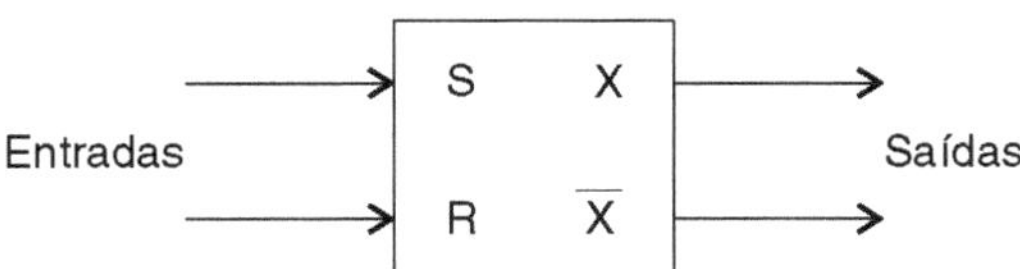

Figura B.29 Diagrama em bloco de um flip-flop SR.

O estado do flip-flop (se é bit 1 ou bit 0) é obtido de sua saída X, ou seja, se a linha de saída marcada X está com sinal 1, diz-se que o flip-flop está no estado 1 e vice-versa. Além disso, as linhas de saída X e x são complemento uma da outra, de modo que, se X está com o valor 1, então x está com o valor 0 e vice-versa.

As linhas de entrada do flip-flop SR controlam o estado do flip-flop, como se segue:

a) se ambas as linhas de entrada estiverem com sinais equivalentes ao bit 0, então o flip-flop permanecerá no seu estado atual;

b) se a linha S (*set*) mudar para o estado 1 e a linha R mantiver o valor 0, então o flip-flop passará para o estado 1, isto é, diz-se que ele foi "setado";

c) quando a linha S estiver no estado 0 e a linha R (*reset*) estiver no estado 1, então o flip-flop passará para o estado 0; e

d) se ambas as linhas passarem para o estado 1, ocorrerá uma instabilidade, visto que as duas linhas não poderão simultaneamente ser "setadas" e "liberadas". A Fig. B.30 mostra a tabela de estado do flip-flop RS.

	S	R	X	$\overline{X}$
Estado inicial de X = 0	0	0	0	1
Altera estado	1	0	1	ø
Mantém estado anterior	0	0	1	ø
Altera estado	0	1	ø	1
Mantém estado anterior	ø	ø	ø	1
Incorreto	1	1	-	-

X - estado do flip-flop após entrada R e S

$\overline{X}$ - complemento do valor de X

S - entrada *set*

R - entrada *reset*

Figura B.30 Tabela de valores de um circuito flip-flop.

Circuitos flip-flops são construídos com portas lógicas, isto é, utilizando operadores lógicos interligados, como, por exemplo, com portas NOR, como mostra a Fig. B.31(a), ou por circuitos lógicos NAND, como mostra a Fig. B.31(b). A diferença de funcionamento no caso do flip-flop RS com portas NAND é que as entradas estarão complementadas, de modo que a tabela da Fig. B.30 (que é válida para o caso de flip-flops RS com portas NOR) seria invertida. Por exemplo, se a entrada S for igual a 0 e a entrada R for igual a 1, então o flip-flop será "setado" no estado 1, e assim por diante.

Um registrador ou uma célula de memória pode ser construído com esse tipo de circuito, como veremos mais adiante. Cada um dos círculos funciona como uma célula de 1 bit. O valor apresentado na saída Q significa o valor do bit armazenado e as entradas R e S servem para que se possa escrever, respectivamente, o valor 1 ou 0. A Fig. B.32 mostra um diagrama de tempo de um processo de escrita de um valor na célula de 1 bit, o flip-flop da Fig. B.31(a), por exemplo. Em dado instante, o estado do flip-flop da figura é 0, ou seja,

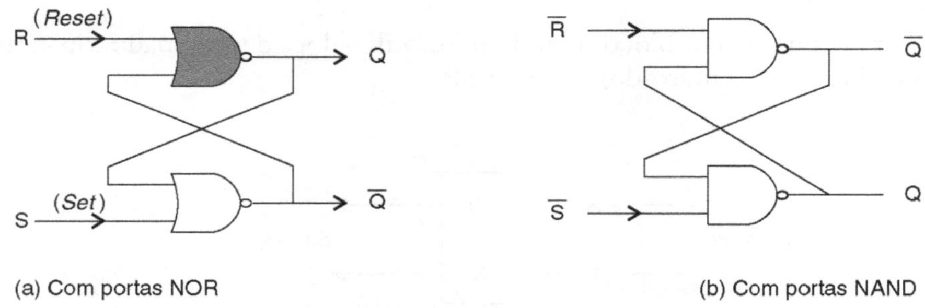

(a) Com portas NOR

(b) Com portas NAND

Figura B.31 Flip-flop SR.

Q = 0 e $\overline{Q}$ = 1 e, nas entradas, tem-se S = 0 e R = 0, que é o instante A, na Fig. B.32. Após um certo tempo, um valor 1 aparece na entrada S (*set*), instante B na Fig. B.32 (o flip-flop é "setado"), que combina com o valor Q = 0 já existente na entrada da porta NOR inferior (Fig. B.31(a)). Após um certo atraso, Δt (ponto C da Fig. B.32), a saída da porta NOR inferior será igual a $\overline{Q}$ = 0 (ver tabela-verdade da porta NOR, Fig. B.11, onde S = 1 NOR Q = 0 produz $\overline{Q}$ = 0). Nesse mesmo instante C, a porta NOR superior terá como entrada os valores R = 0) (já estava) e $\overline{Q}$ = 0 (acabou de acontecer no NOR inferior). Então, após um atraso Δt (a partir do instante C), que é igual a 2 Δt, a partir do instante B em que o valor 1 foi aplicado em S, a saída Q passa a ter valor 1 (instante D na Fig. B.32). Este é o novo estado estável do flip-flop, tendo mudado de Q = ø (estado anterior) para Q = 1 (estado atual) devido ao valor 1 aplicado em S. Houve, então, a escrita do valor 1 no flip-flop.

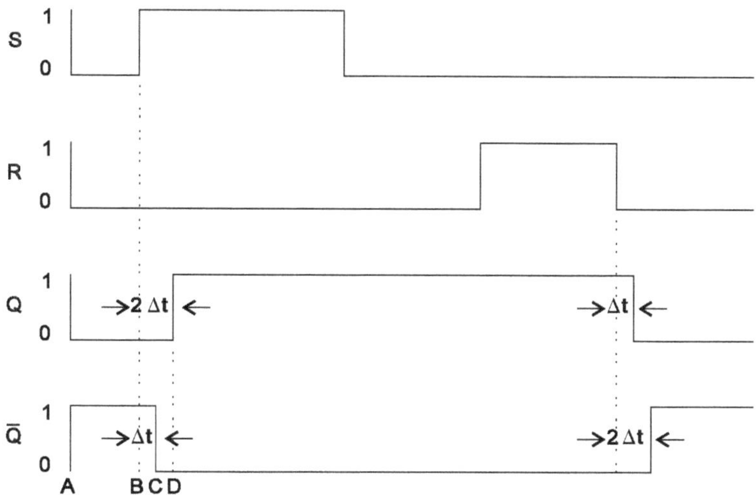

Figura B.32 Diagrama de tempo de funcionamento de um flip-flop SR.

Flip-flop S-R com Relógio

Conforme observamos no Cap. 6, um computador digital funciona basicamente através da realização de uma infindável quantidade de eventos, cuja iniciação depende dos regulares pulsos de relógio gerados na unidade de controle. Por essa razão, é conveniente acrescentar uma entrada de relógio ao flip-flop SR analisado anteriormente.

A Fig. B.33 mostra um circuito SR com relógio, constituído de portas NOR e AND, sendo o diagrama lógico apresentado na Fig. B.33(a) e o diagrama em bloco do mesmo circuito, na Fig. B.33(b). Nesse circuito, as entradas R e S somente aparecem na entrada das portas NOR (para "setarem" ou "ressetarem" o flip-flop) quando é aplicado na entrada do flip-flop (portas AND) um pulso de relógio (valor igual a 1). Nesse momento, os valores de R e S, combinados, em cada AND, com o valor 1, produzem o mesmo resultado na saída dos circuitos AND.

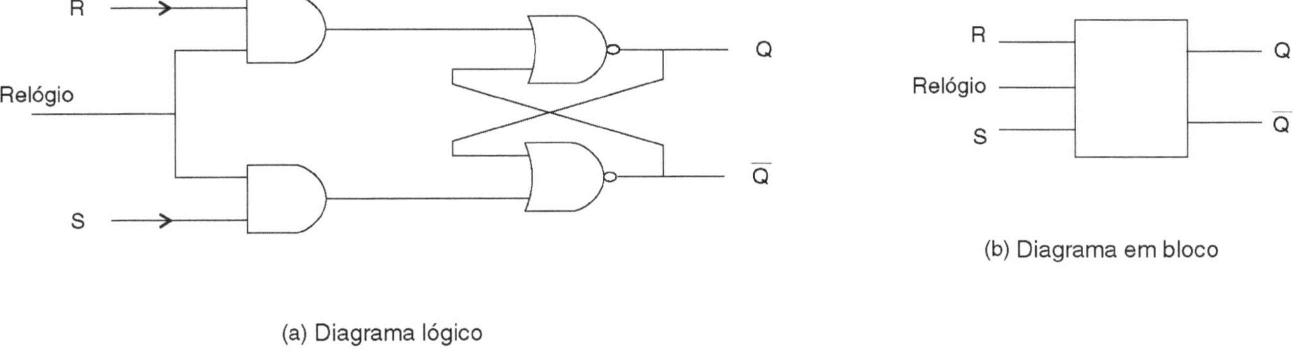

Figura B.33 Flip-flop com relógio.

Flip-flop do Tipo D

Quando descrevemos o circuito flip-flop RS foi observado que o circuito poderia assumir uma certa instabilidade no caso de ambas as entradas serem iguais a 1. Para evitar essa inconsistência, foi desenvolvido um outro tipo de circuito flip-flop, com apenas uma entrada (o que evita o problema). Este circuito é denominado flip-flop D e seu diagrama lógico é apresentado na Fig. B.34.

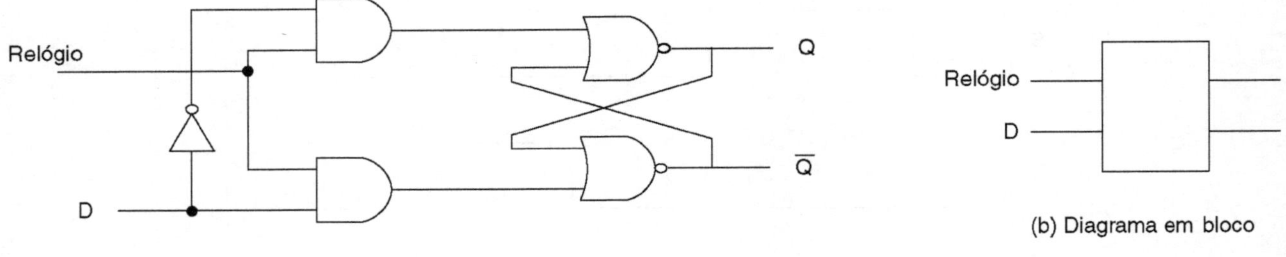

(a) Diagrama lógico

(b) Diagrama em bloco

Figura B.34 Flip-flop tipo D.

EXERCÍCIOS

1) Desenvolva a tabela-verdade para as seguintes expressões booleanas:

a) $A \cdot B \cdot C + \overline{A \cdot B \cdot C}$ b) $A \cdot (\overline{C} + B + \overline{D})$ c) $A \cdot B \cdot C + A \cdot \overline{B} \cdot \overline{C} + \overline{A} \cdot \overline{B} \cdot \overline{C}$

d) $(A+ B)\ (\overline{A + C})\ (\overline{\overline{A} \oplus B})$ e) $A \cdot B + A \cdot \overline{B}$ f) $A + (\overline{\overline{B} + A \cdot C}) \oplus \overline{D}$

2) Simplifique as seguintes expressões lógicas:

a) $A \cdot \overline{B} + \overline{B} \cdot A + C \cdot D \cdot E + \overline{C} \cdot D \cdot E + E \cdot \overline{C} \cdot D$

b) $A \cdot B \cdot C \cdot (A \cdot B \cdot C + A \cdot B \cdot C + A \cdot B \cdot C)$

c) $A \cdot B + A \cdot B + A \cdot C + A \cdot C$ d) $(X \cdot Y \cdot Z) \cdot (W \cdot V) \cdot (R \cdot S \cdot T) \cdot (Y \cdot Z \cdot X)$

e) $A \cdot \overline{C} + C \cdot A \cdot B + \overline{C} \cdot A \cdot B + A \cdot C$ f) $(A \cdot C + B \cdot C) \cdot A \cdot (A + A \cdot B) + C \cdot C + A \cdot B$

3) Considere os seguintes valores binários:

A = 1011 B = 1110 C = 0011 D = 1010

Obtenha o valor de X nas seguintes expressões lógicas:

a) $X = A \cdot (B \oplus C)$

b) $X = (\overline{A + B}) \cdot (C \oplus (A + \overline{D}))$

c) $X = B \cdot \overline{C} \cdot A + (\overline{\overline{C} \oplus D})$

d) $X = ((A + \overline{\overline{B} \oplus D}) \cdot (\overline{C} + A) + B) \cdot (\overline{A + B})$

e) $X = A \oplus B + \overline{C} \cdot B + \overline{A}$

4) Use tabelas-verdade para mostrar que as expressões abaixo são equivalentes:

a) $(X + Y) + Q$ b) $(X \cdot Y) + Y$

5) Escreva a expressão lógica correspondente a uma porta NAND com quatro entradas.

6) Simplifique as seguintes expressões:

a) $X \cdot Y + X \cdot Y$ b) $(X + Y) \cdot (X + \overline{Y})$ c) $X \cdot Z + X \cdot Y \cdot \overline{Z}$

d) $(A + 1) \cdot (B \cdot 0) + D \cdot D + 1$ e) $(A + 1) \cdot B \cdot \overline{B} + A + C \cdot C + C \cdot 0 + C$

7) Dada a expressão a seguir,

$F = A \cdot B \cdot C + A \cdot B \cdot C + A \cdot B \cdot C$

desenvolva uma expressão equivalente usando apenas operações NAND.

8) O que são portas wired-OR e wired-AND?

9) Qual é a vantagem da tecnologia bipolar sobre a tecnologia FET?

10) Desenhe o diagrama lógico correspondente às seguintes expressões:

a) $X = A \cdot B + (C \cdot D \cdot E)$

b) $X = A + (B + C \cdot D) \cdot (B + A)$

c) $(A + B) \cdot (C + D) \cdot E$

d) $Y = A \cdot B \cdot (C + D) + E$

e) $Y = (A + B) \cdot (C + D) + E$

f) $A + [(B \cdot C) + (D \cdot E)] + F \cdot G + H$

11) Desenvolva a expressão lógica que represente a seguinte afirmação:

"O alarme soará se for recebido um sinal de falha juntamente com um sinal de parada ou um sinal de alerta."

12) Desenvolva a expressão lógica que represente a seguinte afirmação:

"O computador irá funcionar somente se o sinal de energia for recebido ou se for recebido o sinal de força alternativa, mas não se ambos forem recebidos simultaneamente."

13) Projete um circuito lógico que decida o que Bruno deve fazer com relação ao seguinte problema:

- Bruno deverá ir ao jogo de futebol somente se Felipe for à praia e Roberta for estudar.
- Roberta irá estudar se Renata ou Patrícia trouxer o livro.
- Renata concorda em trazer o livro, mas Felipe não quer ir à praia. O que Bruno deverá fazer?

14) Estabeleça a equação lógica que implementa o seguinte circuito:

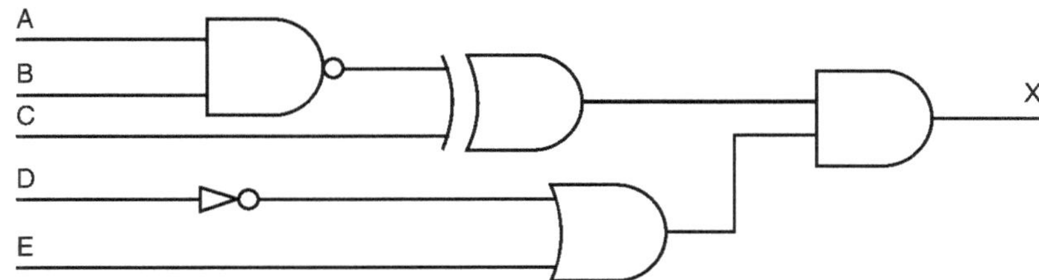

15) Um cliente é atendido no balcão de uma lanchonete e faz o seguinte pedido: "Por favor, quero um hambúrguer ou um *cheeseburger* com coca-cola."

Considerando que o cliente estava usando especificamente seus conceitos de álgebra booleana (função OR e função AND), indique quais dos pedidos podem ser considerados pelo balconista:

a) um hambúrguer

b) um *cheeseburger*

c) uma coca-cola

d) um *cheeseburger* e uma coca-cola

e) um hambúrguer e uma coca-cola

f) um hambúrguer, um *cheeseburger* e uma coca-cola.

16) Usando as regras de álgebra booleana mostre que as seguintes expressões são equivalentes:

ABC + ACD + ABC + ABD + ABC + AC + ABCD

A + BD + CD + BC + BCD

17) Projete um decodificador 4 × 16.

Apêndice C

Execução de Programas

C.1 INTRODUÇÃO

Conforme já foi mencionado nos capítulos anteriores, um computador, para realizar uma tarefa específica, como, por exemplo, somar 10 números em seqüência, precisa ser instruído, passo a passo, para efetivamente realizar a tarefa. Necessita, pois, que seja projetado com a capacidade de realizar (interpretar e executar) um determinado conjunto de operações, cada uma sendo constituída de uma instrução específica (instrução de máquina). O conjunto de instruções ou comandos organizados em uma certa seqüência, para obter o resultado da soma dos 10 números, compõe o que denominamos programa de computador (vamos denominar apenas *programa*, já que neste livro não estamos tratando de outros tipos de programas).

No item 6.4 descrevemos o formato das instruções de máquina normalmente encontradas nas UCP e também o procedimento, passo a passo, para a execução de uma instrução de máquina (ciclo de instrução).

Atualmente, é raro escrever-se um programa diretamente na linguagem da máquina em virtude da enorme dificuldade de se organizar as instruções sem erros (quanto maior o programa, maior é a possibilidade de erros, enganos ou omissões) e dos problemas de entendimento e manutenção do programa tanto por parte de outros programadores como até mesmo por quem criou o referido programa.

Embora os métodos encontrados para solucionar esses problemas sejam característicos da tecnologia de software, não fazendo, portanto, parte do escopo deste livro, consideramos conveniente incluir uma breve descrição dos métodos e técnicas existentes, de modo a facilitar o trabalho de programação, essencialmente no que se refere ao uso de linguagens que não sejam de máquina e aos procedimentos para conversão dos programas escritos nessas linguagens para linguagem de máquina.

Vamos apresentar, então, um resumo das etapas que definem o processo de execução de um programa escrito em uma linguagem qualquer, de nível acima da linguagem de máquina, descrevendo cada uma dessas etapas, para posteriormente consolidar o entendimento das explicações por meio de exemplo de execução completa de programas.

C.2 LINGUAGENS DE PROGRAMAÇÃO

Uma *linguagem de programação* é uma linguagem criada para instruir um computador a realizar suas tarefas. Um programa completo, escrito em uma linguagem de programação, é freqüentemente denominado *código*. Deste modo, codificar um algoritmo significa converter suas declarações em um comando ou instrução específico de uma certa linguagem de programação.

O tipo mais primitivo de linguagem de programação é a linguagem que o computador entende diretamente, isto é, as instruções que podem ser diretamente executadas pelo hardware, isto é, pela UCP (processador). É a *linguagem de máquina*, que foi utilizada pela primeira geração de programadores.

Conforme já descrevemos anteriormente, uma instrução de máquina é um conjunto de bits, dividido em subconjuntos ou campos, com funções determinadas: um subconjunto (um campo da instrução) estabelece o código de operação e o outro define a localização do(s) dado(s). Um programa em linguagem de máquina é, em conseqüência, uma longa seqüência de algarismos binários, alguns dos quais representam instruções e outros os dados a serem manipulados pelas instruções. A Fig. C.1 mostra um exemplo de programa em linguagem de máquina, na sua forma binária pura (Fig. C.1(a)), e uma representação mais compacta e um pouco mais simples, em linguagem hexadecimal (Fig. C.1(b)).

(a) Programa em linguagem binária	(b) Programa em hexadecimal
0010 0100 1001 0001	2 4 9 1
0100 0100 1001 1111	4 4 9 F
0100 0100 1001 0011	4 4 9 3
0001 0100 1001 0010	1 4 9 2
1000 0100 1001 1000	8 4 9 8
1110 0100 1001 1001	E 4 9 9
0011 0100 1001 0101	3 4 9 5
0100 0100 1001 1110	4 4 9 E
1111 0100 1001 1010	F 4 9 A
0000 0000 0000 0000	0 0 0 0

Figura C.1 Programa em linguagens binária e hexadecimal.

Para criar um programa em linguagem de máquina, o programador deve conhecer todas as instruções disponíveis para aquela máquina e seus respectivos códigos de operação e formatos, assim como os registradores da UCP (do processador) disponíveis e os endereços das células de memória onde serão armazenadas as instruções e os dados. Um programa real, em linguagem de máquina, pode conter milhares de instruções, o que é uma tarefa extremamente tediosa e difícil, pelos detalhes que precisam ser observados pelo programador. É, portanto, caro de realizar pelo custo da mão-de-obra envolvida.

Para tentar minimizar esta ineficiência (dificuldade de entendimento do significado dos números, todos semelhantes), foi desenvolvida, ainda para a primeira geração de computadores, uma linguagem que representasse as instruções por símbolos e não por números. Esta linguagem simbólica foi denominada Linguagem de Montagem (Assembly Language), cujos conceitos básicos foram apresentados no item 8.5.

Códigos de operação, como 0101, são mais fáceis de ser lembrados se representados como ADD (somar) do que pelo número 0101. Além disso, o programador, ao escrever um programa em linguagem de montagem (Assembly), não precisa mais guardar os endereços reais de memória onde dados e instruções estarão armazenados. Ele pode usar símbolos (caracteres alfabéticos ou alfanuméricos para indicar endereços ou dados), como MATRÍCULA, NOME, SALÁRIO, para indicar os dados que são usados em um programa.

Uma instrução em linguagem de máquina do tipo:

1110 0100 1001 1001 ou E 4 9 9

pode ser mais facilmente entendida se representada na forma simbólica:

ADD SALARIO

A Fig. C.2 apresenta o programa exemplificado na Fig. C.1, porém, neste caso, escrito em linguagem de montagem (Assembly).

Para se usar linguagem de montagem em um computador, é necessário que haja um meio de converter os símbolos alfabéticos utilizados no programa em código de máquina, de modo a poder ser compreendido pela UCP (pelo processador). O processo de conversão (também denominado tradução) é chamado de ***montagem*** e é realizado por um programa denominado ***Montador*** (*Assembler*). O montador lê cada instrução em linguagem de montagem e cria uma instrução equivalente em linguagem de máquina.

```
ORG     ORIGEM
LDA     SALARIO - 1
ADD     SALARIO - 2
ADD     SALARIO - 3
SUB     ENCARGO
STA     TOTAL
HLT
DAD     SALARIO - 1
DAD     SALARIO - 2
DAD     SALARIO - 3
```

Figura C.2 Programa da Fig. C.1 em linguagem de montagem.

Embora escrever um programa em linguagem de montagem ainda seja uma tarefa árdua, tediosa e complexa (atualmente poucos programas são escritos nessa linguagem, em comparação com o que ocorria há alguns anos), ainda é bem mais atraente do que escrever o mesmo programa entre essas duas linguagens.

Um passo mais significativo no sentido de criar uma linguagem de comunicação com o computador, mais simples e com menos instruções do que a linguagem de montagem, foi o desenvolvimento de linguagens que refletissem mais os procedimentos utilizados na solução de um problema, sem preocupação com o tipo de UCP ou de memória onde o programa será executado. Tais linguagens, por serem estruturadas de acordo com a compreensão e a intenção do programador, são usualmente denominadas *linguagens de alto nível*, nível afastado da máquina.

Tabela C.1 Exemplos de Linguagens de Programação de Alto Nível

Linguagem	Data	Observações
FORTRAN	1957	FORmula TRANslation — primeira linguagem de alto nível. Desenvolvida para realização de cálculos numéricos.
ALGOL	1958	ALGOrithm Language — linguagem desenvolvida para uso em pesquisa e desenvolvimento, possuindo uma estrutura algorítmica.
COBOL	1959	COmmon Business Oriented Language — primeira linguagem desenvolvida para fins comerciais.
LISP	1960	Linguagem para manipulação de símbolos e listas.
PL/I	1964	Linguagem desenvolvida com o propósito de servir para emprego geral (comercial e científico). Fora de uso.
BASIC	1964	Desenvolvida em universidade, tornou-se conhecida quando do lançamento do IBM-PC, que veio com um interpretador da linguagem, escrito por Bill Gates e Paul Allen.
PASCAL	1968	Primeira linguagem estruturada — designação em homenagem ao matemático francês Blaise Pascal que, em 1642, foi o primeiro a planejar e construir uma máquina de calcular.
C	1967	Linguagem para programação de sistemas operacionais e compiladores.
ADA	1980	Desenvolvida para o Departamento de Defesa dos EUA.
DELPHI	1994	Baseada na linguagem Object Pascal, uma versão do Pascal orientada a objetos.
JAVA	1996	Desenvolvida pela Sun, sendo independente da plataforma onde é executada. Muito usada para sistemas Web.

Uma ***linguagem de alto nível***, ou orientada ao problema, permite que o programador especifique a realização de ações do computador com muito menos instruções (chamaremos de ***comando*** as instruções referentes às linguagens de alto nível).

Desde o aparecimento de linguagens como FORTRAN e ALGOL, na década de 1950, dezenas de outras linguagens de alto nível foram desenvolvidas, seja para uso geral, seja para resolver tipos mais específicos de problemas. A Tabela C.1 apresenta algumas das mais conhecidas linguagens de programação de alto nível, indicando-se a época de seu surgimento no mercado.

A Fig. C.3 apresenta partes de um programa em COBOL (Fig. C.3(a)) e de um programa em C (Fig. C.3 (b)). Conquanto a simples observação de cada código possa induzir a impressão de uma grande diferença entre os dois códigos, na realidade eles têm o mesmo propósito e produzem o mesmo resultado. Da mesma forma que os programas com instruções de máquina, os programas da Fig. C.3, ou qualquer outro programa em linguagem de alto nível, também requerem uma conversão para instruções de máquinas, processo denominado compilação (ver item C.3.2). Normalmente, a conversão de um simples comando em linguagem COBOL ou C, como os da Fig. C.3, redunda em dezenas de instruções de máquina, diferentemente de um programa em linguagem de montagem, no qual cada instrução implica essencialmente uma única instrução de máquina.

C.3 MONTAGEM E COMPILAÇÃO

No item anterior verificamos que programas de computador não são escritos na linguagem que a máquina entende, mas sim em outras formas simbólicas de representar as instruções que o programador deseja que se-

```
DETAIL PARAGRAPH.
        READ CARD-FILE AT END GO TO END-PARAGRAPH.
        MOVE CORRESPONDING CARD-IN TO LINE-OUT.
        ADD CURRENT-MONTH-SALES IN CARD-IN, YEAR-TO-DATE-SALES IN
                CARD-IN GIVING TOTAL-SALES-OUT IN LINE-OUT.
                WRITE LINE-OUT BEFORE ADVANCING 2 LINES AT EOP
                PERFORM HEADER-PARAGRAPH
```

(a) Trecho de programa em COBOL.

```
detail_procedure ( )
{
        int file_status, current_line, id_um;
        char *name;
        float current_sales, ytd_sales, total_sales;

        current_line=64;
        file_status=fscanf (card_file, "%d%s%f%f", &id_num, &name, &current_sales,
                &ytd_sales);
        while (file_status  !=EOF) {
        if (current_line > 63) {
                header_procedure ( );
                current_line=3;
        }
        file_status=fscanf (card_file, "%d%s%f%f", &id_num, &name, &current_sales,
                &ytd_sales);
        total_sales = current_sales + ytd_sales;
        printf ("%4d%30s%6.2f%7.2f\n\n", id_num, name, current_sales,
                ytd_sales, total_sales);
        current_line ++; current_line ++;
        }
end_procedure ( );
```

(b) Trecho de programa em C.

Figura C.3 Exemplo de trechos de programas em COBOL e em C.

jam realizadas. No entanto, verificamos que as máquinas continuam entendendo somente em binário e, por isso, sempre há necessidade de conversão ou tradução de um programa em linguagem simbólica para outro, equivalente, em linguagem numérica binária.

C.3.1 Montagem

A tradução mais rápida e simples que existe denomina-se ***montagem***, e é realizada por um programa denominado ***montador*** (Assembler). Como o nome já explica, a montagem é realizada para traduzir um programa em linguagem de montagem para seu equivalente em linguagem binária, executável.

A Fig. C.4 mostra o fluxo básico de uma montagem. Nele, o programa escrito em linguagem de montagem, chamado de código-fonte, é examinado instrução por instrução e, em seguida, é convertido para um outro programa em linguagem binária de máquina, denominado ***código-objeto***. A Fig. C.5 mostra um exemplo de um programa em linguagem de montagem e o seu respectivo código em linguagem de máquina.

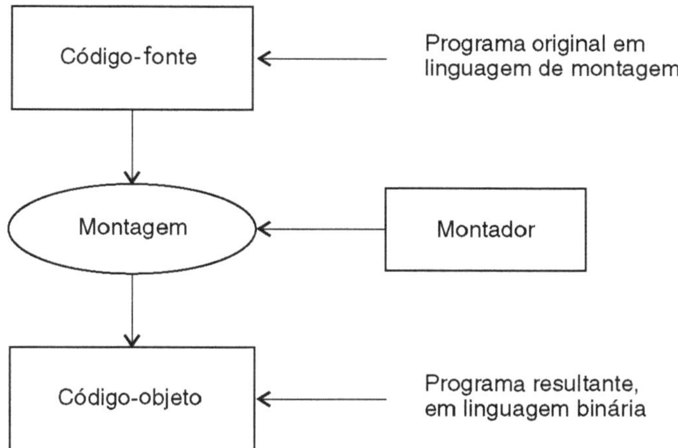

Figura C.4 Fluxo do processo de montagem.

Basicamente, as funções de um montador são:

- Substituir códigos de operação simbólicos por valores numéricos, isto é, substituir LOAD, STR, ADD, MOV, etc. por 00101101, 100010, 00001110 e 11111100 (os valores binários mostrados para os códigos de operação são meros exemplos, sem preocupação com qualquer processador real).
- Substituir nomes simbólicos de endereços por valores numéricos dos endereços, isto é, substituir o SOMA de ADD SOMA por 1011100011010 (também se trata de um valor meramente para exemplo).
- Reservar espaço de memória para o armazenamento das instruções e dados.
- Converter valores de constantes para código binário, como, por exemplo, MOV AL, 2214, que converte o valor 2216 para o valor 00100010₵.
- Examinar a correção de cada instrução (LDA pode ser uma palavra-chave correta, mas LDB não, acarretando um erro. O montador não pode gerar um código de operação de uma instrução que não existe).

Em linhas gerais, estas funções podem ser resumidas no exemplo descrito a seguir. Consideremos o funcionamento de um montador de módulos ou de dois passos e a existência de um determinado sistema de computação que possua no seu conjunto de instruções algumas ***instruções de um operando*** relacionadas na Fig. C.6 e que são bastante semelhantes às instruções definidas e exemplificadas no Cap. 6.

Na Fig. C.6(a) é apresentado o subconjunto de instruções utilizadas para nosso exemplo, enquanto a Fig. C.6(b) relaciona um programa na linguagem de montagem definida.

```
0000                    ADDS        PROC        NEAR

0000        03  C3                  ADD         Ax, Bx
0002        03  C1                  ADD         Ax, Cx
0004        03  C2                  ADD         Ax, Dx
0006        C3                      RET
0007                    ADDS        ENDP
```

Figura C.5 Programa em linguagem de montagem.

C. Op.	Descrição
HLT	Parar
INC	$R_0 \leftarrow R_0 + 1$
DCR	$R_0 \leftarrow R_0 - 1$
LDA Op.	$R_0 \leftarrow$ M (Op.)
STR Op.	M (Op.) $\leftarrow R_0$
ADD Op.	$R_0 \leftarrow R_0$ + M (Op.)
SUB Op.	$R_0 \leftarrow R_0$ - M (Op.)
JMP Op.	CI $\leftarrow$ Op.
JP Op.	Se $R_0 > 0$, então: CI $\leftarrow$ Op.
JZ Op.	Se $R_0 = 0$, então: CI $\leftarrow$ Op.

(a) Subconjunto de instruções

```
Início : ORG   ZERO          ; Origem do programa. Endereço relativo ø.
         LDA   CONTADOR      ; Carregar valor do contador no R0.
         JZ    FIM           ; Se contador = 0, então PARAR ( desvia para FIM ).
         LDA   Parcela 1   }
         ADD   Parcela 2   } ; Realizar operação aritmética com dados.
         STR   Resultado   }
         LDA   Contador      ; Ler valor do contador para R0.
         DCR   Zero          ; Substituir 1 do contador.
         JMP   Início        ; Voltar para início do loop.
Fim    : HLT                 ; Parar.
         DAD   Parcela 1
         DAD   Parcela 2
         DAD   Resultado
         DAD   Contador
```

(b) Programa em linguagem de montagem

Figura C.6 Exemplo de programa em linguagem de montagem.

Da verificação do programa observa-se que há dois tipos básicos de símbolos: de ***códigos de operação*** (LDA, STR, JZ etc.) e de ***endereços de dados ou de instruções*** (INÍCIO, FIM, CONTADOR, PARCELA 1 etc.).

Em um montador de dois passos, o programa é examinado, instrução por instrução, duas vezes. Na primeira vez (primeiro passo), o montador verifica a correção da instrução, ou seja, se ela está corretamente escrita (se é LDA e não LDB, como já exemplificamos) e se possui os campos definidos na estrutura da linguagem de montagem (ver item 8.5). Se encontrar incorreção, o montador registra, de modo a poder relacionar os erros no final da verificação, interrompendo o processo (se o montador encontra erros durante esta fase, ele não prossegue).

Se o código-fonte da instrução estiver correto, ele inicia a descrição de uma tabela, denominada ***tabela de símbolos***, em que cada entrada corresponde a um símbolo. Em geral, temos uma tabela de símbolos de códigos de operação e uma tabela de símbolos de endereços.

A partir da pseudo-instrução ORG (ORG não é uma instrução de máquina, mas um símbolo de referência de início do programa, utilizado por muitos montadores como ponto de partida de contagem de endereços), o montador vai criando as entradas da tabela de código de operação, uma para LDA, outra para JZ, outra para ADD, STR, DCR, JMP e HLT. A cada entrada o montador atribui o valor binário do código de operação, além de outros dados pertinentes, como o tamanho da instrução, seus operandos, etc., bem como a posição relativa à instrução inicial do programa.

O montador também cria as entradas na tabela de símbolos de endereços, atribuindo uma entrada a cada símbolo, como CONTADOR, PARCELA 1, etc. Mas o montador não pode concluir a entrada, pois nesse ponto ele não sabe o endereço de memória onde o dado representado simbolicamente por PARCELA 1, por exemplo, será armazenado, nem poderá concluir qualquer outra. Se está examinando a instrução JZ FIM, ele somente sabe o endereço relativo de JZ (é a 2.ª instrução, depois de ORG), mas não sabe que posição relativa corresponde a FIM, o que somente poderá ser definido no segundo passo.

No segundo passo, então, o montador realiza a criação do código-objeto, completando todas as entradas das tabelas. Para tanto, ele passa novamente por cada instrução e a localizará na tabela correspondente. Esta tarefa requer procedimentos otimizados de busca nas tabelas para que o processo de montagem seja rápido.

Neste ponto, então, como ele sabe agora qual a posição relativa de FIM, a entrada de JZ FIM pode ser completada e todas as demais entradas das tabelas também. Finalmente, todo o código de máquina fica completo.

A implementação de uma linguagem de montagem pode ser realizada em um sistema de computação optando-se por um dos dois tipos de montadores:

- montador do tipo carrega e monta ou de um passo; e
- montador do tipo de módulos ou de dois passos.

O segundo tipo, descrito no exemplo anterior, é o método de montagem mais empregado atualmente, visto que, apesar de consumir um certo tempo devido ao fato de que o montador precisa examinar duas vezes todo o programa, ele produz um código de máquina direto no final da montagem, sendo portanto conceitualmente mais simples. Por essa razão, ele permite que possam ser criados vários programas independentes, sendo todos finalmente interligados (ligação ou linkedição) para constituir um único programa executável.

Já o ***montador de um passo*** (carrega e monta) não tem a mesma clareza de execução do tipo anterior, embora conceitualmente pretenda ser mais rápido. O objetivo deste montador é completar a tarefa em um único passo. Para tanto, durante a avaliação de cada instrução ele vai criando entradas em uma outra tabela, para endereços ainda desconhecidos, como o de FIM no programa da Fig. C.6(b). No final da montagem, quando estes endereços já são conhecidos, o montador vai completando esta tabela de endereços desconhecidos com os dados da tabela de símbolos. É uma tarefa adicional à montagem, mas não se trata de voltar ao início do programa. Consiste apenas em completar dados de uma tabela cujo valor já está conhecido.

O montador de um passo apresenta os seguintes problemas:

a) não conclui a tarefa com um código direto e seqüencialmente gerado. É preciso que haja um rearranjo dos endereços para se inserir os que estavam desconhecidos;

b) se a tabela de endereços desconhecidos foi grande (muitas referências a endereços ainda inexistentes), a busca às suas diversas entradas será demorada, talvez tão demorada quanto se tivesse realizado um segundo passo, com melhores resultados finais.

C.3.2 Compilação

Quando se pretende converter para linguagem de máquina um programa escrito em linguagem de mais alto nível que o da linguagem de montagem, então o método utilizado se chama ***compilação***.

Compilação é, pois, o processo de análise de um programa escrito em linguagem de alto nível, o programa-fonte (ou código-fonte) e sua conversão (ou tradução, como alguns preferem) em um programa equivalente, porém descrito em linguagem binária de máquina, denominado programa-objeto (ou código-objeto). O programa que realiza esta tarefa é denominado compilador, e o fluxograma básico do processo de compilação é mostrado na Fig. C.7.

A compilação é um processo semelhante ao de montagem (na análise de programa-fonte, criação de tabelas auxiliares e geração de código-objeto final em linguagem de máquina), porém mais complexo e demorado. Na montagem, há uma relação de 1:1 entre as instruções de linguagem de montagem e as instruções de máquina, enquanto na compilação isto não acontece, pois um único comando em Pascal, por exemplo, pode gerar várias instruções de máquina.

Durante a compilação, o código-fonte é analisado, comando por comando; o programa compilador realiza várias tarefas, dependendo do tipo de comando que ele esteja analisando. Se, por exemplo, ele estiver analisando um comando que esteja declarando uma variável, ele criará a respectiva entrada em sua tabela de símbolos.

Inicialmente, o compilador realizará uma análise do código-fonte (normalmente esta tarefa é realizada por um módulo de compilador denominado *front-end*), dividido em três partes funcionalmente distintas:

- análise léxica;
- análise sintática;
- análise semântica.

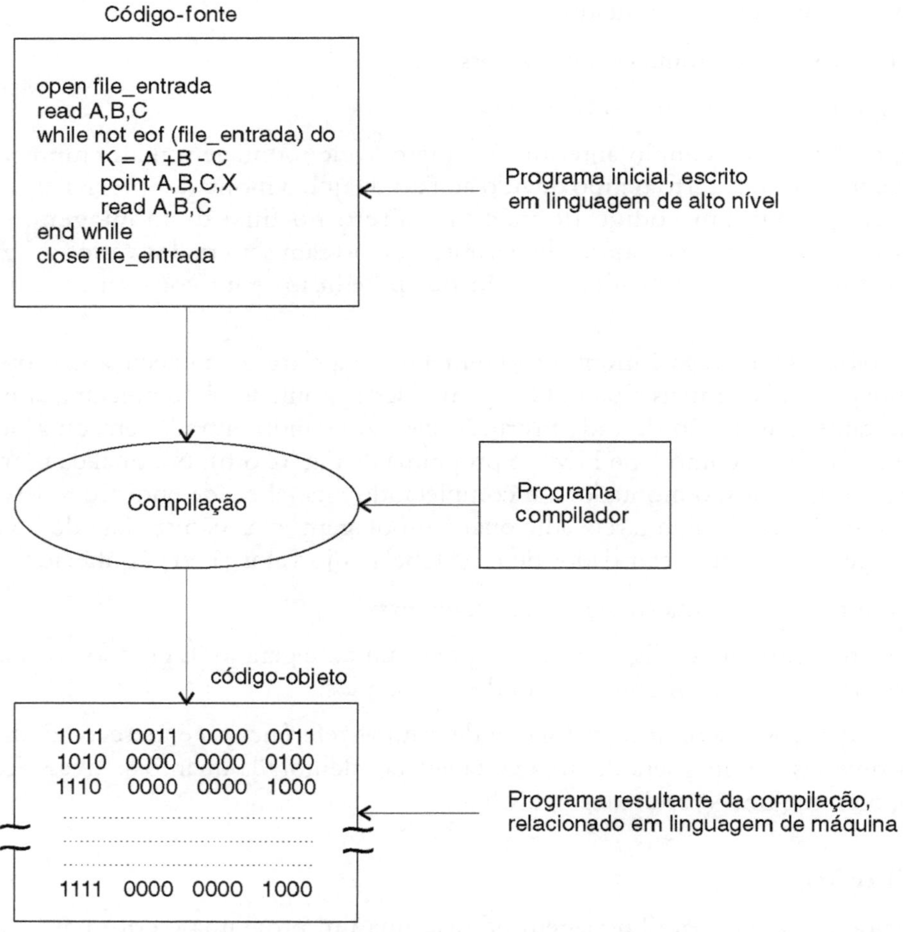

Figura C.7 Fluxograma básico do processo de compilação.

Após esta tripla análise, é gerado um código intermediário e são construídas várias tabelas, como a tabela de símbolos, que auxiliará a realização da segunda fase, que é a fase de efetiva criação do código binário de máquina, o *código-objeto*. Nesta segunda fase, o módulo responsável do compilador (usualmente conhecido como *back-end*) aloca memória para as variáveis e realiza a atribuição dos registradores a serem utilizados, além da geração do código-objeto final.

A função de *análise léxica* do compilador consiste em decompor o programa-fonte em seus elementos individuais distintos (comandos, operadores, variáveis, etc.), os quais são verificados de acordo com as regras da linguagem (por exemplo, em Pascal o sinal de igualdade é composto por dois símbolos, : =, e não apenas pelo símbolo =), gerando mensagem de erro se for encontrada alguma incorreção. Cada operador ou palavra-chave (comando) é identificado com um número pelo analisador léxico.

A função do *analisador sintático* de um compilador consiste basicamente na criação das estruturas de cada comando, na verificação da correção dessas estruturas e na alimentação da tabela de símbolos com as informações geradas. Ele realiza esta tarefa a partir de cada elemento obtido da análise léxica, montando a estrutura apropriada (em geral, é uma árvore) de acordo com as regras gramaticais da linguagem. A Fig. C.8 mostra uma árvore de análise (*parse tree*) para o comando

X:= (a + b) * c + d;

a) Comando: X:= (a + b) * c + d ;

b) Regras gramaticais	Abreviatura
Expressão ⟶ Expressão + Termo	E ⟶ E + T
Expressão ⟶ Termo	E ⟶ T
Término ⟶ Fator * Termo	T ⟶ F * T
Fator ⟶ (Expressão)	F ⟶ (E)
Término ⟶ Fator	T ⟶ F
Fator ⟶ Identificador	F ⟶ U

c) Árvore de análise

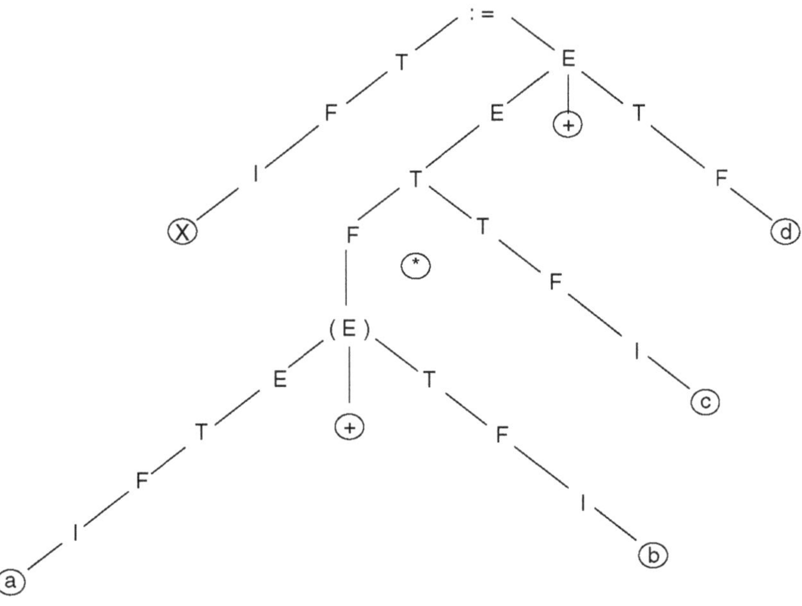

Figura C.8 Árvore da análise do comando:
X:= (a + b)* c + d;.

Na figura são apresentadas as regras gramaticais da linguagem, referentes aos elementos do comando exemplificado, bem como a árvore de análise resultante. Na realidade, a árvore mostrada é apenas uma parte da árvore completa, que representa o programa-fonte por inteiro.

Além de permitir, com esta estrutura, a futura criação de código de máquina, o analisador verifica a correção do comando em termos de sua conformidade com a regra gramatical especificada na definição da linguagem, gerando uma mensagem de erro quando identifica uma incorreção.

A tabela de símbolos gerada durante o processo contém entradas para cada identificador e cada literal usado no programa-fonte, com as informações de seus atributos. Por exemplo, os identificadores de dados (nome da variável usada) terão como atributo seu tipo, isto é, se é inteiro, se é fracionário, etc., de modo que a operação aritmética a ser realizada com ele siga o algoritmo apropriado (ver Cap. 7).

A análise semântica realizada pelo compilador verifica as regras semânticas estáticas da linguagem, produzindo, da mesma forma que os demais analisadores, mensagem de erro para as incorreções ou inconsistências semânticas.

Usa-se o termo *regra semântica estática* porque se refere a regras que podem ser verificadas durante o processo de compilação, diferençando-se de regras de semântica que só podem ser verificadas durante a execução do código de máquina.

Regras semânticas estáticas são, por exemplo, a necessidade de integridade de um tipo de dado em uma expressão, isto é, o tipo de dado mostrado na expressão tem que ser coerente com o que foi declarado. Uma declaração de GOTO não poder transferir controle para fora do módulo ou subprograma é um outro exemplo de regra semântica estática, como também usar o comando CASE, que deve conter todos os seus elementos.

Como já mencionado, o módulo de frente de um compilador (*front-end*) cria a tabela de símbolos durante a tripla análise do programa-fonte (léxica, sintática e semântica), inserindo nela as informações necessárias para o trabalho do módulo *back-end*, de alocação de memória, etc.

Por exemplo, considerando uma parte da *data division* de um programa COBOL, como a seguir ilustrado:

77 A PIC 9(6)

77 B PIC 9(6)

77 C PIC 9(6)

observamos que se trata da declaração de três variáveis do tipo inteiro, ocupando, cada uma, 6 algarismos decimais (ver representação BCD no item 7.2.6). Ao encontrá-las em sua análise, o compilador cria três entradas na tabela de símbolos, conforme mostrado na Fig. C.9, cada uma contendo o nome da variável, seu tipo, tamanho e endereço de memória. O tamanho, em bytes, é obtido conforme o tipo de dado e sua declaração (no exemplo da Fig. C.9, o tamanho será de 4 bytes porque se trata de tipo BCD, decimal, que representa cada algarismo com 4 bits (um valor com seis algarismos gastará $6 \times 4 = 24$ bits ou 3 bytes, mais 1 byte para representar o sinal do número)). O endereço de memória é calculado em função do espaço ocupado pelo dado (no exemplo, seriam 4 bytes ou 4 células de memória, por isso cada endereço é defasado do anterior de quatro unidades).

O módulo *back-end* de um compilador completa o processo, alocando espaço de memória, definindo que registradores serão utilizados e que dados serão armazenados neles, e gerando o código-objeto final, em linguagem binária de máquina.

Nome	Tipo	Tamanho	Endereço
A	Interno	4	1000
B	Interno	4	1004
C	Interno	4	1008

Figura C.9 Exemplo de tabela de símbolos.

O gerador de código é a parte do módulo que converte a representação intermediária, gerada pelo módulo *front-end*, em código-objeto. O código-objeto pode ser ***absoluto***, isto é, os endereços constantes do código são endereços reais de memória, ou pode ser ***relocável***, isto é, os endereços são relativos ao início do programa, transformando-se em endereços reais apenas na ocasião de execução. Códigos relocáveis são mais versáteis e, por isso, mais utilizados. Eles podem ser compilados separadamente e, posteriormente, ou logo em seguida, ligados (linkeditados) para formar um módulo único que será executado.

Como, em geral, o conjunto de instruções das UCP modernas possui uma grande quantidade de instruções, algumas bem semelhantes (há, por exemplo, mais de 10 instruções de soma nos processadores da família Intel x86 e 27 nos processadores VAX-11), o gerador de código pode produzir diferentes seqüências de código de máquina para um mesmo cálculo. Na prática, os compiladores ignoram muitas das instruções existentes, sendo este pouco uso uma das desvantagens alegadas para máquinas deste tipo (CISC) em relação aos processadores com arquitetura de poucas instruções (RISC) (ver Cap. 11).

C.4 LIGAÇÃO OU LINKEDIÇÃO

Quando um programador escreve um programa (qualquer que seja a linguagem utilizada), ele não se preocupa em codificar determinadas operações, porque o código binário necessário para realizar aquelas tarefas já existe armazenado no sistema. É preciso apenas que o código em questão seja localizado e buscado onde estiver e incorporado ao programa. É o caso, por exemplo, de comandos de entrada e saída. Qualquer que seja o programa a ser desenvolvido, se nele foi necessário realizar uma impressão de informações, as ações a executar serão sempre as mesmas, pois o hardware é o mesmo (a impressora), qualquer que seja o programa. É claro que alguns elementos são diferentes em cada programa (por exemplo, no caso de impressão, cada programa imprimirá uma quantidade de bytes diferentes, podendo ser arquivos diferentes, armazenados em locais diferentes da memória, etc. Portanto, estas informações têm que ser passadas ao código comum de controle de impressão).

Podem ser citados outros exemplos referentes a determinadas rotinas que não fazem parte do programa de aplicação, mas devem ser incorporados a ele para efetiva execução. Um desses exemplos pode ser o de certas rotinas matemáticas especiais, como o cálculo de um *seno* ou outra operação trigonométrica qualquer.

As rotinas externas ao programa (assim chamadas porque não fazem parte dele) são normalmente organizadas em arquivos (cada rotina consta de um arquivo de código binário), que constituem diretórios específicos para cada grupo de rotinas (diretório com rotinas matemáticas, diretório com rotinas de entrada/saída, e outros). Esses diretórios são usualmente denominados ***bibliotecas*** (*libraries*). Uma biblioteca é uma coleção de códigos-objeto, um para cada rotina específica, e é indexada pelo nome da rotina. Quando o programa de aplicação deseja usar uma dessas rotinas, ele insere uma chamada de biblioteca no seu código (*library call*).

Do que foi descrito pode-se concluir que um código-objeto gerado por um compilador não é imediatamente executável, visto que ainda há código binário a ser incluído no programa, como uma chamada de rotina de impressão, ou uma chamada de rotina para cálculo de um seno, etc.

Quando o compilador, ao gerar o código-objeto, encontra um comando da linguagem de alto nível que exige o uso de uma rotina de biblioteca, ele insere uma chamada para a rotina em código-objeto. Esta chamada (CALL) inclui o nome da rotina, bem como o endereço de qualquer dado que deve ser passado entre o programa e a rotina.

Por exemplo, considere o seguinte comando Pascal:

X: = A * B;

Suponha que A, B e X sejam números representados em ponto flutuante e que o compilador somente suporte aritmética de ponto flutuante via rotina externa, armazenada em uma biblioteca do compilador. E que, por esta razão, o compilador irá inserir no código-objeto a seguinte chamada:

CALL MPY_FP (1AB5, 1AB9, 1ABF)

Este nome, MPY_FP, não é uma instrução de máquina, mas sim um índice para a biblioteca, onde se encontra um programa, já compilado, que realiza a operação aritmética de multiplicação segundo o algoritmo de ponto flutuante. Os números entre parênteses são os endereços de memória dos dados A e B e do resultado X.

Para que o programa seja executado, é necessário que a rotina MPY_FP seja incorporada ao código-objeto do programa de aplicação, isto é, que haja uma conexão lógica entre o código-objeto principal e o código-objeto de rotina. Este processo de interpretação da chamada (CALL) e a respectiva conexão com a rotina chamada denomina-se ***ligação*** ou ***linkedição*** e é realizado por um programa ***ligador*** ou ***linkeditor***.

A Fig. C.10 mostra o fluxograma básico do processo de execução de um programa que inclui as duas etapas já descritas: a ***compilação*** e a *ligação*. Como resultado do processo de ligação, obtém-se um conjunto de códigos de máquina, interligados e prontos para execução. Chama-se este conjunto de códigos de ***módulo de carga*** ou *código executável* (p. ex., os arquivos gerados no sistema operacional DOS que possuem a terminação EXE e COM são códigos executáveis, enquanto os arquivos com terminação OBJ são códigos-objeto).

Na terminologia comumente adotada para o assunto de ligação, a chamada CALL MPY_ FP é denominada ***referência externa não-resolvida***. Como se trata de uma chamada para uma rotina que não pertence ao código-

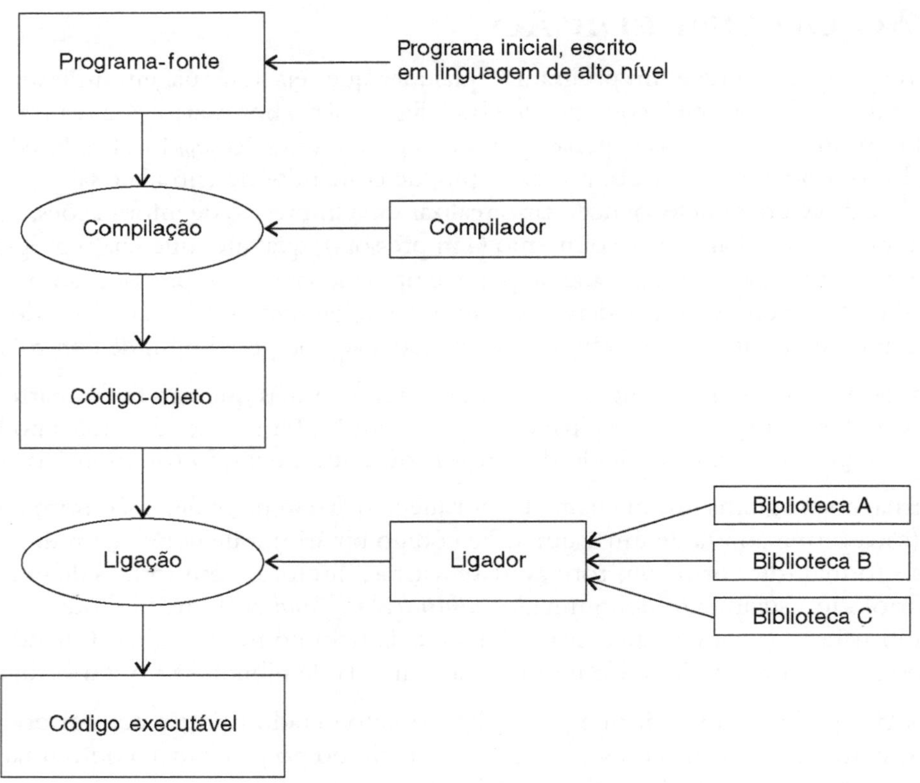

Figura C.10 Fluxograma do processo de compilação e ligação.

objeto que está sendo gerado pelo compilador, sua localização é desconhecida para ele, por isso diz-se "não-resolvida", e externa porque não pertence ao código-objeto referido.

O funcionamento do programa ligador consiste em examinar todo o código-objeto, gerado após a compilação, e procurar as referências externas não-resolvidas. Para cada uma, procurar sua localização nas bibliotecas indicadas nos comandos de execução do programa (estes comandos são diretivas para o sistema operacional realizar seu serviço, como, por exemplo, chamar o compilador e iniciar esta etapa, chamar o ligador, etc.).

Quando o ligador encontra a rotina chamada em uma das bibliotecas, ele substitui a linha de chamada pelo código-objeto da rotina. Isto se chama "resolver a referência externa". Uma das possíveis mensagens de erro que podem surgir após a conclusão do processo de ligação é a de não se ter encontrado alguma rotina. Nesse caso, o código-objeto continua sem poder ser executado, pois ainda haverá uma (ou mais de uma) referência externa não-resolvida.

Na prática, tanto o processo de compilação quanto o de ligação são fases distintas e independentes do procedimento global de execução de um programa, embora possam ser realizadas em seqüência e imediatamente uma após a outra, como se fossem uma única atividade. Por serem independentes, também geram produtos distintos: o código-objeto (ao final da compilação) e o código executável (após a ligação), os quais são arquivos de códigos binários que podem ser armazenados em memória secundária para uso imediato ou posterior.

Em outras palavras, a execução de um programa se inicia pelo armazenamento, na memória principal, do código-fonte e do programa compilador e este, após a realização de sua tarefa, gera o código-objeto, criando um arquivo com o nome de programa-objeto (o sistema operacional DOS de microcomputadores costuma usar a terminação OBJ para completar os nomes dos arquivos que contêm código-objeto). Este arquivo pode ser armazenado na memória secundária para ser ligado mais tarde ou ser imediatamente carregado na memória principal, juntamente com o programa ligador, e se iniciar a etapa de ligação. A decisão do que fazer depende das diretivas definidas pelo programador quando executa o programa. Da mesma forma que a compilação, após a fase de ligação, está formado o código executável ou módulo de carga. Este código é também armazenado em um arquivo, que pode ser imediatamente carregado na memória para ser executado efetivamente pela UCP ou pode ser armazenado na memória secundária para uso posterior.

Por exemplo, uma empresa desenvolve um sistema que vai calcular a sua folha de pagamento mensal (na realidade, é um conjunto de programas). O processo de desenvolvimento inclui a definição dos algoritmos e a codificação dos programas em linguagem de alto nível. Após a codificação, cada programa é compilado algumas vezes, pois, em geral, são descobertos erros de codificação. Tão logo todos os programas estejam com seus códigos-objeto corretos (não se encontram mais erros — os famosos *bugs*), o sistema é integrado pelo processo de ligação, que produz o código executável final (também obtido após correção de eventuais erros).

O código executável é, então, executado algumas vezes com uma massa de dados de teste para verificação da correção da lógica do sistema, corrigindo-se eventuais erros surgidos nessa ocasião, e, finalmente, ele é armazenado na memória secundária, sendo recuperado para execução sempre que a folha de pagamento da empresa tiver que ser calculada. Desta forma, não se perde mais tempo com compilação e ligação.

Há também um tipo de ligador que não cria o código executável, sendo, portanto, um pouco mais rápido. Chama-se carregador, ou ***loader***. O programa carregador realiza em seqüência imediata as duas tarefas: ligação e execução do código de máquina, sem geração de código executável permanente. Ele apenas cria o executável, sem armazená-lo, e imediatamente inicia a execução.

C.5 INTERPRETAÇÃO

O processo de execução de um programa através das três fases distintas, descritas nos itens anteriores, é apresentado no fluxograma da Fig. C.11. No entanto, este não é o único método de execução de um programa. Há um outro processo, denominado ***interpretação***, que, embora com o mesmo resultado final, apresenta o modo de realização da interpretação bastante diverso do método compilação/ligação/execução.

Com o método compilação/ligação/execução, para que um programa possa ser efetivamente executado é necessário que todos os comandos do código-fonte desse programa sejam previamente convertidos para código-objeto e este tenha tido todas as referências externas resolvidas (etapa de ligação). A compilação não compreende execução; ela é apenas uma fase de tradução, de conversão. Além disso, o método gera produtos bem distintos, como o ***código-objeto*** e, mais tarde, o código executável.

Em contrapartida, o método de interpretação se caracteriza por realizar as três fases (compilação, ligação e execução), comando a comando, do programa-fonte. Não há, pois, um processo explícito de compilação e ligação. Na realidade, um programa-fonte é diretamente executado (interpretado) por um outro programa (o interpretador) e produz o resultado. Não há produtos intermediários, como o código-objeto ou código executável, como acontece no método anterior.

Em resumo, pelo método de interpretação, cada comando do código-fonte é lido pelo interpretador, é convertido em código executável e imediatamente executado, antes que o comando seguinte seja lido.

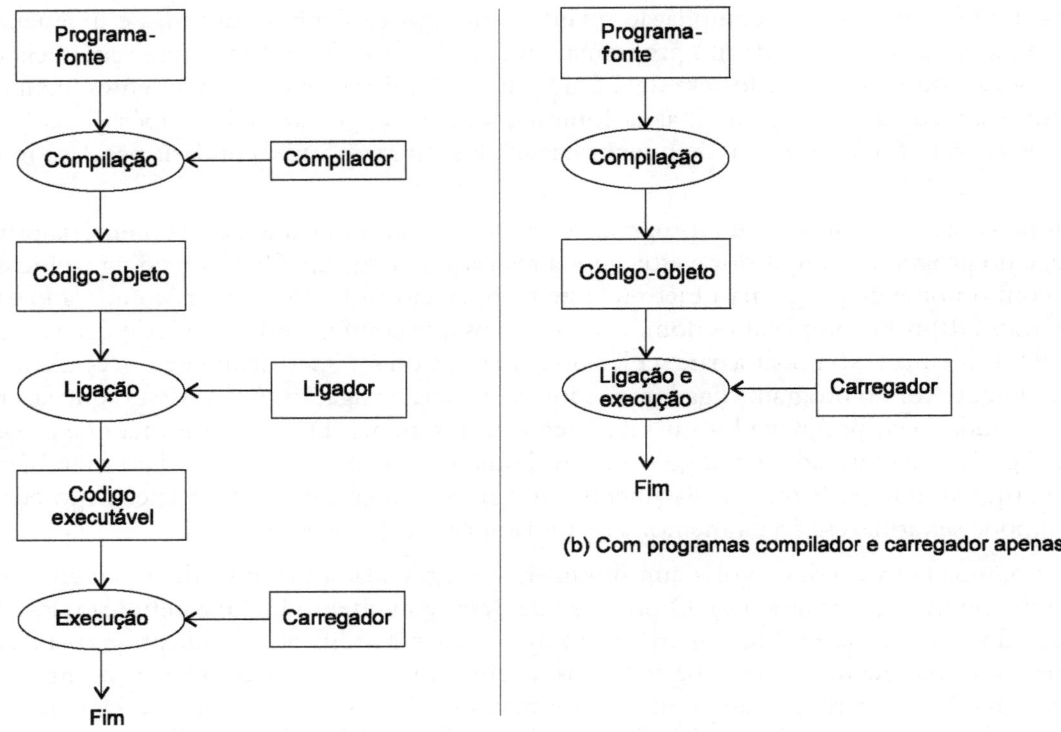

Figura C.11 Fluxograma do processo de execução completa de um programa.

Há linguagens de programação cujas características estruturais são típicas de métodos de compilação, possuindo, portanto, apenas compiladores. São exemplos deste tipo: Cobol, Fortran, C e Pascal. Há outras que possuem apenas interpretadores, como o Apl e o Javascript. A linguagem Basic foi durante algum tempo utilizada apenas com interpretadores, porém já há algum tempo foram desenvolvidos compiladores para o Basic, de modo que o usuário pode optar por um ou outro tipo.

C.5.1 Compilação × Interpretação

Ambos os métodos possuem vantagens e desvantagens, oriundas do modo próprio de funcionamento de cada um. A principal vantagem da interpretação sobre a compilação é sua capacidade de identificar e indicar um erro no programa-fonte, seja na etapa de conversão da fonte para executável (estática), seja na execução do código binário (dinâmica), isto é, erro na lógica do algoritmo ou na inconsistência entre o valor do dado e o tipo de dado definido, por exemplo. Uma razoável desvantagem da interpretação é o consumo de memória.

No que se refere ao consumo de memória, verificamos que o método de compilação usa memória apenas por períodos definidos de tempo. Ou seja, o compilador só permanece na memória durante a fase de compilação; ao terminar esta fase, o compilador cede espaço para o ligador e este, em seguida, cede espaço para o carregador executar o código binário.

Em compensação, o programa interpretador deve permanecer na memória durante toda a execução do programa, porque cada comando necessita do interpretador. E estes são programas grandes, que ocupam uma área considerável de memória.

Uma outra desvantagem da interpretação sobre a compilação consiste na possibilidade de certas partes do código de um programa-fonte (um loop, por exemplo) terem que ser interpretadas tantas vezes quantas definidas no loop, enquanto, no método de compilação, isto sempre acontece uma única vez.

Por exemplo, consideremos o trecho de programa a seguir, que contém um loop:

```
FOR  J = 1 TO 1000
    BEGIN
        READ A,B;
        X: = A+B;
        PRINT X;
    END
END
```

No método de compilação, os três comandos dentro do loop (juntamente com os demais comandos) serão convertidos uma única vez para código executável (objeto e depois executável) e, embora sejam realizadas 1000 leituras de A e B, 1000 somas e 1000 impressões, só ocorre uma tradução de código.

Pelo método de interpretação, haveria 1000 conversões de fonte para executável, 999 a mais do que na técnica anterior, o que consumiria mais UCP, aumentando o tempo total de execução do programa em relação à mesma execução pelo método de compilação. Apesar de já existirem interpretadores mais eficientes, que não realizam todas as 999 interpretações, ainda assim, nesse particular, não são tão eficazes quanto os compiladores.

O mesmo problema ocorre com programas que são executados freqüentemente. Vejamos, por exemplo, o sistema de folha de pagamento a que nos referimos anteriormente. No caso de se usar o método de compilação, haverá uma única tradução (compilação e ligação) e periodicamente só será executado o módulo de carga (código executável). Com a técnica de interpretação, o programa seria convertido toda vez que precisasse ser executado, o que gastaria sempre mais tempo.

A Tabela C.2 mostra um quadro comparativo que resume as considerações relativas ao consumo de recursos de computação com os processos de compilação e interpretação feitas anteriormente.

Tabela C.2 Resumo do Uso de Recursos de Computação Durante o Processo de Compilação e de Interpretação

Recursos	Compilação	Interpretação
Uso da memória (durante a execução)		
— Interpretador ou compilador	Não	Sim
— Código-fonte	Não	Parcial
— Código executável	Sim	Parcial
— Rotinas de bibliotecas	Só as necessárias	Todas
Instruções de máquina (durante a execução)		
— Operações de tradução	Não	Sim
— Ligação de bibliotecas	Não	Sim
— Programa de aplicação	Sim	Sim

Os interpretadores são, no entanto, bastante vantajosos quando se trata de desenvolvimento de programas e correção de erros nesta fase.

A Fig. C.12 mostra os fluxogramas de etapas utilizadas durante o desenvolvimento e depuração de erros em programas-fonte para ambos os métodos: compilação e interpretação.

Quando se utiliza o método de compilação, a identificação de erros no programa se torna mais problemática à medida que o código executável entra em fase de execução. Ou seja, parece difícil identificar exatamente a origem do erro, pois não há uma relação entre o comando do código-fonte e as instruções de máquina do código executável. No fonte, temos, por exemplo, nomes simbólicos de variáveis, enquanto no executável há endereços de memória (onde as variáveis estão armazenadas) e um nome de comando (Do while, por exemplo) que é substituído por um ou mais códigos de operação numéricos. Erros de execução são, às vezes, bem difíceis de identificar devido justamente à falta de uma relação mais bem definida entre fonte e executável. Se,

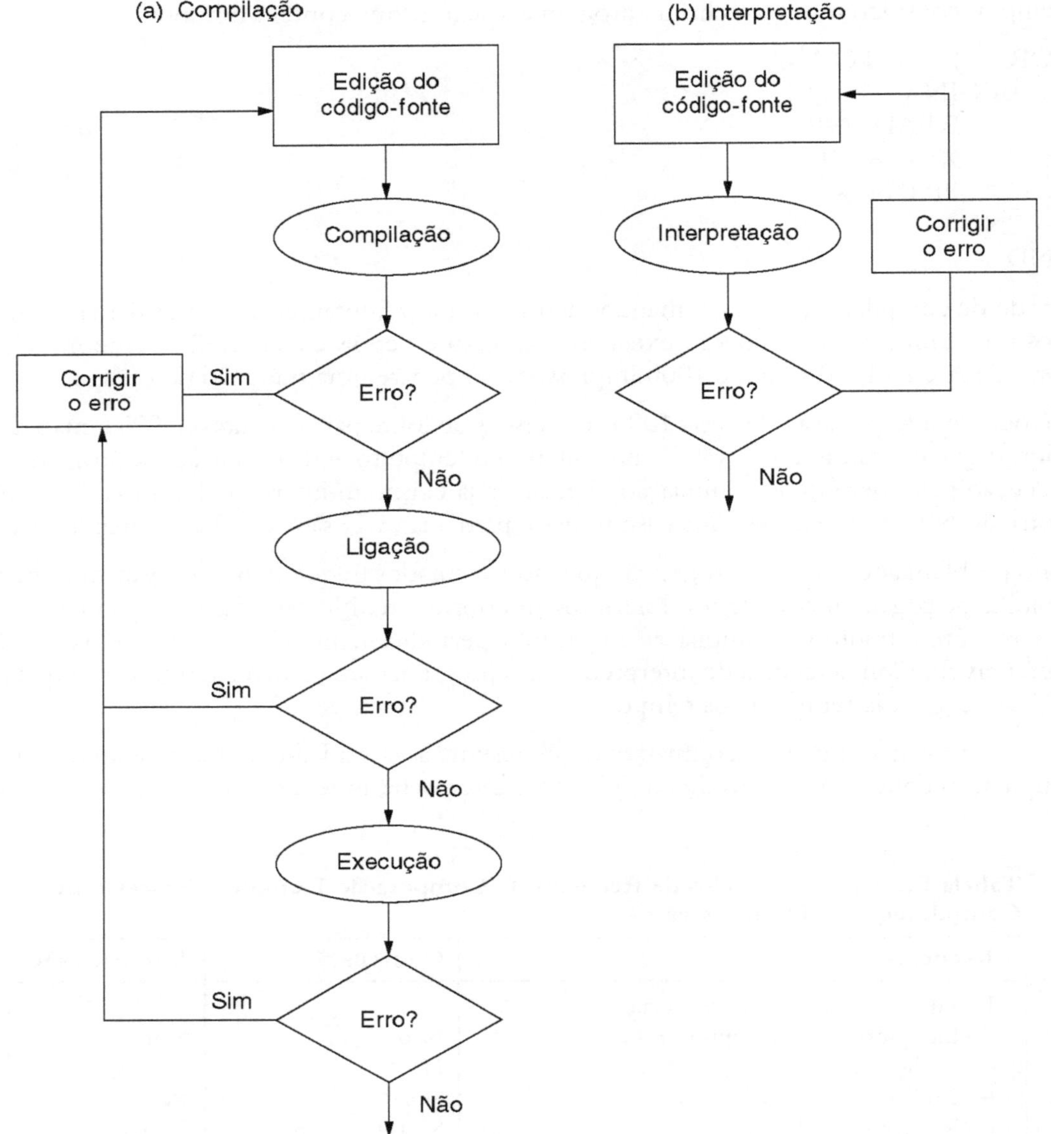

Figura C.12 Fluxograma do processo de desenvolvimento e depuração de programas, utilizando os métodos de compilação (a) e interpretação (b).

por exemplo, ocorrer um erro do tipo divisão por zero, a mensagem de erro conterá como informação o endereço de memória da instrução que resultou no erro. O programador terá de identificar que comando do código-fonte gerou o referido erro.

Por outro lado, quando se emprega o método de interpretação, é mais simples a relação entre o código-fonte e o executável, porque cada comando-fonte é imediatamente traduzido e executado. Assim, se ocorrer um erro, o responsável deve ser o comando que está sendo executado e, portanto, já está identificado. O interpretador pode informar o erro, indicando diretamente o comando, ou variável, causador da ocorrência, pelo seu nome simbólico e não por um endereço numérico de memória.

C.6 EXECUÇÃO DE PROGRAMAS EM CÓDIGO DE MÁQUINA

Antes de iniciar este item, vamos observar, por meio de um exemplo, as diferenças relativas ao desenvolvimento de programas em linguagem de alto nível e em linguagem Assembly ou de máquina. Essas diferenças

```
Início do programa principal
X recebe 1
Y recebe 2
Z recebe a soma de X com Y
Se Z maior que zero
                    Então: Z recebe o Quadrado (X)
                    Senão: Z recebe o Quadrado (Y)
Fim do Se
Fim do programa principal

Função do Quadrado:
                    Início função do Quadrado
                    Retorne o produto do parâmetro da função com ele mesmo
Fim da função do Quadrado
```

Figura C.13(a) Pseudocódigo de um algoritmo.

podem ser verificadas no que se refere ao tamanho dos programas em cada linguagem e ao diferente grau de dificuldade que o leitor poderá encontrar na simples observação de cada programa. Para tanto, foi criado um algoritmo bem simples, que trata apenas da soma de dois valores (uma operação aritmética), realiza uma operação de desvio condicional e se utiliza de uma função, conforme mostrado na Fig. C.13(a). Em seguida, o referido algoritmo foi codificado em duas linguagens de alto nível, em Pascal, mostrado na Fig. C.13(b), e em C, mostrado na Fig. C.13(c).

O referido algoritmo também foi codificado na linguagem de montagem do Intel 8088/486, utilizando-se o montador do DOS 5.0. Finalmente, os três programas foram compilados e montados (os dois primeiros compilados e o último montado), e seus resultados em linguagem de montagem gerada pelos compiladores e montador constam das Figs. C.13(a)(b), C.13(a)(c) e C.13(a)(d), respectivamente.

No Cap. 6 foram descritos, de forma detalhada, os passos necessários para se completar a realização do ciclo de instrução de algumas instruções de máquina. Neste capítulo, foram apresentados processos de conversão de um programa criado em uma linguagem de alto nível (do tipo Pascal, C, Cobol, Delphi, etc.) para código binário executável diretamente pela máquina, como também de programas escritos em linguagem de montagem.

Para completar o assunto, vamos apresentar a execução propriamente dita de um programa, com a intenção de mostrar a sistemática e metódica seqüência de execução de ciclos de instrução, que caracteriza a ligação UCP/MP.

```
                         EXAMPLE1.PAS
(*
* EXAMPLE1.PAS           Exemplo em linguagem Pascal
*)

Program Example1;
Var
x, y, z      : integer;
function func (w: integer) : integer;
Begin
         Func: = w * w;
End;
Begin
         x: = 1;
         y: = 2;
         z: = x + y;
         if (z > 0)
            then z: = func (x)
         else z: = func (y);
End
```

Figura C.13(b) Programa em Turbo Pascal Versão 5.0, que implementa o algoritmo da Fig. C.13(a).

```
int func (int w);

void main (void)
{
                    int x, y, z;

x = 1;
y = 2;
z = x + y;
if (z > 0)
                    z = func (x);
else z = func (y);
}
int func (int w);
{
return (w * w);
}
```

Figura C.13(c) Implementação do algoritmo da Fig. C.13(a) em Turbo C++.

Por fim, vamos descrever a efetiva execução, pela UCP, de um pequeno programa. Para simplificar o processo, vamos utilizar o processador cujas características foram apresentadas na Fig. 6.23 e acompanhar, passo a passo, a realização dos sucessivos ciclos de instrução concernentes à completa execução do programa.

Consideremos a expressão matemática

$$X = Y + Z - T$$

que imprime o valor de X, se este não for igual a zero.

```
                EXAMPLE1.ASM
# EXAMPLE1.ASM                      Exemplo em linguagem Assembly
                push ax             # salva os registradores a serem usados
                push bx             # na rotina
                push cx
                push dx
                mov cx, 0001        # x = 1
                mov dx, 0002        # y = 2
                mov ax, cx          # z = x + y
                add ax, dx
                mov bx, ax
                or bx, bx           # if (z > 0)
                jle JUMP 1
                push cx             # then x como parâmetro
                jmp JUMP 2

JUMP1:          push dx             # else y como parâmetro
JUMP2:          call CALL 1         # Chama rotina int func (parâmetro)
                pop bx              # z = func (parâmetro)
                pop dx              # Restaura os registradores usados
                pop cx
                pop bx
                pop ax
                ret                 # Fim da rotina
CALL1:          push bp             # Início da rotina int func (parâmetro)
                mov bp, sp
                mov ax, [bp + 04]   # Recupera parâmetro
                imul ax             # Calcula produto
                mov [bp + 04], ax   # Prepara valor de retorno
                pop bp
                ret                 # Fim da rotina int func (parâmetro)
```

Figura C.13(d) Programa em linguagem Assembly, que implementa o algoritmo mostrado na Fig. C.13(a).

```
[EX1_PAS.ASM]
_func: function func (w: integer): integer;
cs: 0000   55             PUSH   BP
cs: 0001   89E5           MOV    BP, SP
cs: 0003   B80200         MOV    AX, 0002
cs: 0006   9A4402800D     CALL   0D80:0244 # Rotina auxiliar de inicialização
cs: 000B   83EC02         SUB    SP, +02
cs: 000E   8B4604         MOV    AX, [BP + 04] # func: = w * w;
cs: 0011   F76E04         IMUL   WORD PTR [BP + 04]
cs: 0014   8946FE         MOV    [BP-02], AX
cs: 0017   8B46FE         MOV    AX, [BP-02]
cs: 001A   89EC           MOV    SP,BP
cs: 001C   5D             POP    BP
cs: 001D   C20200         RET    0002
_Example1: Program Example1;
cs: 0020   9A0000800D     CALL   0D80:0000 # Rotina auxiliar de inicialização
cs: 0025   55             PUSH   BP
cs: 0026   89E5           MOV    BP, SP
cs: 0028   C7063E000100   MOV    WORD PTR [003E], 0001 # x: = 1
cs: 002E   C70640000200   MOV    WORD PTR [0040], 0002 # y: = 2
cs: 0034   A13E00         MOV    AX, [003E] # z: = x + y;
cs: 0037   03064000       ADD    AX, [0040]
cs: 003B   A34200         MOV    [0042], AX
cs: 003E   833E420000     CMP    WORD PTR [0042], + 00 # if (z > 0)
cs: 0043   7E0C           JLE    0051
cs: 0045   FF363E00       PUSH   [003E] # then z: = func (x)
cs: 0049   E8B4FF         CALL   _func (0000)
cs: 004C   A34200         MOV    [0042], AX
cs: 004F   EB0A           JMP    005B
cs: 0051   FF364000       PUSH   [0040] # else z: func (y);
cs: 0055   E8A8FF         CALL   _func (0000)
cs: 0058   A34200         MOV    [0042], AX
cs: 005B   89EC           MOV    SP, BP
cs: 005D   5D             POP    BP
cs: 005E   31C0           XOR    AX, AX
cs: 0060   9AD800800D     CALL   0D80:00D8 # Rotina auxiliar de finalização
```

Figura C.13(ab) Programa gerado pelo compilador Pascal relativo à compilação do programa mostrado na Fig. C.13(b).

Poderia ser criado um programa em uma linguagem de alto nível do tipo Fortran ou C que resolvesse a referida expressão e produzisse a impressão de X sempre que a condição estabelecida fosse verdade. O programa completo poderia ser semelhante ao mostrado na Fig. C.14.

Para que seja possível a execução desse programa, há necessidade de se utilizar uma instrução de desvio condicional, já que aparece uma condição a ser satisfeita. Ou seja, somente será impresso o valor de X se este valor for diferente de zero (a condição especificada é: se $X \neq 0$); caso contrário (ELSE), esse programa termina SEM imprimir o valor de X.

Em primeiro lugar, vamos repetir a definição de ***instrução de desvio***, apresentada no Cap. 6 (ver Fig. 6.23), e caracterizar a diferença entre ***desvio incondicional*** e ***desvio condicional***, de modo que possamos melhor entender as instruções de desvio mostradas naquela figura.

Desvio é uma alteração forçada da seqüência de execução de um programa. Em outras palavras, sendo o hardware da UC projetado para, após a busca de uma instrução, incrementar o conteúdo do CI e apontar para a instrução imediatamente seguinte, o desvio *é* a possibilidade de alterarmos o conteúdo do CI, de modo a armazenar-se nesse registrador um outro valor de endereço (que não o da próxima instrução na seqüência). Em outras palavras, consiste em se poder alterar a seqüência de realização de ciclos de instrução.

Com ***desvio incondicional***, não há condição a ser satisfeita e o desvio é sempre executado; o programa tem alterada a sua ordem normal de execução, desviando-se para uma instrução fora da seqüência, independentemente de qualquer outra circunstância.

O resultado da execução de uma instrução de desvio incondicional é que, no final da sua execução, o CI conterá o valor existente no campo operando da instrução (endereço do desvio).

Com ***desvio condicional***, o valor existente no campo do operando da instrução somente será transferido para o CI (execução do desvio) *se* uma dada condição for satisfeita, como, por exemplo, se $R_0 = 0$, se $R_0 > 0$ ou se $R_0 \neq 0$. Caso contrário, a seqüência de execução permanece inalterada (sem desvio, a UC comanda a busca da próxima instrução imediatamente seguinte).

```
                               EX1_C.ASM
_main: void main (void)
cs: 02C2          55             PUSH        BP
cs: 02C3          88RC           MOV         BP, SP
cs: 02C5          83EC02         SUB         SP, + 02
cs: 02C8          56             PUSH        SI
cs: 02C9          57             PUSH        DI
# EXAMPLE1#11:   x = 1;
cs: 02CA          BF0100         MOV         DI, 0001
#EXAMPLE1#12:    y = 2;
cs: 02CD          C746FE0200     MOV         WORD PTR [BP - 02], 0002
#EXAMPLE1#13:    z = x + y;
cs: 02D2          8BC7           MOV         AX, DI
cs: 02D4          0346FE         ADD         AX, [BP - 02]
cs: 02D7          8BF0           MOV         SI, AX
#EXAMPLE1#14     If (z > 0)
cs: 02D9          0BF6           OR          SI, SI
cs: 02DB          7E03           JLE         #EXAMPLE#16 (02E0)
#EXAMPLE1#15:    z = func (x);
cs: 02DD          57             PUSH        DI
cs: 02DE          EB03           JMP         02E3
#EXAMPLE#16      z = func (y);
cs: 02E0          FF76FE         PUSH        [BP - 02]
cs: 02E3          E80900         CALL        _func (02EF)
cs: 02E6          59             POP         CX
cs: 02E7          8BF0           MOV         SI, X
#EXAMPLE#17: }
cs: 02E9          5F             POP         DI
cs: 02EA          5E             POP         SI
cs: 02EB          8BE5           MOV         SP, BP
cs: 02ED          5D             POP         BP
cs: 02EE          C3             RET
_func: int func (int w)
cs: 02EF          55             PUSH        BP
cs: 02F0          8BEC           MOV         BP, SP
cs: 02F2          8B5E04         MOV         BX, [BP + 04]
#EXAMPLE#21      return (w * w);
cs: 02F5          8BC3           MOV         AX, BX
cs: 02F7          F7EB           IMUL        BX
cs: 02F9          EB00           JMP         02FB
#EXAMPLE1#22: }
cs: 02FB          5D             POP         BP
cs: 02FC          C3             RET
```

Figura C.13(ac) Programa gerado pelo compilador C relativo à compilação do programa mostrado na Fig. C.13(c).

A Fig. 6.23 mostra exemplos de instruções de desvio incondicional (JMP Op.) e de desvio condicional (JP Op., JN Op. e JZ Op.). Os processadores Intel 80486 e Pentium possuem várias instruções de desvio, como:

JA, JB, JG, JE, JZ, JNE, JS, JCXZ, JNL

Os processadores VAX-11 possuem cerca de 29 instruções de desvio (denominadas genericamente Branch e não Jump, como nos processadores Intel).

Vamos também utilizar no programa uma instrução de E/S, definida na Fig. 6.23. Trata-se da instrução PRT, que significa imprimir o valor armazenado na memória, no endereço indicado pelo campo Op.

A Fig. C.15 mostra o programa em linguagem de montagem (Assembly) para resolver a equação dada (equivalente ao programa da Fig. C.14).

Para detalhar a execução desse programa diretamente pelo computador, isto é, acompanhando cada ciclo de instrução, com os fluxos de controle, endereço e dados entre a UCP e a MP, precisamos primeiro converter o programa Assembly em outro, correspondente, porém totalmente em linguagem binária de máquina (na realidade, utilizaremos os valores em hexadecimal e não em binário, para simplificar os números e facilitar um pouco o entendimento).

Para converter o referido programa Assembly em linguagem de máquina e podermos realizar os ciclos de instrução passo a passo (execução do programa), vamos considerar que:

a) o processador/MP utilizado possui as mesmas características definidas na Fig. 6.23, inclusive as mesmas instruções (mesmos códigos de operação);

```
                              EX1_ASM.ASM
cs: 0100    50        PUSH    AX              #Salva os registradores a serem
cs: 0101    53        PUSH    BX              #usados na rotina
cs: 0102    51        PUSH    CX
cs: 0103    52        PUSH    DX
cs: 0104    B90100    MOV     CX, 0001        # x = 1
cs: 0107    BA0200    MOV     DX, 0002        # y = 2
cs: 010A    89C8      MOV     AX, CX          # z = x + y
cs: 010C    01D0      ADD     AX, DX
cs: 010E    89C3      MOV     BX, AX
cs: 0110    09DB      OR      BX, BX          #If (z >0)
cs: 0112    7E03      JLE     0117
cs: 0114    51        PUSH    CX              #Then x como parâmetro
cs: 0115    EB01      JMP     0118
cs: 0117    52        PUSH    DX              #Else y como parâmetro
cs: 0118    E80600    CALL    0121            #Chama rotina int func (parâmetro)
cs: 011B    5B        POP     BX              #z = func (parâmetro)
cs: 011C    5A        POP     DX              #Restaura os registradores usados
cs: 011D    59        POP     CX
cs: 011E    5B        POP     BX
cs: 011F    58        POP     AX
cs: 0120    C3        RET                     #Fim da rotina
cs: 0121    55        PUSH    BP              #Início da rotina int func (parâmetro).
cs: 0122    89E5      MOV     BP, SP
cs: 0124    8B4604    MOV     AX, [BP + 04]   #Recebe parâmetro
cs: 0127    F7E8      IMUL    AX              #Calcula o produto
cs: 0129    894604    MOV     [BP + 04], AX   #Prepara o valor de retorno
cs: 012C    5D        POP     BP
cs: 012D    C3        RET                     #Fim da rotina int func (parâmetro).
```

Figura C.13(ad) Programa gerado pelo montador do DOS 5.0, relativo à montagem do programa mostrado na Fig. C.13(d).

```
REAL        X, Y, Z, T
X:          X + Z - T
IF          X <> 0
THEN        PRINT X
ELSE        END
END
```

Figura C.14 Programa em linguagem de alto nível para solucionar a expressão X = Y + Z − T.

b) as variáveis usadas no programa são:

Variável	Endereço (hexadecimal)	Valor (hexadecimal)
Y	1F	051
Z	20	03E
T	21	003
X	22	01A

c) o programa está armazenado na MP a partir do endereço 18h, e no instante inicial vamos considerar que:

I) CI = 18h (a letra h colocada ao lado do número indica que o valor está representado em base 16 — hexadecimal) e

II) que os valores armazenados no RI e R_0 são da instrução anterior, não importantes para o início de nosso programa.

O trecho da MP onde o programa e os dados estão armazenados é apresentado na tabela da Fig. C.16 com todos os valores indicados em hexadecimal, correspondentes ao valor real armazenado em binário na memória.

Ao iniciar a execução do primeiro ciclo de instrução (a partir do endereço armazenado no CI = 18h), os valores iniciais, armazenados no RI e R_0, deverão ser destruídos pela execução desse programa (provavelmente são resultados do programa anterior).

```
              ORG
              LDA      Y
              ADD      Z
              SUB      T
              STR      X
              JZ       FIM
              PRT      X
FIM           HLT
```

Figura C.15 Programa em linguagem de montagem para solucionar a expressão X = Y + Z − T.

A Fig. C.17 mostra a execução do programa por meio de um quadro com os valores do CI, do RI e do R_0 ao final da execução de cada uma das instruções. A primeira linha do quadro mostra a primeira instrução. A execução do programa é iniciada pela busca de sua primeira instrução, armazenada no endereço 18h (indicado pelo valor do CI). Essa instrução é 11F, composta do C.Op. (valor igual a 1h) e operando (valor igual a 1Fh, conforme o formato da instrução descrito na Fig. 6.23). O código de operação 1 significa: "armazenar no R_0 o conteúdo da célula de endereço 1F (campo Op. da instrução)" (LDA IF). Ver descrição das instruções na Fig. 6.23.

Nessa posição (1Fh) está armazenado o valor 051h (endereço simbólico Y). Ao concluir a execução desse ciclo, o CI já estará apontando para a próxima instrução (endereço 19h).

ENDEREÇOS	CONTEÚDOS
18	11F
19	320
1A	421
1B	222
1C	51E
1D	B22
1E	000
1F	051
20	03E
21	003
22	01A

Figura C.16 Tabela contendo trecho da MP onde se encontram armazenados o programa e os dados do exemplo da Fig. C.15.

	CI	RI	R_0
	18	XXX	XXX
Instrução 1:	19	11F	051
Instrução 2:	1A	320	08F
Instrução 3:	1B	421	08C
Instrução 4:	1C	222	08C
Instrução 5:	1D	51E	08C
Instrução 6:	1E	B22	08C
Instrução 7:	1F	000	08C

Figura C.17 Quadro demonstrativo de execução de um programa (programa da Fig. C.15).

Prossegue a execução do programa, com a UC comandando a busca da segunda instrução, armazenada no endereço 19h; o valor hexadecimal é 320. O código de operação 3h corresponde à instrução ADD Op. O endereço 20h está simbolizado pela variável Z no programa da Fig. C.15.

Na realidade, está sendo realizada a soma de Y (já no R_0) com Z, e o resultado será mantido no R_0.

A instrução seguinte, armazenada no endereço 1Ah, é 421h. O código de operação 4h (instrução SUB Op.) significa: "subtrair, do conteúdo do R_0, o conteúdo da célula de endereço 21h (simbolicamente representado por T), armazenando o resultado no R_0".

No final do ciclo dessa instrução, o CI aponta para o endereço 1Bh, e o R_0 contém o resultado de Y + Z − T, que é igual ao valor em hexadecimal 08C.

Prossegue a execução do programa com o ciclo da instrução armazenada em 1Bh, cujo valor é 222h. A instrução é transferida para o RI, e o CI é incrementado de 1, armazenando então o valor 1Ch (endereço da próxima instrução).

A instrução (código de operação igual a 2h) significa: "armazenar o conteúdo do R_0 na célula de MP de endereço igual ao valor do campo operando" (no nosso exemplo, o valor do campo operando é 22h). A execução da instrução consome um ciclo de escrita para gravar o valor 08Ch no referido endereço.

Inicia-se, em seguida, o ciclo da instrução armazenada no endereço 1Ch (o conteúdo da célula tem o valor hexadecimal igual a 51E), que é transferido para o RI; o CI passa a apontar para o endereço da instrução seguinte, que é 1Dh.

O código 5h (correspondente à instrução JZ Op.) significa: "desviar para o endereço 1Eh se o valor do R_0 = 0". Como este valor não é igual a zero, não ocorre o desvio (o CI permanece com seu valor anterior — 1Dh). Se o valor do R_0 fosse igual a zero, o valor corrente do CI (no momento é 1Dh) seria alterado para 1Eh e a instrução seguinte a ser buscada pela UC seria 000, que está armazenada no endereço 1E.

A instrução seguinte é B22h, cujo código — Bh — significa: " imprimir o valor armazenado na MP no endereço 22". O CI, no final, estará apontando para 1Eh, que passa a ser transferida para o RI, o CI é incrementado para 1Fh e, após sua decodificação, o programa termina.

Excetuando o cômputo da instrução PRT, a execução do programa consumiu 10 acessos à memória, isto é, 10 ciclos de memória. A efetiva execução da instrução PRT consome vários ciclos devido à necessária comunicação entre a UCP e o periférico (ver item 10.2).

EXERCÍCIOS

1) Explique o que você entende por compilação.

2) E por interpretação?

3) Compare os dois modos: compilação e interpretação. Indique em que circunstâncias um modo é mais vantajoso que o outro.

4) Por que um programa em linguagem Assembly não é diretamente executável pelo processador? Como este problema é, na prática, resolvido?

5) Por que um compilador deve ser específico para uma determinada linguagem de programação e para um determinado processador?

6) Explique o que é e como funciona o processo de ligação (linkedição).

7) Considere um computador com instruções de um operando e endereçamento por palavras de 16 bits, possuindo o seguinte conjunto de instruções:

Cod. Op. (hexadecimal)	Sigla (Assembly)	Descrição
0	END	Fim de execução
1	ADD Op.	$R_0 \leftarrow R_0 + (Op.)$
2	SUB Op.	$R_0 \leftarrow R_0 - (Op.)$
3	LDA Op.	$R_0 \leftarrow (Op.)$
4	STA Op.	$(Op.) \leftarrow R_0$
5	AND Op.	$R_0 \leftarrow R_0$ and (Op.)
6	XOR Op.	$R_0 \leftarrow R_0$ xor (Op.)
A	JMP Op.	CI ← Op.
B	JP Op.	Se $R_0 > 0$, então: CI ← Op.
C	JZ Op.	Se $R_0 = 0$, então: CI ← Op.
D	JN Op.	Se $R_0 < 0$, então: CI ← Op.
E	GET Op.	Ler dado para (Op.)
F	PRT Op.	Imprimir (Op.)

Num dado instante, foi carregado um programa na memória. Os registradores da UCP têm os seguintes valores, em hexadecimal: CI = 1AF; RI = 20A3; R_0 = 153C; e a fila de dados de entrada tem os valores decimais: 19, 37, 13 e 52.

End.	Conteúdo
1AF	E1C0
1B0	E1C1
1B1	31C1
1B2	11C0
1B3	41C1
1B4	D1BA
1B5	E1C2

End.	Conteúdo
1B6	31C1
1B7	21C2
1B8	41C1
1B9	A1BE
1BA	E1C3
1BB	31C1
1BC	11C3

End.	Conteúdo
1BD	41C1
1BE	F1C1
1BF	0000
1C0	31A5
1C1	61C4
1C2	21C0
1C3	11C4

Pergunta-se:

a) Qual o valor, em hexadecimal, de RI, CI e R_0 ao final da execução de cada instrução?

b) Quais os valores impressos em decimal?

c) O que aconteceria com o programa se o conteúdo da posição de endereço 1B3 fosse alterado para 81C1?

8) Qual é a diferença entre um código-objeto e módulo de carga? Em que eles são comuns?

9) O que você entende pelo termo "referência externa" em um programa?

10) Conceitue a técnica de desvio na execução de um programa. Quais são os tipos de desvio que podem ser implementados por instruções de máquina? Dê exemplos de comandos em linguagens de alto nível que implementam desvios.

11) Quais são as principais etapas de análise de um programa-fonte realizadas por um programa compilador?

12) Supondo que um determinado algoritmo foi codificado por um programador em linguagem Pascal e compilado em um microcomputador do tipo PC (possui um processador Intel 80486), gerando um determinado código, é possível executar este código, gerado pelo referido compilador, em um microcomputador Macintosh, da Apple (possui um processador Motorola 68030)? Por quê?

Alguns Detalhes

D.1 SOBRE MEMÓRIAS

Neste item serão acrescentados alguns detalhes adicionais ao que já foi exposto no Cap. 4, mais especificamente sobre pontos relacionados com a evolução da tecnologia das memórias de semicondutores em sistemas de computação, bem como alguns aspectos de seu funcionamento.

Serão abordados os seguintes pontos:

- Tipos e tecnologias de memórias do tipo RAM (item D.1.1);
- Evolução da tecnologia das memórias DRAM (item D.1.2); e
- Tipos de encapsulamento das memórias de semicondutores (item D.1.3).

D.1.1 Tipos e Tecnologias de Memórias do Tipo RAM

Conforme já explicado no item 4.3.5, as memórias principal e cache de um sistema de computação moderno são constituídas de dispositivos de armazenamento fabricados com tecnologia de semicondutores, cujas principais características são:

- o acesso a qualquer posição de memória é obtido de forma independente e aleatória, por meio do endereço fornecido pelo processador no momento do acesso (para uma operação de leitura – *read* ou para uma operação de escrita – *write*);
- a realização do acesso sempre ocorre no mesmo tempo (da ordem de poucos nanossegundos) a qualquer de suas posições (células), independentemente da distância física existente entre elas.

Esta forma de atuar originou o nome "memória de acesso randômico ou aleatório", tradução do termo inglês *random access memory*, ou simplesmente RAM; o termo foi criado em contrapartida às antigas memórias de acesso seqüencial, e talvez hoje seja menos apropriado, pois os discos, por exemplo, também possuem acesso aleatório (obtido pelo endereço do dado em termos de trilha ou cilindro/setor etc. – ver Cap. 9).

As memórias RAM têm o mesmo tempo de acesso, independentemente da posição física das suas células, porque:

- utilizam tecnologia eletrônica em sua fabricação, não tendo nenhuma parte móvel em sua composição;
- a informação (bits) é transportada por fios que conectam todas as células ao barramento, sem haver necessidade de movimento físico de localização (como o movimento de um braço de um disco);
- o tempo de acesso é praticamente consumido no processo de decodificação do endereço (de forma eletrônica e igual para qualquer célula, conforme será mostrado ainda neste item).

As memórias eletrônicas (de semicondutores) que empregam esta metodologia de acesso (acesso aleatório) podem ser fabricadas de modo a permitir dois tipos de aplicação:

1) para leitura/escrita (L/E) ou R/W – as operações de leitura ou de escrita são realizadas de forma rápida e simples por qualquer programa, conforme mostrado no item 4.3.3. Este tipo é o único que o mercado tradicionalmente identifica como RAM e não L/E, como deveria;
2) somente para leitura ou *read only memory* – ROM – os programas comuns (aplicativos usuais) somente podem acessar estas memórias para operações de leitura, e não acessam as células para operações de escrita. Este tipo evoluiu, com vários modelos diferentes, já mostrados no item 4.3.5.

Conforme já mencionado, o termo memória L/E nunca foi adotado, e o mercado emprega apenas a nomenclatura RAM e ROM como sendo memórias de tecnologia distinta, embora ambas tenham as características que justificam o nome RAM. Assim, para o mercado, as memórias voláteis e que servem para leitura/escrita (L/E ou read/write – R/W) são conhecidas como RAM, separadamente das memórias não-voláteis e somente para leitura, conhecidas pela sigla inglesa ROM.

As memórias RAM (aquelas que se aplicam para L/E) podem ser fabricadas utilizando um ou outro de dois elementos diferentes, redundando em dois grandes tipos:

– SRAM (*static random access memory,* ou RAM estática) e,

– DRAM (*dynamic random access memory,* ou RAM dinâmica).

As memórias do tipo SRAM são utilizadas na fabricação de memórias cache, L1 ou L2, além de memórias de pequenos dispositivos que requeiram menor tempo de acesso e cujo custo (devido à quantidade reduzida de componentes) é aceitável, enquanto as memórias DRAM são empregadas na constituição das memórias principais (MP), sendo, como já mencionado, popularmente chamadas apenas de RAM ou MP. Ambas são memórias voláteis, visto que sua constituição e seu funcionamento repousam exclusivamente em componentes eletrônicos, que requerem energia elétrica para funcionar.

As memórias RAM (SRAM ou DRAM) são bem mais rápidas que as memórias ROM, razão porque em muitos sistemas se usa transferir o conteúdo da ROM BIOS para uma parte da RAM (MP) de modo a melhorar o desempenho da execução dos códigos da BIOS. Este processo de transferência para uso denomina-se *shadow*, sendo, no caso, *shadow the ROM BIOS*.

Há diversas diferenças entre memórias SRAM e DRAM, seja no que se refere aos componentes usados na sua fabricação (tecnologia), seja quanto a desempenho, tamanho físico e custo e, naturalmente, tipo de aplicação.

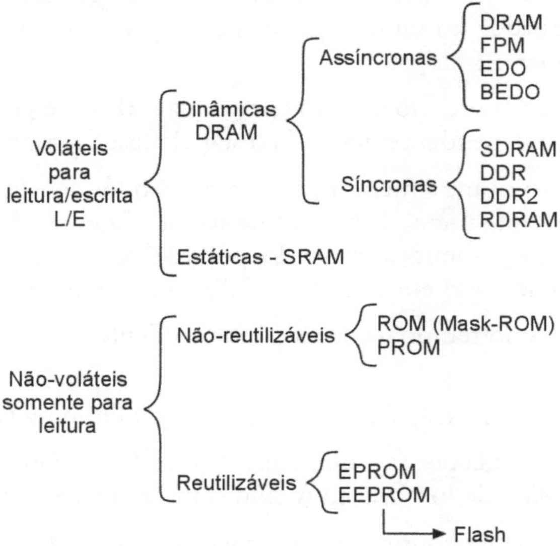

Figura D.1 Quadro demonstrativo de memória de semicondutores.

Nos itens a seguir serão descritos alguns aspectos relativos a essas diferenças, tanto para memórias SRAM quanto para memórias DRAM e, finalmente, apresenta-se um quadro-resumo com as principais diferenças entre elas.

O quadro mostrado na Fig. D.1 apresenta os diferentes tipos de memórias de semicondutores existentes, alguns dos quais já apresentados (como as memórias ROM) e outros que serão descritos nos itens a seguir.

D.1.1.1 Sobre as Memórias SRAM

As memórias SRAM, criadas em 1970 pela Fairchild Corp., são constituídas exclusivamente de circuitos transistorizados, utilizando-se de tecnologia bipolar ou tecnologia nMOS – *n-channel metal oxide semiconductor* (ver Cap. 4). Ambos são conhecidos como circuitos *flip-flop*, os quais retêm o valor "setado" até que recebam um sinal de *reset* ou percam energia (quando a alimentação é desligada).

A Fig. D.2 apresenta um diagrama de elemento de 1 bit de memória SRAM que emprega tecnologia nMOS, constituído de seis transistores.

Na referida figura, os transistores M1 a M4, conectados de forma cruzada, servem para representar um dos dois possíveis valores de 1 bit (bit 0 ou bit 1), mantendo este valor de forma estável até ele ser alterado para o valor oposto; os demais transistores (M5 e M6) servem para o processo de leitura ou de escrita do valor binário. A linha WL (*word line*) acessa todos os elementos de uma linha, enquanto as linhas BL e $\overline{BL}$ referem-se a todos os elementos de uma coluna.

Assim, nas memórias estáticas (SRAM) o valor de 1 bit permanece armazenado no seu elemento de célula enquanto houver energia elétrica alimentando o dispositivo. Isto é, se uma operação de escrita armazena, p.ex., valor zero para um bit de uma célula este valor permanece armazenado até que uma nova operação de escrita inverta para o outro valor (o valor 1, é claro). Conforme veremos mais adiante, este processo difere do usado nas memórias DRAM, cujo valor de bit precisa ser constantemente regenerado. Daí os nomes estático (o valor de bit permanece estaticamente armazenado enquanto houver energia) e dinâmico (o valor do bit é freqüentemente, dinamicamente, regenerado).

As memórias SRAM podem ser organizadas de forma linear (quando de tamanho pequeno) ou em matriz de células, e cada célula pode armazenar 4, 8, 16 ou 32 bits. O tamanho da memória que possui endereço com E algarismos (E linhas no barramento de endereços) e na qual cada posição endereçada (cada célula) armazena M bits é calculado da seguinte forma:

$2^E * M$ bits.

Usualmente é adotada a nomenclatura dessas memórias por N de M bits, onde N é a quantidade de células e M a largura, em bits, de cada célula.

Valores típicos podem ser:

- memória de 1 Mbits – 256K × 4 (262 144 linhas, cada uma endereçando uma célula de 4 bits);
- memória de 2 Mbits – 128K × 16 bits
- memória de 2 Mbits – 64K × 32 bits

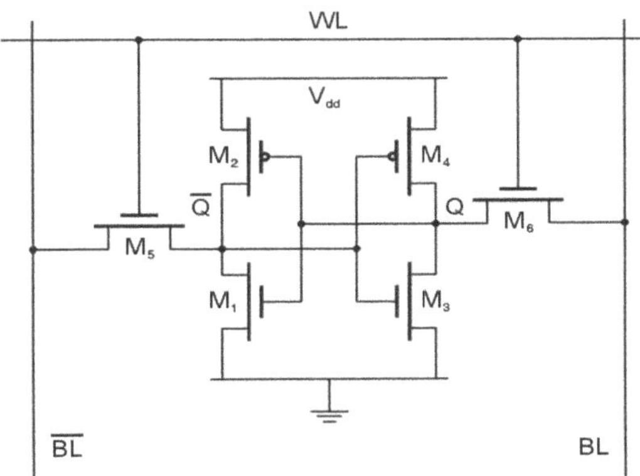

Figura D.2 Exemplo de um elemento de célula de memória SRAM, com seis transistores.

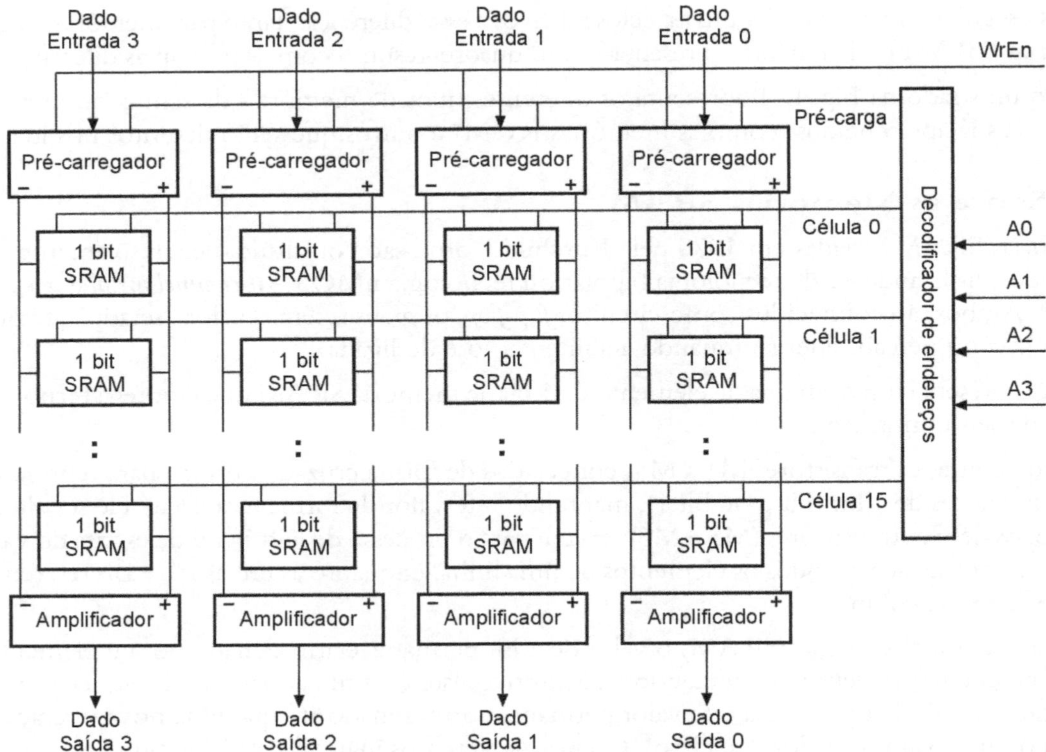

Figura D.3 Exemplo de organização de memória SRAM com 16 células de 4 bits cada e endereçamento linear.

A Fig. D.3 mostra um arranjo típico de memória SRAM (em matriz); no exemplo são 16 células de 4 bits cada. O esquema mostra em cima as quatro entradas (uma para cada bit em uma operação de escrita) e embaixo as quatro saídas (uma para cada bit em uma operação de leitura), sendo mostrado na parte da direita o decodificador de endereços (*address decoder*), com quatro entradas, visto que $2^4 = 16$ (16 células), e suas saídas (ao todo são 16 linhas – célula 0 até célula 15, uma para cada uma das 16 células (*word*), embora não estejam todas mostradas na figura)[1].

Conforme já foi citado, as memórias do tipo SRAM são muito rápidas (tempo de acesso da ordem de alguns poucos nanossegundos), não só por se tratar de dispositivos exclusivamente eletrônicos, sem partes móveis e cujos sinais representativos dos bits percorrem os condutores na velocidade de uma oscilação eletromagnética, mas também devido ao fato de que não requerem recarregamento como as memórias DRAM, que serão descritas adiante e, mais ainda, porque o endereçamento de cada célula é realizado em uma única etapa de tempo (diferentemente das memórias DRAM, que realizam o mesmo endereçamento de célula em duas etapas, uma para acesso a uma linha e outra para acesso a uma coluna, conforme será mostrado adiante).

Endereçamento de Memórias com Organização Tipo Linear – uma Dimensão

Uma das técnicas mais simples e rápidas de se realizar operações de leitura e escrita está descrita a seguir, e é típica de memórias SRAM.

[1]É comum encontrar na literatura o termo *word* para expressar o conteúdo de um endereço de memória, o qual pode conter 1, 4, 8 ou mais bits, sendo o mais comum *words* de 8 bits. No entanto, o autor prefere o uso do termo **célula** para expressar o conteúdo de uma posição de memória (local identificado por um único endereço).

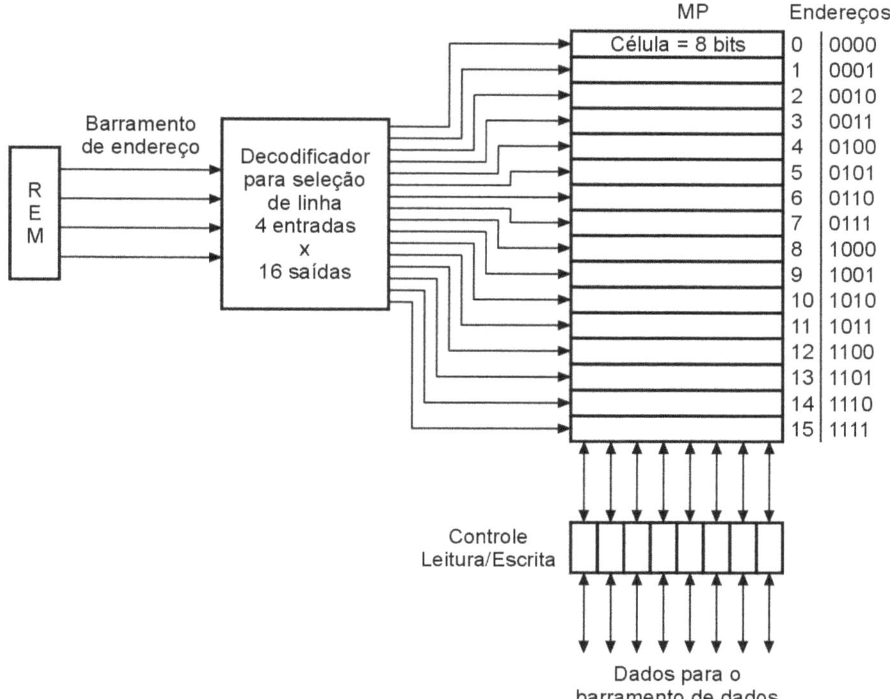

Figura D.4 Exemplo de organização de memória linear, com 4 entradas e 16 saídas.

Inicialmente, mostra-se um exemplo genérico de organização linear (Fig. D.4), considerando-se uma memória com 16 células de 8 bits cada uma, apresentando-se os principais componentes do processo:

- REM – registrador de endereço de memória – o qual recebe o valor binário do endereço de acesso e o transmite pelo barramento de endereço, BE, para o decodificador de endereços (seleciona a linha desejada);
- Decodificador (ver Apêndice B para descrição de decodificadores) – possui quatro entradas (uma para cada bit do REM e cada fio do BE) e 2^4 saídas, ou 16 saídas, sendo cada uma ligada a uma das 16 células da memória.
- A MP, organizada linearmente em 16 células, com endereços a partir de 0_{10} ou 0000_2 até o último endereço, 15_{10} ou 1111_2. Como podemos observar da figura, todos os endereços binários possuem uma largura de 4 bits, igual à do BE = REM = entrada do decodificador.

Cada um dos 8 bits de cada célula é conectado ao elemento de saída (buffer de saída), o qual possui 8 linhas para o barramento de dados, BD.

De modo genérico, qualquer decodificador possui **m** linhas de entrada e 2^m linhas de saída. Em cada processo de decodificação, em seguida ao surgimento na entrada dos **m** bits aparece na saída apenas uma linha ativa.

Se, por exemplo, um determinado decodificador de endereços possuir 8 linhas de entrada, ele deverá ser construído de modo a ter $256 = 2^8$ linhas de saída, sendo que, em cada instante único de tempo (tempo de decodificação), ele possuirá uma única saída ativa, conforme o código binário posto na entrada.

Desse modo, à medida que cresce a quantidade de células a serem localizadas, crescerá a quantidade de linhas de saída do decodificador, bem como cresce também o tempo por ele gasto para decodificar um endereço. Um sistema com 16 linhas de entrada (REM = BE = 16 bits) no decodificador requer $2^{16} = 65536$ ou 64K linhas de saída.

Na Fig. D.4 pode-se, por exemplo, ter colocado na entrada do decodificador o valor binário 1101 (célula 13); após o retardo proveniente da decodificação, aparece na saída 13 (1101) um sinal alto, para liberar os 8 bits da célula correspondente (ver Fig. 7.3).

Para compreendermos melhor o funcionamento das operações com memórias do tipo SRAM, utilizando o método linear de endereçamento, apresentamos, na Fig. D.5, um diagrama de tempo simples, correspondente a uma operação de leitura.

No diagrama da Fig. D.5 apontam-se apenas os principais elementos de tempo utilizados em uma operação de leitura; observam-se o sinal de leitura (ver Cap. 4), a colocação dos bits de endereço no BE e o aparecimento, mais tarde, dos bits de dados. É interessante verificar (e isso é uma convenção que servirá para todos os diagramas de tempo mostrados) que, no caso da apresentação do endereço e dos dados, mostram-se duas linhas que se cruzam no início e no fim de uma transmissão; isto indica que há muitas linhas no interior, visto que endereço e dado são constituídos de vários bits que trafegam por vários fios diferentes do respectivo barramento. Já o sinal de tempo (de leitura) é apresentado apenas como uma única linha, cujo início e término são inclinados (todos os inícios e términos de sinais de tempo são inclinados, pois nenhum deles tem capacidade de se iniciar de forma instantânea; a inclinação mostra essa transição).

Ainda usando o exemplo da Fig. D.4 e o diagrama da Fig. D.5, pode-se imaginar que em um dado instante ocorre uma operação de leitura; o processador coloca o valor do endereço no REM (seja, por exemplo, o valor decimal 5 ou binário 0101), o qual passa para o BE (Fig. D.4), e o sinal de leitura é ativado no barramento de controle (Fig. D.5); após um instante de decodificação do endereço, aparece um sinal de saída na linha do decodificador que se liga à célula de memória 0101 (decimal 5); este sinal libera cada um dos 8 bits da célula para o buffer de saída e daí ao barramento de dados (Fig. D.4). Se, por outro lado, o endereço fosse decimal 9 ou binário 1001, então ao final da decodificação apenas seria ativada a linha que se conecta à célula de endereço 1001 (decimal 9), e assim por diante.

Usando-se a técnica de **endereçamento linear**, todos os bits de uma dada palavra estão na mesma pastilha, ao contrário da técnica de matriz de linha/coluna, que veremos nas memórias DRAM, em que os bits de cada palavra estão espalhados por várias pastilhas (p.ex., um sistema com 16 pastilhas superpostas contém em cada pastilha 1 bit de uma palavra de 16 bits).

No caso da organização linear, além de todos os bits de uma palavra estarem na mesma célula o arranjo físico das células é o mesmo arranjo lógico das palavras na memória. O conjunto é organizado em N palavras de Mbits cada (tal como descrito no item 4.3.1). Por exemplo, uma pastilha de 16K bits pode conter 1024 palavras de 16 bits cada. Os elementos de cada conjunto são conectados por linhas horizontais (filas) e verticais (colunas). Cada linha horizontal da memória (uma célula) é uma saída do decodificador de linha (*select*); cada linha vertical da memória (1 bit da palavra) se conecta ao sensor de dados para receber ou enviar 1 bit da palavra.

Um outro modo de organizar as células de uma memória SRAM é através de matriz, conforme mostrado na Fig. D.3, embora o endereçamento continue a ser realizado linearmente, ou seja, o decodificador possui uma saída para cada célula. No entanto, esta organização em matriz reduz o espaço utilizado em relação a uma organização completamente linear, como exemplificado na Fig. D.4.

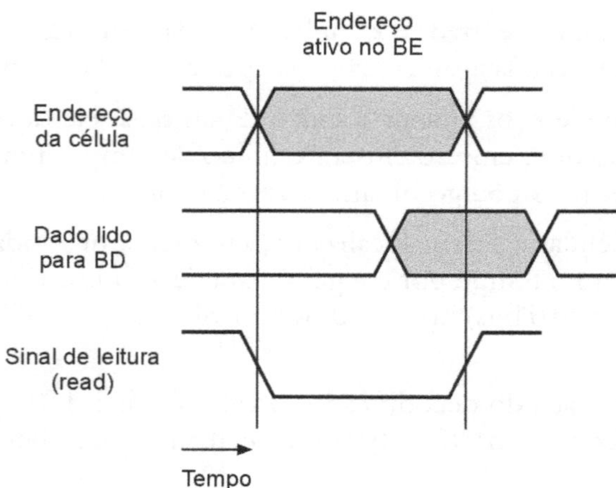

Figura D.5 Diagrama de tempo simplificado de uma operação de leitura em memória SRAM (Organização linear).

Na Fig. D.6 apresenta-se um exemplo mais detalhado dessa outra forma de organização de memória SRAM, baseado em [BART91].

Pode-se detalhar mais a organização a partir do seu interior básico, o bit (Fig. D.2), e, em seguida, grupando vários bits até obter-se um valor aceitável de capacidade, e é isto que se mostra por meio da Fig. D.6, decompondo-se a descrição em quatro partes.

Na Fig. D.6 (a) é apresentado o diagrama básico de um elemento de 1 bit de memória SRAM; na figura é mostrada a simplificação do esquema, indicando-se os sinais de entrada (input), de controle (select e write) e de saída (output). O interior do quadrado mostrado está representado pelo conteúdo da linha tracejada da Fig. D.6 (b), na qual se observa um retângulo (com as letras S, R, X e X′) e cujo interior pode conter os transistores mostrados na Fig. D.2.

A Fig. D.6 (c) mostra o esquema completo da memória SRAM, com quatro células de 3 bits cada (saídas O_1, O_2 e O_3); na última parte, Fig. D.6 (d), é mostrada uma visão expandida do decodificador, com suas duas entradas ($2^2 = 4$) e quatro saídas (uma para cada uma das quatro células).

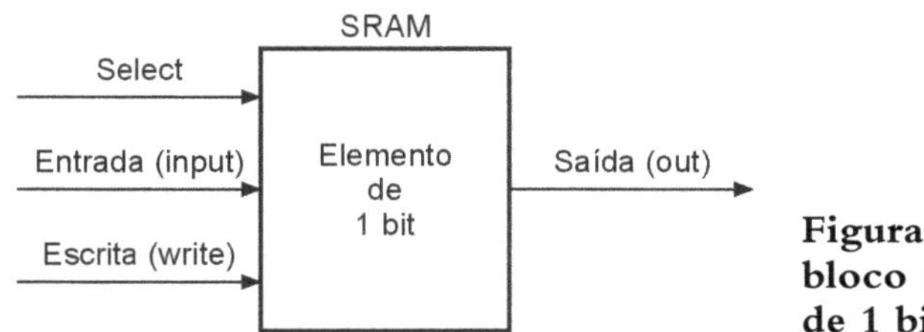

Figura D.6 (a) Diagrama em bloco resumido de elemento de 1 bit em memória SRAM.

Como mencionado, a memória exemplificada na Fig. D.6 possui 12 bits distribuídos em quatro células de 3 bits cada.

A célula de 1 bit, mostrada na Fig. D.6 (b), consiste em um circuito flip-flop (porque é uma memória SRAM e, por isso, constituída apenas com transistores), com seu circuito de controle associado. Ao usar uma célula baseada em circuito flip-flop o sistema de controle da memória deve adotar uma técnica para selecionar qual a célula desejada, bem como um método para controlar se a operação sobre a célula escolhida será de escrita ou de leitura.

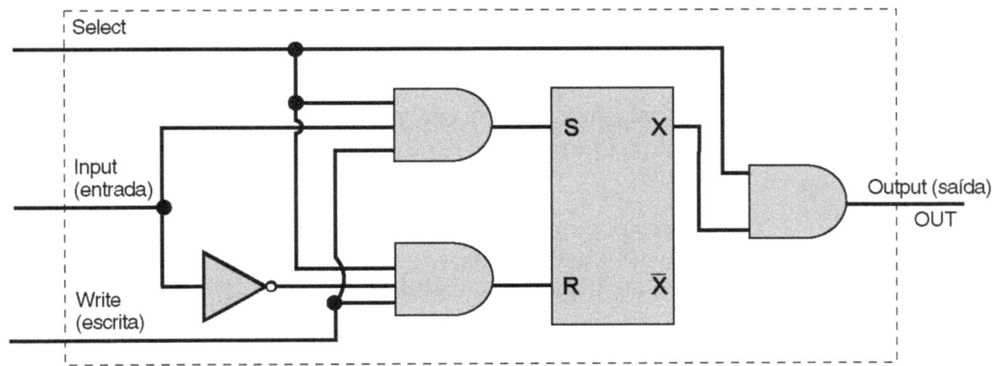

Figura D.6 (b) Célula básica de memória (representa um único bit).

Conforme já mostrado no exemplo da Fig. D.4, dado um endereço, o decodificador ativa a linha da célula correspondente.

No exemplo em questão, como a memória possui apenas quatro células seus endereços têm 2 bits e o REM (registrador de endereços de memória – MAR, *memory address register*) possui capacidade de armazenar 2 bits; portanto ele possui dois flip-flops, um para cada bit. O REM está ligado ao decodificador, que possui quatro

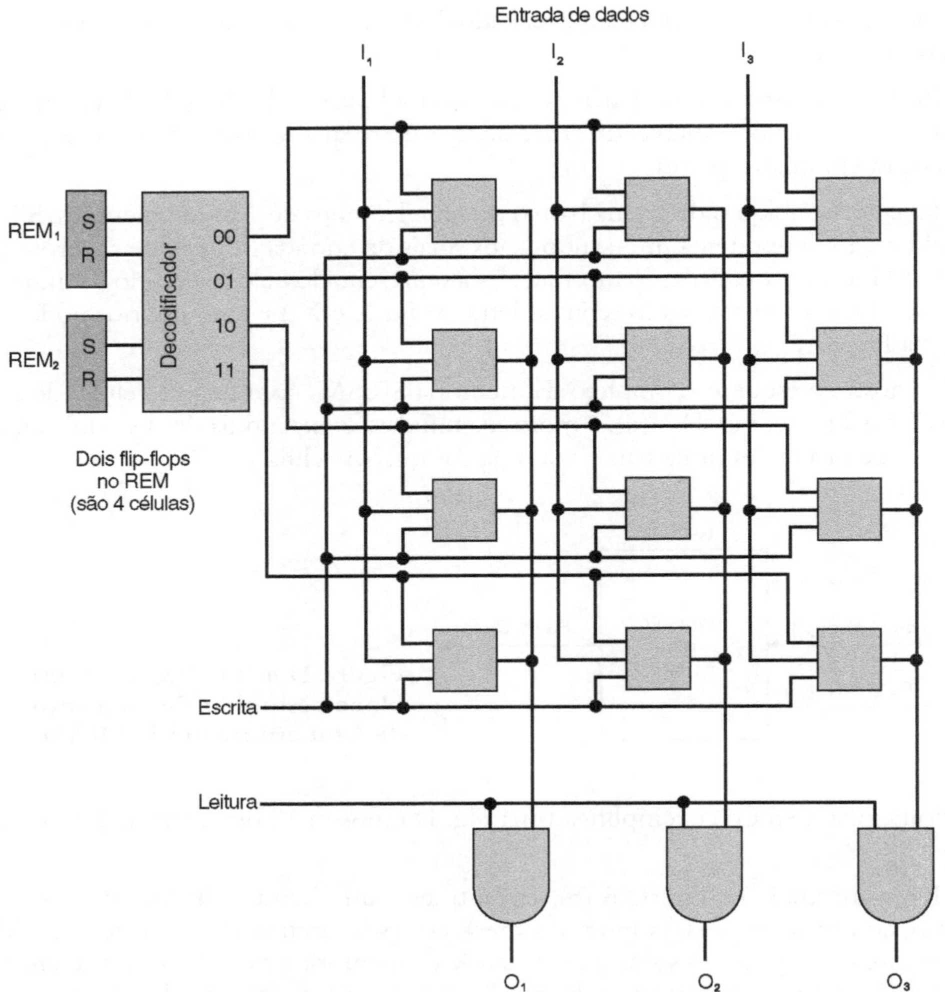

Figura D.6 (c) Esquema completo de uma memória com 4 células de 3 bits cada.

diferentes saídas, uma para cada valor de endereço (00, 01, 10 e 11), de forma semelhante à do exemplo da Fig. D.4, onde a memória tinha 16 células e os endereços 4 bits. Cada uma das quatro saídas do decodificador está ligada a uma célula (*word*) da memória, que, por sua vez, possui três flip-flops, um para cada um de seus bits. Cada flip-flop mostrado em bloco fechado na Fig. D.6 (b) possui os mesmos elementos do esquema de um flip-flop, como mostrado na Fig. D.2.

A título de exemplo, se o REM contiver um valor 0 em cada um de seus flip-flops então a linha superior do decodificador (correspondente ao endereço 00) será ativada, isto é, aparecerá o valor 1; as linhas de saída restantes permanecerão com 0. Da mesma forma, se o REM contiver 0 no primeiro flip-flop e 1 no segundo flip-flop (endereço 01), a segunda linha de cima para baixo será ativada (bit 1) e as demais ficarão com o valor 0. Para cada entrada possível, uma única linha de saída do decodificador será selecionada, assumindo o valor 1.

Quando o REM seleciona uma célula da memória pela passagem do endereço nele armazenado para o decodificador e a linha leitura (read) está ativada (bit 1), então o conteúdo dos três flip-flops correspondentes àquele endereço será transferido através das linhas O_1, O_2, e O_3. Se a linha escrita (write) estiver com o valor 1 (ativada), os valores em I_1, I_2 e I_3 serão lidos para a memória.

A porta lógica AND conectada às linhas OUT (saída) dos 12 elementos representativos de 1 bit de memória na Fig. D.6 deve ser de um tipo especial que faz a saída geral ser de valor 1 (verdadeiro) se qualquer uma das linhas tiver valor 1 (se qualquer OUT for igual a 1, então a linha por onde passam todos os OUT assume valor 1; caso contrário, ela assume valor 0); este circuito é chamado *wired-OR* (ver Apêndice B). Na Fig. D.6

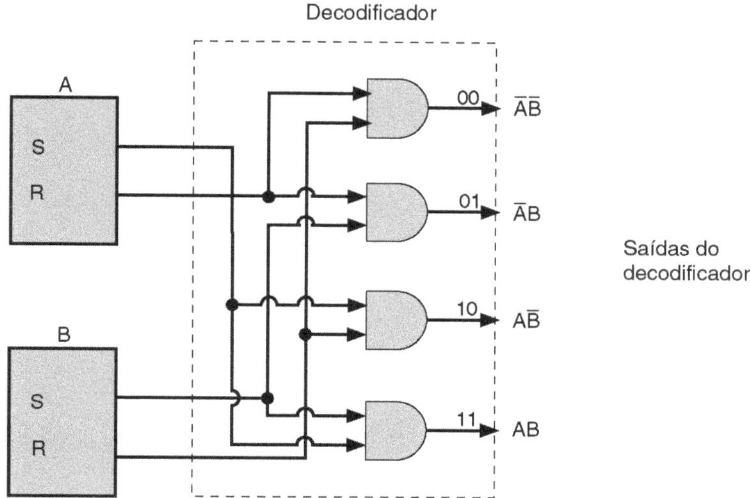

Figura D.6 (d) Visão expandida do decodificador, com 2 entradas e 4 saídas.

(c), todas as células da primeira coluna são *wired-OR*, de modo que se uma das linhas de saída tomar o valor 1 a linha inteira terá o valor 1 (é a linha que chega à parte lógica O_1 ou O_2 ou O_3). Esta propriedade tem a maior importância e, de um modo geral, os circuitos de memória de semicondutores funcionam desta forma.

Para concluir, vamos ver o que acontece quando ocorre uma operação de leitura (a linha ***leitura*** assume o valor 1) ou uma operação de escrita (a linha *escrita* assume o valor 1).

Se a linha *leitura* (ver Fig. D.6 (b)) assumir o valor 1, os valores de saída para os três flip-flops da linha (célula) selecionada serão apresentados na linha de saída de cada bit da célula (são três linhas de saída, uma O_1, outra O_2 e a última O_3). Por exemplo, se a primeira linha na memória tiver armazenado o valor 101 e se o REM tiver o valor 10 armazenado, a terceira linha de saída do decodificador (marcada 10) assumirá o valor 1 e as portas de entrada e de saída dos três elementos da célula serão selecionadas, restando saber se a operação é de leitura ou escrita.

Quando a linha *leitura* se torna 1 (a operação é de leitura), a saída dos três elementos da terceira célula (de endereço 10) será enviada para as portas AND O_1, O_2 e O_3 (abaixo, na figura), as quais transmitirão o valor 101 para o destino.

Se a linha *escrita* se tornar 1 (a operação é de escrita) e o REM novamente tiver o valor 10, os valores de entrada em I_1, I_2 e I_3 serão transferidos para os flip-flops da terceira fila.

Esta memória é completa, sendo capaz de realizar operações de escrita e de leitura. Porém, à medida que a quantidade de palavras (células) aumenta, o decodificador tem que crescer demasiadamente e os circuitos se tornam mais complexos, apesar da grande vantagem de velocidade que ela tem. A Fig. D.7 mostra um exemplo de pastilha (*chip*) de uma memória SRAM de 1 Mbit, organizada em 256K células de 4 bits cada; com essa organização e endereçamento linear, cada endereço possui 18 bits, pois 2^{18} = 256K (observam-se os pinos A_0 até A_{17}), possuindo, além disso, os pinos de dados, que serão recebidos em uma operação de leitura (entrada – *input* – I) e que serão transferidos em uma escrita (saída – *output* – O), representados por I/O_0 até I/O_3.

O total de pinos da pastilha é de 28 (pino 1 até pino 28), sendo 18 para endereços (pinos A_0 até A_{17}), quatro para dados (I/O_0 até I/O_3), cinco para sinais de controle e 1 sem uso (NC), a saber:

$\overline{WE}$ – escrita $\overline{OE}$ – leitura V_{cc} – energia V_{ss} – terra NC – sem uso $\overline{CE}$ – habilitação da pastilha

Uma alternativa para reduzir a complexidade dos circuitos e o tamanho do decodificador, que crescem à medida que haja mais linhas de entrada (memória com maior quantidade de células), é utilizar uma organização denominada *organização por matriz linha/coluna*, normalmente adotada para as memórias do tipo DRAM, em face da grande quantidade de endereços (células) daquele tipo. As memórias DRAM e o seu correspondente modo de endereçamento serão descritos a seguir.

Sinal	Pino	Pino	Sinal
A7	1	28	Vcc
A8	2	27	A6
A9	3	26	A5
A10	4	25	A4
A11	5	24	A3
A12	6	23	A2
A13	7	22	A1
A14	8	21	A0
A15	9	20	NC
A16	10	19	I/O3
A17	11	18	I/O2
$\overline{CE}$	12	17	I/O1
$\overline{OE}$	13	16	I/O0
Vss	14	15	$\overline{WE}$

Figura D.7 Exemplo de pastilhas SRAM.

D.1.1.2 Sobre as Memórias DRAM

A memória do semicondutor do tipo DRAM (*dynamic random access memory*) foi inventada em 1968 por um cientista da IBM, Robert Dennard, sendo pela primeira vez comercialmente produzida em uma pastilha (*chip*) em 1970, com o lançamento pela Intel do *chip* Intel 1103, com 1KB de capacidade.

Em 1973, a Texas Instrument (TI) introduziu uma DRAM com 4KB e, mais tarde, em 1973, uma outra empresa, Mostek, introduziu a técnica de endereçamento por linha e coluna, até hoje usada; em 1977, a mesma empresa lançava uma memória de 16KB de capacidade, a MK 4116.

A característica fundamental da DRAM reside no fato de usar apenas um capacitor e um transistor por bit armazenado, conforme mostrado na Fig. D.8, diferentemente das memórias SRAM, que empregam vários transistores; é possível encontrar algumas implementações dessa memória usando mais de um transistor por bit.

O valor do bit (0 ou 1) é representado pela presença ou ausência de carga no capacitor, e o transistor serve como chave de passagem (*gate*) de sinal elétrico conforme a operação seja de leitura ou de escrita.

O capacitor é um componente eletrônico (como o resistor ou o transistor), que funciona de modo semelhante a uma bateria, a qual, recebendo energia elétrica, armazena esta carga por um tempo. Porém, de modo também semelhante ao das baterias, com o passar do tempo ele vai perdendo a carga e, para mantê-la, é necessário que haja uma recarga periódica, ou recarregamento (em inglês, *refresh*).

Na realidade, os capacitores das memórias DRAM mantêm sua carga por muito pouco tempo, sendo, portanto, necessário um recarregamento freqüente, milhares de vezes por segundo. Os poucos milissegundos de retenção do valor de carga logo passam, e o dado estaria perdido se não houvesse um processo de reescrita. Ou seja, periodicamente as células de uma memória DRAM requerem uma operação de reescrita dos dados,

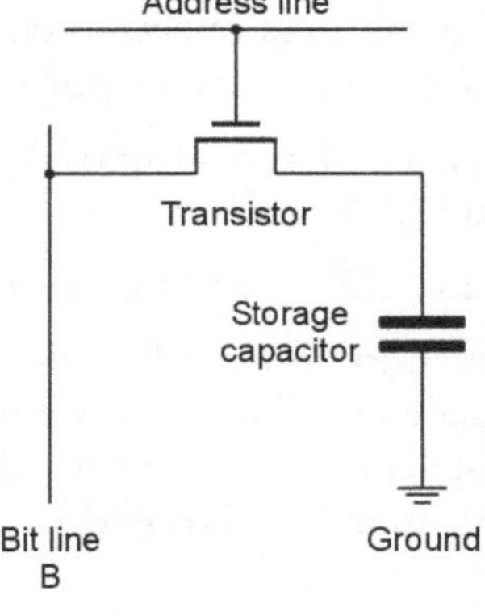

Figura D.8 Exemplo de elemento de 1 bit em memória DRAM (constitui-se de um capacitor, que representa o valor do bit pela sua carga, de um transistor, para liberar a operação).

o que acarreta a velocidade menor das DRAM em relação às SRAM. Por isso, um ciclo de memória em uma DRAM é maior que o tempo de acesso (ver Cap. 4).

Há vários métodos de realizar a operação de recarregamento (*refresh*); em um deles o circuito de recarregamento lê o conteúdo de cada célula e a recarrega, antes que sua energia se desvaneça e impeça o circuito de "entender" o valor do bit que estava armazenado na referida célula. Normalmente, o recarregamento se realiza linha por linha.

Uma outra técnica de recarregamento é denominada *self refresh*, ou seja, nela o próprio componente da memória realiza o recarregamento, independentemente do processador ou de um circuito externo de recarregamento. Este método, construído no interior da pastilha DRAM, reduz bastante o consumo de energia. O tempo médio de recarregamento de cada linha depende da quantidade de linhas existente em uma dada pastilha (*chip*), sendo valores típicos uma faixa entre 4 e 64 ms (padrão JEDEC)[2].

Em resumo, as memórias DRAM ocupam pouco espaço devido ao uso de poucos componentes por bit, reduzindo naturalmente seu custo; no entanto, a necessidade de contínuo recarregamento é um complicador em seu funcionamento, elevando seu ciclo de memória.

Como as DRAMs têm uma quantidade muito reduzida de componentes por bit (um transistor e um capacitor), pode-se criar pastilhas (*chips*) com grande capacidade de armazenamento (muitos bits). Nesse caso, a quantidade de bits para endereçamento cresce, requerendo maior quantidade de pinos no *chip*.

Por exemplo, um *chip* com capacidade de armazenamento de 64K células (de 1 bit cada) requer 16 bits para cada endereço (2^{16} = 65.536 endereços, ou 64K), portanto, 16 pinos no *chip* teriam que ser usados para endereços. À medida que a capacidade tende a aumentar o problema se torna ainda maior, devido, inclusive, a outros fatores a serem abordados adiante, neste item, o que levou os projetistas desse tipo de memória a desenvolver um outro método de organização das DRAMs e de localização de suas células, por linhas e colunas. A primeira pastilha a usar este método foi a MK4096, com 4K × 1 bit (4095 células de 1 bit cada, organizadas em 64 L e 64 C), fabricada pela empresa Mostek em 1973.

Organização de Memória do Tipo Matriz Linha/Coluna

O método de organização de memória por linhas e colunas organiza a DRAM em uma matriz de células, de modo que no exemplo anterior, de memória de 64K células, essa matriz seria de 256 × 256 células (256 * 256 = 65 536) e, nesse caso, cada endereço de linha ou de coluna teria 8 bits, visto que:

- os 16 bits do endereço linear dos 64K seriam divididos em duas partes de 8 bits cada;
- os 8 bits de endereço de linha conduzem a 256 linhas de células, pois 2^8 = 256;
- a mesma coisa para os 8 bits de endereço de coluna.

Isto acarretaria a necessidade de apenas 512 fios (256 para linhas e 256 para colunas), e não mais 65 536 fios.

Com este método, o sistema efetua o endereçamento da célula desejada em duas etapas de tempo, uma para acessar a linha desejada, por meio de um sinal de controle de linha, RAS (*row address select* ou *strobe*), cuja tradução pode ser seleção de endereço de linha, e outra etapa para acessar a coluna específica (sinal CAS – *column address select* ou *strobe*, que pode ser traduzido por seleção de endereço de coluna) e, neste caso, concluindo o processo, com a interseção entre ambas sendo a célula desejada.

A Fig. D.9 mostra um diagrama de tempo simples, referente ao endereçamento por linha × coluna, podendo-se identificar as linhas de endereço e de dados (também iniciando de forma cruzada, conforme visto na Fig. D.5) e os sinais CAS e RAS.

No início de um ciclo de leitura, por exemplo, é inserido nos pinos da pastilha o endereço da linha (primeira metade do endereço de memória) e, em seguida, o sinal de seleção de linha é ativado (RAS), permane-

[2]JEDEC – Joint Electron Device Engineering Council é um órgão da indústria eletrônica americana (EIA), responsável pela definição de padrões e especificações na área de semicondutores e assemelhados.

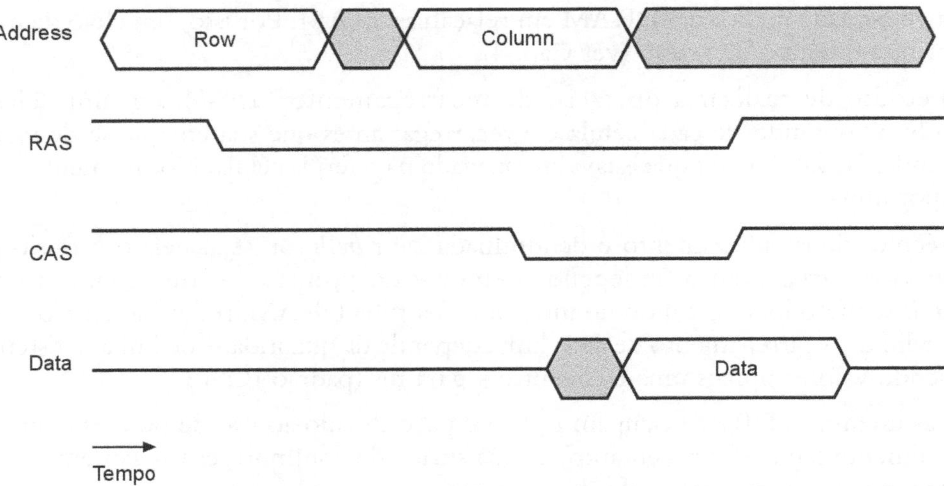

Figura D.9 Diagrama de tempo simplificado de um acesso em memórias DRAM, com endereçamento por linha × coluna.

cendo assim até quase o final da leitura. Passado um instante de tempo para troca de sinais no barramento, aparecem os bits de endereço da coluna (outra metade dos bits) e, em seguida, o sinal de seleção de coluna (CAS) é ativado. Neste instante, os bits de dados, da célula endereçada pela interseção da linha e da coluna, são colocados nos pinos de saída e vão para o barramento de dados.

Naturalmente, este método acarreta um atraso maior na leitura ou escrita dos dados em relação ao método linear (das memórias SRAM) em virtude de o endereçamento ser realizado em duas etapas de tempo em vez de uma só; porém, a economia de espaço e custo de fiação supera este inconveniente.

Ao longo dos últimos anos, os pesquisadores e fabricantes foram aperfeiçoando consideravelmente este método por meio de técnicas inovativas, como o uso de relógio comum entre o processador e a memória (memórias síncronas), transferência de vários dados em cada acesso e outras; surgiram, assim, as memórias DRAM do tipo FPM, EDO, BEDO, SDRAM, DDR, DDR2, RDRAM e outras; algumas delas serão apresentadas no item D.1.2.

Para consolidar a percepção de economia de fiação do método **de linha × coluna** sobre o de **seleção linear**, apresentam-se a seguir alguns exemplos comparativos entre os dois métodos de cálculo de endereços nas memórias.

Exemplo D.1

Seja uma memória constituída de um total de 16 células (não importa a largura da célula).

Capacidade: 16 células

Endereço básico: 4 bits ($2^4 = 16$)

a) organização linear:

um decodificador de endereços com quatro entradas e 16 linhas de saída, uma para cada célula da memória.

TOTAL: 16 linhas ligando o decodificador à memória.

b) organização por linha × coluna:

divisão dos 4 bits de entrada em 2 bits para decodificação de linha e 2 bits para decodificação de coluna

um decodificador de linha: duas entradas e quatro saídas ($2^2 = 4$)

um decodificador de coluna: duas entradas e quatro saídas

TOTAL de linhas de saída: oito linhas (4 + 4)

DIFERENÇA: 16 (org. linear) − 8 (linha × coluna) = 8 linhas (50% de redução da quantidade de linhas)

Exemplo D.2

Seja uma memória constituída de 64K células.

Capacidade: 66 536 células ou 64K (64 × 1024 = 65 536)

Endereço básico: 16 bits (2^{16} = 64K)

c) organização linear:

um decodificador de endereços com 16 entradas e 65 536 linhas de saída, uma para cada célula da memória.

TOTAL: 65 536 linhas ligando o decodificador à memória.

d) organização por linha × coluna:

divisão dos 16 bits de entrada em 8 bits para decodificação de linha e 8 bits para decodificação de coluna

um decodificador de linha: 8 entradas e 256 saídas (2^8 = 256)

um decodificador de coluna: 8 entradas e 256 saídas

TOTAL de linhas de saída: 512 linhas (256 + 256)

DIFERENÇA: 65 536 (org. linear) − 512 (linha × coluna) = 65 024 linhas (mais de 99% de redução na quantidade de linhas)

Exemplo D.3

Seja uma memória constituída de 256M células.

Capacidade: 268.435.456 células = 256M células

Endereço básico: 28 bits (2^{28} = 256M)

e) organização linear:

um decodificador de endereços com 28 entradas e 268.435.456 linhas de saída, uma para cada célula da memória.

TOTAL: 268.435.456 linhas ligando o decodificador à memória.

f) organização por linha × coluna:

divisão dos 28 bits de entrada em 14 bits para decodificação de linha e 14 bits para decodificação de coluna

um decodificador de linha: 14 entradas e 2^{14} = 16K = 16.384 saídas (2^{14} = 16K)

um decodificador de coluna: 14 entradas e 16.384 saídas

TOTAL de linhas de saída: 32.768 linhas (16.384 + 16.384)

DIFERENÇA: 268.435.456 (org. linear) − 32.768 (linha × coluna) = 268.402.688 linhas

Em termos de encapsulamento (os diversos tipos de encapsulamento de pastilhas serão apresentados adiante), as memórias DRAM inicialmente eram fabricadas com pastilhas de pinos salientes, encaixando em orifícios nas placas de circuito impresso (DIP), conforme mostrado na Fig. D.10 (a), sendo usadas nos primeiros modelos de baixa capacidade. Posteriormente, com a dificuldade de freqüentes encaixes dos pinos nos orifícios (rupturas freqüentes etc.) e o aumento da quantidade de pinos e das capacidades, surgiu o modelo de módulo

Figura D.10 (a) Exemplo de pastilha tipo DIP – dual-in-line-package.

Figura D.10 (b) Exemplo de módulo tipo DIMM – dual-in-line-memory-module.

de memória (SIMM, DIMM, RDIMM etc.), em que várias pastilhas são soldadas em uma placa de circuito, a qual termina com elementos de encaixe em um *slot* (orifício da placa-mãe), como se pode observar no exemplo de módulo da Fig. D.10 (b).

Outra diferença reside na organização física das memórias DRAM, encapsuladas inicialmente com endereçamento bit por bit, tipo:

4K × 1 – o primeiro valor à esquerda (4K) indica a quantidade de células, e o segundo indica a quantidade de bits em cada uma delas.

64K × 1 bits

16K × 4 bits

64M × 1

8M × 8 bits

2M × 32 bits

As memórias que são organizadas com pouca quantidade de bits por célula necessitam juntar várias camadas de memória de modo a preencher as linhas do barramento de dados e possibilitar a transferência de vários bits de cada vez, em vez de um por um ou quatro por quatro, por exemplo. Nesses casos, a linha de endereço de uma camada conecta todas elas, e assim o acesso é simultâneo a vários bits.

Em seguida será descrito com mais detalhe o funcionamento do processo de acesso com endereçamento por linha e coluna das memórias DRAM, utilizando-se como auxílio o exemplo mostrado na Fig. D.11.

Trata-se do exemplo de uma memória com um total de 4M bits, organizados em quatro "camadas" ou pastilhas separadas (chamadas na figura de bancos), cada uma com 1 Mbits; a "camada" é constituída de 256K células de 4 bits cada, organizada em uma matriz de 512 linhas × 512 colunas (512 × 512 × 4 = 262 144 ou 256K × 4 = 1 Mbits).

Na Fig. D.11 é apresentado o diagrama interno de conexões (um pouco simplificado para não prejudicar a explicação sobre o essencial) e as conexões de acesso a uma das "camadas" (ao banco ɸ), resultando em 4 bits de entrada (em operações de leitura) ou de saída (em operações de escrita). O interior do retângulo externo tracejado constitui-se no conteúdo total da pastilha, podendo-se, também, identificar alguns de seus pinos:

- no centro à esquerda estão os 9 bits de endereços para linha ou para colunas, resultantes da divisão à metade do endereço completo de 18 bits para 256K células (2^{18} = 256K);
- no centro superior estão os sinais de controle CAS, RAS, $\overline{\text{WE}}$ e $\overline{\text{OE}}$ respectivamente, seleção de coluna, seleção de linha, habilitação para leitura e habilitação de saída para escrita;
- no centro à direita, observam-se as quatro saídas/entradas de dados, D_0 a D_3, para os 4 bits de cada célula.

Em uma operação de leitura, em primeiro lugar o sistema coloca o endereço de linha (que vai ao multiplexador de linha) no barramento e o sinal RAS é ativado (ver diagrama de tempo da Fig. D.9). Daí, os 9 bits do endereço (2^9 = 512 células) são transferidos para o decodificador, que emite um sinal de ativação para a específica linha de células (todas ficam ativas). No instante seguinte, o endereço é trocado para a parte de coluna e o sinal CAS é ativado no barramento, permitindo a transferência dos bits de endereço da coluna para o decodificador de coluna. A coluna identificada é ativada e a célula, interseção da linha com a coluna, libera seus 4 bits para o amplificador e daí para o buffer de saída. Os bits, então, são transferidos para as portas D_0 a D_3.

Na figura também se observa um retângulo denominado controle de recarregamento, o qual serve para produzir a ativação da ação de recarregamento, que é realizada por linha (uma por uma) e, por isso, ele está conectado ao decodificador de linha.

Uma vez selecionada a respectiva célula, o sistema, então, poderá efetuar uma leitura do conteúdo da célula ou uma escrita, gravando um valor na célula em questão.

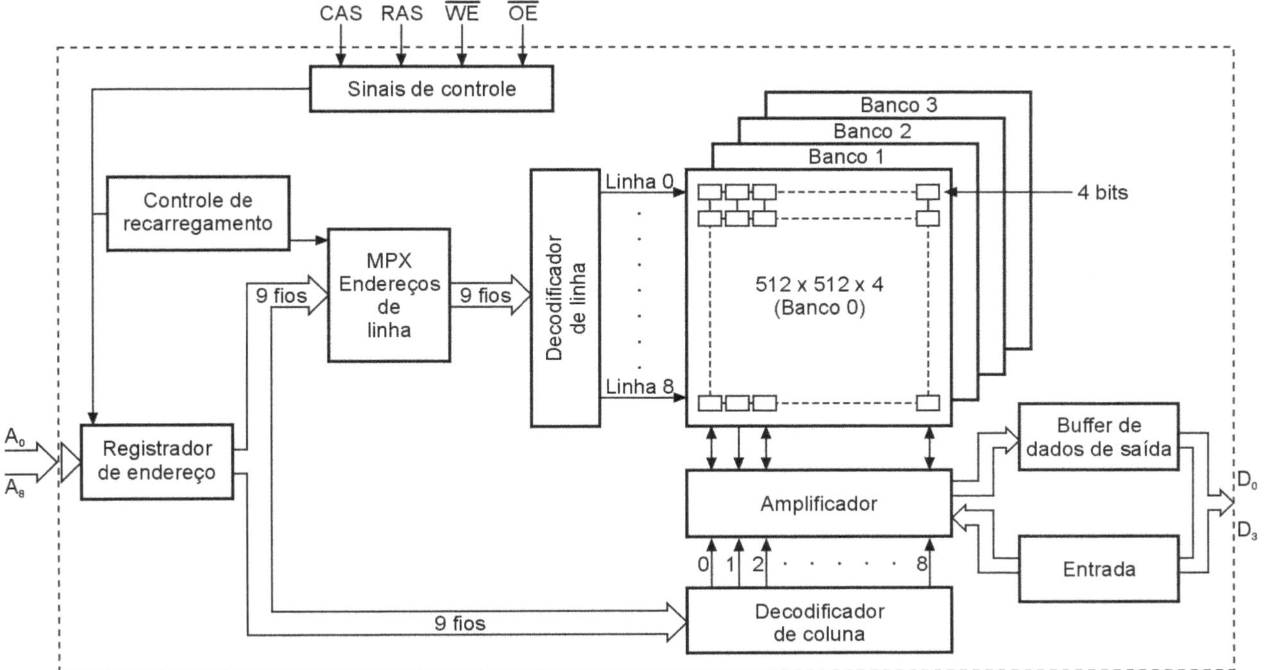

Figura D.11 Exemplo de memória DRAM com 4 Mbits, sendo 1 Mbit por placa (ou banco). Cada banco possui 256K células de 4 bits cada, organizado em matriz de 512 linhas × 512 colunas.

Uma breve comparação entre as duas técnicas encontra algumas desvantagens na primeira delas, a de *seleção* linear, embora com uma boa vantagem relativa ao baixo tempo de acesso, quando se tratar de poucas células.

Em primeiro lugar, a quantidade de linhas de saída do decodificador é muito maior no esquema de seleção linear (uma para cada endereço) do que no de matriz por linha e coluna (a quantidade de linhas de saída em cada um dos dois decodificadores é igual à raiz quadrada do total de endereços da memória – no exemplo mostrado era 16.384 = 128).

Há uma maior quantidade de lógica (mais circuitos) a ser inserida na pastilha de uma memória que emprega a técnica de seleção linear do que na de uma outra que usa matriz por linhas e colunas. Isso porque a matriz por linhas/colunas é um conjunto mais ou menos quadrado, enquanto a seleção linear produz um conjunto retangular estreito e comprido, consistindo em um grande número de palavras (células) com poucos bits em cada uma (por isso estreito). Cada linha de palavra deve ter um acionador do sinal elétrico (*signal driver*), e cada um deles deve ser conectado a uma porta lógica do decodificador; para cada bit ainda é necessário um amplificador.

Enquanto isso, em uma técnica de matriz por linhas e colunas, que seleciona 1 bit da palavra por pastilha (e várias pastilhas para totalizar a quantidade de bits de uma palavra), são usados menos amplificadores e acionadores de sinal (duas vezes a raiz quadrada das células).

Consideremos um bom exemplo decorrente desta comparação, descrito em [STAL06]:

Uma pastilha de 256K bits pode ser usada, p.ex., para uma memória com organização de seleção linear para armazenar 8K palavras de 32 bits cada uma. Isto acarreta um total de circuitos (simplificadamente) de 16K.

Utilizando-se a organização de matriz de linhas × colunas, obtém-se a raiz quadrada de 256K, que é 512, o que acarreta um total de circuitos da ordem de 1K, uma considerável vantagem.

D.1.1.3 Comparação entre as Tecnologias SRAM e DRAM

Efetuando-se uma breve comparação entre as memórias SRAM e DRAM podem-se identificar alguns pontos significativos de cada uma delas:

- As memórias SRAM não necessitam de recarga (*refresh*) para manter o valor de 1 bit armazenado, enquanto as memórias DRAM sim. Isto acontece devido ao processo de funcionamento delas e favorece a SRAM em termos de velocidade de acesso, pois o recarregamento das DRAM acarreta uma perda de tempo apreciável.
- As memórias DRAM ocupam menos espaço físico que as memórias SRAM, devido à menor quantidade de componentes requeridos para armazenar cada bit. A observação das Figs. D.2 e D.8 permite verificar esta afirmação: nas DRAM há um capacitor e apenas um transistor (responsável pela leitura do bit), enquanto nas SRAM há necessidade de seis transistores, o que acarreta mais espaço físico na pastilha. As DRAM ocupam cerca de ¼ da área das SRAM, o que se torna uma vantagem apreciável em termos de economia de espaço;
- As memórias SRAM carregam um custo maior de fabricação que as DRAM devido ao maior número de componentes (transistores) por bit que apresentam. Ainda que, nas DRAM, haja o acréscimo de custo para introdução do circuito de recarregamento, este acréscimo é bem menor que a economia de componentes, especialmente em memórias com grande capacidade de armazenamento.

O quadro mostrado na Tabela D.1 resume as principais diferenças entre as memórias SRAM e DRAM.

D.1.2 Evolução da Tecnologia das Memórias DRAM

O processo de recarregamento (*refresh*) acarreta, sem dúvida, uma redução na velocidade de acesso das memórias DRAM, o que pode ser compensado pelo uso inteligente das memórias cache. No entanto, à medida que as velocidades dos processadores têm aumentado, nem o aumento das memórias cache (que não deve ser demasiado devido ao custo) serve para compensar tanto esta baixa velocidade. Em razão disso, tem-se aperfeiçoado a tecnologia de fabricação e operação das memórias DRAM, resultando em sucessivas novas versões, com o propósito de reduzir o intervalo de velocidade UCP/MP.

Tabela D.1 Quadro comparativo entre as características de memórias SRAM e DRAM

Característica	SRAM	DRAM
Quantidade de componentes por bit	6 transistores	1 capacitor e 1 transistor
Volátil?	sim	sim
Recarregamento	não	sim
Ciclo de máquina (tempo)	tempo de acesso	tempo de acesso + tempo de recarreg.
Espaço físico por bit	maior	menor
Custo por bit	alto	baixo
Endereçamento	linear	linha × coluna
Aplicação principal	memória cache	memória principal

É importante realçar, no entanto, que as diversas versões de DRAM que vêm surgindo no mercado não modificam substancialmente o problema da diferença de desempenho delas em relação ao processador. O aumento da velocidade e da capacidade das memórias cache, bem como o uso de mais de um nível de cache (L1/L2) apesar de não ser suficiente, tem produzido melhores resultados. Além disso, para aumentar o desempenho do sistema parece mais importante, na maior parte das vezes, dispor de maior quantidade de memória do que de memórias ligeiramente mais rápidas. Não se deve esquecer, ainda, que apesar da melhoria de velocidade e das novas tecnologias de DRAM (que mostraremos em seguida), qualquer que seja a versão, uma DRAM é sempre a mesma, como no original, com seu capacitor (e, por conseguinte, com recarregamento).

Algumas dessas versões são apresentadas a seguir. A Tabela D.2 apresenta um quadro descritivo de alguns tipos de memória RAM.

Tabela D.2 Características de memórias DRAM

Tecnologia	Ano	Freqüência do relógio	Vazão
FPM	1987	50 ns	230 Mbps
EDO	1995	50 ns	400 Mbps
BEDO	1996	50 ns	450 Mbps
SDRAM	1996	66–166 MHz	533–1300 Mbps
RDRAM	1999	800 MHz	4800 MBps
DDR	2000	400 MHz	3200 MB/s
DDR 2	2005	800 MHz	6400 MB/s

DRAM original – é a memória com tecnologia DRAM mais antiga; utilizava o processo convencional de endereçamento linha/coluna, isto é, primeiro é enviada a parte do endereço de linha e depois a parte da coluna. A Fig. D.9 mostra o diagrama básico de tempo daquele tipo de memória.

Fast Page Mode (FPM) DRAM – foi a primeira evolução das memórias DRAM. Tecnologia que produziu memórias com velocidade pouco maior que as DRAM originais, tendo, no entanto, sido usada com freqüência em sistemas da década de 1980 e início de 1990, devido a sua excelente compatibilidade com diversos tipos de placa-mãe. Conforme pode ser observado no diagrama de tempo mostrado na Fig. D.12, ela funciona de modo que, em vez de o controlador ter que enviar endereço de linha por linha, ele precisa apenas enviar o endereço da primeira linha de acesso e o endereço das colunas, de modo que o sistema vai lendo as células contíguas. Isto reduz o tempo de acesso em relação ao processo básico de acesso individual. Na figura está indicado o tempo RAS (ativação de linha), que se mantém, enquanto vai sendo colocado o tempo CAS para cada dado.

Extended Data OUT (EDO) DRAM – surgida em 1995, foi um avanço em relação à tecnologia FPM, produzindo memórias com velocidade maior. No caso, essas memórias possuem um circuito de tempo diferente, de modo que um acesso à memória possa ser iniciado *antes* que o anterior tenha terminado. Ela produz

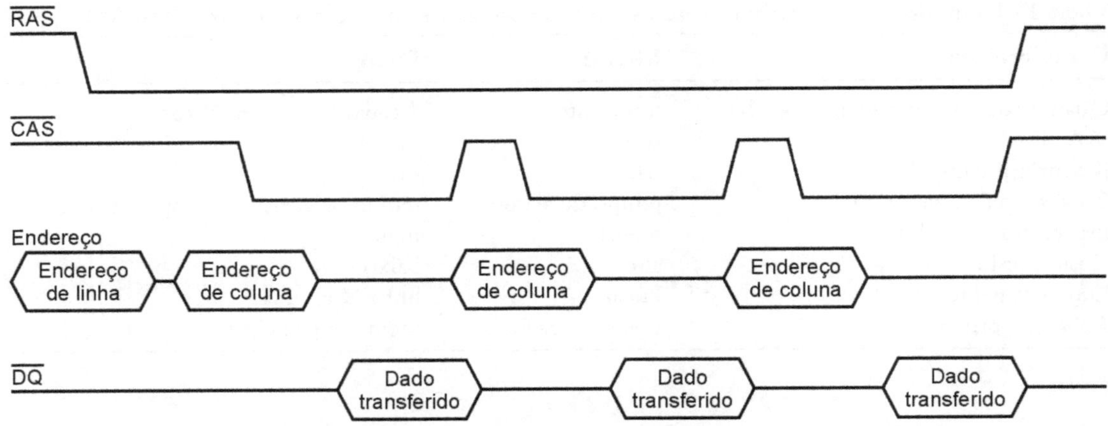

Figura D.12 Diagrama de tempo de memória tipo FPM (fast page mode).

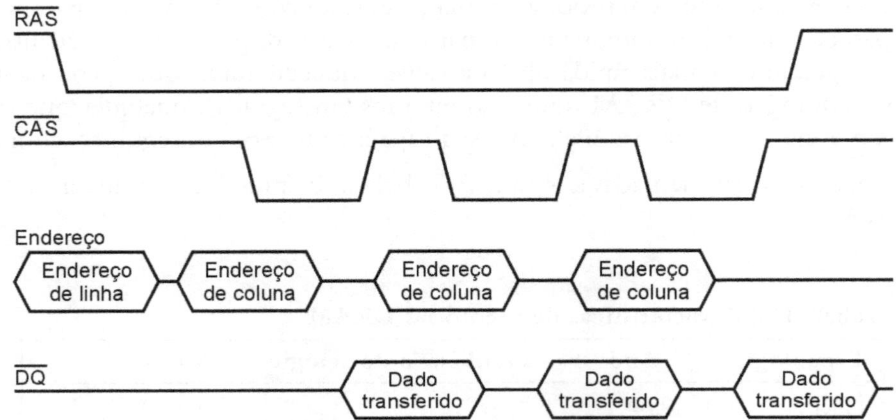

Figura D.13 Diagrama de tempo de memória tipo EDO.

um aumento de desempenho da ordem de 5% sobre as memórias FPM e cerca de 20 a 25% sobre as DRAM originais. A Fig. D.13 mostra um diagrama de tempo de memória EDO. Este tipo foi bastante usado em sistemas Pentium e similares, porém com o aumento da velocidade dos processadores foi substituída por versões de DRAM mais rápidas, síncronas.

Burst Extended Data OUT (BEDO) DRAM – é um tipo de tecnologia que produz resultados de desempenho melhores que os tipos anteriores, FPM e EDO. No caso, o sistema da memória acelera o processo de leitura através do envio de três endereços de coluna sucessivos, após a leitura de uma coluna, de maneira que 4 bits são lidos de uma vez (em modo *burst*). Apesar do incremento de velocidade, este tipo não foi muito usado devido ao fato de os principais fabricantes de placas-mãe e processadores, especialmente a Intel, não terem manifestado interesse, preferindo o tipo SDRAM, apresentado a seguir. Na realidade, uma memória somente se torna popular se houver placas-mãe capazes de suportá-la, e se os fabricantes destas não se interessam, comercialmente o componente não prospera.

Todos os tipos aqui apresentados, bem como outros não constantes dessa relação, mas que tiveram seu uso na época, enquadram-se na categoria de memória assíncrona. Em outras palavras, nessas memórias o processador está dissociado da memória em termos de tempo, não sabendo quando ocorrerá o término de uma operação de acesso e, por isso, podendo ter que esperar um ou mais ciclos (estado de espera – *wait state*). Para solucionar este problema, surgiu uma nova categoria de memórias DRAM, cuja base tecnológica reside no fato de que a memória, o barramento e o processador utilizam o mesmo elemento de tempo, mantendo-se, assim, sincronizados durante um acesso. O primeiro modelo dessa categoria, existente até os dias atuais, chamou-se simplesmente de DRAM síncrona ou SDRAM (synchronous DRAM).

Synchronous DRAM (SDRAM) – a velocidade da memória SDRAM é informada em MHz (como a dos relógios) e não em nanossegundos, o que torna mais fácil a comparação entre a velocidade do barramento e a da memória, embora alguns ainda usem os valores em ns, por exemplo, SDRAM de 83 MHz ou 12 ns e de 100 MHz ou 10 ns. A grande vantagem desta tecnologia é o fato de usar a velocidade do processador e, por isso, poder funcionar com velocidades elevadas, o que as anteriores, assíncronas, não faziam, pois trabalhavam com velocidades do barramento, portanto menores. Além disso, as SDRAM possuem outros aperfeiçoamentos em seu modo de funcionar, como o modo rajada (*burst*). Genericamente pode-se, também, mencionar duas categorias de memórias SDRAM, definidas em função da freqüência de trabalho do barramento: são chamadas PC-66 e PC-100. No primeiro tipo, trata-se de memórias que funcionam corretamente até uma freqüência máxima de 66 MHZ, enquanto as PC-100 podem operar com os barramentos mais rápidos, de 100 MHz. Atualmente, as SDRAM operam com velocidades bem maiores, da ordem de 166 MHz.

A Fig. D.14 mostra um exemplo de diagrama de tempo de memória SDRAM, observando-se na parte superior os ciclos do relógio que sincronizam as tarefas de acesso. Tanto os pulsos RAS e CAS quanto os dados se movimentam de acordo com os instantes definidos pelos ciclos do relógio.

É importante enfatizar que, apesar das melhorias acentuadas na tecnologia das memórias e em sua operação, mesmo assim a SDRAM continua a se basear em carga de capacitor e a operar no modo linha/coluna, tendo pois tempo de latência apreciável, para o primeiro acesso, sendo os subseqüentes bem mais rápidos.

Direct Rambus DRAM (DRDRAM ou RDRAM) – trata-se de uma tecnologia de fabricação de memórias RAM bastante diferente das anteriores, sendo propriedade de um fabricante denominado Rambus Inc., não sendo, pois, de uso público. No entanto, a Intel e a AMD, bem como fabricantes de memórias, têm-se posicionado de modo favorável ao seu uso, especialmente para sistemas de grande desempenho; posteriormente, com o surgimento da tecnologia DDR (e DDR 2), e outros interesses comerciais, as RDRAM têm tido uma fatia de uso menor no mercado. Esta memória usa um barramento próprio, desenvolvido pela empresa, que lhe permite altíssimas velocidades de transferência de dados, da ordem de 800 MHz, mesmo transferindo apenas 16 bits de cada vez, em vez de 64, como nas SDRAM, o que não é problema em razão das elevadas taxas de transferência, que suprem a diferença de largura de bits do barramento.

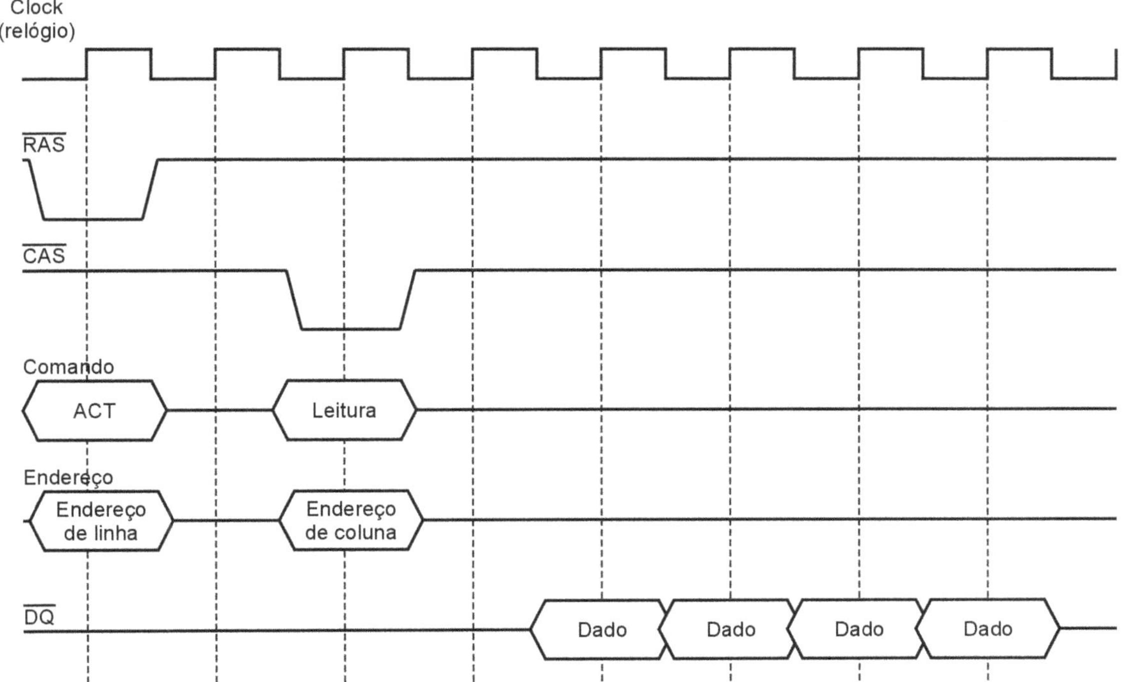

Figura D.14 Diagrama de tempo de memória tipo SDRAM.

Para realizar a proeza relativa às altas taxas de transferência, a RDRAM se constitui em um sistema completo, com características diferentes das demais memórias e, por isso, requerendo placa-mãe e chipset específicos, todos compatíveis. O próprio módulo de memória já possui uma quantidade de pinos diferente, requerendo *slot* próprio, bem como a memória utiliza um barramento e um controlador específicos.

Uma de suas características marcantes é o fato de usar os dois lados do ciclo de relógio para transferência e, com isso, obter o dobro da taxa de envio de bytes de um outro tipo anterior de memória, isto é, supondo-se uma memória cujo valor de freqüência real de trabalho seja 200 MHz, ela na verdade opera com 400 MHz, pois utiliza o lado de subida e o lado de descida de cada pulso para enviar um dado.

Por possuir elevada velocidade de barramento/memória, na faixa de 800 MHz, essa tecnologia pode obter também elevadas taxas de transferência, de 1600 MB/s (atualmente bem maiores).

DDR (double data rate), memória com taxa dupla de dados – trata-se de uma memória desenvolvida para concorrer com a RDRAM, utilizando tecnologia semelhante no que se refere ao uso dos dois lados de cada pulso de relógio. Em face disso, foi denominada memória de taxa dupla de dados (double data rate – DDR).

Na realidade, a memória deste tipo é denominada formalmente DDR SDRAM, visto que ela, além de transferir o dobro da taxa de dados (DDR), é uma DRAM síncrona. No entanto, ela se diferencia das SDRAM simples devido a sua tecnologia mais avançada. Assim, enquanto um *chip* SDRAM de 100 MHz transfere apenas 100 Mbps em cada linha de dados do seu barramento, utilizando o lado ascendente ou o lado descendente de cada pulso (100 milhões de pulsos por segundo, gerando 100 milhões de bits por segundo), um *chip* DDR SDRAM transfere o dobro de bits, pois utiliza ambos os lados de um pulso de relógio para enviar um dado; se a taxa nominal é 100 MHz, a DDR tem velocidade de 200 MHz (2 × 100). Da mesma forma, um *chip* de memória DDR SDRAM de 133 MHz opera, na verdade, em 266 MHz.

Há uma série de especificações de fabricação dessas memórias (como existem para todo tipo delas) estabelecida pelo JEDEC (órgão já apresentado anteriormente neste item), entre as quais:

– **especificação** em termos de freqüência de relógio (velocidade), que pode ser:

- 100 MHz real de relógio, para 200 MHz efetiva – chip DDR-200
- 133 MHz real de relógio, para 266 MHz efetiva – chip DDR-266
- 166 MHz real de relógio, para 333 MHz efetiva – chip DDR-333
- 200 MHz real de relógio, para 400 MHz efetiva – chip DDR-400

– **organização** em módulo, relativa à quantidade de chips por módulo e à densidade de bits em cada chip (quantidade de bits). Por exemplo: 256 Mbits ou 64M × 4 bits ou 32M × 8 bits. Neste último caso pode ser uma matriz de 8K linhas (13 bits de endereço) × 4K colunas (12 bits de endereço).

A quantidade de chips por módulo pode variar de 8 a 32 (é sempre múltiplo de 8, quando não há proteção contra erros – ECC – *error correcting code*) ou de 9 a 36 (múltiplo de 9, se houver ECC).

A capacidade total de um módulo é obtida pela multiplicação da capacidade de cada chip pela quantidade de chips do módulo. A largura do barramento de dados dessas memórias é normalmente de 64 bits (ou 72 bits, se houver ECC)

– **taxa de transferência ou vazão** (throughput) –

PC-1600, para módulos operando em 100 MHz (200 MHz), resultando em 100M × 2 × 8 = 1600 GB/s.

PC-2100, para módulos operando em 133 MHz (266 MHz), resultando em 133M × 2 × 8 = 2100 GB/s.

PC-2700, para módulos operando em 166 MHz (333 MHz), resultando em 166M × 2 × 8 = 2700 GB/s.

PC-3200, para módulos operando em 200 MHz (400 MHz), resultando em 200M × 2 × 8 = 3200 GB/s.

DDR2 – em 2005, o mercado aperfeiçoou a tecnologia de memória DDR, lançando uma versão de maior desempenho denominada DDR2. Este tipo mantém a característica de envio de dados em cada lado de um pulso (*double data*) das DDR, porém emprega maior freqüência de relógio e consome menos energia, pois usa voltagem menor (2,5V para as DDR e 1,8V para as DDR2).

Assim, pode-se comparar a SDRAM com a DDR e a recente DDR2, de modo que uma memória SDRAM operando com freqüência de 100 MHz obtém apenas 100 Mbps em cada linha de dado; já as memórias DDR2, com a mesma freqüência, obteriam 200 Mbps de taxa de transferência por linha do barramento de dados. Já as memórias DDR2 podem mais, pois, embora também enviem bits na subida e na descida de cada pulso, como as DDR, as memórias DDR2 podem dobrar a freqüência do barramento para um mesmo valor real de relógio e, assim, dobrar novamente a taxa de bits (quádruplo do original).

Por exemplo, o chip DDR2-533 opera com velocidade real de relógio de 133 MHz e velocidade do barramento de 266 MHz, e dobra a taxa em cada pulso dos 266M existentes, alcançando, então, os 533 Mbps por linha de barramento.

Este tipo de memória, que emprega módulos com 240 pinos, tem sido bastante usado em placas de vídeo e placas gráficas.

DDR3 – os maiores fabricantes de memória de semicondutores têm anunciado que, em 2007, deverão lançar uma nova versão de memórias síncronas, batizada de DDR3, sendo a Intel um dos primeiros utilizadores dessa tecnologia, devendo efetivamente ganhar mais mercado por volta de 2008.

Espera-se que os módulos DDR3 tenham velocidade dobrada em relação aos elementos mais rápidos de DDR2 atuais. Uma das grandes vantagens dessa tecnologia será a redução do consumo de energia para uma maior taxa de transferência de bits (deverão empregar voltagem de 1,5 V, em vez dos 1,8 V das atuais DDR2).

Essas memórias deverão ser oferecidas em módulos com elevada densidade, tais como de 256MB até 8 Gbytes.

D.1.3 Tipos de Encapsulamento das Memórias de Semicondutores

A quantidade de informações e de nomenclatura de um mesmo assunto na Informática (vide o presente assunto de memórias) é considerável, o que, na maioria das vezes, pode confundir o leitor menos comprometido com a tecnologia em questão. É o caso, por exemplo, das nomenclaturas EDO DRAM, SDRAM, SIMM, etc. Trata-se da mesma coisa? Será SIMM mais uma tecnologia de fabricação? Como discernir ou escolher memórias na ocasião de adquirir um sistema?

Os termos DRAM e SIMM significam coisas diferentes relacionadas com tecnologia de fabricação e funcionamento, no primeiro caso, e com o processo de encapsulamento e instalação das memórias em um computador, no segundo caso. Um item ou grupo de itens (DRAM, SRAM, EDO DRAM, RDRAM etc.) refere-se ao tipo de tecnologia de fabricação de uma memória, ao modo pelo qual os circuitos físicos são dispostos na pastilha e ao seu processo de funcionamento para realizar operações de leitura e de escrita. Já os termos SIMM, DIMM etc. estão relacionados ao modo pelo qual as pastilhas são fisicamente fabricadas, o tipo e a forma do invólucro externo da pastilha, sua pinagem (tipo e quantidade de pinos) e como são instalados na placa de circuito impresso dos computadores.

Os modelos atuais de módulos de memória denominam-se SIMM (*Single In Line Memory Module*), e podem ser do tipo SIMM-30 e SIMM-72, DIMM (*Double In Line Memory Module*) e RIMM (*Rambus in Line Memory Module*), cujos formatos são apresentados, respectivamente, nas Figs. D.15, D.16, D.17 e D.18.

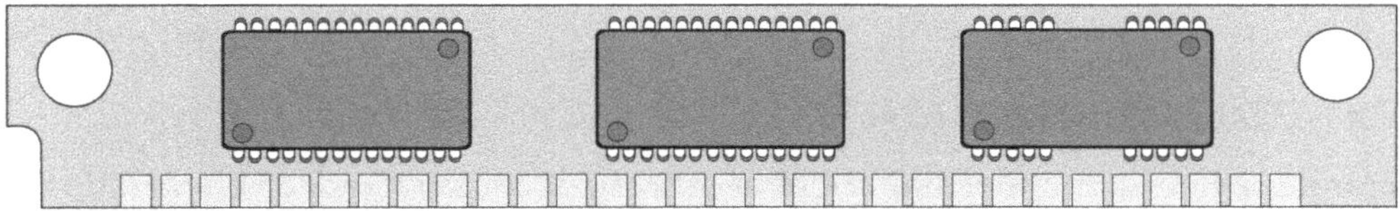

Figura D.15 Módulo SIMM-30.

Os módulos SIMM-30 possuem 30 terminais (endereços, dados e controle) e permitem a passagem de 8 bits em cada ciclo do barramento, enquanto o módulo SIMM-72 tem 72 terminais, permitindo a transferência de 32 bits em cada ciclo. Se estes módulos permitirem o emprego de método de detecção de erros (bit de paridade), então serão capazes de transferir 9 e 36 bits, respectivamente, um a mais para cada grupo de 8 bits.

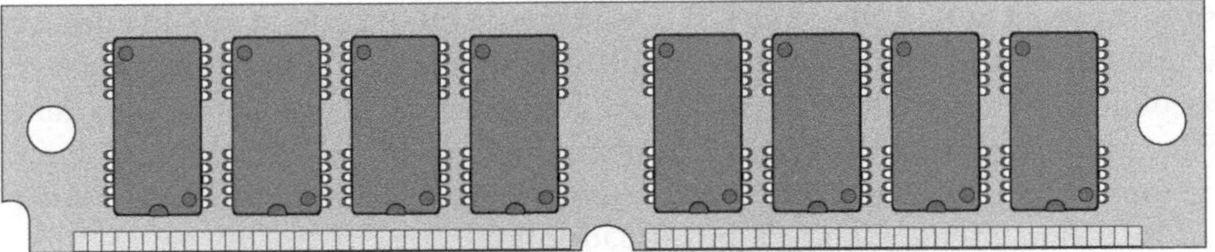

Figura D.16 Módulo SIMM-72.

O módulo DIMM possui 168 terminais, possibilitando a transferência de 64 bits de cada vez, sendo atualmente empregado com memórias SDRAM e, finalmente, o módulo RIMM é propriedade da empresa Rambus Inc., é utilizado apenas para receber pastilhas de memória RDRAM; são módulos fabricados pela técnica mBGA (micro ball grid array), com 168 pinos (como os módulos DIMM), porém usando apenas um dos lados.

Como exposto, os elementos SIMM, DIMM e RIMM são placas utilizadas para facilitar a instalação das pastilhas de memória, o que se faz apenas por encaixe nos circuitos impressos, em vez do processo antigo de soldar os pinos da própria pastilha, com todos os óbvios inconvenientes deste processo. Nas referidas placas podem ser fixadas pastilhas de qualquer tipo de tecnologia, como DRAM, EDO DRAM etc.

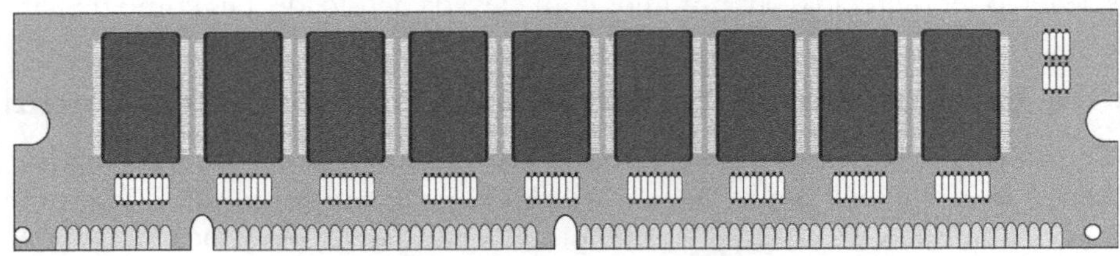

Figura D.17 Módulo DIMM.

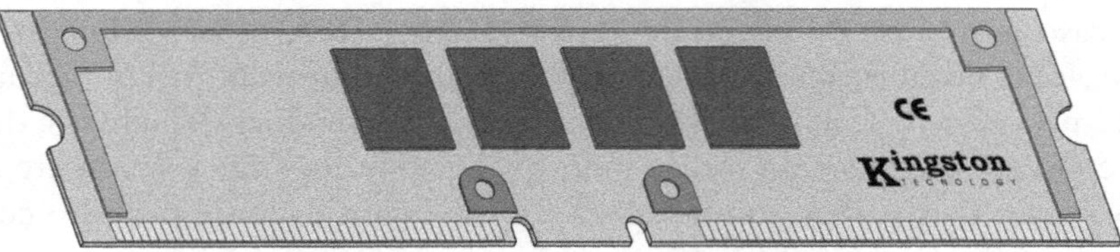

Figura D.18 Módulo RIMM.

Com o surgimento das memórias com tecnologia DDR e DDR2, também os módulos evoluíram para um novo tipo de DIMM, com 184 pinos.

D.2 SOBRE PROCESSADORES

Vamos abordar neste item alguns detalhes sobre os processadores (ou Unidade Central de Processamento – UCP) não considerados nos itens anteriores, e que são destinados àqueles com interesses mais específicos.

Esta abordagem, sobre itens específicos, está organizada de modo que:

a) no item D.2.1 serão apresentados alguns elementos sobre a organização e o funcionamento das UAL – unidade aritmética e lógica;

b) no item D.2.2 serão tratados aspectos relevantes da metodologia *pipelining*, de execução de programas pela UCP;

c) no item D.2.3 serão abordados aspectos relativos ao tipo de controle que pode ser implementado em um processador: por hardware e por microprogramação;

d) no item D.2.4 serão apresentadas algumas características de processadores, tanto da família Intel quanto AMD (outros processadores, como os Power, da IBM/Motorola, Sparc, da Sun, e MIPS, da Mips, já foram abordados nos Caps. 11 e 12);

e) no item D.2.5 serão apresentadas algumas observações e detalhes sobre elementos auxiliares na implementação dos sistemas.

f) no item D.2.6 serão abordados aspectos relativos aos soquetes utilizados para inserção de processadores na placa-mãe.

D.2.1 Unidade Aritmética e Lógica – UAL (Functional Unit ou Integer Unit)

A UAL é o componente do processador cuja função reside na realização das operações matemáticas (aritméticas e lógicas) requeridas por instruções de máquina específicas, tais como uma instrução cujo formato seja do tipo ADD R_O, R_D ou OR R_O, Op.

Genericamente, uma UAL é organizada de modo a possuir algumas entradas e saídas, como mostrado na Fig. 6.10, onde se observam entrada de dados dos registradores (valores binários a serem manipulados), entrada de sinais de controle, que determinam que tipo de ações serão realizadas na UAL (qual a operação) e, na saída, o valor binário do resultado, a ser enviado aos registradores, e sinais para setar um ou mais dos bits de flag (ver Cap. 6).

Em geral, a UAL é basicamente constituída de circuitos dedicados a:

- realizar operações de soma;
- realizar operações lógicas AND e OR;
- possuir um circuito inversor (NOT) ou de complemento;
- possuir um circuito para efetuar deslocamentos dos bits de um número; e
- realizar operações de multiplicação.

As operações matemáticas antes referidas são usualmente as de adição, deslocamento, rotação e operações lógicas, todas essas realizadas sobre dois operandos; e a de complemento, que utiliza apenas um único operando. Nos sistemas mais antigos, havia a possibilidade de utilização de dois tipos de processadores, sendo um deles exclusivamente para realizar operações aritméticas com valores fracionários, representados em ponto flutuante; tais processadores eram denominados co-processadores matemáticos, como o Intel 8087, que funcionava com o Intel 8086/8088, e o Intel 80387, que operava juntamente com o Intel 80386.

A partir do processador Intel 486, a UAL responsável pelas operações em ponto flutuante passou a fazer parte integrante da pastilha do processador. Assim, na mesma pastilha são incluídas a UAL responsável pelas operações com valores inteiros (e também operações lógicas e de deslocamento) e uma unidade de cálculo para valores fracionários (no caso das arquiteturas dos processadores Pentium há UAL escalares, para operações com valores inteiros, chamadas pela Intel de ALU – Arithmetic and Logic Unit ou Integer Unit – IU e uma unidade de cálculo que executa as operações aritméticas de valores fracionários, representados em ponto flutuante, denominadas pela Intel e AMD com FPU – Floating Point Unit).

Atualmente, todos os processadores se valem deste modelo de arquitetura, integrando na mesma pastilha os dois tipos de unidades de cálculo. Deve ser ressalvado que apenas a unidade de cálculo com inteiros é que pode realizar também outras funções, como operações com variáveis lógicas, somar 1 a um valor e assim por diante, sendo, por isso, válido denominá-la unidade lógica e aritmética; a outra unidade, específica para operações de cálculo aritmético com valores representados em ponto flutuante, só é conhecida pelo nome FPU – Floating Point Unit.

Simplificando, pode-se exemplificar o funcionamento da UAL como sendo um conjunto de circuitos lógicos, utilizados conforme o tipo de operação a ser realizada, que recebe na entrada dois valores (ou um valor apenas se, por exemplo, a operação é de complemento), os quais percorrem o circuito lógico determinado pelo sinal da UC e apresentam o resultado na saída, conforme mostrado na Fig. D.19.

A soma de dois valores binários, X = 1 e Y = 1, produz como resultado o valor Z = 0 e um bit de "vai 1" ou *carry*, cujo valor é igual a 1. Este bit de "vai 1" é, em geral, armazenado em um registrador especial para ser utilizado pelo processador quando necessário (denominado registrador FLAG em microprocessadores, ver Fig. 6.12).

Pode-se imaginar, ainda, que o tamanho físico do circuito somador tem uma certa influência no tempo em que a operação se realiza (ver Fig. 6.11), visto que se trata de pura utilização da fórmula: $e = vt$, onde

e (espaço) é a distância entre a entrada e a saída do circuito;

v é a velocidade do percurso dos sinais elétricos que representam os bits através do circuito, que é nominalmente a velocidade da luz, embora na prática seja bem menor que os 300.000 km/s no vácuo; e

t é o tempo de execução da operação, ou seja, o tempo de percurso dos sinais desde a entrada até a saída.

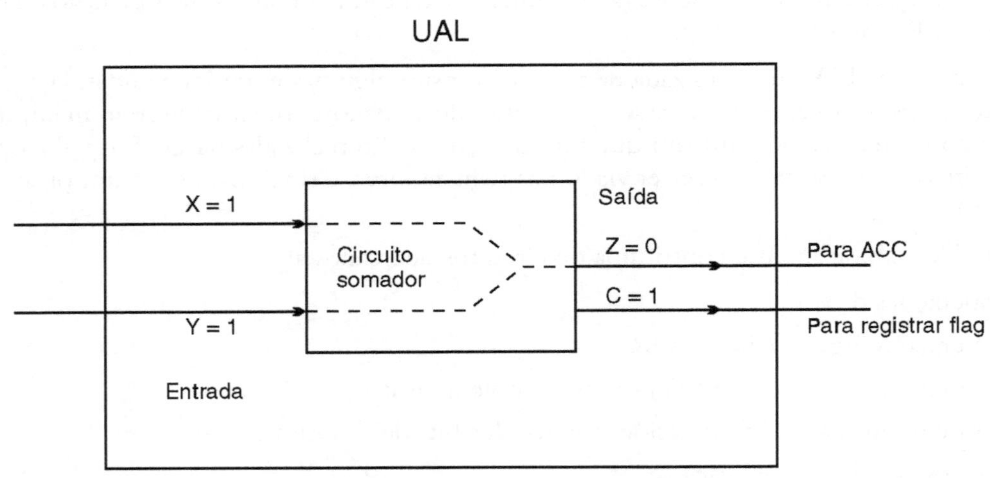

X e Y - valores que serão somados (1 + 1 = ∅ e vai 1)
Z - resultado da operação m = ∅
C - bit de "vai 1" = 1

Figura D.19 Funcionamento básico da UAL.

Então, um dos módulos essenciais encontrados em qualquer UAL é um *circuito somador*. Além desse componente, as UAL também possuem um circuito responsável pela execução de operações lógicas, além de outros elementos, como decodificador da operação a ser realizada, ou um que realize apenas o complemento de um número para uso em operações de subtração em complemento a dois (ver Cap. 7) e assim por diante. A quantidade e o tipo dos componentes encontrados em uma UAL específica depende de seu projeto e sua aplicação. Mais adiante, será mostrado um esquema com exemplo de uma UAL com alguns dos componentes citados.

No que se refere à parte de soma, pode-se citar que, essencialmente, há duas categorias de somadores, o somador parcial, ou *half adder*, e o somador completo, ou *full adder*. Na primeira categoria, a soma é realizada apenas com os dois valores binários envolvidos, sem considerar o "vai 1" (VU), que pode ocorrer. No caso do somador completo, o "vai 1" é também considerado na soma, que fica, assim, com três parcelas.

Em seguida, vamos descrever dois exemplos de somadores: o somador parcial (Fig. D.20) e o somador completo (Fig. D.21).

A função do somador parcial é somar dois dígitos binários que são recebidos na entrada (X e Y no circuito da Fig. D.20 (a)) e produzir um resultado (o algarismo resultante da soma, R = 0, no exemplo da figura, e um algarismo representativo do "vai 1", VU, também mostrado).

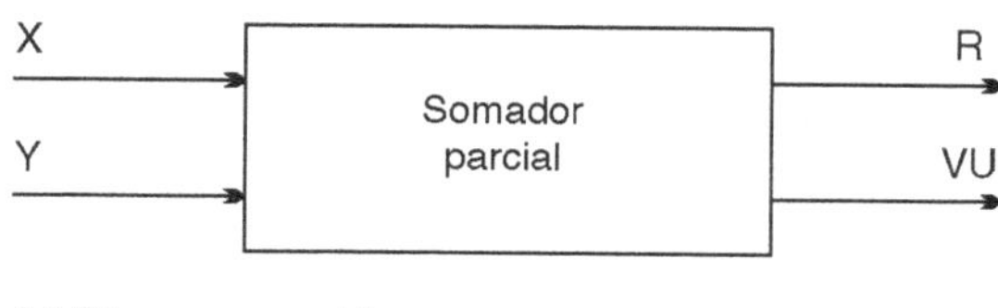

(a) Diagrama em bloco

Entrada		Saída	
X	Y	R	VU
0	0	0	0
0	1	1	0
1	0	1	0
1	1	0	1

(b) Tabela-verdade

R - resultado
VU - "vai 1"

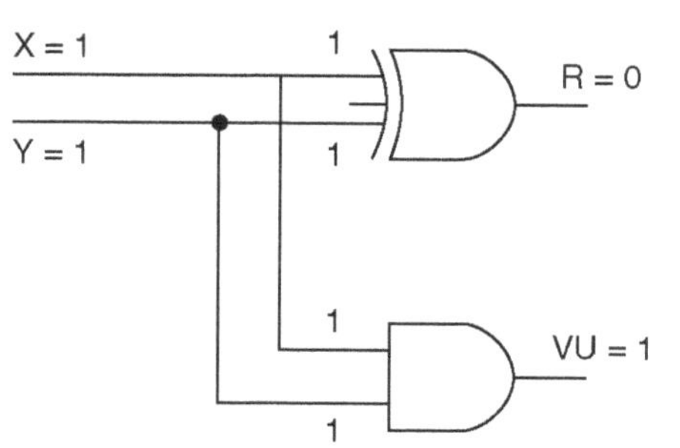

X + Y = R = ∅ , com VU ="vai 1"= 1

1 XOR 1 = ∅ (R)
1 and 1 = 1 (VU) } (ver Cap.4)

(c) Circuito lógico que implementa um somador parcial. Exemplo da soma da Fig.D.19

Figura D.20 Esquema de funcionamento de um somador parcial.

Quando o número a ser somado é composto de vários algarismos, seria inadequado utilizar vários somadores parciais, uma vez que a desvantagem deste tipo de somador é que ele não possui entrada para o "vai 1". Uma soma completa entre dois valores deve, na realidade, possuir entrada para três valores: os dois algarismos a serem somados e o "vai 1", a ser também somado na mesma operação, mesmo no caso de este valor (do "vai 1") ser igual a 0.

Se somarmos dois números, por exemplo, 1101 e 1100, teremos duas etapas. Na primeira, os números são somados sem considerarmos o "vai 1" que pode ocorrer (na realidade, pode-se considerar, como acontece nos processadores, que o "vai 1" sempre existe, podendo ser igual a 1, quando ele efetivamente acontece, e igual a 0, quando a soma das parcelas não excede o maior algarismo binário).

Operação normal	Operação em partes	
	1101	
1 1000	+ 1100	
1101	00001	soma parcial
+ 1100	11000	vai 1
11001	11001	soma completa

O circuito necessário para realizar a soma do conteúdo de dois registradores deve ter recursos para somar não só os algarismos dos mesmos como também os "vai 1" (VU).

A solução encontrada foi o desenvolvimento do somador completo, mostrado na Fig. D.21.

Na Fig. D.21 (a) é apresentado o diagrama em bloco do dispositivo somador, consistindo em três entradas, X, Y e VU_E, e duas saídas, R e VU_R. A Fig. D.21 (b) apresenta a tabela-verdade para as três entradas e duas saídas, consistindo nas oito combinações possíveis. As Figs. D.21 (c) e D.21 (d) mostram o circuito lógico completo com exemplo de sua utilização em duas operações de soma. No primeiro caso (Fig. D.21 (c)), adi-

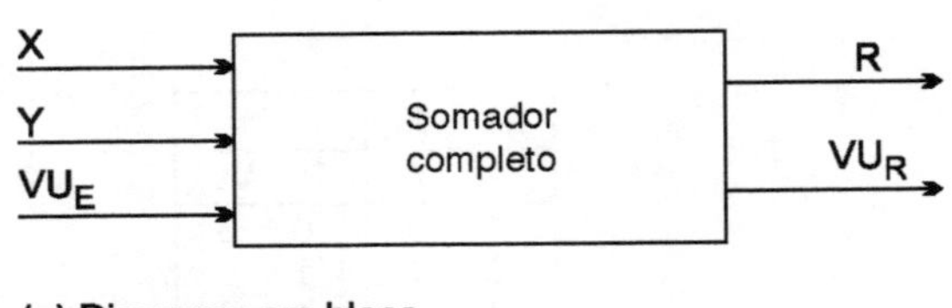

(a) Diagrama em bloco

Entrada			Saída	
X	Y	VU_E	R	VU_R
0	0	0	0	0
0	0	1	1	0
0	1	0	1	0
0	1	1	0	1
1	0	0	1	0
1	1	0	0	1
			0	1

(b) Tabela-verdade

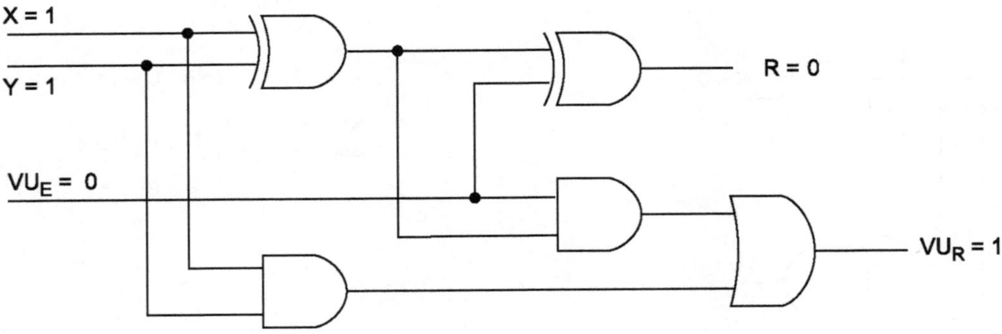

(c) Circuito lógico de um somador completo, com exemplo da soma de X = 1, Y = 1, $VU_E = \emptyset$ e resultado R = 0 e $VU_R = 1$

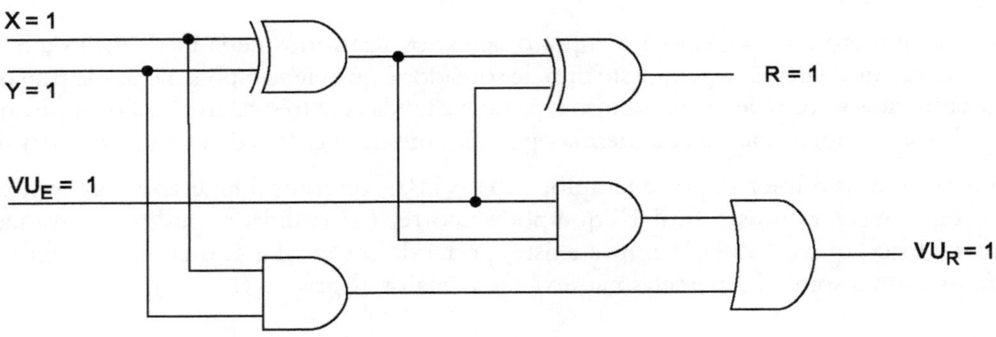

(d) Circuito lógico do somador completo com exemplo da soma de X = 1, Y = 1 e $VU_E = 1$ e resultado: R = 1 e $VU_R = 1$

Figura D.21 Um somador completo.

ciona-se X = 1, Y = 1 e $VU_E = 0$ (não há "vai 1"), resultando em: R = 0 e $VU_R = 1$. No outro exemplo, Fig. D.21 (d), adiciona-se o "vai 1" gerado na operação do algarismo anterior e, assim, X = 1, Y = 1 e $VU_E = 1$, resultando em R = 1 e $VU_R = 1$.

O somador completo exemplificado na Fig. D.21 realiza a soma de dois números que possuem apenas um algarismo, o que, na prática, não tem utilidade, visto que a palavra de dados de um computador tem sempre uma quantidade *n* de bits, sendo que em geral $n >> 1$ (a palavra, tanto do processador Intel 80386, quanto do Intel Pentium 4, é de 32 bits, como também a palavra do processador AMD Athlon K7). Dessa forma, uma UAL é projetada com um circuito somador capaz de realizar somas de dois números, cada um com tantos bits quanto o valor da palavra. Na Fig. D.22 apresentamos um exemplo de um somador paralelo com 4 bits. O propósito deste somador é a adição de dois números binários inteiros com 4 bits cada um.

Os primeiros operandos de entrada foram nomeados como X_0, X_1, X_2 e X_3, e os outros operandos de entrada (segundo operando da soma) como Y_0, Y_1, Y_2 e Y_3.

Consideremos a seguinte adição:

	3	2	1	0	
X	0	0	1	1	Sendo:
Y	1	0	1	1	$X_0 = 1$ $X_1 = 1$ $X_2 = 0$ e $X_3 = 0$
Soma	1	1	1	0	$Y_0 = 1$ $Y_1 = 1$ $Y_2 = 0$ e $Y_3 = 0$

Vamos acompanhar a soma de cada par de algarismos (X_i, Y_i), utilizando a Fig. D.22.

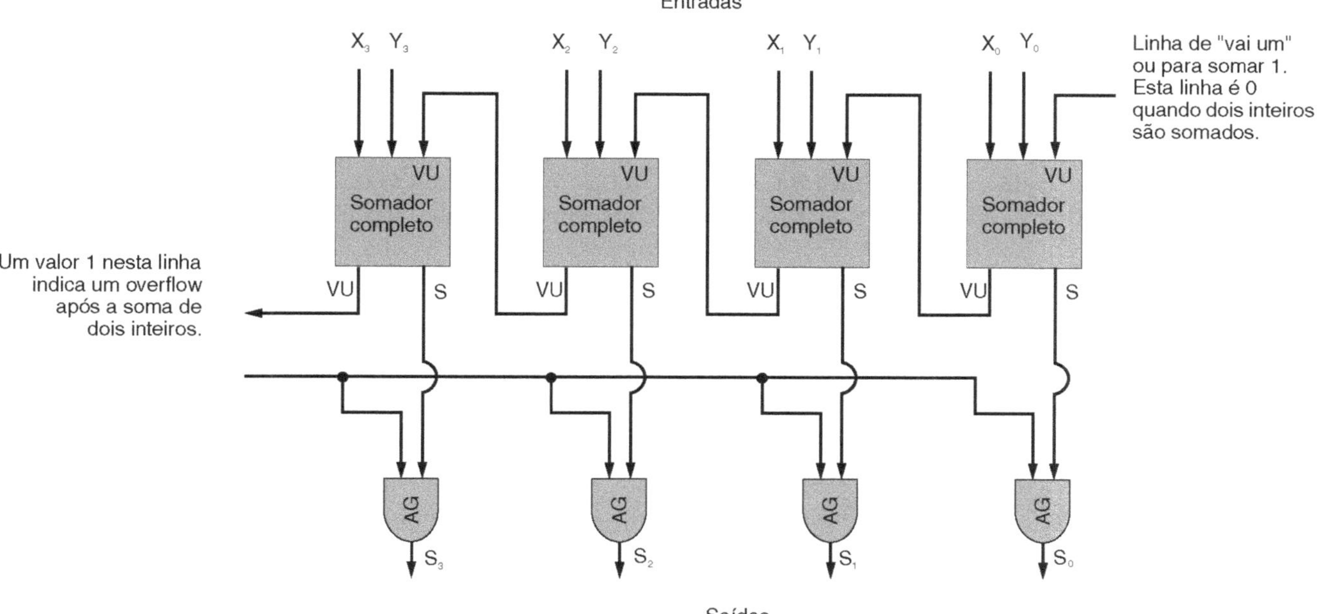

Figura D.22 Um somador em paralelo para 4 bits.

A soma dos primeiros algarismos, X_0 e Y_0, não inclui a entrada VU relativa ao "vai 1" porque não há algarismo anterior, então não pode ainda haver "vai 1". Esta soma, $X_0 = 1$ e $Y_0 = 1$, resulta em um valor 0 e a geração do "vai 1". Este "vai 1" (VU_{S0}) é transferido para o segundo estágio e serve de entrada para VU_{E1}, juntamente com $X_1 = 1$ e $Y_1 = 1$. O resultado da soma dos três algarismos, todos de valor 1, é (Fig. D.21 (b)) igual a 1 ($S_1 = 1$), com geração de "vai 1" ($VU_{S1} = 1$), o qual é encaminhado para a entrada (VU_{E2} do terceiro estágio).

A soma de $X_2 = 0$, $Y_2 = 0$ e $VU_E = 1$ resulta em um valor $S_2 = 1$ e $VU_S = 0$, pois não há "vai 1" (que será $VU = 0$), o qual será enviado para a entrada do último estágio do somador (quarto algarismo), tornando-se $VU_E = 0$. A soma final será $X_3 = 0$, $Y_3 = 1$ e $VU_S = 0$, cujo resultado é $S_3 = 1$, sem a existência de "vai 1". Em conseqüência, a linha $VU = 0$, o que indica que o resultado da operação está correto e que não houve estouro de algarismos (*overflow*) (ver item 7.5.4 para uma descrição mais detalhada do conceito de *overflow*).

Se a operação aritmética de adição fosse realizada com os seguintes valores:

```
                              100110
                             +110011
                             -------
estouro (overflow) ——→       1011000
```

ocorreria um "vai 1" para um quinto algarismo; a linha de saída VU_S seria igual a 1, indicando esta ocorrência, que é um erro na operação devido à limitação de 4 bits do sistema exemplificado (ver item 7.5.4).

O somador descrito não considera o sinal do número, ele apenas soma os algarismos da magnitude. Para considerar o sinal em uma operação dessas, seria necessário um circuito adicional, cuja forma de construção depende do modo como os números negativos são representados na UAL: podem ser representados em sinal e magnitude, ou ainda em complemento a 2 (ver item 7.2.3 para uma completa descrição destes métodos).

Embora o exemplo apresentado se referisse a um somador com 4 bits, ele pode perfeitamente servir para um somador de 8, 10, 16, 32 ou qualquer quantidade de bits.

Para finalizar, apresenta-se um exemplo de uma UAL completa com outros componentes além do somador completo, de modo que ela possa realizar também operações lógicas, por exemplo AND, OR e NOT. A referida UAL, mostrada na Fig. D.23, realiza operações com 1 bit apenas. Como mostrado nos exemplos anteriores do somador completo, a UAL pode perfeitamente ser estendida para 8, 16 ou 32 bits, acrescentando-se 8, 16 ou 32 desses módulos e efetuando a ligação do VU_S de um módulo com o VU_E de outro seguinte, e assim por diante (como exemplificado na Fig. D.22).

A UAL mostrada na figura consta de três partes distintas, envolvidas cada uma por um retângulo tracejado e com sua identificação colocada em cada um: circuito somador completo (idêntico ao mostrado na Fig. D.21), um circuito projetado para realizar algumas operações lógicas (no caso, ele executa um AND, um OR e um NOT (inversor)) e um circuito decodificador. Ele possui cinco entradas, sendo duas para cada bit a ser somado, entradas A e B, à esquerda da figura (as duas parcelas de uma soma normal), duas para entrada do decodificador,

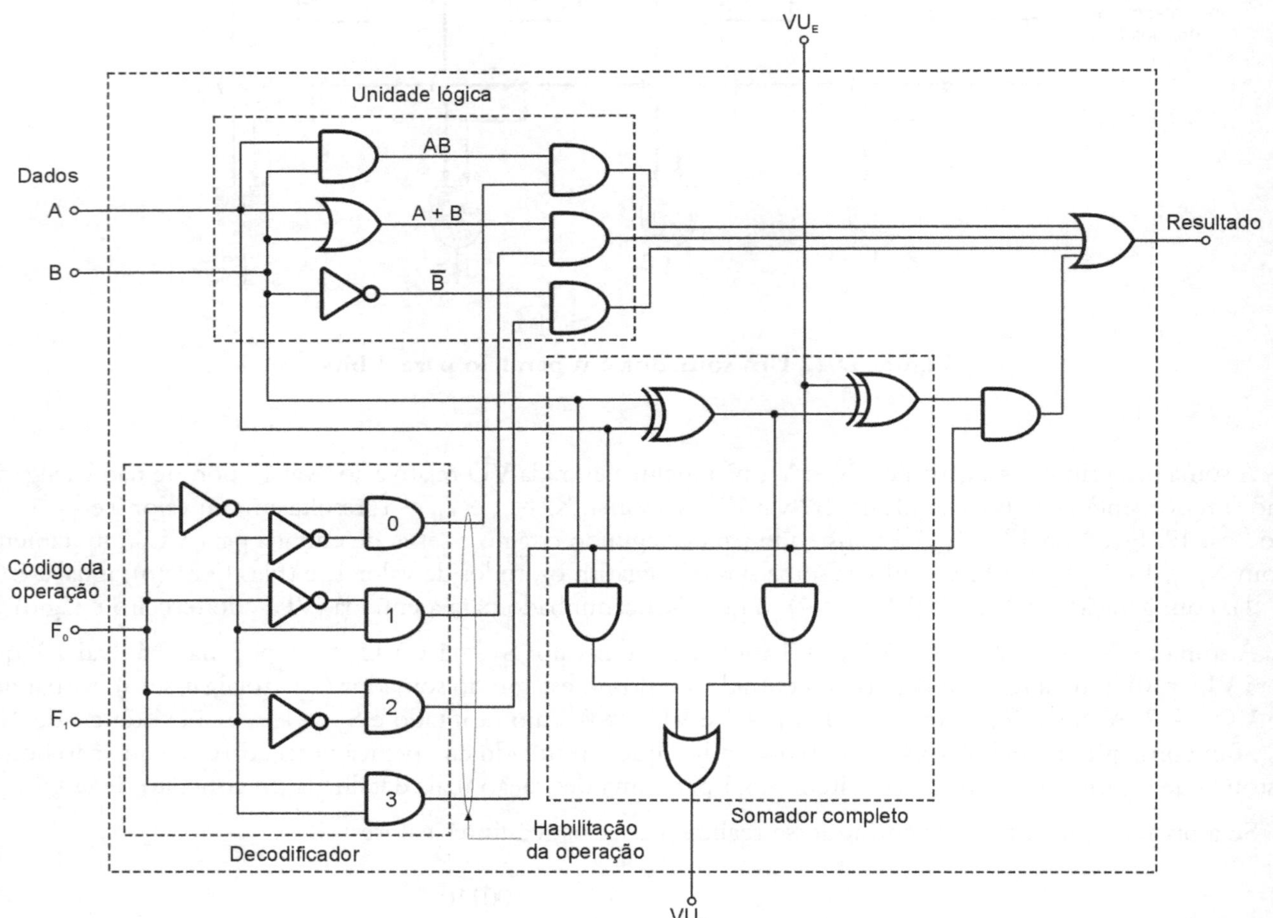

Figura D.23 Exemplo de uma UAL para 1 bit, contendo um somador, um circuito para realizar operações lógicas e um decodificador de operações.

F_0 e F_1 (o que permite $2^2 = 4$ operações, sendo as três operações lógicas mencionadas e a de soma aritmética propriamente dita), também posicionadas à esquerda da figura, e o "vai um" de entrada, ou VU_E, situado na parte superior da figura; possui duas saídas, sendo uma para o resultado da operação, colocada à direita da figura, e a outra o "vai um" obtido junto com o resultado da operação, VU_S, colocado na parte inferior da figura.

O decodificador funciona (ver Apêndice B) recebendo um valor binário de entrada, com 2 bits, código da operação e ativando uma das quatro possíveis saídas ($00_2 = 0_{10}$; $01_2 = 1_{10}$; $10_2 = 2_{10}$; $11_2 = 3_{10}$), que irão habilitar a específica operação decodificada; no caso dessa UAL, as saídas do decodificador serão:

$00_2 = 0_{10}$ – indica operação lógica AND (no caso seria $A \cdot B$);

$01_2 = 1_{10}$ – indica operação lógica OR (no caso seria $A + B$);

$10_2 = 2_{10}$ – indica operação lógica de inversão (NOT B); e

$11_2 = 3_{10}$ – indica operação aritmética de adição, com o somador completo.

De modo semelhante ao somador, o circuito lógico também possui uma porta AND após cada operação, conectada à linha de habilitação do decodificador, específica da operação, de modo que somente poderá ocorrer uma saída válida Verdade (bit 1) de cada vez.

Para exemplificar o funcionamento dessa UAL, vamos utilizar valores específicos, mostrados na Fig. D.24. No exemplo, será executada uma operação aritmética de soma entre os valores $A = 1$ e $B = 0$ e, por isso, o código usado é 11, ou seja, $F_0 = F_1 = 1$ e o "vai um" de entrada, $VU_E = 0$. Como pode ser observado pelos valores binários que vão "percorrendo" as linhas e as portas lógicas, teremos:

- habilitação ativa (bit 1) apenas na saída 3 do decodificador; as demais serão zero (bit 0)
- os valores de A e B percorrem os três elementos do circuito lógico, porém produzirão saída igual a zero (bit 0) em cada porta AND respectiva e, por conseguinte, na linha que une cada porta AND mencionada à porta OR mais à direita (no resultado de saída).
- os mesmos valores A e B percorrem as portas do somador, combinando-se com o "vai um" de entrada, $VU_E = 0$ e terminando em duas saídas: a superior (AND) que, combinada com a saída habilitada (bit 1) do decodificador produz, no caso, o valor 1 de saída (resultado igual a $1 = 1 + 0$) e a outra, na parte inferior, para se obter o valor do "vai um" de saída, VU_S, que, no exemplo, é igual a 0.

Se, por outro lado, tivéssemos os seguintes valores de entrada:

$A = 1$; $B = 0$; $F_0 = 1$ e $F_1 = 0$ e sem considerarmos o "vai um", que pode ser qualquer valor, verificaríamos que a saída ativa do decodificador deve ser correspondente a $10_2 = 2_{10}$, que, conforme já vimos anteriormente, corresponde à operação lógica NOT. A operação ocorre apenas com o valor de B, o qual sendo inicialmente 0 passa a ter o valor de saída igual a 1. Quando o referido valor 1 é combinado na porta AND, com o valor da linha habilitada do decodificador, resulta em um valor 1. Este 1 será combinado na porta OR de saída final com os três valores 0, produzindo a esperada saída (resultado) igual a 1 e o "vai um" de saída, $VU_S = 0$.

D.2.2 Metodologia de Execução Tipo Linha de Montagem ou *Pipelining*

D.2.2.1 Descrição do Processo

No Cap. 6 descreveu-se o modo de funcionamento básico dos processadores convencionais, sendo enfatizado mais especificamente o conceito de arquitetura como definido inicialmente por J. von Neumann, ou seja, o projeto básico dos processadores orientado para realizar ininterruptamente ciclos de instruções, um em seqüência ao outro, cada um deles consistindo em uma série de tarefas menores que, em conjunto, levam à execução de uma instrução de máquina. Naquele capítulo, mencionamos a natureza simples (e obsoleta, nas máquinas reais atuais) do processo seqüencial de execução de um ciclo de instrução, mas que servia ao propósito de descrever o processo. A Fig. 6.24 mostra um fluxograma das tarefas (etapas) de realização de um ciclo de instrução.

Dessa forma, os processadores que seguiam rigorosamente a concepção de von Neumann realizavam seu processamento por meio da execução sistemática e seqüencial das etapas mostradas na Fig. 6.24 para uma instrução, e somente após a conclusão desse ciclo é que se iniciava o seguinte, para a próxima instrução. Para

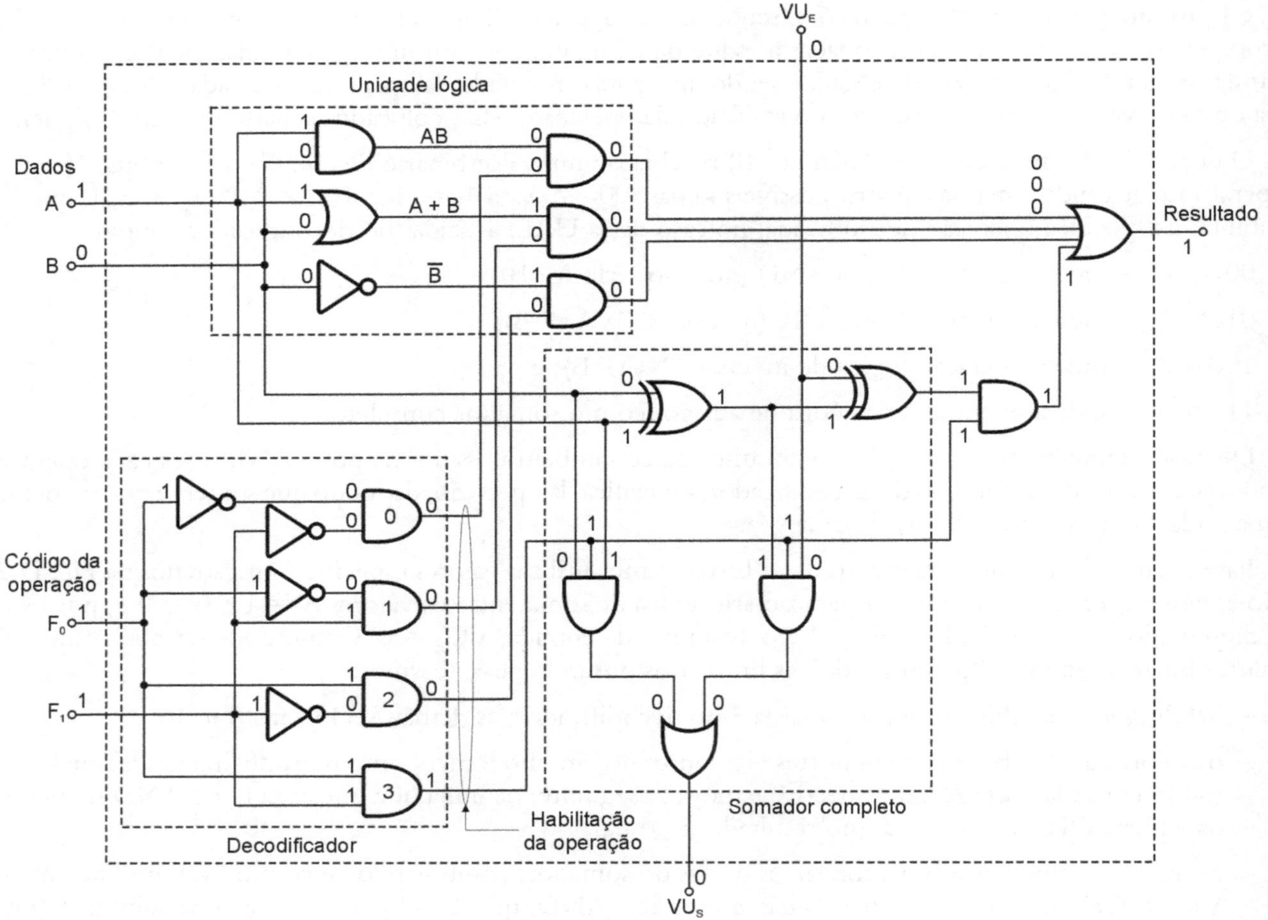

Figura D.24 Exemplo de operação de soma (1 + 0), cujo resultado é igual a 1, com vai um (VU_s) = 0. Código $11_2 = 3_{10}$.

auxiliar nas explicações que se seguem, ampliou-se o esquema da Fig. 6.24 e apresenta-se, na Fig. D.25, o fluxograma de um ciclo de instrução em três modos diferentes, cada um mais detalhado que o outro.

Na Fig. D.25 (a) o ciclo é mostrado em suas duas etapas básicas: *busca de uma instrução* (*fetch cycle*) e *execução* (*execute cycle*), ou seja, todo o conjunto de microtarefas relativas ao processo de buscar uma nova instrução na memória (seja ela qual for) e já apontar para a próxima está contido na fase de busca, e as microtarefas restantes, relativas ao processo de decodificar e executar a operação, estão contidas na etapa de execução da instrução.

A Fig. D.25 (b) explode as duas etapas básicas em tarefas menores, decompondo o processo em seis novas etapas (ou microetapas), duas delas concernentes à fase de busca e as quatro restantes para a fase de execução. Na Fig. D.25 (c) o processo é ainda mais detalhado, ao decompor-se cada fase de uso da memória (busca de instrução ou de dado e escrita de resultado) em duas microetapas (cálculo do endereço e efetivo acesso).

Os primeiros processadores de grande porte (na década de 1950 e início de 1960) e os primeiros microprocessadores (Intel 8080/8085, Motorola 6800, Zilog Z-80 e outros da época – até cerca de 1981) utilizavam a metodologia de controle seqüencial do ciclo de instrução, conforme descrevemos no Cap. 6. Esta metodologia é simples e de fácil implementação, porém bastante lenta e aproveita-se dos recursos existentes (processador) de forma ineficiente.

Em face de sua simplicidade e, principalmente, devido ao conhecimento tecnológico da época e da disponibilidade de recursos, este método era também utilizado até o início do século XX na indústria em geral, como nas fábricas de automóveis, ou seja, as montadoras construíam um carro de cada vez, somente iniciando a montagem do carro seguinte após o término do carro anterior.

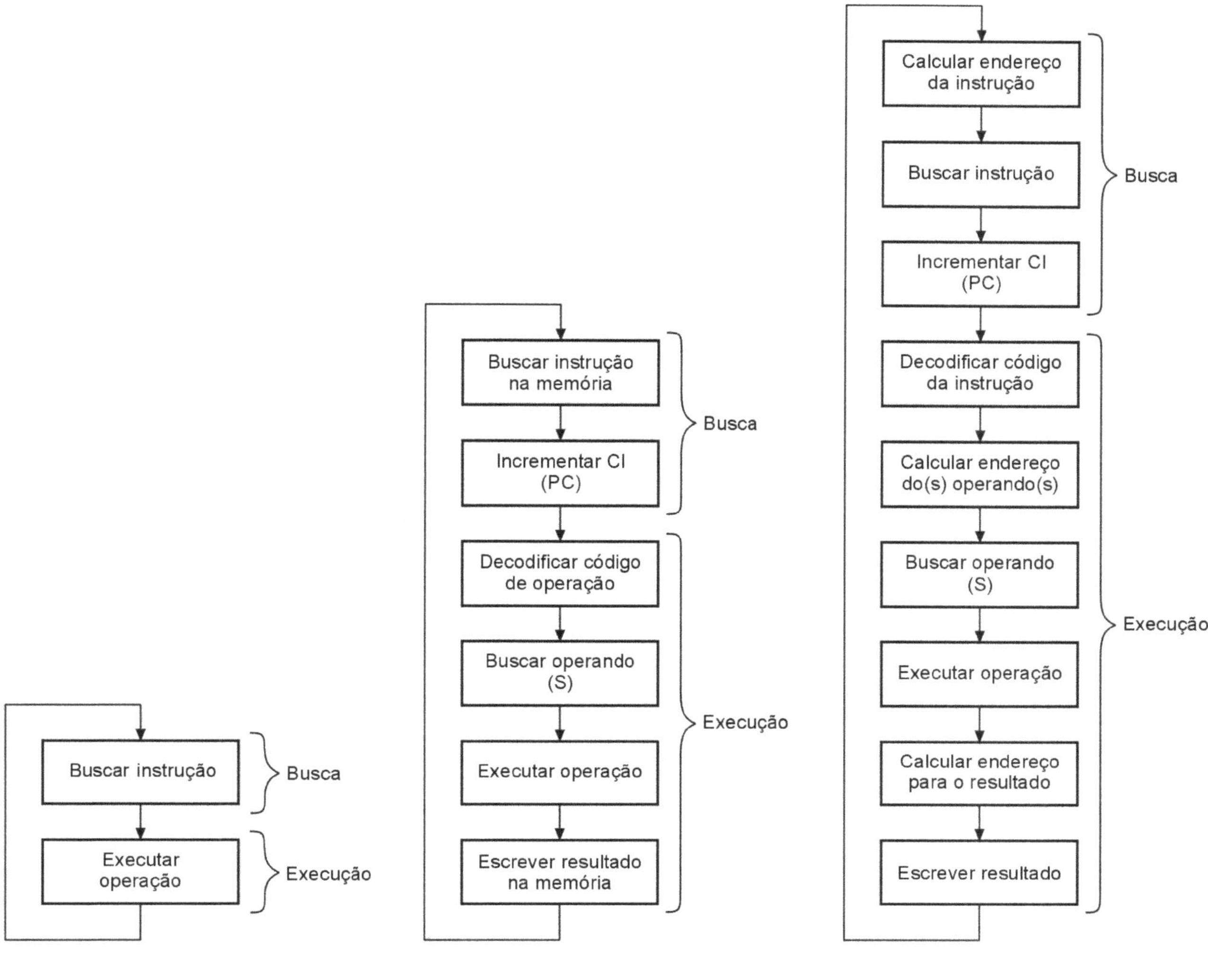

(a) O ciclo de instrução de forma básica, com duas grandes etapas.

(b) O ciclo de instrução decomposto de forma mais detalhada.

(c) O ciclo de instrução ainda mais detalhado.

Figura D.25 Etapas de realização de um ciclo de instrução.

Para compreendermos melhor a metodologia *pipelining* (ou de linha de montagem), vamos exemplificar inicialmente com a evolução das montadoras de automóveis (o exemplo seria válido, também, no caso de fabricantes de TV, de geladeiras ou qualquer produto feito em série e em quantidades apreciáveis).

Conforme mencionamos, no início do século XX uma fábrica de automóveis operava de modo seqüencial, como o Intel 8080 na execução de suas instruções. Vamos supor que o processo de montagem de um automóvel seja composto de quatro etapas, T_1 a T_4, todas sendo realizadas em igual período de tempo, por exemplo, 15 minutos, de modo que cada carro fique pronto em 60 minutos, ou 1 h; vamos supor, ainda, que as etapas sejam as seguintes:

T_1 - montagem da carroceria (prensagem das chapas e moldagem do formato);

T_2 - montagem do motor na carroceria;

T_3 - montagem das demais partes (pneus, bancos, vidros, fiação etc.);

T_4 - pintura e teste final.

Em 1902, Henry Ford imaginou que sua fábrica poderia ser mais produtiva se ele mudasse sua metodologia de fabricação ao dividir a estrutura da fábrica em quatro estágios de montagem, cada um responsável por executar de modo independente as tarefas listadas de T_1 a T_4. Assim, a seção de carroceria seria responsável por realizar a montagem de uma nova carroceria sempre que sua tarefa terminasse na carroceria anterior; a seção de motor idem, recebendo a cada 15 minutos uma carroceria para que ela montasse um novo motor, e assim por diante. Este processo foi chamado de linha de montagem (em inglês denomina-se *pipeline*), isto é, uma determinada tarefa poderia ser iniciada (a montagem do carro 2) sem que a tarefa anterior (montagem do carro 1) estivesse concluída.

A Fig. D.26 (a) apresenta o diagrama de tempo relativo à montagem de cinco carros na metodologia mais antiga, seqüencial, a qual consome 5 horas (20 períodos de 15 minutos), isto é, a fábrica só era capaz de produzir um carro por hora; em um turno normal de 8 horas de trabalho a fábrica somente produziria oito carros.

A Fig. D.26 (b) mostra o funcionamento da fábrica segundo a nova metodologia (na época) de linha de montagem (*pipeline*), utilizando-se no exemplo os quatro estágios citados. Assim, o tempo de conclusão da montagem de cinco carros passa a ser de 120 minutos ou 2 horas (8 períodos de 15 minutos), uma redução considerável (de 60%, ou de 20 tempos para 8 tempos de 15 minutos), pois, neste caso, assim que a linha de montagem (o pipeline) estiver cheia (3.º período), um carro se completa a cada 15 minutos, em vez de a cada hora. Em conseqüência, a fábrica pode, com esta metodologia, produzir 32 carros por turno de 8 horas, quatro vezes mais que no método seqüencial, valor igual à quantidade de estágios de montagem estabelecidos.

Naturalmente, o processo exemplificado não é completamente real, pois baseamo-nos em premissas nem sempre verdadeiras, como, p.ex., a de que todas as quatro etapas da montagem do carro se completam no mesmo tempo (15 minutos no caso). Mesmo neste exemplo pode-se inferir, sem muito conhecimento da tecnologia em questão, que a etapa T_3 deve consumir mais tempo que a etapa T_4 ou a etapa T_2, por exemplo. Caso isso realmente aconteça, a linha já não funciona tão rápido, pois T_4 teria que esperar o término de T_3 e não seria mais executada em 15 minutos. Além disso, não se mencionou o tempo e os elementos gastos na passagem de um estágio para o outro, ou seja, quando a carroceria fica pronta (primeiro estágio) é necessário um esforço, pelo menos de pessoal, para passar a carroceria para o estágio seguinte (segundo estágio), e assim por diante. Se cada transferência entre estágios consumisse, p.ex., dois minutos, seriam gastos oito minutos

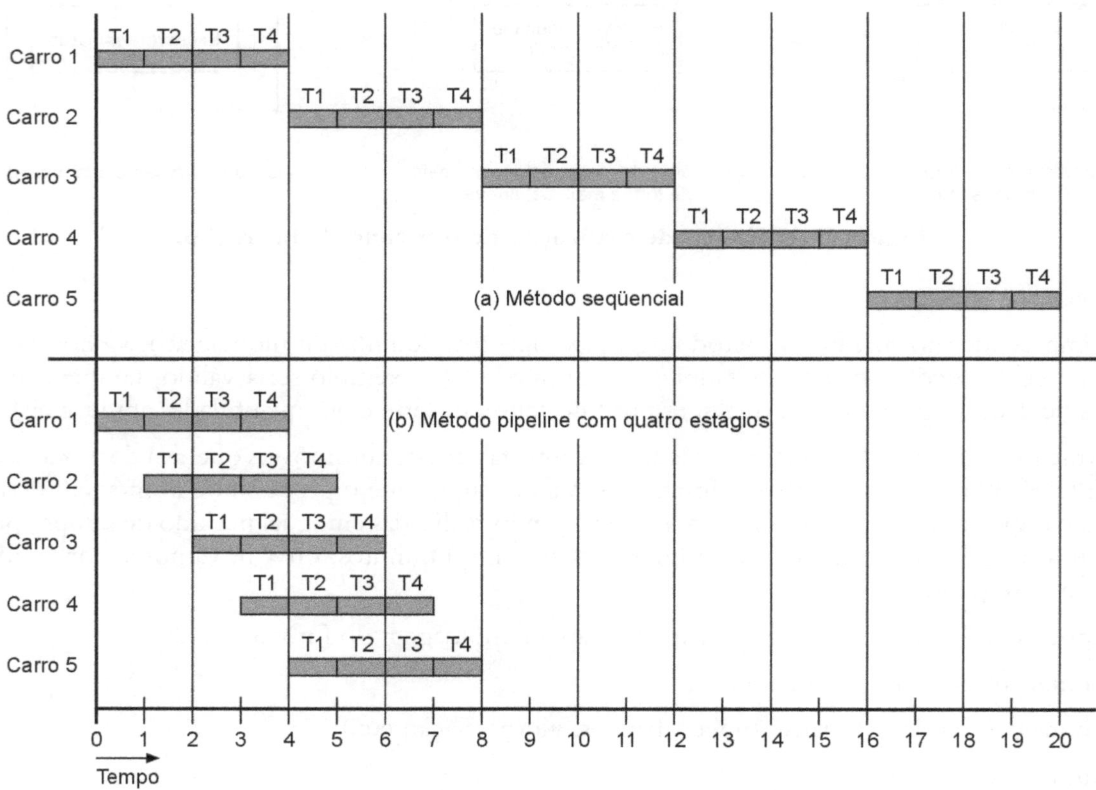

Figura D.26 Diagrama de tempo de montagem de carros em uma fábrica, comparando metodologia seqüencial com pipeline de quatro estágios.

por carro, podendo-se assumir que cada estágio passaria a gastar 17 minutos e seriam concluídos menos que 32 carros por turno de 8 horas.

Um ponto importante a ser lembrado é de que um carro é montado sempre em uma hora, independentemente do fato de se utilizar metodologia seqüencial ou de linha de montagem (naturalmente que se trata de um valor assumido para este exemplo). O que permite aumentar quatro vezes a quantidade de carros produzida é o fato de os estágios de montagem serem realizados em paralelo, isto é, em um dado instante de tempo podemos observar quatro carros em fase de produção, embora cada um em um estágio diferente. Isto também acontece, é claro, no caso da execução de ciclos de instrução em processadores. Então, quando se menciona que a fábrica produz um carro a cada 15 minutos ou que um dos requisitos de processadores RISC, p.ex., é completar uma instrução a cada ciclo de relógio não significa que o carro se monta em 15 minutos ou que uma instrução gasta 1 ciclo para ser completamente executada, mas sim que, devido à quantidade de tarefas concorrentes, pode-se reduzir o prazo de término da produção do carro ou de término de uma instrução.

O controle em *pipeline* ou *técnica de pipelining* é também utilizado na execução dos ciclos de instrução dos processadores. Neste caso, pode-se exemplificar utilizando-se os fluxogramas apresentados na Fig. D.25.

O primeiro microprocessador a utilizar metodologia de controle *pipelining* foi o Intel 8086/8088, dividindo o ciclo de instrução em dois estágios:

- para busca da instrução (unidade de interface do barramento – BIU, *Bus Interface Unit*), constituído dos registradores de segmento, do espaço para armazenamento da fila de instruções que vão sendo buscadas e do controle do barramento de acesso; e
- para execução da operação propriamente dita (unidade de execução – EU, *Execution Unit*), constituído da UAL, dos registradores de dados, da unidade de controle e outros.

A Fig. D.27 mostra, por um diagrama de tempo em duas partes (a) e (b), a comparação dos métodos seqüencial (D.27 (a)) e do método pipeline (D.27 (b)). Pode-se observar que no método seqüencial gastam-se 12 unidades de tempo na execução de seis instruções, enquanto na metodologia pipeline são consumidos apenas sete unidades de tempo para as mesmas seis instruções, uma redução de 42%.

O exemplo em questão considerou que ambos os estágios gastam o mesmo tempo para serem completados, o que não é verdade. Pode-se verificar, então, dois fatos que foram desconsiderados no exemplo:

a) *o tempo de realização do estágio B não é igual ao do estágio E.* Em geral, a execução consome mais tempo devido, principalmente, à etapa de busca de operando, mas também tem a decodificação, além, é claro, da execução da operação propriamente dita. E, portanto, na maior parte do tempo de execução (E) pode não ser possível haver outra busca de instrução;

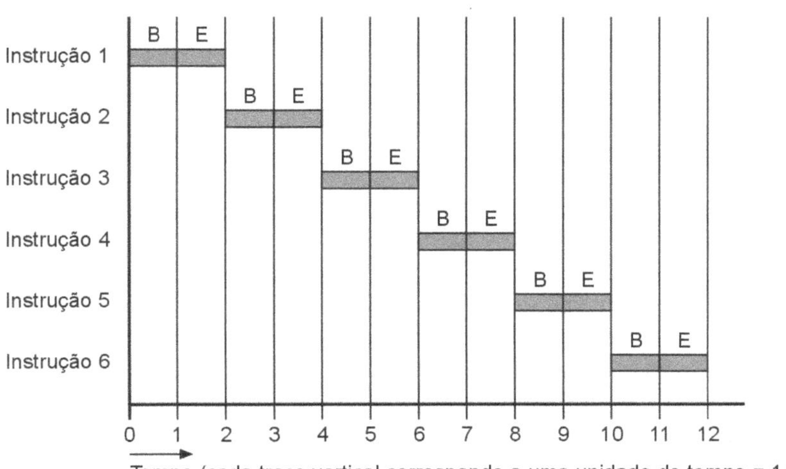

Figura D.27 (a) Diagrama de tempo de um ciclo de escrita de seis instruções, utilizando-se metodologia de controle seqüencial.

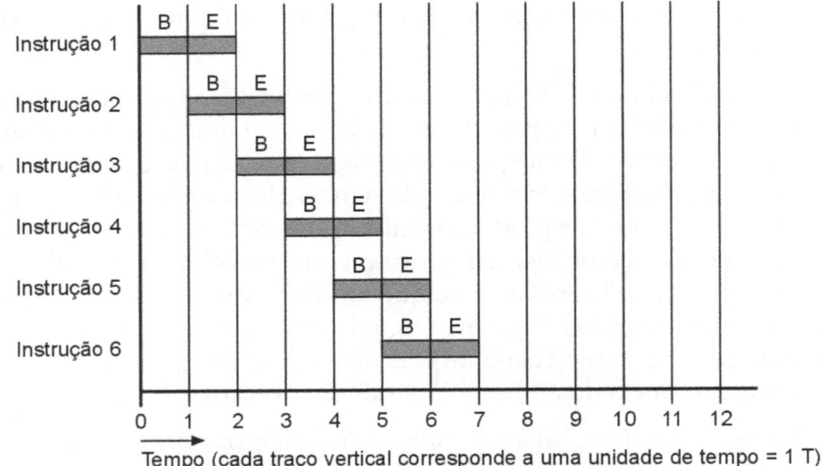

Figura D.27 (b) Diagrama de tempo de um ciclo de escrita de seis instruções, com um pipeline de dois estágios.

b) *pode não ser possível buscar nova instrução antes da execução completa da anterior.* Em uma instrução de desvio, por exemplo, o endereço de desvio só é conhecido após a execução da operação e, nesse caso, não há como "buscar" uma nova instrução durante o estágio de execução. Assim, o estágio de busca não será, neste caso, superposto ao de execução, e o de execução da instrução seguinte também vai acontecer somente após sua busca. Ou seja, nada se ganhou em termos de tempo.

Se a linha de montagem (pipeline) tiver mais estágios, a tendência é, como veremos, equilibrar mais os tempos e, também, aumentar a concorrência (quantidade de instruções simultaneamente em execução), reduzindo o período de tempo para completar as instruções e aumentando o desempenho do sistema global.

O processador Intel 80486 possuía cinco estágios pipeline:

- *busca da instrução* – vindas da memória (principal ou cache) para armazenamento em fila de espera (buffers);
- *decodificação (parte 1)* – decodificação do código de operação da instrução, cálculo de endereços para completar a busca da instrução (operandos);
- *decodificação (parte 2)* – como resultado da decodificação, a UC emite os sinais para a UAL; também se completa decodificação de instruções com modos de endereçamento mais complexos;
- *execução* – estágio responsável pela operação da UAL (cálculos aritméticos ou lógicos, comparações, deslocamentos etc.);
- *escrita do resultado* – completa a execução da instrução, gravando resultado na memória (quando houver), atualizando registradores de controle (overflow, valor zero de operação etc.).

Alguns modelos do processador Pentium 4 têm 20 estágios pipeline e outros, até 31 estágios; enquanto o PowerPC G4 tem sete estágios apenas.

Vamos verificar o que foi mencionado com outro exemplo, de processadores mais recentes. Consideremos as seis etapas de realização de um ciclo de instrução mostradas na Fig. D.25 (b) e que cada uma delas gaste uma unidade de tempo, que pode ser igual a um ciclo de relógio para sua conclusão; desse modo, cada instrução consumiria seis unidades de tempo (ou seis ciclos) para sua execução completa, supondo que todas elas usem todos as fases de um ciclo, o que não é verdade (uma instrução de desvio incondicional ou uma instrução LOAD não usa a etapa 6 – escrever o resultado, por exemplo; outras não usam operandos, e por isso não há a etapa de busca de operando). Se o controle da execução fosse seqüencial e estivéssemos considerando um período de realização de 10 ciclos de instrução, eles consumiriam um total de 60 ciclos de relógio (10 instruções × 6 estágios × 1 ciclo por estágio).

Utilizando-se a metodologia de linha de montagem, pode-se observar na Fig. D.28 a execução do ciclo das 10 instruções que, sucessivamente, gastarão um total de 15 unidades de tempo e, a partir do instante em que

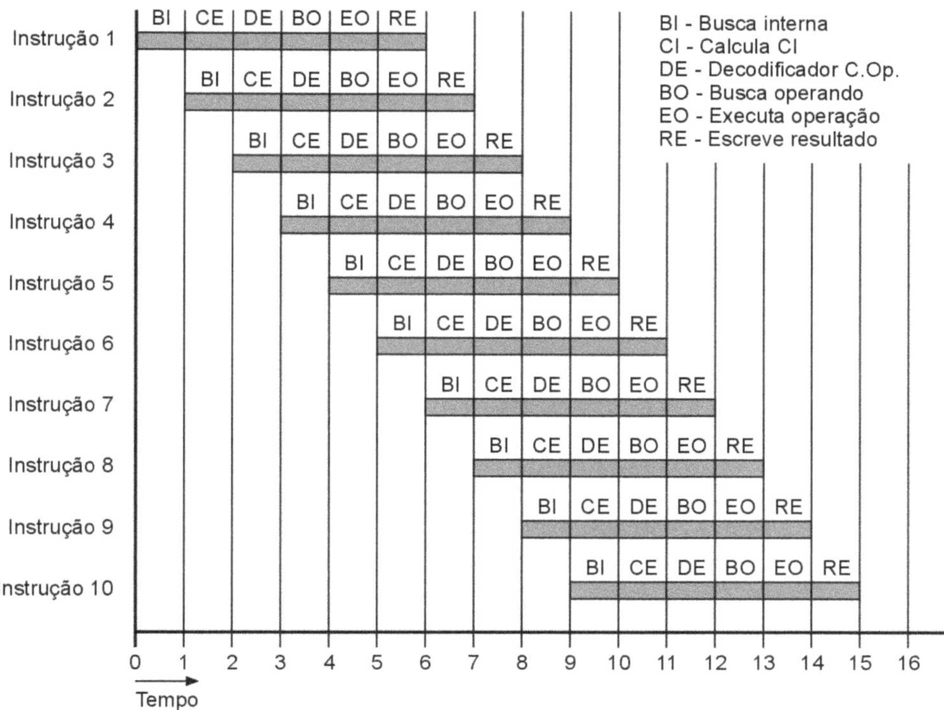

Figura D.28 Diagrama de tempo de realização de ciclos distintos para dez instruções, com pipeline de seis estágios (sem conflitos de acesso à memória).

o pipeline estiver cheio com instruções em cada um de seus seis estágios (final do instante 6), haverá uma instrução sendo completada por unidade de tempo, e não mais em seis unidades de tempo, como na metodologia seqüencial. Isto acelera de modo considerável a produtividade de um processador, que se torna bem mais rápido (maior quantidade de instruções se completando na unidade de tempo) do que os antecessores, seqüenciais e mesmo o de pipeline de dois estágios.

Na prática, a melhora obtida com o uso da metodologia pipelining mostrada no exemplo da Fig. D.28 pode não ser tão significativa devido a uma série de ocorrências que não foram consideradas no exemplo. Um dos problemas críticos de um pipeline reside no possível conflito de acesso à memória (seja principal ou cache), pois a maioria dos sistemas não permite dois acessos simultâneos e, nesse caso, um dos estágios tem de esperar. Em resumo:

– somente um acesso à memória pode ser realizado de cada vez, isto é, durante a execução do estágio de busca da instrução, BI, não pode ser realizado, p.ex., o estágio BO – busca de operando – ou RE – escrever resultado;

– no estágio de execução da operação (EO) não se considerou acesso à memória para armazenar o resultado da operação, embora saibamos que nem sempre isto é verdadeiro;

– todos os estágios devem ser realizados em um período de tempo igual, conforme já enfatizado anteriormente. Se isto não acontecer na prática, poderá haver alguma espera entre o término de um estágio e o início de outro. Por exemplo, se o estágio de busca de operando (BO) durar um pouco mais que os outros estágios, então o de execução se iniciará depois, e assim sucessivamente. Na verdade, quando se analisa o problema para medir a eficiência de um pipeline considera-se o tempo-base de cada estágio como o tempo do estágio mais lento.

Para comprovar o problema de conflito de acesso à memória e poder comparar com o exemplo anterior, no qual aquele conflito não foi considerado, observa-se na Fig. D.29 que é utilizado o mesmo sistema, desta vez mostrando os atrasos devido à impossibilidade de execução de duas operações simultâneas de acesso à memória. Para o exemplo, considerou-se que os estágios BI, BO e RE realizavam acesso à memória e, por isso, não podiam ser executados em paralelo.

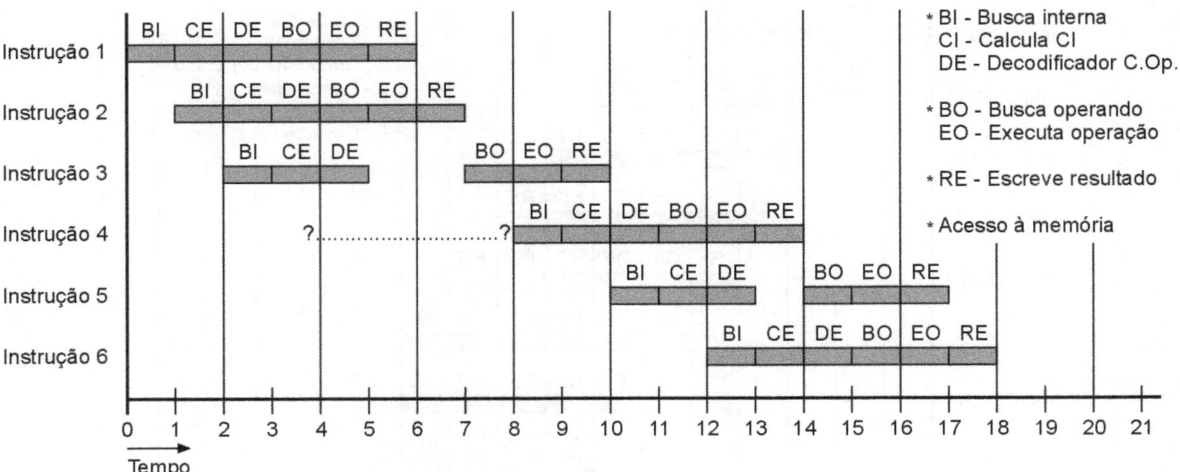

Figura D.29 Diagrama de tempo de ciclos de instrução, com pipeline de seis estágios (Fig. D.28), com conflitos de acesso à memória.

D.2.2.2 Desempenho de um Pipeline

Conforme já foi explicado, a metodologia pipeline decompõe um processo seqüencial, como o ciclo de uma instrução, em um conjunto de subprocessos (como o de busca de uma instrução, ou como o de decodificação da operação), chamados de estágios. Cada estágio é responsável pela realização de uma determinada função, produzindo, no seu final, um produto intermediário, o qual é passado ao estágio seguinte, usando-se um elemento de armazenamento (buffer ou latch) para a passagem dos sinais de um estágio para outro. A Fig. D.30 mostra um exemplo dessa estrutura, bem como os tempos envolvidos:

- P – período do relógio (intervalo entre dois pulsos)
- T_e – tempo máximo que um estágio leva para realizar sua função
- T_i – tempo de transferência de sinais entre estágios

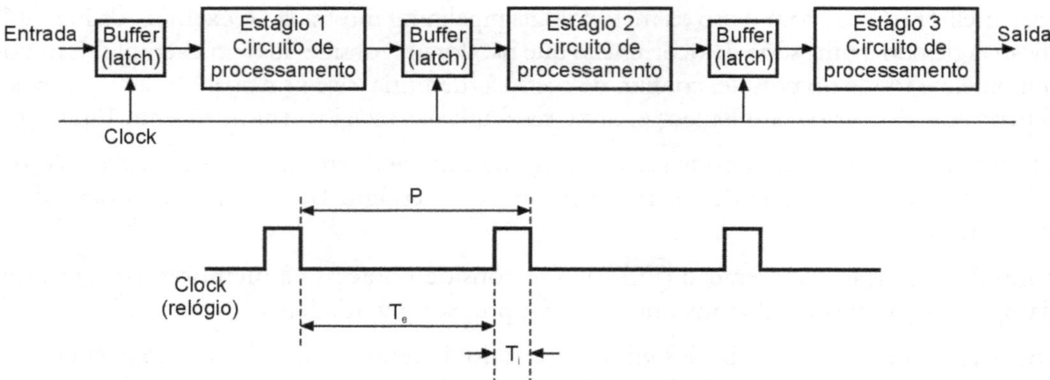

Figura D.30 Estrutura de um pipeline.

Na figura observam-se os *estágios*, constituídos, em geral, de circuitos combinacionais, como uma UAL, um decodificador e outros, da *entrada* e da *saída* do pipeline e de elementos de ligação entre os estágios, *latches* (ou buffers), já mencionados.

Além disso, mostra-se na figura uma base de tempo, com os pulsos de relógio e os tempos envolvidos: P – T_e – T_i. O período do relógio deve ser escolhido de forma a ser suficiente para atender ao estágio mais lento, que se torna, então, o gargalo do processo.

Tabela D.3 Tempo de Execução de Instruções Segundo os Estágios de um Pipeline

	Busca	Decodificação	Operando	Execução	Escrita	Tempo Total
LOAD Op.	3 ns	1 ns	3 ns	2 ns	1 ns	10 ns
ADD Op.	3 ns	1 ns	3 ns	2 ns		9 ns
JP Reg	3 ns	1 ns		2 ns		6 ns

O período P deve ser tal que:

$P = T_e + T_i$, onde T_e deve ser maior que o mais lento estágio e T_i deve ser suficiente para permitir o armazenamento dos dados no latch (buffer) específico.

Por exemplo, consideremos três instruções de um processador, LDA Op.; ADD Op.; JP Reg em um sistema de pipeline de cinco estágios: Busca da Instrução – Decodificação – Busca de Operando – Execução – Escrita do Resultado. A Tabela D.3 mostra os tempos de cada estágio de cada instrução, verificando-se que a instrução LOAD Op. possui o maior tempo total e, por isso, o tempo de estágio considerado será de 10 ns, correspondente ao daquela instrução (os tempos indicados servem apenas como exemplos).

A cada pulso de relógio um estágio transfere seu resultado intermediário para o latch (buffer) de entrada do estágio seguinte, de modo que o resultado final é produzido quando se percorre todo o pipeline, completando, de preferência, cada estágio em um pulso de relógio.

O tempo total de execução de um pipeline, T_P, pode ser calculado pela seguinte equação:

$T_P = m * P + (n - 1) * P$

m = quantidade de estágios do pipeline

P = período do relógio

n = quantidade de entradas no pipeline (quantidade de instruções)

O termo $m * P$ é o período de tempo gasto no primeiro estágio, e o termo seguinte, $(n - 1) * P$, é o tempo gasto pelos demais estágios. Após o pipeline ficar cheio, ele produz uma saída a cada período do relógio, ou seja, produzirá uma saída tão rápido quanto o mais lento de seus estágios.

Para verificar a equação, usemos o exemplo mostrado na Fig. D.28, onde:

$m = 6$ $\qquad$ $n = 10$ $\qquad$ $P = 1$

Nesse caso, $T_P = 6 * 1 + (10 - 1) * 1 = 6 + 9 = 15$

Quanto maior o valor de **m**, maior será a velocidade do pipeline. No entanto, o aumento da quantidade dos estágios acarreta também a necessidade de mais recursos de hardware, e deve ser analisado, então, o fator custo/benefício na escolha da quantidade de estágios de um determinado processador. Um valor mais ou menos comum de estágios está na faixa entre 5 e 10, exceto no caso do Pentium 4 que, como mencionado anteriormente, possui 20 estágios (e até mesmo 31 estágios em certos modelos).

Mesmo com a limitação colocada no parágrafo anterior, já verificamos que a metodologia pipeline supera em muito a metodologia seqüencial, sendo atualmente um dos fatores essenciais de sucesso no desempenho dos processadores.

D.2.2.3 Tipos de Pipeline

Pode-se dividir um pipeline em dois tipos:

- pipeline para instruções e
- pipeline para operações aritméticas.

Pipelines construídos para execução de ciclos de instruções já foram mostrados nos parágrafos anteriores. No entanto, falta ainda discutir alguns problemas decorrentes da estrutura mostrada, entre os quais pode-se

Decompor (unpack)	Alinhar (align)	Somar (ADD)	Normalizar (normalize)

Figura D.31 Estágio do pipeline de uma operação de soma (ADD) de números em ponto flutuante.

citar, p.ex., o problema que surge quando o sistema busca uma instrução de desvio ou quando se atrasa devido a conflitos de acesso à memória. Tais problemas serão analisados no item seguinte.

Pipelines para operações aritméticas são construídos em processadores para melhorar o desempenho de unidades de cálculo que realizam complexas operações aritméticas, tais como soma, subtração, multiplicação e divisão de números representados em ponto flutuante. Em geral, essas unidades são especializadas nesse tipo de cálculo, sendo denominadas de FPU – float point unit, ou unidade de ponto flutuante.

Conforme mostrado no Cap. 7, um número é representado em ponto flutuante através de elementos independentes (campo expoente, campo fração, sinal e base), que se constituem no produto:

$N = \pm F * B^{\pm E}$.

Também foi mostrado como se realizam teoricamente operações aritméticas com números representados dessa forma. Uma unidade de cálculo para soma de números em ponto flutuante deve seguir os algoritmos mencionados no Cap. 7, e sendo construída com metodologia pipeline pode ser constituída dos campos mostrados na Fig. D.31, e cujas funções são [SIVA03]:

Unpack (decompor) – neste estágio o valor binário do número é decomposto nos seus campos independentes, fração (F) e expoente (E), indo aos respectivos latches (buffers);

Align (alinhar) – neste estágio as duas mantissas são alinhadas, conforme os valores dos expoentes, de modo que ambos os expoentes sejam iguais;

Add (somar) – neste estágio as duas mantissas são efetivamente somadas;

Normalize (normalizar) – estágio responsável pela eventual normalização da mantissa do resultado, conforme padrão IEEE-754); é o momento de detectar qualquer eventual erro ou exceção (*exception*) na operação.

Pode-se observar a realização de uma operação de soma utilizando o pipeline mostrado antes, por meio de um exemplo encontrado na Fig. D.32, no qual se construiu um pipeline de três estágios (neste exemplo, o estágio inicial (decomposição dos números) não aparece, mas se observa na parte superior da figura os quatro latches resultantes do estágio de decomposição (*unpack*), dois para cada expoente (E_1 e E_2) e dois para cada mantissa (M_1 e M_2).

O primeiro estágio do somador da Fig. D.32 (segundo estágio em somadores, como o que foi mostrado na Fig. D.31) realiza o alinhamento das mantissas, baseado no valor dos expoentes, de modo que os expoentes tenham o mesmo valor (condição para a soma das mantissas ser realizada). No caso presente, os expoentes são igualados ao maior valor (crescendo o E_2 do valor 2 para 4) e, assim, a mantissa M_2 tem sua vírgula (ou ponto) fracionária deslocada duas casas para a esquerda ($k = 2$), pois: $k = E_1 - E_2 = 2$ (ver Cap. 7). O expoente, agora único, E, é armazenado no latch correspondente, e as mantissas M_1 e M_2 são armazenadas em seus correspondentes latch, entrada para o próximo estágio.

No segundo estágio (terceiro estágio em somadores como o mostrado na Fig. D.31) se realiza a efetiva soma (ou subtração) das mantissas, e, no último estágio, a mantissa do resultado será normalizada, ou seja, o primeiro algarismo após a vírgula deve ser diferente de zero. Caso haja um ou mais zeros após a vírgula, esta será deslocada tantas casas para a direita quantos forem os zeros, e o expoente será ajustado de acordo, sendo, no final, ambos, E e M, armazenados em seus respectivos latches, como mostrado na figura.

D.2.2.4 Problemas Decorrentes do Emprego de Pipelining

Conquanto já tenha sido demonstrado neste texto o aumento de desempenho dos processadores em face do emprego de estruturas concorrentes, que denominamos processamento em linha de montagem ou pipelining, o

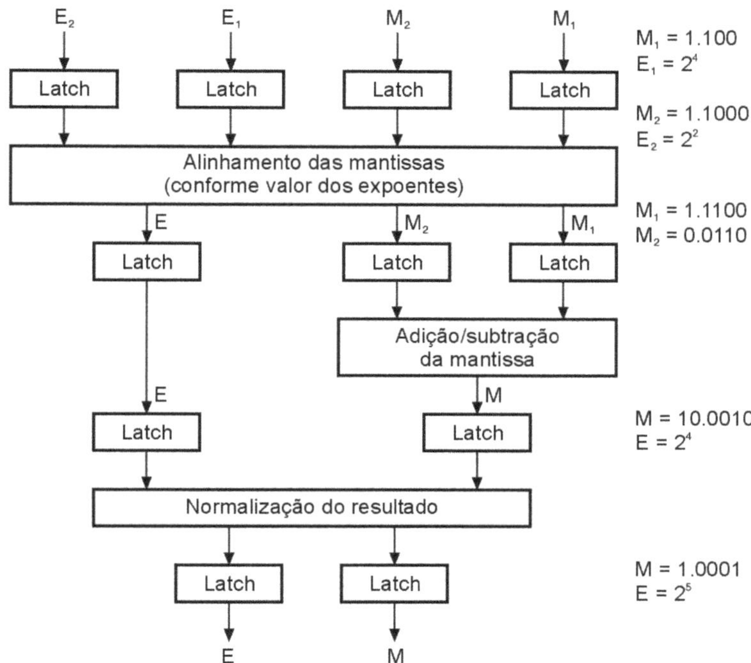

Figura D.32 Exemplo de um somador em ponto flutuante, com pipeline de três estágios.

processo acarreta diversas dificuldades e problemas ao projetista de um processador, os quais precisam ser analisados e solucionados na implementação. Tais problemas podem ser classificados de forma geral em três tipos [ZARG96]:

- problemas durante a busca das instruções;
- problemas de gargalo em um estágio do pipeline; e
- problemas de execução de uma instrução.

Problemas durante a busca das instruções

Normalmente, o desejo de se manter uma rápida entrada de instruções no pipeline (para acelerar o desempenho do processador) tem um custo razoável em termos de recursos necessários. Uma saída relativamente simples para este problema consiste no emprego de buffers para armazenar temporariamente as instruções, o que tende a aumentar a utilização geral do pipeline. Esta utilização é definida como sendo a percentagem de tempo em que os estágios do pipeline estão sendo usados, sendo o ideal o uso de 100% do tempo, ou seja, em cada ciclo de relógio todos os estágios estão em atividade, durante um longo período de tempo.

Vez por outra o pipeline precisa ser descarregado e preenchido novamente, quando ocorre, por exemplo, uma interrupção ou uma instrução de desvio. Para minimizar a perda de tempo em recarregar o pipeline usa-se o método de buscar dados e instruções com antecedência, armazenando-os nas caches e outros elementos internos do processador (buffers). Desse modo, sempre que o processador precisar de um dado ou instrução e encontrá-los devido a essas soluções a utilização do pipeline será a maior possível.

Problemas de gargalo em um estágio do pipeline

Já mencionamos antes a possibilidade de gargalo em um estágio, que o leva a ter tempo de execução longo demais. Este fato acarreta a espera em estágios precedentes, e o restante do pipeline vai engarrafando, fato semelhante ao que se observa no trânsito de uma cidade, quando um acidente em um ponto atrasa o fluxo de veículos naquele ponto, mas com o tempo vai estendendo o engarrafamento. Isto pode acontecer quando um determinado estágio recebe carga em demasia. Uma possível solução consiste em dividir o estágio em mais partes (consome mais recursos, como latch etc.) ou duplicar o estágio no pipeline.

Problemas na execução de uma instrução

Trata-se do problema gerado pelo fato de uma determinada instrução entrar no pipeline e não poder ser executada por alguma razão. Este tipo de problema é denominado *hazard*, em inglês (perigo não é uma boa tradução para essa palavra, por isso vamos manter o termo em inglês, até por ser mais conhecido na literatura). Há três tipos de hazards que podem ser comentados:

– Hazard estrutural

– Hazard de dados

– Hazard de controle (em instruções de desvio)

Perigos (Hazards) Estruturais

Este é um problema que ocorre quando dois estágios requisitam um mesmo recurso, sem que haja alternativa naquele instante, e por isso ocorre uma espera. Por exemplo, o conflito de memória exemplificado na Fig. D.29, ou seja, dois ou mais estágios querendo acesso a uma mesma memória. Uma possível solução para este problema ocorre com o emprego de mais de uma memória e com um projeto cuidadoso das instruções que acessam memória.

Um outro exemplo de conflito de recursos ocorre no estágio de execução da operação, principalmente em operações longas, como a de multiplicação ou de soma/subtração em ponto flutuante. Para evitar ou minimizar esse tipo de problema, as unidades de execução são divididas em vários estágios ou ainda costuma-se usar mais de uma unidade (processo superescalar).

Outro problema de conflito de recursos (hazard estrutural) pode ocorrer no arquivo de registradores, se este somente possuir uma porta para leitura (read) ou escrita (write). Neste caso, em um dado ciclo de relógio podem ocorrer duas escritas simultâneas (dois estágios tentando escrever em registradores do conjunto), e se houver uma única porta isto não será possível, acarretando espera de um estágio. Uma possível solução consiste em projetar um conjunto (arquivo) de registradores com mais de uma porta para leitura e para escrita.

Perigos por dependências (hazard) de dados

Este é um problema, em geral, causado por dependência de dados, ou seja, uma determinada instrução dentro do pipeline precisa, para ser executada, do dado resultante da execução de outra instrução, como, por exemplo, na seguinte seqüência:

```
MOV   par 1, reg B
ADD   reg B, reg C
SUB   reg B, reg E
```

Nesse exemplo, o valor armazenado no reg B não poderá ser subtraído do valor armazenado no reg E antes que a instrução ADD seja concluída, e, neste caso, o pipeline é interrompido, isto é, pára (chama-se em inglês de *stall*) à espera do término da operação de soma.

No processamento de diversas instruções concorrentemente, como em um pipeline, podem ocorrer diferentes tipos de dependência entre dados, os quais podem ser classificados em três categorias, cujos nomes estão relacionados à ordem de seqüência com que as instruções devem ser executadas para não ocorrer conflito (dependência):

- RAW (read after write) ou a leitura (read) de um dado para uma instrução deve ser feita após a escrita (write) desse valor por outra instrução;
- WAR (write after read) ou a escrita deve ocorrer após a leitura do dado.
- WAW (write after write) ou a escrita deve ocorrer após outra escrita.

Um exemplo de dependência RAW ocorre na seguinte seqüência de instruções:

i_1: ADD R_2, R_3, R_4 ; $R_2 = R_3 + R_4$

i_2: ADD R_5, R_2, R_1 ; $R_5 = R_2 + R_1$

Neste caso, um resultado inválido pode ocorrer se i_2 ler o valor R_2 antes que ele seja escrito por i_1 (no seu estágio "escrever resultado").

A dependência do tipo WAR pode ocorrer em uma seqüência como a que se segue:

i_1: ADD R_2, R_3, R_4 ; $R_2 = R_3 + R_4$

i_2: ADD R_4, R_5, R_6 ; $R_4 = R_5 + R_6$

No caso WAR, pode ocorrer um resultado inválido se a instrução i_2 escrever o valor de resultado em R_4 antes que a instrução i_1 utilize o valor original, pois é este valor que interessa para i_1.

A dependência do tipo WAW se refere a uma situação que pode ocorrer em uma seqüência como a que se segue:

i_1: ADD R_2, R_3, R_4 ; $R_2 = R_3 + R_4$

i_2: ADD R_2, R_5, R_6 ; $R_2 = R_5 + R_6$

Neste caso, pode ocorrer um resultado inválido se a instrução i_2 escrever o valor de resultado em R_2 antes que a instrução i_1 escreva o valor de resultado no mesmo R_2.

Se as seqüências mostradas nos exemplos pertencessem a um processamento com metodologia seqüencial não haveria nenhum tipo de problema de dependência, visto que a instrução i_2 sempre seria executada somente após a instrução i_1 estar com seu ciclo completo. No entanto, com a metodologia pipeline há sempre a probabilidade da alteração da seqüência de execução de algum estágio em face dos conflitos e outras situações e, nesse caso, podem efetivamente ocorrer os problemas mencionados.

Há algumas soluções já estudadas para esses problemas e usadas pelos processadores da atualidade. Entre essas pode-se citar:

- *register interlock* (registradores encadeados) – ou seja, o sistema, ao detectar uma dependência, atrasa a execução do estágio até que o conflito seja resolvido. Isto é obtido por meio do uso de 1 bit específico em cada registrador de dados, para indicar se o valor armazenado nele está (bit 1) ou não (bit 0) correto;
- *register forwarding* (acelerar o uso do resultado) – neste caso, o que se deseja é que a instrução que depende da escrita de um resultado não precise esperar a realização do estágio de escrita; tão logo o estágio de execução da operação produz o resultado ele é passado para a instrução que dele necessita, antes de sua escrita no correspondente registrador.

Uma outra possível solução é providenciar a eliminação dessas dependências antes de o programa entrar em execução, ao deixar a tarefa para o compilador (este assunto foi tratado no Cap. 12, quando se discutiu a arquitetura EPIC, utilizada pelos processadores de 64 bits da Intel).

Perigos (Hazard) de controle

Desde o Cap. 6 sabe-se que uma instrução de desvio pode alterar a seqüência de controle do processamento, ou seja, pode alterar qual será a próxima instrução a ser executada, saltando-se a seqüência normal. Em um sistema que emprega metodologia pipeline, a alteração da seqüência de realização dos ciclos das instruções é um dos problemas mais críticos a serem enfrentados pelos projetistas. Isto é particularmente importante em instruções de desvio condicional, quando ele efetivamente ocorre.

Sempre que ocorre um desvio em um pipeline, haverá uma grande redução da vazão (*throughput*) do sistema, se nada for feito para evitar ou minimizar esse problema. Pois quando ocorre um desvio de seqüência o pipeline interrompe seu trabalho, ele precisa ser esvaziado das instruções em seu interior, para ser carregado com as instruções da nova seqüência. Esta perda (esvaziamento do que estava no pipeline e que não mais será usado) é normalmente conhecida como penalidade do desvio (*branch penalty*).

A instrução de desvio condicional, mostrada no exemplo da Fig. 6.23, JP Op., indica que:

Se $R_0 > 0$, então: Cl $\longleftarrow$ Op.

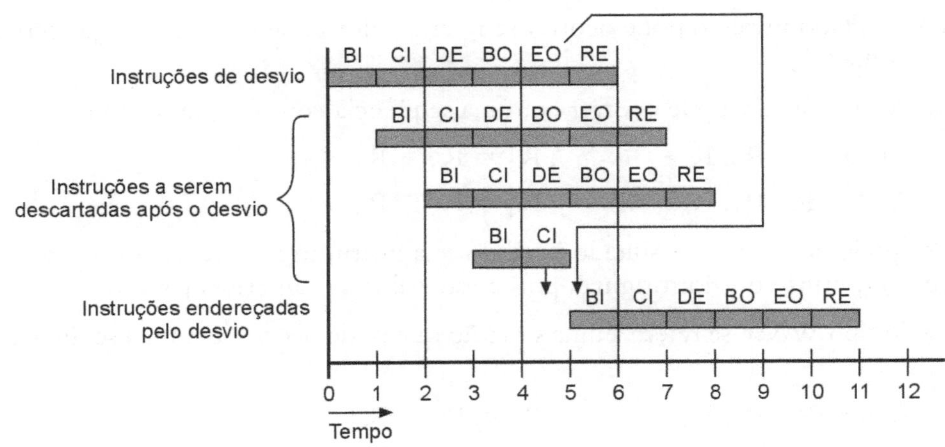

Figura D.33 Problema gerado por uma instrução de desvio em um pipeline.

Instruções de desvio em processadores reais (*Jump* ou *Branch*) seguem essencialmente o mesmo modelo, ou seja: o processador busca a instrução, decodifica seu código de operação e vai testar o valor do registrador indicado (pelo valor do bit específico do registrador de Flags). Se o valor armazenado no registrador for positivo, a próxima instrução a ser executada estará no endereço especificado na instrução. Porém, se o valor armazenado não for positivo, o endereço da próxima instrução será diferente.

Então, em um desvio condicional não há meios de se conhecer o endereço da próxima instrução, a não ser após o teste da condição definida na instrução; se o teste for verdade, o endereço é um (de desvio); caso contrário, não haverá desvio e o endereço é o seguinte (calculado pelo incremento natural do CI). E o teste de validade da condição somente é realizado durante o estágio de execução da operação.

Vamos avaliar a dimensão da penalidade acarretada por uma instrução de desvio em um pipeline por meio de um exemplo mostrado na Fig. D.33. Nessa figura mostra-se o desenvolvimento de um pipeline, que contém uma instrução de desvio (a primeira na parte superior da figura) e instruções que vão entrando no pipeline no decorrer do processamento. Ao atingir o estágio EO (execução da operação) da instrução do desvio, o sistema verifica que é preciso desviar para o endereço de uma instrução fora da seqüência (a instrução endereçada pelo desvio é a última na parte inferior da figura), o que acontece ao final do ciclo 5.

Nesse instante há três instruções em diferentes estágios que precisam ser descartadas, esvaziando-se o pipeline para a chegada das novas instruções a partir da que foi endereçada pela instrução de desvio. A penalidade do desvio, neste caso, é de quatro ciclos (ou quatro unidades de tempo), isto é, do ciclo 1 ao ciclo 5.

Ao longo do tempo, várias alternativas vêm sendo analisadas, conduzindo a algumas formas diferentes de implementação de processamento *pipelining*. Entre essas alternativas podemos citar:

• **busca de ambas as instruções antecipadamente** – por esse método, o sistema, ao reconhecer uma instrução de desvio condicional (estágio de decodificação do código de operação), realiza a leitura da instrução seguinte na seqüência e a leitura da instrução se o desvio ocorrer, de modo que, ao ser obtido o resultado do teste de condição, ambas as instruções já estarão disponíveis e o fluxo de processamento não será atrasado. Após o processamento do desvio, o conjunto de instruções que não serve deve ser descartado do pipeline.

Como tudo na vida, essa estratégia tem vantagens – evita perda de tempo na espera pelo estágio de execução da instrução de desvio – e desvantagens – pode ocorrer a entrada no pipeline de uma outra instrução de desvio, que requererá busca de mais duas instruções, e assim por diante.

• **previsão da ocorrência ou não do desvio** – consiste na determinação da ocorrência ou não do desvio. Tendo em vista o tipo das instruções anteriores, o sistema estima se o desvio ocorrerá ou não. Isto pode ser realizado com o auxílio do programa compilado e de lógica especial na UCP (ver Apêndice C para conceituação e funcionamento de compiladores).

Por exemplo, numa seqüência de instruções de um *loop* ocorrerá desvio para sua reinicialização em 99% das vezes, exceto no final do *loop*.

O primeiro processador Intel Pentium empregava este último método; um dispositivo no processador mantinha uma história dos desvios anteriores (buffer com 256 entradas para endereços de desvio) e decidia se haveria ou não o desvio na instrução corrente baseado nos dados passados.

D.2.3 Tipos de Controle em um Processador

No item 6.2.2.1 foi mostrado que a UC – unidade de controle é o elemento do processador (UCP), cuja função consiste em coordenar a execução completa de uma instrução de máquina, isto é, ela emite, em uma seqüência predeterminada, os sinais de controle para ativar a realização de cada etapa do ciclo da instrução (ver Figs. 6.24 e D.25); também foi mostrado que os sinais de controle para ativar algumas etapas do ciclo de uma instrução têm seqüência e destino diferentes dos de uma outra instrução, pois as tarefas a serem executadas para a ação de somar, p.ex., são diferentes das tarefas a serem realizadas para a ação de subtrair.

A UC é projetada e construída contendo a programação de emissão dos sinais (seqüência de etapas) que executam um ciclo de instrução (mais detalhado ainda do que o mostrado na Fig. D.25 (c)), atividade realizada por um componente interno da UC usualmente denominado *seqüenciador*. Algumas etapas mostradas na Fig. D.25 são comuns a todas as instruções de máquina de um determinado processador, como p.ex., a etapa de busca de uma instrução (naturalmente, para cada instrução há um endereço diferente, mas isso não altera a programação interna), porém a etapa de busca de operando e, principalmente, de execução da operação ou ainda a de escrever o resultado variam de instrução para instrução e, assim, também varia a seqüência de sinais para realizar as tarefas concernentes.

A execução de um programa consiste, na realidade, na consecução de uma série de pequenos passos pelo hardware, menores talvez do que pudéssemos supor inicialmente. No item 6.4 foi descrita, passo a passo, a execução de um ciclo de instrução, exemplificando-se com duas instruções; cada passo menor se caracteriza, na maioria das vezes, pela abertura de uma porta lógica (gate AND), ativada por um sinal da UC que realiza, com isso, o movimento de sinais elétricos (bits) de um registrador para outro, de um registrador para a UAL, de um registrador para o barramento, e assim por diante. Essas simples tarefas são atualmente conhecidas como microoperações, sendo o termo micro provavelmente criado para separar seu significado (pequena tarefa, como movimento de um sinal) do de uma operação como somar dois números (instrução ADD).

A UC não é visível nem pode ser manipulada por nossos programas, como também a UAL não pode, nem alguns registradores especiais da área de processamento e nem os registradores da área de controle. A conexão entre os elementos, invisíveis ao nível de programação comum, com a UAL e outros registradores de dados, visíveis ao programador, chama-se caminho de dados (*data path*); a parte constituída pela UC, decodificador e registradores especiais constitui a área de controle, conforme exposto no Cap. 6.

A quantidade, o tipo e a organização dos componentes do caminho de dados, que também denominamos no Cap. 6 como área de processamento, e a parte da área de controle, todos não visíveis, chamam-se atualmente *microarquitetura* do processador. A Fig. D.34 mostra um exemplo da decomposição de um programa em etapas cada vez menores, cuja efetiva realização vai nos auxiliar a entender melhor o funcionamento da microarquitetura do processador no que se refere a sua área de controle e seus diferentes modos de implementação.

O diagrama mostrado na Fig. D.34 contempla apenas as etapas de realização de um programa escrito em linguagem de máquina. Na realidade, programas costumam ser desenvolvidos em linguagens menos simples, redundando em comandos mais complexos, estando, pois, em um nível superior do diagrama (ver Apêndice C).

Há duas maneiras, utilizadas no projeto e funcionamento de uma unidade de controle, que caracterizam conceitos diferentes de controle.

- controle programado diretamente no hardware (*hardwired control*); e
- controle por microprogramação.

A diferença básica entre os dois tipos está no processo de controle da realização do ciclo de instrução. No primeiro caso (*hardwired*), cada etapa é realizada segundo uma lógica preestabelecida, implementada fisicamente no hardware da área de controle (seqüenciador). O item D.2.3.1 descreve o processo. No caso de controle microprogramado (item D.2.3.2), a interpretação e as conseqüentes etapas do ciclo de instrução são realizadas passo a passo por um programa denominado microprograma.

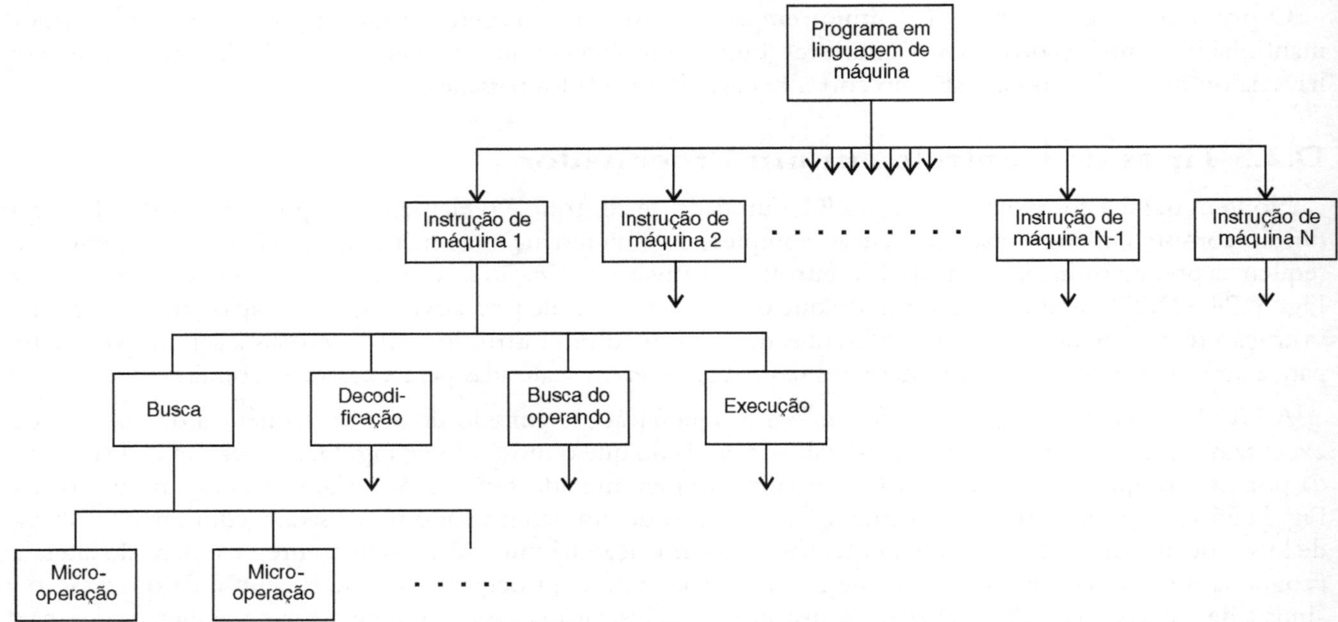

Figura D.34 Decomposição de um programa em linguagem de máquina em seus elementos mais simples.

D.2.3.1 Controle Programado no Hardware

Neste tipo de implementação, a unidade de controle é construída como um conjunto de circuitos logicamente combinados (ver Apêndice B, para uma descrição sobre circuitos combinacionais), os quais produzem sinais de controle de saída de acordo com os sinais de entrada recebidos no circuito. As Figs. 6.15 e 6.16 mostram, no seu conjunto, as características de uma UC deste tipo, o que pode ser consolidado no esquema da Fig. D.35, onde todos os principais componentes da área de controle são apresentados de forma integrada.

Antes de mostrar o funcionamento da área de controle por programação no hardware, como neste item, ou por microprogramação, a ser apresentada no item seguinte, devemos efetuar uma breve revisão do que foi mostrado no item 6.4 sobre a realização de ciclos de instrução e, assim, certificarmo-nos, mais uma vez, do entendimento do que seja uma microoperação e como um ciclo de instrução é constituído de uma grande quantidade delas. Em seguida, poderemos compreender melhor o papel da UC e o modo de sua implementação, conforme o sistema seja microprogramado ou programado no hardware.

Inicialmente, vamos considerar as etapas de um ciclo de instrução conforme especificadas na Fig. D.25 (b), repetindo-as em forma seqüencial:

A) **Busca da instrução na memória** – a instrução armazenada na memória, no endereço armazenado no contador de instrução (CI), é transferida (uma cópia) para o registrador de instrução (RI);

B) **Incremento do CI** – em função da organização do sistema, o CI poderá ser incrementado de um valor sempre fixo (processadores RISC) ou variável (CISC), passando a armazenar o endereço da próxima instrução na seqüência;

C) **Decodificação da operação** – os x bits do campo código da operação da instrução são enviados ao decodificador de instrução (dispositivo que pode estar localizado fora ou internamente na UC); este componente produz apenas uma saída ativa em cada instante, conforme o valor de entrada (ver descrição de decodificadores no apêndice B);

D) **Busca do operando** – decorrente da decodificação e, conseqüentemente, da ativação da seqüência apropriada para a instrução especificada, será efetuada a operação de leitura do dado, seja na memória (principal ou cache), seja em um registrador. Também pode não ser buscado nenhum operando se a instrução não requerer este dado;

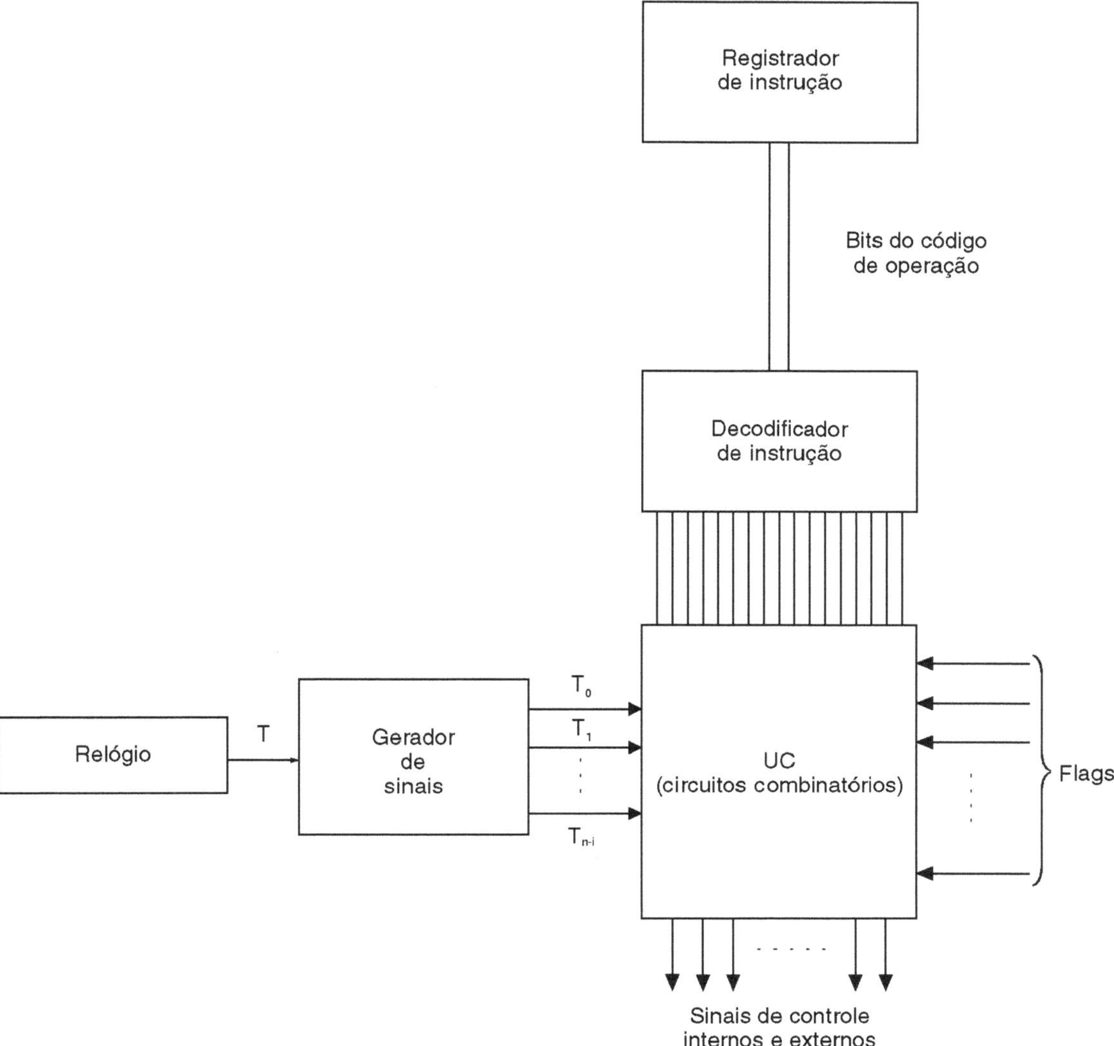

Figura D.35 Esquema de um sistema de controle que se utiliza de UC com pré-programação no hardware.

E) **Execução da operação** – ainda como resultado da decodificação e dentro da seqüência lógica programada (nos devidos instantes de tempo), a UC emite os sinais correspondentes para que a específica operação seja efetivada; esta etapa é a mais diversificada de todas, pois sua execução depende fundamentalmente da operação a ser realizada.

F) **Escrita do resultado** – em determinadas operações (operações aritméticas ou lógicas, principalmente), o resultado da operação deve ser escrito na memória, resultando em uma operação adicional de tempo.

Em seguida, considerando a organização mostrada na Fig. 6.21, bem como as descrições apresentadas no item 6.4, pode-se decompor cada etapa em pequenas ações mais simples, que são denominadas microoperações. Desse modo, tem-se:

A) Etapa de Busca da Instrução

Utilizam-se os registradores CI e REM, para armazenar o endereço de acesso, os barramentos de dados, BD e de endereços, BE, para transporte do endereço de acesso e do valor binário da instrução, e os registradores RDM e RI para armazenamento da instrução. Além disso, usa-se um ou mais sinais de controle (emitidos pela UC) para ativar as ações; esses sinais são emitidos na seqüência necessária e na cadência determinada pelos pulsos do relógio. Como já sabemos, o CI e o RI são registradores específicos para armazenamento, respectivamente, do endereço e da instrução, enquanto o REM e o RDM são registradores de acesso à memória, seja para instrução, no caso, ou para dados. Portanto, qualquer acesso à memória deve ser efetuado por meio do REM (para colocar o endereço no BE) e do RDM, receber ou enviar o dado (ou instrução) para/de BD. A descrição do processo será efetuada em linguagem clara, e para simplificar e formalizar utiliza-se a linguagem de transferência de registradores (LTR) (ver item 4.3.3):

1) no primeiro instante de tempo (pulso de relógio P_1), a UC emite o sinal que irá fazer o conteúdo do CI ser transferido para o REM. REM ← (CI)
2) no instante seguinte, P_2 (ou até podendo ser no mesmo instante, P_1, dependendo do sistema), a UC emite um sinal de Leitura (Read), que irá pelo barramento de controle, BC, para o dispositivo de controle da memória iniciar a decodificação do endereço;
3) em seguida, P_3 ou P_2, o conteúdo do endereço decodificado é transferido para o barramento de dados, BD. BD ← M
4) A UC emite o sinal para transferir o valor binário (a instrução) do BD para o RDM e
5) A UC emite o sinal para transferir o valor binário (a instrução) do RDM para o RI.

Em resumo, somente com a LTR:

P_1:	REM ← (CI)	
	M ← UC	sinal Leitura (Read)
P_2:	BD ← M	
P_3:	RDM ← BD	
P_4:	RI ← RDM	

B) Incremento do CI

Trata-se apenas da etapa em que o CI é incrementado de modo a apontar para a próxima instrução, ou seja, seu conteúdo é somado a um valor correspondente à largura (em bytes) da instrução em execução, cujo resultado já é o valor do endereço da instrução seguinte, que se pressupõe seja executada em seguida. Caso a instrução seja de desvio, isso pode não acontecer. O evento ocorre por meio de um sinal emitido pela UC, no instante seguinte.

Há sistemas em que essa soma se realiza na própria UAL e há outros que possuem um somador especialmente projetado para essa finalidade.

Usando a LTR:

P_1 CI ← CI + n, sendo n a quantidade de bytes da instrução corrente.

Deve ser observado aqui que esta etapa não costuma ser considerada de forma isolada no tempo, sendo usualmente realizada juntamente com o período de busca da instrução (especialmente em máquinas RISC, onde todas as instruções possuem a mesma largura e, por isso, *n* é fixo e sempre conhecido, enquanto outros processadores a usam mais adiante. Ou seja, naqueles sistemas não há um instante P específico para incremento do CI; no entanto, consideramos neste texto sempre de valor separar esta atividade das demais, atribuindo-lhe um instante P de tempo).

C) Decodificação da operação

No instante seguinte, P_6, a UC emite o sinal para que os **x** bits correspondentes ao campo do C.Op. da instrução (em geral são os *x* bits mais à esquerda) sejam enviados à entrada do decodificador, e este, após um intervalo para decodificação (latência do decodificador), ativa uma única das 2^x saídas, a que seja correspondente ao código da operação a ser executada.

P_1: Dec ← RI (C.Op.)

D) Busca do operando

Quando a instrução requer a busca do operando, esta é realizada por meio de uma operação de leitura semelhante às que detalhamos nos Caps. 4 e 6; esta operação usa o conteúdo do(s) campo(s) referente(s) ao endereço do dado, bem como o REM, RDM e BE, BD e um dos registradores de dados, cujo endereço é indicado na instrução.

P_1:	REM ← RI (operando)	conteúdo do campo operando
	M ← UC	sinal Leitura (Read)
P_2:	BD ← M	
P_3:	RDM ← BD	
P_4:	Reg ← RDM	

E) Execução da operação

Conforme já mencionado no Cap. 6, a UC possui uma programação específica para execução de cada uma das diversas instruções de máquina que cada processador possui implementado. A seqüência de microoperações para completar uma operação de soma é diferente da seqüência para executar uma operação de subtração, que também é diferente da seqüência para executar uma operação de desvio, e assim por diante.

No item 6.4 mostramos dois exemplos de execução de operações, uma para a instrução LOAD (buscar um valor na memória e armazenar em um registrador de dados) e outro para a instrução ADD (somar um valor com outro e armazenar o resultado). Em ambos os casos a instrução faz referência a endereços do dado, seja na memória ou em um dos registradores de dados. Vamos apresentar um exemplo com a operação de soma, representativa da maioria das operações aritméticas ou lógicas. Naturalmente, se a operação fosse MOV ou fosse JP (desvio) a seqüência seria diferente.

P_1:	UAL ← (Reg_A)	
	UAL ← (Reg_B)	
P_2:	UAL ← UC	sinais de controle indicadores da op. SOMA
P_3:	Reg_A ← UAL	

F) Escrita do resultado

Esta também é uma etapa que nem sempre é realizada em um ciclo de instrução, pois há diversas delas que nada escrevem como resultado da sua execução; uma instrução de desvio, uma instrução de chamada de sub-rotina e outras mais.

P_1:	REM ← RI (operando)	conteúdo do campo operando
	M ← UC	sinal Escrita (Write)
P_2:	RDM ← Reg_A	
P_3:	BD ← RDM	
P_4:	M (end) ← BD	

Nos parágrafos anteriores relacionamos as possíveis microoperações a serem comandadas pela UC durante a realização do ciclo de uma instrução. Naturalmente, a lista não é completa em quantidade, em qualidade e nem nos instantes de tempo citados, porém é bastante aproximada, permitindo a compreensão do resultado do funcionamento da UC. Resta analisar como é o procedimento interno na UC para que ela possa ter emitido os sinais de ativação para as microoperações relacionadas. Neste item vamos mostrar como a UC se organiza quando a seqüência de eventos em seu interior é programada diretamente pela articulação e conexão de circuitos lógicos, o que se chama de *programação no hardware* (*hardwired programmed*).

Para entender o que acabou de ser mencionado, expondo como funciona este tipo de controle, vamos apresentar um exemplo prático, extraído de [STAL06] e [BUCH77].

Consideremos uma UCP (processador) simples, com um único ACC, uma UAL, o RI, o CI, o REM e o RDM e o barramento interno que conduz os sinais de informação entre eles, conforme mostrado na Fig. D.36. A figura não mostra a fiação por onde passam os sinais de controle gerados na UC, mas, para auxiliar o

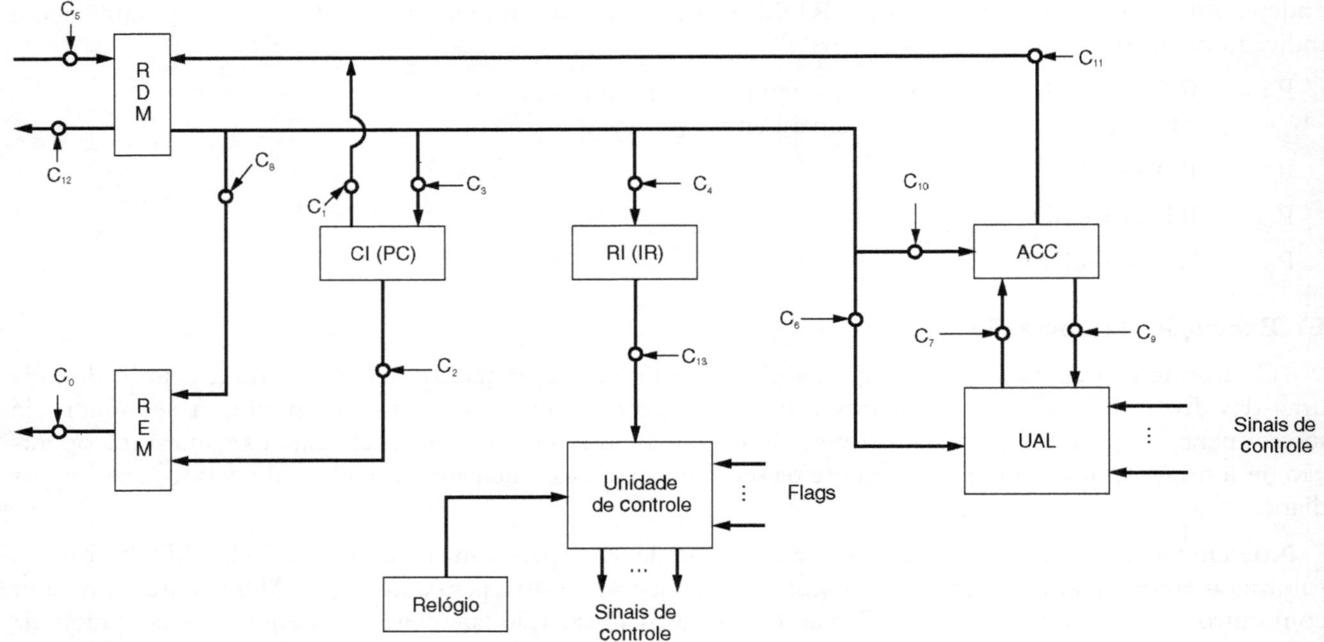

Figura D.36 Sinais de controle em um pequeno sistema.

entendimento, ela apresenta os pontos terminais destes sinais, numerados como C, com um círculo ao lado da correspondente numeração.

A unidade de controle recebe entrada do relógio (vamos ignorar o gerador de sinais, mostrado na Fig. D.35), entrada do registrador de instrução (através do decodificador) e dos flags. Em cada ciclo de relógio, a unidade de controle realiza a leitura de todas as entradas, as quais passam por alguns de seus circuitos lógicos internos, e emite os correspondentes sinais de saída.

A movimentação de dados de um local para outro é um dos eventos mais freqüentes durante a realização de um ciclo de instrução. Anteriormente mencionamos que isto ocorre através da abertura de uma porta lógica no caminho entre os dois locais (ver Apêndice B), e que esta porta era aberta como conseqüência da chegada, em uma de suas entradas, de um sinal de controle.

O círculo C_4 da Fig. D.36 mostra exatamente a porta lógica que permite, por exemplo, que uma instrução vinda da memória seja transferida do RDM para o RI, durante o ciclo de busca. Isto ocorrerá quando em C_4 chegar um sinal de controle da UC.

A essência do processo consiste em entendermos como funcionam os circuitos combinatórios internos da UC. Para cada sinal de entrada produz-se um sinal de saída derivado de uma expressão booleana implementada nos circuitos da UC.

Vamos considerar o sinal C_5 de controle. Este sinal acarreta a leitura de dados do barramento externo para o RDM. Além disso, no ciclo de busca de um ciclo de instrução temos:

t_1: REM ← (CI)	sinal de controle ativo: C_2
t_2: (CI) ← (CI) + 1	sinais de controle ativo: C_5 e READ
RDM ← Memória	
T_2: RI ← (RDM)	sinal de controle ativo: C_4

É necessário ainda definir dois novos sinais de controle: P e Q, onde: P = 0 e Q = 0 para o ciclo de busca. Desta forma, pode-se definir C_5 pela seguinte expressão booleana:

$C_5 = P \cdot Q \cdot T_2 + P \cdot Q \cdot T_2$ ou

C_5 = (not P and not Q and T_2) or (not P and Q and T_2)

Isto é, o sinal C_5 será igual a 1 durante o segundo período de tempo (T_2) no ciclo de busca ($P \cdot Q \cdot T_2$) e em outro estágio do ciclo de instrução não constante de nosso exemplo.

A equação lógica mostrada ainda não está completa. Falta incluir a parte relativa à execução de instruções. Suponhamos, p.ex., que as instruções LDA e ADD são as únicas (do conjunto de instrução de nosso computador) que realizam leitura de dados da memória. Assim,

$$C_5 = P \cdot Q \cdot T_2 + P \cdot Q \cdot T_2 + P \cdot Q \cdot (LDA + ADD) \cdot T_2$$

onde P = 1 e Q = 0 para o ciclo de execução e LDA/ADD são resultados da decodificação.

O processo exemplificado, que resultou na expressão lógica para C_5, deve ser repetido para cada um dos outros sinais de controle gerados pelo processador. A conseqüência final é a construção de inúmeras expressões lógicas que definem o comportamento da UC e, por fim, do processador. Pelo exemplo da Fig. D.36 podemos imaginar a enorme quantidade de expressões lógicas que devem ser definidas para um processador grande e real, o que garante extrema complexidade à tarefa. Além disso, há uma grande inflexibilidade no método, visto que qualquer alteração que se deseje fazer em algum elemento da UCP (inclusão de dispositivo etc.) acarretará a necessidade de redefinição de todo o conjunto de expressões lógicas. A vantagem do processo é que a instrução de máquina buscada é imediatamente executada pelo hardware, com o conseqüente ganho de velocidade. Processadores com arquitetura RISC utilizam esta técnica de funcionamento da UC visando justamente a este ganho de velocidade na execução dos ciclos das instruções. Como as instruções de máquinas RISC tendem a ser mais simples, também a tarefa de especificar as inúmeras expressões lógicas tem sua complexidade um pouco reduzida.

Além disso, os defensores dessa estratégia também alegam que atualmente os processadores surgem e, em pouco tempo, são superados por outros mais avançados, o que requer nova definição da UC e, por isso, a desvantagem de inflexibilidade da opção de programação no hardware deixa de ser tão grande.

D.2.3.2 Controle por Microprogramação

Conforme foi observado no item anterior, o funcionamento da unidade de controle de um processador já é bastante complexo por sua própria natureza (sincronização e geração de uma enorme quantidade de sinais para controlar, no tempo certo, a efetivação de várias ações dentro do processador), especialmente se este controle tiver que ser (como no item anterior) realizado através de um conjunto de circuitos lógicos.

Em que consiste, na realidade, a execução de um ciclo de instrução? Na realização, já vimos, de uma certa quantidade de pequenas operações, basicamente de transferência de valores binários entre registradores e, eventualmente, de uma operação matemática qualquer. Estas "pequenas" operações (pequenas pela sua simplicidade e curta duração) são denominadas *microoperações*. No início do item anterior decompusemos um ciclo de instrução em suas inúmeras microoperações, indicando-se, inclusive, sua seqüência no tempo, por meio da inserção dos tempos de cada uma.

Uma microoperação é a menor ação que pode ser realizada em um processador, consistindo em geral na ativação de um flip-flop (por um pulso de relógio) ou, ainda, na abertura de uma porta lógica para movimentação de dados de um registrador para outro.

Na verdade, pode-se definir precisamente que tipo de ação ocorre por meio de uma microoperação, já que são muito poucas:

- **Transferência de um dado de um registrador para outro**
  É o caso da microoperação RI ← RDM (parte de um ciclo de busca de uma instrução) ou o caso da microoperação $Reg_d \leftarrow Reg_o$ (parte do ciclo da execução de uma instrução MOV).
- **Realização de uma operação aritmética ou lógica, na UAL ou na FPU**
  Toda operação desse tipo tende a ser realizada, especialmente na FPU, em diversas etapas, cada uma delas sendo uma microoperação, como, p.ex., o alinhamento de expoentes/mantissas em uma operação de soma de números representados em ponto flutuante.
- **Transferência de um dado de um registrador para o barramento de dados**
  É o caso da microoperação BD ← RDM, em uma operação de escrita, ou da microoperação BD ← M

- **Transferência de um dado do barramento de dados para um registrador**
  É o caso da microoperação RDM ← BD, em uma operação de leitura.

Como já enfatizado anteriormente, toda microoperação, qualquer que seja seu tipo, é realizada em essência por meio do movimento de sinais elétricos (sinal de controle ou bits de um dado ou de uma instrução) de um local para outro (registrador, célula de memória, barramento de dados ou de endereço), inclusive quando a UAL está realizando uma operação aritmética, onde o sinal correspondente a um bit se movimenta desde sua entrada, passando por algumas portas lógicas e chegando na saída um sinal correspondente ao bit do resultado.

Uma microinstrução é o processo prático de definir uma microoperação, determinando qual porta lógica deve ser aberta ou em qual registrador um sinal de relógio deve ser introduzido. Deste modo, para cada microoperação deve haver uma microinstrução que indique o sinal apropriado a ser emitido (bit 0 – tensão baixa ou bit 1 – tensão alta) para uso em cada um dos pontos referenciados pela microoperação. Por exemplo, para efetivar a transferência dos bits de endereço de uma instrução, os quais estão armazenados no CI, para o REM, há uma porta lógica no caminho entre CI e REM (uma linha de controle, vindo da UC, une os dois), que será ativada (bit 1 aparece durante o intervalo de tempo correspondente a t_1) pela interpretação da microinstrução correspondente.

Para melhor entendimento do que será descrito a seguir, vamos considerar que macroinstrução (termo não utilizado normalmente, sendo adotado aqui em contraposição à microinstrução, este sim largamente difundido) é uma instrução em linguagem de máquina (mnemônico Assembly do tipo ADD, LDA etc.), e que o processo de executar uma macroinstrução é denominado interpretação, se foi realizado, é claro, segundo a metodologia de microprogramação.

O termo microprogramação foi primeiramente utilizado por Maurice V. Wilkes (Wilkes era professor no Cambridge University Mathematical Laboratory), em 1951, em um artigo por ele divulgado, onde propunha que as ações da unidade de controle de um computador fossem realizadas através da execução de instruções (conceitualmente semelhantes a instruções em linguagem de máquina) que, como resultado, produziriam a realização de uma ação ou operação aritmética/lógica pelo hardware. Estas instruções foram denominadas por Wilkes de microinstruções, para diferençar da instrução de máquina (macroinstrução) que as originou e, também, porque realizam uma operação de mais curta duração que o tempo gasto para realizar uma macroinstrução. O conjunto de microinstruções foi, então, chamado de microprograma [WILK51].

Assim, foi inserido um nível intermediário entre o nível de linguagem de máquina (que era até então o nível mais baixo de software) e o nível de hardware. Este nível, denominado *firmware*, é constituído pelo microprograma citado.

O primeiro e mais famoso sistema de grande porte microprogramado foi o sistema IBM/360, anunciado pela IBM em abril de 1964. Na prática, parece que temos uma micro-UCP no interior da UCP, visto que deveremos ter, para executar o microprograma:

- Memória – usualmente chamada memória de controle, que armazena as microinstruções. É, em geral, do tipo não-volátil, isto é, ROM, de modo que um usuário não destrua acidental ou intencionalmente seu conteúdo;
- Microcontador de instruções – para armazenar o endereço da próxima microinstrução;
- Microrregistrador de instrução – que armazena a microinstrução correntemente interpretada.

A Fig. D.37 mostra um exemplo de unidade de controle microprogramada.

Tipos de projeto de microinstruções

Há dois métodos de formatar e usar uma microinstrução:

- microinstruções horizontais; e
- microinstruções verticais.

Uma microinstrução horizontal (ver Fig. D.38) é projetada de modo que cada bit da microinstrução tenha uma função específica – controlar uma linha de controle interna da UCP (por exemplo, abrir uma porta lógica); controlar uma linha do barramento externo de controle; definir uma condição de desvio e endereço de desvio, quando for o caso. Uma instrução desse tipo é executada através:

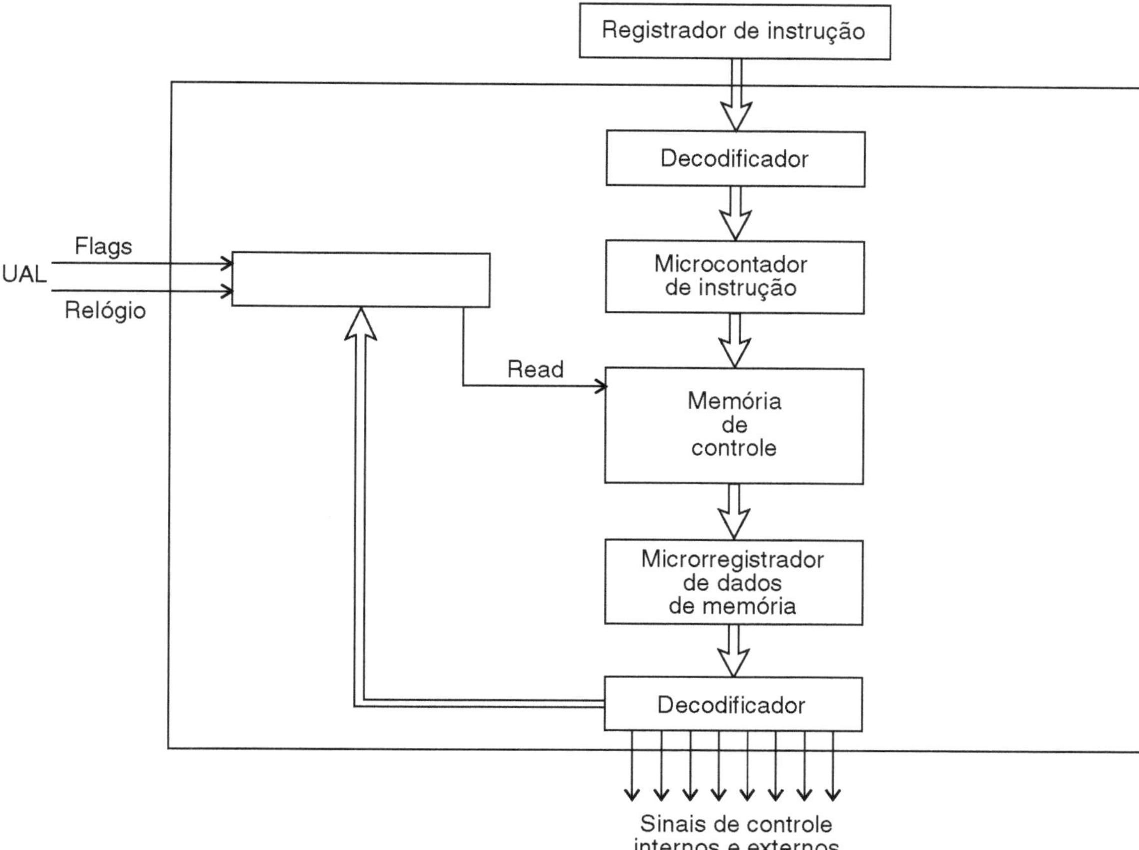

Figura D.37 Exemplo de unidade de controle microprogramada, com microinstruções verticais (uso de decodificador).

- da ativação das linhas de controle cujo correspondente bit é de valor igual a 1 (a microoperação é realizada). As demais (valor do bit correspondente igual a zero) permanecem como anteriormente;
- da avaliação dos bits de condição: se todos forem iguais a zero, deve-se executar a próxima microinstrução em seqüência, isto é, não há desvio. Se um dos bits de condição for igual a 1, então será executada em seguida a microinstrução cujo endereço na memória de controle consta do campo de endereço (campo EPMI da Fig. D.38).

Um formato deste tipo tem a vantagem de ser o mais simples e direto possível, podendo controlar várias microoperações em paralelo (no mesmo ciclo de relógio). Ele tem uma outra vantagem potencial, referente a uma eficiente utilização do hardware, pois pode iniciar várias microoperações simultâneas. No entanto, tem uma grande desvantagem no que se refere à ocupação de espaço de memória de controle. Justamente porque usa um bit para cada ação e como em um computador de razoável capacidade de processamento a quantidade de microoperações é grande, as microinstruções têm um tamanho normalmente extenso (às vezes, mais de 60 bits são usados em uma microinstrução) e, em conseqüência, o tamanho requerido para a memória de controle também o é, o que acarreta elevação de custos para o projeto da UCP.

Para evitar o excesso de bits de uma microinstrução horizontal, pode-se introduzir um passo de decodificação no processamento da microinstrução. Em outras palavras, em vez de os bits da microinstrução acessarem diretamente uma linha de controle, esses bits podem significar o código de um grupo de ações. A unidade de controle necessitará, então, de um decodificador extra para identificar quais as linhas que serão efetivamente ativadas. Este tipo de microinstrução é denominado vertical. Assim, por exemplo, é possível incluir na microinstrução um código de 4 bits, que representa 16 linhas de controle. Desse modo, economizam-se 12 bits (16 − 4) na instrução. A Fig. D.39 mostra um exemplo de formato de microinstrução vertical.

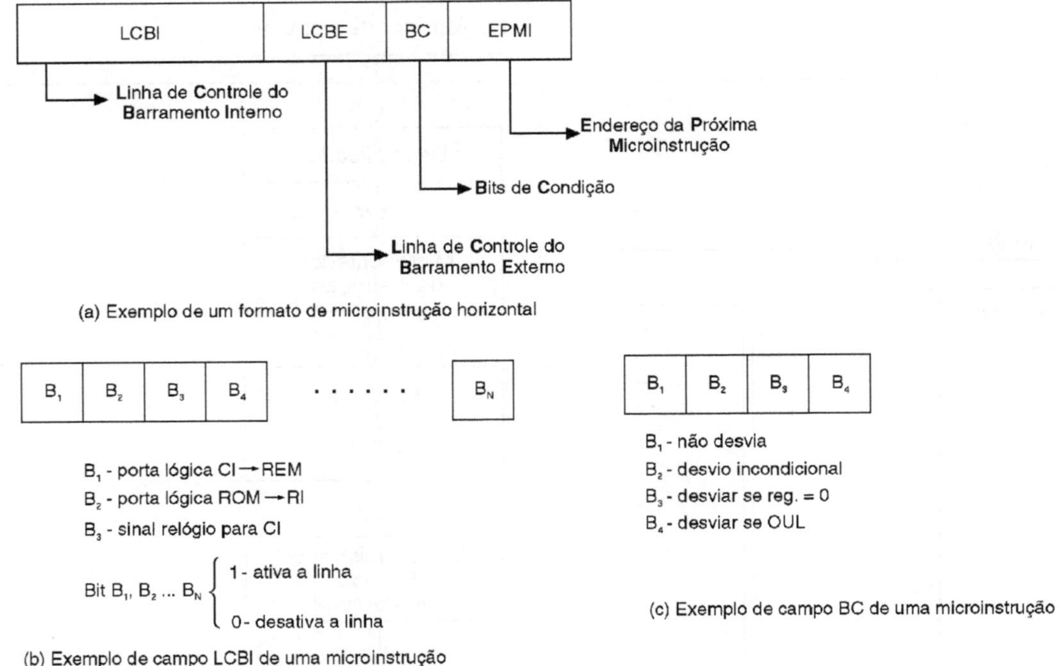

Figura D.38 Exemplo de microinstrução horizontal.

Um formato do tipo vertical tem a vantagem de reduzir o custo da UC, pois a memória de controle se torna menor em tamanho devido à redução dos bits das microinstruções, embora possa haver mais microinstruções. Por outro lado, ocorre uma perda de tempo devido à necessidade de decodificação dos campos de cada microinstrução e, nesse caso, o tempo de processamento da macroinstrução se torna maior do que quando se trata de microinstruções horizontais.

É possível criar um projeto de formato misto, de modo que a microinstrução resultante não seja totalmente horizontal – isto é, com a maior quantidade possível de bits – nem totalmente vertical, isto é, com a codificação de todos os campos. Este formato, conquanto reduza a quantidade de bits em relação ao formato horizontal (reduz o custo da memória de controle), não introduz acentuada perda de tempo em decodificação.

Qualquer que seja a consideração, sempre haverá a diferença de desempenho e custo entre os dois formatos, induzindo os usuários a diferentes escolhas, de acordo com suas necessidades. O usuário que desejar um sistema de controle rápido, embora caro, certamente optará pelo formato horizontal, ao passo que o usuário cuja prioridade seja baixo custo, mesmo com perda de desempenho em tempo, deverá optar pelo modelo de microinstrução vertical.

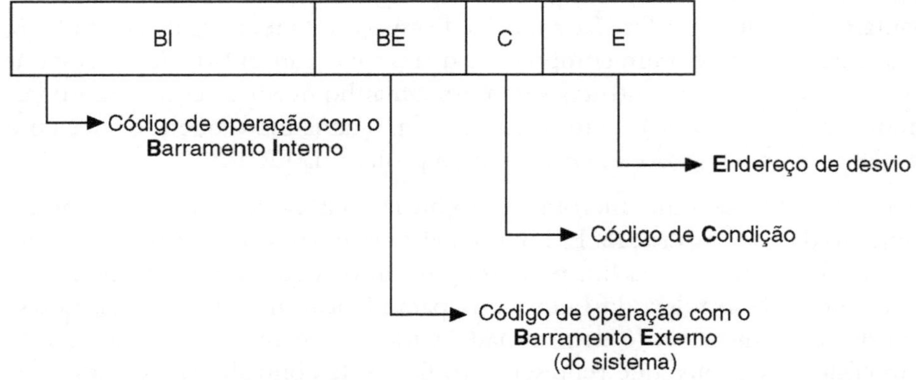

Figura D.39 Exemplo de microinstrução vertical.

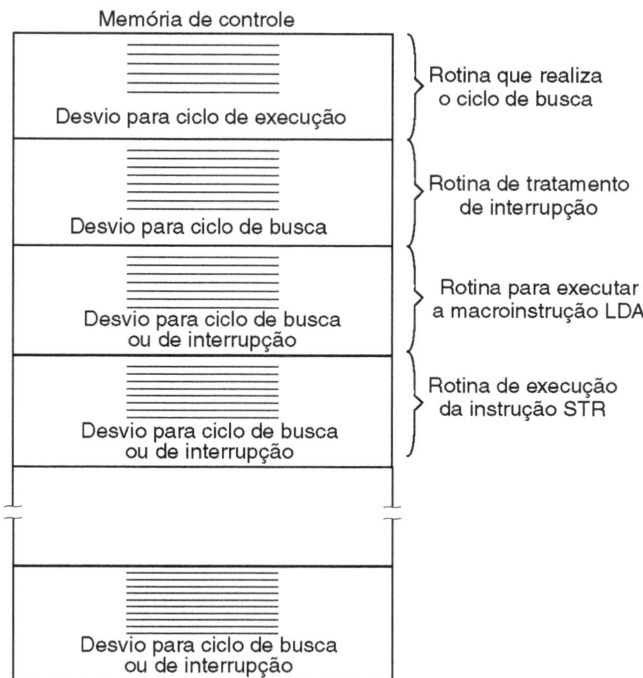

Figura D.40 Exemplo de configuração de memória de controle, contendo as diversas rotinas armazenadas.

Na realidade, um microprograma é constituído de várias microrrotinas (grupos de microinstruções com o mesmo propósito), seqüencialmente armazenadas na memória de controle, sendo que, em geral, a primeira rotina refere-se à realização do ciclo de busca de uma macroinstrução. A Fig. D.40 mostra um exemplo de configuração de memória de controle com as diversas rotinas armazenadas em seqüência. O processamento normal consiste em um loop permanente com a primeira rotina (que realiza o ciclo de busca de uma macroinstrução) e, daí para diante, acessa-se a rotina referente à macroinstrução desejada, identificada pelo seu código de operação, através de desvio para o endereço apropriado obtido durante a decodificação da C.Op.

Uma análise comparativa de um processador controlado por hardware e por microprograma

Antes de concluir este item vamos apresentar um outro exemplo comparativo de organização e funcionamento das unidades de controle (UC) dos processadores, descrevendo uma UC segundo as duas linhas estratégicas: de programação no hardware e microprogramada. Para tanto, vamos nos valer de uma UC e de um exemplo, descritos em [ECKE90].

O exemplo em questão considera um processador/memória principal (RAM) bem limitado, porém constituído dos componentes básicos necessários ao entendimento e à realização do exemplo. A descrição da situação será conduzida do seguinte modo:

1. Apresentação das características essenciais do processador criado para o exemplo (denominado processador X), bem como os sinais de controle requeridos para o funcionamento da sua unidade de controle – UC;
2. Descrição do funcionamento da UC segundo a metodologia de controle por hardware e, nesse caso, é descrito o interior da lógica existente na UC para execução do ciclo de busca (fetch) e de execução (execute) de cada uma das instruções de máquina que o referido processador possui;
3. Descrição do funcionamento da UC segundo a metodologia de controle por microprograma e explicação sobre as microinstruções e a microarquitetura requeridas.

Com o exemplo mostrado pode ser realizada uma comparação entre as duas metodologias, em termos de flexibilidade e recursos envolvidos.

Características básicas do Processador X (ver Fig. D.41)

- palavra de 12 bits, mesmo tamanho das instruções de máquina;
- barramento único com 12 bits de largura (endereços de 8 bits e dados de 12 bits);
- CI (PC) e REM (MAR) ambos com 8 bits de largura;
- RDM com 12 bits de largura;
- ACC, reg. B, RI (IR) e UAL (ALU) todos com 12 bits de largura;
- UC (control) gerando 16 sinais de controle (ver Tabela D.4);
- memória principal (RAM) com 256 células de 12 bits cada uma;
- formato das instruções: C. Op. (4 bits) + campo Operando (8 bits)
- conjunto de oito instruções (podem ser 16, mas só se usou 8), descritas na Tabela D.5.
- em toda instrução que utiliza dois operandos (soma e subtração), um deles tem seu endereço indicado no campo operando e o outro é o acumulador (ACC);
- o barramento único serve para movimentação de dados entre registradores (ACC e reg. B); também para enviar e receber dados da memória RAM via RDM e para a UAL.

Sinais de Controle (ver Tabela D.4)

- todos os dispositivos são controlados por meio de 16 sinais de controle (ver Tabelas D.4 e D.6), sendo a maioria deles para leitura e escrita. Quando um determinado registrador recebe o sinal L (Load), ou seja, quando o sinal aparece, o valor existente no barramento é transferido para o registrador específico, p.ex., LB é leitura para o registrador B e LA significa leitura para o registrador A. Já o de escrita (E – enable) serve para transferir dados de um registrador para outro; p.ex., quando o sinal EA se torna ativo em um

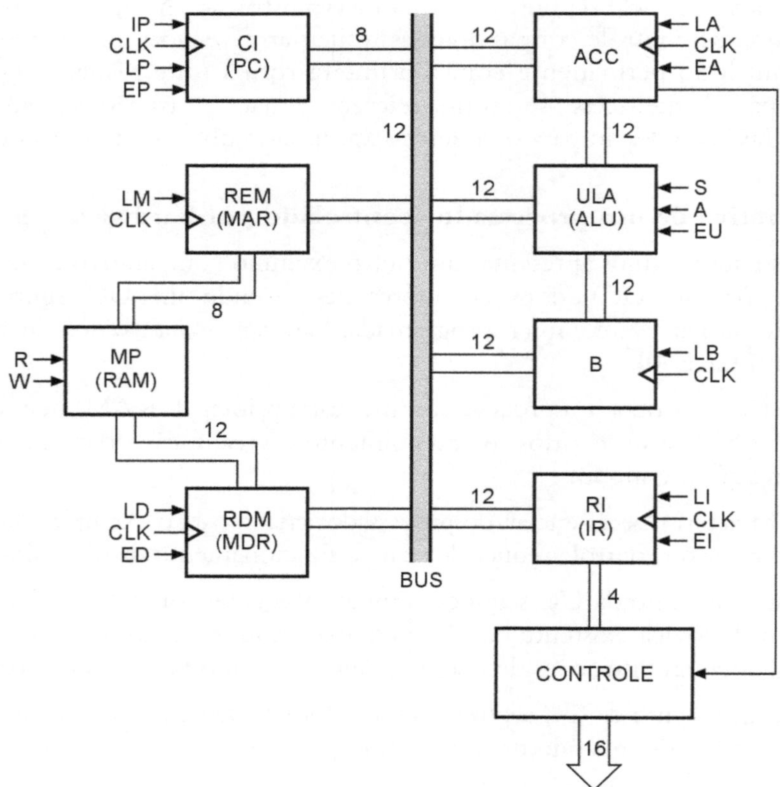

Figura D.41 Diagrama em blocos da arquitetura do processador X.

Tabela D.4 Sinais de controle utilizados pelo processador X

Sinal de Controle	Descrição
LA	Load ACC – ler do barramento para o acumulador (ACC)
EA	Enable ACC – transferir do acumulador (ACC) para barramento
S	Efetuar operação de subtração na UAL
A	Efetuar operação de soma na UAL
R	Active Read – ativar leitura da memória RAM para o RDM
W	Active Write – ativar escrita do RDM para a memória RAM
EU	Enable UAL – habilitar UAL, para execução da operação
LB	Load B – ler do barramento para o registrador B
LI	Load RI – ler do barramento para o RI
EI	Enable RI – habilitar RI
LD	Load RDM – ler do barramento para o RDM
ED	Enable RDM – habilitar RDM
IP	Efetua CI + 1 e atualiza o CI
LP	Load CI – leitura do barramento para o CI
EP	Enable CI – habilitar CI
LM	Load REM – ler do barramento para o REM

dado instante significa que o conteúdo do ACC (A) é transferido para o barramento (provavelmente ele é usado em conjunto com um sinal de L, para o dado sair do barramento e ir para o respectivo registrador). Assim, uma transferência de dados do registrador ACC para o registrador B requereria os sinais de controle EA e LB.

– também existem os sinais de controle A (somar ou ADD) e S (subtrair), que comandam a ação da UAL para efetuar a soma entre dados com 12 bits de largura armazenados nos registradores ACC e B (entradas para a UAL). O ACC possui ainda um registrador de 1 bit (flip-flop) que é setado (bit 1) sempre que o valor armazenado no ACC for negativo (como o processador opera com valores inteiros representados em complemento a 2, o bit mais à esquerda é igual a 1 para valores negativos). Esta informação será útil para execução de instruções de desvio.

– a memória principal RAM possui 256 células de 12 bits cada uma, para armazenar instruções ou dados ou ainda valores para entrar ou sair do sistema (E/S); algumas células são reservadas para isso, já que este sistema não possui portas de E/S (I/O). A leitura ou escrita na memória é realizada por dois sinais de controle, R (read) para leitura e W (write) para escrita. Quando o sinal R estiver ativo, o dado existente na memória, no endereço indicado no REM (MAR), será transferido para o RDM (MBR), e quando o sinal W estiver ativo, então, o valor armazenado no RDM (MBR) será transferido para a memória no endereço indicado no REM (MAR).

A UC do processador ainda gera um sinal de controle IP que acarreta o incremento de 1 no conteúdo do CI (PC); como todas as instruções possuem a largura de 1 célula e o CI armazena o endereço da MP (RAM) da próxima instrução a ser buscada e executada, este incremento de 1 sempre aponta para a próxima. A instrução buscada é armazenada no registrador de instrução, RI (IR), cujos 4 bits mais à esquerda (código de operação da instrução) são transferidos, em seguida, para o decodificador, como veremos a seguir.

Conjunto de Instruções do Processador X (Tabela D.5)

O conjunto de instruções de máquina do processador X é constituído, neste exemplo, de oito instruções apenas, todas com largura fixa igual a 12 bits, embora ele pudesse ter até 16 delas, visto que o campo código de operação tem 4 bits ($2^4 = 16$), e o decodificador de instruções tem quatro entradas, podendo ter até 16 saídas (ver Figs. D.42 e D.44). Todas as instruções têm o mesmo formato, a seguir mostrado, constituído de dois campos: um para o código de operação, com 4 bits, e o outro, campo operando, com 8 bits, que indica, quando usado, o endereço de memória do dado (ou de um deles, se a instrução requerer mais de um); nas

Tabela D.5 Conjunto de instruções do processador X

Instrução	C. Op. (bits) (hexa)	Descrição	Microoperações	Pulsos	Sinais de Controle Ativados
LDA Load ACC)	0000 1	ACC ← (M)	1. REM ← RI 2. RDM ← M(REM) 3. ACC ← RDM	3 4 5	EI, LM R ED, LA
STA Store ACC	0010 2	(M) ← ACC	1. REM ← RI 2. RDM ← ACC 3. M(REM) ← RDM	3 4 5	EI, LM EA, LD W
ADD Somar (ACC) com (B)	0011 3	ACC ← ACC + (B)	1. ULA ← ACC + B 2. ACC ← ULA 3	3 4	A EU, LA
SUB Subtrair (B) do (ACC)	0100 4	ACC ← ACC − (B)	1. ULA ← ACC − B 2. ACC ← ULA 3	3 4	S EU, LA
MBA Mover (ACC) para (B)	0101 5	B ← ACC	1. B ← ACC	3	EA, LB
JMP Desviar p/endereço	0110 6	CI ← Op.	1. CI ← RI	3	EI, LP
JN Desviar se (ACC) negativo	0111 7	CI ← Op. Se reg. flag é neg. (bit 1)	1. CI ← RI, se flag setado	3	flag: EI, LP
HLT Parar	1000-1111 8-15	Para o relógio			
Busca (fetch)		IR ← Próx. instrução	1. REM ← CI 2. RDM ← M (REM) 3. RI ← RDM	0 1 2	EP, LM R ED, LI, IP

instruções que manipulam dois operandos, um deles estará na memória (endereço no campo operando) e o outro é obrigatoriamente o registrador acumulador (ACC).

Formato das instruções

Código de operação	Operando
4 bits	8 bits

A Tabela D.5 relaciona todas as instruções definidas para o processador e mais os mesmos elementos para a operação de busca ("fetch"), indicando, na primeira coluna à esquerda, sua sigla em linguagem Assembly (e a descrição da operação); na segunda coluna aparece o código de operação em valor binário e hexadecimal; a terceira coluna contém a descrição em LTR; a quarta coluna mostra as microoperações definidas para cada instrução; a quinta coluna indica a seqüência de pulsos do contador de relógio, e a sexta e última coluna apresenta os sinais de controle ativados para a efetivação do ciclo de cada instrução.

Assim, por exemplo, a instrução LDA (*load accumulator* – carregar acumulador) consiste nos seguintes passos: a transferência dos 8 bits do campo operando (endereço do dado) para o REM; os sinais de controle EI e LM (ver Tabela D.4) se tornam ativos; definido o endereço, o passo seguinte é a memória localizar o dado (decodificação do endereço) e transferi-lo para o RDM, e, para isso, o sinal R (Read) é ativado. O último passo é a transferência do valor do dado do RDM para o ACC, e isso é obtido pelos sinais ativos ED (enable RDM) e LA (load ACC).

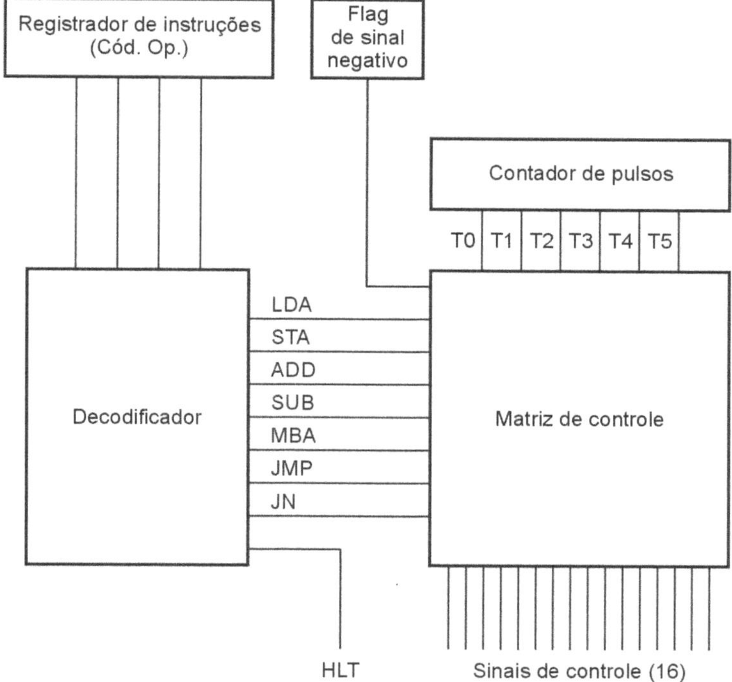

Figura D.42 Diagrama em bloco da UC programada por hardware.

Descrição da Unidade de Controle Construída com Metodologia de Programação no Hardware

A unidade de controle programada no hardware do processador X é organizada por meio dos componentes mostrados em bloco na Fig. D.42, a saber:

- **Decodificador de instruções** (ver Fig. D.44), o qual é alimentado (entrada) pelas quatro linhas mais à esquerda de saída do registrador de instrução (RI), que contém o valor do código de operação (C.Op.) e possui oito linhas de saída, uma para cada instrução de máquina, embora pudesse ter 16 linhas. Durante o funcionamento do sistema, o decodificador fornece uma única saída válida em cada instante, correspondente ao código de operação na entrada.
- **Contador circular de pulsos** (*ring counter*) – este dispositivo, que é sincronizado pelo relógio do sistema, fornece uma seqüência ininterrupta de seis sinais de relógio (pulso T_0 até T_5, ativando um de cada vez a partir do pulso T_0 e até o pulso T_5, quando ele reinicia a seqüência novamente pelo pulso T_0, e assim por diante (ver Fig. D.43)). Os pulsos do contador são enviados para a matriz do controle.
- **Matriz de controle** – a essência da unidade de controle programada no hardware está inserida na matriz de controle, a qual contém os circuitos lógicos convenientemente organizados de modo a produzir os sinais de controle requeridos a cada microoperação e na sua seqüência apropriada. A matriz, conforme se observa nas Figs. D.42 e D.45, recebe como entrada o sinal de ativação de uma das oito linhas de saída do decodificador (indicação de qual instrução está sendo executada), bem como a entrada sistemática

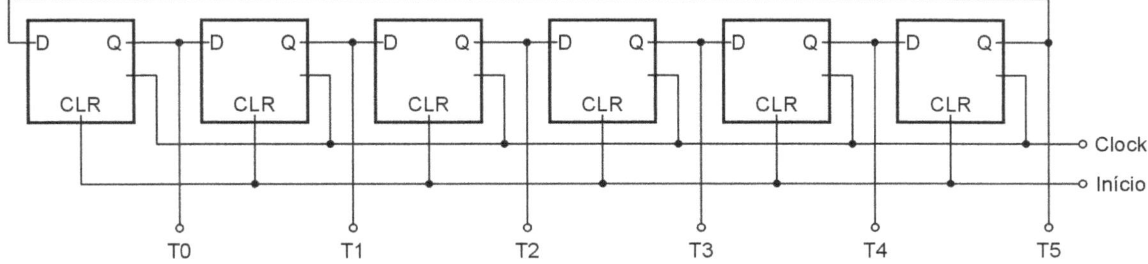

Figura D.43 Organização interna do contador de pulsos.

Tabela D.6 Matriz de tempos em que os sinais de controle devem estar ativos para a execução das instruções do processador X, por meio da UC programada no hardware

	IP	LP	EP	LM	R	W	LD	ED	LI	EI	LA	EA	A	S	EU	LB
Busca	T2		T0	T0	T1			T2	T2							
LDA				T3	T4			T5		T3	T5					
STA				T3		T5	T4			T3		T4				
MBA												T3				T3
ADD											T4		T3		T4	
SUB											T4			T3	T4	
JMP		T3								T3						
JN		T3.NF								T3.NF						

dos pulsos do contador de pulsos (T_0 a T_5), além do registrador de flag de valor negativo. Ela, então, fornece os pulsos de controle (16 ao todo) conforme a seqüência determinada previamente pela sua interligação interna (Fig. D.45).

Para se entender a interligação mostrada na Fig. D.45, precisa-se do conhecimento obtido sobre cada instrução de máquina (sinais de ativação principalmente) constante da Tabela D.5 e da seqüência determinada dos sinais de tempo do contador de pulsos, mostrados na seqüência apropriada na Tabela D.6

A Tabela D.6 foi preparada a partir da Tabela D.5 com a descrição das instruções e seus sinais de controle a serem ativados. Para tanto, listou-se a etapa de busca e mais as instruções de máquina (coluna mais à esquerda), que se constituem na saída do decodificador. As colunas seguintes (ao todo são 16) foram criadas uma para cada um dos 16 sinais de controle gerados pela UC. E as entradas da tabela consistem nos instantes indicados pelos seis pulsos do contador, T_0, T_1, T_2, T_3, T_4 e T_5 em que os sinais de controle da respectiva coluna devem estar ativos de modo a se obter a execução da instrução relacionada na respectiva linha.

A tabela foi preparada obtendo-se a informação de cada instrução, contida na última coluna da Tabela D.5. Por exemplo, a operação de busca (última linha da Tabela D.5) tem indicados os sinais de controle EP e LM como ativos para o instante correspondente ao pulso T_0; o sinal de controle R no instante correspondente ao pulso T_1 e, no instante seguinte, T_2, há os sinais ativos ED, LI e IP.

Concluída a elaboração da Tabela D.6 conforme as regras mencionadas, obtém-se em seguida a lógica requerida para cada sinal de controle, que redundará no diagrama da Fig. D.45. Assim, em cada sinal de controle a ser gerado pela UC deve haver uma operação lógica AND a ser efetuada, tendo como entradas cada um dos pulsos do contador (T_0 a T_5) e a instrução correspondente indicada na parte mais à esquerda do diagrama; caso, p.ex., a coluna da Tabela D.6 correspondente a um específico sinal de controle tenha mais de um pulso lançado, então no diagrama da Fig. D.45 a saída de cada uma das portas AND deve ser combinada por meio de uma porta OR, e a saída desta OR é que irá produzir o sinal de controle em questão. Por exemplo, a coluna LM possui as seguintes entradas: T_0 (busca), T_3 (para a instrução LDA) e T_3 associado à instrução STA. Em conseqüência, a lógica para se obter o sinal LM é dada pela seguinte equação:

$$LM = T_0 + T_3 \cdot LDA + T_3 \cdot STA$$

Os símbolos "+" e "·" representam, respectivamente, as operações lógicas OR e AND (Apêndice B), e pode-se interpretar essa equação como:

– o sinal LM será ativado sempre que uma das seguintes condições for verdadeira:

1. o pulso T_0 (primeira etapa de uma busca), OU (OR)
2. uma instrução LDA estiver armazenada no RI E (AND) o contador de pulso está no instante T_3, OU (OR)
3. uma instrução STA estiver armazenada no RI E (AND) o contador de pulso está no instante T_3.

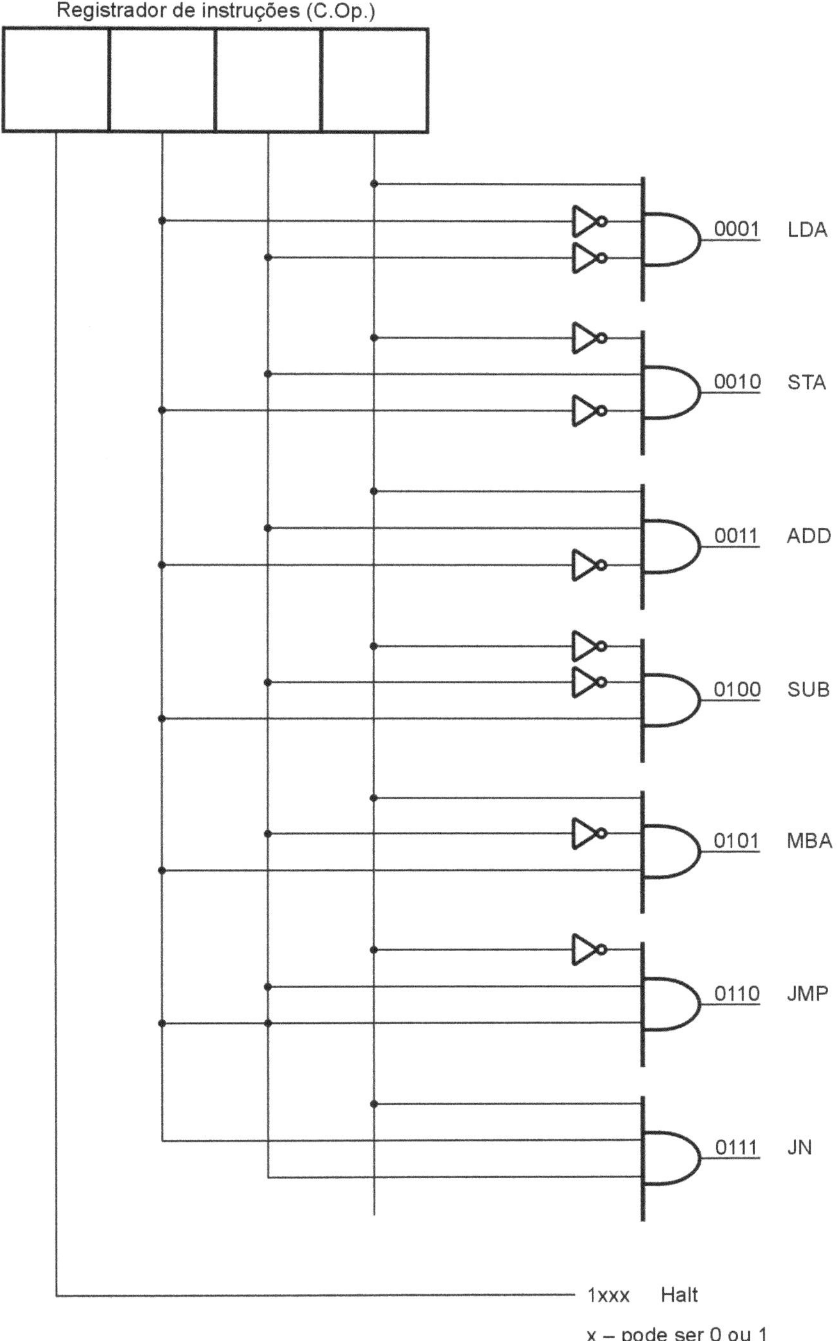

Figura D.44 Organização interna do decodificador (C.Op. = 4 bits) da UC, com metodologia de programação por hardware.

A instrução JN – *jump if negative* (desvio quando o conteúdo do ACC é negativo) é um pouco diferente e, por isso, requer uma explicação especial. Os sinais de controle para esta instrução, EI e LP, somente estarão ativos no instante correspondente ao contador T_3, SE e SOMENTE SE o registrador flag do ACC estiver setado (valor igual a bit 1), o que corresponde ao fato de que o valor armazenado no ACC é um número negativo e é nesse caso que a condição para o desvio (*jump*) é verdade. Por isso é que na Tabela D.6 aparece T_3. NF nas colunas para LP e EI da linha referente à instrução JN, o que significa que o estado do registrador flag (NF – *negative flag*) deve ser combinado com o pulso T_3 por meio de uma porta AND, para aí sim produzir o sinal de controle (LP ou EI).

Tabela D.7 Relação de equações lógicas correspondentes aos sinais de controle do processador X

$IP = T_2$
$W = T_5 \cdot STA$
$LP = T_3 \cdot JMP + T_3 \cdot NF \cdot JN$
$LD = T_4 \cdot STA$
$LA = T_5 \cdot LDA + T_4 \cdot ADD + T_4 \cdot SUB$
$EA = T_4 \cdot STA + T_3 \cdot MBA$
$EP = T_0$
$S = T_3 \cdot SUB$
$A = T_3 \cdot ADD$
$LI = T_2$
$LM = T_0 + T_3 \cdot LDA + T_3 \cdot STA$
$ED = T_2 + T_5 \cdot LDA$
$R = TI + T_4 \cdot LDA$
$EU = T_3 \cdot ADD + T_3 \cdot SUB$
$EI = T_3 \cdot LDA + T_3 \cdot STA + T_3 \cdot JMP + T_3 \cdot NF \cdot JN$
$LB = T_3 \cdot MBA$

O exemplo anterior, em que foi deduzida a equação lógica referente ao sinal LM, é realizado para todos os demais sinais de controle, obtendo-se, deste modo, as equações relacionadas na Tabela D. 7.

Com essas equações estabelecidas, pode-se, finalmente, construir a matriz de controle, com as conexões implementadas por meio das referidas equações. A Fig. D.45 mostra o diagrama das conexões da matriz de controle do processador.

Apenas a instrução HLT (parar) não aparece no diagrama da Fig. D.45, pois sua implementação consiste em conectar a saída da linha respectiva do decodificador diretamente a um circuito que pára o relógio.

Em seguida apresenta-se, ainda dentro do exemplo do processador X, definido neste exemplo, como se poderia implementar seu controle por meio de outra alternativa, isto é, a de controle por microprograma em vez de por programação no hardware.

Descrição da Unidade de Controle Construída com Metodologia de Microprogramação

Ao demonstrar o funcionamento de uma unidade de controle de um processador, verificou-se que essa unidade acarreta a execução das instruções de máquina por meio de um conjunto de sinais de controle emitidos de acordo com uma seqüência apropriada, cada um deles ocorrendo em um pulso específico do relógio do sistema.

Assim, cada grupo de sinais de controle emitidos ocasiona a realização de uma determinada operação básica, a qual pode-se chamar microoperação (para distinguir de uma operação completa, p.ex., de somar dois números – ADD). Uma microoperação é em geral realizada por meio da transferência de bits de um registrador para outro, como mostrado no item anterior. No exemplo exposto sobre a UC programada no hardware, observou-se que as seqüências de sinais de controle eram emitidas pela matriz de controle, cujo diagrama está na Fig. D.45.

Um outro método, alternativo ao controle programado no hardware, denomina-se controle por microprograma, o qual será mostrado a seguir, mantendo-se para efeitos comparativos o mesmo processador X (Exemplo D.1), como referência.

Neste método, pode-se imaginar que o grupo de sinais de controle responsável por uma atividade básica (uma microoperação) pode ser gerado de outra forma, por meio de *microinstruções*, sendo que um conjunto delas (específico para realizar o ciclo completo de uma instrução de máquina) pode se constituir em um *microprograma*, que pode ser armazenado em uma memória especial denominada *memória de controle.*

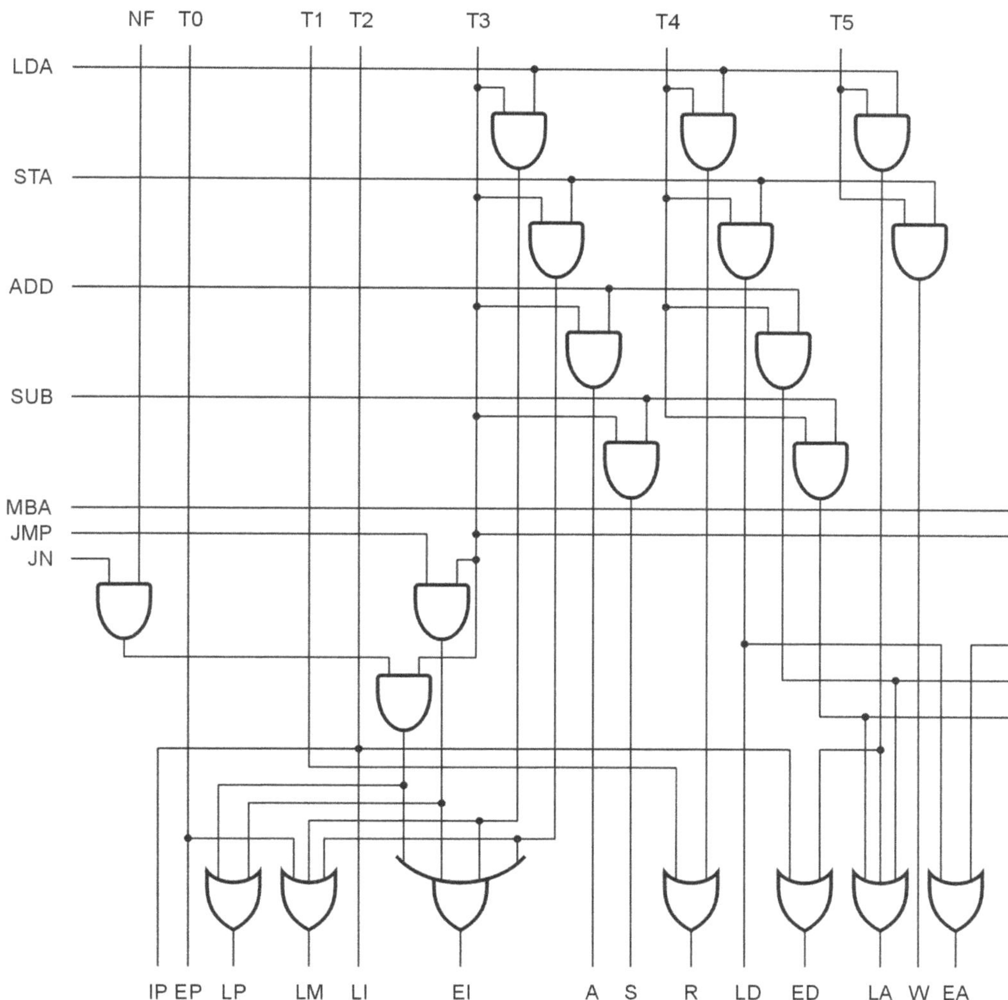

Figura D.45 Organização interna da UC, com a matriz de controle com programação por hardware.

Uma microinstrução é, então, constituída de um grupo de bits, cada um deles correspondendo a um sinal de controle, de modo que quando o bit estiver setado (bit 1) o sinal de controle correspondente àquele bit estará ativo, e nada acontece se o bit estiver igual a 0.

Desse modo, a execução de uma determinada instrução de máquina (como ADD ou LDA ou JN) pode ser interpretada por meio da busca na *memória de controle* da seqüência apropriada de microinstruções (o microprograma para aquela instrução) e enviando cada uma delas para execução. O conjunto de instruções de máquina é, nesse tipo de processador, constituído de um conjunto de microprogramas, cuja execução é disparada pelo resultado da decodificação do código de operação da instrução de máquina.

A Fig. D.46 mostra o diagrama em bloco da unidade de controle – UC do processador X, porém utilizando metodologia de microprograma. Na figura identificam-se vários blocos de componentes, entre os quais o principal deles, que é a *memória de controle* (*ROM*) onde estão armazenados os microprogramas (seqüências de microinstruções); trata-se de um dispositivo de armazenamento como os que já foram vistos anteriormente e cuja configuração nesse exemplo é de um espaço para 32 microinstruções, cada uma delas com largura de 24 bits, segundo o formato mostrado na Fig. D.47 (a), onde ressaltam-se dois campos:

- campo referente aos sinais de controle, com 16 bits, um para cada sinal (Tabela D.4);
- campo para o endereço da próxima microinstrução, com 8 bits, distribuídos em subcampos, conforme mostrado na Fig. D.47 (b).

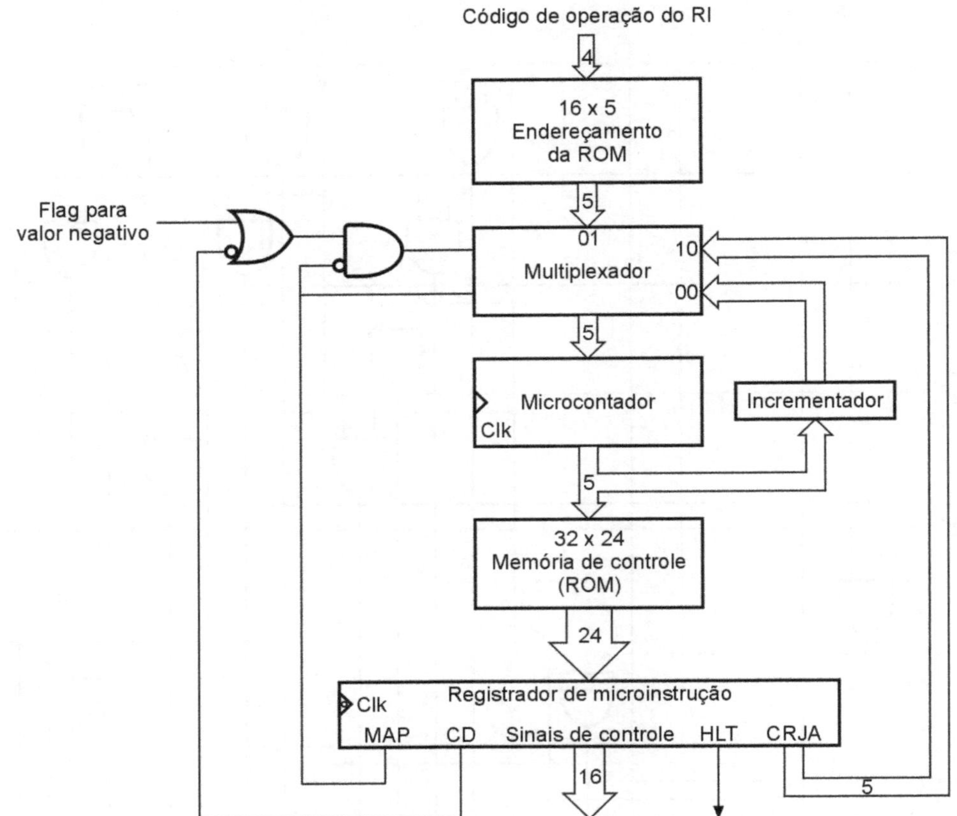

Figura D.46 Unidade de controle do processador X, com controle por microprograma.

Completando a descrição dos demais dispositivos mostrados na Fig. D.46:

- **memória ROM** de endereços – contém os endereços de acesso aos microprogramas e tem espaço para armazenar 16 endereços (cada um correspondente a uma das 16 possíveis instruções de máquina que o processador X pode ter, embora nesse exemplo use apenas oito delas). Como os microprogramas são constituídos por microinstruções e nosso sistema, já foi visto, possui 32 delas, então o endereço de cada uma tem 5 bits de largura; por isso, a memória é 16 × 5. Esta memória recebe os 4 bits do C.Op. da instrução de máquina e obtém o endereço da primeira microinstrução (5 bits) do microprograma correspondente àquela instrução, a qual está, como as demais microinstruções, armazenada na memória de controle.
- **multiplexador** – este dispositivo seleciona uma das seguintes possibilidades de endereço de microinstrução para o microrregistrador de instrução:
  - endereço de 5 bits da primeira microinstrução, recebido da ROM de endereços; ou
  - endereço de 5 bits recebido do incrementador de endereços (um micro CI); ou
  - endereço de 5 bits proveniente do campo de próximo endereço de uma microinstrução (campo CRJA – Fig. D.47 (b)), o qual será descrito adiante.

  e envia o endereço para o microcontador, que funciona de modo igual ao CI – contador de instrução.
- **microcontador (micro-CI)** – armazena o endereço da microinstrução que será buscada da memória de controle para execução imediata; sua saída é para a memória de controle.
- **registrador de microinstrução** – armazena a microinstrucão a ser executada (ver formato na Fig. D.47 (b)), a qual já contém os 16 bits correspondentes aos sinais de controle para envio aos respectivos locais, sendo efetivamente usados os que têm o valor 1 (bit 1).

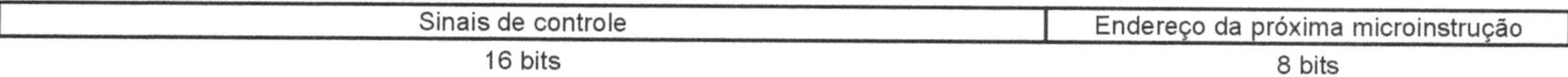

Figura D.47 (a) Formato básico de uma microinstrução do processador X.

MAP	CD	HLT	CRJA
1 bit	1 bit	1 bit	5 bits

Figura D.47 (b) Formato detalhado do campo "endereço da próxima instrução".

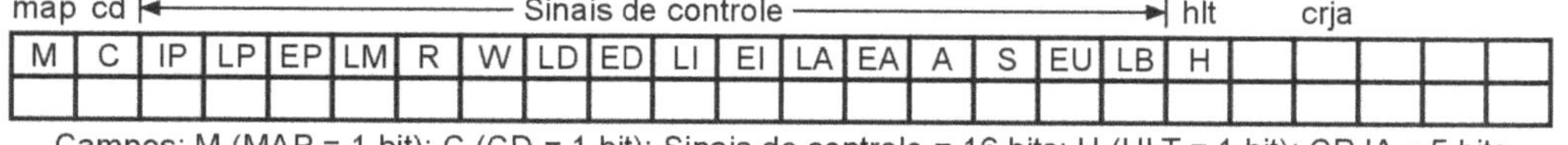

Figura D.47 (c) Formato completo de uma microinstrução.

Funcionamento da Unidade de Controle Microprogramada

Inicialmente, veremos o processo relativo ao ciclo de execução de uma instrução, deixando o ciclo de busca para mais tarde. Desse modo, o processo se inicia com os 4 bits do C.Op. da instrução (bits à esquerda no R) sendo transferidos para a memória ROM de endereços, de modo a ser selecionado o endereço de início do respectivo microprograma (correspondente à instrução decodificada), que é o mesmo endereço da primeira microinstrução desse microprograma; a Tabela D.8 mostra os endereços armazenados na memória ROM de endereços. Por exemplo, o C.Op. 3 (decimal) ou 0011 (binário) é mapeado ao endereço 09 (hexadecimal) de início do microprograma que executa a instrução ADD. Pode-se observar que a Tabela D.8 é o reflexo da relação entre a memória ROM de endereços e a memória de controle; os endereços na primeira são mapeados para a segunda, sendo que o acesso na memória ROM de endereços é sempre o valor do C.Op. (coluna do meio) exceto na etapa de busca (onde o endereço é zero), e o conteúdo do referido endereço (coluna da direita) é o endereço da primeira microinstrução do microprograma que implementa a instrução.

Tabela D.8 Endereços dos microprogramas armazenados na memória de controle

Instrução de máquina	Endereço na memória ROM de endereços (C.Op. em hexadecimal)	Endereço inicial na memória de controle (armazenado na memória ROM de endereços)
Busca (fetch)	0	00
LDA	1	03
STA	2	06
ADD	3	09
SUB	4	0B
MBA	5	0D
JMP	6	0E
JN	7	0F
Disponível para novas instruções	8 − E	12 − 1E
HLT	F	1F

Já foi exposto que a microinstrução utilizada neste processador tem uma largura de 24 bits, os quais compõem o formato mostrado na Fig. D.47 (c). Além dos 16 bits indicadores dos sinais de controle da UC, há ainda 8 bits adicionais, mostrados na Fig. D.47 (b), a saber:

– MAP (mapeamento) – contribui para a seleção da saída do multiplexador. O bit é setado (igual a bit 1) na execução da última microinstrução do microprograma relativo ao ciclo de busca de uma instrução, sendo utilizado assim e, em seguida, é colocado em zero;

– CD (bit de condição para desvio) – seu valor 0 ou 1 vai indicar se o desvio a ser realizado é incondicional ou se será condicional;

– HLT (parar) – quando o bit estiver setado, o relógio é parado.

– CRJA (*control ROM jump address*) – endereço da próxima microinstrução; contém um endereço a ser desviado, conforme a seqüência que estiver sendo executado no instante.

O multiplexador pode liberar para o microcontador (micro-CI) o endereço de uma microinstrução (5 bits) que irá para a memória de controle; o conteúdo (na memória de controle) desse endereço é a microinstrução que será executada naquele instante, sendo seus 24 bits liberados para o registrador de microinstrução e daí os sinais de controle serão liberados, como veremos em seguida.

A Tabela D.9 relaciona todas as microinstruções (grupadas pelos respectivos microprogramas, os quais estão associados a cada instrução de máquina e ao ciclo de busca) existentes no momento. Na tabela, os endereços das microinstruções na MC (memória de controle) estão representados em hexadecimal, enquanto os sinais de controle estão em binário. Os sinais de controle seguem a mesma seqüência, da esquerda para a direita, mostrada na Tabela D.6.

A saída do multiplexador é escolhida entre as três possibilidades já mencionadas, conforme a combinação de valores dos bits MAP e CD de uma microinstrução (valores 00, 01 ou 11), mostrados no interior do multiplexador da Fig. D.46.

– Se MAP = 1, o multiplexador seleciona o valor 01 (quaisquer que sejam os valores de CD e NF (flag negativo)); em conseqüência, o endereço da microinstrução obtido na memória ROM de endereços (MRE) será transferido para o microcontador; isto é, nesse caso teremos uma nova instrução de máquina iniciando. O bit MAP foi colocado no valor 1 pela 3.ª microinstrução do ciclo de busca (é claro que, após buscar a instrução e decodificar, tem-se que iniciar a execução dessa nova instrução). Nas demais microinstruções, seu valor é 0 (ver Tabela D.9).

– Se MAP = 0, o bit CD pode ter o valor 0 ou 1.

– Se MAP = 0 e CD = 0 (desvio incondicional), a lógica do multiplexador gera o valor 10, o qual seleciona o campo CRJA da presente microinstrução; assim, a próxima microinstrução a ser selecionada na MC será a que tem endereço no CRJA (ou seja, é a microinstrução seguinte do mesmo microprograma), conforme se pode observar na coluna *Observações*, da Tabela D.9.

– Se MAP = 0 e CD = 1 (desvio condicional) a lógica do multiplexador gerará um valor 00 ou 10, dependendo do valor do NF (flag negativo). Se o valor de NF é igual a 1, então o multiplexador gera 10, o que selecionará o endereço contido no campo de desvio CRJA da microinstrução em execução. Se, por outro lado, o NF estiver com valor 0, então o multiplexador gera 00; nesse caso o incrementador será selecionado e a próxima microinstrução será selecionada no endereço seguinte da MC (como é usual acontecer no nível de instruções com o CI = CI + 1 – ver Cap. 6). Se a instrução corrente não for uma instrução de desvio, o campo CRJA deve conter o endereço da próxima microinstrução e o bit CD deve ter seu valor zerado, o que acarretará um "desvio para a próxima instrução".

Esta regra tem uma exceção quando se está na última microinstrução de um microprograma, pois nesse caso ter-se-ia que desviar para o microprograma do ciclo de busca; como este microprograma (de busca) inicia no endereço de MC 00000, este endereço deve estar no campo CRJA e CD deve ser 0.

– deve ser observado que o microcontador é acionado sempre pelo lado de subida do pulso de relógio (lado esquerdo do microcontador na Fig. D.46), e que o registrador de microinstrução é acionado pelo lado de descida (Fig. D.46). Desse modo, verifica-se que em cada subida de um pulso o microcontador recebe um endereço de microinstrução e a coloca na MC, a qual tem um período de tempo (até o próximo lado negativo do pulso) para liberar a microinstrução endereçada para o registrar de microinstrução. Considerando que todas as operações na área de dados são acionadas pelo lado de subida dos pulsos de relógio, haverá

Tabela D.9 Conjunto de microinstruções do processador X

Microprograma	Endereço na ROM de end. (C.OP.)	End. Da microinstrução	Sinais de controle	C D	M A P	H L T	End. da próx. microinstr.	Observações
Busca	0	00	0011000000000000	0	0	0	01	Próx. End na MC = 01
01		01	0000100000000000	0	0	0	02	Próx. End. na MC = 02
02		02	1000000110000000	0	1	0	xx	Buscar end. da MC na memória de end.
LDA	1	03	0010000001000000	0	0	0	04	Próx. End na MC = 04
04		04	0000100000000000	0	0	0	05	Próx. End na MC = 05
05		05	0000000100100000	0	0	0	00	Próx. End na MC = 00 (busca)
STA	2	06	0010000001000000	0	0	0	07	Próx. End na MC = 07
		07	0000001000010000	0	0	0	08	Próx. End na MC = 08
		08	0000100000000000	0	0	0	00	Próx. End na MC = 00 (busca)
ADD	3	09	0000000000001000	0	0	0	0A	Próx. End na MC = 0A
		0A	0000000000100010	0	0	0	00	Próx. End na MC = 00 (busca)
SUB	4	0B	0000000000000100	0	0	0	0C	Próx. End na MC = 0C
		0D	0000000000100010	0	0	0	00	Próx. End na MC = 00 (busca)
MBA	5	0D	0000000000010001	0	0	0	00	Próx. End na MC é 00 (busca)
JMP	6	0E	0100000001000000	0	0	0	00	Trocar PC; Próx. end na MC é 00 (busca)
JN	7	0F	0000000000000000	1	0	0	11	NF = 0: INC CRJA; NF = 1: Próx. end na MC é 11
		10	0000000000000000	0	0	0	00	Próx. End na MC = 00 (busca)
		11	0100000001000000	0	0	0	00	Trocar PC; Próx. end na MC é 00 (busca)
Disponível	8 – E	12 – 1E						Novas microinstruções
HLT	F	1F	0000000000000000	0	0	1		Parar relógio

tempo suficiente para os sinais de controle especificados na microinstrução armazenada no registrador de microinstruções percorrerem seus caminhos na área de dados, realizando suas tarefas.

– a seqüência permanente de buscar a microinstrução (i + 1) no microcontador enquanto a microinstrução (i) está sendo executada (lado positivo do pulso) e, em seguida, apresentar a microinstrução (i + 1) no registrador de microinstruções (lado negativo do pulso) continuará até que ocorra um HLT e o relógio pare.

A título de exemplo do funcionamento do sistema, vamos executar o ciclo de busca e a instrução JN, aparentemente a mais complexa em termos de controle.

O microprograma de busca ocupa os três primeiros endereços da memória de controle (MC), endereços 00000_2, 00001_2 e 00010_2 ou 00, 01 e 02 (hexadecimal, como se encontra na Tabela D.9). Os bits referentes aos sinais de controle EP e LM, existentes na primeira microinstrução, acarretam a transferência do valor armazenado no PC para o REM e, nesse instante, o REM conterá o endereço da próxima instrução na memória principal (RAM). Como os bits CD e MAP são iguais a 0 (desvio incondicional), a próxima microinstrução será buscada no endereço da MC contido no campo CRJA, que é 01; esta microinstrução (a segunda do microprograma) somente tem ativo o bit correspondente ao sinal de controle R e, então, executando este sinal o valor armazenado na memória RAM no endereço do REM (a instrução a ser buscada) será transferido para o RDM. Como os bits CD e MAP também são 0, então a próxima microinstrução (última do microprograma) será a que está no endereço 02 (campo CRJA da microinstrução corrente). Esta última microinstrução contém ativos os sinais de controle ED, LI e IP, os quais transferem o conteúdo do MDR para o RI (sinal ED e LI) e incrementam o CI de 1 (IP), e o ciclo de busca se completa (instrução a ser decodificada e executada armazenada no RI e CI apontando já a para a próxima instrução armazenada na RAM).

Esta última microinstrução do ciclo de busca coloca o valor 1 no bit MAP e, desse modo, o endereço da próxima microinstrução é obtido (multiplexador com 01) será obtido da MRE (memória ROM de endereços), a qual virá da decodificação do C.Op. (código de operação) da instrução.

Vejamos a realização do ciclo de execução da instrução JN. Esta instrução é um desvio condicional, ou seja, caso o NF (registrador de flag negativo) esteja setado (o valor no ACC é negativo) então os 8 bits do campo operando da instrução (endereço de memória RAM), que estão na parte mais à direita do RI, deverão servir para acessar a próxima instrução (ocorre, então, o desvio para aquele endereço). Se o NF estiver com valor 0 (o número armazenado no ACC não é negativo), então nada ocorre e a seqüência de instruções prossegue normal (buscar a próxima instrução contígua na memória).

O microprograma que executa JN está localizado a partir do endereço 0F da MC e é constituído de três microinstruções (ver Tabela D.9). Na primeira microinstrução nada ocorre, pois todos os bits de sinais de controle estão zerados; no entanto, o bit CD está com valor 1 e, conforme visto anteriormente e na Fig. D.46, ele é combinado com o valor do NF. Se CD = 1 e NF = 1 (deve ocorrer o desvio), então a próxima microinstrução a ser buscada está no endereço indicado no campo CRJA da corrente microinstrução (multiplexador com valor 10) e que é endereço 11 (ver campo Observações dessa microinstrução, na Tabela D.9). A microinstrução no endereço 11, que é a terceira e última desse microprograma, desviou-se da segunda, e contém bits setados para dois sinais de controle, EI e LP. Eles liberam os bits do RI (8 bits mais à direita) para o CI (efetivam o desvio); além disso, como os bits CD e MAP são iguais a zero, a próxima microinstrução a ser buscada está no endereço indicado no campo CRJA, que é 00 (ver campo observação na Tabela D.9), e o sistema desvia para um novo ciclo de busca (devido à efetivação do desvio).

A outra possibilidade é de o número armazenado no ACC não ser negativo e, neste caso, NF = 0. Desse modo, teremos CD = 1 e NF = 0 e, conforme observado na Fig. D.46 e na observação para a microinstrução da Tabela D.9, o multiplexador tem valor 00 e o endereço armazenado no microcontador é incrementado de 1 (a próxima microinstrução é a seguinte na seqüência). Como o microcontador estava com o endereço 0F, passa a ter o endereço 10, que é o endereço da microinstrução seguinte (segunda) do microprograma para JN. Esta microinstrução não gera qualquer sinal de controle (todos os bits iguais a 0) e CD e MAP são iguais a 0. Assim, a próxima microinstrução está no endereço do campo CRJA, que é 00, e haverá o desvio para novo ciclo de busca, para a instrução localizada em seqüência na memória RAM, já que o CI não foi alterado e, portanto, estava com o valor que aponta para a próxima instrução.

Comparação entre as duas metodologias

Já efetuamos antes essa comparação de forma teórica, mas com esse exemplo prático podemos observar uma das vantagens da metodologia de microprogramação; o processador X possui um C.Op. de 4 bits, permitindo a criação de até 16 instruções, mas nosso exemplo só possui oito. Seria relativamente fácil criar mais oito instruções por meio da criação de oito novos microprogramas, sem necessidade provável de novos sinais de controle.

Se, por outro lado, a metodologia escolhida fosse de programação no hardware, seria necessário desenvolver nova lógica global, criar novas equações como as mostradas na Tabela D.7 e elaborar todo um novo diagrama de conexões, como o mostrado na Fig. D.45.

A grande vantagem da programação por hardware está na sua velocidade de execução, pois não há interpretação de cada microinstrução como no outro caso.

D.2.4 Os Processadores e Suas Arquiteturas

D.2.4.1 A Evolução da Arquitetura x86 da Intel

Como já sabemos, o primeiro microprocessador efetivamente lançado pela Intel foi o 4004 (processador com palavra de 4 bits), e depois (1971) a empresa cresceu consideravelmente no mercado com o lançamento do Intel 8080/8085 (1974), que veio a constituir-se nos processadores dos primeiros microcomputadores comerciais.

Os processadores de 8 bits, anteriores à primeira geração da Arquitetura para PCs

Antes da arquitetura x86 surgir, com o lançamento pela Intel dos processadores 8086/8088, tanto o Intel 8080 quanto o 8085 (ver diagrama em bloco do processador 8085 na Fig. D.48) tinham palavra de 8 bits (*Address Data Bus* AD_0-AD_7), mesmo tamanho da palavra do processador Motorola 6800, lançado na mesma época. Os endereços tinham 16 bits (16 linhas, de AD_0-AD_7 e de A_8-A_{15}, no barramento de endereços – *address bus*), permitindo uma capacidade máxima de memória endereçável de 64 K células ou 64 Kbytes, visto que cada célula podia armazenar 1 byte de dados.

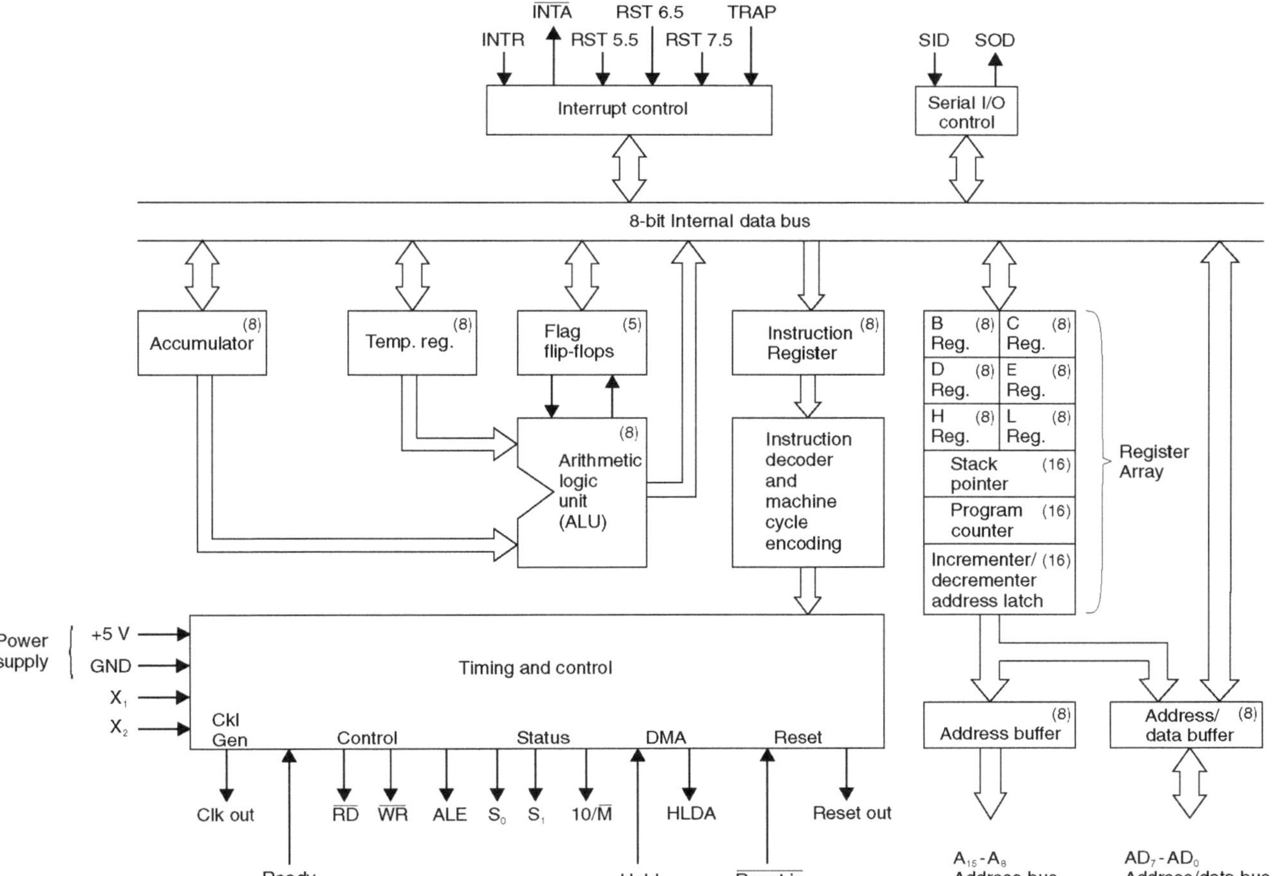

Figura D.48 Diagrama em bloco do processador Intel 8085.

O diagrama da Fig. D.48 mostra os principais componentes do processador, a saber:

- *Accumulator* (ACC) – Acumulador – registrador base para armazenamento de dados antes e depois de uma operação com a UAL.
- *Temp. Reg* – Registrador Temporário – para armazenar valores intermediários.
- *Flag FlipFlops* – Registrador de flags, onde cada bit indica um estado após operações aritméticas (ver item 6.2.1.2 – registradores de estado).
- *Arithmetic and Logic Unit* (ALU) – Unidade Aritmética e Lógica (UAL) – responsável pelas operações matemáticas no processador.
- *Instruction Register* – Registrador de Instrução – RI (ver item 6.2.2.3).
- *Instruction Decoder and Machine Cycle Encoding* – Decodificador de Instruções (ver item 6.2.2.5).
- *Timing and Control* – Unidade de Controle (UC) – que recebe os sinais de relógio e outros e emite os sinais de seqüenciamento para execução das instruções de máquina.
- *Power Supply* – Fonte de Alimentação – fios que recebem a energia para alimentação do processador.
- *Address Buffer* – Registrador de Endereços de Memória (REM) – armazena parte dos bits de endereço de acesso à memória (8 bits dos 16 bits de cada endereço), enviando para os fios A_8 a A_{15} do barramento de endereços.
- *Address/Data Buffer* – Registrador para Endereço/Dados (RDM) – armazena ou os outros 8 bits que completam um endereço de acesso à memória ou os 8 bits de dados em uma transferência (conteúdo de uma célula de memória). Transfere de/para barramento nos pinos AD_0 a AD_7.
- *Register Array* – Conjunto de Registradores – contém os registradores de dados e alguns de controle usados pelo processador, como 6 registradores de dados (Reg B, C, D, E, H, L), o registrador ponteiro da pilha (Stack Pointer), o CI – Contador de Instrução (PC – Program Counter) e o buffer para incremento dos endereços (incrementer/decrementer address latcher).

Tratava-se de um processador que realizava o ciclo das instruções de forma seqüencial, possuindo 80 instruções de máquina (o Intel 8080 possuía 78 delas), sendo a maior parte de 8 bits (1 byte) de tamanho e outras de 2 e de 3 bytes.

Para economizar espaço na pinagem do chip, alguns dos pinos serviam a dois propósitos; assim, os 16 bits de endereços ficavam armazenados separadamente, com os 8 bits menos significativos bem como os 8 bits de dados fluindo pelo barramento de dados até o RDM (*Address/Data Buffer*), e os oito restantes no REM (*Address Buffer*) via *Address Bus*, conforme mostrado acima e na Fig. D.48.

A primeira geração de processadores x86 – Intel 8086/8088 (microcomputador PC)

A arquitetura x86 dos processadores para computadores pessoais (PCs), fabricados pela Intel, iniciou-se com o 8086 e logo depois o 8088, famoso por ter sido escolhido pela IBM para compor o computador pessoal IBM PC, que sacudiu o mercado de computadores pequenos, revolucionou aquela indústria e iniciou o caminho para o surgimento dos gigantes Microsoft, Compaq, Dell, Sun, MIPS e outros fabricantes, sejam de software ou de hardware para microcomputadores, reduzindo consideravelmente no mercado as máquinas de grande e médio portes.

Os processadores Intel 8088/8086 constituíram a primeira geração da atual arquitetura concebida pela Intel e que, naturalmente, foi evoluindo ao longo do tempo até os dias atuais. A Fig. D.49 apresenta o diagrama em bloco daqueles processadores.

A palavra daqueles processadores tinha 16 bits de tamanho e seu barramento de endereços tinha 20 bits de largura, de modo que podiam acessar até 1M células, cada uma podendo armazenar 1 byte de dados.

A diferença básica entre o 8086 e o 8088 é que o 8086 era essencialmente um processador completo de 16 bits, pois seus barramentos interno e externo permitiam a transferência de 16 bits, enquanto o barramento externo do 8088 permitia a passagem de apenas 8 bits de dados. Este último processador foi criado às pressas

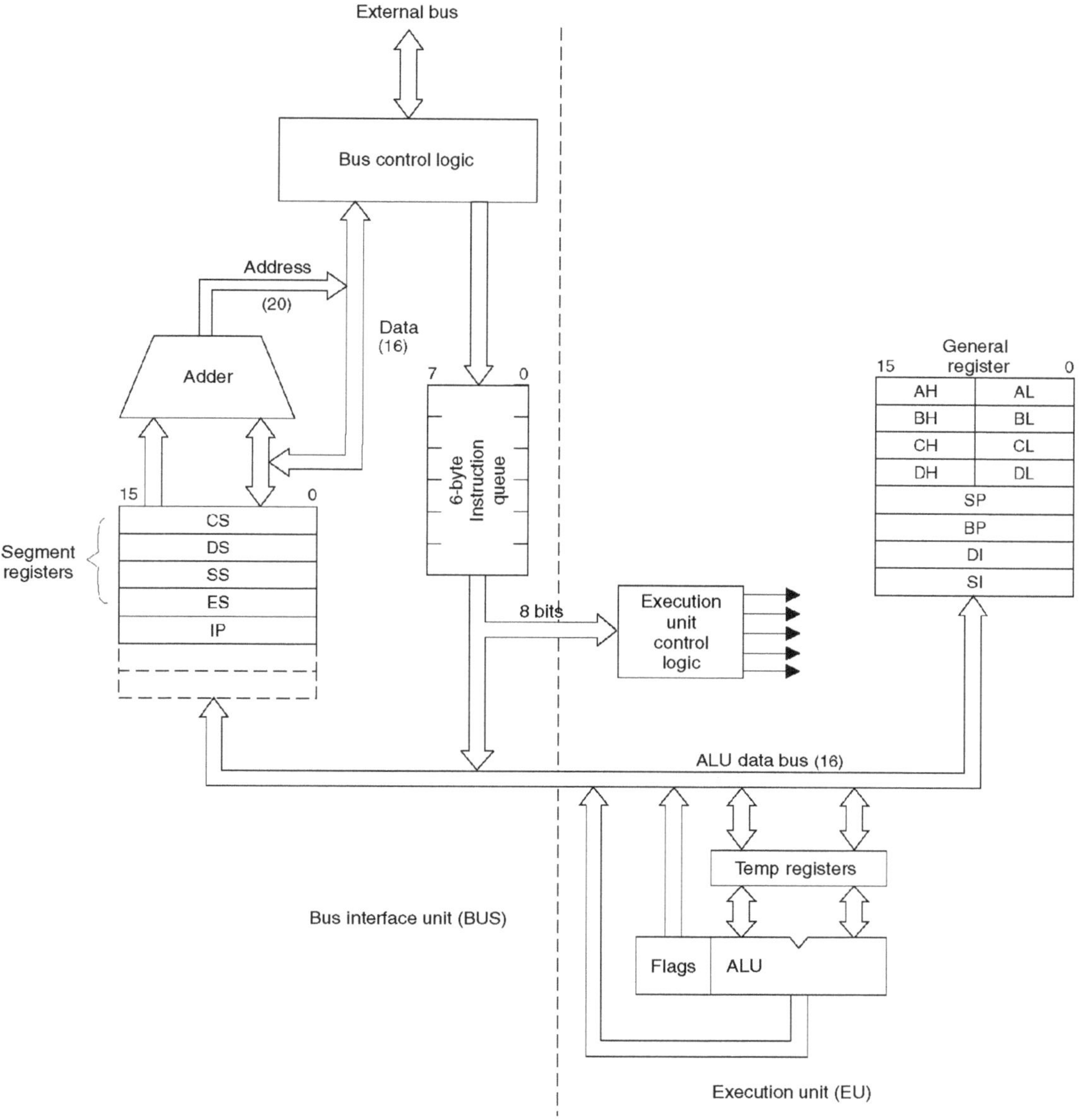

Figura D.49 Diagrama em bloco dos processadores Intel 8086/8088.

pela Intel, e esta redução de capacidade se deveu à exigência da IBM, que pretendia usá-lo nos IBM PC. Como todos os periféricos na época somente transferiam 8 bits de cada vez, o 8086 teria problemas de interfaceamento e, por isso, o 8088 seria um intermediário no processo de mudança do mercado de periféricos: era um processador de 16 bits internamente e se comunicava com o mundo exterior por meio de uma interface de 8 bits, como seus antecessores e como estava o mercado na época. Posteriormente, com o surgimento progressivo dos periféricos que operavam com taxas de 16 bits, o 8086 foi substituindo o 8088.

Logicamente, o processador é dividido em duas unidades independentes, que se caracterizam como dois estágios de processamento *pipelining*: a unidade de execução (EU, *Execution Unit*), situada na parte direita da Fig. D.49, e a unidade de interligação com o barramento (BIU, *Bus Interface Unit*) situada na parte esquerda da Fig. D.49. Ambos estão separadas por uma linha tracejada. As unidades operavam de modo independente, aumentando o desempenho do sistema em relação aos 8080/8085 (ver item D.2.2.1).

A EU era constituída de quatro registradores (*general register*), com largura de 16 bits; eles tinham os nomes AX, que pode ser compreendido pela dupla AH/AL, cada um com 8 bits; BX, também dividido em BH/BL, o CX (CH/CL) e o DX (DH/DL). Como os registradores AH, AL, DH etc. possuíam 8 bits de tamanho, isto os tornava compatíveis com o 8080/8085 e seus programas. Além disso, a EU compreendia a ALU, Unidade Aritmética e Lógica, os Flags e registradores temporários (*Temp Registers*), a Unidade de Controle (*Execution Unit Control Logic*), sendo, assim, responsável pela decodificação do código de operação das instruções e da efetiva execução da operação indicada.

A unidade de interligação com o barramento (BIU) tinha por propósito processar todas as solicitações da unidade de execução (EU), como ler e escrever dados com a memória e com os dispositivos de E/S, sendo também responsável por toda a interação com o barramento do sistema (system bus), externo ao processador, além de realizar a fase de busca de cada instrução. Ela era constituída dos seguintes componentes básicos, mostrados na Fig. D.49:

- *Bus Control Logic* – dispositivo que contém a lógica de controle do barramento;
- *ADDER* – Somador de Endereços, conforme mostrado na Fig. D.50.
- *6 byte Instruction Queue* – buffer com capacidade de armazenar até 6 bytes de instruções, enfileiradas.
- *Segment Register* – conjunto de registradores de segmento, usados no processo de endereçamento de instruções e dados, contendo os registradores CS, DS, SS, ES, todos com 16 bits e o registrador IP – Instruction Pointer (CI – Contador de Instrução), que armazena o endereço da próxima instrução.

Uma grande diferença do 8088/8086 para o 8080/8085 era que os primeiros não possuíam um RI único, como esses, e sim uma unidade com capacidade de receber até seis instruções de cada vez, denominada *prefetch queue* (fila de busca antecipada), já mencionada acima (6 bytes instruction queue).

Embora os registradores de segmento tivessem 16 bits de tamanho, os endereços no 8088/8086 tinham 20 bits, sendo o valor de 20 bits de efetivo endereço calculado da seguinte maneira (ver Fig. D.50):

a) o valor do segmento usado é deslocado quatro vezes para a esquerda e, com isso, acrescentam-se 4 bits ao número que possuía 16 bits. Seja, por exemplo, o valor $357C_{16}$ ou 0011010101111100_2, que se transforma em $357C0_{16}$ ou 00110101011111000000_2.

b) Ao valor $357C0_{16}$ soma-se o valor armazenado no IP (*instruction pointer*, o nosso conhecido CI), por exemplo, $225F_{16}$; com isso, obtém-se o endereço real, que é: $37A1F_{16}$, de 20 bits.

Os processadores 8088/8086 funcionavam com uma freqüência de relógio de 4,77 MHz, tendo posteriormente sido lançadas versões operando com 8 MHz.

A segunda geração da Arquitetura Intel para PCs – Intel 80286

Este processador, como seu antecessor 80186, teve pouca influência na evolução da arquitetura x86.

A terceira geração da Arquitetura Intel para PCs – Intel 80386

A família 80386 tem uma importância fundamental na história dos processadores Intel, pois, com ela, alterou-se a largura da palavra de 16 para 32 bits, um enorme salto na capacidade computacional dos

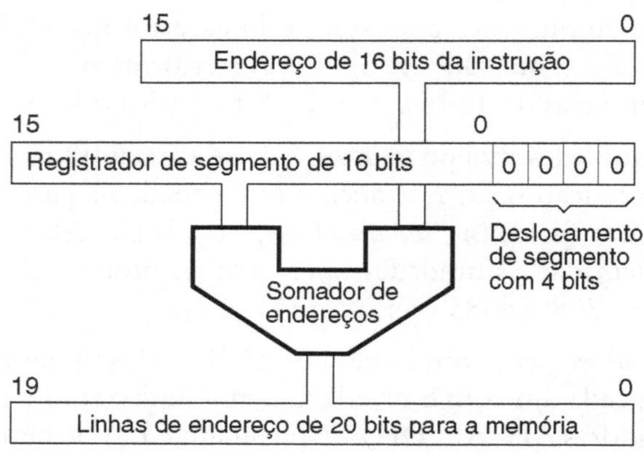

Figura D.50 Cálculo de endereços nos processadores Intel 8086/8088.

microcomputadores. No entanto, quatro anos após, com o lançamento do processador 486, além da palavra de 32 bits surgiram muitas outras inovações, como a existência da memória cache interna e unidade de cálculo para valores em ponto flutuante. Por essas e outras razões, o processador 486 tem sido mais reconhecido e comentado que os 386.

A quarta geração da Arquitetura Intel para PCs – Intel 80486

Em 1989 a Intel lançou o processador 80486, denominado 486DX, também com arquitetura de 32 bits, endereçamento de 4 Gbytes (32 bits de endereçamento) e diversos outros aperfeiçoamentos em relação à família 386, que melhoraram substancialmente seu desempenho. A Fig. D.51 apresenta o diagrama em bloco dos processadores 486.

Os processadores 486DX eram capazes de ter um desempenho 100% maior que os 386DX de mesma freqüência de operação, sendo ainda encontrados em sistemas mais simples, como para processamento de texto, acessos simples à Internet e jogos mais antigos.

Deve ser observado que desde o 386 a Intel adotou uma prática de lançar mais de um modelo do mesmo tipo de processador, acrescentando um sufixo a cada um, como SX e DX para os 386 e SX, DX, DX2 e DX4 para os 486. Na realidade, pareceu tratar-se mais de estratégias comerciais, especialmente para fazer frente aos competidores que surgiam na época, a AMD e a Cyrix, além de atenderam também a áreas diferentes de usuários (corporações e usuários menores). Os sufixos SX e DX indicam, em inglês, *single* (*SX*) e *double* (*DX*) *capabilities* (capacidade simples e dupla).

O aumento do desempenho do 486DX em relação ao 386DX não ocorreu por aumento da largura dos barramentos de dados, interno ou externo, nem da largura da palavra e registradores internos de dados, mas sim devido a um conjunto de alterações internas, tais como:

- aumento da velocidade de execução do ciclo das instruções;
- aumento da quantidade de estágios de *pipelining* (são nove diferentes estágios que permitem até cinco instruções diferentes executadas simultaneamente);
- incorporação ao processador de uma quantidade de memória cache, denominada *cache interna ou de nível L1*. São 8 Kbytes de cache, que aumentam significativamente o desempenho do processador por evitar muitos acessos à MP;
- inclusão de uma unidade de operação em ponto flutuante no interior da pastilha do processador, em vez de empregar processador separado (co-processador matemático, como nos processadores anteriores);
- melhoria do funcionamento das placas-mãe em relação aos modelos anteriores.

Como em todos os modelos anteriores, o 486 permitia que programas executáveis gerados por processadores anteriores pudessem ser nele executados sem maiores problemas.

O diagrama em bloco da Fig. D.51 mostra as seguintes unidades:

- *BIU, Bus Interface Unit* – Unidade de Controle de Barramento – com funções semelhantes às da BIU já descrita anteriormente; ela lê 16 bytes de dados de cada vez, do barramento externo para a cache interna, L1;
- *Cache Unit* – Unidade de Cache – constituída de 8 Kbytes de memória e dos circuitos apropriados de controle (cache controller). A cache do 486 funciona com o método associativo por conjunto (conjunto de 4) e política de escrita *write-through* (ver Cap. 5);
- *Code Prefetch Unit* – Unidade de Busca Antecipada de Instrução – que solicita à BIU novas instruções, as quais vão se enfileirando; a fila pode armazenar até 32 bytes, e a quantidade de instruções depende do tamanho de cada uma;
- *Instruction Decode Unit* – Decodificador de Instruções – lê uma instrução da fila e converte os bits de código de operação em sinais de controle para outras unidades e para o ponto de início do microprograma;
- *Control Unit* – Unidade de Controle – contém o microprograma que faz a UCP funcionar, executando a instrução decodificada. Aciona as unidades de processamento de inteiros e de ponto flutuante;

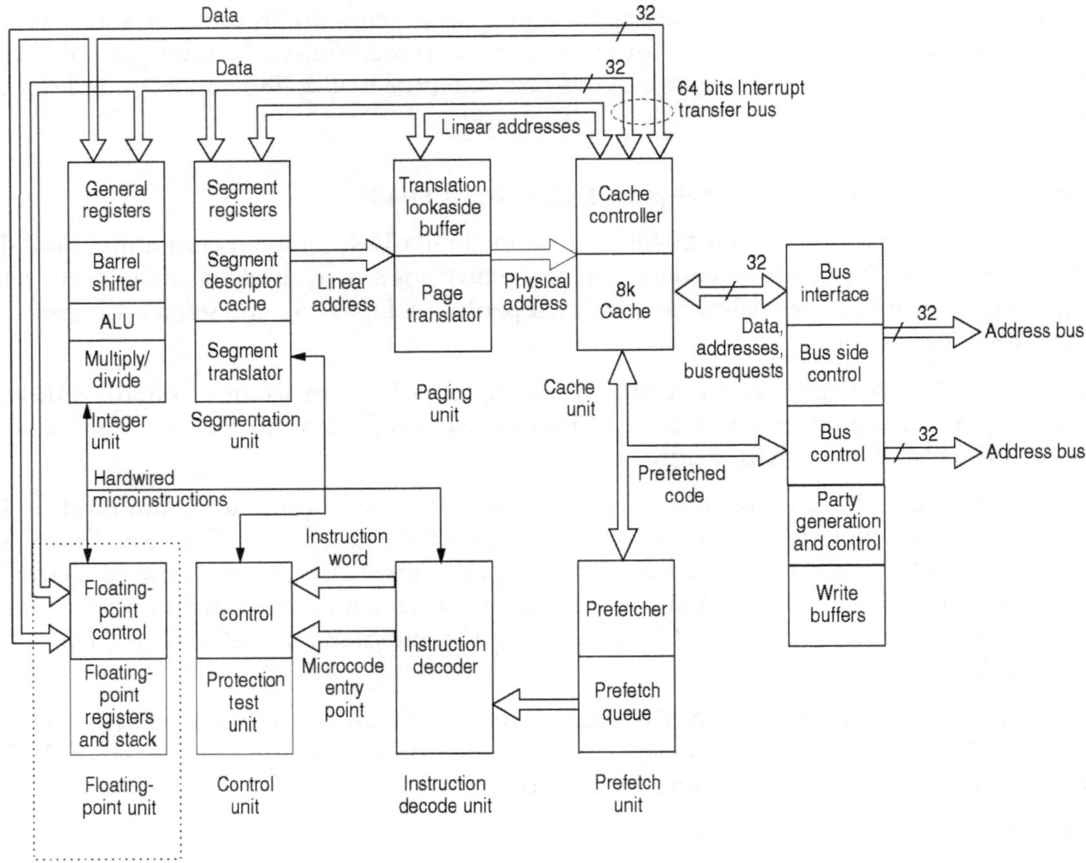

Figura D.51 Diagrama em bloco do processador Intel 80486.

- *Integer Unit* – Unidade de Execução de Operações Aritméticas com inteiros – responsável pela realização de operações aritméticas com valores representados em ponto fixo (inteiros). Para tanto, possui uma UAL, oito registradores de 32 bits e um deslocador de bits para operações de multiplicação. Os dois barramentos de dados de 32 bits cada um (ver Fig. D.51) servem para transferir 64 bits de cada vez;
- *Segmentation Unit e Page Unit* – Unidade de Controle de Segmentos (endereçamento) e Unidade de Controle de Paginação – juntas, essas unidades constituem a unidade de gerenciamento de memória do processador (MMU, *memory management unit*), empregada para implementar a gerência de proteção de memória e memória virtual;
- *Floating Point Unit* – Unidade de Ponto Flutuante – responsável pela realização de operações aritméticas com valores representados em ponto flutuante, sendo em tudo semelhante aos co-processadores externos anteriores, 8087, 287 e 387, exceto que com melhor desempenho devido à sua integração ao processador.

A família 486 foi constituída de muito mais processadores que as anteriores. Diferentemente do 386, que teve lançados apenas o SX, DX e SL, os 486 foram lançados em mais versões, a saber:

486DX – já apresentado anteriormente, com palavra e barramento de 32 bits e freqüência de operação de 25 a 100 MHz em todos os componentes internos do processador.

486SX – uma versão diferente do DX apenas no que se refere à unidade de processamento de ponto flutuante, não existente no 486SX (inicialmente a unidade permanecia no chip, embora inibida; posteriormente, ela foi retirada para reduzir custos). No entanto, os barramentos interno e externo e a palavra continuaram do mesmo tamanho (32 bits) no SX e no DX (diferentemente das distinções entre o 386DX e 386SX). Além disso, o SX funcionava com freqüências de relógio mais baixas que no DX (de 25 MHz a 33 MHz no SX e de 25 a 50 MHz no DX).

Figura D.52 Microprocessador 80486DX.

486DX2 – este processador foi a primeira pastilha lançada pela Intel capaz de usar a tecnologia que permite ao processador funcionar no dobro da velocidade do barramento de memória. Assim, nestes processadores as velocidades eram de 25/50 e 33/66 MHz. É claro que o aumento da velocidade do processador aumenta o desempenho do sistema, mas à medida que a sua velocidade aumenta o desempenho não cresce tanto devido ao fato de que a memória começa a se tornar lenta em relação ao processador (acarretando o célebre *wait state*, estado de espera, onde o processador tem que esperar pela memória). Excetuando o aumento da velocidade, os DX2 são em tudo semelhantes aos DX, existindo ainda alguns desses processadores em sistemas no mercado.

486DX4 – este processador manteve a característica iniciada pela Intel com os 486DX2 de aumentar a velocidade do processador em uso com placas-mãe de menor velocidade. No caso, a velocidade do processador foi triplicada (e não quadruplicada, como a sigla DX4 sugere). Assim, para placas de 25 MHz surgiu o DX4 de 75 MHz, e para as placas de 33 MHZ surgiram os DX4 de 100 MHz, que tiveram muito maior aceitação que o modelo anteriormente citado. Além dessa modificação, os DX4 também tiveram um aperfeiçoamento no tamanho da cache interna, L1, que dobrou de tamanho, passando dos 8KB dos modelos anteriores para 16KB.

A Fig. D.52 mostra uma fotografia da pastilha de um 486DX.

A quinta geração da Arquitetura Intel para PCs, Intel P5 – Pentium

A geração de processadores Pentium ou P5 apresentou um conjunto de modificações que alteraram a arquitetura até então vigente e aumentaram bastante o desempenho dos sistemas, como detalhado a seguir. A Fig. D.53 mostra um diagrama em blocos simplificado da arquitetura dos processadores Pentium P5, evidenciando as duas unidades de execução pipeline (U e V), enquanto a Fig. D.54 mostra um diagrama em blocos mais completo do mesmo processador. No conjunto, os processadores Pentium possuem um desempenho que se assemelhava ao dobro da velocidade de um 486, considerando-se ambos com a mesma velocidade. Ou seja, um Pentium de 486 operando em 66 MHz parecia que o Pentium estava, na realidade, operando em cerca de 120 MHz.

Antes de mostrarmos as características do Pentium original (ele poderia ser denominado Pentium, I em face do surgimento posterior do Pentium II e Pentium III), deve-se mencionar que o nome originalmente imaginado para o modelo era 586. No entanto, com o aparecimento no mercado das empresas AMD e Cyrix e sua conseqüente ameaça na concorrência, inclusive clonando anteriormente os modelos 486 que não podiam ser patenteados (porque números de modelos não podem ser patenteados), a Intel constatou que o processo de clonagem poderia continuar no 586 sem que ela pudesse impedir, a não ser utilizando um nome (e não número) que podia, então, ser patenteado, impedindo sua simples cópia por eventuais concorrentes.

Entre as características novas surgidas na arquitetura do Pentium original (P5) e que melhoraram seu desempenho global, podemos citar:

- **Arquitetura superescalar** – ele funciona com duas unidades de processamento de inteiros distintas trabalhando em paralelo (ver Figs. D.53 e D.54), o que pode se assemelhar a dois 486 em paralelo, tendo sido denominadas U e V (por isso o nome superescalar – ver Cap. 11). As duas linhas *pipelining* desta arquitetura permitem, assim, a possibilidade de duas instruções poderem ser executadas em um único ciclo do relógio, se o programa (código executável) estiver preparado para usar essa vantagem;

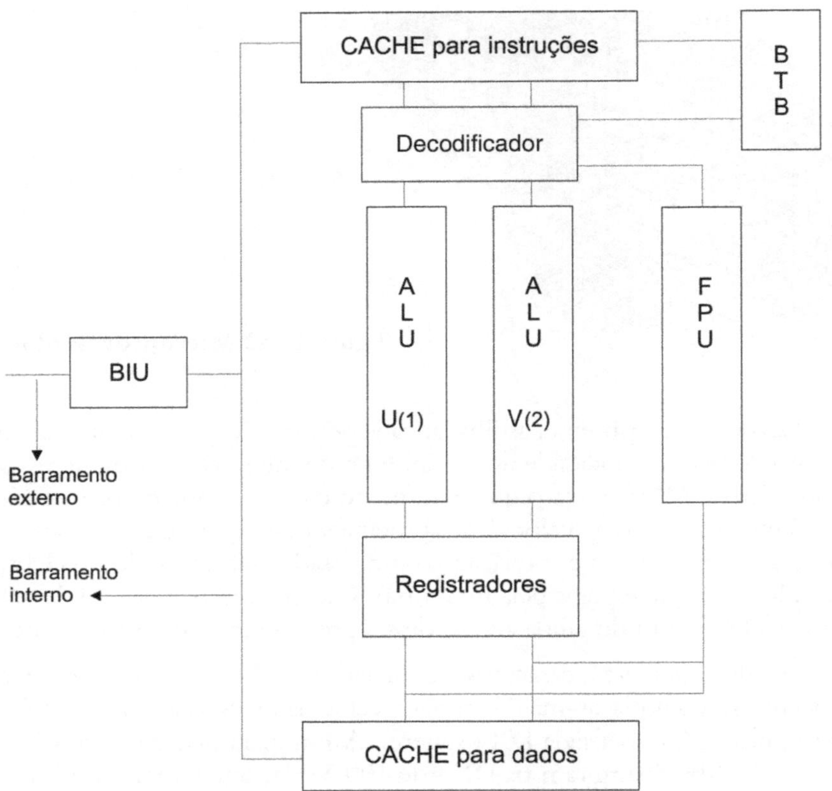

Figura D.53 Arquitetura simplificada do Pentium original.

- **Barramento de dados de 64 bits** – sendo o dobro do tamanho do barramento externo dos 486, este fato garante uma taxa de transferência entre UCP/MP maior que nos processadores anteriores;
- **Freqüência de operação do barramento de memória mais rápida** – nos Pentium essa freqüência podia ser de 60 MHz e 66 MHz, diferentemente dos 33 MHz dos 486. Além disso, os Pentium P5 estavam preparados para operar com o barramento PCI (na época este barramento fora recém-lançado no mercado);
- **Previsão de instrução de desvio** – conforme verificado no item D.2.2, no processo *pipeline* pode acontecer um problema de atraso do fluxo de eventos no caso de instruções de desvio condicional. Ou seja, somente depois do teste de condição (etapa execução da operação) é que o sistema saberá que nova instrução deve ser buscada, se aquela referente ao teste ser verdade ou aquela referente ao teste ser falso. Esta indefinição atrasa o processador. Para evitar isso, a Intel modificou o microcódigo de controle da cache, de modo que o processador busca as duas seqüências de instruções (do caso do teste resultar *verdade* e do caso do teste resultar *falso*), de modo que após o teste o processador já terá disponível a instrução desejada, seja o resultado do teste verdade ou falso;
- **Aperfeiçoamento na memória cache interna, L1** – a cache interna, L1, foi aumentada para 16KB e dividida em duas partes separadas, cada uma com 8 KB, sendo uma para dados (*dual access data cache*) e outra para instruções, *instruction cache* (ver diagrama das Figs. D.53 e D.54). Além disso, a política de escrita foi alterada para *write back* ao invés de *write through*, do 486;
- **Aumento de velocidade de operação** – os Pentium originais (P5) foram evoluindo de velocidade ao longo do tempo, desde a velocidade inicial de 60 e 66 MHz (1993) até 200 MHz (1996); posteriormente foram substituídos por processadores com instruções MMX (*multimedia extension*).

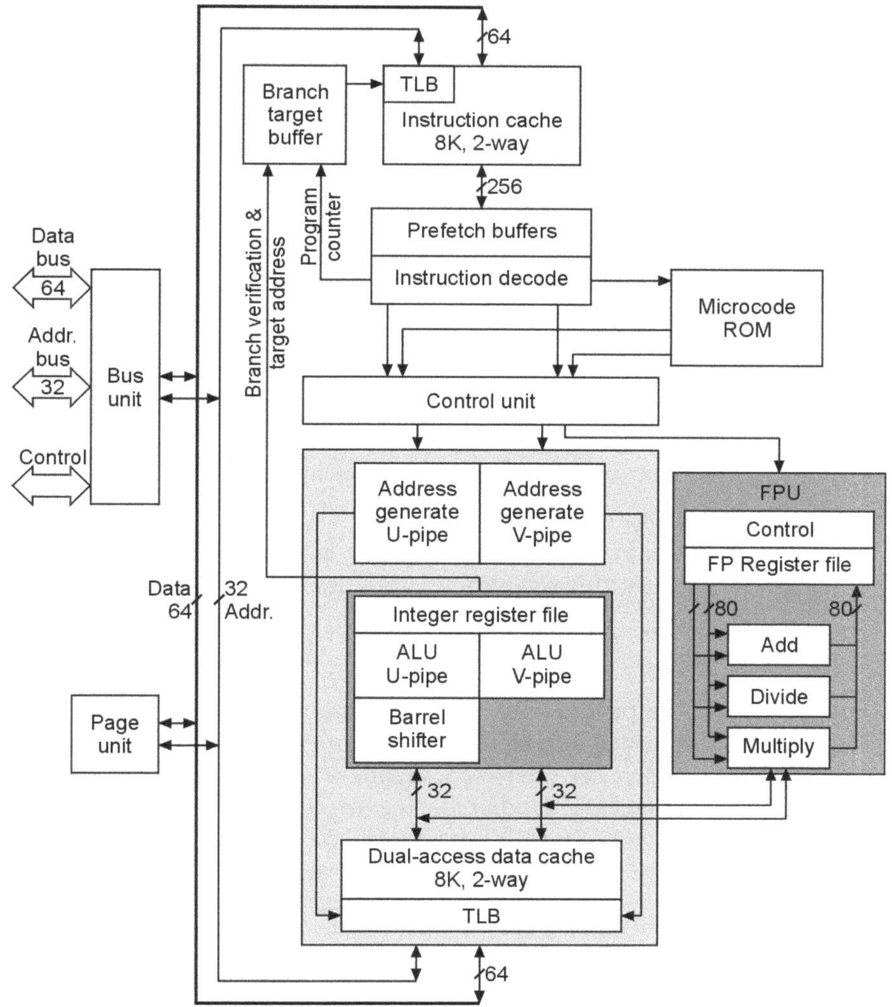

Figura D.54 Diagrama em bloco expandido do processador Pentium P5.

- **Unidade de ponto flutuante com pipeline (FPU)** – a unidade possuía seus próprios registradores (*FP register file*), como mostra a Fig. D.54, executando suas operações em modo pipeline.

Outros aperfeiçoamentos também podem ser citados, como o aumento de desempenho da unidade de processamento de ponto flutuante (FPU) que, segundo a Intel, podia operar com um desempenho bem maior que a dos 486, e também a possibilidade de o sistema funcionar com dois processadores instalados na placa-mãe (se esta, naturalmente, tiver sido projetada para receber e funcionar com os dois processadores).

A Fig. D.54 possui os seguintes componentes básicos:

- *Bus Unit* – Controle do Barramento, já apresentado anteriormente para o 486.
- *Page Unit* – Unidade de Controle de Paginação – também já mostrada.
- *Instruction Cache* – cache para armazenamento de instruções, com 8K de capacidade inicial.
- *Control Unit* – Unidade de Controle – já mostrada diversas vezes.
- *Integer Register File* – conjunto de registradores para as unidades de execução de inteiros.
- *Dual Access Data Cache* – cache de dados, com capacidade de 8KB.
- *FPU – Floating Point Unit* – Unidade de Ponto Flutuante – constituída de seus registradores próprios (FP Register File) e as unidades para executar somas e subtrações (add), divisões (divide) e multiplicações (multiply).
- *Microcode ROM* – memória ROM para armazenar os microprogramas que realizam as instruções de máquina.

O Pentium teve um lado de fama negativa (além de suas notórias vantagens e desempenho superior) com o conhecido *bug* (erro) do processamento em ponto flutuante, que apareceu em um lote daqueles processadores, sendo posteriormente corrigido pela Intel, não sem antes ter sofrido um enorme desgaste devido mais à maneira como a empresa conduziu o assunto do que propriamente ao erro em si, não tão grave para a maioria dos seus usuários.

Em rápidas palavras e apenas para efeitos históricos, o problema e seus desdobramentos:

a) O problema, denominado FDIV, consistia no fato da perda de precisão em certas operações de divisão, utilizando-se instruções de ponto flutuante. Se você suspeitar que seu processador possa ter este *bug* (o que não parece provável, devido ao longo tempo decorrido desde 1994), use uma planilha ou o calculador do sistema e divida o número 4.195.835 por 3.145.727, obtendo um determinado quociente. Em seguida, multiplique o resultado encontrado pelo mesmo divisor, 3.145.727, o que deve, naturalmente, resultar no mesmo valor inicial do dividendo, 4.195.835. Em um computador com o *bug* FDIV o resultado será 4.195.579, um erro de 256. Embora este teste possa não ser necessariamente conclusivo, pois alguns sistemas operacionais podem ter incluído uma correção, você poderá consultar a página Web da Intel a respeito.

b) O problema maior com este *bug* (muitos processadores são lançados com pequenos *bugs*, sem que o mercado seja basicamente afetado) foi o modo como o fabricante reagiu, inicialmente não reconhecendo o *bug* e negando-se a substituir incondicionalmente os processadores.

c) Posteriormente, a Intel concordou em substituir todos os processadores defeituosos sem ônus para os usuários, encerrando o episódio.

Ainda dentro da quinta geração de processadores, a Intel lançou em 1997 uma nova versão do Pentium, que acrescentava novas e inusitadas instruções, resultando em um tipo de processador denominado Pentium MMX. Este processador apresentou diversos aperfeiçoamentos sobre o Pentium original, substituindo-o definitivamente no mercado. O termo MMX, de *multimedia extension*, indicava que o alvo dessas novas instruções eram os aplicativos gráficos, que consomem muitas operações aritméticas com dados de poucos bits (em geral 8), como é o caso do valor de um *pixel* (ponto gráfico) a ser representado nos vídeos.

As instruções do tipo MMX (os Pentium foram lançados com 57 dessas instruções) permitem que uma instrução única possa realizar uma operação aritmética com vários pares de operandos simultaneamente, desde que eles sejam pequenos, de modo que muitos cabem em um único registrador de ponto flutuante. É o caso, por exemplo, de dados de 8 bits, oito dos quais podem ser utilizados simultaneamente em um registrador de 64 bits.

Além disso, os processadores Pentium MMX surgiram com outras modificações em sua arquitetura, aumentando o desempenho global. Entre elas temos:

a) Aumento do tamanho da memória cache interna, L1, que passou de 16KB para 32KB, sendo 16KB para dados e 16KB para instruções;

b) Aumento do desempenho do mapeamento associativo por conjuntos da cache, de dois para quatro conjuntos;

c) Aperfeiçoamentos na unidade de previsão de desvios;

d) Aperfeiçoamentos na unidade de decodificação.

A sexta geração da Arquitetura Intel para PCs – Intel P6 – Pentium Pro e Pentium II (Klamath, Deschutes e Celeron)

A sexta geração de processadores da Intel, P6, é constituída basicamente dos processadores Pentium Pro, lançado em novembro de 1995, do Pentium II, lançado em maio de 1997, o qual teve alguns modelos subseqüentes, o Deschutes e o Celeron, e posteriormente do Pentium III. Em conjunto, esta família, a P6, possui características e aperfeiçoamentos em relação à geração anterior, a P5, especialmente as seguintes:

– mais uma unidade de processamento,

– melhor previsão para desvios e

– execução especulativa,

denominadas em conjunto pela Intel de *Dynamic Execution Microarchiteture*. No entanto, nesse caso a distinção entre as gerações não é tão acentuada, visto que até a mesma placa-mãe eles podem compartilhar.

O Pentium Pro foi o primeiro dos processadores de sexta geração, lançado pela Intel com o principal propósito de ser utilizado com melhor desempenho em servidores de rede.

Entre os aperfeiçoamentos introduzidos na arquitetura do Pentium Pro, pode-se ressaltar:

- ***superpipelining*** – foi incluída mais uma unidade de processamento de inteiros e um novo canal de *pipelining*, o que aumenta substancialmente sua capacidade de processamento, já que pode agora completar três instruções em um ciclo de relógio;
- **cache secundária L2 integrada na pastilha do processador** – o maior aperfeiçoamento neste processador foi a inclusão de uma segunda memória cache, L2, no interior da pastilha, o que aumenta em muito seu desempenho na execução de instruções com ainda menos acessos à MP;
- **otimização para uso com código de 32 bits** – melhora do desempenho, especialmente em aplicativos e SO que já estejam com código de 32 bits;
- **aumento da largura do barramento de endereços** – enquanto desde os processadores 80386, passando pelos 486 e Pentium originais, o barramento de endereços tinha 32 bits de tamanho (espaço de endereçamento de 4G células de 1 byte cada), os processadores de 6.ª geração ganharam 4 bits a mais no barramento, passando a 36 bits e, com isso, um novo espaço de endereçamento de 64G células de 1 byte cada;
- **aumento da capacidade de multiprocessamento** – passando de dois para até quatro processadores na placa-mãe, melhora principalmente no caso de seu emprego como servidor de rede;
- **aperfeiçoamento na previsão de desvios** – o *buffer* da unidade teve seu tamanho dobrado e sua precisão aumentada;
- **execução especulativa de instruções** – nesse caso, o processador executa uma opção das duas de desvio que sempre existem. Há 50% de chance de a opção estar certa (muitas vezes mais do isso, como p. ex., durante um *looping*) e, nesse caso, a execução foi já efetuada quando se testa a condição. Caso a opção tenha sido a outra, o processador a executa sem perda de tempo (o que não se ganha é o tempo antecipado de execução como no caso anterior);
- **término da execução de instruções fora de ordem** – as três unidades de *pipelining* se mantêm sempre ocupadas, pois o processador procura o tempo todo uma instrução para executar, mesmo que esteja mais adiante na seqüência. Posteriormente, o resultado entrará em ordem.

O Pentium Pro era uma máquina híbrida, pois tinha um núcleo de execução RISC (mais rápido), mantendo o resto de seus elementos dentro da arquitetura CISC. Para poder continuar a executar programas cujo código executável é de instruções CISC anteriores ele possui um decodificador CISC antes do núcleo RISC.

A sua grande vantagem, a cache L2 integrada, revelou-se também um inconveniente. Primeiro, porque sendo integrada ao processador não permite expansão, a não ser trocando de processador também. Segundo, pelo alto custo de fabricação, visto que em várias oportunidades pode ocorrer um erro na fabricação dos elementos de armazenamento e, nesse caso, o lote inteiro é perdido, com o conseqüente custo atribuído.

Conforme mencionado, os processadores são capazes de, na média, decodificar, encaminhar para execução e executar três instruções em cada ciclo de relógio (*clock*), utilizando-se, para isso, de uma organização que possui 12 estágios de *pipeline* (um *superpipeline*), o qual suporta até a execução de instruções fora de ordem, de modo a não deixar nenhuma das unidades de execução ociosas.

Além disso, a arquitetura incorporava caches L1 e L2 no processador, sendo a L1 com 16KB (8KB de dados e 8KB de instruções) e a L2 com 256KB, ou 512KB ou até 1MB bytes de memória SRAM, acoplada ao processador por um barramento de 64 bits operando na velocidade do relógio do processador.

A Fig. D.55 mostra o diagrama em blocos do processador Pentium Pro. No diagrama apresentado, podem-se observar os diversos componentes (blocos) que constituem a estrutura organizacional deste processador (que serve também aos demais processadores da família P6) e os aperfeiçoamentos anteriormente mencionados. A

Fig. D.56 apresenta um diagrama resumido com os principais componentes do esquema de pipeline mencionado. São eles:

- fetch/decode unit – unidade de busca e decodificação;
- dispatch/execute unit – unidade de programação e execução;
- retire unit – unidade de retirada, e
- instruction pool – área de armazenamento e de composição das instruções – Unidade de Controle de Barramento

os quais funcionam com as duas partes da cache L1, com o BIU, que interliga a L1 com a L2 e o barramento do sistema.

A unidade de busca e decodificação (*fetch/decode*) é responsável por ler as instruções da cache L1 na sua seqüência normal (como vimos na primeira parte deste capítulo), decodificá-las e armazenar o microcódigo resultante no pool de instruções (*instruction pool*).

A unidade de programação e execução (*dispatch/execute*) é uma unidade de execução fora de ordem, responsável por programar a execução das microinstruções de acordo com a disponibilidade de dados e de recursos do processador, ou seja, uma instrução só pode ser executada, por exemplo, se a anterior foi completada. Neste caso, a unidade salta da segunda instrução para a seguinte (se esta puder), alterando, deste modo, a ordem de execução, visto que a terceira instrução será executada com a primeira, antes da segunda (esta menção, "primeira", "segunda", "terceira", etc. é apenas para efeito de facilitar a explicação). Os resultados parciais são armazenados nos 40 registradores internos, existentes no processador para esta finalidade.

A unidade de saída (*retire unit*) é responsável, finalmente, por colocar as instruções em ordem correta, verificando permanentemente os códigos de operação das instruções, armazenados no pool de instruções, para saber quais já terminaram a execução e não dependem de nenhuma outra anterior, que não tenha ainda sido executada. Ou seja, se esta unidade "retirou" a instrução n.º 5 (quinta instrução de uma dada seqüência), procura a de n.º 6 para poder manter a ordem final em seqüência.

Esta unidade pode "retirar" três instruções em cada ciclo de relógio; a "retirada" é realizada através da gravação (escrita) nos registradores existentes para este fim ou na memória. Tais registradores podem ser um dos

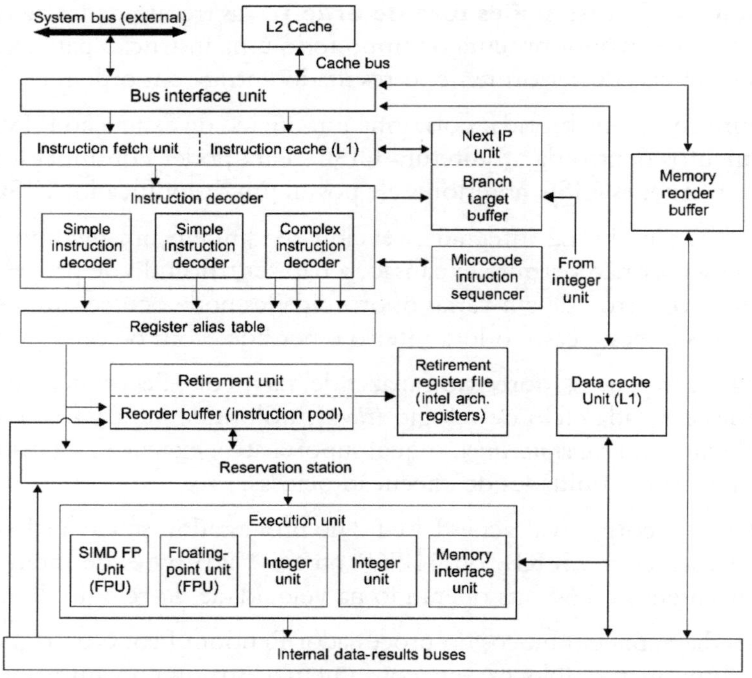

Figura D.55 Diagrama em blocos dos processadores da família P6 (Pentium Pro e PII).

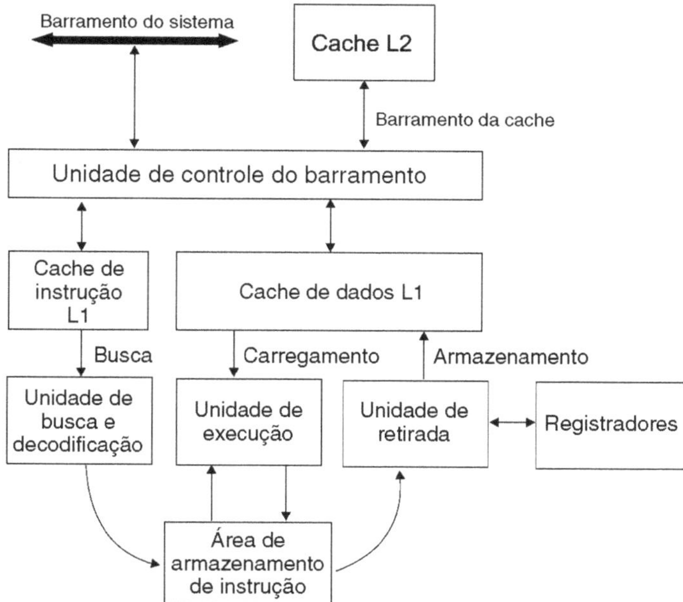

Figura D.56 As unidades de processamento da família P6 da Intel.

oito registradores de emprego geral ou um dos oito registradores de ponto flutuante. Em seguida, a instrução é apagada do pool.

O membro seguinte que substituiu o Pentium Pro foi denominado Pentium II, tendo sido oficialmente lançado pela Intel em maio de 1997, talvez com a principal finalidade de eliminar os problemas de fabricação do Pentium Pro devido à inserção da cache L2 na pastilha do processador. O Pentium II acrescentou poucas inovações em relação ao processador anterior, exceto a retirada da cache L2 do interior da pastilha e a criação de novo formato de pastilha, denominada SEC – *Single Edge Contact*, a qual se inseria em um soquete denominado *slot 1*.

Além desses aperfeiçoamentos, o Pentium II foi fabricado em outras freqüências maiores, 233 MHz e 300 MHz, bem como teve sua cache interna, L1, aumentada de 16KB para 32KB, ainda dividida entre dados e instruções.

Na época desses processadores, a Intel começou a ser incomodada pela concorrência crescente da AMD (e também da Cyrix), e decidiu fabricar um Pentium menos potente, porém mais barato; o modelo foi denominado Celeron, o qual era em si um Pentium II, exceto que a cache L2 foi retirada do sistema, barateando os custos de fabricação substancialmente, embora com redução de desempenho.

O Pentium III

O Pentium III foi lançado pela Intel em março de 1999, introduzindo como substancial aperfeiçoamento um conjunto de 70 instruções gráficas do tipo MMX, com o propósito de acelerar o processamento e, conseqüentemente, o desempenho de jogos em 3D, tanto quanto a tecnologia 3DNow! da AMD (ver item seguinte sobre processadores não Intel).

Os primeiros processadores Pentium III operavam na velocidade de 500 MHz, sendo bastante similares ao Pentium II, exceto pela inclusão do já mencionado conjunto de instruções MMX e novos registradores de ponto flutuante de 128 bits, justamente para emprego com aquelas instruções.

Em essência, as modificações do Pentium III em relação aos Pentium II podem ser resumidas no seguinte:

– inclusão de 70 novas instruções, sendo 50 delas para permitir cálculos simultâneos de vários números representados em ponto flutuante através da execução de uma única instrução, um fato extremamente útil em processamento gráfico, conforme já mencionamos anteriormente. As demais instruções são 12 para a categoria de vídeo, as quais facilitam a codificação e a decodificação de dados de vídeo do tipo

MPEG-2 à medida que vão sendo recebidos (*on the fly*), e oito instruções que facilitam a interação entre a memória principal e a cache L2. Em conjunto essas 70 instruções são conhecidas como do tipo SSE (*Streaming SIMD* – ver Apêndice C), e o processador tinha código de Katmai;

– código de identificação único do chip (PSN, *processor serial number*), o qual tem gerado uma certa polêmica entre os que são a favor, por facilitar determinadas operações e marketing pela Internet, além de aperfeiçoar a segurança e a criptografia para transmissões, e os que são contra, por considerar uma invasão de privacidade, além de contra-argumentar sobre segurança, pois alegam que facilmente hackers e crackers poderão identificar e acessar o tal número, de 96 bits, eletronicamente programado em cada pastilha;

– novos registradores de 128 bits, para manipular quatro valores em ponto flutuante, acelerando o processamento de gráficos em 3D. No entanto, por se tratar de novos elementos inseridos na arquitetura do processador não podem ser automaticamente reconhecidos pelo código atual dos sistemas operacionais. Certamente que as novas versões do Windows 98 e outros deverão conter os elementos apropriados para manipulação desses registradores.

O Pentium 4

O processador Pentium 4 da Intel, lançado inicialmente em novembro de 2000, trouxe um conjunto substancial de inovações em sua microarquitetura, bem como discussões sobre seu discutido aumento de desempenho. A nova microarquitetura (trata-se das especificações e características relativas às operações internas do processador, não acessíveis aos programadores), P7, foi denominada NetBurst pela Intel, e seus elementos indicavam, fato inclusive corroborado posteriormente pelos analistas do mercado, a preocupação do fabricante com o aumento de freqüência do relógio, um fator que parecia atender o público fascinado por velocidade (o que nem sempre se reflete por grande desempenho global para certas aplicações).

A Fig. D.57 mostra um chip do processador, e na Fig. D.58 é mostrado um diagrama simplificado (grandes blocos funcionais) dos elementos básicos da microarquitetura NetBurst [HINT01], constituído dos seguintes blocos:

– memory subsystem (subsistema de memória);

– in-order front end (módulo de busca e decodificação);

– integer and FP exec units (unidades de execução para inteiros e ponto flutuante);

– out-of-order engine (módulo de execução fora de ordem).

Cada um desses módulos possui diversos componentes necessários à realização de suas tarefas funcionais, todas elas tendo um objetivo comum: obter, interpretar e executar a maior quantidade possível de instruções por unidade de tempo, sendo, por isso, o processador capaz de operar com freqüências bastante elevadas de relógio (muitos pulsos por segundo resultam em muitas atividades por segundo).

O subsistema de memória realiza o interface do processador com a memória principal (RAM) e o resto do mundo exterior, e para isso é constituído da memória cache L2 e do barramento do sistema (system bus). A cache L2, com 256KB inicialmente, contém tanto instruções quanto dados, servindo de reserva para as caches de primeiro nível (instruções trace cache) e de dados; além disso, a unidade de barramento conecta a L2 ao barramento do sistema de modo a ler uma instrução/dado da memória RAM quando ocorre uma falta (miss) na cache L2.

Figura D.57 O Pentium 4.

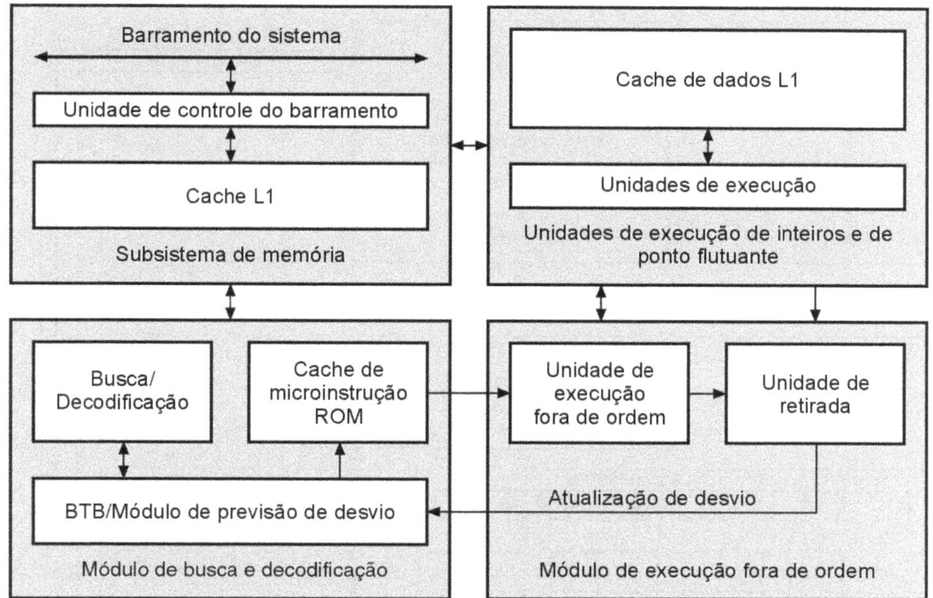

Figura D.58 Diagrama dos blocos da microarquitetura NetBurst (Pentium 4).

O módulo de busca e decodificação é responsável pela atividade de busca (fetch) das instruções, decodificação, que gera as microoperações decorrentes (armazenadas da memória ROM de controle) e as passa para o módulo de execução fora da ordem do pipeline. Para isso, ela possui uma cache L1 exclusiva de instruções que funciona de modo diferente das anteriores, sendo denominada execution trace cache; na realidade, esta cache já armazena as microoperações (resultantes da decodificação da instrução), posicionando-se, assim, depois da unidade de decodificação. Segundo a Intel, esta técnica permite maior rapidez ao processo de decodificação, pois uma instrução só é decodificada uma vez; a partir da segunda vez que ela aparece no pipeline já são usadas suas microoperações armazenadas na trace cache.

O módulo de execução fora de ordem é responsável pela preparação das instruções para a fase de execução, valendo-se de uma certa quantidade de buffers que irão auxiliar o processo de reordenar as instruções de modo a evitar conflitos de dependências entre elas. A parte de retirada (*retirement*) serve para acertar a ordem original das instruções, após sua execução; ela recebe informação de término das instruções para permitir seu trabalho de reordenação. O P4 é capaz de retirar até três microoperações por ciclo de relógio.

As unidades de execução para inteiros e ponto flutuante são constituídas dos registradores de dados (*register file*) e das unidades de execução propriamente ditas (as que efetivamente realizam as operações matemáticas com os dados), separadamente para inteiros e para números representados em ponto flutuante, além de possuir também uma memória cache L1 para dados.

As características da microarquitetura NetBurst definidas para o Pentium 4 podem ser resumidas nos seguintes itens, sendo que os componentes básicos que constituem aquela microarquitetura podem ser observados no diagrama da Fig. D.59.

Na referida figura, observam-se os seguintes componentes:

- Trace Cache – trata-se da memória cache L1 para instruções, seguindo uma nova estratégia, como será explicado adiante;
- Cache L1 para dados, com 8KB de capacidade, organizada seguindo a técnica de mapeamento por conjunto de 4;
- Cache L2 com 256KB de capacidade, empregando a técnica de mapeamento por conjunto de 8, recebendo dados e instruções via a BIU (bus interface unit), unidade de controle do barramento do sistema;

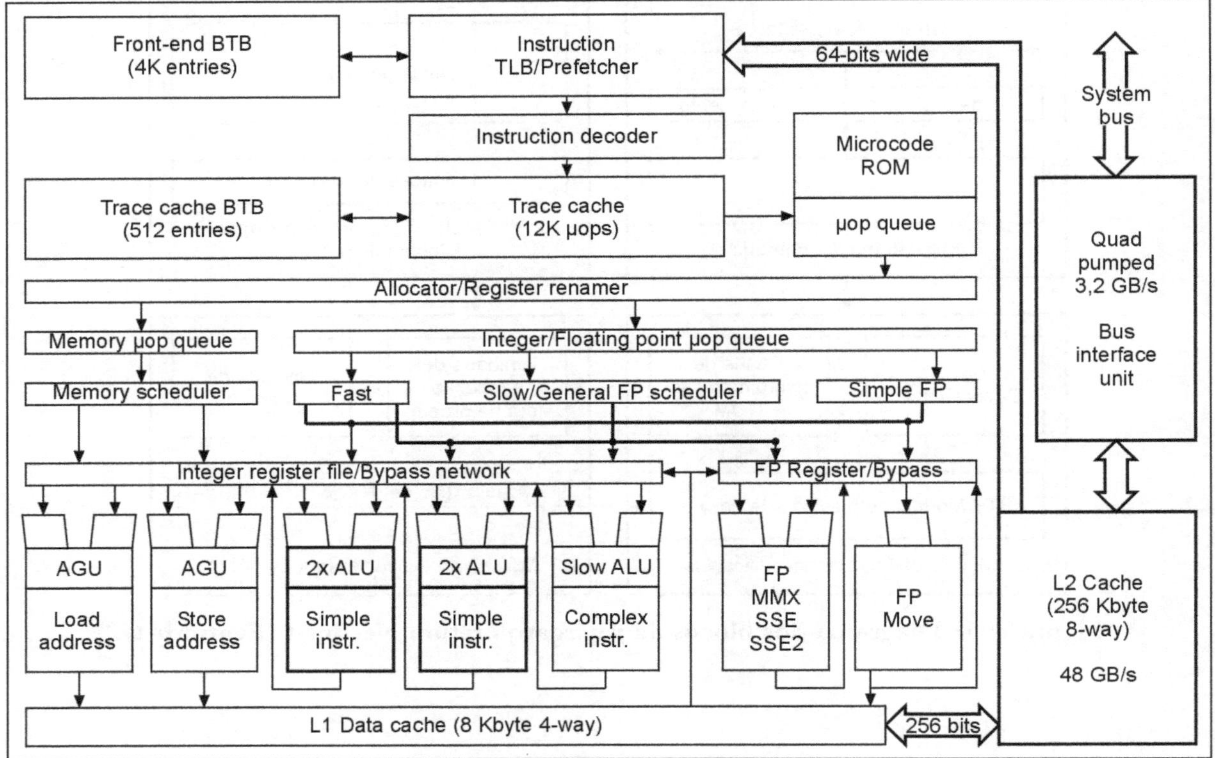

Figura D.59 Microarquitetura do processador Pentium 4.

- Cinco unidades de cálculo (UAL) para inteiros e duas unidades de cálculo para ponto flutuante (FPU), cada uma delas com características específicas, como para cálculo de endereços de carga (load address), para execução de operações de soma/subtração com dobro da velocidade do relógio (2x ALU);
- Integer Register File (conjunto de registradores para inteiros) e FP Register (conjunto de registradores para ponto flutuante).

Características do Pentium 4 (microarquitetura NetBurst)

– **Tecnologia de fabricação da pastilha (chip)** – 0,18 mícron (180 nanômetros) no lançamento (processador código Willamette, em 2000), para a espessura de 0,13 mícron (130 nanômetros) com os processadores de código Morthwood (2002) até a espessura de 90 nanômetros dos processadores de código Prescott (2004).

– **Tecnologia *Hyper Pipelined*** – o P4 apresentou uma arquitetura que implementava um pipeline constituído de 20 estágios, o dobro da quantidade de estágios encontrada no Pentium III e maior que a de todos os processadores existentes na época. O propósito divulgado foi obter uma maior freqüência de relógio nos processamentos internos, obtida por meio de uma quantidade menor de portas lógicas (gates) em cada estágio; ou seja, tendo-se mais estágios cada um deles executa menos coisas e, assim, possui menos componentes (gates/transitores), reduzindo as distâncias internas no específico estágio e, com isso, tem-se maior quantidade de pulsos por segundo (maior freqüência);

– **Aumento considerável da velocidade do estágio de execução (*rapid execution engine*)** – a intenção da Intel com a arquitetura do P4 foi aumentar a velocidade de execução o máximo possível (o aumento dos estágios pipeline fora um dos passos para isso). No P4, a ULA é capaz de executar suas operações no dobro da freqüência do restante do processador, ou seja, se o processador estiver operando com 3 GHZ, a ULA executa uma soma a 7 GHz, um feito extraordinário, embora acarretasse alguns contratempos, como uma maior lentidão em outras instruções (de deslocamento, por exemplo).

Na versão inicial do P4, a área de execução das operações era constituída de:

- um arquivo de registradores de 128 bits de largura (separadamente para operações com números inteiros e para operações com números em ponto flutuante);
- duas unidades de cálculos em ponto flutuante, utilizando, inclusive, novas instruções para processamentos de multimídia, denominadas em bloco de SSE2;
- duas ULA para operações com inteiros, sendo uma delas também responsável pela execução de operações lógicas e uma terceira para operações de deslocamento em multiplicações e divisões.

Além disso, o processador possui uma memória cache L1 para dados, com 8KB de capacidade, utilizada tanto para valores inteiros quanto valores em ponto flutuante.

– **Nova arquitetura para a Cache L1 de Instruções, denominada Trace Cache** – trata-se de uma característica realmente inovadora na arquitetura do P4, por várias razões:

- localização – enquanto nas arquiteturas anteriores a cache L1 de instruções fica localizada antes do decodificador, esta cache é situada após a decodificação, modificando, com isso, seu conteúdo;
- conteúdo – normalmente, a cache armazenaria instruções de máquina, as quais seriam, em seguida, enviadas uma a uma para o estágio pipeline de decodificação e, em seguida, as microoperações obtidas da memória de controle (ROM) seriam enviadas para os estágios de colocação na ordem apropriada para execução (fora de ordem), execução da operação e fase de retirada (recolocação na ordem correta). Com a trace cache este procedimento é otimizado (e, por isso, acelerado), pois nela são armazenadas as próprias microoperações, de modo que se elimina (exceto para a primeira decodificação) o processo de decodificar uma instrução sempre que ela surgir no pipeline. Em outras palavras, uma instrução de ADD, por exemplo, pode resultar (após a decodificação) em 10 microoperações que são inseridas no pipeline. Em um determinado programa, esta instrução pode ser chamada para execução 20 vezes; a sua decodificação completa e a obtenção das 10 microoperações se realizam na primeira vez que ela aparece, sendo as microoperações armazenadas na trace cache L1. Nas sucessivas buscas da instrução ADD o sistema passa a usar diretamente as microoperações armazenadas, encurtando o tempo ao evitar novas decodificações e buscas de cada microoperação.

Naturalmente que o tempo ganho em não realizar a decodificação de uma instrução é bem pequeno, porém se considerarmos a execução de um bloco de milhares de instruções, em um programa comercial regular, o valor da economia de tempo se torna ponderável.

Desde 2000, quando foi lançado pela primeira vez, até o momento atual, a Intel tem lançado diversas versões do Pentium 4 (P4), podendo-se classificar todas elas dentro de três categorias:

– processadores comuns para computadores de mesa e aplicações tradicionais – tipo P4;

– processadores de alta capacidade, para servidores e estações de trabalho – tipo Xeon;

– processadores para computadores portáteis ou de menor capacidade – tipo Celeron.

Conforme já mencionamos anteriormente, o processador Pentium 4, P4, foi produzido a partir de 2000, com nome-código Willamette e, até 2005, com nome código Prescott. Os processadores da classe Prescott sofreram diversas modificações em sua arquitetura, como o incrível aumento dos estágios pipeline de 20 para 31, além da redução do processo de fabricação para 90 nm, aumento de cache L2 para até 2MB, aumento da freqüência do barramento do sistema para 800 MHz e até 169 milhões de transistores em certas versões.

Com o tempo, a Intel deve ter verificado que o aumento excessivo da quantidade de estágios pipeline, visando permitir um aumento da freqüência do relógio e, com isso, obter melhores desempenhos, não estava acarretando o resultado esperado. Assim, quando a empresa fez um novo movimento para lançamento de nova arquitetura (sem considerar a criação dos processadores Itanium de 64 bits), reduziu substancialmente a quantidade de pipelines, o que aconteceu em 2006, com o lançamento da arquitetura de múltiplos núcleos, a qual foi iniciada por processadores de duplo núcleo. Ou seja, o paralelismo necessário para aumento de desempenho (ver Cap. 12) é alcançado por multiprocessamento.

D.2.4.2 Processadores da AMD

A AMD, Advanced Micro Devices, é uma empresa fabricante de processadores, memórias e outros dispositivos semicondutores, conhecida atualmente no mercado como concorrente da Intel na fabricação de processadores. Foi fundada em maio de 1969, começando mesmo a ser conhecida quando do lançamento de processadores clones dos produzidos pela Intel, os primeiros dos quais copiando os 80386.

Como já mencionado, os primeiros processadores lançados pela AMD eram também chamados de 386, como os da Intel, sendo autênticas cópias dos mesmos. Tais processadores foram produzidos nas versões DX e SX, como a Intel, inclusive com freqüência de operação superior à da Intel (esta produziu 386 até 33 MHz de velocidade, enquanto a AMD produziu processadores com 40 MHz, na versão DX apenas).

Já no caso dos processadores de quarta geração, da família 486, a AMD pôde desenvolver e lançar no mercado produtos de sua própria lavra, e não mais simples cópias dos da Intel.

A AMD produziu o chamado AMD 5x86, processador semelhante aos Intel 486DX4, porém incrementou a multiplicação da freqüência do relógio interno, atingindo uma vez a mais e, por isso, sendo denominado 5x86. Embora utilizasse uma tecnologia de fabricação avançada, 0,35 mícron de espaçamento entre as "linhas" condutoras internas, ainda era um processador de quarta geração pelas suas características iguais às dos 486.

O 5x86 foi produzido para funcionar com 133 MHz de velocidade, tendo um desempenho considerado muito bom para o tipo, sendo possível comparar seu desempenho ao de um Pentium 75 MHz, embora autores e analistas achem mais apropriado considerá-lo um 486DX4, com exceção da quantidade de memória cache L1, pois ele possui 16KB enquanto os 486 vinham com 8KB.

Com relação aos processadores de quinta geração, de características semelhantes aos Pentium, P5, da Intel, a AMD produziu o K5.

Embora o AMD K5 tenha sido projetado com características internas mais avançadas que o Pentium original (algumas delas são típicas do Pentium Pro, de sexta geração), ele continuou a ser considerado de quinta geração devido às baixas velocidades de relógio com que foi fabricado (75 MHz até 116 MHz). Entre suas principais características pode-se citar:

– arquitetura interna do tipo RISC, isto é, ele processa internamente em modo RISC; possui na entrada um decodificador x86, para que esse tipo de instruções possa ser convertido;
– seis unidades *pipeline,* o processador possui cinco unidades de execução de inteiros e uma de ponto flutuante (o Pentium somente possui duas unidades de inteiros);
– execução de instruções fora de ordem nas duas canalizações de inteiros;
– o pool de instruções é quatro vezes maior que o do Pentium, permitindo melhor desempenho na previsão de desvios;
– o K5 possui uma cache de instruções com 16KB (o dobro dos 8KB do Pentium), mas a cache de dados também tem 8KB, como nos Pentium;
– O mapeamento da memória cache no K5 é associativa por conjunto de 4, em vez do conjunto de 2 da cache dos Pentium.

O K5 não pode ser considerado um clone dos Pentium, pois é projetado com características próprias (não é cópia, como um clone se define) de funcionamento e desempenho, embora seja semelhante ao processador da Intel.

Com relação aos processadores de sexta geração, de características semelhantes aos Pentium, P6, da Intel, a AMD produziu o K6, modelos 2 e 3.

O processador AMD K6 foi lançado em abril de 1997, graças à absorção pela AMD da empresa NexGen. Este processador foi considerado um sucesso, dadas suas características avançadas e baixo custo comparativamente ao seu competidor, da Intel, superando os problemas da AMD com o K5.

Entre as principais características do K6 pode-se mencionar:

- tamanho elevado da memória cache L1 — 64KB, sendo 32KB para dados e o restante para instruções. Isto significa o quádruplo da cache L1 do Pentium Pro e o dobro do Pentium II;
- mais decodificadores de instrução – o K6 possui quatro dispositivos decodificadores, um a mais que o Pentium Pro e o Pentium II;
- mais unidades de execução de operações com inteiros – o K6 possui seis dessas unidades, mais do que os processadores produzidos pela Intel ou Cyrix; isso permite um maior paralelismo na execução dos programas, com o conseqüente aumento de velocidade.

O K6 foi produzido inicialmente com velocidades de 166 MHz, 200 MHz e 233 MHz, tendo um desempenho muito bom, exceto no que se refere ao dispositivo de execução de operações em ponto flutuante.

Prosseguindo em seus avanços tecnológicos, como aconteceu com a Intel, a AMD produziu em seguida o processador K6-2, depois o K6-3, para finalmente entrar na sétima geração com o processador K7, denominado Athlon.

O AMD K6-2 foi lançado em maio de 1998, sendo produzido com tecnologia de 0,25 mícron de espaçamento entre suas trilhas internas e tendo cerca de 9,3 milhões de transistores em sua pastilha. Suas primeiras versões operavam em 300 MHz, sendo posteriormente fabricados processadores com até 450 MHz de freqüência. A Fig. D.60 mostra o diagrama em blocos resumido desse processador, onde se pode observar o interface do barramento interno, de 100 MHz, e as duas memórias cache, de 32KB cada uma, para instruções e para dados.

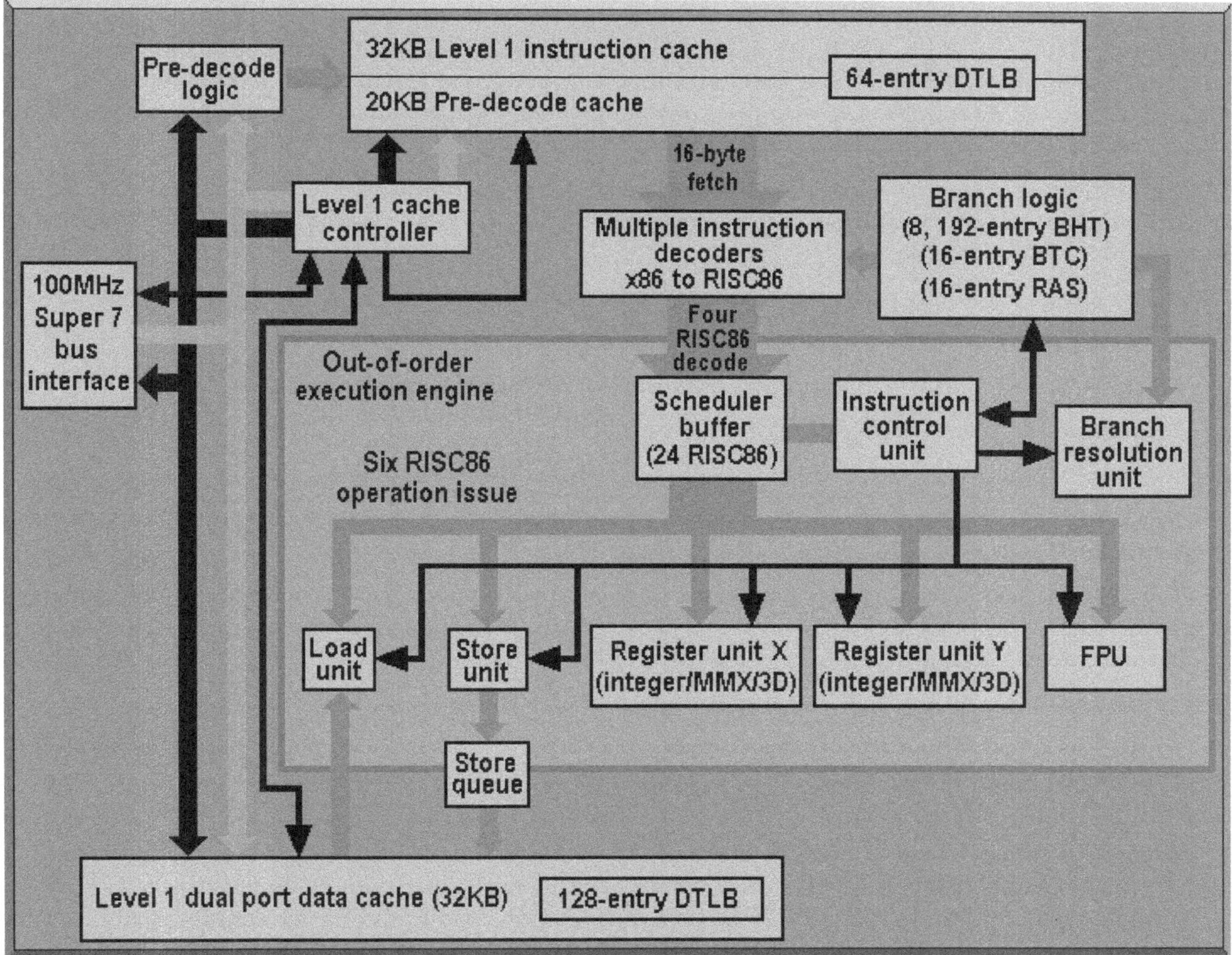

Figura D.60 Diagrama em bloco do processador AMD K6-2.

Como os processadores Intel dessa geração, também o K6-2 incorpora em seu interior um núcleo de microarquitetura RISC. Além disso, o processador da AMD apresentou sensível aperfeiçoamento para a unidade de execução de instruções em formato ponto flutuante.

Com o K6-2, a AMD também progrediu no mercado de computação gráfica e jogos, introduzindo uma tecnologia denominada 3DNow! (uma boa estratégia de marketing), que consiste basicamente na incorporação de 21 instruções MMX ao conjunto de instruções do processador. Tais instruções efetuam processamento sofisticado em ponto flutuante, e são mais avançadas do que as primeiras instruções MMX lançadas pela Intel (ver item anterior). Naturalmente, para que o programa do jogo possa tirar partido do aumento de desempenho que essas instruções acarretam é necessário que tenham o driver gráfico apropriado, que manipule diretamente essas instruções. Modelos anteriores àquele lançamento não lucram nada com a inovação.

Em meados de 1999, a AMD anunciou o lançamento de uma nova versão do processador K6, denominada K6-3, nome código de *Sharptooth*, a qual introduziu algumas características novas na arquitetura da família K6 e até no mercado como um todo, a saber:

– incorporação do nível L2 no interior da pastilha (como o Pentium Pro), porém, diferentemente do processador da Intel, que só possuía dois níveis (L1 e L2), ambos internos, o K6-3 acrescentou um terceiro nível de cache, L3, externo ao processador;

– utilização de um barramento local de 133 MHz, aumentando o desempenho das transferências de dados entre MP e UCP em relação ao barramento de 100 MHz.

O projeto de cache em três níveis torna melhor, sem dúvida, o desempenho do processador. No interior da pastilha do processador são inseridos os dois primeiros níveis, sendo L1 de 64KB, como nos processadores anteriores (32KB para dados e 32KB para instruções) e L2 com 256KB, esta funcionando também na velocidade igual à do processador, como nos Pentium Pro, Celeron e Xeon. Além dessas memórias, a AMD aproveitou-se do fato de estar utilizando uma placa-mãe que possui espaço para uma cache e criou o nível L3 de cache, com até 2MB. Um considerável aumento de desempenho.

Posteriormente ao K6-3, a AMD ainda lançou um modelo denominado K6-2+ e, finalmente, o AMD K7, denominado Athlon, considerado o primeiro processador de sétima geração. A Fig. D.61 apresenta seu diagrama em blocos resumido.

No diagrama da Fig. D.61 podem-se observar alguns dos componentes básicos do processador:

- Cache L1 para instruções e Cache L1 para dados, ambas com 64KB;
- Fetch/Decode Control – módulo para controle dos decodificadores de instruções;
- Instruction Decoders – decodificadores de instruções;
- Instruction Control Unit – Unidade básica de controle do processador;
- Seis unidades de execução de cálculos com valores inteiros e três unidades de cálculo de valores em ponto flutuante;

O K7, Athlon, possui um formato semelhante ao Pentium III, porém ele era inserido em um soquete específico da AMD, denominado slot A, pois a Intel não licenciou seu soquete 1. Embora semelhantes, os soquetes são eletronicamente incompatíveis.

As principais características do K7, um processador de 22 milhões de transistores, são:

– **múltiplos decodificadores de instruções** – três decodificadores para traduzir instruções x86 (CISC) em instruções tipo RISC, podendo se ter até nove instruções executadas simultaneamente. O aumento de desempenho devido a esta facilidade é acentuado;

– **memória cache L1 com 128KB**, operando na velocidade do relógio e memória cache L2, também interna na pastilha, com até 8MB (um acréscimo considerável). Até onde se pode verificar, no entanto, a AMD estará utilizando apenas 512KB dessa cache, cujo tamanho deverá crescer nos próximos lançamentos;

– **Velocidade** inicial de 500 MHz;

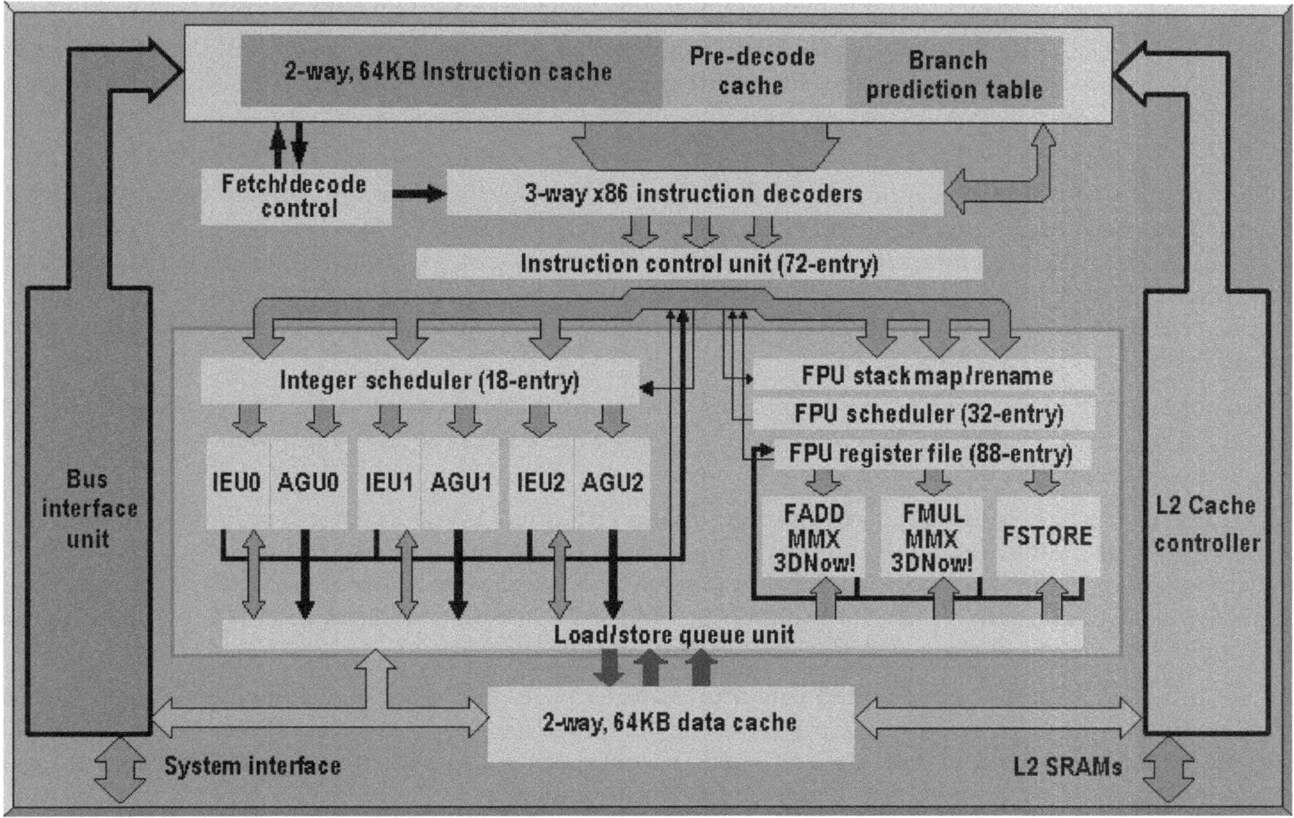

Figura D.61 Diagrama em bloco do processador AMD K7-Athlon.

- **Capacidade de realizar multiprocessamento**, o que acontece pela primeira vez nos processadores da AMD, capacitando o emprego desses processadores no mercado de servidores, até então dominado pela Intel e outros processadores mais potentes, como o Alpha da Compaq (antiga DEC). Esta possibilidade decorre principalmente devido ao emprego no K7 da arquitetura do processador Alpha (protocolo EV6), o qual implementa a topologia do tipo ponto a ponto. Ou seja, se há vários processadores no sistema, cada um deles obtém uma conexão ponto a ponto com a pastilha de apoio (chipset);
- **Novo projeto na área de processamento de números representados em ponto flutuante**, com o propósito de melhorar seu desempenho, uma deficiência crônica nos modelos anteriores de processadores AMD. Para tanto, foram incluídas três unidades de processamento de ponto flutuante, as quais podem executar instruções em paralelo (se uma não depender da outra, é claro) ou mesmo fora de ordem;
- **Novo barramento** de sistema de 200 MHz.

D.2.5 Encapsulamento de Elementos de um Processador em uma Pastilha (Chip)

A miniaturização dos elementos físicos (transistores, resistores etc.) integrados em uma pastilha (chip) tem evoluído ao longo do tempo, tornando esses elementos cada vez menores. Para que se obtenha menores tempos de transferência de sinais entre os elementos, os pesquisadores têm conseguido construir pastilhas com espaçamentos internos cada vez menores. Esses espaçamentos entre os elementos, conhecidos como tamanho dos circuitos internos (ou trilhas), eram medidos em mícrons, unidade de medida do sistema métrico que é equivalente a 1 milésimo do milímetro; atualmente passou a ser utilizada uma unidade mil vezes menor que o mícron, denominada *nanômetro*. Desse modo, a tecnologia de construção das pastilhas (chips) de processadores, que permitiu tamanho de circuitos ou espaçamentos de 0,35 mícron, 0,25 mícron, 0,18 e 0,13 mícron, continua sendo otimizada e reduzida para valores ainda incrivelmente menores. O fato é que atualmente se emprega tecnologia de 0,09 mícron, ou 90 nanômetros, e 0,065 mícron, ou 65 nanômetros para os processadores lançados de 2005 e 2006 para cá. A Intel (e os demais fabricantes de processadores e memórias, como IBM e AMD) tem divulgado seus planos futuros de fabricação de componentes com tecnologia de fabricação ainda menores, como 45 nanômetros até 2007/2008 e menos ainda (prevê-se um limite de 11 nm por volta de 2012 a 2015).

Uma pastilha de um processador como o Pentium ou K7, constituída exclusivamente com os elementos eletrônicos e condutores, é extremamente pequena, muito menor do que vemos fisicamente instalado na placa-mãe. Normalmente, nas figuras o que está mostrado é a pastilha encapsulada em um invólucro que permite uma melhor dissipação de calor e, principalmente, que seja possível inserir os pinos que serão soldados ou inseridos em um soquete (ver o P4 na Fig. D.57). Dessa forma, a pastilha apresentada (externa) é muito maior do que realmente ela é (pastilha interna).

Ao longo do tempo surgiram diferentes processos de encapsulamento externo das pequenas pastilhas, sejam elas de um processador, assunto deste capítulo, ou de uma memória ou outro componente, construído com tecnologia de integração de circuitos.

O primeiro modelo de encapsulamento surgido foi o DIP, Dual Inline Package (ver Fig. D.10 (a)), caracterizado por uma pastilha retangular, conectável nas placas de circuito impresso por uma dupla fileira de pinos, dispostos ao longo dos lados maiores do retângulo, como se pode observar na figura. Esse método de empacotar a pastilha interna, DIP, foi utilizado na fabricação dos processadores Intel 8080, 8088 e outros, bem como é o método usado na fabricação de alguns tipos de memória.

O pacote DIP deixou de ser utilizado para processadores na medida em que se aumentou a quantidade de sinais trocados entre o processador e o mundo exterior. Enquanto o 8080 tinha apenas 40 pinos, 20 de cada lado da pastilha, atualmente o Pentium Pro possui 387 pinos, o que tornaria uma pastilha DIP com comprimento imensamente longo devido à quantidade de pinos que teria.

Outro método criado para empacotar as pastilhas de processadores, que permite a utilização de maior quantidade de pinos sem crescer demasiado o tamanho do pacote, é denominado PGA, Pin Grid Array, e tem sido empregado em diversos processadores, desde o Intel 80286 até os últimos modelos de quinta geração (Pentium original, AMD K5 etc.).

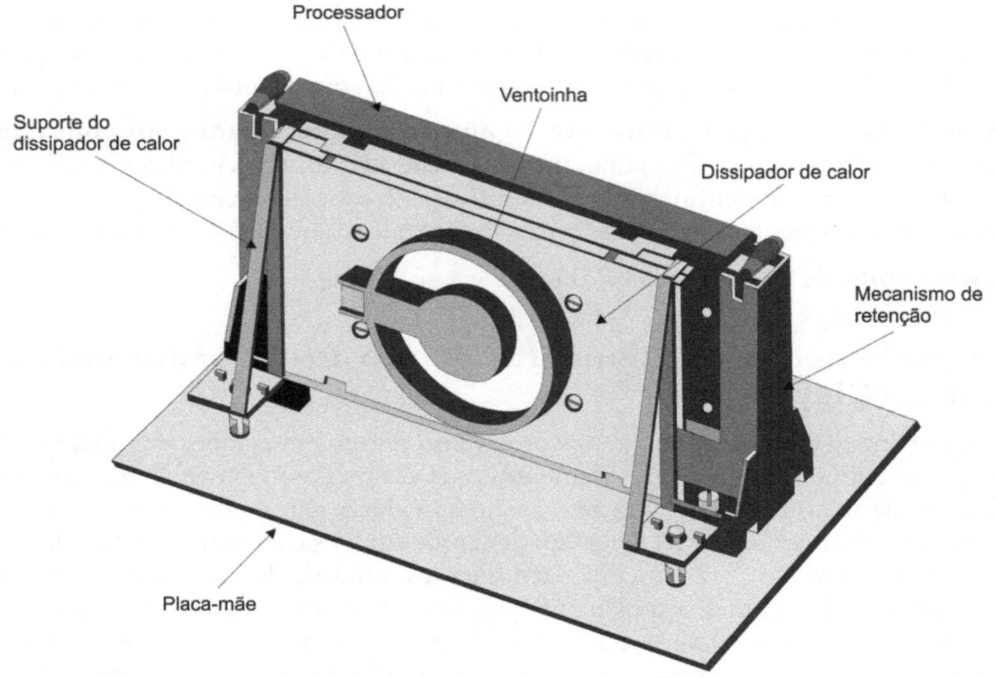

Figura D.62 Pentium II com seu encapsulamento SEC.

Neste método de construção da pastilha externa esta tem formato quadrado ou retangular (ver Fig. D.52), e seus pinos podem ser distribuídos pelos quatro lados do perímetro da pastilha. Para permitir uma inserção segura e padronizada são construídos soquetes especiais na placa-mãe, específicos para inserção da pastilha. A descrição desses soquetes será apresentada mais adiante, ainda neste item.

As pastilhas do tipo PGA são construídas usando dois tipos básicos de material: cerâmica (e a pastilha é denominada CPGA), tendo sido a mais usada, e plástico (e a pastilha é denominada PPGA), tipo mais recentemente escolhido pelos fabricantes. O tipo de plástico (PPGA) é mais barato e termicamente superior ao tipo de cerâmica (CPGA), devido ao processo usado para dissipação de calor.

Um método eficaz de empacotar os chips internos foi denominado SEC, Single Edge Contact, sendo uma mudança acentuada no formato do pacote em relação aos modelos anteriores de processadores. Isto foi especialmente necessário devido ao crescimento da quantidade de elementos internos dos processadores (muitos milhões de transistores), acarretado pela inclusão da cache de nível secundário (L2) na pastilha, caso do Pentium Pro. No entanto, o método SEC surgiu com o Pentium II, mesmo este tendo a cache L2 não mais inserida no mesmo pacote, porém a Intel decidiu colocar ambos os chips no mesmo conjunto, e daí surgiu o método SEC, mostrado na Fig. D.62.

Na realidade, a tecnologia SEC consiste na criação de uma placa de circuito impresso onde a pastilha do processador (construída de forma semelhante ao método PGA) é inserida, junto com a pastilha da cache L2. A placa é, então, inserida em um soquete especialmente construído na placa-mãe. Este método permite uma grande velocidade de transferência entre o processador e a cache L2, visto que ela não está inserida na placa-mãe.

D.2.6 Soquetes Utilizados para Inserção de Processadores na Placa-mãe

Uma das características mais marcantes da concepção dos microcomputadores pessoais denominados PCs, como definido pela IBM, foi a chamada arquitetura aberta, que permitiu o surgimento de inúmeros fabricantes dos componentes que constituem o sistema de computação em questão, diferentemente de uma arquitetura fechada, como dos computadores fabricados pela Apple, cujos elementos são patenteados, requerendo licença para fabricá-los.

Assim, há fabricantes específicos de diversos componentes do computador, entre os quais temos os que constroem a placa principal do sistema, denominada placa-mãe (motherboard), sobre a qual se inserem os demais componentes, entre os quais o processador. A Fig. D.63 mostra um exemplo de placa-mãe, onde se pode observar os vários diferentes componentes, como soquete para o processador, para os módulos de memória e *slots* para placas de interface com os dispositivos de entrada/saída.

Nos primeiros anos de existência dos PCs, os usuários tendiam a adquirir o computador por inteiro, e deste modo, apesar de a arquitetura ser aberta, este conceito servia apenas para os fabricantes. Se a pessoa desejasse atualizar o modelo do equipamento, substituía-o por completo e não apenas o seu motor (o processador), por exemplo.

Com o passar do tempo a Intel passou a estimular os usuários a atualizar apenas o processador, se o desejassem, como também isto passou a servir de motivo para que as atualizações pudessem ser parciais (a placa de vídeo, ou os discos, e assim por diante).

Este conceito surgiu com a possibilidade de atualizar o processador, o que a Intel denominou Overdrive. Para isso, a Intel necessitou estabelecer as características mecânicas e elétricas requeridas para o soquete onde se deveria inserir o processador, de modo que os fabricantes de placas-mãe pudessem construí-las de acordo. Surgiram, então, os padrões de soquete de processadores, que permitiram a fabricação de placas-mãe que iriam servir para uso dos processadores do momento, mas também de outros a serem concebidos mais adiante, desde que estes fossem projetados com a pinagem e demais características próprias para aquele soquete. A placa-mãe, assim, não teria que ser substituída com o surgimento de novos modelos de processadores, uma grande inovação e facilidade para o mercado, principalmente dos concorrentes da Intel, como a AMD e Cyrix, que se valeram da padronização dos soquetes para projetar seus processadores de acordo, usando as mesmas placas-mãe.

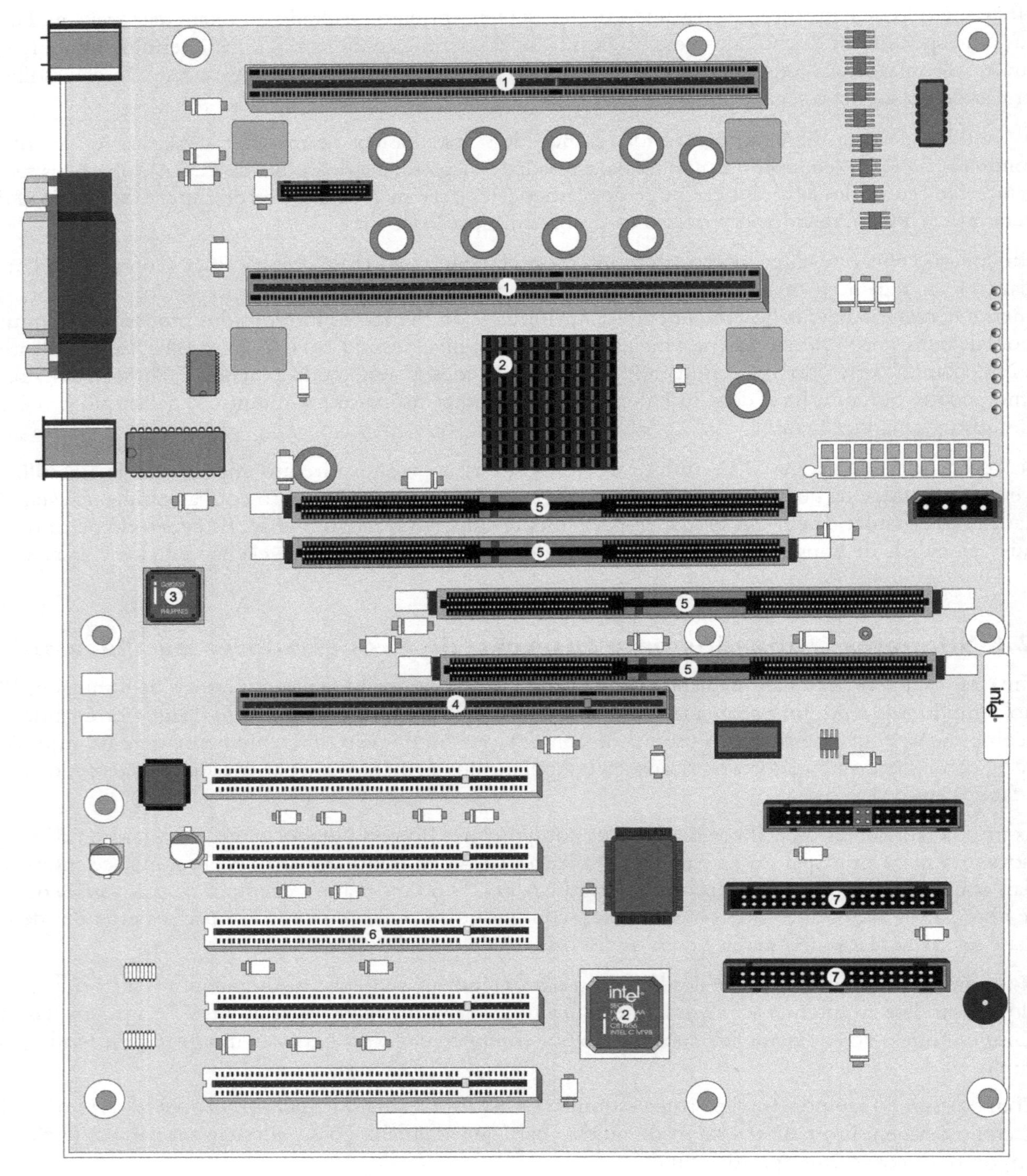

Descrição dos itens numerados:

1. Soquetes dos processadores até 2 (slot para inserção de pastilhas tipo SEC).
2. Pastilhas do chipset.
3. Pastilha de controle da rede local.
4. Conector para inserção de placa de vídeo.
5. Conector para inserção de módulos de memória (nesta placa-mãe pode-se inserir até 2GB).
6. Conector para inserção de placas de dispositivos periféricos tipo PCI (até 5).
7. Conector para inserção de controlador de disco.

Figura D.63 Exemplo de placa-mãe com seus principais elementos indicados por números.

O primeiro soquete, denominado soquete 1 (Socket 1), criado com esta finalidade, surgiu muitos anos depois do lançamento do primeiro PC e serviu especificamente aos processadores 486, dentro do conceito de overdrive. Ele tinha 169 pinos e se inseria nas placas-mãe dos 486.

Não faz parte do escopo deste livro descrever, em detalhes, as características de cada tipo de soquete lançado desde o soquete 1, porém, a título de informação para o leitor, pode-se mencionar as seguintes observações a respeito:

a) a Intel especificou até o momento 11 tipos de soquete, de números 1 a 8, soquete 370 e, em seguida, dois mais recentes, denominados slot 1 slot 2, e não mais soquetes, que serviram para inserção do pacote modelo SEC (ver item anterior);

b) a AMD criou seu específico slot A para inserção dos processadores K7, Athlon, por incompatibilidade deste com as características elétricas do slot 1, conforme já mencionado anteriormente;

c) os soquetes de 1 até 3 foram especificados para os processadores da família 486, sendo que o soquete 3 permitia, também, a inserção do processador Pentium tipo overdrive;

d) os soquetes 4 em diante serviram para os processadores da família Pentium, sendo o mais conhecido atualmente o soquete 7, de 321 pinos, o qual foi intensamente utilizado pela AMD e Cyrix para seus processadores K6 e 6x86, respectivamente;

e) o soquete 8 foi projetado especificamente para os processadores Pentium Pro e depois o Pentium II. É o único que suporta o Pentium Pro;

f) o soquete 370 foi projetado especificamente para o processador Intel Celeron;

g) os slots 1 e 2 trouxeram uma acentuada mudança nas características desses elementos, tendo sido projetados para atender ao formato e ao tipo do módulo SEC.

Na Tabela 6.2 está indicado o soquete característico de cada tipo de processador mencionado.

D.3 SOBRE BARRAMENTOS

No Cap. 2 foi apresentado o conceito e as características básicas dos barramentos; além disso, foi mostrada sua importância nos sistemas de computação pessoais e demais computadores.

Neste item, vamos voltar ao assunto, efetuando uma breve revisão dos conceitos básicos sobre barramentos e ampliando as informações com outros itens que tratam do funcionamento físico e mais completo dos barramentos. No item D.3.1 mostram-se conceitos básicos de um barramento; no item D.3.2 serão abordados aspectos relativos ao projeto e funcionamento de um barramento; no item D.3.3 descrevem-se algumas características do barramento PCI, e no item D.3.4, apresentam-se barramentos usados nos atuais sistemas de computação pessoais, como os barramentos USB e Fireware.

D.3.1 Conceitos Básicos sobre Barramentos

Conforme já mencionamos no Cap. 2, *barramento* (em inglês usa-se o termo *bus*) de um sistema de computação é o componente responsável pela interligação dos demais componentes, conduzindo de modo sincronizado o fluxo de informações de uns para os outros – dados, endereços e sinais de controle – de acordo com uma programação de atividades previamente definida na UC.

Fisicamente, um *barramento de dados* consiste em múltiplas linhas condutoras, cada uma permitindo a passagem de um bit de informação (seja de uma instrução ou de um dado). Tais barramentos possuem diferentes tamanhos (quantidade de bits) dependendo do modelo do processador utilizado. Valores típicos são 8, 16, 32, 64 e 128 bits.

O *barramento de endereços* é utilizado para o processador indicar de onde quer ler (buscar) um dado ou onde deseja gravá-lo. Tipicamente, a quantidade de bits de um endereço especifica a máxima capacidade de um módulo de memória principal (ver Cap. 4). Mas o valor binário colocado no barramento de endereços também pode representar o endereço de um dispositivo de entrada ou de saída. Em geral, um ou mais bits do endereço indicam se o endereço indicado se refere a um módulo de memória principal ou de um dispositivo de E/S.

O *barramento de controle* é constituído de inúmeras linhas pelas quais fluem sinais específicos da programação do sistema. Sinais comumente empregados nos barramentos de controle são:

- leitura de dados (*memory read*) – sinaliza para o controlador de memória decodificar o endereço colocado no barramento de endereços e transferir o conteúdo da(s) célula(s) para o barramento de dados.
- escrita de dados (*memory write*) – sinaliza para o controlador de memória decodificar o endereço colocado no barramento de endereços e transferir o conteúdo do barramento de dados para a(s) célula(s) especificada(s).
- leitura de E/S (*I/O read*) – processo semelhante ao de leitura de dados da memória.
- escrita de E/S (*I/O write*) – processo semelhante ao de escrita de dados na memória.
- Certificação de transferência de dados (*transfer ACK*) – o dispositivo acusa o término da transferência para a UCP.
- Pedido de interrupção (*interrupt request*) – indica ocorrência de uma interrupção.
- Relógio (*clock*) – por onde passam os pulsos de sincronização dos eventos durante o funcionamento do sistema.

A Fig. D.64 mostra o esquema lógico de um tipo de barramento (múltiplos barramentos, um para cada tipo de informação que flui durante o processo de execução de uma instrução – bits dos endereços, bits dos dados e sinais de controle), enquanto a Fig. D.65 mostra o exemplo de um cabo de ligação (apresentação física de um barramento) entre um periférico (tipicamente um disco rígido) e um processador, constituído de diversos fios paralelos bem próximos um dos outros, cada um conduzindo um bit da informação que está sendo transferida (ou um sinal de controle diferente).

Um dos aspectos fundamentais de um barramento é sua capacidade de compartilhamento pelos diversos componentes interconectados. Assim, por exemplo, em um barramento como o mostrado na Fig. D.64, que interliga UCP, memória e periféricos, vemos que todos esses elementos compartilham o mesmo caminho e, por essa razão, somente um conjunto de bits pode passar de cada vez. A programação e a sincronização desse processo são cruciais para o correto funcionamento do sistema.

Uma observação deve ser feita neste ponto: o modelo mostrado na Fig. D.64, de um único barramento de dados, endereços e controle (chamada em inglês de *unibus*), interconectando todos os componentes do computador, não é mais empregado. As diferentes características dos diversos componentes, principalmente periféricos (a velocidade de transferência de dados de um teclado é muitas vezes menor que a velocidade de transferência de dados de um disco magnético), levaram os projetistas de sistemas de computação a criarem diversos

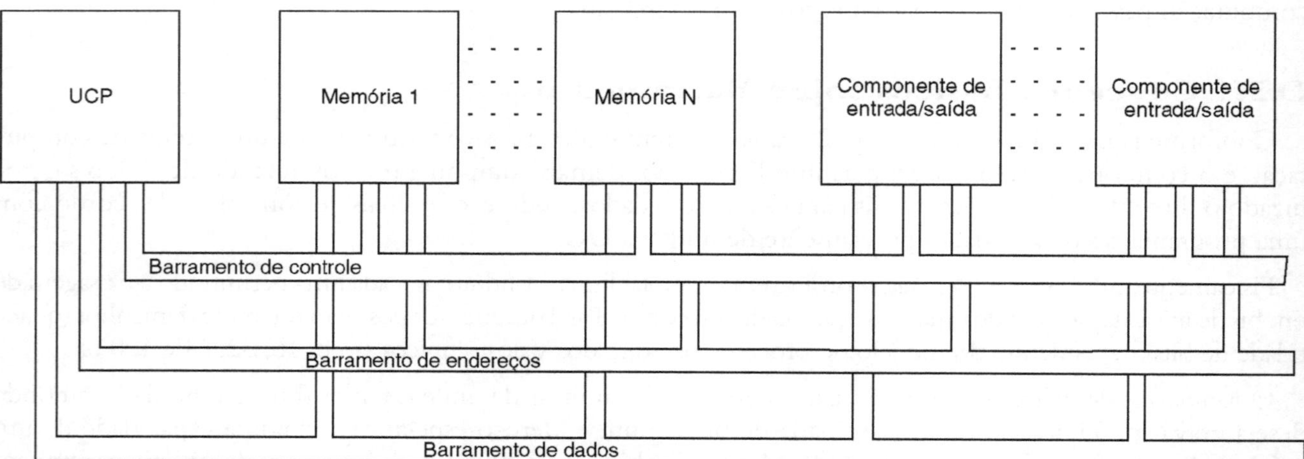

Figura D.64 Exemplo de esquema de barramento externo de um sistema de computação, constituído de elementos individuais para cada tipo de informação (dados, endereços e controle).

Figura D.65 Exemplo de um barramento (um cabo paralelo de ligação entre UCP e periférico).

tipos de barramento, cada um com taxas de transferência de bits diferentes e apropriadas às velocidades dos componentes interconectados, sendo os barramentos organizados de forma hierárquica.

Atualmente os modelos de organização de sistemas de computação adotados pelos fabricantes possuem diferentes tipos de barramento (ver Fig. 2.12); tais barramentos servem ao melhor desempenho dos sistemas, pois cada um deles interliga dispositivos com velocidades afins. Desse modo, o processador é conectado à memória cache externa, além da memória principal (memória RAM), por um barramento específico, em geral denominado barramento do sistema (ou *system bus*, em inglês). No caso dos PCs, usa-se também o esquema com FSB – *front side bus* (barramento frontal) para interligar processador e memória principal e BSB – *back side bus* (barramento posterior) ligando o processador à memória cache.

Estes barramentos trabalham com dispositivos (memória e processador) que operam na faixa dos nanossegundos, enquanto os dispositivos periféricos mais rápidos operam na faixa dos milissegundos. Nesse caso, esses dispositivos de E/S, mais rápidos, são normalmente conectados a um barramento compatível com essas velocidades (usava-se o termo barramento de expansão, porém atualmente chama-se o nome do padrão do barramento, como ISA, PCI etc).

No caso da configuração dos PCs, costuma-se fazer a conexão entre os dois tipos de barramentos por um componente que possui a lógica necessária para tratar a conexão, efetuando uma "ponte" entre os dois tipos. O componente chama-se mesmo ponte (*bridge*), e seus circuitos digitais encontram-se instalados no *chipset* do sistema.

D.3.2 Elementos de Projeto e Funcionamento de um Barramento

A *largura* (ou tamanho) de um barramento é uma unidade de medida que caracteriza a quantidade de informações (bits em geral) que pode fluir simultaneamente pelo barramento. No caso de fiação, consiste na quantidade de fios paralelos existentes no barramento, ao passo que, em circuitos impressos (placas), consiste nos traços impressos na placa com material condutor por onde flui a corrente elétrica (o cabo mostrado na Fig. D.65 possui um *tamanho* correspondente aos vários fios que o compõem).

Esta largura (ou tamanho), maior ou menor, se constitui também em um dos elementos que afetam a medida de desempenho de um sistema, juntamente com a duração de cada bit ou sinal. A taxa de transferência, que é, em geral, especificada em bits (ou Kbits ou Mbits etc.) por segundo, depende fundamentalmente da largura do barramento.

O intervalo de tempo requerido para mover um grupo de bits (tantos quanto a quantidade de bits definida pela largura do barramento) ao longo do barramento é denominado *ciclo de tempo* do barramento ou simplesmente *ciclo do barramento* (*bus cycle*), modo análogo ao que definimos para o *ciclo do processador* e para o *ciclo de memória*.

Para entender o funcionamento do barramento de um computador é preciso enfatizar o aspecto de compartilhamento que caracteriza aquele componente, ou seja, como um barramento interliga diversos componentes (seja barramento interno ou externo), as informações só podem fluir uma de cada vez, senão haverá colisão entre os sinais elétricos e o resultado será ininteligível, qualquer que seja o destinatário.

Em outras palavras, se a memória principal está enviando dados para a memória secundária (componente de E/S, como um disco magnético, por exemplo), os demais componentes têm que esperar a liberação do barramento para utilizá-lo.

Este compartilhamento (um caminho para vários usuários) implica a necessidade de definição de regras bem explícitas de acesso ao barramento por um usuário (quando acessar, como acessar, como terminar) e de comunicação entre eles (como interrogar um componente destinatário, que resposta deve ser enviada, quanto dura a comunicação, etc.). Estas regras costumam ser denominadas protocolos, sendo, no caso, protocolos do barramento, as quais são usualmente implementadas através de sinais de controle e exata sincronização entre eles. Assim, o barramento não se constitui tão-somente na fiação já mencionada, mas também na unidade de controle do barramento, que administra o acesso e as transferências (implementação do protocolo adotado).

Para evitar que cada fabricante de processador crie seu próprio protocolo de barramento com características diferentes dos demais (e, com isso, componentes fabricados por terceiros tenham dificuldade de se conectar à UCP), os próprios fabricantes têm procurado criar uma padronização na definição de protocolos (embora o sucesso total ainda esteja longe – um só padrão em todo o mercado). Ao longo do tempo vários protocolos de barramento de expansão têm sido definidos; alguns tiveram pouca aceitação, outros não, alguns são proprietários (são definidos por uma única empresa que cobra *royalties* pelo seu licenciamento de uso) e outros não. Entre os mais conhecidos barramentos, surgidos no mercado ao longo do tempo, pode-se citar:

A) Com transmissão na forma paralela:

- UNIBUS (definido pela Digital Equipment Co – DEC). O primeiro tipo a utilizar multiplexação para as diversas linhas entre endereços e dados;
- MCA, Micro Channel Architecture (definido pela IBM, para os sistemas PS-2). Nunca conseguiu adoção por outro fabricante, nem mesmo a IBM o adotou por completo, tendo sido abandonado.
- ISA, Industry Standard Adapter (definido pela IBM para o PC-AT e adotado por toda a indústria). Apesar de possuir uma taxa de transferência baixa, ainda pode ser encontrado em alguns sistemas com barramentos de periféricos de baixa velocidade.
- EISA, Extended ISA (definido por um grupo de fabricantes para se opor ao MCA da IBM). Não conseguiu ser implantado devido a diversos problemas de especificação, sendo praticamente abandonado pelos fabricantes.
- PCI, Peripheral Component Interconnect – desenvolvido pela Intel, tornando-se quase um padrão para todo o mercado como barramento de E/S de alta velocidade. Permite transferência de dados em 32 e 64 bits a velocidades de 33 MHz e de 66 MHz, no máximo. Interconecta-se ao barramento local e a outro barramento, tipo ISA, através de um circuito para compatibilizar as diferentes características entre eles. Estes circuitos chamam-se pontes (bridges).
- AGP, Accelerated Graphics Port – barramento desenvolvido por vários fabricantes, porém liderados pela Intel, com o propósito de acelerar as transferências de dados do vídeo para memória, especialmente dados para 3D. Trata-se, pois, de um barramento específico (para vídeo), não genérico, porém de alta velocidade de transferência por ligar o vídeo diretamente à memória principal.

B) Com transmissão na forma serial:

- USB, Universal Serial Bus – tem a particular função de permitir a conexão de muitos periféricos simultaneamente (pode-se conectar até 127 dispositivos em um barramento USB) ao barramento, e este, por uma única tomada, se conecta à placa-mãe.
- PCI Express, também criado pela Intel com o propósito de substituir o padrão AGP nas conexões de vídeo.
- Hyper-Transport – inicialmente desenvolvido pela AMD e atualmente administrado por um consórcio, como o PCI, tem por propósito a transferência de dados em muito alta velocidade. É empregado nos processadores AMD.
- Firewire – padrão de barramento desenvolvido pela Apple para seus sistemas, atualmente está especificado como padrão IEEE 1394, sendo também um barramento de alta velocidade.

No item D.3.3 será mostrada uma descrição sobre os conceitos, organização e funcionamento do barramento-padrão PCI, e no item D.3.4 serão apresentadas outras características e observações sobre alguns dos barramentos aqui relacionados e que estão sendo mais empregados no momento.

Para se projetar um barramento a ser utilizado em determinado sistema de computação devem-se considerar alguns detalhes:

a) *Método de controle do acesso ao barramento.* Um dos métodos mais empregados é o de mestre/escravo (*master/slave*). Um dos componentes é o mestre (quando o processador é um dos componentes ele é sempre o mestre), é o único que pode acessar o barramento, seja para colocar informações para um determinado componente (escrita), seja para obter informações de um outro componente (leitura). Os demais componentes são os escravos.

Este método tem a vantagem de ser simples e barato de implementar, mas possui uma grande desvantagem: toda a comunicação é realizada via mestre. Se há volume de dados envolvido nas transferências, pode ocorrer um grande gargalo no funcionamento do barramento, como, p.ex., durante a transferência de dados entre memória secundária e memória principal.

Uma alternativa para eliminar a desvantagem deste método consiste em se adotarem múltiplos mestres no sistema, e não um só para todo o sistema. Esse novo método emprega um dispositivo denominado Acesso Direto à Memória, ou DMA – Direct Memory Access (utilizado pela maioria dos sistemas atuais). Ele se caracteriza pela possibilidade de um dos componentes que compartilham o barramento poder ganhar seu controle para transmitir ou receber informações.

Este método, ainda que alivie a UCP para realizar outras tarefas enquanto uma transferência esteja sendo realizada (por exemplo, entre a memória principal e a memória secundária, pelo DMA), requer maior complexidade nos circuitos de controle do barramento e nos componentes do sistema para administrar as diversas solicitações simultâneas de acesso ao barramento e aos correspondentes sinais de controle.

b) *Tipo de sincronização nas operações com o barramento.* Um outro aspecto de projeto de barramento refere-se ao modo pelo qual os eventos são coordenados no barramento. Há duas técnicas disponíveis:

- Operação síncrona;
- Operação assíncrona.

Com a *operação síncrona, os pulsos* emitidos pelo relógio regulam o aparecimento/desaparecimento dos sinais nas diversas linhas do barramento. Isto é, o relógio sincroniza o funcionamento do barramento e a ocorrência e a duração de todos os eventos. Para tanto, o barramento de controle possui uma linha para o relógio, por onde circulam os pulsos gerados por aquele dispositivo, sendo cada pulso denominado um ciclo de relógio ou ciclo do barramento (*bus cycle*). Um relógio de 25 MHz tem um ciclo de barramento de 40 ns, p.ex.

A Fig. D.66 mostra um exemplo de uma operação de leitura sendo realizada em um barramento síncrono: as linhas do relógio (com ciclos de barramento iguais a T, T, T etc.); a linha de início, que é ativada durante um ciclo para indicar que foram colocados endereço e sinal de controle no barramento (quando isto ocorrer); as linhas de endereço (uma linha dupla para indicar que são múltiplas linhas) e de dados (também múltiplas); e a linha de confirmação (colocada pelo dispositivo acionado para indicar quem cumpriu).

O ciclo de leitura começa (como qualquer evento) no início de um pulso de relógio (na transição de 0 para 1 do início da onda quadrada) pela colocação do endereço de leitura no barramento de endereços, emissão de um sinal de leitura (linha READ alta) e alerta desses passos, elevando o nível da linha de início. Isto ocorre no primeiro ciclo de barramento, T. Durante o período de relógio seguinte, ciclo de barramento, T_1, nada acontece no barramento, mas a memória usa este tempo para decodificar o endereço e colocar os dados no barramento, emitindo o sinal de confirmação durante este período. Após o início do terceiro e último ciclo de barramento, T_3, a UCP transfere os bits que estão no barramento de dados para o RDM. Se a memória não conseguir (porque é lenta) decodificar o endereço e colocar os bits de dados no barramento correspondente no tempo requerido, isto é, entre o instante em que o sinal READ e Início foram detectados e o instante (algum tempo depois do início de T_3,) em que o dado é colocado efetivamente no barramento, a UCP precisa esperar mais e, para isso, a memória ativa uma linha de espera (*WAIT*), não mostrada na figura. É o que se chama de *estado de espera* (*wait state*), mencionado no Cap. 4. Haverá tantos ciclos de barramento para espera quantos a memória precisar. Assim que estiver pronta para colocar os dados no barramento, ela desativa a linha de espera.

No exemplo mostrado, um sistema com relógio de 25 MHz gastaria três ciclos, no mínimo, para realizar a leitura, cerca de 120 ns, caso não houvesse estados de espera no meio.

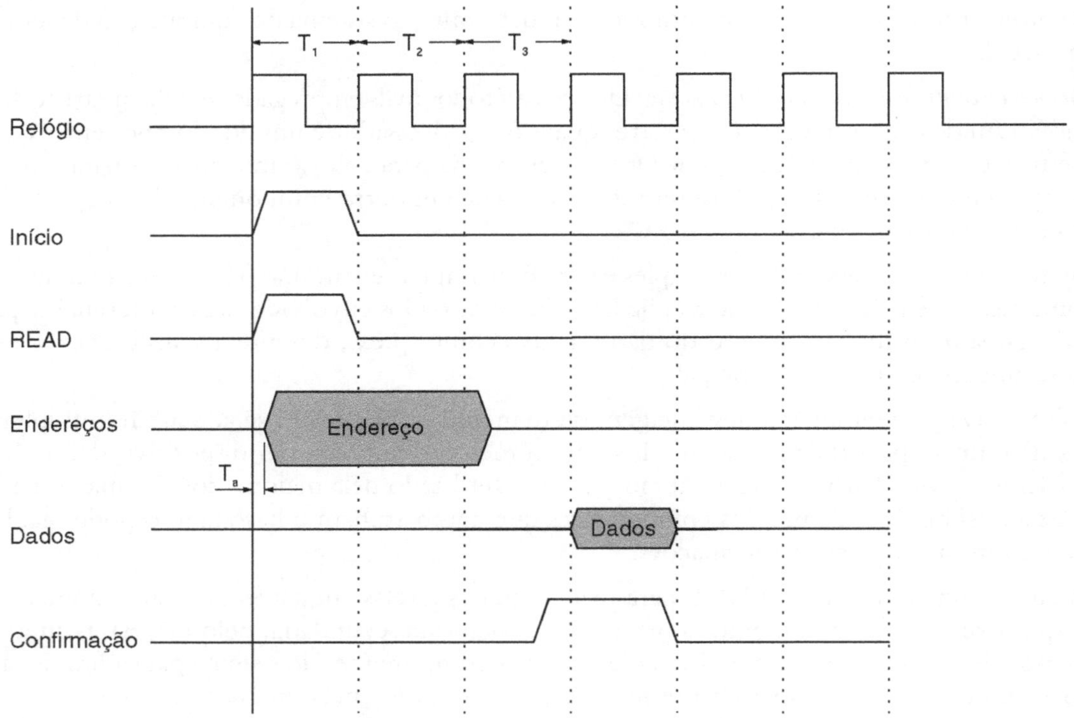

T_a- tempo de atraso da colocação do endereço na linha.

Figura D.66 Operação de leitura em um barramento síncrono.

Já na operação do *tipo assíncrono* não há relógio sincronizador, nem eventos com duração certa de um ciclo de barramento (já que não há relógio). É claro que, quando nos referimos à ausência de relógio, é apenas com relação a não haver pulso de relógio para o barramento.

Com o método assíncrono, cada evento depende somente da ocorrência de evento anterior, o qual pode ter duração diferente em tempo.

Na Fig. D.67 é apresentado o diagrama de tempo da mesma operação de leitura exemplificada para o caso de barramento síncrono, só que, neste caso, ela está sendo realizada para um *barramento assíncrono.*

Foram usadas as seguintes linhas para o exemplo em questão: de endereços, de dados, de READ, de iniciação do processo (MSYN, *master synchronization*, ou sincronização de mestre) e de resposta do escravo (SSYN, *slave synchronization*, ou sincronização de escravo). Quando a UCP deseja realizar uma operação de leitura, a UC coloca o endereço da célula de memória (se o acesso foi à memória, o que não é necessariamente verdade, pois poderia ser a um periférico), ativa o sinal de leitura, READ, para identificar qual a operação a ser realizada, e ativa o sinal MSYN, para indicar que a ação deve ser realizada com o endereço informado. O sinal MSYN não é ativado junto com o de READ e da colocação dos bits de endereço no barramento; ele aparece depois, de modo a dar tempo aos sinais de endereço para se estabilizarem na linha.

Assim que o escravo detecta ("sensa") o sinal MSYN ele inicia imediatamente a operação requerida, isto é, decodifica o endereço e coloca os dados no barramento. Ao concluir esta atividade, o escravo informa através da ativação de um sinal de resposta, SSYN. E o barramento volta a estar disponível para qualquer outra operação.

Como mostramos alguns diagramas de tempo, é interessante consolidar neste ponto algumas convenções comumente estabelecidas para a representação de informações nestes diagramas.

a) Os sinais que transitam nas linhas podem assumir dois níveis de tensão elétrica; um alto, correspondente ao bit 1, e outro, baixo, correspondente ao nível 0;

b) Linhas que transportam grupos de bits, como as de endereço ou de dados, podem ou não ser representadas como uma linha mais larga para indicar a noção de grupo de bits;

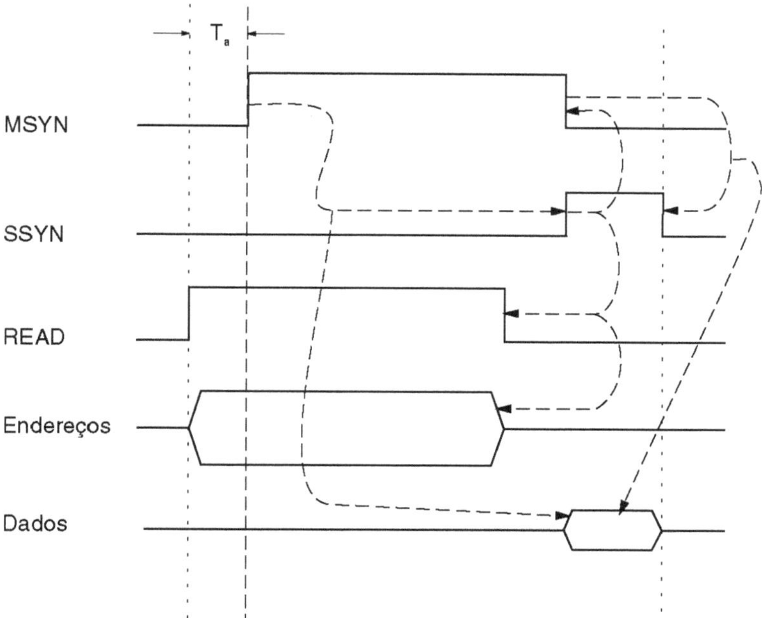

T_a - tempo de atraso entre endereços na linha e ativação de MSYN, para permitir estabilidade de endereço.

Figura D.67 Operação de leitura em um barramento assíncrono.

c) Em um sistema real, a transição do 0 para o 1, denominada borda frontal (*leading edge*), e a transição do 1 para o 0, chamada de borda traseira (*trailing edge*), é realizada em um período de tempo finito (e não instantaneamente), o que acarretaria a representação do sinal como mostrado na Fig. D.68 (b). No entanto, costuma-se representar o sinal de forma mais quadrada, como se subida e descida fossem instantâneas (Fig. D.68 (a)).

Em um barramento assíncrono, tendo em vista que não há unidade fixa de tempo para relacionar as tarefas de uma dada operação, não há qualquer tipo de relação entre os vários sinais que circulam no barramento. Por essa razão, é comum o uso de linhas para unir o sinal que origina um outro (ou outros), terminando com uma seta na ponta do sinal que sucede.

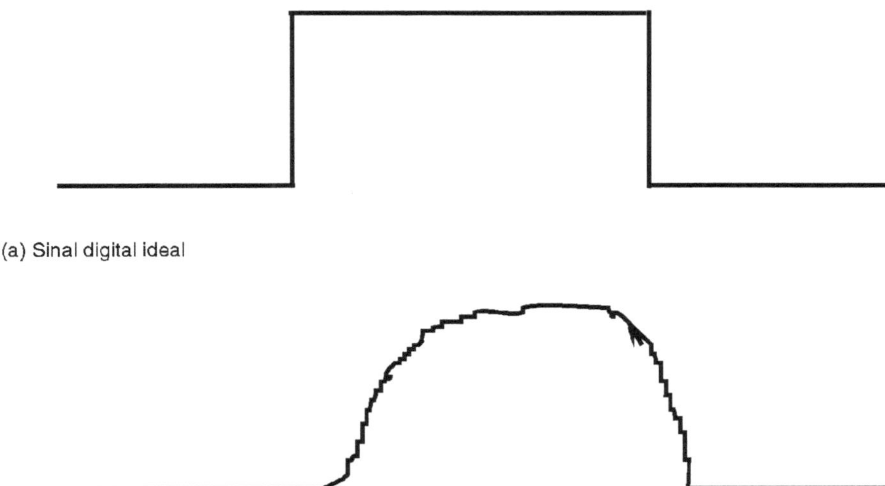

Figura D.68 Exemplo de formas ideal e real de um sinal digital.

No exemplo da Fig. D.67, com os sinais iniciais, READ e de endereços nada acontece, pois estão sendo ativados pela UC. Em seguida (após o tempo T_a), ocorre o sinal MSYN, que ativa as linhas de dados (observe a linha partindo da borda frontal do sinal MSYN e a seta na borda frontal da linha de dado) e faz o escravo ativar SSYN. A ativação do sinal SSYN (borda frontal) acarreta a desativação das linhas de endereço (seta na borda traseira), da linha READ e do sinal MSYN. Por sua vez, quando MSYN é desativado, SSYN também o é, e o ciclo de leitura é encerrado.

D.3.2.1 Comparação entre o Barramento Síncrono e o Assíncrono

O *barramento síncrono* é simples de implementar e testar, justamente devido à sua natureza inflexível no tempo. Em conseqüência, qualquer atividade entre mestre e escravo somente pode se realizar em *quantum* fixo de tempo, o que se torna uma desvantagem. Isto porque o barramento síncrono pode ter problemas, por exemplo, ao trabalhar com dispositivos que tenham tempos de transferência diferentes. O que não acontece com o barramento assíncrono, que, por não depender de relógio com intervalos fixos de tempo, pode conviver com dispositivos que tenham velocidades baixa e alta, que utilizam tecnologia antiga e avançada. Assim, em um certo momento a UCP pode operar com um determinado dispositivo (escravo), que opera com certa taxa de transferência (tempo). Os sinais se sucedem no barramento a partir da colocação do endereço, READ e MYSN na linha, independentemente de sua duração. Por isso, a operação seguinte pode ser realizada com outro dispositivo que tenha velocidade maior ou menor, porque tudo acontecerá também a partir do MSYN.

D.3.3 O Barramento PCI

A maioria das informações obtidas para se compor esse item foram extraídas de [SHAN95].

O barramento-padrão PCI, Peripheral Componente Interconnect, foi desenvolvido pela Intel no início da década de 1990, com o propósito de dotar os sistemas, especialmente os que a empresa fabricava, de uma via de transferência de dados com a velocidade requerida para as novas aplicações que estavam surgindo na época (aplicações multimídia, principalmente, como gráficos de alta resolução, vídeo e som).

Na época, os principais padrões para barramentos existentes em uso pelos microcomputadores eram ISA, EISA e MCA e nenhum deles chegava perto da taxa de transferência requerida para as aplicações mencionadas. O padrão ISA era o mais lento, obtendo-se com ele taxas da ordem de 16,7 MB/s, obtida por meio da velocidade de 8,33 MHz e da largura de 16 bits (2 bytes). Já com o padrão EISA, um aperfeiçoamento do ISA, realizado por um consórcio de empresas para fazer face ao MCA da IBM, chegava-se ao dobro da taxa do ISA, ou 33,3 MB/s, utilizando a mesma velocidade de 8,33 MHz, porém com uma largura de 32 bits no barramento (4 bytes) e requerendo apenas um ciclo de relógio por transferência. Por fim, o padrão MCA chegava, por volta de 1995, a 40 MB/s de taxa de transferência, usando freqüência de 10 MHz no barramento e largura de 32 bits, podendo-se obter, com largura de 64 bits, até 80 MB/s.

No entanto, aplicações de transferência de vídeo ou som requerem taxas bem maiores, tais como 140 MB/s e maiores.

Na época, então, a Intel decidiu desenvolver um padrão para barramentos que pudesse fazer face às taxas de transferência das novas aplicações que estavam surgindo, o PCI, o qual, posteriormente, ficou sob responsabilidade de um comitê gestor, criado pela Intel, e sem fins lucrativos.

A Fig. 2.12 mostra um exemplo de interconexão entre periféricos e processador/memória por meio de um barramento, que pode ser o PCI, e a Fig. D.69 mostra outro exemplo de conexão com o emprego do barramento PCI.

A versão inicial do padrão PCI (1.0) utilizava largura de 32 bits e freqüência do relógio (velocidade do barramento – ver Cap. 2) de 33 MHz, obtendo-se uma modesta taxa de transferência de 133 MB/s, bastante superior aos padrões da época; posteriormente, o padrão foi atualizado com a versão 2.0, em seguida 2.1 e, finalmente, a versão 3.0, provavelmente a última deste padrão. Atualmente, ele pode operar com largura de 64 bits e o dobro da velocidade, alcançando taxa de transferência de 528 MB/s, ainda baixa para as necessidades atuais, bastante superiores às aplicações de 10 anos atrás.

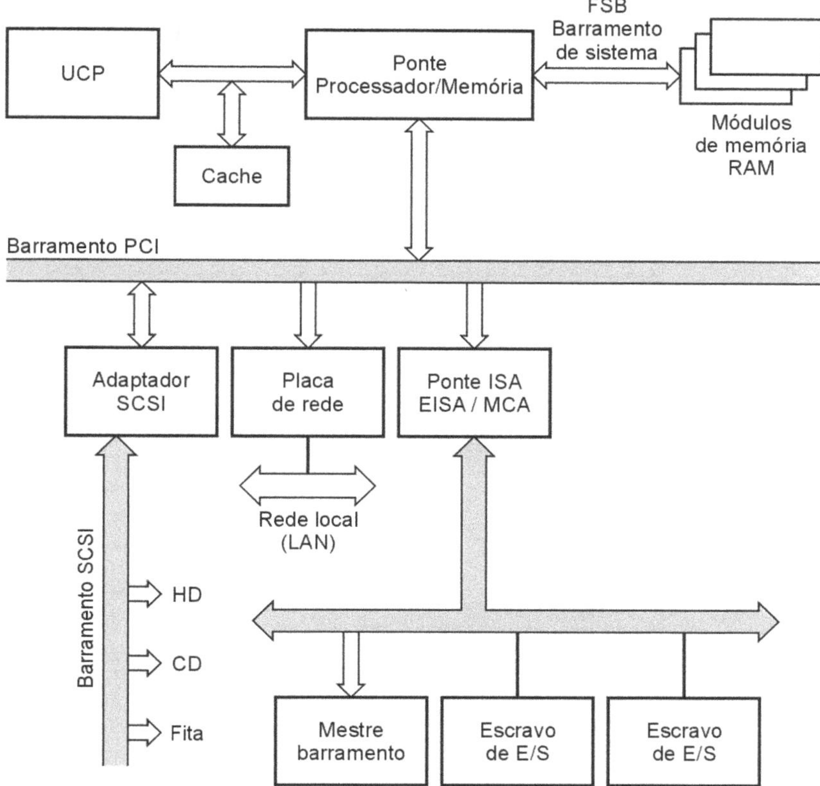

Figura D.69 Emprego do barramento PCI.

O barramento PCI funciona com 32 ou 64 bits de largura e opera no modo síncrono, sendo a pinagem das placas e conectores projetada de modo a multiplexar os pinos de dados com endereços, obtendo-se assim uma economia de pinos e fios no barramento, ou seja, dos 64 pinos de dados, 32 deles servem também para se passar endereços. Ele funciona no modo *mestre/escravo*, sendo o *mestre* denominado formalmente *iniciador* (*initiator*) e o *escravo target*.

O uso do PCI com os periféricos a ele conectados segue uma quantidade grande de regras, bem como são estabelecidos tipos e descrição de sinais de controle que transitam no barramento durante operações normais de leitura e escrita. É bom lembrar que se menciona barramento de um modo geral, mas ele possui linhas para trânsito de dados, para trânsito de endereços (que podem ser as mesmas em ambientes multiplexados) e para sinais de controle.

O padrão funciona sempre, iniciando-se uma operação com a tentativa de obtenção de permissão de uso pelo periférico específico e com a autorização dada pelo árbitro do barramento, que, normalmente, tem sua lógica de operação instalada no *chipset* onde tudo está conectado.

As regras estabelecidas para funcionamento do padrão PCI estabelecem que:

- Toda transferência de dados é denominada uma transação, a qual é constituída de uma fase para colocação do endereço e de fases para os múltiplos bytes (4 a 8) de cada vez;
- Todas as ações são sincronizadas pelo relógio (barramento síncrono), sinal CLK (ver Tabela D.10 para descrição dos sinais utilizados no padrão PCI), que pode ser 66 MHz;
- As transferências são realizadas no modo rajada (burst), sendo cada uma delas (uma transação) constituída do endereço e do tipo da transferência e dos dados a serem transferidos (de 32 em 32 ou de 64 em 64 bits);
- Toda transferência é iniciada pelo mestre (master ou initiator) e conta com o escravo (target);

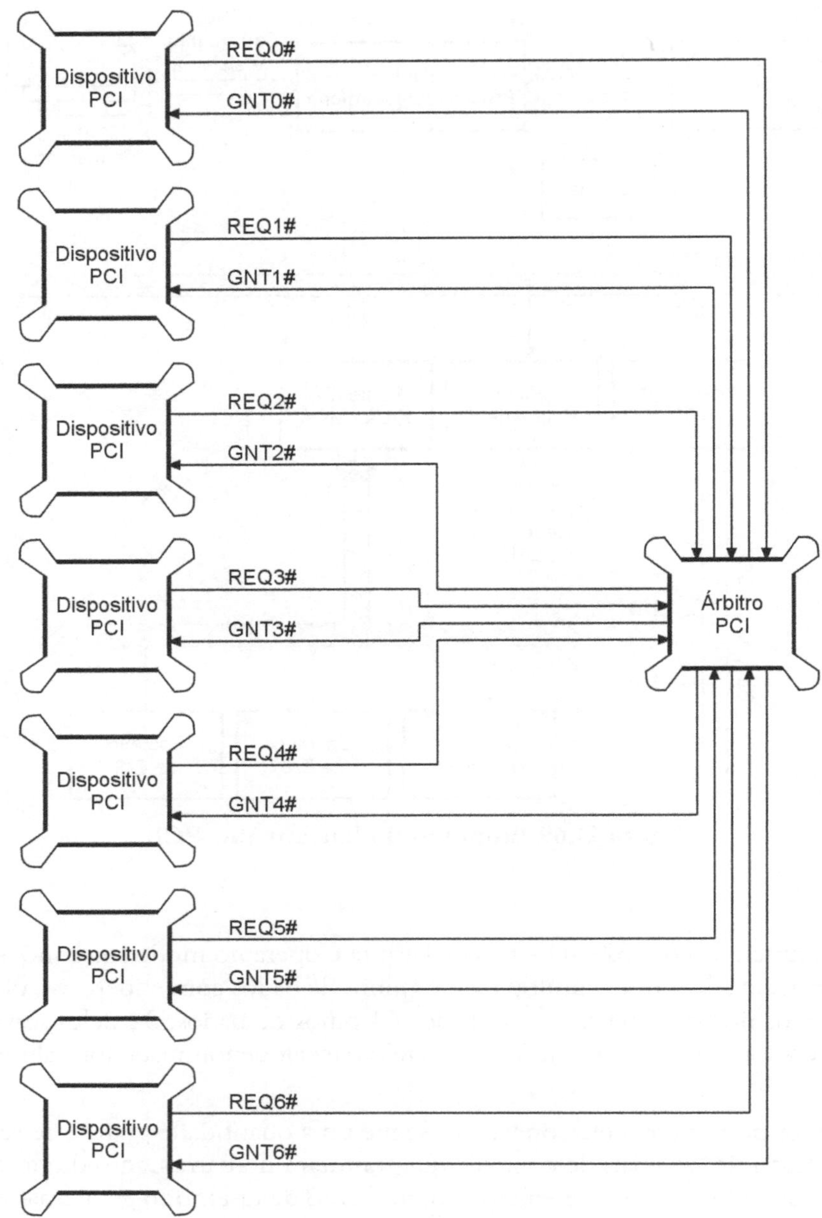

Figura D.70 O árbitro PCI e sua conexão aos dispositivos PCI.

A conexão entre os dispositivos periféricos e o árbitro requer a utilização de duas linhas de controle, as quais levam os sinais requeridos no início da transação, REQ e GNT, conforme mostrado no esquema da Fig. D.70 e descrito na Tabela D.10.

D.3.3.1 Funcionamento do Padrão PCI

O sistema PCI funciona utilizando os sinais de controle descritos nas Tabelas D.10 (sinais obrigatórios) e D.11 (sinais opcionais), segundo a estrutura definida para o barramento em operações de leitura, de escrita e de arbitragem. As transferências de dados no barramento PCI são realizadas por iniciativa dos sinais já mencionados e distribuídas em fases determinadas por cada pulso do relógio, conforme será mostrado a seguir.

Neste padrão, que é, como já mencionado, síncrono, todos os eventos ocorrem em um lado do pulso do relógio (no caso, no lado de descida), posicionado exatamente no meio de um ciclo completo do relógio (o

Tabela D.10 Relação de sinais obrigatórios do barramento PCI [SHAN95]

Sinal	Linhas	Tipo m-mestre/e-escravo	Descrição
CLK	1	Sistema – m/e	Sinal de relógio, marcando todos os eventos de uma transação PCI. Pode ser 33 MHz ou 66 MHz
RST	1	Sistema – m/e	Reset – desabilitação geral de todos os dispositivos conectados no barramento
AD[31:0]	32	End/dados – m/e	Linhas usadas para endereços e dados de forma multiplexada
C/BE[3:0]	4	Dados – m/e	Comando de habilitação de dados (1 a 4 bytes)
PAR	1	Dados – m/e	Fornece bit de paridade nas linhas AD e CB/E, para detecção de erros
FRAME	1	Interface – m/e	Ativado pelo mestre, para indicar início de uma transação (ver Fig. D.71)
TRDY	1	interface – m/e	Target Ready (escravo pronto) – Sinalização do escravo em uma transação (ver Fig. D.71)
IRDY	1	interface – m/e	Ativado pelo mestre em uma transação, indicando que ele está pronto em uma leitura
STOP	1	interface – m/e	Emitido pelo escravo para solicitar ao mestre interrupção de uma transação
IDSL	1	interface – e	Sinal de configuração em uma operação de leitura e escrita
DEVSEL	1	interface – e	Ativado pelo escravo para indicar prontidão
REQ	1	arbitragem – m	Requisição de barramento, emitido para o árbitro
GNT	1	arbitragem – m	Permissão de uso do barramento, emitido pelo árbitro
PERR	1	p/erros – m/e	Erro de paridade
SERR	1	p/erros – m/e	Erro de paridade

Tabela D.11 Relação de Sinais Opcionais do Barramento PCI

Sinal	Linhas	Tipo	Descrição
SBO	1	Suporte de cache	Indica acerto em uma cache
SDONE	1	Suporte de cache	Indicador de estado em uma monitoração
AD[63:32]	32	Extensão para 64 bits	Linhas usadas para endereços e dados de forma multiplexada (acima de 32 bits)
C/BE[7:4]	4	Extensão para 64 bits	Comando de habilitação de dados (bytes 4 a 7)
REQ64	1	Extensão para 64 bits	Para transação com 64 bits
ACK64	1	Extensão para 64 bits	Para transação com 64 bits
PAR64	1	Comando	Paridade em transação com 64 bits
TCK	1	Comando	Testa o relógio
LOCK	1	Comando	Trava o barramento
TDI	1	Comando	Teste de entrada
TDO	1	Comando	Teste de saída
TMS	1	Comando	Teste no modo Select
TRST	1	Comando	Desabilita o teste
INTA-INTD	4	Interrupção	Solicitação de interrupção

ciclo ocorre desde o instante em que o pulso inicia sua subida, passa pela fase de estabilidade, desce, se mantém estável embaixo e termina, quando inicia nova subida de um outro pulso). Todos os dispositivos conectados ao barramento "sensam" (testam a linha de controle) a cada subida de pulso (início).

A Fig. D.71 apresenta um exemplo da utilização do protocolo estabelecido no padrão PCI por meio da troca de sinais de controle, de endereço e de dados transferidos em uma transação referente à operação de leitura; embora não seja mostrada, uma transação para operação de escrita é bastante semelhante.

Para apresentar o exemplo de operação de leitura serão utilizados os números correspondentes aos itens da descrição a seguir, a partir do item 2 e até o item 10, bem como os pulsos de relógio serão identificados pelo número da linha vertical, mostrado na parte superior da figura, embaixo do desenho dos pulsos.

1. Para iniciar a operação de leitura, o dispositivo-mestre (no caso deve ser o processador) deve estar com o barramento sob seu controle. Para adquirir o controle do barramento, que dura apenas o período correspondente a uma transação, o mestre sinaliza ao árbitro na linha REQ (ver Fig. D.70) e espera receber permissão pelo sinal GNT (*granted* – permissão concedida);
2. Em seguida, o mestre sinaliza com FRAME (dura do item 2, este instante da explicação, ao 10) e também envia o comando C/BE, colocando junto os bits nas linhas de endereço do barramento;
3. No início do pulso seguinte (linha vertical 2) o dispositivo escravo reconhece o valor do endereço colocado no barramento;
4. Nesse instante, o mestre retira os bits de endereço do barramento (pois, seguindo a regra de multiplexação, as mesmas linhas serão usadas para transferir dados; daí se mostra as duas linhas circulares na linha AD,

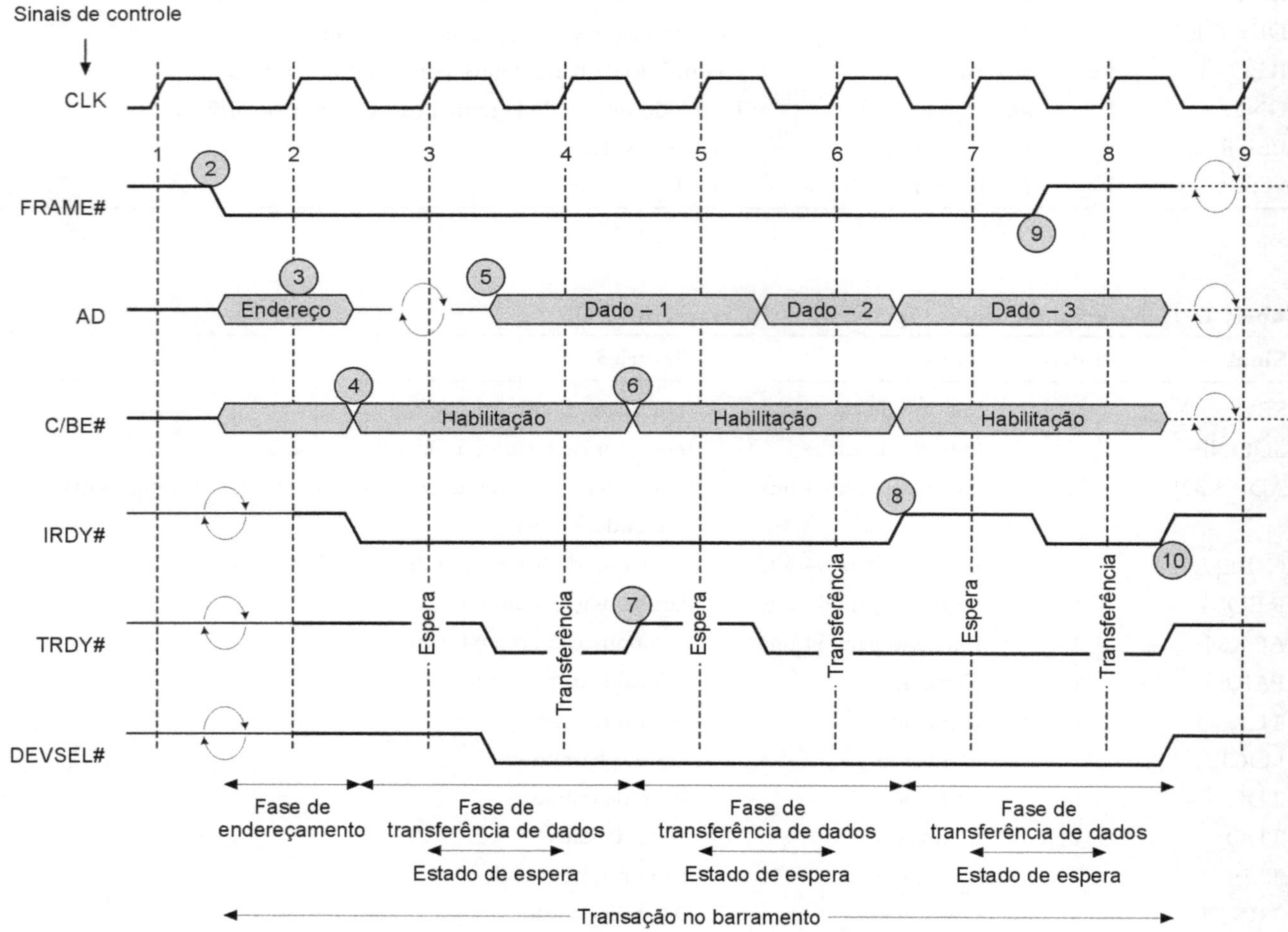

Figura D.71 Diagrama de tempo de operação de leitura no barramento PCI.

que indicam a ocorrência de uma inversão de direção no barramento, que passará a ser usado pelo escravo para enviar dados); o mestre, então, altera a informação nas linhas C/BE, para indicar quais grupos de oito linhas AD serão usadas, ou seja, quais bytes (1 a 4 bytes – ver quantidade de linhas na Tabela D.10). E, também, o mestre coloca o sinal IRDY em sua linha, para indicar que está pronto para receber os primeiros 8 bits (byte);

5. O dispositivo selecionado (escravo) ativa o sinal DEVSEL (última linha de tempo na figura), indicando que ele reconheceu seu endereço e irá responder com a localização e a transferência dos dados. O escravo coloca, então, o primeiro grupo de bits do dado nos pinos AD e sinaliza com TRDY para avisar a existência de dados no barramento;
6. O mestre lê o dado (lado de subida do pulso 4 de relógio – início do pulso) e altera as linhas C/BE para indicar o próximo dado;
7. Como há mais de um byte nesse exemplo e como o escravo precisa localizá-lo e providenciar sua transferência para o barramento (isto leva algum tempo), o escravo desativa o sinal TRDY de modo a indicar ao mestre para esperar (não ler no barramento); o mestre somente irá ler o próximo dado no pulso seguinte.
8. Durante a duração do pulso 6 o escravo transfere mais um bloco de bits de dado para o barramento (o terceiro). Para exemplificar a possibilidade de ocorrer um estado de espera devido à falta de memória (de buffer) do mestre, o evento 8 da figura indica que o mestre desativou o sinal IRDY, indicando que ele ainda não leu o dado do barramento e o escravo o mantém lá, ficando em espera;
9. Devido ao comando C/BE, o mestre verifica que o último dado a ser lido é o terceiro e, assim, ele desativa o sinal FRAME, sinalizando para o escravo que acabou; simultaneamente, o mestre ativa o sinal IRDY;
10. O mestre desativa o sinal IRDY e o escravo desativa os sinais TRDY e DEVSEL, encerrando-se a transação.

D.3.3.2 Emprego da Arbitragem nos Barramentos PCI

Conforme se observa da Fig. D.70, os diversos dispositivos de E/S são conectados a um circuito lógico denominado *árbitro*, cuja finalidade é administrar os possíveis conflitos entre dispositivos que estejam atuando como mestre.

Em um dado instante de tempo, durante o funcionamento de um sistema de computação, pode acontecer de um ou mais dispositivos PCI mestres requererem ao mesmo tempo o controle do barramento para uma transação. Como já mencionado antes, os referidos dispositivos ativarão o sinal REQ na linha apropriada, o qual será "sensado" pelo dispositivo que atua como árbitro e que está normalmente localizado no chip set PCI (ver Fig. D.73).

Na especificação do padrão PCI não há uma definição sobre o tipo de política de escolha do dispositivo que ganha a permissão em um conflito, ficando isso por conta do projetista de cada sistema, podendo a escolha ser realizada por rodízio simples ou com prioridade, por fila simples e outras.

A Fig. D.72 mostra elementos de um exemplo sobre as etapas de operação de eventos em um conflito entre duas estações, A e B, administradas pelo árbitro. A explicação das etapas é descrita por meio do diagrama do tempo mostrado na figura.

Em um dado instante de tempo (no exemplo da figura, antes do início do pulso 1 do relógio) o dispositivo mestre A tenta o controle do barramento ativando o sinal REQ, o qual é identificado ("sensado") pelo árbitro durante o início do pulso 1 (evento identificado pela letra a); um pouco adiante no tempo (evento b), o mestre B também tenta ganhar o controle do barramento, ativando seu sinal REQ, o que ocorre no mesmo instante de tempo em que o árbitro concedeu o controle ao mestre A (evento indicado pela letra c na figura).

Em seguida, o mestre A verifica que o barramento lhe foi concedido para aquela transação (GNT A) e que o barramento não está em operação (porque os sinais IRDY e TRDY não estão ativados) e, assim, ele ativa o sinal FRAME e coloca o endereço de acesso nas linhas de endereço/dado (AD) e mantém ativado REQ porque tem uma segunda transação a fazer (evento indicado pela letra d).

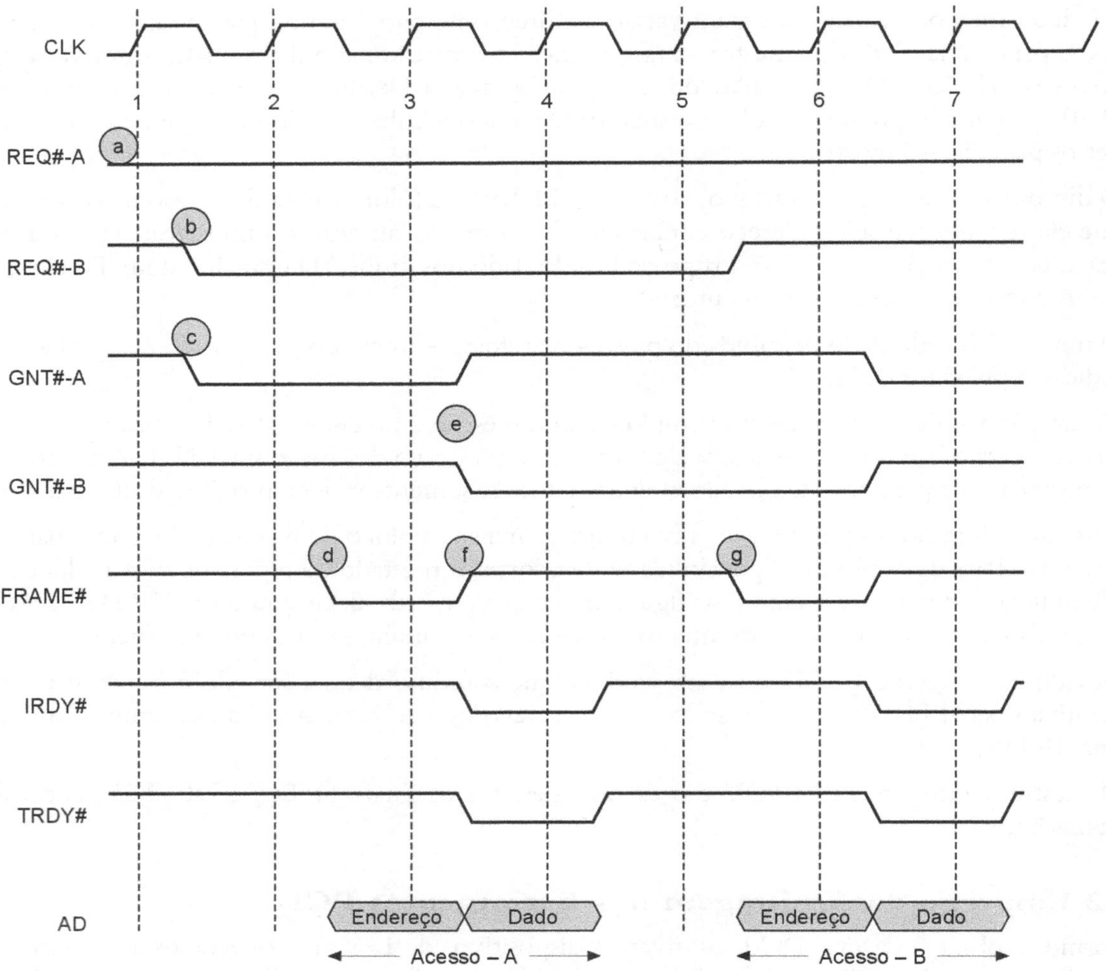

Figura D.72 Diagrama de tempo para arbitragem de dois mestres em barramento PCI.

No instante seguinte (letra e) o árbitro detecta o pedido do mestre B (REQ) e lhe concede permissão (GNT B), desativando ao mesmo tempo o sinal GNT A (a permissão antes concedida ao mestre A). Naturalmente, o mestre B somente poderá usar o barramento quando ele estiver livre (sinais IRDY e TRDY desativados).

Nos instantes seguintes (letras e e f da figura), o mestre A irá terminar sua transação (foi obrigado a ter apenas uma, neste instante), desativando FRAME, colocando o dado no barramento e ativando IRDY para avisar o escravo; em seguida, o mestre B inicia sua transação, quando observa os sinais IRDY e FRAME desativados. Ele ativa FRAME e desativa REQ, pois somente deseja uma transação.

D.3.4 Sobre Alguns Barramentos

Neste item serão apresentados alguns aspectos relevantes de barramentos existentes nos sistemas de computação contemporâneos.

D.3.4.1 Tecnologia USB – Universal Serial Bus

O padrão USB, barramento serial universal, foi introduzido no mercado (versão 1.0) em 1995, e a versão 2.0, com muito maior taxa de transferência, foi lançada em 2000. Desde então, várias modificações foram divulgadas pelo consórcio de empresas que administra o padrão, sem, no entanto, alterar a versão.

Trata-se de uma especificação para conexão e transferência de dados entre dispositivos periféricos no modo serial e que atualmente é parte integrante de todo computador do tipo PC e notebooks, substituindo as antigas portas paralelas.

Características Principais

- Utiliza topologia em árvore, com os dispositivos sendo conectados a partir de uma raiz (como em alguns sistemas de arquivos);
- Podem ser conectados até 127 dispositivos em uma porta USB;
- Os dispositivos podem ser conectados com o sistema ligado;
- A taxa de transmissão, na versão 1.0, é de 12 Mbps ou 1,5 MB/s, e na versão 2.0 é de até 480 Mbps;
- O conector USB possui quatro pontos, para os quatro fios do cabo de conexão: dois fios servem para transmissão de dados, um outro serve para passagem da voltagem de alimentação e o último serve para aterramento;
- Permite transferências contínuas (isochronous transfer), apropriadas para áudio e vídeo;
- Possui um controlador que administra a largura da faixa da conexão, determina o endereço de cada dispositivo (quando o dispositivo se conecta a primeira vez, o sistema sensa e o controlador identifica sua largura de faixa e atribui o endereço de acesso).

Cada transação efetuada no âmbito do padrão USB serve para uma transferência de dados; ela é constituída de três pacotes (um para a transmissão do dado, um para o estabelecimento da comunicação (*handshake*) e o outro para identificar o tipo e a direção da transmissão, bem como os endereços do dispositivo USB e de destino). Cada pacote possui um campo para detecção de erros, CRC, que detecta qualquer 1 ou 2 bits de erro e muitas vezes múltiplos bits de erro.

O padrão USB suporta dois tipos de transferência: por mensagem, com tamanho determinado, e de forma contínua (*streaming*), sem forma determinada.

Ele também suporta quatro modos de comunicações entre os dispositivos:

- para controle;
- para interrupção;
- para volume de dados (*bulk*); e
- para transmissão contínua (isócrona).

No modo controle, o computador hospedeiro (host) é que inicia a comunicação; cada transferência de dados é realizada sempre de maneira half-duplex, ou seja, nas duas direções, mas uma de cada vez. Este modo é usualmente utilizado para o estabelecimento de comunicação entre os dispositivos conectados.

O modo de interrupção, também iniciado pelo hospedeiro, serve para substituir o mecanismo de interrupção do sistema de computação, que não é suportado pelo padrão USB. Desse modo, o hospedeiro (processador) pode periodicamente enviar um pacote para verificar se ocorreu algum evento desse tipo (término de operação de um dispositivo ou pressionamento de uma tecla do teclado, p.ex.).

De certa maneira, os modos de transmissão em volume (bulk) e isócronos se complementam. No caso do modo isócrono, trata-se de transmissão de forma contínua, apropriada para dispositivos que transmitem dessa forma, como som e vídeo, enquanto o modo de transmissão em volume serve aos outros tipos de dispositivos.

D.3.4.2 Tecnologia Hyper Transport

Trata-se de um tipo de barramento de muito alta velocidade, desenvolvido pela AMD e lançado inicialmente no mercado em 2001, na versão 1.0. Logo em seguida, foi constituída uma empresa para administrar a especificação do padrão, atualmente na versão 3.0. Por ser de alta velocidade, da ordem de GB/s, como será mostrado em suas características principais, tem por propósito básico a conexão de processador/memória, podendo, pois, substituir o barramento frontal (FSB – front side bus) dos PCs, sendo, também, apropriado para placas de vídeo/gráficas, que requerem altíssimas taxas de transferência.

Características principais

- Velocidade de transferência – 200 MHz a 2,6 GHz por linha de transmissão;
- Quantidade de bits (linhas) – 2 até 32 bits;
- Opera no modo full-duplex (transmissão simultânea nos dois sentidos);
- Utiliza a tecnologia DDR (transmite o dobro de bits por pulso de relógio);
- Taxa de transferência – até 20.800 MB/s, considerando o máximo possível de bits por transferência e a maior freqüência, isto é, 2600 MHz (2,6 GHz) × 2 (DDR) = 5200 M transferências/s × 32 bits = 166400 Mbps/8 = 20.800 MB/s (a divisão por 8 para transformar bits em bytes).
- É de custo baixo, se se considerar que não há cobrança de licença de uso.
- A transmissão de dados usa protocolo de envio de pacotes de dados, sendo o primeiro sempre um pacote de comando.
- O barramento Hyper Transport tem sido usado nos sistemas de computação AMD (Opteron e AMD 64) como barramento do sistema, de conexão processador/memória principal; também tem sido usado nos chipsets das placas de vídeo nVidia GeForce em placas de vídeo ATI.

D.3.4.3 Tecnologia Firewire (IEEE 1394)

Padrão desenvolvido inicialmente pela Apple para seus sistemas, sendo o nome Firewire propriedade daquela empresa, requerendo, pois, licença de uso. Posteriormente, o padrão foi adotado, com modificações, pelo IEEE, sendo uma especificação padrão 1394.

Trata-se de uma tecnologia de transmissão serial de alta velocidade, cujo propósito, pelo menos inicial, foi substituir o padrão paralelo SCSI; ele pode conectar até 63 dispositivos periféricos, permitindo conexão ponto a ponto entre os dispositivos, de modo a evitar o uso da memória ou do processador (pode, p.ex., conectar um scanner e uma impressora).

Características principais

- Taxas de transferência: 100 MB/s – 200 MB/s, 400 MB/s e 800 Mbps;
- Com o emprego de conexão com fibras ópticas a taxa pode atingir até 3,2 Gbps;
- Utiliza processo de configuração automática e conexão com o sistema ligado (*hot plugging*);
- Possui flexibilidade de conexão de vários periféricos, com diversas configurações;
- Permite transferência no modo assíncrono e isócrono (*isochronous*), este último efetuando transferências como nas que se realizam com voz e vídeo em tempo real;
- Versões em uso: S400 e S800. A versão S400 pode transmitir dados nas velocidades de 100 Mbps, 200 Mbps ou 400 Mbps; nesta versão os dispositivos podem ficar a um máximo de 72 metros. A versão S800, introduzida pela Apple em 2003, pode atingir taxas de transferência mais elevadas, sendo a padrão de 786.432 Mbps (800); foi especificada pelo IEEE como padrão IEEE 1394b, podendo usar dispositivos separados até 100 metros e taxas de até 3,2 Gbps.

D.3.4.4 Tecnologia AGP

O padrão AGP (accelerated graphics port) foi desenvolvido pela Intel, que o introduziu no mercado em 1996 para servir especificamente de suporte a placas aceleradoras gráficas e de vídeo, utilizadas principalmente para jogos em 3D e vídeo em tempo real, aplicações típicas para grandes volumes de dados a serem transferidos em um barramento. Apesar de algumas pessoas citarem o AGP como um barramento, tecnicamente não deve ser enquadrado como tal, por não servir de meio compartilhado de comunicação entre mais de dois dispositivos; o padrão AGP serve, pelo menos até o momento, para a conexão apenas de um dispositivo, a placa de vídeo ao processador e, desse modo, caracteriza-se como uma porta de conexão ponto a ponto.

Tabela D.12 Características dos modelos existentes para o Padrão AGP

Modelo	Freq. rel.	Largura	Dados/Pulso	Taxa de transferência
AGP X1	66 MHz	32 bits	1	266 MB/s
AGP X2	66 MHz	32 bits	2	533 MB/s
AGP X4	66 MHz	32 bits	4	1.066 MB/s
AGP X8	66 MHz	32 bits	8	2.133 MB/s

Na época, o barramento PCI era o meio adotado para conexão dos periféricos ao sistema processador/memória principal, inclusive as placas de vídeo. Este processo acarretava problemas de desempenho principalmente para aplicações que necessitavam precipuamente das placas de vídeo, como jogos em 3D e vídeo, não só por causa da taxa máxima do padrão PCI, mas também devido à quantidade de usuários daquele barramento, o que reduzia ainda mais as taxas.

Por exemplo, uma transmissão de vídeo em tempo real, utilizando resolução baixa, de 640 × 480 (ora em desuso), com sistema de cores tipo *true color*, emprega 24 bits por pixel (8 bits para cada cor – ver Cap. 10); assim, cada um dos 30 quadros de um vídeo real gastaria 640 × 480 × 24 bits, e dividindo por 8 para representarmos em bytes, totalizaria 920KB. Os 30 quadros por segundo acarretariam uma taxa de 920 × 30 = 27.600KB/s ou 27,6MB/s (seria naturalmente um pouco menos se dividíssemos por 1024, e não por 1000 para passar de KB para MB). Se se considerar uma resolução mais atual, de 1024 × 768, a taxa de transferência passaria a ser algo em torno de 71MB/s (70,7), dobrando de valor quando se mostra o vídeo vindo de um HD ou DVD, já que os dados necessitam atravessar duas vezes o barramento, a primeira vez do dispositivo de armazenamento para a memória principal e daí para a placa gráfica.

Embora o barramento PCI, especialmente com velocidade de 66 MHz, pudesse suportar uma taxa dessas, isso seria até possível se o PCI não fosse um elemento de compartilhamento com outros dispositivos, e a placa de vídeo, sendo um elemento bem especializado, caberia melhor um transportador também especializado. Daí a idéia da Intel em desenvolver o padrão AGP, para melhorar o desempenho global do sistema, tirando a sobrecarga da placa de vídeo do PCI.

O padrão AGP possui atualmente vários modelos, cada um com características e desempenho conseqüentemente diferentes. A Tabela D.12 mostra os modelos do padrão AGP e suas características principais.

Como o padrão AGP foi desenvolvido com base no padrão PCI versão 2.1, ele manteve muitas das características daquele padrão, como a freqüência do relógio (66 MHz) e a largura do barramento (32 bits).

Além disso, o padrão AGP tem uma particularidade de desempenho que o PCI não possui, qual seja a de poder funcionar no modo pipeline (ver assunto no item D.2.2), o que acelera ainda mais suas operações. Para isso, o AGP possui um comando PIPE que inicia transferência em pipeline.

D.3.4.5 Tecnologia PCI Express

O padrão PCI Express foi inicialmente desenvolvido pela Intel (2003) com o propósito de obtenção de um barramento com taxas superiores ao do PCI, tendo sido denominado 3GIO (*third generation input/output*), como sistema de E/S de terceira geração. Posteriormente, a Intel passou a administração das especificações para o grupo que gerencia o padrão PCI (PCI-SIG), alterando-se sua denominação para PCI Express.

Diferentemente do PCI, AGP e outros padrões paralelos, o PCI Express, como os mais modernos USB e Firewire, é um sistema de transmissão serial, por permitir maiores taxas de transferência do que os paralelos (a razão, aparentemente paradoxal, de se obter maior taxa em um sistema que envia bits um depois do outro em vez de sistemas que enviam mais de um de cada vez se deve à dificuldade técnica de manter alinhados todos os bits em uma transmissão paralela à medida que a velocidade de transmissão aumenta).

Ele opera no modo duplex completo (*full-duplex*), sendo os dados transmitidos em dois pares de fios, os quais são chamados na especificação de pistas e podem ser fabricados com slots de vários tipos, conforme a quantidade de bits que vão sendo enviados (quantidade de pistas) de cada vez, a saber:

Conector PCI Express 1x – taxa de 250MB/s

Conector PCI Express 2x – taxa de 500MB/s

Conector PCI Express 4x – taxa de 1000MB/g

Conector PCI Express 8x – taxa de 2000MB/s

Conector PCI Express 16x – taxa de 4000MB/s

Esta última é o dobro da taxa de 2.133MB/s do padrão AGP 8x.

D.4 CIRCUITOS DE APOIO (CHIPSETS)

O funcionamento de um sistema de computação envolve o controle do funcionamento de diversos componentes, bem como sua sincronização e cadência com que os eventos internos são realizados (dependente da freqüência do relógio utilizado). Entre as diversas atividades que devem ser controladas podem-se citar: as interrupções (ver Cap. 10), a transferência de dados entre a MP e a memória cache e entre esta e os registradores internos ao processador; o funcionamento da própria memória cache e da MP (decodificação de endereços, transferência de dados); o controle do funcionamento de um dispositivo denominado DMA, Direct Memory Access, para transferência direta de dados entre os discos e a MP, conforme veremos no Cap. 10, e outras.

Nos primeiros sistemas de computação para microprocessadores (aqueles baseados nos processadores Intel 8080, 8085, Motorola 6800 e mesmo nos primeiros microcomputadores do tipo PC, que empregavam o processador 8088), as funções de controle mencionadas eram realizadas por circuitos separados, existentes em pastilhas específicas para cada finalidade. Se observarmos a placa-mãe desses antigos computadores poderemos verificar a existência de muitas dessas pastilhas instaladas.

Com o passar do tempo esta concepção de pastilhas individuais para o controle de cada função foi evoluindo para a integração das funções em uma ou poucas pastilhas (*chips*). A denominação inglesa *chipset* é, então, decorrente dessa integração. Em inglês, *chipset* significa conjunto (*set*) de *chips*, pois em uma pastilha (*chip*) se integram várias funções anteriormente realizadas por pastilhas (*chips*) individuais.

Atualmente, é possível encontrar placas-mãe com um ou dois, ou até mesmo quatro *chipsets*, visto que nem sempre é possível integrar todas as funções requeridas pela placa-mãe em uma única pastilha (*chip*). A Fig. D.73 mostra exemplos de *chipsets*, sendo que, como se pode observar, a Intel costuma denominar os *chipsets* que fabrica conforme o barramento de E/S que eles controlam, seja PCI (e, nesse caso, ela os chama de PCIsets) ou AGP, denominado AGPsets).

Esta política foi primariamente estabelecida devido à necessidade permanente de redução de custos e de aumentar a compatibilidade entre componentes manufaturados por diferentes fabricantes.

Naturalmente que se torna mais barata a fabricação de uma pastilha para realizar várias tarefas em vez de várias pastilhas para realizar as mesmas tarefas, somente que de forma individual. Além disso, o projeto e o próprio uso se tornam mais simples no caso dos *chipsets*, o que permite, também, uma maior compatibilização no uso das placas-mãe.

Figura D.73 Exemplos de chipsets.

Atualmente, há várias empresas que se destacam no mercado como fabricantes de *chipsets*, enquanto outras se especializaram na fabricação de placas-mãe, uma situação normal, considerando o grau de padronização hoje existente, para o que o surgimento dos *chipsets* veio contribuir também.

Devido à natureza dos elementos de desempenho do sistema que os *chipsets* controlam, seu funcionamento tem um peso considerável no referido desempenho, devendo a escolha do modelo específico ser um requisito essencial.

De uma maneira geral, os *chipsets* controlam os seguintes elementos em um sistema de computação:

- **o processador** – que inclui a velocidade e o tipo do processador, se a placa-mãe poderá suportar multiprocessamento;
- **a memória cache** – o tipo e o nível, bem como o funcionamento da cache e sua ligação com a MP e o processador;
- **o funcionamento da MP** – decodificação dos endereços e controle da transferência de dados;
- **a sincronização** dos eventos e o controle do fluxo dos bits;
- **o controle** do funcionamento do barramento de E/S;
- **o gerenciamento** da alimentação elétrica para o sistema.

D.5 ORGANIZAÇÃO DE DADOS NA MEMÓRIA DO TIPO BIG ENDIAN E LITTLE ENDIAN

Poucos itens ou elementos podem-se considerar completamente padronizados pelo mercado da computação, de modo que diferentes sistemas possam se comunicar sem problemas ou sem necessidade de elementos intermediários de interface. Assim é com o conjunto de instruções e arquitetura de registradores, que a Intel e a Motorola, por exemplo, projetam de modo diferente, como também quanto ao conjunto de códigos de caracteres (temos ASCII, EBCDIC, Unicode etc.).

No entanto, talvez grande parte das pessoas não possa imaginar que também a ordem com que os bytes e bits são armazenados em um sistema não é padronizada, o que acarreta, por isso, alguns problemas, requerendo elementos de intermediação quando se transferem dados entre dois sistemas projetados por fabricantes diferentes e que usem métodos diferentes de ordenar os dados internamente.

Quando se menciona a ordem dos bytes, isto significa o método pelo qual um determinado sistema armazena um dado constituído de múltiplos bytes (e a maioria dos dados é representada por um valor com 32 ou 64 bits, isto é, com 4 ou 8 bytes). Sabe-se que os endereços de memória indicam uma célula que armazena um único byte e, por isso, um dado representado por 4 bytes, p.ex., ocupa quatro endereços, a partir de um certo endereço (menor valor de endereço). Ou seja, um dado com 4 bytes de largura ocupa 4 células ou 4 endereços, como, p.ex., endereços 36, 37, 38 e 39, sendo 36 o menor endereço e 39 o maior deles (menor e maior em termos do número indicador do endereço).

Pois os sistemas de computação utilizam dois métodos diferentes para ordenar o armazenamento dos bytes de um dado de valor longo (maior que 1 byte):

- *big endian* – no qual os bytes do número (do dado) são armazenados de modo que o byte mais significativo (mais à esquerda) é armazenado no menor endereço, o byte seguinte, no endereço superior seguinte, e assim sucessivamente até que o byte menos significativo (mais à direita) seja armazenado no endereço superior;
- *little endian* – o armazenamento é na ordem inversa; no qual os bytes do número (do dado) são armazenados de modo que o byte menos significativo (mais à direita) é armazenado no menor endereço, o byte seguinte (à esquerda), no endereço superior seguinte, e assim sucessivamente até que o byte mais significativo (mais à esquerda) seja armazenado no endereço superior.

Vejamos um exemplo, no qual um sistema representa números com 32 bits de largura ou 4 bytes – 8 algarismos hexadecimais e que se deseje armazenar um dado com o seguinte valor binário:

0110 0001 0101 0001 1100 1110 1001 0100 ou 6151CE94 em hexadecimal

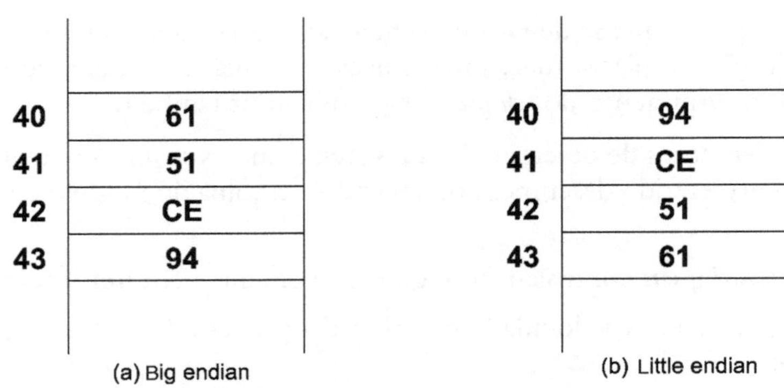

Valor em hexadecimal: 6151CE94

Figura D.74 Exemplo de ordenação de bytes na memória.

Este valor poderá ser armazenado na memória de um sistema de dois modos:

1. 6151CE94, ou da esquerda para a direita (são armazenados a partir da célula de menor endereço para a célula de maior endereço, conforme mostrado na Fig. D.74 (a)).
2. 94CE5161, ou da direita para a esquerda (são armazenados a partir da célula de maior endereço para a célula de menor endereço, conforme mostrado na Fig. D.74 (b)).

Os termos *big endian* (maior, *big* – ou byte mais significativo – 61 – no menor endereço) e *little endian* (menor - *little* – byte menos significativo – 94 – no menor endereço) foram inseridos no jargão da computação através de um artigo publicado em 1981 por D. Cohen, citando o problema e relacionando-o a um episódio mencionado no livro *As Aventuras de Gulliver*, de Jonathan Swift, onde Swift satiriza os políticos ingleses da época e descreve um povo encontrado por Gulliver (um personagem de ficção) que foi à guerra para decidir qual a melhor maneira de quebrar ovos, se pelo maior (big) lado ou se pelo menor (little) lado.

Os sistemas IBM 370 (grande porte), a maioria dos processadores RISC e os Motorola empregam o método *big endian*, enquanto os processadores Intel, HP, AMD e outros utilizam o método *little endian*. Os processadores PowerPC são bi-endian, isto é, suportam ambos os métodos, o que facilita a migração entre sistemas.

Naturalmente, qualquer dos dois métodos teria pouco significado ao tratar-se de um sistema individualmente. No entanto, se ligarmos duas máquinas em uma rede de comunicação de dados e uma das máquinas (a que usa o método *big endian*, por exemplo) transferir dados para a outra (que usa o método little endian) teremos um problema de entendimento entre elas sobre qual dado está sendo referido, devido à diferente ordem, o que implicará na necessidade de um interfaceamento para compatibilizar os dois métodos.

D.6 SOBRE A REPRESENTAÇÃO DE NÚMEROS EM PONTO FLUTUANTE

No Cap. 7 foi explicada a origem da forma de representação em ponto flutuante nos computadores, bem como mostrou-se seu formato binário e, com exemplos, como se efetuam operações aritméticas com valores expressos nesse formato.

O nome "flutuante" para o ponto (ou vírgula) decimal é bastante sugestivo, pois nessa representação realmente podemos fazer o ponto separador das partes inteira e fracionária de um número variar rapidamente apenas variando o valor do expoente. Assim, o número decimal 1253 pode ser representado em notação científica como:

$N = 1253 = 0{,}1253 \times 10^{+04}$

No exemplo, o expoente é representado com apenas dois algarismos.

Se, com os mesmos dois algarismos do expoente, mudarmos seu valor de +04 para +14, o número muda bastante na sua grandeza, embora tenhamos mantido apenas os algarismos significativos 1253.

$N1 = 12530000000000 = 0{,}1253 \times 10^{+14}$

A faixa de valores que podem ser representados em ponto flutuante é determinada pela quantidade de algarismos escolhida para indicar o valor do expoente, conforme pudemos verificar no exemplo anterior.

Já a precisão do número é atribuição da quantidade de algarismos escolhida para indicar o valor da fração ou mantissa. Neste caso, alguns exemplos podem mostrar melhor essa afirmação:

3,14 3,1416 3,141592

Esses valores possuem diferentes precisões em face da quantidade de algarismos na parte fracionária. Quanto maior a quantidade de algarismos, maior sua precisão.

Como poucos algarismos na parte do expoente crescem consideravelmente a faixa de representação, usam-se muito mais algarismos para indicar o valor da fração do que para indicar o valor do expoente. Relações mais comuns entre esses valores são:

8 bits para o expoente e 23 bits para a fração ou

11 bits para o expoente e 52 bits para a fração.

Pode-se verificar de modo simples como se pode representar uma faixa muito maior de valores usando-se a forma de ponto flutuante do que a forma ponto fixo. Senão, vejamos.

Consideremos um sistema de computação que empregue palavra de 16 bits e cujos formatos e faixa de representação de números em ponto fixo (sinal e magnitude) e em ponto flutuante são:

Ponto Fixo (Sinal e Magnitude)

Sinal	Magnitude
1 bit	15 bits

Faixa de representação (para inteiros):

$-(2^{15} - 1)$ até $+ (2^{15} - 1)$ ou, em decimal, -32767 até $+32767$

Ponto Flutuante − formato para $N = \pm\text{Fração (F)} \times B^{\pm E}$

Sinal	Expoente	Fração
1 bit	6 bits	9 bits

Faixa de representação:

Considerando que o expoente possui 6 bits, sendo um para seu sinal e 5 para seu valor, temos que ele pode variar (o expoente) de:

$-(2^5 - 1)$ até $+ (2^5 - 1)$ ou seja: de -31 até 0 e até $+31$

Os números podem, então, variar em uma enorme faixa, desde valores menores que 1 (números fracionários), que não estão contemplados na representação de ponto fixo. Isto é possível devido ao expoente poder ser negativo, de -31 até -1.

Temos, também, toda a faixa de valores representados pelo expoente positivo, de 0 até $+31$.

E, mais ainda, todas essas faixas valem para números positivos e negativos.

Assim, com a mesma quantidade disponível de bits, 16 em nosso exemplo, podemos representar muito maior quantidade de números em ponto flutuante do que em ponto fixo, especialmente números fracionários.

Em face da importância de operações aritméticas com valores fracionários e/ou que requeiram bastante precisão e grandeza (magnitude), desde muito tempo (na Intel, a partir do processador 8086) os fabricantes de microprocessadores empregam unidades de cálculo específicas para operações com números representados em ponto flutuante; como foi observado no Cap. 7, os algoritmos e os formatos são bastante diferentes e complexos, daí a necessidade das unidades separadas. Usualmente, fabricantes como Intel, AMD, IBM usam o termo FPU – *floating point unit*, unidade de ponto flutuante, para identificar aqueles componentes.

Também a maioria das linguagens de programação utiliza os dois formatos (ponto fixo e ponto flutuante), geralmente sendo o ponto fixo para representação de inteiros (em complemento a dois) e o ponto flutuante para representação de fracionários (ver Cap. 7).

Números inteiros são menos problemáticos porque o programador pode criar uma faixa menor e mais definida de valores em seu programa, porém com números reais (fracionários) o problema se torna muito maior na medida em que podemos criar infinitos valores entre qualquer faixa de valores.

Dessa forma, há sempre um problema de precisão e arredondamento em operações matemáticas com esse tipo de valores. O problema fica ainda maior se cada fabricante adotar características diferentes para sua representação em ponto flutuante (algumas inserindo erros durante os cálculos matemáticos).

D.6.1 O Padrão IEEE-754, 1985

Atualmente, a maioria dos sistemas de computação no mercado (com poucas exceções, como alguns sistemas IBM, máquinas Cray e outros tantos computadores de grande porte) utiliza um formato-padrão de representação e cálculos em ponto flutuante, que foi definido pelo IEEE – Institute of Electric and Electronics Engineers, sendo-lhe atribuído o nome de identificação IEEE -754.

Um pouco de história

Nas décadas de 1960 e 1970 não havia qualquer padronização em termos de aritmética computacional, especialmente na área de cálculos em ponto flutuante; os programadores especializados em cálculos matemáticos se deparavam com diversas maneiras diferentes de construir o hardware para atender cálculos em ponto flutuante, tais como os da IBM, da DEC (VAX-VMS) e da Cray, entre outros. Cada linha de produtos de um determinado fabricante utilizava uma maneira própria de solucionar os cálculos. Alguns computadores, por exemplo, tinham certos valores diferentes de zero para efeitos de comparação e adição, enquanto estes mesmos valores eram igualados a zero quando se tratava de multiplicação ou divisão. O arredondamento e o truncamento de resultados de operações eram sempre diferentes para cada sistema conforme a visão de seu projetista.

O problema a ser tratado com resultados que poderiam ser inesperados aos programadores da época se tornava, então, custoso para a maioria das empresas, em virtude da mão-de-obra especializada necessária para lidar com essas situações. E com a entrada cada vez maior de microcomputadores no mercado o problema certamente iria se agravar.

No final da década de 1970, o IEEE formou um comitê para definir um padrão para representação e operações com valores em ponto flutuante, o qual incluiu representantes de diversas empresas, como Intel, HP, Motorola, Zilog e IBM (como ouvinte), excetuando-se Cray e DEC. Por iniciativa da Intel, participou ativamente, talvez mais profundamente que todos, o matemático William Kahan, da Universidade de Berkeley, EUA, que já vinha expondo suas idéias e definições para a Intel (o Prof. Kahan era, na época, consultor da Intel e já havia auxiliado a HP no desenvolvimento de suas calculadoras de bolso, que fizeram, e fazem, tanto sucesso).

Apesar de algumas discussões no âmbito do comitê, especialmente no que se refere ao tratamento de underflow (ocorrência de resultado de operações com valores menores que os menores valores possíveis de representar), o padrão já era usado em 1984 por diversos fabricantes, tais como Intel, Apple, AMD, Motorola, IBM, Weitek, Zilog, AT&T e outros. E se tornou oficialmente um padrão em 1985, resultando, então, na norma IEEE 754, 1985.

Descrição das Normas de Representação e Funcionamento

O padrão IEEE 754 possui as seguintes características básicas:

1. Ele especifica o formato (diversos tipos) dos números em ponto flutuante;
2. Ele define como deverão ser realizadas as operações aritméticas com valores nesse formato e como ocorrem as conversões entre valores inteiros de/para ponto flutuante;

3. Ele estabelece regras para situações de exceção e em presença de erros.
4. Adota dois formatos: básico e estendido. O formato básico se divide em duas modalidades: precisão simples (*single precision*), que manipula números binários com 32 algarismos (32 bits), e precisão dupla (*double precision*), que manipula números com 64 bits; a precisão estendida manipula números com 80 bits (Intel Itanium, por exemplo).

A base de representação e de exponenciação é implícita, usando-se a base 2 (binária), não necessitando de indicação no formato do número.

O primeiro campo a partir da esquerda representa o sinal do número, e é o mais simples. Consta de 1 bit, cujo valor sendo zero (0) indica que o número é positivo, e cujo valor 1 indica números negativos.

O campo seguinte representa o expoente. Ele compreende valores positivos e negativos de expoente, e embora sejam sempre valores inteiros, a forma adotada não é sinal e magnitude nem complemento.

O método adotado para representar os valores positivos e negativos do expoente é denominada excesso de N, ou *bias* (ver Cap. 7). Consiste em somar-se um valor, N ou bias, ao valor real do expoente e armazenar este resultado no campo E, expoente, da representação. O valor N é calculado de acordo com a quantidade de bits do campo E, sendo 127 no caso de precisão simples e 1023 no caso de precisão dupla. Na realidade, temos:

$N = (2^E / 2) - 1$, sendo E = quantidade de bits do campo expoente.

Assim, se, por exemplo, um determinado expoente é igual ao valor 0, para precisão simples ele será armazenado como 127, pois:

127 (valor armazenado no campo E) = 0 (valor real do expoente) + 127 (N ou bias)

Se encontrarmos um valor igual a 175 no campo E, o valor real do expoente será igual a 48, pois:

$175 - 127 = 48$.

Adiante, mostraremos que os valores extremos de N (bias) são usados para representar valores especiais, isto é, campo expoente igual a 0 (binário 00000000) ou igual a decimal 255 (11111111) para precisão simples e decimal 2047 (binário 11111111111) para precisão dupla.

O terceiro e último campo é o da fração ou mantissa, que no padrão IEEE 754 é denominado *significando* (ou *significand*). Como já mencionamos anteriormente, ele representa a precisão do número, a parte dos algarismos significativos do número.

O padrão 754 calcula o significando (mantissa ou fração) de forma a se obter um valor com um bit a mais, visto que:

a) usa a forma normalizada, já apresentada no Cap. 7, isto é, o primeiro bit após a vírgula é diferente de zero;
b) devido a este fato, a fração sempre se inicia por 0,1xxxxxxx (onde x serão os demais algarismos) e, por isso, o padrão deixa de representá-los, o 0 e o primeiro 1. Ele assume que eles existem, mas não os representa.

O padrão de formato IEEE é constituído de três partes básicas:

- o sinal do número (S_N);
- o expoente (E); e
- a mantissa ou fração (F).

Formato de ponto flutuante IEEE 754 – precisão simples

31	30 ... 24	23 ... 0
S_N	E	M (ou F)
Sinal do número	Expoente	Mantissa (ou Fração)

Formato de ponto flutuante IEEE 754 – precisão simples

63	62 52	51 0
S_N	E	M (ou F)
Sinal do número	Expoente	Mantissa (ou Fração)

Formato na precisão estendida (usada pela Intel)

79	78 64	63 0
SN	E	M (ou F)
Sinal do número	Expoente	Mantissa (ou Fração)

A Tabela D.13 mostra as características dos formatos básicos.

Tabela D.13 Características dos formatos básicos de números em ponto flutuante, representados no padrão IEEE-754

	Precisão simples	Precisão dupla
Total de bits do número	32 bits	64 bit
Quantidade de bits para sinal	1 bit	1 bit
Bits para expoente	8	11
Bits para significando	23	52
Cálculo do expoente	Excesso de 127	Excesso de 1023
Faixa de representação em decimal	Aprox.10^{-38} até 10^{+38}	Aprox. 10^{-308} até 10^{+308}

Valores Especiais:

Zero – o valor do número sendo zero, sua representação não se faz diretamente, devido ao fato de o significando omitir o primeiro 1. Deste modo, o valor 0 para um número é representado pelo campo do expoente igual a 0 (todos os bits sendo 0) e o significando também 0. O sinal poderá ser 1 ou 0, o que é irrelevante pois zero não tem sinal.

Infinito – os valores + infinito e − infinito são representados assim: bit de sinal podendo ser 0 (para + infinito) ou 1 (para − infinito), campo expoente igual a 255 ou 1023 (todos os bits iguais a 1), conforme se use precisão simples ou dupla. O campo da mantissa usa todos os bits iguais a 0.

Indeterminado – se um resultado é um valor indeterminado (por exemplo, o resultado de infinito − infinito ou 0 vezes infinito), então sua representação será: bit de sinal igual a 1; campo do expoente com todos os bits iguais a 1 e campo do significando com primeiro bit à esquerda igual a 1 e os demais iguais a 0.

Não é um número (not a number ou NaN) – caso ocorra um erro de algum modo, então sua representação será: bit de sinal igual a 0, todos os bits do expoente iguais a 1 e a mantissa deverá ser um valor qualquer diferente de zero.

Valor não normalizado (denormalized) – se o campo expoente é constituído de zeros, mas o campo da mantissa não é igual a 0, então o valor representado não está normalizado, o qual não tem, por isso, o bit 1 mais à esquerda assumido. Desta forma, a representação será de um valor compreendido, para precisão simples, na faixa de:

$(-1)^s \times 0.m \times 2^{-126}$ sendo: s = bit de sinal e m = a mantissa ou fração armazenada.

E para precisão dupla na faixa de:

$(-1)^s \times 0.m \times 2^{-1022}$

Tabela D.14 Exemplos de números em ponto flutuante no formato IEEE 754

Ord.	Valor	S_N	Expoente	Fração
a	$+1{,}101 \times 2^{5}$	0	1000 0100	101 0000 0000 0000 0000 0000
b	$-1{,}01011 \times 2^{-126}$	1	0000 0001	010 1100 0000 0000 0000 0000
c	$+1{,}0 \times 2^{127}$	0	1111 1110	000 0000 0000 0000 0000 0000
d	+ 0	0	0000 0000	000 0000 0000 0000 0000 0000
e	− 0	1	0000 0000	000 0000 0000 0000 0000 0000
f	+ inf	0	1111 1111	000 0000 0000 0000 0000 0000
g	$+ 2^{-128}$	0	0000 0000	010 0000 0000 0000 0000 0000
h	+ NaN	0	1111 1111	011 0111 0000 0000 0000 0000
i	$+ 2^{-128}$	0	011 0111 1111	0000 0000 0000 0000 0000 0000 0000 0000 0000 0000 0000 0000 0000

A Tabela D.14 mostra alguns exemplos de valores representados em ponto flutuante no padrão IEEE 754; os números (a) a (h) estão usando a forma de precisão simples, enquanto o número (i) emprega a forma de precisão dupla.

Exceções (casos especiais)

O padrão IEEE-754 também estabelece de forma direta e bem definida o resultado de operações com números especiais, a seguir descritas e sumarizadas na Tabela D.15.

Operação Inválida

Algumas operações podem ser inválidas como, p.ex., a raiz quadrada de um número negativo. O resultado de uma operação inválida deve ser NaN (não número).

Divisão por Zero (N/0)

O resultado de operação de divisão de qualquer valor diferente de zero por zero é infinito. Também pode ocorrer que a multiplicação ou adição de dois números resulte em infinito. Para diferenciar o primeiro caso desse segundo criou-se a exceção "divisão por zero", como mostrado na Tabela D.15.

Tabela D.15 Resultado de Operações com números especiais

Operação	Resultado
Número/± Infinito	0
± Infinito × ± Infinito	± Infinito
± Número/0	± Infinito
Infinito + ± Infinito	Infinito
Infinito − Infinito	Indeterminado
± Infinito/± Infinito	Indeterminado
± Infinito × 0	Indeterminado

Resultado não exato

Quando o resultado de uma operação não é exato, devido a restrições do valor da fração, obtém-se esta exceção.

Underflow (estouro para baixo)

A exceção por underflow pode ocorrer em duas circunstâncias: perda de precisão e número muito pequeno; este último caso é detectado antes ou depois de arredondamento.

Overflow (estouro para cima)

Sempre que o resultado exceder o máximo valor que pode ser representado com o específico expoente (precisão simples ou dupla), o sistema acusa exceção por overflow.

Todos os elementos mencionados sobre os casos especiais podem ser sumarizados na Tabela D.16, que indica os valores dos três campos, sinal, expoente e significando (fração ou mantissa), para cada caso:

Tabela D.16 Quadro-resumo da representação de casos especiais no padrão IEEE-754

Sinal	Expoente	Fração	Valor do número
0	000....000	000....000	+0
0	000...000	000...001 ..... 111...111	Número positivo não normalizado $0.m \times 2^{(-b+1)}$
0	000...001 ..... 111...110	XXX...XXX	Número positivo normalizado $1.m \times 2^{(e-b)}$
0	111...111	000....000	+ Infinito
0	111...111	000...001 ..... 111...111	NaN (não é um número)
1	000...000	000....000	−0
1	000...000	000...001 ..... 111...111	Número negativo não normalizado $-0.m \times 2^{(-b+1)}$
1	000...001 .... 111...110	XXX...XXX	Número negativo normalizado $-1.m \times 2^{(e-b)}$
1	111...111	000....000	− Infinito
1	111...111	000...001 ..... 011...111	NaN
1	111...111	100...000	Indeterminado
1	111...111	100...001 ...... 111.111	NaN

D.6.2 Erros e Arredondamento em Operações Aritméticas em Ponto Flutuante no Padrão IEEE-754

Considerando-se que os valores representados têm uma quantidade finita de algarismos e que os resultados também possuem algarismos em quantidade finita (o que significa alguma forma de precisão, mas não de exatidão sempre), poderá haver necessidade de arredondamento.

O padrão IEEE 754 suporta quatro modos de arredondamento:

1. Arredondamento ao próximo valor par;
2. Arredondamento para zero;
3. Arredondamento para o valor superior; e
4. Arredondamento para o valor inferior.

Para utilizar os métodos apresentados, o sistema cria 3 bits temporários, que auxiliarão no processo de arredondamento para o próximo valor par.

D.7 SOBRE O SISTEMA DE ENTRADA/SAÍDA (E/S)

D.7.1 Introdução

No Cap. 10 foram apresentados conceitos básicos sobre E/S, bem como algumas características dos principais periféricos. Acreditamos que, para os leitores iniciantes e para atender ao programa de muitos cursos, o assunto ali tratado esteja na medida adequada.

No entanto, há leitores e cursos que podem requerer mais detalhe sobre alguns dos tópicos abordados. Para tanto, este item foi subdividido nos seguintes tópicos:

D.7.2 – Teclado, onde se descreve um esquema de geração dos códigos produzidos pelo pressionamento das teclas, bem como algumas informações adicionais e até mesmo históricas sobre esse tradicional dispositivo;

D.7.3 – Vídeos, no qual são apresentados alguns dados adicionais bem como informações sobre outras tecnologias utilizadas atualmente na fabricação de vídeos para computadores;

D.7.4 – Impressoras, no qual são fornecidos detalhes sobre outras tecnologias de impressão, não mostradas no Cap. 10, especialmente no que se refere a cores;

D.7.5 – Scanners, no qual são apresentados dados e características desse tipo de dispositivo de E/S.

D.7.2 Sobre Teclados

D.7.2.1 Etapas Básicas do Funcionamento de um Teclado Utilizado em Microcomputadores

Conforme já descrito no item 10.11, o teclado da grande maioria dos sistemas de computação funciona utilizando o princípio da interrupção. Além disso, no caso de microcomputadores é utilizado um código especial, código de varredura (*scan code*), que é transmitido para o subsistema UCP/MP, em vez do próprio código ASCII correspondente ao símbolo pressionado.

Vamos descrever, de forma mais detalhada, os eventos que ocorrem entre o instante do pressionar de uma tecla pelo digitador e o armazenamento, na área de memória do teclado (*buffer* do teclado), dos bits que representam o código de armazenamento do símbolo (em geral é o código ASCII).

A Fig. D.75 mostra a organização de um teclado, constituindo-se em uma matriz de linhas e colunas que cruzam as teclas e identificam, no cruzamento, uma única tecla (a que foi pressionada). O processo de geração do código de varredura consiste na realização de três etapas:

a) detecção do pressionamento da tecla;
b) realização do *debouncing* da tecla; e
c) codificação (produção do código de varredura correspondente).

A primeira tarefa requer um contínuo monitoramento dos circuitos do teclado para determinar (é o único meio) quando uma tecla foi pressionada e, em seguida, identificá-la. Este loop de interrogação é, nos teclados atuais, realizado por hardware, por um microprocessador específico e dedicado, de modo a desobrigar o processador dessa tarefa. Em microcomputação, é comum o emprego do microprocessador Intel 8048 ou do controlador de teclado e vídeo Intel 8279 para executar essas etapas.

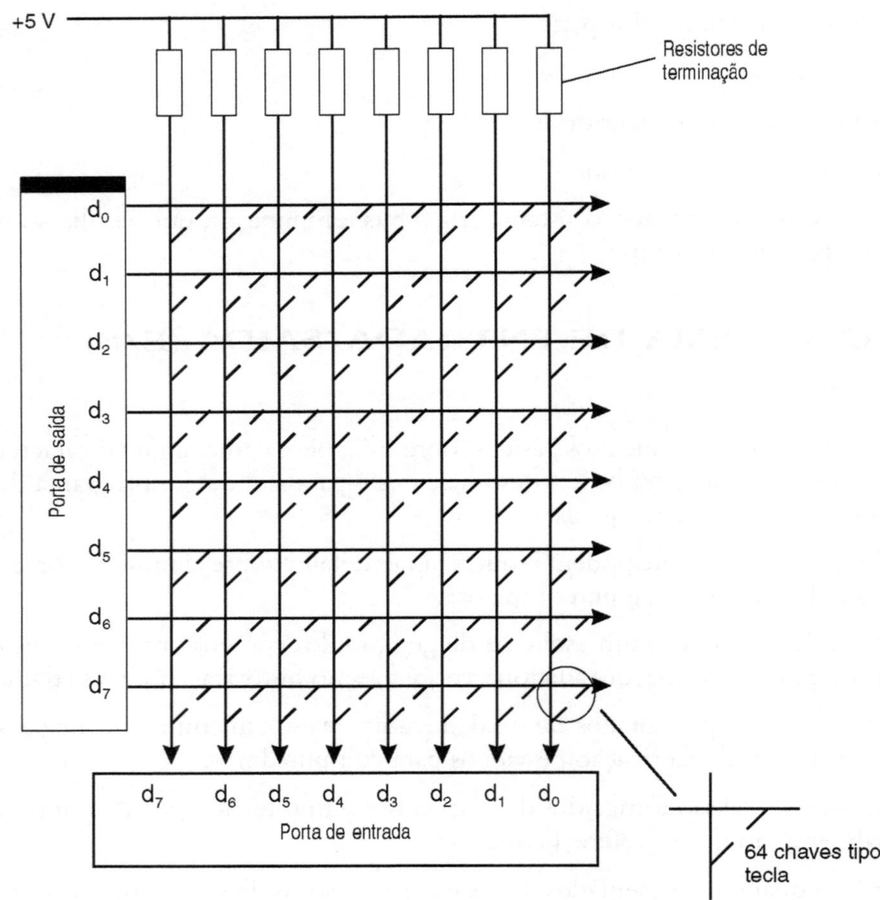

Figura D.75 Organização de um sistema de codificação de teclas de um teclado.

As linhas da matriz são conectadas ao dispositivo de saída (portas de saída) e as colunas são ligadas às partes de entrada (ver Fig. D.75). Quando não há qualquer tecla pressionada, as colunas são mantidas com valor alto (bit 1) devido aos resistores existentes na sua terminação para a fonte de +5 V.

Quando se pressiona uma tecla, imediatamente o sistema de controle detecta a ligação que ocorre entre a linha e a coluna correspondente (o modo de detecção depende do tipo de tecla). Por exemplo, em sistemas de microcomputadores, que utilizam o processador Intel 8048, o teclado é constituído de teclas capacitivas (ver item 10.3.1) e há, no esquema, um amplificador para "sensar" a diferença de capacitância que é gerada quando uma tecla é pressionada.

Se em uma linha está uma tensão baixa (bit 0) e uma tecla daquela linha é pressionada, então a tensão baixa aparecerá na coluna que também contém aquela tecla, e isto pode ser detectado na porta de entrada (porque linha e coluna foram conectadas pela tecla pressionada). Se houver um meio de identificar qual linha e qual coluna correspondem à tecla pressionada, esta poderá ser identificada e será, então, gerado o código de varredura correspondente.

A Fig. D.76 mostra um fluxograma do procedimento para detectar o pressionar de uma tecla, confirmar a detecção (*deboucing*) e produzir o código hexadecimal correspondente. Este fluxograma é, como já mencionado, geralmente implementado por hardware/software dedicado (uma placa de circuito impresso, localizada na parte inferior do teclado, contém os elementos necessários à realização de todo o processo de transmissão do código de varredura para a memória principal).

O primeiro passo é zerar todas as linhas. Em seguida, as colunas são lidas, uma a uma, até que todas estejam com valor alto (bit 1). Isto é realizado para assegurar que não há qualquer tecla pressionada (a tecla anteriormente pressionada pode ainda não ter sido liberada, isto é, o digitador ainda está pressionando).

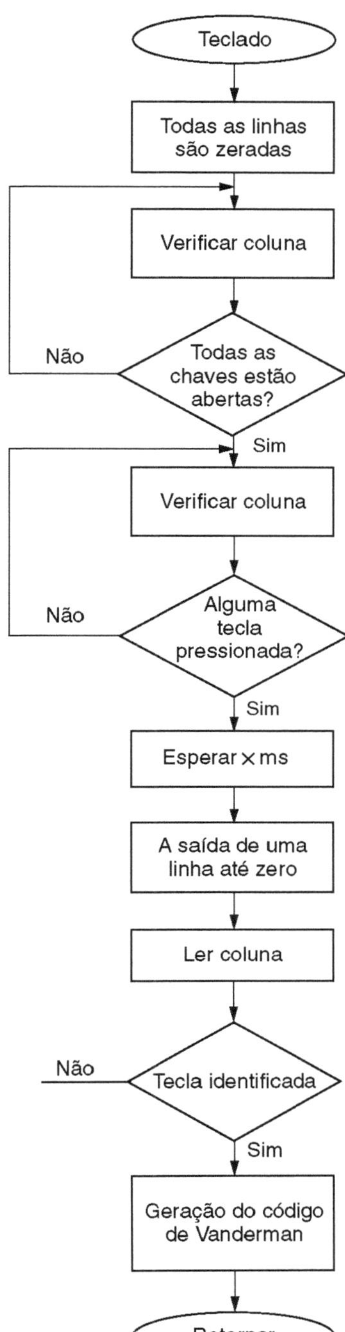

Figura D.76 Fluxograma do processo de detecção do pressionamento de uma tecla, *debouncing* e codificação em um teclado.

Assim que termina este loop de verificação do valor alto das colunas, o sistema entra em outro loop, no qual ele continuamente verifica se já apareceu um valor baixo em uma das colunas (ele varre uma por uma), o que indicará quando uma tecla foi pressionada. Para confirmar que realmente houve pressionamento da tecla (e não um erro qualquer), o sistema aguarda um tempo (em geral é da ordem de 20 ms), o que caracteriza o evento de confirmação (*debouncing*). Após o tempo de espera, é realizada outra verificação do valor da coluna: se todas estiverem com valor alto é porque o valor anterior (baixo) foi acarretado por um ruído e não pelo pressionar de uma tecla. Porém, se ainda permanecer o valor baixo naquela coluna, então é porque realmente a tecla foi pressionada (este procedimento pode ser repetido uma ou mais vezes para garantia).

O passo final consiste em identificar qual linha e qual coluna correspondem à tecla pressionada e em converter a informação obtida no código de varredura correspondente à tecla pressionada. Para isso, é colocada tensão baixa em uma linha e o valor de cada coluna é lido. Se nenhuma das colunas estiver com valor baixo, é porque a tecla pressionada não se encontra naquela linha, sendo o processo então repetido para a linha seguinte e, sucessivamente, até que seja encontrado um valor baixo em uma coluna.

Nesse instante são lidos o código binário correspondente à identificação da linha (no exemplo da Fig. D.75, correspondente a um teclado 8 × 8, o valor binário teria 8 bits) e o código binário correspondente à coluna detectada. Ambos os códigos servem de entrada em uma tabela localizada na ROM existente, de onde se obtém como resultado o código de varredura correspondente, o qual é transmitido para a memória principal. A transmissão desse valor é usualmente serial, mas há sistemas que utilizam transmissão paralela.

Uma última observação pode ser feita no que se refere aos teclados utilizados em microcomputadores. Nesses dispositivos, cada tecla possui dois códigos de varredura, um correspondente ao pressionamento da tecla e outro correspondente à liberação da tecla pelo digitador. Isto proporciona maior flexibilidade aos programas aplicativos, que podem programar ações para serem desencadeadas com o pressionar de uma tecla e outras para quando a tecla é liberada.

D.7.2.2 Um Pouco de História

A organização das teclas nos teclados usados na maioria dos computadores segue um padrão denominado QWERTY, assim denominado devido à ordem das seis primeiras letras constantes da primeira fileira a partir da parte superior do teclado.

Este padrão se mantém o mesmo desde as primeiras máquinas de escrever, criadas no século passado, mais precisamente na década de 1860, cujo inventor foi um tipógrafo americano, Christopher Latham Sholes.

Muitas pessoas devem perguntar por que utilizar uma organização de teclas sem qualquer ordem mais intuitiva ou lógica, como, por exemplo, a ordem alfabética, nossa conhecida.

Mas essa ordem (alfabética) foi justamente a escolhida no início por Sholes para sua máquina. Ela continha duas fileiras de teclas, organizadas em ordem alfabética. As letras vinham em alto relevo na ponta de uma barra presa a cada tecla. No entanto, os inúmeros choques e enganchamentos de duas teclas contíguas quando pressionadas em seqüência levaram o tipógrafo a tentar diferentes arranjos de teclas que evitassem ou, pelo menos, minimizassem o tal problema de enganchamento das teclas.

A organização atual surgiu, então, depois de várias tentativas de posicionamento das teclas. Sholes procurou encontrar um posicionamento que afastasse entre si teclas mais utilizadas na língua inglesa, como T e H, por exemplo.

A primeira máquina de escrever (o nome em inglês foi patenteado como Type Writer) comercial foi lançada pela empresa Remington, que havia se associado a Sholes e usava a organização QWERTY, o que permanece até hoje.

Como era de se esperar, a referida máquina e sua esquisita organização de teclas tiveram muitos críticos ao longo do tempo, bem como sofreram várias tentativas de substituição por parte de desenvolvimentos concor-

Figura D.77 Teclado com formato Dvorak.

rentes. Mas somente muito mais tarde, na década de 1930, é que surgiu uma alternativa que parecia mais eficiente. Essa organização, desenvolvida por August Dvorak (não tem qualquer relação com o conhecido jornalista de informática John C. Dvorak), um professor da Universidade de Washington, colocava numa mesma linha as principais letras do alfabeto, isto é, as que tinham uso mais freqüente, AOEUIDHTNS, o que, segundo ele, acelerava a produtividade dos datilógrafos, pois o datilógrafo utiliza em grande parte do seu tempo letras de uma mesma linha. A Fig. D.77 mostra o teclado com a organização Dvorak.

No entanto, apesar de algumas comprovações sobre a maior eficiência do teclado Dvorak sobre o QWERTY, este permaneceu com muito maior preferência pelo mercado, talvez devido à força dos fabricantes, que não desejavam mudar algo que estava funcionando bem, e dos datilógrafos, que já tinham aprendido e se conformado com o método QWERTY.

D.7.3 Sobre Vídeos

Como complemento das informações já apresentadas sobre o funcionamento dos equipamentos de vídeo para computadores, no sentido de esclarecer melhor alguns dos pontos abordados no item 10.3.2, temos:

1. Como já vimos antes, os pixels são cada um dos milhares de pontos formados na tela do vídeo e que servem para constituir uma determinada imagem, um caractere, uma linha ou outro símbolo qualquer. Em um vídeo colorido, um pixel é constituído de três pontos próximos, uma tríade de três cores, vermelho, verde e azul.

   Na realidade, a tela do monitor é uma teia composta de milhares de "buracos", que em inglês denomina-se *dot* (no caso de vídeos coloridos cada "buraco" é uma tríade de três "buracos" menores), cada um deles permitindo a passagem do feixe de elétrons que, acendendo, produz o ponto luminoso na tela. Esta "máscara" sobre a tela facilita a qualidade da imagem por impedir que um ponto ao lado do que foi selecionado se acendesse indevidamente.

   Dot pitch é a distância entre esses "buracos", ou seja, o intervalo entre os *dots*.

2. Durante o funcionamento do sistema, o interface de vídeo é o responsável pela geração do feixe de elétrons e seu acendimento ou apagamento na tela. Deste modo, a quantidade de pontos possíveis de serem gerados nas linhas e colunas (resolução) é função das freqüências horizontal e vertical utilizadas pelo interface. No entanto, é importante mencionar que não é só isso que permite termos uma resolução de 800 × 600 ou ainda 1024 × 768, pois é preciso termos suficientes "buracos" na máscara existente na tela. Assim, a resolução adequada é um fator dependente não só do interface como também do próprio monitor.

3. A forma visual, a aparência com que cada pixel aparece na tela do vídeo colorido depende da intensidade do feixe colorido correspondente. Se os três feixes forem acionados com máxima intensidade, a combinação das cores gera o branco, enquanto se ocorrer o contrário, eles tiverem intensidade zero, aparece o preto. Valores intermediários de intensidade dos três feixes geram as cores intermediárias.

   O valor da intensidade de acendimento dos feixes depende da quantidade de bits usada, resultando em mais ou menos combinações de cores e, portanto, mais ou menos qualidade da imagem apresentada.

   Naturalmente, se forem usados mais bits por feixe de cor será obtida maior qualidade da imagem (maior combinação de cores), mas também isso acarretará um maior dispêndio de memória.

   Valores típicos são:

   4 bits – resultando em 16 possibilidades de cores, padrão conhecido: VGA

   8 bits – resultando em 256 combinações de cores, em inglês *256 color mode.*

   16 bits – resultando em 64K combinações de cores, em inglês *High color mode.*

   24 bits – resultando em 16M combinações de cores, em inglês *True color mode.*

   32 bits – resultando em 4G combinações de cores, também conhecido como *True color.*

   Os bits usados são distribuídos pelos três feixes.

Além da tecnologia de emprego de VRC e varredura de rastro que descrevemos no item 10.12, outras tecnologias de fabricação de dispositivos de vídeo para computadores vêm surgindo e crescendo com o passar do tempo, especialmente com o advento de microcomputadores portáteis, como os laptops, notebooks e palmtops. Entre essas tecnologias, vamos apresentar alguns aspectos mais importantes sobre:

- Vídeos de cristal líquido (LCD – *Liquid Crystal Display*); e
- Vídeos de gás plasma.

D.7.3.1 Vídeos de Cristal Líquido – LCD

Vídeos de cristal líquido vêm sendo bastante utilizados em equipamentos portáteis devido às suas vantagens de tamanho, peso e qualidade. O fato de não ser preciso usar um tubo grande e longo como as VRC já é, por si só, bastante atraente. Além disso, os LCD são de pequeno tamanho e peso, possuem baixo consumo de energia e boa resolução (alguns tipos), tipicamente de 800 × 600 pixels e mais. A Fig. D.78 mostra o esquema de funcionamento de um LCD.

A Fig. D.78 (a) mostra um diagrama simplificado de um típico vídeo monocromático de cristal, denominado *nematic-crystal*. Esse tipo de cristal se situa em um estado intermediário entre o líquido e o sólido, e é sensível a campos elétricos. O painel do exemplo consiste em uma matriz de pixels de cristal que podem ser endereçados por um esquema de linha e coluna. Os cristais são colocados entre dois polarizadores e, em sua condição normal, *off*, modificam a polarização da luz que incide sobre o painel, de modo que a maior parte da luz é refletida de volta.

Quando uma voltagem é aplicada (ver Fig. D.78 (b)), as moléculas do cristal modificam sua forma, alterando a polarização da luz incidente. Quando a luz pode passar através do cristal, ela incide sobre o polarizador posterior e é absorvida. Dessa forma, o pixel endereçado parece mais escuro, comparado com o resto do painel.

Os primeiros painéis de vídeo do tipo LCD possuíam graves problemas com baixo contraste e clareza das imagens devido a falhas na absorção da luz no cristal, os quais vêm sendo progressivamente reduzidos ou eliminados. Uma das maneiras de melhorar o contraste é utilizar um feixe de luz traseira (*backlit*), o que reduz a dependência de luz ambiente.

Além de serem utilizados em computadores portáteis, os LCD também estão surgindo em dispositivos projetores que, acoplados a um retroprojetor, por exemplo, e a um computador, permitem a visualização, em uma tela grande, da imagem do vídeo do computador.

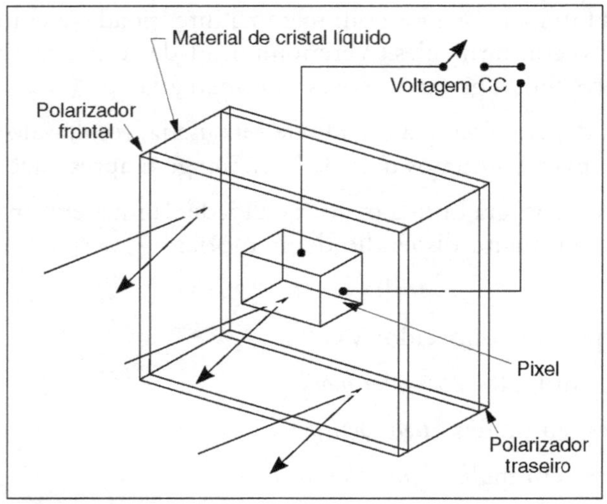

(a) Antes da criação do pixel

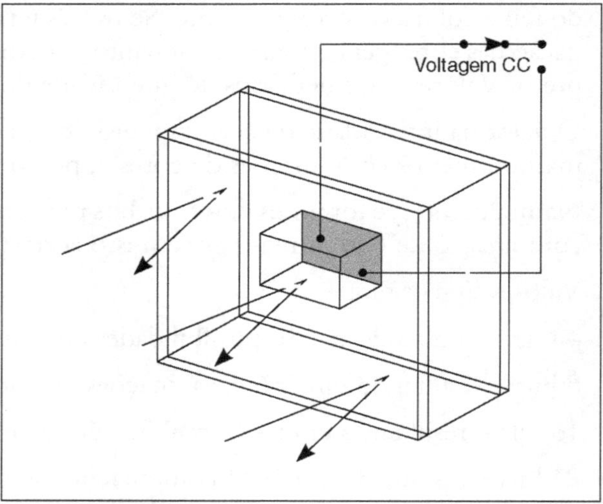

(b) Ativação do pixel

Figura D.78 Exemplo de formação de um pixel em uma tela de cristal líquido — LCD.

Atualmente vêm sendo fabricados vídeos com tecnologia LCD do tipo de matriz passiva (mais baratos, mas produzindo imagens de pior qualidade, especialmente as coloridas) e de matriz ativa (mais caros, porém com muito boa resolução de imagem e de cor).

Um dos tipos mais produzidos de vídeo LCD emprega uma tecnologia denominada matriz ativa TFT (*Thin Film Transistor*), que opera mais ou menos dentro do princípio aqui descrito de forma genérica. Os pixels de um vídeo TFT são compostos de três elementos: uma célula vermelha, uma verde e uma azul. Cada célula é composta de uma estrutura nemática e de um filtro de cor vermelha, verde ou azul. Além disso, um transistor TFT controla cada camada do cristal líquido, podendo exercer esse controle de forma bastante precisa, isto é, controlando a diferença de potencial sobre a camada do cristal.

À medida que a voltagem aumenta, as moléculas do cristal se movem gradualmente da estrutura original para uma estrutura mais uniforme. Isto acarreta a possibilidade de a luz incidente girar de 0 a 90 graus, conforme a intensidade da voltagem aplicada.

Dessa forma, o programa de controle do vídeo LCD pode estabelecer precisamente quanto de luz pode passar pela célula de cada pixel no vídeo, através do ajuste correspondente da voltagem. Com isso, o vídeo pode apresentar diferentes cores, muitas, na realidade.

Os vídeos TFT ainda são caros em relação aos vídeos de matriz passiva devido à necessidade elevada de substituição de transistores defeituosos durante o processo de fabricação. Cerca de 30% deles sofrem algum tipo de mau funcionamento, e mesmo entre os 70% restantes ainda aparecem alguns com problemas.

Um outro problema desse tipo de vídeo é o consumo de energia, necessário para alimentar todos os transistores que constituem os pixels. Se imaginarmos um monitor com resolução de 1024 × 768, sendo cada pixel constituído de três transistores, então somam 2.359.296 transistores somente no painel.

D.7.3.2 Vídeos de Gás Plasma

Vídeos de gás plasma funcionam seguindo o princípio de excitar um gás, em geral gás neon, através da aplicação de uma voltagem. Uma matriz de eletrodos, separados pelo gás, permite que um certo ponto de tela (o pixel) possa ser endereçado.

Ao se aplicar uma voltagem de valor adequado no ponto de interseção da matriz que foi endereçado, o gás é excitado, emitindo uma luz laranja-avermelhada (esta cor é uma característica dos vídeos de gás plasma).

Como esses dispositivos produzem luz, não necessitam de luz externa (*backlighting*), como acontece com os vídeos LCD, porém utilizam mais energia que estes, o que torna esse processo difícil de ser utilizado em sistemas portáteis, que empregam bateria. Para usá-los com bateria, o fabricante teria que incluir no sistema um circuito conversor para alterar a baixa voltagem da bateria na alta voltagem necessária à criação dos pixels (cerca de 200 V), e isto acarretaria uma série de problemas de consumo de energia, complexidade de fabricação e peso.

Além dos problemas com portáteis, os vídeos de gás plasma ainda têm outros tipos de problemas, como a sua incapacidade (pelo menos até então) de fornecer imagens coloridas completas, como as VRC, p.ex., além de seu custo ainda elevado se comparado com outras tecnologias.

D.7.4 Tecnologias Alternativas para Impressão em Cores

A demanda dos usuários por serviços mais sofisticados que os fornecidos com a tecnologia corrente leva sempre à descoberta de novas tecnologias ou ao aperfeiçoamento das existentes. Isto não é diferente no caso de impressoras. As aplicações impulsionam a demanda por saídas coloridas, e a indústria de *software* não faz por menos ao lançar produtos voltados para a apresentação e a editoração eletrônica, para manipular fotografias e imagens obtidas em equipamentos de varreduras (*scanners*), todos com intensa utilização de cor.

Impressoras coloridas são hoje em dia o padrão da indústria, cada vez mais produzidas e vendidas, utilizando diferentes tecnologias de impressão. A Fig. D.79 mostra um quadro demonstrativo com as várias tecnologias de impressão em cor atualmente existentes.

Na faixa de dispositivos de preço menor aparecem as impressoras de jato de tinta, tendo suplantado em larga escala as impressoras matriciais devido ao melhor custo/qualidade, até mesmo na impressão de serviços mais sofisticados, como os de qualidade fotográfica.

A tecnologia de jato de tinta mais adotada consiste na obtenção de uma gota de tinta somente quando a imagem o requer (chama-se a técnica de *gota por demanda, drop-on-demand*). O líquido é forçado através de pequenos orifícios, utilizando-se para isso um entre dois métodos:

- jato de tinta por calor; e
- piezoeletricidade.

No primeiro método, o mecanismo de impressão usa calor para criar uma bolha, que vaporiza e produz a gota de tinta que vai ser depositada no papel. Impressoras de jato de tinta piezoelétricas utilizam atuadores acionados eletricamente para bombear a tinta de um cartucho.

Um dos grandes problemas com impressoras de jato de tinta, que vêm sendo solucionados com muita pesquisa e novas descobertas, reside na interação entre a tinta e o papel. A tinta, ao ser tornada fluida o suficiente para passar pelos diminutos orifícios da cabeça de impressão, também pode se tornar fluida o suficiente para penetrar nas fibras do papel. Além de ter que controlar este problema (o que vem sendo realizado por novas descobertas de material para as tintas), o fabricante precisa controlar a erosão dos bicos de tinta.

Fabricar impressoras a laser monocromáticas já é uma tarefa amplamente dominada, que tem permitido a diversos fabricantes (as impressoras da Hewlett-Packard, HP LaserJet, são vendidas em larga escala no mundo inteiro, bem como as da IBM e Epson) construir modelos confiáveis, de excelente custo/desempenho e com alta qualidade de imagem. Na verdade, na era dos microcomputadores as impressoras pessoais com tecnologia laser vêm se destacando cada vez mais nas empresas, grandes e pequenas, e até mesmo entre pessoas físicas, devido ao seu notável custo/desempenho.

No entanto, a tecnologia laser para impressão em cores é uma tarefa extremamente mais complexa, que ainda não está permitindo fabricar tais dispositivos por preço competitivo com o das impressoras de jato de tinta ou mesmo de transferência térmica e de sublimação de tinta (no entanto, seu preço continua diminuindo no mercado, e talvez em breve possam ser oferecidas com preços aceitáveis para venda em maior escala).

O elemento-chave em um mecanismo de impressão eletrofotográfico é o cilindro fotossensível, no qual a imagem a ser impressa é antes “escrita”. Em sistemas de tecnologia laser em cores a imagem é “escrita” seqüencialmente, uma cor de cada vez, para em seguida ser transferida para o papel e nele fixada por calor. O processo funciona de modo semelhante ao descrito no item 10.3.3 para as impressoras monocromáticas, exceto que:

– Há necessidade de quatro cartuchos de toners, um para preto, outro para amarelo, outro para magenta e, finalmente, um para azul (cyan);
– O cilindro deve estar liberado da imagem anterior, em amarelo, por exemplo, antes de se iniciar a escrita da mesma imagem em magenta, e assim também para a mesma imagem em cyan e em preto;
– Antes de a imagem final ser fixada, após os quatro passos, o toner deve ser protegido.

Outra tecnologia de impressão em cores existente no mercado denomina se *transferência térmica de cera* (*Thermal-wax-transfer*) e consiste basicamente em um mecanismo de impressão constituído de cabeças de impressão fixas (a quantidade destes elementos por polegada indica a *resolução* da impressora) que contêm dispositivos de aquecimento. O sistema usa o calor para mover o colorante de uma fita de impressão para o papel. Os circuitos de controle da impressora e os programas acionam adequadamente as cabeças de impressão nos locais do papel onde se deseja a tinta para formar a imagem.

Na maioria dos sistemas desse tipo, a fita de impressão é constituída de faixas de cores seqüenciais, do tamanho do papel ou na ordem azul (*cyan* – ciano), magenta e amarelo ou azul, magenta, amarelo e preto (que garante mais qualidade). A tinta e o papel percorrem juntos o percurso sob a cabeça de impressão. Após um painel de uma cor ser transferido para o papel, este é movido para trás, de modo que outra cor possa ser acrescentada ao papel. Uma vez que a tinta e o papel estão em contato um com o outro quando o calor é aplicado ao conjunto, o colorante tipo cera se desprende (pelo calor) da fita e é transferido para o papel.

Tipo	Tecnologia	Vantagens	Desvantagens
Matricial	Fitas de impressão com cores distintas	Baixo custo	Baixa qualidade de impressão
Jato de tinta	Gotas por demanda (térmicas e piezoelétricas)	Boa qualidade de impressão Preço baixo	Lenta Absorção de tinta pelo papel Desvanecimento da imagem
Laser	Cilindro fotossensitivo, mais 4 torres uma para cada cor	Imagem durável Vários tipos de papel Qualidade	Lenta Muito cara
Transferência térmica de cera (Thermal-Wax)	A tinta (cera) é transferida para o ponto no papel por calor	Pureza Simples e confiável Elevada saturação de cor	Dependente do tipo de papel Pode ser cara
Sublimação de tinta (Dye sublimation)	O corante é transferido para o papel por calor	Melhor qualidade de imagem do mercado	Cara para adquirir em material Lenta

Figura D.79 Quadro demonstrativo de características de impressoras que trabalham com cores.

A tecnologia de *sublimação de tinta* (*dye sublimation*), também chamada de *transferência térmica por difusão de tinta* ou impressora de tom contínuo, é característica de uma classe extra de impressora, que produz imagens quase tão boas quanto as que vemos em fotografias coloridas. Estas máquinas, embora ainda lentas, continuam a ser a melhor opção do mercado se se deseja imagem em tom contínuo, padrão fotografia. Com esta apreciável vantagem, as impressoras de ***sublimação de tinta*** também têm muitas desvantagens. A primeira delas diz respeito à baixa velocidade de impressão (a mais rápida imprime uma página por minuto), vindo depois o custo, principalmente de material, como o papel.

O mecanismo de impressão é similar ao das impressoras de transferência térmica de cera, com algumas variações importantes. A unidade pode variar o calor quando está transferindo o corante, o que permite até 256 passos para cada pixel, com os corantes misturados para formar milhões de cores. O resultado é uma imagem em tom contínuo, próxima da qualidade de uma fotografia.

Quando o calor é aplicado na fita de impressão o corante se vaporiza, produzindo cores mais densas (ver parágrafo anterior) à medida que mais calor é aplicado.

D.7.5 *Scanners*

Os *scanners* (poderíamos traduzir como dispositivos de varredura, porém o mercado nacional continua usando o nome em inglês, razão por que o mantivemos neste texto) são dispositivos de E/S (na realidade, são apenas de entrada), que convertem uma imagem existente em um tipo de papel (nem sempre pode ser em qualquer papel) em pontos, os quais são codificados em forma binária. Assim como o mecanismo de criação de imagens em um vídeo é também por pontos, o *scanner* decompõe a imagem em pontos e os armazena na memória para posterior reprodução ou manipulação.

Um *scanner* pode ser a "visão" de um computador, pois, contendo milhares de células que funcionam de modo semelhante à visão composta de uma abelha, ele pode "ver" fotografias, textos e imagens. Um *scanner* funciona de modo parecido com o de uma copiadora, pois basta se colocar uma folha de papel na superfície copiadora do *scanner* (de vidro) e iniciar o programa de controle e, logo depois, uma cópia da imagem no papel é transportada para a memória do sistema.

A Fig. D.80 mostra um esquema do processo de funcionamento de um *scanner*, cujo mecanismo de varredura é formado basicamente de um gerador de luz (em geral é o elemento móvel, uma barra com um emissor de luz), espelhos, lente e um dispositivo produtor dos pontos constitutivos da imagem (CCD, *Charged coupled device*), composto de mais de 2500 elementos ou células fotossensitivas, sendo bem pequeno (cerca de 2,5 cm^2).

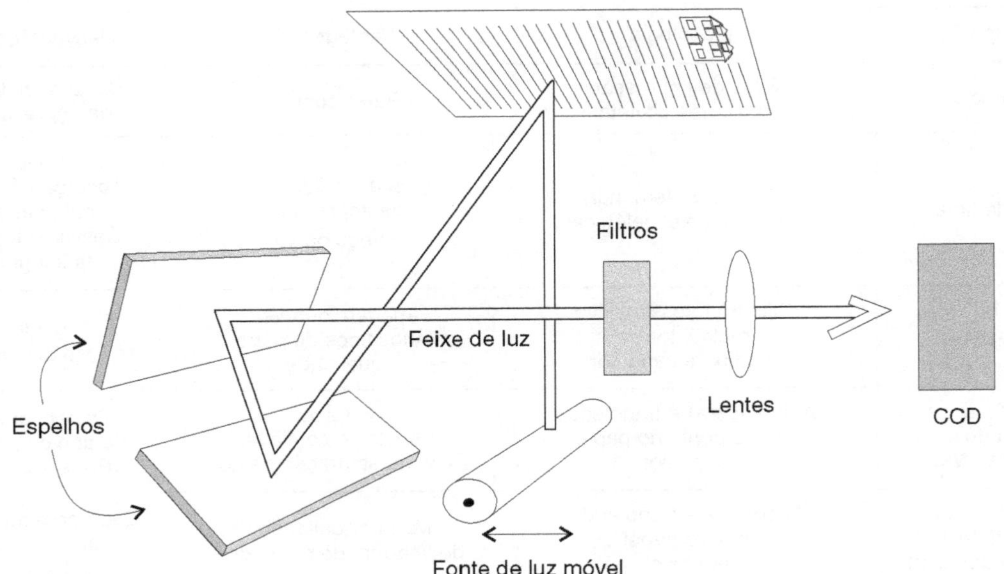

Figura D.80 Mecanismo de geração de pontos de uma imagem em um scanner.

O processo se inicia (por controle de um programa) acendendo o gerador do feixe luminoso que percorre o papel, do início ao fim, e a luz, incidindo sobre o papel, é refletida por espelhos e atinge o CCD, produzindo um sinal elétrico em cada uma de suas células. Cada sinal elétrico é proporcional à intensidade da luz refletida que atinge a respectiva célula. Este sinal, que irá constituir-se em um pixel da imagem, é convertido em um código binário e enviado para o computador, de valor menor para os pontos mais escuros e de valor maior para os pontos mais claros.

Os primeiros *scanners* somente produziam imagens em preto e branco, onde cada pixel possuía um número identificado de 1 bit (bit 1, ligado, indicando preto, e bit 0, desligado, para o branco). Atualmente, até mesmo *scanners* que só funcionam com imagens monocromáticas conseguem distinguir 256 tonalidades de cinza (ou níveis de brilho de luz), quase o dobro do que nossa visão pode distinguir. No entanto, *scanners* coloridos já são mais vendidos do que os antigos monocromáticos.

A resolução de um *scanner* é medida em pontos (ou pixels) por polegadas (dpi), valor fixo baseado na quantidade de células do CCD e da área total que pode ser varrida. Por exemplo, um *scanner* que possui 2590 células e é capaz de efetuar varreduras em uma superfície de 8,5 polegadas possui uma resolução de 300 dpi. Se a área coberta fosse a metade, a resolução seria o dobro.

Os *scanners* que funcionam com cores capturam a imagem criando três cópias distintas dela, uma para cada cor fundamental da luz refletida pela imagem. Isto é usualmente realizado em três passagens do feixe luminoso pelo papel, e em cada uma delas um filtro diferente (filtros vermelho, verde e azul funcionam independentemente) registra o componente da luz específica (ou vermelha, ou verde ou azul). Em cada passo é gerado, como no caso dos *scanners* preto e branco, um código de 8 bits por pixel de cor, produzindo um total de 24 bits por pixel de imagem. Isto resulta em 16,8 milhões de possíveis cores (2^{24} = 16 M), mas também em arquivos bem grandes, demandando sistemas de computação com larga quantidade de memória e velocidade de processamento adequada para processar tantos bits.

EXERCÍCIOS

1) O que caracteriza uma memória do tipo RAM?

2) Qual a forma de endereçamento mais comum utilizada para acesso a memórias do tipo SRAM?

3) Considere uma memória do tipo SRAM constituída de 256M células de 8 bits cada, cujo endereçamento é linear. Quantas linhas de entrada e quantas linhas de saída deve ter o decodificador de endereços?

4) Calcule a economia de fiação de decodificador a ser obtida em uma memória que empregue método de endereçamento por linha/coluna em relação ao endereçamento linear, se a memória tiver capacidade de 256 Kbits e células de 4 bits.

5) O que significam os termos CAS e RAS e em que circunstâncias eles aparecem em um sistema de memória?

6) Qual a vantagem do emprego de memórias com tecnologia FPM sobre as DRAM iniciais?

7) O que diferencia uma memória síncrona de uma outra assíncrona?

8) Determine a quantidade de portas AND que deverão ser colocadas na saída de uma memória de 4096 células de 1 bit cada uma, cuja organização é do tipo linear.

9) No que se refere a memórias de um sistema de computação, o que significa genericamente o termo SIMM? E o termo EDO DRAM? Eles têm semelhanças entre si?

10) Escreva a seqüência de microoperações que devem ser realizadas para completar o ciclo das seguintes instruções:
    a) SUB Op. ACC $\leftarrow$ ACC + (Op.)
    b) JMP 01 CI $\leftarrow$ Op.
    c) INC Op. (Op.) $\leftarrow$ (Op.) + 1

11) Qual a razão por que não se deve utilizar vários somadores parciais para somar números com vários algarismos?

12) Utilizando o modelo de somador paralelo da Fig. D.21, descreva o processo de soma entre os números A e B, sendo: A = 1100 e B = 0111.

13) Faça o mesmo para A = 1100 e B = 1110.

14) Qual é a diferença entre uma microinstrução horizontal e uma vertical?

15) Em um processador que funcione com a técnica *pipelining*, qual é o problema de desempenho que pode surgir em relação a instruções de desvio condicional? Indique uma possível solução para este problema.

16) Qual a vantagem do emprego de muitos estágios em um sistema de pipeline? E uma possível desvantagem?

17) Cite algumas diferenças da arquitetura do processador Pentium 4 em relação ao seu antecessor, Pentium III.

18) O que você entende por tempo de recarregamento (*refresh*)?

19) Por que os sinais de tempo em um diagrama como o da Fig. D. 9 são inclinados (diagonal) e não verticais?

20) Qual é a velocidade real de relógio de uma memória DDR400? Por quê?

21) Considere um processador que funcione com a UC operando na metodologia pipeline, possuindo cinco estágios, cada um gastando três pulsos de relógio na sua execução; o ciclo de relógio nesse processador é de 2 ns. Supondo a realização de um conjunto uniforme de instruções (sem conflitos), mostre o tempo de conclusão de cada instrução após o pipeline estar cheio.

22) O que se entende por conflitos de dados na realização de um processamento pipeline?

23) O que se entende por uma microinstrução e qual sua relação com uma instrução de máquina?

24) Considerando as instruções de máquina mostradas nas Tabelas D.8 e D.9, crie a seqüência de microprogramas para execução do seguinte trecho de programa:

LDA A

ADD B

STA C

25) Explique duas características importantes da microarquitetura NetBurst.

26) O que caracteriza a técnica de multiplexação em um barramento? Que possível vantagem esta técnica acarreta?

27) Por que os barramentos que empregam método serial de transmissão estão sendo preferidos aos barramentos paralelos?

28) Qual é o valor do ciclo de um barramento de um sistema que possui um relógio de 100 MHz?

29) Qual é a função do árbitro em um barramento PCI? Onde usualmente este dispositivo é localizado?

30) Considerando o formato de ponto flutuante definido no padrão IEEE 754 para precisão simples, converta os seguintes valores decimais para aquele formato:

a) −147,54 b) +218,45 c) −207,65

31) Considere uma memória RAM com capacidade de armazenamento de 256M células, cada uma podendo armazenar 1 byte de dados. Calcule a quantidade de linhas de saída de um decodificador de endereços em endereçamento do tipo linear e no caso de o endereçamento da memória ser do tipo linha/coluna.

32) Descreva sucintamente as características das memórias dos tipos DDR e DDR2.

33) Descreva o mecanismo de arbitragem do barramento PCI.

34) Qual é a diferença conceitual entre um dispositivo somador parcial e um somador completo?

35) Qual é a desvantagem de se ter estágios temporalmente heterogêneos (duração diferente) em um sistema de computação?

36) Por que uma instrução de desvio acarreta problemas de desempenho em um pipeline?

37) Considere um processador que acabou de realizar uma operação de adição com os seguintes dois números inteiros: 00000010 e 00000011. Qual seria o valor dos seguintes bits de flag: "vai um" – zero – overflow?

38) Um processador opera com um relógio na freqüência de 2 GHz. Qual deverá ser o período de duração de um pulso do relógio (clock cycle)? Se o ciclo completo de uma instrução é realizado em 6 ciclos de relógio, qual deverá ser o tempo gasto em sua execução?

39) Considere um processador que funcione realizando 4 estágios pipeline: busca da instrução (BI), Decodificação (DE), Busca do Operando (BO) e Execução (EX). Desenhe um diagrama de tempo semelhante ao da Fig. D.33 para realização de 7 instruções, supondo que não há dependência de dados mas que a quarta instrução é uma instrução de desvio.

40) Desenhe um diagrama de armazenamento do valor 73C4B982 em uma memória usando o método big-endian, a partir do endereço hexadecimal 3C45. Mostre o armazenamento do mesmo valor com o método little-endian, a partir do endereço C3F1.

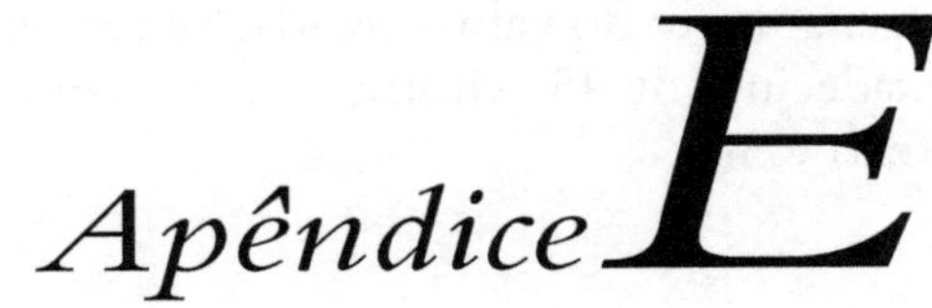

Códigos de Representação de Caracteres

E.1 Tabelas de códigos ASCII e EBCDIC, bem como valores em hexadecimal

Decimal	Hexadecimal	Caracteres		Decimal	Hexadecimal	Caracteres	
		ASCII	EBCDIC			ASCII	EBCDIC
000	00	NUL	NUL	025	19	EM	EM
001	01	SOH	SOH	026	1A	SUB	CC
002	02	STX	STX	027	1B	ESC	CU1
003	03	ETX	ETX	028	1C	FS	IFS
004	04	EOT	PF	029	1D	GS	IGS
005	05	ENQ	HT	030	1E	RS	IRS
006	06	ACK	LC	031	1F	US	IUS
007	07	BEL	DEL	032	20	SP	DS
008	08	BS		033	21	!	SOS
009	09	HT	RLF	034	22	“	FS
010	0A	LF	SMM	035	23	#	
011	0B	VT	VT	036	24	$	BYP
012	0C	FF	FF	037	25	%	LF
013	0D	CR	CR	038	26	&	ETB
014	0E	SO	SO	039	27	`	ESC
015	0F	SI	SI	040	28	(	
016	10	DLE	DLE	041	29	)	
017	11	DC1	DC1	042	2A	*	SM
018	12	DC2	DC2	043	2B	+	CU2
019	13	DC3	TM	044	2C	‘	
020	14	DC4	RES	045	2D	-	ENQ
021	15	NAK	NL	046	2E	.	ACK
022	16	SYN	BS	047	2F	/	BEL
023	17	ETB	IL	048	30	0	
024	18	CAN	CAN	049	31	1	

E.1 Tabelas de códigos ASCII e EBCDIC, bem como valores em hexadecimal

		Caracteres				Caracteres	
Decimal	**Hexadecimal**	**ASCII**	**EBCDIC**	**Decimal**	**Hexadecimal**	**ASCII**	**EBCDIC**
050	32	2	SYN	092	5C	\	*
051	33	3		093	5D	]	)
052	34	4	PN	094	5E	^	;
053	35	5	RS	095	5F	_	
054	36	6	UC	096	60	‘	_
055	37	7	EOT	097	61	A	/
056	38	8		098	62	b	
057	39	9		099	63	c	
058	3A	:		100	64	d	
059	3B	;	CU3	101	65	e	
060	3C	<	DC4	102	66	f	
061	3D	=	NAK	103	67	g	
062	3E	>		104	68	h	
063	3F	?	SUB	105	69	i	
064	40	@	SP	106	6A	j	
065	41	A		107	6B	k	`
066	42	B		108	6C	l	%
067	43	C		109	6D	m	_
068	44	D		110	6E	n	>
069	45	E		111	6F	o	?
070	46	F		112	70	p	
071	47	G		113	71	q	
072	48	H		114	72	r	
073	49	I		115	73	s	
074	4A	J	[	116	74	t	
075	4B	K	.	117	75	u	
076	4C	L	<	118	76	v	
077	4D	M	(	119	77	w	
078	4E	N	+	120	78	x	
079	4F	O	}	121	79	y	
080	50	P	&	122	7A	z	:
081	51	Q		123	7B	{	#
082	52	R		124	7C	|	@
083	53	S		125	7D	}	`
084	54	T		126	7E	~	=
085	55	U		127	7F	Del	“
086	56	V		128	80	NUL	
087	57	W		129	81		a
088	58	X		130	82		b
089	59	Y		131	83		c
090	5A	Z	]	132	84		d
091	5B	[	$	133	85		e

E.1 Tabelas de códigos ASCII e EBCDIC, bem como valores em hexadecimal

Decimal	Hexadecimal	Caracteres		Decimal	Hexadecimal	Caracteres	
		ASCII	EBCDIC			ASCII	EBCDIC
134	86		f	176	B0		
135	87	BEL	g	177	B1		
136	88	BS	h	178	B2		
137	89	HT	i	179	B3		
138	8A	LF		180	B4		
139	8B	VT		181	B5		
140	8C	FF		182	B6		
141	8D	CR		183	B7		
142	8E	SO		184	B8		
143	8F	SI		185	B9		
144	90			186	BA		
145	91	DC1	J	187	BB		
146	92	DC2	K	188	BC		
147	93	DC3	L	189	BD		
148	94	DC4	M	190	BE		
149	95		N	191	BF		
150	96		O	192	C0		
151	97		P	193	C1		A
152	98	CAN	Q	194	C2		B
153	99		r	195	C3		C
154	9A			196	C4		D
155	9B	ESC		197	C5		E
156	9C			198	C6		F
157	9D			199	C7		G
158	9E			200	C8		H
159	9F			201	C9		I
160	A0	á		202	CA		
161	AI	í	-	203	CB		
162	A2	ó	S	204	CC		
163	A3	ú	T	205	CD		
164	A4	ñ	U	206	CE		
165	A5	Ñ	V	207	CF		
166	A6	ª	W	208	D0		J
167	A7	º	X	209	D1		K
168	A8		Y	210	D2		L
169	A9		Z	211	D3		M
170	AA			212	D4		N
171	AB			213	D5		O
172	AC			214	D6		P
173	AD			215	D7		Q
174	AE			216	D8		R
175	AF			217	D9		

E.1 Tabelas de códigos ASCII e EBCDIC, bem como valores em hexadecimal

Decimal	Hexadecimal	Caracteres		Decimal	Hexadecimal	Caracteres	
		ASCII	EBCDIC			ASCII	EBCDIC
218	DA			237	ED		
219	DB			238	EE		
220	DC			239	EF		
221	DD			240	F0		0
222	DE			241	F1		1
223	DF			242	F2		2
224	E0			243	F3		3
225	E1			244	F4		4
226	E2		S	245	F5		5
227	E3		T	246	F6		6
228	E4		U	247	F7		7
229	E5		V	248	F8		8
230	E6		W	249	F9		9
231	E7		X	250	FA		
232	E8		Y	251	FB		
233	E9		Z	252	FC		
234	EA			253	FD		
235	EB			254	FE		
236	EC			255	FF		

E.2 O Unicode

Conforme se sabe, os códigos de representação de caracteres conhecidos só conseguem padronizar dados de uma mesma linguagem, e assim mesmo nem sempre se consegue representar todos os símbolos desejados. Um código como, p.ex., o ASCII somente pode representar 256 símbolos e, desta forma, teclados e computadores que possam ser usados em dois países com idiomas diferentes, como o inglês e o francês, ou português, não conseguem representar todos os possíveis símbolos, como cedilha, crase, acentos grave e agudo, e assim por diante.

No caso do sistema operacional Windows é sempre necessário usar o seu painel de controle, na parte de símbolos regionais e linguagens, e ajustar ao padrão desejado.

Pior ainda é se estamos tratando de países asiáticos ou árabes, com seus infindáveis caracteres especiais.

Com o propósito de criar um código de representação de símbolos para todas as linguagens utilizadas no mundo e, com isso, padronizar um único código, em 1991 foi organizado um consórcio de empresas e órgãos governamentais denominado Unicode Consortium, que iniciou o desenvolvimento de um padrão universal batizado de Unicode.

A versão 1.0 do Unicode, lançada em 1992, representou símbolos com 2 bytes cada, ou 16 bits, permitindo, assim, 65.536 combinações ou símbolos diferentes.

Apesar de 64K ser muito maior quantidade do que os 256 símbolos dos códigos ASCII e EBCDIC, ainda é insuficiente para representar os milhares de símbolos, por exemplo, das línguas japonesa e chinesa. A versão 5.0 do Unicode prevê a possibilidade de se representar até um milhão de símbolos, embora até o momento se tenha catalogado cerca de 140.000 símbolos, na maior parte chineses.

O quadro a seguir mostra a representação Unicode dos 256 primeiros símbolos, considerando-se a versão 2.0. Note-se que os 128 primeiros símbolos são idênticos ao código ASCII original.

0000	NUL	0020	SP	0040	@	0060	`	0080	Ctrl	00A0	NBS	00C0	À	00E0	à
0001	SOH	0021	!	0041	A	0061	a	0081	Ctrl	00A1	i	00C1	Á	00E1	á
0002	STX	0022	”	0042	B	0062	b	0082	Ctrl	00A2	¢	00C2	Â	00E2	â
0003	ETX	0023	#	0043	C	0063	c	0083	Ctrl	00A3	£	00C3	Ã	00E3	ã
0004	EOT	0024	$	0044	D	0064	d	0084	Ctrl	00A4	¤	00C4	Ä	00E4	ä
0005	ENQ	0025	%	0045	E	0065	e	0085	Ctrl	00A5	¥	00C5	Å	00E5	å
0006	ACK	0026	&	0046	F	0066	f	0086	Ctrl	00A6	¦	00C6	Æ	00E6	æ
0007	BEL	0027	‘	0047	G	0067	g	0087	Ctrl	00A7	§	00C7	Ç	00E7	ç
0008	BS	0028	(	0048	H	0068	h	0088	Ctrl	00A8	¨	00C8	È	00E8	è
0009	HT	0029	)	0049	I	0069	i	0089	Ctrl	00A9	©	00C9	É	00E9	é
000A	LF	002A	*	004A	J	006A	j	008A	Ctrl	00AA	ª	00CA	Ê	00EA	ê
000B	VT	002B	+	004B	K	006B	k	008B	Ctrl	00AB	«	00CB	Ë	00EB	ë
000C	FF	002C	,	004C	L	006C	l	008C	Ctrl	00AC	¬	00CC	Ì	00EC	ì
000D	CR	002D	–	004D	M	006D	m	008D	Ctrl	00AD	–	00CD	Í	00ED	í
000E	SO	002E	.	004E	N	006E	n	008E	Ctrl	00AE	®	00CE	Î	00EE	î
000F	SI	002F	/	004F	O	006F	o	008F	Ctrl	00AF	¯	00CF	Ï	00EF	ï
0010	DLE	0030	0	0050	P	0070	p	0090	Ctrl	00B0	°	00D0	D	00F0	ð
0011	DCI	0031	1	0051	Q	0071	q	0091	Ctrl	00B1	±	00D1	Ñ	00F1	ñ
0012	DC2	0032	2	0052	R	0072	r	0092	Ctrl	00B2	²	00D2	Ò	00F2	ò
0013	DC3	0033	3	0053	S	0073	s	0093	Ctrl	00B3	³	00D3	Ó	00F3	ó
0014	DC4	0034	4	0054	T	0074	t	0094	Ctrl	00B4	´	00D4	Ô	00F4	ô
0015	NAK	0035	5	0055	U	0075	u	0095	Ctrl	00B5	µ	00D5	Õ	00F5	õ
0016	SYN	0036	6	0056	V	0076	v	0096	Ctrl	00B6	¶	00D6	Ö	00F6	ö
0017	ETB	0037	7	0057	W	0077	w	0097	Ctrl	00B7	·	00D7	×	00F7	÷
0018	CAN	0038	8	0058	X	0078	x	0098	Ctrl	00B8	¸	00D8	Ø	00F8	ø
0019	EM	0039	9	0059	Y	0079	y	0099	Ctrl	00B9	¹	00D9	Ù	00F9	ù
001A	SUB	003A	:	005A	Z	007A	z	009A	Ctrl	00BA	º	00DA	Ú	00FA	ú
001B	ESC	003B	;	005B	[	007B	{	009B	Ctrl	00BB	»	00DB	Û	00FB	û
001C	FS	003C	<	005C	\	007C	|	009C	Ctrl	00BC	¼	00DC	Ü	00FC	ü
001D	GS	003D	=	005D	]	007D	}	009D	Ctrl	00BD	½	00DD	Ý	00FD	þ
001E	RS	003E	>	005E	ˆ	007E	˜	009E	Ctrl	00BE	¾	00DE	ý	00FE	þ
001F	US	003F	?	005F	_	007F	DEL	009F	Ctrl	00BF	¿	00DF	§	00FF	ÿ

NUL	Null	SOH	Start of heading	CAN	Cancel	SP	Space
STX	Start of text	EOT	End of transmission	EM	End of medium	DEL	Delete
ETX	End of text	DC1	Device control 1	SUB	Substitute	Ctrl	Control
ENQ	Enquiry	DC2	Device control 2	ESC	Escape	FF	Form feed
ACK	Acknowledge	DC3	Device control 3	FS	File separator	CR	Carriage return
BEL	Bell	DC4	Device control 4	GS	Group separator	SO	Shift out
BS	Backspace	NAK	Negative acknowledge	RS	Record separator	SI	Shift in
HT	Horizontal tab	NBS	Non-breaking space	US	Unit separator	DLE	Data link escape
LF	Line feed	ETB	End of transmission block	SYN	Synchronous idle	VT	Vertical tab

Apêndice F

Glossário

A

Acesso – Ato realizado para localizar uma posição de memória e efetuar uma transferência de ou para esta posição.

Acesso direto (*direct access*) – Ato realizado pelo sistema para localizar uma posição de memória sem necessidade de acessos preliminares a outras posições. Este método é particularmente utilizado por discos magnéticos (HD-hard disks), CD-ROMs (compact disks) e DVDs (Digital Video Disks).

Acesso direto à memória (**DMA**, *Direct Memory Access*) – Método de transferência de dados entre memória em disco e CDs/DVDs e MP – memória principal, pelo qual a transferência é realizada praticamente sem a interveniência do processador, sendo realizada diretamente entre os dois dispositivos de memória por controle de um elemento de hardware denominado controlador de DMA.

Acesso seqüencial – Ato realizado pelo sistema para localizar uma posição de memória (qualquer tipo de memória), cujo endereço é identificado pela sua posição relativa em relação ao primeiro endereço de memória e que somente pode ser feito mediante acesso prévio às posições anteriores. É um acesso tipicamente utilizado em fitas magnéticas.

Acumulador (ACC) – Nome de um registrador especial existente em algumas antigas UCP – unidade central de processamento ou processador, para servir de elemento de armazenamento intermediário em instruções de um operando. Os processadores Intel 8080 e 8085 são exemplos de uso do ACC.

AGP – *Accelerated Graphics Port.* Refere-se a uma porta de entrada de dados de vídeo para memória e vice-versa. Trata-se de uma arquitetura de barramento de 32 bits, desenvolvida pela Intel e introduzida no mercado em 1997, sendo específica para interligação de placas de vídeo (interfaces) diretamente ao barramento do sistema. Portas AGP possuem velocidade de transferência de 66 MHz, podendo transportar dados a uma taxa máxima de 528 MB/s, permitindo que jogos e outras aplicações gráficas possam armazenar e recuperar formatos em 3D sem atenuar a velocidade de uma animação na tela.

Algoritmo – Um algoritmo é um conjunto de passos a serem seguidos para a resolução de um problema.

Arquivo – Conjunto de dados (pode ser também um programa em código-fonte, código-objeto ou código executável) armazenado em memória secundária, identificado por um nome único para todo o conjunto.

ASCII – American Standard Code for Information Interchange. É um código de representação de caracteres (letras, algarismos, sinais de pontuação, operadores aritméticos, caracteres especiais de controle, etc.) com 7 bits para cada caractere. Os sistemas de microcomputadores empregam a versão de 8 bits desse código (ver Apêndice E).

ATA (*AT Attachment*) – trata-se de uma especificação, desenvolvida no início da década de 1980, por um consórcio de fabricantes com o propósito de definir as características e o funcionamento do drive IDE. A sigla AT (Advanced Technology) refere-se ao computador IBM AT e à sua arquitetura de barramento. Ver também IDE.

Atuador (*actuator*) – trata-se do mecanismo interno de um disco magnético (ou disquete), que move a cabeça de leitura/gravação até a trilha requerida no acesso determinado. Tipicamente consiste em uma bobina e o braço que carrega as cabeças.

B

Backup – Termo inglês, tão popular em informática que o usamos como se pertencesse à nossa língua. Consiste na obtenção de uma cópia de um arquivo em um meio de armazenamento separado do original, com o propósito de segurança de dados, de forma que se o arquivo original for apagado ou destruído acidentalmente tem-se a cópia alternativa (de backup) para utilização.

Barramento – Um elemento crucial do sistema de computação, constituído de linhas de transmissão por onde os sinais elétricos (bits e sinais de controle) fluem entre o processador e os demais componentes do sistema. Os barramentos (denominados em inglês *bus*) podem conduzir dados, endereços ou sinais de controle. Há diferentes tipos desses barramentos, cada um com sua especificação própria e aplicação definida. Entre esses podemos citar: ISA, EISA, PCI, AGP, PCI EXpress.

Barramento assíncrono – Tipo de barramento que utiliza um padrão de comunicação no qual um evento no barramento segue, no tempo, o evento anterior, independentemente de sua duração.

Barramento de controle (BC) – Parte dos fios de um determinado barramento que serve como elemento de interligação Processador/MP, por onde são conduzidos os sinais de controle e de sincronização. Internamente, no processador ele (o conjunto de fios) está conectado à Unidade de Controle, de onde são emitidos os citados sinais.

Barramento de dados (BD) – Parte dos fios de um determinado barramento que serve como elemento de interligação Processador/MP, por onde passam os bits que constituem a informação que está sendo transferida (podem ser dados ou instruções de máquina) entre os componentes.

Barramento de endereços (BE) – Parte dos fios de um determinado barramento que serve como elemento de interligação Processador/MP, por onde passam os bits que constituem o endereço de acesso a uma posição (célula) da MP.

Barramento do sistema (*system bus*) – Chama-se assim ao barramento principal que interliga o processador aos dispositivos de memória e periféricos rápidos, sendo, por isso, o de maior velocidade no sistema.

Barramento, mestre do (*bus master*) – Trata-se de um dispositivo inserido em um barramento com a finalidade de controlar a comunicação no referido barramento.

Barramento síncrono – Tipo de barramento que utiliza um padrão de comunicação pelo qual um evento ocorre de acordo com um pulso de relógio do processador. Como cada pulso do relógio tem duração sempre igual, todo evento ocorre sempre no instante do início de um pulso, ao contrário dos barramentos assíncronos.

Base – Conceito fundamental de um sistema de numeração posicional. Define a quantidade de algarismos (símbolos) existentes em um sistema, como 10 no sistema decimal (algarismos de 0 até 9) ou 2 no sistema binário (algarismos 0 e 1). O valor de um algarismo nos sistemas posicionais é variável; depende de sua posição relativa no número. Também é assim chamado, em representação de ponto flutuante, o valor que é exponenciado pelo expoente indicado na representação.

Base mais deslocamento – Modo de endereçamento empregado em alguns sistemas de computação. Neste modo, cada endereço de acesso é calculado pelo processador por meio da soma de dois valores: do conteúdo de um registrador (registrador base) e do campo deslocamento existente na instrução. Basicamente e de modo simplista, podemos definir o conceito de localidade como sendo o fenômeno relacionado com o modo pelo qual os programas em média são escritos pelo programador e executados pelo Processador

BCD (*Binary Coded Decimal*) – Código de representação de caracteres que usa seis bits para cada símbolo codificado (atualmente este código está em desuso). Também é um sistema de representação de números que redunda em uma aritmética especial em certos sistemas de numeração.

BIOS (*Basic Input Output System*, sistema básico de entrada e saída) – Trata-se de um conjunto de programas elaborados em linguagem de baixo nível, armazenados em uma mémoria do tipo ROM (não-volátil) usado pelos programas aplicativos e pelo sistema operacional para algumas funções de entrada e saída, como ler e interpretar um caractere do teclado, enviar um caractere para impressão ou para o vídeo. Possui, também, os programas de inicialização do computador (POST).

Bit (*Binary Digit*, dígito ou algarismo binário) – Em um sistema de representação binário (base 2) significa o algarismo 0 ou o algarismo 1. É a menor unidade de armazenamento e informação em um computador.

Bit de paridade – Bit (dígito binário) acrescentado a um grupo de bits (de uma célula ou de uma palavra de dados) de modo que o total de bits de valor 1 seja sempre par (paridade par) ou ímpar (paridade ímpar). Este procedimento permite verificar, em uma transferência do grupo de bits, se ocorreu algum erro.

Bloco (**registro físico**) – Unidade de transferência de dados entre MP (memória principal) e MS (memória secundária) usada em certos sistemas de grande porte. Pode conter um ou mais registros lógicos, acrescidos de informações de controle geradas pelo sistema de E/S para identificar o específico registro físico e permitir sua transferência.

BPI (*bits per inches*) – Bits por polegada. Trata-se de uma unidade de medida da densidade de armazenamento dos bits na sua respectiva mídia. Quanto maior a quantidade de bits por polegada (bpi), maior a capacidade de armazenamento de um determinado dispositivo.

Bps – Bits por segundo. Taxa de velocidade de transferência de dados em um circuito de comunicação, exprimindo a quantidade de bits que o equipamento transmissor e receptor pode operar. Um modem que opera em 56 Kbps, transfere até cerca de 56.000 bits em cada segundo (o valor é aproximado).

Buffer – Espaço de armazenamento, em geral criado na memória principal, com o objetivo de equalizar diferentes velocidades de transferência entre dois componentes do sistema de computação.

Busca, tempo de (*seek time*) – Período de tempo gasto pela unidade de disco para posicionar a cabeça de leitura/escrita (por meio do movimento do braço) na trilha desejada.

Byte – Conjunto formado por 8 bits consecutivos. Também chamado de octeto. Em geral, constitui-se de uma unidade de armazenamento na MP; grande quantidade de sistemas utiliza o byte como unidade de armazenamento e de transferência de dados pelos barramentos.

C

Cache – Tipo de memória de alta velocidade, inserida entre o processador e a memória principal, com a finalidade de aumentar o desempenho do sistema, visto que a velocidade processador/cache é muito maior do que a do processador/memória principal. Atualmente, os processadores possuem mais de um tipo de memória cache, denominadas cache nível 1 (L1), cache nível 2 (L2) e cache nível 3 (L3), sendo a L1 e, na maioria dos casos, também a L2 inseridas no interior da pastilha do processador, sendo que a L1 funciona com a mesma velocidade dele, enquanto a L2 funciona com velocidade menor. Alguns sistemas possuem também uma cache L3, localizada na placa-mãe.

Cache, fault (*miss* ou falta) – Evento definido em um sistema que possui memória cache que caracteriza a ausência na cache do dado requerido pelo processador. Com isso, o sistema deverá buscar esse dado na MP para depois levá-lo ao processador.

Cache, hit (acerto) – Evento definido em um sistema que possui memória cache que caracteriza a existência, na cache, do dado requerido pelo processador e ele é, então, imediatamente transferido.

Cache, linha da – Consiste em um grupo de bytes igual ao valor de um bloco da memória principal, sendo, por isso, usado como unidade de transferência entre MP e cache e unidade de armazenamento (endereçável) da memória cache.

CD-R (*compact disk recordable*) – Disco compacto gravável. Trata-se de uma evolução do CD-ROM no que se refere ao processo de gravação. Neste caso, o disco é adquirido sem qualquer dado armazenado nele ("virgem"), podendo-se, posteriormente, efetuar a devida gravação por meio de um aparelho gravador, permitindo maior flexibilidade ao usuário. No entanto, o CD-R só permite uma gravação, sem apagamento dos dados.

CD-ROM (*compact disk read only memory*) – Disco compacto somente para leitura. É um dispositivo de armazenamento do tipo não-volátil e não-reutilizável, cujo processo de gravação é por meio de tecnologia ótica, possuindo em geral capacidade de armazenamento da ordem de 650 a 750 MB.

CD R/W (*compact disk read/write*) – Disco compacto para leitura/escrita. Trata-se de uma evolução do CD-R no que se refere ao processo de gravação. Neste caso, o disco é adquirido sem qualquer dado armazenado nele ("virgem"), podendo-se, posteriormente, efetuar a devida gravação por meio de um aparelho gravador e, também, com o mesmo aparelho, apagar os dados gravados e reescrever outros dados.

Célula – Unidade de organização de armazenamento da MP. A memória principal é organizada como um conjunto de N células, cada uma podendo armazenar informação com um tamanho fixo e igual de M bits; uma célula tem, então, um tamanho (uma largura) de M bits. O grupo de bits que constitui uma célula de memória é transferido de uma vez em cada acesso (na realidade, atualmente são transferidas várias células em cada acesso). A quase-totalidade das organizações de memória endereça grupos de 8 bits ou 1 byte, daí a capacidade dos dispositivos de memória (seja memória RAM, seja cache, sejam discos ou CD e DVD) ser representada em bytes, como 128 MB ou 40 GB, ou 256 KB.

Chipset – Conjunto de circuitos integrados inseridos em uma única pastilha, com a finalidade de executar uma variedade de funções durante a realização de um ciclo de instrução, tais como controle de interrupção ou decodificação de endereço de memória.

Ciclo de busca (*fetch cycle*) – Parte do ciclo de uma instrução cujo propósito é buscar na memória a instrução que será executada e armazená-la no processador.

Ciclo de execução (*execute cycle*) – Parte do ciclo de uma instrução cujo propósito é executar a operação definida pela respectiva instrução.

Ciclo de instrução – Conjunto de etapas previamente programadas na Unidade de Controle do processador (por microprogramação ou diretamente por arranjo lógico no hardware) que permite o acesso à MP para busca de uma instrução, sua interpretação (decodificação do código de operação) pela UCP e a conseqüente execução. Em outras palavras, o programa realizado pelo processador para executar uma única instrução de máquina.

Ciclo de máquina – Também chamado de ciclo de memória. Conjunto de etapas previamente determinadas que permite a localização de uma célula de MP e o acesso a ela para armazenar ou recuperar um valor binário.

Cilindro – Unidade de armazenamento e transferência de dados armazenados em um disco magnético. É constituído do espaço de armazenamento compreendido por todas as trilhas de igual endereço em discos com múltiplas superfícies magnéticas.

Circuito combinacional – Trata-se, em circuitos digitais, de um dispositivo cujas saídas, em um determinado instante, dependem apenas dos valores de entrada naquele instante.

Circuito Integrado (*IC, integrated circuit*) – Reduzido pedaço de material onde são armazenados (através de um processo complexo de fabricação) muitos componentes eletrônicos (resistores, transistores, capacitores, etc.) e suas interligações.

Cluster – Consiste em um grupo de setores em um disco magnético (HD), usado como unidade de armazenamento e de transferência nos discos pelos sistemas operacionais.

CMOS (*Complementary Metal Oxide Semiconductor*) – Tecnologia de fabricação de pastilhas, segundo um processo pelo qual dispositivos N-channel e P-channel são dispostos de forma complementar entre si, de modo a obter um espaço menor e baixo consumo de energia.

Código de caracteres – Código numérico binário organizado para representar cada caractere a ser manipulado em um sistema de computação. Há vários tipos de código; o código ASCII, por exemplo, representa o caractere *t* como: 01110100, enquanto o código EBCDIC representa o mesmo caractere como: 10100011.

Código de condição (*conditional code*) – Refere-se a um código (valor binário) que reflete o resultado de uma determinada operação aritmética (realizada devido a uma instrução de máquina), após sua realização, sendo também conhecido como *flag*. A maioria dos processadores armazena os códigos de condição (ou *flags*) em um registrador específico.

Código de correção de erros – Código semelhante ao anterior, exceto pelas regras de organização do conjunto de bits a ser transmitido, que são elaboradas de modo a permitir não só a verificação da ocorrência de erros, como também quais bits estão errados para que a correção possa ser imediata pelo próprio receptor.

Código de operação (*operation code ou Op.Cod.*), C. Op. – Campo do formato de uma instrução de máquina, cujos bits indicam a operação a ser realizada pelo processador.

Complemento – Complemento de um número é um outro número, obtido de modo a completar o valor do número de origem. Na matemática há dois tipos de complemento: complemento à base e complemento à base menos um. No caso da base 2, denomina-se complemento a 2 e complemento a 1.

Complemento a dois, representação em – Tipo de representação de dados inteiros e negativos em ponto fixo, sendo atualmente a forma quase que padrão de todo processador e linguagem para esse tipo de números (inteiros negativos), por ser mais rápida. O valor de um número em complemento a 2 é obtido por meio da troca de todos os bits de sua representação em sinal e magnitude e somando-se 1 ao resultado.

Complemento a um, representação em – Tipo de representação de dados inteiros e negativos em ponto fixo. O valor de um número em complemento a 1 é obtido por meio da troca de todos os bits de sua representação em sinal e magnitude.

Computador de grande porte (*mainframe*) – O termo representa, para nós, um computador constituído de componentes colocados em grandes gabinetes, com refrigeração forçada e grande capacidade de processamento e de armazenamento, utilizado ainda por grandes corporações. O termo em inglês (*main frame*) era usado originariamente para indicar o gabinete do computador que possuía a UCP, sendo mais tarde (com o surgimento dos microcomputadores) usado mais genericamente.

Contador de instrução – CI. Em inglês, denomina-se PC – *program counter* ou IP – *instruction pointer,* ou ainda *instruction address register.* É um registrador da UCP cuja função é armazenar o endereço da próxima instrução a ser buscada da MP e executada.

CRT (*cathode ray tube*) – Tubo de raios catódicos (VRC, válvula de raios catódicos). Tubo de imagem ou válvula eletrônica que serve de base para a fabricação de uma TV ou monitor de vídeo de um computador. Basicamente, ele permite que sejam mostrados pontos luminosos (ou não) em cada pequena parte da tela, criando-se, assim, as imagens.

D

Decodificador de instrução – Elemento controlado pela UC, unidade de controle de um processador, cuja função é receber um código de operação de uma instrução e emitir os sinais de controle adequados para comandar sua execução.

Desvio – Alteração da seqüência de execução de uma instrução por meio da substituição do endereço atual armazenado no registrador CI (contador de instrução) pelo endereço de desvio. Esta ação é realizada por uma instrução específica para esta finalidade (em inglês, as instruções de desvio são conhecidas como *branch* ou *jump*). Pode haver dois tipos de instrução de desvio: desvio incondicional, onde o desvio é sempre realizado, e desvio condicional, no qual a ação de desvio só é executada pelo processador se uma determinada condição for verdadeira, como, por exemplo, se o conteúdo de um determinado registrador é igual a zero ou reg = 0.

DIMM (*Dual In-line Memory Module*) – É uma forma de encapsulamento de pastilha utilizada pelas memórias mais modernas em substituição ao tipo SIMM.

Dip (*Dual In-line Package*) – Outro modo de encapsular uma pastilha, no qual os pinos são dispostos nos lados maiores da pastilha.

Disco magnético – Elemento circular, plano e estreito, contendo uma superfície magnetizável, na qual podem ser armazenados dados sob a forma de campos magnéticos.

Disk pack (conjunto de discos) – Consiste em um conjunto de discos magnéticos (ou pratos) inseridos e removidos em conjunto de um computador.

Disquete – Também conhecido como *floppy-disk*. Elemento de construção e forma semelhante aos discos magnéticos, porém com características diferentes de formato físico, capacidade de armazenamento e taxa de transferência de bits.

DMA (*Direct Memory Access*) – Trata-se de um processo de transferência de dados entre MP e discos magnéticos (ou outro dispositivo) no qual não há interveniência do processador, liberando-o para execução de outras tarefas enquanto os dados são transferidos.

DRAM (*Dynamic Random Access Memory*) – Trata-se do tipo de memória utilizado nas memórias principais do tipo leitura/escrita (*read/write*) dos atuais sistemas de computação. Uma DRAM armazena cada bit em um invólucro constituído por um capacitor e um transistor. Como o capacitor não mantém sua carga indefinidamente, há necessidade de recarregamentos periódicos (*refreshing*).

DVD (*Digital Versatile Disk*) – Trata-se de um dispositivo de armazenamento de alta capacidade e que funciona com tecnologia ótica e serve para armazenamento de grandes volumes de dados, inclusive vídeos, sons e outras mídias.

DVD-R (*DVD recordable*, DVD gravável) – Trata-se de uma evolução do DVD original no que se refere ao processo de gravação. Neste caso, o disco é adquirido sem qualquer dado armazenado nele ("virgem") e, pode-se, posteriormente, efetuar a devida gravação por meio de um aparelho gravador, permitindo maior flexibilidade ao usuário. No entanto, o DVD-R só permite uma gravação, sem apagamento dos dados.

DVD R/W (*dvd read/write*, DVD do tipo leitura/escrita) – Trata-se de uma evolução do DVD-R no que se refere ao processo de gravação. Neste caso, o disco é adquirido sem qualquer dado armazenado nele ("virgem") e, pode-se, posteriormente, efetuar a devida gravação por meio de um aparelho gravador, e também é possível, com o mesmo aparelho, apagar os dados gravados e reescrever outros dados.

E

EBCDIC (*Extended Binary Coded Decimal Interchange Code*) – É um código de representação de caracteres (qualquer tipo de caractere, como: letras, algarismos, sinais de pontuação, operadores aritméticos, caracteres especiais de controle, etc.) com largura de 8 bits para cada caractere. Desenvolvido e utilizado exclusivamente pela IBM em seus computadores de grande porte.

EEPROM (*Electrically Erasable Programmable Read Only Memory*) – Trata-se de uma memória especial do tipo ROM (memória somente para leitura) que pode ser apagada e reescrita eletricamente. Esta memória não é volátil, e atualmente costuma ser empregada para armazenar os programas que constituem a BIOS de um sistema.

Endereçamento base mais deslocamento – Modo de endereçamento pelo qual o endereço de acesso à MP é obtido pela soma do valor armazenado em um registrador do processador (registrador-base ou de segmento) e o valor contido em campo específico da instrução.

Endereçamento direto – Modo de endereçamento pelo qual o valor armazenado no campo operando de uma instrução representa o endereço de MP onde está localizado o dado.

Endereçamento, espaço de – Conjunto de células contíguas de memória utilizado em uma referência qualquer.

Endereçamento imediato – Modo de endereçamento pelo qual o valor armazenado no campo operando de uma instrução representa o próprio dado.

Endereçamento indexado – Modo de endereçamento pelo qual o endereço de acesso à MP é obtido pela soma do valor armazenado em um registrador da UCP (registrador indexador) com o valor contido em campo específico da instrução.

Endereçamento indireto – Modo de endereçamento pelo qual o valor armazenado no campo operando de uma instrução é o endereço de uma posição de MP, cujo conteúdo é o endereço do dado.

Endereçamento por registrador – Modo de endereçamento pelo qual o operando é obtido por meio do valor armazenado em um registrador da UCP. Se for direto, então o valor armazenado no registrador é o próprio valor do dado; se for indireto, o valor armazenado no registrador é um endereço de MP onde está armazenado o dado.

Endereço absoluto – Trata-se de um endereço de uma posição de memória ou de um dispositivo de armazenamento cujo valor não precisa ser calculado ou referenciado por outros valores.

Entrada/Saída – E/S – Em inglês é denominado Input/Output (I/O). Operação de transferência de bits entre algum dispositivo periférico, como o teclado, o vídeo, a impressora e o subsistema de processamento, UCP/MP.

EPROM (*Erasable Programmable Read Only Memory*) – É uma pastilha de memória do tipo não-volátil e que funciona também somente para leitura (ROM), porém pode ser apagada e reescrita, como as EEPROM. No entanto, o processo de apagamento dessa memória é diferente, utilizando-se um feixe de luz ultravioleta e não um pulso elétrico.

Erros, código de correção (ECC) – Refere-se a um código no qual cada caractere ou grupo determinado de N bits segue determinada regra, que permite indicar se um ou mais bits está incorreto (quando recebido) e, assim, garantir sua correção automática.

E/S, controlador de (*I/O controller*) – Trata-se de uma interface de E/S, em geral mais simples e que requer ação mais detalhada do processador.

E/S, módulo de (*I/O module*) – Trata-se de uma interface de E/S, um componente capaz de controlar um ou mais periféricos (dispositivos de E/S), sendo responsável pela transferência de dados entre o periférico e o sistema processador/memória principal.

E/S por programa – Método de realização de operações de E/S no qual a UCP comanda toda a operação por meio da realização de um programa específico para esta finalidade, não podendo realizar outra tarefa enquanto a operação de E/S não estiver concluída.

Escalar (*scalar*) – Refere-se a uma determinada quantidade representada por um único valor.

Especulativa, execução – Execução de instruções por um processador ao longo de um determinado braço de uma estrutura de desvio, o qual pode ser posteriormente descartado se o referido braço pertence à parte falsa da condição de desvio.

F

Firmware – Conjunto de microinstruções armazenadas em memória ROM (memória de controle) que serve para interpretar cada instrução de máquina a ser executada pelo processador.

Fita magnética – Uma tira de material plástico coberta com material magnetizável e que permite o armazenamento de dados sob a forma de campos magnéticos. A tira é enrolada em carretéis.

Flash memory (memória flash) – Trata-se de um tipo particular de memória do tipo EEPROM, distinguindo-se dessa última devido à seletividade de áreas da memória que podem ser apagadas e reescritas, pois enquanto nas memórias EEPROM comuns pode-se selecionar byte por byte, nas memórias flash isso não é possível; ela permite que se selecione apenas blocos maiores de bytes, mas em compensação é mais rápida que as EEPROM.

Flip-flop – É um circuito eletrônico constituído internamente de diversos componentes de lógica que permite o armazenamento de uma entre duas possíveis informações (0 ou 1) em uma máquina digital. O flip-flop também pode ser conhecido como um elemento biestável (pode assumir uma de duas posições) ou chave (pode estar ligado, bit 1, ou desligado, bit 0).

Form Factor – Significa o tamanho físico e o aspecto de um dispositivo. É usado com freqüência para representar o tamanho de circuitos impressos (placas). Por exemplo, com relação a discos o *form factor* é o diâmetro de cada prato do disco (discos multipratos), como 3,5" ou 5,25".

FPU (*floating point unit*, unidade de ponto flutuante) – Trata-se do nome usualmente utilizado para uma Unidade Aritmética que realiza operações com dados somente representados em ponto flutuante. Atualmente, os processadores têm sido projetados com a UAL, unidade aritmética e lógica, separada em unidades independentes para realizar operações com inteiros e com números em ponto flutuante.

FSB (*front side bus*, barramento frontal) – Trata-se do barramento pelo qual o processador se conecta com a memória principal (ou RAM).

G

Giga – Prefixo que representa um valor igual a $2^{30} = 1024M = 1024 \times 1024K = 1.073.741.824$.

H

Hard disk (ver Disco magnético.)

Hardware – Conjunto de equipamentos que constituem o computador. Trata-se da parte física do sistema, todos seus elementos visíveis, partes mecânicas, elétricas, magnéticas, etc. Contrasta com a outra parte do sistema de computação, o software (ver definição neste glossário).

Hz – Hertz. Unidade de medida de freqüência de sinais do tipo transmissão por variação eletromagnética (caso dos sinais elétricos que caminham no interior dos computadores, do som e da luz). Um Hz é equivalente a um pulso ou ciclo de variação do sinal por segundo.

I

IC (*integrated circuit*, circuito integrado) – Trata-se de um conjunto de componentes eletrônicos e suas conexões que é produzido e encapsulado em um pequeno pedaço de material, como silício. Também conhecido como pastilha (ou chip, em inglês).

Instrução de máquina – Conjunto de bits que especificam uma operação a ser realizada e o valor ou a localização de um ou mais dados (operandos) que serão manipulados pela referida operação.

Interface de E/S – Conjunto de circuitos (hardware) e programas (software) que interligam um ou mais dispositivos de E/S e o subsistema UCP/MP para controlar e efetivar a transferência de bits entre esses elementos.

Interrupção – Trata-se de um mecanismo pelo qual o sistema operacional é alertado da ocorrência de um evento ou sinal, o qual interrompe a ação atual do processador, acarretando a suspensão do processo em execução, transferindo sua atenção para um outro programa (em geral, uma rotina que identifica e interpreta o motivo da interrupção), e depois promove condições para o retorno da execução do processo suspenso (interrompido).

Interrupção, desabilitar (*disable interrupt*) – Refere-se a uma condição, normalmente estabelecida pelo próprio processador, pela qual o processador não permite a existência de outras interrupções.

Interrupção, habilitar (*enable interrupt*) – Refere-se a uma condição, normalmente estabelecida pelo próprio processador, pela qual o processador permite a existência de outras interrupções.

IRQ (*interrupt request* – solicitação de interrupção) – É um sinal emitido por um dispositivo de hardware qualquer, como um teclado ou controlador de disco, indicando a necessidade de interrupção da operação atual da UCP (ver interrupção). Os sinais IRQ de cada dispositivo caminham por linhas separadas, que o conectam a um componente controlador das interrupções e que, sendo programável, realiza sua identificação e providências a respeito.

K

Kilo – Prefixo que representa um valor igual a $2^{10} = 1024$. Exemplo: $5K = 5 \times 1024 = 5120$.

L

Latência (ou latência rotacional) – É o tempo médio para que um setor de uma trilha de um disco (os bits desse setor) passe sob a cabeça de leitura/escrita do disco, durante sua rotação, após ter sido completada a fase de busca (seek), onde o braço mecânico com a cabeça é posicionado sobre a trilha desejada.
LCD (*liquid crystal display*) – Monitor de cristal líquido. Trata-se de um dispositivo de vídeo (periférico de um computador) cuja tecnologia de fabricação e funcionamento consiste na polarização de minúsculas células constituídas de um cristal (cada uma representa um pixel) que permite ou não a passagem de luz.
Linguagem Assembly – Linguagem simbólica semelhante à linguagem de máquina (em geral há uma correspondência de um para um entre instruções Assembly e instruções de máquina), criada para facilitar a elaboração de programas em nível de máquina.
Linguagem de aplicação – Também chamada de linguagem de alto nível. Constituída de comandos e estruturas adequadas ao entendimento do programador na elaboração dos programas e sem direta relação com qualquer processador.
Linguagem de máquina – Linguagem que pode ser diretamente interpretada pelos circuitos internos da máquina (pelo hardware); trata-se da linguagem binária.
Localidade espacial, princípio da – Se um programa acessa uma palavra da memória, há uma boa probabilidade de que o acesso seguinte seja uma palavra subseqüente ou de endereço adjacente àquela palavra que ele acabou de acessar. Nesse caso, trata-se da modalidade *localidade espacial.*
Localidade, princípio da – Ao tipo de comportamento dos programas em execução, concluído pelos pesquisadores, chamou-se de princípio da localidade.
Localidade temporal, princípio da – Se um programa acessa uma palavra da memória, há uma boa probabilidade de que ele em breve acesse a mesma palavra novamente. Este é o princípio da *localidade temporal.*

M

MAR (*memory address register*) – ver REM.
MBR (*memory buffer register*) – ver RDM.
Mega (M) – prefixo que representa um valor igual a $2^{20} = 1024K = 1024 \times 1024 = 1.048.576$. Exemplo: $4M = 4 \times 1.048.576 = 4.194.304$.
Memória associativa – Refere-se a um tipo de memória cuja localização de cada posição é dada pelo seu conteúdo ou parte desse conteúdo e não pelo seu endereço, como nas memórias RAM.
Memória cache – Tipo de memória de alta velocidade (compatível com a velocidade do processador) e de capacidade menor que a da MP, localizada logicamente entre o processador e a MP para armazenar dados ou instruções que deverão ser imediatamente utilizadas pela UCP. Usada com a finalidade de acelerar o processamento do sistema UCP/MP.
Memória de controle (*control memory*) – É a memória do tipo ROM, existente dentro da UC e que contém o microcódigo do processador.
Memória Dinâmica (DRAM, *dynamic RAM*) – Refere-se a um tipo de memória volátil fabricado com o uso de um capacitor e um transistor por bit. Como o valor do bit é representado pela carga ou ausência dela no capacitor e este é um componente eletrônico que tende a perder carga com o tempo, há necessidade de periodicamente a memória ser recarregada, sendo, por isso, mais lenta que as memórias SRAM, que não precisam de recarga. São usadas na fabricação das memórias RAM (memória principal).
Memória EPROM (ver EPROM).
Memória estática (SRAM, *static RAM*) – Refere-se a um tipo de memória volátil fabricado por meio da interligação de forma apropriada de 5 a 7 transistores para cada bit. É uma memória usada na construção de memórias cache, por serem bem rápidas.
Memória Flash (ver flash memória).
Memória principal – Tipo de memória, em geral de semicondutor, utilizada para armazenamento de instruções e dados de programas que serão ou estão sendo executados pela UCP. É considerada uma memória de trabalho da UCP, sendo organizada em células com tamanho fixo e igual, cada uma identificada por um número denominado endereço.

Memória PROM (*programmable read only memory*) – Memória ROM programável. Tipo de memória de semicondutor cujo conteúdo é armazenado uma vez após o processo de fabricação (a memória é construída "virgem", para posterior gravação dos bits), não podendo depois ser reutilizada.

Memória RAM (*random access memory*) – Memória de acesso aleatório. Tipo de memória na qual qualquer posição é localizada por meio de um número que indica seu endereço (sua localização) e cujo tempo para esse acesso é o mesmo, independentemente de qual posição foi acessada anteriormente. Contrasta com um outro tipo de memória na qual o acesso é seqüencial. Com esse nome também é conhecida a parte da memória principal de um computador, que fica disponível para o usuário ler ou gravar seus programas e dados.

Memória ROM (*read only memory*) – Memória somente para leitura. Tipo de memória de semicondutor, cujo conteúdo é armazenado durante o processo de fabricação da memória e que não pode ser depois alterado. A memória ROM não é reutilizável.

Memória secundária – Tipo de memória de grande capacidade, com a característica de ser permanente no armazenamento (não é volátil), usada para guardar informações (dados e programas) que não serão imediatamente usadas pela UCP. Discos, fitas, disquetes, CD-ROMs são exemplos de memória secundária.

MHz – Megahertz. Unidade de medida de freqüência de sinais do tipo transmissão por variação eletromagnética (caso dos sinais elétricos que caminham no interior dos computadores, do som e da luz). Um MHz é equivalente a um milhão de pulsos ou de ciclos de variação do sinal por segundo. MHz significa 1.000.000 de Hz ou um milhão de ciclos por segundo.

Microcomputador – Conjunto formado por uma UCP, memória principal e dispositivos de entrada e saída, de pequeno porte, utilizado em geral por uma pessoa isoladamente.

Microinstruções – É o mais baixo nível de instruções que controlam diretamente o funcionamento de um processador (quando ele é fabricado utilizando este método de controle denominado microprogramação, diferente do método de controle denominado "por hardware", geralmente empregado em processadores com arquitetura tipo RISC).

Mícron – Unidade de medida de distância, muito empregada em processadores devido a seu diminuto valor. Um mícron é equivalente a um milionésimo do metro.

Microoperação – É a menor operação que pode ser realizada pelo hardware. Uma operação aritmética, por exemplo (iniciada por uma instrução de máquina), é executada por meio de várias microoperações.

Microprocessador – UCP de pequenas dimensões, tendo todos os seus circuitos e componentes armazenados e interligados em um único invólucro, denominado pastilha (ou chip).

Microssegundo – Período de tempo correspondente a um milésimo de milissegundo ou um milionésimo de segundo ou $1/1.000.000 \text{ s} = 10^{-6} \text{ s}$.

Milissegundo – Período de tempo correspondente a um milésimo de segundo ou $1/1000 \text{ s} = 10^{-3} \text{ s}$.

MIPS – Milhões de instruções por segundo. Trata-se de uma unidade de medida de desempenho, muito empregada em testes com processadores.

Multiprocessamento – Consiste na realização de uma tarefa ou mais de uma por mais de um processador simultaneamente, ou seja, em paralelo. Sistema de multiprocessador é aquele constituído por dois ou mais processadores compartilhando uma memória, por exemplo.

Multiprogramação – Modo de operação de um sistema de computação pelo qual diversos programas, armazenados na memória principal, compartilham o uso do processador. Em face da grande velocidade de processamento do processador, ela executa uma pequena parte de cada programa em um pequeno intervalo de tempo, desvia para executar parte de outro programa, até atingir o processamento do último, retornando para executar outra parte do primeiro programa, e assim sucessivamente.

Multitarefa (*multi task*) – Trata-se de um modo de operação que permite a execução concorrente de diversas tarefas, isto é, a capacidade de um sistema executar múltiplas tarefas (ou múltiplos programas), o que também pode ser considerado como multiprogramação.

N

Nanossegundo – Período de tempo correspondente a um milésimo do milionésimo de segundo, ou 10^{-9} s.

Nanotecnologia – Ciência que estuda os elementos e produtos desenvolvidos em área física diminuta e que funcionam na faixa de mícrons.

Não-volátil, memória – Trata-se de um tipo de memória que mantém os dados armazenados mesmo quando o sistema está sem energia, desligado, como, p.ex., os discos magnéticos ou os CDs.

O

Operando – Dado que será manipulado por uma instrução. Sua localização (ou ele próprio) faz parte da instrução (campo do operando).

P

Palavra – Conjunto de bits cujo tamanho é decisão do fabricante do processador e que em geral está relacionado à capacidade de processamento da UCP. A Unidade Aritmética e Lógica (UAL) opera com valores do tamanho da palavra, bem com este é o tamanho dos registradores da UCP.

Pilha (*stack*) – Trata-se de um tipo de estrutura no qual os dados são armazenados um em seguida ao outro (no topo) e sua recuperação é realizada na ordem inversa, ou seja, o último dado armazenado (no topo da pilha) é o primeiro a ser recuperado.

Pipelining – Processamento pipelining. Trata-se de uma técnica de organizar o processador e seu modo de funcionamento para execução do ciclo de instrução, que consiste em dividir o processador em módulos (ou estágios) que funcionam independentes e simultaneamente, de modo que é possível executar múltiplas instruções de cada vez, sendo que, em um dado instante de tempo, cada uma estará em uma fase (um estágio) diferente do ciclo.

Pixel (*picture element*) – É a abreviatura, em inglês, de *picture element*, ou elemento de figura. Em um sistema comum de vídeo, como os dos VRC, consiste no menor elemento que pode ser acessado (um ponto luminoso na tela do vídeo) e que possui uma determinada luminosidade e intensidade. Toda imagem criada no modo gráfico é, na verdade, constituída de milhares ou milhões de pontos luminosos ou pixels.

Ponto fixo – Representação de um número em sistema posicional no qual o ponto fracionário (ou vírgula) é implicitamente assumido em uma posição fixa. Em computação, essa forma de representação permite três modalidades diferentes para se representar números negativos: sinal e magnitude (S/M), complemento a um (C1) e complemento a dois (C2).

Ponto flutuante – Tipo de representação de dados em um sistema de computação (correspondente à notação científica) na qual um número binário é representado por um grupo de três informações distintas: o sinal do número, uma parte fracionária composta dos dígitos significativos do número e o expoente, pelo qual uma base é sucessivamente multiplicada. O valor do número é igual ao produto da parte fracionária pela base elevada ao expoente indicado.

Porta lógica (*gate*) – Um circuito eletrônico que produz como saída um valor de sinal correspondente ao resultado de uma operação booleana sobre os sinais de entrada.

Predicação de desvios (*branch predication*) – Trata-se de um mecanismo utilizado por um sistema de computação para realizar desvios sem perda de tempo de espera do resultado do teste de condição do desvio.

Princípio da localidade – ver localidade, princípio da.

Processador – Componente de um sistema de computação responsável pelas atividades de interpretação de uma instrução e de execução da operação estabelecida pela instrução.

PROM (*programmable read only memory*) – Memória programável e somente para leitura. Refere-se a um tipo de memória ROM no qual ela é construída "virgem", sem dados armazenados; o usuário, possuindo equipamento apropriado para gravar nela, armazena os dados na forma binária direta e "queima" a memória, um processo pelo qual ela se torna somente para leitura para sempre.

R

RAID (*redundant array of independent disks*) – É constituído de um conjunto de discos (um array de discos) no qual parte da área de armazenamento é usada para colocar informação duplicada ou redundante, aumentando o grau de segurança do sistema.

RAM (*random access memory*) – Memória de acesso aleatório ou randômico. É um tipo de memória eletrônica (construída apenas com componentes eletrônicos) na qual o acesso a uma posição é obtido exclusivamente por meio de seu endereço. Além disso, se caracteriza pelo fato de que o tempo de acesso a qualquer posição é sempre o mesmo, independentemente do acesso anterior.

Registrador – Tipo de memória especial de mais alta velocidade em um computador. Em geral, os registradores encontram-se localizados na UCP, tais como o RI, o CI, o REM, o ACC e outros de emprego mais geral.

Registrador de dados de memória (RDM) – Registrador que armazena um valor que acabou de ser copiado da MP, para ser transferido para a UCP ou um valor enviado pela UCP para ser escrito na MP.

Registrador de emprego geral (GPR, *general purpose register*) – Trata-se de um registrador de dados dos processadores, normalmente sendo endereçado diretamente em uma instrução, que pode ser empregado para diferentes usos, como armazenar um dado ou um endereço ou para servir de ponteiro.

Registrador de endereços de memória (REM) – Registrador que armazena o endereço de uma posição de MP que a UCP deseja acessar.

Registro físico – Ver Bloco.

Registro lógico – Conjunto de itens de dados que formam uma unidade de informação única (por exemplo, a matrícula, o nome, o departamento, o salário, etc. de uma pessoa, em um sistema de cadastro).

Relógio (*clock*) – Elemento responsável pela manutenção do sincronismo entre os diversos eventos constantes de um ciclo de instrução, bem como da velocidade com que esses eventos são realizados.

ROM (*read only memory*) – Memória somente para leitura. Memória eletrônica, porém não-volátil em razão do tipo de construção de seus elementos, de modo que após a gravação dos dados ela seja acessada por uma aplicação apenas para operação de leitura.

S

Secundária, memória – Memória utilizada como elemento de armazenamento permanente e auxiliar da memória principal para armazenar dados em maior capacidade.

Seek, tempo de (*seek time*) – Ver tempo de busca.

Semicondutor – Substância sólida fabricada de determinados tipos de cristais, como o silício, cujas propriedades de condutividade se encontram em um estágio intermediário entre o de isolador e o de condutor perfeito. Servem para fabricar componentes como transistores e outros dispositivos de estado sólido.

Setor – Parte do espaço de armazenamento de uma trilha em discos magnéticos ou disquetes. Em geral, discos ou disquetes têm cada trilha dividida em uma quantidade de setores, cada um permitindo o armazenamento de uma quantidade fixa e igual de bytes. É a menor unidade transferência em discos e disquetes.

Sinal e magnitude, representação em – Modalidade para representação de dados em ponto fixo, na qual cada valor é representado como uma seqüência binária constituída de 1 bit para indicar o sinal do número e os restantes indicando o valor do número (sua magnitude).

Sistema operacional – Programa (conjunto de programas) que serve de elemento de interligação entre a aplicação e o hardware e para gerenciar os recursos de um sistema de computação, distribuindo-os pelos diversos processos em execução.

Software – Refere-se a todos os elementos de programação de um sistema de computação, isto é, todos os programas, sejam de aplicação ou básicos do sistema, contrastando com a parte física e visível do sistema, o hardware.

SRAM (*static* RAM) – ver memória SRAM.

Superescalar, processador – Tipo de arquitetura de processador que compreende vários pipelines, cada um deles controlando a execução de uma instrução, de modo que podem ser completadas mais de uma instrução por ciclo de relógio.

Superpipeline, computador – Tipo de arquitetura de processador na qual há mais estágios pipelines, reduzindo o tempo de conclusão das instruções e, com isso, acelerando o desempenho do processador, sem consumir demasiados recursos de hardware.

T

Tabela-verdade (*truth table*) – Tabela que descreve uma função lógica relacionando todas as possíveis combinações de valores de entrada e apresentando, para cada combinação, o valor em que a saída é verdade (ou falsa).

Tempo de acesso – Tempo gasto entre o início dos eventos que conduzem à leitura ou gravação (escrita) de uma informação entre UCP e MP e o instante em que a MP está pronta para receber nova solicitação (pode ser igual somente ao tempo gasto para interpretar o endereço e efetivar a operação, chamado de ciclo de máquina ou de memória, se esta for do tipo estático; ou pode ser igual ao tempo do ciclo de memória mais o tempo de refreshing da memória, se esta for do tipo dinâmico).

Tempo de busca (*seek*) – Tempo gasto pelo mecanismo de leitura e gravação de um sistema de disco magnético ou disquete para se posicionar sobre a trilha que será acessada (a partir da trilha em que estava posicionado quando foi solicitado este novo acesso).

Tempo de latência – ver latência rotacional.

Trilha – É a parte de um disco ou fita magnética em que estão gravadas as informações. Constitui uma unidade de acesso e endereçamento nos discos magnéticos.

U

Unicode – É um código de representação de caracteres (qualquer tipo de caractere, como: letras, algarismos, sinais de pontuação, operadores aritméticos, caracteres especiais de controle, etc.) com largura de 8 bits para cada caractere. Desenvolvido e utilizado exclusivamente pela IBM em seus computadores de grande porte.

Unidade aritmética e lógica (UAL) – É a parte da UCP responsável pela efetiva execução das operações matemáticas sobre os dados, incluindo-se as aritméticas e as operações lógicas. Realizam-se, também, ações de comparação e teste de resultados.

Unidade central de processamento (UCP) – É o componente de hardware de um computador, constituído da Unidade Aritmética e Lógica (UAL), da Unidade de Controle (UC), dos registradores e dos barramentos internos para interligação entre os diversos componentes.

Unidade de controle – É a parte da UCP responsável pelas tarefas de interpretação das instruções, sincronização e controle da execução de todos os eventos do sistema.

V

Variável – É um dos elementos mais importantes de um programa de computador. Consiste em um nome, que representa simbolicamente um endereço de memória onde se armazena um dado. Variáveis podem ser caracteres, números, endereços ou um valor lógico.

Variável global – Trata-se de uma variável, definida em uma parte de um programa e que pode ser usada em outras partes do mesmo programa.

Variável local – Trata-se de uma variável que é definida em uma determinada parte de um programa e que só pode ser usada naquela parte.

Vetor – Estrutura de dados constituída de um conjunto de elementos individual e seqüencialmente armazenados, que podem ser acessados e manipulados individualmente através de um endereço referenciado por um índice.

Vetorial, processador – Trata-se de um computador de alto desempenho, que explora mais o paralelismo de dados do que o paralelismo de instruções. Ele é bastante útil no processamento de estruturas de dados tipo vetores.

VLIW – (*very long instruction word*, instrução com palavra longa) – Trata-se de um conceito de projeto de processadores no qual as instruções são empacotadas em conjunto, sem dependências entre elas, de modo que podem ser executadas em paralelo pelo processador. A grande novidade desta técnica é que o trabalho de descobrir as instruções sem dependência entre si (que podem ser empacotadas em um único invólucro) é realizada pelo compilador, e não pelo processador.

Bibliografia

[ABDA76] ABD-ALLA, Abd-Elfattah M. and MELTZER, Arnold C. *Principles of Digital Computer Design*. Prentice-Hall, v.1, 1976.

[AMD00] AMD – American Micro Devices. *AMD Athlon Processor Architecture*. AMD White Paper, August 2000.

[AGER05] AGERWALA, Tilak and CHATTERJEE, Siddhartha (IBM Research). *Computer Architecture: Challenges and Opportunities for the Next Decade*. IEEE Computer Society, 2005.

[AKIR98] AKIRA, Sergio. *Arquiteturas VLIW: uma Alternativa para Exploração de Paralelismo a Nível de Instrução*. Instituto de Informática, UFRGS, 1998.

[ALGH04] ALGHAZO, Jaafar, AKAABOUNE, Adil, and BOTROS, Nazeih. *SF-LRU Cache Replacement Algorithm*. IEEE Inter. Workshop on Memory Technology, 2004.

[ALPH92] DEC Co. *Alpha Architecture Handbook*. Digital Equipment Co., 1992.

[AMD03] AMD – American Micro Devices. *White Paper – The AMD64 Computing Plataform*. AMD, CA, EUA, 2003.

[AMD03] AMD – American Micro Devices. *AMD64 Architecture – Programmer's Manual*. 5 v. 24592, 93, 94, 26568 e 569, AMD, CA, EUA, 2003.

[ANTO96] ANTONAKOS, James L. *The 68000 Microprocessor. Hardware and Software: Principles and Applications*. Prentice-Hall Inc., 1996.

[BAHI92] BARON, Robert J., and HIBBIE, Lee. *Computer Architecture Studies*. Addison-Wesley Publishing Co., 1992.

[BART81] BARTEE, Thomas C. *Digital Computers Fundamentals*. McGraw-Hill Book Co., 1981.

[BART91] BARTEE, Thomas C. *Computer Architecture and Logic Design*. McGraw-Hill Book Co., 1991.

[BELL74] BELL, J., CASASENT, D., and BELL, C. *An Investigation into Alternative Cache Organizations*. IEEE Transaction on Computers., IEEE 1974.

[BETK97] BETKER, M., FERNANDO, J., and WHALES, S. *The History of Microprocessors*. Bell Labs Technical Journal, 1997.

[BREY94] BREY, Barry B. *The Intel 32 bit Microprocessors - 80386, 80486 and Pentium*. Prentice-Hall, Inc., 1994.

[BRUM72] BRUMFIEL, Charles F. *et al. Conceitos Fundamentais da Matemática Elementar*. Ao Livro Técnico, 1972.

[BUCH77] BUCHWALD, Steve. *Microcode Increases Minicomputer Processing Capabilities*. Computer Design, October 1977.

[BUEN02] BUENO, A. D. *Introdução ao Processamento Paralelo e ao Uso de Clusters de Workstations em Sistemas GNU/LINUX*. Parte II: Processos e Threads. Laboratório de Meios Porosos. LMTP, UFSC, 2002.

[BURD94] BURD, Stephen D. *Systems Architecture-Hardware and Software in Business Information Systems.* Boyd & Fraser Publishing Co., 1994.

[CHAK94] CHAKRAVARTY, Dipto. *Power RISC System/6000.* McGraw-Hill, Inc., 1994.

[CLEM86] CLEMENTS, Alan. *The Principles of Computer Hardware.* Oxford University Press, 1986.

[COCK00] COCKE, John, and MARKSTEIN, V. *The Evolution of RISC Technology at IBM.* IBM Journal of Research and Development, Vol. 44 No. 1 e 2, 2000.

[CRIS97] CRISP, Richard. (Rambus Inc.) *Direct Rambus Technology: The new main memory standard.* IEEE Micro, 1997.

[DAND03] DANDAMUDI, Sivarama P. *Fundamentals of Computer Organization and Design.* Springer-Verlag New York Inc., 2003.

[DATT93] DATTATREYA, G.R. *A Systematic Approach to Teaching Binary Arithmetic in a First Course.* IEEE Transactions on Education, Vol. 36, No. 1, February, 1993.

[DIEF94] DIEFENDORFF, K. *History of the Power PC Architecture.* Comm. ACM, 1994.

[DITZ80] DITZEL, David R. *Program Measurements on a High-Level Language Computer.* Computer, IEEE, 1980.

[DUBB78] DUBBEY, J. *The Mathematical Work of Charles Babbage.* Cambridge University Press, 1978.

[DULO99] DULONG, Carole. *The IA-64 Architecture at Work.* IEEE Computer, October 1998.

[ELAG85] EL-AYAT, Khaled A. and AGARWAL, Rakesh K. *The Intel 80386 - Architecture and Implementation.* IEEE Micro, December 1985.

[FERE94] FELDMAN, James M. and RETTER, Charles T. *Computer Architecture. A Designer's Text based on a Generic RISC.* McGraw-Hill Book Co., 1994.

[FLYN72] FLYNN, Michael. *Some Computer Organizations and Their Effectiveness.* IEEE Transactions on Computers, Vol. 21, 1972.

[FOST70] FOSTER, Caxton C. *Computer Architecture.* Von Nostrand Reinhold Co, 1970.

[GIBS86] GIBSON, Glenn A., and LIU, Yu-Cheng. *Microcomputer Systems: The 8086/8088 Family Architecture, Programming and Design.* Prentice-Hall Inc., 1986.

[GREI94] GREINER, A and PÊTROT, F. *A Public Domain High Performances Portable ROM Generator.* IEEE Micro, 1994.

[HALL86] HALL, Douglas V. *Microprocessors and Interfacing: Programming and Hardware.* McGraw-Hill Book Co., 1986.

[HAND93] HANDY, Jim. *The Cache Memory Book.* Academic Press Inc., 1993.

[HENN82] HENNESSY, J *et al. Hardware/Software Tradeoffs for Increased Performance.* Proc. Symposium for Operating Systems, 1982.

[HENN84] HENNESSY, J. *VLSI Processor Architecture.* IEEE Transaction on Computers. IEEE, 1984.

[HILL00] HILL, Mark D., JOUPPI, Norman P., and SHOI, Gurindar S. *Readings in Computer Architecture.* Morgan Kaufmann Publishers, 2000.

[HUCK00] HUCK, John. *Introducing the IA-64 Architecture.* IEEE Micro, IEEE 2000.

[HUMM92] HUMMEL, Robert L. *The Processor and the Coprocessor.* Ziff-Davis Press, 1992.

[HWBR87] HWANG, Kai and BRIGGS, Fayé A. *Computer Architecture and Parallel Processing.* McGraw-Hill Book Co, 1987.

[IBMR90] *IBM RISC/6000 Technology.* IBM Co., 1990.

[IBMW04] *IBM White Paper. An Introduction to 64-bit Computing and the IBM PowerPC970FX.* IBM Developers Work, IBM Home Page, 2004.

[IFRA85] IFRAH, Georges. *Os Números.* Editora Globo, 1985.

[INTE00] INTEL. *Intel IA-64 Architecture: Software Developer's Manuals.* 4 Vol. CA, EUA, 2000.

[INTE00] INTEL. *Intel Pentium III,* Vol. I, Basic Architecture. Intel Corporation (www.intel.com), 2000.

[INTE00] INTEL. *Intel Pentium III,* Vol. I I, Instruction Set. Intel Corporation (www.intel.com), 2000.

[INTE03] INTEL. *Itanium Processor Manuals.* 2 Vol. Intel, CA, EUA, 2003.

[JEON02] JEONG, Jaeheon and DUBOIS, Michel. *Cost-Sensitive Cache Replacement Algorithms.* The Ninth Intern. Symp. on High Performance Computer Archt. IEEE, 2002.

[JEON06] JEONG, Jaeheon and DUBOIS, Michel. *Cache Replacement Algorithms with Nonuniform Costs.* IEEE Transactions on Computers, April 2006.

[KALL04] KALLA, R., SINHAROY, B., and TENDLER, J. *IBM Power 5 Chip: A Dual-Core Multithreaded Processor.* IEEE Micro, 2004.

[KATA97] KATAYAMA, Yasunao. *Trends in Semiconductor Memories.* IEEE Micro, November 1997.

[KIM96] KIM, Changhyun. *Basic DRAM Operation.* From Samsung Electronics, Memory Division. February 1996.

[KNUT71] KNUTH, Donald E. *An Empirical Study of FORTRAN Programs.* Software-Practice & Experience, Vol. 1 No. 2, 1971.

[KROE98] KROENING, Daniel and MUELLER, Silvia (IBM). *The Impact of Write Back on Cache Performance.* IBM Paper, 1998.

[KUMI81] KULISCH, Ulrich W., and MIRANKER, William L. *Computer Arithmetic in Theory and Practice.* Academic Press, 1981.

[MADO74] MADNICK, Stuart E. and DONOVAN, John J. *Operating Systems*, McGraw-Hill Book Co., 1974.

[MANO82] MANO, M. Morris. *Computer Systems Architecture.* Prentice-Hall Inc., 1982.

[MASH92] MASHEY, John R. O que é um microprocessador de 64 bits (tradução). *Byte Magazine*, julho 1992.

[MCCL86] McCLUSKEY, E.J. *Logic Design Principles.* Prentice-Hall Inc., 1986.

[MCNA03] MCNAIRY, C., and SOLTIS, D. *Itanium 2 Processor Microarchitecture.* IEEE Micro, 2003.

[MIKE04] MIKES, Nora. *POWER to the People: A History of Chipmaking at IBM.* IBM Developers Work, IBM Home Page, 2004.

[MURD00] MURDOCH, Miles J., and HEURING, Vincent P. *Principles of Computer Architecture.* Prentice-Hall Inc., 2000.

[OEHL90] OEHLER, R.R., and GROVES, R.D. *IBM RISC System/6000 Processor Architecture.* IBM Journal of Research and Development, January, 1990.

[PATT80] PATTERSON, David A., and DITZEL, D. R. *The Case for The Reduced Instruction Set Computer.* Computer Architecture News, Vol. 8, No. 6, 1980.

[PATT80a] PATTERSON, David A. and SÉQUIEN, Carlo H. *Design Considerations for Single-Chip Computers of the Future.* IEEE Journal of Solid-State Circuits, February 1980.

[PATT82] PATTERSON, David A. and SÉQUIEN, Carlo H. *A VLSI RISC Computer*, IEEE, 1982.

[PATT98] PATTERSON, David A., and HENNESSY, John L. *Computer Organization and Design.* Morgan Kaufmann Publishers, Inc., 1998.

[ROSI69] ROSIN, Robert F. *Contemporary Concepts of Microprogramming and Emulation.* Computing Surveys, December, 1969.

[RUSU04] RUSU, Stefan, MULJONO, Harry, and CHERKAUER, Brian (Intel). IEEE Computer Society, 2004.

[SASH86] SARGENT, Murray III and SHOEMAKER, Richard L. *The IBM PC: From the Inside Out.* Addison-Wesley Publishing Co., 1986.

[SHAF88] SCHAFFER, Cullen. *Principles of Computer Science.* Prentice-Hall, 1988.

[SCOT85] SCOTT, Norman R. *Computer Number Systems & Arithmetic.* Prentice-Hall, 1985.

[SHAN98] SHANLEY, Tom. *Pentium Pro and Pentium II System Architecture.* Mindshare, Inc. Addison-Wesley Inc., 1998.

[SHIR86] SHIRES, Glen. *Building with the 80386.* Computer Systems, January, 1986.

[SIA04] SIAS, John W., UENG, Sain-zee, KENT, G.A., STEINER, I.M., NYSTROM, Erik, and HWU, Wen Mei. *Field-Testing IMPACT EPIC Research Results in Itanium 2.* Proceedings of the 31st Annual Intern. Synp. on Computer Arch., September 2004.

[SICA99] SICA, Carlos. *Estudo sobre a Arquitetura RISC.* Universidade Estadual de Maringá, PR, 1999.

[SIMP87] SIMPSON, R.O. and HESTER, P. D. *The IBM RT PC ROMP Processor and Memory Management Unit Architecture.* IBM Systems Journal, Vol. 26, No. 4, 1987.

[SOWE87] SOWELL, Edward F. *Programming in Assembly Language – VAX-11.* Addison-Wesley Publishing Co., 1987.

[SPAN81] SPANIOL, Otto. *Computer Arithmetic, Logic and Design.* John Wiley & Sons, 1981.

[STAL00] STALLINGS, William. *Computer Organization and Architecture.* 5a. edição. Macmillan Publishing Co., 2000.

[STEI91] STEINMANN, Heinrich. *Supercomputers.* McGraw-Hill, Inc., 1991.

[STRE83] STRECKER, W. *Transient Behavior of Cache Memories.* ACM Transactions on Computer Systems, November, 1983.

[TANE78] TANEMBAUM, Andrew S. *Implications of Structured Programming for Machine Architecture.* Comm. ACM, Vol. 21, No. 3, 1978.

[TANE92] TANEMBAUM, Andrew S. *Structured Computer Organization.* Prentice-Hall, 1986.

[TORR99] TORRES, Gabriel. *Hardware.* Curso Completo, 3ª edição. Axcel Books do Brasil Editora Ltda., 1999.

[TOZE86] TOY, Wing and ZEE, Benjamim. *Computer Hardware/Software Architecture.* Prentice-Hall Inc., 1986.

[VARH92] VARHOL, Peter D. *RISC Technology and Workstation Report.* Computer Technology Reports Co., 1992.

[VARH93] VARHOL, Peter. *Pentium. Intel's 64 Bits Superscalar Architecture.* Computer Technology Reports Co., 1993.

[WHIT84] WHITWORTH, Ian R. *16 Bits Microprocessors.* Granada Technical Books, 1984.

[ZARG96] ZARGHAM, Mehdi R. *Computer Architecture: Single and Parallel Systems.* Prentice-Hall Inc., 1996.

Respostas dos Exercícios

CAPÍTULO 1

1) **Dados** são a matéria-prima para um processamento qualquer, enquanto **informação** é o resultado da manipulação de dados.
2) As etapas são: a *entrada* (de dados), o *processamento* desses dados, segundo um arranjo específico (o programa), e o *resultado* (a informação) na saída.
3) Um sistema é um conjunto de partes coordenadas que concorrem para se atingir um determinado objetivo. Exemplos: o corpo humano e o sistema de transportes de uma cidade, além do computador, que é, também, um sistema para computar.
4) Os níveis são: operacional, relacionado à área de execução cotidiana de tarefas, como, por exemplo, um sistema para cadastramento de dados pessoais de clientes; o nível gerencial, relacionado a áreas intermediárias de gestão em empresas, onde se produzem informações utéis ao processo de gestão de setores; e o nível estratégico, relacionado à área da direção de uma empresa, produzindo informações para a tomada de decisões de planejamento de longo prazo e direcionamento estratégico da empresa, como, por exemplo, um sistema para geração de balanços globais da empresa, para decisões em nível de diretoria.
5) É a formalização de um algoritmo em linguagem capaz de ser transformada em instruções precisas que serão, por sua vez, executadas por um computador, gerando os resultados apropriados. Por algoritmo entenda-se o conjunto de etapas necessárias à resolução de um problema qualquer.
6) Hardware: conjunto de componentes eletrônicos e eletromecânicos existentes em um computador, tais como o teclado, a fiação interna, o vídeo, os chips do processador e das memórias, as placas de circuito impresso, etc.

   Software: conjunto de programas e sua documentação (manuais etc.), de propósitos diversos, inseridos num computador para nele serem processados.
7) Linguagem de programação é um conjunto de comandos (palavras-chaves), regras de sintaxe e demais facilidades que permitem a formalização de um algoritmo e o entendimento da seqüência de etapas pelo computador. Serve para se expressar o problema a ser resolvido por uma máquina, mas perfeitamente definido e inteligível do ponto de vista humano. Exemplos: Pascal, C, Fortran, Java, Delphi, Ada, Lisp.
8) Charles Babbage, em 1823.
9) A utilização de uma máquina tabuladora mecânica, invenção de Herman Hollerith, que contava, classificava e ordenava dados previamente inseridos em cartões perfurados e que pôde apurar os dados do censo americano em cerca de 2,5 anos, em vez dos quase 10 anos dos censos anteriores, manualmente apurados.
10) A quebra de códigos militares alemães secretos, por ocasião da Segunda Guerra Mundial, no que se refere à máquina desenvolvida por Alan Turing, na Inglaterra, e à elaboração de tabelas balísticas para o exército americano, no caso do computador considerado por muitos como o primeiro, o ENIAC.

11) Era chamado Intel 8008 e destinava-se a equipar calculadoras portáteis. Seu fabricante chama-se Intel Corporation que, até hoje, é um dos principais fabricantes de microprocessadores para computadores pessoais.

12) a) Instruções (o programa) e dados residentes na mesma memória;

b) Toda a informação (instruções e dados) residente na memória é acessada através do endereço das células que ocupa; e

c) As instruções estarão dispostas na memória de forma a serem executadas seqüencialmente.

13) Sua importância deve-se ao fato de ter sido o primeiro microcomputador pessoal lançado no mercado, possuindo uma linguagem interpretada (Basic) que facilitava a elaboração de programas. A facilidade de aquisição por indivíduos isolados, e não por empresas, disseminou rapidamente o interesse pela computação pessoal.

14) É um sistema constituído de elementos que reconhecem e manipulam dados representados por algarismos ou dígitos (daí o termo digital) inteiros, sendo usados especificamente os dígitos 0 e 1 (sistema digital binário ou, simplesmente, sistema digital). A passagem de um valor de dado para outro (de 0 para 1 ou de 1 para 0, ou de 1 para 1 ou de 0 para 0) se faz discretamente, sem valores intermediários. O sistema alternativo ao digital seria o sistema analógico, no qual os dados podem ser representados por valores que variam continuamente no tempo, como uma voltagem, uma freqüência ou uma corrente elétrica.

15) Foram razões de ordem econômica e de precisão da representação dos valores internos. Representar um dado por um entre dois valores apenas (sistema binário) é mais simples do que ter que produzir 10 valores diferentes de voltagem, p. ex., para representar um dado no sistema decimal. Seria preciso usar valores mais elevados de voltagem, com aumento de consumo de energia, calor, etc.

16) Itautec — Positivo.

17) O ábaco, inventado pelos chineses, cerca de 3000 a.C.

18) 256 instruções diferentes.

19) A máxima capacidade de endereços seria 64G (gigas).

20) John V. Atanasoff desenvolveu, em 1939, uma máquina calculadora para resolução de equações lineares, precursora do ENIAC, e Alan Turing construiu o computador Colossus, desenvolvido e pronto em 1943, com o propósito de quebrar cifras alemãs.

21) A primeira linguagem de programação de alto nível foi desenvolvida em 1957, na IBM, por uma equipe liderada por John Bachus, e se chamava FORTRAN; seu nome é a sigla correspondente a FORmula TRANslation, tendo sido desenvolvida para a elaboração de programas científicos, como seu nome sugere.

22) Cálculo de operações matemáticas repetitivas, coleta automática de dados por sensores, processamento repetitivo de dados, como em sistemas meteorológicos, capacidade de armazenamento de dados em grande quantidade e sua rápida recuperação, quando necessário. São apenas alguns mínimos exemplos de uma função essencial: a capacidade de realizar ações iguais de forma repetitiva sem erros ou cansaço (como ocorre com os seres humanos).

CAPÍTULO 2

1) Memória é um conceito relativo a um determinado elemento cujo propósito seja permitir o armazenamento de itens físicos, como em um depósito qualquer, ou abstratos, como na memória do ser humano. Os neurônios existentes no cérebro humano constituem-se em conjunto, nossa memória; uma biblioteca pode ser considerada como um depósito de livros, que existem lá para leitura e consulta das pessoas. Os computadores também possuem um componente que armazena não só o(s) programa(s) a ser(em) executado(s) pela UCP, como também as informações introduzidas por algum componente de entrada (teclado, por exemplo) ou calculadas no decorrer da execução.

2) Interpretar e comandar a seqüência de etapas para execução de uma determinada operação e realizar operações matemáticas (aritméticas ou lógicas) com dados. Em outras palavras, realizar o ciclo completo de uma instrução de máquina.

3) Armazenar programas e dados para utilização imediata durante a execução de um programa (memória principal) ou para armazenamento permanente e utilização posterior (memória secundária).

4) Para permitir que os sistemas de computação (SC) se comuniquem com o mundo exterior, convertendo, também, a linguagem interna do SC para a linguagem do meio exterior (caracteres e números) e vice-versa.

5) Arquivos: conjunto de dados dos funcionários da empresa (cadastro); conjunto de dados (cadastro) de clientes; dados para pagamento de débitos da empresa (contas a pagar); dados sobre as faturas emitidas (contas a receber); dados sobre as disciplinas e graus dos alunos de uma instituição de ensino.

   Registros: dados de cada funcionário em um cadastro (nome, departamento, salário, endereço, função); dados de uma pessoa em um cadastro de alunos (nome, número de matrícula, endereço, curso, turno).

6) Bit: menor unidade de informação de um computador – abreviatura de binary digit ou dígito binário;

   Byte: um conjunto fixo de 8 bits, usualmente utilizado como unidade de armazenamento ou para transferência de dados;

   Palavra: unidade usada pelos fabricantes para especificar a largura dos componentes relacionados à área de processamento, como unidade aritmética e lógica e registradores de dados. Costuma servir para identificar o poder de processamento de um processador, como o Pentium 4, de 32 bits (palavra de 32 bits) ou o Itanium e Opteron (processadores com palavra de 64 bits).

7) Se 1 K = 1024, 1 M =1024 × 1024, 1G = 1024 × 1024 × 1024 e 1 byte = 8 bits então

   a) x = 64
   b) x = 12
   c) x = 19
   d) x = 8.589.934.592 bytes
   e) x = 512 K bits ou 524.288 bits
   f) x = 256 K bits
   g) x = 16 M palavras
   h) x = 137.438.953.472 bits
   i) x = 524.288 células
   j) x = 2.097.152 bits ou 2 M bits

8) *Vazão* define a quantidade de transações que podem ser executadas por um sistema na unidade de tempo (p. ex.: quantidade de atualizações num sistema de controle de estoque).

   Tempo de resposta é uma medida ligada ao desempenho do sistema como um todo, e não dos componentes isoladamente (p. ex.: tempo entre a solicitação de saldo e a sua apresentação na tela).

9) Linguagem de alto nível é um conjunto de comandos e regras de sintaxe construídos de forma semelhante à linguagem do ser humano (tipicamente a língua inglesa) e, por isso, mais bem compreendida pelo programador. Linguagem de máquina é a linguagem que os computadores entendem, constituída de sintaxe mais rígida e compreendendo operações simples, como somar dois números ou subtrair dois números ou mover um número de um local para outro, sendo mais difícil de ser compreendida pelo ser humano. Pessoas programam em linguagens de alto nível e, depois, convertem seus programas para a linguagem de máquina por um processo conhecido como *compilação* (ver Apêndice C).

10) Se o barramento tem 17 fios, passam 17 bits em cada instante e sua largura é, então, de 17 bits. O maior valor binário a ser transportado ocupa um espaço correspondente a 17 bits 1, ou 11111111111111111. Poderia ser representado também por $2^{17} - 1$ (o menos 1 corresponde ao valor inicial zero).

11) Intel 80486, Intel Pentium III, AMD K6, Digital/Compac ALPHA e IBM RISC 6000, Pentium 4, AMD-64, PowerPC G5, MIPS 4000, Sparc IV.

12) Os grupos de fios funcionalmente diferentes de um barramento são: barramento de dados (BD), barramento de endereços (BE) e barramento de controle (BC).

    BD: função: transportar bits de dados.
    direção: bidirecional (processador para memória e memória para processador).
    características: largura, velocidade e taxa de transferência (vazão).

    BE: função: transportar bits de endereço.
    direção: sempre do processador para a memória.
    característica: largura.

    BC: função: transportar sinais de comunicação e controle.
    direção: alguns fios do processador para a memória e outros no sentido inverso.
    característica: apenas a individualidade de seus fios, não possuindo nenhuma característica física específica.

13) a) Velocidade = 6400/32 = 200 Mbps ou 200 MHz (unidade de medida de velocidade).

b) Acrescentar dois fios significa dobrar duas vezes (ou quadruplicar) a capacidade da memória.

14) É o fato de eles sevirem de via única para a comunicação entre vários componentes, ou seja, permitem o compartilhamento do caminho, economizando espaço e custos.

15) Largura do BE = 25 bits.

16) 1 angström (Å) = 10 nanômetros (nm) e 1 nanômetro = 1000 mícrons (mi); 90 nm = 9 Å ou 90 nm = 0,09 mi.

17) a) x = 14 b) x = 128 M c) x = 9 d) x = 8

18) No primeiro caso é porque está sendo igualada uma grandeza do sistema decimal (MHz) com outra do sistema binário (Mbps), o que não é exato (1000 é diferente de 1024).

No segundo caso é porque está sendo igualado um valor 1000 M = 1G, quando na realidade deveria ser 1024 M = 1G; portanto, 8000 M não é igual a 8G.

19) Para compatibilizar as diferentes velocidades dos periféricos a eles conectados. Colocar em um único barramento um teclado e um disco seria pouco produtivo, devido à lentidão do teclado em relação à velocidade de transferência dos discos. Cada vez que um teclado estivesse transferindo um dado haveria uma espera inaceitável dos demais periféricos rápidos.

CAPÍTULO 3

1) a) 101001001 c) 111011001 e) 10000111 g) 1001000101
b) 10011100 d) 1000101 f) 11010111 h) 11000101

2) a) 1770 c) 1039 e) 3689 g) 2840
b) 1645 d) 1890 f) 4035 h) 2054

3) a) 261 c) 160 e) 527 g) 1465
b) 376 c) 1317 f) 33 h) 305

4) a) 110100001 c) 1100110011 e) 11111011 g) 10110100
b) 1110001 d) 1001101 f) 1100000001 h) 11011

5) a) 99 c) 1561 e) 515 g) 801
b) 1405 d) 45 f) 30966 h) 110

6) a) 1625 c) 1142 e) 505 g) 635
b) 1413 d) 1121 f) 330 h) 1011

7) a) 261 c) 159 e) 453 g) 129
b) 319 d) 38 f) 123 h) 298

8) a) 1BF c) DF e) 26E g) 79
b) 220 d) 47 f) 61 h) 129

9) a) 930 c) 1569 e) 7892 g) 556
b) 827 d) 153 f) 2031 h) 4362

10) a) 1118 c) 395 e) 80 g) 464
b) 993 d) 358 f) 207 h) 437

11) a) 87D c) 2E7 e) 2A9 g) 5C8
b) 52D d) D4 f) 3A9 h) 687

12) a) 8615 c) 637 e) 9041 g) 44271
b) 7113 d) 3679 f) 6574 h) 8523

13) a) 3F11 c) 6E3 e) 101011011001 g) 430
b) 84539 d) 537365 f) 433 h) 100001011

14) a) 40707_8 c) 342418_{16} e) 10010110011_2 g) 6631_8
b) 66535_8 d) 1131_7 f) 333231_4 h) 1001111101

15) a) $3CC74_{16}$ c) 44_6 e) 1001000011_2 g) $4DB1_{16}$
b) 366_8 d) 40422_5 f) 1011111011_2 h) 00101_2

16) a) 010011001111_8 c) 0011011001010001_2
b) 322133_8 d) 31333_8

17) a) 5710_8 c) 11010110_2 e) 1031200_4 g) $121C43_{16}$
b) $AAF9A4_{16}$ d) 10110100100_2 f) $E2B65_{16}$ h) 412_8

18) a) 11001110000_2 c) 22437_2
b) $35732A_{16}$ d) 0001101_2

19) $B^n - 1$ (menos 1 porque pedem-se inteiros "positivos", e zero NÃO é positivo).

20) 110100, 110101, 110110, 110111 e 111000.

21) 110001, 110101, 111001, 111011, 111111, 1000011.

22) 1366, 1367, 1370, 1371, 1372, 1371, 1374 e 1375.

23) 3746, 3750, 3752, 3754, 3756, 3760, 3762 e 3764.

24) 2BEFA, 2BEFB, 2BEFC, 2BEFD, 2BEFE, 2BEFF, 2BF00, 2BF01, 2BF02, 2BF03, 2BF04 e 2BF05.

25) 3A5B, 3A5F, 3A63, 3A67, 3A6B, 3A6F, 3A73, 3A77, 3A7B e 3A7F.

26) 1111111111_2 ou $= 1023_{10}$ $(2^{10} - 1)$.

27) A = 3, B = 1, C = 0, D = 2.

28) A = 3, B = 5, C = 1, D = 0, E = 4, F = 2.

29) a) $164436 + 177376 = 364034_8$
b) $EFC + DE2 = CDE_{16}$
c) $180 + 512 = 692_{16}$
d) $148 + 041 = 189_{16}$
e) $9D + FE = 19B_{16}$
f) $37124 + 1257 = 40403_8$
g) $2665 + 1376 = 4063_8$
h) $2536 + 33367 = 36125_8$

30) 1100100_2, 10201_3, 1210_4, 400_5, 244_6, 202_7, 144_8 e 121_9.

31) Três algarismos diferentes → Base 3; quatro chaves → números de quatro ordens (0 a 3).
$3^4 = 81$.

32) $2^6 = 64$ números.

33) $8^3 = 512$ números.

34) $2^8 = 256$.

35) maior número binário de 7 algarismos: $1111111_2 = 127_{10}$.

36) a) 7 b) 14 c) 8 d) 4

37) 5ECFD, 5ECFE, 5ECFF, 5ED00, 5ED01 e 5ED02.

38) a) A400. b) A83C − A3FF = $043D_{16}$ ou 1085_{10}

39) a) 17_9 c) 707_9 e) 871_9
b) 71_9 d) 258_9 f) 87_9

40) a) 136_6 c) 138_9 e) 3014_7
b) 232_7 d) 210122211_4 f) 233_5

41)

Decimal	Binário	Octal	Hexadecimal
37	100101	45	25
205	11001101	315	CD
238	011101110	356	EE
6732	0001101001001100	15114	1A4C
141	10001101	215	8D
117	1110101	165	75
10843	0010101001011011	25133	2A5B
303	100101111	457	12F

42) a) 100011 d) 1001001111011 f) 110110100
b) 100100010 e) 10000011110111 g) 100011111101001
c) 101001110110

43) Um é o dobro do outro.

44) a = 11001 e b = 1111

45) a) $2 \times 16^2 + 12 \times 16^1 + 6 \times 16^0 = 512 + 192 + 6 = 710$ Resp.: 710
b) $1 \times 2^6 + 1 \times 2^5 + 1 \times 2^3 + 1 \times 2^2 + 1 \times 2^1 = 64 + 32 + 8 + 4 + 2 = 110$ Resp.: 110
c) $3 \times 8^2 + 4 \times 8^1 + 6 \times 8^0 = 192 + 32 + 6 = 230$ Resp.: 230
d) $1 \times 5^3 + 4 \times 5^2 + 3 \times 5^1 + 2 \times 5^0 = 125 + 100 + 15 + 2 = 242$ Resp.: 242
e) $1 \times 2^8 + 1 \times 2^5 + 1 \times 2^4 + 1 \times 2^1 = 256 + 32 + 16 + 2 = 306$ Resp.: 306
f) $2 \times 9^3 + 5 \times 9^2 + 6 \times 9^1 + 7 \times 9^0 = 1458 + 405 + 54 + 7 = 1924$ Resp.: 1924
g) $4 \times 16^3 + 13 \times 16^2 + 12 \times 16^1 + 9 \times 16^0 = 16384 + 3328 + 192 + 9 = 19913$ Resp.: 19913
h) $2 \times 8^3 + 6 \times 8^2 + 5 \times 8^1 + 7 \times 8^0 = 1024 + 384 + 40 + 7 = 1455$ Resp.: 1455

46) Resp.: $121_b = 1 \times b^2 + 2 \times b^1 + 1 \times b^0$ e $100_{b+1} = 1 \times (b + 1)^2 + 0 \times (b + 1)^1 + 0 \times (b + 1)^0$
$121_b = b^2 + 2^b + 1$ e $100_{b+1} = (b + 1)^2 = b^2 + 2 \times b \times 1 + 1^2$, regra do quadrado de binômio
Desse modo, $121_b = 100_{b+1}$, pois ambos são iguais a $b^2 + 2b + 1$.

47) 684

48) $2B_{16}$

49) a) 00100110110111111000 c) 101011100001 e) 001010001010001
b) 1111011100111111111 d) 00010000000000010000 f) 1111111110101011

CAPÍTULO 4

1) 8196 bytes ou 8KB.

2) Trata-se da atividade de um componente (quase sempre o processador) localizar uma posição de memória e efetuar uma operação de leitura ou de escrita.

3) Leitura e Escrita.

4) A diferença entre elas reside na capacidade de uma reter um valor de bit enquanto estiver energizada (SRAM), enquanto a outra requer freqüentes recarregamentos de energia para manter o valor do bit (DRAM).

5)

Memória	Endereço	Conteúdo	Total de bits
A	15 bits	8	32K × 8 = **256K bits**
B	14 bits	16	16K × 16 = **256K bits**
C	14 bits	8	16K × 8 = **128K bits**

6) REM: armazenar temporariamente o endereço de acesso a uma posição de memória, ao se iniciar uma operação de leitura ou escrita.

RDM: armazenar temporariamente uma informação que esteja sendo transferida da memória principal para a UCP (leitura) ou vice-versa (escrita).

7) Barramento (ou barra) de endereços: interliga a UCP à MP, transferindo bits que significam um endereço. É unidirecional, ou seja, a informação trafega sempre da UCP para a MP;

Barramento (ou barra) de dados: interliga a UCP à MP, transferindo bits de informação. É bidirecional, isto é, os bits percorrem o barramento da UCP para a MP (operação de *escrita*) e no sentido inverso (operação de *leitura*).

Barramento (ou barra) de controle: interliga a UCP à MP para a passagem de sinais de controle (leitura e escrita).

8) I) Endereço (p. ex., 100) é enviado na barra de endereços

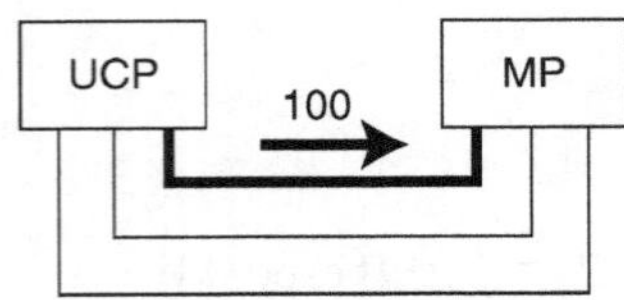

II) Sinal de leitura na barra de controle

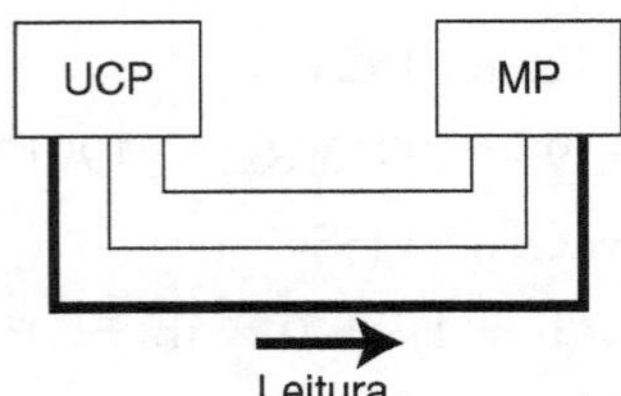

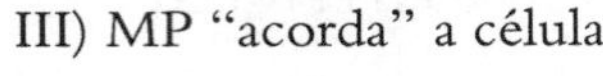

III) MP "acorda" a célula

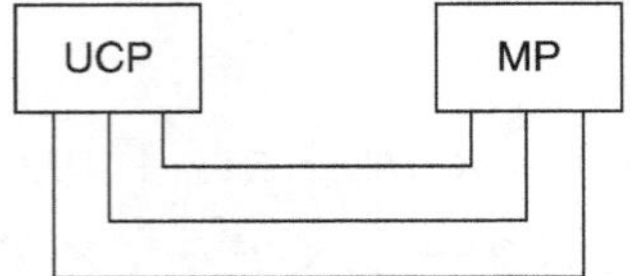

IV) MP envia informação pela barra de dados

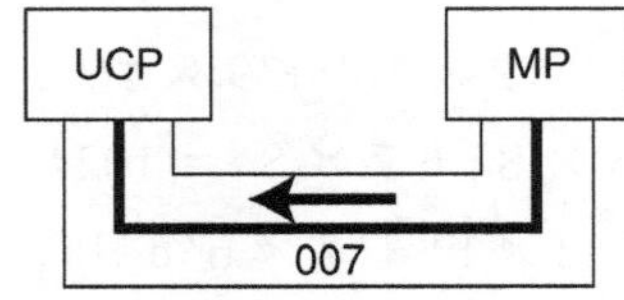

9) I) Endereço (p. ex., 100) é colocado na barra de endereços

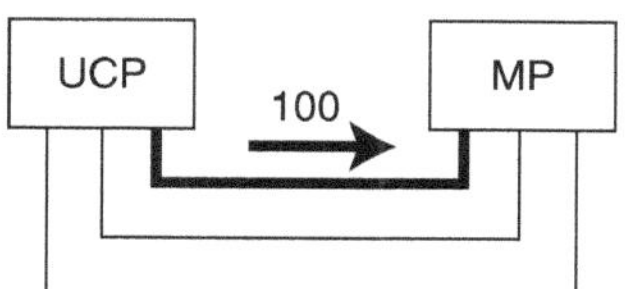

II) Sinal de escrita na barra de controle

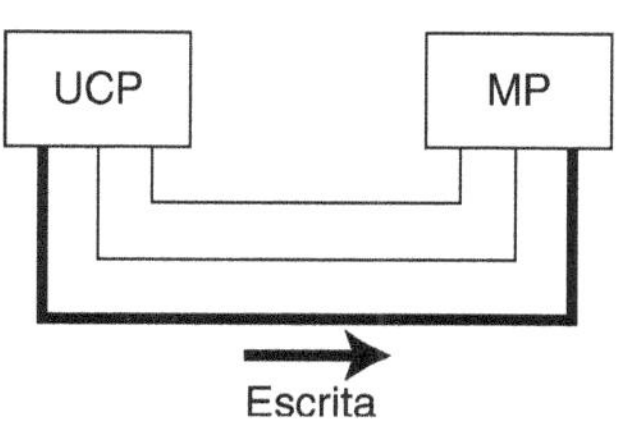

III) Informação flui na barra de dados

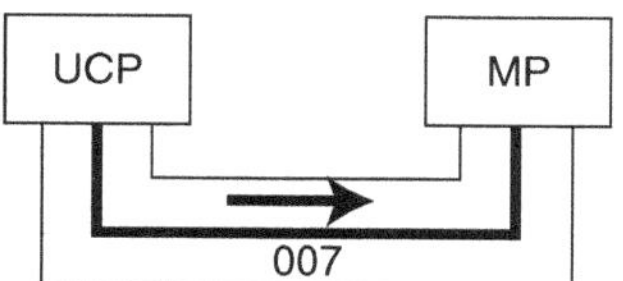

IV) Memória escreve no endereço 100

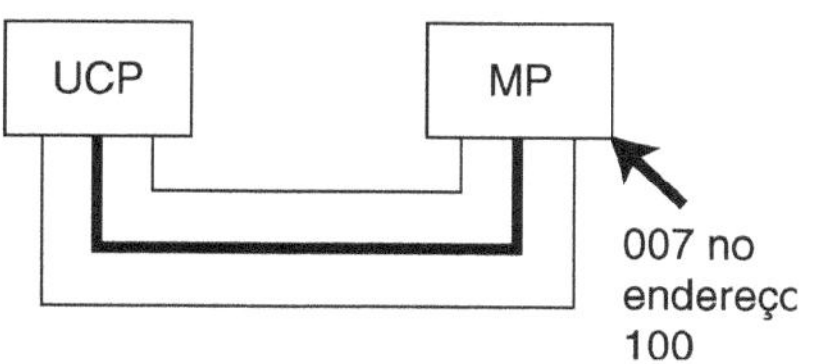

10) a) 20 bits; b) 2 células; c) 8M bits

11) a) decimal 32676; b) 15 bits; c) RDM = 8 e REM = 15; d) 256K bits

12) a) REM = 16 bits e RDM = 12 bits; b) 768K bits

13) $2C7A_{16}$

14) aproximadamente 40.000 bits

15)

	Memória Principal	Memória Cache
Tempo de Acesso	60 – 10 nanossegundos	5 – 10 nanossegundos
Capacidade	Alta: tipicamente 256/512M bytes – atual	Média Até cerca de 256KB interna e até 4MB externa
Temporariedade	Média: dados permanecem mais tempo do que na cache	Pequena: menor que a duração da execução dos programas

16) Não. Uma memória L/E permite que as operações de leitura e escrita sejam feitas diretamente pelos programas aplicativos, enquanto em memórias ROM esses programas somente podem efetuar operações de leitura.

17) A diferença é que uma memória PROM não é reutilizável (somente se pode escrever nela uma vez), enquanto memórias EPROM podem ser apagadas (por meio de processos especiais) e reescritas.

18) A diferença está no processo de gravação dos dados. Enquanto na ROM original (mask) a gravação dos dados é realizada durante a fabricação (quando se cria o molde), nas PROM a gravação é individual, após sua fabricação "virgem".

19) Trata-se da possibilidade de se criar uma cópia da ROM na memória RAM (mais rápida).

20) Registrador; Memória Cache – L1; Memória Cache – L2, Memória Principal (RAM) – Memória ROM (mask-Rom, Prom, Eprom, Eeprom) – Memória Secundária (HDs, CDs, DVDs, Disquete, Fita magnética)

21) 10,8 ns

22) Devido à alta velocidade desses dispositivos, mais registradores implicam a possibilidade de utilizar esses dispositivos no processamento com melhor desempenho.

23) Como todo programa precisa estar armazenado na MP para ser executado, o programa de inicialização desapareceria ao desligar-se o sistema e este não poderia ser reinicializado mais. Aquele programa precisa estar em uma parte da MP não-volátil.

24) Endereço da posição da memória e seu conteúdo (o dado).

25) ECC – *error correcting code*. Trata-se de um grupo de bits calculado por um algoritmo apropriado, o qual manuseia os bits de dados a serem transmitidos segundo um método, gerando os bits de proteção. Na recepção, o sistema realiza o mesmo cálculo e tenta corrigir os bits de dados caso seja detetado algum erro.

26)

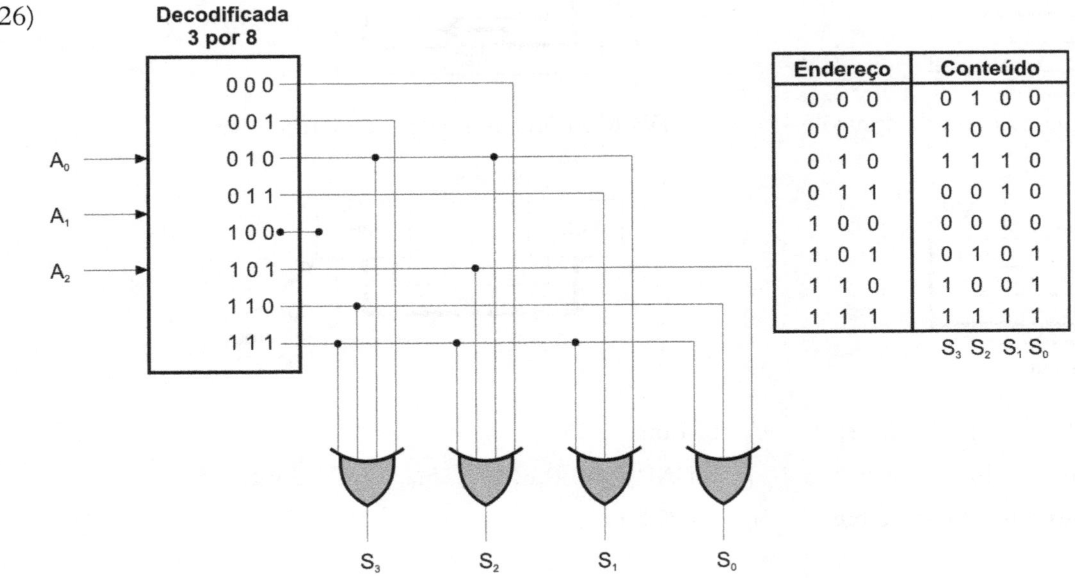

Endereço	Conteúdo
0 0 0	0 1 0 0
0 0 1	1 0 0 0
0 1 0	1 1 1 0
0 1 1	0 0 1 0
1 0 0	0 0 0 0
1 0 1	0 1 0 1
1 1 0	1 0 0 1
1 1 1	1 1 1 1
	S_3 S_2 S_1 S_0

27) 37 bits

28) 15 bits

29) 3584 posições

30) Da quantidade de bits (algarismos) do número que representa cada endereço, definido pelo fabricante do processador.

31) a) 1,03MB; b) 10,25MB; c) 124 imagens.

32) 32768 bytes ou 32KB

33) Não necessariamente; "mais poder de processamento" costuma significar maior largura dos registradores e das unidades de cálculo, bem como dos barramentos de dados, além da freqüência do relógio, estágios pipeline, etc., enquanto mais programas são armazenados na memória.

34) É válida essa afirmação, desde que acompanhada da especificação de um bloco de transferência disco/MP largo. Como o tempo de transferência do disco é baixo (milissegundos), é bom transferir mais dados de cada vez e ter maior capacidade de MP para não se ter que ir ao disco freqüentemente.

CAPÍTULO 5

1) Endereço de MP = 19 bits e campos de endereço da cache: Tag: 5 bits/Conjunto: 7 bits/Byte: 7 bits.

2) Na etapa de endereçamento do conjunto, visto que cada bloco da MP é diretamente associado a um conjunto, como no método de mapeamento direto.

3) a) ◄——— 16 bits ———►

Tag	Linha	Byte
8 bits	5 bits	3 bits

b) Endereço da linha: 00011 ou linha 3_{10}.

c) Capacidade da cache: 256 bytes.

4) Sua organização pode ser diferente, dependendo do ponto de vista do usuário:

   a) fisicamente, ela é organizada em uma seqüência contínua de *N* células, em geral de 1 byte de largura;

   b) para o sistema de controle da cache, ela é organizada em grupos de bytes, denominados linha (ou bloco). Este grupo é formado por células contíguas da MP;

   c) para o sistema operacional, a MP é vista como um grupo de bytes (células contíguas) denominado páginas.

5) O tamanho de uma linha é sempre bem maior que o tamanho de uma célula, para se explorar o princípio da localidade espacial. No entanto, se ele for muito grande pode-se extrapolar a vantagem da localidade espacial, trazendo bytes (células) que não serão usados na seqüência e, com isso, perdendo-se tempo e espaço.

6) Devido ao princípio da localidade.

7) No método de mapeamento direto cada bloco está permanentemente associado a uma linha da cache, enquanto no método associativo isso não ocorre, e, nesse caso, é preciso decidir qual bloco será retirado para dar vez ao bloco que está sendo buscado.

8)

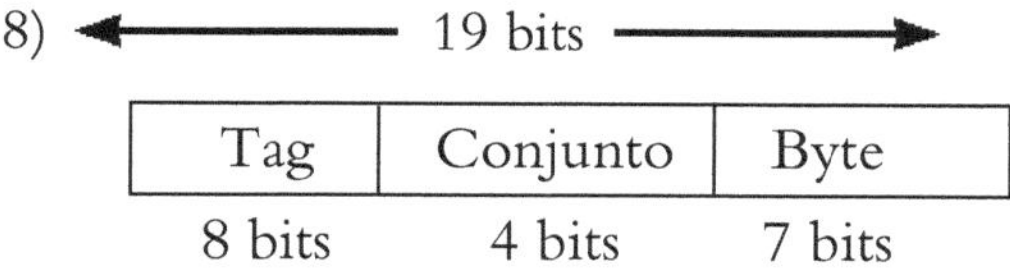

9) a) BE = 28 bits; b) Endereço da linha: 11110101001111.

10) Ambas são organizações da cache de nível L1 (cache interna). No esquema de cache unificada, há somente um componente (cache L1), contendo armazenados dados e instruções; na cache dividida, o sistema possui dois dispositivos separados, uma cache L1 armazena somente dados e outra cache L1 só para armazenar instruções.

11) ← 26 bits →

Tag	Conjunto	Byte
12 bits	9 bits	5 bits

12) Porque é constituída de elementos apenas eletrônicos, transistores, que requerem energia elétrica para sua alimentação (SRAM).

13) a)

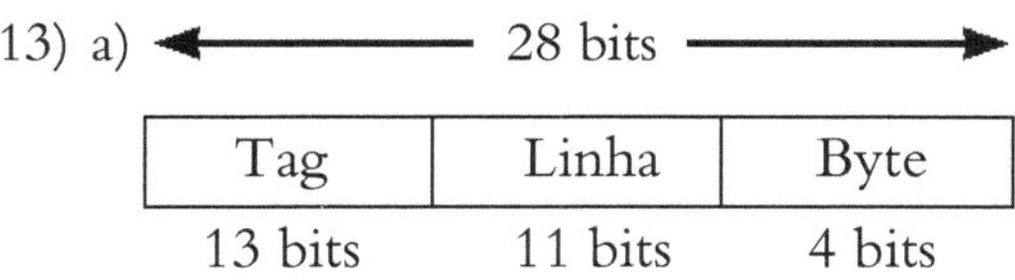

b)

1011 1110 0010 1	001 1101 0000	1100
Tag = 13 bits	Linha = 11 bits	Byte = 4 bits

0001 1010 0011 0	001 0111 1000	1111
Tag = 13 bits	Linha = 11 bits	Byte = 4 bits

c) 288 768 bits

d) Endereço do bloco: 0010 1110 1001 0

14) a) 2 293 760 bits; b) 2 523 136 bits; c) 2 154 496 bits.

15) a) 16MB; b) 4K linhas; c) 16 bits; d) 256 blocos/linha.

16) a) 1MB; b) 1K linhas; c) 256 conjuntos; d) 16 bits; e) 256.

CAPÍTULO 6

1) Função Processamento: associada às atividades de efetiva execução de operações matemáticas, lógicas e outras. Seus componentes principais são: a Unidade Aritmética e Lógica (UAL) e os registradores de uso geral; e

   Função Controle: associada às atividades de busca, interpretação e controle da execução das instruções, bem como ao controle dos demais componentes do sistema de computação. Seus principais componentes são: a Unidade de Controle (UC), o Decodificador, o Registrador de Instruções (RI), o Contador de Instruções (CI), o Relógio, o Registrador de Endereço de Memória (REM) e o Registrador de Dados de Memória (RDM).

2) Executar operações matemáticas com os dados. Essas operações podem ser:

   Aritméticas – soma, subtração, multiplicação, divisão;

   Lógicas – AND, OR, XOR, NOT;

   Outras – complementos, deslocamentos à esquerda e à direita.

3) É um registrador de uso geral que tem uma função adicional, existente em alguns sistemas: fazer a ligação da UAL com os demais dispositivos da UCP, para armazenamento de dados que serão processados pela UAL.

4) Relógio.

5) Conter a lógica necessária para realização das etapas de um ciclo de cada instrução de um programa.

6) Não, seguindo o modelo de von Neumann, em que instruções e dados ocupam a mesma memória. Ambos os registradores armazenam endereços e devem ter o mesmo tamanho.

7) C.Op. = 8 bits: $2^8 = 256$ instruções diferentes;
   - C.Op. entre 0 e 84: instruções de 16 bits de tamanho (CI ← CI + 2) após a busca da instrução;
   - C.Op. entre 85 e 170: instruções de 32 bits de tamanho (CI ← CI + 4) após a busca da instrução;
   - C.Op. entre 171 e 255: instruções de 48 bits de tamanho (CI ← CI + 6) após a busca da instrução.

8) Através da inspeção do campo "Código de Operação". Caso ele não seja um desvio, fazer a busca no endereço seguinte (ou em N endereços seguintes, dependendo do valor do campo). Caso contrário, utilizar o campo "Operando" como endereço da próxima instrução.

9) CI – Contador de Instruções (seria melhor chamado Apontador de Instruções). Fica na UCP.

10)

ADD Op.	ACC ← ACC + (Op.)	1L + 1L = 2 ciclos
SUB Op.	ACC ← ACC − (Op.)	1L + 1L = 2 ciclos
ADD Op.1,Op.2	(Op.1) ← (Op.1) + (Op.2)	1L + 2L + 1E = 4 ciclos
INCR	ACC ← ACC + 1	1L = 1 ciclo
LDA Op.	ACC = (Op.)	1L + 1L = 2 ciclos
		Total: 2 + 2 + 4 + 1 + 2 = 11 ciclos

11) REM – Registrador de Endereços de Memória. Está ligado diretamente à barra de endereços que, por sua vez, está ligada à Memória Principal.

12) ACC = 24 bits; CI = 16 bits; RDM = 24 bits. Total de bits = 1,5M bit.

13) a) RDM = 20 bits; CI = 16 bits;

    b) Sim, como a placa tem apenas 4K a memória poderia ser aumentada em 60K;

    c) 16 instruções de máquina diferentes.

14) a) REM = CI = 9 bits; RDM = ACC = RI = 16 bits;

    b) N = 1K bytes; c) 128 novas instruções.

15) Na verdade estamos nos referindo à aritmética interna do processador. No caso, os registradores e a UAL do sistema A trabalharão normalmente com números de 16 bits, enquanto aqueles do sistema B trabalharão com números de 8 bits.

16) a) tamanho da instrução = 38 bits.

b) tamanho do campo do código de operação = 6 bits. c) pode-se acrescentar 48K células (de 38 bits).

17) a) N = Total de bits na memória = 4.096 = 4K bits.

b) CB05 c) 4040

18) O processador seqüencial executa uma instrução completa e só depois inicia o ciclo da segunda, ou seja, uma de cada vez. Já o processador do tipo *pipeline* realiza várias instruções de forma concorrente, ou seja, cada etapa do ciclo de instrução é executada de forma independente, de modo que em um dado instante pode-se ter várias instruções em execução, embora em etapas diferentes.

19) a) 32 bits b) 4G endereços c) 32 bits

20) 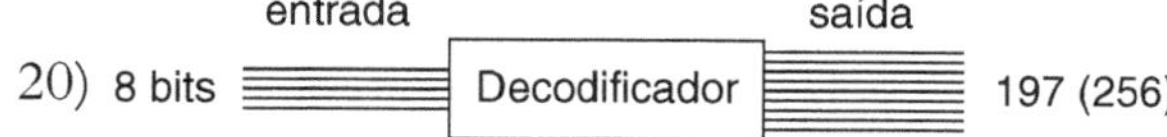

21) 1,25 ns

22) a) C.Op. = 12 bits. b) Largura do campo Reg = 4 bits.

c) Conteúdo de C.Op. = 11 − 1 acesso; conteúdo de C.Op. = 21 − 2 acessos.

CAPÍTULO 7

1) a) S&M: 2^{k-1} b) C1: 2^{k-1} c) C2: 2^{k-1}

2) A adoção, em larga escala, do padrão ASCII nos anos iniciais da era dos microcomputadores. Isso inibiu iniciativas de utilização de outros padrões. Na verdade, a desvantagem dos 7 bits já foi superada pela extensão do padrão aos 8 bits.

3) O Unicode possui 16 bits de largura, permitindo 2^{16} = 65.536 códigos. É administrado por um consórcio com representação de governos e empresas. Pretende unificar todos os símbolos em um único código.

4) a – d = 01010010 b – e = 00010001 c – f = 01101110

5) a) 01110111 c) 1101111000 e) 111101110001

b) 1000000001001101 d) 0000000011011001 f) 1111111100011101

6) a) S/M −32.767 a+32.767

b) C1 −32.767 a+32.767

c) C2 −32.768 a+32.767

7) $C2\,(C2\,(N)) = C2\,(2^n - N) = 2^n - (2^n - N) = N$

8) O bit de sinal pertence ao número, na aritmética de complemento. A magnitude é avaliada por meio de todos os bits, incluindo o de sinal. Ainda assim, todos os números negativos começam com 1. Além disso, não há duplicidade de representação para o zero. Essa é uma vantagem do C2 em relação ao C1 (que também tem duas representações para o zero).

9) A precisão do número é definida pelo campo mantissa (ou fração).

10) A grandeza do número é atribuída pelo campo expoente.

11) a) C1 − 16 bits $-(2^{15}-1)$ a $+(2^{15}-1)$ ou − 32.767 a + 32.767

b) C2 − 16 bits $-(2^{15})$ a $+(2^{15}-1)$ ou − 32.768 a + 32.767

c) S/M − 12 bits − $(2^{11} - 1)$ a $+ (2^{11} - 1)$ ou − 2.047 a + 2.047

d) C2 − 12 bits − (2^{11}) a $+ (2^{11} - 1)$ ou − 2.048 a + 2.047

12) a) 0000000000001110 e) 1111111010111000

b) 0001101100101010 f) 1000000000000000

c) 1111100111111001 g) 1101110111011101

d) 0110111101000001 h) 1000000000000001

13) a)

0	10011	1000000000

b)

1	01001	1010100010

c)

0	00110	1011101000

d)

1	10101	1100100010

e)

0	00111	1111110010

14) a) E745 = $-0{,}1101000101 \times 2^{-9}$

b) 3FC6 = $+0{,}111100110 \times 2^{+15} = +111100110000000 \times 2^{0} = +63.872$

c) F320 = $-0{,}1100100000 \times 2^{-12}$

15) a) 1000110 (ocorreu *overflow*) b) 0100011 c) 1011000

16) Maior valor positivo: $+111111111111111{,}111111111_2$
Menor valor positivo: $+0{,}0000000000000001_2$

17) Aumentar o campo destinado à mantissa normalizada.

18) −32.767

19) Porque em complemento a 2 aproveita-se a representação 100000... (número de bits dependente da aritmética do processador) que em sinal e magnitude ou complemento a 1 não era utilizada, servindo apenas como uma segunda (e indesejável) representação do zero.

20) a) 000000 b) 100100 c) 010100 d) 000000 e) 110011

21) a) XOR b) AND

22) a) 1111110110111000 c) 111111100100110

b) 1111101001010000 d) 1111111010111100

23) a) C1, C2: 0000000011011011

b) C1: 1111110011111001 C2: 1111110011111010

c) C1: 1111111100011110 C2: 1111111100011111

d) C1, C2: 0000000001110101

24) a) 11000011 b) 11 resto 1 c) 11111100 d) 100

25) a) 00010101 b) 10011010 c) 00011100 d) 10110110

26) a)

1	01000	1010110100

b)

1	01000	1101101100

c)

0	01000	1110110100

d)

1	01001	1001111100

27) a) 01000100010011111101110011001100 c) 01000100010001100110011001100110

b) 10111100010111111010110100000000 d) 01000100111110010000100000100000

28) Ambas representam 2^{N-1} números. No entanto, a representação em complemento a 2 representa $2^{N-1}/2$ números negativos, 1 zero e $(2^{N-1}/2) - 1$ números positivos, enquanto no complemento a 1 há dois zeros e igual quantidade de positivos e negativos $((2^{N-1}/2) - 1)$.

29) a) −0,875 b) 01000001101011101010011001100110

30) Não, porque a grandeza do número é expressa pelo expoente.

31) a) overflow b) 01111000110000011001000000000000

32) a) 00000000000000000000011001100010
b) 00000000000000000000000101001000
c) 00000000000000000000100011011001
d) 11111111111111111111110000000001
e) 11111111111111111110010010101000

33) a) +0,00565
N = 01111100110111101000000000000000
b) −674,25
N = 10000100110101000101000000000000
c) +46,5
N = 00000011010111010000000000000000
d) −0,0245
N = 11111101111001000101101000000000
e) +1260,32
N = 00000101110011101100010100011110

34) a) +319,45
N = 0101000100111111
b) −0,00584
N = 1011000101111110
c) +281,6
N = 0101000100011001
d) +968,254
N = 0101001111100100

35) N = 10000000 = −128

36) A representação de um número em C2 consiste no uso do bit 1 mais à esquerda, indicando sinal negativo, enquanto o C2 de um número consiste na sua conversão para o valor oposto em sinal.

37) Sinal do número (um bit que indica se o número é positivo, 0, ou negativo, 1), expoente (valor binário que indica a grandeza do número) e fração (ou mantissa – valor binário que representa os algarismos significativos do número, sua precisão).

38) Não há operação com sinal, ou seja, os números representados de 0 a $2^N - 1$ são tratados como inteiro sem sinal.

39) Em operações de soma.

40) N = 04759

CAPÍTULO 8

1) A economia de espaço em memória. Instruções com muitos operandos tendem a ocupar muito espaço e demorar mais para serem completamente transferidas para a UCP.

2)
```
ADD Op.1,Op.2   (Op.1) ← (Op.1) + (Op.2)
SUB Op.1,Op.2   (Op.1) ← (Op.1) − (Op.2)
MPY Op.1,Op.2   (Op.1) ← (Op.1) * (Op.2)
DIV Op.1,Op.2   (Op.1) ← (Op.1)/(Op.2)
MOV Op.1,Op.2   (Op.1) ← (Op.2)
```

Supondo que as variáveis foram lidas e encontram-se na MP:

a)
```
SUB C,A
MPY C,B    ; B*(C − A)
DIV E,B    ; E/B
MOV X,D    ; salva D em X
SUB D,E    ; D − E/B
MPY X,D    ; (D − E/B)*D
```

b)
```
MOV Y,B    ; salva B em Y
SUB B,F    ; B − F
MOV F,E    ; salva E em F
DIV E,B    ; E/(B − F)
MPY D,E    ; D*(E/(B − F))
ADD D,Y    ; D*(E/(B − F)) + B
```

```
ADD X,C                  SUB C,Y   ; C − D*(E/(B − F)) + B
ADD X,A                  MPY Y,C   ; B*(C − D*(E/(B − F)) + B)
                         MPY Y,F   ; B*(C − D*(E/(B − F)) + B) * E
                         ADD Y,A
```

3) ADD Op. $R_0 \leftarrow R_0$ + (Op.)
SUB Op. $R_0 \leftarrow R_0$ − (Op.2)
MPY Op. $R_0 \leftarrow R_0$ * (Op.)
DIV Op. $R_0 \leftarrow R_0$/(Op.)
LDA Op. $R_0 \leftarrow$ (Op.)
STA Op. (Op.) $\leftarrow R_0$

Supondo que as variáveis foram lidas e encontram-se na MP:

a)

```
LDA A
SUB C
MPY B
STA X   ; B*(C − A)
LDA E
DIV B   ; E/B
STA E
LDA D
SUB E
MPY D   ; (D − E/B)*D
ADD X   ; B*(C − A) + (D − E/B)*D
ADD A
STA X
```

b)

```
LDA B
SUB F
STA Y   ; B − F
LDA E
DIV Y
MPY D   ; D*(E/(B − F))
ADD B
STA Y
LDA C
SUB Y   ; (C − D*(E/(B − F)) + B)
MPY E
MPY B
ADD A
STA Y
```

4) ADD Op.1,Op.2,Op.3 (Op.3) ← (Op.1) + (Op.2)
SUB Op.1,Op.2,Op.3 (Op.3) ← (Op.1) − (Op.2)
MPY Op.1,Op.2,Op.3 (Op.3) ← (Op.1) * (Op.2)
DIV Op.1,Op.2,Op.3 (Op.3) ← (Op.1) / (Op.2)

Supondo que as variáveis foram lidas e encontram-se na MP:

a)

```
SUB C,A,X
MPY B,C,X   ; B*(C − A)
DIV E,B,E   ; E/B
SUB D,E,E   ; D − E/B
MPY D,E,E   ; (D − E/B)*D
ADD E,X,X
ADD X,A,X
```

b)

```
SUB B,F,F   ; B − F em F
DIV E,F,F   ; E/(B − F) em F
MPY D,F,D   ; D*E/(B − F)) em D
ADD D,B,Y   ; D*(E/(B − F)) + B em Y
SUB C,Y,Y   ; C − D*(E/(B − F) + B em Y
MPY B,Y,Y   ; B*(C − D*(E/(B − F)) + B)
MPY Y,E,Y   ; B*(C − D*(E/(B − F)) + B)*E
ADD Y,A,Y
```

5) A inicialização de contadores. Uma desvantagem é a limitação do tamanho do campo, que reduz o valor máximo do dado a ser manipulado.

6) O acesso às variáveis em memória. É um modo de endereçamento universal. Uma possível desvantagem seria a limitação do número de endereços pelo limite físico do campo "operando". Entretanto, essa desvantagem pode ser contornada pela combinação do valor (agora chamado *deslocamento*) com o existente em outro registrador (chamado *base*).

7) Ambos obtêm o dado na MP. No caso do modo direto por registrador a instrução que faz referência ao dado é mais curta, porque contém apenas o endereço do registrador (endereço "curto") que efetivamente armazena o endereço do dado.

   O modo direto, embora pressuponha instruções mais longas, pode transferir o dado diretamente da memória para a UAL sem passos intermediários (como colocar o endereço no registrador e aí requerer a sua movimentação para a UCP). A manutenção de informação nos registradores é crítica pelo número reduzido deles na UCP (em máquinas RISC encontram-se, normalmente, muitos registradores para melhor aproveitamento desse modo).

   Assim, a utilização do modo direto por registrador é útil quando se pode manter um endereço em registrador por longo tempo e utilizá-lo repetidamente, dentro de uma iteração. A escolha dessa opção, entretanto, nem sempre é trivial.

8) X = (A + C + (B * D − E)) / F

9) Simplificar o acesso aos dados em memória. Cada endereço é formado pela combinação de dois valores (base e deslocamento), ambos de tamanho menor que um endereço completo. A base pode permanecer num registrador e ser referenciada na instrução pela indicação do número do registrador. O deslocamento é referenciado normalmente, na própria instrução.

   Não há diferença de implementação entre o modo base mais deslocamento e modo indexado. A diferença está apenas na aplicação: enquanto o primeiro normalmente está ligado à obtenção de dados simples/instruções na MP, o segundo otimiza o endereçamento de estruturas de dados mais complexas, como vetores, por exemplo.

10) 2^C. Se C bits formam o campo deslocamento, então se pode gerar 2^C números diferentes, que seriam os endereços acessáveis com um único valor de registrador-base.

11) R_A = registrador de 16 bits

   R_B = registrador de 8 bits

   Op. = operando de 16 bits

Instrução	Descrição	Modo de endereçamento
LDA Op.	$R_A \leftarrow$ (Op.)	modo direto
ADD Op.	$R_A \leftarrow R_A$ + Op.	modo direto
LDB Op.	$R_A \leftarrow ((R_B)$ + Op.)	modo indexado
LDR Op.	$R_B \leftarrow$ Op.	modo imediato

   Programa

```
LDR    013D    ; carrega endereço do início da tabela
LDB    1F      ; acessa o elemento, no modo indexado
```

12) a) 4 registradores; b) Instrução B

13) a) 7C b) 15BA. c) 75

14) a) 7 b) 5 c) 14

15) 784 838.

16)

```
PUSH    C
PUSH    E
ADD
POP     X
PUSH    F
PUSH    X
SUB
PUSH    B
MPY
POP     X
PUSH    D
PUSH    X
DIV
PUSH    A
SUB
POP     X
```

17) Permanece armazenado apenas o valor final, −20.

18) 64 instruções.

CAPÍTULO 9

1) É o tempo gasto para interpretação do endereço pela unidade de controle e movimento mecânico do braço, para cima da trilha desejada. É o maior componente do chamado tempo de acesso a disco.

2) Um cilindro é uma unidade de armazenamento de um sistema multidisco, constituído de todas as trilhas de mesmo número. Ou seja, o cilindro 34 é constituído da trilha 34 da superfície 0 de um disco, da trilha 34 da superfície 1 de um disco, da trilha 34 da superfície 0 de outro disco superposto, e assim por diante.

3) 345 ms para busca e latência. A esse total ainda se acrescentará o tempo de transferência dos 20 setores consecutivos de cada trilha acessada.

4) São as marcas que identificam os bits 0 e 1 em um CD. "Pits" são valas e "lands" são constituídos dos espaços entre as valas, criadas por um laser. O bit 1 é representado pela passagem de uma vala para a parte plana do elemento, e o bit 0 é representado pelo espaço entre as valas.

5) Por meio do paralelismo de uso dos discos.

6) 667 trilhas.

7) Nível 0 – armazenamento de um único arquivo por vários discos.

   Nível 1 – por meio de redundância, repetindo-se um arquivo por mais de um disco.

   Nível 2 – acesso paralelo com a MP.

   Nível 3 – um arquivo em vários discos com um adicional para paridade.

   Nível 4 – idêntico ao nível 3, porém com tamanho de arquivos maior.

   Nível 5 – idêntico ao nível 4, porém os dados de paridade são para toda a matriz.

   Nível 6 – idêntico ao nível 5, porém com uma segunda gravação de paridade.

8) Em um HD há várias trilhas concêntricas, de tamanho fixo (mesma quantidade de bytes em cada uma delas), sendo parte do endereço de acesso, enquanto nos CDs há somente uma trilha, em espiral, a partir do centro do

CD, onde são armazenados os bytes com densidade fixa (a densidade de armazenamento nas trilhas dos HD é variável).

9) a) NRL = 10820 NRF (blocos) = 1082 Tamanho = 42000 bytes

b) 304,32 pés

10) Integrando o sistema disco/acionador/atuador, a tecnologia Winchester evitou problemas ligados a desalinhamentos e possibilitou o aumento da densidade de gravação e quantidade de trilhas.

11) Como os braços/cabeças se movimentam juntos, quando o atuador se desloca para acessar uma determinada trilha de certa superfície todas as cabeças estacionam sobre a trilha de mesmo endereço em todas as superfícies (formando o chamado *cilindro de trilhas*). Armazenando-se um arquivo dessa forma a sua leitura/gravação é muito mais rápida, porque o movimento dos braços e cabeças é minimizado.

12) O espaço entre superfície e cabeça de gravação/leitura é mínimo. Para esses padrões, a existência de poeira é potencialmente fatal para o funcionamento do disco.

13) Porque os dados são gravados com densidade variável em cada uma delas (velocidade de rotação constante).

14) Tempo de decodificação do endereço – gasto pelo sistema para interpretar a superfície, a trilha e o setor a ser localizado;

Tempo de busca (seek) – período gasto pelo sistema para mover o braço (e a cabeça de gravação/leitura) para cima da trilha (ou cilindro) correspondente;

Tempo de latência – período gasto para que a cabeça de gravação/leitura passe por cima do setor desejado, a partir do instante em que ela atingiu a trilha desejada.

Tempo de transferência – período gasto pelo sistema para converter as marcas magnéticas em sinais elétricos (correspondentes aos bits 0s e 1s) e eles serem transferidos pelo barramento para seu destino.

15) É grande devido aos vários acessos consecutivos a diversos cilindros.

16) Tempo total = 1 920 ms, ou 1,92 s.

CAPÍTULO 10

1) Um dispositivo de hardware que compatibiliza um periférico qualquer (que tem características de projeto e fabricação próprias) com o barramento principal (que possui suas próprias características). A interface conecta, assim, o periférico à UCP, funcionando como um intermediário entre esses componentes.

2) Controladoras de disco, "adaptadores" de vídeo, placas de som etc.

3) Entrelaçado Não-entrelaçado

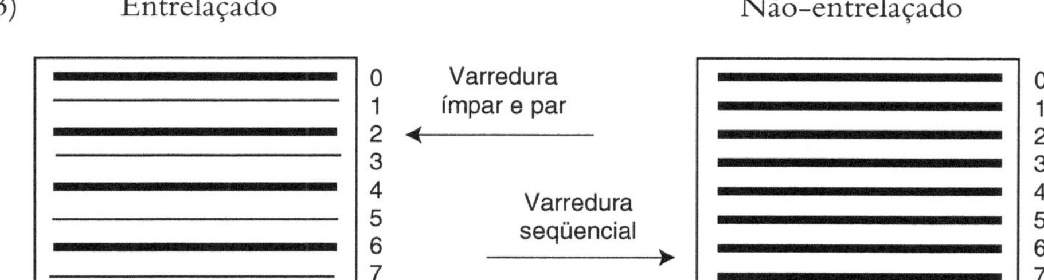

4) A metade do total de linhas do quadro (uma varredura para as linhas pares e outra para as linhas ímpares).

5) Barramento externo, que liga componentes do SC e barramento interno aos componentes.

6) A informação ser transmitida/recebida bit a bit, um após o outro.

7) Nesse caso o periférico é conectado à interface por uma única linha de transmissão de dados (há outras para controle). Assim, um bit é transmitido de cada vez. A construção é mais simples do que na transmissão paralela, sendo inicialmente adequada a periféricos de baixa velocidade, como o teclado ou mouse, por exemplo. No entanto, com o passar do tempo foram sendo desenvolvidas especificações para transmissão serial de alta velocidade, como a USB, sendo substitutas das paralelas, atualmente em desuso.

8) A informação ser transmitida/recebida em grupos de bits de cada vez.

9) Nesse caso, cada bit do grupo é enviado/recebido em uma linha separada. A velocidade de transferência é grande, sendo durante muito tempo ideal para periféricos de alto desempenho, como discos rígidos ou impressoras. No entanto, problemas de deslizamento (*skew*) dos bits ao longo do caminho paralelo, quando as taxas de transferência foram crescendo, levaram projetistas e fabricantes a buscar solução na volta da transmissão serial.

10) Intel 8048 ou Intel 8049, ambos de 8 bits.

11) Detecção do pressionamento de tecla, confirmação do pressionamento, geração do código correspondente à tecla, geração da interrupção, transmissão do código para área da memória principal e análise do código enviado pelo Sistema Operacional.

12) Modos de funcionamento diversos, velocidades de transferência diferentes e formatos/tamanhos de unidades de transferência diversos.

13) I) Interface interroga periférico sobre a disponibilidade em receber dados;

II) Periférico responde;

III) Interface transmite os dados; e

IV) Periférico certifica recebimento ou término de leitura.

14) É baseado em agulhas (9 a 24) dispostas em forma de matriz que, ao serem acionadas eletronicamente por bobinas, impactam sobre uma fita de tinta, marcando o papel. Cada caractere é impresso dessa forma.

15) Num cilindro fotossensitivo é formada a imagem da página a ser impressa. Um *toner* espalha partículas sobre a imagem no cilindro. A imagem é transferida para o papel, sendo secada por intenso calor logo a seguir. O cilindro é apagado, para uma nova impressão.

16) De forma parecida com as impressoras matriciais. Em vez de agulhas, possuem pequenos tubos com bicos que permitem a saída de gotas de tinta. O maior número de bicos aumenta a densidade de impressão e, conseqüentemente, a sua qualidade. As gotas de tinta são expelidas pelo calor provocado por resistência elétrica próxima aos tubos.

17) É um método de realização de operações de E/S. A sua importância está no fato de não exigir que a UCP permaneça em contínua atenção às necessidades dos periféricos.

18) De modo geral, consiste na realização de transferência de dados entre uma determinada interface e a memória principal, praticamente sem intervenção da UCP. O controlador de DMA é quem efetivamente controla o barramento e os componentes envolvidos, sob solicitação da UCP. A principal vantagem é permitir à UCP a realização de outras tarefas enquanto a transferência está em progresso.

19) Técnica simples (e mais antiga) de transmissão serial de bits, em que um caractere é transmitido/recebido de cada vez, havendo uma ressincronização do transmissor e do receptor após o evento. Para isso, alguns bits especiais foram criados, sendo chamados bits de partida e de parada, demarcando o início e o fim, respectivamente, do caractere.

20) Nessa técnica de transmissão serial de bits são transmitidos blocos maiores de bits a cada vez, e não pequenos grupos de 8 bits, como no caso assíncrono. Para isso é necessário um melhor sincronismo entre transmissor e receptor (por linha dedicada ao pulso de relógio ou mesmo pela inclusão desses pulsos dentro da informação). Para cada bloco de caracteres de informação existe um grupo de caracteres de controle.

21) $\dfrac{8 \times 200}{(8+1+1) \times 200} = \dfrac{1600}{2000} = 80\%$ de eficiência

Número total de bits transmitidos: $2000 \times 8 = 16.000$

Tempo de transmissão = 16000/2000 = 8 segundos.

22) É um dispositivo que decompõe o caractere recebido em bits e retira os bits de partida e parada. Na transmissão, inversamente, ele inclui os mencionados bits e monta o caractere. Isso é necessário porque internamente, na UCP e no barramento, os bits sempre trafegarão em paralelo. A UART promove a "serialização" dos mesmos. UARTs possuem buffers para receber os bits e registradores especiais que deslocam cada bit de um caractere. Um relógio controla as ações do mecanismo, e uma unidade de controle permite que ela funcione de diversas maneiras (com ou sem paridade etc.).

23) Os endereços de interfaces de E/S são específicos, não "competindo" com o espaço de endereçamento da memória principal. Existe, assim, memória e endereços próprios para armazenar instruções/dados de operações de E/S. Esse tipo de organização tem a vantagem de não consumir endereços da MP. Em compensação, exige sinais de controle (ou instruções) especiais, utilizados para que a interface perceba que o endereço que trafega na barra de endereços não é um endereço de MP.

24) Nesse caso as instruções/dados de programas comuns compartilham a memória com as instruções/dados de operações de E/S. Os sinais de controle ficam simplificados, pois os endereços de E/S estão perfeitamente definidos ao custo do consumo adicional de memória.

25) Como mencionado nos exercícios anteriores, ambas têm vantagens e desvantagens. A memória isolada poupa a memória principal, mas exige sinais de controle e instruções especiais, que residirão na memória especialmente criada para esse fim (E/S). No caso de memória compartilhada, a mesma memória é utilizada para uso de programas e operações de E/S, simplificando os sinais de controle, mas reduzindo o espaço da MP para os programas comuns.

26) A tecnologia capacitiva. Uma tecla capacitiva funciona na base da variação de capacitância do acoplamento entre duas placas metálicas, variação essa que ocorre quando a tecla é apertada.

27) VRC (válvula de raios catódicos), LED (diodos emissores de luz), LCD (cristal líquido) e FDP (vídeos planos).

28) Dispositivo de entrada cujo propósito é facilitar a comunicação do usuário com o sistema, "apontando" suas opções na tela do monitor de vídeo. Um sensor sob o mouse (mecânico, ótico ou ótico-mecânico) capta o movimento em uma superfície plana e o transmite ao SC. O usuário escolhe o que quer apontar e seleciona, apertando um botão.

29) No primeiro, a tela de vídeo é dividida em linhas e colunas, formando uma matriz em que cada encontro (linha, coluna) é usado para representar um símbolo válido (por exemplo, um caractere ASCII). No segundo, a tela é uma única matriz de pontos, chamados "pixels", que tem os atributos ligado-desligado, cor etc. Um caractere será uma matriz de pixels.

30) Como dito no exercício anterior, um pixel é um ponto da matriz de pontos em que a tela do monitor de vídeo é dividida.

31) Resolução está ligada à quantidade de pixels que se pretende apresentar em tela. Por exemplo, 1024 × 768 pontos é considerada uma alta resolução. Dependendo da variedade de cores que cada ponto possa ter, a necessidade de memória de vídeo para armazenar toda a informação relativa aos pixels será muito grande. Por exemplo, se cada pixel precisar de 16 bits para representar suas cores (16 cores, portanto), então serão necessários 1024 × 768 × 16 bits ou 1.572.864 bytes (quase 2Mb) para armazenar uma única tela cheia.

32) O intenso uso da UCP para tarefas de monitoração e controle das interfaces, prejudicando o funcionamento do SC. A alternativa é a técnica de Interrupção, onde a interface "avisa" ou "solicita atenção" da UCP por meio de sinais elétricos (as interrupções).

33) A interrupção interna ocorre devido a algum evento gerado pela execução de uma instrução ou mesmo programado (por exemplo, uma divisão por zero). Também é chamada de interrupção por software. A interrupção externa (ou interrupção por hardware) está ligada a uma interface de E/S que pretenda "avisar" a UCP da necessidade de atenção para o seu periférico.

34) É a confirmação do pressionamento de uma tecla. Para isso, o processador embutido no teclado repete várias vezes a varredura sobre referida tecla.

35) Cristal líquido: a matriz de pixels no monitor é preenchida com cristais especiais, que permanecem em estado intermediário líquido-sólido. Esses cristais são sensíveis à polarização elétrica. Normalmente refletem a luz que incide sobre o painel (vídeo). Entretanto, quando uma voltagem é aplicada sobre o cristal (isso é feito para cada pixel) suas moléculas se modificam, deixam a luz passar para ser absorvida por um polarizador. Essa é uma explicação simples. Os LCD têm evoluído bastante nos últimos anos, diminuindo cada vez mais a dependência da luz externa incidente.

    Gás plasma: um gás (neon) é excitado pela aplicação de voltagem, emitindo luz avermelhada. Uma matriz de eletrodos permite endereçar todos os pixels. Como esse sistema não depende de luz externa, precisa de muita energia para funcionar, o que restringe a aplicação em máquinas portáteis.

36) A imensa maioria dos laptops (ou notebooks) usa essa tecnologia, basicamente em dois grandes ramos: matriz passiva e matriz ativa (esta mais eficaz).

CAPÍTULO 11

1) A evolução das linguagens de alto nível levou ao estabelecimento de comandos mais complexos, de forma a simplificar e facilitar o trabalho de programadores. Entretanto, as instruções de máquina continuavam rudimentares, fazendo com que os compiladores da época fossem obrigados a gerar código complexo e ineficiente para implementar aqueles novos e sofisticados comandos. A essa diferença de evolução entre as linguagens de alto nível e as linguagens de máquina chamou-se "gap semântico".

2) Aumentar o número de instruções, incluir mais modos de endereçamento e utilizar mais microprogramação. Em outras palavras, a sofisticação do hardware, influenciada pela evolução das linguagens de alto nível.

3)

Característica	**RISC**	**CISC**
Quantidade de Instruções	Pequena, execução otimizada	Grande
Execução de chamada de funções	Ocorre no processador (mais registradores)	É freqüente a utilização de memória para manipulação de parâmetros
Quantidade de modos de endereçamento	Pequena	Grande
Modo de execução com "pipelining"	Uso muito intenso	Uso normal

4) Arquitetura RISC de alto desempenho, utilizada no sistema RISC 6000 e Macintosh.

5) A otimização da arquitetura pela divisão funcional de tarefas (processador de desvio, processador de inteiros e processador de ponto flutuante) é uma das razões, embora o processador não estivesse mais numa única pastilha. A ausência de microprogramação também é outra característica básica dessa arquitetura RISC que aumenta o seu desempenho.

6) Possibilita a simplificação do hardware que interpreta e executa as instruções. Assim, consegue-se diminuir o tempo necessário para a tarefa. Pode-se executar, desse modo, uma ou mais instruções por ciclo de relógio da UCP.

7) A arquitetura consiste em uma unidade de inteiros, uma de ponto flutuante, um co-processador, um gerenciador de memória e uma memória cache. Essa fragmentação permite que os projetistas utilizem variações na construção de SC baseados no processador. São cerca de 50 instruções (C.Op. de 6 bits), podendo haver até 512 registradores na UCP para utilização.

8) As três linhas de pesquisa originaram-se:

   a) na IBM – em 1970, por meio de um projeto para uma central telefônica. Mais tarde, transformou-se nos processadores RS/6000 e Power.

   b) em Stanford, em 1981 – através da liderança de J. Hennessey, foi especificado um processador, predecessor da família MIPS.

   c) em Berkeley, em 1980 – pela liderança de D. Petterson, que criou os processadores RISC-1 e RISC-2, batizando-os com o nome que, mais tarde, seria a identificação de toda uma arquitetura para processadores. É a origem dos processadores Sparc.

9) Vantagens – realizar poucos acessos à memória, comparando-se com as instruções cujos operandos são endereços de memória (CISC). Com isso, reduz-se a perda de tempo com as transferências processador/memória, todo o processamento se realiza com dados nos registradores (rapidez) e as instruções se tornam mais simples.

   Desvantagem – há necessidade de muitos registradores, com o conseqüente aumento de custo e espaço (mais transistores).

10) Porque nas máquinas com arquitetura RISC há um formato único e fixo das instruções, e sendo simples, os estágios de execução possuem basicamente o mesmo tempo de realização, mantendo o fluxo no pipeline sem atrasos.

CAPÍTULO 12

1) No processamento superescalar o aumento de desempenho é obtido por meio do acréscimo de pipelines (caminhos físicos diferentes para os dados), com pleno paralelismo. Já no processamento tipo superpipelining criam-se mais estágios em um pipeline (sem aumento dos caminhos físicos), reduzindo, assim, o tempo do término de cada instrução.

2) É a propriedade de uma instrução ser executada em partes individuais independentes entre si, podendo por isso ser realizadas em paralelo.

3) No paralelismo de instrução não há necessidade de duplicação de hardware, como acontece no paralelismo físico no HW.

4) A quantidade de pipelines (ou vias de execução).

5) Considerando que ambos possuem o mesmo período de relógio (ciclo igual), o que possui mais pipelines deveria atingir melhor desempenho.

6) Quando a execução de uma instrução utiliza um dado que é o resultado de uma outra instrução antecessora.

7) Vantagem – menor custo de hardware, por não ter que criar vários pipelines.

   Desvantagem – aumento da possibilidade da dependência de dados e de controle (desvios) devido ao acréscimo de estágios.

8) O processador vetorial é usado quando se tem muito paralelismo na manipulação de dados, como em uma operação aritmética com matrizes (onde uma única instrução pode realizar diversas operações iguais com dados diferentes, desde que haja HW suficiente para isso).

9) No caso dos estágios pipelines possuírem tempo de duração diferente poderão ocorrer atrasos no término do ciclo da instrução, p. ex., quando um estágio de longa duração impede o início de outro estágio.

10) 2 GHz = 2 × 10 − 9 ciclos/s.

    1 ciclo = 1/2 GHz ou 1/2 × 10 − 9 = 0,5 × 10 − 9 = 0,5 ns.

    Sendo superescalar com três estágios, completa três instruções por ciclo de relógio.

    Assim, três instruções por 0,5 ns.

    No total de 12 instruções elas se dividem em grupos de três, ou seja, quatro grupos por ciclo ou 4 × 0,5 ns = 2 ns.

    Resp.: 2 ns.

11) Predicação: tecnologia que evita atrasos na execução das instruções que possuem alguma dependência entre si. O compilador marca (coloca um predicado) as instruções na ordem desejada de execução para evitar atrasos e, com isso, não há perda de tempo pelo hardware.

    Especulação: tecnologia que permite ao processador buscar um dado antecipadamente ao seu efetivo uso e, com isso, na hora desejada ele já está disponível, sem perda de tempo de uma busca na memória.

12) VLIW (*very long instruction word*) ou instrução com palavra (largura) muito longa. Trata-se de um tipo de arquitetura que encapsula mais de uma instrução em um único invólucro, de modo que o processador busca invólucros em cada ciclo em vez de instrução por instrução.

13) Grande espaço de endereçamento (16 EB), uso de formato VLIW para instruções, uso de muitos registradores de dados, seja para inteiros, seja para números em ponto flutuante – emprego de predicação e especulação –, conjunto de instruções no padrão RISC.

14) Maior rapidez na execução dos ciclos de instrução, pois as instruções já são organizadas (no executável) na ordem de execução que evite dependências.

15) Palavra de 64 bits.

    Capacidade de operar com programas de 32 ou 64 bits diretamente pelo processador (operação nativa em 32 ou 64 bits).

    Muitos registradores de dados.

APÊNDICE A

1) A conversão é realizada criando-se a fórmula básica de representação (sucessivos produtos) e realizando-se as operações segundo as regras de aritmética da base de destino.

   a) $253_6 = 2 \times 6^2 + 5 \times 6^1 + 3 \times 6^0 = 7\ 149_8$

   b) $171_8 = 1 \times 5^2 + 7 \times 5^1 + 1 \times 5^0 = 441_5$

   c) $321_4 = 3 \times 4^2 + 2 \times 4^1 + 1 \times 4^0 = 111_7$

2) a) 2AFFE16 – 2AFFF16 – 2B00016 – 2B00116 – 2B00216

   b) 2566 – 2567 – 2570 – 2571 – 2572_8

   c) $3BE_{16} - 3BF_{16} - 3C0_{16} - 3C1_{16} - 3C2_{16}$

   d) $3254_6 - 3255_6 - 3300_6 - 3301_6 - 3302_6$

   e) $110011_2 - 110100_2 - 110101_2 - 110110_2 - 110111_2$

   f) $11100_2 - 11101_2 - 11110_2 - 11111_2 - 100000_2$

3) a) 11,6875; b) 13,2031; c) 6,8906; d) 21,3359; e) 19,625; f) 9,8438

4) a) 1B5,1EB816; b) 256,07028; c) 11101001,01012; d) 1100001,10002

5) 163 = 4 096

6) 84 = 4 096

7) 26 = 64

8) a) 1001100,0011112; b) 404,1678; c) 610,48; d) 0001,100012; e) $0EB,BF_{16}$

9) a) 37018 – 37038 – 37058 – 37078

   b) $2FF0_{16} - 2FF2_{16} - 2FF4_{16} - 2FF6_{16}$

   c) $500_6 - 502_6 - 504_6 - 510_6$

   d) $110010_2 - 110100_2 - 110110_2 - 111000_2$

   e) $100100000_2 - 100100010_2 - 100100100_2 - 100100110_2$

APÊNDICE B

1) a) A · B · C + not (A · B · C)

A	B	C	A · B	A · B · C	not (A · B · C)	A · B · C + not (A · B · C)
0	0	0	0	0	1	1
0	0	1	0	0	1	1
0	1	0	0	0	1	1
0	1	1	0	0	1	1
1	0	0	0	0	1	1
1	0	1	0	0	1	1
1	1	0	1	0	1	1
1	1	1	1	1	0	1

b) A · (not C + B + not D)

A	B	C	D	not C	not C + B	not D	not C + B + not D	A · (not C + B + not D)
0	0	0	0	1	1	1	1	0
0	0	0	1	1	1	0	1	0
0	0	1	0	0	0	1	1	0
0	0	1	1	0	0	0	0	0
0	1	0	0	1	1	1	1	0
0	1	0	1	1	1	0	1	0
0	1	1	0	0	1	1	1	0
0	1	1	1	0	1	0	1	0
1	0	0	0	1	1	1	1	1
1	0	0	1	1	1	0	1	1
1	0	1	0	0	0	1	1	1
1	0	1	1	0	0	0	0	0
1	1	0	0	1	1	1	1	1
1	1	0	1	1	1	0	1	1
1	1	1	0	0	1	1	1	1
1	1	1	1	0	1	0	1	1

c) A · B · C + A · not B · not C + not A · not B · not C

A	B	C	A · B · C	not A · not B · not C	not B · not C	A · not B · not C	A · B · C + A · not B · not C + not A · not B · not C
0	0	0	0	1	1	0	1
0	0	1	0	0	0	0	0
0	1	0	0	0	0	0	0
0	1	1	0	0	0	0	0
1	0	0	0	0	1	1	1
1	0	1	0	0	0	0	0
1	1	0	0	0	0	0	0
1	1	1	1	0	0	0	1

d) (A + B) · (not (A + C)) · (not (not A xor B))

A	B	C	(A + B)	(A + C)	not (A + C)	not A	not A xor B	not (not A xor B)	(A + B) · (not (A + C)) · (not (not A xor B))
0	0	0	0	0	1	1	1	0	0
0	0	1	0	1	0	1	1	0	0
0	1	0	1	0	1	1	0	1	1
0	1	1	1	1	0	1	0	1	0
1	0	0	1	1	0	0	0	1	0
1	0	1	1	1	0	0	0	1	0
1	1	0	1	1	0	0	1	0	0
1	1	1	1	1	0	0	1	0	0

e) A · B + A · not B

A	B	A · B	not B	A · not B	A · B + A · not B
0	0	0	1	0	0
0	1	0	0	0	0
1	0	0	1	1	1
1	1	1	0	0	1

f) A+ not(not B + A · C) xor (not D)

A	B	C	D	A · C	not B	not B + A · C	not (not B + A · C)	A + not (not B + A · C)	not D	A + not (not B + A · C) xor not D
0	0	0	0	0	1	1	0	0	1	1
0	0	0	1	0	1	1	0	0	0	0
0	0	1	0	0	1	1	0	0	1	1
0	0	1	1	0	1	1	0	0	0	0
0	1	0	0	0	0	0	1	1	1	0
0	1	0	1	0	0	0	1	1	0	1
0	1	1	0	0	0	0	1	1	1	0
0	1	1	1	0	0	0	1	1	0	1
1	0	0	0	0	1	1	0	1	1	0
1	0	0	1	0	1	1	0	1	0	1
1	0	1	0	1	1	1	0	1	1	0
1	0	1	1	1	1	1	0	1	0	1
1	1	0	0	0	0	0	1	1	1	0
1	1	0	1	0	0	0	1	1	0	1
1	1	1	0	1	0	1	0	1	1	0
1	1	1	1	1	0	1	0	1	0	1

2) a) A · not B + E · D
b) A · B · C
c) A · (B + C)
d) X · Y · Z · R · S · T
e) A
f) A · C

3) a) X = 1001
b) X = 0000
c) X = 1001
d) X = 0000
e) X = 1101

4)

X	Y	X + Y	(X + Y) · Y	(X · Y) + Y	(X · Y)
0	0	0	0	0	0
0	0	0	0	0	0
0	1	1	1	1	0
0	1	1	1	1	0
1	0	1	0	0	0
1	0	1	0	0	0
1	1	1	1	1	1
1	1	1	1	1	1

5) X = not (A · B · C · D)

6) a) XY b) X c) X (Z + Y) d) 1 e) A + C

7) Simplificando, F = A + B + C.
Utilizando uma NAND: F = not (not A · not B · not C)

8) São portas construídas por técnica especial, na qual várias portas AND ou OR são conectadas diretamente através de portas NAND ou NOR.

9) Têm desempenho (velocidade) superior, a custo superior.

10) a)

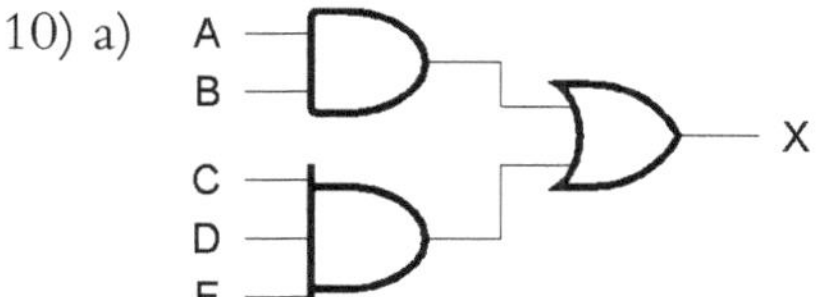

b)

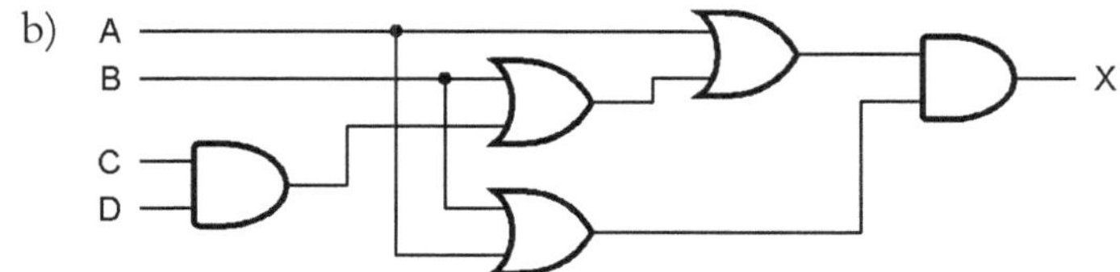

c)

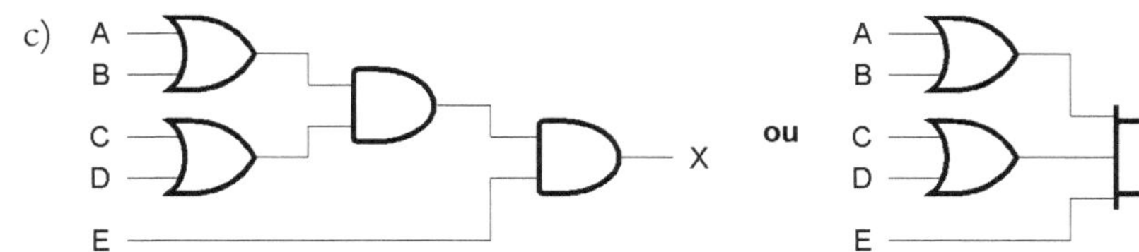

d)

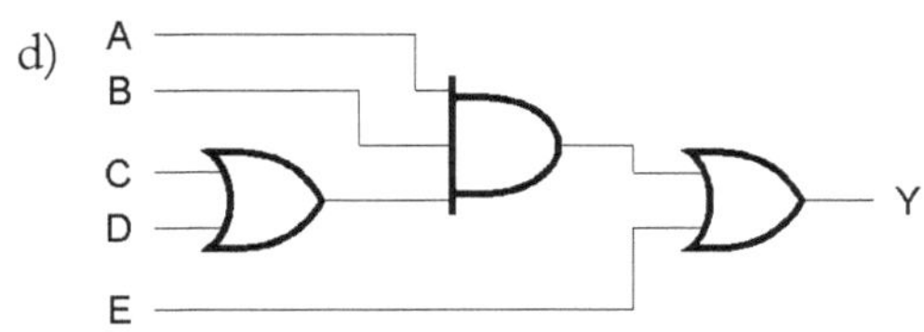

e)

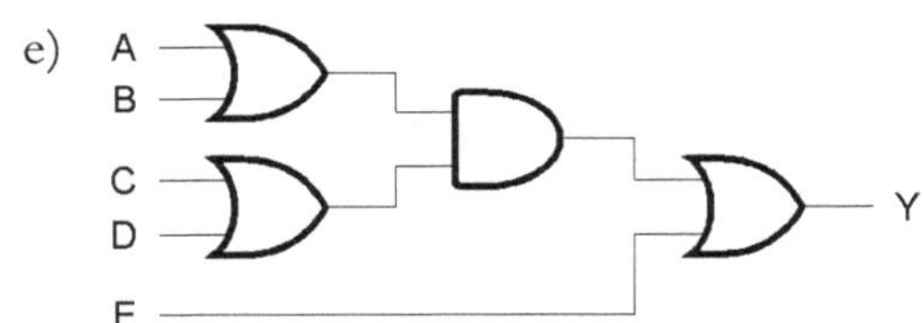

f)

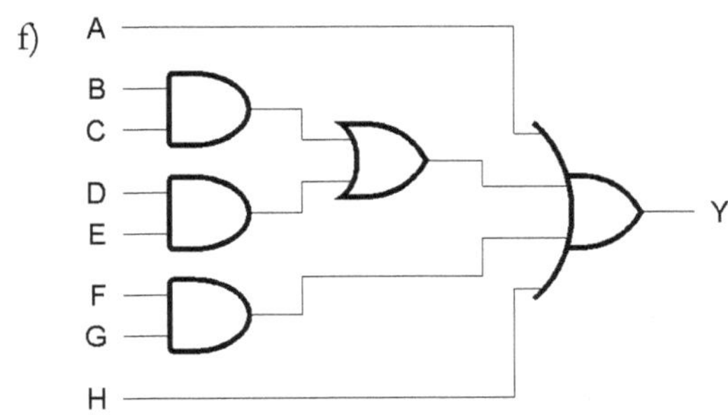

11) A = (F · P) + T

onde A = alarme; F = sinal de falha; P = sinal de parada e T = sinal de alerta.

12) C = E xor A

onde C = computador; E = sinal de energia e A = sinal de força alternativa.

13) B = Bruno vai ao jogo

F = Felipe vai à praia

R_a = Renata traz o livro

P = Patrícia traz o livro

B = F · (R_e + P)

Como Felipe não quer ir à praia, então Bruno não irá ao jogo.

14) X = ((not(A · B)) · C) · (not D · E)

15) d) e f)

16) $(B + B) \cdot AC + ACD + ABC + ABD + AC + ABCD =$
$= AC + AC + ACD + ABC + ABD + ABCD =$
$= A + ACD + ABC + ABD + ABCD =$
$= A + A\,(CD + BC + BD + BCD) =$
$= A + CD + BC + BD + BCD$ ou $A + BD + CD + BC + BCD$

17)

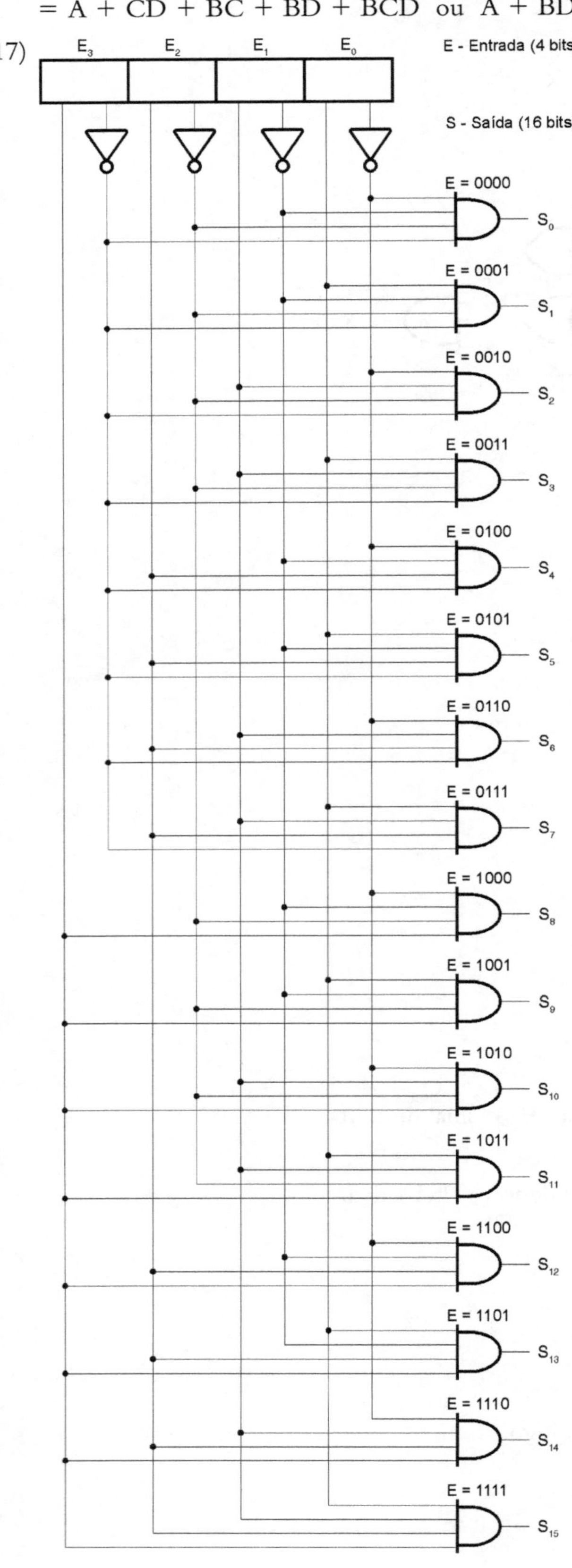

APÊNDICE C

1) É o processo de transformação de um programa escrito em linguagem de alto nível (o programa-fonte) em um programa em linguagem de máquina (o programa-objeto). Esse processo é executado pelo programa compilador.

2) É um processo de execução de programas que, diferentemente da compilação, não gera um programa-objeto a partir de um programa-fonte. Nesse processo, o programa interpretador lê o programa-fonte e o executa diretamente.

3) Linguagens interpretadas facilitam a depuração de programas-fonte, porque os erros podem ser apontados com mais precisão. Além disso, programas-fonte podem ser executados em diferentes SC, desde que estes contenham os interpretadores adequados. É o caso dos *applets*, programas "semiprontos" que trafegam pela Internet e são executados em qualquer computador a ela conectado (o interpretador está embutido no programa de navegação). Linguagens compiladas, por outro lado, têm a vantagem de executar mais "rápido" através dos seus programas executáveis. Isso é particularmente notável dentro dos loops, onde no caso da interpretação o mesmo código é novamente interpretado a cada iteração, com conseqüente sobrecarga da UCP.

4) Porque a linguagem Assembly ainda não é a linguagem de máquina, ainda que muito próxima. Embora a linguagem Assembly seja fundamentalmente calcada nas características do processador, ela ainda necessita de uma pequena transformação (chamada de montagem) para ser executável. Essa é a forma de se resolver o "problema": transformar o programa escrito em linguagem Assembly em linguagem de máquina por meio do programa Montador (ou "Assembler").

5) Como já afirmado, um compilador transforma programas-fonte em programas-objeto. Os primeiros são escritos em linguagens de programação específicas e formais. Os últimos são feitos para executar em determinado processador, porque contêm instruções projetadas para isso. Por isso, um compilador está "amarrado" a ambas as condicionantes.

6) O processo de ligação une dois ou mais programas-objeto, tornando-os um único programa executável. Entre os programas-objeto podem estar as bibliotecas da linguagem, que são conjuntos de rotinas pré-compiladas e disponibilizadas pelo fabricante do compilador. Durante a mencionada união são resolvidos os problemas referentes às referências externas, ou seja, chamadas ou desvios entre programas-objeto (também chamados de módulos ou unidades) distintos.

7) a) RI = 0000 (última instrução executada); CI = 1C0 (a próxima instrução a ser buscada); ACC = 002B (= 43 decimal).
   b) 43.
   c) O Código de Operação 8 não seria reconhecido e o sistema, provavelmente, pararia, necessitando de reinicialização.

8) O código-objeto contém referências externas abertas, isto é, chamadas a rotinas ou programas que não estejam no seu corpo. O módulo de carga (ou programa executável) já tem as referências externas resolvidas, isto é, não há instruções de desvio incompletas. Ambos têm em comum a linguagem de máquina (zeros e uns).

9) Uma chamada (instrução *call*) ou desvio para um endereço que, em tempo de compilação, seja desconhecido, por estar em outro módulo (ou unidade), ainda não compilado.

10) O desvio altera a seqüência de execução de instruções, pela modificação do conteúdo do registrador CI. Desvios podem ser incondicionais ou condicionais. Estes últimos testam certas ocorrências (condições) que, se satisfeitas, confirmam o desvio. Em linguagens de alto nível, os comandos de seleção e repetição implementam desvios (condicionais e incondicionais). Por exemplo, ao final do corpo da repetição "WHILE Condição DO..." de Pascal há um desvio incondicional para o início do corpo, onde há um desvio condicional: caso a condição seja verdadeira, retorna-se ao corpo da repetição. Caso contrário, desvia-se para a primeira instrução após a repetição.

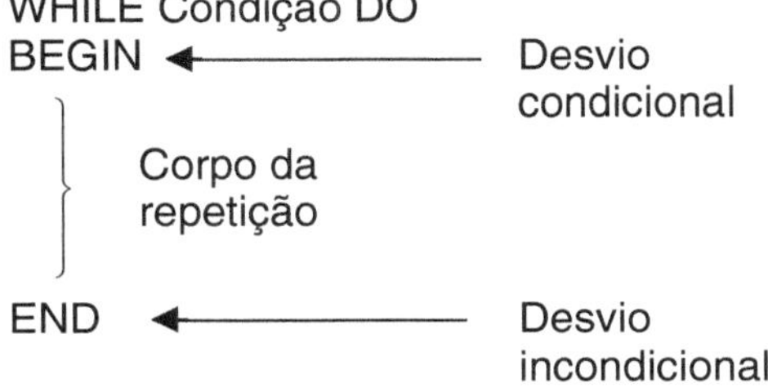

11) Análises Léxica, Sintática e Semântica.

12) Não. O código gerado contém as instruções que o processador Intel 80486 consegue executar. Tal código é incompreensível para o Macintosh, que possui jogo de instruções completamente diferente.

APÊNDICE D

1) Uma memória do tipo RAM se caracteriza por ser eletrônica e, principalmente, pelo fato de o tempo de acesso a qualquer célula ser sempre fixo, independente da posição física da célula.

2) Endereçamento do tipo linear (qualquer célula é endereçada em um único instante de tempo de decodificação).

3) O decodificador deve ter 28 linhas de entrada e 256M linhas de saída (268 435 456).

4) 65 024 linhas.

5) Os termos aparecem em diagramas de tempo de acesso a memórias que funcionam com o método de acesso por linha/coluna. CAS – *column access select* e RAS – *row access select.* São sinais de habilitação da decodificação da coluna (CAS) e da linha (RAS) selecionados em um endereço de memória.

6) Menor tempo de transferência de dados (mais rápidas), por não requerer seguidos sinais CAS/RAS.

7) O tipo de pulsos de relógio que a controlam. Nas memórias assíncronas o controle de transferência é realizado na velocidade do barramento (baixa), enquanto nas síncronas é realizado pelos pulsos do relógio do processador. Dessa forma, as últimas podem ser mais velozes.

8) 1.

9) SIMM – *single inline memory module* (módulo de memória de linha única). Trata-se de um módulo com vários chips (pastilhas) de memória e um único lado de acesso. EDO DRAM é um tipo de tecnologia de memória RAM (assíncrona).

   Não há semelhança entre os termos, pois um (SIMM) se refere ao formato do encapsulamento da memória, e o outro (EDO DRAM) a um tipo de tecnologia.

10) a) SUB Op. ACC ← ACC − (Op.)

   t1: REM ← (RI)
   Sinal READ
   t2: RDM ← (M(REM))
   t3: ULA ← ACC
   t4: ACC ← RDM
   t5: ULA ← ACC
   t6: ULA soma
   t7: ACC ← ULA

   b) JMP Op. CI ← Op.

   t1: CI ← (RI)

   c) INC Op. (Op.) ← (Op.) + 1

   t1: REM ← (RI)
   Sinal READ
   t2: RDM ← (M(REM))
   t3: ACC ← RDM
   t4: ULA ← ACC
   t5: ULA ← 1
   t7: ULA soma
   t8: ACC ← ULA

11) Somadores parciais não possuem entrada para os "vai 1" que porventura ocorram. Apenas possuem entrada para os dois bits a serem somados. Uma outra soma deve ser efetuada a fim de considerar os "vai 1", tornando mais lento o processo. Números com vários algarismos amplificam esse tipo de problema.

12) A= 1100 A0 = 0, A1 = 0, A2 = 1, A3 = 1

   B = 0111 B0 = 1, B1 = 1, B2 = 1, B3 = 0

   A soma de A0 = 0 com B0 = 1 não inclui a entrada VUe0 , relativa ao "vai 1". Esta soma resulta no valor 1, sem a geração do "vai 1". No segundo estágio, A1 = 0 e B1 = 1 são somados sem a entrada de VUe1, uma vez que não houve "vai 1". O resultado é o valor 1, sem a geração de "vai 1". No terceiro estágio, A2 = 1 e B2 = 1 são somados, sem a entrada de VUe2, uma vez que não houve "vai 1". O resultado é o valor 0 e a geração do "vai 1". Este "vai 1" (VUr2) é transferido para o quarto estágio e serve de entrada para VUe3, juntamente com

A3 = 1 e B3 = 0. O resultado é o valor 0, com a geração de "vai 1". Em conseqüência, a linha VUr3 indica que houve estouro de algarismos (*overflow*), e o resultado está, assim, incorreto.

13) A = 1100 A0 = 0, A1 = 0, A2 = 1, A3 = 1

B = 1110 B0 = 0, B1 = 1, B2 = 1, B3 = 1

A soma de A = 0 com B0 = 0 não inclui a entrada VUe0, relativa ao "vai 1". Esta soma resulta no valor 0, sem a geração do "vai 1". No segundo estágio, A1 = 0 e B1 = 1 são somados, sem a entrada de VUe1, uma vez que não houve "vai 1". O resultado é o valor 1 sem a geração de "vai 1". No terceiro estágio, A2 = 1 e B2 = 1 são somados, sem entrada de VUe1, resultando no valor 0 e na geração de "vai 1". Este "vai 1" (VUr2) é transferido para o quarto estágio e serve como entrada para VUe3, juntamente com A3 = 1 e B3 = 1. O resultado é o valor 1, com a geração de "vai 1". Em conseqüência, a linha VUr3 indica que houve estouro de algarismos (*overflow*) e o resultado está, assim, incorreto.

14) Horizontal: cada bit de microinstrução tem função específica, acessando diretamente uma barra de controle. O formato é simples e direto, mas tende a produzir microinstruções longas demais.

Vertical: em vez de os bits acessarem diretamente uma barra de controle, esses bits podem significar um código de um grupo de ações. A microinstrução é menor, necessitando, entretanto, de um decodificador, tornando o processo um pouco mais lento.

15) O problema reside no fato de que, num desvio condicional, só é possível saber qual a próxima instrução a ser executada durante a execução do desvio. Isso "travaria" a busca antecipada. Existem dois tipos de solução:

1) Buscar as duas opções do desvio (condição verdadeira e falsa) ; e
2) Manter estatística interna à UCP a fim de prever, com uma probabilidade *p*, a condição (verdadeira ou falsa) e buscar a instrução respectiva.

16) Com o aumento do número de estágios reduz-se a quantidade de transistores por estágio e acelera-se, com isso, sua execução. De modo que se pode obter, no cômputo geral, um aumento de velocidade de execução. Uma possível desvantagem é o aumento dos conflitos por dependência de dados ou de controle (operações de desvio).

17) A arquitetura do Pentium 4 (Netburst) tem várias diferenças, entre as quais redução da espessura dos transistores internos (de 0,18 mícron até 0,09); uso de uma cache L1 para instruções capaz de armazenar microoperações (trace cache); aumento considerável da velocidade do estágio de execução das operações.

18) É o tempo gasto pelo mecanismo de controle das memórias DRAM para efetuar o recarregamento dos capacitores em cada bit.

19) Porque o tempo de transição de uma etapa para outra não é instantâneo.

20) A velocidade real é de 200 MHz, mas a taxa de transferência de dados é equivalente a termos uma memória com velocidade do dobro, ou 400 MHz. Isso porque a memória permite transferir dados na subida e na descida de cada pulso do relógio.

21) Após o pipeline estar cheio (todos os estágios ativos), cada instrução será concluída em três pulsos ou 6 ns.

22) Trata-se do fato de algumas instruções em seqüência possuírem dados que são resultado de um processamento prévio ainda não concluído. Assim, a instrução que depende desse resultado não poderá ser completamente executada enquanto o dado não aparecer.

23) Trata-se do processo de formalizar a execução de uma microoperação (a menor parte executável pelo hardware), como a abertura de uma porta lógica. Uma instrução de máquina é executada por meio de diversas microinstruções (ou por meio de diversas microoperações).

24) 0010000001000000

0000000000001000

0000000000100010

0010000001000000

0000001000010000

0000100000000000

25) O emprego de uma cache de instruções para armazenar diretamente as microoperações (*trace cache*). O emprego de muitos estágios pipeline de modo a acelerar a velocidade obtida nos estágios de execução.

26) Consiste no emprego dos fios para conduzirem mais de um tipo de sinal, naturalmente em instantes diferentes. Assim, p. ex., pode-se usar um barramento onde 64 de seus fios servem para transportar dados e também 32 bits de endereços. O sistema é programado para incialmente inserir os 32 bits de endereços e os correspondentes sinais de controle e depois, em certo instante, retirar os bits de endereço e inserir 64 bits de dados.

27) Pelas altas velocidades que podem atingir sem haver o problema de "deslizamento" ou *skew*.

28) 1/100M ou 1/108 ou 10 ns.

29) Decidir quem obterá o controle do barramento quando há conflito entre diversos dispositivos atuando como mestres. É usualmente colocado no chipset.

30) a) $S_n = 1$ F = 1000011,10001010001111 E = +7 C = +7 + 127 = 134 ou 10000110

N = 1 10000110 00001110001010001111000

b) $S_n = 0$ F = 11011010, 011100110011 E = +8 C = +8 + 127 = 135 ou 10000111

N = 0 10000111 10110100111001100111 00

c) $S_n = 1$ F = 11001111, 101001100110 E = + 8 C = +8 + 127 = 135 ou 10000111

N = 1 10000111 10011111010011001100 11

31) Endereçamento linear: 28 linhas de entrada e 256M de saída. Endereçamento linha/coluna: 26 linhas de entrada, sendo 14 para decodificador de linha e 14 para decodificador de coluna, sendo 32K linhas de saída (16K para cada decodificador).

32) 1) a DDR opera com 2,5 V, enquanto as DDR operam com 1,8 V.

2) as memórias DDR2 podem quadruplicar a velocidade do barramento, de modo que atingem velocidades maiores que as DDR, que operam até 400 MHz (200 reais).

33) Todos os dispositivos que atuam como mestres são conectados ao árbitro. Ele decide (de acordo com uma política especificada pelo projetista) qual será o dispositivo-mestre que recebe controle do barramento quando mais de um deles requisita.

34) O somador parcial não possui "vai 1", enquanto o somador completo opera também com o "vai um".

35) Essa desvantagem ocorre quando se utiliza tecnologia de controle pipeline, e é decorrente do fato de um estágio com tempo diferente do outro acarretar a espera do outro, resultando em um atraso no final do ciclo da instrução.

36) Porque um desvio somente é efetivamente executado após o processador ter testado a condição do desvio e, assim, poder decidir qual dos dois caminhos seguir. Ora, em um sistema pipeline um desvio implica que a instrução seguinte não pode ser buscada enquanto não se concluir a anterior, atrasando todo o pipeline.

37) "vai um" = 0 – zero = 0 – *overflow* = 0.

38) Pulso = 1/2G ou 1/2 × 109 ou 0,5 ns.

39)

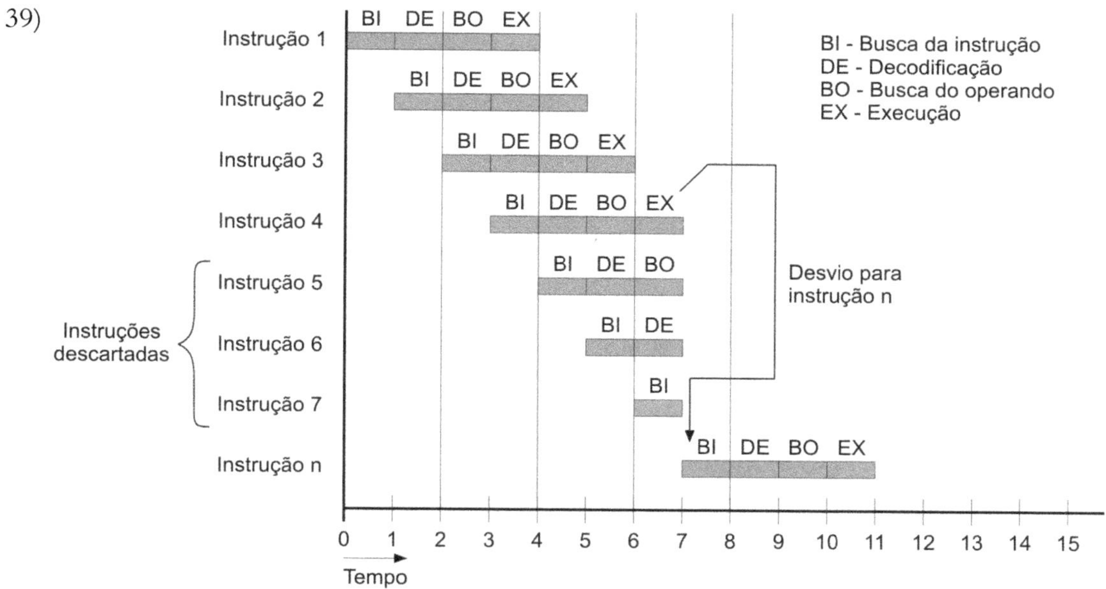

40)

3C45	73	C3F1	82
3C46	C4	C3F2	B9
3C47	B9	C3F3	C4
3C48	82	C3F4	73

Índice

386DX, 583
3DNow!, 591
486DX, 583

A

Ábacos, 13
Acerto (*hit*), 126, 135
Acesso Direto à Memória (DMA - *Direct Memory Access*), 366, 607
Acumulador, 165
ADA, 209, 491
ADD Op., 185
Adição
  de números binários, 438
  de números octais e hexadecimais, 439
AGP, 606
Aiken, Howard, 16
Algarismo(s), 427
  binários, 45
Álgebra
  booleana, 468
    regras básicas, 470
  e chaveamento, 446
ALGOL, 491
Algoritmos, 9, 32, 156
  substituição de dados na cache, 147
Allen, Paul, 25
Alpha, 168
Alpha AXP, 393
Altair, 25
AMD - Advanced Micro Devices, 25, 193, 309, 407, 596
  Athlon 64, 174
  64, 411
  K5, 596
  K6, 596
  K6-2, 597
Analisador sintático, 497
Análise
  léxica, 496, 497
  semântica, 496
  sintática, 496
Analógica, 6
AND, 476
  porta, 448
Angström, 48
Apple, 26, 389
Área de controle, 170
Aritmética
  com complemento, 233
    à base, menos 1, 245
    a 2, 235
  hexadecimal, 72
  octal, 70
Arquitetura, 2
  CISC, 379
  de 64 bits, 410, 419
  de computadores, 395
  IA32, 410
  RISC, 379, 383, 411
  SIMD, 161
  SPARC, 389
  superescalar, 402, 585
  vetorial, 408
  x86, 378, 410, 580
Arquivos portáteis, 50
ASCII, 210, 642, 645
Assembler, 303
Atanasoff, John Vicent, 17
Athlon 64, 168, 419
Atuador, 318

B

Babbage, Charles, 14
Barramento, 38, 338, 603
  assíncrono, 610
  de controle, 39, 41, 100, 604
  de dados, 39, 42, 100, 603
  de endereços, 39, 41, 100, 603
  do sistema (*system bus*), 337, 338, 605
  interno, 163
  largura, 605
  método de controle, 607
  paralelo, 39
  PCI, 611
  serial, 39
  síncrono, 610
  tipo de sincronização, 607
  único (*unibus*), 338
Barramento-padrão PCI (Peripheral Componente Interconnect), 610
Base, 54, 425
  conversão, 58
BASIC, 491
BCD - Binary Coded Decimal, 210, 437
Bell Laboratories, 20
Bibliotecas (*libraries*), 499
Big-endian, 167, 621
BIOS - Basic Input Output System, 352
Bit, 45, 81
BIU - *Bus Interface Unit*, 583
Boole, George, 468
BOOLEAN, 209
Burst Extended Data OUT (BEDO) DRAM, 530
Bus, 39
Bus Control Logic, 582
Busca (seek), 320
Byte, 46, 47, 87

C

C, 491
Cabeça de impressão, 362
Cache
  L1, 593
  L2, 593
  Unit, 583
Campo do operando, 181, 277
Capacidade, 87
Caractere, 46
  G, 46
  K, 46
  M, 46
Carregador, 501
CAS - *Column Address Select*, 523
CD - *compact disk*, 326
CDC 6600, 395
CD-R - *compact disk recorded*, 329
CD-ROM - *compact disk - read only memory*, 326, 327
CD-RW - *compact disk read/write*, 330
Célula, 82, 83, 87
CENTRONICS, 349
CHARACTER, 209
Chip Alpha, 411
Chipset, 620
CI - contador de instrução, 279
Ciclo
  de busca (*fetch cycle*), 19
  de instrução, 19, 184
Cilindro, 364
Circuito(s)
  combinacionais, 473
  combinatório, 481

de chaveamento, 468
digitais, 479
integrados (*Integrated Circuits* - IC), 21, 478
seqüencial, 482
CISC - *Complex Instruction Set Computers* (processadores com conjunto de intruções complexo), 179, 274, 375, 376, 377
Cluster, 318
CMOS, 480
COBOL, 491
Cocke, John, 380
Code Prefetch Unit, 583
Código(s)
de operação, 156, 181, 274, 494
de representação de caracteres, 46
executável, 501
Código-fonte, 496
Código-objeto, 493, 497, 501
Compaq, 25
Compilação, 495, 500, 503
Compilador, 498
Complemento
a 2, 249
à base, 230
menos um, 245
representação de números negativos, 230
Conflitos entre recursos requeridos, 404
Conjunto de instruções, 273, 307
Complexo (CISC - Complex Instruction Set Computers), 274
Reduzido (RISC - Reduced Instruction Set Computer), 274
Contador de instrução (CI), 166, 171, 176
Control Data, 386
Control Unit, 583
Controlador da memória, 101
Controle, 159
programado diretamente no hardware (*hardwired control*), 555
Conversão
bases não-decimais, 433
de base B
para a base 10, 59
para valor decimal, 432
de números
decimais para uma base B, 61
fracionários, 430
inteiros, 429
entre bases, 58
CPU - Central Processing Unit, 33
CRAY, 23
Cray, Seymor, 386, 395

D

Dados, 1, 204
representação de, 206
tipos de, 206, 207
Data path, 163
DDR - Double Data Rate, 532
2, 532
3, 533
Debouncing, 352, 631
da tecla, 629
DEC - Digital Equipment Corporation, 21, 25, 375, 393
Decimal, 221
Decodificador, 176, 481
de instrução, 171
DEL - diodos emissores de luz (LED - *light emitting diodes*), 353
DELPHI, 491
Dennard, Robert, 522
Dependência de dados (*data hazards*), 404
Desvio, 183, 350
condicional, 507
incondicional, 507
Dígitos, 6
binário, 45
Direct Rambus DRAM (DRDRAM), 531
Discos magnéticos, 345
Display, 353
Disquetes, 322
Divisão
binária, 67
de números binários, 442
DMA - *Direct Memory Access*, 371
Dot pitch, 633
Dots per inchs, 363
Dpi, 363
DRAM - *Dynamic Random Access Memory*, 514
DVD-R, 331
DVD-RW, 331
DVDs, 331

E

E/S, 338, 339, 368
EBCDIC, 210, 642
EDVAC - Electronic Discret Variable Automatic Computer, 18, 44
EISA, 606
Endereçamento linear, 518
Endereço, 81, 83
ENIAC - Electronic Numerical Integrator And Computer, 6, 17
ENTRADA, 36, 37
EPIC, 406, 411, 416
Erros
correção, 117
detecção, 117
Escrita ou gravação (*write* ou *record*), 80, 84, 99
em ambas (*write through*), 148
somente no retorno (*write back*), 148
Especulação, 411, 412, 414
Estruturas de desvio (*control hazards*), 404
Excesso de N, 249
EXCLUSIVE OR, 459
Expressão lógica, 461, 462
Extended Data OUT (EDO) DRAM, 529

F

Falta (*miss*), 126, 135
Fast Page Mode (FPM) DRAM, 529
Firewire, 606
Firmware, 562
Fita magnética, 331
Flip-flops, 483, 519
SR, 483
FLOAT, 209
Floating Point Unit, 584
Flynn, Michael, 398
Fonts, 358
FORTRAN, 21, 491
FP Register File, 587
FPR - *Floating Point Register*, 412
FPU - *Floating Point Unit*, 192, 535, 623
Freqüência
horizontal, 356
vertical, 356
FSB - *Front Side Bus*, 605
Função
controle, 158
lógica, 461
processamento, 158
Functional units, 412

G

Gates, Bill, 25
GPR - *General Purpose Register*, 412

H

Hardware, 3
HDs (discos rígidos), 314
Hennessy, John L., 376, 391
Hertz, Hz, 43
Hollerith, Herman, 15
Hyper Pipelined, tecnologia, 594
Hyper-Transport, 606

I

IA-32 (Intel Architecture), 308
IA-64, 411, 412, 416
IAS, 7, 18, 44, 45
IBM - International Business Machines, 15, 20, 21, 22, 193, 315, 375, 385, 388, 522, 562
Ramac, 322
RS/6000, 402
360, 23, 378
701, 23
801, 386
IDE, 343
IEEE - 754, padrão, 624
Implementação, 2
Impressão a laser, 363
Impressoras, 345
a laser, 365
coloridas, 635
de impacto, 361
de jato de tinta (*ink-jet*), 363
matriciais, 361
sublimação de tinta, 637
Informação, 1, 81
Instrução(ões)
Assembly, 280
ciclo de, 157
com zero operando (Pilha), 284
conjunto de, 195
de desvio, 278, 507
de dois operandos, 281
de máquina, 32, 156, 178, 271, 273
de três operandos, 279
de um operando, 283, 493
formato das, 180
Op. de tamanho
fixo, 276
variável, 276
Instruction Decode Unit, 583
Integer Unit - IU, 535, 584
INTEGER, 209
Intel, 193, 407
4004, 23, 194
80386, 582
80486, 583
8080, 158, 174
Intel Corporation, 23
Interface de E/S, 342, 344
Internet, 2
Interpretação, 501, 503
Interrupção(ões), 352, 368, 369
externas, 369
internas, 369
Inversor, 452
IP - Instruction Pointer, 279
ISA, 606
Itanium, 155, 168, 416
IU - Integer Unit, 164

J

JAVA, 491

K

K7, Athlon, 598

Kilby, Jack, 21
Knuth, Donald, 375

L

L1, 149
L2, 149
L3, 149
Largura L, 43
Latch SR, 483
LCD, 354
LDA Op., 185
Lei de Moore, 155
Leibniz, Gottfried, 14
Leitura (*read* ou *retrieve*), 80, 84, 99
Leitura/escrita (L/E), 514
Library call, 499
Ligação, 500
Ligador, 500
Linguagem(ns)10
  Assembly, 11, 303
  C, 376
  Cobol, 12
  de alto nível, 492
  de máquina, 10, 489
    binário, 11
    sintaxe, 10
  de montagem, 304, 490
  de programação, 489
    Pascal, 13
  Delphi, 11
  Pascal, 376
Linhas, 130
Linkedição, 500
Linkeditor, 500
LISP, 491
Little endian, 168, 621
LMA - *Long Mode Active*, 420
LOAD, 279
LOAD/STORE, 386, 387
Loader, 501
Localidade
  especial, 123, 127
  temporal, 123
Lógica
  bipolar, 480
  booleana, 45
  digital, 446
Long mode, 419
LRU - *Least Recently Used*, 147
LSI - *Large Scale Integration*, 478

M

Macintosh, 26
Mapeamento
  associativo, 130, 139
    por conjuntos, 130, 143
  direto, 130, 135
Máquina(s)
  analítica, 14
  de diferenças, 14
  digitais, 6
MAR - *Memory Address Register. Veja* Registrador de endereços de memória, 19
Mark I, 16
MASK-ROM, 114
Matriz Redundante de Discos Independentes, 324
Mauchly, John, 17, 31
MBR. *Veja* Registrador de dados de memória
MCA, 606
Memória, 15, 36, 37, 79, 82, 409
  cache, 40, 90, 120, 124, 126
    capacidade, 91
    custo, 91
    disk cache, 129
    organização, 126
    RAM cache, 129
    tecnologia, 91
    temporariedade, 91
    volatilidade, 91
  capacidade da, 106
  ciclo de, 87
  custo, 88
  de meio
    magnético, 88
    ótico, 88
  DRAM, 83, 121, 522, 528
  EEPROM - *Electrically* ou *electronically* EPROM, 115
  endereço, 83
  EPROM - *Erasable* PROM, 115
  Flash-ROM, 115
  hierarquia de, 85
  por linhas e colunas, 523
  principal, 40, 95
    capacidade, 92
    custo, 93
    organização, 95
    tecnologia, 92
    temporariedade, 93
    volatilidade, 92
  PROM - *Programmable Read Only Memory*, 115
  RAM - Random Access Memory, 82, 86, 111, 513, 514
    tecnologia, 111, 112
  ROM, 113, 378
  secundária, 93
    capacidade, 93
    funcionamento, 317
    organização, 317
    tecnologia, 95
    temporariedade, 95
    volatilidade, 95
  SRAM, 83, 121, 149, 515, 528
Microcódigo, 379
Microinstruções
  horizontais, 562
  verticais, 562
Mícron, 48
Microoperações, 561
Microprocessador, 154
Microprograma, 2
  x86, 2
Microprogramação, 171, 378, 562
  controle por, 555
Microssegundo, 48
Milissegundo, 48
MIMD - *Multiple Instructions Multiple Data*, 398
MIPS, 411
  4000, 405
MISD - *Multiple Instruction Single Data*, 398
MMX, 309, 591
Modalidade temporal, 123
Modems, 345
Modo
  de endereçamento, 277, 287
    base mais deslocamento, 287, 302
    direto, 287, 289
    imediato, 287, 288
    indexado, 287, 297
    indireto, 287, 290
    por registrador, 287, 293
  entrelaçado, 360
  não-entrelaçado, 360
Módulo
  de carga, 500
  de E/S (I/O Module), 342, 344
  DIMM, 534
Monitores de vídeo, 345, 353, 361
Montador (Assembler), 490, 493
Montador de um passo, 495
Montagem, 493
Moore, Gordon, 23, 155
MOSFET, 481
Motorola, 26
  6800, 158
Mouse, 365
MP
  endereço, 96
  unidade
    de armazenamento, 96
    de transferência, 96
MSI - *Medium Scale Integration*, 478
Multiplicação
  binária, 66
  de números binários, 441
Multiplicador, 475

N

NAND, 476
Nanômetro, 48
Nanossegundo, 48
NetBurst, microarquitetura, 592
Neumann, John von, 7, 18, 31, 44, 397, 541
nMOS, 515
Notação
  científica, 248
  posicional, 54
Noyce, Robert, 21, 23
Números fracionários, 220

O

Operação(ões)
  de escrita, 103
  de leitura, 41, 102
  lógicas
    AND, 448
    NAND, 454
    NOT, 452
    OR, 451
    XOR, 459
Operador lógico
  AND, 211
  EXCLUSIVE-OR, 216
  NOT, 215
  OR, 213
Operando, 274
Opteron, 155, 168, 419
Organização, 523
  por matriz linha/coluna, 521
Overdrive, 601
Overflow, 63, 247

P

Pacote DIP, 600
Padrão
  Firewire, 350
  USB, 616
Palavra, 47, 95
  largura da, 194
  tamanho da, 166
Paralelismo, 397
  de instrução, 399
  do hardware, 399, 400
Pascal, Blaise, 13
PASCAL, 491
Pascalina, 14
Pastilhas (chips), 33, 478, 599, 620
Patterson, David, 376
PC - *Program Counter*, 166, 279
PCI, 606
PCI Express, 606
Pentium, 166, 174, 192, 585

Pentium II, 588
Pentium III, 591
Pentium 4, 158, 592
Pentium Pro, 588
Periféricos, 338, 350
Perigos (hazards)
de controle, 553
estruturais, 552
por dependências de dados, 552
Phillips, 326
Picossegundo, 48
Picture element, 358
Pipeline, 548
tipo de, 549
para instruções, 549
para operações aritméticas, 549
Pipelining, 158, 374, 382, 384, 395, 407
metodologia, 543
técnica, 545
tecnologia, 199
Pixel, 358, 360, 633
PL/1, 491
Placa-mãe, 601
Placas de vídeo, 357
Planas (lands), 328
Política de escrita, memória cache, 147
Ponte (*bridge*), 605
Ponto
fixo, 221
flutuante (*floating point*), 221, 248
aritmética em, 255
conversão de números, 251
representação, 622
Porta (*gate*), 446
lógica (*gate*), 446
NAND, 456
OR, 450
PowerPC, 158, 168, 385, 388
Predicação, 411, 412, 414
Princípio da localidade, 80, 123
Processadores, 15, 33, 36, 153, 154, 273, 601
com conjunto de instruções complexo (CISC - *Complex Instruction Set Computers*), 375
MIPS, 391, 405
8080, 196
8085, 579
8086/8088, 579
SPARC, 391
tecnologia de fabricação, 193
vetoriais, 409
Processamento, 1, 159
eletrônico de dados, 1
paralelo, 374
superescalar, 398, 399
superpipelining, 398
Programa, 9, 32
executável, 156
por hardware, 2
Programação
no hardware (hardwired programmed), 559
prévia diretamente no hardware, 171

Q

Quadro (*frame*), 356, 360
QWERTY, 632

R

R/W, 514
RAID - Redundant Array of Independent Disks, 315, 324
nível 0, 325
nível 1, 325
nível 2, 325
nível 3, 325
nível 4, 326
nível 5, 326
nível 6, 326
RAM - *Random Access Memory*, 513
RAMAC, 315
RAS - *Row Address Select*, 523
RDRAM, 531
Referência externa não-resolvida, 500
Refreshing, 356
Registrador(es), 89, 165
de controle, 166, 343
de dados, 100, 163, 165, 195, 343
de memória - RDM, 166, 171, 177
de endereços, 100, 343
de memória - REM, 166, 171, 177
de instrução (RI), 89, 166, 171, 174, 175
escalares, 409
vetoriais, 409
Registros, 50
Relógio (*clock*), 171, 173, 341
Representação
decimal, 259
do expoente, 249
normalizada, 251
Resolução, 360, 633
RISC, 179, 274, 310, 375, 377, 380, 381, 382, 385, 386, 388, 407, 412
RISC 1, 375, 389
ROM - *Read Only Memory*, 514
ROM BIOS, 514
RS/6000, 386
RT PC, 386

S

SAÍDA, 36, 37
Scanners, 637
Seagate Technology, 315
Semantic gap, 374
Setores, 318
Shannon, Claude, 468
SIMD - *Single Instruction Multiple Data*, 309, 398
SIMM-30, 533
SIMM-72, 533
Sinal e magnitude
aritmética em, 225
representação, 223
SISD - *Single Instruction Single Data*, 398
Sistema, 8
binário, 426
de numeração
posicional, 423, 424
romano, 423
decimal, 54
digital, 445
octal, 426
processamento de dados, 8
Software, 3
Soma binária, 64
Soquete, 601
SPARC, 385
SRAM - *Static Random Access Memory*, 514
SSI - *Small Scale Integration*, 478
ST506, 316
Strobe, 523
Subtração
binária, 64
de números binários, 440
de números octais e hexadecimais, 441
SUN Microsystems, 389
Supercomputadores, 407
Superescalar, 374, 385
Superpipeline, 385, 405
Superpipelining, 589
SVGA, 360
Switching theory, 473
Synchronous DRAM (SDRAM), 531

T

Tabela de símbolos, 495
Tabela-verdade, 448, 475
Tag, 145
Taxa de transferência, 43
Teclados, 345, 351, 352, 629
Teclas
capacitivas, 352
de efeito-hall, 352
mecânicas, 352
Tecnologia
AGP, 618
de fabricação, 87
Firewire, 618
Hyper Transport, 618
PCI Express, 619
pipeline, 397
Tempo
de acesso, 51, 79-80, 86, 89, 91, 92, 93
de busca (*seek*), 320
de latência (*latency*), 320
de resposta, 51
de transferência do dado (*transfer*), 320
Temporariedade, 88
Trace Cache, 593, 595
Transistor(es)
efeito, 20
espessuras de, 154
Transmissão
assíncrona, 346, 348
paralela, 345, 349
serial, 345
síncrona, 346, 348
Trilhas, 317, 328
Turing, Alan, 17

U

UAL - Unidade Aritmética e Lógica, 19, 163, 164, 178, 197, 535, 540
UART - *Universal Asynchronous Receiver Transmitter*, 347
UC, 197
UCP - Unidade Central de Processamento, 36
Unibus, 604, 606
UNICODE, 210, 645
Unidade(s)
Central de Processamento - UCP, 33
de cálculo vetorial, 409
de controle - UC, 171, 197
vetorial load/store, 409
UNIVAC - Universal Automatic Computer, 20, 23
USART - *Universal Synchronous Asynchronous Receiver Transmitter*, 349
USB - Universal Serial Bus, 350, 606

V

Valas (pits), 328
Varredura de rastro, 354
VAX, 375, 381
VAX-11, 22
Vazão (*throughput*), 51
VCL - vídeos de cristal líquido (LCD - *liquid-crystal display*), 353
Velocidade do barramento, 43
VGA, 360
Vídeo(s) (*video display*), 353
colorido, 359
de cristal líquido (LCD - *liquid-crystal display*), 634
de gás plasma, 634

VLIW - *very long instruction word*, 406, 407, 411
VLSI - *Very Large Scale Integration*, 12, 23, 478, 479
Volatilidade, 87
VPE - vídeos com painel estreito (TDP - *flat panel display*), 353
VRC - válvula de raios catódicos (CRT - *cathode-ray tube*), 353, 354

W

Watson, Thomas, 15
Western Digital, 317
Wikes, Maurice V., 562
Wired-AND, 477
Wired-OR, 477
WORM - *Write Once Read Many*, 329

X

x86, 579

Z

Zuse, Konrad, 16

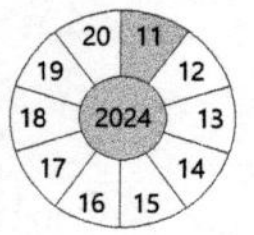
2024
11
12
13
14
15
16
17
18
19
20